# ARQUITETURA DE COMPUTADORES

# ARQUITETURA DE COMPUTADORES

**5ª Edição Atualizada**

José Delgado
Carlos Ribeiro

**Tradução e Revisão Técnica**

Elvira Maria Antunes Uchôa
Doutora em Ciências-Informática
Professora Licenciada da Pontifícia
Universidade Católica do Rio de Janeiro
Professora titular da Universidade
Paulista em Brasília – UNIP

LTC

ARQUITECTURA DE COMPUTADORES, Quinta Edição
Copyright © fevereiro 2014 (5ª edição atualizada); fevereiro 2008 (2ª edição revista e atualizada)
FCA – Editora de Informática, Lda
Proibida a venda fora do Brasil
Reservados todos os direitos.


Direitos exclusivos para o Brasil na língua portuguesa
Copyright © 2017 by
**LTC — Livros Técnicos e Científicos Editora Ltda.**
**Uma editora integrante do GEN | Grupo Editorial Nacional**

Travessa do Ouvidor, 11
Rio de Janeiro, RJ — CEP 20040-040
Tel.: 21-3543-0770 / 11-5080-0770
Fax: 21-3543-0896
ltc@grupogen.com.br
www.ltceditora.com.br

Designer de capa: Hermes Menezes

Imagem de capa: ChrisMajors | iStockphoto

Editoração Eletrônica: Anthares

**CIP-BRASIL. CATALOGAÇÃO-NA-FONTE**
**SINDICATO NACIONAL DOS EDITORES DE LIVROS, RJ.**

D392a
5.ed.

Delgado, José
Arquitetura de computadores / José Delgado, Carlos Ribeiro ; tradução e revisão técnica Elvira Maria Antunes Uchôa. - 5. ed. atual. - Rio de Janeiro : LTC, 2017.
il. ; 28 cm.

Tradução de: Arquitectura de computadores
Apêndice
Inclui bibliografia e índice
ISBN: 978-85-216-3353-2

1. Arquitetura de computador. I. Ribeiro, Carlos. II. Título.

| 17-39676 | CDD: 004.22 |
| | CDU: 004.2 |

# AGRADECIMENTOS

Nenhuma obra é exclusivamente elaborada pelos seus autores. É mais o resultado do esforço abnegado de muitas pessoas, nem sempre perceptível ou mensurável, e muitas vezes esquecido e incompreendido. Não é possível estabelecer estes créditos de forma justa e abrangente. Mas esta obra não poderia ficar completa sem uma referência às pessoas e entidades que, de uma forma mais intensa e incisiva, contribuíram, direta ou indiretamente, para que se tornasse uma realidade.

Em primeiro lugar, nossos agradecimentos a todos os estudantes e pessoas interessadas nesta área que, ao longo dos anos, nos inspiraram com todas as suas dúvidas e comentários. Eles constituem a principal razão que nos motivou a realizar este esforço e é a eles e a todos os que ainda pretendem obter formação na área de arquitetura de computadores que este livro se destina.

O Instituto Superior Técnico e o seu Departamento de Engenharia Informática, onde os autores lecionam disciplinas na área de Arquitetura de Computadores, proporcionaram as condições materiais que tornaram possível a obtenção da experiência acadêmica necessária e o esforço de elaboração de todos os materiais didáticos. Em particular, o Programa de Melhoria de Qualidade de Ensino do Instituto Superior Técnico financiou parcialmente o desenvolvimento de algumas das ferramentas usadas como, por exemplo, o simulador usado extensivamente neste livro.

O nosso obrigado à FCA e à sua equipe, que pelo seu interesse, confiança e constante apoio nos deram a oportunidade e condições de publicar nossa experiência pedagógica, nossa visão tecnológica e nossa filosofia sobre o que realmente deve ser a área de Arquitetura de Computadores, em um nível introdutório.

Inúmeros colegas do Instituto Superior Técnico e não só esses têm contribuído ao longo dos anos para o enriquecimento da nossa experiência nesta área, por meio de discussões e trocas de ideias. Sem eles, nossa visão e nossas perspectivas seriam muito mais limitadas. Na impossibilidade de nomeá-los todos, mas sem esquecer a sua importância, gostaríamos de destacar os professores Rui Rocha, Guilherme Arroz, Rui Neves e Rui Cruz, com quem temos partilhado a docência de disciplinas na área de Arquitetura de Computadores, no Instituto Superior Técnico (Taguspark). Em particular, o professor Rui Rocha não é um dos autores deste livro apenas por manifesta falta de tempo, mas nem por isso deixa realmente de o ser, por todas as discussões e trocas de ideias que temos mantido.

Além do texto do livro em si, existe um conjunto de ferramentas pedagógicas que vêm sendo desenvolvidas, ao longo dos anos, e que fazem parte integrante de todo o projeto pedagógico em que o livro se insere, contribuindo de forma prática para muitos exemplos e sua comprovação experimental.

O simulador de arquiteturas de computadores é a ferramenta pedagógica básica, e a sua implementação tem estado a cargo de um dos coautores (Carlos Ribeiro). No entanto, têm havido diversas contribuições para o seu desenvolvimento e utilização, em particular dos alunos Nuno Afonso, Alexandre Martins, Jorge Valadas, Bruno Lopes, João Trindade e Luís Pedrosa. O professor Pedro Reis Santos desenvolveu um compilador de C, que gera instruções *assembly* do PEPE, o processador usado como base do livro.

Finalmente, os nossos mais profundos agradecimentos aos coautores invisíveis que, através de uma infinita compreensão, paciência e até mesmo encorajamento, suportaram estoicamente o roubo de inúmeras horas ao convívio familiar, transformadas à força em infindáveis horas de trabalho. Não sendo possível restituí-las, restou-nos colocar os seus nomes na Dedicatória e afirmar-lhes que o seu sacrifício é indubitavelmente uma parte essencial do esforço de concretização desta obra.

JOSÉ DELGADO
CARLOS RIBEIRO

Os computadores são um dos aspectos mais importantes da nossa vida, constituindo um dos fatores mais importantes de impacto e transformação da sociedade moderna. Cada vez mais pessoas lidam com computadores enquanto instrumento fundamental de trabalho.

Embora a grande maioria das pessoas lide com os computadores apenas como usuária de aplicações informatizadas, o fato é que uma compreensão dos mecanismos básicos do seu funcionamento ajuda a perceber todo o contexto, com as suas limitações e aspectos que condicionam todo o desenvolvimento, funcionalidades, capacidades e desempenho dessas aplicações.

Não há uma separação radical entre *software* e *hardware*. Ambos têm de cooperar, porque é dessa interação que resultam a funcionalidade e o desempenho finais que o usuário conhece. O *software* tem vários níveis, desde o programa aplicativo e de interface com o usuário até o mais baixo nível de gerenciamento do computador, incluído no sistema operacional (normalmente Windows, Linux ou outro baseado em Unix). O *hardware* também pode ser visto em vários níveis, desde o nível de integrador, com grandes componentes que se integram em uma caixa, passando pelo nível de arquitetura dos processadores e dos outros componentes do sistema, até o nível de implementação em circuitos digitais binários (para não falar na eletrônica dos circuitos).

Este livro situa-se basicamente no nível da arquitetura dos vários componentes de *hardware* do computador, preocupando-se não apenas em como eles devem se interligar, mas também como devem interagir com o *software* e como devem ser implementados internamente.

Este livro destina-se principalmente aos estudantes universitários de nível introdutório, mas foi pensado também para quem queira entender melhor o funcionamento dos computadores. A aprendizagem destes assuntos é importante não apenas para quem pretende conhecer melhor o *hardware*, mas também, e sobretudo, para quem queira perceber o impacto, em termos de funcionalidade e desempenho, que o *hardware* tem no *software*.

No Instituto Superior Técnico, este livro é usado como bibliografia básica das disciplinas de Introdução à Arquitetura de Computadores, (no 1.º semestre do 1.º ano da licenciatura em Engenharia Informática e de Computadores) e de Arquitetura de Computadores (no 2.º semestre do 1.º ano das licenciaturas em Engenharia de Telecomunicações e Informática e em Engenharia Eletrônica). Portanto, em um largo espectro de áreas de atuação.

Para entender o livro, não são obrigatórios conhecimentos especiais prévios, quer em termos de programação quer em termos de sistemas digitais, embora conhecimentos básicos de uma linguagem de programação de alto nível, em particular C, e alguma experiência de circuitos digitais tornem mais fácil a compreensão de alguns assuntos abordados. O livro segue uma abordagem incremental. Em vez de apresentar soluções prontas sem uma lógica que as suporte, identifica primeiro os problemas e vai desenvolvendo as soluções pouco a pouco, juntamente com o leitor. A estrutura básica é a seguinte:

| UNIDADE | TEMAS |
|---|---|
| Capítulo 1 | Enquadramento do tema e introdução histórica |
| Capítulo 2 | Introdução aos sistemas digitais binários |
| Capítulo 3 | Projeto de um computador básico de 8 bits. Praticamente o mais simples possível, mas capaz de implementar aplicações completas, como um controlador de semáforos |
| Capítulo 4 | Lógica para o projeto de um processador de 16 bits (PEPE) e descrição básica das suas instruções |
| Capítulo 5 | Mecanismos de programação de um computador, indicando como se consegue mapear um programa em uma linguagem de alto nível (C, por exemplo) em instruções do processador |
| Capítulo 6 | Técnicas de construção de um computador completo, incluindo periféricos, e avaliação do desempenho de um computador. Inclui ainda uma descrição da arquitetura do PC |
| Capítulo 7 | Descrição da arquitetura interna de um processador e da forma como os seus componentes estão organizados. Suporte do *hardware* para sistemas operacionais, incluindo memória virtual e processos, constituindo mais um exemplo da interação *software-hardware* que caracteriza a filosofia do livro: o *hardware* existe para suportar o *software* |
| Apêndice A | Resumo das características do processador do livro (PEPE), em forma de manual de referência |
| Apêndice B | Características de um microcontrolador (CREPE), um processador com memória e periféricos em um só circuito integrado |
| Apêndice C | Resumo das características fundamentais do simulador usado neste livro (SIMAC) |
| Apêndice D | Introdução à representação de números reais e computação em ponto flutuante |
| Apêndice E | Tabela de codificação de caracteres segundo a norma ASCII, apenas para referência |

O objetivo primordial deste livro é contribuir para a aquisição, por parte do leitor, dos seguintes conhecimentos fundamentais:

- Identificar os componentes fundamentais de um computador e a função e impacto de cada um deles no desenvolvimento e execução de aplicações informatizadas;
- Projetar um processador básico com um conjunto mínimo de instruções, com base em componentes de funcionalidade bem identificada;
- Implementar os componentes básicos de um computador usando sistemas digitais binários;
- Programar um computador em baixo nível, gerenciando diretamente os seus recursos e realizando a interação com os dispositivos do mundo exterior;
- Estabelecer a forma de conversão das construções mais frequentes de uma linguagem de alto nível em instruções típicas de um processador;
- Avaliar o desempenho de um computador, identificando os gargalos e otimizando-os de forma a maximizar o desempenho global;
- Conceber e implementar a camada de mais baixo nível de suporte de um computador a um sistema operacional.

Um dos principais problemas de qualquer livro sobre arquitetura de computadores é saber qual (ou quais) processador(es) se vai usar para dar suporte à explicação dos vários conceitos e técnicas, os exemplos, os exercícios, as simulações etc. Há basicamente duas abordagens:

- Usar apenas um processador como base para todo o livro, dando exemplos de outros apenas quando relevante, como [Patterson 2011] (com o MIPS) e [Scragg 1992] (com um processador hipotético chamado GEM);
- Usar dois ou mais processadores comerciais (normalmente de grande divulgação) e ir exemplificando, para cada um deles, as várias ideias que vão sendo expostas ao longo do livro, como por exemplo, [Stallings 2012] (com o Pentium e o Power-PC), [Hamacher 2002] (com a arquitetura IA-32, o 680x0 e o ARM) e [Tanenbaum 1999] (com o Pentium, o UltraSPARC e o picoJava).

O grande problema desta segunda abordagem é o fato de o leitor ter de aprender vários processadores simultaneamente, com as respectivas soluções, compromissos e idiossincrasias, o que tende a enfatizar as soluções específicas em detrimento dos conceitos que constituíam o objetivo inicial. Já é difícil aprender um processador, quanto mais vários, ao mesmo tempo e de forma entremeada!

A utilização de um só processador permite uma visão mais coerente e uniforme de toda a área de arquitetura de computadores, sem impedir exemplos mais pontuais de implementações específicas em outros processadores, quando trouxerem valor agregado real. Esta é a solução adotada neste livro.

Mas qual processador escolher? A grande escolha é entre um processador comercial e um projetado com fins pedagógicos. A vantagem óbvia de usar o primeiro é o fato dele já estar totalmente definido e implementado, o que faz com que ele tenha de estar correto e funcionando. A grande desvantagem é ele ser demasiadamente complexo e otimizado para funcionalidade e desempenho, uma vez que o seu objetivo é ser um sucesso comercial e não constituir um instrumento pedagógico.

Para fins didáticos, um processador deve suportar a maioria das técnicas ensinadas no livro, mesmo as mais avançadas, mas ser suficientemente simples para poder ser gerenciado e programado manualmente (e não em uma linguagem de alto nível que esconda todos os detalhes da arquitetura). Esta combinação não existe comercialmente. Os processadores simples são muito limitados, não permitindo exercitar os conceitos e técnicas mais complexos. Os processadores mais poderosos são demasiado complexos para programação manual e incluem apenas as características que maximizam a sua funcionalidade ou desempenho, não permitindo exemplificar outras características que existem em outros processadores.

Nesta área, o livro de referência em nível mundial é [Patterson 2011], que usa o MIPS como processador de base e inclui até um simulador, que permite executar programas. No entanto, reflete basicamente apenas o modelo RISC, explicado na Subseção 6.6.7, o que dificulta a exemplificação de técnicas muito importantes usadas em outros processadores (como a pilha, explicada na Subseção 5.7.2.3). Além disso, é uma arquitetura de 32 bits, ao passo que 16 bits tende a ser o limite para programação manual, essencial do ponto de vista pedagógico (Seção 4.3).

Assim, este livro apresenta um processador projetado totalmente com fins pedagógicos (PEPE — **P**rocessador **E**special **P**ara **E**nsino), de 16 bits, suportando a maioria das técnicas de processadores mais complexos (sem se limitar às mais adequadas a um determinado modelo), com uma arquitetura interna suficientemente simples para ser totalmente explicável e com um conjunto de ferramentas adequadas, particularmente um simulador que permite não apenas programar e executar programas, mas inclusive simular sistemas computacionais completos, com *hardware* ao redor do processador.

A filosofia deste livro reside no princípio básico de que é preciso fazer para aprender; portanto, compreender um computador implica programá-lo e gerenciá-lo em seu nível mais baixo (designado **linguagem** *assembly*). A prática é fundamental em qualquer aprendizagem. Ao longo do livro, a explicação das várias técnicas das arquiteturas de computadores é seguida de pequenos guias de laboratório, usando o simulador como base para verificação experimental dos programas e dos circuitos previamente descritos.

Os guias de laboratório propriamente ditos estão no site da LTC Editora, mediante cadastro. No entanto, o livro faz referência aos vários guias existentes com a palavra **SIMULAÇÃO**, e descreve os principais objetivos de cada um deles. Estes guias estão orientados ao autodidatismo, permitindo uma aprendizagem autossuficiente, mas também podem ser usados em aulas de laboratório, em cursos com professor, ou como complemento das aulas nesta área. Este componente prático é considerado um aspecto fundamental deste livro. O leitor deve executar os vários programas de exemplo aqui descritos (todos contidos no site de apoio ao livro), passo a passo, de acordo com os guias, e perceber realmente o que está acontecendo e os vários aspectos envolvidos.

O simulador está implementado em linguagem Java e, portanto, funciona na maioria dos ambientes (Windows, Linux, Mac OS, etc.), o que tem a particularidade fundamental de permitir, aos alunos, desenvolver os seus sistemas e programas em casa, no seu ritmo, sem necessitar de equipamento específico em laboratório.

Para limitar o número de páginas do livro, os índices de figuras, de tabelas e de programas, bem como o glossário, estão no site da LTC Editora. Estão incluídos aqui apenas o índice geral e o índice de simulações, devido a sua importância para o autodidatismo.

Para não limitar a experimentação ao simulador, há também *software* para instalar em uma placa baseada em um microcontrolador comercial (Figura 5.16), de modo a fazer experiências e permitir, ao PEPE, interagir com periféricos reais. Os professores poderão usar ou adaptar este *software* para montar os seus laboratórios.

O site da LTC Editora inclui ainda outros materiais, como slides para professores e exercícios resolvidos, que complementam todo este ambiente. Mais do que um mero texto didático, este livro é a culminância de todo um projeto pedagógico, em seus diversos aspectos.

# Material
# Suplementar

Este livro conta com os seguintes materiais suplementares:

- Exercícios Resolvidos, arquivos no formato (.pdf) que contém a solução para os exercícios dos capítulos da obra (acesso livre);
- Ilustrações da obra em formato de apresentação (acesso restrito a docentes);
- Simulações de arquivos no formato (.pdf) e (.cmod) referentes aos Capítulos 2 a 7 e ao Apêndice B que funcionam como guia de laboratório de arquitetura de computadores. Permitem a familiarização com a interface do simulador (acesso livre);
- Simulador Java, ferramenta de suporte que permite verificar o funcionamento de circuitos digitais e de computadores. Possui leia-me explicativo (acesso livre).

O acesso ao material suplementar é gratuito. Basta que o leitor se cadastre em nosso *site* (www.grupogen.com.br), faça seu *login* e clique em GEN-IO, no menu superior do lado direito.

É rápido e fácil. Caso haja alguma mudança no sistema ou dificuldade de acesso, entre em contato conosco (sac@grupogen.com.br).

GEN | Informação Online

GEN-IO (GEN | Informação Online) é o repositório de materiais suplementares e de serviços relacionados com livros publicados pelo GEN | Grupo Editorial Nacional, maior conglomerado brasileiro de editoras do ramo científico-técnico-profissional, composto por Guanabara Koogan, Santos, Roca, AC Farmacêutica, Forense, Método, Atlas, LTC, E.P.U. e Forense Universitária. Os materiais suplementares ficam disponíveis para acesso durante a vigência das edições atuais dos livros a que eles correspondem.

# SUMÁRIO

## 3 - O MEU PRIMEIRO COMPUTADOR    85

# 4 - ARQUITETURA BÁSICA DE UM PROCESSADOR   137

# 5 - PROGRAMAÇÃO DE UM COMPUTADOR   205

## 6 - O COMPUTADOR COMPLETO   301

# 7 - O PROCESSADOR EM DETALHE   405

## APÊNDICE A - MANUAL DO PROGRAMADOR DO PEPE    495

## APÊNDICE B - MANUAL DO PROGRAMADOR DO CREPE    509

## APÊNDICE C - INTRODUÇÃO AO SIMULADOR (SIMAC)    521

# Índice das Simulações

# Arquitetura de Computadores

# 1 - Introdução ao Mundo dos Computadores

O computador é sem dúvida a maior invenção humana já realizada. Na sua curta história de pouco mais de 60 anos, já revolucionou completamente a nossa forma de existir, nas suas mais variadas vertentes. Tomou completamente conta de nós, e não se pense de forma alguma que o impacto em nossas vidas se limita ao computador pessoal, cada vez mais um parceiro imprescindível de um número crescente de pessoas, tanto na sua vida profissional como no lazer. Nem sempre vemos os computadores, mas eles estão por toda parte – desde nos simples eletrodomésticos, passando pelos automóveis, até nos grandes sistemas de informações que gerenciam todos os serviços na sociedade moderna.

Aprender como os computadores funcionam é essencial para melhor entendermos o papel que eles desempenham e o seu verdadeiro impacto nos programas que eles executam, que cada vez realizam mais tarefas e são mais complexos e elaborados. A procura de computadores com mais capacidade, em particular rapidez de execução dos programas, é uma necessidade constante. A arquitetura (organização interna) de um computador é fator essencial para o seu desempenho e constitui o foco principal deste livro. Neste primeiro capítulo são apresentados os aspectos fundamentais do mundo dos computadores e são estabelecidas as bases para os capítulos seguintes, que aprofundam as várias vertentes da arquitetura dos computadores.

Um computador não é inteligente, limita-se apenas a seguir cegamente as instruções do seu programador. O grande trunfo de um computador é processar informação muito mais rapidamente do que um ser humano e ter uma memória de grande capacidade e precisão, além de poder trabalhar continuamente sem se cansar.

No entanto, há algum paralelismo entre o modelo de funcionamento de um computador, incluindo os seus componentes, e o modelo geral de comportamento de um ser humano na sua vida cotidiana. Ambos processam e memorizam informação e interagem com o mundo exterior. A grande diferença é que os computadores atacam os problemas de forma sistemática e repetitiva, sem se cansarem, enquanto os seres humanos preferem o raciocínio, a dedução, a intuição e a criatividade.

Os seres humanos funcionam essencialmente por associações, com suporte em reações químicas e atividades bioelétricas, num conjunto harmonioso ainda muito pouco compreendido. Os computadores funcionam em base binária, só com dois símbolos (0 e 1), e apesar desta simplicidade conseguem realizar tarefas extraordinárias. É fundamentalmente a arquitetura de um computador que determina a sua funcionalidade e capacidade.

Este capítulo termina com uma breve descrição histórica da evolução dos computadores, incluindo a competição fervilhante do mercado atual nesta área.

# 1.1 O COMPUTADOR COMO FERRAMENTA

Há muitos animais que utilizam ferramentas, incluindo aves e até mesmo peixes, embora apenas com a finalidade de facilitar a sua alimentação (quebrar ovos ou cascas de frutos, por exemplo). Os primatas têm mais facilidade do que os outros animais, não apenas pela sua maior inteligência, mas porque desenvolveram uma habilidade diferente dos demais.

Desde há muito tempo que o Homem se habituou a recorrer a ferramentas. Usou paus e pedras, não apenas no seu estado natural, mas transformadas (pedras lascadas para melhor cortar, paus afiados para melhor perfurar). Dominou o fogo e os metais, melhorou o seu conhecimento das tecnologias e dos materiais, inventou os materiais sintéticos como o plástico, com tecnologia fez mais ferramentas e com ferramentas fez mais tecnologia.

O desenvolvimento da humanidade tem sido marcado por inventos, descobertas e criações históricas, como a invenção da roda, a descoberta da eletricidade e a invenção do motor, quer seja o de combustão, quer seja o elétrico. Mas numa história de acontecimentos importantes, que se têm sucedido a uma cadência cada vez mais rápida, nenhum teve impacto mais bombástico, tanto em termos de abrangência como de rapidez de mudança face à escala humana, do que o aparecimento do computador, em particular, o do computador pessoal.

O computador é o rei das ferramentas! Não se trata de um equipamento mecânico, como um utensílio agrícola ou uma simples alavanca. Mas o seu poder é tal que, mesmo sem interferir diretamente de forma física no nosso mundo (embora possa fazê-lo indiretamente, controlando equipamentos eletromecânicos), mudou completamente a nossa forma de viver, comunicar e trabalhar, sendo responsável pela obsolescência de inúmeras áreas de trabalho e pela criação de muitas outras. É cada vez mais importante que a sociedade saiba lidar com computadores, mesmo que apenas como usuário.

Mais do que a própria televisão, o computador é "a caixa que mudou o mundo". A televisão pode ser mais midiática, mas o computador supera-a no que se refere ao impacto nos mais variados aspectos da sociedade. Com o advento da televisão de alta definição e da melhoria das comunicações, a televisão e o computador parecem estar em "rota de colisão", juntando-se a capacidade de distribuição de informação multimídia, de interatividade global e de processamento local de informação.

No entanto, um computador em si não tem nada de mágico. Ao contrário dos seres humanos, ele não tem inteligência própria, no sentido de poder criar autonomamente novo conhecimento através de raciocínio com base no que já tem memorizado. Trata-se simplesmente de um sistema eletrônico, que consegue processar informação muito mais rapidamente do que um ser humano, de uma forma muito mais confiável e determinística, quer em termos de funcionalidade, quer em termos de memória. Ele é ótimo para executar tarefas repetitivas, mas tem de ser programado exaustivamente, prevendo-se todas as situações que podem ocorrer.

A chamada Inteligência Artificial, um conjunto de técnicas que permite a um programa de computador aprender conhecimento e inferir daí novas conclusões, consegue dotar o computador de uma inteligência aparente, em particular quando conjugada com a Robótica, de forma a permitir a construção de sistemas autônomos que decidem sozinhos perante situações não programadas previamente. No entanto, ainda estamos longe da visão do computador (comum nos filmes de ficção científica) que consegue manter um diálogo e um raciocínio como se fosse uma pessoa.

NOTA — Já existem pequenos computadores (chamados **redes neurais**) que conseguem aprender e tomar decisões de uma forma semelhante à do cérebro humano (simulando os neurônios). São ainda pequenos protótipos, mas já com algumas aplicações interessantes, podendo um dia evoluir para sistemas mais inteligentes e, de alguma forma, substituir os humanos em tarefas que impliquem decisões, tal como as máquinas mecânicas vieram substituir, com vantagens, o músculo humano em massa (cujo maior expoente talvez seja a construção das pirâmides no antigo Egito).

Excluindo estas áreas, o comportamento dos computadores é determinado por programação e não por aprendizagem. O computador obedece a um padrão de comportamento predefinido por um programador através de um programa. Quando um computador reage de forma "esperta" perante uma determinada situação, seja num jogo, seja num programa de trabalho (na área da contabilidade, por exemplo), o que sobressai é apenas a inteligência de quem fez o programa, que anteviu a situação e programou o computador para reagir de determinada forma. Não é o computador que, tendo apenas por base o conhecimento geral do assunto em questão, analisa a situação, raciocina, toma decisões no momento e aprende com os erros e os sucessos passados, como se fosse um ser humano. Pelo contrário, isto foi feito pelo programador antecipadamente, quando desenvolveu o tal jogo ou o tal programa de contabilidade. Tudo já tem de estar previsto.

Um computador tem como componentes fundamentais um "cérebro" e uma memória. O dito cérebro não é mais do que uma unidade de processamento, capaz de operações muito, muito básicas. A memória não faz mais do que armazenar dados e as instruções dos programas. Um computador em funcionamento pode ser comparado a um ratinho num enorme labirinto, seguindo cegamente setas que indicam a direção a tomar (as instruções do programa). É o conjunto dessas instruções que o programador implementou e o seu comportamento perceptível que dão a aparente inteligência ao computador. Esse, em si, não faz a mínima ideia do que está fazendo!

ESSENCIAL

- O computador é a verdadeira "caixa que mudou o mundo", mas não por mérito próprio. O computador executa cegamente as instruções que lhe dão, sem saber o que está fazendo. A inteligência aparente de alguns programas é apenas a do programador, que soube antever as várias situações possíveis;

- O computador é a ferramenta mais elaborada que o Homem já desenvolveu. Uma das suas características fundamentais é servir para desenvolver outras ferramentas, atuando como metaferramenta e aumentando de forma exponencial o ritmo de desenvolvimento da sociedade.

O objetivo deste livro é mostrar como é que esse "cérebro" e essa memória podem estar organizados de forma a conseguir implementar programas arbitrariamente complexos e funcionalidades de alto nível que nos são verdadeiramente úteis na nossa vida cotidiana e sem as quais já não conseguimos mais conceber a sociedade moderna.

## 1.2 A IMPORTÂNCIA DOS COMPUTADORES

Antes do advento dos computadores tudo era manual, com mão de obra intensiva. Os departamentos de contabilidade, as repartições públicas, etc. estavam cheias de pessoas que gastavam metade do tempo anotando informação em livros de registro e a outra metade consultando-os. As pessoas passavam dezenas de anos no mesmo emprego, executando as mesmas tarefas repetidamente e da mesma forma. O computador veio mudar tudo isto, com características imbatíveis por qualquer ser humano:

- **Automatização** – O computador executa tarefas repetitivas indefinidamente e de forma autônoma sem se cansar, mesmo trabalhando 24 horas por dia;

- **Capacidade** de memória e de processamento – Permite memorizar enciclopédias inteiras com a maior facilidade e efetuar cálculos muito complexos;

- **Rapidez** – Um computador consegue executar operações simples milhares de milhões de vezes mais rápido que um ser humano;

- **Confiabilidade** – A probabilidade de um computador cometer um erro eventual é na ordem de bilhões de vezes menor do que a de um ser humano (não contando com os erros de programação que os programadores sempre introduzem!...);

- **Custo** – Um computador pode trabalhar continuamente sem contestar as ordens, sem receber nenhum salário, sem pedir aumentos e sem fazer greves. É o empregado ideal. Paga-se a ele próprio em pouco tempo!...

Por outro lado, as pessoas têm custos de remuneração cada vez mais elevados, mas (ainda) conseguem apresentar algumas vantagens:

- **Inteligência** – As capacidades de raciocínio de um computador são ainda demasiado primitivas em comparação com as dos seres humanos;

- **Criatividade** – O expoente máximo da natureza humana e em termos práticos totalmente fora do alcance das capacidades de um computador atual;

- **Trabalho físico especializado** – Apesar de todos os avanços tecnológicos na área da robótica, em termos de sensores artificiais (visão, tato, etc.), de atuadores eletromecânicos de precisão (mãos artificiais) e de programas de controle e decisão, nada ainda consegue substituir os trabalhadores humanos em operações que envolvam intervenção física não repetitiva.

Estas características têm sido responsáveis pela mudança estrutural das organizações e dos seus métodos de trabalho. Os cargos de tarefas repetitivas e de baixa especialização têm sido sistematicamente substituídos por outros, de maior nível tecnológico, e desempenhados por um número crescente de computadores que "ocupam" agora os empregos que antes eram atribuídos a pessoas.

## 1.3 PROCESSAMENTO DA INFORMAÇÃO

Mas, afinal, o que um computador é capaz de fazer, isto é, que tipo de problemas consegue resolver? Resposta: todos os que envolvam processamento de informação.

Deste ponto de vista, um computador não se comporta de forma muito diferente do que uma pessoa processando informações. Ele consegue é fazê-lo de forma mais rápida, mais confiável e com maiores capacidades de processamento e de memória. Na prática,

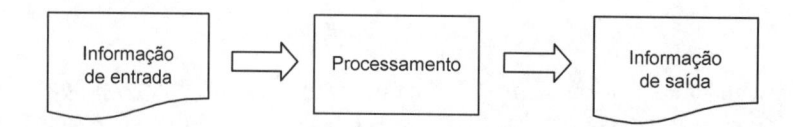

**Fig. 1.1 – O computador como sistema de processamento de informação**

o que um computador faz é simular o comportamento de uma ou mais pessoas. Trata-se de uma simulação simplificada, uma vez que as pessoas necessitam de artifícios organizacionais e de coordenação que são totalmente supérfluos para um computador.

Um computador consegue simular facilmente (com grandes vantagens) muitas das tarefas que antigamente eram executadas por um batalhão de pessoas no departamento de contabilidade (por exemplo) de uma empresa. O mesmo não se pode dizer de simular o trabalho de uma só pessoa em um processo de criação, seja um escritor, um filósofo, um artista plástico, um cientista, etc. Onde é que está a diferença? O primeiro caso corresponde a uma área de trabalho com procedimentos repetitivos e metodologias bem definidas, enquanto no segundo o que está em questão é a inteligência e a criatividade, o desbravar de novas fronteiras, o estabelecer de novas regras.

Portanto, o processamento de informação pressupõe a existência prévia de um **algoritmo** (conjunto de passos elementares para se atingir um determinado objetivo), que num computador é implementado por um programa e, no caso de uma pessoa, se traduz por um manual de procedimentos (escrito ou simplesmente explicado oralmente ou ainda assumido de forma implícita).

Aliás, o mesmo processamento pode ser implementado por algoritmos diferentes, alternativos. Por exemplo, o cálculo do perímetro de um retângulo pode ser implementado de duas formas distintas:

- Algoritmo 1 – Somar todos os lados (três somas);

- Algoritmo 2 – Somar um lado com outro diferente e multiplicar a soma por 2 (uma soma e uma multiplicação).

A escolha do melhor algoritmo depende das condições que se tem para implementá-los. Se a soma e a multiplicação forem da mesma ordem de grandeza em termos de complexidade e de tempo de execução, então o segundo algoritmo parece ser o melhor. Mas se a multiplicação for muito mais complicada e demorada do que a soma num determinado computador, então o primeiro algoritmo tornar-se-á mais simples e rápido. Terá mais passos, mas mais simples.

Em cada caso, tem-se de avaliar a situação e escolher o algoritmo mais adequado. Um determinado algoritmo pode ser bom para ser implementado num computador e ruim para ser executado por uma pessoa e vice-versa, uma vez que pessoas e computadores têm capacidades distintas.

Os componentes básicos da informação que estão em questão são os seguintes:

- **Programa** – Conjunto de instruções (operações básicas) que quando executadas em uma determinada ordem implementam o algoritmo;

- **Dados de entrada** – Conjunto de valores que o programa consome;

- **Dados de saída** – Conjunto de valores que o programa produz. Em termos intermediários, os dados de saída de uma instrução podem ser os dados de entrada de instruções seguintes;

- **Regras de comunicação** com o mundo exterior, em termos de:

  - Representação dos dados – Notação que todos entendam;

  - Protocolo de comunicação – Regras conhecidas e aceitas por todos.

## 1.4 ESTRUTURA BÁSICA DE UM COMPUTADOR

Nestes termos, pode-se dizer que um computador deverá ser constituído pelos seguintes componentes fundamentais:

- **Processador** – Executa as instruções;

- **Memória de instruções** – Local onde as instruções que compõem o programa estão armazenadas;

- **Memória de dados** – Usada para armazenar os dados de entrada, os dados intermediários e os dados de saída do programa;

- **Interface com o mundo exterior** – Para interação com este.

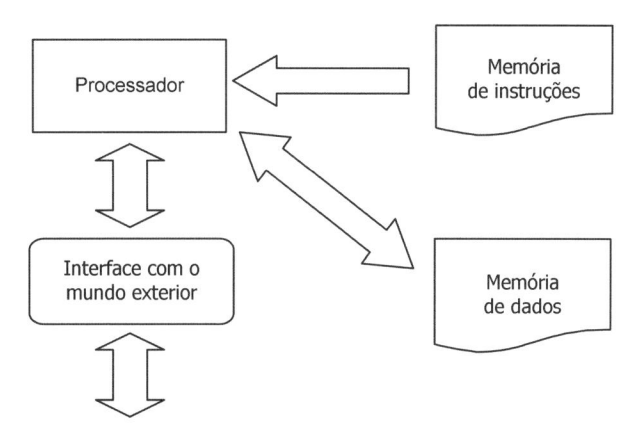

**Fig. 1.2 – Estrutura básica de um computador**

 Assume-se normalmente que, do ponto de vista da execução do programa, a memória de instruções suporta apenas leitura. A escrita, necessária para memorizar o programa, ocorre apenas antes da execução começar, eliminando-se a possibilidade de um programa produzir alterações nele próprio. É uma questão de segurança (contra erros do próprio programa) e de simplicidade.

Este sistema funciona em ciclo, em que o processador é o motor, como se se tratasse de um coração, e executa repetidamente os seguintes passos:

1. Lê uma instrução da memória de instruções;

2. Interpreta a instrução e vê que operação é necessário executar;

3. Retira da memória de dados a informação necessária para executar essa operação;

4. Executa a operação;

5. Armazena o resultado dessa operação na memória de dados;

6. Volta ao passo 1, onde irá ler a instrução seguinte na memória de instruções.

 Algumas instruções usam a interface com o mundo exterior em vez da memória de dados nos passos 3 ou 5 ou em ambos. É esta troca de informação com o exterior que permite ao computador interagir com o mundo que o rodeia.

Se o elemento de processamento for uma pessoa, naturalmente o processador será o cérebro e a interface com o mundo exterior será composta pelos cinco sentidos, complementada pelos dispositivos motores (músculos e membros). O cérebro inclui ainda memória interna, mas podemos admitir para efeitos de sistematização (e até porque a memória humana não é de forma geral particularmente confiável nem de grande capacidade...) que a memória é apenas externa, ou seja, a memória de instruções é constituída por um manual de procedimentos escrito e a memória de dados consiste num simples bloco de apontamentos.[1]

Um computador é um elemento de processamento incomparavelmente mais simples e determinístico, mas ainda assim o princípio básico é o mesmo. A Figura 1.3 representa o modelo básico de uma arquitetura de computador.

 Quem conhece em maiores detalhes o interior de um PC poderá se perguntar onde é que estão as duas memórias separadas, de instruções e de dados. Não há apenas um conjunto de módulos de memória? É verdade, mas os PCs têm vários níveis de memória. No nível mais perto do processador, há duas memórias separadas, conhecidas por *caches*. A Subseção 4.2.1 e a Seção 7.5 apresentam mais detalhes.

Originalmente, a arquitetura clássica é conhecida como o modelo (ou arquitetura) de von Neumann, nome da pessoa a quem é geralmente atribuída a sua autoria (em 1945), e tem apenas uma só memória. A arquitetura da Figura 1.3 é conhecida como arquitetura de Harvard e constitui uma variante do modelo original. A sua grande vantagem é permitir ao processador acessar ao mesmo tempo a memória de dados e a memória de instruções, possibilitando assim que o computador execute programas com mais velocidade.

O processador está dividido em duas partes fundamentais:

- **Unidade de Dados** – Executa as operações que o processador necessita realizar, seja em nível aritmético (soma, subtração, multiplicação, etc.), seja em nível lógico (operações com FALSO e VERDADEIRO);

---

[1]Claro que desde o barro ou a pedra, passando pelo papiro, papel, fitas e discos magnéticos, CDs, DVDs, etc., o suporte físico de registro de informação tem evoluído bastante...

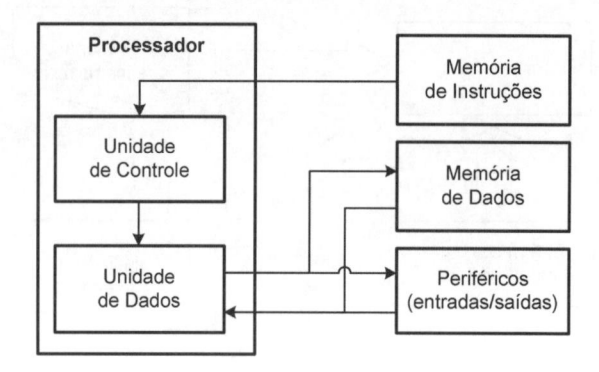

**Fig. 1.3 – Arquitetura básica de um computador**

- **Unidade de Controle** – Responsável por ler e interpretar as instruções lidas da memória de instruções, dar ordens à Unidade de Dados para executar operações, coordenar as leituras e escritas na memória de dados, coordenar a comunicação com o mundo exterior através dos periféricos, etc.

 Existem outros modelos de computação, entre os quais se incluem as redes neurais mencionadas anteriormente. A descrição destes modelos está fora do âmbito deste livro, que se concentra no modelo mais clássico por ser o único usado atualmente em larga escala em nível mundial.

Os periféricos são dispositivos especializados que permitem ao processador:

- Comunicar-se com o mundo exterior, quer seja:

    - Outros computadores (interface de rede de comunicações);

    - Pessoas (interfaces para monitor, teclado, mouse, etc.);

    - Dispositivos físicos (sensores e atuadores), que permitem controlar sistemas complexos como, por exemplo, um edifício.

- Armazenar grandes quantidades de informação (interfaces para discos magnéticos, CDs, DVDs, etc.) que não caberiam na memória de dados do computador. Além disso, as memórias (instruções e dados) de um computador real normalmente são **voláteis** (ou seja, a sua informação é perdida quando se desliga o computador) e de capacidade bastante limitada. Estes dispositivos (discos magnéticos, CDs, DVDs, etc.) permitem guardar dados e instruções de forma permanente e têm capacidade de armazenamento muito superior. Isto implica que haja transferência de informação entre as memórias e os discos, que estão ligados ao processador como periféricos.

**ESSENCIAL**

- Um computador é constituído basicamente por um processador, memória e periféricos. Quando o processador quer armazenar dados (para posteriormente os ler), usa a memória. Quando quer trocar dados com o mundo exterior, usa os periféricos;

- O processador é o elemento ativo (que faz a computação), mas não conhece o programa. Tem de ir buscá-lo na memória de instruções, instrução a instrução, sequencialmente;

- O processador também não conhece os dados. Se uma instrução precisar de dados, tem de lê-los da memória de dados. Se uma instrução produzir um resultado, tem de armazená-lo na memória de dados;

- A vida de um processador resume-se a isto: ler instrução, ler dados, executar instrução, armazenar dados e repetir tudo de novo para a instrução seguinte. E ele consegue fazer este ciclo vários milhares de milhões de vezes por segundo!!!

# 1.5 O mundo com apenas dois símbolos

Os seres humanos são seres vivos que funcionam por processos químicos e bioelétricos, com valores contínuos. Os efeitos são proporcionais às variações dos valores das concentrações de certos elementos químicos e das pequenas correntes elétricas, de uma forma gradual e contínua.

Os computadores são sistemas eletrônicos, com base em tensões elétricas, mas com valores discretos. Usam apenas dois valores básicos, numa base binária (normalmente, a ausência de tensão elétrica é designada como **0** e a presença dessa tensão é designada como **1**).

De forma geral, as pessoas utilizam a base decimal para as operações aritméticas (com 10 valores diferentes, conhecidos por dígitos, uma vez que normalmente elas têm 10 dedos nas mãos) e um alfabeto composto por 26 símbolos, conhecidos por letras, para as operações com texto.

Um computador é um sistema eletrônico com muitos fios elétricos, cada um podendo ter apenas os valores 0 ou 1. Cada um destes fios permite representar um **bit** (termo que vem da contração das palavras anglo-saxônicas *binary digit*, ou dígito binário). Assim, um computador tem de se contentar com apenas 2 símbolos (0 e 1), seja para operações aritméticas, seja para operações com texto, enquanto as pessoas têm pelo menos 36 símbolos diferentes à disposição.

A forma de resolver este problema é simples: codificar os números em base decimal e as letras do alfabeto como sequências diferentes de vários *bits*. Quantos mais *bits* uma sequência tiver, maior será o número possível de variantes. Com 4 bits, por exemplo, é possível representar 16 sequências diferentes, simplesmente variando as combinações dos valores dos vários *bits*. A Tabela 1.1 mostra essas sequências e a sua correspondência com valores em base decimal.

De igual forma, é possível codificar letras e sinais de pontuação em diversas sequências de *bits*. Durante muitos anos usou-se a chamada codificação **ASCII**, em que as 52 letras (26 maiúsculas, 26 minúsculas) mais uma série de sinais de pontuação (vírgula, ponto final, etc.) eram codificadas em 8 bits, o que permite 256 combinações diferentes. Há alguns anos foi adotada uma nova codificação, denominada *Unicode*, que utiliza 16 bits e permite 65.536 combinações diferentes, desta forma suportando melhor os alfabetos com muitos símbolos (os orientais, especialmente).

Em computadores, o conjunto de 8 bits é muito importante. Por esse motivo, tem um nome próprio: **byte**. Mas não constitui nada mais do que um conjunto de 8 bits. Normalmente, as sequências de *bits* usadas têm um número de *bits* que é múltiplo de 8 (e, por

**Tabela 1.1 – Representação em binário e em decimal dos números de 0 a 15**

| Valor em binário | Valor em decimal |
|---|---|
| 0000 | 0 |
| 0001 | 1 |
| 0010 | 2 |
| 0011 | 3 |
| 0100 | 4 |
| 0101 | 5 |
| 0110 | 6 |
| 0111 | 7 |
| 1000 | 8 |
| 1001 | 9 |
| 1010 | 10 |
| 1011 | 11 |
| 1100 | 12 |
| 1101 | 13 |
| 1110 | 14 |
| 1111 | 15 |

**Tabela 1.2 – Comparação entre características das pessoas e dos computadores**

| COMPONENTE DE INFORMAÇÃO | PESSOA | COMPUTADOR |
|---|---|---|
| Programa | Manual de procedimentos | Memória de instruções |
| Dados | Bloco de notas | Memória de dados |
| Elemento de processamento | Cérebro | Processador |
| Representação de dados | Linguagem natural, letras, dígitos decimais | *Bits, bytes* |
| Regras de comunicação | Regras de conversação | Protocolos com sinais binários |

conseguinte, de *bytes*). A vantagem de usar *bytes* como unidade mínima de manipulação em vez de *bits* individuais é facilitar a referência e a manipulação dos números binários (porque estes normalmente têm muitos *bits*).

Também se notam as diferenças na comunicação entre elementos de processamento:

- As pessoas usam linguagem natural, falada ou escrita (recorrendo a letras e dígitos), obedecendo a regras de conversação que vão aprendendo ao longo da sua vida;

- Os computadores se comunicam através de fios elétricos, mais uma vez na base binária, em que são usados além de dados também *bits* de controle que estabelecem protocolos de comunicação extremamente simples e bem definidos, na sua essência equivalentes a semáforos (de todos os computadores envolvidos em uma comunicação, só um computador de cada vez recebe luz verde para "falar").

A Tabela 1.2 resume as características das pessoas e dos computadores em termos dos componentes de informação enunciados na Seção 1.3. Esta comparação visa apenas ilustrar, em termos "gerais", que tanto pessoas quanto computadores enfrentam o mesmo tipo de problema ao processar informação e ao se comunicar. A analogia não pode ser levada demasiado longe. Os processadores dos computadores têm um modelo de funcionamento e capacidades (rapidez de processamento, memória, confiabilidade, etc.) completamente diferentes dos do cérebro humano. É por essa razão que os computadores não conseguem substituir os humanos nem vice-versa. Precisamos de ambos!

## 1.6 INTERAÇÃO HUMANO-COMPUTADOR

A Tabela 1.2 resume as características fundamentais das pessoas e dos computadores, do ponto de vista do processamento da informação, mas de forma separada. Naturalmente, logo surge a seguinte pergunta: "Como é que pessoas e computadores se comunicam entre si?"

A comunicação "computador → humano" é relativamente fácil. Atualmente os computadores têm uma boa interface gráfica e apresentam, sem problemas, texto, gráficos, diagramas, som (música ou voz), vídeo, etc., de modo a melhor transmitir a mensagem adequada ao seu usuário.

No entanto, convém não esquecer que toda esta informação primeiro tem de ser introduzida no computador por um programador ou operador e o computador tem de ser programado para apresentar a informação no formato adequado e na ordem correta. É aqui que surgem os problemas na comunicação "humano → computador".

Introduzir dados é relativamente fácil (embora potencialmente demorado e trabalhoso). O teclado permite introduzir texto e já há máquinas fotográficas digitais, digitalizadores de imagem (*scanners*), equipamento para digitalizar vídeo, etc. Mas depois, como o computador vai "saber" o que fazer com tudo isto? Que processamento dos dados é preciso fazer? Deve apresentar o quê, como e quando?

Programar computadores corretamente, de forma a cumprir determinadas especificações, não é nada fácil. Os seres humanos são conhecidos por, apesar de toda a sua inteligência, terem dificuldade em se comunicar com os seus pares e exprimir corretamente as suas ideias. Muitas vezes dizemos uma coisa quando na realidade queríamos dizer algo distinto, e o nosso interlocutor percebe ainda outra coisa diferente.

Por isso, por que haveria de ser fácil "dizer" a um computador exatamente o que queremos? A este respeito, é usual ouvir-se:

*O meu computador é estúpido que nem uma porta! Não faz o que eu quero, só faz o que eu lhe mando fazer!*

Isto quer dizer que facilmente cometemos erros na programação do computador, que não antecipamos todas as situações e que às vezes o programa, ao ser executado no computador, faz coisas que não queríamos que fizesse. Mas a culpa é nossa, pois o computador segue fiel e cegamente as nossas instruções. A frase seguinte é por demais conhecida:

*A máquina tem sempre razão!*

Dado que os computadores são máquinas precisas e determinísticas, não é fácil eles entenderem de forma direta a linguagem dos seres humanos, que são "máquinas" difusas e probabilísticas, de pensamento abstrato e comportamento muito aleatório. Por isso, ainda não se consegue falar diretamente com os computadores em linguagem natural, de forma suficientemente prática e segura, para que este seja o meio normal de comunicação com eles.[2] Assim, a transformação da ideia de uma pessoa num programa de computador que a implemente tem de seguir um caminho longo e árduo, com vários passos, como descrito pela Figura 1.4.

Os seguintes passos fundamentais podem ser observados, desde o nível das pessoas até o nível do computador:

1. Uma determinada pessoa (vamos chamá-la de autor) elabora uma ideia, e a respectiva especificação em **linguagem natural** (em português, por exemplo), podendo incluir diagramas, tabelas, imagens, etc. (tudo o que ajude a explicitar a ideia). No entanto, mesmo que toda a documentação seja preparada num computador, este não entende o conteúdo semântico. Para o computador, um texto não passa de uma sequência linear de caracteres, uma imagem é apenas uma matriz de pontos (*pixels*), etc. Nesta figura, a frase "... depositar 100 reais..." exemplifica a linguagem natural.

2. Outra pessoa (ou a mesma do passo anterior), o **programador**, transforma a especificação do sistema num **programa**, constituído por um algoritmo expresso numa **linguagem de programação**, como C ou Java. Neste nível, o programa é apenas texto que o computador ainda não entende diretamente, mas (i) já está mais sistematizado e rigoroso do que a especificação original e (ii) pode ser transformado automaticamente na linguagem que o computador entende diretamente (**código de máquina**). O texto do programa é também denominado **código-fonte**. Neste exemplo, a ação de depositar 100 reais é programada como a soma de 100 ao conteúdo de uma célula de memória, com o nome sugestivo de Saldo (de uma conta bancária hipotética), e a guarda do resultado da soma novamente na célula de memória Saldo.

3. O programa do passo anterior é em seguida transformado por outro programa (denominado **compilador**), que faz sua conversão para código de máquina, que consiste numa sequência de números binários representando as instruções básicas, que o computador já entende e pode executar diretamente. Este já não é um nível que as pessoas entendam, mas não tem importância. O compilador é o responsável por fazer corretamente a conversão entre código-fonte e código de máquina.

> **NOTA** — O código de máquina consiste numa sequência de instruções básicas que o computador sabe executar diretamente e que refletem diretamente os recursos internos de que o processador dispõe. Há casos em que um programador especializado tem interesse em verificar em detalhes essas instruções. Para que isto seja possível, cada computador tem uma representação dessas instruções em texto, com nomes (e não simples números binários), denominada **linguagem** *assembly*. Existe uma correspondência de um para um entre cada instrução em linguagem *assembly* e em código de máquina.

De alguma forma, este processo é semelhante à digestão dos seres vivos, em que os alimentos (que não são assimiláveis diretamente pelo organismo) vão sendo sucessivamente mastigados e digeridos, passando por várias transformações até chegar a um

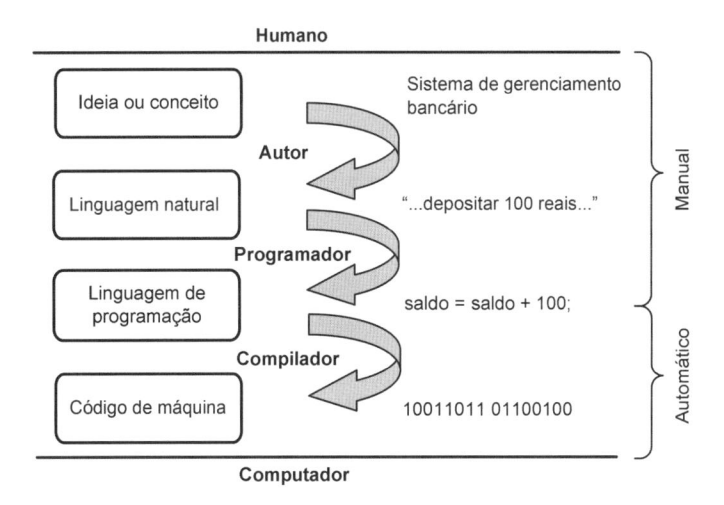

**Fig. 1.4 – Processo de transformar um conceito num programa que um computador saiba executar. Parte do percurso é automática, mas a parte mais difícil ainda é manual**

---

[2]Já existem alguns programas que foram desenvolvidos para admitirem texto do usuário em linguagem natural, sem formatos fixos predefinidos. No entanto, são tipicamente limitados à pesquisa de informação pré-memorizada e num contexto de conhecimento normalmente específico.

estágio em que o organismo já consegue assimilar diretamente os nutrientes. A semelhança vai até um pouco mais longe, pois os compiladores normalmente conseguem detectar e eliminar código-fonte inútil (funções que nunca são chamadas, por exemplo), antes de gerar o código de máquina.

Os primeiros computadores eram programados diretamente em código de máquina e em binário. Felizmente, hoje é o próprio computador que faz boa parte do trabalho na conversão até o código de máquina. Os programadores não têm que fazer mais do que transformar o enunciado do problema numa descrição equivalente usando uma linguagem de programação de alto nível (C, Java, etc.). "Só" isto já é bastante complicado!

> **NOTA** A passagem da especificação para o programa é um aspecto bastante complexo, em particular para grandes programas. Normalmente faz-se uma análise mais rigorosa dos requisitos expressos na especificação, estabelece-se um modelo, tomam-se decisões sobre a implementação. As empresas que se dedicam a produzir programas com base em especificações dos clientes têm um conjunto elaborado de regras e pessoal especializado em cada uma das fases de desenvolvimento do programa. A tarefa não termina aqui, pois é preciso produzir as instruções na linguagem de alto nível, testar o programa, corrigir os erros e fazer manutenção após o programa ser entregue ao cliente. É toda uma área gigantesca (Engenharia da Programação) que sai completamente do âmbito deste livro.

# 1.7 O GERENCIAMENTO DE UM COMPUTADOR

Os primeiros computadores eram programados diretamente em binário, usando interruptores e mudando as ligações físicas com cabos. Os resultados eram visualizados num conjunto de lâmpadas (uma lâmpada acesa significava 1, apagada significava 0).

A utilização de um computador era uma tarefa demorada e tediosa, reservada para especialistas. O computador tinha que estar parado enquanto era programado. Executava o programa e parava de novo. Só podia executar um programa de cada vez. Era um sistema totalmente dedicado a um só programa.

Hoje já não é mais assim. O computador tem de executar muitos programas, inclusive vários ao mesmo tempo, particularmente:

- Programas que o programador especifica;
- Programas que suportam todo o ciclo de desenvolvimento de um programa do usuário, tais como:
  - Introdução no computador do texto do programa de alto nível (editor);
  - Conversão do texto do programa em código de máquina (compilador);
  - Carregamento na memória de instruções do programa em código de máquina para ser executado.
- Programas que gerenciam a interface com o usuário (tela do monitor, teclado, mouse);
- Programas que gerenciam o dispositivo de memória não volátil usado para guardar os programas (tipicamente, um disco magnético).

Tudo isto requer um gerenciamento adequado de forma que os vários programas cooperem de uma forma harmoniosa. Assim, um computador típico está sempre executando um programa básico, conhecido por **sistema operacional**, que é responsável por:

- Executar todos os programas necessários;
- Gerenciar todos os recursos do computador;
- Fornecer ao usuário uma interface que lhe permita dar comandos ao sistema e visualizar os resultados dos programas.

Quando um computador é ligado, logo começa a executar o sistema operacional, que depois se encarrega de executar os programas que forem necessários. Quando um computador é desligado, não se deve simplesmente desligar o botão. Primeiro deve-se fazer o *shutdown* (parar o sistema operacional), o que possibilita arrumar os vários recursos do sistema de forma consistente.

O sistema operacional é provavelmente o programa mais complexo que um computador executa, e tem de estar sempre em execução enquanto o computador estiver ligado. Se por erro ou outro motivo qualquer o sistema operacional deixar de funcionar bem, todo o computador para, e diz-se que "o sistema caiu". Se isto acontecer, é preciso reiniciar todo o computador (felizmente, com a evolução da tecnologia dos sistemas operacionais isto é cada vez menos frequente).

Os sistemas operacionais mais conhecidos são:

- **MS-DOS** – Usado pelos primeiros PCs e hoje só com interesse histórico;

---

**ESSENCIAL**

- Os computadores funcionam em base binária, com apenas dois símbolos: 0 e 1. Eles não entendem diretamente a linguagem natural;

- É preciso converter as nossas ideias (expressas em linguagem natural) para 0s e 1s (código de máquina);

- Parte da conversão tem de ser feita manualmente, por quem programa o computador, que traduz o algoritmo para instruções numa linguagem de alto nível, como C ou Java, que constituem o programa ou código-fonte;

- O resto já é feito de forma automática, por um programa chamado compilador, que produz sequências de 0s e 1s executáveis diretamente pelo computador (código de máquina);

- Na realidade, um computador está sempre executando um programa base, o sistema operacional, que é responsável por executar todos os outros programas, gerenciar os recursos do computador e implementar a interface com o usuário.

---

- **Windows** – Usado atualmente nos PCs e *tablets* produzidos pela Microsoft;

- **Unix** – Pode ser usado em praticamente qualquer computador (PC ou não);

- Variantes e derivados do Unix, especialmente;

  - **Linux** – Uma versão de código-fonte aberto desenvolvida originalmente para PCs, mas hoje usada até em supercomputadores;

  - **OS X** – Sistema operacional dos computadores Apple (conhecido como Mac OS X até 2012);

  - **iOS** – Sistema operacional dos *smartphones* e *tablets* da Apple;

  - **Android** – Sistema operacional de código-fonte aberto e que equipa a maior parte dos *smartphones* e *tablets* não originários da Microsoft e da Apple.

# 1.8 A EVOLUÇÃO DOS COMPUTADORES

O desenvolvimento da ciência e da sociedade tem-se acelerado a um ritmo exponencial, e o computador não só é um dos principais responsáveis por essa evolução como também tem ele próprio se beneficiado das suas capacidades, dando suporte a todas as ferramentas de desenvolvimento de novos computadores.

Os computadores evoluíram rapidamente, em particular após a Segunda Guerra Mundial. Paradoxalmente, foi a própria guerra que mais estimulou o seu desenvolvimento inicial, antes de se perceber o seu potencial em aplicações para benefício da sociedade civil.

A tecnologia dos computadores começou pelos grandes sistemas, suportáveis apenas por grandes entidades estatais, mas o aparecimento do PC no início da década de 1980 é que realmente mudou a sociedade, porque afetou diretamente a vida de cada um de nós.

Como em muitas áreas do conhecimento, a história dos computadores está recheada de desenvolvimentos tecnológicos, do domínio do Homem sobre a matéria. Mas o que é verdadeiramente importante, o que realmente faz a diferença em ocasiões cruciais é a visão de algumas pessoas, que muitas vezes parecem lunáticos remando contra a maré, mas que depois são vistos como os grandes visionários que mudam o rumo da história. Porém, como sempre, ninguém tem razão o tempo todo.

Em 1977, o fundador da DEC (Digital Equipment Corporation, um dos mais importantes fabricantes de computadores) afirmava:

> *Não há razão alguma que leve alguém a querer um computador em sua casa.*

Entretanto, Bill Gates (um dos fundadores da Microsoft) aparecia com a sua visão de um computador em cima da mesa (e mais tarde na casa) de todos, e isso, juntamente com o aparecimento dos microprocessadores num só circuito integrado durante a década de 1970, mudou o mundo. O PC, em particular, foi um dos grandes responsáveis pelo declínio de alguns fabricantes de grandes computadores, incluindo a DEC.

No entanto, em 1981, Bill Gates afirmava, referindo-se à limitação do DOS (sistema operacional anterior ao Windows) em termos de capacidade de memória:

> *640 KBytes [de memória] deverão ser suficientes para qualquer pessoa.*

Nessa época, os programas para computadores eram escassos, rudimentares e pequenos. Uma capacidade de memória de 640.000 *bytes* (aproximadamente) parecia uma imensidão inesgotável. Hoje, os computadores pessoais têm cerca de 10.000 vezes esta capacidade de memória, e isto continuará a não ser suficiente. Os servidores têm ainda mais.

Por outro lado, Bill Gates tentou dominar o mercado da Internet, quando este explodiu no início da década de 1990, introduzindo a Microsoft Network™ e tentando levar as pessoas a acessar a informação através do seu sistema. Não conseguiu, pois a Internet rapidamente adquiriu um formato próprio descentralizado, mas em compensação levou os seus vastos recursos humanos a mudarem todo o conjunto de ferramentas de *software* produzidas pela Microsoft (o Office™, principalmente) para estarem integradas com as tecnologias da Internet, e assim continuou à frente do mercado.

Esta capacidade de se adaptar ao que não consegue vencer tem sido uma das características mais marcantes da personalidade de Bill Gates e uma das grandes razões para o sucesso da Microsoft. É algo de que nem todas as empresas podem se orgulhar, em particular as empresas dos grandes computadores que sofreram com o aparecimento do PC e com a democratização no acesso aos computadores.

Há pouco mais de 30 anos, o cenário mundial da computação era liderado pelos grandes dinossauros, os supercomputadores, que custavam uma fortuna e dos quais se vendiam apenas umas poucas dezenas de unidades, sendo usados exclusivamente por entidades estatais ou grandes empresas privadas.

Hoje se vendem anualmente cerca de 300 milhões de PCs no mundo inteiro, cada um mais poderoso do que um supercomputador de há uns anos e com um custo na ordem de 1.000 a 5.000 reais, sendo um produto de consumo que se vende em supermercados, ao lado dos televisores e de outros eletrodomésticos.

Há muito tempo os PCs deixaram de se restringir ao escritório para invadir os nossos lares e escolas. Tal como aconteceu com os televisores, passou a ser comum ter vários PCs em cada casa. Um fator de crucial importância é a exposição das crianças desde tenra idade ao computador e à Internet. Com todos os seus benefícios e perigos, é algo que mudou muito a sociedade, e de forma muito rápida.

A rapidez é tal que os próprios PCs, tanto os fixos (*desktops*, de mesa) como os portáteis (*laptops*, de colo), estão em declínio desde 2010, ano em que a Apple introduziu o iPad, criando uma nova categoria de computadores pessoais, os *tablets*. Menores, mais baratos e com mais horas de autonomia que um PC portátil, com tela sensível ao toque e muita versatilidade, esses *tablets* aumentaram em muito a mobilidade da computação pessoal e aproximaram-na ainda mais da eletrônica de consumo. Atualmente, com um ritmo de crescimento explosivo (na ordem de 70 %, em 2013), deverão ultrapassar os PCs (em número de unidades vendidas por ano) em breve. Isto significa que terão bastado um pouco mais de cinco anos para os *tablets*, a partir do zero, destronarem o já venerável PC. Nunca a tecnologia evoluiu tão rápida!

No outro extremo da escala e com alguma ironia, os supercomputadores de hoje não passam de agrupamentos (*clusters*) de servidores (computadores semelhantes aos PCs, mas com mais capacidades), cooperando na execução de uma mesma aplicação complexa.

Sai significativamente mais barato do que desenvolver um supercomputador sob medida[3] e o potencial de poder de computação agregado é igualmente avassalador.

Segundo o TOP 500,[4] dos computadores mais potentes do mundo em junho de 2013, 90,4 % desses computadores eram baseados em processadores da Intel e da AMD, cuja arquitetura evoluiu do 8086, contra 68,2 % em 2006 e apenas 1,2 % em 2000! Em junho de 2013, o supercomputador mais potente (Tianhe-2, na China) usava cerca de 16.000 nós de processamento, cada um com cinco processadores Xeon da Intel, dois genéricos com oito núcleos cada e três coprocessadores com 57 núcleos cada. Um núcleo é a unidade de *hardware* básica de processamento. No total, este supercomputador tem 3.120.000 núcleos e uma capacidade de cálculo superior a 30 peta ($10^{15}$) operações por segundo!

Mas para chegar aqui foi necessário o gênio inovador de muitos visionários, além de muito esforço. O fim da Segunda Guerra Mundial marcou o início da verdadeira história dos computadores. O período anterior pode ser considerado como pré-história. A Tabela 1.3 apresenta uma série cronológica com os acontecimentos mais relevantes da história dos computadores e dos processadores. Informação mais detalhada sobre os desenvolvimentos mais antigos pode ser encontrada em [Tanenbaum 1999], [Buchanan 2001], [Patterson 2011], [Wurster 2002] e [IEEE].

---

[3] Além de que é uma tarefa demorada e um esforço brutal. Já houve projetos de supercomputadores que foram cancelados porque demoraram tanto tempo para serem desenvolvidos que a tecnologia evoluiu e tornou o próprio projeto obsoleto ainda antes de entrar no mercado.
[4] www.top500.org

**Tabela 1.3 – Série cronológica dos fatos mais relevantes na história dos computadores e dos processadores até agosto de 2013**

| Ano | Fatos mais relevantes |
| --- | --- |
| Desde 3000 a.C. | - O ábaco foi o primeiro objeto de cálculo e ainda hoje é usado, em particular na Ásia rural;<br>- Também foram usadas pedras para fazer contas, no antigo Egito e noutras regiões. O termo Cálculo deriva do termo latino *calculus* (pedra), e por este motivo foi estendido para o termo Cálculo Matemático. Em medicina usa-se o termo cálculo renal para designar uma "pedra" nos rins;<br>- Até o fim da Renascença pouco ou nada se passou em termos de dispositivos para calcular. Os principais desenvolvimentos ocorreram na área da matemática e da lógica, tendo os árabes, os gregos e depois os europeus como protagonistas. Instrumentos como o astrolábio e o nônio eram instrumentos de medição, não de cálculo;<br>- Um dos fatores fundamentais para o aparecimento das primeiras máquinas mecânicas de cálculo foi o desenvolvimento durante os séculos XVI e XVII da mecânica de precisão usada na relojoaria. |
| 1622 | - William Oughtred inventou uma régua de cálculo (circular) para calcular logaritmos neperianos. |
| 1642 | - Blaise Pascal, filho de um cobrador de impostos, desenvolveu o primeiro somador mecânico, a "Pascaline", que já incluía um mecanismo de "e vai um" automático. |
| 1801 | - Joseph-Marie Jacquard desenvolveu um tear mecânico cujas operações eram comandadas por meio de cartões perfurados. |
| 1822 | - Charles Babbage construiu a *Difference Engine*, o primeiro computador mecânico usado para calcular funções matemáticas e produzir tabelas dos valores resultantes. |
| 1834 | - Charles Babbage começou a projetar a *Analytical Engine*, que, ao contrário da máquina anterior, podia executar vários algoritmos, usando cartões perfurados para entrada de dados e uma placa de cobre que era gravada com os dados de saída. À frente do seu tempo, esta máquina integralmente mecânica já tinha os componentes fundamentais dos computadores de hoje. O problema é que a tecnologia mecânica não era confiável para uma máquina tão complexa. A parte de cálculo só foi acabada pelo seu filho em 1906. |
| 1889 | - Herman Hollerith desenvolveu uma máquina eletromecânica para auxiliar o trabalho de processamento de dados nos censos da população dos Estados Unidos. Usava cartões perfurados, em que um estilete permitia a passagem de corrente elétrica quando o cartão apresentava um buraco. Foi usada com sucesso nos censos de 1890 e 1900, a primeira grande aplicação de processamento de dados. Hollerith fundou uma empresa que mais tarde deu origem à IBM. |
| 1906 | - Lee de Forest inventou a válvula eletrônica com controle de corrente, que permitiu mais tarde implementar os primeiros computadores eletrônicos. Uma válvula eletrônica tem um elétrodo (o cátodo) aquecido, que emite elétrons para outro elétrodo (ânodo). Um terceiro elétrodo colocado entre os dois (grade) permite controlar a corrente de elétrons. Com isto é possível construir circuitos eletrônicos, mas uma válvula gasta muita potência para conseguir isso. |
| 1934 | - Konrad Zuse desenvolveu um computador com relés eletromagnéticos (operacional em 1941). |
| 1943 | - Sob pressão da Segunda Guerra Mundial, o Colossus foi desenvolvido na Inglaterra para decifrar o sistema de cifra das mensagens alemãs (que usavam um dispositivo chamado ENIGMA). Foi o primeiro computador eletrônico usando válvulas eletrônicas. |
| 1944 | - O Mark I foi desenvolvido por Howard Aiken na Universidade de Harvard, usando relés com base na *Analytical Engine* que Babbage não conseguiu construir com componentes mecânicos. Tinha cerca de 750 000 componentes eletromecânicos e era programado estabelecendo ligações elétricas dentro do próprio computador. |
| 1945 | - John von Neumann publicou um artigo em que descreve a arquitetura básica de um computador no qual o programa estava guardado em memória, como números, eliminando a necessidade de fazer alterações físicas nas ligações do computador;<br>- Grace Hopper descobriu o primeiro *bug* no Mark II, sucessor do Mark I: uma traça (inseto) tinha ficado presa no contato de um relé, impedindo-o de funcionar! |

*(continua)*

*(Continuação)*

| ANO | FATOS MAIS RELEVANTES |
|---|---|
| 1946 | ▪ O ENIAC se tornou operacional, embora tarde demais para as aplicações militares que suscitaram o seu desenvolvimento (a Segunda Guerra Mundial tinha acabado). Tinha 18 000 válvulas eletrônicas e pesava 30 toneladas. Era programado com uma profusão de cabos num painel. As válvulas eram pouco confiáveis e o computador funcionava poucas horas até alguma das 18 000 válvulas ficar avariada. |
| 1947 | ▪ Foi desenvolvido o primeiro transistor. Tal como a válvula eletrônica, o transistor permite implementar circuitos de computador, mas sem a energia de aquecimento do cátodo e com tensões mais baixas, gastando muito menos energia e de forma muito mais confiável. Por este desenvolvimento, Bardeen, Brattain e Schokley ganharam um prêmio Nobel em 1956. Em poucos anos, os transistores tornaram as válvulas obsoletas. |
| 1948 | ▪ Apareceu o primeiro disco magnético como memória de massa não volátil. |
| 1949 | ▪ O EDSAC se tornou operacional. Foi o primeiro computador a usar a memória para armazenar o programa, segundo o modelo de von Neumann. |
| 1954 | ▪ No MIT foi desenvolvido o primeiro computador apenas com transistores, o TX-0. Entretanto, o estado da arte comercial era estabelecido pelo IBM 650, que usava válvulas. |
| 1957 | ▪ John Backus, da IBM, desenvolveu o primeiro compilador de FORTRAN (FORmula TRANslator), uma linguagem de programação de alto nível adequada ao cálculo científico. Até então, os computadores eram programados diretamente em código de máquina. |
| 1958 | ▪ Foi produzido o primeiro circuito integrado, com cinco transistores. |
| 1959 | ▪ A IBM desenvolveu o primeiro computador comercial transistorizado, o IBM 7090;<br>▪ Foi definida a linguagem COBOL (*Common Business Oriented Language*), tendo em vista o processamento de dados;<br>▪ John McCarthy desenvolveu a linguagem LISP para aplicações de inteligência artificial. |
| 1960 | ▪ Foi definida a linguagem ALGOL, precursora da maior parte das linguagens de programação, tais como Pascal e C;<br>▪ A DEC desenvolveu o PDP-1, o primeiro computador comercial com um teclado e um monitor (até aqui, a interface com o usuário resumia-se a imensos painéis de interruptores e luzes, além de unidades de leitura e escrita de fitas de papel perfuradas). |
| 1961 | ▪ A Fairchild Semiconductors produziu o primeiro circuito integrado comercial. |
| 1963 | ▪ Foi definido o código ASCII (*American Standard Code for Information Interchange*), que colocou ordem na diversidade de codificação dos caracteres usada pelos vários fabricantes. Isto possibilitou a troca de informação entre computadores. |
| 1964 | ▪ A primeira versão de BASIC (*Beginner´s All-purpose Symbolic Instruction Code*) foi desenvolvida;<br>▪ O mouse foi inventado por Douglas Engelbart. |
| 1965 | ▪ Gordon Moore notou que o número de transistores que se conseguia colocar num só circuito integrado aumentava para o dobro em cada 24 meses. Isto ficou conhecido como a Lei de Moore e, surpreendentemente, tem se mantido aproximadamente válida desde então;<br>▪ A IBM desenvolveu o System/360, o primeiro computador a usar circuitos integrados em vez de transistores individuais. Foi também o primeiro a usar a mesma arquitetura ao longo de uma família de computadores, desde um pequeno até um com maiores capacidades. Esse foi o primeiro passo no sentido de separar a especificação da arquitetura de sua implementação em *hardware*, fornecendo aos vários modelos uma interface comum para o *software*;<br>▪ A DEC produziu o PDP-8, o primeiro minicomputador, muito mais barato do que os grandes computadores IBM o que ampliou a quantidade de empresas que podiam ter computador próprio. |

| Ano | Fatos mais relevantes |
|---|---|
| 1968 | <ul><li>É criada a Intel, empresa fabricante de circuitos integrados;</li><li>Na sequência do desenvolvimento do mouse, Douglas Engelbart demonstrou pela primeira vez que os computadores podiam ser controlados por manipulação de objetos na tela em vez de linhas de texto.</li></ul> |
| 1969 | <ul><li>A Intel produziu o primeiro microprocessador, o 4004, capaz de processar apenas 4 bits de cada vez e incorporando 2000 transistores.</li></ul> |
| 1971 | <ul><li>A primeira versão do Unix (um sistema operacional, ou programa de gerenciamento de um computador) foi desenvolvida nos Bell Laboratories. Uma de suas grandes vantagens e razão de sucesso é a facilidade de adaptação às arquiteturas nas quais se pretende instalá-lo;</li><li>Niklaus Wirth concebeu a primeira linguagem de programação estruturada, Pascal;</li><li>A IBM desenvolveu o primeiro disquete, de 8 polegadas.</li></ul> |
| 1972 | <ul><li>A Intel produziu o primeiro microprocessador de 8 bits, o 8008.</li></ul> |
| 1974 | <ul><li>Bob Metcalf da Xerox demonstrou pela primeira vez a *ethernet*, a tecnologia que está na base das redes locais de computadores;</li><li>A Intel desenvolveu o 8080, um microprocessador de 8 bits melhorado em relação ao 8008 e usado nos primeiros computadores pessoais. Um aspecto interessante é que esses primeiros computadores eram vendidos em *kits*, e os usuários tinham de montá-los antes de utilizá-los;</li><li>A linguagem C apareceu, bastante integrada com o sistema operacional Unix, e desde logo foi um sucesso, em particular no meio universitário. Ironicamente, uma das razões para o seu sucesso foi o seu relativo baixo nível, permitindo com facilidade artifícios de implementação que, por exemplo, Pascal, com as suas regras de programação estruturada, simplesmente não permitia.</li></ul> |
| 1975 | <ul><li>A Intel produziu o 8085 como resposta ao Z80, um microprocessador da Zilog, com mais funcionalidade, mais rápido e mais barato do que o 8080 da Intel. O 8085 continuou a ter 8 bits;</li><li>Bill Gates e Paul Allen, fundadores da Microsoft, produziram um compilador de BASIC para o Altair 8800 (um dos primeiros computadores).</li></ul> |
| 1976 | <ul><li>Bill Gates e Paul Allen fundaram a Microsoft;</li><li>Steve Wozniak e Steve Jobs fundaram a Apple e produziram o Apple I;</li><li>Seymour Cray desenvolveu o Cray 1, o primeiro supercomputador (no outro extremo da escala dos computadores).</li></ul> |
| 1978 | <ul><li>A Intel desenvolveu o primeiro microprocessador de 16 bits, o 8086.</li></ul> |
| 1979 | <ul><li>Dan Bricklin desenvolveu a primeira planilha eletrônica, o VisiCalc, o precursor do Lotus 123 e do Microsoft Excel. Funcionava no Apple II e teve um grande papel no sucesso deste computador;</li><li>A Intel lançou o 8088, um 8086 com uma conexão de dados à memória de apenas 8 bits, para ter um custo menor.</li></ul> |
| 1981 | <ul><li>A IBM lançou o primeiro computador pessoal (IBM-PC) voltado para o mercado empresarial (ao contrário dos computadores pessoais anteriores, mais voltados aos entusiastas e aos jogos). Tinha um 8088 como microprocessador e a primeira versão do MS-DOS como sistema operacional. A IBM fez algo muito peculiar: lançou uma arquitetura que não era sua, com um sistema operacional que não era seu e ainda por cima publicou as especificações do computador. Este fato permitiu a inúmeras empresas fabricarem imitações (clones) a custo mais baixo e produzirem placas de *hardware* para estender a funcionalidade do PC. Resultado: um enorme sucesso;</li><li>David Patterson desenvolveu um pequeno microprocessador a que chamou RISC I (*Reduced Instruction Set Computer*), com uma arquitetura muito simples, ao contrário das arquiteturas cada vez mais complexas daquela época, desenvolvidas de forma independente do *software*. O RISC I foi desenvolvido em estreita colaboração com o compilador, e os excelentes resultados surpreenderam a indústria. Hoje, todos os microprocessadores incorporam as ideias básicas da filosofia RISC (embora não tenham necessariamente um número reduzido de instruções).</li></ul> |

*(continua)*

(*Continuação*)

| Ano | Fatos mais relevantes |
|---|---|
| 1982 | <ul><li>A Intel lançou o 80186, que essencialmente era um 8086 com muitos dos periféricos encontrados no PC incorporados no próprio circuito integrado do microprocessador;</li><li>A Intel lançou ainda o 80286, um microprocessador de 16 bits, mas com importantes melhorias na funcionalidade e nas capacidades. Um fator extremamente importante e que tem sido questão de honra desde então nos microprocessadores da Intel é a compatibilidade. Qualquer novo processador tem sido compatível com os anteriores (os que não foram acabaram fracassando);</li><li>Apareceu o Cray X-MP, que consistia em dois Cray I ligados em paralelo;</li><li>O Osborne I foi o primeiro computador transportável (e não propriamente portátil, pois pesava 12 kg).</li></ul> |
| 1983 | <ul><li>A Microsoft desenvolveu uma nova versão do sistema operacional do PC, MS-DOS 2.0;</li><li>A revista *Time* elegeu o IBM-PC como o "homem" do ano!</li></ul> |
| 1984 | <ul><li>A Apple lança o primeiro Macintosh.</li></ul> |
| 1985 | <ul><li>A Microsoft lançou a primeira versão do Microsoft Windows, baseando-se em boa parte nas ideias da interface de usuário do Macintosh (que por sua vez tinha se baseado nas ideias do Alto, um computador pessoal muito inovador desenvolvido pela Xerox);</li><li>A Intel desenvolveu o 80836, o primeiro microprocessador de 32 bits;</li><li>Os CD-ROMs também apareceram neste ano;</li><li>Foi desenvolvido o Cray 2, com uma capacidade de cálculo de cerca de 1000 milhões ($10^9$) de operações por segundo. Também a Connection Machine, composta por milhares de processadores elementares, apareceu neste ano para explorar o paralelismo significativo nos programas.</li></ul> |
| 1986 | <ul><li>A Microsoft lançou o MS-DOS 3.0;</li><li>Foi desenvolvido o primeiro microprocessador RISC comercial, o MIPS R2000.</li></ul> |
| 1987 | <ul><li>A Microsoft lançou o Microsoft Windows 2.0;</li><li>A IBM e a Microsoft lançam a primeira versão do OS/2, um sistema operacional alternativo, que acabou por não "pegar";</li><li>A Sun Microsystems projetou a arquitetura SPARC (*Scalable Processor ARchitecture*), com base nas ideias do RISC II, sucessor do RISC I. No entanto, não o fabricou. Licenciou a arquitetura a vários fabricantes de circuitos integrados. Esta estratégia se contrapôs à postura de outras empresas, como a DEC, que acabou por não conseguir competir com as sucessivas evoluções do PC e acabou por ser comprada pela Compaq em 1998.</li></ul> |
| 1988 | <ul><li>A Microsoft lançou o MS-DOS 4.0;</li><li>O primeiro vírus apareceu na Internet.</li></ul> |
| 1989 | <ul><li>Tim Berners-Lee concebeu a tecnologia de base da WWW (*World Wide Web*). O objetivo inicial era apenas desenvolver um sistema para visualização de gráficos para os cientistas do CERN, mas acabou se tornando uma das tecnologias com maior impacto, ao permitir às pessoas e empresas disponibilizar informação na Internet de forma simples e universal;</li><li>A Intel lançou o 80486, que incorporou pela primeira vez no próprio microprocessador a unidade de computação em ponto flutuante.</li></ul> |
| 1990 | <ul><li>A Microsoft lançou o Windows 3.0.</li></ul> |
| 1991 | <ul><li>A Microsoft lançou o MS-DOS 5.0;</li><li>A Thinking Machines introduziu o CM-5, um supercomputador significativamente paralelo com uma capacidade máxima de cerca de 64 000 milhões de operações por segundo;</li><li>Apareceu o MIPS R4000, o primeiro microprocessador comercial de 64 bits.</li></ul> |
| 1992 | <ul><li>Apareceu o DEC Alpha, a segunda arquitetura de 64 bits, dirigido ao mercado profissional de estações de trabalho e servidores. Com um excelente desempenho (muito superior aos microprocessadores da Intel, de 32 bits, e muito mais baixa frequência de trabalho), nunca teve *software* adequado e foi o último grande desenvolvimento da DEC.</li></ul> |

| Ano | Fatos mais relevantes |
|---|---|
| 1993 | <ul><li>A Intel lançou o primeiro Pentium, sucessor do 80486 mas ainda de 32 bits;</li><li>A IBM, Motorola e Apple lançam o primeiro microprocessador da família do PowerPC, o 601;</li><li>A Microsoft lançou o Windows NT, o MS-DOS 6.0 e um conjunto de ferramentas (Office 4.0).</li></ul> |
| 1994 | <ul><li>A Intel descobriu uma falha no algoritmo de divisão do Pentium, mas com baixa probabilidade de erro. Em vez de corrigi-lo, o que teria custos e atrasaria a produção, decidiu avançar assim mesmo, corrigindo o erro na próxima versão, enquanto produzia cerca de 5 milhões de Pentium com o erro. Pouco depois, um matemático descobriu o erro e publicou-o na Internet. A Intel tentou desvalorizar o problema, dizendo que a probabilidade de acontecer era muito pequena e que afetava apenas números muito precisos, mas a polêmica que se seguiu em nível mundial forçou a Intel a recolher e substituir todos os Pentiums defeituosos, com um custo estimado em 500 milhões de dólares, talvez cerca de 1000 vezes o custo de reparar o erro antes de produzir os Pentium. Para não falar nos custos de imagem da Intel...</li></ul> |
| 1995 | <ul><li>A Sun Microsystems desenvolveu a linguagem de programação Java, a primeira a levar em conta explicitamente a natureza distribuída da Internet. Pela primeira vez, é assumido que um programa não tem de estar todo carregado num computador para este o executar. Isto levou mais tarde ao princípio "A rede é o computador" e ao desenvolvimento de terminais gráficos sem processamento local e ligados em rede a um servidor;</li><li>A Sun Microsystems desenvolveu a arquitetura UltraSPARC, de 64 bits;</li><li>A Microsoft lançou o Windows 95, que melhorou bastante a interface com o usuário;</li><li>A Intel melhorou o Pentium, lançando o Pentium Pro.</li></ul> |
| 1997 | <ul><li>A Intel acrescentou um conjunto de instruções (MMX) ao Pentium para melhor suportar as operações multimídia;</li><li>A Microsoft estendeu a funcionalidade e a integração do Office com o Office 97;</li><li>Foi descoberto novo erro no Pentium. Desta vez a Intel mostrou que tinha aprendido a lição. Reconheceu o erro e arranjou uma solução de correção em *software*.</li></ul> |
| 1998 | <ul><li>A Microsoft lançou o Windows 98 e enfrentou problemas legais, em especial devido à incorporação do Internet Explorer no próprio sistema operacional.</li></ul> |
| 1999 | <ul><li>O reino do Unix foi estendido aos PCs através de uma versão simplificada, o Linux, que tem ganho sucessivamente importância e é na prática a única alternativa ao Windows nos PCs;</li><li>A Intel lançou o Pentium III.</li></ul> |
| 2000 | <ul><li>A Intel lançou o Pentium 4.</li></ul> |
| 2001 | <ul><li>A Intel lançou o seu primeiro processador de 64 bits (Itanium).</li><li>A IBM lançou o primeiro processador comercial de dois núcleos (Power 4).</li></ul> |
| 2002 | <ul><li>A Intel lançou um Pentium 4 com capacidade de executar duas tarefas simultaneamente (hiperprocessamento, ou *hyperthreading*);</li><li>A Intel lançou o Itanium 2, com 220 milhões de transistores.</li></ul> |
| 2003 | <ul><li>A AMD lançou os seus primeiros processadores de 64 bits (Opteron e Athlon 64).</li></ul> |
| 2004 | <ul><li>A Intel lançou o Itanium 2 Madison, com quase 600 milhões de transistores num só circuito integrado.</li></ul> |
| 2005 | <ul><li>A Intel lançou os seus processadores de dois núcleos (o Xeon e os Pentium Extreme e D);</li><li>A AMD lançou os seus processadores com dois núcleos (*Dual-core* Opteron e Athlon 64 X2);</li><li>A Apple anunciou que ia deixar de usar PowerPCs e passar a usar processadores da Intel;</li><li>O número de computadores portáteis vendidos foi superior ao dos computadores de mesa, nos EUA.</li></ul> |

*(continua)*

*(Continuação)*

| Ano | FATOS MAIS RELEVANTES |
|---|---|
| 2006 | ■ A Intel lançou as arquiteturas Core (32 bits) e Core 2 (64 bits), com mais ênfase no consumo do que na frequência do relógio, e fez chegar os dois núcleos aos PCs portáteis (Core 2 Duo);<br>■ A Intel lançou o Itanium Montecito, um processador com dois núcleos Itanium com 12 *MBytes* de *cache* interna cada, num circuito com cerca de 1720 milhões de transistores;<br>■ A SUN lançou o Niagara, um processador UltraSPARC II com oito núcleos;<br>■ A AMD anunciou o primeiro processador (Barcelona) com quatro núcleos nativos Opteron;<br>■ A Intel lançou um Core 2 Quad (com quatro núcleos), embora sejam na prática dois processadores de dois núcleos cada no mesmo circuito integrado, ligados por um barramento.<br>■ A Intel e a AMD introduziram suporte em *hardware* nos processadores para virtualização (capacidade de simular vários processadores, virtuais, em um só processador físico).<br>■ A Amazon lançou seus primeiros serviços de computação em nuvem (*cloud computing*), em que o usuário pode armazenar dados e executar programas remotamente (pela Internet).<br>■ A Samsung lançou a produção massiva de SSDs (*Solid State Drives*) de 32 *GBytes*. Com uma tecnologia semelhante aos *pens drives* USB, eles fornecem memória não volátil sem partes móveis e de forma mais rápida do que os discos. |
| 2007 | ■ A Microsoft lançou oficialmente em janeiro o seu novo sistema operacional, denominado Vista.<br>■ Em maio, a IBM lançou o Power6, sucessor do Power5, com 4,7 GHz de frequência de relógio, 790 milhões de transistores e tecnologia 65 nm.<br>■ Em junho, a NVIDIA lançou a tecnologia Tesla, em que um processador gráfico (GPU), contendo muitas unidades de execução, atua como coprocessador de um PC, aumentando seu desempenho dezenas ou centenas de vezes (dependendo da aplicação). Os supercomputadores passaram a usar processadores genéricos em conjunto com esses processadores gráficos.<br>■ Em agosto, a Sun lançou o UltraSPARCT2 (também conhecido por Niagara II), com oito vias de hiperprocessamento em cada um dos oito processadores, ou 64 processadores lógicos, com tecnologia de 65 nm e uma frequência de 1,4 GHz.<br>■ Em setembro, a AMD lançou o Opteron Barcelona, o primeiro processador (dos compatíveis com os PCs) com quatro núcleos nativos, 463 milhões de transistores, tecnologia de 65 nm e uma frequência de relógio na ordem de 2 a 2,5 GHz.<br>■ Em novembro, a Intel lançou o primeiro processador com tecnologia de 45 nm, o Penryn, embora ainda com dois processadores de dois núcleos no mesmo circuito. |
| 2008 | ■ A AMD lançou sua linha de processadores de quatro núcleos para os computadores pessoais, o Phenom X4.<br>■ A Intel lançou um novo processador de baixo consumo, o Atom, grande responsável pelo sucesso de uma nova categoria de computadores de baixo custo, os *netbooks*.<br>■ A Intel desenvolveu uma nova arquitetura, Nehalem, como sucessora da arquitetura Core.<br>■ O número de computadores portáteis vendidos foi superior ao dos computadores de mesa, em nível mundial.<br>■ Em outubro, apareceu o primeiro telefone celular com o sistema operacional Android, baseado no Linux e concebido para dispositivos móveis com tela sensível ao toque. A era da computação móvel chegou! |
| 2009 | ■ A AMD lançou o Phenom II, em tecnologia de 45 nm e com suporte para memória DDR3 e com 6 núcleos.<br>■ Em outubro, a Microsoft lançou o Windows 7.<br>■ Em novembro, a AMD e a Intel chegaram a um acordo histórico, que resolveu suas inúmeras disputas legais de até então.<br>■ Os *netbooks* tiveram um aumento de vendas de 80 % em relação a 2008, chegando a 10 % das vendas dos computadores pessoais.<br>■ Os SSDs (*Solid State Drives*) atingiram a mesma capacidade de armazenamento que a dos discos, para o mesmo tamanho de dispositivo. |
| 2010 | ■ Em janeiro, a Intel chegou à tecnologia de 32 nm, com o processador Clarkdale, em cujo encapsulamento integrou ainda um processador gráfico.<br>■ Em fevereiro, a Intel apresentou a nova versão do Itanium, o Tukwila, com 4 núcleos e mais de 2000 milhões de transistores, enquanto a IBM apresentou o Power7, com 8 núcleos, e a Oracle (que adquiriu a Sun em janeiro) o UltraSPARC T3, com 16 núcleos.<br>■ Em março, a Intel lançou o Gulftown, em tecnologia 32 nm e 6 núcleos.<br>■ Em abril, a AMD lançou o Phenom II X6, com 6 núcleos, e o Opteron 6100, com 12 núcleos e 1800 milhões de transistores, enquanto a Intel lançou o Nehalem-EX, com 8 núcleos e 2300 milhões de transistores.<br>■ Ainda em abril, a Apple lançou o primeiro *tablet* digno dessa categoria, o iPad, com uma tela de 9,7 polegadas e um sistema operacional proprietário (iOS).<br>■ Em junho, a Microsoft lançou sua plataforma de computação em nuvem, Azure.<br>■ Em novembro, a Samsung lançou seu primeiro *tablet*, o GalaxyTab, com uma tela de 7 polegadas, com o sistema operacional Android, de código-fonte aberto (*open source*). |

| Ano | Fatos mais relevantes |
|---|---|
| 2011 | <ul><li>Em janeiro, a AMD lançou o Llano, uma APU (Unidade de Processamento Acelerado, com processador e unidade gráfica no mesmo circuito integrado) destinada a computadores pessoais.</li><li>Em janeiro, a Intel lançou uma nova arquitetura de processador, a Sandy Bridge, ainda com tecnologia de 32 nm, de 2 a 8 núcleos e com cerca de 500 a 2270 milhões de transistores.</li><li>Em junho, a Samsung lançou seu primeiro *tablet* de 10 polegadas, o Galaxy Tab 10.1.</li><li>Em setembro, a Oracle (que tinha adquirido a Sun) lançou o processador UltraSPARC T4, com melhoramentos arquiteturais significativos em relação ao UltraSPARC T3.</li><li>Em outubro, a Apple anunciou o falecimento de Steve Jobs, o seu carismático CEO. Sem o seu espírito inovador, o mundo dos computadores provavelmente seria hoje bem diferente.</li><li>Em outubro, a AMD lançou a arquitetura Bulldozer, com um projeto diferenciado, em tecnologia de 32 nm. O desempenho obtido foi menor do que o esperado.</li><li>Os *netbooks* declinaram rapidamente durante esse ano, destronados pelos *tablets*, mais evoluídos tecnologicamente e com maior autonomia de bateria.</li></ul> |
| 2012 | <ul><li>Em março, a AMD lançou a segunda geração de APUs, Trinity, usando uma evolução da arquitetura denominada Piledriver, com melhoramentos significativos quanto ao desempenho e consumo de energia.</li><li>Em abril, a Intel lançou a arquitetura Ivy Bridge, que é basicamente semelhante à Sandy Bridge, mas com dimensões reduzidas para 22 nm e maior desempenho (cerca de 10 %).</li><li>Em maio, a NVIDIA apresentou a mais recente versão do seu processador gráfico Tesla, o Kepler, com 7100 milhões de transistores! Ele foi descrito como o maior e mais complexo circuito integrado comercial já produzido.</li><li>Em junho, a Intel apresentou sua versão de coprocessador (mais como acelerador de desempenho do que para processamento gráfico), o Xeon Phi, com 5000 milhões de transistores. Tal como o Kepler, da NVIDIA, é usado nos supercomputadores de topo da atualidade.</li><li>Em agosto, a IBM apresentou o processador Power7+, uma evolução do Power7, com tecnologia de 32 nm e diversos melhoramentos em desempenho e consumo de energia.</li><li>Em setembro, a Intel estendeu a linha Atom de processadores para *tablets* e telefones celulares, com suporte para Android, tentando competir com a arquitetura ARM, dominante nestas categorias. É importante notar que esta linha é compatível com Windows e suas aplicações.</li><li>Em outubro, a Apple lançou o iPad mini, um *tablet* menor com tela de 7,9 polegadas, e a quarta geração do iPad.</li><li>Também em outubro, a Microsoft lançou seu primeiro *tablet*, o Surface RT, com uma tela de 10,6 polegadas e um processador baseado no ARM. Ele usava o Windows 8, mas o processador não era compatível com os programas usados nos PCs. Foi um fracasso.</li><li>Ainda em outubro, a Microsoft lançou o Windows 8, com uma mudança radical na interface de usuário, em uma tentativa de unificar a interface dos PCs (com *mouse*) e dos *tablets* (com tela sensível ao toque). O Windows 8 tem sido alvo de inúmeras críticas, em particular dos usuários tradicionais de PCs.</li><li>Em novembro, a Intel lançou o processador Itanium Poulson, com 8 núcleos e 3100 milhões de transistores. Ele se destina a um mercado seleto de computação de alto desempenho, mas no final de 2012 nenhum supercomputador do TOP500 usava processadores Itanium.</li><li>No último trimestre, o número de *tablets* vendidos com Android ultrapassou o número de *tablets* vendidos pela Apple, com iOS.</li><li>Começaram a aparecer portáteis com SSDs em vez de disco (os *tablets* só têm SSD) ou com sistema híbrido, com um disco para poder funcionar e um SSD para aumentar o desempenho.</li></ul> |
| 2013 (até agosto) | <ul><li>Em fevereiro, a Microsoft lançou a versão Pro do *tablet* Surface, já com um processador compatível com os programas dos PCs. Teve algum sucesso, sobretudo no meio empresarial.</li><li>Em junho, a Intel lançou a nova arquitetura, Haswell, como sucessora da Ivy Bridge, também em tecnologia de 22 nm, mas com algumas melhorias das quais a mais importante é o consumo, reduzido substancialmente pensando na mobilidade, incluindo *tablets*, de forma a aumentar a autonomia da bateria.</li><li>Ainda em junho, a Microsoft disponibilizou uma versão beta do Windows 8.1, uma atualização lançada em outubro e destinada a resolver muitas das críticas feitas ao Windows 8.</li><li>Em julho, a Samsung lançou o *tablet* Galaxy Tab 3 10.1, com processador Intel Atom e Android. O mesmo processador é usado em outros *tablets*, com Windows 8.</li><li>Também em julho, a empresa Diablo Technologies apresentou um sistema que permite introduzir um SSD de 400 **GBytes** no mesmo espaço, e de forma compatível com a memória principal de um computador. Desse modo, liga-se a memória não volátil, de alta capacidade, diretamente ao processador, aumentando substancialmente o desempenho no acesso a arquivos.</li><li>Ainda em julho, a Portugal Telecom anunciou para setembro o início de seu serviço de computação em nuvem, SmartCloudPT, com suporte físico no centro de dados localizado em Covilhã, Portugal, inaugurado nessa data (em setembro).</li><li>A Intel anunciou para o outono o lançamento de uma nova versão do Atom para dispositivos móveis, com um desempenho cerca de 2,5 vezes maior e um consumo de energia cerca de 4,5 vezes menor do que na versão anterior.</li><li>A Intel estabeleceu como objetivo chegar à tecnologia de 14 nm, em 2015 (particularmente, para os sucessores dos processadores Haswell, Xeon Phi e Atom), e deve evoluir, em data não definida, para a tecnologia de 10 nm.</li></ul> |

Uma das previsões mais espantosas da vida dos computadores ocorreu em 1965, quando Gordon Moore (um dos fundadores da Intel) observou a evolução dos circuitos integrados até então e previu uma duplicação em cada 24 meses do número de transistores que seria possível colocar (com o menor custo) em cada circuito integrado, pelos próximos anos. Apesar de outras previsões, muito posteriores, indicarem que os limites da eletrônica fariam reduzir esse ritmo de evolução, o fato é que esta previsão se mantém há quase 50 anos e ainda não há limitações concretas no horizonte próximo.

A Figura 1.5 demonstra este comportamento, desde há muito conhecido pela **lei de Moore**, no campo dos microprocessadores, neste caso os da Intel (que é a única empresa que os fabrica desde o início).

O processador com maior número de transistores produzido pela Intel até agosto de 2013 era o Xeon Phi, com cerca de 5000 milhões de transistores, embora constitua uma repetição de cerca de 60 núcleos iguais. No entanto, o maior e mais complexo circuito comercialmente produzido é obra da NVIDIA, com 7100 milhões de transistores e, tal como o Xeon Phi, constitui uma repetição de pequenos núcleos, destinando-se a funcionar como coprocessador de um processador genérico. Entretanto, a tecnologia continua a evoluir e aparentemente a lei de Moore continuará a ser válida ainda durante alguns anos, até serem atingidos os limites da física. Aliás, ela tem funcionado até como objetivo para a indústria, como compromisso entre as capacidades de evolução tecnológica e de absorção pelo mercado de novos modelos, com os respectivos investimentos.

## 1.9 Perspectivas de evolução futura

Até o leitor menos atento poderá notar na Tabela 1.3 que a história dos últimos 40 anos tem sido dominada pela evolução do PC, quer no nível do seu microprocessador (historicamente desenvolvido pela Intel), quer no nível do seu sistema operacional e aplicações básicas (produzidos de forma dominante pela Microsoft). Esta plataforma (designada muitas vezes por Wintel, de Windows e Intel) tem dominado o mercado porque ganhou a guerra no mercado de massa (o dos computadores pessoais), e o poder de cálculo tem evoluído de tal forma que tem invadido o território dos computadores mais profissionais, com um custo reduzido em relação aos processadores específicos, dado o enorme volume de produção. Nesse campo, a AMD é a única concorrente da Intel, mas nunca conseguiu passar-lhe a frente de forma a se manter nesta posição. A Subseção 6.5.2.2 contém uma descrição mais detalhada dos desenvolvimentos neste campo nos últimos anos.

No lado do *software*, a Microsoft tem sido dominante, apesar da tecnologia Java da Sun Microsystems (adquirida em 2010 pela Oracle) ter ganho grande aceitação no mercado e o *software open-source* (código-fonte aberto), baseado no mundo Unix, ter obtido grande disseminação. Mesmo sem concorrência real nos seus mercados mais estabelecidos, ela tem sido levada a fazer algumas evoluções na estratégia devido a empresas que conseguem um grande impacto em certas áreas do mercado, como a Google na área da pesquisa de informação na Web e a Apple e a Samsung na área dos dispositivos móveis.

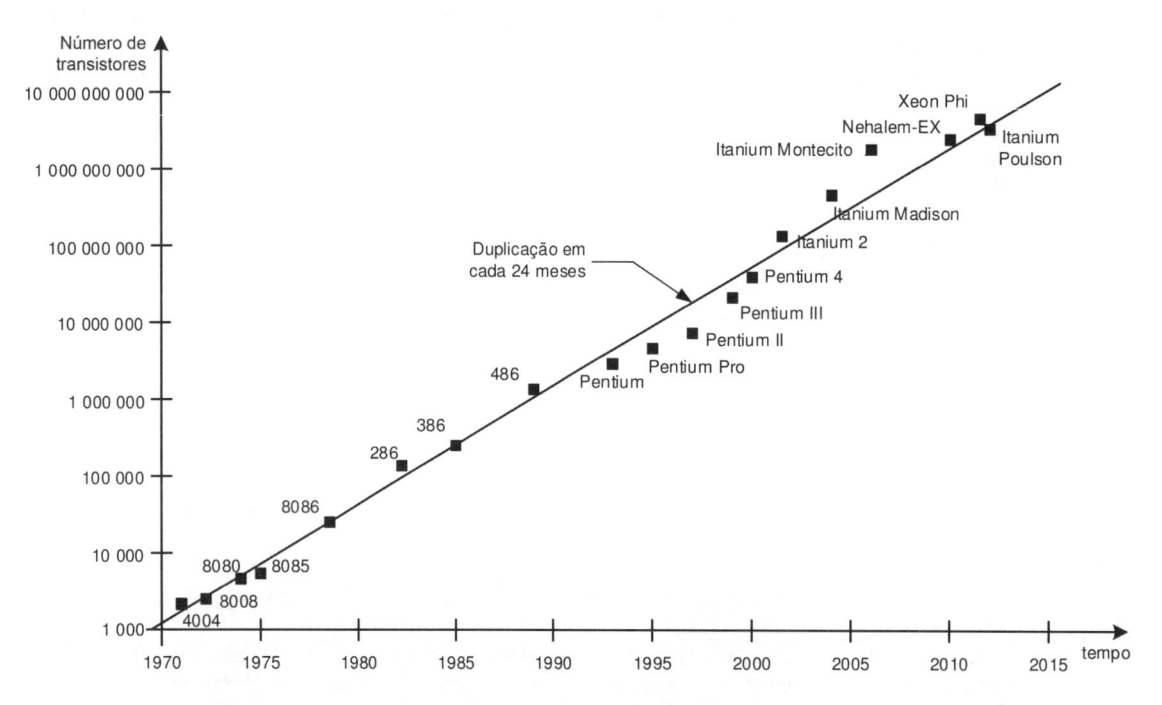

**Fig. 1.5 – Lei de Moore verificada pela evolução do número de transistores dos microprocessadores produzidos pela Intel**

Ao longo da história tem havido inúmeros fabricantes tentando a sorte nos mais variados domínios, desde os processadores, passando pelos sistemas operacionais até as aplicações. No passado, cada fabricante de computador fazia tudo, desde o *hardware* até o sistema operacional e o *software* aplicativo. Como em muitas outras áreas, poucos são os que conseguem sobreviver nestas condições. Além disso, os grandes inovadores muitas vezes acabam por perder devido às suas tecnologias mais evolucionárias, pois o mercado é bastante conservador e não gosta de grandes mudanças que envolvem riscos e grande esforço. Mas se não se inovar não se consegue entrar no mercado, de modo que o artifício é ter a ideia certa, no momento adequado, com o esforço necessário e com a flexibilidade suficiente para acompanhar a evolução do mercado. O problema é que não é nada fácil conseguir conjugar todos estes fatores.

Quanto aos sistemas operacionais, sobraram na prática dois: Windows e Unix (e suas múltiplas variantes, em particular Linux, OS X, iOS e Android). Nenhum parece poder eliminar o outro no futuro próximo. Eles têm características e mercados diferentes. A Microsoft continua forte, com seu conjunto de produtos, incluindo a plataforma .Net, providenciando a habitual filosofia de integração de aplicações. No entanto, o surgimento em massa dos dispositivos móveis, *smartphones* e *tablets*, situação a que a Microsoft reagiu tardiamente, permitiu o desenvolvimento no mercado da mobilidade, de alternativas dominantes como o iOS (da Apple) e o Android (promovido em particular pela Samsung e Google). O Windows 8 não ajudou em nada a situação da Microsoft. Em uma tentativa de uniformizar o sistema operacional em todas as plataformas, ela foi alvo de inúmeras críticas devido à mudança radical da interface de usuário. Não está claro qual será a evolução futura, mas, dado o crescimento explosivo dos *tablets*, o Windows poderá vir a perder a sua hegemonia no mercado da computação pessoal.

A mobilidade crescente dos usuários obriga a que as tecnologias de sistemas distribuídos também evoluam rapidamente. Em particular, desde 2010 acentuou-se a tendência generalizada para uma nova organização denominada computação em nuvem (*cloud computing*), em que os recursos computacionais na Internet são usados sem que se saiba exatamente onde estão, em vez de servidores locais. Isso permite aos usuários terem seus dados sempre disponíveis, seja qual for o dispositivo que estiverem usando (PC, *tablet* ou *smartphone*). A denominação de computação em nuvem deriva do hábito já clássico de representar a Internet e seus recursos como uma nuvem, cuja composição e localização não são conhecidas em detalhe. Com a sociedade cada vez mais global e interligada, seja no âmbito das redes sociais, seja no âmbito das redes empresariais, o cenário global da informática poderá realmente mudar seu centro de gravidade para a nuvem (Internet), e uma nova ordem, com maior relevância de novos participantes (Google e Amazon, entre outros), poderá surgir.

Em termos de arquitetura de computadores, a tecnologia atual permite desacoplar o *software* do *hardware* de forma razoavelmente simples, em função do que só as arquiteturas com maiores capacidades e desempenho sobreviverão. O PC ainda é dominante no mercado dos computadores pessoais, embora a propagação explosiva dos *tablets* possa tornar obsoletos, dentro de alguns anos, os formatos convencionais de PCs (de mesa e portáteis). Por enquanto, continua a haver mercado para outras arquiteturas, particularmente nos níveis acima dos PCs (servidores usados nos centros de processamento de dados empresariais) e abaixo (sistemas embutidos, em que a necessidade de baixo custo e consumo tem permitido a outras arquiteturas, como o ARM, por exemplo, marcar pontos).

Toda esta evolução ocorre não apenas nos computadores pessoais como também na própria atitude das pessoas e das empresas em relação à sua utilização. O mundo é cada vez mais sem fios, com computação e comunicação em qualquer lugar. Pela primeira vez, em 2005, o número de computadores portáteis (*laptops*) vendidos nos EUA ultrapassou o de computadores de mesa de forma continuada. No contexto mundial, isto ocorreu em 2008. Em 2010, surgiram os *tablets* e, em breve, eles já deverão ter destronado os PCs portáteis, cujas vendas regrediram significativamente. Tendo começado por simples agendas eletrônicas, os dispositivos móveis já evoluíram para verdadeiros "canivetes suíços" computacionais, com telefone, redes locais sem fio, câmera fotográfica e de vídeo, localização geográfica por GPS, rádio, receptor de TV digital, leitor de RFIDs, autenticação por impressão digital etc. É o mundo na palma da mão!

Quanto aos grandes computadores, a tendência é cada vez mais usar redes de PCs (ou servidores baseados na arquitetura do PC) em vez de grandes sistemas específicos, cujo desenvolvimento sai demasiado caro para ser rentável. Um fato significativo foi o anúncio em 2005 por parte da Apple de que, em seus novos modelos, ia trocar os processadores PowerPC, que vinha usando até então em seus Macs, por processadores da Intel. Mesmo os fabricantes das arquiteturas não-PC (particularmente, IBM e Oracle) têm a sua oferta de servidores de alto desempenho também baseada nos processadores usados nos PCs, da Intel ou da AMD. É a concentração cada vez maior em torno dos processadores destes dois fabricantes.

Ninguém sabe exatamente como a tecnologia irá evoluir e onde estará daqui a 10 anos, por exemplo. No entanto, ninguém parece ter dúvidas de que a capacidade das redes de comunicação e o poder computacional dos computadores ainda vão evoluir muito, a ponto de poder tornar realidade aplicações ainda hoje nem sonhadas. O poder de comunicação e de computação com certeza chegará de forma intensa a dispositivos de acesso à informação sem fios literalmente colocados na nossa mão. A nossa vida continuará a mudar muito, cada vez mais rapidamente, em boa parte devido à existência de uma peça fundamental chamada computador.

# 1.10 CONCLUSÕES

O computador é um dos desenvolvimentos humanos mais significativos, pelo impacto que já teve nos curtos 60 anos da sua história. Muitas tarefas já foram automatizadas, em particular no nível do processamento de informação, permitindo às pessoas desempenhar tarefas de mais alto nível.

O desenvolvimento tem sido exponencial, em boa parte devido à tecnologia que tem permitido produzir circuitos integrados cada vez mais rápidos e com maiores capacidades. Isto tem permitido fazer programas mais interativos, mais agradáveis e fáceis de utilizar e com mais funcionalidades.

Os computadores pessoais têm sido os maiores responsáveis pela massificação do uso dos computadores, por terem um impacto direto no dia a dia de cada um de nós, e aqueles em que o esforço de produção de ferramentas de trabalho e de lazer tem sido mais intenso, dado o volume de vendas de muitos milhões por ano.

No entanto, apesar de todos estes desenvolvimentos, os computadores continuam usando o mesmo modelo de programação, executando cuidadosamente uma instrução depois da outra, sem terem noção geral do que estão fazendo. Cabe ao programador ter a visão de conjunto, tentando prever todas as situações possíveis, e programar o computador de forma precisa com uma sequência de instruções simples, que este seja capaz de executar.

Apesar de tudo, os computadores são imbatíveis na sua rapidez de cálculo, capacidade de memória, confiabilidade, disponibilidade e custo. Os computadores chegaram para ficar, e o futuro dirá se poderão ficar intrinsecamente inteligentes a ponto de falarmos diretamente com eles na nossa linguagem natural. Por agora, o futuro mais imediato permitirá novas aplicações através da integração do computador com dispositivos de comunicação, de lazer e de controle (celulares, televisões, eletrodomésticos, equipamento audiovisual, etc.).

# 2 - O Mundo Binário

Os circuitos eletrônicos começaram realmente a sua história em 1906, quando Lee de Forest inventou a válvula eletrônica com controle de corrente, com um elétrodo (o cátodo) aquecido que emite elétrons para outro elétrodo (anodo), passando por um terceiro elétrodo colocado entre os dois (grade), que permite controlar a corrente de elétrons de forma a amplificar o sinal aplicado à grade. Em 1947 apareceu o primeiro transistor com iguais capacidades, porém mais confiável, com menores tensões e consumo muito menor. Tanto a válvula como o transistor permitiram amplificar sinais analógicos (com uma faixa contínua de valores de tensão e corrente), como, por exemplo, áudio e vídeo.

Os computadores são implementados com circuitos eletrônicos digitais, chamados assim por oposição aos circuitos analógicos, indicando que são usados apenas alguns valores possíveis e não uma faixa contínua. Para ser mais simples de implementar, são usados apenas dois valores, o mínimo (0) e o máximo permitido pelo circuito (1), o que permite tratar os circuitos como binários perfeitos e aplicar as regras da Álgebra de Boole, cujos princípios foram estabelecidos pelo matemático inglês George Boole em 1854.

Nesta álgebra existem variáveis, que podem assumir um de dois valores, 0 e 1, e três operações básicas: conjunção (AND), disjunção (OR) e negação (NOT). Com base nisso, é possível especificar funções binárias arbitrariamente complexas. Introduzindo a noção de estado que pode evoluir ao longo do tempo, é possível ainda construir sistemas binários complexos, desde simples contadores até os microprocessadores mais recentes.

Do ponto de vista dos computadores, o importante são os dados, que representam informação sob a forma de números binários, e o processamento que se pode fazer sobre esses dados. Assim, este capítulo tem por objetivo apresentar uma introdução aos sistemas digitais binários, com dois aspectos fundamentais:

- Funcionamento dos elementos binários básicos usados para construir microprocessadores;

- Representação de números em base 2 (com apenas dois símbolos, 0 e 1) e conversão entre números binários e em base 10 (a que nós, humanos, estamos mais habituados).

Este capítulo apresenta apenas uma breve introdução a este tema, como base para a compreensão dos componentes dos microprocessadores apresentados nos capítulos seguintes. Outros livros tratam deste assunto com mais detalhes, como, por exemplo, [Dias 2012], [Mano 2007] e [Farhat 2003].

Os circuitos digitais mais simples são as portas lógicas básicas, que implementam diretamente as operações citadas anteriormente (AND, OR e NOT). Com base neles é possível construir outros elementos mais complexos como, por exemplo, somadores (que permitem aos computadores efetuar cálculos complexos) e *flip-flops* (que permitem construir células de memória). Este capítulo descreve apenas os elementos mais relevantes. Só no Capítulo 3 será apresentado como se pode construir um computador com base nesses elementos.

# 2.1 CIRCUITOS ELETRÔNICOS ANALÓGICOS

Os circuitos eletrônicos são basicamente amplificadores. Um receptor de rádio (parte receptora de um telefone celular, por exemplo) amplifica os débeis sinais recebidos na antena até o áudio poder ser recuperado, e este, depois, é amplificado até um nível suficiente para ser reproduzido no alto-falante.

Os sinais em questão são **analógicos**, isto é, podem assumir um valor de uma faixa contínua entre dois valores extremos. Um sinal de áudio, por exemplo, é uma forma de onda complexa com várias frequências sobrepostas, entre cerca de 20 Hz e 20 kHz (faixa de frequências a que o ouvido humano é sensível, embora a faixa efetiva dependa da pessoa e da idade). A frequência de 1 Hz corresponde a um ciclo completo (até voltar a repetir o padrão) por cada segundo.

A Figura 2.1 mostra um amplificador de sinais analógicos (ilustrados por um ciclo de uma forma de onda senoidal), com um transistor e uma resistência. A fonte de 5 V[5] (um valor típico) faz passar uma corrente através da resistência R1 e do transistor (Figura 2.1a). Em sua expressão mais simples, um transistor pode ser encarado como uma resistência variável (RT) cujo valor é comandado pelo sinal de entrada (Figura 2.1b). Se este sobe, RT diminui. Se o sinal desce, RT sobe.

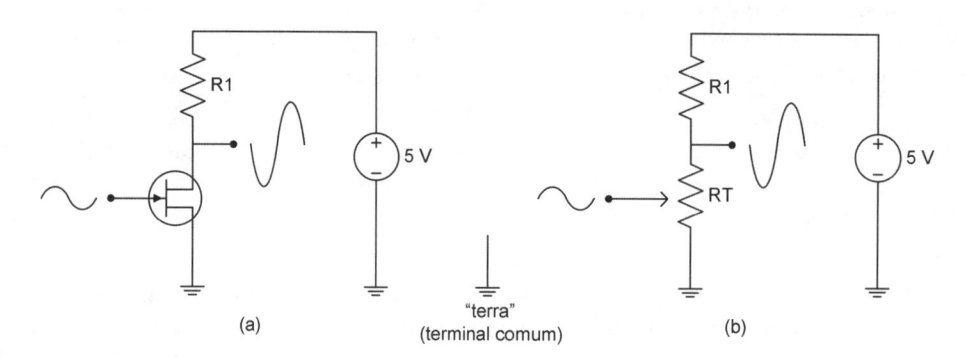

Fig. 2.1 – **Amplificador de sinais analógicos. (a) – Com um transistor e uma resistência; (b) – O transistor comporta-se como uma resistência variável, controlada pelo sinal de entrada**

Esta situação pode ser comparada a uma caixa d'água (correspondente à fonte de alimentação de 5 V), da qual sai um cano (que equivale a R1 e cujo diâmetro oferece alguma resistência à passagem da água) com uma torneira (que equivale a RT) na extremidade, que abre ou fecha mais conforme o valor do sinal de entrada sobe ou desce, respectivamente deixando passar mais ou menos água (que equivale à corrente no circuito). A torneira é assim uma resistência variável ao fluxo de água.

A tensão de saída (entre R1 e RT e que corresponde à pressão da água no exemplo da caixa d'água) pode ser obtida pela seguinte fórmula, considerando os 5 V da fonte:

$$\text{Tensão}_{saída} = \frac{RT}{R1 + RT} \times 5\,V$$

Este circuito amplifica porque uma variação no sinal de entrada origina uma variação em RT proporcionalmente muito maior.[6] Observe que as variações do sinal de saída (Figura 2.1):

- São de maior amplitude do que as do sinal de entrada (devido à amplificação);

- Estão invertidas em relação ao sinal de entrada, uma vez que, quando o sinal de entrada sobe, RT (e a tensão de saída) desce.

# 2.2 CIRCUITOS ELETRÔNICOS DIGITAIS

### 2.2.1 FUNCIONAMENTO BÁSICO

Os circuitos eletrônicos analógicos não são adequados para construir computadores, pois só são capazes de efetuar transformações nos sinais (como a amplificação) e não se consegue lidar facilmente com valores muito precisos de forma confiável (armazená-los numa memória, por exemplo).

---

[5] *Volt*, unidade de medida de tensão elétrica.
[6] Dependendo dos transistores, na ordem de dezenas ou centenas de vezes.

Nem os seres humanos lidam facilmente com grandezas contínuas. Todos os seus registros se baseiam em alfabetos de símbolos em número finito, como os números (10 dígitos) e os textos (26 letras e mais alguns sinais de pontuação).

Poder-se-ia se projetar um computador que funcionasse com tantos níveis de tensão quantos os símbolos usados pelos seres humanos, mas isso seria muito difícil de implementar em termos eletrônicos. Assim, adota-se uma concepção mais radical e muito mais fácil, com apenas dois valores: o máximo (5 V, no caso da Figura 2.1), também conhecido por "1", e o mínimo (0 V), também conhecido por "0". Nas seções seguintes será visto como com apenas estes dois símbolos (0 e 1) é possível construir sistemas arbitrariamente complexos.

Como existem apenas dois símbolos, estes circuitos deveriam ser chamados de **binários**. No entanto, é comum designá-los como **digitais** (de "dígito", ou "dedo"), indicando que, assim como na numeração decimal, se constroem números arbitrariamente grandes com apenas um conjunto reduzido (neste caso, 2) de símbolos bem determinados. A Tabela 1.1 já mostrou como se pode representar números superiores a 1 juntando vários destes símbolos. Este nome tem raízes históricas e não quer dizer que estes circuitos lidem com 10 símbolos diferentes!

Observe ainda que os circuitos não deixaram de ser analógicos. A restrição que se fez foi apenas limitar a 2 a faixa de valores possíveis em **estado estacionário** (Figura 2.2a). Mas por ocasião da transição (**estado transitório**), a saída passa por todos os valores entre os dois extremos (Figura 2.2b).

Dada a variação invertida de RT em relação ao sinal de entrada, este circuito funciona como inversor. Um 0 na entrada produz um 1 na saída e vice-versa, tal como pode ser visto na função de transferência do circuito (sinal de saída em função do sinal de entrada) representada na Figura 2.2b. Na fórmula anterior, que dá a tensão de saída, RT varia entre 0 e infinito.

Não é necessário que o sinal de entrada seja rigorosamente 0 V para ser entendido como 0 nem 5 V para ser entendido como 1. Há uma faixa de valores da tensão do sinal de entrada acima de 0 V e abaixo de 5 V em que a tensão de saída se mantém estável. Há uma região no meio que deve ser usada apenas para fazer transição do sinal e não como valor estável, pois uma pequena variação pode fazer mudar o valor da saída de forma não controlada.

Este intervalo de valores de tensão de entrada (quer seja em 0, quer seja em 1) em que a tensão de saída se mantém, mesmo que a tensão de entrada varie um pouco, é denominado **margem de ruído** e é extremamente importante para a estabilidade de comportamento dos sistemas digitais. O ambiente está cheio de ruído eletromagnético, produzido por pequenas faíscas que ocorrem nos motores e nos interruptores. Essas faíscas produzem ondas eletromagnéticas (como as de rádio e de televisão) que interferem nos fios de ligação dos circuitos (como se fossem antenas) e provocam pequenas variações dos sinais. Enquanto estas não forem superiores à margem de ruído, não haverá nenhuma consequência. Caso contrário, um 0 poderá ser entendido como um 1 ou vice-versa, e isso é o suficiente para um computador se confundir completamente. Felizmente, devido à margem de ruído, esta situação é muito rara.

Assim, o inversor é encarado como digital (ou binário) puro, com apenas dois estados possíveis (0 e 1), e em que se assume que o transistor se comporta como um interruptor comandado pelo sinal de entrada, uma vez que a sua resistência varia entre um valor nulo (Figura 2.3a – entrada com valor 1, interruptor fechado, saída com valor 0 porque fica ligada diretamente à "terra") e infinito (Figura 2.3b – entrada com valor 0, interruptor aberto, saída com valor 1).

### 2.2.2 Diagramas de tempo

Para evitar ter de representar sempre todos os detalhes internos de um inversor (que na realidade é até mais complexo do que o apresentado na Figura 2.2a), usa-se uma notação mais resumida, ilustrada pela Figura 2.4a, que representa dois inversores seguidos. O sinal B está invertido em relação ao sinal A, o que significa que o sinal C é igual ao A.

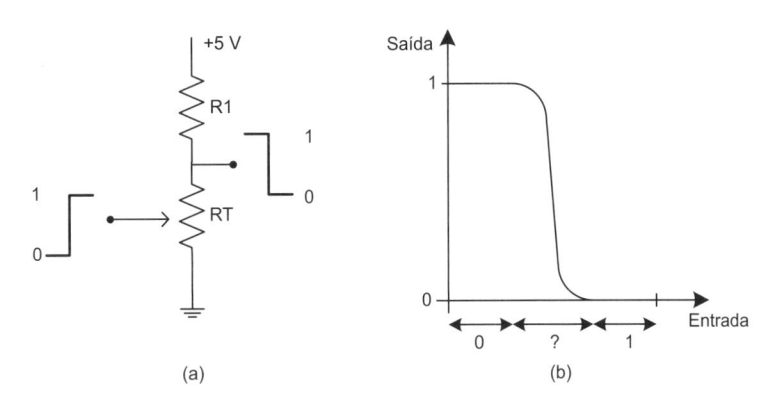

**Fig. 2.2 – (a) – Circuito inversor; (b) – Função de transferência**

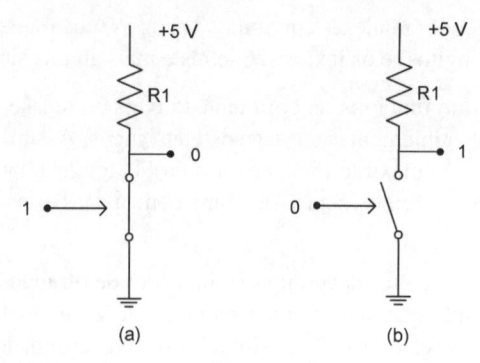

**Fig. 2.3 – Circuito inversor binário. (a) – Com 0 na entrada e 1 na saída; (b) – Situação inversa**

Isto pode ser visto na Figura 2.4b, que representa um diagrama de tempo dos sinais A, B e C. O eixo horizontal é o tempo e o vertical é o valor, 0 ou 1 (para cada um dos sinais). Os eixos não são representados por questão de simplicidade. É possível observar que os sinais B e C acompanham as variações do sinal de entrada (A), de acordo com o funcionamento do inversor. Os diagramas de tempo são ótimos para ilustrar o comportamento do circuito em várias situações, através da variação dos seus sinais de entrada.

Este é um diagrama ideal, mas na prática é diferente, tal como ilustrado pela Figura 2.4c, que reflete melhor o funcionamento real do circuito:

- O inversor sempre demora algum tempo para reagir a uma transição do seu sinal de entrada. Por isso, o seu sinal de saída sempre tem um atraso (denominado **tempo de atraso**) em relação ao sinal de entrada. Circuitos em série somam os seus atrasos, como se pode ver pelo sinal C em relação ao A;

- Dado que os circuitos trabalham com sinais que variam muito rapidamente, os tempos de atraso não são desprezíveis. São eles que limitam a frequência de trabalho dos computadores. Se, por exemplo, o sinal de entrada variar de 0 para 1 e para 0 outra vez de forma sensivelmente mais rápida do que o tempo de atraso do inversor, este pode nem perceber a transição, pois nem tem tempo de reagir;

- Os tempos de transição são menores do que os de atraso, mas também não são zero. São importantes apenas para quem projeta estes circuitos eletrônicos.

Estas considerações são inerentes à tecnologia da eletrônica e, por conseguinte, se aplicam a qualquer circuito eletrônico digital.

Para explicar o comportamento dos circuitos em termos de funcionalidade, sem preocupações temporais, usam-se diagramas como os da Figura 2.4b, que são mais simples. Para analisar os detalhes, particularmente os de natureza temporal (como confirmar se

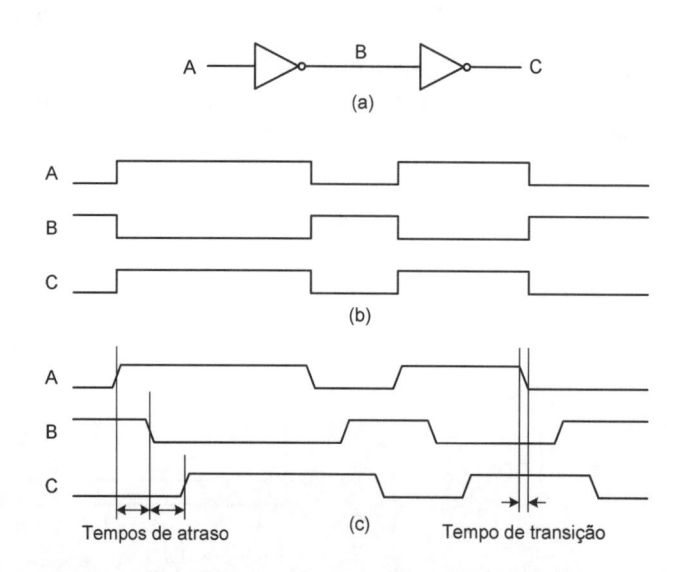

**Fig. 2.4 – Comportamento de dois inversores. (a) – Circuito; (b) – Diagrama de tempo simplificado; (c) – Diagrama de tempo detalhado**

o circuito tem o tempo necessário para reagir, por exemplo), são usados diagramas como os da Figura 2.4c. A Figura 6.21 apresenta um exemplo mais completo.

### 2.2.3 Portas lógicas

O inversor é o circuito digital mais básico, mas não permite combinar mais do que um sinal de modo a implementar funcionalidades mais complexas do que uma simples inversão, razão pela qual se usam outros circuitos básicos, denominados **portas lógicas**. "Lógicas" porque, tendo dois símbolos, se pode considerar o 0 como FALSO e 1 como VERDADEIRO[7] e usar as operações usuais da lógica binária (AND, OR e NOT – E, OU e NEGAÇÃO). "Portas" porque uns sinais podem bloquear outros (por exemplo, um sinal de entrada de um AND com o valor 0, ou FALSO, força a saída desse AND a ser 0 independentemente do valor da(s) outra(s) entrada(s)).

A Tabela 2.1 mostra as características básicas de algumas portas lógicas, em que:

- Os sinais também são chamados de **variáveis** (termo útil para a Seção 2.3), por poderem variar o seu valor ao longo do tempo, ou por **bits** (*binary digit*, ou dígito binário), por poderem assumir um de apenas dois valores;

- A porta NOT (negação) inverte (nega) o valor da entrada X. Se X=0 (FALSO), a saída Z tem valor 1 (VERDADEIRO), e vice-versa;

- Na coluna "Função", a barra horizontal em cima de uma variável ou expressão significa a sua **negação**, tal como exemplificado pela porta NOT ($Z=\overline{X}$);

### Tabela 2.1 - Características de algumas portas lógicas

| PORTA | SÍMBOLOS | | FUNÇÃO | TABELA VERDADE |
|---|---|---|---|---|
| NOT | X —▷○— Z | X —[1]○— Z | $Z = \overline{X}$ | X Z<br>0 1<br>1 0 |
| AND | X Y ⊐D— Z | X Y —[&]— Z | $Z = X \cdot Y$ | X Y Z<br>0 0 0<br>0 1 0<br>1 0 0<br>1 1 1 |
| OR | X Y ⊐D— Z | X Y —[≥1]— Z | $Z = X + Y$ | X Y Z<br>0 0 0<br>0 1 1<br>1 0 1<br>1 1 1 |
| NAND | X Y ⊐D○— Z | X Y —[&]○— Z | $Z = \overline{X \cdot Y}$ | X Y Z<br>0 0 1<br>0 1 1<br>1 0 1<br>1 1 0 |
| NOR | X Y ⊐D○— Z | X Y —[≥1]○— Z | $Z = \overline{X + Y}$ | X Y Z<br>0 0 1<br>0 1 0<br>1 0 0<br>1 1 0 |
| XOR | X Y ⊐D— Z | X Y —[=1]— Z | $Z = X \oplus Y$ | X Y Z<br>0 0 0<br>0 1 1<br>1 0 1<br>1 1 0 |

[7] A associação contrária (0 ser VERDADEIRO e 1 ser FALSO) também é perfeitamente legítima, mas menos intuitiva.

- A coluna "Tabela verdade" apresenta uma descrição tabular extensiva de cada porta, indicando qual o valor da saída Z para cada uma das combinações possíveis dos valores dos sinais de entrada (X e Y);

- A coluna "Símbolos" apresenta o símbolo gráfico para representar cada uma das portas. Existem duas alternativas: uma mais clássica, com um símbolo diferente para cada porta, e outra mais recente, com uma simbologia mais uniforme (retângulo), em que a função é indicada pela pequena expressão dentro do retângulo. Ambas são reconhecidas pela norma de símbolos para funções lógicas [IEEE 1984]. Este livro segue a primeira alternativa por ser a mais expressiva em termos gráficos (e geralmente a preferida pelos projetistas e desenhistas em termos de documentação);

- A porta AND só tem a sua saída igual a 1 quando **ambas** as entradas forem 1 (X=1 e Y=1), tal como se pode ver na tabela verdade. Esta função também é conhecida por **conjunção**, o que quer dizer que só quando ocorrer a conjunção das duas entradas iguais a 1 é que a saída Z será 1. A operação correspondente, na função, é representada pelo símbolo "·", que não deve ser confundido com a multiplicação, pois a operação que está em questão aqui é lógica e não aritmética;

- A porta OR tem a sua saída igual a 1 quando **qualquer** das entradas for 1 (X=1 ou Y=1), tal como se pode ver na tabela verdade. Esta função também é conhecida por **disjunção**, o que quer dizer que não precisa haver conjunção das duas entradas iguais a 1 para a saída Z ser 1. A operação correspondente, na função, é representada pelo símbolo "+", mas não deve ser confundida com a soma, pois $1+1=1$ (em termos lógicos, não aritméticos);

- A porta NAND é equivalente a uma porta AND seguida de um NOT. Graficamente, isso é indicado pelo pequeno círculo na saída da porta. Na função, a barra horizontal ($Z=\overline{X\cdot Y}$) indica negação da expressão AND. Na tabela verdade, os valores de Z estão negados em relação aos da porta AND;

- *Idem* para a porta NOR, mas em relação à porta OR;

- A porta XOR (*Exclusive* OR, ou "OU Exclusivo") é semelhante a uma porta OR, mas com a diferença de que se elimina a possibilidade de ambas as entradas terem o valor 1, isto é, elas são mutuamente exclusivas. Outra forma de ver a questão é reparar que a saída Z só é 1 quando as entradas tiverem valores diferentes, tal como se pode verificar na tabela verdade. O símbolo para esta função é "$\oplus$";

- A porta NOT só pode ter uma entrada, mas as restantes podem ter qualquer número de entradas, mantendo a semântica. As portas só têm uma saída.

Estas portas podem ser combinadas em circuitos arbitrariamente complexos, em que a saída de uma porta está ligada à entrada de outra, como será visto nas seções seguintes.

A Figura 2.5 mostra a implementação (simplificada) de duas portas lógicas, NAND e NOR, tomando como base o inversor (porta NOT) da Figura 2.3, e a evolução temporal das respectivas saídas quando as suas entradas passam pelas várias combinações possíveis. A saída do NAND (Figura 2.5a) só é 0 quando ambas as entradas são iguais a 1, pois só nesse caso ambos os "interruptores" estão fechados, ligando a saída à "terra". Por outro lado, a saída do NOR é 0 desde que qualquer das entradas seja 1, pois qualquer delas consegue fechar o seu "interruptor" e ligar a saída à "terra" independentemente da outra.

Dada a natureza inversora dos transistores, estes são os circuitos mais simples com duas entradas, o que quer dizer que as portas lógicas AND e OR são implementadas colocando-se um NOT logo a seguir a um NAND e a um NOR, respectivamente, exatamente ao contrário do que poderia parecer à primeira vista (um NAND seria um AND ligado a um NOT, e um NOR seria um OR ligado a um NOT), embora ambas as alternativas sejam funcionalmente equivalentes.

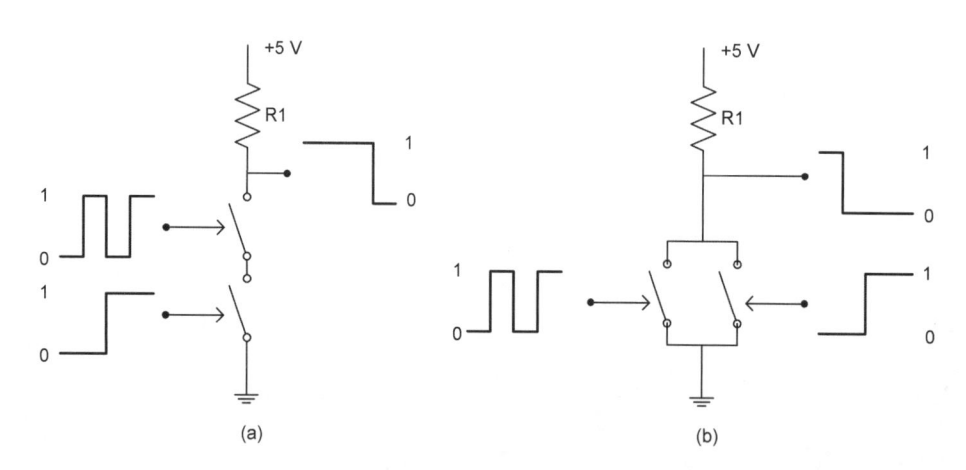

**Fig. 2.5 – Implementação simplificada de duas portas lógicas. (a) – NAND; (b) – NOR**

## Simulação 2.1 – Portas lógicas

A melhor forma de entender o funcionamento de qualquer sistema é fazer experiências com ele. Existem implementações físicas das portas lógicas, em circuitos integrados, mas nem sempre existem as condições apropriadas para usar uma implementação física.

Felizmente, existem simuladores (em computador) que permitem reproduzir de forma muito realista o comportamento destes sistemas. Todo este livro está baseado nesta perspectiva. Em vez de se limitar a descrever as diversas técnicas, o livro está repleto de referências a guias práticos (como esta **Simulação 2.1**) que permitem ao leitor experimentar, na prática, os sistemas e técnicas que acabou de descobrir. Estes guias envolvem detalhes que ocupariam demasiado espaço no texto do livro, razão pela qual se encontram disponíveis no site www.ltceditora.com.br da LTC Editora, mediante cadastro. O Apêndice C contém uma breve introdução às capacidades do simulador.

Esta simulação inclui os seguintes aspectos:

- Introdução ao simulador, com construção (no simulador) de pequenos circuitos de teste das portas lógicas;
- Utilização de interruptores como dispositivos de entrada (produzindo 0 ou 1, bastando um clique com o mouse para mudar o valor) e LEDs[8] para visualizar o estado das saídas;
- Verificação da tabela verdade das várias portas lógicas, com várias entradas;
- Verificação de algumas equivalências (por exemplo, uma porta NAND e o seu equivalente, uma porta AND ligada a uma porta NOT);
- Verificação do tempo de atraso das portas lógicas.

### Essencial

- Os circuitos eletrônicos digitais são circuitos analógicos que usam apenas duas faixas de valores de tensão, situados nos extremos da faixa total de valores possíveis. Qualquer valor na faixa baixa é um 0, e qualquer valor na faixa alta (perto do valor da tensão de alimentação) é um 1;
- A transição de um 0 para um 1 e vice-versa gasta tempo e energia. Isto limita a frequência máxima de operações de um circuito digital e, por conseguinte, de um computador;
- Uma porta lógica é um circuito destes cujo valor de saída depende de uma ou mais entradas. A porta NOT troca a entrada (se é 1 vira 0, e vice-versa). A saída de uma porta AND só é 1 se ambas as entradas forem 1. A porta OR tem 1 na saída desde que pelo menos uma das entradas seja um 1;
- Uma tabela verdade é uma tabela que indica o valor da(s) saída(s) para cada combinação dos valores das entradas. Um diagrama de tempo permite ver as variações dos sinais ao longo do tempo em função das variações dos sinais de entrada.

## 2.3 Álgebra de Boole

Em 1854, Boole[9] publicou um tratado em que descrevia uma álgebra com dois valores (0 e 1) e três operações (AND, OR e NOT), cuja representação e significado já foram apresentados pelas primeiras três portas lógicas da Tabela 2.1. Em 1938, Shannon[10] propôs usar esta álgebra no projeto de sistemas eletrônicos digitais.

NOTA
Na realidade, nesta época já havia válvulas eletrônicas, mas eram usadas basicamente para amplificação de sinais analógicos. Pouco depois, durante a Segunda Guerra Mundial, começaram a ser usadas para construir o ENIAC, mas os relés (interruptores comandados de forma eletromecânica) foram realmente os primeiros "usuários" digitais da álgebra de Boole. O primeiro transistor só apareceu em 1947.

---

[8] LED (*Light-Emitting Diode*) — Dispositivo que produz luz quando percorrido por uma corrente elétrica, na ordem de 3 a 30 mA (miliampères).
[9] George Boole, matemático inglês do século XIX (1815-1864).
[10] Claude Shannon, engenheiro eletrotécnico e matemático norte-americano (1916-2001).

Esta notação permite ainda representar funções arbitrariamente complexas pela combinação (junção numa expressão) das operações básicas. Por exemplo, a variável $Z$, na equação a seguir, só valerá 1 se $X=1$ ou então se, simultaneamente, $Y=1$ e $V=0$ (pois $V$ tem o símbolo de negação). Em todas as outras situações $Z$ será 0.

$$Z = X + Y \cdot \overline{V}$$

Nestas expressões, a operação com maior precedência (a que tem de ser realizada primeiro) é a negação (NOT, barra horizontal), seguindo-se o AND ("·") e finalmente o OR ("+").

Podem ser usados parênteses para alterar as regras de precedência, pois uma operação só pode ser efetuada depois de calcular os seus operandos. Se um operando de uma operação for uma expressão entre parênteses, esta tem de ser calculada primeiro. Assim, a equação anterior é equivalente a:

$$Z = X + (Y \cdot (\overline{V}))$$

mas não, por exemplo, a:

$$Z = (X + Y) \cdot \overline{V}$$

em que $Z$ será 1 apenas quando pelo menos uma das variáveis $X$ e $Y$ for 1 e simultaneamente a variável $V$ for 0. Para simplificar a notação, e sempre que não haja ambiguidades de nomes de variáveis, o operador "·" pode ser omitido, simplificando as expressões. Exemplos:

$$Z = X + Y \overline{V}$$

$$Z = (X + Y) \overline{V}$$

$$Z = XY\overline{V} + \overline{X}\,\overline{Y}V$$

$$Z = (XY) \oplus \overline{V}$$

Além dos conjuntos dos valores e das operações, uma álgebra inclui ainda um conjunto de axiomas que definem as propriedades das operações sobre os valores. A Tabela 2.2 indica os axiomas da álgebra de Boole.

### Tabela 2.2 - Axiomas da álgebra de Boole

| Nome | Significado | Comentário |
|---|---|---|
| IDENTIDADE | $X + 0 = X$ <br> $X \cdot 1 = X$ | Elementos neutros das operações |
| INVERSÃO | $X \cdot \overline{X} = 0$ <br> $X + \overline{X} = 1$ | As operações sobre valores complementares dão sempre o mesmo resultado |
| INVOLUÇÃO | $\overline{\overline{X}} = X$ | A negação alterna entre os dois valores possíveis. Duas negações dão o mesmo valor |
| IDEMPOTÊNCIA | $X + X = X$ <br> $X \cdot X = X$ | As operações não são aritméticas |
| COMUTATIVIDADE | $X + Y = Y + X$ <br> $X \cdot Y = Y \cdot X$ | Estas propriedades já existem na álgebra dos números inteiros |
| ASSOCIATIVIDADE | $X + (Y + V) = (X + Y) + V$ <br> $X \cdot (Y \cdot V) = (X \cdot Y) \cdot V$ | |
| DISTRIBUTIVIDADE | $X \cdot (Y + V) = X \cdot Y + X \cdot V$ <br> $X + (Y \cdot V) = (X + Y) \cdot (X + V)$ | |
| DUALIDADE (TEOREMA OU LEIS DE MORGAN[11]) | $\overline{X + Y} = \overline{X} \cdot \overline{Y}$ <br> $\overline{X \cdot Y} = \overline{X} + \overline{Y}$ | A negação da soma é o produto das negações, e a negação do produto é a soma das negações |

---

[11] Augustus De Morgan, matemático inglês do século XIX (1806-1871).

## 2.4 Funções lógicas

A álgebra de Boole é importante para dar uma base matemática ao funcionamento dos circuitos eletrônicos numa base binária, como ilustrado pela Figura 2.3. Existe um mapeamento direto das operações desta álgebra para as portas lógicas, tal como descritas na Subseção 2.2.3. Por outro lado, a notação de representação das funções constitui uma alternativa à especificação de sistemas digitais que pode ser mais compacta do que as tabelas verdade apresentadas na Tabela 2.1.

Imaginemos, por exemplo, um sistema digital com 4 entradas e 2 saídas, descrito pela tabela verdade especificada na Tabela 2.3. Apesar de ser um sistema extremamente simples quando comparado com um computador, a tabela já é um aglomerado de 0s e 1s que não deixa antever minimamente qual a sua funcionalidade. Observe que $N$ entradas permitem $2^N$ combinações diferentes (neste caso, 4 entradas originam 16 combinações).

**Tabela 2.3 - Exemplo da tabela verdade de um sistema digital com 4 entradas (16 combinações de valores diferentes) e 2 saídas**

| ENTRADAS | | | | SAÍDAS | |
|---|---|---|---|---|---|
| A | B | C | D | Z1 | Z2 |
| 0 | 0 | 0 | 0 | 1 | 1 |
| 0 | 0 | 0 | 1 | 1 | 1 |
| 0 | 0 | 1 | 0 | 1 | 1 |
| 0 | 0 | 1 | 1 | 0 | 1 |
| 0 | 1 | 0 | 0 | 1 | 0 |
| 0 | 1 | 0 | 1 | 1 | 0 |
| 0 | 1 | 1 | 0 | 1 | 1 |
| 0 | 1 | 1 | 1 | 0 | 1 |
| 1 | 0 | 0 | 0 | 1 | 1 |
| 1 | 0 | 0 | 1 | 1 | 0 |
| 1 | 0 | 1 | 0 | 1 | 1 |
| 1 | 0 | 1 | 1 | 0 | 1 |
| 1 | 1 | 0 | 0 | 0 | 0 |
| 1 | 1 | 0 | 1 | 0 | 0 |
| 1 | 1 | 1 | 0 | 1 | 1 |
| 1 | 1 | 1 | 1 | 1 | 1 |

Este sistema deve ser implementado por um conjunto de portas lógicas que atenda a esta tabela verdade. A forma mais usual consiste em derivar de forma independente duas expressões (uma para Z1 e outra para Z2), cada uma delas como uma soma de produtos (isto é, um OR de termos, cada um constituído por um AND de várias variáveis). Também é possível usar um produto de somas (devido à dualidade da álgebra de Boole), mas é menos intuitivo, porque os produtos (ANDs) têm precedência sobre as somas (ORs) e por isso esta última forma obriga o uso de parênteses.

Na soma (OR) de produtos (ANDs), cada produto corresponde a uma das combinações de variáveis de entrada (A, B, C e D), tal como indicado na Tabela 2.4, e é denominado **termo mínimo**. Em cada termo mínimo, cada variável de entrada aparece negada se o valor dessa variável na combinação correspondente for 0. A função que produz os valores de uma determinada saída (Z1 ou Z2, por exemplo) é constituída pela soma (OR) de todos os termos mínimos em que essa saída seja 1. Os termos mínimos correspondentes às combinações das variáveis de entrada em que a saída seja 0 não devem ser incluídos. Para uma determinada combinação das variáveis de entrada, apenas um termo mínimo pode ter o valor 1. Os restantes são obrigatoriamente 0.

**Tabela 2.4 - Exemplo da Tabela 2.3, explicitando todos os termos mínimos possíveis.
Para a função de uma saída só valem aqueles em que a saída é 1**

| | ENTRADAS | | | | SAÍDAS | |
|---|---|---|---|---|---|---|
| TERMO MÍNIMO | A | B | C | D | Z1 | Z2 |
| $\bar{A}\,\bar{B}\,\bar{C}\,\bar{D}$ | 0 | 0 | 0 | 0 | 1 | 1 |
| $\bar{A}\,\bar{B}\,\bar{C}\,D$ | 0 | 0 | 0 | 1 | 1 | 1 |
| $\bar{A}\,\bar{B}\,C\,\bar{D}$ | 0 | 0 | 1 | 0 | 1 | 1 |
| $\bar{A}\,\bar{B}\,C\,D$ | 0 | 0 | 1 | 1 | 0 | 1 |
| $\bar{A}\,B\,\bar{C}\,\bar{D}$ | 0 | 1 | 0 | 0 | 1 | 0 |
| $\bar{A}\,B\,\bar{C}\,D$ | 0 | 1 | 0 | 1 | 1 | 0 |
| $\bar{A}\,B\,C\,\bar{D}$ | 0 | 1 | 1 | 0 | 1 | 1 |
| $\bar{A}\,B\,C\,D$ | 0 | 1 | 1 | 1 | 0 | 1 |
| $A\,\bar{B}\,\bar{C}\,\bar{D}$ | 1 | 0 | 0 | 0 | 1 | 1 |
| $A\,\bar{B}\,\bar{C}\,D$ | 1 | 0 | 0 | 1 | 1 | 0 |
| $A\,\bar{B}\,C\,\bar{D}$ | 1 | 0 | 1 | 0 | 1 | 1 |
| $A\,\bar{B}\,C\,D$ | 1 | 0 | 1 | 1 | 0 | 1 |
| $A\,B\,\bar{C}\,\bar{D}$ | 1 | 1 | 0 | 0 | 0 | 0 |
| $A\,B\,\bar{C}\,D$ | 1 | 1 | 0 | 1 | 0 | 0 |
| $A\,B\,C\,\bar{D}$ | 1 | 1 | 1 | 0 | 1 | 1 |
| $A\,B\,C\,D$ | 1 | 1 | 1 | 1 | 1 | 1 |

Nestas condições, a saída $Z1$ pode ser descrita pela seguinte função com 11 termos mínimos (combinações das variáveis de entrada em que a função $Z1$ é 1):

$$Z1 = \bar{A}\,\bar{B}\,\bar{C}\,\bar{D} + \bar{A}\,\bar{B}\,\bar{C}\,D + \bar{A}\,\bar{B}\,C\,\bar{D} + \bar{A}\,B\,\bar{C}\,\bar{D} + \bar{A}\,B\,\bar{C}\,D + \bar{A}\,B\,C\,\bar{D} + A\,\bar{B}\,\bar{C}\,\bar{D} +$$
$$+ A\,\bar{B}\,\bar{C}\,D + A\,\bar{B}\,C\,\bar{D} + A\,B\,C\,\bar{D} + A\,B\,C\,D$$

Esta função poderia ser implementada simplesmente por um OR de 11 entradas, 11 ANDs de 4 entradas cada um e 4 NOTs (para negar as variáveis de entrada). No entanto, as funções complexas normalmente podem ser simplificadas usando os axiomas da álgebra de Boole. Por exemplo, os dois primeiros termos podem ser reduzidos:

$$\bar{A}\,\bar{B}\,\bar{C}\,\bar{D} + \bar{A}\,\bar{B}\,\bar{C}\,D = \bar{A}\,\bar{B}\,\bar{C}\,(\bar{D} + D) = \bar{A}\,\bar{B}\,\bar{C}$$

uma vez que $\bar{D} + D$ tem sempre o valor 1. Outras simplificações são possíveis, mas esta forma de realizar simplificação de funções (**simplificação algébrica**) é trabalhosa e muito sujeita a erros. Felizmente já existem programas que simplificam automaticamente as funções, mas para simplificações manuais o melhor processo consiste em elaborar **mapas de Karnaugh**, um para cada uma das variáveis de saída.

Um mapa de Karnaugh não é mais do que uma representação matricial, para uma determinada variável de saída, dos valores que essa variável assume para cada uma das combinações das variáveis de entrada. No seu conjunto, estes valores definem a função que transforma as variáveis de entrada na variável de saída.

A Figura 2.6 ilustra estes mapas para várias funções com 4 variáveis de entrada (duas variáveis em cada eixo). Cada quadrado corresponde a um dos 16 termos mínimos possíveis em que, para maior clareza, os valores 0 da função foram omitidos e apenas os termos mínimos em que o valor da função é 1 estão explicitamente apresentados.

Um dos aspectos primordiais de um mapa de Karnaugh é a sequência de combinações dos valores das variáveis em cada eixo. Em vez de 00, 01, 10 e 11 (contagem crescente), são usados 00, 01, 11 e 10. A troca de ordem de 10 com 11 permite que, entre

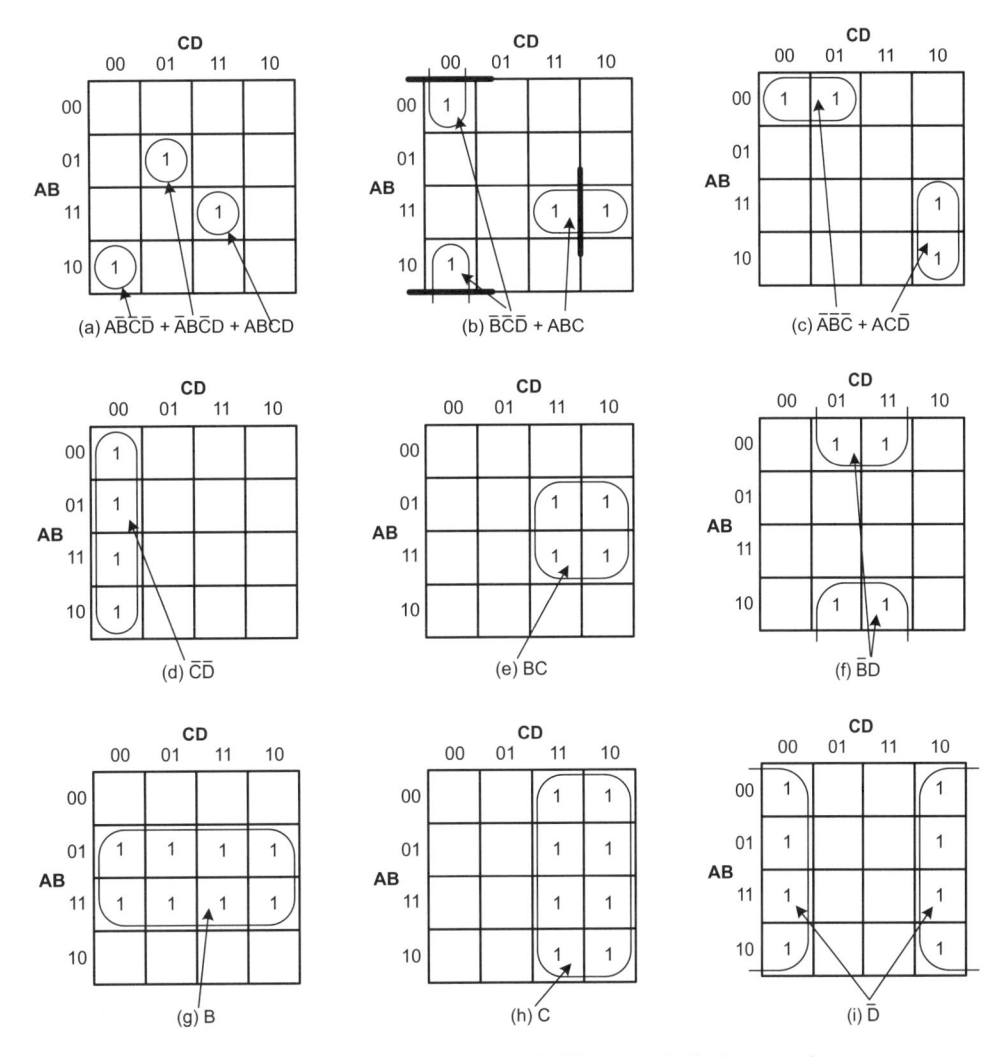

**Fig. 2.6 – Exemplos de mapas de Karnaugh de 4 entradas**

quaisquer combinações adjacentes (contíguas) em cada eixo, apenas uma variável de cada vez mude o seu valor, mesmo considerando os extremos de cada eixo como adjacentes (isto é, dando "a volta"). Esta particularidade permite reconhecer visualmente grupos de 1s adjacentes em torno de eixos de simetria (em que apenas uma variável muda – ver descrição a seguir) e simplificar os termos correspondentes.

Analisemos cada um dos casos da Figura 2.6 (cada item a seguir corresponde ao respectivo mapa da figura):

a) Trata-se de uma função com apenas três termos mínimos, e a sua expressão é apresentada embaixo da tabela. Não é possível nenhuma simplificação porque entre quaisquer dois termos mínimos não há nenhum caso de eixo de simetria (dois 1s correspondentes a combinações de entrada adjacentes, em que de uma para outra mude apenas uma das variáveis de entrada);

b) Aqui a situação já é diferente. Esta função tem quatro termos mínimos, que podem ser reunidos em dois grupos de dois termos cada um, em torno de eixos de simetria (representados por traços mais grossos). Os dois termos mais à esquerda são $\overline{A}\ \overline{B}\ \overline{C}\ \overline{D}$ (em cima) e $A\ \overline{B}\ \overline{C}\ \overline{D}$ (embaixo), que diferem apenas na variável A. Pela propriedade associativa, a sua soma é equivalente a $(A + \overline{A})\ \overline{B}\ \overline{C}\ \overline{D}$, ou $\overline{B}\ \overline{C}\ \overline{D}$, uma vez que $A + \overline{A}$ é sempre 1. Estes dois termos mínimos são adjacentes (diferem apenas numa variável de entrada), em torno do eixo de simetria que se situa nos extremos do eixo AB, que se tocam (o eixo é o mesmo). De igual modo, o segundo termo já simplificado resulta da reunião de dois termos adjacentes, em que a variável D muda e como tal é eliminada, ficando apenas ABC;

c) Por simplicidade, os eixos de simetria deixam de ser representados, mas de novo há dois grupos de termos mínimos que podem ser simplificados. No primeiro é a variável D que varia, sendo eliminada, enquanto no segundo é a variável B que varia e é eliminada;

d) Neste caso, há um grupo de quatro 1s adjacentes. Apenas as variáveis C e D mantêm o seu valor em todos, por isso são as únicas que ficam;

e) *Idem*, mas agora apenas as variáveis B e C mantêm os seus valores. As outras são eliminadas;

f) *Idem*, com simetria através dos extremos do eixo AB. Apenas as variáveis B e D mantêm o seu valor;

g) Agora são oito os termos mínimos adjacentes. Apenas a variável B se mantém. Todas as outras são eliminadas da expressão da função;

h) *Idem*, mas a variável que se mantém é a C;

i) *Idem*, com simetria no extremo do eixo CD. Apenas a variável D se mantém.

Os mapas de Karnaugh são uma forma visualmente rápida de reconhecer termos mínimos adjacentes e simplificá-los, eliminando variáveis em que tanto um valor como o seu negado estão presentes (cujo OR dá 1 e, portanto, pode ser eliminado porque este é o valor neutro do AND).

Voltando ao exemplo da Tabela 2.4, a Figura 2.7 representa os mapas de Karnaugh das funções Z1 e Z2 (atente para o fato de que, nos eixos, 10 e 11 estão trocados em relação à simples contagem binária). É possível observar a grande simplicidade da função Z1 em relação aos 11 termos de 4 variáveis, cada um que se teria se a função não fosse simplificada.

O método de simplificação é o mesmo que o dos exemplos da Figura 2.6, em que os vários grupos de 1s geram termos que se somam para dar a expressão completa da função. Note ainda que:

- Não há nenhum problema em alguns 1s serem partilhados entre termos diferentes, pois a mesma variável pode participar várias vezes numa operação (propriedade da idempotência, referida na Tabela 2.2);

- Sempre se deve tentar fazer com que os grupos de 1s sejam o maior possível, dentro das regras da simetria. Por exemplo, o segundo termo da função Z1 poderia resultar apenas do grupo de dois 1s no canto inferior esquerdo. Não estaria errado, mas no termo apareceria mais a variável A, desnecessariamente (a função não estaria tão simplificada quanto possível);

- O primeiro termo de Z2 é curioso, pois usa os extremos de ambos os eixos como simetria. No entanto, apesar da disposição física na tabela ser diferente, trata-se de um caso semelhante ao do primeiro termo de Z1.

Os mapas de Karnaugh funcionam também para qualquer número de variáveis de entrada. O número de variáveis dos dois eixos pode até diferir bastante. O único cuidado que se deve ter é quanto à sequência dos valores das variáveis em cada eixo, em que combinações contíguas no eixo têm de ser adjacentes (diferir apenas no valor de uma das variáveis de entrada). A Figura 2.31 apresenta outro exemplo de utilização destes mapas.

# 2.5 Circuitos combinatórios

## 2.5.1 Síntese de circuitos combinatórios

Denomina-se **circuito combinatório** todo circuito digital sem realimentações, isto é, em que nenhuma entrada de uma porta lógica dependa, direta ou indiretamente, da sua própria saída.

Nestas condições, a(s) saída(s) do circuito são independentes umas das outras, no sentido de que cada saída depende exclusivamente das entradas. Para a mesma combinação de valores das variáveis de entrada, os valores das saídas serão sempre os mesmos, independentemente da evolução passada dos sinais de entrada. O circuito não tem estado interno e é funcional puro (cada saída é uma função exclusivamente das entradas).

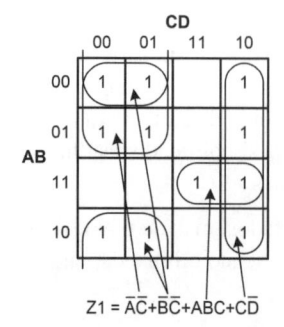
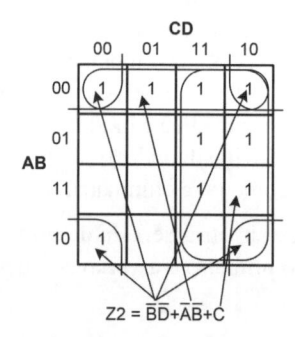

$$Z1 = \overline{A}\,\overline{C} + \overline{B}\,C + ABC + C\overline{D}$$

$$Z2 = \overline{B}\,\overline{D} + \overline{A}\,\overline{B} + C$$

**Fig. 2.7 – Mapas de Karnaugh das funções Z1 e Z2 da Tabela 2.4**

---

### ESSENCIAL

- A álgebra de Boole tem dois valores (0 e 1) e três operações (AND, OR e NOT) e permite descrever o funcionamento dos circuitos digitais, que funcionam de forma binária (0 e 1);

- As portas lógicas implementam as operações da álgebra de Boole;

- É possível representar sinais de saída em função dos sinais de entrada por meio de expressões booleanas, por exemplo $Z = X + Y \cdot \overline{V}$, em que as variáveis representam os sinais dos circuitos e podem assumir os valores 0 ou 1;

- Os termos que constituem uma expressão booleana podem ser derivados de uma tabela verdade;

- A álgebra de Boole inclui ainda axiomas que estabelecem as propriedades das operações, estabelecendo as regras que permitem transformar expressões noutras, preferencialmente mais simples;

- Os mapas de Karnaugh são um meio rápido de simplificar manualmente expressões booleanas.

---

A Seção 2.6 discute circuitos com realimentações internas, em que as saídas dependem não apenas das variáveis de entrada, mas também da forma como as saídas evoluíram no passado (estado interno do circuito). Devido a este último aspecto, esses circuitos são designados como **sequenciais**.

Em termos abstratos, é possível implementar qualquer circuito combinatório, com qualquer número de entradas e de saídas, desde que se faça a sua tabela verdade e se simplifique as funções das saídas. Depois é só converter as funções em portas lógicas, o que é direto a partir das negações, produtos e somas. A Figura 2.8 ilustra o diagrama lógico (ou **logigrama**) do circuito cuja tabela verdade consta da Tabela 2.4, usando as funções simplificadas derivadas pela Figura 2.7 (senão, seria mais complexo).

Este processo de projeto destes circuitos é denominado **síntese de circuitos combinatórios** e permite desenvolver circuitos otimizados em termos de portas lógicas. No entanto, o esforço de desenvolvimento é considerável, pois obriga a especificar completamente todas as possibilidades numa tabela verdade, o que só é realmente viável para sistemas muito pequenos.

Em casos mais complexos, o mais usual é recorrer a módulos já prontos, com uma determinada funcionalidade que frequentemente é necessária. Geralmente, depois é preciso recorrer a algumas portas sob medida, para negar um sinal ou fazer um AND de dois sinais, por exemplo, mas com soluções relativamente simples. O circuito final pode ter um número de portas lógicas superior ao mínimo possível para a funcionalidade a ser implementada, mas a complexidade do desenvolvimento e a dificuldade de compreensão do circuito são menores.

 Existem também linguagens de descrição de *hardware*, como VHDL e Verilog [Botros 2005], que permitem descrever os circuitos não extensivamente, pela sua tabela verdade, mas pela sua estrutura e funcionalidade, como se se tratassem de programas em *hardware*. A grande vantagem deste método é permitir gerar o circuito de forma automática, onde um programa analisa as descri-

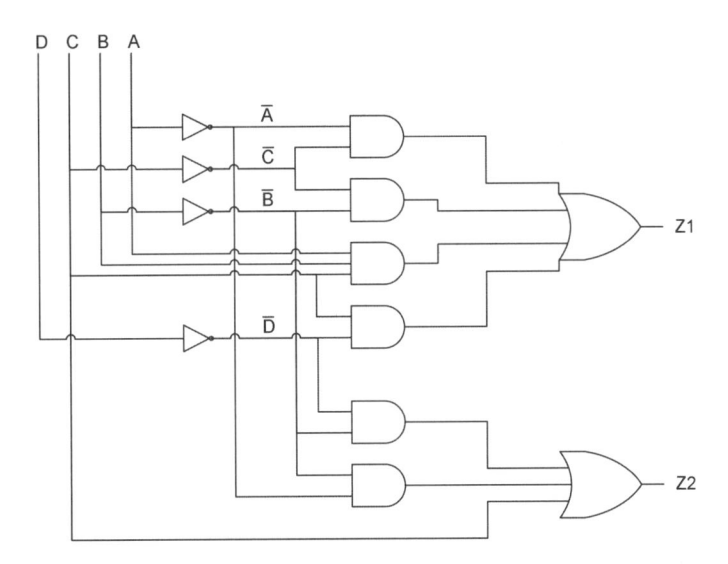

**Fig. 2.8 – Diagrama lógico do circuito correspondente às saídas** Z1 **e** Z2 **da Figura 2.7**

ções dos módulos expressas em VHDL ou Verilog, gera as respectivas funções lógicas e as otimiza, sem intervenção do projetista, como se fosse um compilador (só que gera circuitos, não instruções). Isto é particularmente utilizado no desenvolvimento de circuitos integrados, daí este programa normalmente ser chamado de **compilador de silício**.

Um aspecto importante a se considerar é que uma simples mudança de valor de uma única variável de entrada pode provocar mais do que uma transição no sinal de saída, devido ao fato das portas lógicas terem atrasos e as entradas ligarem a essas mesmas portas em pontos variados do circuito. Por exemplo, o 3.º AND da saída Z1 na Figura 2.8 recebe as variações das entradas A, B e C antes dos dois ANDs anteriores, pois não sofre com o atraso devido às negações. Isto significa que a saída deste 3.º AND mudará o seu valor antes do que a dos outros dois, o que pode provocar uma mudança de valor na saída, para logo a seguir retomar o valor anterior (situação conhecida como **pico**). A Simulação 2.2 explica e demonstra esta situação mais em detalhe.

As seções seguintes descrevem alguns dos módulos mais utilizados na implementação dos computadores e que serão usados nos capítulos seguintes.

### SIMULAÇÃO 2.2 – CIRCUITOS COMBINATÓRIOS

Esta simulação ilustra o funcionamento dos circuitos combinatórios, usando como base o circuito da Figura 2.8. Os aspectos abordados incluem os seguintes:

- Verificação do atendimento da tabela verdade da Tabela 2.4;

- Inspeção de valores das ligações intermediárias;

- Observação dos picos causados pelo comportamento transitório dos valores das ligações enquanto ocorrem as interações das mudanças de sinais;

- Verificação do tempo de atraso total do circuito.


## 2.5.2 MULTIPLEXADORES

Um multiplexador permite escolher entre uma de várias entradas e transportar o seu valor para uma saída, sob controle de um ou mais sinais de seleção (tantos quantos os necessários para referenciar todas as entradas), tal como representado na Figura 2.9.

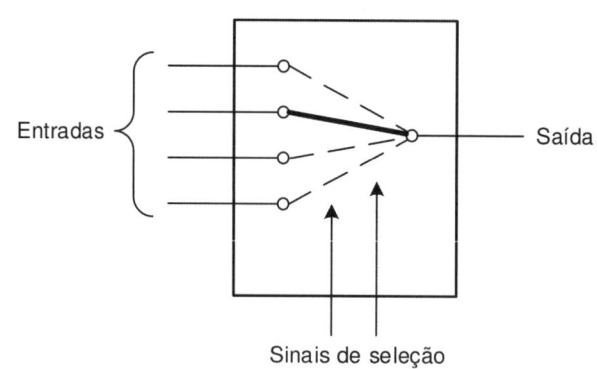

**Fig. 2.9 – Circuito equivalente de um multiplexador, exemplificado para quatro entradas e dois sinais de seleção. A saída pode ser igual a qualquer das entradas, mas apenas a uma de cada vez (de acordo com os sinais de seleção)**

O número de entradas é normalmente uma potência de 2 (valores típicos: 2, 4, 8 e 16), pois N sinais de seleção permitem selecionar $2^N$ hipóteses diferentes, normalmente numeradas entre 0 e $2^N - 1$, tal como indicado pela Tabela 2.5. Por exemplo, a Tabela 2.3 mostra que com 4 variáveis se pode ter 16 hipóteses diferentes ($16 = 2^4$).

A Figura 2.10 ilustra o símbolo que pode ser usado para representar multiplexadores de 2 a 16 entradas (X), com 1 a 4 sinais de seleção (S). Quando há vários sinais relacionados, como as várias entradas e os vários sinais de seleção, é usual dar-lhes o mesmo nome, seguido de um número, que começa em 0. A saída (Z) é apenas uma, e a função destes circuitos é fazer o valor da saída igual ao valor de uma das entradas, aquela cujo número seja igual à ordem da combinação de entrada.

A Figura 2.11 exemplifica os detalhes de dois destes multiplexadores, os de duas e de quatro entradas, mostrando as suas tabelas verdade e os respectivos diagramas lógicos. As saídas Z destes dois multiplexadores podem ser descritas, respectivamente, por $Z = \overline{S}X0 + SX1$ e $Z = \overline{S1}\ \overline{S0}\ X0 + \overline{S1}\ S0\ X1 + S1\ \overline{S0}\ X2 + S1\ S0\ X3$.

### Tabela 2.5 - Número possível de entradas para um multiplexador para vários números de sinais de seleção

| NÚMERO DE SINAIS DE SELEÇÃO | NÚMERO DE COMBINAÇÕES POSSÍVEIS | | FAIXA DE NUMERAÇÃO DAS COMBINAÇÕES | | |
|---|---|---|---|---|---|
| | | | MÍNIMO | MÁXIMO | |
| 1 | $2^1$ | 2 | 0 | 1 | $2^1-1$ |
| 2 | $2^2$ | 4 | 0 | 3 | $2^2-1$ |
| 3 | $2^3$ | 8 | 0 | 7 | $2^3-1$ |
| 4 | $2^4$ | 16 | 0 | 15 | $2^4-1$ |

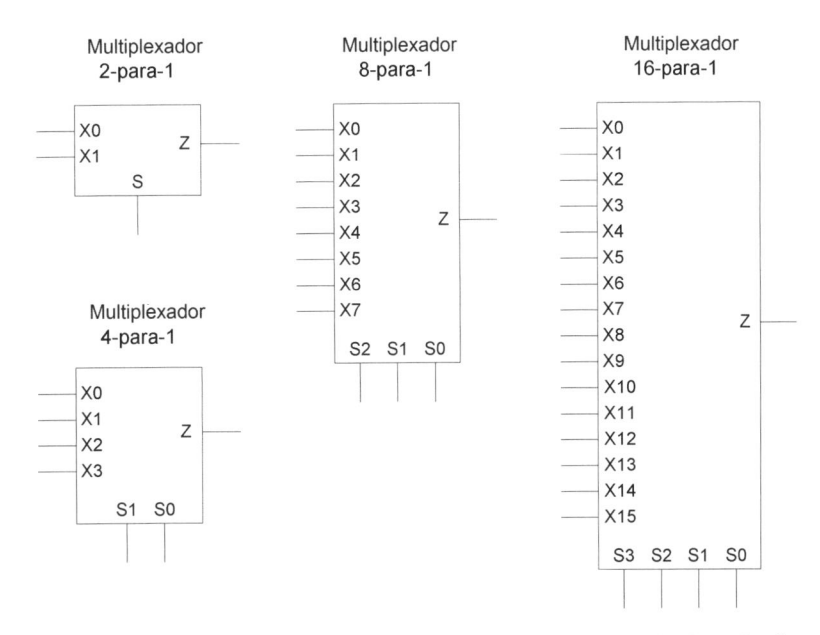

**Fig. 2.10 – Multiplexadores de 2, 4, 8 e 16 entradas, com 1, 2, 3 e 4 sinais de seleção, respectivamente**

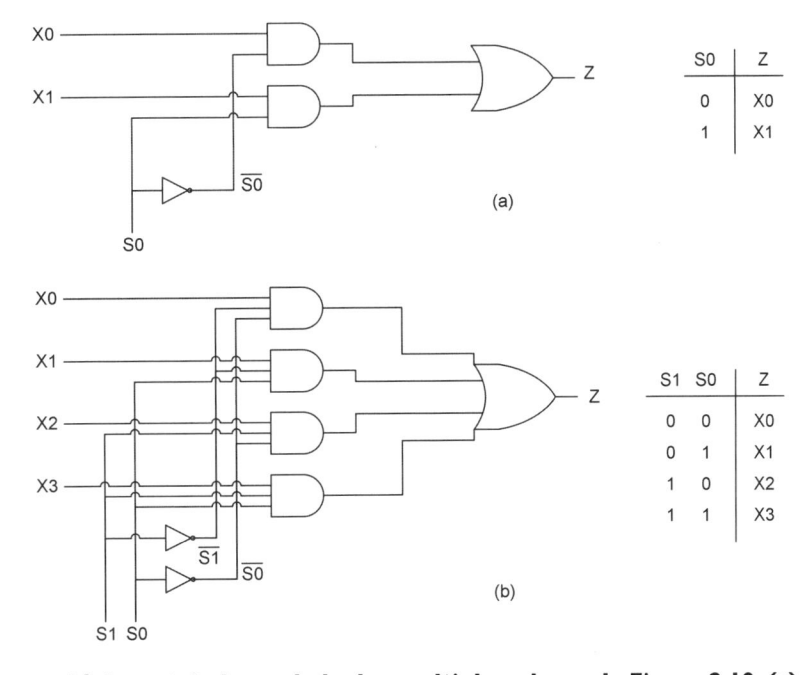

**Fig. 2.11 – Diagrama lógico e tabela verdade dos multiplexadores da Figura 2.10. (a) – Duas entradas; (b) – Quatro entradas**

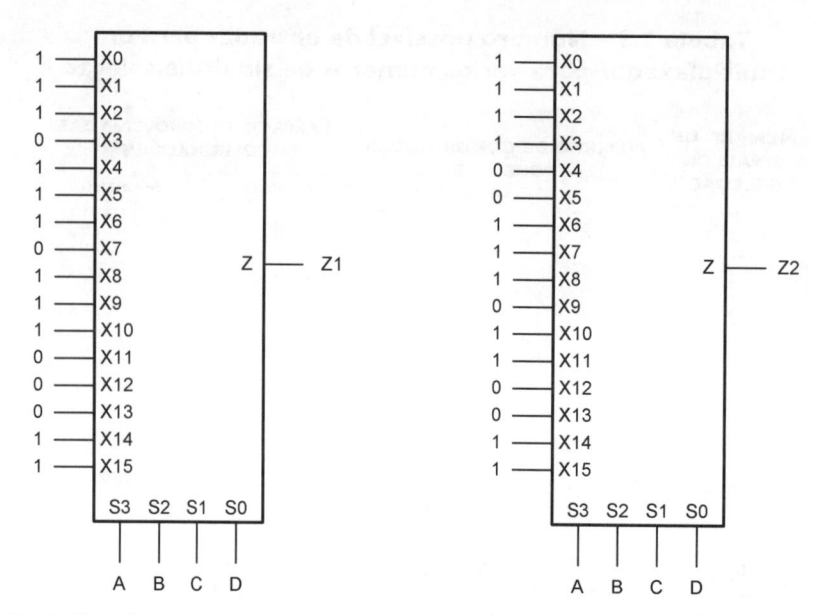

**Fig. 2.12 – Utilização de multiplexadores para implementar as funções** $Z1$ **e** $Z2$ **da Tabela 2.3**

A Figura 2.33 e a Figura 2.44 ilustram a utilização de um multiplexador. A Figura 3.5 apresenta a sua primeira utilização na implementação de um computador.

Os multiplexadores constituem também uma forma rápida de implementar funções. Por exemplo, as funções $Z1$ e $Z2$ da Tabela 2.3, em vez de serem simplificadas pelos mapas de Karnaugh e implementadas de acordo com o circuito da Figura 2.8, podem ser implementadas com dois multiplexadores de 16 entradas, tal como indicado pela Figura 2.12. Os valores destas entradas são obtidos diretamente a partir da tabela verdade da Tabela 2.3. As entradas do circuito descrito por esta tabela constituem as entradas de seleção dos multiplexadores, que assim selecionam um dos termos mínimos.

Esta implementação gasta mais portas lógicas do que a da Figura 2.8, mas os multiplexadores são módulos que já estão prontos, daí o esforço de desenvolvimento ser menor.

### SIMULAÇÃO 2.3 – MULTIPLEXADORES

Esta simulação ilustra o funcionamento dos multiplexadores, usando as figuras desta seção como circuitos de base. Os aspectos abordados incluem os seguintes:

- Verificação do funcionamento dos multiplexadores de várias entradas;
- Verificação do funcionamento do circuito da Figura 2.11;
- Utilização de um multiplexador para implementar uma função.

### 2.5.3 DECODIFICADORES

Um decodificador é um circuito combinatório que, para cada uma das $2^N$ combinações das $N$ variáveis de entrada, produz uma combinação das $P$ variáveis de saída, com a restrição $N < P$. Os decodificadores são usados quando apenas um subconjunto das $2^P$ combinações é interessante. Assim, em vez de usar $P$ variáveis para fazê-lo, são codificadas apenas as combinações interessantes usando menos variáveis (bits). Os decodificadores são necessários quando se pretende recuperar os $P$ bits a partir dos $N$ bits. Cada decodificador tem o seu mapeamento entre os valores do código (de $N$ bits) e os valores de saída ($P$ bits) fixo no seu circuito.

Um exemplo clássico de decodificador é o que produz os sinais necessários a um mostrador (*display*) de sete segmentos a partir de 4 bits. A Figura 2.13 ilustra um destes mostradores, em formato de 8, com os segmentos identificados. Cada um destes segmentos é luminoso e acende ou apaga de acordo com o valor do bit ligado ao respectivo segmento, permitindo gerar todos os 10 dígitos e as letras A a F (para o B e o D são usadas letras minúsculas, pois as maiúsculas se confundem com 8 e 0, respectivamente).

A Tabela 2.6 mostra a tabela verdade que o decodificador tem de implementar, assumindo que cada segmento acende com o valor 1.

Com base nesta tabela é possível simplificar as funções usando os mapas de Karnaugh, tal como foi feito na Figura 2.7, e derivar o diagrama lógico do decodificador de sete segmentos. Esta tarefa é deixada como exercício para o leitor (Exercício 2.22).

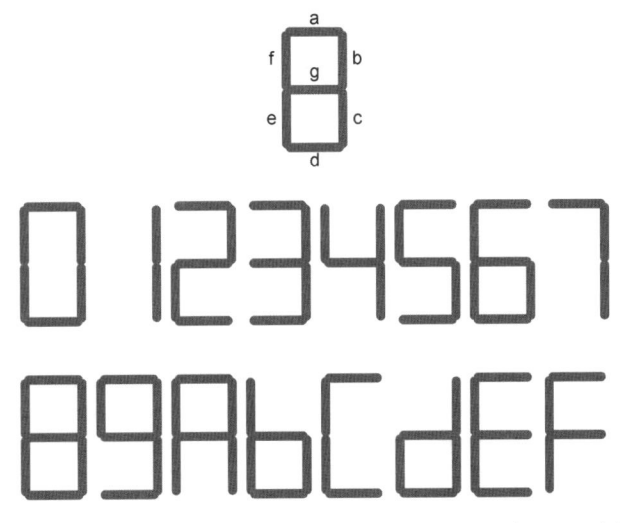

**Fig. 2.13 – Mostrador (*display*) de sete segmentos e algumas das combinações possíveis**

A Figura 2.14 mostra que se pode afixar um determinado símbolo no mostrador especificando apenas 4 bits (X0..X3) em vez de 7 bits. O decodificador faz a conversão. Observe que 7 bits permitem $128=2^7$ combinações possíveis, das quais só é possível, com este circuito, aproveitar 16. As restantes correspondem a outros símbolos, que poderão ou não fazer sentido numa determinada aplicação. Se for importante poupar bits, pode-se usar o circuito da Figura 2.14. Se o importante for a flexibilidade de afixar o símbolo que se quiser (dentro das combinações de segmentos que o mostrador permite), então se deve usar diretamente o mostrador, sem o decodificador.

Outro exemplo típico dos decodificadores é a conversão de N bits de entrada em $2^N$ bits de saída, dos quais apenas um é 0 (aquele que corresponde à combinação dos bits de entrada) e todos os restantes são 1 (também poderia ser um bit com valor 1 e todos os outros com 0, mas a primeira hipótese é mais usada).

### Tabela 2.6 - Tabela verdade do decodificador de sete segmentos

| SÍMBOLO | BITS DE ENTRADA | | | | SEGMENTOS | | | | | | |
|---|---|---|---|---|---|---|---|---|---|---|---|
| | X3 | X2 | X1 | X0 | A | B | C | D | E | F | G |
| 0 | 0 | 0 | 0 | 0 | 1 | 1 | 1 | 1 | 1 | 1 | 0 |
| 1 | 0 | 0 | 0 | 1 | 0 | 1 | 1 | 0 | 0 | 0 | 0 |
| 2 | 0 | 0 | 1 | 0 | 1 | 1 | 0 | 1 | 1 | 0 | 1 |
| 3 | 0 | 0 | 1 | 1 | 1 | 1 | 1 | 1 | 0 | 0 | 1 |
| 4 | 0 | 1 | 0 | 0 | 0 | 1 | 1 | 0 | 0 | 1 | 1 |
| 5 | 0 | 1 | 0 | 1 | 1 | 0 | 1 | 1 | 0 | 1 | 1 |
| 6 | 0 | 1 | 1 | 0 | 1 | 0 | 1 | 1 | 1 | 1 | 1 |
| 7 | 0 | 1 | 1 | 1 | 1 | 1 | 1 | 0 | 0 | 0 | 0 |
| 8 | 1 | 0 | 0 | 0 | 1 | 1 | 1 | 1 | 1 | 1 | 1 |
| 9 | 1 | 0 | 0 | 1 | 1 | 1 | 1 | 1 | 0 | 1 | 1 |
| A | 1 | 0 | 1 | 0 | 1 | 1 | 1 | 0 | 1 | 1 | 1 |
| b | 1 | 0 | 1 | 1 | 0 | 0 | 1 | 1 | 1 | 1 | 1 |
| C | 1 | 1 | 0 | 0 | 1 | 0 | 0 | 1 | 1 | 1 | 0 |
| d | 1 | 1 | 0 | 1 | 0 | 1 | 1 | 1 | 1 | 0 | 1 |
| E | 1 | 1 | 1 | 0 | 1 | 0 | 0 | 1 | 1 | 1 | 1 |
| F | 1 | 1 | 1 | 1 | 1 | 0 | 0 | 0 | 1 | 1 | 1 |

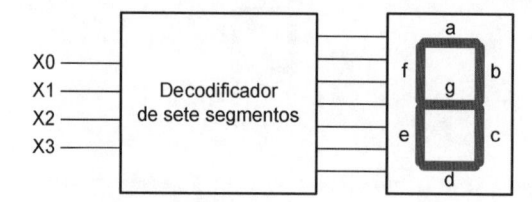

**Fig. 2.14 – Ligação do decodificador ao mostrador de sete segmentos**

Estes decodificadores são chamados de decodificadores 1-de-P (porque dos P bits de saída apenas um está ativo em cada instante). As tabelas verdade dos decodificadores de 1-de-4 e 1-de-8 estão representadas na Tabela 2.7 e na Tabela 2.8, respectivamente. Estas são as dimensões mais usadas. A generalização para outras dimensões é imediata. Os decodificadores incluem uma entrada de controle (E – *Enable*), que, quando é 0, desativa todas as saídas (ficam todas com 1), independentemente das variáveis de seleção.

### Tabela 2.7 - Tabela verdade do decodificador 1-de-4

| BITS DE ENTRADA | | | BITS DE SAÍDA | | | |
|---|---|---|---|---|---|---|
| E | X1 | X0 | Z3 | Z2 | Z1 | Z0 |
| 1 | 0 | 0 | 1 | 1 | 1 | 0 |
| 1 | 0 | 1 | 1 | 1 | 0 | 1 |
| 1 | 1 | 0 | 1 | 0 | 1 | 1 |
| 1 | 1 | 1 | 0 | 1 | 1 | 1 |
| 0 | x | x | 1 | 1 | 1 | 1 |

### Tabela 2.8 - Tabela verdade do decodificador 1-de-8

| BITS DE ENTRADA | | | | BITS DE SAÍDA | | | | | | | |
|---|---|---|---|---|---|---|---|---|---|---|---|
| E | x2 | X1 | x0 | Z7 | Z6 | Z5 | Z4 | Z3 | Z2 | Z1 | Z0 |
| 1 | 0 | 0 | 0 | 1 | 1 | 1 | 1 | 1 | 1 | 1 | 0 |
| 1 | 0 | 0 | 1 | 1 | 1 | 1 | 1 | 1 | 1 | 0 | 1 |
| 1 | 0 | 1 | 0 | 1 | 1 | 1 | 1 | 1 | 0 | 1 | 1 |
| 1 | 0 | 1 | 1 | 1 | 1 | 1 | 1 | 0 | 1 | 1 | 1 |
| 1 | 1 | 0 | 0 | 1 | 1 | 1 | 0 | 1 | 1 | 1 | 1 |
| 1 | 1 | 0 | 1 | 1 | 1 | 0 | 1 | 1 | 1 | 1 | 1 |
| 1 | 1 | 1 | 0 | 1 | 0 | 1 | 1 | 1 | 1 | 1 | 1 |
| 1 | 1 | 1 | 1 | 0 | 1 | 1 | 1 | 1 | 1 | 1 | 1 |
| 0 | x | x | x | 1 | 1 | 1 | 1 | 1 | 1 | 1 | 1 |

A Figura 2.15 mostra a representação esquemática destes decodificadores.

A grande vantagem destes decodificadores é terem uma só saída ativa por cada combinação dos valores das variáveis de entrada, o que permite depois tratar cada uma dessas combinações de forma independente das restantes. A Figura 2.29, a Figura 6.3 e as seguintes mostram exemplos de utilização de decodificadores.

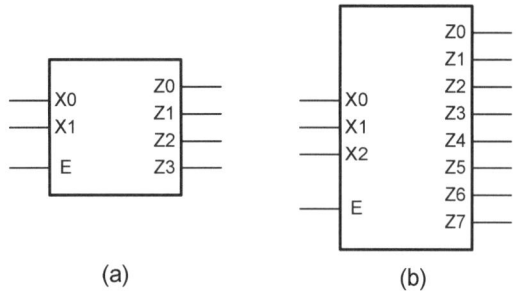

(a)                                        (b)

**Fig. 2.15 – Exemplos de representação. (a) – Decodificador 1-de-4; (b) – Decodificador 1-de-8**

**SIMULAÇÃO 2.4** – DECODIFICADORES

Esta simulação ilustra o funcionamento dos decodificadores. Os aspectos abordados incluem os seguintes:

- Verificação do funcionamento do decodificador de sete segmentos (Figura 2.14);

- Verificação do funcionamento dos decodificadores 1-de-4 e 1-de-8 (Figura 2.15).

## 2.5.4 ROMs

Tal como um decodificador, uma ROM (*Read-Only Memory*) é um circuito combinatório que, para cada uma das $2^N$ combinações das $N$ variáveis de entrada, produz uma combinação das $P$ variáveis de saída, mas sem a restrição de $N < P$, e em que a implementação dos valores de saída é feita de forma tabular e não por meio de portas lógicas.

Uma combinação das variáveis de entrada é denominada **endereço** e uma combinação das variáveis de saída é denominada **palavra**. Cada valor de endereço faz aparecer um valor de palavra na saída. Nada impede que dois endereços façam aparecer o mesmo valor de palavra, mas podem ser todos diferentes.

A Figura 2.16 apresenta um exemplo de uma ROM que tem 16 palavras (4 bits de endereço, $A3..A0$) com 8 bits cada ($D7..D0$). Para os bits de endereço costuma-se usar a letra $A$ (de *Address*, ou endereço) e para os bits da palavra costuma-se usar a letra $D$ (de *Data*, ou dados).

O decodificador seleciona apenas uma das suas 16 saídas ($Z15..Z0$). Neste caso, todas as saídas são 0 exceto uma, que é 1 (ao contrário dos decodificadores da seção anterior, mas tanto faz). Cada OR tem na realidade 16 entradas embora, por simplicidade, na Figura 2.16 apareça apenas uma. Para um determinado endereço (correspondente a uma só linha horizontal com 1), cada bit de saída da ROM terá 1 apenas se existir uma ligação entre a linha vertical e essa linha horizontal. Caso contrário, será 0.

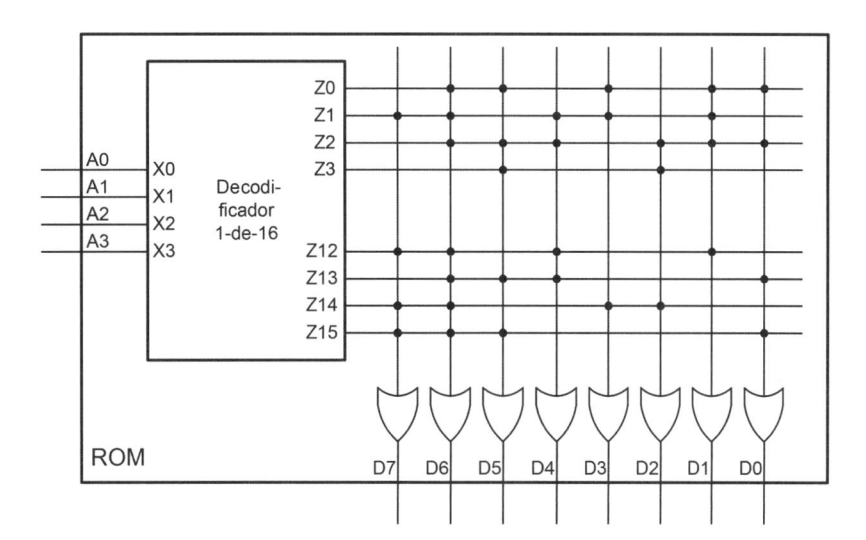

**Fig. 2.16 – Estrutura interna de uma ROM (*Read-Only Memory*). Cada OR tem tantas entradas quantas saídas do decodificador**

A Tabela 2.9 mostra a correspondência entre cada endereço e a respectiva palavra. Em vez de gerar esta tabela verdade em portas lógicas, como fizemos em exemplos anteriores, as ligações entre linhas verticais e horizontais permitem transpor esta matriz diretamente para o *hardware*. Este tem sempre a mesma estrutura, e o que varia são as ligações, de acordo com a tabela.

### Tabela 2.9 - Tabela verdade da ROM

| BITS DO ENDEREÇO | | | | BITS DA PALAVRA | | | | | | | |
|---|---|---|---|---|---|---|---|---|---|---|---|
| X3 | X2 | X1 | X0 | D7 | D6 | D5 | D4 | D3 | D2 | D1 | D0 |
| 0 | 0 | 0 | 0 | 0 | 1 | 1 | 0 | 1 | 0 | 1 | 1 |
| 0 | 0 | 0 | 1 | 1 | 1 | 0 | 1 | 1 | 0 | 1 | 0 |
| 0 | 0 | 1 | 0 | 0 | 1 | 1 | 1 | 0 | 1 | 1 | 1 |
| 0 | 0 | 1 | 1 | 0 | 0 | 1 | 0 | 0 | 1 | 0 | 0 |
| . | . | . | . | . | . | . | . | . | . | . | . |
| . | . | . | . | . | . | . | . | . | . | . | . |
| . | . | . | . | . | . | . | . | . | . | . | . |
| 1 | 1 | 0 | 0 | 1 | 1 | 0 | 1 | 0 | 0 | 1 | 0 |
| 1 | 1 | 0 | 1 | 0 | 1 | 1 | 1 | 0 | 0 | 0 | 1 |
| 1 | 1 | 1 | 0 | 1 | 1 | 0 | 0 | 1 | 1 | 0 | 0 |
| 1 | 1 | 1 | 1 | 1 | 1 | 1 | 0 | 0 | 0 | 0 | 1 |

Uma ROM é uma memória. Ao se especificar um endereço, a ROM devolve a palavra correspondente. A sua **capacidade** (número de palavras que a memória pode armazenar) é $2^N$, em que N é o número de *bits* de endereço. Neste exemplo, N=4 e a capacidade da ROM é de 16 palavras.

É importante perceber que:

- O número N de *bits* do endereço determina a capacidade da memória, que é sempre $2^N$ (por causa do número de saídas do decodificador);

- O número P de *bits* da palavra é totalmente independente de N, pois depende exclusivamente do número de ORs utilizados.

As ROMs propriamente ditas só podem ser lidas, já sendo fabricadas com as ligações adequadas. As PROMs (*Programmable Read-Only Memories*) podem ser programadas, vindo de fábrica com todas as ligações efetuadas, o que significa que todos os *bits* de todas as palavras são 1. Com um circuito adequado, depois é possível fundir um pequeno fusível presente em cada ligação, interrompendo-se as ligações que se quiser. Os respectivos *bits* passam então a ser 0, não sendo possível voltar a fazer essas ligações.

Outros dois tipos de ROMs permitem alterar o conteúdo: EEPROM e *Flash*, que são descritas na Subseção 6.5.3.1. Nenhum dos tipos de ROMs perde a sua informação se a alimentação do circuito for desligada.

A Figura 2.44 e a Figura 6.8 ilustram a utilização de uma ROM.

### SIMULAÇÃO 2.5 – PROMs (*PROGRAMMABLE READ-ONLY MEMORIES*)

Esta simulação ilustra o funcionamento das ROMs em geral, usando uma PROM que permite alterar facilmente o seu conteúdo. Os aspectos abordados incluem os seguintes:

- Especificação e visualização do conteúdo da PROM;

- Verificação do funcionamento de uma memória, permitindo obter uma palavra após especificar o endereço;

- Implementação, com uma PROM, do decodificador de sete segmentos da Figura 2.14, com a tabela verdade indicada pela Tabela 2.6.

# 2.6 CIRCUITOS SEQUENCIAIS

Ao contrário dos circuitos combinatórios, em que as saídas dependem apenas dos valores das entradas, nos circuitos sequenciais o valor das saídas pode depender não apenas das entradas, mas também dos valores anteriores das saídas.

Uma combinação dos valores das saídas do circuito é chamada de **estado**. Quando as entradas do circuito mudam o seu valor, os valores das saídas podem mudar em consequência disso, dizendo-se então que houve uma **transição** de estado.

O termo "sequenciais" deriva do fato do estado para o qual um circuito transita poder depender não apenas da variação ocorrida nas entradas como também do estado anterior e até mesmo da sequência de estados (ou seja, do histórico dos estados) pela qual o circuito transitou.

### 2.6.1 ELEMENTOS BIESTÁVEIS

Estes são elementos com apenas uma saída (um *bit*, dois estados possíveis) e com capacidade de memória, isto é, manter a saída mesmo que a entrada mude.

#### 2.6.1.1 LATCH SR

Um **trinco** (*latch*) de uma porta tem a propriedade de permitir fechar a porta (encolhendo a lingueta) ao empurrá-la, mas depois prender e já não deixar abrir quando se tenta fazer o movimento inverso (puxar a porta). É preciso agir noutro local (maçaneta ou chave da fechadura) para conseguir abrir a porta novamente. O circuito da Figura 2.17 ilustra este princípio aplicado aos circuitos digitais. Observe a dupla realimentação que faz com que as saídas dependam não exclusivamente das entradas $S$ (*Set*, coloca como 1) e $R$ (*Reset*, recoloca como 0), mas também do valor das próprias saídas $Q$ e $\overline{Q}$.

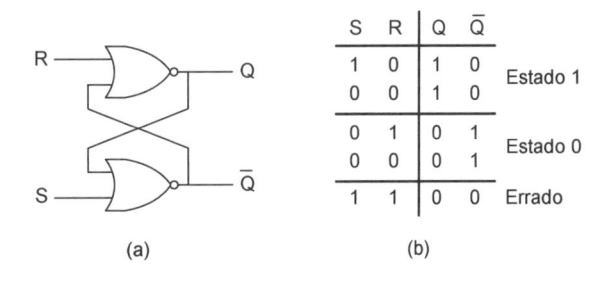

| S | R | Q | $\overline{Q}$ | |
|---|---|---|---|---|
| 1 | 0 | 1 | 0 | Estado 1 |
| 0 | 0 | 1 | 0 | |
| 0 | 1 | 0 | 1 | Estado 0 |
| 0 | 0 | 0 | 1 | |
| 1 | 1 | 0 | 0 | Errado |

(a)                (b)

**Fig. 2.17 – *Latch* SR com NORs. (a) – Circuito; (b) – Tabela de estados**

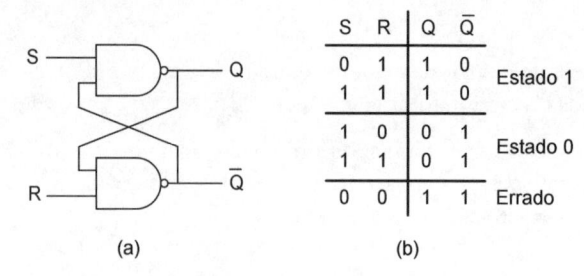

| S | R | Q | Q̄ | |
|---|---|---|---|---|
| 0 | 1 | 1 | 0 | Estado 1 |
| 1 | 1 | 1 | 0 | |
| 1 | 0 | 0 | 1 | Estado 0 |
| 1 | 1 | 0 | 1 | |
| 0 | 0 | 1 | 1 | Errado |

(a)  (b)

**Fig. 2.18 – *Latch* SR com NANDs. (a) – Circuito; (b) – Tabela de estados**

O funcionamento pode ser analisado seguindo os sinais e aplicando as funcionalidades das portas lógicas. Por exemplo, na situação indicada pela primeira linha da tabela da Figura 2.17b, a entrada S=1 força a saída Q̄ a ser 0, o que com R=0 força a saída Q a ser 1. Esta é uma situação estável, que se mantém enquanto as entradas não mudarem. Mesmo que S passe para 0 (segunda linha da Figura 2.17b), as saídas mantêm o estado pois a saída Q como 1 força o estado do NOR de baixo.

No entanto, se agora a entrada R mudar para 1, as saídas mudam, trocando o seu valor (basta seguir os sinais). Se R voltar a 0, as saídas voltam a não sofrer alteração (mas agora o estado está trocado em relação ao anterior).

As entradas S e R podem estar numa de três situações:

- Diferentes. Neste caso, a saída Q é 1 ou 0, conforme a entrada seja 1, para S ou R, respectivamente;

- Iguais com o valor 0. O estado anterior de Q mantém-se, seja ele 0 ou 1, num contexto de memorização;

- Iguais com o valor 1. Esta é uma situação que não deve ser usada, pois ambas as entradas como 1 forçam ambas as saídas como 0, violando a semântica de negação entre as saídas.

Também é possível um comportamento semelhante com portas lógicas NAND, tal como ilustrado pela Figura 2.18, em que se deve trocar os 1s pelos 0s e vice-versa.

**SIMULAÇÃO 2.6 – *LATCH* SR**

Esta simulação permite verificar o funcionamento dos *latches* SR, tomando a Figura 2.17 e a Figura 2.18 como base. Os aspectos abordados incluem os seguintes:

- Sequenciamento dos estados do *latch* SR com NORs;

- Sequenciamento dos estados do *latch* SR com NANDs;

- Verificação do estado com S e R ativos.

### 2.6.1.2 *LATCH* D

O *latch* SR permite memorizar 0 ou 1 na saída Q, mas precisa de dois sinais separados para poder mudar de estado, e não tem controle sobre mudar ou não a saída quando as entradas mudam. O *latch* D resolve estes dois problemas, usando o circuito da Figura 2.19a.

A tabela de estados mostra que quando C=1 a saída Q fica igual à entrada D. Se esta variar, a saída varia também (e a saída Q̄ é a negação). Nesta situação, diz-se que o *latch* está **transparente**. Quando C=0, o *latch* não altera o seu estado de saída mesmo que D varie, já que memorizou o último valor da entrada D quando C passou para 0.

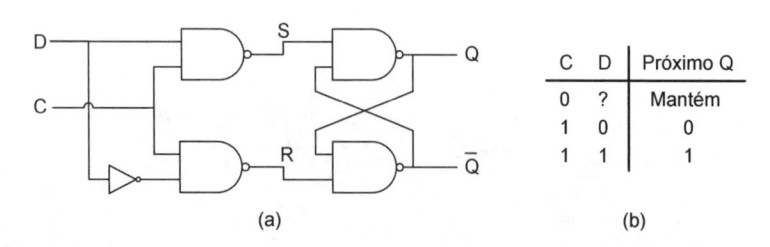

| C | D | Próximo Q |
|---|---|---|
| 0 | ? | Mantém |
| 1 | 0 | 0 |
| 1 | 1 | 1 |

(a)  (b)

**Fig. 2.19 – *Latch* D. (a) – Circuito; (b) – Tabela de estados**

– *Latches* D

Esta simulação ilustra o funcionamento dos *latches* D, usando a Figura 2.19 como base. Os aspectos abordados incluem os seguintes:

- Sequenciamento das variáveis de entrada e verificação da tabela de estados;
- Verificação dos efeitos de transparência e de memorização.

### 2.6.1.3 Flip-flop D

Uma das desvantagens do funcionamento dos *latches* é o fato de durante a fase de transparência eles serem, na prática, simples circuitos combinatórios, em que a saída depende apenas das entradas e o histórico dos estados deixa de contar.

Um *flip-flop* (**báscula**) é um circuito constituído por dois *latches*[12] em que quando um está transparente o outro está memorizando, de forma a que nunca se verifique uma situação em que a saída dependa exclusivamente da entrada, sendo os possíveis instantes de transição da saída comandados por um sinal de controle.

Há vários tipos de *flip-flop*, mas o mais usado é o *flip-flop* D **sensível à borda** (*edge-triggered*), o que significa que a saída só pode mudar quando o sinal C transita de valor (0 para 1, por exemplo). Tal como no *latch* D, a saída Q memoriza o valor que a entrada D tem, mas a diferença é que o *flip-flop* tira uma espécie de fotografia da entrada D por ocasião da transição de C, e mantém esse valor mesmo que depois a entrada D varie, ao passo que o *latch* acompanha as variações da entrada D enquanto C estiver ativo (e não apenas na transição). Um *flip-flop* ou reage na **borda de subida** de C (transição de $0 \rightarrow 1$) ou na **borda de descida** (transição de $1 \rightarrow 0$), mas não em ambas (é o projeto interno do circuito que determina isso).

A Figura 2.20 mostra um *flip-flop* D sensível à borda de subida, quando C transita de 0 para 1. Quando C=0, tanto P2 como P3 têm o valor 1, o que faz o *latch* SR P5–P6 manter o estado (Figura 2.18). P4 e P1 reagem às variações de D, mas C=0 impede que essas variações afetem o *latch* P5-P6. Quando C transita de $0 \rightarrow 1$, $\overline{D}$ aparece como entrada de P5 e D como entrada de P6, o que faz com que Q fique com o valor de D e $\overline{Q}$ com o valor de $\overline{D}$. Ou seja, o *flip-flop* memoriza o valor que D tinha imediatamente antes da transição de C de $0 \rightarrow 1$. Logo depois, mesmo que D varie, já não afeta a saída do *flip-flop*. A entrada de P5 ou P6 que for 0 força o *latch* SR para trás (P1-P2 ou P3-P4) a esse estado, independentemente de D, e a outra entrada de P5 ou P6 pode variar entre 0 e 1 sem alterar o estado do *latch* P5-P6 (Figura 2.18b). Se C voltar a 0, continua a não afetar a saída do *flip-flop*, já que o seu estado só pode ser alterado quando ocorre a subida da borda ($0 \rightarrow 1$) de C.

Se este *flip-flop* fosse construído com portas NOR reagiria na borda de descida do sinal C.

Existe uma notação para representar as entradas de cuja borda um *flip-flop* depende para reagir. A Figura 2.21 mostra a representação usada para os *latches* e *flip-flops* D.

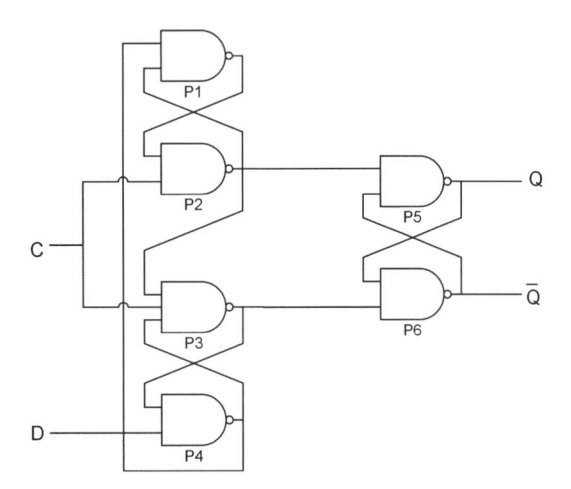

**Fig. 2.20 –** *Flip-flop* **D sensível à borda (***edge-triggered***) de subida**

---

[12] Para implementar algumas propriedades, como no caso da Figura 2.20, os *flip-flops* podem ter mais de dois *latches*.

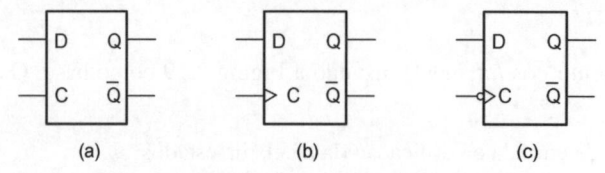

**Fig. 2.21 – Representação dos *latches* e *flip-flops* D. (a) – *Latch*; (b) – *Flip-flop* D sensível à borda de subida de C; (c) – *Flip-flop* D sensível à borda de descida de C**

A Figura 2.22 caracteriza o comportamento dos *latches* e dos *flip-flops*, representando a semântica de controle de borda no sinal C, quer na borda de subida, quer na borda de descida.

Para que o *flip-flop* D funcione bem, a entrada D tem de manter o seu valor fixo desde um curto tempo antes da transição de C (denominado **tempo de preparação**, ou *setup time*) até um curto tempo após essa transição (denominado **tempo de manutenção**, ou *hold time*). Geralmente estes tempos são muito curtos em relação ao **tempo de atraso** do *flip-flop* (tempo de propagação da transição da entrada para a saída, ou *delay time*) e ao tempo entre transições do sinal C, em função do que, em termos lógicos, eles são ignorados (são importantes apenas quando se pretende saber a velocidade máxima de variação dos sinais).

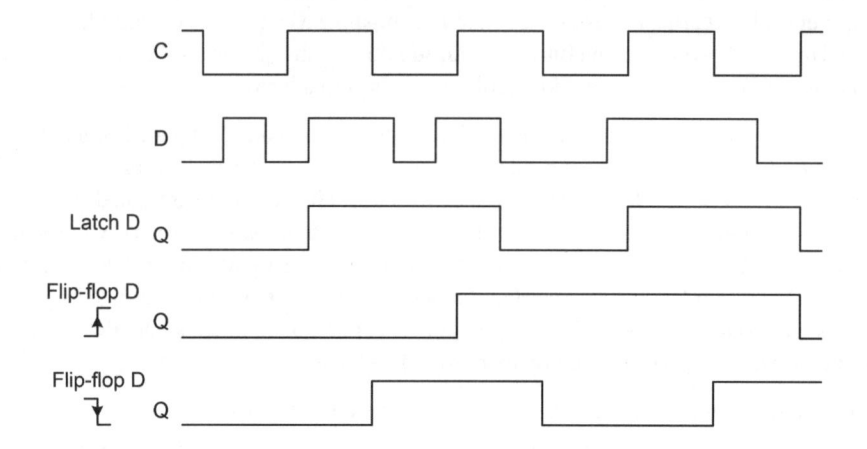

**Fig. 2.22 – Exemplo de comportamento dos *latches* e *flip-flops* D**

Esta transição controlada de estado é fundamental para construir circuitos síncronos, em que saídas de *flip-flops* constituem entradas de outros. O circuito síncrono mais simples é provavelmente aquele em que a saída $\overline{Q}$ se liga à entrada D do próprio *flip-flop*, tal como descrito pela Figura 2.23a, em que a saída alterna (*toggle*) de valor em cada transição ascendente do sinal C. Se este sinal variar periodicamente, como na Figura 2.23b, o sinal de saída variará com metade da frequência (ou o dobro do período), uma vez que para um ciclo completo na saída são necessárias duas transições ascendentes no sinal C.

Se este circuito usasse um *latch* D, em vez de um *flip-flop* D, o funcionamento seria instável, pois enquanto o sinal C fosse 1 o *latch* estaria transparente, provavelmente oscilando entre 0 e 1, uma vez que a negação d↓ entrada seria realimentada para essa mesma entrada, sem atingir um ponto estável. O *flip-flop* D também faz esta realimentação, mas quando a saída muda, após o tempo de atraso do circuito, o *flip-flop* já deixou de estar sensível a variações no sinal de entrada, o que permite atingir imedia-

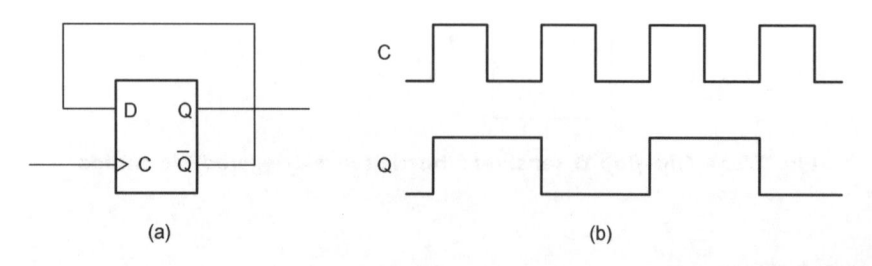

**Fig. 2.23 – *Flip-flop* D em circuito de transição alternada (*toggle*). (a) – Circuito; (b) – Diagrama de tempo**

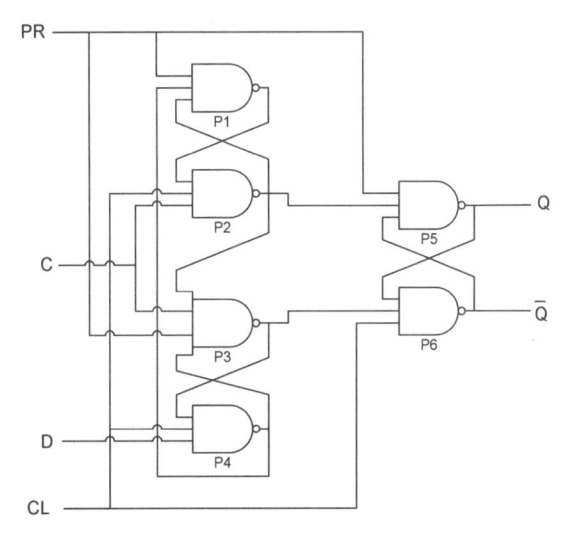

**Fig. 2.24 – *Flip-flop* D com entradas para forçar estados de 0 (CL – *Clear*) e 1 (PR – *Preset*)**

tamente um ponto estável. Só na próxima borda de subida do sinal C é que a saída poderá mudar novamente. Assim, a oscilação também ocorre, mas no ritmo controlado do sinal C e não no do tempo de atraso do circuito.

Este sinal periódico é extremamente importante em circuitos digitais, pois permite condicionar o ritmo em que as operações evoluem, e é denominado **relógio** (*clock*), uma vez que marca os instantes de tempo em que as coisas acontecem.

Também é usual os *flip-flops* terem duas entradas adicionais para poder forçar um determinado estado, 0 ou 1, a qualquer momento e independentemente (de forma assíncrona) das transições do relógio, o que pode ser importante em termos de inicialização de um circuito. A Figura 2.24 mostra uma possível implementação, usando o circuito da Figura 2.20 como base. Basicamente, a técnica consiste em acrescentar entradas em cada *latch* SR que permitam forçar um determinado estado. Os sinais PR (*Preset*), que faz Q=1, e CL (*Clear*), que faz Q=0, estão ativos em 0. Só um destes sinais pode ser ativado de cada vez. Não basta forçar o *latch* SR de saída. Os anteriores também têm de ser inicializados, para garantir que depois de desativar PR ou CL o estado destes seja estável e compatível com o estado em que o *latch* de saída foi colocado.

– *FLIP-FLOPS* D

Esta simulação ilustra o funcionamento dos *flip-flops* D, não apenas de forma específica, mas também o comparando com o dos *latches*, usando as figuras anteriores como base. Os aspectos abordados incluem os seguintes:

- Verificação do comportamento do *flip-flop*, usando as portas lógicas internas (Figura 2.20);
- Comparação do comportamento de um *flip-flop* sensível à borda de subida ou de descida com o de um *latch* (Figura 2.22);
- Verificação do comportamento do divisor de frequência da Figura 2.23;
- Inicialização, com 0 ou 1, do *flip-flop* da Figura 2.24.

### 2.6.2 Registradores

Um **registrador** é um conjunto de elementos de memória, sejam *latches* ou *flip-flops*, que permitem armazenar vários bits simultaneamente. Em termos de linguagem corrente, é comum usar os termos "*latch*" (de N bits) para designar um registrador de N *latches* D e "registrador com *flip-flops*" (de N bits), ou simplesmente "registrador" quando não houver confusão, para designar um registrador de N *flip-flops* D.

A Figura 2.25 ilustra a estrutura destes registradores, em que todos os *latches* ou *flip-flops* são ativados pelo mesmo sinal C. No caso do *latch* de 8 bits (Figura 2.25a), cada saída $Q_i$ acompanha a respectiva entrada $D_i$ enquanto o sinal C for 1. Quando este sinal passa para 0, as saídas memorizam os valores que tinham nessa ocasião. No caso do registrador com *flip-flops* de 8 bits (Figura 2.25b), as saídas só mudam quando o sinal C passa de 0 para 1, memorizando os valores que as respectivas entradas tinham então. O comportamento é o mesmo que o do *latch* e do *flip-flop* individuais representado na Figura 2.22, só que simultâneo para vários *latches* e *flip-flops*. Os registradores do tipo *latch* são usados quando se pretende memorizar apenas um valor. Os registradores

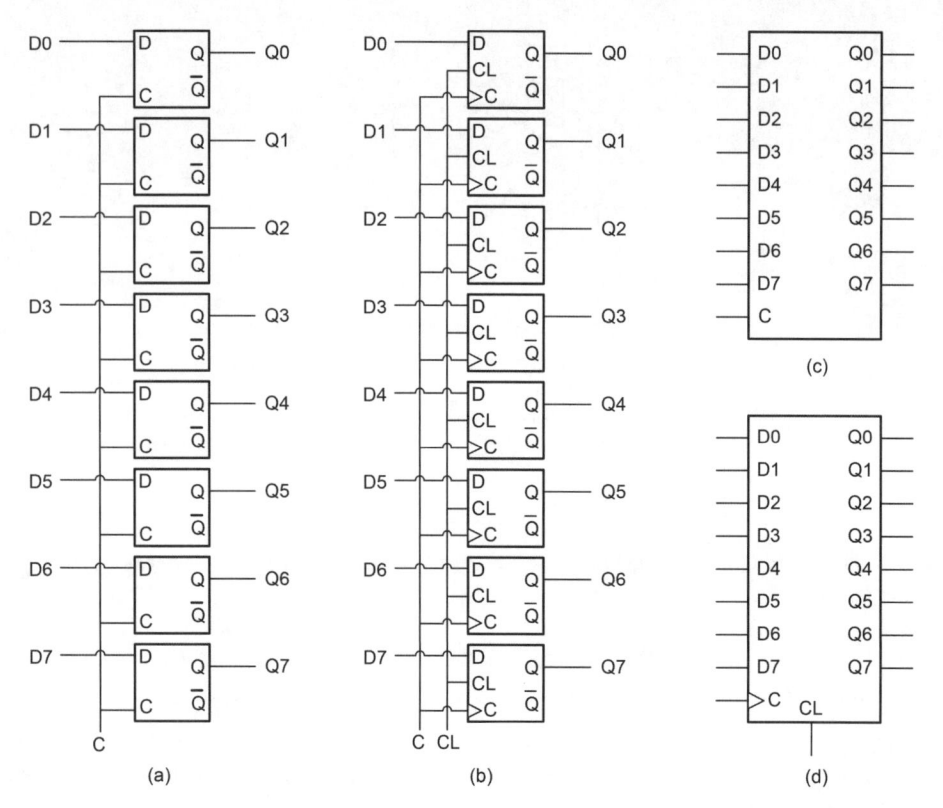

**Fig. 2.25 – Registradores. (a) –** *Latch* **de 8 bits; (b) – Registrador com** *flip-flops* **de 8 bits, sensível à borda de subida do relógio e com sinal de inicialização em 0; (c) – Representação do** *latch* **de 8 bits; (d) – Representação do registrador de 8 bits**

com *flip-flops* são usados quando se pretende realizar operações em que a saída do registrador sofra algum processamento e o valor resultante seja de novo memorizado no mesmo registrador, tal como ilustrado pela Figura 2.26, em que o valor do registrador é incrementado de uma unidade (os somadores são descritos na Subseção 2.8.1) e o resultado armazenado novamente no registrador. O mostrador de sete segmentos mostra em cada instante o valor do registrador. O sinal CL permite colocá-lo como zero a qualquer momento. À medida que o sinal C vai dando impulsos, o valor do contador vai sendo incrementado.

Este circuito funciona bem porque o registrador usa *flip-flops* sensíveis à borda, que memorizam as entradas como se se tratasse de uma fotografia, assim se as entradas variarem logo a seguir não afetarão as saídas (apenas na próxima transição $0 \to 1$ do sinal C). Se em vez de um registrador com 4 *flip-flops* se usasse um *latch* de 4 bits, sempre que e enquanto o sinal C fosse 1, o valor resultante da soma seria introduzido de novo no *latch*, afetando de novo as saídas mal a alteração se propagasse pelo *latch* e tornando o sistema instável.

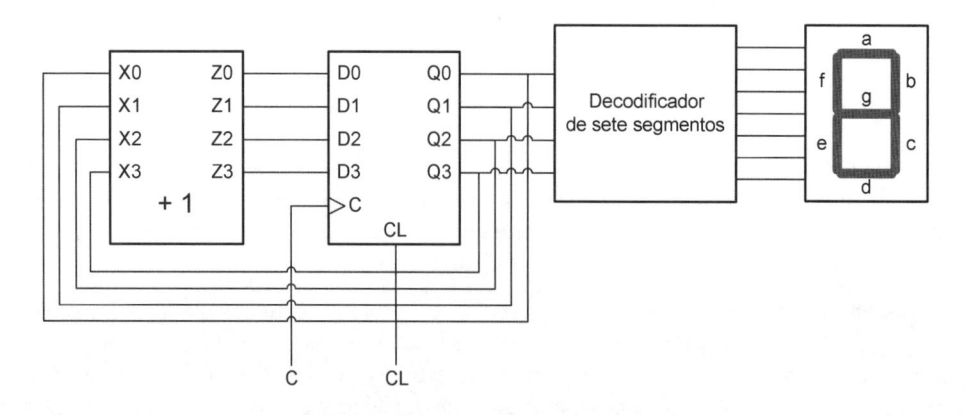

**Fig. 2.26 – Utilização de um registrador com** *flip-flops* **quando as entradas do registrador dependem das próprias saídas**

Os registradores com *flip-flops* são também usados nas máquinas de estado (Subseção 2.6.7), em que o estado da máquina, armazenado no registrador, tem influência no novo estado para o qual se deve transitar na próxima transição do relógio, novo estado esse que será também armazenado no registrador.

**SIMULAÇÃO 2.9** — **REGISTRADORES**

Esta simulação ilustra o funcionamento dos registradores, quer com *latches* quer com *flip-flops*. Os aspectos abordados incluem os seguintes:

- Verificação da diferença de comportamento dos dois registradores da Figura 2.25, incluindo o modo transparente do *latch*;

- Verificação do comportamento do circuito da Figura 2.26, incluindo o efeito do sinal CL;

- Constatação do funcionamento incorreto caso o registrador da Figura 2.26 seja substituído por um registrador com *latches*.

### 2.6.3 PORTAS LÓGICAS DE TRÊS ESTADOS (*TRI-STATE*)

Uma das características das saídas dos circuitos digitais é o fato de que em cada ligação só poder haver uma saída. Se houvesse duas ou mais saídas ligadas entre si, uma poderia tentar impor o valor 0 e outra o valor 1. Como uma ligação é apenas um fio, só pode ter um valor de cada vez, logo as saídas entram em conflito, o que se traduz normalmente por correntes elevadas nessas saídas, podendo estragar o circuito por efeito térmico (devido às correntes, alguns transistores aquecem demais e se estragam). Trata-se, portanto, de uma situação a ser evitada.

Os multiplexadores permitem resolver esta situação escolhendo uma das saídas, mas o problema é que tornam a implementação do circuito muito complexa (muitas ligações) quando há várias saídas envolvidas.

Uma outra solução muito usada em computadores, pela sua simplicidade, é o uso de saídas com **capacidade de três estados** (*tri-state*): 0, 1 e desligado. Neste último estado, a saída encontra-se desligada e não força nem 1 nem 0, não originando portanto qualquer conflito. Esta abordagem permite interligar entre si várias saídas com capacidade de três estados (*tri-state*) desde que (e esta restrição é fundamental!) não haja mais do que uma saída ligada (forçando 0 ou 1). Todas as restantes têm de estar desligadas.

Isto implica que cada saída destas tenha um sinal de controle, que permite ligar ou desligar a saída. Tipicamente, usa-se uma porta lógica específica, entre uma saída normal (só com dois estados, 0 ou 1) e a ligação partilhada entre várias saídas, e cuja única função é acoplar a saída normal à ligação (deixando passar 0 ou 1) ou simplesmente desacoplá-la da ligação. Esta porta de três estados (porta *tri-state*) é, na prática, um interruptor eletrônico sob comando de um sinal de controle.

A Figura 2.27 ilustra a utilização de portas *tri-state*. O decodificador garante que apenas uma das portas *tri-state* esteja ativa em cada instante. Assume-se que a entrada de controle de cada porta *tri-state* fica ativa com 0 e o decodificador tem todas as saídas com 1 exceto uma, que terá 0 (ou então tudo ao contrário, mas tem de ser consistente), o que evita os conflitos entre saídas.

O conjunto decodificador com as portas *tri-state* é equivalente, na prática, a um multiplexador. Apenas um dos sinais (o indicado pelos sinais X1 e X0) vindos das portas lógicas é colocado na ligação partilhada.

Pode-se pensar o que aconteceria se nenhuma porta *tri-state* estivesse ativa. O decodificador tem uma entrada de controle E que se for 0 permite desativar todas as saídas (que ficam todas com 1 – Tabela 2.7), caso em que todas as portas *tri-state* ficam desligadas e nenhuma porta força um valor na ligação partilhada. Neste caso, diz-se que esta ligação está "aberta" ou em **estado de alta impedância**.

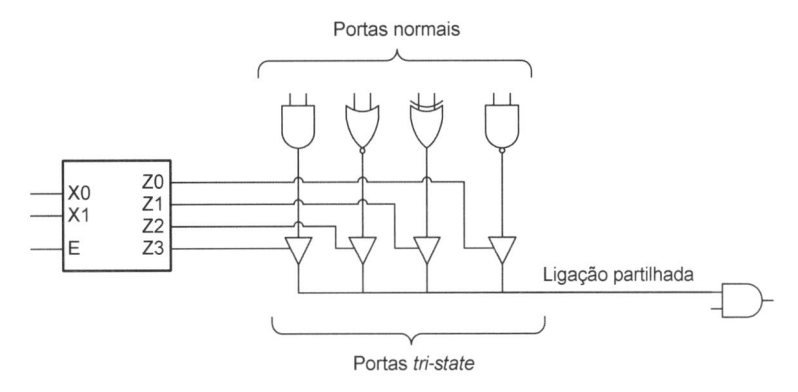

**Fig. 2.27 – Utilização de saídas com capacidade de três estados (*tri-state*)**

O problema desta situação é que a porta AND, cuja entrada depende da ligação partilhada, fica num estado indefinido e o comportamento do circuito pode ficar aleatório, em função do que é necessário tomar alguns cuidados para a utilização de portas *tri-state*. Se a uma ligação a que se ligam portas *tri-state* se ligarem também entradas de portas lógicas, tem-se de garantir que haja sempre uma porta *tri-state* ligada, para garantir um valor válido na ligação, exceto quando o valor dessa entrada for irrelevante para o circuito a que ela se liga (por exemplo, se for 0 o sinal presente na outra entrada do AND de saída na Figura 2.27).

### SIMULAÇÃO 2.10 – LÓGICA DE TRÊS ESTADOS

Esta simulação demonstra o funcionamento das portas *tri-state*, tomando a Figura 2.27 como base. Os aspectos abordados incluem os seguintes:

- Funcionamento de uma porta *tri-state*;
- Leitura de uma porta *tri-state* em estado de alta impedância (valor aleatório);
- Conflitos numa ligação em caso de ativação simultânea de duas portas *tri-state*.

## 2.6.4 BANCO DE REGISTRADORES

Num exemplo tão simples como o anterior, o mais fácil é usar mesmo um multiplexador. As portas *tri-state* são mais interessantes em situações mais complexas, como por exemplo um **banco de registradores**, em que um conjunto de registradores partilha a mesma entrada e saída (sendo possível selecionar qual o registrador que se quer escrever ou ler).

Para que isso seja possível, cada registrador tem de ter saídas *tri-state*, tal como representado na Figura 2.28. O sinal de controle OE (*Output Enable*, ou ativador da saída) fica ativo com 0 para ser compatível com as saídas dos decodificadores (Tabela 2.8). Se OE=0, as portas *tri-state* desse registrador estão ligadas e as saídas Q7..Q0 são transpostas para as saídas Z7..Z0. Se OE=1, as portas *tri-state* estão desligadas e, embora as saídas do registrador Q7..Q0 tenham um determinado valor, esse valor não é imposto às saídas Z7..Z0.

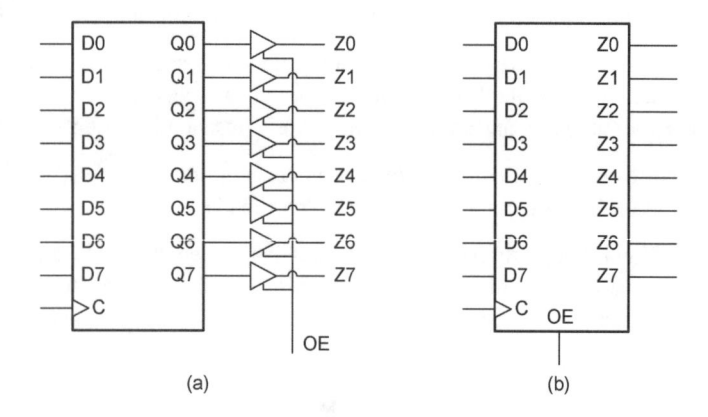

**Fig. 2.28 – Registrador de 8 bits com saídas *tri-state*. (a) – Versão mais detalhada; (b) – Representação do conjunto a ser usado em diagramas mais complexos**

Ligar as saídas de vários registradores com saída *tri-state* entre si é fácil, bastando ligar os sinais de controle OE dos vários registradores a um decodificador, para garantir que só um deles esteja ativo de cada vez, tal como representado na Figura 2.29, que ilustra um banco de quatro registradores. Os bits X1 e X0 escolhem com qual dos registradores se vai trabalhar. Do lado esquerdo, as negações compatibilizam as bordas dos relógios: quando C=0, todos os sinais C dos registradores assumem 0, e quando C=1, só um registrador tem o seu sinal C com 1.

Qualquer computador atual tem um banco de registradores, podendo variar entre menos de 10 (8, por exemplo) até muitas dezenas ou mesmo centenas, dependendo da complexidade do processador. A Seção 4.6 e a Subseção 7.2.1.2 apresentam informação adicional sobre este tópico.

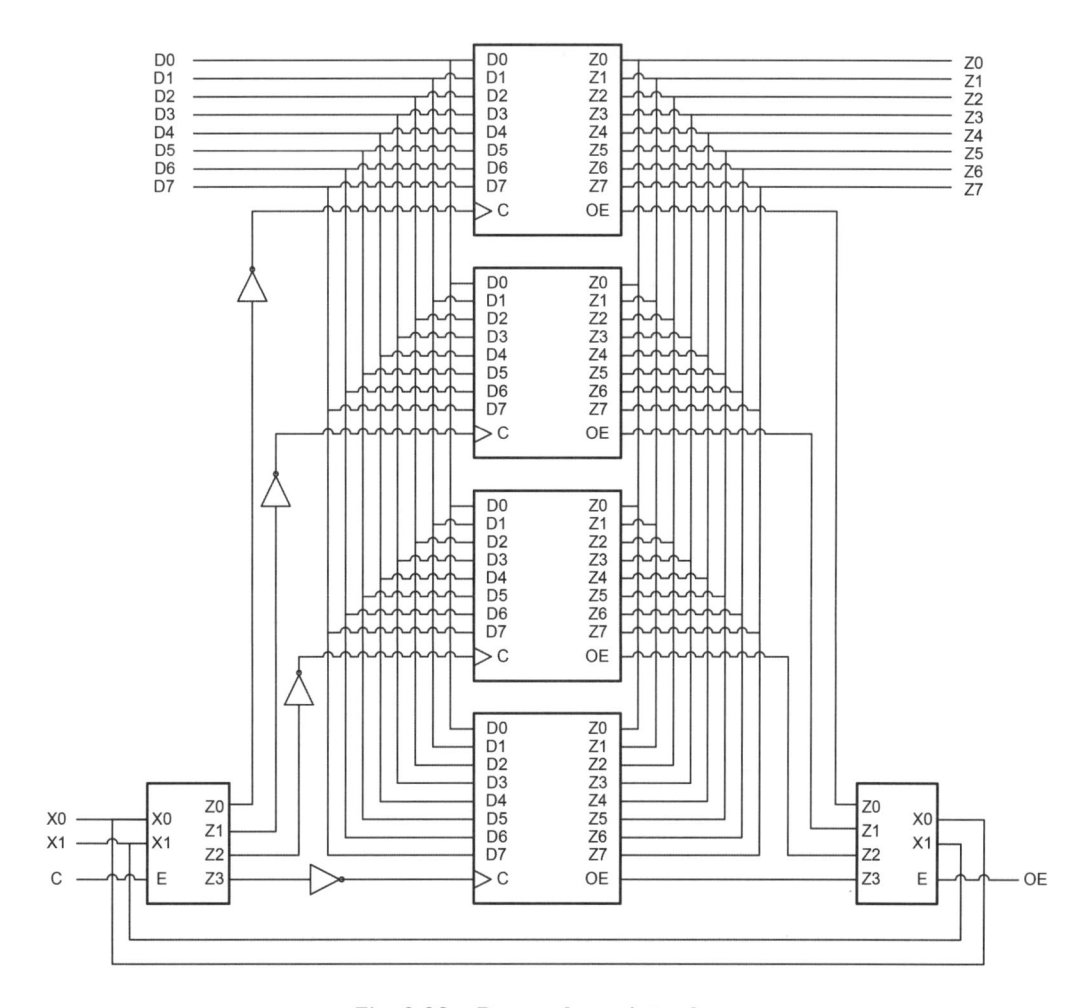

**Fig. 2.29 – Banco de registradores**

### 2.6.5 Contadores

Uma das operações mais básicas dos circuitos digitais é contar (impulsos de relógio). Veja por exemplo a Tabela 2.6, em que as quatro variáveis de entrada (X3..X0) vão sucessivamente variando entre 0000 e 1111, passando por todas as combinações intermediárias, tal como já tinha sido apresentado pela Tabela 1.1.

Note que X0 é a variável que muda mais frequentemente, tal como o dígito da direita num número decimal (o dígito das unidades) varia mais frequentemente quando se conta entre 0000 e 9999. Aqui é a mesma coisa, com a diferença de que os números são binários e só há dois símbolos, 0 e 1.

Uma forma de conseguir implementar um contador com 4 bits é usar 4 *flip-flops* D em sequência, ou onda (*ripple*), tal como representado na Figura 2.30, em que a saída $\overline{Q}$ de um *flip-flop* serve de relógio do *flip-flop* seguinte. Neste exemplo, ao efetuar vários ciclos de relógio (sinal C, de *clock*), o mostrador de sete segmentos vai passando pelas suas diversas combinações (Tabela 2.6), entre 0 e F, enquanto as variáveis X3..X0 vão variando sucessivamente entre 0000 e 1111. Quando chegam a 1111, as variáveis dão a volta, passando novamente para 0000, tal como se pode ver no lado direito do diagrama de tempo.

Este contador é muito simples, mas tem o inconveniente de ir somando os tempos de atraso T dos vários *flip-flops*. Um *flip-flop* sempre demora algum tempo para mudar a sua saída após a borda do seu sinal de relógio. Se o relógio mudar no instante TC, Q0 muda no instante TC+T, Q1 muda em TC+2T, Q2 em TC+3T e Q3 em TC+4T (naturalmente, o caso mais desfavorável é aquele em que todos os bits mudam, de 1111 para 0000 e de 0111 para 1000).

Estes atrasos normalmente ocasionam alguns problemas, entre os quais a limitação da frequência do relógio do sistema (porque tudo tem de estar estabilizado antes do sinal de relógio mudar novamente o seu valor). Por esta razão, normalmente prefere-se aplicar o sinal de relógio a todos os *flip-flops* e ligar a entrada de cada *flip-flop* a um pequeno circuito combinatório que diz a esse *flip-flop* se ele deve mudar o seu estado ou não. Isso pode ser feito com o uso de tabelas de estados (indicando para cada estado do contador qual o novo estado, após novo impulso de relógio) e simplificando as funções usando mapas de Karnaugh, tal como indicado na Tabela 2.10 e na Figura 2.31.

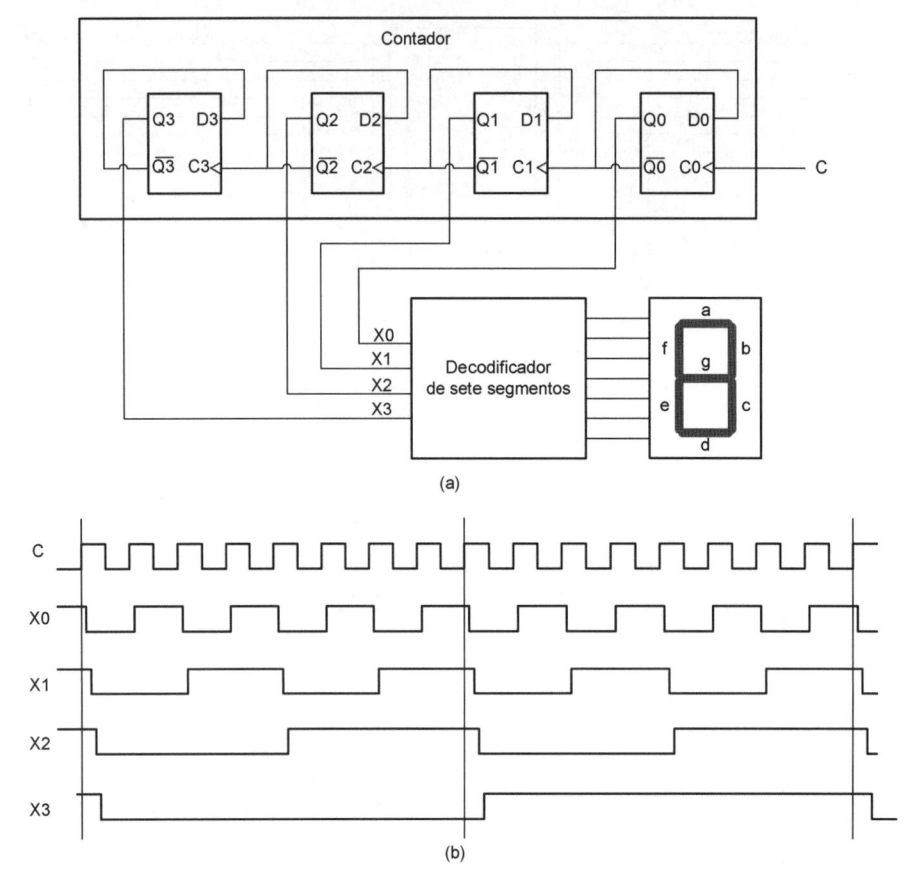

Fig. 2.30 – Contador com *flip-flop* D em sequência (*ripple*), ligado a um decodificador de sete segmentos. (a) – Circuito; (b) – Diagrama de tempo, ilustrando os sucessivos atrasos

**Tabela 2.10 - Tabela de estados do contador**

| ESTADO CORRENTE | ESTADO SEGUINTE |
|---|---|
| Q3 Q2 Q1 Q0 | D3 D2 D1 D0 |
| 0000 | 0001 |
| 0001 | 0010 |
| 0010 | 0011 |
| 0011 | 0100 |
| 0100 | 0101 |
| 0101 | 0110 |
| 0110 | 0111 |
| 0111 | 1000 |
| 1000 | 1001 |
| 1001 | 1010 |
| 1010 | 1011 |
| 1011 | 1100 |
| 1100 | 1101 |
| 1101 | 1110 |
| 1110 | 1111 |
| 1111 | 0000 |

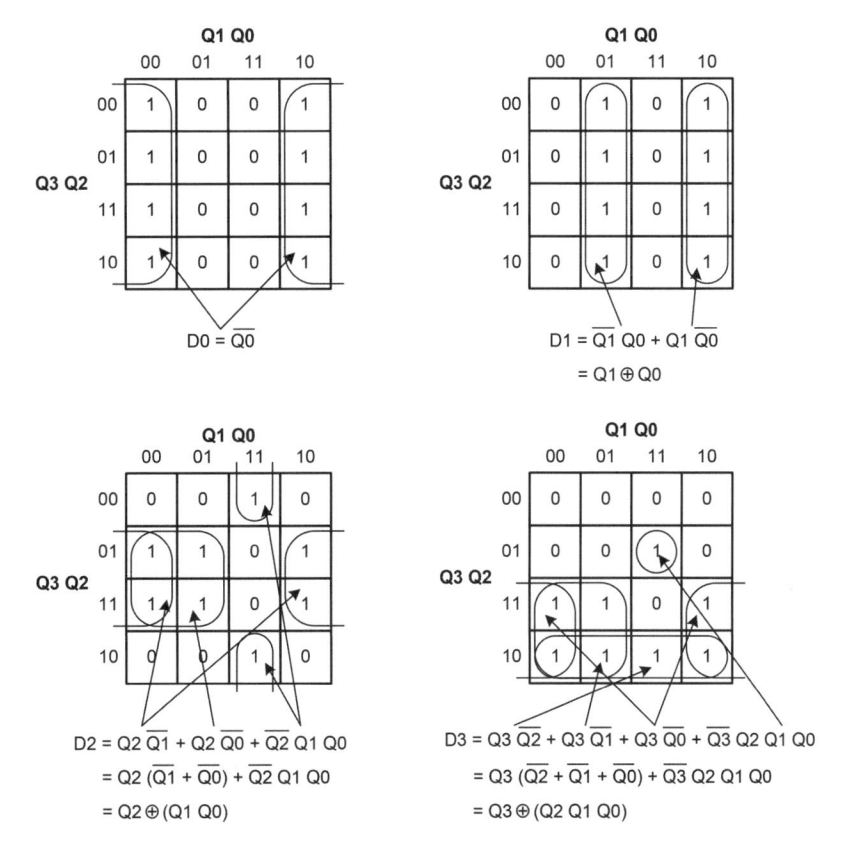

Fig. 2.31 – Mapas de Karnaugh para simplificar as expressões das entradas dos *flip-flops* do contador

A utilização de OU-exclusivos permite simplificar o aspecto das expressões. O circuito correspondente está representado na Figura 2.32. No fundo, é um registrador com *flip-flops*, em que cada entrada é uma função diferente das saídas.

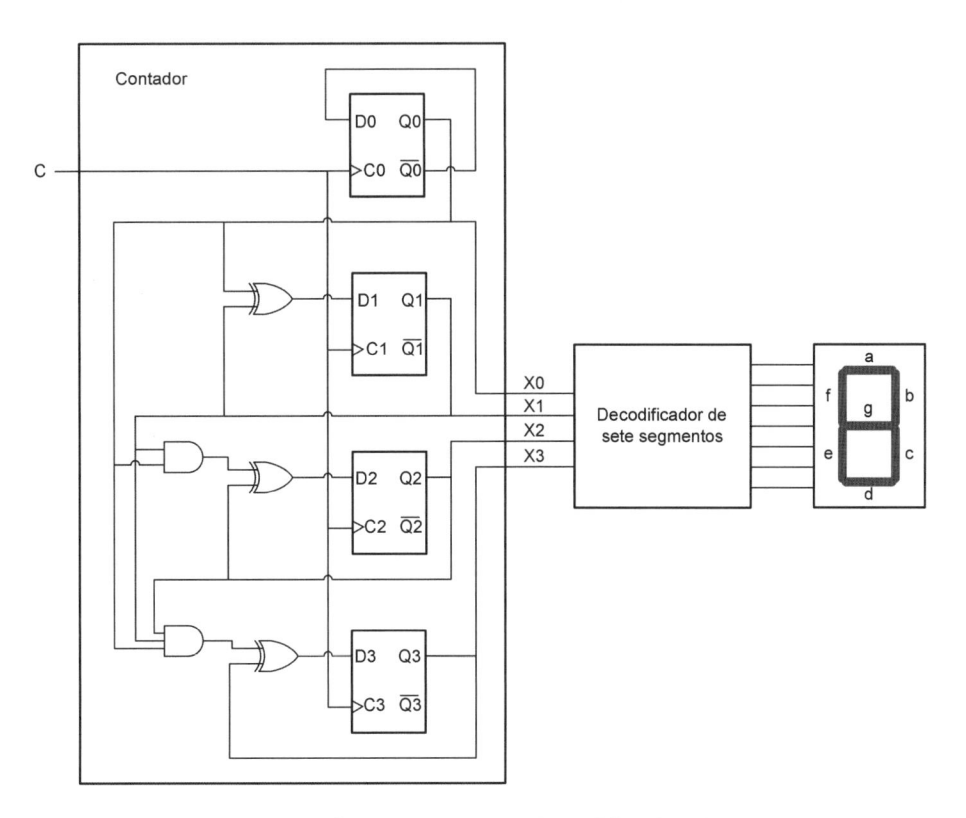

Fig. 2.32 – Contador binário, ligado a um decodificador de sete segmentos

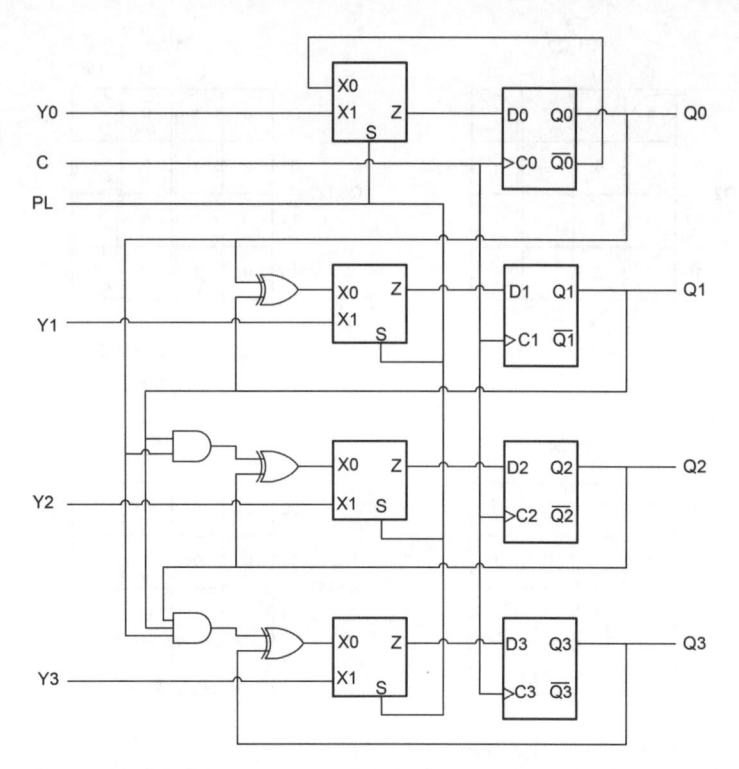

**Fig. 2.33 – Contador binário com possibilidade de carga de um valor em paralelo**

Uma possibilidade muito usada em contadores é a carga em paralelo (em todos os *flip-flops*) de um determinado valor, a partir do qual a contagem se desenrola nos ciclos de relógio seguintes. Para isso, um contador tem de ter como entradas adicionais os bits para ligar os vários *flip-flops* e uma entrada de controle (PL – *Parallel Load*) que indica se, num determinado ciclo de relógio, o contador conta (passando ao número binário seguinte) ou carrega nos *flip-flops* os valores dos bits da carga paralela (independentemente do valor atual de contagem). A Figura 2.33 mostra como este contador pode ser implementado. Basicamente, insere-se um multiplexador na entrada D de cada *flip-flop*, permitindo selecionar os bits do valor de contagem seguinte ou os da carga paralela. O multiplexador de duas entradas é o da Figura 2.11a.

A Figura 2.34 ilustra o funcionamento deste contador binário com carga em paralelo. Quando o contador chega a 9 (1001 em binário), a saída do AND passa a ser 1 e ativa a carga paralela (PL). Na próxima borda de subida do sinal de relógio (C), o contador carrega o valor 0000, recomeçando a contagem normal no ciclo de relógio seguinte. O efeito é o mostrador de sete segmentos contar de 0 a 9 de forma cíclica, em vez de circular pelos 16 valores possíveis (0 a F).

Também é comum uma outra variante, a contagem decrescente (o contador conta "para trás"). Os circuitos combinatórios que ligam as entradas D dos *flip-flops* são diferentes, bastando refazer a Tabela 2.10 e a Figura 2.31 (o que é deixado para o Exercício 2.20). Combinado com a carga paralela, ela permite carregar o contador com um valor e contar esse número de impulsos até o contador chegar a 0, quando um simples NOR permite recarregar o valor no contador. Isto permite gerar uma forma de onda de período programável, com um impulso de N+1 em N+1 impulsos de relógio, em que N é o valor carregado no contador.

A Figura 2.35 ilustra este funcionamento. Quando o contador chega a 0000, o NOR fica com a saída 1 e ativa a carga paralela (PL), o que faz com que na próxima transição do sinal de relógio (C) seja carregado o valor 0110 (6, em decimal) em vez do contador

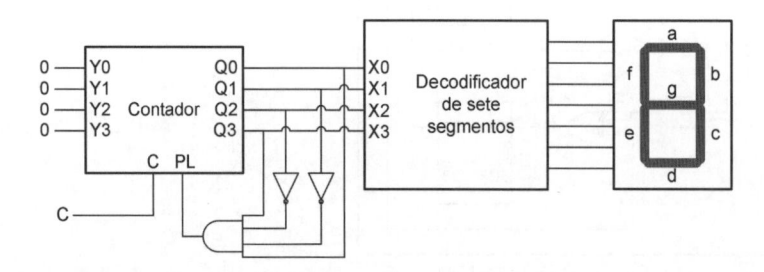

**Fig. 2.34 – Exemplo de aplicação de um contador binário com carga em paralelo**

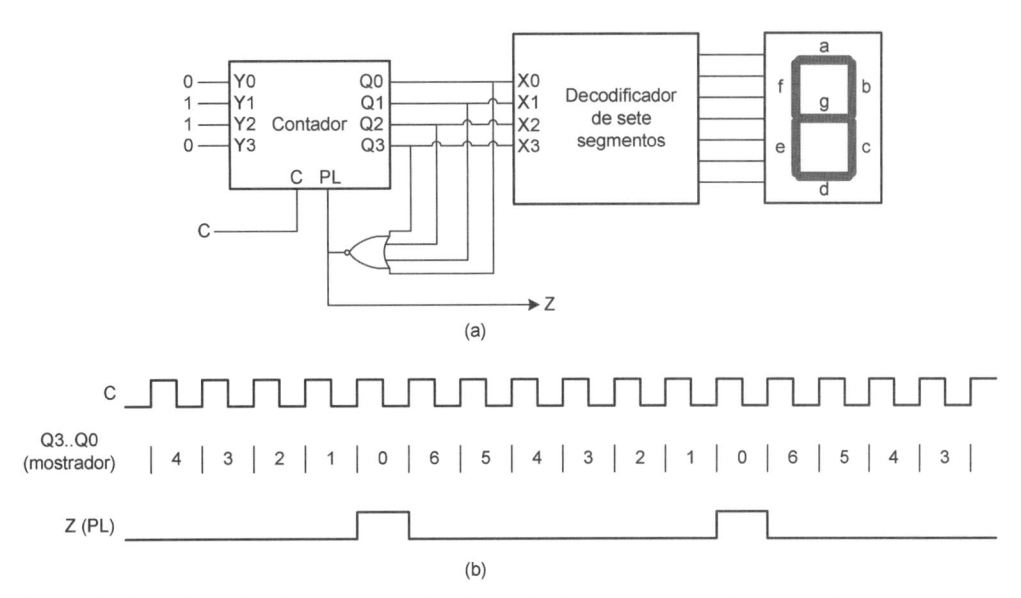

**Fig. 2.35 – Exemplo de aplicação de um contador binário de contagem decrescente com carga em paralelo.**
**(a) – Circuito; (b) – Evolução temporal dos sinais**

dar a volta e passar para 1111 (este contador conta para trás). Nos ciclos de relógio seguintes, o contador (e também o mostrador de sete segmentos) passará pelos valores 5, 4, 3, 2, 1 até voltar a 0 novamente e o ciclo se repetir. Variando o valor na entrada de carga paralela do contador pode-se variar facilmente o período (tempo ao fim do qual o sinal se repete) do sinal de saída $Z$.

**Simulação 2.11 – Contadores**

Esta simulação ilustra o funcionamento dos contadores com *flip-flops* D, com base nas figuras e exemplos desta seção. Os aspectos abordados incluem os seguintes:

- Verificação do comportamento do contador em sequência (*ripple*) e da soma dos tempos de atraso (Figura 2.30);

- Verificação do comportamento do contador da Figura 2.32 e do seu tempo de atraso em relação ao relógio;

- Contagem crescente com carga paralela (Figura 2.33);

- Contagem decrescente com carga paralela (Figura 2.34) e programação do período de contagem.

### 2.6.6 Registradores de deslocamento

Uma necessidade que surge frequentemente é deslocar todos os *bits* de um registrador, para a direita ou para a esquerda de uma posição. Todos os *bits* mantêm a sua posição relativa (mas noutra posição do registrador), com exceção dos *bits* extremos, em que um *bit* desaparece e outro é novo, num movimento de **deslocamento linear.**

A Figura 2.36 ilustra este funcionamento com um registrador de 4 bits. Todos os *flip-flops* recebem o mesmo sinal de relógio (C). As ligações entre as entradas e as saídas de cada *flip-flop* determinam se em cada ciclo de relógio os *bits* se deslocam para a direita. Em cada ciclo, há um bit ($X$) que entra de novo no registrador e outro ($Z$) que sai (se perde, deixando de estar memorizado por este registrador).

Ligando a saída $Z$ à entrada $X$ é possível ir rodando as posições dos vários *bits*, num movimento de **deslocamento circular**, ou **rotação**.

A Figura 2.37 mostra como se pode carregar um valor em paralelo num registrador e depois deslocá-lo, usando multiplexadores. Quando $D=0$, o registrador memoriza o sinal $Y3..Y0$. Quando $D=1$, o registrador faz um deslocamento para a direita em cada ciclo de relógio. Se se ligar $Z$ a $X$, faz uma rotação.

**Simulação 2.12 – Registradores de deslocamento**

Esta simulação ilustra o funcionamento dos registradores de deslocamento. Os aspectos abordados incluem os seguintes:

- Deslocamento linear do registrador de deslocamento (Figura 2.36), para a esquerda e para a direita, incluindo os *bits* que entram e que se perdem;

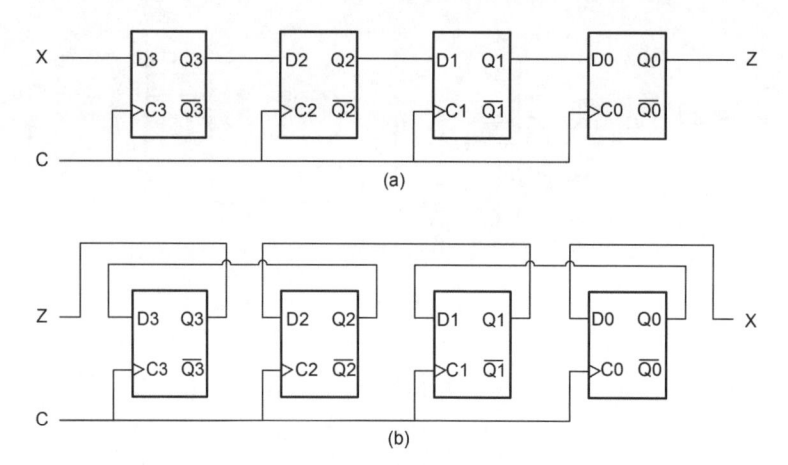

**Fig. 2.36 – Registradores de deslocamento. (a) – Para a direita; (b) – Para a esquerda**

- Registrador de deslocamento com carga paralela (Figura 2.37);
- Funcionamento da rotação.

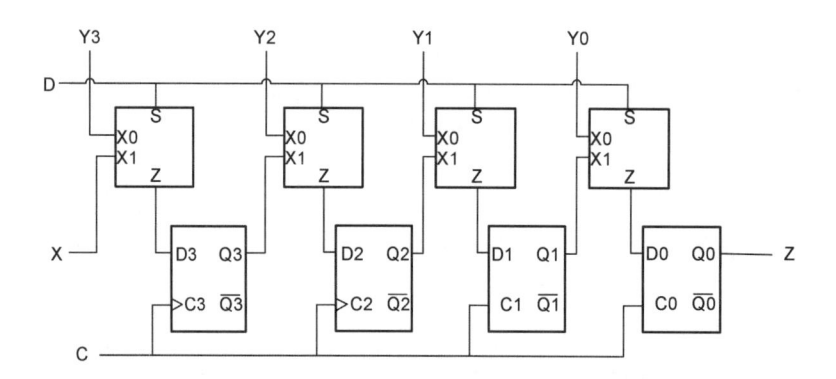

**Fig. 2.37 – Registrador de deslocamento para a direita com carga em paralelo**

### 2.6.7 Máquinas de estados

#### 2.6.7.1 Modelo das máquinas de estados

Um **estado** é uma situação estável de um circuito, que não muda enquanto o sinal de relógio não tiver uma transição à qual os *flip-flops* sejam sensíveis. Uma **máquina de estados** é um circuito que pode transitar entre vários estados, quando o relógio tem uma transição e de acordo com uma tabela de estados, que indica, para cada estado em que a máquina pode estar e para cada combinação dos valores das entradas, qual o valor das saídas e qual o estado seguinte para o qual a máquina transitará no próximo ciclo do relógio.

O contador binário da Figura 2.32 é uma máquina de estados. A Tabela 2.10 é uma tabela de estados que indica qual o próximo estado, dado o estado atual (ou corrente). Neste caso, a sequência de transição é fixa e não depende de nenhuma variável de entrada. Também não há nenhuma saída além do estado, já que se trata de um exemplo simples.

O contador da Figura 2.33, com carga paralela, já é mais interessante deste ponto de vista, pois a sequência de transição entre estados pode ser alterada através das entradas PL e Y3..Y0. Ele não tem saídas além do próprio estado (saídas dos *flip-flops*, Q3.. Q0), mas é fácil imaginar, por exemplo, uma saída obtida pelo NAND de todas as saídas dos *flip-flops* e que só vale 1 no estado 0000. Esta saída poderá ser útil para saber quando o contador dá "a volta" e passa de 1111 para 0000. A Figura 2.35 ilustra outro exemplo de saída obtida a partir do estado (saídas dos *flip-flops*).

 O relógio é um sinal fundamental e específico de qualquer **máquina de estados síncrona**, em que todos os *flip-flops* transitam ao mesmo tempo, quando o relógio tem uma transição à qual eles sejam sensíveis. Por este motivo, o relógio nunca é considerado uma variável de entrada.

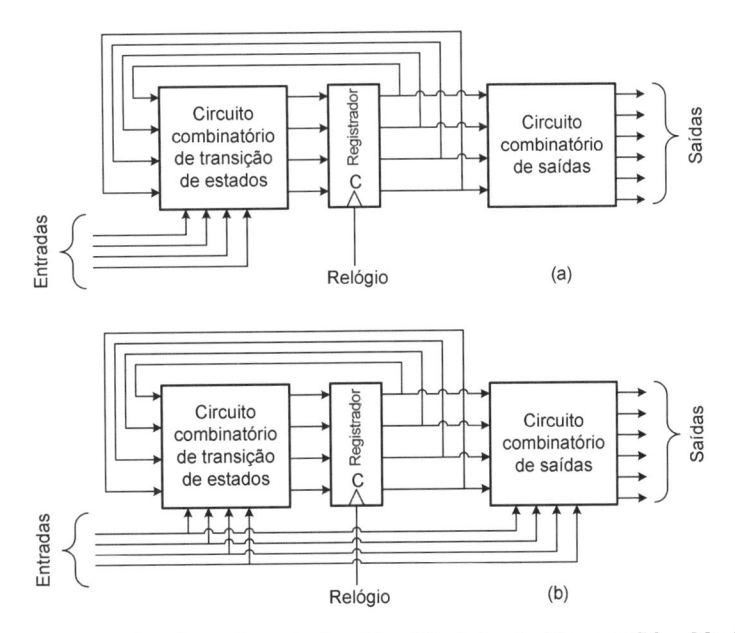

**Fig. 2.38 – Modelos de máquinas de estado. (a) – Modelo de Moore; (b) – Modelo de Mealy**

Também existem **máquinas de estado assíncronas**, sem relógio, e em que são as próprias variáveis de entrada que, ao variarem os seus valores, fazem a máquina de estados transitar entre estados. A diferença em relação a um circuito combinatório é o fato de possuírem memória da sequência de sinais ocorrida, podendo a mesma combinação de variáveis de entrada produzir combinações diferentes dos sinais de saída. São, no entanto, circuitos mais complexos de projetar, com problemas específicos, estando fora do âmbito deste capítulo introdutório.

No caso geral, há dois modelos de máquinas de estados, tal como indicado na Figura 2.38:

- Modelo de Moore (Figura 2.38a), em que as saídas dependem apenas do estado corrente;

- Modelo de Mealy (Figura 2.38b), em que as saídas dependem também das entradas.

O modelo de Mealy geralmente conduz a menos estados do que o de Moore, pois algumas combinações das saídas usam apenas um estado (aproveitando variações nas entradas), mas também tem um funcionamento menos claro porque pode haver mudanças da saída mesmo sem o relógio mudar, o que obriga a maiores cuidados.

O modelo de Moore é mais simples e explícito, garantindo que durante um estado as saídas não mudam. Em máquinas de estados projetadas manualmente privilegia-se a clareza e a facilidade de compreensão, razão pela qual, neste contexto, normalmente se adota este modelo, tal como ocorre nos exemplos a seguir.

### 2.6.7.2 Diagramas de estados

Esta subseção ilustra como especificar uma máquina de estados usando alguns exemplos. A transição entre estados e os valores das saídas podem ser especificados por uma tabela de estados ou por um **diagrama de estados**, que basicamente é uma representação gráfica da primeira, permitindo uma melhor visualização e compreensão do funcionamento por parte do projetista. Para facilitar a identificação dos estados podem ser usados nomes.

### Forno de micro-ondas simples

Imagine o controle de um forno de micro-ondas simples, com apenas os seguintes recursos:

- Duas entradas: um interruptor que diz se a porta está aberta (1) ou fechada (0) e um botão que o usuário deve ligar (colocar em 1), quando quiser que o forno funcione, e desligar (colocar em 0), quando quiser parar o aquecimento;

- Duas saídas: uma que liga (1) ou desliga (0) a lâmpada interior do forno e outra que liga (1) ou desliga (0) o magnétron (o gerador de micro-ondas).

Para ser mais simples, não há temporizador, e tem de ser o usuário a ligar/desligar o botão para ligar/desligar o micro-ondas. O único automatismo é o desligamento do magnétron (por segurança), caso se abra a porta com ele ligado (razão pela qual o botão ligar/desligar não atua diretamente no magnétron, mas é apenas uma entrada para a máquina de estados).

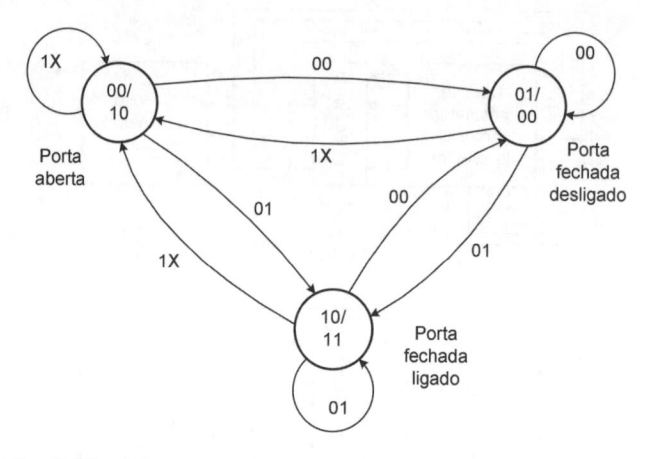

**Fig. 2.39 – Diagrama de estados do micro-ondas simples**

A Figura 2.39 descreve este funcionamento por meio de um diagrama de estados (neste caso apenas três), a que corresponde a tabela de estados indicada na Tabela 2.11.

Cada círculo representa um estado, com um número único (como são três estados bastam 2 bits), seguido de uma "/" e do valor das variáveis de saída (pela ordem indicada na Tabela 2.11: lâmpada e magnétron) existentes nesse estado.

Cada seta representa uma transição entre estados, que ocorre quando o relógio faz os *flip-flops* transitarem de estado, e tem também um número associado, que é o valor que as entradas têm de ter (pela ordem indicada na Tabela 2.11: interruptor da porta e botão) para a transição para o estado seguinte ocorrer através dessa seta. O conjunto das setas que saem de um estado deve contemplar todas as combinações possíveis das variáveis de estado. Se o valor de uma variável for irrelevante numa determinada transição, esse valor pode ser substituído por um "X" (tal como exemplificado pela Figura 2.39), querendo dizer que essa transição ocorre, seja esse valor 0 ou 1.

A tabela de estados (Tabela 2.11) mostra como é possível, a partir do estado atual (saídas dos *flip-flops* Q1 e Q0) e das entradas (P e B, de porta e botão), derivar as equações que definem o estado seguinte (entradas dos *flip-flops* D1 e D0) e as saídas (L e M, de lâmpada e magnétron). O circuito correspondente está representado na Figura 2.40.

Um aspecto fundamental consiste em compreender que o valor de uma variável de entrada, que conta para a transição de estados, é o valor que a variável tem por ocasião em que os *flip-flops* transitam de estado. Neste exemplo, se o usuário pressionar brevemente o botão, de tal forma que quando o relógio mudar o valor da variável de entrada já esteja outra vez em zero, a máquina nem sequer percebe esse breve impulso. Para garantir que este exemplo funcione bem, o usuário tem de pressionar o botão por mais de 1 segundo, que é o período do relógio. Existem técnicas para resolver este problema com o uso de um circuito extra, mas que estão fora do âmbito introdutório deste capítulo. No entanto, a solução mais comum é usar uma frequência de relógio mais elevada (de tal modo que se garanta que o ato de pressionar o botão demore muito mais do que um ciclo de relógio), com contagem dos tempos por outros meios (com técnicas explicadas ao longo deste livro).

 Não são os sinais L e M que fornecem diretamente a energia para a lâmpada do interior do forno e para o magnétron funcionarem. Estes sinais têm 5 V ou menos, enquanto aqueles dispositivos funcionam a 220 V. É necessário usar circuitos eletrônicos adicionais que façam a conversão, mas sob controle do circuito da Figura 2.40. Estes circuitos estão fora do âmbito deste livro.

**Tabela 2.11 - Tabela de estados do micro-ondas simples**

| ESTADO ATUAL | | ESTADO SEGUINTE (D1 D0) (PORTA, BOTÃO) | | | | SAÍDAS (NO ESTADO ATUAL) | |
|---|---|---|---|---|---|---|---|
| NOME | Q1 Q0 | 00 | 01 | 10 | 11 | LÂMPADA | MAGNÉTRON |
| Porta aberta | 00 | 01 | 10 | 00 | 00 | 1 | 0 |
| Porta fechada desligado | 01 | 01 | 10 | 00 | 00 | 0 | 0 |
| Porta fechada ligado | 10 | 01 | 10 | 00 | 00 | 1 | 1 |

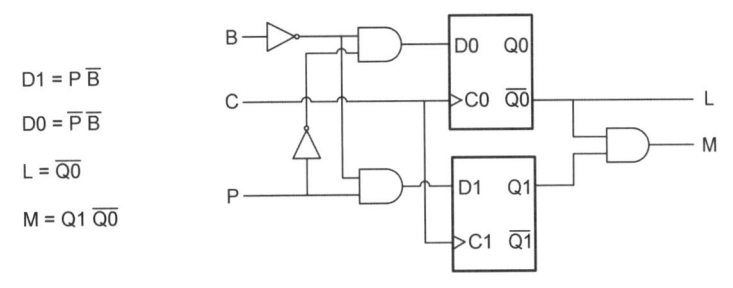

$$D1 = P\,\overline{B}$$
$$D0 = \overline{P}\,\overline{B}$$
$$L = \overline{Q0}$$
$$M = Q1\,\overline{Q0}$$

**Fig. 2.40 – Circuito do controle do micro-ondas simples**

## SIMULAÇÃO 2.13 – MÁQUINA DE ESTADOS SIMPLES

Esta simulação ilustra o funcionamento da máquina de estados do controle do micro-ondas, com o circuito da Figura 2.40. Os aspectos abordados incluem os seguintes:

- Verificação do comportamento da máquina de estados, principalmente em relação à Figura 2.39 e à Tabela 2.11;

- Demonstração de que uma atuação momentânea de uma variável de entrada, que não alcance uma transição do relógio, não é detectada pela máquina de estados.

### SEMÁFORO SIMPLES

Outro exemplo é o bem conhecido semáforo de trânsito, com rotação temporizada entre os estados verde, amarelo e vermelho, em ciclo infinito. Assumem-se os seguintes tempos:

- Verde – 5 segundos;

- Amarelo – 2 segundos;

- Vermelho – 7 segundos.

Como o máximo divisor comum destes valores é 1 segundo, a forma mais fácil de implementar este sistema é utilizando um relógio de frequência de 1 Hz (período de 1 segundo) e com 14 estados (5 + 2 + 7), com as saídas para controlar as lâmpadas verde, amarela e vermelha ativas durante o respectivo tempo. Assim, esta máquina terá quatro *flip-flops* (três não são suficientes

**Tabela 2.12 - Tabela de estados do semáforo simples**

| | ESTADOS | | | SAÍDAS (NO ESTADO ATUAL) | | |
|---|---|---|---|---|---|---|
| Nº | NOME | ATUAL | SEGUINTE | VERDE | AMARELO | VERMELHO |
| 0 | Verde1 | 0000 | 0001 | 1 | 0 | 0 |
| 1 | Verde2 | 0001 | 0010 | 1 | 0 | 0 |
| 2 | Verde3 | 0010 | 0011 | 1 | 0 | 0 |
| 3 | Verde4 | 0011 | 0100 | 1 | 0 | 0 |
| 4 | Verde5 | 0100 | 0101 | 1 | 0 | 0 |
| 5 | Amarelo1 | 0101 | 0110 | 0 | 1 | 0 |
| 6 | Amarelo2 | 0110 | 0111 | 0 | 1 | 0 |
| 7 | Vermelho1 | 0111 | 1000 | 0 | 0 | 1 |
| 8 | Vermelho2 | 1000 | 1001 | 0 | 0 | 1 |
| 9 | Vermelho3 | 1001 | 1010 | 0 | 0 | 1 |
| 10 | Vermelho4 | 1010 | 1011 | 0 | 0 | 1 |
| 11 | Vermelho5 | 1011 | 1100 | 0 | 0 | 1 |
| 12 | Vermelho6 | 1100 | 1101 | 0 | 0 | 1 |
| 13 | Vermelho7 | 1101 | 0000 | 0 | 0 | 1 |

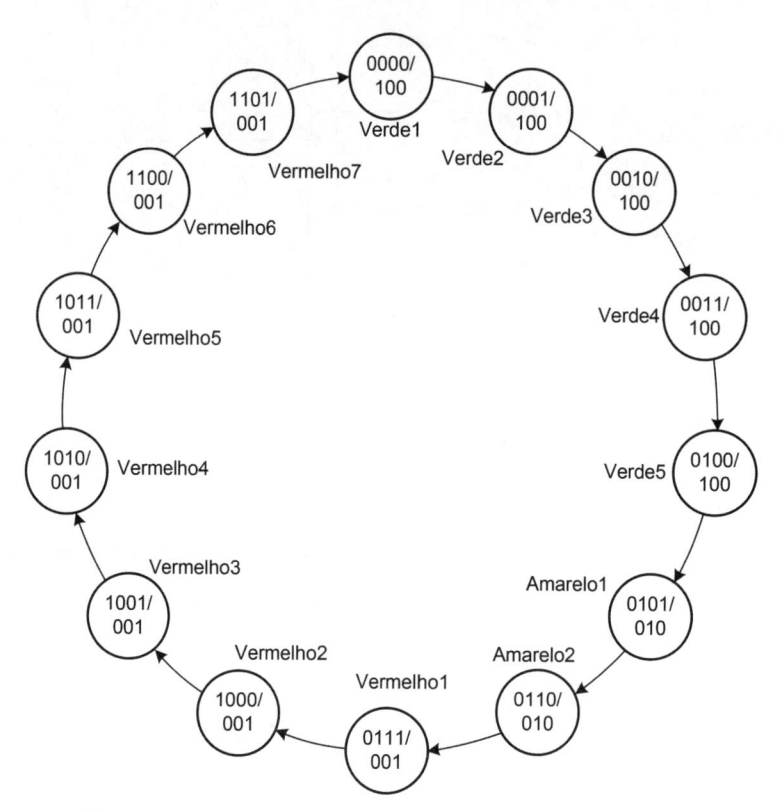

**Fig. 2.41 – Diagrama de estados do semáforo simples**

porque só suportariam oito estados), três saídas (para as três lâmpadas) e nenhuma entrada (uma vez que o ciclo é fixo). A Tabela 2.12 apresenta a evolução dos estados e das saídas, tal como a Figura 2.41.

Se pretendêssemos acrescentar um semáforo de pedestres, teríamos de ter mais uma saída (para o verde do semáforo de pedestres, sendo o vermelho a negação do verde), em que o verde de pedestres estaria ativo durante os 5 segundos do meio do estado vermelho do semáforo dos veículos, dando assim alguma folga (1 segundo no início e outro no fim), tal como ocorre num semáforo real (Exercício 2.23).

### SEMÁFORO COM BOTÃO PARA PEDESTRES

Ao contrário do semáforo simples, que está constantemente circulando pelas três cores, este está sempre verde e, só quando um pedestre pressiona o botão é que a máquina de estados faz um ciclo completo, voltando depois ao verde. O funcionamento pode ser descrito desta forma:

- O estado normal é verde, podendo manter-se indefinidamente se o botão não for pressionado;

- Quando o pedestre pressiona o botão, mantém o verde durante 2 segundos, depois passa para amarelo durante 2 segundos, depois vermelho durante 7 segundos e volta ao verde;

- Se o pedestre pressionar o botão durante os primeiros 4 segundos do estado vermelho, recomeçará a contagem do tempo de vermelho (para dar mais tempo aos pedestres);

- Ao passar de vermelho para verde, o sistema garante o tempo mínimo de 5 segundos de verde (para permitir aos carros arrancarem). Isto é, entre o fim do vermelho e o início do amarelo tem de haver pelo menos 5 segundos de verde, mesmo que o pedestre pressione o botão no primeiro segundo de verde;

- Se o pedestre pressionar o botão durante o período mínimo de verde, o pedido deve ficar registrado até poder ser atendido.

O diagrama de estados que implementa este funcionamento está descrito na Figura 2.42. Este diagrama é semelhante ao da Figura 2.41, mas com o seguinte funcionamento:

- Este circuito tem uma entrada, o valor do botão, que assume valor 1 quando o botão está pressionado e 0, em caso contrário;

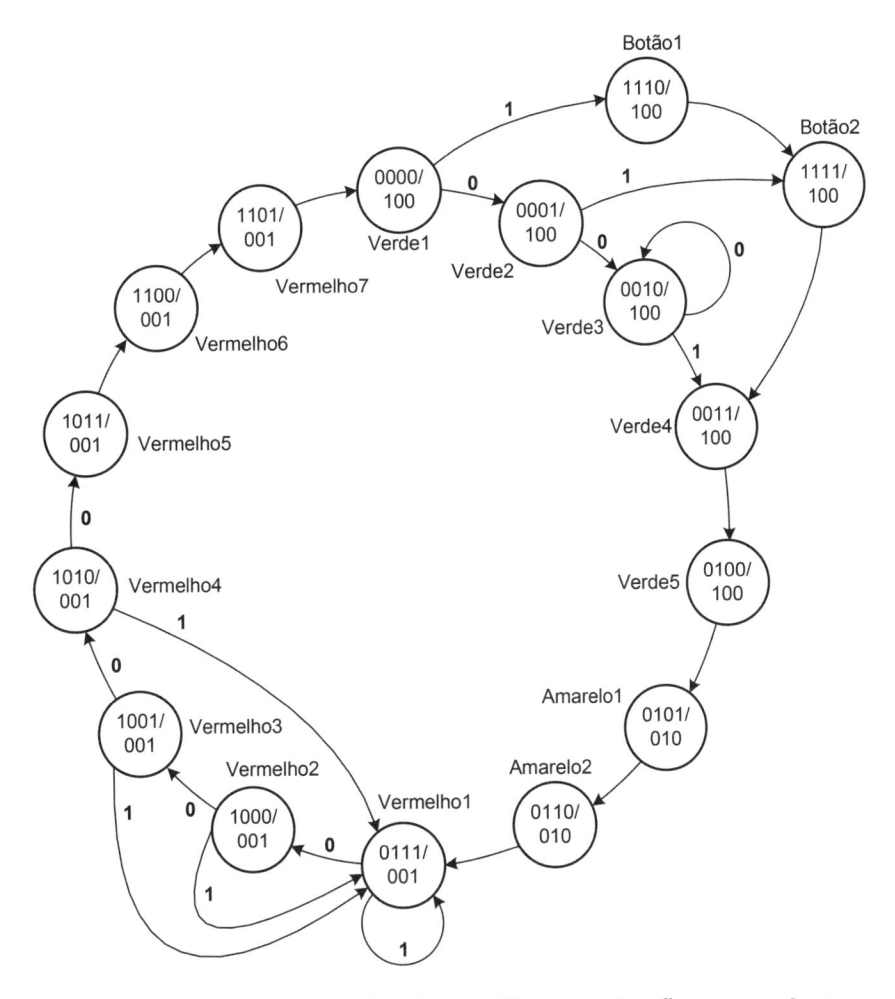

**Fig. 2.42 – Diagrama de estados do semáforo com botão para pedestres**

■ Alguns estados têm dois estados seguintes (dois arcos saindo desse estado), como, por exemplo, os estados Verde2 e Vermelho3. Isto ocorre quando o estado seguinte depende do valor da entrada. Cada um dos dois arcos que sai de um estado com dois estados seguintes tem o valor que a entrada deve ter para o estado transitar para o próximo estado por esse arco;

■ Outros estados têm apenas um estado seguinte. A transição é independente do valor da variável de entrada, o botão, razão pela qual o seu valor não é especificado;

■ O estado Verde3 transita para ele próprio enquanto o botão estiver em 0, ou seja, enquanto não for pressionado. Isto corresponde ao verde por tempo indeterminado, até um pedestre pressionar o botão. Quando o botão for 1, transita para o estado Verde4 e depois Verde5, que correspondem aos 2 segundos em verde após pressionar o botão;

■ Os estados Verde1 e Verde2 garantem, juntamente com os estados Verde3, Verde4 e Verde5, os 5 segundos no mínimo de verde. Se o ciclo começasse pelo Verde3 e se o pedestre pressionasse logo o botão, poderia haver apenas 3 segundos de verde. No entanto, para que no caso do pedestre pressionar o botão durante os estados Verde1 e Verde2 essa informação não se perca, mesmo que o botão deixe de ser pressionado, foram criados os estados Botão1 e Botão2, que desempenham igualmente a função de espera, mas transitando depois diretamente para o estado Verde4, sem parar no estado Verde3. É uma via alternativa que no total espera os 5 segundos, mas que já não para à espera de que o botão seja pressionado de novo;

■ Depois do verde, o sistema passa sem escolha pelos estados da luz amarela e chega aos estados da luz vermelha;

■ Tal como indicado nas especificações do sistema, durante os primeiros quatro estados da luz vermelha, caso o botão seja pressionado de novo, o estado seguinte volta a ser o estado Vermelho1. Mas o mesmo já não ocorre com os estados Vermelho5, Vermelho6 e Vermelho7, em que, mesmo que o pedestre pressione o botão, a sequência não é interrompida.

**Tabela 2.13 - Tabela de estados do semáforo com botão para pedestres**

| Nº | Nome | Atual | Seguinte | | Verde | Amarelo | Vermelho |
|---|---|---|---|---|---|---|---|
| | | | Botão=0 | Botão=1 | | | |
| 0 | Verde1 | 0000 | 0001 | 1110 | 1 | 0 | 0 |
| 1 | Verde2 | 0001 | 0010 | 1111 | 1 | 0 | 0 |
| 2 | Verde3 | 0010 | 0010 | 0011 | 1 | 0 | 0 |
| 3 | Verde4 | 0011 | 0100 | 0100 | 1 | 0 | 0 |
| 4 | Verde5 | 0100 | 0101 | 0101 | 1 | 0 | 0 |
| 5 | Amarelo1 | 0101 | 0110 | 0110 | 0 | 1 | 0 |
| 6 | Amarelo2 | 0110 | 0111 | 0111 | 0 | 1 | 0 |
| 7 | Vermelho1 | 0111 | 1000 | 0111 | 0 | 0 | 1 |
| 8 | Vermelho2 | 1000 | 1001 | 0111 | 0 | 0 | 1 |
| 9 | Vermelho3 | 1001 | 1010 | 0111 | 0 | 0 | 1 |
| 10 | Vermelho4 | 1010 | 1011 | 0111 | 0 | 0 | 1 |
| 11 | Vermelho5 | 1011 | 1100 | 1100 | 0 | 0 | 1 |
| 12 | Vermelho6 | 1100 | 1101 | 1101 | 0 | 0 | 1 |
| 13 | Vermelho7 | 1101 | 0000 | 0000 | 0 | 0 | 1 |
| 14 | Botão1 | 1110 | 1111 | 1111 | 1 | 0 | 0 |
| 15 | Botão2 | 1111 | 0011 | 0011 | 1 | 0 | 0 |

Assim, pode-se perceber que é possível introduzir as especificações do sistema diretamente na máquina de estados e que o diagrama de estados é uma forma bastante clara de verificar o seu funcionamento.

A Tabela 2.13 contém a mesma informação que a Figura 2.42, mas não consegue apresentar com tanta clareza o funcionamento do sistema. Em questão de máquinas de estados, um diagrama vale mais que uma tabela. Os estados Botão1 e Botão2 foram acrescentados no fim, para não alterar a numeração de estados apresentada para o exemplo do semáforo simples.

Observe as duas colunas de estado seguinte. Se houvesse duas variáveis de entrada, teria de haver quatro colunas de estados seguintes (como aconteceu na Tabela 2.11), e assim sucessivamente. Cada estado no diagrama de estados teria até quatro setas de saída. Com muitas variáveis de entrada, os diagramas de estados e as tabelas de estados se tornam difíceis de serem usados.

### 2.6.7.3 MÁQUINAS DE ESTADOS GERADAS

Com as tabelas de estados dos dois exemplos dos semáforos, Tabela 2.12 e Tabela 2.13, é possível gerar os respectivos circuitos sequenciais, tal como foi feito com a Figura 2.40, para o exemplo do micro-ondas simples.

O problema é que o circuito se complica para qualquer máquina de estados que ultrapasse o trivial. O circuito do semáforo de pedestres simples já é mais complicado e o do semáforo com botão de pedestres ainda mais. Existem programas que permitem derivar circuitos automaticamente a partir de tabelas verdade, mas o fato é que, cada vez que o diagrama de estados/tabela de estados é mudado, o circuito muda e obriga a substituir o *hardware*. É uma solução possível, mas pouco flexível.

### 2.6.7.4 MÁQUINAS DE ESTADOS MICROPROGRAMADAS

Existe uma alternativa mais simples e flexível para programar máquinas de estados, mesmo complexas, usando uma ROM (Subseção 2.5.4), representada na Figura 2.43. Os dois elementos fundamentais são um registrador e uma ROM.

O registrador mantém o estado atual do sistema (mudado em cada ciclo do relógio) e é constituído por N *flip-flops*, tantos quantos os necessários para poder representar todos os estados. Por exemplo, para suportar os 14 estados do semáforo simples (Figura 2.41) são necessários 4 *flip-flops* (porque $16=2^4$ é a menor potência de 2 maior ou igual a 14).

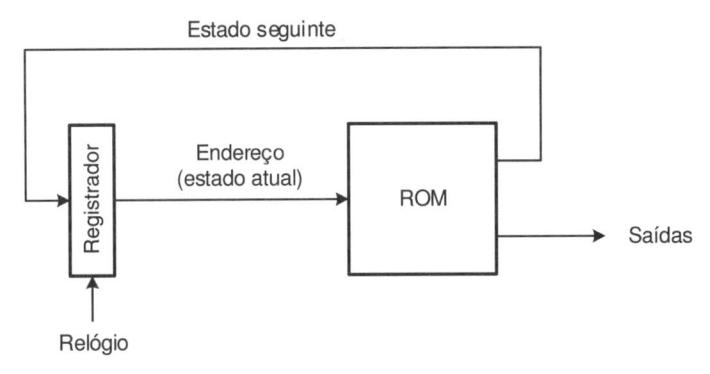

**Fig. 2.43 – Esquema básico de uma máquina de estados microprogramada, com uma ROM (sem variáveis de entrada)**

O relógio é representado aqui apenas para o seu papel ficar mais explícito. Normalmente nem se representa, pois todos os *flip-flops* o recebem de forma sincronizada, portanto, ele sempre tem de existir.

A ROM é obtida diretamente da tabela de estados (Tabela 2.12, no exemplo do semáforo simples). O seu endereço é o valor do registrador (estado atual). A sua palavra, para cada estado atual, inclui o número do estado seguinte (4 bits) e as saídas no estado atual (3 bits).

A Tabela 2.14 ilustra o conteúdo desta ROM neste exemplo (7 bits de saída). Note que os dois últimos endereços podem conter qualquer valor (representados por "X"), pois nunca serão usados pela máquina de estados (só são usados 14 e 4 bits permitem 16). Esta tabela deve ser comparada com a Tabela 2.12, podendo-se constatar um mapeamento direto entre as duas.

As grandes vantagens deste esquema são:

- O conteúdo da ROM é derivado diretamente da tabela de estados, sem necessidade de simplificação de expressões nem de construir circuitos com portas lógicas (o circuito base é comum para todas as máquinas de estados);

**Tabela 2.14 - Conteúdo da ROM no exemplo do semáforo simples**

| Endereço | Palavra da ROM (4 Bits do estado seguinte + 3 bits as saídas) |
|---|---|
| 0000 | 0001100 |
| 0001 | 0010100 |
| 0010 | 0011100 |
| 0011 | 0100100 |
| 0100 | 0101100 |
| 0101 | 0110010 |
| 0110 | 0111010 |
| 0111 | 1000001 |
| 1000 | 1001001 |
| 1001 | 1010001 |
| 1010 | 1011001 |
| 1011 | 1100001 |
| 1100 | 1101001 |
| 1101 | 0000001 |
| 1110 | XXXXXXX |
| 1111 | XXXXXXX |

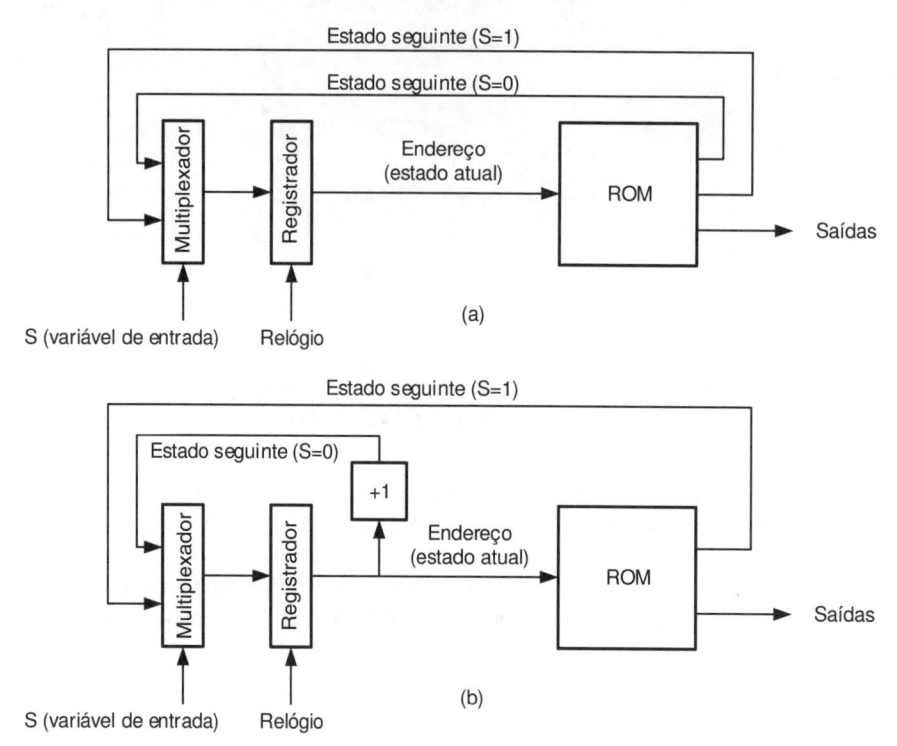

**Fig. 2.44 – Esquema básico de uma máquina de estados microprogramada, com uma ROM (com uma variável de entrada). (a) – versão mais genérica; (b) – com incremento de estado por *default***

- Para alterar a máquina de estados, desde que não se ultrapasse os 16 estados nem se use mais de três variáveis de saída, basta alterar o conteúdo da ROM (que nesse caso teria de ser reprogramável) ou substituí-la, mas sem alterar o circuito.

Esta capacidade de um mesmo circuito base ser programável faz com que estas máquinas de estados sejam designadas como **microprogramadas**. O prefixo "micro" indica que esta programação ocorre em um nível muito baixo da programação de computadores, que mesmo em linguagem *assembly* (Seção 3.4) se faz em um nível bem superior. Cada palavra da ROM é denominada **microinstrução**. Se quiséssemos acrescentar uma saída para um semáforo de pedestres (verde/vermelho), bastaria acrescentar mais um *bit* na palavra da ROM e preencher o valor desse *bit* em cada um dos endereços da ROM.

No entanto, esta máquina de estados não suporta variáveis de entrada o que é resolvido, na Figura 2.44, com um multiplexador que seleciona um dos possíveis estados seguintes com base no valor da variável de entrada. Há aqui duas hipóteses alternativas:

- a ROM especifica os dois estados seguintes possíveis (Figura 2.44a);
- assume-se por *default* que uma das hipóteses é o estado com o número seguinte, caso em que se pode usar um simples somador e poupar alguns *bits* na ROM (Figura 2.44b).

Esta última hipótese não pode ser usada caso haja algum estado que tenha dois estados seguintes diferentes do seu estado atual acrescido de uma unidade (esse é o caso do semáforo com botão de pedestres, cuja ROM tem de incluir os dois estados seguintes e pode ser obtida diretamente da Tabela 2.13).

Suportar mais variáveis de entrada é fácil, sendo necessário apenas que a ROM especifique, em cada palavra, todos os estados seguintes possíveis. Isto pode levar a algumas repetições, quando para algumas combinações das variáveis de entrada a máquina transitar para o mesmo estado, mas as ROMs atuais já têm grandes capacidades, portanto, este fato não é problema.

A Subseção 7.2.4 apresenta mais detalhes sobre a microprogramação.

### SIMULAÇÃO 2.14 – MÁQUINAS DE ESTADOS MICROPROGRAMADAS

Esta simulação ilustra o funcionamento das duas máquinas de estados do controle do semáforo, sem e com botão de pedestres, usando o circuito da Figura 2.44a. Os aspectos abordados incluem os seguintes:

- Preenchimento da ROM;
- Verificação do comportamento das máquinas de estados, principalmente em relação aos respectivos diagramas de estados;
- Inclusão da saída adicional para um semáforo de pedestres e reprogramação da ROM para esse fim.

> **Essencial**
>
> - Os circuitos sequenciais possuem realimentações a partir das saídas, que lhes permitem memorizar estado. Os *latches* são sensíveis a um nível do relógio. Os *flip-flops* são sensíveis a uma das bordas do relógio;
>
> - Os registradores podem ser compostos por vários *latches* ou *flip-flops* e tipicamente têm saída *tri-state* para poderem se ligar diretamente a outros registradores, sem conflitos;
>
> - Os contadores são registradores em que a entrada dos *flip-flops* (não podem ser *latches*) é calculada para o valor seguinte do registrador ser igual ao anterior mais/menos um;
>
> - Nos registradores de deslocamento, a entrada de um *flip-flop* se liga à saída do *flip-flop* do lado;
>
> - As máquinas de estado permitem implementar uma funcionalidade arbitrariamente complexa, usando um registrador para manter o estado e usando tipicamente uma ROM para dar as saídas em cada estado e indicar qual o estado seguinte. As entradas podem determinar qual o estado seguinte, geralmente usando um multiplexador que escolhe um dos vários estados seguintes possíveis.

## 2.7 Representação de Números

Até aqui, vimos como as portas lógicas podiam ser combinadas para implementar funções que, a partir de entradas, produziam saídas, com ou sem memória (estados), de forma a implementar funcionalidades interessantes, como o exemplo do controlador de semáforos.

No entanto, os computadores se destinam a muito mais do que simplesmente controlar sinais que comandam dispositivos do mundo real. Basicamente, a grande área de aplicação dos computadores é o processamento de informação, sempre representada por números (binários, uma vez que os computadores só sabem lidar com dois valores, 0 e 1).

Mesmo os textos (caracteres – letras, dígitos e sinais de pontuação) e as imagens (*pixels* – pontos individuais da imagem) são números. O artifício é reconhecer um conjunto de entidades e atribuir um código (um número) a cada elemento desse conjunto, de maneira a poder identificá-lo de forma única em relação aos elementos restantes.

Por exemplo, os caracteres são muitas vezes representados pelo código ASCII (*American Standard Code for Information Interchange*), descrito no Apêndice E. Este código é apenas uma convenção, em que se definem 128 símbolos (letras, dígitos e sinais de pontuação) e se atribui um código, um número entre 0 e 127, a cada um deles. O que um computador faz não é mais do que armazenar e processar esses números, sem saber realmente o que está fazendo. É a inteligência do programador, que desenvolveu o programa, que faz com que pareça que um computador está fazendo processamento de texto, por exemplo. Mas não está. Do ponto de vista do computador, ele está apenas processando números entre 0 e 127. Na tela é feita a correspondência entre cada código de caractere e a sua representação gráfica (desenho), o que completa a ilusão.

Neste aspecto, é fundamental entender como é que um computador consegue representar e processar números, quando conhece apenas dois símbolos, 0 e 1.

### 2.7.1 Números em base 10 (decimais) e 2 (binários)

A Tabela 2.15 compara as pessoas e os computadores no que diz respeito à representação dos números. As pessoas usam base 10 (decimal, com 10 símbolos, 0 a 9) porque têm 10 dedos nas mãos, enquanto a restrição fundamental dos computadores é que só podem usar dois símbolos, razão pela qual representam os números em base 2 (binário, com dois símbolos, 0 e 1). O número de símbolos usado define a **base de numeração**.

Não há nenhuma diferença conceitual entre usar base 10, 2 ou outra qualquer. A sequência de contagem, apresentada nesta tabela, indica que os números são formados fazendo todas as combinações de símbolos, primeiro com um **algarismo** (um símbolo ocupando uma determinada posição num número), depois com dois, depois com três, e assim sucessivamente. Os algarismos da base decimal são chamados de **dígitos**, enquanto os da base binária são chamados de bits (*binary digit*, ou dígito binário).

Outro aspecto muito importante é o fato de, tanto em binário como em decimal, se representar o algarismo (*bit* ou dígito) mais significativo do lado esquerdo e o menos significativo do lado direito.

## Tabela 2.15 - Comparação da forma como as pessoas e os computadores representam os números. Quando se esgotam as combinações dos símbolos, volta-se ao princípio com mais um símbolo

| ASPECTO | PESSOAS | COMPUTADORES |
|---|---|---|
| Fundamental | 10 dedos nas mãos | 2 estados básicos: ligado e desligado |
| Base de numeração | 10 (decimal) | 2 (binária) |
| Número de símbolos | 10 (0 a 9) | 2 (0 e 1) |
| Contagem | 0, 1, 2, 3, 4, 5, 6, 7, 8, 9<br>10, 11, 12, 13, 14, 15, ... 99<br>100, 101, ..., 999 | 0, 1<br>10, 11,<br>100, 101, 110, 111,<br>1000, 1001, 1010, ..., 1101, 1110, 1111 |

A diferença mais notória é o fato de um determinado número precisar de muito mais algarismos em binário do que em decimal para ser representado, o que, no entanto, não é de estranhar, pois os números binários dispõem de apenas dois símbolos. O número decimal 15, por exemplo, necessita apenas de 2 dígitos (Tabela 2.15), enquanto em binário precisa de 4 bits (1111). A simplicidade dos computadores, com apenas dois símbolos, é compensada depois em número de bits.

O princípio básico da construção de qualquer número em qualquer base é usar uma sequência de algarismos, em que a contribuição de cada algarismo para o valor do número é representada pela sua posição na sequência, a contar da direita para a esquerda:

$$\text{valor do número} = \sum \text{algarismo} \times \text{base}^{\text{posição no número}}$$

Por exemplo, 123 e 321 são dois números diferentes, embora sejam compostos pelos mesmos algarismos (mas em posições diferentes). Um número com três algarismos $a_2 a_1 a_0$ na base B pode ser decomposto da seguinte forma:

$$(a_2 a_1 a_0)_B = (a_2 \times B^2) + (a_1 \times B^1) + (a_0 \times B^0)$$

Note a indicação de que o número está representado na base B (número entre parênteses, com B na posição de índice).

A Tabela 2.16 exemplifica esta decomposição em decimal e em binário. As mesmas regras se aplicam no caso de representação noutras bases.

Dado um número, é possível mudar a base em que ele está representado, usando a decomposição indicada na Tabela 2.16. Por exemplo, para converter um número em decimal para binário deve-se seguir o seguinte algoritmo, determinando os bits da direita (menos significativo) para a esquerda (mais significativo):

1. Dividir o número por 2, passando o quociente inteiro a ser o novo número. O resto da divisão (0 ou 1) é o bit a ser usado;

2. Se o novo número é maior ou igual a 2, voltar ao passo 1;

3. O último bit (o mais à esquerda) é o novo número (quociente da última divisão) que restar (inferior a 2).

Como exemplo, considere o número 29 usado na Tabela 2.16 e a divisão sucessiva de 29 por 2, representada na Figura 2.45. Os restos das divisões e o último quociente são o número binário indicado na Tabela 2.16 (11101), mas ao contrário (o resto da primeira divisão é o bit mais à direita).

Para converter um número binário em decimal basta somar os vários fatores (que são potências de 2) correspondentes a cada bit (só se for 1) no número binário, tal como feito na coluna da direita da Tabela 2.16.

## Tabela 2.16 - Decomposição em fatores de números decimais e binários

| DECIMAL | | BINÁRIO | | |
|---|---|---|---|---|
| NÚMERO | FATORES | NÚMERO | FATORES | |
| 5 | $5 \times 10^0$ | 101 | $(1 \times 2^2) + (0 \times 2^1) + (1 \times 2^0)$ | 4+0+1 |
| 15 | $(1 \times 10^1) + (5 \times 10^0)$ | 1111 | $(1 \times 2^3) + (1 \times 2^2) + (1 \times 2^1) + (1 \times 2^0)$ | 8+4+2+1 |
| 29 | $(2 \times 10^1) + (9 \times 10^0)$ | 11101 | $(1 \times 2^4) + (1 \times 2^3) + (1 \times 2^2) + (0 \times 2^1) + (1 \times 2^0)$ | 16+8+4+0+1 |

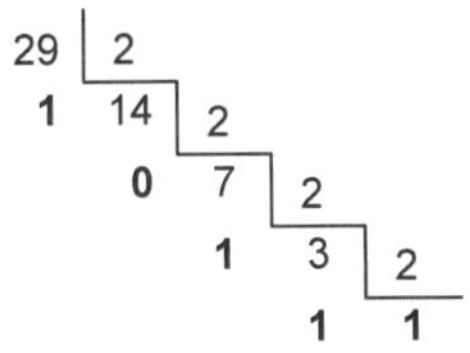

$$
\begin{array}{r|l}
29 & 2 \\
\hline
1 & 14 \quad | \quad 2 \\
& 0 \quad 7 \quad | \quad 2 \\
& \quad 1 \quad 3 \quad | \quad 2 \\
& \quad \quad 1 \quad 1
\end{array}
$$

**Fig. 2.45 – Conversão de um número decimal em binário**

### 2.7.2 Números em base 16 (hexadecimais)

A grande vantagem de usar a base hexadecimal é representar números grandes com quatro vezes menos algarismos do que em binário. Existe uma correspondência direta entre um número em binário e em hexadecimal, em que cada grupo de 4 bits (designado *nibble*) do número em binário corresponde a um dígito hexadecimal, de acordo com a Tabela 2.17.

Tal como a tabuada, que se sabe de cor, é conveniente saber de cor a correspondência entre os números decimais 0 a 15 e os correspondentes números binários 0000 a 1111, tal como indicado na Tabela 2.17. Mais do que isso é difícil decorar, e 4 bits constituem metade de um byte (8 bits), uma unidade muito usada em computadores. De fato, os grupos de 4 bits são tão comuns que acaba sendo mais fácil utilizar a base 16 (**base hexadecimal**).

Como só temos 10 símbolos para os dígitos, são usadas as 6 primeiras letras do alfabeto (A, B, C, D, E e F) para os símbolos restantes, com os valores 10 a 15, respectivamente. É comum usar o termo **dígito hexadecimal** para designar um algarismo hexadecimal, que pode assumir um de 16 valores (0..9 ou A..F), tal como indicado na Tabela 2.17.

**Tabela 2.17 - Representação dos números 0 a 15 em decimal, binário e hexadecimal**

| Decimal | Binário | Hexadecimal |
|:---:|:---:|:---:|
| 0 | 0000 | 0 |
| 1 | 0001 | 1 |
| 2 | 0010 | 2 |
| 3 | 0011 | 3 |
| 4 | 0100 | 4 |
| 5 | 0101 | 5 |
| 6 | 0110 | 6 |
| 7 | 0111 | 7 |
| 8 | 1000 | 8 |
| 9 | 1001 | 9 |
| 10 | 1010 | A |
| 11 | 1011 | B |
| 12 | 1100 | C |
| 13 | 1101 | D |
| 14 | 1110 | E |
| 15 | 1111 | F |

A Figura 2.46 ilustra com um exemplo. A separação entre grupos de 4 bits visa apenas a melhor visualizar o agrupamento (num número binário, como em qualquer outro, os algarismos estão todos em sequência).

O "h" após os números em hexadecimal indica que os números estão em hexadecimal. Nestes exemplos até é óbvio (por causa das letras) que os números não estão em decimal, mas 1234, por exemplo, pode representar o número $(1234)_{10}$ ou $(1234)_{16}$, que

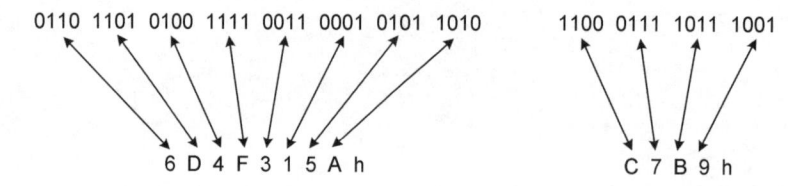

**Fig. 2.46 – Correspondência entre as representações de um número em binário e em hexadecimal**

são números diferentes. Ou ainda 100, que pode ser interpretado como estando em decimal, binário ou hexadecimal (correspondendo aos valores decimais 100, 4 e 256, respectivamente). Quando não houver confusão (o que depende do contexto), os números podem ser representados apenas pelos algarismos. Para tornar claro em que base estão representados, usa-se normalmente uma letra do lado direito: 100d, 100b ou 100h, respectivamente. A letra pode ser maiúscula ou minúscula.

Note também que o maior número binário na Figura 2.46 tem um zero à esquerda, para que o número total de bits (32, neste caso) seja múltiplo de 4 e permitir a conversão para hexadecimal. Um zero à esquerda não afeta o valor de um número.

A conversão entre decimal e hexadecimal é feita exatamente como entre decimal e binário, em que 2 é substituído por 16. Assim, para converter o número hexadecimal 3CAH para decimal faz-se:

$$(3\times16^2)+(C\times16^1)+(A\times16^0) = (3\times256)+(12\times16)+(10\times1) = 970$$

Para converter 970 em hexadecimal, divide-se sucessivamente por 16, obtendo-se de novo 3CAH.

$$
\begin{array}{r|l}
970 & 16 \\
\mathbf{10} & 60 \;|\; 16 \\
(A) & \mathbf{12} \quad 3 \\
& (C)
\end{array}
$$

**Fig. 2.47 – Conversão entre as representações de um número em decimal e em hexadecimal**

### 2.7.3 POTÊNCIAS DE 2

Em computadores é normal usar grandes números, não apenas em cálculo numérico, mas também em processamento de dados, pois há grandes quantidades de informação para tratar e gerenciar. O elemento mais básico de informação é o bit, mas em termos de dados, na prática, usa-se o byte (8 bits) como unidade. Por exemplo, é comum expressar a capacidade dos discos de um computador em **gigabytes** (ou GBytes, ou GB) ou mesmo em **terabytes** (ou TBytes, ou TB), no caso de grandes computadores. O tamanho de um arquivo normalmente é expresso em bytes, **KBytes** (ou KB), **megabytes** (ou MBytes, ou MB) ou até mesmo GBytes. Em vez das designações por extenso (10 megabytes, por exemplo), é mais frequente usar as designações abreviadas (10 MBytes ou 10 MB).

Como os computadores funcionam em base 2, estas designações para os prefixos de byte referem-se a números que são potências de 2, tal como indicado pela Tabela 2.18, e não 10, como é usual por exemplo na física. Assim, o fator multiplicador entre designações consecutivas não é 1000, mas sim 1024, pois este é o valor mais próximo de 1000 que é potência de 2. Isto faz com que, por exemplo, 1 MByte (um megabyte) não seja 1.000.000, mas sim, 1.048.576 bytes (1024×1024).

 Estes fatores multiplicadores também são usados para bits ou para palavras. Por exemplo, 1 MByte (1 MB) corresponde a 8 Mbits (8 Mb) e 1 M palavras de 16 bits cada são equivalentes a 2 MBytes. Na versão mais abreviada da unidade, o **B**

### Tabela 2.18 - Principais fatores multiplicadores das potências de 2

| SÍMBOLO | LÊ-SE | EQUIVALE A | POTÊNCIA DE 2 | VALOR DECIMAL | POTÊNCIA DE 10 (APROXIMADA) |
|---|---|---|---|---|---|
| K | kilo | 1024 | $2^{10}$ | 1.024 | $10^3$ |
| M | mega | 1024 K | $2^{20}$ | 1.048.576 | $10^6$ |
| G | giga | 1024 M | $2^{30}$ | 1.073.741.824 | $10^9$ |
| T | tera | 1024 G | $2^{40}$ | 1.099.511.627.776 | $10^{12}$ |

**Tabela 2.19 - Primeiras potências de 2**

| N | $2^N$ (DECIMAL) | K (1024) | $2^N$ (HEXADECIMAL) |
|---|---|---|---|
| 0 | 1 | | 1 |
| 1 | 2 | | 2 |
| 2 | 4 | | 4 |
| 3 | 8 | | 8 |
| 4 | 16 | | 10H |
| 5 | 32 | | 20H |
| 6 | 64 | | 40H |
| 7 | 128 | | 80H |
| 8 | 256 | | 100H |
| 9 | 512 | | 200H |
| 10 | 1024 | 1 K | 400H |
| 11 | 2048 | 2 K | 800H |
| 12 | 4096 | 4 K | 1000H |
| 13 | 8192 | 8 K | 2000H |
| 14 | 16384 | 16 K | 4000H |
| 15 | 32768 | 32 K | 8000H |
| 16 | 65536 | 64 K | 10000H |

(maiúsculo) designa byte e **b** (minúsculo) representa bit. Para evitar confusões, no texto deste livro são usadas as versões com byte e bit por extenso, abreviando apenas o fator multiplicador. A versão mais abreviada é usada apenas em fórmulas ou tabelas em que o espaço seja limitado.

No entanto, nem todos os valores são tão certos, embora normalmente tudo gire em torno das potências de 2, daí ser conveniente saber de cor os valores das potências mais usadas (tipicamente até $2^{16}$ indicadas na Tabela 2.19, bem como as da Tabela 2.18).

A Tabela 2.20 mostra como calcular o valor de qualquer outra potência de 2, usando alguns artifícios simples, com base na decomposição do expoente dessa potência em expoentes cuja potência já tenha valor conhecido (sabendo que a multiplicação de potências da mesma base é obtida pela soma dos expoentes, e a divisão pela subtração).

**Tabela 2.20 - Exemplos de cálculo de potências de 2 com base em potências já conhecidas**

| POTÊNCIA DE 2 | DECOMPOSIÇÃO | OU SEJA... | RESULTADO |
|---|---|---|---|
| $2^{12}$ | $2^{10} \times 2^2$ | 1 K × 4 | 4 K |
| $2^{15}$ | $2^{10} \times 2^5$ | 1 K × 32 | 32 K |
| $2^{15}$ | $2^{16} / 2^1$ | 64 K / 2 | 32 K |
| $2^{22}$ | $2^{20} \times 2^2$ | 1 M × 4 | 4 M |
| $2^{24}$ | $2^{20} \times 2^4$ | 1 M × 16 | 16 M |
| $2^{27}$ | $2^{20} \times 2^7$ | 1 M × 128 | 128 M |
| $2^{32}$ | $2^{30} \times 2^2$ | 1 G × 4 | 4 G |

### 2.7.4 QUANTOS BITS PARA REPRESENTAR UM NÚMERO?

Ao contrário do que a Tabela 2.19 poderia eventualmente sugerir, olhando para a coluna da direita, os números num computador não são representados apenas com a quantidade de *bits* estritamente necessária. Como as unidades que processam números (um somador, por exemplo) têm de funcionar com qualquer valor[13], tem-se de definir qual a faixa de valores que se pretende suportar, sendo que os extremos dessa faixa vão definir quantos *bits* precisarão ser usados.

A partir daí, todos os números, até mesmo o zero, têm de ser representados com igual número de bits. Os números menores têm zeros à esquerda para atingir o número necessário de *bits*. Por exemplo, a Tabela 2.17 mostra todos os números binários de 0 a 15 representados com 4 bits, em que os primeiros têm zeros à esquerda.

O número de *bits* usado, mais uma vez, é tipicamente uma potência de 2. A Tabela 2.21 ilustra os casos mais comuns e os nomes correspondentes mais frequentemente usados, embora nem todos os sistemas atribuam os mesmos nomes aos números representados com mais de 8 bits.

Esta representação, que com N bits permite representar números entre 0 e $2^N - 1$, é denominada **representação sem sinal** (*unsigned*), porque só contempla números positivos.

**Tabela 2.21 - Nomes usuais para o tamanho (em bits) das representações de números e respectiva faixa de valores representáveis**

| Nº BITS | NOME | FAIXA | Nº *BYTES* |
|---------|------|-------|------------|
| 1 | bit | 0..1 | -- |
| 4 | *nibble* | 0..15 | -- |
| 8 | byte | 0..255 | 1 |
| 16 | Palavra de 16 bits (*short*) | 0..64 K-1 | 2 |
| 32 | Palavra de 32 bits (*word*) | 0..4 G-1 | 4 |
| 64 | Palavra de 64 bits (*double word*) | $0..2^{64}-1$ | 8 |

### 2.7.5 REPRESENTAÇÃO DE NÚMEROS NEGATIVOS

Os números mencionados até aqui são todos não negativos. Mas os números negativos existem e precisam ser representados. A forma mais óbvia de fazê-lo é reservar um bit (o mais significativo, o da esquerda) para o sinal, com os restantes indicando o módulo (valor absoluto do número). É a chamada **representação em módulo e sinal**. Se tiver 1 no bit de sinal, o número é negativo, caso contrário é positivo. Esta representação tem o problema de ter duas representações para o número zero, uma "positiva" e outra "negativa", o que pode causar problemas.

Atualmente, a representação universalmente utilizada é a **representação em complemento de 2**. A parte não negativa (zero e números positivos) é igual nas duas representações, mas a parte negativa está invertida e o zero "negativo" não existe em complemento de 2, tal como se pode constatar na Tabela 2.22, que ilustra a escala de números positivos e negativos que é possível representar com 4 bits. Em qualquer dos casos, um 1 no bit mais significativo indica que o número é negativo.

É importante notar que:

- Em módulo, o valor do maior inteiro que se consegue representar se reduz a cerca de metade em relação ao caso dos inteiros sem sinal, pois é preciso contemplar positivos e negativos;

- É obrigatório sabermos com quantos bits estamos representando os números. Por exemplo, o número 1111 é negativo com 4 bits, mas já se o considerássemos com 8 bits e zeros à esquerda, 0000 1111, seria um número positivo;

- Um conjunto de N bits não tem, a princípio, significado próprio específico, nem nada que diga intrinsecamente qual a sua representação. O seu significado lhe é atribuído pela operação que o usa como operando. Umas operações podem considerá-lo um número sem sinal, outras como um número em complemento de 2, por exemplo.

---

[13] O *hardware* é fixo e não pode ser alterado conforme se queira processar números de maior ou menor valor.

**Tabela 2.22 - Representações de números
positivos e negativos, em módulo e
sinal e em complemento de 2**

| Número | Módulo e Sinal | Complemento de 2 |
|---|---|---|
| +7 | 0111 | 0111 |
| +6 | 0110 | 0110 |
| +5 | 0101 | 0101 |
| +4 | 0100 | 0100 |
| +3 | 0011 | 0011 |
| +2 | 0010 | 0010 |
| +1 | 0001 | 0001 |
| 0 | 0000 | 0000 |
| | 1000 | |
| −1 | 1001 | 1111 |
| −2 | 1010 | 1110 |
| −3 | 1011 | 1101 |
| −4 | 1100 | 1100 |
| −5 | 1101 | 1011 |
| −6 | 1110 | 1010 |
| −7 | 1111 | 1001 |
| −8 | ---- | 1000 |

As principais vantagens da representação em complemento de 2 são as seguintes:

- Só há uma representação para o zero;

- Os números negativos conseguem representar mais um valor no extremo negativo do que na representação de módulo e sinal;

- A soma de um número com o seu simétrico é zero, tal como estamos habituados na aritmética decimal. Por exemplo, a soma de 0001 (1) com 1111 (−1) dá 10000, mas como estamos no âmbito dos 4 bits, o 5.º (o mais significativo, o da esquerda) é descartado e ficam apenas os 4 bits com 0. Não é este o caso da notação em módulo e sinal, como se pode verificar, por exemplo, somando 0001 (1) com 1001 (−1), o que dá 1010 (−2);

- Devido à questão anterior, subtrair um número B de outro A é igual a somar A com o complemento de 2 (simétrico) de B. Basta ver que:

$$A-B \ = \ A+(-B)+B-B \ = \ A+(-B)$$

Esta última propriedade é importante porque permite usar sempre o mesmo circuito para somar ou subtrair, bastando ter um somador e complementando de 2 o segundo operando, se se quiser efetuar uma subtração.

## 2.7.6 Representação de números em complemento de 2

A representação em complemento de 2 com qualquer número N de bits segue as seguintes regras básicas (exemplificadas pela Tabela 2.22 para N=4):

- Os números não negativos seguem uma numeração normal binária, entre 00...00 (zero, com todos os bits com 0) e 01...11 ($2^{N-1}-1$, valor máximo representável, com todos os bits com 1 exceto o mais significativo, o da esquerda);

- Os números negativos, em módulo crescente, a partir de −1, são representados desde 11...11 (−1, todos os bits com 1) até 10...00 ($-2^{N-1}$, valor mínimo representável, com todos os bits com 0 exceto o mais significativo, o da esquerda);

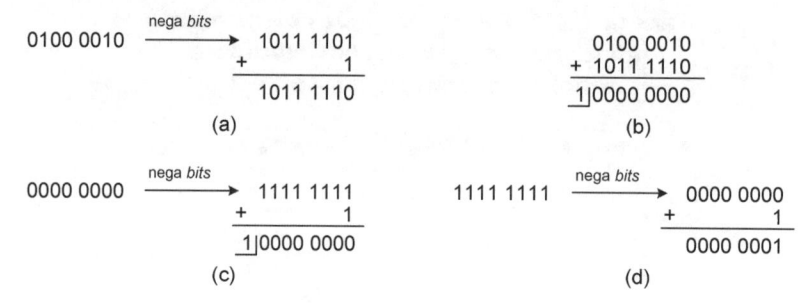

**Fig. 2.48 – Complemento de 2. (a) – Obtenção do simétrico de 42H; (b) – Soma de 42H com o seu simétrico; (c) – Simétrico de zero; (d) – Simétrico de −1**

- Todos os números representáveis com $N$ bits também têm o seu simétrico representável em $N$ bits, com exceção do número mais negativo 10...00 ($-2^{N-1}$). O simétrico de 0 é 0;

- Dado um número, o seu simétrico é obtido negando todos os seus bits e somando 1 ao resultado.

A soma em binário é feita exatamente da mesma forma que em decimal, somando os algarismos da direita para a esquerda e contando com os "e vai um". No entanto, a tabuada da soma é mais simples, pois $0+0=0$, $0+1=1$ e $1+1=10$ (ou 0 e vai um).

A Figura 2.48 ilustra algumas situações, usando números de 8 bits (mas seria semelhante para qualquer número de bits). A Figura 2.48a mostra como obter o simétrico de um número, negando todos os seus bits e somando 1. O número era positivo, logo o simétrico é negativo. A Figura 2.48b faz a prova, somando o número com o seu simétrico, que dá zero (descartando o 1 adicional que já não cabe nos 8 bits). A Figura 2.48c mostra que o simétrico de 0 é zero, o que permite tratar o zero como qualquer outro número e mesmo assim ter uma só representação (em vez de duas, como na representação em módulo e sinal). Finalmente, a Figura 2.48d obtém o simétrico de um exemplo conhecido (o número −1), cujo resultado é 1. O número era negativo, logo o seu simétrico é positivo.

Há uma confusão comum que é importante esclarecer. Uma coisa é a **representação em complemento de 2**, que obedece às regras apresentadas anteriormente. Outra coisa é a determinação do simétrico de um número, que infelizmente também se denomina **obtenção do complemento de 2** do número original. A primeira é uma notação, a segunda, uma operação.

Quando se pede para representar um determinado número em complemento de 2, muitas pessoas acham logo o simétrico, seja o número positivo ou negativo. Ou seja, pediu-se uma notação e a resposta (incorreta) foi uma operação.

Assim, é importante distinguir dois tipos de pedidos diferentes:

- Representar um determinado número (geralmente dado em decimal, que é a notação que nos é mais familiar) em complemento de 2. Se for positivo, basta simplesmente converter para binário, tal como indicado na Subseção 2.7.1. Se for negativo, converte-se o seu módulo (valor positivo) para binário e depois se acha o seu simétrico;

- Determinar o simétrico (ou o complemento de 2) de um determinado número. Neste caso, procede-se como indicado pela Figura 2.48, seja o número positivo ou negativo. Se o número for dado em decimal, converte-se o seu módulo para binário, e, no caso de o número original ser positivo, ainda se tem de obter o simétrico, como indicado pela Figura 2.48a.

Para evitar esta confusão clássica, o melhor é evitar a designação "obter o complemento de 2 de um número" e usar, em vez disso, "obter o simétrico de um número".

Outro aspecto a ser reforçado é que, olhando para um determinado número em binário (sequência de bits), não é possível saber se esse número está ou não representado em complemento de 2. O que essa sequência de bits representa depende da forma como a operação que atua sobre ela a interpreta. Nos computadores, há operações que assumem que os operandos estão em complemento de 2, outras que estão representados sem sinal, e assim por diante.

## 2.7.7 EXTENSÃO DO NÚMERO DE BITS DE UM NÚMERO

Às vezes, há a necessidade de efetuar uma operação sobre dois números representados com um número diferente de bits. Por exemplo, somar um número de 4 bits com outro de 8 bits.

Geralmente, as operações exigem que os dois operandos tenham a mesma faixa de valores, até porque algumas devem ser comutativas (soma, por exemplo). Como não se pode cortar o número de bits de um número (pois o valor representado pode ser elevado e precisar de todos os bits), a única solução é estender o número com menos bits até ter o número de bits do outro.

### Tabela 2.23 – Extensão de um número binário com sinal (em complemento de 2)

| Nº DE *BITS* | NÚMERO POSITIVO (+2) | NÚMERO NEGATIVO (−2) |
|---|---|---|
| 4 | 0010 | 1110 |
| 8 | 0000 0010 | 1111 1110 |
| 16 | 0000 0000 0000 0010 | 1111 1111 1111 1110 |

As regras para fazê-lo em representação de complemento de 2 são muito simples. A extensão é efetuada:

- À esquerda (para o lado dos bits mais significativos);

- Replicando o bit de sinal (o mais significativo). Se o número original é positivo (ou zero), estende-se com 0s. Se for negativo, estende-se com 1s.

A Tabela 2.23 exemplifica com os números +2 e −2. Os espaços entre grupos de 4 bits visam exclusivamente a facilitar a legibilidade do número. As regras são as mesmas para extensões com outros números de bits (64, por exemplo).

Note que a manutenção do bit de sinal é fundamental. Se, por exemplo, se estender o número 1110 (−2) para 0000 1110, o número já é outro, positivo e com o valor 14. A extensão implica apenas um aumento do número de bits usados para representar o número, mas nunca uma alteração do seu valor.

### ESSENCIAL

- As pessoas representam os números em base 10, com dez símbolos diferentes (0 a 9). Os computadores os representam em base 2, com dois símbolos (0 e 1). O mesmo número precisa de mais algarismos para ser representado em base 2 (*bits*);

- Cada algarismo em base hexadecimal (16) tem uma correspondência direta com um grupo de 4 *bits*, permitindo representações mais compactas do que em binário;

- Em qualquer base, um número é obtido pelo somatório dos produtos de cada algarismo pela base elevada à sua posição no número (começando em 0, do lado direito do número, que tem o algarismo menos significativo). Com esta regra, é possível converter um número de uma base para outra;

- N *bits* permitem representar números na faixa de $0..2^N-1$. Esta representação é denominada **sem sinal** e só permite representar números positivos;

- Para contemplar os números negativos, os números são representados em **complemento de 2**, em que o bit mais à esquerda indica se o número é positivo (0) ou negativo (1). A metade superior da representação sem sinal é usada para representar os números negativos, com a representação com todos os *bits* com 1 usada para designar o valor −1;

- Para representar os números em binário num computador usa-se um número fixo de *bits*, o necessário para representar o maior número (em módulo) da faixa de números que o computador é capaz de processar. Os números menores têm de ser preenchidos à esquerda com *bits* neutros (0s para números positivos, 1s para números negativos);

- Representar um número em complemento de 2 é diferente de obter o seu complemento de 2 (simétrico), operação que se faz negando todos os *bits* de um número e somando-lhe 1;

- A maior vantagem da representação em complemento de 2 e o fato de permitir uma grande uniformidade de tratamento entre os números positivos e negativos. Principalmente, (i) um somador para números sem sinal funciona igualmente bem com números negativos, (ii) a soma de um número com o seu simétrico dá zero, (iii) o simétrico de zero é zero e (iv) a subtração de dois números é igual à soma do primeiro com o simétrico do segundo.

## 2.8 OPERAÇÕES ARITMÉTICAS

Se há números, há necessidade de efetuar operações sobre eles. Esta seção aborda apenas os números inteiros. O Apêndice D aborda os números com parte fracionária.

## 2.8.1 SOMA DE DOIS NÚMEROS BINÁRIOS

A soma de dois números binários é feita bit a bit, começando da direita (menos significativo) para a esquerda (mais significativo), passando o transporte ("e vai um"), se existir, para o bit seguinte. Os dois números devem ter o mesmo número de bits, fazendo-se a extensão de um deles, se necessário, de acordo com as regras da Subseção 2.7.7. A Figura 2.48 apresenta alguns exemplos.

Uma forma simples de implementar um somador de N bits é implementar N somadores elementares de 1 bit, com saída de transporte (*carry*) de um somador elementar para o próximo, de forma muito semelhante ao algoritmo que usamos nas contas feitas manualmente. A Figura 2.49 ilustra esta organização.

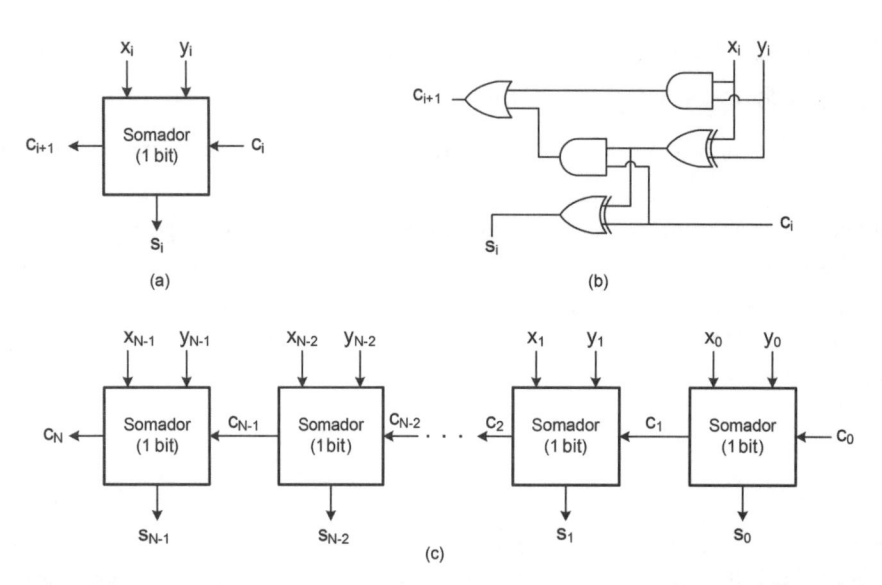

**Fig. 2.49 – Estrutura de um somador de transporte em onda (*ripple*). (a) – Somador elementar de 1 bit; (b) – Circuito interno do somador elementar; (c) – Somador de N bits**

Apesar do resultado poder ser maior do que qualquer dos dois operandos, o resultado geralmente usa tantos bits como os operandos, até porque esse resultado pode ser, por sua vez, um operando numa soma posterior. O eventual transporte devido à soma dos bits mais significativos ($c_n$) geralmente é ignorado, como acontece na Figura 2.48b e na Figura 2.48c, pois já não é representável nos N bits que constituem cada um dos operandos. Ainda assim, este último bit de transporte pode ter alguma utilidade (Subseção 2.8.3).

Uma das vantagens da representação em complemento de 2 é o fato da soma funcionar da mesma forma com números positivos e negativos e não ser preciso tratamento especial para o bit de sinal, que é somado como qualquer um dos outros.

O circuito da Figura 2.49b é derivado da tabela verdade do somador elementar, descrita pela Tabela 2.24, que reflete a tabuada de somar em binário, com transporte.

**Tabela 2.24 - Tabela verdade do somador elementar de 1 bit com transporte**

| ENTRADAS | | | SAÍDAS | |
|---|---|---|---|---|
| $C_i$ | $X_i$ | $Y_i$ | $S_i$ | $C_{i+1}$ |
| 0 | 0 | 0 | 0 | 0 |
| 0 | 0 | 1 | 1 | 0 |
| 0 | 1 | 0 | 1 | 0 |
| 0 | 1 | 1 | 0 | 1 |
| 1 | 0 | 0 | 1 | 0 |
| 1 | 0 | 1 | 0 | 1 |
| 1 | 1 | 0 | 0 | 1 |
| 1 | 1 | 1 | 1 | 1 |

Neste tipo de somador, todas as somas individuais dos pares de bits dos dois operandos são feitas ao mesmo tempo, mas os bits de transporte vão se propagando ao longo dos vários somadores elementares, provocando variações nos bits do resultado que potencialmente só estabilizam ao fim de $N$ atrasos de propagação do transporte. Por esta razão, este somador é conhecido por somador *ripple-carry* (somador vai-um propagado).

**NOTA** Para diminuir este tempo total de atraso, os somadores usados comercialmente expandem a dependência de cada transporte ($c_i$) do anterior ($c_{i-1}$) diretamente em função do transporte de entrada ($c_0$) e dos vários resultados de soma de cada par de bits. O circuito fica mais complexo, mas o tempo total de atraso fica menor. Os detalhes desta técnica, conhecida por *carry look-ahead* (antecipação do transporte), estão fora do âmbito deste livro.

### 2.8.2 Subtração de dois números binários

É perfeitamente possível projetar um subtrator constituído por subtratores elementares de 1 bit, com uma tabela verdade de onde se derive o respectivo circuito. No entanto, já sabemos que subtrair $B$ de $A$ é equivalente a somar $A$ com o simétrico de $B$, sejam estes números positivos ou negativos.

Usando este artifício, é possível projetar um circuito pouco mais complexo que um somador e que consegue fazer tanto somas como subtrações. Este circuito está representado na Figura 2.50.

A porta lógica XOR pode ser considerada como uma negação de uma entrada controlada pela outra entrada. Só é negada se a entrada usada para controle ($F$) for 1, pois se esta for 0 reproduz na saída a primeira entrada. Nestas condições, se $F=1$, os bits $y_i$ são todos negados. O bit de transporte de entrada do somador ($c_0$) também vale 1 neste caso, o que significa que se está somando mais uma unidade ao resultado da soma.

Em outras palavras, quando $F=1$, o resultado $S$ é a soma de $X$ com o simétrico de $Y$ (que tem todos os bits negados, devido às portas XOR) e mais uma unidade ($c_0$), ou $S = X + (\overline{Y} + 1)$ ou ainda $S = X + (-Y)$, o que é equivalente a $S = X - Y$. Quando $F=0$, o número $Y$ é inalterado, a unidade a mais não existe e $S = X + Y$. Este circuito é melhor do que implementar um somador e um subtrator de forma separada.

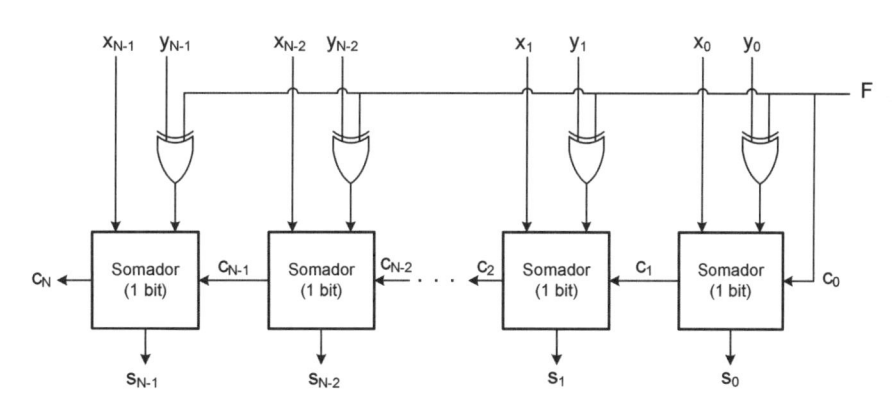

**Fig. 2.50 – Circuito somador/subtrator. Com F=0, tem-se S=X+Y. Com F=1, tem-se S=X−Y**

### 2.8.3 Estouro

Pode perfeitamente acontecer que o resultado de uma operação de soma ou subtração não seja representável na faixa dos $N$ bits com que os números estão representados. Observe, por exemplo, a Tabela 2.22 e imagine a soma de $+6$ (0110) com $+3$ (0011). Estes números estão representados com 4 bits e qualquer deles é um número perfeitamente válido. A soma deles devia valer $+9$, mas este número já não é representável com 4 bits (deveria ser 1001, mas com 4 bits esse número é negativo, $-7$, como indicado pela Tabela 2.22).

O problema é que o resultado da soma é demasiadamente grande para caber na faixa disponível (número máximo $+7$, com 4 bits). O mesmo raciocínio poderia ser usado para uma soma de dois números negativos, ou uma subtração de dois números de sinais diferentes. Esta situação é denominada **estouro** (*overflow*).

O somador/subtrator não deixa de dar um resultado, mas este está incorreto. No caso deste exemplo, o resultado seria simplesmente 1001, ou $-7$, o que obviamente não está correto. Este número é negativo, o que não é possível, considerando que se estava somando dois números positivos.

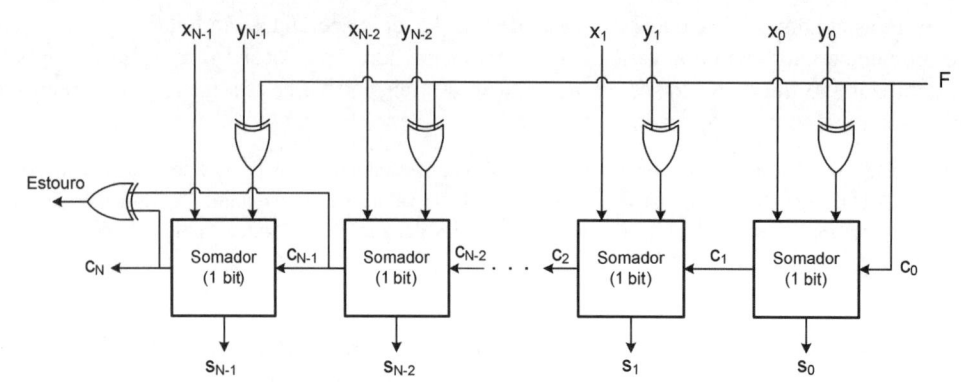

**Fig. 2.51 – Circuito somador/subtrator com detecção de estouro (*overflow*)**

A solução usual é aumentar o número de bits com que se representam os números. Mas, seja qual for o número de bits usados, o problema sempre pode ocorrer. Pode é passar a acontecer com números de maior grandeza. Por isso, as unidades somadoras/subtratoras limitam-se a assinalar que houve uma situação de erro motivada por estouro, podendo haver outras unidades que disparem as ações mais adequadas (como, por exemplo, terminar o programa de computador em que uma operação de soma ou subtração tenha originado este erro).

A detecção da situação de estouro na adição pode ser feita usando as seguintes regras:

- Se os operandos têm sinal diferente, não pode haver estouro;
- Se os operandos têm o mesmo sinal, ocorre estouro quando o sinal do resultado for diferente do sinal dos operandos.

No caso da subtração:

- Se os operandos têm sinal igual, não pode haver estouro;
- Se os operandos têm sinal diferente, ocorre estouro quando o sinal do resultado for diferente do sinal do primeiro operando.

Na prática, o estouro ocorre quando o último bit de transporte ($c_n$) é diferente do penúltimo ($c_{n-1}$), tanto para a soma como para a subtração, logo o circuito de detecção de estouro pode ser acrescentado ao somador/subtrator da Figura 2.50 na forma indicada pela Figura 2.51.

Note que o fato do último bit de transporte ($c_n$) ser 1 não implica uma situação de estouro, como aliás é exemplificado pela Figura 2.48b e pela Figura 2.48c. Nesta situação, para haver estouro, o penúltimo bit de transporte ($c_{n-1}$) teria de ser diferente, ou 0, o que não acontece nestes dois casos. O fato de $c_n$=0 também não quer dizer que não haja estouro.

### SIMULAÇÃO 2.15 – SOMA E SUBTRAÇÃO

Esta simulação ilustra o funcionamento do somador/subtrator da Figura 2.51, com 4 bits, tomando como base um somador elementar de 1 bit (Figura 2.49a). Os aspectos abordados incluem os seguintes:

- Verificação da tabela verdade do somador elementar (Tabela 2.24);
- Verificação do comportamento do somador em complemento de 2 (com números positivos e negativos);
- Utilização do somador como subtrator, em complemento de 2 (com números positivos e negativos);
- Detecção da condição de estouro;
- Simulação passo a passo para verificação da operação em sequência (*ripple*) e da soma dos tempos de atraso (Subseção 2.8.1).

## 2.8.4 MULTIPLICAÇÃO DE DOIS NÚMEROS BINÁRIOS

Estas operações são mais complexas do que a soma e a subtração, em particular quando se pretende contemplar números negativos. A Figura 2.52 ilustra um exemplo simples de multiplicação de dois números binários sem sinal de 4 bits, usando o clássico método papel e lápis que todos aprendemos na escola.

```
     1110      multiplicando
  × 1011       multiplicador
   ────────
     1110
    1110
   0000
  1110
  ──────────
  10011010    produto
```

**Fig. 2.52 – Multiplicação de números binários sem sinal**

O resultado precisa de 8 bits para ser representado, para permitir toda a faixa de valores dos operandos. Como só há dois valores possíveis em cada bit, pode-se interpretar a multiplicação como a soma de uma série de termos, constituídos pelo multiplicando sucessivamente deslocado de uma posição para a esquerda, soma essa que só ocorre nas posições em que o bit do multiplicador for 1 (mas o deslocamento ocorre sempre).

Uma alternativa (mais eficiente do ponto de vista de implementação com um circuito digital) é ver o resultado como uma série de somas do multiplicando com os valores parciais do resultado, sucessivamente deslocado para a direita. Ou seja, em vez de ir somando o multiplicando ao resultado em posições cada vez mais à esquerda, soma-se o multiplicando sempre na posição mais à esquerda do resultado e, em cada soma, desloca-se o resultado obtido para a direita. No fim da operação, o resultado ficará correto.

A Figura 2.53 mostra um circuito adequado para isto, incluindo dois registradores de deslocamento com carga paralela, P e M, semelhantes ao registrador da Figura 2.37. Cada um destes registradores deve ter N bits (número de bits de cada operando, neste caso 4).

Este circuito inclui ainda um somador, como o da Figura 2.49c, um *flip-flop* D, como o da Figura 2.21b, para memorizar o transporte gerado pelo somador, um contador de contagem decrescente com detecção de passagem por zero, como o da Figura 2.35a, e um circuito de controle, uma máquina de estados que poderá ser gerada (Subseção 2.6.7.3) ou microprogramada (Subseção 2.6.7.4) e que é responsável pelo sequenciamento das várias operações a serem executadas para calcular o produto, gerando os diversos sinais necessários para controlar os recursos do multiplicador. Por questões de simplicidade e clareza, este circuito não inclui todos os detalhes (como, por exemplo, a inicialização do registrador P com zero).

O algoritmo pode ser descrito pelos seguintes passos:

1. Inicializa os recursos do sistema:

   a) C e P com zero;

   b) M com o multiplicador;

   c) O contador com N.

2. Se $M_0$ (*bit* menos significativo do multiplicador) for 1, carrega em C e P o resultado da soma do valor anterior de P com o multiplicando. Se $M_0$=0, não faz nada neste passo;

3. Desloca todo o conjunto C, P e M de um bit para a direita (em C entra 0 e o $M_0$ é perdido antes de ser deslocado);

4. Decrementa o contador. Se o seu valor já for zero, encerra o algoritmo. Se ainda for maior que zero, volta para o passo 2;

5. O algoritmo terminou. O resultado final (produto) está disponível no conjunto dos dois registradores P e M.

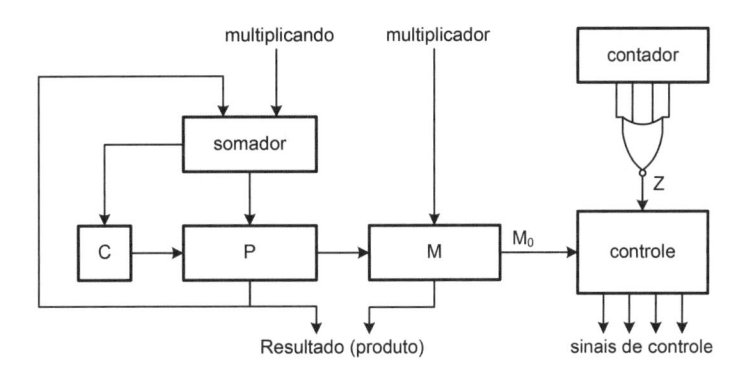

**Fig. 2.53 – Circuito (simplificado) para a multiplicação de números binários sem sinal**

**Tabela 2.25 - Evolução dos registradores do circuito de multiplicação no exemplo da Figura 2.52, em que o multiplicador é 1110. O resultado final (produto) está nos registradores P e M**

| ALGORITMO | | | REGISTRADORES | | | | ENTRADAS DO CONTROLE | |
|---|---|---|---|---|---|---|---|---|
| ITERAÇÃO | PASSO | O QUE FAZ | C | P | M | CONTADOR | $M_0$ | Z |
| --- | 1 | Inicia | 0 | 0000 | 1011 | 0100 | 1 | 0 |
| 1 | 2 | Soma | 0 | 1110 | 1011 | 0100 | 1 | 0 |
| | 3 | Desloca | 0 | 0111 | 0101 | 0100 | 1 | 0 |
| | 4 | Decrementa | 0 | 0111 | 0101 | 0011 | 1 | 0 |
| 2 | 2 | Soma | 1 | 0101 | 0101 | 0011 | 1 | 0 |
| | 3 | Desloca | 0 | 1010 | 1010 | 0011 | 0 | 0 |
| | 4 | Decrementa | 0 | 1010 | 1010 | 0010 | 0 | 0 |
| 3 | 2 | NÃO soma | 0 | 1010 | 1010 | 0010 | 0 | 0 |
| | 3 | Desloca | 0 | 0101 | 0101 | 0010 | 1 | 0 |
| | 4 | Decrementa | 0 | 0101 | 0101 | 0001 | 1 | 0 |
| 4 | 2 | Soma | 1 | 0011 | 0101 | 0001 | 1 | 0 |
| | 3 | Desloca | 0 | 1001 | 1010 | 0001 | 0 | 0 |
| | 4 | Decrementa | 0 | 1001 | 1010 | 0000 | 0 | 1 |
| | 5 | Termina | 0 | 1001 | 1010 | 0000 | 0 | 1 |

A Tabela 2.25 mostra a evolução dos registradores após cada um dos passos indicados, ao longo do algoritmo e das várias iterações, no caso do exemplo da Figura 2.52 (multiplicando=1110, multiplicador=1011, N=4). Note que na iteração 3 a soma não é feita, pois $M_0$=0 (mas o deslocamento à direita é sempre realizado). O produto fica nos registradores P e M e é igual ao produto da Figura 2.52, como não podia deixar de ser.

Este algoritmo não funciona corretamente se quisermos considerar os operandos como números em complemento de 2 (potencialmente negativos). Consultando a Tabela 2.22, verifica-se que o multiplicando na Figura 2.52 (1110) em complemento de 2 (com 4 bits) corresponde ao número $-2$, enquanto o multiplicador (1011) é o número $-5$ (com 4 bits). O seu produto deveria ser $+10$ (com 8 bits), mas em vez disso na Figura 2.52 obteve-se o valor de $-102$ (1001 1010, com 8 bits). Obviamente, está errado.

O problema básico está nas somas parciais, em que se assumiu implicitamente que os termos estavam estendidos para 8 bits com 0s à esquerda (ou seja, que eram positivos). Mas o fato é que, com 4 bits, o multiplicando é negativo. Note que o resultado tem 8 bits e os operandos da soma têm de ser estendidos para 8 bits também. Mas simplesmente estender os bits do multiplicando com o seu bit de sinal também só funciona se o multiplicador for positivo.

Existem algoritmos que permitem resolver os vários problemas levantados, principalmente o algoritmo de Booth, mas dado o caráter introdutório deste livro e por limitações de espaço, este tema não será abordado aqui. Recomenda-se [Hamacher 2002], [Farhat 2003] ou [Stallings 2012] para maiores detalhes sobre este tópico.

## 2.8.5 DIVISÃO DE DOIS NÚMEROS BINÁRIOS

Tal como na multiplicação, o algoritmo básico de divisão binária contempla apenas números sem sinal. As referências indicadas no fim da seção anterior apresentam soluções para números com sinal, em complemento de 2. Este algoritmo baseia-se no método papel e lápis que usamos para efetuar divisões manualmente, com a simplificação de que, em cada passo da iteração, o algarismo do divisor pode ser apenas 1 ou 0. Ou seja, o divisor ou cabe ou não cabe (respectivamente) na parte do dividendo que estamos considerando nessa iteração. Se couber, é só fazer a subtração para achar o resto parcial dessa iteração, e baixar o bit seguinte do dividendo, para uma nova iteração.

A Figura 2.54 ilustra este método, usando os valores da Figura 2.52, para prova da multiplicação pela operação inversa (divisão), em que se acrescentou apenas 0100 (4) ao produto (que desempenha agora aqui o papel de dividendo) para que o resto da divisão não seja zero. Tal como seria de esperar, o quociente obtido é o multiplicando do exemplo da Figura 2.52,

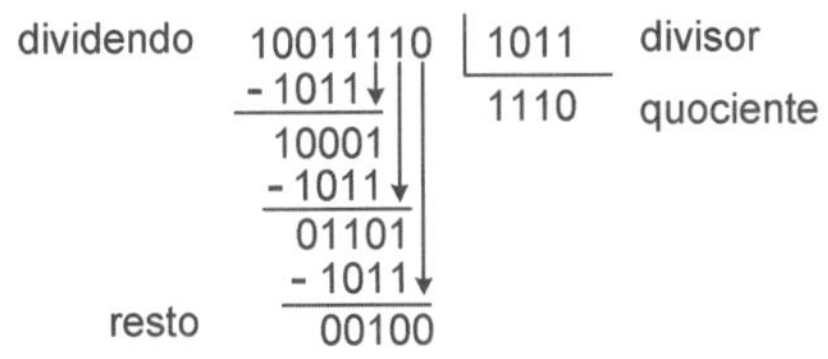

```
dividendo   10011110  | 1011    divisor
            - 1011↓   | 1110    quociente
            10001
            - 1011↓
            01101
            - 1011↓
resto       00100
```

**Fig. 2.54 – Divisão de números binários sem sinal**

com o resto igual ao valor adicional introduzido (0100), uma vez que a divisão como operação inversa da multiplicação dá resto zero.

A Figura 2.55 mostra o circuito que pode ser usado para implementar este algoritmo num sistema digital. É semelhante ao usado para a multiplicação, mas agora se usa um subtrator (de números sem sinal) e o deslocamento é feito para a esquerda. O objetivo é começar com o dividendo no registrador $Q$ e, em cada iteração, ir deslocando os seus bits para o registrador $R$, retirando-lhe o valor do divisor. O quociente é construído bit a bit, a partir do lado direito do registrador $Q$, no espaço deixado livre pelo dividendo (evitando usar um terceiro registrador). No final, o registrador $R$ conterá o resto da divisão e o registrador $Q$, o quociente. A saída do subtrator para o circuito de controle é o bit de sinal da subtração, permitindo indicar se o divisor cabe ou não dentro da parte do dividendo contida no registrador $R$.

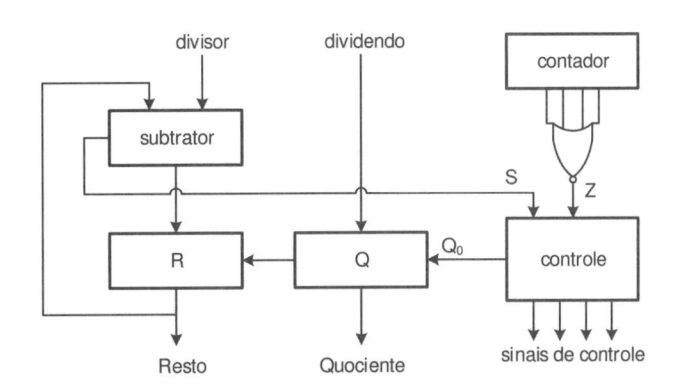

**Fig. 2.55 – Circuito (simplificado) para a divisão de números binários sem sinal**

O algoritmo pode ser descrito pelos seguintes passos:

1. Inicializa os recursos do sistema:

   a) R com zero;

   b) Q com o dividendo;

   c) O contador com N (número de bits do dividendo).

2. Desloca o conjunto R-Q de um *bit* para a esquerda, entrando 0 do lado direito;

3. Se o bit S for 0 (se R > divisor), carrega em R o resultado de (R – divisor) e em $Q_0$ o valor 1. Caso S=1, o divisor não cabe na parte do dividendo em R e limita-se a deixar 0 em $Q_0$ (que já está lá como resultado do passo anterior);

4. Decrementa o contador. Se o seu valor já for zero, encerra o algoritmo. Se ainda for maior que zero, volta para o passo 2;

5. O algoritmo terminou. O resto e o quociente da divisão estão disponíveis nos registradores R e Q, respectivamente.

**Tabela 2.26 - Evolução dos registradores do circuito de divisão no exemplo da Figura 2.54, em que o divisor é 1011. O resultado final (resto e quociente) fica nos registradores R e Q. A parte assinalada em cinza mostra a entrada sucessiva do quociente no registrador Q**

| ALGORITMO | | | REGISTRADORES | | | ENTRADAS DO CONTROLE | |
|---|---|---|---|---|---|---|---|
| ITERAÇÃO | PASSO | O QUE FAZ | R | Q | CONTADOR | S | Z |
| --- | 1 | Inicia | 0000 0000 | 1001 1110 | 1000 | 1 | 0 |
| 1 | 2 | Desloca | 0000 0001 | 0011 1100 | 1000 | 1 | 0 |
| | 3 | Nada | 0000 0001 | 0011 1100 | 1000 | 1 | 0 |
| | 4 | Decrementa | 0000 0001 | 0011 1100 | 0111 | 1 | 0 |
| 2 | 2 | Desloca | 0000 0010 | 0111 1000 | 0111 | 1 | 0 |
| | 3 | Nada | 0000 0010 | 0111 1000 | 0111 | 1 | 0 |
| | 4 | Decrementa | 0000 0010 | 0111 1000 | 0110 | 1 | 0 |
| 3 | 2 | Desloca | 0000 0100 | 1111 0000 | 0110 | 1 | 0 |
| | 3 | Nada | 0000 0100 | 1111 0000 | 0110 | 1 | 0 |
| | 4 | Decrementa | 0000 0100 | 1111 0000 | 0101 | 1 | 0 |
| 4 | 2 | Desloca | 0000 1001 | 1110 0000 | 0101 | 1 | 0 |
| | 3 | Nada | 0000 1001 | 1110 0000 | 0101 | 1 | 0 |
| | 4 | Decrementa | 0000 1001 | 1110 0000 | 0100 | 1 | 0 |
| 5 | 2 | Desloca | 0001 0011 | 1100 0000 | 0100 | 0 | 0 |
| | 3 | Subtrai | 0000 1000 | 1100 0001 | 0100 | 1 | 0 |
| | 4 | Decrementa | 0000 1000 | 1100 0001 | 0011 | 1 | 0 |
| 6 | 2 | Desloca | 0001 0001 | 1000 0010 | 0011 | 0 | 0 |
| | 3 | Subtrai | 0000 0110 | 1000 0011 | 0011 | 1 | 0 |
| | 4 | Decrementa | 0000 0110 | 1000 0011 | 0010 | 1 | 0 |
| 7 | 2 | Desloca | 0000 1101 | 0000 0110 | 0010 | 0 | 0 |
| | 3 | Subtrai | 0000 0010 | 0000 0111 | 0010 | 1 | 0 |
| | 4 | Decrementa | 0000 0010 | 0000 0111 | 0001 | 1 | 0 |
| 8 | 2 | Desloca | 0000 0100 | 0000 1110 | 0001 | 1 | 0 |
| | 3 | Nada | 0000 0100 | 0000 1110 | 0001 | 1 | 0 |
| | 4 | Decrementa | 0000 0100 | 0000 1110 | 0000 | 1 | 1 |
| | 5 | Termina | 0000 0100 | 0000 1110 | 0000 | 1 | 1 |

A Tabela 2.26 mostra a evolução dos registradores após cada um dos passos indicados, ao longo do algoritmo e das várias iterações, no caso do exemplo da Figura 2.54 (dividendo=10011010, divisor=1011, $N$=8).

Neste exemplo, o registrador R não usa os 8 bits, mas se o divisor fosse, por exemplo, igual ao dividendo menos 1, isso aconteceria. O quociente e resto obtidos são os indicados na Figura 2.54, embora nesta tenham sido omitidos os 0s à esquerda.

Este algoritmo é extremamente ineficiente em relação ao usado em computadores, destinando-se apenas a ilustrar a operação. Os computadores comerciais têm unidades aritméticas que, além de executarem as operações de forma muito mais rápida, ainda contemplam números negativos e com parte fracionária, de forma a implementarem os números reais.

## 2.9 Conclusões

É impressionante como, com apenas circuitos eletrônicos simples, se consegue implementar funcionalidades interessantes, como, por exemplo, o semáforo com botão.

Isso se deve basicamente ao fato de se usar circuitos digitais com dois valores bem determinados, álgebra de Boole, que permite estabelecer regras de combinação de sinais, e circuitos síncronos, que reagem de forma sincronizada com um relógio e permitem memorizar o estado do sistema e implementar máquinas de estados.

Estas funcionalidades seriam extremamente difíceis de implementar com circuitos analógicos e impossíveis com circuitos digitais combinatórios. Apenas os circuitos sequenciais conseguem esta capacidade. Isso não quer dizer que não se recorra a circuitos combinatórios amplamente usados, como multiplexadores ou decodificadores. Mas estes, por si só, não conseguem implementar uma máquina de estados.

Há circuitos sequenciais que também são muito utilizados, como os contadores. Mas a sua funcionalidade é fixa e, portanto, limitada. As máquinas de estado geradas com base num registrador e num circuito combinatório projetado sob medida são muito mais flexíveis, mas o circuito resultante é complexo e difícil de alterar (apesar de haver programas que automatizam o processo).

As máquinas de estado microprogramadas recorrem a módulos já prontos (registradores ou contadores, multiplexadores, somadores, ROMs, etc.) para implementarem um circuito de *hardware* cuja funcionalidade pode ser amplamente alterada em função do programa na ROM, sem modificações no circuito. Estas máquinas de estado estão na base da unidade de controle dos computadores.

Por outro lado, os computadores não foram feitos apenas para controle de sinais físicos, mas também para processamento de informação, o que envolve basicamente números, nem que seja para representar símbolos não numéricos (como, por exemplo, o alfabeto).

Isto implica capacidade para representar números em forma binária, o que se consegue juntando $N$ bits; nos computadores, tipicamente, $N$ vale 8, 16, 32 ou 64. Quanto mais bits, maior a faixa de números que é possível representar. Como um computador deve estar preparado para lidar com qualquer número dentro de uma determinada faixa de valores, todos os números representados têm de ter o mesmo número de bits que os maiores valores a serem representados, o que implica algum desperdício, mas facilita a implementação. Se necessário, um número tem bits neutros à esquerda (0s se for positivo ou 1s se for negativo).

A melhor representação para os números binários inteiros é o complemento de 2, em que um número positivo é representado tal e qual como em representação sem sinal (só para números positivos), mas sempre com o *bit* mais significativo sendo 0, e os números negativos são representados com o *bit* mais significativo sendo 1 e pela ordem inversa dos positivos (isto é, o maior número em representação sem sinal, onde todos os bits têm 1, é em complemento de 2 precisamente o de menor módulo, ou $-1$). A grande vantagem deste esquema é permitir tratar os números positivos e negativos da mesma forma, sem tratamento especial para cada um deles. Em especial, a subtração de dois números é igual à soma do primeiro com o simétrico do segundo.

Os números binários não inteiros (que representam os números reais no formato de **ponto flutuante**) têm um tratamento mais complexo, que é apresentado no Apêndice D.

## 2.10 Exercícios

**2.1** Indique o significado da sequência de bits 10111011 quando interpretada como:

   a) Caractere ASCII (considerando apenas os sete bits menos significativos);

   b) Número binário sem sinal;

   c) Número binário em complemento de 2.

**2.2** Suponha que esta sequência é armazenada num registrador de 16 bits, para o que precisa ser estendida. Para cada um dos itens anteriores, qual o valor (em hexadecimal) que esse registrador deve ter para que o valor interpretado não se altere?

**2.3** Faça a tabela verdade de cada uma das seguintes expressões:

a) $A B + \overline{A} \overline{B} + \overline{A} B$

b) $A + \overline{B} C + \overline{A} B$

c) $\overline{A} B + A C + B C$

d) $\overline{A} B \overline{C} D + \overline{A} \overline{B} C + \overline{A} C \overline{D} + A \overline{B}$

e) $\overline{A} \overline{B} \overline{C} D + \overline{A} B \overline{C} D + A \overline{B} \overline{C}$

f) $A B C \overline{D} + A B \overline{C} \overline{D} + \overline{A} \overline{B} \overline{C} D + \overline{A} \overline{B} \overline{C} \overline{D}$

**2.4** Use mapas de Karnaugh para simplificar as expressões do exercício anterior.

**2.5** Elabore a tabela verdade de um multiplexador de 1-de-8 e gere o respectivo circuito, tal como foi feito na Figura 2.11. Simplifique com mapas de Karnaugh.

**2.6** O código Gray permite contar apenas com 0s e 1s, mas mudando apenas um bit de cada vez, ao contrário do que acontece no código binário. Com esta abordagem, se consegue evitar problemas decorrentes dos tempos de propagação dos sinais ao longo do circuito (porque só um muda). A Tabela 2.27 ilustra este código para os primeiros oito números. Com base nesta tabela, gere o circuito de um conversor que receba 3 bits em código binário e produza o valor correspondente em código Gray (use mapas de Karnaugh para simplificar as expressões).

### Tabela 2.27 - Contagem em binário e em código Gray

| CÓDIGO BINÁRIO | CÓDIGO GRAY |
|:---:|:---:|
| 000 | 000 |
| 001 | 001 |
| 010 | 011 |
| 011 | 010 |
| 100 | 110 |
| 101 | 111 |
| 110 | 101 |
| 111 | 100 |

**2.7** Desenhe um circuito constituído por um AND de duas entradas, com um NOT inserido numa delas. Suponha que estas duas portas lógicas têm um tempo de atraso de 10 (a unidade de tempo não é relevante). Faça um diagrama de tempo da saída do circuito, considerando que as duas entradas do circuito (no AND e no NOT) passam ao mesmo tempo de 0 para 1, 50 unidades de tempo, depois a entrada do NOT passa para 0 e, após mais 50 unidades de tempo, a entrada do AND volta a 0. Com base neste exercício, explique a vantagem do código Gray.

**2.8** Com base na tabela verdade de um decodificador de 1-de-8, gere o respectivo circuito, usando os mapas de Karnaugh para simplificar as expressões.

**2.9** Represente cada um dos números decimais $-2$, $+130$, $-100$, $+12$, $-128$, $+5$, $-1024$, $+255$, $-15$ em hexadecimal e complemento de 2, com 4, 8 e 16 bits (indique os casos em que não for possível).

**2.10** Indique qual o maior e o menor número inteiro representável com 4, 8 e 16 bits, em representação:

a) Sem sinal;

b) De módulo e sinal;

c) Em complemento de 2.

**2.11** Calcule o valor, em decimal, dos seguintes números representados em hexadecimal, complemento de 2 e com o **mínimo** de dígitos necessário: FH, 8FH, 1C0H, FFFH, 1000H, FEH, FFFFFFF0H, 8000H, 8H, 7FH.

**2.12** Quantos bits são necessários, no mínimo, para representar o número decimal 3.456.789? Mostre como é que se pode responder sem converter o número para binário.

**2.13** Mostre que a soma de um número binário com N bits com o seu complemento de 2 sempre dá zero, considerando a soma também com N bits. Dica: Some, em binário, um número qualquer de 4 bits com as parcelas necessárias para convertê-lo para complemento de 2.

**2.14** Converta os números decimais para representação binária em complemento de 2 com 8 bits e efetue as operações em binário (converta subtrações em somas), indicando quais produzem uma situação de estouro.

a) $-32 + 16$

b) $64 + 70$

c) $-53 - 75$

d) $50 - 128$

e) $34 - 15$

f) $14 * 7$

g) $16 * (-8)$

h) $8 * (23 - 40)$

i) $-3 * 20 + 100$

**2.15** Fazendo aritmética de 16 bits, qual é o número com maior módulo que é possível multiplicar por FFF0H sem dar estouro? Por quê?

**2.16** Calcule, em decimal, quantos bits têm 12 KBytes.

**2.17** Use o Apêndice E, para conseguir ler o seguinte texto: 01000010 01101111 01101101 00100000 01100100 01101001 01100001 00100001.

**2.18** Utilize multiplexadores de 2 e 4 entradas para implementar um multiplexador de 8 entradas. Simule e teste o circuito resultante.

**2.19** Refaça o circuito da Figura 2.51, mantendo a mesma funcionalidade, mas assumindo que não tem portas XOR. Pode recorrer a outros blocos combinatórios. Simule e teste o circuito resultante, com 4 bits.

**2.20** Modifique o contador da Figura 2.32 para contar para trás, simule o circuito e verifique o seu funcionamento.

**2.21** Usando uma ROM, um contador que conte para trás (Exercício 2.20) com um relógio de tempo real de 1 Hz e um mostrador de 7 segmentos, implemente um circuito que vá mostrando (de segundo em segundo) cada letra do seu sobrenome (use a combinação de segmentos que melhor reproduz cada letra, maiúscula ou minúscula), em ciclo infinito. Simule este circuito e verifique o seu funcionamento.

**2.22** Simplifique a tabela verdade do decodificador de sete segmentos (Tabela 2.6), implemente o respectivo circuito no simulador e se certifique de que os símbolos que o mostrador mostra são os da Figura 2.13.

**2.23** Implemente a variante ao semáforo simples descrita após a Tabela 2.12, que inclui um semáforo de pedestres. Simule o circuito e verifique o seu funcionamento.

**2.24** Projete, gere (com *flip-flops* e portas lógicas) e simule uma máquina de estados, que reconheça a sequência 0011 numa variável de entrada e produza um 1, numa variável de saída, durante o segundo 1 da sequência.

**2.25** *Idem*, mas usando uma máquina de estados microprogramada.

**2.26** Projete, gere (com *flip-flops* e portas lógicas) e simule uma máquina de estados que, dependendo do valor (0 ou 1) de uma entrada A, reconheça a sequência 0011 ou 0010 numa variável de entrada B e produza um 1, numa variável de saída, durante o último bit da sequência.

**2.27** *Idem*, mas usando uma máquina de estados microprogramada.

**2.28** Projete, gere (com *flip-flops* e outros módulos que quiser) e simule um circuito microprogramado, que conte o número de bits com 1, de um valor memorizado num registrador.

**2.29** Projete e implemente um alarme residencial, usando um interruptor, dois sensores e uma sirene, todos ativos em 1. Um dos sensores é imediato (a sirene toca imediatamente se o sensor for ativado), enquanto o outro é temporizado (espera X segundos antes de tocar a sirene), para permitir desativar o alarme quando se entra em casa. O interruptor (em local escondido) é de efeito imediato para desativar o alarme e temporizado (Y segundos) para o ativar (para permitir sair de casa). O toque de sirene dura Z segundos, após o que o alarme volta a ser armado (estado normal após ser ativado). Use microprogramação e teste o sistema no simulador (com um relógio de tempo real de 1 Hz), usando um LED para simular a sirene. Use outro LED para saber quando é que o alarme está ativado.

# 3 - O Meu Primeiro Computador

Com este título informal pretende-se dar uma primeira noção dos vários aspectos que envolvem a estrutura interna e o uso de um computador, de modo a constituir uma base para o aprofundamento dos conhecimentos desta área nos capítulos seguintes.

No capítulo anterior, vimos como era possível construir pequenos sistemas de controle usando simplesmente circuitos específicos, sem programação ou programáveis, mas controlando diretamente todos os sinais internos (microprogramação) e com pouca flexibilidade para alterações. Um computador tem de abranger muito mais do que isto. Tem de possuir uma interface (monitor e teclado, basicamente), a partir da qual possa ser programável de forma facilmente alterável e sem necessidade de modificação dos seus circuitos físicos, além de ser capaz de executar programas muito complexos.

Este capítulo descreve a estrutura básica de um computador, usando os circuitos básicos descritos no capítulo anterior, e dá uma primeira noção de como ele pode ser programado. Porém, em vez de simplesmente apresentar uma determinada arquitetura, este capítulo segue uma abordagem racional e evolutiva, em que se parte dos requisitos e do modelo básico de computação para, passo a passo, chegar à arquitetura de um computador que atenda esses requisitos, nas três vertentes fundamentais: processador, memória e periféricos. Estes módulos serão aprofundados em capítulos subsequentes. O objetivo aqui é fazer uma introdução ao funcionamento do conjunto, que proporcione um mapa que guie a aprendizagem de cada parte, sem perder a visão global do que é um computador.

Este capítulo introduz a arquitetura usada ao longo deste livro, mas de forma simplificada e apenas no âmbito dos números de 8 bits. O microprocessador que resulta das várias seções que o vão construindo, passo a passo, ao longo deste capítulo, é denominado PEPE-8 (**P**rocessador **E**special **P**ara **E**nsino com 8 bits). Embora só no Capítulo 4 seja apresentado o microprocessador definitivo, o PEPE (com 16 bits), o PEPE-8 já é um microprocessador completo e mesmo implementável fisicamente, o que permite apresentar exemplos concretos de programação em linguagem *assembly*, a forma de mais baixo nível de programar um computador.

Aliás, muitos dos microprocessadores do mercado são de 8 bits e são capazes de executar muitas funções, logo a estratégia incremental deste livro, de apresentar primeiro uma arquitetura mais simples, permite ilustrar a sua funcionalidade, mas também as suas limitações, e melhor justificar a introdução posterior de um microprocessador de 16 bits.

O capítulo termina com uma breve comparação entre as várias soluções de implementação de sistemas digitais, do ponto de vista de que soluções específicas só são justificadas em casos muito particulares e que, na grande maioria dos casos, se deve adotar a solução mais genérica que se conhece: um computador com um programa adequado.

# 3.1 Componentes básicos de um computador

A Subseção 2.6.7.3 mostrou que é possível construir pequenos sistemas de controle, desenvolvendo circuitos específicos, que variam de sistema para sistema. Isto é, sempre que algo muda, tem de se voltar a desenvolver o circuito.

A Subseção 2.6.7.4 ilustrou que com uma técnica razoavelmente simples (microprogramação) era possível mudar o comportamento do sistema através da reprogramação da memória (ROM). O *hardware* deixa assim de ser específico para passar a ser genérico. Mudar a aplicação não implica alterar as ligações do circuito, mas apenas o conteúdo da ROM, o que se pode fazer trocando a ROM (por outra com o novo conteúdo) ou reprogramando a já existente com um programador adequado.[14]

A microprogramação em si já é uma forma de programação, mas cujo objetivo fundamental é produzir sinais de controle para cada um dos estados possíveis do sistema. Não inclui nenhum mecanismo para fazer processamento de informação, nem mesmo algo tão básico como efetuar uma simples soma de dois números. A microprogramação é basicamente uma forma de controle, não de processamento.

Por sua vez, um computador é uma máquina completa, pois inclui estas duas perspectivas. A Figura 3.1 relembra os três tipos de componentes básicos de um computador:

- Processador – Coordena tudo e executa as operações definidas pelo programa, compreendendo duas unidades fundamentais:

  - Unidade de Dados – Faz o processamento, executando as operações (soma, subtração, etc.) sobre os dados;

  - Unidade de Controle – Interpreta as instruções do programa e controla tudo (não apenas a unidade de dados, mas também os acessos às memórias e aos periféricos). Frequentemente a unidade de controle utiliza microprogramação para definir as suas operações básicas. A Subseção 7.2.4 aborda este assunto.

- Memória:

  - De Instruções – Armazena as instruções do programa a ser executado;

  - De Dados – Armazena não apenas os dados de entrada do programa, mas também os resultados de saída e mesmo os resultados parciais, intermediários.

- Periféricos – Permitem efetuar a entrada e saída de informação no computador.

O objetivo deste capítulo é apresentar uma introdução a cada um destes componentes.

# 3.2 RAM – a memória para guardar informação

A Subseção 2.5.4 descreveu o que é uma ROM (*Read-Only Memory*). A sua grande vantagem é ser **não volátil**, isto é, o seu conteúdo não é perdido se o sistema for desligado. Quando se ligar de novo o sistema, o seu conteúdo estará lá, preservado, célula a célula.

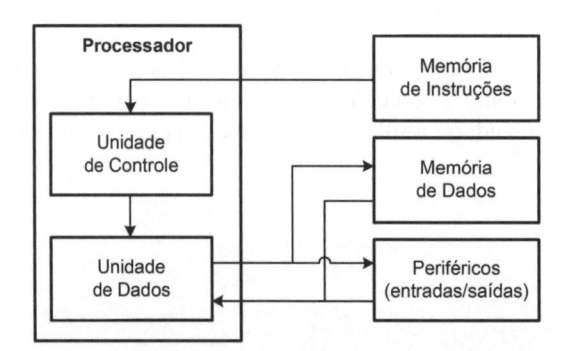

**Fig. 3.1 – Arquitetura básica de um computador**

---

[14]Algumas ROMs só podem ser programadas uma vez e são denominadas PROMs (*Programmable Read Only Memories*). Outras permitem apagar o seu conteúdo e ser reprogramadas, como as EEPROMs (*Electrically Erasable* PROMs) e as PROMs *Flash*.

A desvantagem das ROMs é não poderem ser escritas[15], o que as torna inadequadas para:

- Memória de instruções – Uma ROM até pode ser adequada para conter o programa, uma vez que para executar um programa, o processador só precisa ler as instruções, e com a vantagem adicional de o programa ser não volátil. Mas isto apenas nos computadores que têm o programa fixo. Naqueles em que se pode executar vários programas (um PC, por exemplo), a memória de programa tem de poder ser escrita frequentemente, a cada vez que se muda o programa;

- Memória de dados – Em qualquer programa, a escrita de valores na memória é muito frequente, seja para armazenar resultados de um programa, seja para guardar valores intermediários ao calcular uma expressão.

Surge assim a necessidade de outro tipo de memória, as RAMs (*Random Access Memory*), que podem ser escritas tantas vezes quanto for necessário.

 O termo "*random*" (aleatório) indica apenas que a qualquer momento se pode acessar qualquer das células da memória, se especificando apenas o seu endereço (ao contrário de uma fita magnética, por exemplo, em que o acesso é sequencial). Deste ponto de vista, até as ROMs são RAMs. No entanto, por motivos históricos, chama-se RAM exclusivamente às memórias que podem ser escritas com grande frequência (além de também poderem ser lidas, naturalmente).

Tal como as ROMs (Subseção 2.5.4), as RAMs são constituídas por um conjunto linear de células de memória, identificadas por um endereço, o que está ilustrado na Figura 3.2 para 16 células. A grande diferença reside na existência de um sinal de escrita, WR, que quando é ativado (valor 0) permite escrever um valor numa das células de memória (a especificada por Endereço).

 O nome WR significa "*Write*", indicando que se trata de um sinal de escrita. Tipicamente, este sinal fica ativo em 0. Ou seja, se for 0 está ativo e escreve, enquanto se for 1 está inativo e lê. Esta designação é tão comum que já é universalmente aceita. Assim, usa-se aqui o termo em inglês e a mesma convenção (sinal ativo, a escrever, quando tem o valor 0).

Quando se representa graficamente uma tabela de endereços, como é o caso de uma memória, há duas possibilidades:

- Endereço 0 no topo e os endereços restantes de cima para baixo (como na Figura 3.2). A grande vantagem desta representação é ficar compatível com o fato de nós lermos um texto de cima para baixo, o mesmo acontecendo a um programa de computador (ver, por exemplo, o Programa 3.2). As primeiras instruções (as que surgem primeiro numa página) são as que ocupam os primeiros endereços (os menores). Em termos gráficos, existe a desvantagem dos endereços de maior valor aparecerem embaixo;

- Endereço 0 embaixo e os endereços restantes de baixo para cima. Graficamente parece menos antinatural (os menores endereços estão embaixo, os endereços maiores estão em cima), mas tem a desvantagem de ficar ao contrário de qualquer tabela em que apareça um programa e os respectivos endereços.

Na realidade, tanto faz. O funcionamento de uma memória não é afetado pela forma como a representamos. Pela consistência (evitando representar umas vezes de uma forma, outras vezes de outra), este livro representa todos os conjuntos de endereços com os endereços crescentes de cima para baixo, para que fique compatível com o que aparece nas listagens dos programas.

Sempre que o sinal WR é ativado, a célula especificada por Endereço é escrita com o Valor_escrito. Se WR estiver inativo, o valor da célula especificada por Endereço aparece em Valor_lido.

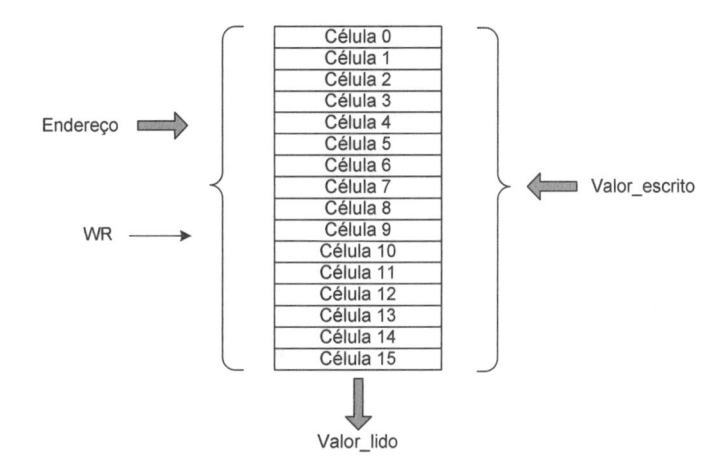

**Fig. 3.2 – Esquema básico de uma RAM (*Random Access Memory*) com 16 células**

---

[15]Há ROMs programáveis, as PROMs (*Programmable Read-Only Memories),* mas que só podem ser escritas uma única vez.

O `Valor_escrito` pode ser escrito em qualquer célula e o valor de qualquer célula pode aparecer em `Valor_lido`. Qual das células? A indicada por `Endereço`, que no caso da Figura 3.2 deverá ter um valor entre 0 e 15.

A RAM suporta assim duas operações, leitura e escrita, descritas pela Tabela 3.1:

**Tabela 3.1 - Operações básicas suportadas por uma RAM**

| OPERAÇÃO EFETUADA | SINAIS DE ENTRADA NA RAM | | | SINAL DE SAÍDA DA RAM |
|---|---|---|---|---|
| | WR | ENDEREÇO | VALOR _ESCRITO | VALOR_LIDO |
| Leitura | Inativo | Especifica qual a célula acessada | Irrelevante | Conteúdo da célula lida |
| Escrita | Ativo | | Conteúdo escrito na célula | Irrelevante |

A operação de escrita numa célula não afeta o valor das outras células. Só uma célula pode ser escrita ou lida de cada vez. Quando a operação de escrita acaba (quando `WR` passa de ativo para inativo), a RAM passa para modo de leitura e o `Valor_lido` passa a exibir o valor que acabou de ser escrito, desde que não se altere o valor de `Endereço`.

> **NOTA** Ao contrário das ROMs, a RAM é um dispositivo de memória **volátil**. Se a alimentação do sistema for desligada, o conteúdo de todas as células será perdido. Quando a alimentação for ligada de novo, cada célula terá um valor aleatório (usualmente designado como "lixo") e não o último escrito nessa célula. Por esta razão, qualquer programa deve sempre inicializar (escrever um valor conhecido) todas as células de memória com que pretenda trabalhar.

Há RAMs não voláteis, mas isto não é devido à tecnologia da RAM em si. Simplesmente, elas usam uma pequena bateria de longa duração (de lítio, normalmente), que mantém a alimentação para a RAM mesmo com o sistema desligado. Um circuito especial consegue fazer o gerenciamento entre as duas fontes de alimentação (bateria e sistema), de modo a evitar conflitos e a manter a RAM sempre recebendo energia.

Há alguns conceitos básicos sobre uma RAM que é importante não esquecer:

- **Capacidade em células** – Número de células disponíveis na RAM. É sempre uma potência de 2. No caso do exemplo da Figura 3.2, a capacidade é de 16 células, numeradas de 0 a 15;

- **Largura** de cada célula, em *bits* – Quantos *bits* cada célula consegue armazenar de cada vez. Tipicamente é uma potência de 2 múltipla de 8, ou seja, um número inteiro de *bytes* (valores típicos: 8, 16, 32, 64 e 128). A largura da célula também é denominada **palavra**, que assim pode ter 1, 2, 4, 8 ou 16 bytes;

- **Capacidade em *bytes*** – Produto da capacidade em células pela largura da célula em *bytes*. Se na Figura 3.2 cada célula tiver 16 bits (2 bytes), a capacidade da RAM será de 32 bytes;

- **Endereço** – Número da célula que se pretende acessar, começando em 0 e terminando em `N-1`, em que `N` é a capacidade (em células) da RAM. O número de *bits* necessário para o endereço depende de `N`. Na Figura 3.2 são necessários 4 bits para poder representar os 16 endereços diferentes (0 a 15). Se a capacidade fosse de 256 células, seriam necessários 8 bits (endereços 0 a 255). No caso geral, o endereço necessita de um número de *bits* igual ao logaritmo de base 2 da capacidade (em células) da RAM.

> **NOTA** Para um melhor aproveitamento da memória, normalmente os computadores permitem acessar a cada *byte* de uma RAM individualmente (**endereçamento por *bytes***) e não apenas célula a célula (**endereçamento por palavra**). Ou seja, é possível escrever um determinado *byte* numa determinada célula sem alterar o valor dos *bytes* restantes dessa mesma célula. Como cada palavra pode ter vários *bytes*, no endereçamento por *bytes* são necessários mais *bits* (há mais endereços possíveis). A Seção 4.4 detalha este aspecto.

Se imaginarmos uma RAM com 32 Mega[16] células com 64 bits cada uma, por exemplo, a sua capacidade em *bytes* será 256 Megabytes. Como cada célula tem 8 bytes, então 256 Megabytes = 32 Mega * 8 bytes.

> **NOTA** A largura de uma RAM é estabelecida de modo a ser igual ao número de *bits* de memória que o processador consegue ler e escrever ao mesmo tempo (Figura 3.1). No caso de um PC, esse valor é 64. Outros valores típicos são 128, 32, 16 e 8.

A capacidade de uma RAM em células e a largura em *bits* de cada célula são fatores independentes, podendo ter-se casos extremos, como uma RAM só com uma célula com muitos *bits* de largura ou uma RAM com uma capacidade de muitas células de apenas 1

---

[16] Mega = $2^{20}$ = 1024 * 1024.

bit cada. Na prática, as RAMs tendem a ter uma largura múltipla de 8 bits (8, 16, 32, etc.) e uma capacidade que é uma potência de 2, normalmente bastante grande.

 Normalmente, cada circuito integrado de RAM tem 8 bits de largura. RAMs de maior largura são construídas colocando-se vários circuitos integrados de RAM ao lado uns dos outros, razão pela qual os módulos de memória de um PC (e de outros computadores) têm vários circuitos integrados.

Voltando à Figura 3.1, a utilização de RAMs implica que, além das ligações de informação indicadas nesta figura, o processador disponibilize o endereço da célula a ser acessada, quer para a memória de instruções quer para a memória de dados. Este aspecto ficará mais claro ao longo das seções seguintes.

### SIMULAÇÃO 3.1 – UTILIZAÇÃO DE RAMS

Esta simulação ilustra a utilização de RAMs. Os aspectos abordados incluem os seguintes:

- Visualização do conteúdo inicial (aleatório) de uma RAM;
- Leitura de células específicas a partir de seu endereço;
- Verificação da capacidade de uma RAM e relação com o endereço;
- Escrita de células específicas a partir de seu endereço, com ativação do sinal WR;
- Leitura de uma célula após a escrita (por desativação de WR);
- Verificação da volatilidade da RAM (simulação do desligamento da alimentação).

---

### ESSENCIAL

- Uma RAM é um conjunto de células de memória independente, acessíveis individual e aleatoriamente (sem ordem predeterminada), através do seu índice (conhecido por endereço) no conjunto;
- A capacidade de uma RAM é medida em células ou, mais usualmente, em *bytes*;
- A largura de uma RAM (palavra) é o número de *bits* de cada célula (tipicamente, uma potência de 2);
- A célula é a unidade de leitura ou escrita numa RAM (todos os *bits* de uma célula são lidos ou escritos ao mesmo tempo);
- Só uma célula pode ser acessada de cada vez. Na escrita, apenas uma é alterada (as restantes mantêm o seu valor);
- Ao contrário das ROMs, as RAMs são voláteis. O conteúdo das suas células é perdido se a alimentação for desligada;
- Não confundir endereço de uma célula com o seu conteúdo. Por exemplo, uma célula pode ter o endereço 3 e conter o valor 54.

---

## 3.3 O PROCESSADOR (PEPE-8)

Esta seção parte do modelo básico da Figura 3.1 e dos requisitos para as operações básicas de um computador para determinar a arquitetura de um processador didático, muito simples, mas que consiga executar essas operações. Este processador foi batizado de **PEPE-8** (**P**rocessador **E**special **P**ara **E**nsino com **8** bits) porque os dados que ele consegue manipular diretamente são números binários de 8 bits (ver Subseção 3.3.1.2).

Na Figura 3.1, a unidade de dados é a responsável por realizar as operações sobre os dados, que são lidos da memória de dados, processá-los e produzir os resultados que são de novo armazenados na memória de dados.

A unidade de controle coordena os vários recursos do sistema e estabelece a sequência das várias operações necessárias.

Uma das operações mais básicas que um computador deve poder fazer é uma soma de dois operandos, produzindo um resultado. Afinal, os pioneiros da computação foram simples dispositivos de cálculo, como o ábaco e o primeiro somador mecânico, a *Pascaline* de Blaise Pascal (Seção 1.8).

Olhando para a Figura 3.1, os passos envolvidos numa simples soma deverão ser os indicados no seguinte algoritmo (assumindo que os operandos, que são dados, já estão armazenados na memória de dados):

**Algoritmo de soma (versão 1):**

1. O processador lê os operandos da memória de dados;

2. A unidade de dados do processador inclui um somador (Subseção 2.8.1), que faz a soma e produz um resultado.

3. O resultado é armazenado na memória de dados (podendo servir de operando numa eventual soma a ser feita a seguir).

Até nem parece complicado, mas há uma série de problemas que precisam ser resolvidos e que conduzem à arquitetura básica de um processador. Estes problemas e as respectivas soluções são descritos nas seções seguintes.

### 3.3.1 UNIDADE DE DADOS

#### 3.3.1.1 REGISTRADOR NA UNIDADE DE DADOS

**PROBLEMA 3.1** O somador da unidade de dados da Figura 3.1 é um circuito combinatório, em função do que precisa dos dois operandos simultaneamente. Como é que se pode ler dois valores ao mesmo tempo da memória de dados, se ela só consegue acessar uma célula de cada vez?

**SOLUÇÃO** Decompor a soma em duas operações:

1. Lê um operando para um registrador (Subseção 2.6.2) interno da unidade de dados.

2. Faz a soma entre o primeiro operando (que é lido do registrador) e o segundo operando (que é lido da memória).

A Figura 3.3 ilustra esta solução, em que o sinal ESCR_A é o que permite escrever no registrador A. Este sinal deve ser ativado apenas durante a primeira operação. Naturalmente, o sinal WR, que permite escrever na memória, deve estar inativo em ambas as operações.

Por outro lado, há a questão de onde guardar o resultado do somador. Se não for memorizado, será perdido. Estava previsto, no algoritmo da soma, guardá-lo na memória de dados (na Figura 3.3, seria só ligar a saída do somador à entrada da memória de dados), mas há outro problema:

**PROBLEMA 3.2** O resultado da soma não pode ser guardado na memória de dados, pois esta está ocupada lendo o valor do 2.º operando. Não é possível escrever o resultado num endereço diferente (se o endereço mudasse, também o 2.º operando mudaria). Destruir o valor do 2.º operando (com o resultado) pode não ser aceitável.

**SOLUÇÃO** Guardar o resultado da soma no próprio registrador A, tal como ilustrado pela Figura 3.4. Este registrador contém apenas uma cópia do 1.º operando e armazenar lá o resultado da soma não destrói o 1.º operando da soma. O registrador A permite memorizar um valor produzido com base no próprio valor da sua saída (se não for um *latch* – ver Subseção 2.6.2), ativando o sinal ESCR_A (ativo em 1). Embora não representado por questão de simplicidade, assume-se que o registrador também está ligado a um sinal de relógio e só quando este muda, com ESCR_A ativo, é que a escrita é efetuada.

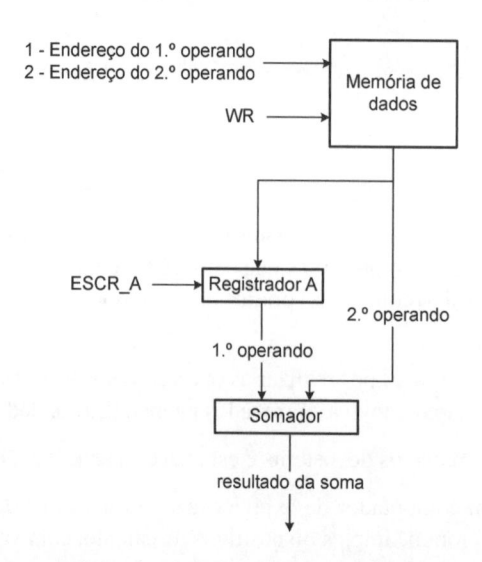

**Fig. 3.3 – O sinal ESCR_A memoriza no registrador A o primeiro operando lido da memória**

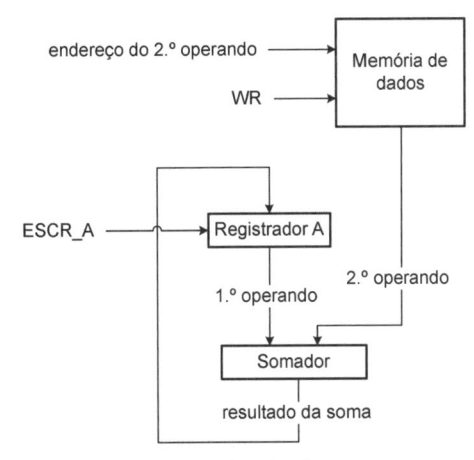

**Fig. 3.4 – Escrita no registrador A do resultado de uma soma, ativando o sinal ESCR_A**

 O sinal ESCR_A fica ativo em 1, enquanto WR, que também tem semântica de escrita, fica ativo em 0. O fato de um sinal ficar ativo em 0 ou em 1 às vezes tem razões físicas (tecnologia da eletrônica, que não é objeto de estudo neste livro), porém mais frequentemente é uma questão de convenção.

O sinal WR é um sinal exterior do PEPE-8 e está ligado às memórias e outros dispositivos, o que significa que tem de respeitar as convenções de outros circuitos já existentes.

Mas ESCR_A é um sinal de controle interno, o que por um lado se traduz em circuitos eletrônicos diferentes e por outro significa que pode usar as suas próprias convenções. Assim, por razões de simplicidade, convencionou-se que todos os sinais internos do PEPE-8 ficam ativos em 1.

**PROBLEMA 3.3** É necessário combinar as soluções 1 e 2, mas a entrada do registrador A não pode estar ligada ao mesmo tempo à saída da memória e à saída do somador.

**SOLUÇÃO** Ligar um multiplexador à entrada do registrador A, como ilustrado na Figura 3.5. Desta forma, é possível selecionar em que fonte será obtido o valor a ser escrito no registrador A (ou da saída do somador ou da memória de dados).

Por outro lado, com certeza, um programa não terá uma única operação de soma, logo é necessário que um programa lide com várias operações, operandos e resultados.

**PROBLEMA 3.4** O registrador A só pode conter de cada vez um resultado de uma operação, logo tem que ser possível, mais cedo ou mais tarde, guardar o valor do registrador A na memória de dados. É aceitável que em alguns casos um resultado sirva de operando na operação seguinte, mas não em todos os casos.

**SOLUÇÃO** Ligar a saída do registrador A à entrada da memória de dados, como ilustrado na Figura 3.6. Desta forma, é possível copiar o conteúdo do registrador A para uma célula de memória, especificando qual o seu endereço e ativando o sinal WR.

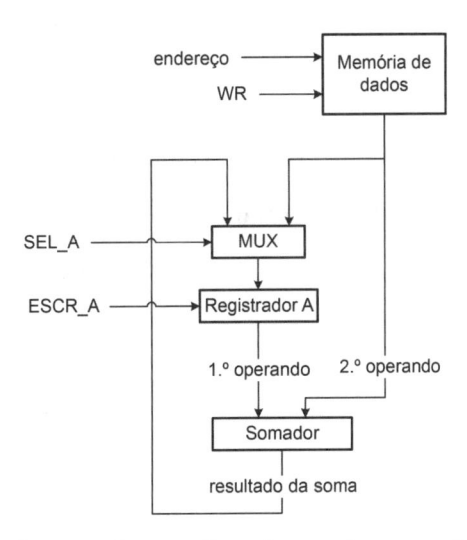

**Fig. 3.5 – A utilização de um multiplexador permite escolher, de acordo com o sinal SEL_A, a fonte do valor a ser escrito no registrador A: ou o resultado de uma soma ou um valor lido da memória de dados**

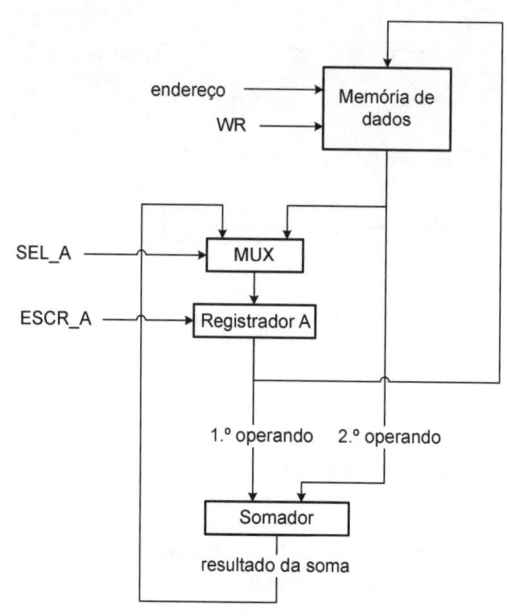

**Fig. 3.6 – A ligação da saída do registrador A à entrada da memória de dados permite guardar o valor deste registrador na memória de dados (só quando se ativa WR)**

O circuito da Figura 3.6 já permite fazer algumas operações básicas e elaborar uma nova versão do algoritmo de soma, desta vez de uma forma implementável por este circuito.

**Algoritmo de soma (versão 2):**

1. O processador lê um operando da memória de dados para o registrador A.

2. O processador lê o outro operando da memória de dados, soma-o com o registrador A e armazena o resultado no registrador A (podendo servir de operando numa eventual soma a ser feita a seguir, caso em que o passo 1 dessa soma seguinte já estaria feito).

3. Se o resultado não for operando da operação seguinte, guarda o valor do registrador A na memória de dados.

### 3.3.1.2 Unidade aritmética e lógica (ALU[17])

No entanto, um computador não pode só fazer somas. E multiplicações, por exemplo? Normalmente, os processadores são capazes de fazer um conjunto variado de operações, assunto que será tratado no Capítulo 4.

Para simplificar, porque estamos ainda em um nível muito básico, vamos considerar apenas quatro operações, cada uma com dois operandos, a e b, tal como indicado na Tabela 3.2.

### Tabela 3.2 – Conjunto básico de operações

| Operação | Representação | Tipo de operação |
|---|---|---|
| Soma | a + b | Aritmética (assume-se que a e b estão em complemento de 2) |
| Subtração | a - b | |
| Conjunção lógica (AND) | a ∧ b | Lógica, aplicada *bit* a *bit* de forma independente dos restantes (a e b são encarados como valores binários sem sinal) |
| Disjunção lógica (OR) | a ∨ b | |

[17]A sigla em português é UAL (Unidade Aritmética e Lógica), mas a sigla anglo-saxônica ALU (*Arithmetic and Logic Unit*) já é de uso corrente, em função do que é mantida aqui.

As Figuras 3.7, 3.8 e 3.9 ilustram estas operações, mas antes há uma questão básica que precisa ser resolvida:

**PROBLEMA 3.5** Quantos *bits* devem ter os operandos a e b?

**SOLUÇÃO** O *hardware* não pode variar de acordo com o valor dos dados que estão sendo processados. Por isso, a largura[18] da unidade de dados (registrador A, multiplexador e somador) e da memória de dados tem de suportar o **valor máximo** admissível para os operandos a e b (os valores menores terão zeros nos *bits* mais significativos).

E agora depende. Os processadores menores usam 8 bits. São mais simples, mas ficam limitados aos valores entre 0 e 255 (ou entre $-128$ e $+127$, em complemento de 2). Depois há os processadores de 16, 32 e 64 bits. Uma das vantagens de ter mais *bits* é permitir manipular números maiores. No entanto, o *hardware* fica mais complicado de implementar (e mais dispendioso).

Assim, em sistemas muito pequenos (por exemplo, os pequenos processadores que muitos eletrodomésticos já têm), são usados 8 e 16 bits, pois nestes casos o custo é um fator muito importante e não estão envolvidos números muito grandes.

Os processadores de 32 bits são usados, sobretudo, nos computadores de uso pessoal, seja de mesa, seja portátil, seja até mesmo de mão, incluindo as agendas eletrônicas e os telefones celulares. Nestes casos, o custo já não é tão crítico e é preciso alguma capacidade de cálculo.

Os processadores que conseguem manipular operandos de 64 bits pertencem ao universo dos grandes sistemas (servidores), pois a sua capacidade de cálculo é grande, mas o alto custo não favorece a sua utilização em larga escala em nível pessoal.

Neste capítulo introdutório, e por simplicidade, assumimos que os operandos e o processador são de 8 bits (razão da inclusão do número 8 no nome do processador, PEPE-8, **P**rocessador **E**special **P**ara **E**nsino com **8** bits).

As **operações aritméticas** são realizadas *bit* a *bit*, com um eventual "e vai um" para o *bit* seguinte, tal como fazemos nas contas à mão em decimal, mas agora em binário (Seção 2.8). Assume-se que os operandos estão representados em complemento de 2 (Subseção 2.7.5), o que permite representar números positivos e negativos da mesma forma.

A Figura 3.7 exemplifica a soma e a subtração dos números $+66H$ e $-04H$, dando como resultado os números $+62H$ e $+6AH$, respectivamente. Repare no *bit* mais significativo (sinal) de cada número, que indica se esse número é positivo (se for 0) ou negativo (se for 1).

```
     01100110 (+66H)        a           01100110 (+66H)
+    11111100 (-04H)        b      -    11111100 (-04H)
     _____                   _____
  1  01100010 (+62H)    resultado    1  01101010 (+6AH)
```

**Fig. 3.7 – Soma e subtração de dois números binários de 8 bits**

O nono dígito do resultado, correspondente ao último "e vai um", é descartado. O resultado deve continuar a ter apenas 8 bits, pois neste exemplo o processador não é capaz de manipular números com mais de 8 bits.

A subtração pode ser substituída por uma soma desde que se use o simétrico do segundo operando, ou seja, o seu complemento de 2 (troca o valor de todos os *bits*, ou complemento de 1, e soma 1). As contas seguintes ilustram o complemento de 2 do número $-04H$ (que dá $+04H$) e depois a soma com $+66H$, o que dá $+6AH$, tal como anteriormente com a subtração (o nono bit é diferente, mas como é descartado não tem importância).

```
                     b         11111100 (-04H)
Complemento de 1 do b          00000011              01100110 (+66H)   a
       Soma com 1        +     00000001        +     00000100 (+04H)  -b
                               _____            _____
-b (complemento de 2 do b)     00000100 (+04H)    0  01101010 (+6AH)  a+(-b)
```

**Fig. 3.8 – Equivalência entre subtração e soma com o complemento de 2**

As Subseções 2.8.1 e 2.8.2 explicam estas operações aritméticas em detalhe. Particularmente, a Subseção 2.8.2 explica como se pode implementar uma unidade que suporte subtração com o auxílio de um somador (fazendo o complemento de

---

[18]Número máximo de *bits* que podem ser processados simultaneamente.

2 do operando b antes de fazê-lo entrar no somador, que assim faz a operação a+(-b) em vez de a-b, mas produzindo o mesmo resultado).

As **operações lógicas** são realizadas igualmente, *bit* a *bit*, mas agora a operação em cada *bit* é independente dos restantes. Os operandos são considerados como simples sequências de *bits* e não como números positivos ou negativos. Nestas operações não há "e vai um".

A Figura 3.9 exemplifica a conjunção (AND) e disjunção (OR) lógicas. São usados para os operandos os mesmos valores da Figura 3.7, mas poderiam ser quaisquer outros valores.

|  |  |  |  |  |
|---|---|---|---|---|
|  | 01100110 | a |  | 01100110 |
| AND | 11111100 | b | OR | 11111100 |
|  | 01100100 | resultado |  | 11111110 |

**Fig. 3.9 – Conjunção (AND) e disjunção (OR) de dois números binários de 8 bits**

A operação AND dá 1, num *bit* do resultado, apenas quando os dois *bits* correspondentes nos operandos são também 1. Caso contrário (pelo menos um deles é 0), o resultado nesse *bit* é 0.

A operação OR dá 0, num *bit* do resultado, apenas quando os dois *bits* correspondentes nos operandos são também 0. Caso contrário (pelo menos um deles é 1), o resultado nesse *bit* é 1.

Nestas operações, o operando b pode ser considerado como uma **máscara**, que permite afetar apenas alguns *bits*, deixando os restantes intactos.

A operação AND da Figura 3.9 copia o operando a para o resultado, mas apenas nos *bits* em que o operando b é 1. Os outros *bits* são forçados a serem 0 no resultado, mesmo que os *bits* correspondentes no operando a sejam 1.

A operação OR da Figura 3.9 copia o operando a para o resultado, mas apenas nos *bits* em que o operando b é 0. Os outros *bits* são forçados a serem 1 no resultado, mesmo que os *bits* correspondentes no operando a sejam 0.

> **DICA** É possível, assim, forçar certos *bits* a serem 0 ou 1 em um valor guardado numa célula de memória.
>
> Para forçar *bits* a serem 0, basta fazer o AND do valor na célula de memória com uma máscara adequada (número que tenha 0 nos *bits* que se quer forçar a ser 0 e 1 nos *bits* restantes), armazenando depois o resultado nessa mesma célula de memória.

Para forçar *bits* a serem 1, o processo é o mesmo, mas deve-se usar a operação OR e uma máscara adequada (com 1 nos *bits* que se quer forçar a ser 1 e 0 nos *bits* restantes).

A Subseção 4.12.4 apresenta mais detalhes.

**PROBLEMA 3.6** Como fazer para que o processador suporte várias operações?

**SOLUÇÃO** Em vez de um simples somador, usar uma unidade que permita implementar várias operações, especialmente aritméticas e lógicas.

A Figura 3.10 ilustra este conceito usando, em vez de um somador, uma ALU (**Unidade Aritmética e Lógica**), capaz de executar uma das quatro operações indicadas na Tabela 3.2, com base no valor do sinal SEL_ALU, que tem 2 bits (para permitir as quatro operações).

A Figura 3.11 descreve uma possível implementação para esta ALU, construída em torno de um multiplexador que seleciona para a saída o resultado correto. Observe que esta implementação não é única e nem sequer a mais otimizada, mas é certamente uma das mais simples.

A Tabela 3.3 descreve o funcionamento desta ALU em termos dos dois *bits* do sinal de seleção SEL_ALU. Todas as unidades nesta ALU têm de ter o mesmo número de *bits* que os operandos, 8. Cada "porta lógica" é um conjunto de 8 portas lógicas de 2 entradas.

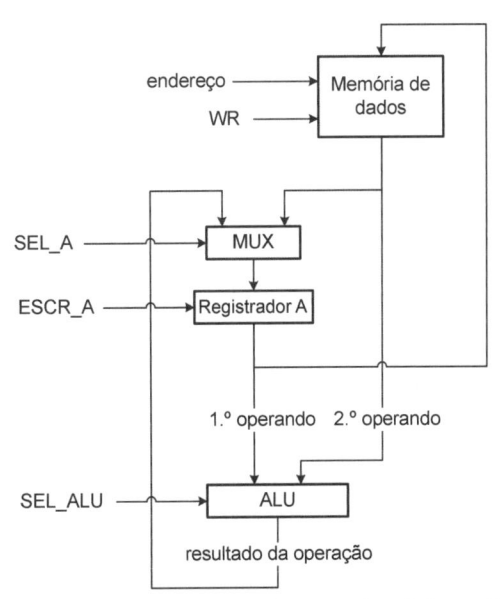

**Fig. 3.10 – Unidade de dados com uma unidade aritmética e lógica (ALU) em vez de um simples somador. O sinal SEL_ALU especifica a operação pretendida**

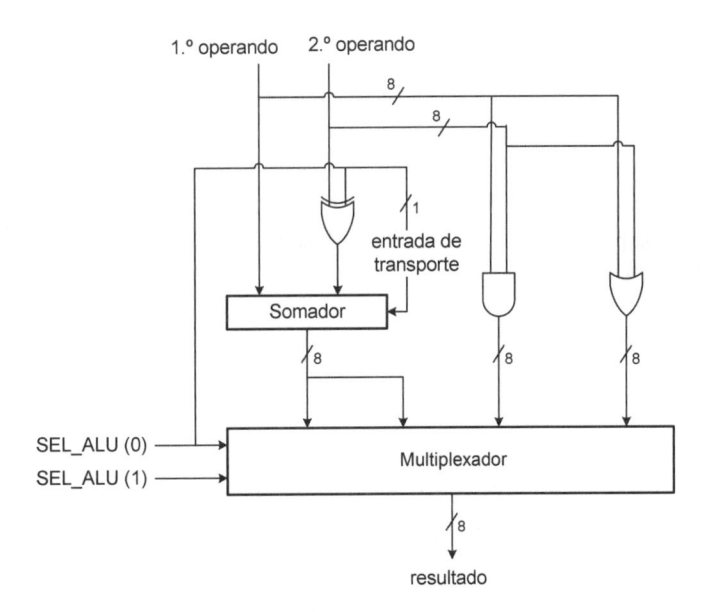

**Fig. 3.11 – Possível implementação da unidade aritmética e lógica (ALU) da Figura 3.10**

**Tabela 3.3 – Funcionamento da ALU da Figura 3.11. O *bit* 0 de SEL_ALU é o da direita (o menos significativo)**

| SEL_ALU | | OPERAÇÃO | MULTIPLEXADOR | OBSERVAÇÕES |
|---|---|---|---|---|
| 0 | 0 | A + B | Saída do somador | OU-exclusivo não altera o operando B |
| 0 | 1 | A – B ou A + (-B) | Saída do somador (que agora é um subtrator, pois o segundo operando é o simétrico de B) | B é complementado de 2: <br>• OU-exclusivo troca todos os *bits* do operando B, pois SEL_ALU(0)=1 <br>• A entrada de transporte do somador fica com 1, assim soma mais 1 |
| 1 | 0 | A ∧ B | Saída do AND | Conjunção lógica (AND) *bit* a *bit* dos dois operandos |
| 1 | 1 | A ∨ B | Saída do OR | Disjunção lógica *bit* a *bit* (OR) dos dois operandos |

### 3.3.1.3 FUNCIONAMENTO DA UNIDADE DE DADOS

O circuito da Figura 3.10 constitui uma unidade de dados básica, mas já é capaz de implementar um conjunto interessante de operações, que a Tabela 3.5 resume, indicando o tipo de transformação operada sobre os dados e o valor que cada sinal de controle deve ter, em cada operação, para a sua execução correta.

A descrição de cada operação é feita não apenas em texto, mas também em RTL (*Register Transfer Language*, ou Linguagem de Transferência de Registradores), uma forma simbólica e compacta de descrever as operações básicas com o auxílio de algumas convenções simples, descritas na Tabela 3.4.

### Tabela 3.4 – Convenções da RTL

| RTL | SIGNIFICADO |
|---|---|
| A | Registrador A |
| M[*endereço*] | Célula de memória com o *endereço* especificado |
| A ← M[*endereço*] | Escreve no registrador A uma cópia da célula de memória com o *endereço* indicado |
| M[*endereço*] ← A | Escreve uma cópia do registrador A na célula de memória com o *endereço* indicado |
| +, −, ∧, ∨ | Operações básicas da ALU (soma, subtração, AND e OR) |
| (*expressão*) : *operação* | Executa a *operação* apenas se a *expressão* for verdadeira |

 A RTL (*Register Transfer Language*) não é uma linguagem de programação, nem sequer é propriamente uma linguagem que permita descrever completamente a estrutura dos computadores. O seu objetivo é ajudar a descrever o comportamento do *hardware*, em muito baixo nível, e não passa na realidade de uma notação, razão pela qual também se usa às vezes a designação RTN (*Register Transfer Notation*) em vez de RTL.

Também é importante saber que não há só uma RTL, nem sequer uma notação universalmente aceita. Apenas o objetivo e os conceitos subjacentes são comuns. Quem usa uma RTL tem de apresentar uma tabela com as convenções usadas, tal como é feito na Tabela 3.4.

Para descrever um circuito de forma completa, incluindo os seus componentes e o seu comportamento, existem linguagens de descrição de *hardware* com regras universalmente aceitas, como, por exemplo, VHDL e Verilog [Botros 2005].

### SIMULAÇÃO 3.2 – UNIDADE DE DADOS

Esta simulação ilustra a utilização do circuito da Figura 3.10, incluindo o da Figura 3.11. Os aspectos abordados incluem os seguintes:

- Inicialização da memória de dados (valores dos operandos) pelo usuário;
- Especificação pelo usuário de cada um dos sinais da Figura 3.10;
- Verificação do funcionamento de cada operação básica por ativação desses sinais, com visualização dos dados presentes em cada um dos pontos do circuito, incluindo o interior da ALU;
- Detalhes do funcionamento dos sinais WR e ESCR_A (pontos em que estão ativos);
- Implementação de uma soma completa (algoritmo 2);
- Implementação das operações restantes suportadas pela ALU;
- Verificação da possibilidade de utilização do resultado de uma operação no registrador A como operando da operação seguinte.

### 3.3.2 UNIDADE DE CONTROLE

#### 3.3.2.1 SINAIS DE CONTROLE

A Tabela 3.5 indica que é preciso especificar cada um dos sinais que controlam o circuito, assim é óbvio que ainda não resolvemos um problema fundamental:

**PROBLEMA 3.7** Para cada operação básica, onde e como se especifica que valor deve ter cada um dos sinais que controlam o circuito?

**Tabela 3.5 – Operações básicas que o circuito da Figura 3.10 permite fazer, com os valores dos sinais que controlam o circuito. A descrição aparece em texto e em RTL**

| Operação em texto e em RTL | Tipo | Sinais de controle |
|---|---|---|
| • Lê uma célula da memória de dados e copia-a para o registrador A<br>• A ← M[endereço] | Transferência de dados | Endereço = indica qual é a célula a acessar<br>WR = inativo (lê a memória)<br>SEL_A = valor vem da memória<br>ESCR_A = ativo (escreve no registrador)<br>SEL_ALU = Irrelevante |
| • Copia o registrador A para uma célula da memória de dados<br>• M[endereço] ← A | Transferência de dados | Endereço = indica qual é a célula a acessar<br>WR = ativo (escreve na memória)<br>SEL_A = irrelevante<br>ESCR_A = inativo (não escreve no registrador)<br>SEL_ALU = Irrelevante |
| • Soma o registrador A com uma célula da memória de dados, colocando o resultado no registrador A<br>• A ← A + M[endereço] | Aritmética | Endereço = indica qual é a célula a acessar<br>WR = inativo (lê a memória)<br>SEL_A = valor vem da saída do somador<br>ESCR_A = ativo (escreve no registrador)<br>SEL_ALU = 00 (soma) |
| • Subtrai do registrador A o valor de uma célula da memória de dados, colocando o resultado no registrador A<br>• A ← A − M[endereço] | Aritmética | Endereço = indica qual é a célula a acessar<br>WR = inativo (lê a memória)<br>SEL_A = valor vem da saída do somador<br>ESCR_A = ativo (escreve no registrador)<br>SEL_ALU = 01 (subtração) |
| • Faz a conjunção lógica (AND) entre o registrador A e uma célula da memória de dados, colocando o resultado no registrador A<br>• A ← A ∧ M[endereço] | Lógica | Endereço = indica qual é a célula a acessar<br>WR = inativo (lê a memória)<br>SEL_A = valor vem da saída do somador<br>ESCR_A = ativo (escreve no registrador)<br>SEL_ALU = 10 (AND) |
| • Faz a disjunção lógica (OR) entre o registrador A e uma célula da memória de dados, colocando o resultado no registrador A<br>• A ← A ∨ M[endereço] | Lógica | Endereço = indica qual é a célula a acessar<br>WR = inativo (lê a memória)<br>SEL_A = valor vem da saída do somador<br>ESCR_A = ativo (escreve no registrador)<br>SEL_ALU = 11 (OR) |

## Essencial

- A existência de um registrador dentro da unidade de dados do processador é fundamental. Sem ele, as operações com dois operandos só seriam possíveis se as memórias permitissem ler duas células e escrever outra ao mesmo tempo!

- A ALU (Unidade Aritmética e Lógica) permite implementar diversas operações com dois operandos;

- Além das operações da ALU, a unidade de dados tem de saber transferir dados entre o registrador e a memória de dados;

- A largura em *bits* da unidade de dados (e de todos os seus recursos internos, incluindo o registrador) deve ser igual à da memória e definir a faixa de números com que o processador consegue lidar (com N bits, o processador consegue lidar com números em complemento de 2 entre $-2^{N-1}$ e $+2^{N-1}-1$, Subseção 2.7.5);

- Os processadores com uma largura de 8 e 16 bits são usados para aplicações específicas de baixo custo e sem necessidade de grande capacidade de cálculo. Os processadores de 32 e 64 bits são usados em computadores de utilização genérica de médio e alto desempenhos (computadores de mesa (*desktop*) e servidores, respectivamente);

- A RTL (*Register Transfer Language*) é uma notação simbólica que permite descrever, de forma compacta, as operações básicas que envolvem transferência de dados entre elementos de memorização (células de memória e registradores), bem como operações sobre esses dados.

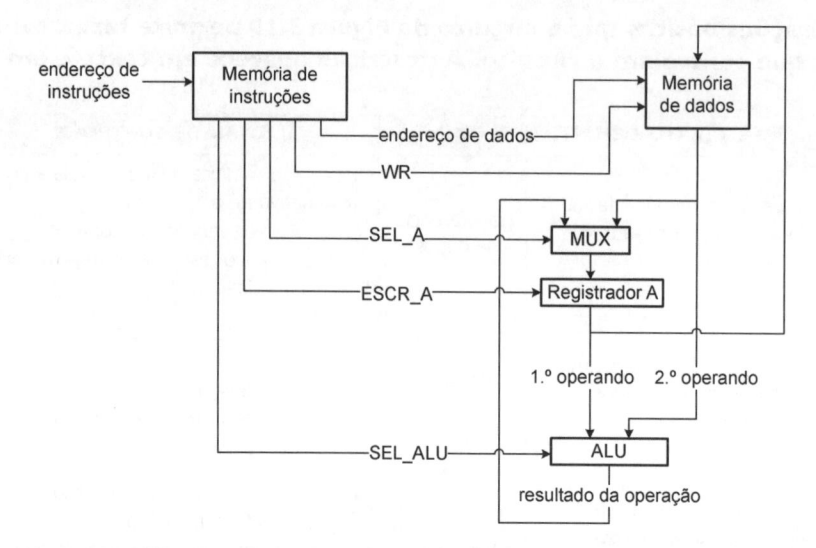

**Fig. 3.12 – Especificação dos sinais de controle pelas instruções na memória de instruções**

**SOLUÇÃO** Cada operação básica corresponde, na realidade, a uma instrução do processador. Logo, cada instrução (conteúdo de uma célula na memória de instruções) deve especificar todos os sinais necessários para ser executada.

A Figura 3.12 ilustra esta solução. Observe que:

- endereço de dados deve ter o número de *bits* necessário para poder endereçar qualquer das células da memória de dados (depende do número de células desta memória);

- WR, SEL_A e ESCR_A correspondem a 1 bit cada um;

- SEL_ALU corresponde a 2 bits, para poder especificar uma das quatro operações que a ALU suporta.

### 3.3.2.2 CONTADOR DE PROGRAMA (PC[19])

Assim, cada célula da memória de instruções conterá uma instrução, com os valores de todos os sinais de controle necessários para comandar os vários recursos do processador. Tal como a memória de dados, a memória de instruções precisa que se especifique um endereço, para indicar qual das suas células (qual instrução) se pretende executar.

Na realidade, um programa normalmente não é constituído por uma única instrução, mas sim por uma sequência de instruções. Desta forma, não basta indicar apenas uma das instruções armazenadas, mas sim um conjunto de instruções, uma a uma, em uma determinada sequência.

**PROBLEMA 3.8** Como indicar quais as instruções (e a sua sequência) que se pretende executar num determinado programa?

**SOLUÇÃO** Utilizar um registrador que indique qual das instruções da memória de instruções está em execução e um mecanismo que indique qual o valor seguinte desse registrador, ou seja, qual a próxima instrução a ser executada.

O papel deste registrador é especificar, em cada instante, o endereço (na memória de instruções) da instrução que está sendo executada, tal como indicado na Figura 3.13. Com esse endereço, a memória de instruções é lida e os sinais de controle necessários aparecem na sua saída. Variando o valor desse registrador, o endereço da memória de instruções muda e os sinais de controle mudarão, executando uma nova instrução.

O modelo clássico de computação assume que as instruções normalmente são executadas em sequência, isto é, uma após outra. Se instruções consecutivas estiverem armazenadas na memória de instruções em endereços consecutivos, então para executar a sequência de instruções basta usar um simples contador e depois ir incrementando-o.

A Figura 3.13 ilustra este conceito, usando um contador conhecido pelo nome óbvio de Contador de Programa (ou PC, *Program Counter*[20]). Em cada ciclo do sinal de relógio, o valor do PC é incrementado de uma unidade, passando a se executar uma nova instrução.

---

[19]A sigla em português é CP, mas ninguém a usa. A sigla anglo-saxônica PC (*Program Counter*) já entrou em uso corrente, em função do que é a usada neste livro.

[20]Alguns processadores comerciais utilizam a designação IP (*Instruction Pointer*, ou Ponteiro de Instruções), mas a funcionalidade é a mesma.

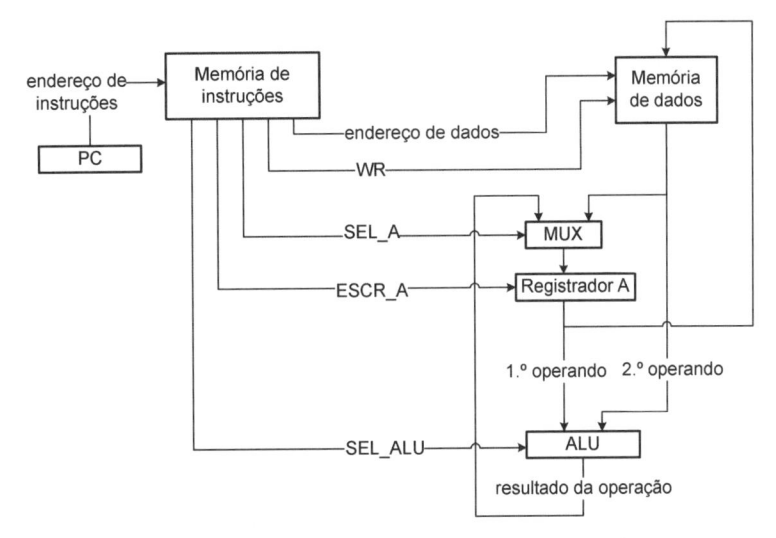

**Fig. 3.13 – Especificação da instrução a ser executada pelo contador de programa (PC – *Program Counter*). Embora simples, este circuito já é o embrião do PEPE-8**

### 3.3.2.3 UM PROGRAMA SIMPLES

Vamos ilustrar o funcionamento do PC e da unidade de controle com um programa simples. Consideremos, por exemplo, que pretendamos calcular a soma de um determinado número positivo N com todos os números positivos menores que ele, ou seja:

soma = N + (N–1) + (N–2) + . . . + 2 + 1

Para implementar este cálculo, vamos utilizar duas células da memória de dados, que chamaremos soma e temp[21], com um algoritmo simples:

1. Inicializa o valor de soma com zero.

2. Inicializa o valor de temp com N.

3. Se o valor de temp é negativo (errado, só valores positivos são admitidos), vai para o passo 8.

4. Se o valor de temp é zero (já não há mais nada para somar), vai para o passo 8.

5. Efetua a adição de soma com temp e coloca o resultado em soma.

6. Decrementa o valor de temp de uma unidade.

7. Vai para o passo 4.

8. Fim do algoritmo (se N for positivo, o resultado pretendido estará em soma).

> **NOTA** Os nomes soma e temp são símbolos que designam endereços de células de memória. Se ao símbolo soma atribuirmos o valor 3, por exemplo, isso significa que a célula de memória correspondente se localiza no endereço 3. O uso de nomes para os endereços, em vez de números, permite que o texto descritivo se mantenha, quaisquer que sejam os endereços onde estas células de memória estejam localizadas (o que não pode é dois nomes corresponderem ao mesmo endereço, ou seja, à mesma célula, pois eles correspondem a dados diferentes).

Falar na "célula de memória soma", ou no "valor de soma", é um abuso de linguagem que se tolera apenas para facilitar a referência. Na realidade, deveria se dizer "valor da célula de memória localizada no endereço indicado pelo valor do símbolo soma".

Este algoritmo:

- Testa se o usuário se enganou e inicializou o valor de temp com um número N negativo, caso em que termina imediatamente;

- Também funciona se o usuário especificar o valor zero para N;

---

[21]O nome indica que se trata de uma variável cujo valor é usado apenas temporariamente.

- Executa os passos 1, 2, 3 e 8 apenas uma vez (1, 2 e 3 no início e 8 no fim);

- Executa os passos 4 a 7 um número de vezes igual ao valor de N (na realidade, o passo 4 é executado mais uma vez, quando o algoritmo termina);

- Em cada execução dos passos 4 a 7, adiciona à célula soma mais um número e decrementa o valor de temp, que fica preparado para ser adicionado à célula soma na passagem seguinte.

O algoritmo está expresso em texto num formato razoavelmente abstrato, sendo transformado num programa mais conciso e compacto em RTL (Tabela 3.4). Por simplicidade, o número do passo do algoritmo é usado como endereço da memória de instruções (isto é, cada passo corresponde a uma instrução que ocupa uma célula de memória de instruções, começando a partir do endereço 1). Entre parênteses aparece uma breve descrição de cada instrução do programa (designada como **comentário**).

```
1. M[soma]  ← 0                      (inicializa soma com zero)
2. M[temp]  ← N                      (inicializa temp com N)
3. (M[temp] < 0) : PC ← 8            (se temp for negativo, desvia para o fim)
4. (M[temp] = 0) : PC ← 8            (se temp for zero, desvia para o fim)
5. M[soma]  ← M[soma] + M[temp]      (adiciona temp a soma)
6. M[temp]  ← M[temp] - 1            (decrementa temp)
7. PC ← 4                            (desvia para o endereço 4)
8. PC ← 8                            (fim do programa)
```

**Programa 3.1 – Programa que implementa o algoritmo de soma (versão 1)**

Observe que:

- soma, temp e N são **constantes simbólicas**, isto é, nomes que representam números constantes, que terão de ser substituídos por valores numéricos efetivos antes do programa ser executado;

- As várias instruções do programa são executadas sequencialmente, uma de cada vez e pela ordem em que aparecem especificadas (começando na 1);

- O registrador PC (*Program Counter*) informa que instrução está sendo executada, o que quer dizer que:

  - No início, o PC deve ser inicializado com 1 (endereço da primeira instrução);

  - Avançar para a instrução seguinte corresponde a incrementar o PC;

  - Nas instruções 3, 4 e 7, em que a ordem natural de execução é interrompida (diz-se que há um **desvio**), o PC deve ser carregado com o novo endereço onde deve recomeçar a execução, em vez de ser incrementado;

  - Os desvios na execução podem ser:

    - **Condicionais**, se desviar ou não depende de uma condição (passos 3 e 4). Se a condição for falsa e o desvio não for efetuado, então o PC deve simplesmente ser incrementado;

    - **Incondicionais**, se o desvio é sempre efetuado, independentemente de qualquer condição (passo 7).

- O "fim do programa" é implementado por um *loop* infinito: a instrução 8 desvia para ela própria. Isto reflete o fato de que os processadores normalmente não param (isto é, enquanto o sinal de relógio estiver presente, a unidade de controle vai executando instruções sem parar). É como um automóvel, que quando para (num semáforo, por exemplo) continua com o motor trabalhando. Desligar o motor (quando se retira a chave) corresponde, nos processadores, a desligar a fonte de alimentação.

A tarefa seguinte será tentar mapear este programa expresso em RTL no circuito da Figura 3.13, para se verificar como é que as operações realmente funcionam. Uma simples inspeção do Programa 3.1 e do circuito da Figura 3.13 levanta logo alguns problemas que precisam ser resolvidos.

### 3.3.2.4 Constantes no programa

Vários endereços do programa fazem referência a **constantes**, que podem ser de dois tipos:

- **Literais** (números propriamente ditos, como 8 ou 4);

- **Simbólicas** (nomes que representam números, como `soma`, `temp` e `N`), que têm de ser substituídas pelo seu valor numérico efetivo antes de o programa ser executado.

Uma constante é um valor fixo, que não pode mudar; por conseguinte, não faz sentido corresponder ao conteúdo de uma célula da memória de dados (cujo valor pode ser mudado ao longo do tempo, através de escritas nessa célula). Em qualquer dos casos, as constantes têm um valor numérico que precisa ser acessado ao longo da execução do programa. A Tabela 3.6 indica as constantes que são necessárias em cada um dos endereços do programa.

### Tabela 3.6 – Constantes usadas pelo Programa 3.1

| Endereço da Instrução | Constante 1 | Constante 2 | Constante 3 |
|:---:|:---:|:---:|:---:|
| 1 | soma | 0 | |
| 2 | temp | N | |
| 3 | temp | 0 | 8 |
| 4 | temp | 0 | 8 |
| 5 | soma | temp | |
| 6 | temp | 1 | |
| 7 | 4 | | |
| 8 | 8 | | |

**PROBLEMA 3.9** Como especificar as constantes no programa?

**SOLUÇÃO (PROVISÓRIA)** Especificar as constantes nas próprias instruções que as referenciam, tal como indicado na Figura 3.14. É apenas mais um campo de cada célula da memória de instruções, tal como o `endereço de dados` que já existia.

O multiplexador colocado na entrada da memória de dados (Figura 3.14) permite escrever diretamente o valor de uma constante na memória de dados (sem excluir a hipótese de copiar o conteúdo do registrador A para uma célula da memória de dados).

No entanto, tal como indicado pela Tabela 3.6, se algumas instruções precisam especificar apenas uma constante, outras instruções precisam de mais constantes. Como a largura das células da memória de instruções não pode variar de acordo com a instrução que contêm, os *bits* necessários para o número máximo de constantes nas várias instruções teriam de existir em todas as células da memória de instruções, o que implicaria um grande desperdício de memória.

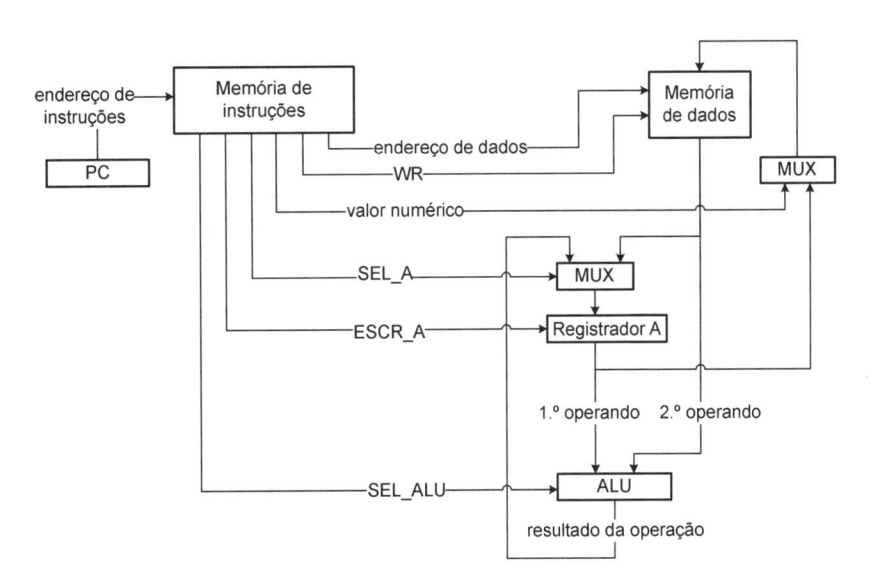

**Fig. 3.14 – Hipótese de especificação de constantes nas instruções. O problema é que nem todas as instruções têm apenas uma constante. Esta não é uma boa solução**

Por conseguinte, é necessária uma nova solução:

**Solução (definitiva)** Especificar as constantes nas próprias instruções, mas apenas uma por cada instrução. O artifício é transformar instruções que usem mais do que uma constante numa sequência de instruções mais simples, em que cada uma use apenas uma constante.

Assim, os campos endereço de dados e valor numérico na Figura 3.14 podem ser o mesmo, partilhado. Numas instruções servirá como endereço de uma célula da memória de dados. Noutras servirá para poder especificar um valor numérico.

Isto implica algumas mudanças no Programa 3.1, particularmente para transformar as instruções que usam duas constantes em duas instruções que usem apenas uma constante cada uma. O segredo é usar o registrador A.

Por exemplo, a instrução 1 do Programa 3.1,

           M[soma] ← 0      (inicializa com zero o conteúdo da célula de memória soma)

é transformada em

           A ← 0             (inicializa o registrador A com zero)
           M[soma] ← A       (copia o registrador A para a célula de memória soma)

Também leituras que se refiram a células de memória podem ser substituídas por leituras que se refiram ao registrador A quando o seu valor for idêntico (por exemplo, nas instruções 3 e 4 do Programa 3.1, pode-se substituir M[temp] por A, pois neste momento este registrador contém o mesmo valor que a célula de memória M[temp]).

Finalmente, é preciso ter atenção ao fato de que os resultados das operações feitas na ALU (como, por exemplo, a soma da instrução 5 e a subtração da instrução 6 no Programa 3.1) são sempre guardados no registrador A (Figura 3.13). Assim, a forma correta de implementar estas operações consiste em efetuá-las com o resultado guardado no registrador A e depois acrescentar uma instrução para copiar o resultado do registrador A para a célula de memória correta.

Com estas alterações, o Programa 3.1 fica parecido com o Programa 3.2. Observe que:

- soma, temp e N são constantes simbólicas que terão de ser substituídas pelos respectivos valores numéricos antes de o algoritmo ser executado;

- Já não há referências a mais do que uma constante na mesma instrução, com exceção das instruções 5 e 6, que ainda se referem a duas constantes, 0 e 13. É um problema que será resolvido na Subseção 3.3.2.5.

```
1.    A ← 0                  (inicializa A com zero)
2.    M[soma] ← A            (inicializa soma com zero)
3.    A ← N                  (inicializa A com o valor de N)
4.    M[temp] ← A            (atualiza temp na memória)
5.    (A < 0) : PC ← 13      (se temp for negativo, desvia para o fim)
6.    (A = 0) : PC ← 13      (se temp for zero, desvia para o fim)
7.    A ← A + M[soma]        (adiciona soma ao registrador A, que é igual a temp)
8.    M[soma] ← A            (atualiza soma na memória)
9.    A ← M[temp]            (vai buscar temp de novo)
10.   A ← A - 1              (decrementa A)
11.   M[temp] ← A            (atualiza temp na memória)
12.   PC ← 6                 (desvia para o endereço 6)
13.   PC ← 13                (fim do programa)
```

**Programa 3.2 – Programa que implementa o algoritmo de soma (versão 2)**

**NOTA** No Programa 3.2, as instruções 4 e 11 são idênticas e têm a mesma função (atualizar temp na memória a partir do registrador A). Se observarmos o programa, facilmente verificaremos que para executar a instrução 6 tem-se sempre de executar antes ou a 4 ou a 11 (devido ao desvio incondicional da instrução 12). Isto permite fazer uma otimização no programa, eliminando a instrução 11 e realizando o desvio para a instrução 4 em vez da 6 (já que a instrução 5 não altera o valor do registrador A).

Na prática, isto significa que a instrução 4 passa a ser partilhada entre a inicialização da célula temp com N (valor obtido na instrução 3) e as atualizações subsequentes com os valores $N-1$, $N-2$, etc., obtidos na instrução 10, em passagens sucessivas.

O programa otimizado ficaria desta forma:

```
1.    A ← 0                  (inicializa A com zero)
2.    M[soma] ← A            (inicializa soma com zero)
3.    A ← N                  (inicializa A com o valor de N)
4.    M[temp] ← A            (atualiza temp na memória)
5.    (A < 0) : PC ← 12      (se temp for negativo, desvia para o fim)
6.    (A = 0) : PC ← 12      (se temp for zero, desvia para o fim)
7.    A ← A + M[soma]        (adiciona soma a A, que é igual a temp)
8.    M[soma] ← A            (atualiza soma na memória)
9.    A ← M[temp]            (busca temp de novo)
10.   A ← A - 1              (decrementa A. A célula temp é atualizada em 4)
11.   PC ← 4                 (desvia para o endereço 4)
12.   PC ← 12                (fim do programa)
```

**Programa 3.3 – Programa 3.2 otimizado**

Esta otimização não tem qualquer impacto no comportamento do programa. A sua vantagem é apenas a do programa ficar mais curto. No entanto, é importante verificar que as otimizações fazem o programa ficar mais difícil de entender e conduzem frequentemente a erros (nem sempre a otimização pode ser feita, ao alterar um programa o programador já não se lembra em que condições fez a otimização e depois faz alterações não compatíveis, etc.). A decisão sobre otimizar ou não deve levar em conta os benefícios (são mesmo importantes ou pouco adiantam?) em relação aos potenciais malefícios (normalmente sempre muito perigosos).

Em caso de dúvida, é melhor não otimizar. Em nome da simplicidade e clareza, esta otimização não é feita na evolução deste exemplo ao longo deste capítulo.

Olhando para o Programa 3.2, verifica-se que as constantes têm os seguintes tipos de utilização:

- Ser guardadas no registrador A (instruções 1 e 3);

- Ser usadas como endereço num acesso à memória de dados (instruções 2, 4, 7, 8, 9 e 11);

- Ser guardadas no registrador PC (instruções 5, 6 e 12), o que corresponde a desvios no programa;

- Ser usadas como um dos operandos de uma operação aritmética (instrução 10).

Estas diferentes utilizações com certeza necessitarão de diferentes soluções para a sua implementação.

**PROBLEMA 3.10** Como introduzir suporte para as constantes no *hardware*?

**SOLUÇÃO** Especificar caminhos que permitam às constantes ir das instruções para os recursos em que vão ser usadas.

É exatamente isso que é feito na Figura 3.15, em que foram feitas as seguintes alterações (em relação ao circuito da Figura 3.13):

- O sinal endereço de dados, vindo da memória de instruções, é agora chamado constante, pois serve para todas as constantes;

- Este sinal está associado aos seguintes pontos:
  - Entrada de endereços da memória de dados (já estava associado) – Permite a algumas instruções especificar um endereço de dados;
  - Novo multiplexador (MUX_B) – Suporta as instruções que guardam constantes no registrador A e instruções em que o 2.º operando é uma constante;
  - Entrada do PC – Suporta os desvios (em que a constante que especifica o novo endereço é guardada no PC).

- Há mais dois sinais de controle (ambos de 1 bit cada um):
  - SEL_B – Controla a seleção da entrada do multiplexador MUX_B;
  - ESCR_PC – Indica, em cada instrução, se o próximo valor de PC é obtido por contagem simples (incremento de uma unidade, passa à instrução seguinte) ou carregando o endereço especificado na instrução (caso de um desvio).

A Tabela 3.7 indica o valor dos sinais relevantes para cada uma das utilizações das constantes, permitindo identificar o percurso da constante, desde a instrução até o recurso em que é usada em cada caso.

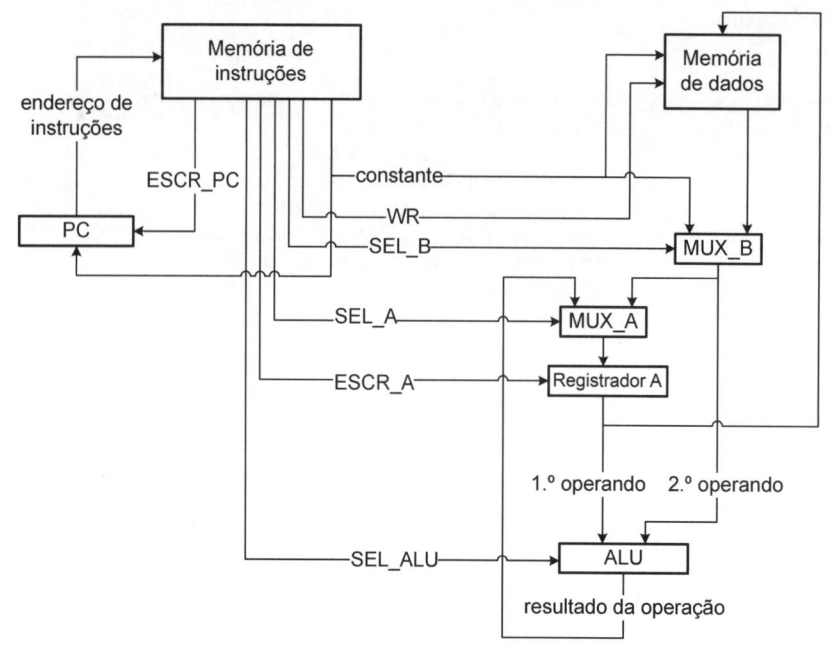

**Fig. 3.15 – Circuito com suporte para constantes**

**Tabela 3.7 – Casos de utilização de constantes e valores dos sinais relevantes que permitem que as constantes sejam levadas até os recursos adequados**

| OPERAÇÃO | SEL_A | SEL_B | ESCR_A | ESCR_PC |
|---|---|---|---|---|
| A ← *constante* | Lado do MUX_B | Lado da constante | Ativo | Inativo |
| A ← M[*constante*] | Lado do MUX_B | Lado da memória | Ativo | Inativo |
| PC ← *constante* | Irrelevante | Irrelevante | Inativo | Ativo |
| A ← A + *constante* | Lado da ALU | Lado da constante | Ativo | Inativo |

### 3.3.2.5 DESVIOS NO PROGRAMA

Onde há uma sequência de instruções surgirá, mais cedo ou mais tarde, a necessidade de interromper essa sequência, passando o controle para outro ponto do programa (o que usualmente se denomina **desvio**).

O desvio é implementado simplesmente alterando o valor do PC e pode ser de um de dois tipos:

- **Condicional** – Se a efetivação do desvio depende de uma condição (caso das instruções 5 e 6 do Programa 3.2). Se a condição for verdadeira, o PC é carregado com a constante indicada. Se for falsa, o PC é simplesmente incrementado e a constante é ignorada;

- **Incondicional** – Se o desvio for sempre realizado, independentemente de qualquer condição (caso da instrução 12 do Programa 3.2).

O circuito da Figura 3.15 suporta desvios incondicionais, simplesmente ativando ESCR_PC, quando a instrução na memória de instruções inclui a constante adequada (novo valor do PC). No entanto, não prevê qualquer recurso para suportar desvios condicionais.

**PROBLEMA 3.11** Como implementar os desvios condicionais?

**SOLUÇÃO** Definir quais as condições possíveis e escolher, por meio de um multiplexador, um dos *bits* que as representem, tal como indicado na Figura 3.16. Cada *bit* escolhido pode ser 0 ou 1, dependendo do valor da condição.

O objetivo é ativar ESCR_PC (e o desvio é realizado) ou não (e passa à instrução seguinte), de acordo com uma determinada condição. Como estamos no nível do *hardware*, não é viável admitir condições muito complexas para os desvios condicionais. Na realidade, são consideradas apenas quatro condições extremamente simples, de forma a englobar todas as situações:

- Nunca desvia (condição sempre falsa, passa sempre à instrução seguinte) – É o que acontece em todas as instruções que não são de desvio;

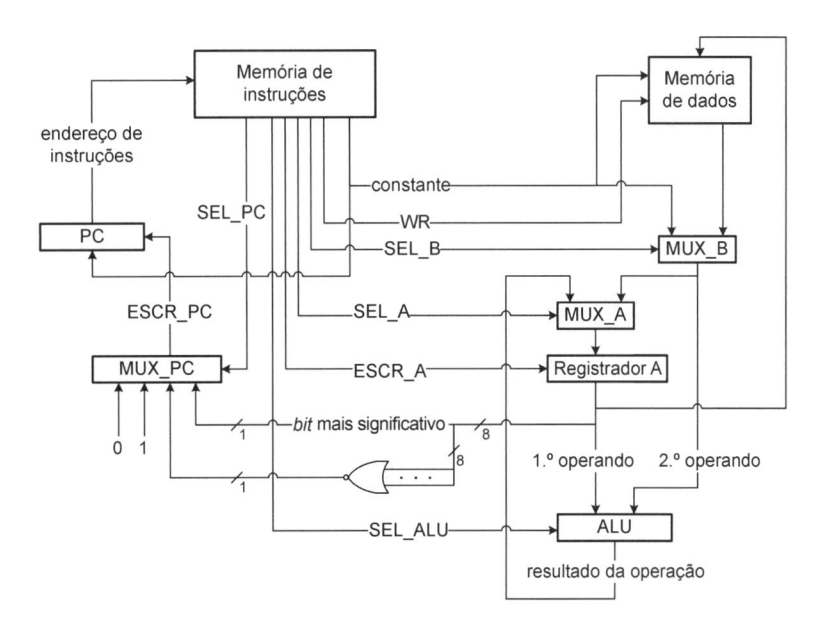

**Fig. 3.16 – Circuito com suporte para desvios (condicionais e incondicionais)**

- Desvia sempre (condição sempre verdadeira, desvia para o endereço indicado pela constante) – É o caso das instruções de desvio incondicional, como a instrução 12 do Programa 3.2;

- Desvia se o valor do registrador A for igual a zero (condição depende do valor de A) – É o caso da instrução de desvio condicional 6 no Programa 3.2;

- Desvia se o valor do registrador A for menor que zero (condição depende do valor de A) – É o caso da instrução de desvio condicional 5 no Programa 3.2.

Considerando que ESCR_PC fica ativo em 1, o MUX_PC na Figura 3.16 seleciona (por indicação do sinal SEL_PC, que é constituído por dois *bits*):

- 0 se não for para desviar;

- 1 se for para desviar (desvio incondicional);

- Um *bit* que vale 1, se o registrador A for igual a zero (desvio condicional se A=0), e que vale 0 em caso contrário. Este *bit* pode ser obtido pelo simples NOR de todos os *bits* do registrador A (a saída vale 1 se todos os *bits* de A forem 0);

- Um *bit* que vale 1, se o registrador A for menor que zero (desvio condicional se A<0), e que vale 0 em caso contrário. Este *bit* é, na prática, o *bit* mais significativo (o de sinal) do registrador A, uma vez que se assume que os operandos estão representados em complemento de 2.

Entretanto, na Subseção 3.3.2.4, foi identificado o problema de cada uma das instruções 5 e 6 do Programa 3.2 fazer referência a duas constantes, 0 e 13. Na prática, a solução 11 resolve este problema, escolhendo condições muito simples. Em outras palavras, apenas o zero pode ser usado como termo de comparação na condição do desvio, o que permite uma solução mais simples, diretamente em *hardware*, e não requer a especificação de outra constante. Portanto, apenas uma constante, o 13, precisa ser incluída nas instruções 5 e 6 do Programa 3.2.

### 3.3.2.6 FUNCIONAMENTO DETALHADO DO PROGRAMA

Usando o circuito da Figura 3.16 como base, o Programa 3.2 pode ser representado de forma mais detalhada, por especificação do valor dos vários sinais para cada instrução, tal como indicado na Tabela 3.8. Esta tabela representa ainda a forma como a memória de dados é usada em cada instrução (nas que a usam).

Esta tabela é estática, isto é, refere-se apenas às instruções que existem no programa, mas não à sua execução. Isto é feito na Tabela 3.9, que representa a evolução do registrador A e das duas células da memória de dados (soma e temp), ao longo das várias iterações, assumindo N=4 (o valor é propositadamente baixo, para limitar o tamanho da tabela).

Se compararmos a Figura 2.44 com a Figura 3.16, verificaremos que, na realidade, esta última não passa de uma máquina de estados microprogramada (Subseção 2.6.7.4), em que:

- A memória de instruções desempenha o papel de ROM com microinstruções;

- Cada estado equivale a uma instrução do PEPE-8. A célula da memória de instruções correspondente inclui o valor de cada um dos sinais que comandam o circuito, de acordo com a Tabela 3.8;

- O PC indica em que estado (instrução) a máquina de estados se encontra.

O PEPE-8 é um processador muito simples e cada uma das suas instruções é mapeada diretamente numa só microinstrução, executada num só ciclo de relógio. O PEPE (processador de 16 bits — ver Capítulo 4) é mais complexo e cada instrução é o resultado da execução de várias microinstruções (Subseção 7.2.4).

### 3.3.3 O PROCESSADOR (PEPE-8) E AS MEMÓRIAS

A Figura 3.17 representa o circuito da Figura 3.16, com o processador e as suas duas unidades internas (de dados e de controle) identificadas. Observe que:

- A **unidade de controle** lida sobretudo com a geração dos sinais de controle, gerenciamento do PC e da sua atualização, através dos desvios condicionais e incondicionais, e interação com a memória de instruções;

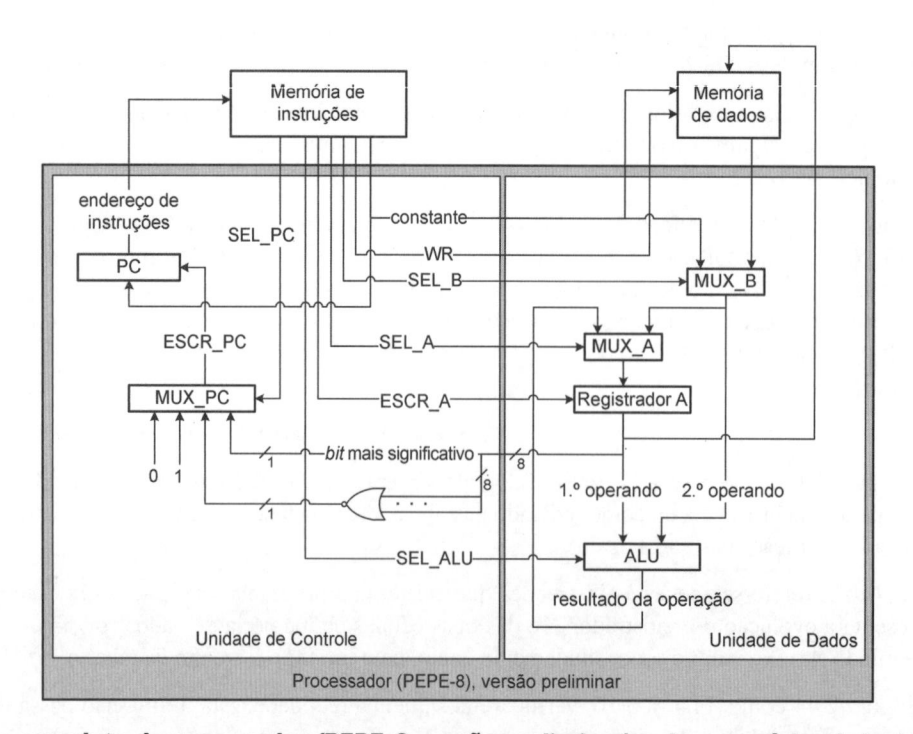

**Fig. 3.17 – Circuito completo do processador (PEPE-8, versão preliminar) e das memórias de instruções e de dados**

**Tabela 3.8 – Conteúdo da memória de instruções e uso da memória de dados no caso do Programa 3.2. Os valores entre parênteses são o número de *bits* que cada sinal ocupa, num total de 16 bits (largura da memória de instruções)**

| INSTRUÇÕES (RTL) | MEMÓRIA DE INSTRUÇÕES | | | | | | | | MEMÓRIA DE DADOS | |
|---|---|---|---|---|---|---|---|---|---|---|
| | ENDEREÇO | SEL_PC (2) | SEL_ALU (2) | ESCR_A (1) | SEL_A (1) | SEL_B (1) | WR (1) | CONST (8) | ENDEREÇO | ACESSO |
| $A \leftarrow 0$ | 1 | Segue | | Sim | MUX_B | Const | Não | 0 | | |
| $M[soma] \leftarrow A$ | 2 | Segue | | Não | | | Sim | soma | soma | Escrita |
| $A \leftarrow N$ | 3 | Segue | | Sim | MUX_B | Const | Não | N | | |
| $M[temp] \leftarrow A$ | 4 | Segue | | Não | | | Sim | temp | temp | Escrita |
| $(A < 0) : PC \leftarrow 13$ | 5 | Desvia_N | | Não | | | Não | 13 | | |
| $(A = 0) : PC \leftarrow 13$ | 6 | Desvia_Z | | Não | | | Não | 13 | | |
| $A \leftarrow A + M[soma]$ | 7 | Segue | Soma | Sim | ALU | Mem | Não | soma | soma | Leitura |
| $M[soma] \leftarrow A$ | 8 | Segue | | Não | | | Sim | soma | soma | Escrita |
| $A \leftarrow M[temp]$ | 9 | Segue | | Sim | MUX_B | | Não | temp | temp | Leitura |
| $A \leftarrow A - 1$ | 10 | Segue | Subtrai | Sim | ALU | Const | Não | 1 | | |
| $M[temp] \leftarrow A$ | 11 | Segue | | Não | | | Sim | temp | temp | Escrita |
| $PC \leftarrow 6$ | 12 | Desvia | | Não | | | Não | 6 | | |
| $PC \leftarrow 13$ | 13 | Desvia | | Não | | | Não | 13 | | |

Convenções:
- Nas células em branco, o valor do respectivo sinal é irrelevante (não afeta o funcionamento);
- SEL_PC – Valores possíveis: 00-Segue (não desvia), 01-Desvia (desvio incondicional), 10-Desvia_Z (desvia se A=0), 11=Desvia_N (desvia se A<0);
- SEL_ALU – Valores possíveis: 00-Soma, 01-Subtrai, 10-AND, 11-OR;
- ESCR_A, WR – Valores possíveis: 0-Não (inativo, lê), 1-Sim (ativo, escreve);
- SEL_A – Valores possíveis: 0-ALU (seleciona a entrada que liga à saída da ALU), 1-MUX_B (seleciona a entrada do lado do MUX_B);
- SEL_B – Valores possíveis: 0-Const (seleciona a entrada do lado da constante), 1-Mem (seleciona a entrada do lado da memória de dados).

**Tabela 3.9 – Evolução do registrador A do processador e da memória de dados ao longo da execução do Programa 3.2 para N=4. Os retângulos em cinza indicam os endereços de instruções por onde passa o controle em cada iteração**

| Instruções (RTL) | Endereço | Iteração 1 | | | Iteração 2 | | | Iteração 3 | | | Iteração 4 | | | Iteração 5 | | |
|---|---|---|---|---|---|---|---|---|---|---|---|---|---|---|---|---|
| | | A | Soma | Temp | A | Soma | Temp | A | Soma | Temp | A | Soma | Temp | A | Soma | Temp |
| A ← 0 | 1 | 0 | xx | xx | | | | | | | | | | | | |
| M[soma] ← A | 2 | 0 | 0 | xx | | | | | | | | | | | | |
| A ← N | 3 | 4 | 0 | xx | | | | | | | | | | | | |
| M[temp] ← A | 4 | 4 | 0 | 4 | | | | | | | | | | | | |
| (A < 0) : PC ← 13 | 5 | 4 | 0 | 4 | | | | | | | | | | | | |
| (A = 0) : PC ← 13 | 6 | 4 | 0 | 4 | 3 | 4 | 3 | 2 | 7 | 2 | 1 | 9 | 1 | | | |
| A ← A + M[soma] | 7 | 4 | 0 | 4 | 7 | 4 | 3 | 9 | 7 | 2 | 10 | 9 | 1 | | | |
| M[soma] ← A | 8 | 4 | 4 | 4 | 7 | 7 | 3 | 9 | 9 | 2 | 10 | 10 | 1 | | | |
| A ← M[temp] | 9 | 4 | 4 | 4 | 3 | 7 | 3 | 2 | 9 | 2 | 1 | 10 | 1 | | | |
| A ← A − 1 | 10 | 3 | 4 | 4 | 2 | 7 | 3 | 1 | 9 | 2 | 0 | 10 | 1 | | | |
| M[temp] ← A | 11 | 3 | 4 | 3 | 2 | 7 | 2 | 1 | 9 | 1 | 0 | 10 | 0 | | | |
| PC ← 6 | 12 | 3 | 4 | 3 | 2 | 7 | 2 | 1 | 9 | 1 | 0 | 10 | 0 | | | |
| PC ← 13 | 13 | | | | | | | | | | | | | 0 | 10 | 0 |

Notas:
- As células de memória soma e temp estão inicialmente com um valor qualquer, não previsível, indicado por "xx". Só depois da primeira escrita, passam a ter um valor definido;
- O valor do PC é sempre igual ao endereço da instrução corrente;
- Em cada instrução, a escrita no registrador A ou na memória de dados só acontece realmente no ciclo de relógio seguinte, pois durante a instrução corrente apenas são preparados os sinais para que a escrita ocorra na próxima transição do relógio. É também nesse momento que o PC muda para a instrução seguinte. Assumem-se registradores que mudam o seu estado numa das bordas do relógio. *Idem* para a memória de dados, relativamente a WR.

■ A **unidade de dados** lida sobretudo com o processamento dos dados, principalmente através da ALU e do registrador A, e com a interação com a memória de dados.

Na Subseção 3.3.1.2, tomou-se a decisão de que a largura do processador seria de 8 bits, em nome da simplicidade (mais simples que 16 bits, por exemplo), razão pela qual este processador foi batizado de PEPE-8 (**P**rocessador **E**special **P**ara **E**nsino com **8** bits). As seções seguintes indicam quais as implicações (no processador e nas memórias) decorrentes dessa decisão.

### 3.3.3.1 PROCESSADOR (PEPE-8)

Todos os recursos da unidade de dados do PEPE-8 têm uma largura de 8 bits. Isto implica que o registrador A tem 8 bits, e o mesmo acontece à ALU. Não é possível representar diretamente números em complemento de 2 fora da faixa $-128$ a $+127$.

Um dos artifícios usados pelos processadores de pequena largura é dividir o processamento de números maiores do que a largura permite em diversas operações. Por exemplo, para fazer uma soma entre dois números de 16 bits num processador de 8 bits faz-se duas somas, 8 bits de cada vez:

■ Cada operando (e o resultado) gasta duas células de memória (de 8 bits cada uma);

■ Os 8 bits menos significativos do resultado são obtidos pela soma dos 8 bits menos significativos de cada um dos dois operandos;

■ Os 8 bits mais significativos do resultado são obtidos pela soma dos 8 bits mais significativos de cada um dos dois operandos;

■ Aos 8 bits mais significativos do resultado soma-se 1, se tiver havido transporte ("e vai um") da soma dos 8 bits menos significativos.

Idêntico raciocínio poderia ser feito para outras operações. Obviamente, seria mais rápido efetuar a operação de uma só vez num processador com largura de 16 bits, mas pelo menos se consegue fazer a operação num processador de 8 bits.

O mesmo se pode dizer de um processador de 16 bits ao tentar executar operações com operandos de 32 bits. A Subseção 4.11.1.2 trata precisamente deste problema.

### 3.3.3.2 MEMÓRIA DE DADOS

A memória de dados também deve ter a mesma largura, 8 bits, pois o PEPE-8 escreve ou lê da memória 8 bits de uma só vez.

Poderá ter mais, mas só 8 bits poderão ser tratados pelo PEPE-8 (os restantes não serão aproveitados, logo não interessam). Não pode ter menos, pois alguns dos *bits* do PEPE-8 não poderiam ser memorizados.

O número de *bits* necessários para endereçar a memória de dados é independente da largura da memória. Depende apenas do número de células (capacidade) que se pretende ter na memória de dados.

No entanto, os endereços das células da memória de dados (soma e temp no Programa 3.2, por exemplo) têm de ser especificados no campo da constante de cada instrução, precisamente o mesmo usado para especificar os valores das constantes de dados (como N no Programa 3.2).

Um dos casos de utilização das constantes (Tabela 3.7) é serem memorizadas no registrador A e outro é entrarem na ALU para ser feita uma operação com o registrador A, o que obriga as constantes a terem 8 bits.

Logo, uma decisão que faz sentido é limitar o número de *bits* do endereço da memória de dados também a 8, tal como os dados. É importante notar que esta decisão se baseia apenas na análise da arquitetura do processador (Figura 3.17) e não em qualquer limitação da memória de dados.

Assim, o PEPE-8 suporta apenas uma capacidade da memória de dados de 256 células (8 bits de endereço de dados), o que é notoriamente pouco pelos padrões atuais (qualquer computador pessoal tem centenas de milhões de células de memória), mas suficiente para pequenos programas didáticos.

### 3.3.3.3 MEMÓRIA DE INSTRUÇÕES

Na Figura 3.17 pode-se observar que cada célula da memória de instruções tem de incluir vários sinais, tal como indicado na Tabela 3.10, num total de 16 bits. O campo da constante tem 8 bits, tal como acabou de ser discutido.

Isto implica que a memória de instruções tenha 16 bits de largura, para cada instrução poder ser completamente lida de uma só vez. Não há qualquer incompatibilidade com a largura de dados do PEPE-8. Nem todos os 16 bits de cada instrução vão para o mesmo ponto do circuito. Apenas os 8 bits da constante poderão entrar no circuito dos dados. Os restantes são apenas de controle.

**Tabela 3.10 – Resumo dos sinais que cada célula da memória de instruções deve conter, juntamente com o número de *bits* necessário para cada sinal**

| SINAL | FUNÇÃO | Nº *BITS* |
|---|---|---|
| SEL_PC | Escolhe forma de obter o próximo valor do PC | 2 |
| SEL_ALU | Seleciona uma das operações da ALU | 2 |
| ESCR_A | Quando ativo, o registrador A é escrito com o valor em sua entrada | 1 |
| SEL_A | Seleciona a fonte da entrada do registrador A (saída da ALU ou saída do MUX_B) | 1 |
| SEL_B | Seleciona a fonte do 2.º operando (constante ou saída da memória de dados) | 1 |
| WR | Quando ativo, a memória de dados é escrita com o valor em sua entrada (a constante indica qual o endereço da célula escrita) | 1 |
| Constante | Valor da constante especificada na instrução (endereço ou valor de dados) | 8 |
| | **Total** | **16** |

 **NOTA** O PEPE-8 é um processador muito básico, cujo principal objetivo é a simplicidade. Num processador mais sofisticado, como o PEPE (processador de 16 bits), a ser apresentado no Capítulo 4, as instruções não estão tão separadas dos dados, o que significa que instruções e dados partilham alguns dos recursos de *hardware* e circulam por alguns caminhos comuns. Por esta razão, são adotadas algumas técnicas de modo a conseguir que o número de *bits* de cada instrução seja igual à largura de dados do processador. No caso do PEPE-8 isso não acontece por uma razão extremamente prática: tal como se pode ver na Tabela 3.10, 8 bits não são suficientes para codificar uma instrução.

E quanto à capacidade da memória de instruções e número de *bits* que o respectivo endereço deve ter? Tal como na memória de dados, o endereço da memória de instruções tem de ser especificado no campo "constante" das instruções, em caso de desvio. Logo, continuamos limitados a 8 bits, consequentemente poderão existir no máximo 256 instruções de 16 bits cada.

A conclusão é que a largura de dados de um processador também condiciona a capacidade máxima suportada de memória de instruções, pois os endereços acabam por ter de circular pelo mesmo caminho (pelo menos parcialmente) do que os dados.

**NOTA** O desenvolvimento da tecnologia tem permitido que os computadores façam tarefas cada vez mais complexas, e os programas que as implementam exigem cada vez mais das arquiteturas. Esta evolução é uma consequência basicamente dos seguintes fatores:

- Cada vez mais dados para processar, o que exige maior capacidade da memória de dados e, por conseguinte, mais *bits* para o endereço de dados;

- Cada vez os programas têm mais instruções, o que exige maior capacidade da memória de instruções e, por conseguinte, mais *bits* para o endereço de instruções;

**ESSENCIAL**

- A definição da largura de um processador é fundamental. Não só define a faixa de números inteiros com que ele pode trabalhar diretamente como tem implicações no número de *bits* dos endereços das memórias;

- A memória de dados deve ter a mesma largura do processador. Embora a capacidade da memória de dados possa ser arbitrariamente grande, acaba por ter de ser limitada, pelo fato dos endereços desta memória terem de circular pelo mesmo caminho que os dados. Logo, tipicamente, o número de *bits* do endereço da memória de dados não é superior à largura do processador;

- A largura da memória de instruções pode ser diferente da largura do processador, como é o caso do PEPE-8;

- A unidade de controle é responsável pelo gerenciamento dos sinais de controle, do PC e da interação com a memória de instruções.

- A unidade de dados gerencia o processamento dos dados, principalmente através da ALU e do registrador A, e a interação com a memória de dados.

- Cada instrução no PEPE-8 demora apenas um ciclo de relógio para ser executada. Durante a execução de uma instrução, os sinais necessários para a operação em questão (escrita no registrador A, por exemplo) são preparados. Quando o relógio inicia um novo ciclo, o PC muda e as ações preparadas durante a instrução anterior são então executadas. Assume-se que os registradores são sensíveis às bordas do relógio (*edge-triggered*).

- Manipulação de dados com cada vez mais *bits* (números maiores e/ou com mais casas decimais).

Assim, os processadores têm aumentado sucessivamente a sua largura de dados (8, 16, 32 e mais recentemente 64 bits), tal como ilustrado na Tabela 1.3. A de 8 bits é usada apenas nos processadores de custo mais baixo, enquanto que a de 64 bits é usada sobretudo nos processadores de mais alto desempenho (e custo).

### SIMULAÇÃO 3.3 — FUNCIONAMENTO DO PEPE-8

Esta simulação ilustra o funcionamento detalhado do PEPE-8 (circuito da Figura 3.17), usando o Programa 3.2 e a informação contida na Tabela 3.8 e na Tabela 3.9. Os aspectos abordados incluem os seguintes:

- Funcionamento do PC, quer em termos do endereçamento da memória de instruções, quer da sua evolução, normal e por desvios;

- Comportamento do PEPE-8 para cada uma das instruções do programa, com os respectivos sinais de controle;

- Endereçamento das memórias, de dados e de instruções;

- Caminho percorrido pelos dados;

- Funcionamento global do circuito, com uma instrução executada em cada ciclo de relógio.

# 3.4 PROGRAMAÇÃO EM BAIXO NÍVEL DE UM COMPUTADOR

## 3.4.1 INSTRUÇÕES EM VEZ DE SINAIS DE CONTROLE

Por "programação de um computador" entende-se a especificação das várias instruções que compõem um programa com um determinado fim. Programar um computador é o mesmo que programar o processador, pois o que está em questão são as instruções que o processador irá executar. Só que este não faz nada sem as memórias, razão pela qual só o computador completo pode funcionar.

A Tabela 3.8 ilustra como um computador pode ser programado, especificando cuidadosamente, em cada instrução, os valores de todos os sinais de controle. Nos primeiros computadores era exatamente assim que se fazia, com enormes painéis de interruptores e uma montanha de cabos que umas vezes se ligavam a uma tomada, outras vezes a outra.

O problema é que isto é muito complexo e de muito baixo nível. O PEPE-8 é um processador extremamente simples, apenas com seis sinais de controle (um processador moderno pode ter várias centenas de sinais de controle internos!), e mesmo assim já é preciso muita atenção e cuidado para não esquecermos de um sinal ou trocarmos o valor de algum deles.

Felizmente, nem todas as combinações possíveis dos vários sinais de controle correspondem a instruções úteis. De fato, das 256 possíveis (são seis sinais de controle, mas gastam 8 bits no total), apenas 15 são suficientemente interessantes a ponto de constituírem instruções. Por exemplo, não é particularmente útil ativar os sinais ESCR_A e WR ao mesmo tempo. Por outro lado, se não se ativa o sinal ESCR_A, os valores dos sinais SEL_A, SEL_B e SEL_ALU são irrelevantes. Isto significa que:

- Só há 15 instruções diferentes e não 256, o que torna a programação mais simples;

- Para especificar uma instrução não é preciso indicar os valores dos vários sinais de controle, mas apenas o número da instrução, normalmente conhecido por **código de operação** ou *opcode* que, neste caso, precisa de apenas 4 bits (para 15 instruções);

- A memória de instruções pode ter uma largura menor, pois basta especificar o *opcode* e não todos os sinais de controle.

Assim, cada combinação de valores dos sinais de controle que seja interessante é codificada num número (o *opcode*) e memorizada na memória de instruções. Ao executar o programa, o processador vai lendo cada instrução e o respectivo *opcode* tem de ser decodificado e convertido na combinação de sinais de controle correspondente, o que é conseguido com uma **ROM de decodificação**, tal como ilustrado pela Figura 3.18. Esta ROM tem 4 bits de endereço (o *opcode*) e uma largura de palavra de 8 bits (sinais de controle). Este é o circuito final do PEPE-8.

A Tabela 3.11 descreve as instruções interessantes e a ROM de decodificação.

Observe que só os sinais com valor fixo para uma determinada instrução podem constituir o *opcode* e ser incluídos nesta ROM. A constante, cujo valor pode variar de instrução para instrução, é um parâmetro que se junta ao *opcode* para formar a instrução, mas não é usada para a decodificação, apenas como dado ou endereço.

A palavra da ROM de decodificação é a concatenação dos vários sinais de controle. O valor de alguns desses sinais é irrelevante em algumas instruções. Observe também a associação de um nome a cada um dos valores desses sinais, o que facilita a compreensão de todo o conjunto, usando as convenções indicadas pela Tabela 3.8.

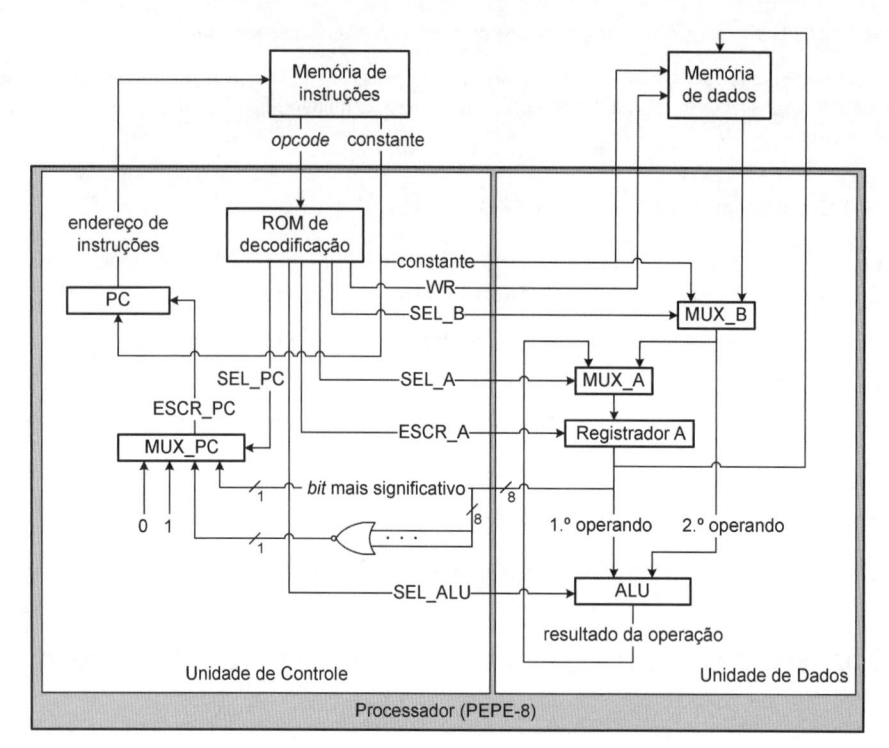

**Fig. 3.18 – Circuito completo do processador (PEPE-8, versão final), com decodificação dos *opcodes* das instruções por ROM**

## 3.4.2 Linguagem *assembly*

No entanto, os *opcodes* são números e as pessoas preferem nomes, pois permitem traduzir mais facilmente a semântica envolvida. Foi com o fim de facilitar a vida dos programadores humanos, que lidam diretamente com a arquitetura do computador, que apareceu a chamada **linguagem *assembly***; que permite substituir os *opcodes* por uma notação simbólica, mais fácil de memorizar.

Não é uma linguagem de programação universal, mas antes específica de um determinado processador. Cada processador tem a sua própria linguagem *assembly*, pois tem os seus próprios recursos de *hardware* e permite implementar operações específicas de uma forma diferente da dos outros. Não há dois processadores iguais, por isso também não há duas linguagens *assembly* iguais. A linguagem *assembly* de um determinado processador é constituída por todas as instruções que ele sabe executar.

No caso do PEPE-8, cada instrução em linguagem *assembly* é representada por:

- Uma palavra-chave (conhecida por **mnemônico**), que identifica a instrução;

- Na maior parte das instruções, um **parâmetro** que indica o operando sobre o qual essa instrução atua, que pode ser interpretado, dependendo da instrução, como:

  - Um valor (**operando imediato**), ou

  - O endereço da célula de memória de dados onde o valor está (**operando em memória**), que se distingue do caso anterior por estar expresso entre colchetes.

A Tabela 3.12 descreve a linguagem *assembly* do PEPE-8 e ilustra a sintaxe das instruções, ao mesmo tempo que mostra a correspondência entre cada mnemônico e o respectivo *opcode*. Observe que algumas instruções têm o mesmo mnemônico (para simplicidade de memorização), mas o tipo de operando é diferente (e os respectivos *opcodes* também).

Se o operando for imediato, o seu valor é o especificado na instrução, enquanto o endereço aparece entre colchetes, nas instruções que têm de ir à memória de dados buscar o operando propriamente dito.

Esta tabela inclui ainda as seguintes informações:

- Significado por extenso (em inglês) dos mnemônicos, que não são mais do que abreviaturas das operações, usando siglas fáceis de memorizar. Poderiam ter sido usadas operações e mnemônicos em português, mas assim é mais fácil reconhecer os mnemônicos de outros processadores que existam no mercado, que são dados em inglês (os mnemônicos das operações mais comuns tendem a ser parecidos);

**Tabela 3.11 – Conteúdo da ROM de decodificação de instruções. "x" representa um *bit* cujo valor é indiferente**

| *Opcode* | Descrição da instrução | SEL_PC | SEL_ALU | ESCR_A | SEL_A | SEL_B | WR | ROM |
|---|---|---|---|---|---|---|---|---|
| 0 | Escreve no registrador A a constante indicada por *valor* (especificada na instrução) | 00-Segue | xx | 1-Sim | 1-MUX_B | 0-Const | 0-Não | 00xx1100 |
| 1 | Escreve no registrador A uma cópia da célula da memória de dados indicada por *endereço* | 00-Segue | xx | 1-Sim | 1-MUX_B | 1-Mem | 0-Não | 00xx1110 |
| 2 | Escreve na célula da memória de dados indicada por *endereço* uma cópia do registrador A | 00-Segue | xx | 0-Não | x | x | 1-Sim | 00xx0xx1 |
| 3 | Soma o registrador A com a constante indicada por *valor* e escreve o resultado no registrador A | 00-Segue | 00-Soma | 1-Sim | 0-ALU | 0-Const | 0-Não | 00001000 |
| 4 | Soma o registrador A com a cópia da memória de dados indicada por *endereço* e escreve o resultado no registrador A | 00-Segue | 00-Soma | 1-Sim | 0-ALU | 1-Mem | 0-Não | 00001010 |
| 5 | Subtrai do registrador A a constante indicada por *valor* e escreve o resultado no registrador A | 00-Segue | 01-Subtrai | 1-Sim | 0-ALU | 0-Const | 0-Não | 00011000 |
| 6 | Subtrai do registrador A a célula da memória de dados indicada por *endereço* e escreve o resultado no registrador A | 00-Segue | 01-Subtrai | 1-Sim | 0-ALU | 1-Mem | 0-Não | 00011010 |
| 7 | Efetua a conjunção lógica *bit* a *bit* do registrador A com a constante indicada por *valor* e escreve o resultado no registrador A | 00-Segue | 10-AND | 1-Sim | 0-ALU | 0-Const | 0-Não | 00101000 |
| 8 | Efetua a conjunção lógica *bit* a *bit* do registrador A com a célula indicada por *endereço* e escreve o resultado no registrador A | 00-Segue | 10-AND | 1-Sim | 0-ALU | 1-Mem | 0-Não | 00101010 |
| 9 | Efetua a disjunção lógica *bit* a *bit* do registrador A com a constante indicada por *valor* e escreve o resultado no registrador A | 00-Segue | 11-OR | 1-Sim | 0-ALU | 0-Const | 0-Não | 00111000 |
| 10 | Efetua a disjunção lógica *bit* a *bit* do registrador A com a célula indicada por *endereço* e escreve o resultado no registrador A | 00-Segue | 11-OR | 1-Sim | 0-ALU | 1-Mem | 0-Não | 00111010 |
| 11 | Desvia para a instrução indicada por *endereço* | 01-Desvia | xx | 0-Não | x | x | 0-Não | 01xx0xx0 |
| 12 | Desvia para a instrução indicada por *endereço* se o valor do registrador A for zero | 10-Desvia_Z | xx | 0-Não | x | x | 0-Não | 10xx0xx0 |
| 13 | Desvia para a instrução indicada por *endereço* se o valor do registrador A for negativo | 11-Desvia_N | xx | 0-Não | x | x | 0-Não | 11xx0xx0 |
| 14 | Não faz nada. Apenas o PC é incrementado como normalmente | 00-Segue | xx | 0-Não | x | x | 0-Não | 00xx0xx0 |
| 15 | Livre | | | | | | | xxxxxxxx |

- Descrição em RTL das instruções, usando as convenções indicadas na Tabela 3.4;

- Descrição em texto do significado das instruções, igual à da Tabela 3.11 e aqui reproduzida para melhor se fazer a correspondência.

A instrução NOP (*No operation*) é a única que não tem parâmetro e, na realidade, não faz nada a não ser avançar o PC. Ela é usada quando se quer apenas gastar tempo (um ciclo de relógio), ou guardar espaço para uma futura instrução. Como todas as instruções têm de ter a mesma largura, a instrução NOP, na realidade, tem de ter os bits reservados para a constante, embora não sejam usados.

 Em geral, os processadores suportam outras instruções sem parâmetros, normalmente operações envolvendo apenas o valor do registrador (como, por exemplo, negar todos os seus *bits*) ou de registradores implicitamente associados, de forma fixa, a essas instruções, razão pela qual não é preciso especificar mais nada além do *opcode*.

Ao contrário do PEPE-8, que é muito simples, os processadores geralmente têm mais registradores do que simplesmente um (Seção 4.1), o que significa que as suas instruções têm de ter pelo menos dois parâmetros (além da constante, tem de se indicar qual é o registrador envolvido).

Outros têm mesmo três parâmetros, para poderem especificar os dois operandos e o resultado de forma independente. Os vários parâmetros são tipicamente separados por vírgulas.

Depende do processador, mas o formato básico (Mnemônico + zero ou mais argumentos) é razoavelmente universal.

Um programa em linguagem *assembly* é apenas texto (caracteres). Tem de haver um programa (***assembler***) que, tal como os compiladores das linguagens de alto nível, converte este texto em instruções (números binários) que o processador executa diretamente. Cada instrução em binário é composta pelo *opcode* e pela constante.

As Subseções 3.4.4 e 3.4.5 ilustram a utilização da linguagem *assembly*.

É importante perceber que a Tabela 3.11 e a Tabela 3.12 constituem duas perspectivas diferentes sobre a mesma entidade, o PEPE-8:

- A primeira reflete a forma como as instruções estão implementadas, em termos dos sinais (é a perspectiva do *hardware*);

- A segunda expressa a funcionalidade das várias instruções e a forma como são especificadas num programa, através da sintaxe (é a perspectiva do *software*).

Atualmente, os computadores são programados comumente em alto nível, usando linguagens de programação como C, Java ou C#, que escondem os detalhes do *hardware* e tornam a programação independente da arquitetura do computador (o compilador trata de gerar as instruções corretas).

No entanto, há situações em que se pretende otimizar a funcionalidade ou o desempenho de um computador e há necessidade de programar em baixo nível, de forma específica e otimizada para uma determinada arquitetura. Nestes casos, usa-se a linguagem *assembly*, considerando-se o processador como uma caixa preta em que o importante não são os detalhes de implementação, mas sim a funcionalidade, expressa pelo conjunto de instruções.

Esta visão do processador é conhecida como **arquitetura do conjunto de instruções**, ou ISA (***Instruction Set Architecture***).

A perspectiva do *hardware* interno do processador interessa, sobretudo, em termos de implementação do circuito, mas quem programa deve conhecer os princípios básicos desta implementação, já que tem um grande impacto no desempenho dos programas.

As linguagens de programação de alto nível suportam a portabilidade funcional dos programas (isto é, a funcionalidade do programa não depende do computador em que é executado). No entanto, para maximizar o desempenho muitas vezes é necessário adaptar (em maior ou menor grau) a estrutura dos programas à arquitetura do processador.

Os compiladores das linguagens de alto nível geram código de máquina de uma forma específica para um determinado processador e têm um conhecimento detalhado da forma como esta está implementada.

### 3.4.3 Implementação das instruções

As figuras seguintes ilustram a arquitetura do PEPE-8 com os sinais ativos (quer de controle, quer de dados) em destaque no caso da execução dos vários tipos de instrução apresentados na Tabela 3.12, considerando o seu mapeamento nos sinais de controle apresentados na Tabela 3.11.

**Tabela 3.12 – Conjunto de instruções suportado pelo PEPE-8 e que constituem a sua linguagem *assembly***

| OPCODE | INSTRUÇÃO ASSEMBLY | SIGNIFICADO (EXTENSO) | DESCRIÇÃO EM RTL | DESCRIÇÃO EM TEXTO |
|---|---|---|---|---|
| 0 | LD *valor* | *Load* (imediato) | A ← *valor* | Escreve no registrador A a constante indicada por `valor` (especificada na instrução) |
| 1 | LD [*endereço*] | *Load* (memória) | A ← M[*endereço*] | Escreve no registrador A uma cópia da célula da memória de dados indicada por `endereço` |
| 2 | ST [*endereço*] | *Store* (memória) | M[*endereço*] ← A | Escreve na célula da memória de dados indicada por `endereço` uma cópia do registrador A |
| 3 | ADD *valor* | *Add* (imediato) | A ← A + *valor* | Soma o registrador A com a constante indicada por `valor` e escreve o resultado no registrador A |
| 4 | ADD [*endereço*] | *Add* (memória) | A ← A + M[*endereço*] | Soma o registrador A com a célula da memória de dados indicada por `endereço` e escreve o resultado no registrador A |
| 5 | SUB *valor* | *Subtract* (imediato) | A ← A − *valor* | Subtrai do registrador A a constante indicada por `valor` e escreve o resultado no registrador A |
| 6 | SUB [*endereço*] | *Subtract* (memória) | A ← A − M[*endereço*] | Subtrai do registrador A a célula da memória de dados indicada por `endereço` e escreve o resultado no registrador A |
| 7 | AND *valor* | *AND* (imediato) | A ← A ∧ *valor* | Efetua a conjunção lógica *bit* a *bit* do registrador A com a constante indicada por `valor` e escreve o resultado no registrador A |
| 8 | AND [*endereço*] | *AND* (memória) | A ← A ∧ M[*endereço*] | Efetua a conjunção lógica *bit* a *bit* do registrador A com a célula da memória de dados indicada por `endereço` e escreve o resultado no registrador A |
| 9 | OR *valor* | *OR* (imediato) | A ← A ∨ *valor* | Efetua a disjunção lógica *bit* a *bit* do registrador A com a constante indicada por `valor` e escreve o resultado no registrador A |
| 10 | OR [*endereço*] | *OR* (memória) | A ← A ∨ M[*endereço*] | Efetua a disjunção lógica *bit* a *bit* do registrador A com a célula da memória de dados indicada por `endereço` e escreve o resultado no registrador A |
| 11 | JMP *endereço* | *Jump* | PC ← *endereço* | Desvia para a instrução indicada por `endereço` |
| 12 | JZ *endereço* | *Jump if zero* | (A=0) : PC ← *endereço* | Desvia para a instrução indicada por `endereço` se o valor do registrador A for zero |
| 13 | JN *endereço* | *Jump if negative* | (A<0) : PC ← *endereço* | Desvia para a instrução indicada por `endereço` se o valor do registrador A for negativo |
| 14 | NOP | *No operation* | | Não faz nada. Apenas o PC é incrementado como normalmente |

> ### Essencial
>
> - A linguagem *assembly* é específica de cada processador e permite codificar uma longa lista de valores de sinais num só número, o *opcode* (código de operação). É uma notação mais compacta, mais simples e reduz os erros de programação;
>
> - Os valores, que possam variar para uma mesma instrução (valor da constante, por exemplo), não podem ser incluídos no *opcode* e têm de constar, ao lado deste, em cada instrução;
>
> - O *assembler* converte o programa *assembly* (texto) em números binários, instruções que o processador consegue executar diretamente.

Para entender estas figuras deve-se ter atenção ao seguinte:

- São os sinais de controle que comandam tudo o que acontece. Os diferentes comportamentos das várias instruções são obtidos especificando-se combinações diferentes dos valores dos sinais de controle;

- Os dados fluem (como se fossem água) por onde encontram uma passagem. Para encaminhá-los, basta abrir e fechar comportas (como, por exemplo, os sinais de seleção dos multiplexadores e o sinal de escrita no registrador A), tal como se faz com os canais de irrigação, na agricultura;

- Apenas os sinais relevantes estão destacados nas figuras. Por exemplo, ao escrever no registrador A, a sua saída muda de valor, o que provoca alterações em todos os sinais de dados que dependem dela (saída da ALU, por exemplo). Essas alterações não são destacadas por não terem influência no comportamento da instrução descrita na respectiva figura;

- Num determinado ciclo de relógio, o PC seleciona uma determinada instrução, o que faz com que os sinais que alteram o estado do sistema (ESCR_PC, WR e ESCR_A) sejam preparados. Só quando o relógio mudar é que o PC é alterado para o novo valor e, se for o caso, ou a memória ou o registrador A são escritos.

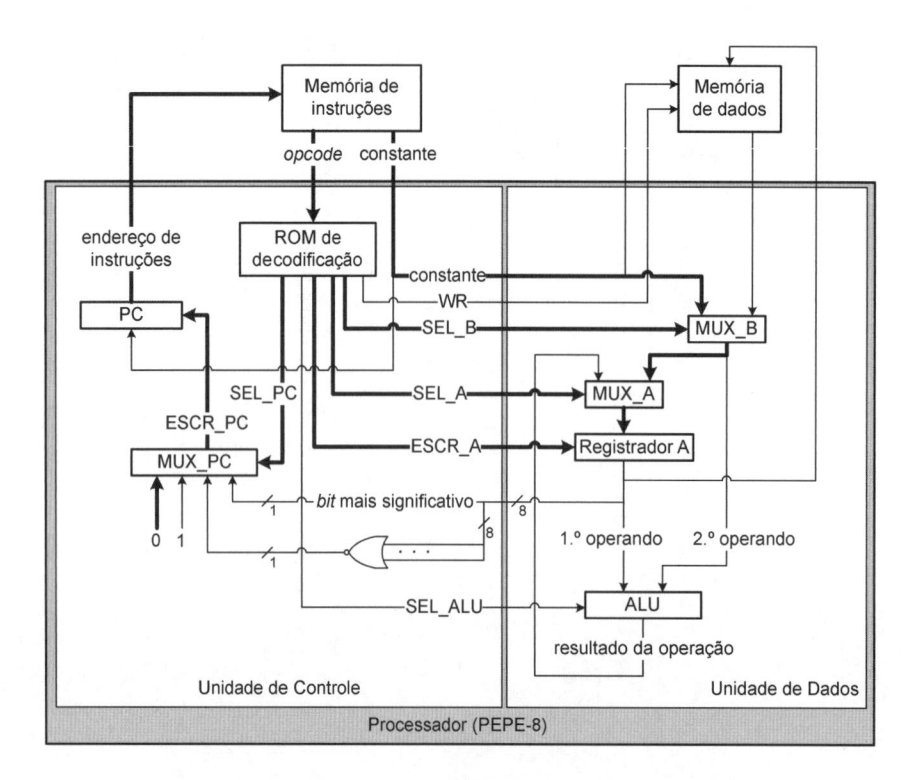

**Fig. 3.19 – Sinais ativos na instrução LD *valor***

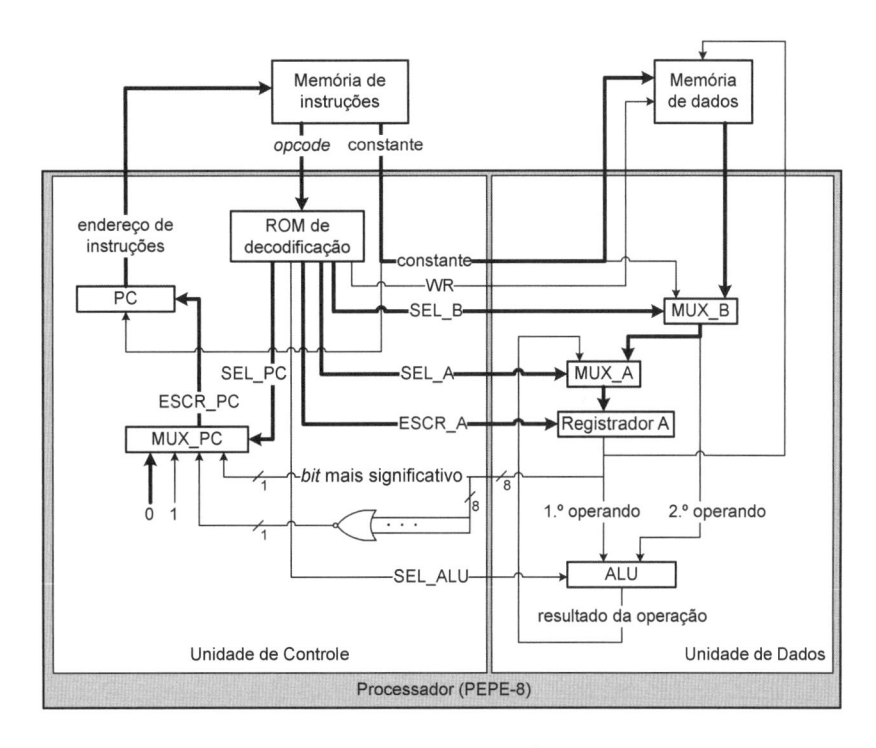

**Fig. 3.20 – Sinais ativos na instrução** LD [endereço]

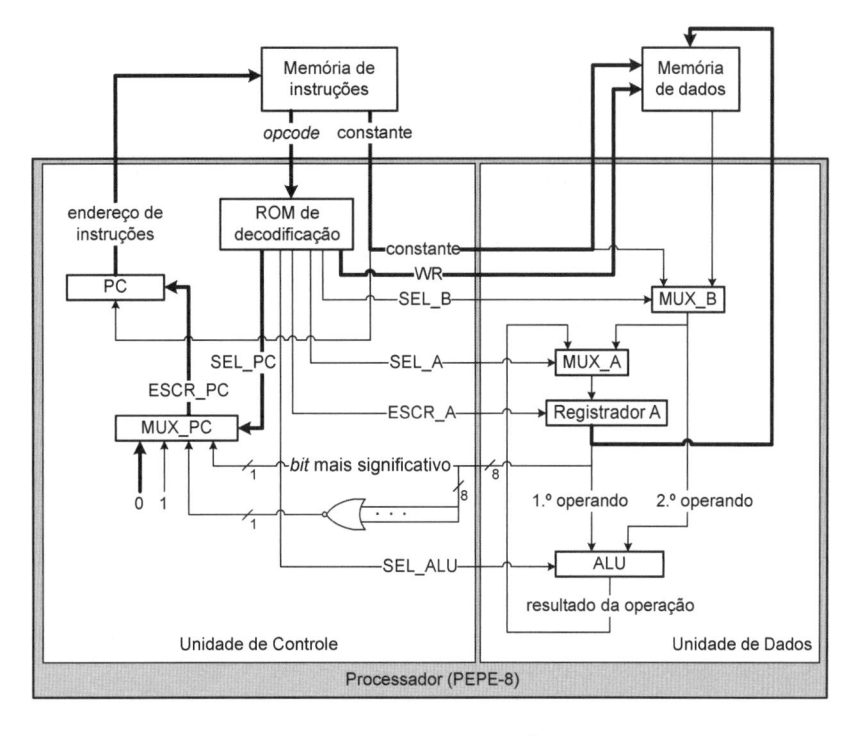

**Fig. 3.21 – Sinais ativos na instrução** ST [endereço]

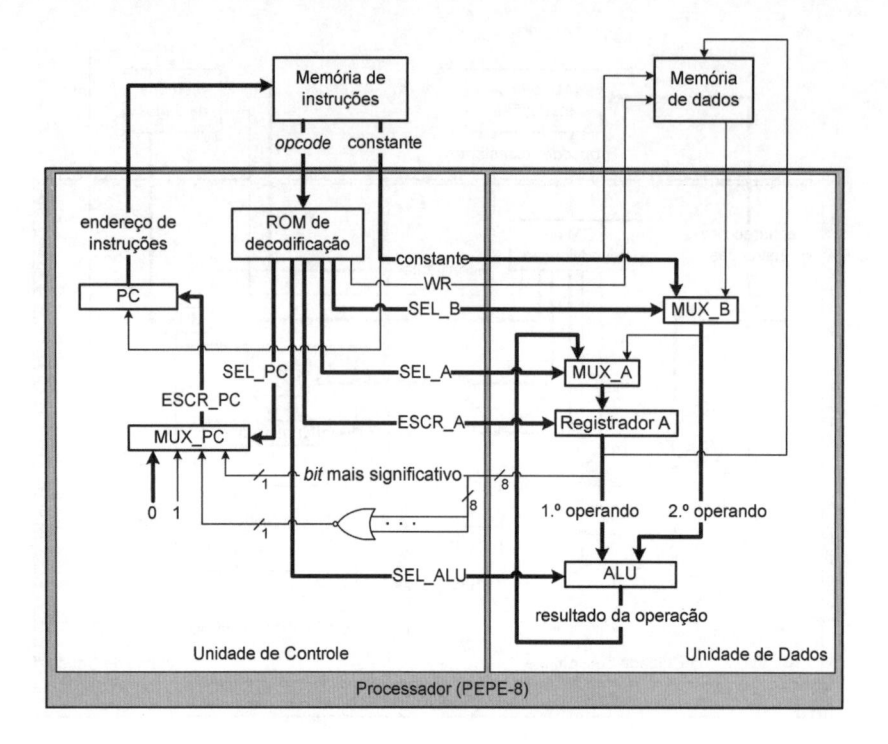

**Fig. 3.22 – Sinais ativos na instrução** `ADD valor`

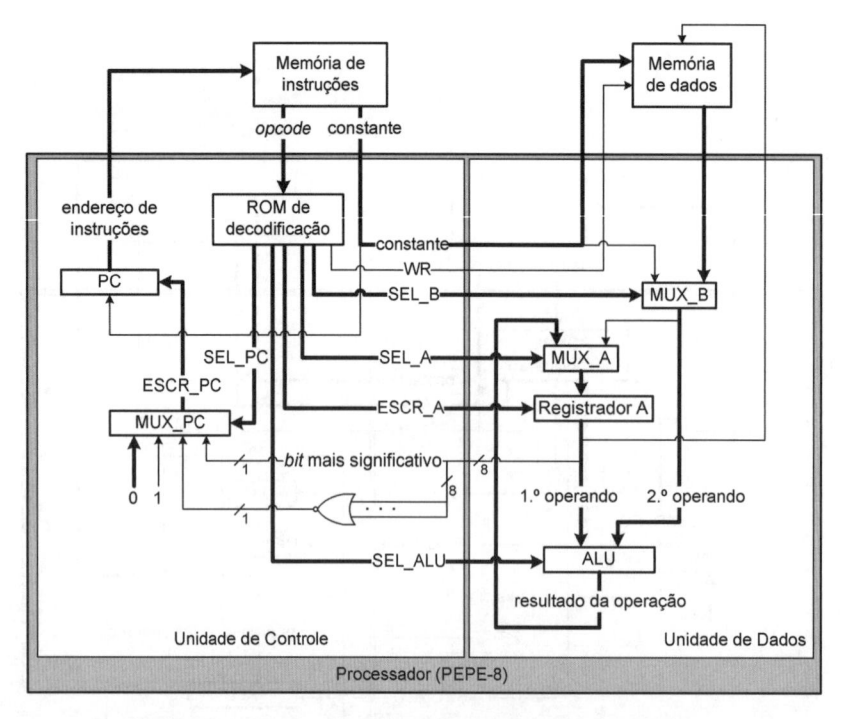

**Fig. 3.23 – Sinais ativos na instrução** `ADD [endereço]`

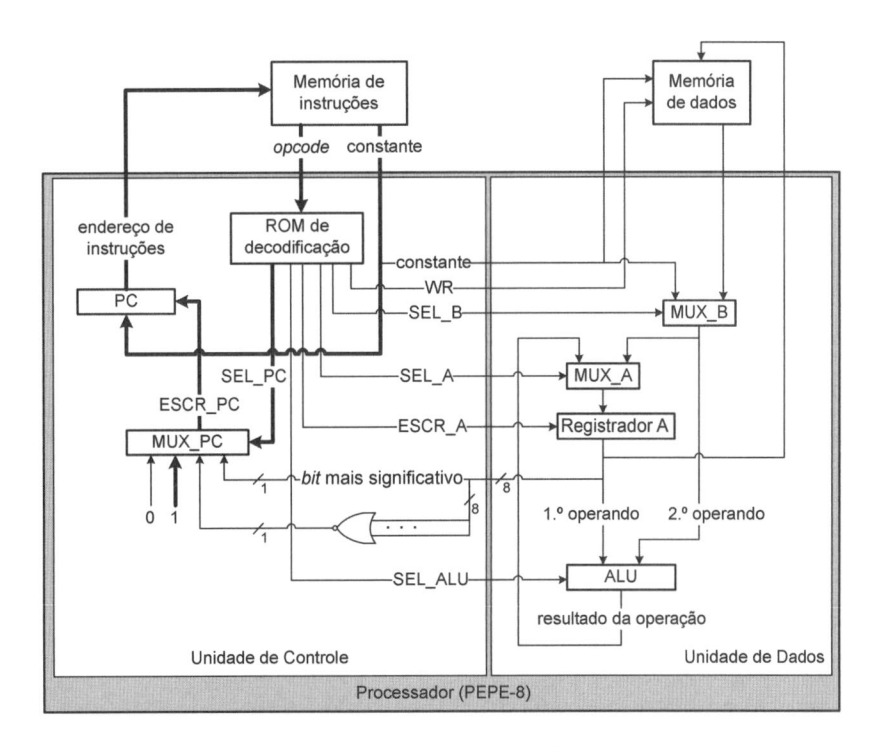

**Fig. 3.24 – Sinais ativos na instrução** JMP *endereço*

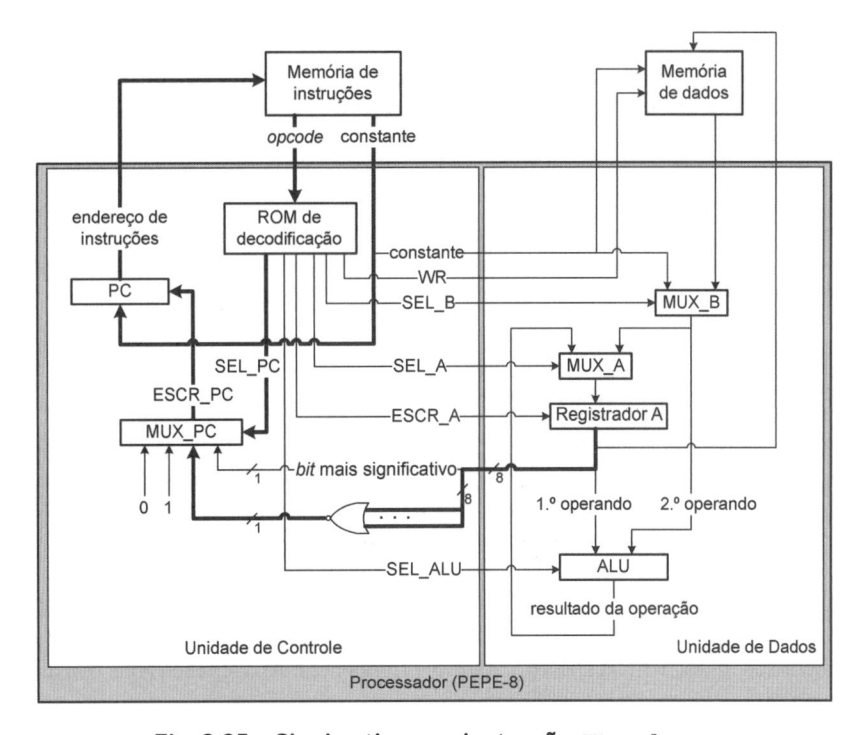

**Fig. 3.25 – Sinais ativos na instrução** JZ *endereço*

### 3.4.4 PROGRAMAÇÃO EM LINGUAGEM *ASSEMBLY*

Esta seção ilustra algumas das vantagens da programação em linguagem *assembly*, efetuando uma comparação com a especificação em RTL, já usada no Programa 3.2 e que está reproduzida na primeira parte do Programa 3.4. A segunda parte apresenta um programa equivalente, mas com instruções em linguagem *assembly*. O significado e resultado dos dois programas são idênticos. Apenas a forma de representação é diferente.

```
1.    A ← 0                  (inicializa A com zero)
2.    M[soma] ← A            (inicializa soma com zero)
3.    A ← N                  (inicializa A com o valor de N)
4.    M[temp] ← A            (atualiza temp na memória)
5.    (A < 0) : PC ← 13      (se temp for negativo, desvia para o fim)
6.    (A = 0) : PC ← 13      (se temp for zero, desvia para o fim)
7.    A ← A + M[soma]        (adiciona soma ao registrador A, que é igual a temp)
8.    M[soma] ← A            (atualiza soma na memória)
9.    A ← M[temp]            (busca temp de novo)
10.   A ← A - 1              (decrementa A)
11.   M[temp] ← A            (atualiza temp na memória)
12.   PC ← 6                 (desvia para o endereço 6)
13.   PC ← 13                (fim do programa)
```

```
N        EQU   4        ; valor pretendido para N
soma     EQU   30       ; endereço da célula de memória soma
temp     EQU   31       ; endereço da célula de memória temp

início:  LD    0        ; inicializa A com zero
         ST    [soma]   ; inicializa soma com zero
         LD    N        ; inicializa A com o valor de N
         ST    [temp]   ; atualiza temp na memória
         JN    fim      ; se temp for negativo, desvia para o fim
teste:   JZ    fim      ; se temp for zero, desvia para o fim
         ADD   [soma]   ; adiciona soma ao registrador A, que é igual a temp
         ST    [soma]   ; atualiza soma na memória
         LD    [temp]   ; busca temp de novo
         SUB   1        ; decrementa A
         ST    [temp]   ; atualiza temp na memória
         JMP   teste    ; verifica se o temp já chegou a zero
fim:     JMP   fim      ; fim do programa
```

**Programa 3.4 – Soma da Subseção 3.3.2.3, em algoritmo (cópia do Programa 3.2, para facilidade de comparação) e em instruções de linguagem *assembly***

Para tornar o exemplo mais claro, a Tabela 3.13 estabelece a correspondência, instrução a instrução, entre as duas versões do Programa 3.4, mostrando o número de cada passo do algoritmo com o endereço em que cada instrução está localizada em memória (de instruções). Os comentários são omitidos nesta tabela por simplicidade e falta de espaço.

O programa em linguagem *assembly* é explicado na Tabela 3.13.

Há algumas diferenças entre estas duas representações do programa sendo importante destacar:

- A linguagem *assembly* do Programa 3.4 resolve um problema que já tinha sido mencionado, mas não resolvido: a atribuição de valores numéricos às constantes simbólicas (seja numa instrução que requer um valor de dados, como LD *constante*, seja numa instrução que requer endereço, como LD [*endereço*]). As primeiras linhas do programa em *assembly* têm essa função. EQU é uma **diretiva** para o *assembler* (também denominada **pseudo-instrução**), que não gera instruções em código de máquina. Indica apenas ao *assembler* que a constante simbólica que aparece antes da diretiva tem o valor indicado. É apenas uma definição. Durante todo o resto do programa, aparecer a constante simbólica (N, por exemplo) ou o seu valor numérico (4, neste programa) é totalmente equivalente. Normalmente, as constantes 0 e 1 são usadas como valores numéricos e não simbólicos, por serem usadas com extrema frequência. As vantagens das constantes simbólicas são basicamente as seguintes:

  - O nome da constante já diz algo sobre o seu significado (soma, por exemplo), algo que um simples número não permite;

  - Se se quiser alterar o valor da constante, basta mudar o valor na diretiva EQU, enquanto se forem usados apenas valores numéricos, tem-se que alterar o valor em todas as instruções em que ele aparecer o que, além de dar mais trabalho, está bastante sujeito a erros (alterar inadvertidamente outro número não relacionado, mas que por coincidência tinha o mesmo valor) e omissões (esquecer de alterar em um ou mais lugares).

- Os *assemblers* suportam comentários, normalmente desde o fim de uma instrução até o fim da linha, começando com um caractere fixo. A sintaxe varia, mas o uso de ";" para iniciar o comentário é bastante frequente. Um comentário não gera

**Tabela 3.13 – Correspondência de instruções e endereços entre o algoritmo em RTL e o programa em linguagem *assembly* do Programa 3.4**

| Passo do Algoritmo | Algoritmo (RTL) | Endereço na Memória | Instruções (*assembly*) | | |
|---|---|---|---|---|---|
| | | | N | EQU | 4 |
| | | | soma | EQU | 30 |
| | | | temp | EQU | 31 |
| | | 00H | | NOP | |
| 1 | A ← 0 | 01H | início: | LD | 0 |
| 2 | M[soma] ← A | 02H | | ST | [soma] |
| 3 | A ← N | 03H | | LD | N |
| 4 | M[temp] ← A | 04H | | ST | [temp] |
| 5 | (A < 0) : PC ← 13 | 05H | | JN | fim |
| 6 | (A = 0) : PC ← 13 | 06H | teste: | JZ | fim |
| 7 | A ← A + M[soma] | 07H | | ADD | [soma] |
| 8 | M[soma] ← A | 08H | | ST | [soma] |
| 9 | A ← M[temp] | 09H | | LD | [temp] |
| 10 | A ← A – 1 | 0AH | | SUB | 1 |
| 11 | M[temp] ← A | 0BH | | ST | [temp] |
| 12 | PC ← 6 | 0CH | | JMP | teste |
| 13 | PC ← 13 | 0DH | fim: | JMP | fim |

instruções em código de máquina, sendo ignorado pelo *assembler*. Não passa de texto usado para explicar melhor o conteúdo e função da instrução. Normalmente, quase todas as instruções em *assembly* devem ter um comentário;

- O valor das constantes de endereço de programa, usadas nas instruções de desvio, poderia ser especificado por uma diretiva EQU. No entanto, isso implicaria que o programador tivesse que contar instruções para saber para qual endereço deveria desviar. Os *assemblers* poupam essa tarefa através de **rótulos** (*labels*), tais como início, teste e fim. À medida que vai convertendo as instruções *assembly* para instruções em código de máquina, o *assembler* vai contando os endereços e sabe em que endereço está cada instrução, o que permite atribuir automaticamente os valores corretos aos rótulos (não é o programador que faz isto). Depois é só usar os rótulos como constantes simbólicas nas instruções de desvio, tal como é feito na parte de *assembly* do Programa 3.4, e o *assembler* os substitui pelo respectivo valor. Tem ainda a vantagem de que se forem introduzidas novas instruções, os valores dos rótulos são alterados automaticamente, sem necessidade de intervenção (e possibilidade de erro...) por parte do programador;

- Por outro lado, no algoritmo em RTL tem de ser o programador a colocar explicitamente os números dos passos do algoritmo nas instruções de desvio. Tem de contar instruções para determinar esses números e tem de ter muito cuidado quando insere instruções novas ou apaga algumas, pois isso altera a numeração e algumas instruções de desvio poderão ter de ser alteradas. Uma situação em que é muito fácil cometer erros!

- O *assembler* atribui o endereço 00H à primeira instrução do programa em *assembly*, pois os endereços da memória de instruções começam em 00H. Além disso, é neste endereço que o PEPE-8 executa a primeira instrução após ser inicializado (*reset*). No entanto, no algoritmo, os programadores numeram o primeiro passo com 1, pois os humanos estão habituados a zero ser ausência e 1 ser a primeira instância de algo. Não haveria qualquer problema em o programa em *assembly* começar com os endereços em 00H, mas então início, teste e fim ficariam com os valores 0, 5 e 12, em vez de 1, 6 e 13, respectivamente, que são os valores correspondentes usados no algoritmo. Para evitar confusões e tornar os endereços iguais, tanto na parte de RTL como na parte de linguagem *assembly*, usou-se uma solução simples que consiste em colocar uma instrução que não faz nada (NOP) antes do programa em *assembly* propriamente dito, de forma a gastar o endereço 00H. Além desta razão, não há qualquer outra justificativa para o NOP neste exemplo.

**SIMULAÇÃO 3.4** – PEPE-8: programação em *ASSEMBLY*

Esta simulação ilustra o funcionamento do PEPE-8 (circuito da Figura 3.18) com programação em linguagem *assembly*, usando o Programa 3.4 e as informações da Tabela 3.11.

Os aspectos abordados incluem os seguintes:

- Montagem do circuito com um módulo que simula o PEPE-8 no nível das instruções;

- Funcionamento individual das várias instruções do PEPE-8, em termos dos recursos de *hardware* e sinais de controle abrangidos;

- Execução do programa em ambiente de desenvolvimento:

  – Execução das instruções **passo a passo** (*single-step*), verificando a evolução dos registradores A e PC;

  – Utilização de **pontos de parada** (*breakpoints*);

  – Modificação manual do valor dos registradores durante a execução do programa (após uma parada motivada por execução passo a passo ou ponto de parada).

### 3.4.5 Programação do PEPE-8 em *assembly*: contagem de *bits*

Esta seção apresenta outro programa simples que ilustra o estilo de programação em linguagem *assembly*. A ênfase desta vez está nas operações lógicas.

O objetivo é contar o número de *bits* com 1 que um determinado valor de 8 bits tem. O algoritmo a ser usado baseia-se numa máscara (ver Dica após a Figura 3.9), que tem apenas um *bit* com 1, *bit* esse que vai mudando de posição desde a menos significativa (0000 0001) até a mais significativa (1000 0000). Em cada iteração, é feita a conjunção lógica (E) da máscara com o valor a ser testado, o que permite isolar um determinado *bit*, o da posição em que a máscara tem o *bit* com 1. Se o resultado der zero, o *bit* correspondente, no valor testado, estava com 0. Se der diferente de zero, o *bit* estava com 1 e, nesse caso, um contador é incrementado. No fim, o contador terá o número de *bits* que estavam com 1 no valor testado.

A Tabela 3.14 ilustra a evolução do algoritmo através de seus aspectos principais.

**Tabela 3.14 – Evolução do algoritmo de contagem de *bits* com 1 em Valor. Os *bits* em negrito são os correspondentes à posição testada em cada iteração**

| POSIÇÃO EM TESTE | MÁSCARA | VALOR (76H) | VALOR AND MÁSCARA | *BIT* COM 1 | CONTADOR DE *BITS* COM 1 |
|---|---|---|---|---|---|
| 0 | 0000 000**1** | 0111 011**0** | 0000 000**0** | Não | 0 |
| 1 | 0000 00**1**0 | 0111 01**1**0 | 0000 00**1**0 | Sim | 1 |
| 2 | 0000 0**1**00 | 0111 0**1**10 | 0000 0**1**00 | Sim | 2 |
| 3 | 0000 **1**000 | 0111 **0**110 | 0000 **0**000 | Não | 2 |
| 4 | 000**1** 0000 | 011**1** 0110 | 000**1** 0000 | Sim | 3 |
| 5 | 00**1**0 0000 | 01**1**1 0110 | 00**1**0 0000 | Sim | 4 |
| 6 | 0**1**00 0000 | 0**1**11 0110 | 0**1**00 0000 | Sim | 5 |
| 7 | **1**000 0000 | **0**111 0110 | **0**000 0000 | Não | 5 |

O número 76H (0111 0110) é usado como exemplo de valor testado. O *bit* em teste varia desde a posição 0 até a 7, e a máscara vai tendo apenas um *bit* com 1 em cada uma destas posições. O artifício para fazer a máscara evoluir é reconhecer que a máscara seguinte é o dobro da máscara anterior (o *bit* com 1 desloca-se uma posição para a esquerda, o que corresponde a multiplicar por 2), assim basta ir somando a máscara com ela própria para dobrar o seu valor.

Assim, o algoritmo é o seguinte:

```
1. contador ← 0                          (inicializa contador de bits com zero)
2. máscara ← 01H                         (inicializa máscara com 0000 0001)
3. Se ((máscara AND valor) = 0)
      desvia para 5                      (se o bit está com zero, passa ao próximo)
4. contador ← contador + 1               (bit está com 1, incrementa contador)
5. Se (máscara = 80H) desvia para 8      (se já testou a última máscara, termina)
6. máscara ← máscara + máscara           (duplica máscara para deslocar bit para
                                          a esquerda)
7. Desvia para 3                         (vai testar o novo bit)
8. Desvia para 8                         (fim do algoritmo)
```

O programa correspondente em linguagem *assembly* pode ser o indicado no Programa 3.5. A primeira diretiva EQU define qual o valor numérico a ser testado, que é um parâmetro deste programa. As restantes são valores fixos, independentes do valor a ser testado.

```
; constantes de dados
valor           EQU    76H   ; valor cujo número de bits com 1 é para ser contado
máscaraInicial  EQU    01H   ; 0000 0001 em binário (máscara inicial)
máscaraFinal    EQU    80H   ; 1000 0000 em binário (máscara final)

; constantes de endereços (na memória de dados)
contador        EQU    00H   ; endereço da célula de memória de dados que guarda
                             ; o valor corrente do contador de bits com 1
máscara         EQU    01H   ; endereço da célula de memória de dados que guarda
                             ; o valor corrente da máscara
; programa (memória de instruções)
início:   LD    0             ; inicializa o registrador A com zero
          ST    [contador]    ; inicializa o contador de bits com zero
          LD    máscaraInicial; carrega valor da máscara inicial
          ST    [máscara]     ; atualiza na memória
teste:    AND   valor         ; isola o bit que se quer verificar se é 1
          JZ    próximo       ; se o bit for zero, passa à máscara seguinte
          LD    [contador]    ; bit é 1. Busca o valor atual do contador
          ADD   1             ; incrementa-o
          ST    [contador]    ; e atualiza de novo na memória
próximo:  LD    [máscara]     ; busca de novo a máscara atual
          SUB   máscaraFinal  ; subtrai para comparar com a máscara final
          JZ    fim           ; se der zero, eram iguais e portanto já terminou
          LD    [máscara]     ; tem de carregar a máscara de novo
          ADD   [máscara]     ; soma com ela própria para multiplicá-la por 2
          ST    [máscara]     ; atualiza o valor da máscara na memória
          JMP   teste         ; vai fazer mais um teste com a nova máscara
fim:      JMP   fim           ; fim do programa
```

**Programa 3.5 – Implementação do algoritmo de contagem de *bits* com 1**

Após este programa, o resultado (5, de acordo com a Tabela 3.14) estará disponível na célula de memória de dados com o endereço contador (ou 00H, em termos numéricos).

Para contar o número de *bits* com 0, em vez de contar o número de *bits* com 1, basta inverter o desvio condicional após o rótulo teste, ficando desta forma:

```
          . . .
teste:    AND   valor         ; isola o bit que se quer verificar se é 0
          JZ    maisUm        ; se o bit for zero, tem de incrementar o contador
          JMP   próximo       ; passa à máscara seguinte
maisUm:   LD    [contador]    ; busca o valor atual do contador,
          ADD   1             ; incrementa-o
          ST    [contador]    ; e atualiza de novo na memória
próximo:  LD    [máscara]     ; busca de novo a máscara atual
          . . .
```

A atualização da Tabela 3.14 para este caso, bem como o cálculo do novo resultado, é deixado como exercício para o leitor, fazendo parte da simulação seguinte.

### SIMULAÇÃO 3.5 – PEPE-8: CONTAGEM DE *BITS*

Esta simulação ilustra o funcionamento do PEPE-8 com o Programa 3.5, seguindo os passos da Tabela 3.14. Os aspectos abordados incluem os seguintes:

- Montagem do circuito com um módulo que simula o PEPE-8 no nível das instruções;

- Funcionamento individual das várias instruções do PEPE-8, em particular as operações lógicas;

- Execução do programa em ambiente de desenvolvimento:

– Execução das instruções passo a passo (*single-step*), verificando a evolução dos registradores A e PC;

– Utilização de pontos de parada (*breakpoints*);

– Modificação manual do valor dos registradores durante a execução do programa (após uma parada motivada por execução passo a passo ou ponto de parada);

– Exploração da variante do programa que conta o número de *bits* com 0 no valor a ser testado, em vez de contar o número de *bits* com 1.

## 3.5 PERIFÉRICOS

### 3.5.1 ESTRUTURA DO *HARDWARE*

Até aqui abordamos apenas os aspectos relacionados com as memórias (de dados e de instruções) e com o processador. No entanto, a Figura 3.1 indica que ainda falta considerar os periféricos, a única forma de um computador interagir com o mundo que o rodeia.

Como exemplo, vamos usar o sistema de controle de semáforo de pedestres já apresentado na Subseção 2.6.7.4, que utilizou a técnica da microprogramação para implementá-lo com um sistema programado no nível dos sinais de *hardware*. O objetivo aqui é implementar exatamente o mesmo sistema, mas usando um processador (o PEPE-8) e programação em linguagem *assembly*, com periféricos que permitam controlar as luzes do semáforo e ler o estado do botão de pedestres.

Do ponto de vista do processador, um periférico não passa de uma célula de memória de dados. Aliás, não há mesmo nada que indique ao processador se está se acessando a uma memória de dados ou a um periférico. Nem interessa. A operação (de leitura ou de escrita) é exatamente a mesma e a largura em *bits* também. A diferença reside no comportamento dos periféricos:

- Ao contrário das células de memória de dados, um periférico só suporta um tipo de operação: ou leitura ou escrita (mas não ambas[22]). Isso implica que haja dois tipos de periféricos:

  – De entrada, que só suportam leituras feitas pelo processador;

  – De saída, que só admitem escritas feitas pelo processador.

- Ao contrário das células de memória, os *bits* de um periférico estão disponíveis para se ligarem a dispositivos exteriores (controláveis digitalmente com 0s e 1s):

  – Um periférico de saída memoriza o valor escrito pelo processador, tal como uma célula de memória, mas, em vez de o valor ficar apenas memorizado internamente, os *bits* memorizados podem ser ligados a dispositivos exteriores;

  – Um periférico de entrada não tem memória. Ao contrário de uma célula de memória, que ao ser lida reproduz o valor memorizado lá, um periférico de entrada limita-se a ler o valor dos *bits* produzidos pelos dispositivos externos a que está ligado.

 Os dispositivos exteriores a que os periféricos podem se ligar são tipicamente:

  - Elétricos, como uma resistência de um aquecedor ou de um termoacumulador;

- Eletro-ópticos, como uma lâmpada incandescente ou um LED;

- Eletrônicos, como uma interface de comunicação com outros computadores;

- Eletromecânicos, como um motor ou um interruptor;

- Eletroacústicos, como um alto-falante ou uma sirene.

Tudo o que seja controlável digitalmente por meio de 0s e 1s pode ser ligado a um computador (e controlado por este). No entanto, é importante saber que não é um *bit* de um periférico de saída que consegue controlar uma lâmpada de 60 W[23] ou um motor de um elevador, por exemplo. Um *bit* de saída trabalha com 5 V (ou menos) de tensão contínua e potências na ordem dos 50 mW (milésimos de Watt). Não se compara com os 220 V e 60 W de uma lâmpada incandescente ou os 380 V (trifásicos) de um motor de 3000 W, por exemplo (e estas tensões são alternadas e não contínuas). Apenas os dispositivos eletrônicos e de mais baixa potência (como um LED, por exemplo, que não precisa mais do que uns 30 mW para funcionar) podem ser controlados diretamente por um *bit* de um periférico. Todos os outros, que precisam de mais potência, necessitam de uma interface específica, que se liga ao *bit* por um lado e ao dispositivo por outro, fazendo o controle de potência.

A discussão destes detalhes está fora do âmbito deste livro, podendo consultar-se, por exemplo, [Mims 2003] e [Gonçalves 2005].

A Figura 3.26 ilustra a ligação das memórias e dos periféricos ao processador. O processador não distingue a memória dos periféricos, em função do que estes têm de partilhar a mesma ligação com o processador. Isto levanta alguns problemas que precisam ser resolvidos.

---

[22] Há dispositivos que suportam as duas operações, mas que são constituídos por dois periféricos, um de entrada e outro de saída.

[23] Watt, unidade de medida de potência.

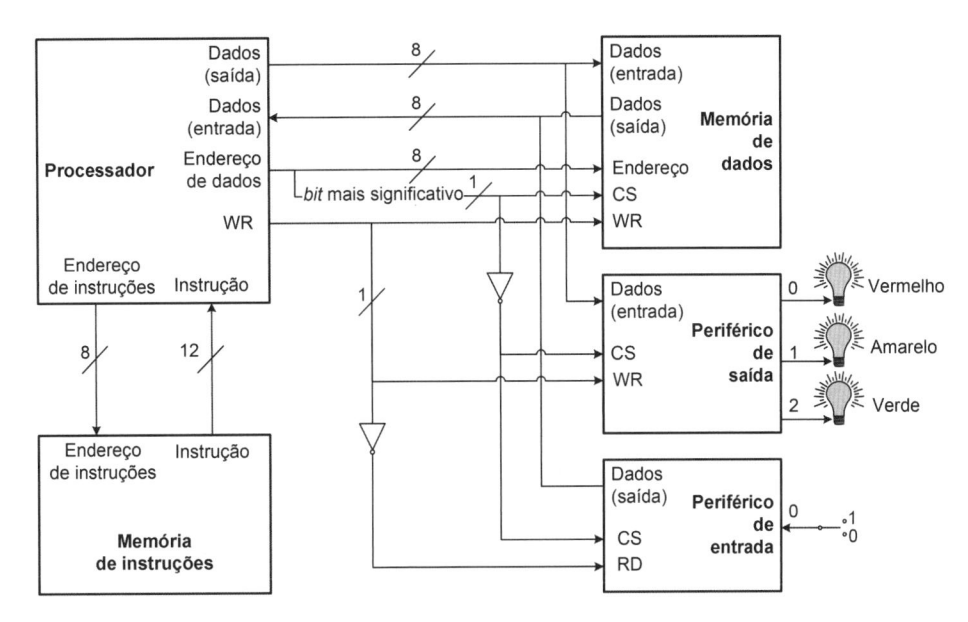

**Fig. 3.26 – PEPE-8 com ligação às memórias e aos periféricos. As ligações mais importantes têm a sua largura em *bits* especificada. O *bit* mais significativo do endereço de dados indica se o acesso é à memória ou aos periféricos**

Os aspectos mais relevantes das ligações na Figura 3.26 são os seguintes:

- O periférico de saída se liga apenas à saída de dados do processador. O periférico de entrada se liga apenas à entrada de dados do processador. A memória de dados se liga tanto à entrada como à saída de dados do processador;

- Tanto a memória de dados como os periféricos têm 8 bits de largura. A memória de instruções tem 12 bits (4 bits de *opcode* e 8 bits de constante);

- O periférico de saída se liga às três lâmpadas do semáforo, vermelha, amarela e verde, com os *bits* 0, 1 e 2, respectivamente. Os 5 bits restantes ficam com as saídas "no ar" (não ligadas). Por simplicidade, ignora-se aqui o circuito de controle de potência das lâmpadas, que deverá existir entre cada *bit* e a lâmpada propriamente dita;

- O periférico de entrada se liga apenas ao interruptor do botão dos pedestres, que serve para solicitar verde para os pedestres atravessarem. Este interruptor normalmente está com 0, indo para 1 apenas enquanto estiver sendo pressionado e voltando para 0 logo que for liberado. O interruptor se liga ao *bit* 0 do periférico. Os outros 7 bits, como não são usados, devem ser ligados a 0 para que, ao ler este periférico, esses *bits* sejam lidos como 0. O que não pode é ficarem "no ar" (não ligados), pois o valor lido nesses *bits* seria aleatório (dependentes de ruído eletromagnético, como o produzido por um motor elétrico ou pelo interruptor da lâmpada de uma sala);

- O periférico de saída é constituído basicamente por um registrador de 8 bits, em que os *bits* de saída do registrador estão disponíveis para se ligar às lâmpadas.

A escrita de dados por parte do processador, tanto na memória de dados como no periférico de saída, ocorre quando o processador ativa WR. A leitura ocorre quando WR está inativo. O periférico de saída não pode ser lido (portanto não faz nada com WR inativo), mas por outro lado o periférico de entrada não pode ser escrito, logo funciona ao contrário: não faz nada quando WR está ativo. Por isso, os dispositivos normalmente têm uma entrada de controle, também ativa em 0, para leitura, designada RD em oposição a WR. No circuito da Figura 3.26, RD é simplesmente a negação de WR.

Assim:

- A memória suporta escritas e leituras, usando o WR para distingui-las (ativo, ou 0, é escrita; inativo, ou 1, é leitura);

- O periférico de saída só suporta escritas (quando WR está inativo não faz nada);

- O periférico de entrada só suporta leituras (quando RD está inativo, não faz nada).

O sinal WR (ou a sua negação, RD) se liga a todos os periféricos. Se só usássemos este sinal, as consequências seriam:

- Num acesso de escrita do processador (WR ativo), tanto a memória como o periférico de saída seriam escritos com o mesmo valor, o que não está correto (os dispositivos têm de funcionar independentemente);

## Tabela 3.15 – Efeito de um acesso do processador para leitura e escrita em um determinado dispositivo (memória ou periférico)

| SINAIS | | | WR | |
|---|---|---|---|---|
| | | | INATIVO (1) – LEITURA | ATIVO (0) – ESCRITA |
| CS | INATIVO (1) | | Sem efeito no dispositivo<br>▪ Saída de dados inativa, se a tiver<br>▪ Ignora entrada de dados, se a tiver | |
| | ATIVO (0) | MEMÓRIA | Lê dados<br>▪ Saída de dados ativa<br>▪ Ignora entrada de dados | Escreve dados<br>▪ Entram na entrada de dados<br>▪ Saída de dados inativa |
| | | PERIFÉRICO DE ENTRADA | Lê dados<br>▪ Saída de dados ativa | Sem efeito<br>▪ Saída de dados inativa |
| | | PERIFÉRICO DE SAÍDA | Sem efeito<br>▪ Ignora entrada de dados | Escreve dados<br>▪ Entram na entrada de dados |

▪ Num acesso de leitura (WR inativo, RD ativo), tanto a memória como o periférico de entrada colocariam os seus próprios valores (só serão iguais por acaso) na entrada de dados do processador, o que corresponde a um conflito entre sinais que pode destruir os circuitos.

Nenhuma das situações é aceitável, assim a solução universalmente aceita engloba os seguintes aspectos:

▪ Qualquer dispositivo desenvolvido para se ligar a um processador tem sempre, além do sinal de WR, outro sinal que indica se é a esse dispositivo que o processador quer acessar. Os nomes mais típicos para este último sinal são CS[24] (*Chip Select*), CE (*Chip Enable*) ou simplesmente EN (*Enable*). Na prática, é um **sinal de seleção** que permite selecionar apenas um de todos os dispositivos que se ligam ao processador (só um dispositivo de cada vez poderá ter o seu sinal CS ativo). Normalmente, este sinal é ativo em 0;

▪ Os dispositivos que podem ser lidos (memória e periféricos de entrada) têm de tornar inativa a sua saída de dados (que se liga à entrada de dados do processador) quando o seu sinal CS está inativo. Cada *bit* desta saída deve poder ter 3 estados (saída *tri-state* – ver Subseção 2.6.3): 0, 1 e desligado, caso em que não força qualquer valor. Desta forma, só um dispositivo colocará um valor na entrada de dados do processador (os outros terão a sua saída de dados desligada, ou inativa), eliminando o conflito.

A Tabela 3.15 indica o que acontece a um dispositivo (memória ou periférico) quando o processador faz um acesso, nas quatro combinações dos dois sinais ligados a esse dispositivo, WR e CS (só um dispositivo poderá ter CS ativo).

O circuito tem de garantir de alguma forma que apenas um sinal de seleção de dispositivo esteja ativo de cada vez. O circuito da Figura 3.26 é simples e tem apenas uma memória e um periférico de cada tipo (entrada e saída). Os periféricos não interferem um com o outro, uma vez que um só atua na leitura e outro na escrita.

Esta simplicidade permite usar apenas o *bit* mais significativo do endereço para distinguir se se está acessando a memória ou um periférico (o sinal WR distingue os dois periféricos). O espaço de endereçamento do PEPE-8 é de 256 endereços, de 0 a 255.[25] Se for feito um acesso a um endereço entre 0 e 127, o *bit* mais significativo do endereço estará com 0, e o CS da memória estará ativado (mas o CS dos periféricos, não) e a memória de dados será acessada. Se o endereço estiver entre 128 e 255, o *bit* mais significativo do endereço estará com 1, o CS dos periféricos estará ativado (mas o CS da memória, não) e é um periférico que será acessado, dependendo do sinal WR. Em nenhum caso há uma escrita ou uma leitura em dois dispositivos ao mesmo tempo.

As Figuras 3.27 e 3.28 ilustram os sinais envolvidos nos acessos para escrita, na memória e no periférico de saída.

O periférico de entrada não é um registrador, porque não precisa memorizar o estado dos *bits* a que está ligado. Quando for lido, basta apenas reproduzir o valor dos *bits* a que está ligado (neste caso, o interruptor).

O periférico de entrada não pode ser lido ao mesmo tempo que a memória de dados, senão há conflito de valores entre as saídas de dados da memória e do periférico (ambos se ligam à entrada de dados do processador). Isto significa também que estas saídas de dados não podem ser normais, mas sim *tri-state* (Subseção 2.6.3). O seu estado inativo é de alta impedância (desligado), não provocando qualquer conflito.

---

[24]Este é o nome escolhido para este sinal nos exemplos deste livro, por ser aquele que melhor traduz a sua semântica de seleção.

[25]Os endereços são sempre entendidos como números sem sinal, uma vez que endereços negativos não existem.

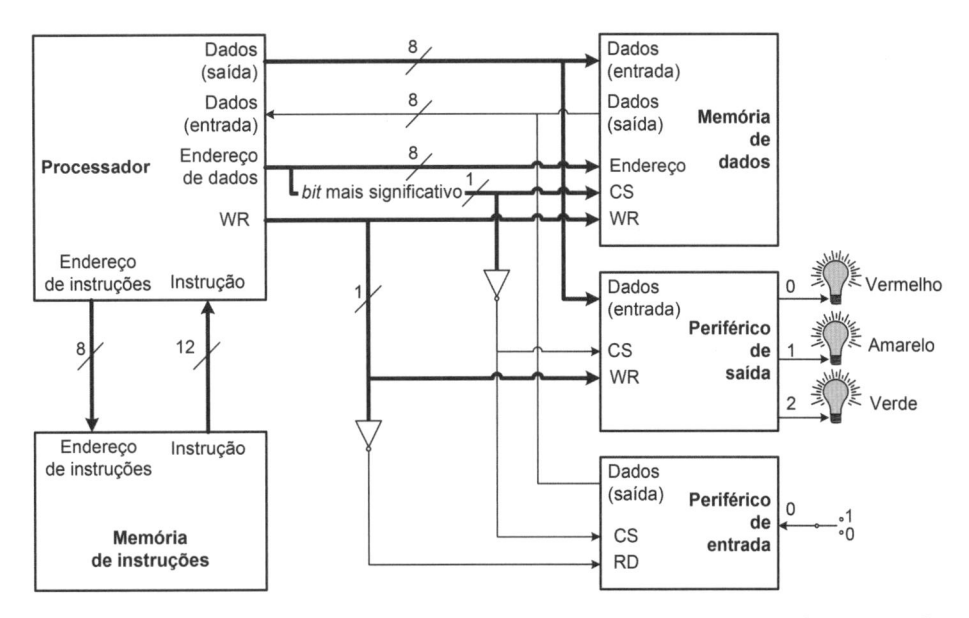

**Fig. 3.27 – Escrita na memória de dados, com os sinais ativos destacados. O periférico de saída tem o sinal WR ativado, mas não o sinal CS (que fica ativo em 0), logo os seus *bits* não são alterados**

Quando há uma leitura (WR no processador desativado, RD no periférico de entrada ativado), depende do valor do bit mais significativo do endereço de dados:

■ Se for 0 (endereços de 0 a 127) – O CS da memória estará ativo e o CS dos periféricos inativo. Será uma leitura da memória (Figura 3.29), que ativará a sua saída de dados (a saída de dados do periférico de entrada estará inativa);

■ Se for 1 (endereços de 128 a 255) – O CS dos periféricos estará ativo e o CS da memória inativo. A saída de dados da memória ficará inativa e o periférico de entrada ativará a sua saída de dados (Figura 3.30), que o processador irá ler.

Este esquema funciona bem, mas é importante destacar os seguintes aspectos:

■ A capacidade da memória de dados fica reduzida à metade (128 bytes, 0 a 127), pois a outra metade passa a estar reservada para os periféricos;

■ Todos os 128 endereços de 128 a 255 acessam o periférico de saída, pois este não liga nada aos *bits* restantes do endereço, apenas ao *bit* mais significativo. Isto significa que há um mau aproveitamento do espaço de endereçamento, pois o periférico apenas necessitava de um endereço e está usando 128.

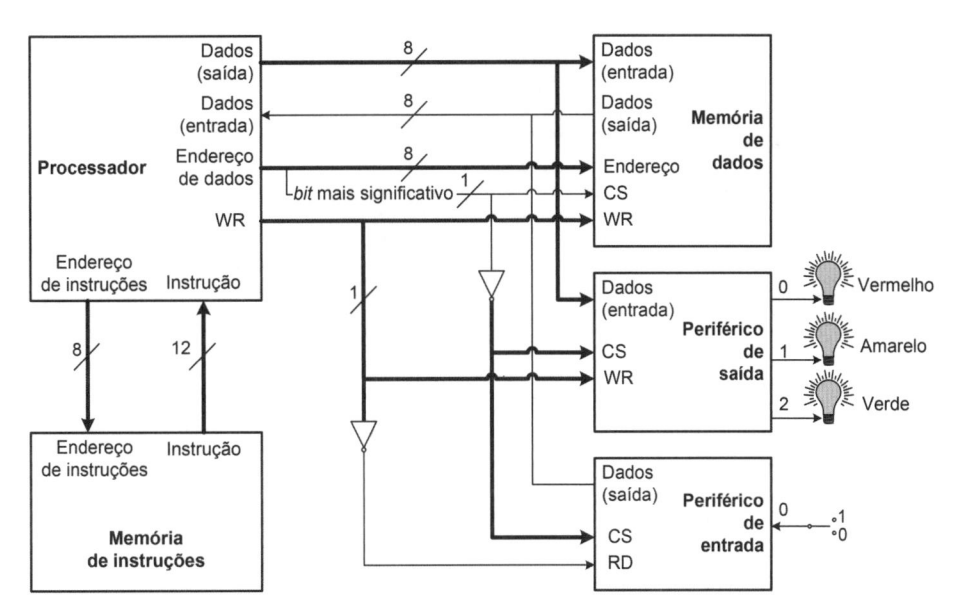

**Fig. 3.28 – Escrita no periférico de saída, com os sinais ativos destacados. A memória de dados tem WR ativado, mas não CS (que fica ativo em 0), logo a célula endereçada não é alterada. O periférico de entrada tem CS ativo, mas não RD, logo não é acessado**

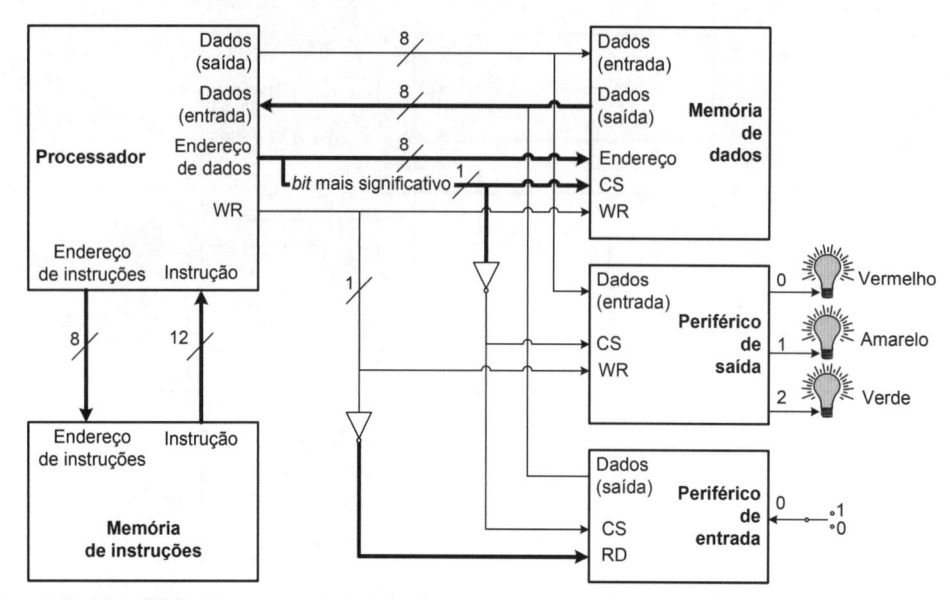

**Fig. 3.29 – Leitura da memória de dados, com os sinais ativos destacados. WR da memória está inativo (leitura). O periférico de entrada tem RD ativo, mas não CS, logo a sua saída de dados está inativa, evitando conflitos com a memória**

A Subseção 6.1.3 apresenta soluções mais eficientes para este problema.

**SIMULAÇÃO 3.6 – FUNCIONAMENTO DOS PERIFÉRICOS**

Esta simulação ilustra o funcionamento dos periféricos. O circuito a ser usado é basicamente o da Figura 3.26, mas o processador é substituído por dispositivos que permitem controlar manualmente os sinais normalmente gerados pelo PEPE-8, para ilustrar o funcionamento dos periféricos em detalhe e com controle total. Os aspectos abordados incluem os seguintes:

- Funcionamento básico do periférico de saída (com memorização do valor), e do periférico de entrada, com ênfase na sua interface *tri-state*;

- Distinção entre acesso à memória e acesso aos periféricos, com ilustração do que acontece quando se ativa simultaneamente a memória e um periférico, seja em leitura seja em escrita.

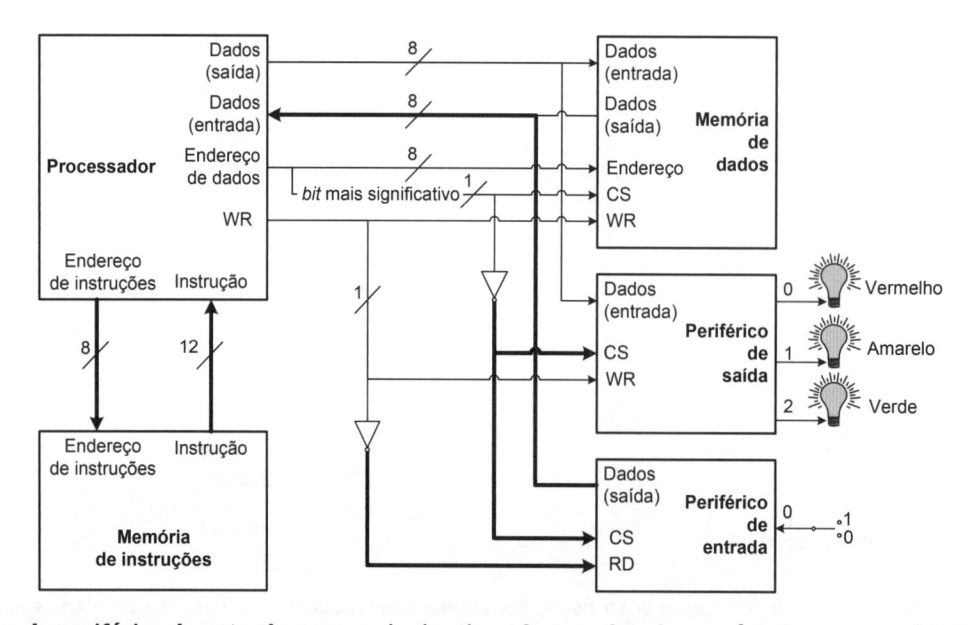

**Fig. 3.30 – Leitura do periférico de entrada, com os sinais ativos destacados. A memória tem a sua saída de dados inativa, para evitar conflito com o periférico**

- Os periféricos constituem o único meio de um computador se comunicar com o meio exterior. Cada periférico é visto pelo processador como uma memória especial, com muito poucas células (pode ser apenas uma), em que os *bits* estão disponíveis para ligação ao mundo exterior. Um periférico de saída é um registador que memoriza os *bits* escritos nele. Um periférico de entrada não tem memória, limitando-se a ler o estado dos *bits* do mundo exterior aos quais está ligado;

- Os periféricos lidam apenas com *bits*, de muito baixas tensões e potências, e não são capazes de controlar diretamente dispositivos de altas/tensões e/ou potências (uma lâmpada incandescente, por exemplo), sendo necessárias interfaces especiais para fazer a conversão;

- Os *bits* não usados de um periférico de entrada devem ser ligados com 0 (ou com 1. Não podem é ficar "no ar");

- Os periféricos de entrada e a memória de dados têm uma interface *tri-state* com o processador para permitir ler ou da memória ou do periférico, sem conflitos;

- O sinal WR permite distinguir as operações de leitura das de escrita;

- Havendo vários dispositivos (memória e periféricos) ligados à mesma interface de dados com o processador, tem de haver um sinal (CS) para distinguir a qual dispositivo se dirige um acesso. Em cada acesso do processador, só um dispositivo pode ter este sinal ativado;

- Os sinais CS são derivados dos endereços. Quando o processador faz um acesso a um determinado endereço, deve haver um circuito que ativa apenas o CS do dispositivo a que esse endereço pertence.

### 3.5.2 Programação com periféricos

A programação com periféricos é tão simples como com células de memória. Basta saber o endereço onde o periférico está situado. Aliás, também é preciso saber em que faixa de endereços a memória de dados está situada. Chama-se a isto saber qual o **mapa dos endereços**

No caso da Figura 3.26, e conforme a explicação anterior, o mapa de endereços de dados (não tem nada a ver com os endereços das instruções, que são separados) é o seguinte:

**Tabela 3.16 – Mapa de endereços de dados do circuito da Figura 3.26**

| DISPOSITIVO | FAIXA DE ENDEREÇOS PARA ESCRITA (WR ATIVO) | FAIXA DE ENDEREÇOS PARA LEITURA (WR INATIVO) |
|---|---|---|
| Memória de Dados | 0 a 127 | 0 a 127 |
| Periférico de Saída | 128 a 255 | Nenhum (o sinal WR do periférico está inativo) |
| Periférico de Entrada | Nenhum (o sinal RD do periférico está inativo) | 128 a 255 |

Observe que a faixa de endereços do periférico de saída é a mesma que a do periférico de entrada, mas não interferem mutuamente porque um está ativo só nas escritas e o outro só nas leituras.

Para qualquer um destes periféricos pode-se escolher um dos endereços da faixa 128 a 255 (qualquer um serve, pois o periférico é ativado em qualquer endereço desta faixa). Por isso, pode-se escolher o endereço 128, por exemplo, para ambos os periféricos.

#### 3.5.2.1 Uso de periféricos de saída

O Programa 3.6 ilustra o uso de periféricos a partir de instruções em linguagem *assembly*. O circuito base é o da Figura 3.26, mas é usado apenas o periférico de saída, em um *loop* de programação fixa.

O objetivo é implementar o semáforo simples especificado após a Simulação 2.13, com uma máquina de estados que implementa uma sequência fixa verde-amarelo-vermelho, com tempos predefinidos.

Para evitar o problema de medir tempos (tratado apenas na Subseção 6.2.2.5), usa-se uma frequência de relógio de 1 Hz (uma instrução por cada segundo) para o processador, o que permite derivar os tempos diretamente das instruções executadas. Para alterar os tempos de cada cor no semáforo é preciso acrescentar ou retirar instruções, não sendo possível definir os tempos com constantes. É um esquema elementar, mas tem a vantagem de ser muito simples.

Assumem-se os seguintes tempos (curtos para serem mais facilmente testáveis):

- Verde – 5 segundos;

- Amarelo – 2 segundos;

- Vermelho – 7 segundos.

Há alguns aspectos neste programa que é importante destacar:

- Só após a instrução ST [semáforo] é que os *bits* atualizados aparecem na saída do periférico. Só nesse momento o semáforo muda de cor. Na prática, uma cor se inicia no princípio do ciclo de relógio da instrução com o rótulo com o nome dessa cor. Por exemplo, observe que o verde permanece mesmo quando o amarelo já está sendo preparado;

- As pausas para cumprir os tempos indicados anteriormente são efetuadas com instruções NOP (que não fazem nada a não ser gastar um ciclo de relógio). Observe que a cor amarela não precisa de instruções NOP porque o tempo para preparar a cor vermelha já esgota os 2 segundos (duas instruções) requeridos. A instrução JMP início também consome o tempo, contabilizado a cor vermelha;

- Quando o programa começa, o periférico de saída ainda não foi inicializado. Isto quer dizer que, durante as duas primeiras instruções, o semáforo pode ter um valor aleatório, podendo mesmo estar totalmente apagado ou ter as três lâmpadas acesas.

```
; constantes de dados
vermelho EQU        01H     ; valor do vermelho (lâmpada se liga ao bit 0 - ver
                            ; a Figura 3.26)
amarelo  EQU        02H     ; valor do amarelo (lâmpada se liga ao bit 1)
verde    EQU        04H     ; valor do verde (lâmpada se liga ao bit 2)

; constantes de endereços
semáforo EQU        80H     ; endereço 128 (periférico de saída)

; programa
início:     LD      verde       ; carrega o registrador A com o valor para verde
            ST      [semáforo]  ; atualiza o periférico de saída
semVerde:   NOP                 ; faz uma pausa
            NOP                 ; faz uma pausa
            NOP                 ; faz uma pausa
            LD      amarelo     ; carrega o registrador A com o valor para amarelo
            ST      [semáforo]  ; atualiza o periférico de saída
semAmarelo: LD      vermelho    ; carrega o registrador A com o valor para vermelho
            ST      [semáforo]  ; atualiza o periférico de saída
semVerm:    NOP                 ; faz uma pausa
            NOP                 ; faz uma pausa
            NOP                 ; faz uma pausa
            NOP                 ; faz uma pausa
            JMP     início      ; vai fazer mais um loop
```

**Programa 3.6 – Implementação do semáforo simples**

**SIMULAÇÃO 3.7** – SEMÁFORO SIMPLES

Esta simulação ilustra o funcionamento do Programa 3.6. O circuito a ser usado é o da Figura 3.26. Os aspectos abordados incluem os seguintes:

- Funcionamento do periférico de saída (com memorização do valor e atuação nas lâmpadas);

- Verificação dos tempos de cada cor e sua relação com as instruções do programa;

- Verificação do comportamento do periférico quando o programa começa e antes de ser inicializado.

### 3.5.2.2 USO DE PERIFÉRICOS DE ENTRADA

Esta seção continua a usar os semáforos para ilustrar o uso dos periféricos, com temporizações dependentes de um botão a ser pressionado pelo pedestre, e permite exemplificar os periféricos de entrada. O circuito de base continua a ser o da Figura 3.26, usando agora os dois periféricos. O ciclo de relógio do processador de 1 Hz (uma instrução por segundo) é mantido.

O objetivo é implementar um semáforo, que normalmente está verde para os carros e implementa um ciclo amarelo-vermelho-verde sempre que um pedestre pressiona o botão (para poder atravessar a rua), com as seguintes temporizações:

- Verde – até o pedestre pressionar o botão;

- Amarelo – 2 segundos;

- Vermelho – 7 segundos.

Esta especificação é uma simplificação do semáforo com botão de pedestres descrito após a Tabela 2.12. O programa correspondente em linguagem *assembly* pode ser o indicado no Programa 3.7, cujo funcionamento é explicado pelos comentários.

```
; constantes de dados
vermelho     EQU     01H    ; valor do vermelho (lâmpada se liga ao bit 0 - ver
                            ; a Figura 3.26)
amarelo      EQU     02H    ; valor do amarelo (lâmpada se liga ao bit 1)
verde        EQU     04H    ; valor do verde (lâmpada se liga ao bit 2)
mascBotão    EQU     01H    ; máscara a ser usada para isolar o bit do botão no
                            ; periférico de entrada (ligado no bit 0)
; constantes de endereços
semáforo     EQU     80H    ; endereço 128 (periférico de saída)
botão        EQU     80H    ; endereço 128 (periférico de entrada)

; programa
início:      LD      verde       ; carrega o registrador A com o valor para verde
             ST      [semáforo]  ; atualiza o periférico de saída
semVerde:    LD      [botão]     ; lê o valor do periférico de entrada
             AND     mascBotão   ; isola bit do botão (força os outros a serem 0)
             JZ      semVerde    ; se for zero, o botão não foi pressionado
             LD      amarelo     ; carrega o registrador A com o valor para amarelo
             ST      [semáforo]  ; atualiza o periférico de saída
semAmarelo:  LD      vermelho    ; carrega o registrador A com o valor para vermelho
             ST      [semáforo]  ; atualiza o periférico de saída
semVerm:     NOP                 ; faz uma pausa
             NOP                 ; faz uma pausa
             NOP                 ; faz uma pausa
             NOP                 ; faz uma pausa
             JMP     início      ; vai fazer mais um loop
```

**Programa 3.7 – Implementação do semáforo com botão para pedestres**

A Figura 3.26 indica que:

- As lâmpadas vermelho, amarelo e verde estão ligadas aos *bits* 0, 1 e 2 do periférico de saída, respectivamente;

- O botão está ligado ao *bit* 0 do periférico de entrada, em que 1 corresponde ao botão pressionado.

Há alguns aspectos neste programa que é importante destacar:

- Desde que o botão não seja usado muito frequentemente, este programa passa a maior parte do tempo no *loop* de leitura do periférico de entrada e teste do valor do botão, ciclo esse (rótulo `semVerde`) que demora 3 segundos (3 instruções);

- O periférico de entrada (a que o botão está ligado) só é lido pelo processador no fim da instrução LD [`botão`] (só neste momento o registrador A memoriza este valor). Assim, é possível que, com este programa, o pedestre pressione o botão e volte a soltá-lo sem que o programa perceba. Com este programa e com um relógio de 1 Hz, a solução é o pedestre pressionar o botão até ver o semáforo passar para amarelo;

- Mesmo depois de o programa ler para o registrador A o valor do periférico de entrada com o botão pressionado, ainda têm de passar 4 segundos até o semáforo mudar para amarelo, devido às várias instruções (cada uma demorando 1 segundo) até o amarelo aparecer nos *bits* do periférico de saída;

- Outras soluções mais elegantes para este problema abrangem:

  - Fazer leituras muito mais frequentes, ou seja, aumentar consideravelmente a frequência do relógio. No entanto, isso implica outro controle do tempo que não pelo tempo de execução das instruções (Subseção 6.2.2.5);

  - Usar interrupções (Subseção 6.2.2) para o processador detectar que o botão foi pressionado, em vez de estar constantemente testando o valor do *bit* correspondente no periférico de entrada.

- A instrução `AND mascBotão`, que efetua a conjunção *bit* a *bit* do registrador A e da constante `mascBotão`, visa tornar o teste do *bit* do botão independente dos outros 7 bits lidos pelo periférico de entrada. É dispensável, se esses 7 bits estiverem fisicamente ligados em 0, mas a sua utilização é mais segura, em caso de eventuais alterações do programa, em que se passe a usar alguns desses *bits* do periférico de entrada para outros fins e eles deixem de estar sempre com zero.

### SIMULAÇÃO 3.8 – SEMÁFORO DE PEDESTRES

Esta simulação ilustra o funcionamento do Programa 3.7. O circuito a ser usado é o da Figura 3.26. Os aspectos abordados incluem os seguintes:

- Funcionamento do periférico de entrada com leitura do valor do botão;

- Funcionamento do *loop* de teste e papel da instrução `AND mascBotão`;

- Verificação do tempo de resposta à atuação do botão;

- Verificação dos tempos de cada cor e sua relação com as instruções do programa.

## 3.6 SOLUÇÕES ESPECÍFICAS OU GENÉRICAS?

Os sistemas de controle de semáforos, simples e de pedestres, foram implementados com três soluções diferentes:

- Máquina de estados gerada (Subseção 2.6.7.3), com *hardware* específico para uma determinada aplicação, derivado a partir do diagrama de estados;

- Máquina de estados microprogramada (Subseção 2.6.7.4), com uma estrutura de *hardware* básica e em que se controlam os diversos sinais de controle explicitamente por meio de microinstruções numa ROM;

- Programa em linguagem *assembly*, com processador e periféricos (Subseção 3.5.2), em que a funcionalidade está expressa em termos de um número muito limitado de operações básicas (as instruções do microprocessador).

Uma questão importante é saber quando é que se deve usar uma solução ou outra. A Tabela 3.17 resume as características fundamentais das três soluções. A diferença fundamental entre um sistema baseado num microprocessador e num circuito desenvolvido especificamente para uma determinada aplicação é que o primeiro usa um circuito genérico, que pode implementar qualquer funcionalidade em *software*, enquanto o segundo usa *hardware* específico, que precisa ser alterado quando se quer fazer qualquer alteração em sua funcionalidade.

**Tabela 3.17 – Comparação das características das várias soluções de implementação de sistemas de controle**

| CARACTERÍSTICA | MÁQUINA DE ESTADOS | | |
| --- | --- | --- | --- |
| | SINTETIZADA | MICROPROGRAMADA | MICROPROCESSADOR |
| Funcionalidade em | *Hardware* | ROM | *Software* |
| Potencial de funcionalidade | Pequeno | Grande | Muito grande |
| Trabalho de implementação | Grande | Médio | Pequeno |
| Facilidade de alteração | Pequena | Média | Grande |

Ao contrário do *hardware*, o *software* é facilmente alterável e muito mais fácil de desenvolver para aplicações mais complexas. Isto faz com que hoje já não faça sentido desenvolver *hardware* específico para uma determinada aplicação[26], preferindo-se o

---

[26]Com exceção de casos muito particulares como, por exemplo, um circuito digital de frequência tão elevada que exija uma implementação otimizada em *hardware*.

*hardware* genérico que depois é programado. A máquina de estados microprogramada inclui a flexibilidade do *software*, mas é de muito baixo nível e difícil de programar em aplicações minimamente complexas.

Por estas razões, os microprocessadores são a escolha mais adequada, mesmo para os sistemas muito pequenos. O custo dos microprocessadores está tão baixo que já aparecem incluídos em qualquer sistema com um mínimo de funcionalidade, mesmo brinquedos. A Subseção 5.9.4.2 apresenta mais alguns detalhes sobre estes sistemas menores.

---

### ESSENCIAL

- Para usar os periféricos é preciso saber qual o mapa dos endereços, que indica em que endereços os periféricos estão disponíveis;

- O acesso aos periféricos é feito da mesma forma e com as mesmas instruções que o acesso à memória. No entanto, a interação com o mundo exterior normalmente obriga a respeitar certas temporizações, normalmente bastante lentas (milissegundos, segundos ou mesmo mais lentas) em relação com a escala de períodos de relógio que a tecnologia hoje permite (nanossegundos ou mesmo menos), em função do que este fator tem de ser levado em conta. Ou se reduz a frequência do relógio ou o processador tem de esperar que chegue o tempo de interagir com os periféricos;

- Independentemente da solução usada, e salvo aplicações muito específicas (tipicamente, de circuitos de frequência de relógio muito alta), o microprocessador é a implementação por excelência de qualquer sistema digital, em que o *hardware* é genérico, muito semelhante para as várias aplicações, e em que a funcionalidade está basicamente no *software*, mesmo nos sistemas mais simples. Isto facilita não apenas o desenvolvimento de uma determinada aplicação, mas também a sua manutenção (correção de erros ou melhorias na funcionalidade).

---

## 3.7 Conclusões

Os sistemas baseados em processadores são mais flexíveis, mais fáceis de desenvolver e capazes de funcionalidades impensáveis em sistemas desenvolvidos sob medida. Mesmo com processadores muito simples, como o PEPE-8, é possível desenvolver sistemas com aplicações úteis e bem interessantes.

Atualmente existe uma grande variedade de processadores comerciais, com arquiteturas mais ou menos complexas, sendo capazes de processar números binários não apenas de 8, mas também de 16, 32 e 64 bits. Cada uma tem um arsenal de técnicas e recursos para executar programas o mais rápido possível, dentro dos seus objetivos.

Os processadores menores são mais simples e mais baratos, mas também de menores capacidades e são usados em aplicações com requisitos menores. Os maiores são mais potentes, mas também mais dispendiosos, e são usados em aplicações que exigem maiores recursos e poder de cálculo. No entanto, todos usam a mesma arquitetura básica, segundo os princípios enunciados para o PEPE-8, com unidade de dados e de controle, memória de dados e de instruções, contador de programa e um conjunto de instruções, a que corresponde uma linguagem *assembly*.

O PEPE-8 tem o mínimo circuito possível para poder ser chamado de processador. Com um espaço de endereçamento de 8 bits não é possível ir muito longe. Até o menor processador comercial é mais poderoso do que o PEPE-8, incluindo características de que ainda nem falamos. No entanto, mais do que apresentar uma arquitetura completa, este capítulo pretendeu demonstrar as razões pelas quais os processadores são como são e os componentes necessários, tendo em conta o funcionamento das memórias e dos registradores, os sinais de controle típicos e quais as instruções básicas necessárias, que agrupam as combinações de sinais mais interessantes e evitam ter de se programar especificando sempre todos os sinais de controle. Foi mostrado que basta apenas um registrador, tal como especificado pela arquitetura original de von Neumann, embora isso obrigue a acessos constantes à memória.

Por outro lado, um processador pode funcionar apenas com memória, mas fica isolado do mundo. Os periféricos são fundamentais num computador, e é por isso que este capítulo apresentou exemplos concretos de um sistema completo com interação com o mundo exterior, capaz de implementar aplicações reais e com aplicação prática.

Este capítulo fez assim uma introdução aos mecanismos básicos, que permitem aos computadores controlar o mundo, dando uma panorâmica geral do papel de cada um dos seus componentes fundamentais. Nesse momento, já temos um sistema completo e funcional, o que foi demonstrado por simulação, que constitui a parte prática da estratégia didática deste livro. Há muito mais a ser descoberto em termos do aumento das capacidades, funcionalidade e desempenho do processador, o que será feito nos próximos capítulos.

# 3.8 EXERCÍCIOS

**3.1** Indique quantos *bits* de endereço devem ter as RAMs com as seguintes características:

a) 128 KBytes de capacidade e ligada a um processador de 8 bits;
b) 4 Mbits de capacidade e ligada a um processador de 16 bits.

**3.2** Um computador tem uma RAM de 8 KBytes com 13 bits de endereço. Que largura de dados tem o processador?

**3.3** Indique quais as limitações de um computador que, tanto para a memória de dados como para a de instruções, use:

a) ROM;
b) RAM.

**3.4** Explique a diferença entre capacidade de uma RAM em células e em *bytes*. Exemplifique, calculando essa capacidade para uma RAM de 2 Mbits ligada a um processador de 16 bits.

**3.5** No circuito da Figura 3.26, ligue o periférico de saída a um decodificador e mostrador de sete segmentos (Figura 2.14), substituindo as lâmpadas (LEDs). Use um relógio de 1 Hz para o PEPE-8.

a) Simule um pequeno programa que circule o mostrador de 0 a F, tal como acontece na Figura 2.32;
b) Explique por que o mostrador não evolui de segundo a segundo e implemente a solução para que isso aconteça (aproximadamente).

**3.6** Simule um multiplexador de duas entradas com o PEPE-8. Use o circuito da Figura 3.26, com três interruptores no periférico de entrada: um serve de sinal de seleção para o multiplexador e os outros como entradas, cujas variações de valor o LED deve reproduzir, no *bit* 0 ou 1 (dependendo do sinal de seleção) do periférico de saída. O programa deve estar em *loop*. Explique por que o programa não funciona bem com um relógio de baixa frequência (1 Hz, por exemplo).

**3.7** Simule um *latch* D (Figura 2.19 e Figura 2.22) com o PEPE-8. No circuito da Figura 3.26, use dois interruptores (um é o relógio do *flip-flop* e outro a entrada D) e dois LEDs (saídas Q e Q̄). Para o PEPE-8, use um relógio com uma frequência elevada em relação à escala humana (50 Hz, por exemplo).

**3.8** *Idem*, mas para um *flip-flop* D (Figura 2.22), sensível à borda:

a) Ascendente;
b) Descendente.

**3.9** Altere o Programa 3.6 para incluir mais dois LEDs, de forma a implementar um semáforo para pedestres, tal como apresentado após a Tabela 2.12.

**3.10** Na Figura 3.26, destaque os sinais ativos (de forma semelhante à Figura 3.27, por exemplo) quando o PEPE-8 estiver executando cada uma das instruções seguintes (sugestão: imprima a figura a partir do *site* da LTC Editora):

a) ADD    23H       f) LD     [34H]
b) JMP    34H       g) ST     [84H]
c) SUB    [23H]     h) LD     [A7H]
d) LD     34H       i) JZ     23H
e) NOP              j) ST     [5AH]

**3.11** No circuito da Figura 3.26, foram medidos alguns sinais, indicados nas situações seguintes (independentes entre si). Para cada uma delas, indique uma das instruções (mnemônico e valor da constante, em hexadecimal) que o PEPE-8 poderá estar executando (originando esses sinais). A solução não é única.

a) Periférico de entrada (RD=1, CS=0), Memória de Dados (entrada=6AH);
b) Periférico de saída (WR=0, CS=1), PEPE-8 (saída=FFH, endereço=7FH);
c) Periférico de entrada (RD=0, CS=1), Memória de Dados (saída=3DH);
d) Memória de dados (CS=1, WR=1, saída=ADH).

**3.12** Converta para linguagem *assembly* as seguintes instruções em código de máquina do PEPE-8 (sem constantes simbólicas).

a) 1C3H       d) EEEH       g) 843H
b) B3FH       e) C0EH       h) 2F4H
c) 45AH       f) 0FFH       i) 6EAH

**3.13** Explique o efeito prático (em termos de processamento e transferência dos dados) das seguintes sequências de instruções do PEPE-8, quando executadas no circuito da Figura 3.26.

a) LD [83H]; ST [F0H]
b) LD 10H; ADD [A0H]; ST [80H]
c) LD 80H; ADD [80H]; ST [80H]
d) LD [80H]; ADD 80H; SUB [80H]; ST [80H]

**3.14** O PEPE-8 tem apenas 15 instruções e uma codificação livre (Tabela 3.12). Uma instrução muito útil e imprescindível em qualquer processador é a que permite deslocar um registrador de N bits para a direita ou esquerda. Explicite todas as alterações que teriam de ser efetuadas no PEPE-8 para ele passar a suportar a instrução SHIFT *valor*, cujo efeito seria um deslocamento do registrador A de valor *bits* para a direita. Indique as alterações necessárias no *hardware* e a combinação de sinais internos que permitiria executar esta funcionalidade (última linha da Tabela 3.12).

**3.15** Suponha agora que a instrução livre é MUL [*endereço*], com significado correspondente ao ADD, mas relativo à multiplicação. Escreva um programa para o PEPE-8 (com MUL) que consiga calcular a expressão A×B+C×D, em que os operandos são células de memória. Se precisar, pode usar outras células de memória.

**3.16** Usando o circuito da Figura 3.26 como base, coloque LEDs em todos os *bits* do periférico de saída. Escreva um programa que leia sequencialmente várias células de RAM e as escreva no periférico de saída, voltando depois ao princípio. No simulador, inicialize manualmente estas células de RAM, com valores adequados para formar padrões de evolução dos LEDs ao longo do tempo (por exemplo, um só LED ligado que circula da direita para a esquerda e depois ao contrário). Controle o ritmo de evolução dos LEDs com o período do relógio do PEPE-8.

**3.17** Imagine que você implementou um interruptor eletrônico com o PEPE-8, que passa a fazer parte da sua máquina de lavar roupa. No circuito da Figura 3.26, o interruptor é de pressão (só fica com 1 enquanto estiver sendo pressionado). Quando se pressiona o interruptor, o LED no bit 0 do periférico de saída acende. Se pressionar de novo, o LED apaga, e assim sucessivamente.

a) Explique por que a memória de instruções não pode ser RAM;
b) Faça um programa que implemente este comportamento;
c) Simule este programa. Se o LED acender e apagar muito rapidamente enquanto pressiona o botão, explique o que está acontecendo. Se não for o caso, explique o que fez para que tal não aconteça.

# 4 - Arquitetura Básica de um Processador

É tentador dizer que o processador é o módulo mais importante de um computador. O fato é que, sem memória, um computador pouco ou nada faz e, sem periféricos, nem sequer se consegue comunicar com ele para programá-lo. O que é indiscutível é que o processador é o módulo mais complexo e o grande maestro que rege todo o computador.

O Capítulo 3 introduziu a primeira versão de um processador, o PEPE-8, de 8 bits, cuja simplicidade esconde limitações que o Capítulo 4 agora explicita. Para superá-las, é apresentado aqui um novo processador, o PEPE (sem "−8"). O fato de agora ter 16 bits é a menor das diferenças. Trata-se de um processador que suporta as características fundamentais que se podem encontrar nos processadores comerciais modernos, mas ao mesmo tempo mantém a simplicidade, que é fundamental para uma explicação didática.

Os aspectos mais profundos do PEPE, quer em termos de funcionalidades mais especializadas, quer em termos de implementação, serão objeto de estudo nos capítulos seguintes. Este capítulo descreve a estrutura e funcionamento básicos do PEPE, seguindo a mesma abordagem adotada no Capítulo 3: partir dos requisitos para as soluções, construindo a arquitetura em conjunto com o leitor e evitando apresentar soluções prontas, sem uma razão que as justifique.

Ao projetar um processador, um dos objetivos mais importantes é o desempenho. Um processador tem de executar os programas com a maior rapidez possível. A ciência da arquitetura de computadores resume-se, em grande parte, à utilização de inúmeras pequenas técnicas, em que cada uma constitui um pequeno melhoramento em relação à arquitetura de von Neumann (Seção 1.4), mas que, no seu conjunto, conseguem executar um programa várias vezes mais depressa, para a mesma frequência do relógio. Por outro lado, os computadores atuais são arquiteturas complexas que lidam com números binários de 32 ou mesmo 64 bits, programados em linguagens de alto nível (C, Java, C#, etc.), com auxílio de compiladores que escondem muitos dos detalhes e problemas do processador.

A arquitetura do PEPE, ao contrário, é didática. O seu objetivo fundamental é ensinar as técnicas mais relevantes de arquitetura de computadores, com o desempenho em segundo lugar. Tem de ser fácil de programar diretamente em linguagem *assembly*, no nível dos recursos do *hardware*, o que na prática limita a sua largura a 16 bits (é difícil lidar manualmente com números de 32 bits). Outro requisito é incluir as várias técnicas existentes em vários processadores comerciais, de modo a poder exemplificá-las, e não apenas as que maximizam o desempenho. Finalmente, tem de ser realmente realista e implementável. O compromisso e o equilíbrio resultantes são descritos nas seções seguintes.

# 4.1 Banco de registradores

O PEPE-8 encerra algumas limitações estruturais importantes, que são resolvidas através das soluções adotadas no PEPE. Em especial, o PEPE-8 é caracterizado por:

- Ter só um registrador (A);
- Usar a memória como 2.º operando (o registrador A é o 1.º operando);
- Guardar o resultado das operações da ALU no registrador A.

Como só há um registrador, ele tem de ser continuamente reutilizado, o que implica ir constantemente:

- Guardando o registrador A (resultado das operações) na memória;
- Lendo o 1.º operando da próxima operação da memória para o registrador A.

A Figura 4.1 e o Programa 4.1 reproduzem, para facilidade de referência, respectivamente, a estrutura interna do PEPE-8 e as instruções do Programa 3.5, em que se pode verificar exatamente isto. As instruções de leitura da memória (LD) e de escrita na memória (ST) são muito frequentes.

Para incrementar o contador de *bits* com 1, por exemplo, tem-se de ler o valor da memória para o registrador, incrementar e voltar a guardar o valor na memória.

A disponibilidade de um único registrador é uma grande limitação, por vários motivos:

- O programa fica mais complicado, devido às constantes leituras e escritas na memória;
- Dá mais trabalho para desenvolver e depurar (corrigir os erros), devido às constantes trocas de informação entre o registrador e a memória;
- É mais lento para executar (com a tecnologia atual, acessar um registrador pode ser cerca de 10 vezes mais rápido do que acessar a memória).

Qualquer processador moderno tem vários registradores, o que permite manter vários valores (operandos e/ou resultados) internamente ao processador. Naturalmente, mais cedo ou mais tarde será preciso acessar a memória, até porque o número de valores utilizados por um programa é normalmente superior ao número de registradores disponíveis. Mas a frequência das leituras e escritas, em particular no que se refere a valores intermediários, pode ser bastante diminuída. Se admitirmos, por exemplo, que

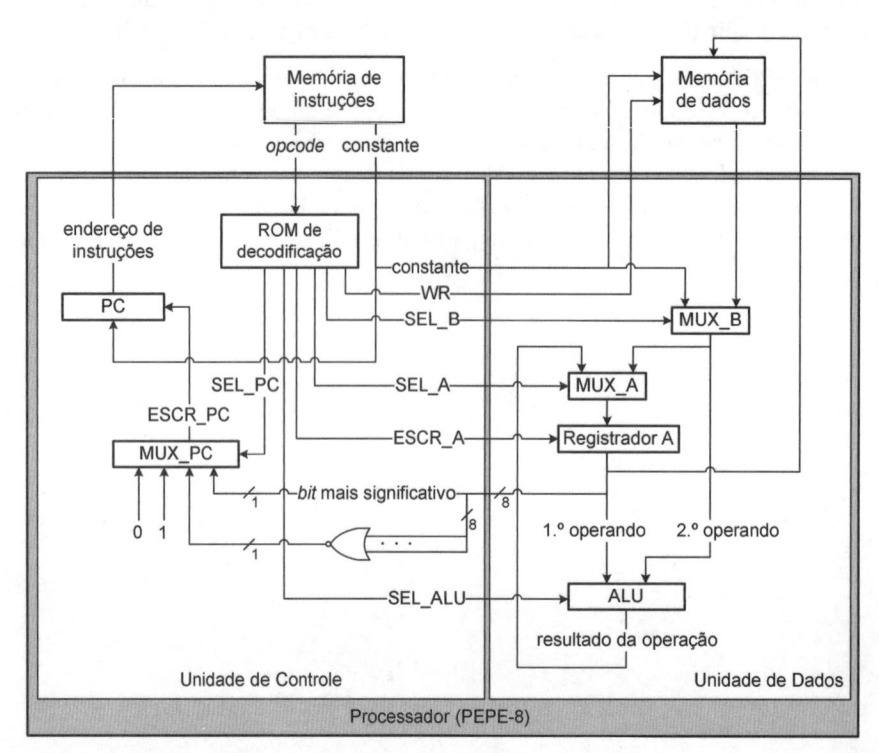

**Fig. 4.1 – Estrutura interna do PEPE-8**

```
; constantes de dados
valor             EQU    76H    ; valor cujo número de bits com 1 é para ser contado
máscaraInicial    EQU    01H    ; 0000 0001 em binário (máscara inicial)
máscaraFinal      EQU    80H    ; 1000 0000 em binário (máscara final)

; constantes de endereços (na memória de dados)
contador          EQU    00H    ; endereço da célula de memória que guarda
                                ; o valor corrente do contador de bits com 1
máscara           EQU    01H    ; endereço da célula de memória que guarda
                                ; o valor corrente da máscara
; programa (memória de instruções)
início:  LD    0                ; inicializa o registrador A com zero
         ST    [contador]       ; inicializa o contador de bits com zero
         LD    máscaraInicial   ; carrega valor da máscara inicial
         ST    [máscara]        ; atualiza na memória
teste:   AND   valor            ; isola o bit que se quer verificar se é 1
         JZ    próximo          ; se o bit for zero, passa à máscara seguinte
         LD    [contador]       ; bit é 1. Busca o valor atual do contador
         ADD   1                ; incrementa-o
         ST    [contador]       ; e atualiza de novo na memória
próximo: LD    [máscara]        ; busca de novo a máscara atual
         SUB   máscaraFinal     ; subtrai para comparar com a máscara final
         JZ    fim              ; se der zero, eram iguais e portanto já terminou
         LD    [máscara]        ; tem de carregar a máscara de novo
         ADD   [máscara]        ; soma com ela própria para multiplicá-la por 2
         ST    [máscara]        ; atualiza o valor da máscara na memória
         JMP   teste            ; vai fazer mais um teste com a nova máscara
fim:     JMP   fim              ; fim do programa
```

**Programa 4.1 - Instruções do Programa 3.5, que implementa a contagem de *bits* com 1 no PEPE-8**

o processador tem três registradores (A, B e C), este programa poderia ficar como o Programa 4.2. Nota-se logo à primeira vista que este programa é mais simples do que o Programa 4.1.

```
; constantes de dados
valor             EQU    76H    ; valor cujo número de bits com 1 é para ser contado
máscaraInicial    EQU    01H    ; 0000 0001 em binário (máscara inicial)
máscaraFinal      EQU    80H    ; 1000 0000 em binário (máscara final)

; utilização dos registros:
; A - valores intermediários
; B - valor atual do contador de bits com 1
; C - valor atual da máscara

; endereços
contador   EQU      00H    ; endereço da célula de memória que guardará
                           ; o número de bits com 1 no fim da contagem
; programa
início:  MOV   B, 0                ; inicializa o contador de bits com zero
         MOV   C, máscaraInicial;  inicializa o registrador C com máscara inicial
         MOV   A, C                ; coloca a máscara inicial também no registrador A
teste:   AND   A, valor            ; isola o bit que se quer verificar se é 1
         JZ    próximo             ; se o bit for zero, passa à máscara seguinte
         ADD   B, 1                ; o bit é 1, incrementa o valor do contador
próximo: CMP   C, máscaraFinal     ; compara com a máscara final
         JZ    acaba               ; se forem iguais, já terminou
         ADD   C, C                ; soma máscara com ela própria para
                                   ; multiplicá-la por 2
         JMP   teste               ; vai fazer mais um teste com a nova máscara
acaba:   MOV   [contador], B       ; se for necessário, pode armazenar o número
                                   ; de bits com 1 em uma célula de memória
fim:     JMP   fim                 ; fim do programa
```

**Programa 4.2 - Se o PEPE-8 tivesse três registradores, A, B e C, o Programa 4.1 poderia ter este aspecto, mais simples e compacto**

Há uma série de alterações importantes que devem ser explicitadas:

- Cada instrução tem agora dois operandos (com exceção dos desvios), separados por vírgulas, pois o 1.º operando já não é sempre o registrador A;

- Uma convenção importante é que o 1º operando (portanto, o da esquerda) desempenha também o papel de resultado, como se pode observar em algumas instruções que podem servir de exemplo (cujo significado em RTL é apresentado como comentário):

```
MOV   B, 0                ; B ← 0
MOV   C, máscaraInicial   ; C ← máscaraInicial
MOV   A, C                ; A ← C
AND   A, valor            ; A ← A ∧ valor
ADD   B, 1                ; B ← B + 1
ADD   C, C                ; C ← C + C
MOV   [contador], B       ; M[contador] ← B
```

- O 1.º operando nunca pode ser uma constante (porque esta não pode ser alterada e, portanto, não pode servir para guardar o resultado);

- Nas operações de leitura e escrita da memória já não basta indicar apenas o endereço da célula a ser acessada. Agora também tem de se indicar o registrador envolvido, pois pode não ser o registrador A. Nestas condições, as instruções LD (*load*) e ST (*store*) podem ser substituídas com vantagem por uma única instrução de uso mais geral, MOV *destino*, *origem* (de *move*, ou mover, em português), que designa uma **transferência** (cópia) de dados, em que a origem e o destino sempre são indicados explicitamente.[27] Alguns exemplos são apresentados aqui, mas a Subseção 4.10.4 dá detalhes sobre esta instrução;

- Também os desvios condicionais sofrem uma mudança com esta alteração, embora seja pouco aparente no Programa 4.2. É que já não se pode usar o valor do registrador A para tomar a decisão de desviar ou não, pois o resultado da operação a ser usado como base para essa decisão pode ser armazenado noutro registrador que não o A. A solução típica é definir um registrador específico (o Registrador de Estado, ou RE) que memorize, após cada operação, as condições usadas pelas instruções de desvios condicionais (especificadamente zero e negativo) e que decorrem do resultado dessa operação. Há algumas instruções que não alteram esse registrador (como, por exemplo, as instruções de desvios incondicionais). Mais detalhes serão dados nas Seções 4.7 e 4.9;

- A instrução CMP (*Compare*, ou comparar, em português) constitui apenas uma melhoria do Programa 4.1, pois substitui a instrução SUB (subtração) com vantagens. Faz também a subtração, para comparar, mas não armazena o resultado da subtração, evitando destruir o valor do registrador. Se o fizesse, o valor da máscara atual teria de ser guardado ainda em outro registrador ou então na memória. Como resultado, a instrução CMP memoriza apenas a informação necessária para o desvio condicional que vem a seguir, ou seja, altera o Registrador de Estado. Isto está relacionado com a questão anterior e será discutido na Seção 4.7.

O que é necessário fazer no *hardware* para suportar vários registradores é substituir o registrador A pelo chamado **banco de registradores**, tal como indicado na Figura 4.2, que apresenta a estrutura interna do processador com um banco de registradores. Já não é o PEPE-8, com a sua simplicidade, mas ainda tem alguns problemas, sendo uma versão intermediária a caminho do PEPE. No entanto, é o suficiente para descrever as instruções básicas do PEPE, que constituem o tema deste capítulo. Nesta figura há algumas evoluções importantes em relação ao PEPE-8, sendo importante enfatizar:

- O banco de registradores é um conjunto de registradores (no fundo, uma pequena memória) com a particularidade de que consegue ler dois registradores ao mesmo tempo (tem só uma entrada, para escrita, mas duas saídas, para leitura);

- Os sinais REG_1 e REG_2 são os índices (dentro do banco de registradores) dos registradores que servem como 1.º e 2.º operandos, respectivamente. No fundo, são os endereços de cada registrador dentro do banco de registradores. Nada impede que REG_1 e REG_2 sejam iguais, caso em que o mesmo valor é usado para os dois operandos (tal como já aconteceu na instrução ADD C, C);

- Os operandos da ALU passam a estar exclusivamente dentro do processador (registradores ou constantes), o que melhora o desempenho e reflete a filosofia de usar os registradores tanto quanto possível;

---

[27]Observe que o destino é sempre representado do lado esquerdo, para a ordem ficar coerente com a instrução RTL que lhe é equivalente: *destino ← origem*.

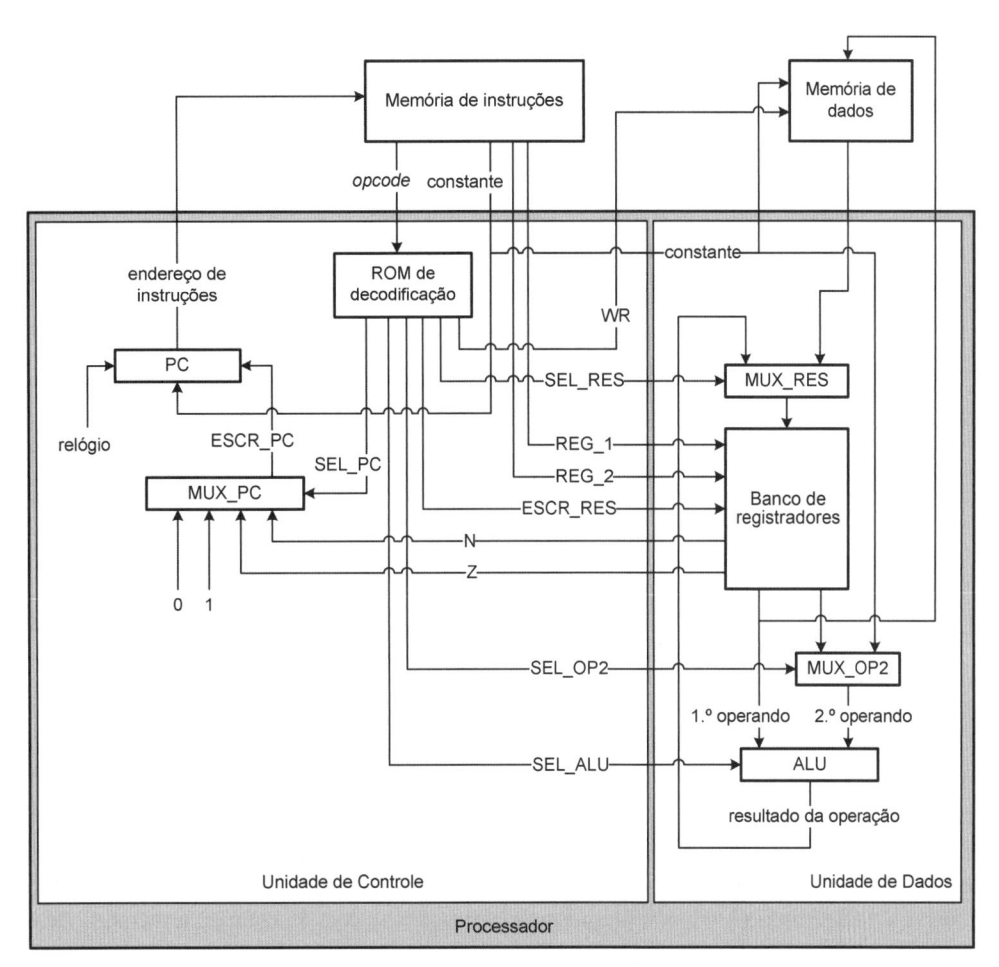

**Fig. 4.2 – Processador com banco de registradores**

- O primeiro operando é sempre um registrador. O segundo operando pode eventualmente ser uma constante, dependendo da seleção do multiplexador MUX_OP2 (caso em que REG_2 é irrelevante);

- Isto quer dizer que o acesso à memória passa a ser feito exclusivamente por instruções MOV (quer seja leitura, quer seja escrita da memória), deixando de ser possível os operandos de instruções como ADD, AND, etc., estarem em memória. Se for o caso, tem-se de fazer primeiro o MOV do operando para um registrador e só depois se pode fazer a operação. Isto simplifica a implementação das instruções;

- O resultado das operações da ALU é escrito no mesmo registrador que continha o primeiro operando (indicado por REG_1). O multiplexador MUX_RES (de resultado) permite selecionar também um valor lido da memória e escrever num registrador (na instrução MOV *registrador*, [*endereço*] ou, o seu equivalente em notação RTL, *registrador* ← M[*endereço*]);

- Ao mesmo tempo em que o resultado de uma operação na ALU é escrito no registrador indicado por REG_1, o RE (registrador de estado) é atualizado com a informação sobre esse resultado, memorizando os *bits* Z (1 se o resultado for zero) e N (1 se o resultado for negativo);

- Alguns *bits* do RE têm uma saída direta do banco de registradores, independentemente da seleção efetuada por REG_1 e REG_2 (particularmente os *bits* Z e N), para estarem sempre disponíveis para a unidade de controle (desvios condicionais);

- O banco de registradores obriga que cada instrução indique quais os registradores que quer ler, o que implica que cada célula da memória de instruções tenha mais dois campos, REG_1 e REG_2.

Um processador deve ter tantos registradores quanto possível. Quanto mais registradores houver, menor será a probabilidade de ser necessário guardar valores na memória de dados. No entanto, é preciso não esquecer os índices REG_1 e REG_2. Quanto maior o número de registradores, mais *bits* estes índices precisam ter, para poder selecionar um dos registradores. Em cada instrução é preciso ainda especificar dois índices, além da constante e do *opcode*. Por isso, um dos primeiros problemas a resolver no projeto de um processador é definir a largura em *bits* das instruções, o que será feito na Seção 4.3.

ESSENCIAL

- Admitir operandos em memória apenas nas instruções de transferência de dados (MOV) e não nas restantes (aritméticas, lógicas, etc.) torna a arquitetura mais simples;

- A maior parte das instruções tem dois operandos;

- O primeiro operando geralmente desempenha também o papel de resultado, o que significa que se pode ler dois registradores e escrever um deles numa mesma operação da ALU;

- O registrador de estado é um registrador especial na medida em que alguns dos seus *bits* (Z e N, particularmente) são atualizados automaticamente após cada operação com a ALU e são usados para tomar decisões nos desvios condicionais;

- Cada instrução tem de especificar onde encontrar os seus operandos, incluindo registradores e constante. Isto limita o número de registradores do banco, que tipicamente está na ordem de algumas unidades a poucas dezenas.

## 4.2 ENDEREÇOS DE DADOS E DE INSTRUÇÕES

### 4.2.1 MEMÓRIAS DE DADOS E DE INSTRUÇÕES SEPARADAS: *CACHES*

Uma das características fundamentais para o funcionamento do PEPE-8 é a existência de memórias separadas, de dados e de instruções, de forma a permitir o acesso simultâneo a uma instrução e aos seus operandos para uma execução num único ciclo de relógio.

Tem, no entanto, a desvantagem óbvia de que o uso da memória não pode ser adaptado a programas que usem poucas instruções e muitos dados ou vice-versa. Sendo separadas, a capacidade de cada uma delas constitui uma limitação também separada, podendo-se chegar a uma situação em que a memória de instruções se esgote, estando a memória de dados quase vazia (ou vice-versa).

Claro que este não é um problema no caso do PEPE-8, que não passa de um processador acadêmico de introdução à área de arquitetura de computadores. Mas o mesmo já não se pode dizer de processadores mais sofisticados, que podem executar vários programas complexos simultaneamente, como é o caso do processador de um PC, por exemplo. Podem, assim, ser identificados dois objetivos conflitantes:

- A existência de uma única memória permite otimizar o uso da sua capacidade, mais para instruções ou mais para dados, de acordo com as necessidades dos programas;

- A existência de memórias separadas permite ler as instruções ao mesmo tempo que os dados, reduzindo o tempo de execução dos programas em comparação com a existência de uma única memória, onde a unidade de controle (com as instruções) e a unidade de dados (com os dados) têm de competir nos acessos à memória.

Os processadores atuais permitem conciliar as duas vantagens e estão ligados apenas a uma memória, que serve tanto para dados como para instruções. Aliás, este já era o caso do modelo original de von Neumann, mas há uma diferença fundamental:

- No modelo original, o acesso a uma instrução tinha de ser feito primeiro e só depois se acessava os dados necessários para essa instrução;

- Os processadores atuais incluem no seu interior pequenas memórias separadas de instruções e de dados, chamadas de *caches* (de instruções e de dados), tal como indicado na Figura 4.3, em que o núcleo do processador é basicamente o módulo identificado como Processador na Figura 4.2.

Esta separação é fundamental para o desempenho da execução, mas as limitações do espaço disponível limitam o tamanho destas memórias, que têm acesso rápido mas capacidade reduzida em relação à memória externa, mais lenta porém de muito maior capacidade, denominada **memória principal.** Esta é única para instruções e dados e permite assim um melhor aproveitamento por parte dos programas, usem esses mais instruções ou mais dados.

As *caches* não são visíveis pelo programador porque têm um funcionamento especial e automático, contendo apenas uma cópia das células mais usadas da memória principal (quer de instruções, quer de dados, na respectiva *cache*). Se o processador tentar ler uma instrução ou acessar um dado que não tenha uma cópia na respectiva *cache*, esta lê automaticamente da memória a célula que falta. Aliás, lê esta e mais algumas em endereços adjacentes, apostando na antecipação de acessos futuros.

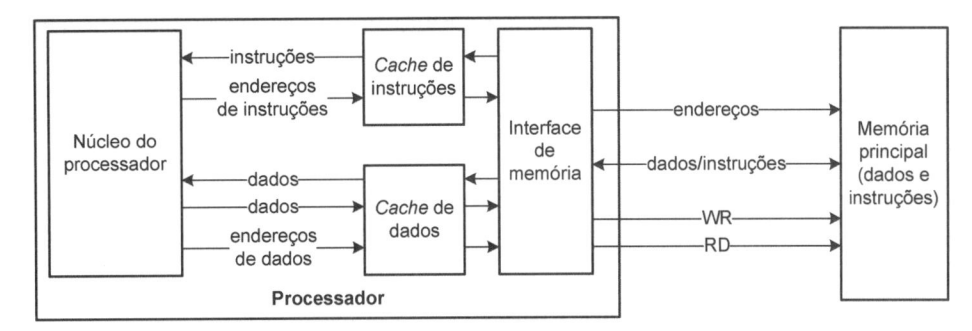

**Fig. 4.3 – As *caches* permitem uma aparente separação das memórias de instruções e de dados. A interface de memória coordena as escritas e leituras na memória principal**

Os programas não acessam a memória aleatoriamente – vão usando endereços próximos uns dos outros (quer de instruções, quer de dados), em função do que esta antecipação estatística funciona bastante bem. Em média, a probabilidade do processador encontrar a célula que pretende acessar na *cache* é normalmente superior a 0,95 (ou seja, tem sucesso em mais de 95% dos acessos).

Os endereços de instruções e de dados que o núcleo do processador produz não são endereços das *caches*, mas sim endereços da memória principal. A *cache* os usa apenas para saber se a célula pretendida tem ou não uma cópia na *cache* (já que esta contém apenas as células mais usadas).

Desta forma, os efeitos práticos deste esquema são os seguintes:

- Tanto a unidade de controle como a unidade de dados podem acessar ao mesmo tempo a respectiva *cache* (como se estivessem ligadas a memórias separadas), desde que a célula pretendida tenha uma cópia na *cache*;

- Se a *cache* não tiver uma cópia da célula pretendida, vai buscá-la automaticamente e sem que o programa perceba (pode demorar mais tempo no primeiro acesso a essa célula, mas nos acessos seguintes a célula já estará lá);

- Ambas as *caches* estão ligadas à interface de memória externa, que faz a coordenação e escolha dos acessos das *caches*, se estas decidirem ao mesmo tempo que precisam ir buscar uma célula na memória principal.

Existem técnicas que permitem gerenciar as *caches* e a memória principal automaticamente para que, na prática, o núcleo do processador possa "pensar" que tem disponíveis duas grandes memórias separadas. A grande consequência é que existe apenas um espaço de endereçamento de memória, e não dois separados. Em outras palavras, apesar da aparente separação das memórias de instruções e de dados, uma célula (e respectivo endereço) pertence na realidade a uma única memória, a **memória principal**. Uma determinada célula tanto pode ser usada como instrução ou como dado, mas não pode haver duas células diferentes no mesmo endereço.

A interface de memória da Figura 4.3 tem ainda a missão de coordenar os acessos de escrita e de leitura, de modo a ser necessária apenas uma ligação de dados entre cada dispositivo exterior e o processador. As memórias comerciais suportam normalmente apenas um tipo de operação de cada vez (ou de leitura, ou de escrita) e têm apenas uma ligação de dados bidirecional, para poupar pinos (o custo é bastante dependente do número de pinos e cada ligação de dados corresponde a muitos *bits*).

As *caches* e a interface de memória continuam a suportar a ilusão estatística do núcleo do processador, que "pensa" ter quatro ligações separadas com as memórias (de dados e de instruções, cada uma com entrada e saída), tal como indicado na Figura 4.2.

O fato de a ligação de dados ser bidirecional implica que a mudança de direção numa sequência de operações de leitura/escrita ou vice-versa demore algum tempo (os circuitos eletrônicos não conseguem mudar instantaneamente), em que nenhum acesso deve estar sendo feito, nem de leitura nem de escrita.

Para que isso seja possível, o PEPE tem não apenas o sinal WR (que inativo no PEPE-8 indicava leitura), mas também o sinal RD, que precisa estar ativo (com 0) explicitamente para indicar uma operação de leitura. O sinal de WR continua a existir. Se ambos estiverem inativos, o processador não está acessando a memória. Estes sinais estão representados na Figura 4.3 e serão descritos em detalhe na Subseção 6.1.6.1.

### 4.2.2 ESPAÇO DE ENDEREÇAMENTO E MAPA DE ENDEREÇOS

Se um processador tiver N bits de endereço, ele consegue endereçar $2^N$ células de memória diferentes, isto é, desde o endereço zero até o endereço $2^N-1$. Esta faixa define o **espaço de endereçamento** do processador.

Tem-se de decidir em que áreas deste espaço se deve colocar as instruções e os dados. Normalmente, tanto faz. As células de memória são todas iguais. Nem tem que haver só uma área de instruções, nem só uma área de dados. Com instruções de desvio é possível passar de uma área de instruções para outra e, em termos de dados, basta o programa especificar os endereços que deseja. A restrição básica é que não haja sobreposições de endereços entre uma área e outra. Pode haver partes do espaço de endereçamento totalmente livres (não usadas), em que não haja nem instruções nem dados.

Se o processador também estiver ligado a periféricos, estes também necessitam de endereços, um por periférico. Normalmente, juntam-se todos os periféricos numa determinada área, porém, mais uma vez, pode haver várias áreas reservadas para periféricos.

A Subseção 6.1.3 apresenta o endereçamento com mais detalhes.

Se um processador tiver 16 bits de endereço, consegue endereçar $2^{16}$ (65.536) células de memória, isto é, desde o endereço zero até o endereço 65.535 (esta faixa define o seu espaço de endereçamento).

| NOTA | Na realidade, é normal haver alguns endereços com significados especiais. |

Um deles é o endereço da instrução com que o processador começa a execução quando inicia (quando se liga a alimentação, ou quando se reinicializa – *reset*). Este endereço tem de ser conhecido pelo *hardware* do processador e, portanto, tem de ser fixo. Isto significa que pelo menos neste endereço (e provavelmente nos seguintes) terá de ser colocada uma instrução, e não um dado qualquer.

Também devem existir, em memória, algumas células contendo endereços das instruções para os quais o processador deve desviar quando ocorrerem certos acontecimentos, denominados **exceções** (Seção 6.2). O *hardware* do processador tem de saber em que endereços essas células estão, em razão do que normalmente esses endereços são predefinidos ou existe um registrador que os identifica.

Para cada processador tem de se conhecer as restrições deste tipo para saber onde colocar instruções e dados.

Além disso, para colocar dados ou instruções numa determinada faixa de endereços, é necessário que, fisicamente, exista memória nesse endereço (nem todos os endereços do espaço de endereçamento de um processador têm de ser usados).

Se a título de exemplo assumirmos que:

- O endereço da primeira instrução executada pelo processador quando este inicia é zero;

- A memória tem uma capacidade de $2^{12}$ (4096) células e está localizada a partir do endereço zero;

- Há 100 periféricos diferentes e eles estão em endereços contíguos a partir do endereço 32.768 ($2^{15}$, ou a primeira célula da 2ª metade do espaço de endereçamento), inclusive;

- O programa tem dois blocos de instruções, um com 800 e outro com 500 instruções. A primeira instrução do bloco de 800 instruções é aquela em que o programa deve começar a ser executado. Do primeiro bloco passa-se para o segundo através de um simples desvio (instrução JMP);

- O programa usa dois blocos de dados, um com 1000 e outro com 700 células de memória;

Então o **mapa de endereços** deste sistema é o indicado na Tabela 4.1. Por mapa de endereços entende-se a lista de faixas de endereços em que, no espaço de endereçamento, existem dispositivos, como a memória ou os periféricos.

Nem todos os endereços têm de corresponder a dispositivos (como aliás se verifica na Tabela 4.1). Um acesso para escrita num endereço sem dispositivo não tem consequências (mas o valor escrito não será memorizado) e um acesso para leitura dará um resultado imprevisível, pois não haverá qualquer dispositivo para fornecer o valor a ser lido pelo processador. Por outro lado, nem todos os endereços da memória têm de estar sendo usados num determinado momento (como também acontece neste exemplo), podendo-se definir um mapa de utilização da memória, tal como indicado na Tabela 4.2.

## Tabela 4.1 - Mapa de endereços

| FAIXA DE ENDEREÇOS | DISPOSITIVO FÍSICO |
|---|---|
| 0 a 4095 | Memória (4096 de capacidade) |
| 4096 a 32.767 | Livre (sem dispositivo) |
| 32.768 a 32.867 | Periféricos (100 periféricos) |
| 32.868 a 65.535 | Livre (sem dispositivo) |

**Tabela 4.2 - Mapa de utilização da memória**

| FAIXA DE ENDEREÇOS DA MEMÓRIA | UTILIZAÇÃO |
|---|---|
| 0 a 799 | 1.º bloco de instruções |
| 800 a 1000 | Livre (não usado) |
| 1000 a 1999 | 1.º bloco de dados |
| 2000 a 2499 | 2.º bloco de instruções |
| 2500 a 2999 | Livre (não usado) |
| 3000 a 3699 | 2.º bloco de dados |
| 3700 a 4095 | Livre (não usado) |

Observe que esta tabela apresenta apenas um dos cenários possíveis, pois as especificações deste exemplo não indicam em que ordem os diversos blocos de dados e instruções devem aparecer, nem os endereços em que devem estar localizados.

Há apenas duas restrições:

- O bloco de 800 instruções tem de estar localizado a partir do endereço zero, para que o endereço da instrução em que o processador inicia seja o da primeira instrução do programa;

- Não pode haver sobreposição, nem mesmo parcial, entre dois blocos quaisquer.

## 4.3 IMPACTO DA LARGURA DAS INSTRUÇÕES

Na Subseção 3.3.3.3 argumentou-se que o tamanho das instruções não tinha necessariamente que ser igual ao tamanho dos dados, uma vez que o tipo de informação é diferente e vai para locais diferentes do processador.

Embora isto esteja correto, há outras considerações a serem levadas em conta. A mais importante refere-se ao fato de tanto as instruções como os dados usarem a mesma memória principal, tal como discutido na Seção 4.2.

Esta restrição impõe, na prática, que as instruções tenham a mesma largura (ou um múltiplo) que a largura dos dados. Pretende-se que as instruções sejam tão compactas quanto possível e que sejam lidas num só acesso à memória, além de se tentar minimizar o número de pinos do processador para o exterior, por motivos de custo.

Por outro lado, é frequente ter de armazenar (em registradores e na memória) não apenas dados, mas também os próprios endereços das células de memória em que esses dados estão armazenados.

Estas e outras considerações (entre as quais a simplicidade) fazem com que, na prática, se use apenas uma largura para tudo, incluindo instruções, endereços e dados.

Em termos de dados, o PEPE que é utilizado neste livro está, de início, limitado a 16 bits. A razão é simples e refere-se ao fato de 16 bits (4 dígitos hexadecimais) constituírem um limite razoável para a programação manual em linguagem *assembly*.

Quatro dígitos hexadecimais ainda são escritos sem problemas, mas ao passar para 32 bits (8 dígitos hexadecimais) já não se consegue olhar para um número e ver instantaneamente quantos dígitos hexadecimais ele tem, em função do que se começa a ter de contar os dígitos, ficando muito mais confuso.

A partir dos 32 bits já é o universo da programação automática, com compiladores que geram diretamente o código de máquina a partir das linguagens de programação de alto nível. Para comprovar isto, basta comparar o aspecto visual de dois números, um com 16 bits e outro com 32:

```
7F43H    3AF20A4CH
```

Olhando para o número da esquerda, consegue-se ver instantaneamente quantos dígitos hexadecimais ele tem. No número da direita, tem-se de contar e até é difícil consegui-lo, logo da primeira vez. Assim, em termos didáticos, mais vale suportar a limitação dos 16 bits:

- Em termos de dados, o PEPE consegue lidar diretamente apenas com inteiros em complemento de 2 na faixa $-32.768$ até $+32.767$ e números binários sem sinal (usados nas instruções lógicas, por exemplo) entre 0 e 65.535;

- Em termos de endereços, o PEPE consegue gerar 65.536 endereços diferentes, desde o endereço 0000H até FFFFH (em hexadecimal).

Tomada a decisão de usar 16 bits, fica o desafio de conseguir compactar em 16 bits todas as instruções que um processador deve suportar, juntamente com as constantes e os índices dos registradores envolvidos nessas instruções, o que será feito na Seção 4.5. Mas antes ainda é preciso analisar os endereços em maiores detalhes.

> **NOTA**
>
> Uma das vantagens de um processador ter 32 bits é haver mais bits para codificar os números dos registradores envolvidos em cada instrução ou até mesmo poder especificar 3 operandos por instrução, usando um terceiro registrador para o resultado.
>
> No entanto, a principal razão que motivou a evolução para os 32 bits (com exceção dos sistemas mais simples – muito mais que um PC) é a limitação da faixa de representação de números inteiros com 16 bits, demasiado pequena para os casos práticos em que os computadores são usados.

---

**ESSENCIAL**

- Os computadores têm uma só memória, que serve tanto para instruções como para dados;

- Internamente, porém, o processamento é mais rápido se as memórias forem separadas e puderem ser acessadas ao mesmo tempo, em vez de uma de cada vez, em sequência;

- Este problema é resolvido com duas *caches* (para dados e para instruções), que possuem uma cópia das células mais usadas da memória principal, conseguindo assim suportar os acessos simultâneos na maior parte dos casos;

- O espaço de endereçamento é único, tal como a memória principal, o que significa que se tem de colocar as instruções e os dados em endereços diferentes;

- Os dados e instruções têm de ser armazenados na mesma memória. Também é frequente ter de armazenar os próprios endereços em registradores e na memória. Isto faz com que, na prática, dados, instruções e endereços tenham a mesma largura.

---

## 4.4 Endereçamento de *byte* e de palavra

Um byte é um conjunto de 8 bits. Uma **palavra** (no contexto dos processadores) é um conjunto de *bits* em número igual à largura do processador. Assim, um processador de 16 bits tem uma palavra de 16 bits, enquanto um de 32 bits tem uma palavra de 32 bits.

A vida seria mais fácil se os processadores se limitassem a acessar a memória apenas com base na palavra, isto é, se a palavra fosse a quantidade mínima de informação que eles fossem capazes de ler da (ou escrever na) memória.

Mas não. Para otimizar o acesso a quantidades de informação do tamanho de um *byte* (por exemplo, os caracteres e sinais de pontuação de texto em codificação ASCII, que ocupam apenas um *byte* – ver Apêndice E), os processadores suportam normalmente o acesso à memória *byte* a *byte* e em múltiplos de um *byte* até o tamanho da palavra. Ou seja, um processador com uma largura de:

- 16 bits consegue acessar quantidades de 8 bits e de 16 bits;
- 32 bits consegue acessar quantidades de 8, 16 e 32 bits.

Por exemplo, um processador de 16 bits consegue escrever num dos *bytes* de uma célula de memória sem afetar o outro, e um processador de 32 bits consegue alterar apenas um dos 4 bytes de uma determinada célula de memória, sem alterar os restantes.

A Figura 4.4 representa duas palavras, uma de um processador de 16 bits e outra de um processador de 32 bits, com os *bytes* identificados por letras. A Tabela 4.3 indica os acessos possíveis para cada processador.

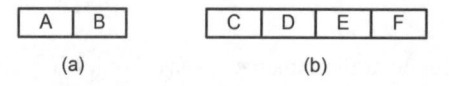

(a)                          (b)

**Fig. 4.4 – Palavras com os *bytes* identificados por letras. (a) – De 16 bits; (b) – De 32 bits**

**Tabela 4.3 - Acessos possíveis à memória no caso de processadores de 16 bits (Figura 4.4a) e 32 bits (Figura 4.4b) com capacidade de endereçamento de *byte***

| LARGURA DO PROCESSADOR | ACESSOS POSSÍVEIS À MEMÓRIA, EM | | |
|---|---|---|---|
| | 8 *BITS* | 16 *BITS* | 32 *BITS* |
| 16 *bits* | A<br>B | AB | --- |
| 32 *bits* | C<br>D<br>E<br>F | CD<br>EF | CDEF |

Isto tem uma consequência imediata e de grande impacto: cada *byte* em memória tem de ter o seu endereço individual. Se um processador suportar isto, diz-se que tem **endereçamento de *byte*** (por oposição ao **endereçamento de palavra**).

Por que isto é tão importante?[28]

- Suportar endereçamento de *byte* reduz a capacidade de memória que o processador é capaz de endereçar. Com endereçamento de palavra, há um endereço diferente para cada célula de memória de 16 bits. Ou seja, com 16 bits de endereço o processador consegue endereçar $2^{16}$ (64 K, ou 65.536) células de 16 bits cada, ou 128 KBytes ($2 \times 64$ K). Com endereçamento de *byte*, apenas 64 KBytes (metade) podem ser endereçados, pois os 16 bits de endereço mantêm-se e agora tem-se de ter um endereço diferente para cada *byte* individual;

- O endereçamento de *byte* interessa apenas para os dados, mas os endereços das instruções também são afetados, pois a memória principal é a mesma. Como as instruções são indivisíveis, os endereços das instruções (o valor do PC) têm de avançar de 2 em 2. Ao incrementar o PC para passar a endereçar a instrução seguinte tem-se de somar 2 ao PC e não apenas 1;

- Nas instruções de acesso à memória (no caso de dados), tem-se de indicar que quantidade de informação se pretende usar, 8 ou 16 bits, o que implica mais *opcodes* (na prática, equivale a duplicar o número de instruções dedicadas à transferência de dados de e para a memória);

- Cada célula de memória de 16 bits contém 2 bytes, com endereços par (X) e ímpar (X+1). Cada célula começa sempre num *byte* de endereço par;

- Fazer um acesso à memória (quer a dados, quer a instruções) em 16 bits especificando o endereço Y implica acessar o *byte* com o endereço Y e o *byte* com o endereço Y+1. Se Y for par (**acesso alinhado**), está se acessando apenas uma célula. Se Y for ímpar, está se acessando o segundo *byte* de uma célula e o primeiro byte da célula seguinte (**acesso desalinhado**). Para suportar isto, o processador tem de fazer dois acessos diferentes à memória e depois compor os *bytes* das duas células lidas, o que complica o *hardware*, razão pela qual muitos processadores, incluindo o PEPE, proíbem isto (geram um erro se isso acontecer);

- O endereçamento de *byte* não é transparente para o programador de linguagem *assembly*. Ao usar os endereços, é preciso ter atenção ao fato de que os endereços das palavras (células de 16 bits) evoluem de 2 em 2 e são pares, enquanto os endereços dos *bytes* evoluem de 1 em 1 e podem ser pares ou ímpares. A Tabela 4.14 apresenta um exemplo com algumas instruções (de 16 bits) e os respectivos endereços na memória, pares e evoluindo de 2 em 2.

O PEPE seria mais simples se não suportasse endereçamento de *byte*, mas em termos didáticos isso seria uma lacuna, uma vez que os processadores comerciais têm esta capacidade, com grande impacto no nível da programação em linguagem *assembly*. A importância deste tópico justifica refazer o exemplo da Subseção 4.2.2 com endereçamento de *byte*. Os dois exemplos devem ser comparados, tendo atenção ao seguinte:

- O processador continua a ter os mesmos 16 bits de endereço. O espaço de endereçamento continua a ser desde 0 até 65.535, mas agora referindo-se a *bytes*. Isto significa que, em células (palavras), o espaço foi reduzido para metade, pois agora só suporta metade (32.768 palavras em vez de 65.536);

---

[28]Aqui se refere apenas ao caso dos processadores de 16 bits, mas as conclusões são facilmente extrapoláveis para 32 bits, 64 bis, etc., com as necessárias adaptações.

**Tabela 4.4 - Mapa de endereços com endereçamento por byte**

| Faixa de endereços | Dispositivo físico |
|---|---|
| 0 a 8191 | Memória (4096 palavras, ou 8192 bytes de capacidade) |
| 8191 a 32.767 | Livre (sem dispositivo) |
| 32.768 a 32.967 | Periféricos (100 periféricos, 200 endereços) |
| 32.968 a 65.535 | Livre (sem dispositivo) |

- O endereço da primeira instrução executada pelo processador quando este inicia continua a ser 0000H (entenda-se instrução contendo os *bytes* com endereços 0000H e 0001H);

- Mantemos em $2^{12}$ (4096) a capacidade em células da memória do computador, uma vez que só estamos mudando o endereçamento, não o programa. Mas agora precisamos do dobro dos endereços ($2^{13}$, ou 8192) para poder endereçar toda a memória (que continua a estar localizada a partir do endereço 0000H), uma vez que todos os *bytes* têm de ser endereçados individualmente;

- Continua a haver 100 periféricos diferentes, cada um com 16 bits, e eles continuam a estar localizados a partir do primeiro endereço da segunda metade do espaço de endereçamento, ou seja, 32.768, tal como anteriormente. Mas agora eles gastam 200 endereços e o segundo periférico está no endereço 32.770 e não no 32.769 (porque os periféricos têm 16 bits e gastam dois endereços);

- O programa continua a ter dois blocos de instruções, um com 800 e outro com 500 instruções. Mas cada instrução tem 2 bytes, o que quer dizer que agora gastam 1600 e 1000 endereços, respectivamente;

- O programa continua a usar dois blocos de dados, um com 1000 e outro com 700 células de memória. Mas cada célula (palavra) tem 2 bytes, o que quer dizer que estes dois blocos de dados gastam 2000 e 1400 endereços, respectivamente.

Nestas condições, o mapa de endereços com endereçamento de *byte* é o indicado na Tabela 4.4. Comparando com a Tabela 4.1, nota-se que o espaço (número de endereços) gasto pelos dispositivos (memória e periféricos) duplicou, à custa da redução do espaço livre. Há efetivamente uma redução no número total de palavras que o processador consegue endereçar, pois o número de *bits* dos endereços manteve-se e a entidade mínima endereçável é agora menor (*byte*).

O novo mapa de utilização da memória consta da Tabela 4.5. Cada bloco (seja de dados, seja de instruções) ocupa agora o dobro do número de endereços, pois tem de endereçar cada um dos *bytes* de cada palavra de 16 bits. Observe que nem o programa nem os dados mudaram de tamanho, nem a memória alterou a sua capacidade. Apenas a forma de contabilizar os endereços foi alterada.

A utilização do *byte* como unidade mínima de endereço proporciona uma forma de endereçamento que depende apenas da dimensão dos dados e é independente da largura em *bits* da palavra do processador. O efeito do endereçamento de *byte* é particularmente evidente na escrita da memória. Se se pretender alterar apenas um *byte* dispondo apenas de endereçamento de palavra, tem-se de ler a palavra inteira para um registrador (que terá de estar disponível, isto é, não ter um valor que não se possa destruir), alterar o

**Tabela 4.5 - Mapa de utilização da memória com endereçamento de byte**

| Faixa de endereços da memória | Utilização |
|---|---|
| 0 a 1599 | 1.º bloco de instruções |
| 1600 a 1999 | Livre (não usado) |
| 2000 a 3999 | 1.º bloco de dados |
| 4000 a 4999 | 2.º bloco de instruções |
| 5000 a 5999 | Livre (não usado) |
| 6000 a 7399 | 2.º bloco de dados |
| 7400 a 8191 | Livre (não usado) |

ESSENCIAL

■ O acesso à memória apenas em palavras é limitante e não permite otimizar o acesso a quantidades de informação menores do que uma palavra, como *bytes* ou caracteres;

■ Solução: os endereços passam a ser de *byte* em *byte* e a interface de memória do processador passa a suportar acessos apenas a um só *byte* ou à palavra inteira;

■ O mapa de endereços e a capacidade das memórias devem ser expressos em *bytes* (a unidade básica de endereçamento);

■ Os endereços das células da memória (com 16 bits) avançam de 2 em 2 e devem ser par (acessos alinhados);

■ O PC (*Program Counter*) avança também de 2 em 2;

■ Há instruções específicas para acessar a memória em byte e em palavra. O endereçameno de *byte* não é transparente para a programação;

■ O *byte* é a unidade mínima de acesso à memória.

*byte* pretendido e escrever a palavra na memória. Com endereçamento de *byte*, basta apenas escrever o *byte* pretendido na memória. Normalmente, este conceito não é estendido ao *bit*. Existem instruções capazes de alterar o valor de um *bit* individualmente, mas apenas num registrador. Para acesso à memória, o *byte* é a unidade mínima de acesso.

# 4.5 CODIFICAÇÃO DAS INSTRUÇÕES

Na Subseção 3.4.1, foi apresentada a necessidade de codificar, em alguns valores de *opcode* (código de operação), as combinações de sinais de controle internos do processador correspondentes às várias instruções. Esta abordagem é conhecida por **codificação das instruções**.

Dito de outra forma, deve-se atribuir um código a cada instrução, que depois o processador se encarrega de decodificar ao executar essa instrução e produzir os vários sinais de controle necessários, tal como indicado pela ROM de decodificação na Figura 4.2, por exemplo.

No PEPE-8 há menos de 16 instruções, sendo suficientes 4 bits para a codificação das suas instruções em *opcodes*. Mas o PEPE é mais poderoso e com mais instruções, logo 4 bits já não são suficientes, o melhor é reservar 8 bits.

Como cada instrução tem tipicamente dois registradores como operandos, os 8 bits que sobram dos 16 bits de largura das instruções indicam-nos rapidamente que só temos 4 bits para o índice dos registradores, ou, em outras palavras, que o PEPE não poderá ter mais do que 16 registradores.

E a constante que as instruções também especificam? Já não há espaço!

Felizmente, é possível organizar as instruções para que não especifiquem ao mesmo tempo dois registradores e uma constante. Podemos ainda usar outro artifício: usar menos *bits* de *opcode* para as instruções que precisarem de mais *bits* para os operandos.

A solução é codificar os 16 bits das instruções em 4 campos de 4 bits, de acordo com alguns tipos de instruções, tal como indicado na Tabela 4.6.

Sobre esta tabela é possível fazer os seguintes comentários:

■ Sendo o número de registradores 16, já não é prático referenciá-los por letras. Por isso, adota-se a nomenclatura típica R0, R1, R2, ..., R15;

■ O código de operação (*opcode*) é dividido em dois, principal e secundário, de 4 bits cada um. Todas as instruções têm o *opcode* principal, mas só as que gastam menos bits nos operandos (tipos 1, 2 e 3) têm *opcode* secundário. Outra forma de ver este esquema é considerar que cada instrução do tipo 4 ou 5 gasta todas as 16 codificações decorrentes do *opcode* secundário, que assim é omitido, liberando 4 bits para especificar os operandos (que nestes casos podem ocupar 12 bits);

■ As instruções do tipo 1 são as típicas de dois registradores, em que o primeiro operando serve também para armazenar o resultado (exemplo: ADD R0, R1);

## Tabela 4.6 - Codificação das instruções mais comuns por tipos de operando

| Tipo | Exemplo de instrução | 1º campo (4 bits) | 2º campo (4 bits) | 3º campo (4 bits) | 4º campo (4 bits) |
|---|---|---|---|---|---|
| 1 | ADD R0, R1 | Opcode principal | Opcode secundário | 1.º operando/ /resultado (registrador) | 2.º operando (registrador) |
| 2 | ADD R0, 2 | | | | 2.º operando (constante de 4 bits) |
| 3 | JZ 100 | | | Operando único (constante de 8 bits) | |
| 4 | MOV R0, 100 | | 1.º operando/ /resultado | 2.º operando (constante de 8 bits) | |
| 5 | JMP 2000 | | Operando único (constante de 12 bits) | | |

- As instruções do tipo 2 são tipicamente as que usam uma constante para operar sobre um registrador, que fica com o seu valor alterado. Um exemplo é a soma de um registrador com uma constante imediata, especificada na própria instrução (exemplo: ADD R0, 4). Uma limitação óbvia é que, só havendo 4 bits para a constante, é possível especificar valores apenas entre $-8$ e $+7$ ou entre 0 e 15, conforme a instrução interprete a constante em complemento de 2 ou como valor sem sinal. Este tipo de codificação permite otimizar os casos (frequentes, aliás) de operações aritméticas com constantes de valor baixo (incrementar um registrador de uma unidade, por exemplo). Caso se pretenda realizar uma operação aritmética com uma constante maior, que não caiba em 4 bits, tem-se de (i) carregar primeiro outro registrador com o valor desejado e (ii) depois somar os dois registradores (ver Subseção 4.10.3 para detalhes);

- As instruções do tipo 3 são tipicamente as instruções que efetuam uma operação entre um registrador fixo, predeterminado (portanto, o registrador pode ser inferido a partir do *opcode*, não sendo necessário especificá-lo como operando), e a constante. No caso do PEPE, as de uso mais frequente nesta categoria são as de desvio condicional, cujo desvio é **relativo**, isto é, que somam a constante ao valor do PC (em vez de desviar para um endereço que, ao ser especificado completamente, exigiria 16 bits e não apenas 8 bits). Isto permite apenas desvios de até 128 instruções para trás e 127 para frente em relação ao valor atual do PC, o que permite contemplar muitos dos casos mais frequentes. Para saber como efetuar um desvio condicional para qualquer endereço, ver a Seção 4.9;

- As instruções do tipo 4 são as que efetuam uma transferência de uma constante para um registrador (instruções MOV *registrador, constante*) e permitem inicializar qualquer dos 16 registradores com qualquer valor de 16 bits. Uma questão interessante é saber como isso é possível se a constante é de apenas 8 bits (seria impossível especificar uma constante de 16 bits numa instrução também de 16 bits, pois não sobraria espaço para o *opcode*). A solução é fazê-lo em duas instruções, com alguns artifícios (Subseção 4.10.3);

- As instruções do tipo 5 são semelhantes às do tipo 3, mas agora o operando é de 12 bits e permite uma maior variedade de instruções para desviar em relação ao PC. Este formato é usado pelas instruções de desvio incondicional. Mesmo assim, o desvio é relativo (somam a constante ao valor do PC) e não permitem um desvio **absoluto**, isto é, para qualquer endereço do espaço de endereçamento. A Seção 4.9 ensina como superar esta limitação.

 **NOTA** Os processadores de 32 bits têm 32 bits para codificar uma instrução, portanto, algumas das restrições aqui apresentadas desaparecem ou ficam atenuadas. É possível, por exemplo:

- Ter mais registradores (mais *bits* para codificar seus índices);

- Especificar três registradores por instrução, dois operandos e um resultado (em vez do resultado ter de ser armazenado no registrador com o 1.º operando). Este é talvez o maior benefício, pois é possível reduzir o número de instruções necessárias (uma vez que o 1.º operando não precisa ser destruído) e até mesmo reduzir o número de instruções que o processador sabe executar (por exemplo, a instrução MOV R1, R2 pode ser na realidade ADD R1, R2, 0, ou seja, R1 ← R2 + 0, aproveitando-se assim a operação de soma em vez de se ter de definir também uma instrução de MOV);

- Usar mais *bits* para especificar as constantes (esta não é propriamente uma vantagem, pois as constantes agora também são maiores, de 32 bits, mas é possível, por exemplo, representar constantes de até 16 bits numa única instrução);

- Ter outras combinações de registradores e constantes (por exemplo, poder especificar dois registradores e uma constante de 16 bits);

- Ter *bits* de sobra para especificar outra informação (que depende da arquitetura e, portanto, não será tratada aqui).

A desvantagem óbvia é que cada instrução gasta o dobro da informação (32 bits em vez de 16 bits). No entanto, os circuitos integrados de memória cada vez têm mais capacidade e o custo por *byte* de memória é cada vez mais baixo.

Por isso, hoje se privilegia mais o desempenho (rapidez de processamento) do que o gasto de memória. Quanto mais *bits* um processador tiver de largura, mais informação conseguirá processar por unidade de tempo. Esta tem sido uma das razões fundamentais para o progressivo aumento da largura dos processadores.

---

ESSENCIAL

- A codificação das instruções é um dos aspectos mais importantes no projeto de um processador;

- Ter formato variável permite acomodar toda a informação necessária (registradores, constantes, etc.), mas complica o circuito de decodificação de instrução, que acaba por ficar mais lento;

- Um formato fixo implica que todas as instruções tenham o mesmo tamanho, o que simplifica muita coisa, mas reduz o número de *bits* disponível para o *opcode* e operandos, limitando entre outras coisas o número de registradores que a arquitetura pode ter;

- Com alguns pequenos artifícios, consegue-se otimizar a codificação para os casos mais frequentes, mantendo a simplicidade geral.

---

# 4.6 REGISTRADORES

Devido à codificação das instruções, o PEPE está limitado a 16 registradores. Estes são os registradores especificáveis nas várias instruções que admitem registradores como operando explícito, como, por exemplo, ADD R0, R1.

Outras instruções usam registradores de forma implícita como, por exemplo, as instruções de desvio, que alteram o PC sem se referirem explicitamente a ele. De fato, o PC nunca precisa ser manipulado explicitamente, pois há instruções específicas que o fazem automaticamente. Isto reflete o fato do PC ser um registrador específico (serve apenas para endereçar as instruções na memória), enquanto os registradores restantes são de uso geral.

Por este motivo, o PC não está incluído no banco de registradores e não conta para o limite dos 16 registradores do banco de registradores, que podem ser especificados nos campos das instruções em que deve ser especificado um registrador.

Mesmo no banco de registradores há alguns registradores que, embora possam ser usados como registradores de uso geral, têm algumas atribuições específicas em relação a certas instruções. Esses, além da designação geral R0 a R15, têm também um nome para facilidade de referência, tal como indicado na Figura 4.5.

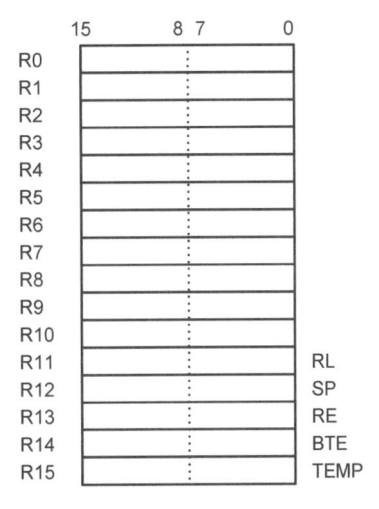

**Fig. 4.5 – Registradores do banco de registradores do PEPE. Cada registrador tem 16 bits, ou 2 bytes. A divisão vertical é meramente conceitual. Os cinco últimos registradores têm algumas funcionalidades específicas, logo o seu uso deve ser controlado**

Todos os registradores têm 16 bits. Algumas instruções atuam no nível do *byte* e tratam os dois bytes de cada registrador de forma diferente. Esta é a única razão pela qual aparece uma divisão vertical na Figura 4.5, pois cada registrador normalmente é manipulável como um todo.

Os registradores R0 a R10 são totalmente genéricos e podem ser livremente usados pelo programador, sem qualquer restrição. Os registradores R11 a R15 têm algumas funcionalidades associadas. O seu uso pelo programador deve ser cuidadoso e com algumas restrições, sob risco do funcionamento do programa não ser correto.

As especificidades associadas a estes cinco registradores são fundamentalmente as seguintes (a serem abordadas nas seções indicadas):

- R11, ou RL (Registrador de Ligação) – É usado para otimizar a chamada de rotinas (Subseção 5.7.2.2). Pode ser usado livremente como registrador geral desde que não esteja sendo usado no âmbito desta otimização;

- R12, ou SP (*Stack Pointer*, ou Ponteiro de Pilha) – É usado na implementação de instruções que manipulam a **pilha**, uma estrutura de dados muito importante em qualquer processador e que será descrita apenas na Subseção 5.7.2.3. Este registrador pode ser usado livremente desde que o programa não use a pilha;

- R13, ou RE (Registrador de Estado) – Contém alguns *bits* importantes para o funcionamento do processador. A Figura 4.2 mostra dois destes bits, o Z e o N, usados nas instruções de desvio condicional, mas há outros que serão apresentados mais à frente, em particular na Seção 4.7 e na Subseção 6.2.2.2. Este registrador deve ser alterado pelo programador apenas em casos bem determinados (ainda a serem discutidos, particularmente na Subseção 6.2.2.2). A Tabela A.2 apresenta a funcionalidade completa dos *bits* deste registrador;

- R14, ou BTE (Base da Tabela de Exceções) – É usado para conter o endereço de base de uma tabela, destinada a suportar eventos especiais (como erros de execução, por exemplo), ou **exceções**, cuja utilização é descrita na Subseção 6.2.1. Não se deve usá-lo como registrador geral porque, se ocorrer uma exceção e este registrador não tiver um valor adequado, o processador poderá ficar perdido (tentando executar instruções em endereços que não têm instruções válidas);

- R15, ou TEMP (de temporário) – Designa um registrador usado temporariamente na implementação de instruções mais complexas (como, por exemplo, a instrução SWAP, que troca os valores de dois registradores, descrita na Subseção 4.10.2). O grande problema em usar este registrador é que ele é alterado por algumas instruções, portanto, o usuário não pode assumir que guardou um valor lá e que esse valor estará lá quando precisar dele. Recomenda-se que ele não seja usado diretamente pelo programador.

 Em muitos processadores, registradores específicos de implementação, como o TEMP, estão simplesmente ocultos, sendo usáveis apenas pelo *hardware*, não estando acessíveis ao usuário. O PEPE também tem registradores desses, tal como descrito no Capítulo 7.

A inclusão do TEMP no banco de registradores sendo, portanto, especificável nas instruções, deve-se basicamente às seguintes razões:

- Facilitar a implementação das instruções, reduzindo o número de sinais de controle;

- Introduzir o problema de registradores disponíveis ao usuário, mas com fins específicos, o que também acontece em alguns processadores.

# 4.7 *BITS* DE ESTADO

Um dos aspectos fundamentais de um processador é a capacidade de tomar decisões com base no resultado de uma determinada operação. As decisões são implementadas por desvios condicionais (Seção 4.9), que desviam para um determinado endereço ou seguem para o endereço seguinte, com base numa ou mais condições estabelecidas pelo resultado da instrução anterior.

Estas condições são conhecidas por ***bits* de estado** (*flags* ou sinalizadores) e ficam memorizadas no RE (Registrador de Estado).

Os *bits* de estado mais frequentes são os quatro indicados na Tabela 4.7. Os *bits* de estado são comumente referidos por uma só letra, adotando-se aqui as letras usuais em inglês, para ser mais fácil o seu reconhecimento ao ler manuais de processadores comerciais.

 Alguns computadores não têm estes *bits* de estado, têm apenas instruções que testam uma determinada condição (se dois registradores têm o mesmo valor, por exemplo) e desviam ou não, tudo na mesma instrução.

Outros, como o PEPE, permitem que uma maior variedade de instruções produza informação para as instruções de desvio condicional. Separam, assim, as instruções que estabelecem as condições (*bits* de estado) das que executam o desvio ou não, dependendo dessas condições.

A discussão sobre as vantagens e desvantagens de um esquema e de outro é um assunto mais avançado que está fora do âmbito deste livro.

**Tabela 4.7 - *Bits* de estado mais comuns**

| *BIT* DE ESTADO | NOME | VALOR APÓS UMA OPERAÇÃO (1 – ATIVO, 0 – INATIVO) |
|---|---|---|
| Z | **Z**ero | 1 se o resultado for zero<br>0 se o resultado for diferente de zero |
| N | **N**egativo | 1 se o resultado for negativo<br>0 se o resultado for zero ou positivo |
| C | Transporte (***C**arry*) | Igual ao *bit* de transporte do resultado da operação (Subseção 2.8.1). 1 significa que houve transporte |
| V | Estouro (*o**V**erflow*) | 1 se o resultado da operação produzir uma condição de excesso (Subseção 2.8.3) |

A Figura 4.6 indica qual a posição destes *bits* no registrador de estado (RE) do PEPE. Há outros *bits* com funcionalidade específica no RE, mas que só serão apresentados mais tarde, particularmente na Subseção 6.2.2.2.

Algumas instruções afetam (alteram) apenas alguns destes *bits*, enquanto outras afetam todos os *bits*. As instruções de desvio condicional podem testar apenas um ou vários *bits* de estado, dependendo da condição (Seção 4.9). São suportadas não apenas as condições derivadas diretamente dos *bits* de estado (zero e negativo), mas também outras como maior, menor, etc. Também é possível ler/escrever o RE de uma só vez ou alterar diretamente um ou mais dos seus *bits*, tal como em qualquer outro registrador.

Como resultado de uma operação, os *bits* Z e N não podem ficar ativos simultaneamente, mas podem ficar ambos com 0, se o número for estritamente positivo (maior que zero). Z só ficará ativo se o resultado de uma operação tiver todos os seus *bits* com zero. É sempre fonte de alguma confusão o *bit* Z ficar com 1 quando o resultado é zero (e 0 quando o resultado é diferente de zero), em função do que pode ser útil pensar em Z como ativo ou inativo em vez de 1 e 0, respectivamente. O *bit* N causa menos confusões porque, na prática, é igual ao *bit* de sinal do resultado.

Os *bits* C (transporte) e V (estouro) ficam ativos (em 1) quando, de alguma forma, o resultado de uma operação é demasiado grande para "caber" (poder ser representado corretamente) em 16 bits, mas segundo duas perspectivas diferentes:

- O *bit* C considera os operandos e o resultado como números binários de N bits sem sinal, com valor entre 0 e $2^N-1$. O *bit* C ficará ativo quando o resultado de uma operação com N bits for superior a $2^N-1$ (ou seja, houver um transporte, "e vai um", diferente de zero para além do *bit* mais significativo);

- O *bit* V considera os operandos e resultado como números binários de N bits com sinal, em notação de complemento de 2. O *bit* V ficará ativo quando o sinal do resultado for diferente do correto (por exemplo, se a soma de dois números positivos der um número negativo, o que significa que o resultado era demasiado grande e "deu a volta" para os números negativos).

Dependendo dos valores dos operandos e da operação, é possível ter as quatro combinações dos dois *bits* C e V. O *bit* V ativo normalmente é um erro, que pode ser ignorado ou não. Se for ignorado, é preciso ter a noção de que o resultado está errado e pode afetar seriamente o programa. O *bit* C ativo (com o *bit* V inativo) pode ser uma situação normal (basta somar um número com o seu simétrico, o que dá zero) e pode ser usado para implementar operações aritméticas com mais *bits* do que a largura do processador (uma soma de 32 bits no PEPE, por exemplo – ver Subseção 4.11.1.2).

Para melhor compreensão, a Tabela 4.8 apresenta o valor em decimal dos números binários de 4 bits, quer sem sinal (só números positivos), quer com sinal (positivos e negativos) em notação de complemento de 2.

A Tabela 4.9 permite exemplificar várias situações e os valores dos *bits* de estado resultantes de uma operação de adição. São usados números binários de apenas 4 bits, para ser mais simples, mas as regras são exatamente as mesmas para qualquer número de *bits* (incluindo os 16 do PEPE).

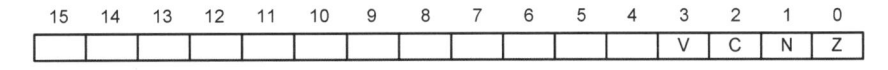

**Fig. 4.6 – Disposição dos *bits* de estado no RE (Registrador de Estado)**

**Tabela 4.8 - Duas formas de considerar um número binário: só valores positivos e com sinal (em complemento de 2)**

| NÚMERO BINÁRIO (4 BITS) | NÚMERO DECIMAL (SEM SINAL) | NÚMERO DECIMAL (COM SINAL) |
|---|---|---|
| 0000 | 0 | 0 |
| 0001 | 1 | 1 |
| 0010 | 2 | 2 |
| 0011 | 3 | 3 |
| 0100 | 4 | 4 |
| 0101 | 5 | 5 |
| 0110 | 6 | 6 |
| 0111 | 7 | 7 |
| 1000 | 8 | -8 |
| 1001 | 9 | -7 |
| 1010 | 10 | -6 |
| 1011 | 11 | -5 |
| 1100 | 12 | -4 |
| 1101 | 13 | -3 |
| 1110 | 14 | -2 |
| 1111 | 15 | -1 |

A operação usada é sempre a adição, por simplicidade e até porque os processadores não implementam realmente a subtração. Para implementar a instrução SUB R1, R2, o que eles fazem, na realidade, é complementar R2 de 2 e depois efetuar a soma de R1 com esse complemento. Observe que:

- O caso 1 (Z=1 e todos os outros com 0) só ocorre somando zero com zero. Qualquer soma de um número com o seu simétrico (para dar zero como resultado) implica imediatamente transporte, pois, por definição, a soma de um número de N bits com o seu simétrico dá $2^N$ como resultado, o que não é representável com N bits (apenas com N+1). Ou seja, é o caso 5, exemplificado com 5 + (–5);

- O estouro, no caso da soma, só ocorre somando-se dois números com o mesmo sinal (e o sinal do resultado sendo diferente do sinal dos operandos). Se um for positivo e outro negativo, não é possível ocorrer a situação de estouro;

- Esta tabela também pode ser elaborada para as operações de multiplicação e divisão, com algumas adaptações. Por limitações de espaço e por ser um tópico específico, a elaboração destas tabelas é deixada como exercício para o leitor mais interessado.

### SIMULAÇÃO 4.1 – BITS DE ESTADO

Esta simulação ilustra o funcionamento dos *bits* de estado com a instrução ADD. Os aspectos abordados incluem os seguintes:

- Carga manual dos registradores com os operandos, usando a Tabela 4.8 como base, mas agora com operandos de 16 bits;

- Verificação do funcionamento da instrução ADD e do valor dos bits de estado após a instrução;

- Repetição para vários valores de operandos.

**Tabela 4.9 - Exemplos de como os *bits* de estado podem ser afetados pela operação de adição**

| CASO | VCNZ | OPERAÇÃO (EM DECIMAL) | RESULTADO | OPERAÇÃO (EM BINÁRIO) |
|------|------|------------------------|-----------|------------------------|
| 0 | 0000 | 1 + 6 | 7 | 0001<br>+ 0110<br>0 0111 |
| 1 | 0001 | 0 + 0 | 0 | 0000<br>+ 0000<br>0 0000 |
| 2 | 0010 | 5 + (-6) | -1 | 0101<br>+ 1010<br>0 1111 |
| 3 | 0011 | Impossível. Um resultado não pode ser simultaneamente zero e negativo. | | |
| 4 | 0100 | 7 + (-5) | 2 | 0111<br>+ 1011<br>1 0010 |
| 5 | 0101 | 5 + (-5) | 0 | 0101<br>+ 1011<br>1 0000 |
| 6 | 0110 | -3 + (-3) | -6 | 1101<br>+ 1101<br>1 1010 |
| 7 | 0111 | Impossível. Um resultado não pode ser simultaneamente zero e negativo. | | |
| 8 | 1000 | Impossível. Para o resultado ser positivo com estouro, é porque houve uma soma de operandos negativos. Mas a soma destes ($\geq$ 8 quando considerados sem sinal) sempre acarreta transporte. | | |
| 9 | 1001 | Impossível. Se o resultado é zero, então não há estouro | | |
| 10 | 1010 | 7 + 3 | -6<br>(10 sem sinal) | 0111<br>+ 0011<br>0 1010 |
| 11 | 1011 | Impossível. Um resultado não pode ser simultaneamente zero e negativo. | | |
| 12 | 1100 | -7 + (-3) | +6 | 1001<br>+ 1101<br>1 0110 |
| 13 | 1101 | Impossível. Se o resultado é zero, então não há estouro. | | |
| 14 | 1110 | Impossível. Para o resultado ser negativo com estouro, é porque houve uma soma de operandos positivos. Mas a soma destes ($\leq$ 7) nunca pode acarretar transporte. | | |
| 15 | 1111 | Impossível. Um resultado não pode ser simultaneamente zero e negativo. | | |

# 4.8 Conjunto de instruções

Tal como o nome indica, o conjunto de todas as instruções da linguagem *assembly* de um processador é denominado **conjunto de instruções** desse processador.

Isto não quer dizer que o *hardware* em si não permite outras operações, quer seja por combinações diferentes dos sinais de controle, quer seja por execução sequencial de séries de operações muito elementares (microprogramas – ver Subseção 2.6.7.4), que no seu conjunto implementam instruções específicas.

No entanto, se complicarmos muito o *hardware*, aumentaremos o tempo de atraso dos sinais nos circuitos e a frequência do relógio terá de baixar, além do que a arquitetura ficará mais complexa e difícil de programar. Por isso, existe um compromisso entre funcionalidade e complexidade. A melhor solução é combinar simplicidade com uma funcionalidade mínima, numa solução de equilíbrio entre variedade de operações, simplicidade e rapidez de processamento. A Subseção 6.6.7 discute este aspecto.

O conjunto de instruções do PEPE procura atingir esse equilíbrio, implementando basicamente as instruções que são mais comuns nos processadores comerciais, ao mesmo tempo em que assume algumas soluções menos otimizadas, mas mais claras e didáticas. Essa é uma das razões por que este livro não adota uma arquitetura comercial como processador de base.

As seções seguintes descrevem o PEPE, basicamente do ponto de vista do programador de linguagem *assembly*, através dos recursos a que ele pode ter acesso (registradores, memória, etc.) e da funcionalidade das diversas instruções que o PEPE suporta. Não se trata de uma descrição exaustiva nem sequer organizada em formato de manual de referência do PEPE, mas apenas a apresentação das características de programação do PEPE, gradualmente e com exemplos. O Apêndice A contém informação sobre o PEPE de forma mais sistematizada, incluindo uma tabela com todas as suas instruções.

O Capítulo 7 apresenta uma visão dos componentes e da implementação detalhada da arquitetura do PEPE.

É importante notar que, na descrição que se segue, algumas das instruções em *assembly* apresentam um único mnemônico para uma série de instruções de máquina (*opcodes*) diferentes, a que correspondem funcionalidades do mesmo tipo, mas com processamentos diferenciados pelo *hardware* (o exemplo mais expressivo disso é a instrução MOV, descrita na Seção 4.10).

Estas instruções, embora com o mesmo mnemônico, diferem no número e/ou tipo dos operandos, de forma a evitar ambiguidades quanto ao significado de cada instrução. É apenas uma questão de facilitar a vida do programador, que assim tem de decorar menos mnemônicos, concentrando-se na funcionalidade e não tanto na forma. O *assembler* gera o código de máquina com base não apenas nos mnemônicos, mas também nos operandos, identificando assim todas as situações.

Por outro lado, a notação RTL simples, definida na Tabela 3.4, tem de ser estendida para contemplar as novas características do PEPE, em função do que se deve considerar agora as convenções estabelecidas pela Tabela 4.10. Alguns detalhes da notação só serão explicados nas seções seguintes.

Também há um caso em que uma instrução em linguagem *assembly* pode gerar uma ou duas instruções em código de máquina (também no caso da instrução MOV), dependendo se o valor da constante envolvida é pequeno (ou não) para poder ser representado em 8 bits. Mais uma vez, o *assembler* facilita a vida do programador, analisando a constante em questão e decidindo se pode gerar apenas uma instrução ou se tem de gerar duas.

Assim, para cada uma das instruções do PEPE, é indicado não apenas o mnemônico usado na linguagem *assembly*, mas também um mnemônico único para cada *opcode*, que representa cada combinação de número e tipo de operandos dessa instrução.

O leitor mais atento poderá notar que algumas instruções são implementadas por uma sequência de operações elementares, o que impede que essas instruções sejam executadas num só ciclo de relógio, ao contrário do que acontece no PEPE-8 (mas não tem nada a ver com a largura do processador). Este assunto é muito importante, mas afeta basicamente a implementação e muito pouco a funcionalidade, em função do que só será retomado no Capítulo 7.

---

**ESSENCIAL**

- Um processador tem um conjunto limitado de instruções, que são as operações que ele sabe fazer. Um programa é implementado por uma sequência arbitrariamente complexa destas instruções básicas;

- Embora haja instruções que implementam operações semelhantes, variando basicamente no tipo de operandos, cada instrução tem um *opcode* único (para indicar o processamento diferenciado);

- Do ponto de vista do programador, é útil usar o mesmo mnemônico para as operações que variam apenas nos operandos. O *assembler* suporta isto no nível da linguagem *assembly*, mas gera instruções de máquina diferentes para cada caso;

- Ainda para facilitar a vida do programador, o *assembler* pode gerar mais do que uma instrução de máquina para uma determinada instrução de *assembly*;

- As instruções devem ser especificadas, não apenas em texto, mas também em RTL, um conjunto de convenções específicas de cada processador;

- Algumas instruções envolvem uma sequência de operações elementares, em função do que nem todas são executadas em apenas um ciclo de relógio.

---

As instruções descritas ao longo deste capítulo serão objeto de exemplos e de simulações. O objetivo é explicar a funcionalidade e não os detalhes de implementação. Por conseguinte, o PEPE é simulado exclusivamente no nível funcional (como uma caixa-preta), sendo relevantes apenas aspectos como os registradores e as ligações com a memória.

O circuito de base para as simulações é o da Figura 4.7, com alguns detalhes explicados nas próprias guias práticas das simulações, quando relevantes. Este circuito é basicamente o da Figura 4.3, em que os detalhes internos do processador foram omitidos e a transferência de dados/instruções para a (ou a partir da) memória usa apenas uma ligação bidirecional, uma vez que a memória ou está sendo lida ou sendo escrita, mas nunca as duas operações ao mesmo tempo (em cada acesso, apenas um dos dois sinais, WR ou RD, está ativo).

Os periféricos são conceitualmente idênticos à memória, em função do que o PEPE não tem instruções específicas para lidar com eles. Todas as instruções de acesso à memória também podem ser usadas em periféricos, com a mesma semântica.

## 4.9 INSTRUÇÕES DE DESVIO

O contador de programa (PC) é um registrador que não é referenciado explicitamente em nenhuma instrução, pois não é de utilização geral, mas isso não impede que seja usado em todas as instruções, indicando em que endereço da memória essa instrução está armazenada (Figura 4.2).

Normalmente, o PC é alterado automaticamente. Quando o PEPE inicia, após uma inicialização total (*reset*), o PC é inicializado com 0000H, endereço onde deve estar a primeira instrução a ser executada. Para cada instrução executada, o PC é incrementado de duas unidades (já que o endereçamento no PEPE é de *bytes* – ver Seção 4.4), para passar a designar a instrução seguinte (2 bytes depois da instrução corrente).

No entanto, há casos em que se deseja fazer um "desvio" na sequência normal, colocando um valor diferente no PC, basicamente nas seguintes situações:

- Implementar ciclos (*loops*), tipicamente "voltando atrás" e repetindo a execução de algumas instruções;

- Tomar decisões booleanas (com duas hipóteses), em que numa hipótese se passa à instrução a seguir e noutra se desvia para outro endereço qualquer;

## Tabela 4.10 - Notação RTL usada para descrever as instruções do PEPE

| SIMBOLOGIA | SIGNIFICADO | EXEMPLO |
|---|---|---|
| Rd | Registrador (1.º operando/destino). Pode ser R0 a R15 (incluindo as designações específicas SP, RE e TEMP) | R2 |
| Rs | Registrador (2.º operando/origem). Pode ser R0 a R15 (incluindo as designações específicas SP, RE e TEMP) | R2 |
| Ri | Registrador (3.º operando, usado em algumas instruções de acesso à memória). Pode ser R0 a R15 (incluindo as designações específicas SP, RE e TEMP) | R2 |
| PC | *Program Counter* | PC |
| SP, RE, TEMP | Designações alternativas para os registradores R12, R13 e R15, respetivamente | SP, RE, TEMP |
| k | Constante com 4, 8 ou 12 bits, com ou sem sinal (de acordo com o indicado onde for usado) | k |
| Mw[*end*] | Célula de memória de 16 bits que ocupa os endereços *end* e *end*+1 (*end* tem de ser um endereço par) | Mw[R1] |
| Mb[*end*] | Célula de memória de 8 bits cujo endereço é *end* (que pode ser par ou ímpar) | Mb[R3] |
| R*a*(*i*) | *Bit i* do registrador Ra; $i \in [0..15]$ | R2(3) |
| R*a*(*i..j*) | *Bits i* a *j* (contíguos) do registrador Ra; $i, j \in [0..15]$; $i \geq j$ | R2(15..7) |
| \|\| | Concatenação de *bits* (os *bits* do operando da esquerda ficam à esquerda, ou como os mais significativos) | R1 ← R2(15..8) \|\| 00H |
| *bit*{*n*} | $bit \in [0, 1]$<br>Sequência de *n* bits obtida pela concatenação de *n* cópias de *bit*, que é uma referência de um *bit* (pode ser 0, 1 ou Ra(*i*)) | 0{4} equivale a 0000<br>R1(15){2} equivale a R1(15) \|\| R1(15) |
| *dest* ← *expr* | Atribuição do valor de uma expressão (*expr*) a uma célula de memória ou registo (*dest*). Um dos operandos da atribuição (expressão ou destino) tem de ser um registrador ou um conjunto de *bits* dentro do processador. O operando da direita é todo calculado primeiro e só depois se destrói o operando da esquerda, colocando lá o resultado de *expr*.<br>*dest* e *expr* têm de ter o mesmo número de *bits*. | R1 ← Mw[R2]<br>Mw[R0] ← R4 + R2<br>R1(7..0) ← R2(15..8) |
| (*expr*) : *ação* | Executa *ação* se *expr* for verdadeira (*expr* tem de ser uma expressão booleana) | (Z=1) : PC ← k |
| ∧, ∨, ⊕ | E, OU, OU—exclusivo | R1 ← R2 ∧ R3 |
| Z, N, C, V | *Bits* de estado no RE – Registrador de Estado | Z ← 0 |

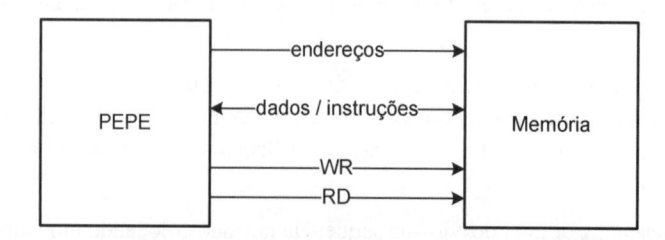

**Fig. 4.7 – Circuito de base para exemplificar as instruções do PEPE**

## Tabela 4.11 - Instruções de desvio do PEPE

| DESVIOS | ABSOLUTOS | RELATIVOS | | CONDIÇÕES | DESVIA, SE (APÓS ESTA INSTRUÇÃO) | |
|---------|-----------|-----------|---|-----------|-------------|------------|
| | | | | | ADD A, B | CMP A, B |
| Incondicionais | JMP   Rs | JMP | k | Nenhuma | | |
| Condicionais | Não há | JZ (JEQ) | k | $Z = 1$ | $a + b = 0$ | $a = b$ |
| | | JNZ (JNE) | k | $Z = 0$ | $a + b <> 0$ | $a <> b$ |
| | | JN | k | $N = 1$ | $a + b < 0$ | |
| | | JNN | k | $N = 0$ | $a + b \geq 0$ | |
| | | JP | k | $(N \vee Z) = 0$ | $a + b > 0$ | |
| | | JNP | k | $(N \vee Z) = 1$ | $a + b \leq 0$ | |
| | | JC (JB) | k | $C = 1$ | Der transporte | $a < b^{29}$ |
| | | JNC (JAE) | k | $C = 0$ | Não der transporte | $a \geq b^{29}$ |
| | | JV | k | $V = 1$ | Der estouro | |
| | | JNV | k | $V = 0$ | Não der estouro | |
| | | JLT | k | $(N \oplus V) = 1$ | | $a < b$ |
| | | JLE | k | $((N \oplus V) \vee Z) = 1$ | | $a \leq b$ |
| | | JGT | k | $((N \oplus V) \vee Z) = 0$ | | $a > b$ |
| | | JGE | k | $(N \oplus V) = 0$ | | $a \geq b$ |
| | | JA | k | $(C \vee Z) = 0$ | | $a > b^{29}$ |
| | | JBE | k | $(C \vee Z) = 1$ | | $a \leq b^{29}$ |
| RTL | PC←Rs | *condição*: PC←PC+k | | | | |

[29]No caso em que a e b são considerados sem sinal. Usado para comparar endereços, que podem variar entre 0 e 65.535 e não entre $-32.768$ e $+32.767$. Ou seja, são números considerados sem sinal.

- Desviar de instruções que não interessa executar (quando a sequência normal de instruções não constitui um bloco contíguo de instruções).

Esse é o papel das instruções de desvio, que alteram o valor do PC. Há vários tipos de instruções de desvio, de acordo com a Tabela 4.11, que estabelece as combinações possíveis. O desvio pode ser classificado quanto à forma de determinação do endereço:

- **Absoluto** – Se o PC for carregado com um valor de 16 bits (conteúdo de um registrador), que especifica completamente o endereço para onde desviar, independentemente do endereço que o PC continha anteriormente;

- **Relativo** – Se o novo endereço for obtido somando-se uma constante k ao valor que o PC tem. Considera-se que a constante k está em complemento de 2 e permite desviar para "a frente" se k>0 e "para trás" se k<0.

E quanto à sua realização:

- **Incondicional** – Se o desvio for sempre efetuado, independentemente de qualquer condição;

- **Condicional** – Se o desvio só for efetuado se uma determinada condição for verdadeira.

Os desvios absolutos utilizam um registrador como operando (JMP R1, por exemplo), pois é a única forma de especificar um endereço de 16 bits numa só instrução. Isto tem a vantagem de que o endereço para onde se quer desviar pode variar ao longo da execução do programa e permite definir uma tabela de endereços para onde desviar, de acordo com um determinado índice que indique o elemento da tabela que se pretende usar como endereço de desvio. A Subseção 5.6.2 apresenta um exemplo de utilização desta possibilidade.

A constante k tem 12 bits no caso do JMP e 8 bits nas outras instruções de desvio (nestas há menos bits porque é preciso codificar o tipo de condição). Em complemento de 2, permite desviar cerca de metade da faixa de valores para trás e para a frente (valores positivos e negativos). No entanto, o PC é sempre par, e o mesmo tem de acontecer com a constante, em função do que não há interesse em incluir o bit menos significativo da constante na instrução (é sempre 0...). Logo, o que é guardado na instrução não é k, mas sim k/2 (ao executar a instrução, o *hardware* multiplica este valor por 2 antes de o somar ao PC). Isto permite, na prática, estender a faixa de desvios, que no JMP varia entre $-2^{12}$ e $+2^{12}-1$ e nos desvios condicionais entre $-2^8$ e $+2^8-1$.

As duas últimas colunas da Tabela 4.11 refletem os dois tipos de operações que podem preceder as instruções de desvios condicionais:

- Operações aritméticas, lógicas e de deslocamento – Produzem um resultado. Na penúltima coluna, estão indicadas as condições que permitem testar o resultado, não apenas quanto ao valor em si (com os *bits* Z e N), mas também quanto a sua validade (com os *bits* C e V);

- Operações relacionais (CMP e SUB) – O resultado expressa a relação de grandeza entre os dois operandos, que devem ser números em complemento de 2. Observe que estas condições também testam o bit de estouro, porque os operandos são entendidos como números em complemento de 2 e, como há uma subtração envolvida, se os operandos tiverem sinal contrário, pode ocorrer estouro. Mesmo nesse caso, deve-se dar a resposta pretendida, pois cada operando é válido e a relação entre eles também.

Enquanto no primeiro caso as condições de desvio são orientadas diretamente aos bits de estado (JZ, JNC, etc.), no segundo as instruções de desvio refletem a relação entre os operandos, que podem ser:

- Números em complemento de 2 (positivos ou negativos, entre $-32.678$ e $+32.767$) – JEQ, JNE, JLT, JLE, JGT, JGE (desvia se for igual, diferente, menor que, menor ou igual, maior que e maior ou igual, respectivamente);

- Endereços, considerados sem sinal (só positivos, entre 0 e 65.535) – JA, JAE, JB, JBE (desvia se estiver acima, acima ou igual, abaixo e abaixo ou igual, respectivamente). Comumente, estes desvios são usados pelos compiladores para efetuarem operações aritméticas com ponteiros (Subseção 5.5.4).

Algumas destas instruções de desvio condicional são iguais, na prática, a outras orientadas aos bits de estado, tal como indicado na Tabela 4.11.

Um aspecto fundamental do funcionamento é que o PC é alterado (somado com 2) ainda antes da execução de uma determinada instrução. Ou seja, quando uma instrução qualquer é executada, o PC já tem o endereço da instrução seguinte. Por esse motivo, a instrução:

```
JMP    0    ; PC←PC+0
```

não faz nada, isto é, a execução continua normalmente na instrução seguinte. Pelo contrário, a instrução:

```
JMP   -2   ; PC←PC-2 (com endereçamento de byte, os endereços são de 2 em 2)
```

provoca um *loop* infinito, isto é, ao executar a instrução, o processador desvia para a própria instrução, que executa repetidamente. Este esquema não é nada intuitivo ("Então para desviar para o endereço em que estou agora tenho de desviar para trás?!"), mas a razão disso será apresentada na Subseção 5.7.2.1.

As instruções de desvio são das mais usadas em todos os programas. Os exemplos do resto deste capítulo ilustram o funcionamento destas instruções.

---

### ESSENCIAL

- O PC indica qual a instrução corrente e evolui normalmente de 2 em 2 (devido ao endereçamento de *byte*);

- Um desvio corresponde a colocar um valor diferente no PC, o que é efetuado pelas instruções de desvio;

- Um desvio pode ser classificado como absoluto (é colocado, no PC, um endereço de 16 bits vindo de outro registrador) ou relativo (soma-se, ao PC, o valor de uma constante em complemento de 2);

- Um desvio pode também ser classificado como incondicional (desvia, independentemente de qualquer condição) ou condicional (só desvia se uma determinada condição for verdadeira);

- As condições podem ser classificadas como de resultado (teste dos *bits* de estado após uma operação aritmética, lógica ou de deslocamento) ou de relação (após uma comparação entre os operandos);

- Quando uma instrução é executada, o PC já contém o endereço da instrução a seguir. Por isso, JMP 0 (desvio relativo) não tem efeito e JMP -2 faz voltar a executar a mesma instrução.

# 4.10 INSTRUÇÕES DE TRANSFERÊNCIA DE DADOS

## 4.10.1 COMBINAÇÕES DE OPERANDOS

Por instruções de transferência de dados entendem-se todas aquelas que copiam dados de um ponto para outro do computador, sem os transformar. Esta Seção aborda apenas algumas destas instruções, em especial a instrução MOV. Há mais instruções de transferência de dados que, por serem mais complexas, são tratadas apenas na Subseção 5.7.3.1. Uma instrução pode fazer transferência de dados entre os seguintes recursos:

- **Registradores** (contidos no banco de registradores da Figura 4.2);

- **Células de memória** (em que se incluem os periféricos porque, do ponto de vista do processador, são indistinguíveis);

- **Constantes** (a contida na própria instrução, se for o caso).

Uma transferência de dados tem um recurso de origem e um recurso de destino. Esta operação transfere (copia) o valor do recurso de origem para o recurso de destino, o que pode ser expresso em RTL por:

$$destino \leftarrow origem$$

O valor de *origem* nunca é alterado, ao passo que o valor anterior de *destino* é sempre destruído e substituído por uma cópia do valor de *origem*.

A instrução SWAP altera *origem* porque troca os valores de *origem* e *destino*, mas faz duas transferências na mesma instrução (Subseção 4.10.2).

É possível estabelecer várias combinações para o par de recursos destino-origem[30], tal como indicado na Tabela 4.12, que indica em que Seção cada uma é tratada.

Observe que:

- Naturalmente, as combinações com constante do lado esquerdo não são possíveis (não se pode alterar o valor de uma constante);

- As combinações que não envolvem um registrador (as duas últimas), na realidade, não são possíveis (ver por que na Subseção 4.10.5). São incluídas apenas para completar o cenário e para mostrar como a sua funcionalidade (bastante útil, aliás) pode ser implementada por uma sequência de instruções.

Estas instruções não afetam os bits de estado basicamente por duas razões:

- Há situações em que o RE, com os seus *bits* de estado, tem de ser guardado noutro registrador ou na memória, para mais tarde se recuperar o seu valor. Esta simples operação de transferência não poderia, obviamente, mudar os *bits* de estado. Poderia se tratar do caso do RE como uma situação especial, mas as exceções à regra devem sempre ser evitadas em nome da simplicidade;

**Tabela 4.12 - Combinações possíveis dos operandos numa transferência de dados**

| COMBINAÇÃO DESTINO-ORIGEM | DESCRIÇÃO | ONDE É DETALHADA? |
|---|---|---|
| Registrador/registrador | Cópia de valores entre dois registradores | Subseção 4.10.2 |
| Registrador-constante | Carregamento imediato de um registrador | Subseção 4.10.3 |
| Registrador-memória | Leitura da memória | Subseção 4.10.4 |
| Memória-registrador | Escrita na memória | |
| Memória-constante | Inicialização da memória com uma constante | Subseção 4.10.5 |
| Memória-memória | Cópia entre células de memória | |

---

[30] *destino* aparece do lado esquerdo para estar de acordo com a ordem na expressão em RTL.

## Tabela 4.13 - Instruções de transferência de dados entre registradores

| ASSEMBLY | EXEMPLO | MÁQUINA | RTL | EFEITO |
|----------|---------|---------|-----|--------|
| MOV  Rd, Rs | MOV  R0, R1 | MOVR, Rd, Rs | Rd ← Rs | Rd fica com uma cópia do valor de Rs. O valor anterior de Rd é destruído |
| SWAP  Rd, Rs | SWAP R0, R1 | SWAPR, Rd, Rs | TEMP ← Rd<br>Rd ← Rs<br>Rs ← TEMP | Os registradores Rd e Rs ficam com os valores trocados. Esta instrução destrói o valor anterior do registrador TEMP |

■ Trata-se apenas de uma operação de cópia de um valor para outro recurso (registrador ou memória), e não a produção de um novo valor. Isto é, não há processamento nem transformação dos dados.

### 4.10.2 TRANSFERÊNCIAS ENTRE REGISTRADORES

Há duas instruções nesta categoria, cuja sintaxe em linguagem assembly e descrição em RTL estão representadas na Tabela 4.13:

■ A instrução MOV[31] entre registradores é muito usada, basicamente para obter uma cópia de um valor (guardado num registrador) para fazer alguma operação que possa alterar essa cópia, sem perder o valor original (que fica ainda no registrador a partir do qual foi copiado), ou então para ficar com uma cópia, após o que se pode alterar o registrador inicial;

■ A instrução SWAP ("trocar") é menos usada, mas ainda assim útil para situações em que se pretende alterar o valor de um registrador sem perder o seu valor antigo. Assim, produz-se o novo valor num outro registrador temporário e depois se executa a instrução. O registrador em questão ficará com o novo valor e o registrador temporário ficará com o valor antigo. Naturalmente, esta instrução poderia ser substituída por três transferências simples (instruções MOV), com o auxílio de um terceiro registrador para realizar a troca, assim a sua existência só se justifica em termos de facilidade de programação e clareza dos programas. O Programa 4.9 contém um exemplo de utilização da instrução SWAP.

Juntamente com a sintaxe em *assembly* é apresentada também a instrução de máquina em termos simbólicos, com uma constante (que indica o *opcode*) e os parâmetros dessa instrução.

O funcionamento destas instruções é ilustrado pela Tabela 4.14, que contém um conjunto de instruções, executadas sequencialmente, e a evolução de alguns registradores do processador ao longo dessa execução. Os registradores restantes não são alterados por estas instruções (com exceção do PC, naturalmente).

Na primeira coluna, é mostrado o endereço em que cada instrução está localizada em memória. A primeira instrução ocupa o endereço 0000H, que é o endereço onde o processador começa a executar as instruções, quando inicia após uma inicialização

## Tabela 4.14 - Efeito das instruções de transferência de registradores. Cada linha mostra o novo conteúdo dos registradores após a execução da respectiva instrução

| ENDEREÇO | INSTRUÇÃO | RTL | R0 | R1 | R2 | R3 | TEMP |
|----------|-----------|-----|-----|-----|-----|-----|------|
|  | Estado inicial |  | 1234H | 5678H | 9ABCH | FFFFH | 0000H |
| 0000H | MOV  R0, R2 | R0 ← R2 | **9ABCH** | 5678H | 9ABCH | FFFFH | 0000H |
| 0002H | MOV  R2, R1 | R2 ← R1 | 9ABCH | 5678H | **5678H** | FFFFH | 0000H |
| 0004H | MOV  R1, R0 | R1 ← R0 | 9ABCH | **9ABCH** | 5678H | FFFFH | 0000H |
| 0006H | SWAP  R1, R3 | TEMP ← R1<br>R1 ← R3<br>R3 ← TEMP | 9ABCH | **FFFFH** | 5678H | **9ABCH** | **9ABCH** |

---

[31]Abreviatura de "mover" de um local para outro.

total (*reset*). Cada instrução ocupa 16 bits e os endereços das instruções evoluem de 2 em 2 unidades, devido ao endereçamento de *bytes* do PEPE.

Em cada linha, é mostrado o valor de cada registrador após a execução da instrução dessa linha, com os registradores que mudaram de valor destacados em negrito.

Assume-se que os registradores foram previamente inicializados com os valores (meramente ilustrativos) indicados como estado inicial.

### SIMULAÇÃO 4.2 — TRANSFERÊNCIA DE DADOS ENTRE REGISTRADORES

Esta simulação ilustra o funcionamento das instruções de transferência de dados entre registradores. O circuito a ser usado é o da Figura 4.7. Os aspectos abordados incluem os seguintes:

- Verificação do valor aleatório dos registradores quando se liga o processador (neste caso, inicia a simulação);
- Verificação do endereço em que se localiza cada instrução;
- Inicialização manual dos registradores relevantes;
- Execução passo a passo do programa, verificando o valor dos registradores após execução de cada instrução.

### 4.10.3 TRANSFERÊNCIA DE UMA CONSTANTE PARA UM REGISTRADOR

Quando um programa inicia (começa a execução), nunca se sabe que valor tem um registrador (tal como acontece com o conteúdo das células de memória). Se o computador acabou de ser ligado, o valor inicial de cada registrador é aleatório, isto é, não pode ser determinado. Se um programa anterior acabou, não se sabe que valores ficaram nos registradores. Mesmo durante a execução de um programa, várias vezes surge a necessidade de colocar um certo valor (especificado numa instrução) num registrador, para posterior processamento.

O que se pretende basicamente é copiar o valor de uma constante para um registrador. Isto permitiria, por exemplo, inicializar os valores dos registradores da Tabela 4.14.

Teoricamente, bastaria uma simples instrução, algo do gênero:

```
MOV   registrador, constante    ; registrador ← constante
```

O problema é que, de acordo com a Tabela 4.6, este tipo de instrução (tipo de codificação 4) admite apenas constantes de 8 bits. Como inicializar um registrador com uma constante maior (16 bits)?

Alguns processadores resolvem este problema alterando o número de bits da instrução. Se esta tiver uma constante, além da palavra de base (*opcode*, registradores, etc.), ela tem uma segunda palavra de 16 bits com o valor da constante. O problema é que isto complica a decodificação das instruções. Algumas vezes as instruções têm 16 bits (uma palavra), outras vezes 32 (duas palavras).

O PEPE resolve este problema de forma mais simples, com uma solução estatisticamente mais otimizada (para os casos mais frequentes):

- Em linguagem *assembly*, o programador usa sempre a instrução indicada acima, qualquer que seja o valor da constante (dentro da faixa permitida pelos 16 bits);
- O *assembler* analisa o valor da constante antes de gerar o código de máquina e separa duas situações:
  - Para constantes no intervalo $[-128 .. +127]$, ou seja, representáveis em 8 bits, gera apenas uma instrução, com *opcode* MOVL (Tabela 4.15), em que constante terá 8 bits e deverá estar em complemento de 2;
  - Para constantes de valor maior (em módulo), não representáveis em 8 bits, ou seja, nos intervalos $[-32.768 .. -129]$ e $[+128 .. +32.767]$, o *assembler* gera duas instruções, com *opcodes* MOVL e MOVH (Tabela 4.15), o que permite inicializar cada um dos dois *bytes* do registrador destino.

Com este esquema, o PEPE consegue gerar apenas uma instrução de 16 bits para as constantes menores, que constituem os casos mais frequentes. Nos casos restantes, o PEPE gasta 32 bits, mas com duas instruções, mantendo assim o tamanho das instruções sempre em 16 bits.

A Tabela 4.15 mostra a razão dos nomes dos mnemônicos das instruções:

- MOVL move apenas o *byte* menos significativo (ou, como se costuma dizer em inglês, o *byte Low*). O *byte* mais significativo (o *High*) fica todo com 0s ou 1s, de acordo com o sinal da constante (**extensão de 8 bits para 16 bits com sinal**):

**Tabela 4.15 - Instruções de transferência de uma constante para um registrador**

| ASSEMBLY | EXEMPLOS | MÁQUINA | RTL | EFEITO |
|---|---|---|---|---|
| MOV Rd, k | -128 ≤ k ≤ +127<br><br>MOV R0,-128<br>MOV R3, 0<br>MOV R6, +127 | MOVL, Rd, k | Rd(7..0) ← k(7..0)<br>Rd(15..8) ← k(7){8 } | Rd fica com uma cópia do valor da constante (de 8 bits) estendida para 16 bits com seu *bit* de sinal, k(7). O valor anterior de Rd é destruído |
| | k ≤ -129 ou k ≥ +128<br><br>MOV R7, -32768<br>MOV R2, -1000<br>MOV R5, +500<br>MOV R8, +32767 | MOVL, Rd, k(7..0)<br><br>MOVH, Rd, k(15..8) | Rd(7..0) ← k(7..0)<br>Rd(15..8) ← k(7){8 }<br><br>Rd(15..8) ← k(15..8) | Rd fica com uma cópia do valor da constante (de 16 bits). O valor anterior de Rd é destruído |

- Se a constante for positiva, o *bit* de sinal será 0, o *byte* mais significativo ficará todo com zero e, portanto, o valor final da constante no registrador também ficará positivo;

- Se a constante for negativa, o *bit* de sinal será 1, o *byte* mais significativo ficará todo com 1 e, portanto, o valor final da constante no registrador também ficará negativo.

- MOVH altera apenas o *byte* mais significativo (o byte *High*), sem afetar o menos significativo. A Tabela 4.17 explica melhor o uso desta instrução.

A instrução MOVL mostra que uma constante pode ser pequena e precisar de poucos bits para ser representada, mas tem sempre de ser estendida para 16 bits, pois essa é a largura dos registradores. A extensão por replicação do bit do sinal permite estender para 16 (ou mais) bits, preservando o valor inicial da constante, seja positiva ou negativa.

A Tabela 4.16 ilustra como a extensão para 16 bits com sinal preserva o valor de uma constante com 8 bits. Observe que, em cada linha, o valor da constante é sempre o mesmo. Apenas varia a base (10, 2 e 16) e o número de *bits* usado para a representação (8, 16 e 32).

O princípio de funcionamento é simples. Num número binário, os 0s à esquerda num número positivo são irrelevantes, qualquer que seja a sua quantidade. De igual modo, os 1s à esquerda num número negativo são irrelevantes, qualquer que seja a sua quantidade.

Tal como indicado na Tabela 4.15:

- No caso de constantes entre −128 e +127, o *assembler* gera apenas uma instrução MOVL, que não só coloca a constante (8 bits) no *byte* menos significativo do registrador, como estende esses 8 bits para 16 mantendo o sinal;

**Tabela 4.16 - Extensão de um valor binário com sinal de 8 bits para 16 e 32 bits**

| DECIMAL | BINÁRIO (8 BITS) | HEXADECIMAL (8 BITS) | HEXADECIMAL (EXTENSÃO PARA 16 BITS) | HEXADECIMAL (EXTENSÃO PARA 32 BITS) |
|---|---|---|---|---|
| 0 | 0000 0000 | 00H | 00 00H | 00 00 00 00H |
| +1 | 0000 0001 | 01H | 00 01H | 00 00 00 01H |
| +64 | 0100 0000 | 40H | 00 40H | 00 00 00 40H |
| +127 | 0111 1111 | 7FH | 00 7FH | 00 00 00 7FH |
| -1 | 1111 1111 | FFH | FF FFH | FF FF FF FFH |
| -2 | 1111 1110 | FEH | FF FEH | FF FF FF FEH |
| -64 | 1100 0000 | C0H | FF C0H | FF FF FF C0H |
| -128 | 1000 0000 | 80H | FF 80H | FF FF FF 80H |

**Tabela 4.17 - Inicialização de registradores com constantes de 16 bits**

| ASSEMBLY | CONSTANTE (HEXADECIMAL 16 BITS) | INSTRUÇÕES DE MÁQUINA | COMENTÁRIOS |
|---|---|---|---|
| MOV  R1, 0 | 00 00H | MOVL, R1, 00H | |
| MOV  R1, +1 | 00 01H | MOVL, R1, 01H | |
| MOV  R1, +127 | 00 7FH | MOVL, R1, 7FH | |
| MOV  R1, +32767 | 7F FFH | MOVL, R1, FFH<br>MOVH, R1, 7FH | Após o MOVL, R1 fica com FFFFH (negativo) |
| MOV  R1, -1 | FF FFH | MOVL, R1, FFH | |
| MOV  R1, -128 | FF80H | MOVL, R1, 80H | |
| MOV  R1, -32768 | 80 00H | MOVL, R1, 00H<br>MOVH, R1, 80H | Após o MOVL, R1 fica com 0000H (positivo) |

■ No caso de constantes menores que −128 ou maiores que +127, o *assembler* gera primeiro uma instrução MOVL, que coloca o *byte* menos significativo da constante no *byte* menos significativo do registrador. Em seguida, gera uma instrução MOVH que coloca o *byte* mais significativo da constante no *byte* mais significativo do registrador. Observe que o sinal pode ficar incorreto após o MOVL, mas o MOVH acaba a operação corretamente.

> **NOTA** No caso das constantes de 16 bits, a instrução MOVL estende o *byte* menos significativo para 16 bits, porque esse é o seu comportamento normal (isto está indicado na Tabela 4.15), mas isso não tem significado, pois o *byte* menos significativo não é um número positivo nem negativo. É apenas uma parte (o *byte* menos significativo) de um número, cujo *bit* de sinal está na outra parte (no *byte* mais significativo). De qualquer forma não tem importância, pois a instrução MOVH depois coloca o *byte* mais significativo no seu valor correto.

A Tabela 4.17 contém alguns exemplos de constantes a serem transferidas para registradores. O programador especifica sempre a mesma instrução *assembly* (MOV).

**SIMULAÇÃO 4.3** – INICIALIZAÇÃO DE UM REGISTRADOR COM UMA CONSTANTE

Esta simulação ilustra o funcionamento das instruções de transferência de constantes para registradores, tendo por base as tabelas desta seção. Os aspectos abordados incluem os seguintes:

■ Extensão de sinal de 8 bits para 16 bits, com números positivos e negativos;

■ Funcionamento das instruções MOVL e MOVH;

■ Geração de instruções pelo *assembler* para a instrução MOV com vários valores de constantes.

## 4.10.4 TRANSFERÊNCIAS ENTRE UM REGISTRADOR E A MEMÓRIA

### 4.10.4.1 ENDEREÇOS CONSTANTES E EM REGISTRADORES

Até aqui, as instruções de acesso à memória nos programas de exemplo têm usado diretamente endereços como constantes entre colchetes ([endereço]), tal como ilustrado pelo Programa 4.1, ainda no contexto de um só registrador.

Extrapolando esta técnica para o PEPE, com os seus 16 bits e os seus 16 registradores, as instruções de acesso à memória seriam algo do estilo:

```
MOV   registrador, [endereço]    ; registrador ← [endereço]
MOV   [endereço], registrador    ; [endereço] ← registrador
```

A palavra "seriam" indica que não são. De fato, não podem ser. Os endereços são de 16 bits, logo, só a constante gastaria 16 bits, além da indicação do registrador envolvido e do *opcode*. Logo, não caberiam numa instrução de apenas 16 bits.

Uma possível solução seria usar para as constantes de endereço a mesma técnica das constantes de dados (duas instruções), mas neste caso a probabilidade de se necessitar de duas instruções é muito maior. Só os acessos aos primeiros 256 bytes da memória poderiam usar apenas uma instrução. O resto dos 64 K endereços precisaria sempre de duas instruções, o que tornaria os acessos à memória bastante lentos.

Assim, a solução é muito mais prática: o PEPE não suporta instruções com constantes de endereço. Em vez disso, usa registradores para conter os endereços das células a serem acessadas, mantendo a sintaxe dos colchetes:

```
MOV    registrador1, [registrador2]   ; registrador1 ← M[registrador2]
MOV    [registrador2], registrador1   ; M[registrador2] ← registrador1
```

Se o valor do *registrador2* fosse 1000H, então a célula de memória acessada por estas instruções teria o endereço 1000H, enquanto o *registrador1* teria o conteúdo, isto é, o valor lido ou escrito nessa célula.

Para inicializar o valor do *registrador2* com um endereço de 16 bits, é possível então usar a técnica das duas instruções, usada pela instrução *assembly* MOV *registrador, constante* (com as instruções de máquina MOVL e MOVH).

Claro que aparentemente isto é ainda pior! Para acessar a memória já são necessárias três instruções, duas para inicializar o registrador do endereço e outra para fazer o acesso propriamente dito.

Felizmente, não é preciso inicializar um registrador com um endereço em todos os acessos, pois é frequente:

- Haver várias instruções que acessam uma mesma célula de memória, tal como pode ser observado no Programa 4.1, em que os oito acessos à memória são feitos a apenas duas células diferentes. Enquanto houver registradores disponíveis, pode-se reservar um registrador para conter o endereço dessa célula de memória e passar a usar esse registrador, sem o alterar, sempre que se tiver de acessar essa célula;

- Ter os dados organizados em **tabelas de valores** (células localizadas em endereços contíguos), em função do que é muito útil ter um determinado registrador, que contém o **endereço de base** (o endereço do primeiro elemento) da tabela, e depois ter um **índice** (uma constante ou outro registrador, para o índice poder ser variável), que se some à base para determinar o endereço real de um determinado elemento na tabela, tal como representado na Figura 4.8.

Para acessar os vários elementos de uma tabela, a ideia é manter o registrador com o endereço de base como um valor fixo e ir variando o índice, ou de uma maneira manual (índice especificado como uma constante na própria instrução de acesso à memória) ou algorítmica (índice especificado como um registrador cujo valor vai variando). A Subseção 5.8.4.1 apresenta mais detalhes.

### 4.10.4.2 Modos de acesso à memória em 16 bits

A Figura 4.8 representa uma tabela em memória com oito elementos de 16 bits, começando no endereço 1000H. O primeiro elemento está no endereço 1000H, o segundo em 1002H, etc. (de 2 em 2, pois cada elemento tem 16 bits, ou 2 bytes).

O registrador R1 "aponta" para (contém o endereço de) o primeiro elemento, ou seja, 1000H. O registrador R2 contém 6 e o registrador R3 contém 1006H. Nesta figura, pretende-se acessar a célula de memória em cinza, localizada no endereço 1006H.

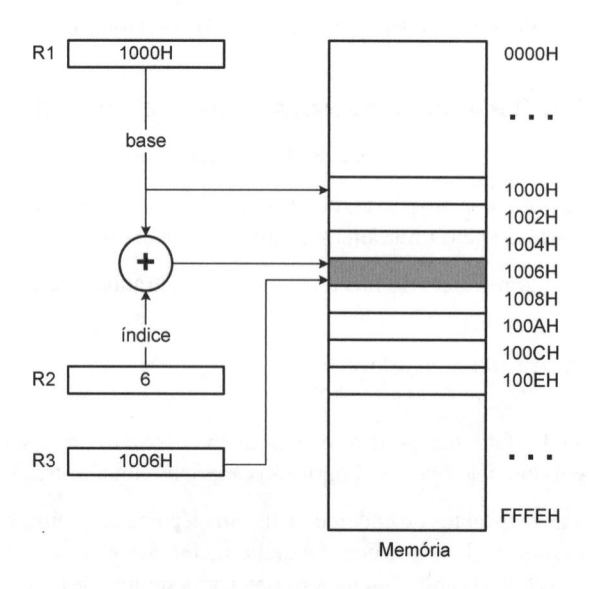

**Fig. 4.8 – Acesso a tabelas em memória através de uma base (R1) e de um índice (R2) para obter o endereço do elemento desejado. Também é possível acessar diretamente, sem tabela (com R3)**

Há basicamente três formas de referenciar a célula de memória em cinza, na Figura 4.8, com uma instrução de leitura para o registrador R0 (considerando que R1, R2 e R3 foram previamente inicializados com os valores indicados na Figura 4.8):

```
MOV    R0, [R3]      ; R0 ← M[1006H] (acesso linear, sem reconhecer a tabela)
MOV    R0, [R1 + 6]  ; R0 ← M[1000H + 6] (tabela com índice constante)
MOV    R0, [R1 + R2] ; R0 ← M[1000H + 6] (tabela com índice que pode variar)
```

- A primeira forma permite acessar qualquer célula da memória, considerando o **espaço de endereçamento linear** (sem usar qualquer estrutura de dados);

- O **índice constante** acessa uma tabela (cuja base está no endereço contido em R1) em que se conhece a função de cada elemento dentro da tabela e, portanto, se referencia diretamente (neste exemplo, com o índice 6);

- A última forma, com **índice variável** (registrador), permite a um programa percorrer a tabela, efetuando algum processamento sobre cada elemento da tabela.

Observe que, com endereçamento em *bytes* e elementos de 16 bits, um índice com o valor N não se refere ao N-ésimo elemento, mas sim, ao N-ésimo byte. O índice tem assim de ir variando de 2 em 2 e deve ser par. A dualidade de unidades de contagem, em elementos e em *bytes*, é uma das consequências da existência de endereçamento de *byte* e aparece constantemente em programação em *assembly*. É fundamental termos este aspecto sempre presente! Devido à importância destas formas de endereçamento para a boa programação, as seções seguintes dão alguns exemplos da sua utilização.

### 4.10.4.3 ACESSO À MEMÓRIA EM 16 BITS COM ÍNDICE VARIÁVEL

O acesso à memória em 16 bits com índice variável é ilustrado pelo Programa 4.3, que soma todos os valores da tabela. Ao contrário do que seria de esperar, o programa começa pelo último elemento, uma vez que a soma não depende da ordem e isso facilita a condição de parada do *loop*.

```
base    EQU   1000H        ; endereço de base (do 1º elemento) da tabela
tam     EQU   8            ; tamanho da tabela (em elementos de 16 bits)

início: MOV   R3, 0        ; inicializa soma
        MOV   R1, base     ; inicializa registrador de base da tabela
        MOV   R2, tam      ; número de elementos de 16 bits da tabela
        SUB   R2, 1        ; índice do último elemento (o 1º tem índice 0)
maisUm: MOV   R4, R2       ; copia para não destruir o índice
        ADD   R4, R4       ; duplica para obter o índice em bytes
        MOV   R0, [R1 + R4] ; lê um elemento da memória (no endereço R1+R4)
        ADD   R3, R0       ; acumula o elemento na soma
        SUB   R2, 1        ; obtém índice (em bytes) do elemento anterior
        JNN   maisUm       ; se for negativo, o índice era o último (0)
                           ; senão, ainda há mais elementos
fim:    JMP   fim          ; acabou. R3 contém a soma de todos os elementos
```

**Programa 4.3 - Exemplo de acesso à memória com índice variável (em elementos): soma de todos os elementos de uma tabela, começando pelo último**

Uma alternativa de varredura da tabela, desta vez "andando para a frente", é apresentada pelo Programa 4.4. O teste de fim já não pode ser comparado com zero, mas sim com um limite. Para facilitar o teste, o tamanho da tabela é logo especificado em *bytes*. Assim, o índice pode evoluir em *bytes* e comparar diretamente com o tamanho da tabela. Neste exemplo, o primeiro elemento tem índice 0 e o último índice 14.

Observe que o termo de comparação (tam, ou 16) tem de estar num registrador (R4) porque a instrução CMP (*compare*, ou comparar) só admite constantes em complemento de 2 com 4 bits, entre $-8$ e $+7$. Desta forma, tam pode assumir qualquer valor.

**SIMULAÇÃO 4.4** – ACESSO À MEMÓRIA EM 16 BITS COM ÍNDICE VARIÁVEL

Esta simulação ilustra o acesso à memória em 16 bits com índice variável, tendo por base o Programa 4.3 e o Programa 4.4. Os aspectos abordados incluem os seguintes:

- Inicialização dos valores das tabelas;

- Funcionamento individual das instruções de acesso à memória em 16 bits;

- Execução passo a passo dos programas.

```
base     EQU  1000H        ; endereço de base (do 1º elemento) da tabela
tam      EQU  16           ; tamanho da tabela (em bytes!)

início:  MOV  R3, 0        ; inicializa soma
         MOV  R1, base     ; inicializa registrador de base da tabela
         MOV  R4, tam      ; termo de comparação (teste de fim do algoritmo)
         MOV  R2, 0        ; inicializa índice do elemento a acessar
maisUm:  MOV  R0, [R1 + R2]; lê um elemento da memória (no endereço R1+R2)
         ADD  R3, R0       ; acumula o elemento na soma
         ADD  R2, 2        ; obtém índice (em bytes) do elemento seguinte
         CMP  R2, R4       ; se forem iguais, já chegou ao fim
                           ; (R2 começou em 0)
         JNZ  maisUm       ; se R2 e R4 não forem iguais, ainda há mais
                           ; elementos
fim:     JMP  fim          ; acabou. R3 contém a soma de todos os elementos
```

**Programa 4.4 - Exemplo de acesso à memória com índice variável (em *bytes*): soma de todos os elementos de uma tabela, começando pelo primeiro**

### 4.10.4.4 ACESSO À MEMÓRIA EM 16 BITS SEM ÍNDICE

O Programa 4.5 ilustra a mesma funcionalidade (soma de todos os elementos da tabela), mas desta vez usando endereçamento linear, sem índice.

Tem de ser usado um registrador para contar o número de elementos, que acaba por ser equivalente ao índice. A desvantagem deste programa é que ele altera o valor de R1 (endereço de base da tabela), em função do que, se o seu valor for necessário para operações subsequentes sobre a tabela, deve-se usar uma cópia do valor inicial de R1 noutro registrador (criada com uma instrução MOV) para percorrer a tabela.

**SIMULAÇÃO 4.5** — ACESSO À MEMÓRIA EM 16 BITS SEM ÍNDICE

Esta simulação ilustra o acesso à memória em 16 bits sem índice, tendo por base o Programa 4.5. Os aspectos abordados incluem os seguintes:

- Inicialização dos valores das tabelas;

- Funcionamento individual da instrução de acesso à memória em 16 bits;

- Execução passo a passo do programa.

```
base     EQU  1000H        ; endereço de base (do 1º elemento) da tabela
tam      EQU  8            ; tamanho da tabela (em elementos de 16 bits)

início:  MOV  R3, 0        ; inicializa soma
         MOV  R1, base     ; inicializa registrador de base da tabela
         MOV  R2, tam      ; número de elementos de 16 bits para somar
maisUm:  MOV  R0, [R1]     ; lê um elemento da memória (no endereço dado por R1)
         ADD  R3, R0       ; acumula o elemento na soma
         ADD  R1, 2        ; endereço (em bytes) do próximo elemento
         SUB  R2, 1        ; menos um elemento para somar
         JNZ  maisUm       ; se R2 não for 0, ainda há mais elementos para somar
fim:     JMP  fim          ; acabou. R3 contém a soma de todos os elementos
```

**Programa 4.5 - Exemplo de acesso à memória sem índice (com endereçamento linear): soma de todos os elementos de uma tabela**

### 4.10.4.5 ACESSO À MEMÓRIA EM 16 BITS COM ÍNDICE CONSTANTE

O endereçamento com índice constante é usado basicamente quando se tem um conjunto relacionado de dados que se complementam para armazenar uma determinada informação como, por exemplo, uma ficha de cliente com diversos dados, como número de cliente, idade, etc. O índice constante permite acessar logo o elemento que se deseja (tem de se saber *a priori* a ordem relativa dos vários elementos na estrutura de dados). O Programa 4.6 apresenta um exemplo de utilização de um índice constante.

Cabe ao programador, em cada caso, tomar a decisão sobre qual o melhor método para acessar a estrutura de dados.

A título de exemplo, imaginemos uma tabela de fichas de empregados de uma empresa. Cada ficha contém quatro campos: o número do empregado, o seu ramal, a sua idade e o valor do seu salário-base mensal (em reais). Considera-se que cada um destes valores ocupa uma célula de memória de 16 bits.

Trata-se de uma simplificação, pois normalmente estas fichas incluem ainda outras informações, como nome, endereço, etc. Mas é o suficiente para este exemplo. A Figura 4.9 ilustra a utilização da memória para conter várias destas fichas (das quais apenas três fichas estão representadas na figura), uma para cada empregado.

Considera-se que a tabela das várias fichas começa no endereço 1000H e que cada ficha ocupa 4 palavras (8 bytes), logo a 1.ª ficha começa em 1000H, a 2.ª em 1008H, a 3.ª em 1010H, a 4.ª em 1018H, etc.

Dentro de cada ficha, cada um dos campos é acessado somando-se um índice constante ao endereço de base de cada ficha, tal como indicado na Tabela 4.18. Este índice pode ser constante porque a posição relativa dos vários campos dentro de uma ficha é fixa.

O Programa 4.6 ilustra o acesso a esta estrutura de dados. O objetivo é calcular o encargo mensal da empresa com todos os seus empregados, tendo em vista que o valor pago a cada empregado é a soma do salário-base com um bônus, em reais, igual à sua idade (para simplificar, são ignorados todos os outros encargos, como as contribuições para a seguridade social).

Considera-se que as fichas de todos os empregados estão contíguas em memória e foram previamente preenchidas com os dados dos respectivos empregados.

Observe que o tamanho em *bytes* de cada ficha (`tam`, ou 8) tem de ser colocado num registrador (R4) antes de ser somado com R1 (o endereço de base da ficha corrente), porque a instrução ADD (soma) só admite constantes em complemento de 2 com 4 bits, entre −8 e +7. Assim, `tam` pode assumir qualquer valor.

**SIMULAÇÃO 4.6** – ACESSO À MEMÓRIA EM 16 BITS COM ÍNDICE CONSTANTE

Esta simulação ilustra o acesso à memória em 16 bits com índice constante, tendo por base o Programa 4.6. Os aspectos abordados incluem os seguintes:

- Inicialização dos valores das tabelas;

- Funcionamento individual da instrução de acesso à memória em 16 bits;

- Execução passo a passo do programa.

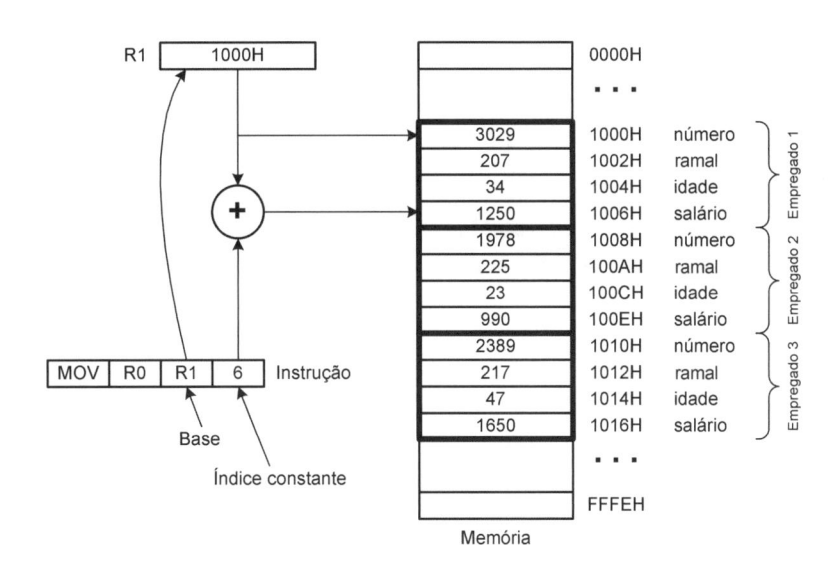

**Fig. 4.9 – Acesso a tabelas em memória através de uma base e de um índice constante**
**(instrução MOV R0, [R1+6])**

**Tabela 4.18 - Acesso aos campos das fichas pela soma do endereço de base de cada ficha com o índice de cada campo da ficha**

| FICHA | BASE DA FICHA | CAMPO | VALOR | ÍNDICE | ENDEREÇO DO CAMPO |
|---|---|---|---|---|---|
| 1.ª | 1000H | Número | 3029 | 0 | 1000H |
| | | Ramal | 207 | 2 | 1002H |
| | | Idade | 34 | 4 | 1004H |
| | | Salário | 1250 | 6 | 1006H |
| 2.ª | 1008H | Número | 1978 | 0 | 1008H |
| | | Ramal | 225 | 2 | 100AH |
| | | Idade | 23 | 4 | 100CH |
| | | Salário | 990 | 6 | 100EH |
| 3.ª | 1010H | Número | 2389 | 0 | 1010H |
| | | Ramal | 217 | 2 | 1012H |
| | | Idade | 47 | 4 | 1014H |
| | | Salário | 1650 | 6 | 1016H |
| 4.ª | 1018H | Número | 1027 | 0 | 1018H |
| | | Ramal | 234 | 2 | 101AH |
| | | Idade | 58 | 4 | 101CH |
| | | Salário | 2025 | 6 | 101EH |

```
base     EQU   1000H           ; endereço de base da 1ª ficha da tabela
numEmp   EQU   4               ; número de empregados (e de fichas)
salário  EQU   6               ; índice em bytes (dentro da ficha) do campo salário
idade    EQU   4               ; índice em bytes (dentro da ficha) do campo idade
tam      EQU   8               ; tamanho em bytes de cada ficha

início:  MOV   R3, 0           ; inicializa soma dos encargos salariais
         MOV   R1, base        ; inicializa registrador de base da 1ª ficha
         MOV   R2, numEmp      ; número de fichas da tabela
         MOV   R4, tam         ; número de bytes de cada ficha
maisUma: MOV   R0, [R1+salário] ; lê o campo salário dessa ficha
         ADD   R3, R0          ; acumula o salário na soma
         MOV   R0, [R1+idade]  ; lê o campo idade dessa ficha
         ADD   R3, R0          ; acumula o bônus (igual à idade) na soma
         ADD   R1, R4          ; obtém endereço (em bytes) de base da próxima ficha
         SUB   R2, 1           ; menos uma ficha para tratar
         JNZ   maisUma         ; se R2 não for 0, ainda há mais fichas para tratar
fim:     JMP   fim             ; acabou. R3 contém a soma de todos os encargos
```

**Programa 4.6 - Exemplo de acesso à memória com índice constante**

### 4.10.4.6 INSTRUÇÕES DE ACESSO À MEMÓRIA EM 16 BITS

A Tabela 4.19 apresenta algumas instruções de acesso à memória em 16 bits, em que:

■ O acesso com endereços lineares (primeira instrução) é na realidade um acesso de tabela com índice constante zero (como se a tabela tivesse apenas um elemento);

**Tabela 4.19 - Instruções de acesso à memória em 16 bits**

| ASSEMBLY | RTL | MÁQUINA | EFEITO |
|---|---|---|---|
| MOV    Rd, [Rs] | Rd ← Mw[Rs] | LDO, Rs, 0 | Leitura com endereçamento linear |
| MOV    Rd, [Rs + k] | Rd ← Mw[Rs + k] | LDO, Rs, k | Leitura de tabela, base Rs e índice k par (-16..+14) |
| MOV    Rd, [Rs + Ri] | Rd ← Mw[Rs + Ri] | LDR, Rs, Ri | Leitura de tabela, base Rs e índice Ri |
| MOV    [Rd], Rs | Mw[Rd] ← Rs | STO, Rs, 0 | Escrita com endereçamento linear |
| MOV    [Rd + k], Rs | Mw[Rd + k] ← Rs | STO, Rs, k | Escrita de tabela, base Rs e índice k par (-16..+14) |
| MOV    [Rd + Ri], Rs | Mw[Rd + Ri] ← Rs | STR, Rs, Ri | Escrita de tabela, base Rs e índice Ri |
| SWAP   Rd, [Rs] ou<br>SWAP   [Rs], Rd | TEMP ← Mw[Rs]<br>Mw[Rs] ← Rd<br>Rd ← TEMP | SWAPM, Rd, Rs | Troca entre o valor de um registro e uma célula de memória |

- O acesso à memória por palavra (16 bits) é explicitado pela notação Mw[endereço], em que *endereço* tem de ser par;

- A própria constante, no acesso a uma tabela com índice constante, tem de ser par (tal como o Rs, neste caso). Esta constante é codificada, na instrução, com apenas 4 bits (16 valores), mas para aumentar a sua faixa de valores, uma vez que o acesso se destina a palavras e não a *bytes*, admite-se que o seu valor sempre par vá de $-16$ a $+14$ (de 2 em 2) em vez de $-8$ a $+7$ (de 1 em 1).[32] Para percorrer tabelas com mais do que 16 elementos tem de se usar o acesso com índice variável (Ri);

- No acesso à memória com índice variável (Ri), é obrigatório apenas que a soma da base e do índice seja par. O tamanho limite da tabela, neste caso, é 64 KBytes, ou seja, esta instrução permite acessar qualquer endereço em memória;

- A instrução SWAP entre um registrador e a memória (também existe uma versão entre registradores – ver Subseção 4.10.2) permite efetuar, de uma só vez, uma leitura e uma escrita na memória no mesmo endereço, sendo a única instrução capaz de fazê-lo. Além da funcionalidade interessante que ela proporciona, tem uma aplicação muito importante na implementação de sistemas operacionais (Subseção 7.7.3.1).

### 4.10.4.7 ACESSO À MEMÓRIA EM 8 BITS

O suporte para endereçamento de *byte* implica poder acessar a memória *byte* a *byte*. Por restrições de codificação das instruções (o número de *opcodes* disponíveis é limitado), são previstas apenas instruções com endereçamento linear, em que o endereço do *byte* a acessar está num registrador.

A Tabela 4.20 especifica essas instruções de acesso à memória em 8 bits.

**Tabela 4.20 - Instruções de acesso à memória em 8 bits**

| ASSEMBLY | RTL | MÁQUINA | EFEITO |
|---|---|---|---|
| MOVB    Rd, [Rs] | Rd(7..0) ← Mb[Rs]<br>Rd(15..8) ← 0{8} | LDB, Rd, Rs | Leitura de um *byte*. O *byte* mais significativo do registrador destino é colocado em 00H |
| MOVBS   Rd, [Rs] | Rd(7..0) ← Mb[Rs]<br>Rd(15..8) ← Rd(7){8} | LDB, Rd, Rs | Leitura de um *byte*. O *byte* mais significativo do registrador destino é a extensão do sinal do *byte* menos significativo |
| MOVB    [Rd], Rs | Mb[Rd] ← Rs(7..0) | STB, Rd, Rs | Escrita na memória do *byte* mais significativo do registrador Rs |

---

[32]Na realidade, o que é codificado na instrução é metade do valor da constante. O *hardware* do processador encarrega-se, depois, de duplicar o valor antes de o somar ao registrador com o endereço de base da tabela.

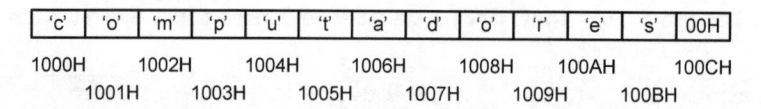

| 'c' | 'o' | 'm' | 'p' | 'u' | 't' | 'a' | 'd' | 'o' | 'r' | 'e' | 's' | 00H |

```
1000H       1002H       1004H       1006H       1008H       100AH       100CH
      1001H       1003H       1005H       1007H       1009H       100BH
```

**Fig. 4.10 – Disposição de uma cadeia de caracteres (*string*) em memória, usando codificação ASCII. O valor 00H serve de terminador**

Em termos de conteúdo transferido, apenas são relevantes um *byte* da memória e o *byte* menos significativo do registrador envolvido. Isto significa que:

- Na leitura da memória, o *byte* menos significativo do registrador destino é colocado como zero (MOVB) ou com a extensão do sinal do *byte* menos significativo (MOVBS);

- Na escrita na memória:

    - O *byte* mais significativo do registrador origem é irrelevante;

    - Apenas se altera o *byte* no endereço especificado.

A Figura 4.10 representa a disposição típica em memória de uma cadeia de caracteres (*string*), usando a codificação ASCII (Apêndice E), em que cada caractere ocupa um *byte*. O primeiro caractere ocupa o menor endereço e todos os demais estão em endereços contíguos até o *byte* terminador, 00H. Para processar esta cadeia de caracteres, percorre-se esta tabela, caractere a caractere, efetuando o processamento necessário. Este é o exemplo típico de acesso à memória em 8 bits.

A Figura 4.11 mostra como estes caracteres estão dispostos na memória, usando uma largura de 16 bits. Observe que um endereço referencia um *byte* e não uma palavra de 16 bits.

A Figura 4.12 ilustra o que se pretende, representando a situação após a execução do programa, já com a cadeia de caracteres mais terminador copiada para a área de memória indicada por destino.

 A Figura 4.11 deixa implícito que se o processador executar a instrução MOV R0, [R1] (leitura da memória em 16 bits, em que se assume que R1 contém 1000H), o registrador R0 fica com o caractere 'o' (endereço 1001H) no seu *byte* mais significativo e o caractere 'c' (endereço 1000H) no seu *byte* menos significativo.

Alguns processadores fazem assim, enquanto outros fazem ao contrário (leem o menor endereço, 1000H, para o *byte* mais significativo do registrador e o maior endereço, 1001H, para o *byte* menos significativo).

Esta dualidade é sempre uma fonte de confusão, mas não se pode deixar de mencioná-la porque ela existe e é um aspecto importante nos processadores comerciais. Aqui isso não é relevante porque, se estivermos sempre no mesmo processador, as leituras e escritas na memória usam o mesmo método. O problema só surge quando dados tirados da memória de um computador são levados, tal como estão, para outro computador que use o outro método. A Subseção 6.1.5.2 apresenta este problema de forma mais completa e clara.

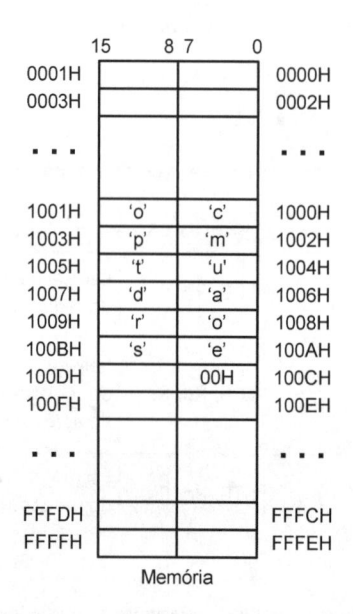

**Fig. 4.11 – Disposição dos caracteres de 8 bits na memória de 16 bits**

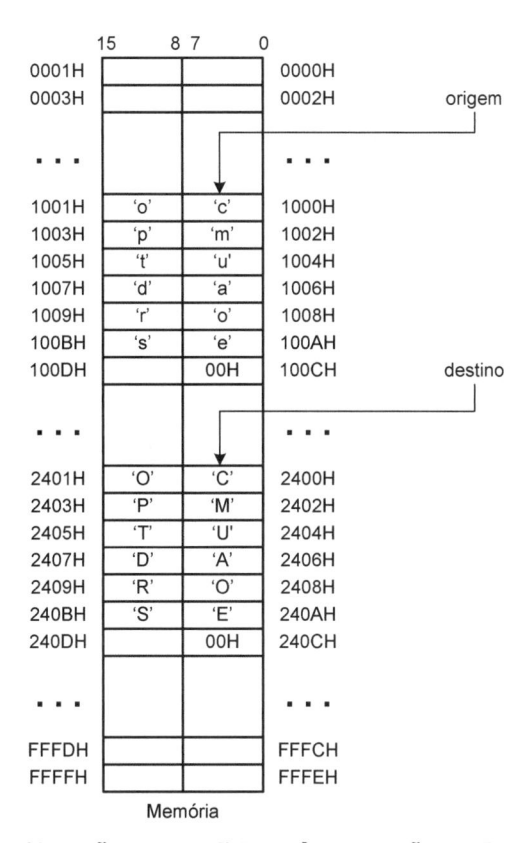

**Fig. 4.12 – Situação pretendida após execução do Programa 4.7**

O Programa 4.7 percorre esta cadeia, copiando os caracteres para outra localização em memória, depois de os passar de letras minúsculas para maiúsculas. Na codificação ASCII isto é muito fácil de fazer, bastando subtrair 20H do valor de cada caractere (Apêndice E). Por exemplo, o caractere 'a' tem o valor 61H, enquanto 'A' tem o valor 41H (menos 20H).

A partir de 1000H (origem) está a cadeia de caracteres original. O programa a copia (passando os caracteres para maiúsculas) para os endereços a partir de 2400H (destino), incluindo cópia do terminador (00H). Naturalmente, estes endereços podiam ser quaisquer outros (embora se deva ter cuidado para não haver sobreposição das duas cadeias de caracteres).

```
origem     EQU   1000H      ; endereço do primeiro caractere da cadeia original
destino    EQU   2400H      ; endereço do primeiro caractere da cadeia destino
terminador EQU   00H        ; valor do byte que indica o fim da cadeia original
diferença  EQU   20H        ; valor da diferença entre minúsculas e maiúsculas

início: MOV   R1, origem    ; ponteiro para o primeiro caractere origem
        MOV   R2, destino   ; ponteiro para o primeiro caractere destino
        MOV   R3, diferença ; coloca diferença num registrador (usado na
                            ; instrução SUB)
maisUm: MOVB  R0, [R1]      ; obtém o próximo caractere (acesso de 8 bits)
        CMP   R0, terminador; verifica se já é o byte terminador
        JZ    acaba         ; se sim, vai acabar
        SUB   R0, R3        ; converte letra para maiúscula
        MOVB  [R2], R0      ; guarda caractere na área de memória destino
        ADD   R1, 1         ; endereço (em bytes) do próximo caractere origem
        ADD   R2, 1         ; endereço (em bytes) do próximo caractere destino
        JMP   maisUm        ; ainda há mais caracteres para tratar
acaba:  MOVB  [R2], R0      ; guarda terminador na área de memória destino
fim:    JMP   fim           ; acabou
```

**Programa 4.7 - Exemplo de acesso à memória em 8 bits: cópia de uma cadeia de caracteres com conversão para maiúsculas**

Algumas notas sobre o Programa 4.7:

- As instruções MOV de inicialização dos registradores são de 16 bits, mas observe as instruções MOVB nas leituras e escritas da memória, que só manipulam 8 bits de cada vez. Esta distinção é muito importante (em particular na escrita) para o bom funcionamento do programa;

- O leitor mais atento poderá perguntar por que se usa a instrução CMP para ver se R0 contém o *byte* terminador, em vez de executar logo o JZ (se o R0 já tiver o valor zero após o MOVB, o JZ não funciona?). Isso se deve ao fato de as instruções MOVB não afetarem os *bits* de estado. Em outras palavras, os *bits* de estado são atualizados apenas após uma operação da ALU (ADD, CMP, etc.) e não pelas simples operações de transferências de dados. Portanto, não basta o R0 ter o valor zero. Tem de se atualizar o *bit* de estado Z;

- Também poderá surgir a questão de, na instrução CMP, se comparar um registrador de 16 bits (R0) com uma constante, em cuja definição só se especificaram 8 bits (terminador), numa instrução que só tem 4 bits para codificar a constante! Tal como discutido na Subseção 4.10.3, qualquer constante especificada numa instrução é primeiro estendida para 16 bits (mantendo o sinal e o valor) e só depois usada. A definição de terminador na diretiva EQU só especifica 8 bits (00H), mas o *assembler* considera que os zeros à esquerda não foram especificados, em função do que o valor considerado é 0000H. Embora sendo um valor de 16 bits, terminador tem na realidade um valor entre –8 e +7, que é a faixa de valores que a instrução CMP admite para a constante, logo na instrução apenas 4 bits são usados (neste caso, todos com 0). O *assembler* daria um erro se terminador tivesse um valor fora daquele intervalo, caso em que se teria de aplicar a técnica do item seguinte;

- A instrução SUB, que converte minúsculas em maiúsculas, não pode receber o número 20H diretamente na instrução, pois só admite constantes com 4 bits (–8 a +7), em função do que é preciso usar um registrador auxiliar (R3). Esta é uma limitação específica do PEPE, porque tem apenas 16 bits para codificar as instruções, e poderá não existir noutro processador, particularmente se for de 32 bits. Convém, no entanto, não esquecer que a linguagem *assembly* é específica de um determinado processador e que todos os detalhes têm de ser analisados com muito cuidado. Aliás, a instrução CMP está sujeita ao mesmo problema. Sendo 00H o valor do terminador, pode ser usado diretamente na instrução, mas se decidíssemos mudar o valor do terminador para FFH, por exemplo, ter-se-ia de usar um registrador auxiliar, tal como aconteceu no caso do SUB (felizmente, o *assembler* avisa quando uma constante é demasiado grande para poder ser usada diretamente numa instrução);

- Por simplicidade, o programa não testa se um determinado caractere é letra ou não, considerando que todos os caracteres são letras. Num programa mais sofisticado seria necessário comparar o caractere com as letras limites ('a' e 'z'), para ver se o caractere teria um valor entre ambos (em ASCII, as letras têm codificações contíguas e ordenadas);

- A atualização de R1 e de R2 é feita simplesmente acrescentando uma unidade, pois estes registradores são usados para acessar a memória *byte* a *byte*;

- A instrução MOVB, no endereço com o rótulo Acaba, escreve zero na memória, embora não seja muito explícito. Considera-se apenas o fato de que o R0 tem o valor zero quando o controle executa esta instrução. Não é permitido especificar um endereço de memória e uma constante (zero, neste caso) numa mesma instrução (Subseção 4.10.5).

## SIMULAÇÃO 4.7 – ACESSO À MEMÓRIA EM 8 BITS

Esta simulação ilustra o acesso à memória em 8 bits, tendo por base o Programa 4.7. Os aspectos abordados incluem os seguintes:

- Inicialização da cadeia de caracteres;

- Funcionamento individual das instruções de acesso à memória em 8 bits;

- Execução passo a passo do programa.

### 4.10.4.8 ACESSO À MEMÓRIA EM 8 BITS E 16 BITS

A codificação ASCII é bastante antiga e limitada, porque tem apenas 8 bits para codificar os caracteres. Desde há alguns anos, tem-se adotado outra codificação, Unicode, em que cada caractere usa 16 bits, o que permite até 65.536 caracteres diferentes, suportando melhor o arsenal de símbolos de outros alfabetos mundiais, particularmente os da escrita asiática.

Um dos problemas que surgem é a conversão de textos em codificação ASCII para Unicode. O Programa 4.8 explora este aspecto para ilustrar agora a mistura entre acessos à memória em 8 e em 16 bits. Neste programa, faz-se uma conversão da cadeia de caracteres da Figura 4.10 (em ASCII, 8 bits por caractere) para uma cadeia de caracteres em Unicode, com 16 bits cada. Esta conversão é muito simples, uma vez que para manter a compatibilidade com a codificação ASCII, os primeiros 256 códigos em Unicode (0000H a 00FFH) têm exatamente o mesmo significado que as 256 combinações em ASCII. A conversão para maiúsculas é mantida.

```
origem     EQU    1000H   ; endereço do primeiro caractere da cadeia original
destino    EQU    2400H   ; endereço do primeiro caractere da cadeia destino
terminador EQU    00H     ; valor do byte que indica o fim da cadeia original
diferença  EQU    20H     ; valor da diferença entre minúsculas e maiúsculas

início: MOV    R1, origem    ; ponteiro para o primeiro caractere origem
        MOV    R2, destino   ; ponteiro para o primeiro caractere destino
        MOV    R3, diferença ; coloca diferença em um registrador (usado no SUB abaixo)
maisUm: MOVB   R0, [R1]      ; busca o próximo caractere (acesso de 8 bits)
        CMP    R0, terminador ; verifica se já é o byte terminador
        JZ     acaba         ; se sim, vai acabar
        SUB    R0, R3        ; converte letra para maiúscula
        MOV    [R2], R0      ; guarda caractere na área da memória destino (16 bits)
        ADD    R1, 1         ; endereço (em bytes) do próximo caractere origem
        ADD    R2, 2         ; endereço (em bytes) do próximo caractere destino
        JMP    maisUm        ; ainda há mais caracteres para tratar
acaba:  MOV    [R2], R0      ; guarda terminador na memória destino (16 bits)
fim:    JMP    fim           ; acabou
```

**Programa 4.8 - Exemplo de acesso misto à memória (em 8 bits e 16 bits): cópia de uma cadeia de caracteres ASCII com conversão para Unicode**

A Figura 4.13 representa o conteúdo da memória após execução do Programa 4.8. Os caracteres Unicode terão o seu *byte* menos significativo igual à codificação ASCII do caractere correspondente e 00H no seu *byte* mais significativo (mas são valores de 16 bits e não dois bytes separados).

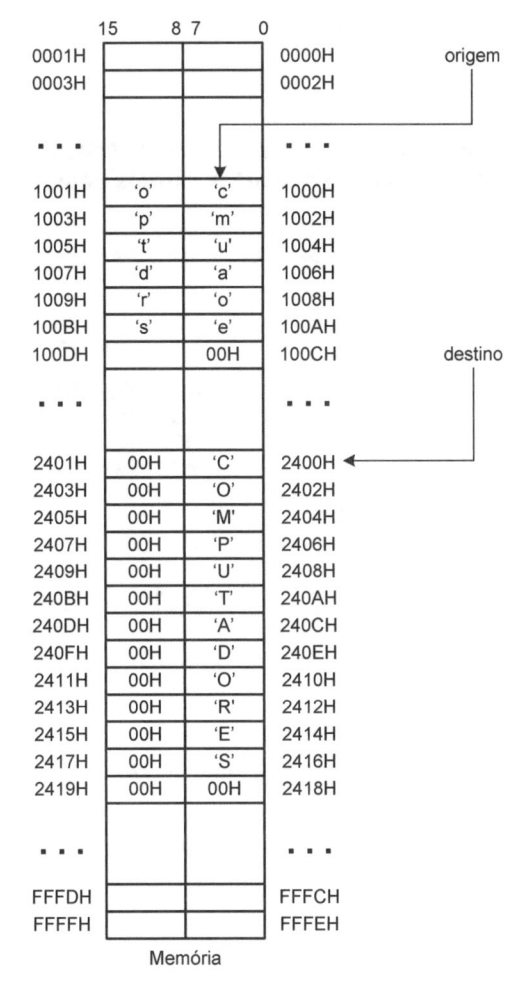

**Fig. 4.13 – Situação pretendida após execução do Programa 4.8**

Nesta figura, representam-se também os endereços ímpares na área dos caracteres Unicode (todos os *bytes* têm endereços individuais), mas o programa usa apenas os endereços pares nessa área, pois o acesso aos caracteres Unicode é em 16 bits.

No Programa 4.8, observe que:

- Os acessos via R2 à cadeia de caracteres destino passaram a usar MOV (acesso em 16 bits) em vez de MOVB (acesso em 8 bits);

- R2 passou a ser incrementado de 2 em 2 unidades (acessos em 16 bits);

- A instrução MOVB R0, [R1] lê apenas um *byte* da memória, colocando o *byte* mais significativo do R0 com 00H, o que deixa o caractere Unicode pronto para ser guardado em memória.

**SIMULAÇÃO 4.8** – ACESSO À MEMÓRIA EM 8 E 16 BITS

Esta simulação ilustra a mistura entre acessos à memória em 8 bits e em 16 bits, tendo por base o Programa 4.8. Os aspectos abordados incluem os seguintes:

- Inicialização da cadeia de caracteres;

- Execução passo a passo do programa;

- Verificação da evolução dos registradores relevantes.

### 4.10.5 TRANSFERÊNCIAS PARA MEMÓRIA DE UMA CONSTANTE OU MEMÓRIA

As transferências de dados com as combinações de operandos memória-constante e memória-memória não são admissíveis, porque simplesmente não há espaço nas instruções para especificar duas constantes (endereço-valor ou endereço-endereço).

Para conseguir a funcionalidade do MOV nas combinações memória-constante e memória-memória devem ser usadas várias instruções e registradores auxiliares. Exemplo:

**Tabela 4.21 - Exemplos de como superar as limitações da instrução MOV em termos de combinações de operandos. Poderiam ter sido usados outros registradores quaisquer**

| PRETENDE-SE (IMPOSSÍVEL) | DEVE-SE USAR |
|---|---|
| MOV [contador], 1234H | MOV R0, 1234H<br>MOV R1, contador<br>MOV [R1], R0 |
| MOV [contador], [TOTAL] | MOV R0, total<br>MOV R1, contador<br>MOV R2, [R0]<br>MOV [R1], R2 |

## 4.11 INSTRUÇÕES ARITMÉTICAS

Estas instruções são fundamentais na medida em que têm a responsabilidade de efetuar os cálculos que qualquer programa normalmente tem. A Tabela 4.22 e a Tabela 4.23 apresentam as várias instruções aritméticas disponíveis no PEPE.

Todas as instruções aritméticas afetam todos os *bits* de estado. A Tabela 4.9 exemplifica com a soma como as operações aritméticas podem afetar os *bits* de estado, usando números de 4 bits para simplificar, mas de forma facilmente extensível para 16 bits.

O PEPE não suporta representação de números reais e operações aritméticas em ponto flutuante. O Apêndice D faz uma breve introdução a este tema.

### 4.11.1 INSTRUÇÕES ARITMÉTICAS MAIS SIMPLES

A Tabela 4.22 apresenta as características das instruções aritméticas mais simples.

**Tabela 4.22 - Instruções aritméticas do PEPE, exceto multiplicação e divisão**

| ASSEMBLY | EXEMPLO | MÁQUINA | RTL | EFEITO |
|---|---|---|---|---|
| ADD Rd, Rs | ADD R0, R1 | ADDR, Rd, Rs | Rd ← Rd + Rs | Rd fica com a soma do valor anterior de Rd com o valor de Rs |
| ADD Rd, k | ADD R0, 1 | ADDI, Rd, k | Rd ← Rd + k | Rd fica com a soma do valor anterior de Rd com o valor de k, que tem de estar entre -8 e +7 |
| ADDC Rd, Rs | ADDC R0, R1 | ADDC, Rd, Rs | Rd ← Rd + Rs + C | Rd fica com a soma do valor anterior de Rd com o valor de Rs e ainda com mais uma unidade (se C=1) |
| SUB Rd, Rs | SUB R0, R1 | SUBR, Rd, Rs | Rd ← Rd - Rs | Rd fica com o valor anterior de Rd menos o valor de Rs |
| SUB Rd, k | SUB R0, 4 | SUBI, Rd, k | Rd ← Rd - k | Rd fica com o valor anterior de Rd menos o valor de k, que tem de estar entre -8 e +7 |
| SUBB Rd, Rs | SUBB R0, R1 | SUBB, Rd, Rs | Rd ← Rd - Rs - C | Rd fica com o valor anterior de Rd menos o valor de Rs e ainda com menos uma unidade (se C=1) |
| CMP Rd, Rs | CMP R0, R1 | CMPR, Rd, Rs | ZNCV ← Rd - Rs | Subtrai Rs de Rd e afeta apenas os *bits* de estado (não memoriza o resultado) |
| CMP Rd, k | CMP R0, 4 | CMPI, Rd, k | ZNCV ← Rd - k | Subtrai k de Rd e afeta apenas os *bits* de estado (não memoriza o resultado). O valor de k tem de estar entre -8 e +7 |
| NEG Rd | NEG R3 | NEG, Rd | Rd ← - Rd | Substitui Rd pelo seu simétrico (complemento de 2) |

Algumas instruções (ADD, SUB, CMP) suportam uma constante de 4 bits, permitindo uma especificação imediata de uma constante para os casos mais frequentes (1, 0, −1, etc.), normalmente com valores pequenos. A constante é estendida para 16 bits com sinal. Se a constante desejada não estiver no intervalo −8 a +7 (4 bits), então, em vez de:

```
ADD   R0, k   ; só serve se -8 ≤ k ≤ +7
```

deve-se usar;

```
MOV   R1, k   ; usar um registrador auxiliar que esteja livre
ADD   R0, R1  ; R0 ← R0 + k, qualquer que seja o valor de k em 16 bits
```

As instruções ADDC e SUBB usam o *bit* de estado C (transporte) como operando adicional. O objetivo fundamental da existência destas instruções é permitir efetuar operações aritméticas com operandos maiores do que a palavra do processador. Por exemplo, é possível fazer contas com dados de 32 bits no PEPE, que só suporta diretamente dados de 16 bits. Como? Fazendo as contas com parte dos dados de cada vez. A Subseção 4.11.1.2 mostra como se deve fazer para o caso da adição. O mesmo artifício pode ser usado para a multiplicação, uma vez que a multiplicação é um conjunto de somas. O Programa 4.21 tem outro exemplo de aplicação de ADDC (soma condicional de uma unidade a um registrador).

A instrução CMP (*Compare*, comparar) efetua uma subtração entre os dois operandos, tal como SUB, mas com a diferença que o resultado não destrói o primeiro operando. Apenas os *bits* de estado são alterados, permitindo efetuar desvios condicionais com base na comparação entre os dois números (por exemplo, o *bit* de estado Z ficará ativo se os dois operandos forem iguais). A Seção 4.9 descreve as instruções de desvio.

A instrução NEG calcula o complemento de 2 (simétrico) do operando. Pode ocasionar uma situação de estouro se o operando for o número mais negativo (8000H no caso do PEPE), pois este número não tem simétrico. Por exemplo, com 4 bits os números podem variar de −8 a +7. NEG aplicado a −8 geraria uma condição de estouro se o processador fosse de 4 bits, porque não é possível representar o número +8 em complemento de 2 com apenas 4 bits. O simétrico de zero é zero.

 A instrução SUB R1, R1 (por exemplo) pode ser usada para colocar o valor 0000H num registrador, ao mesmo tempo que coloca 1 no *bit* de estado Z (algo que o MOV R1, 0 não faz, uma vez que as instruções MOV não afetam os bits de estado).

#### 4.11.1.1 SOMA E *OVERFLOW*: SÉRIE DE FIBONACCI

O Programa 4.9 exemplifica o uso da soma através da série de Fibonacci.[33] Nesta série, cujo número de elementos é ilimitado, cada elemento é obtido pela soma dos dois elementos anteriores, em que se define que os dois primeiros elementos são 1. Assim, a série será constituída por números inteiros, começando por

$$1, 1, 2, 3, 5, 8, 13, 21, 34, 55, 89, 144, 233, 377, 610, 987, \ldots$$

O programa gera a sequência, armazena-a em memória e conta o número de elementos da série até a soma ocasionar *overflow* (estouro). Deste modo, descobrimos quantos elementos da série de Fibonacci conseguimos representar com 16 bits em complemento de 2 (embora os elementos sejam apenas positivos), o que é algo sempre útil de se saber...

Os dois primeiros elementos são tratados manualmente, mas depois o *loop* vai gerando cada um dos elementos. Observe o uso da instrução SWAP, que em cada iteração troca as posições relativas de R1 e R2, permitindo que a "janela" dos dois últimos elementos vá avançando à medida que eles vão sendo calculados.

```
; utilização dos registradores:
; R1 - último valor da série até um determinado momento
; R2 - penúltimo valor da série até um determinado momento
; R3 - endereço de memória onde os elementos (de 16 bits) são escritos
; R4 - contador de elementos da série
base      EQU    1000H            ; endereço onde começar a colocar a série

início:   MOV    R3, base         ; inicializa ponteiro para o primeiro elemento
          MOV    R2, 1            ; inicializa primeiro elemento da série
          MOV    R1, 1            ; inicializa segundo elemento da série
          MOV    [R3], R2         ; armazena primeiro elemento da série
          ADD    R3, 2            ; endereço para o segundo elemento (2 bytes depois)
          MOV    [R3], R1         ; armazena segundo elemento da série
          MOV    R4, 2            ; já foram armazenados 2 elementos
maisUm:   ADD    R2, R1           ; soma os dois últimos elementos
          JV     fim              ; se houve estouro, a série tem de acabar aqui
          ADD    R3, 2            ; endereço para o próximo elemento (2 bytes depois)
          MOV    [R3], R2         ; armazena mais este elemento da série
          ADD    R4, 1            ; contabiliza mais este elemento
          SWAP   R1, R2           ; troca os papéis de R1 e R2, para que R1 volte a
                                  ; ser o último valor da série e R2 o penúltimo
          JMP    maisUm           ; ainda há mais elementos para gerar
fim:      JMP    fim              ; acabou. Na memória estão todos os elementos
                                  ; gerados, e R4 indica quantos são
```

**Programa 4.9 - Programa gerador da série de Fibonacci**

**SIMULAÇÃO 4.9** – SOMA E ESTOURO: SÉRIE DE FIBONACCI

Esta simulação ilustra o funcionamento da adição e da situação de estouro, tendo por base o Programa 4.9. Os aspectos abordados incluem os seguintes:

- Execução passo a passo e com pontos de parada do programa;
- Verificação da evolução dos registradores relevantes e da memória, iteração a iteração;
- Verificação da condição de estouro.

---

[33]Matemático italiano do século XIII (1170-1250).

### 4.11.1.2 SOMA E TRANSPORTE: NÚMEROS GRANDES

Esta Seção mostra como somar números maiores do que a palavra do processador, neste caso, de 32 bits. Cada operando ocupa dois registradores, um com os 16 bits menos significativos e o outro com os 16 bits mais significativos.

Este último é que contém o sinal. O primeiro até pode ter o *bit* mais significativo com 1, mas isso não significa que o operando seja negativo. Este *bit* é apenas o *bit* 15 de um número cujo *bit* mais significativo está na posição 31.

Vamos supor que dois operandos, A e B, ocupem os registradores R1 a R4 da seguinte forma:

- A – R1 e R2 (R1 tem a parte mais significativa);
- B – R3 e R4 (R3 tem a parte mais significativa).

O resultado da soma A+B será armazenado, como na instrução ADD, no primeiro operando, ou seja, em R1 e R2, e pode ser obtido do seguinte modo:

```
ADD    R2, R4      ; soma partes menos significativas (pode gerar transporte)
ADDC   R1, R3      ; soma partes mais significativas, usando o transporte anterior
```

Após estas instruções, R1 e R2 terão a soma pretendida. Ou seja, as partes menos significativas dos dois operandos devem ser consideradas como sem sinal, ligando apenas ao *bit* C (transporte) e ignorando o *bit* V (estouro).

Como 32 bits são difíceis de ler (são 8 dígitos hexadecimais), exemplificamos aqui com dois números de 8 bits a serem somados em duas partes por um suposto processador de 4 bits. Os números são o 58 (3AH) e o 40 (28H). O programa nesse processador de 4 bits seria o seguinte:

```
MOV    R1, 3H      ; inicializa parte mais significativa do operando A
MOV    R2, AH      ; inicializa parte menos significativa do operando A
MOV    R3, 2H      ; inicializa parte mais significativa do operando B
MOV    R4, 8H      ; inicializa parte menos significativa do operando A
ADD    R2, R4      ; soma partes menos significativa (pode gerar transporte)
ADDC   R1, R3      ; soma partes mais significativa, usando o transporte anterior
```

**Programa 4.10 - Programa para somar dois números de 8 bits num processador de 4 bits**

Observe que, se interpretássemos R2 e R4 como números de 4 bits e não como partes de dois números de 8 bits, ambos seriam negativos e a sua soma daria estouro (daria um valor positivo, em 4 bits, apesar dos dois operandos da soma serem negativos). No entanto, como R2 e R4 são apenas partes de um número de 8 bits, o estouro é ignorado e apenas o transporte é aproveitado para a soma seguinte (tal como aliás aconteceria se a conta fosse feita manualmente), da forma indicada na Figura 4.14:

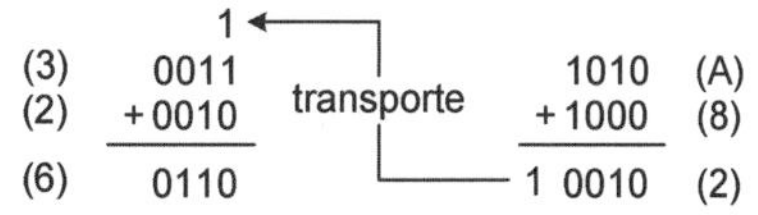

**Fig. 4.14 - Soma de um número em duas partes**

O resultado, concatenando as duas partes, é 62H, ou 98 em decimal, como seria de esperar. O mesmo raciocínio poderia ser feito com mais *bits*.

### 4.11.2 MULTIPLICAÇÃO E DIVISÃO

A Tabela 4.23 apresenta as instruções de multiplicação e divisão do PEPE.

A instrução MUL calcula simplesmente o produto, considerando que os operandos estão em complemento de 2. O resultado tem 16 bits, tal como os operandos, que não podem ser muito elevados sob risco de gerar uma situação de estouro.

O Programa 4.11 exemplifica o uso da multiplicação, implementando o cálculo do fatorial de um determinado número N. Neste programa, N=6, cujo fatorial é 720. Se usar valores maiores de N, o fatorial é também maior e pode gerar uma situação de estouro. O programa detecta isso e, portanto, tem duas formas de terminar, por fim (R1 terá o fatorial) ou por erro.

## Tabela 4.23 - Instruções aritméticas de multiplicação e divisão no PEPE

| *ASSEMBLY* | EXEMPLO | MÁQUINA | RTL | EFEITO |
|---|---|---|---|---|
| MUL   Rd, Rs | MUL   R0, R1 | MUL, Rd, Rs | Rd ← Rd * Rs | Rd fica com o produto do valor anterior de Rd com o valor de Rs. O resultado continua a ter 16 bits |
| DIV   Rd, Rs | DIV   R0, R1 | DIV, Rd, Rs | Rd ← quociente(Rd/Rs) | Rd fica com o quociente da divisão inteira de Rd por Rs. A divisão por zero é um erro (Subseção 6.2.3.2) |
| MOD   Rd, Rs | MOD   R0, R1 | MOD, Rd, Rs | Rd ← resto(Rd/Rs) | Rd fica com o resto da divisão inteira de Rd por Rs. A divisão por zero é um erro (Subseção 6.2.3.2) |

```
; utilização dos registradores:
; R1 - produto dos vários fatores (valor do fatorial no fim)
; R2 - fator auxiliar que começa com N-1, depois N-2 etc., até ser 2
;       (1 já não vale a pena)

N         EQU   6              ; número de que se pretende calcular o fatorial

início:   MOV   R1, N          ; valor inicial do produto
          MOV   R2, R1         ; valor auxiliar
maisUm:   SUB   R2, 1          ; decrementa fator
          MUL   R1, R2         ; acumula produto de fatores
          JV    erro           ; se houve estouro, o fatorial tem de acabar aqui
          CMP   R2, 2          ; verifica se o fator já chegou a 2
          JGT   maisUm         ; se ainda é maior do que 2, é preciso continuar
fim:      JMP   fim            ; acabou. Em R1 está o valor do fatorial
erro:     JMP   erro           ; termina com erro
```

**Programa 4.11 - Cálculo do fatorial (de 6, neste exemplo).
O programa pode terminar por erro de estouro se N for grande**

**SIMULAÇÃO 4.10** – MULTIPLICAÇÃO E ESTOURO: FATORIAL

Esta simulação ilustra o funcionamento da multiplicação e da situação de estouro, tendo por base o Programa 4.11. Os aspectos abordados incluem os seguintes:

- Execução passo a passo e com pontos de parada do programa;

- Verificação da evolução dos registradores relevantes, iteração a iteração;

- Verificação da condição de estouro;

- Determinação experimental (por tentativas) de qual o valor máximo de N sem dar erro de estouro.

As instruções DIV e MOD efetuam a divisão inteira em duas partes. DIV produz apenas o quociente, MOD apenas o resto. Qualquer deles tem 16 bits e é inteiro, o que significa que DIV 5, 2 dá 2 e MOD 5, 2 dá 1. Se o divisor (segundo operando) for zero, pode-se escolher entre gerar um erro específico ou assinalar apenas uma situação de estouro (Subseção 6.2.3.2). Além do Programa 4.12 e do Programa 4.13, o Programa 4.19 também utiliza as instruções DIV e MOD.

O Programa 4.12 exemplifica o uso do resto da divisão (instrução MOD) para determinar se um número é primo ou não. O programa segue totalmente a definição: um número é primo se os seus únicos divisores forem 1 e ele próprio. Esta é provavelmente a forma mais ineficiente de saber se um número é primo ou não, mas provavelmente também é a mais simples. O programa começa por testar se N é divisível por N−1, depois por N−2, etc., até testar se é divisível por 2. Se chegar ao fim sem descobrir nenhum divisor (isto é, cujo resto da divisão dê zero), o número é primo, caso contrário, não é. Como nota de requinte, o programa prevê o caso de N ser nulo ou negativo (observe a necessidade do uso da instrução CMP, pois as instruções MOV não afetam os *bits* de estado).

```
; utilização dos registradores:
; R1 - número a ser verificado se é primo
; R2 - divisor (para testar se N é múltiplo de R2)

N           EQU 7              ; número a determinar se é primo

início:     MOV R2, N          ; divisor (primeiro valor a testar: N-1)
            CMP R2, 0          ; verifica se N é 0 ou negativo
            JLE inválido       ; se for, o número é considerado não válido
maisUm:     SUB R2, 1          ; próximo valor do divisor
            CMP R2, 1          ; verifica se divisor já chegou a 1
            JLE éPrimo         ; se sim, já testou todos os divisores, e o número
                               ; é primo
            MOV R1, N          ; coloca N em um registrador para poder ser usado no MOD
            MOD R1, R2         ; resto da divisão de N pelo divisor em teste
            JNZ maisUm         ; se for diferente de zero, N não é divisível pelo
                               ; divisor em teste. Vai testar o divisor seguinte
nãoPrimo:   JMP nãoPrimo       ; N é divisível pelo divisor; logo, não é primo
éPrimo:     JMP éPrimo         ; se chegar aqui, N é primo
inválido:   JMP inválido       ; se chegar aqui, N é 0 ou negativo
```

**Programa 4.12 - Programa para determinar se um determinado número é primo**

**SIMULAÇÃO 4.11** – DIVISÃO: NÚMEROS PRIMOS

Esta simulação ilustra o funcionamento da instrução MOD, tendo por base o Programa 4.12. Os aspectos abordados incluem os seguintes:

- Execução passo a passo e com pontos de parada do programa;
- Verificação da evolução dos registradores relevantes, iteração a iteração;
- Verificação das situações limite de N (negativo, 0, 1 e 2).

O Programa 4.13 é mais completo do que o Programa 4.12, pois não apenas determina se um determinado número N é primo ou não como ainda, se não for primo, o fatora em números primos (isto é, determina quais os números primos que multiplicados dão o valor N). Um determinado fator pode aparecer mais do que uma vez. Por exemplo, $60 = 2 \times 2 \times 3 \times 5$.

Este programa exemplifica o uso das instruções de divisão inteira (MOD, resto, e DIV, quociente). O programa escreve os vários fatores em memória, havendo um registrador (R4) que diz quantos são. Se for apenas um, o número é primo.

```
; utilização dos registradores:
; R1 - número a fatorar
; R2 - divisor (para testar se N é múltiplo de R2)
; R3 - registrador auxiliar (porque o MOD destrói o primeiro operando)
; R4 - contador do número de fatores
; R5 - base da área de memória onde colocar os fatores

N           EQU 60             ; número a fatorar
base        EQU 1000H          ; base da área de memória onde colocar os fatores

início:     MOV R1, N          ; inicializa registrador com número a fatorar
            MOV R4, 0          ; inicializa contador do número de fatores
            CMP R1, 1          ; verifica se N é inferior a 1
            JLT inválido       ; se N < 1, sai logo com R4=0 (não fatorável)
            MOV R5, base       ; inicializa registrador com base da área de memória
                               ; onde colocar os fatores
deNovo:     MOV R2, 2          ; divisor (primeiro valor a testar: 2)
maisUm:     MOV R3, R1         ; cópia do valor (MOD destrói o 1º operando)
            MOD R3, R2         ; resto da divisão do número pelo divisor em teste
            JNZ próximo        ; se não for divisível, vai testar o próximo divisor
            DIV R1, R2         ; fator encontrado. Tira esse fator do número
            MOV [R5], R2       ; armazena o fator na área de memória
            ADD R4, 1          ; contabiliza o fator encontrado
```

```
                ADD  R5, 2       ; endereço onde armazenar o próximo fator
                JMP  deNovo      ; recomeça procura de fatores
próximo:        ADD  R2, 1       ; obtém o próximo divisor a testar
                CMP  R2, R1      ; mas só vai testá-lo se …
                JLE  maisUm      ; … não for superior ao próprio número a fatorar
                CMP  R4, 1       ; acabou. Se só se encontrou um fator, …
                JZ   éPrimo      ; … então o número é primo
nãoPrimo:       JMP  nãoPrimo    ; aqui há vários fatores (R4>1)
éPrimo:         JMP  éPrimo      ; se chegar aqui, N é primo (R4=1)
inválido:       JMP  inválido    ; se chegar aqui, N não é fatorável (R4=0)
```

**Programa 4.13 - Fatoração de um número**

O algoritmo é muito simples. Começa por tentar dividir N por um divisor (que começa em 2). Se não for divisível, incrementa o divisor e tenta de novo. Se for divisível, achou um fator, que armazena em memória, e divide o número inicial pelo fator, repetindo depois o algoritmo. O fato de começar pelo menor divisor garante que os fatores encontrados são números primos. Tal como no Programa 4.12, o valor de N é testado inicialmente para descartar os valores negativos e 0, que são considerados não-fatoráveis (o contador de fatores, R4, fica com zero). Um número primo fica apenas com um fator (ele próprio).

### SIMULAÇÃO 4.12 – DIVISÃO: FATORAÇÃO DE UM NÚMERO

Esta simulação ilustra o funcionamento das instruções de divisão (DIV e MOD), tendo por base o Programa 4.13. Os aspectos abordados incluem os seguintes:

- Execução passo a passo e com pontos de parada do programa;

- Verificação da evolução dos registradores relevantes e da memória, iteração a iteração;

- Verificação das situações limite de N (negativo, 0, 1 e 2).

### ESSENCIAL

- As instruções aritméticas afetam todos os *bits* de estado (Z, N, C, V);

- As instruções ADDC e SUBB permitem incluir o transporte de uma operação anterior, suportando cálculos com inteiros maiores que a largura da palavra do processador;

- A instrução CMP compara dois números e é a única que não destrói o primeiro operando (afeta apenas os *bits* de estado);

- A instrução NEG permite calcular o simétrico (complemento de 2), com exceção do número 8000H (o mais negativo);

- A soma de dois números de sinal contrário não pode dar estouro (*overflow*). Na soma, o estouro é observado quando os operandos têm o mesmo sinal, mas diferente do sinal do resultado;

- A multiplicação tem um resultado com apenas 16 bits, tal como os operandos. Gera estouro com facilidade;

- A divisão (inteira) gera um quociente e um resto. Para evitar ter dois resultados, há duas instruções para produzir estes valores (DIV e MOD, respectivamente). Ambas produzem resultados de 16 bits. O estouro só pode ocorrer se o divisor for zero.

# 4.12 INSTRUÇÕES LÓGICAS

## 4.12.1 FUNCIONALIDADE DAS INSTRUÇÕES LÓGICAS

A Tabela 4.24 apresenta as instruções lógicas do PEPE. Este nome é devido às três principais funções lógicas que implementam: conjunção (AND), disjunção (OR e XOR) e negação (NOT).

**Tabela 4.24 - Instruções lógicas do PEPE**

| *ASSEMBLY* | MÁQUINA | RTL | *BITS* DE ESTADO | EFEITO |
|---|---|---|---|---|
| AND  Rd, Rs | AND, Rd, Rs | Rd ← Rd ∧ Rs | Z, N | Conjunção (E) *bit* a *bit* de Rd e Rs. Rd(i) só será 1, se Rd(i)=1 E Rs(i)=1 |
| OR  Rd, Rs | OR, Rd, Rs | Rd ← Rd ∨ Rs | Z, N | Disjunção (OU) *bit* a *bit* de Rd e Rs. Rd(i) será 1, se Rd(i)=1 OU Rs(i)=1 |
| XOR  Rd, Rs | XOR, Rd, Rs | Rd ← Rd ⊕ Rs | Z, N | Disjunção exclusiva (OU-exclusivo) *bit* a *bit* de Rd e Rs. Rd(i) será 1, apenas se Rd(i) for diferente de Rs(i) (01 ou 10) |
| NOT Rd | NOT, Rd, 0 | Rd ← Rd ⊕ FFFFH | Z, N | Complementa (troca) todos os *bits* de Rd (negação *bit* a *bit*) |
| TEST Rd, Rs | TEST, Rd, Rs | Rd ∧ Rs | Z, N | Faz a conjunção *bit* a *bit* de Rd e Rs, tal como o AND, mas afeta apenas os *bits* de estado (Rd não é alterado) |
| BIT  Rd, k | BIT, Rd, k | Z ← Rd(k) ⊕ 1 | Z | Coloca no *bit* Z a negação do *bit* Rd(k). Rd não é alterado |
| SET  Rd, k | SET, Rd, k | Rd(k) ← 1 | Z, N | Coloca 1 no *bit* k de Rd |
| CLR  Rd, k | CLR, Rd, k | Rd(k) ← 0 | Z, N | Coloca 0 no *bit* k de Rd |
| CPL  Rd, k | CPL, Rd, k | Rd(k) ← Rd(k) ⊕ 1 | Z, N | Complementa (troca) o *bit* k de Rd |

O XOR (OU-exclusivo) difere do OR (OU) pelo fato de que exige que os dois *bits* em cada par de *bits* (um de cada operando) sejam diferentes, enquanto OR dá 1 também quando os dois *bits* são 1. Por esse motivo, designa-se OU-exclusivo (um deles tem de ser 1, mas apenas um de cada vez). É representado pelo sinal ⊕ e, quando aplicado a um *bit* cujo segundo operando é 1, nega esse *bit* (o resultado só é 1 se os dois operandos forem diferentes, isto é, se o *bit* for 0; se o *bit* for 1, os operandos serão iguais e o resultado dará 0).

As instruções restantes permitem testar ou manipular *bits* de forma mais específica. Nas instruções que têm a constante k, esta indica a posição do *bit* a ser manipulado no registrador Rd, logo pode variar entre 0 e 15.

 Se Rd = RE no caso das instruções que alteram o Rd, os únicos *bits* de estado afetados são os alterados pela operação em si (coluna RTL), não sendo aplicada a regra de alterar os *bits* Z ou N de acordo com o valor do resultado.

Ao contrário das instruções aritméticas, que consideram que os números binários estão representados em complemento de 2, as instruções lógicas os consideram apenas como sequências de *bits* independentes, sem sinal nem sequer valor aritmético (são apenas *bits*). Observe, no entanto, que seu resultado afeta os *bits* de estado Z e N da mesma forma que numa operação aritmética.

As instruções AND, OR, XOR, NOT e TEST aplicam a respectiva operação a cada *bit* dos operandos, de forma independente dos restantes. As outras instruções lidam apenas com um dos *bits*, o *bit* na posição k do registrador Rd.

A Figura 4.15 ilustra o funcionamento das instruções lógicas, usando números binários de 8 bits, apenas para ser mais simples. O funcionamento é o mesmo, qualquer que seja o número de *bits* dos operandos.

Observe que:

- (e) ilustra como o AND com bits desencontrados pode dar zero;

- (g) ilustra como XOR com 1s pode negar completamente o operando, produzindo o mesmo resultado que o NOT. Em (d), o XOR nega um operando apenas nos *bits* em que o outro operando tem 1s;

- (h) ilustra o efeito do XOR de um registrador com ele próprio (XOR R1, R1, por exemplo). O resultado é zero. Este pequeno artifício constitui uma forma típica de inicializar registradores com zero, com a diferença em relação ao MOV R1, 0 de que inicializa logo os *bits* de estado Z e N, o que poderá ser útil em algumas situações.

Um dos objetivos fundamentais das instruções lógicas é implementar expressões booleanas estabelecendo, por exemplo, que a expressão a AND b só é verdadeira se simultaneamente a condição a e a condição b também o forem.

| | | | |
|---|---|---|---|
| 1110 0101 | 1110 0101 | 1110 0101 | 1110 0101 |
| 0011 1101 | 0011 1101 | 0011 1101 | 0011 1101 |
| 0010 0101 | 0010 0101 | 1111 1101 | 1101 1000 |
| Z←0, N←0 | Z←0, N←0 | Z←0, N←1 | Z←0, N←1 |
| (a) - AND | (b) - TEST | (c) - OR | (d) - XOR |

| | | | |
|---|---|---|---|
| 1110 0101 | 1110 0101 | 1110 0101 | 1110 0101 |
| 0001 1010 | | 1111 1111 | 1110 0101 |
| 0000 0000 | 0001 1010 | 0001 1010 | 0000 0000 |
| Z←1, N←0 | Z←0, N←0 | Z←0, N←0 | Z←1, N←0 |
| (e) - AND | (f) - NOT | (g) - XOR | (h) - XOR |

| | | | |
|---|---|---|---|
| 1110 0101 | 1110 0101 | 1110 0101 | 1110 0101 |
| 4 | 4 | 7 | 6 |
| 0 | 1111 0101 | 0110 0101 | 1011 0101 |
| Z←1 | Z←0, N←1 | Z←0, N←0 | Z←0, N←1 |
| (i) - BIT | (j) - SET | (l) - CLR | (m) - CPL |

**Fig. 4.15 – Exemplos de instruções lógicas. Além do resultado também é indicado o efeito nos *bits* de estado Z e N**

Cada uma destas condições é basicamente um *bit*, pois uma condição ou é falsa ou é verdadeira (dois valores possíveis). Normalmente, associa-se 0 a falso e 1 a verdadeiro, embora naturalmente seja possível arbitrar o contrário (é apenas uma questão de convenção de representação).

As instruções de decisão das linguagens de programação de alto nível (tipicamente a instrução if) tomam as decisões com base num valor booleano e precisam de apenas um *bit* para codificar esse valor. Isto é válido para linguagens como Java, que têm o tipo de dados booleano definido, mas linguagens como C têm apenas o tipo "inteiro" e implementam os valores booleanos convencionando que falso é zero e qualquer outro valor é verdadeiro.

O problema nesta convenção é que um simples AND de dois valores verdadeiros (não nulos) pode dar zero e, portanto, falso! Basta imaginar os dois valores AAAAH e 5555H e verificar que um valor só tem 1s nas posições pares e outro só nas posições ímpares (a Figura 4.15(e) apresenta outro exemplo). Conclusão: o AND *bit* a *bit* nestes casos dá 0000H, ou seja, falso, quando devia dar verdadeiro! A Subseção 4.12.2 mostra como lidar com este problema.

No nível da linguagem *assembly*, as instruções lógicas AND, OR, etc. permitem manipular N bits de uma só vez, em que N é a largura do processador. No entanto, os *bits* são independentes, isto é, um AND de N bits é, na realidade, um conjunto de N ANDs de um *bit* cada, independentes. O objetivo, neste caso, não é lidar com N valores booleanos simultaneamente, mas sim efetuar manipulação de *bits*.

Assim, estas instruções têm na realidade uma dupla função:

- Implementar expressões booleanas, com valores falso e verdadeiro. Para tal usa-se apenas um *bit* de cada operando (tipicamente o menos significativo) ou adota-se a convenção de que um valor 0 representa falso e que um valor diferente de zero representa verdadeiro (como na linguagem C, por exemplo);

- Manipular determinados *bits* do operando, usando a funcionalidade lógica destas instruções para cada um dos *bits* individualmente, em dois tipos básicos de operações:

  - Alterar determinados *bits* de um operando para um valor fixo (0 ou 1), independentemente do valor que esses *bits* tinham antes;

  - Isolar determinados *bits* de um operando, mantendo o valor desses *bits* e forçando os restantes a um valor fixo (tipicamente 0), através de um outro operando designado **máscara** (precisamente porque força alguns *bits* e só mantém o valor de outros).

As seções seguintes ilustram estas funcionalidades.

## 4.12.2 EXPRESSÕES BOOLEANAS

O Programa 4.14 ilustra a utilização de uma expressão booleana, usando a convenção da linguagem C, de que um valor zero de um operando representa falso e que diferente de zero representa verdadeiro.

```
; utilização dos registradores:
; R1 - 1º operando a testar
; R2 - 2º operando a testar
; R3 - endereço na memória do 1º operando (o 2º está logo a seguir)

início: MOV   R3, 0000H    ; inicializa R3 no início da memória
maisUm: MOV   R1, [R3]     ; obtém 1º operando
        MOV   R2, [R3 + 2] ; obtém 2º operando
        OR    R1, R2       ; verifica se são ambos falso (zero)
        JZ    achou        ; se sim, achou o par pretendido
        ADD   R3, 2        ; tem de continuar. Avança base da memória
        JMP   maisUm       ; vai testar mais um par de operandos
achou:  JMP   achou        ; achou! Para aqui
```

**Programa 4.14 - Exemplo de utilização de uma expressão booleana com OR**

O programa não faz mais do que percorrer a memória, parando quando encontrar dois valores falsos seguidos. Para cada par de operandos, efetua a operação OR. Se der falso (zero), encontrou um par de valores falsos. Se der verdadeiro (diferente de zero), pelo menos um dos operandos é verdadeiro (é o que quer dizer o OR) e continua.

Para simplificar, o programa não otimiza o fato de que o 2.º operando de uma iteração é o 1.º operando da próxima e, portanto, não precisava ser lido de novo da memória.

Observe também que a procura na memória começa logo no endereço 0000H, precisamente onde está o programa. Não tem qualquer problema, pois a memória é apenas lida e não é alterada.

Se o pretendido fosse um par de operandos com o valor verdadeiro e este fosse convencionado como 1 (0001H em 16 bits, por exemplo), bastaria substituir o OR por AND no Programa 4.14.

No entanto, na convenção adotada na linguagem C, o valor verdadeiro não é só um valor, mas muitos possíveis (na realidade, é qualquer valor diferente de zero), em função do que a solução tem de ser outra que não um simples AND. Neste caso, são realizados testes separados para cada operando, e basta um deles ser falso (zero) para o AND dos dois ser falso. Ou seja, em vez de se testar AND a, b testa-se antes a negação desta operação, ou OR não-a, não-b, de acordo com as leis de Morgan (Seção 2.2).

O Programa 4.15 ilustra esta solução. Observe o uso da instrução TEST com o próprio registrador, apenas para atualizar os *bits* de estado (ao contrário do AND, a instrução TEST não atualiza o 1.º operando), uma vez que o MOV não o faz. Há várias maneiras de fazer isto, incluindo (no caso de R1):

```
AND   R1, R1
OR    R1, R1
CMP   R1, 0
```

mas **não**:

```
XOR   R1, R1    ; ATENÇÃO: isto coloca todo o registrador R1 com zero!!!
```

pois XOR de um *bit* com ele próprio dá zero (Figura 4.15h).

### SIMULAÇÃO 4.13 – EXPRESSÕES BOOLEANAS

Esta simulação ilustra o funcionamento das expressões booleanas, tendo por base o Programa 4.14 e o Programa 4.15. Os aspectos abordados incluem os seguintes:

- Execução passo a passo e com pontos de parada do programa;

- Verificação do conteúdo da memória e da existência de duas células de memória seguidas com o valor zero (se não existirem, têm de se criar alterando diretamente o conteúdo de uma ou duas células de memória);

- Verificação da evolução dos registradores relevantes e da memória, iteração a iteração.

## 4.12.3 INSTRUÇÕES DE MANIPULAÇÃO DE UM SÓ *BIT*

Há situações em que se pretende alterar apenas um *bit* para atingir um determinado objetivo. Pode-se querer colocar 0 ou 1 em um bit, independentemente do seu valor anterior, ou complementá-lo, trocando o seu valor (de 0 para 1 ou vice-versa). Ou pode-se

```
; utilização dos registadores:
; R1 - 1º operando a testar
; R2 - 2º operando a testar
; R3 - endereço na memória do 1º operando (o 2º está logo a seguir)

início:  MOV   R3, 0000H      ; inicializa R3 no início da memória
maisUm:  MOV   R1, [R3]       ; obtém 1º operando
         TEST  R1, R1         ; atualiza os bits de estado
         JZ    próximo        ; se é falso (zero), pode passar ao próximo
         MOV   R2, [R3 + 2]   ; obtém 2º operando
         TEST  R2, R2         ; atualiza os bits de estado
         JNZ   achou          ; se chegou aqui e R2 é verdadeiro, então R1 e R2
                              ; são verdadeiros e achou o par pretendido
próximo: ADD   R3, 2          ; tem de continuar. Avança base da memória
         JMP   maisUm         ; vai testar mais um par de operandos
achou:   JMP   achou          ; achou! Para aqui
```

**Programa 4.15 - Exemplo de utilização de uma expressão booleana com AND que não pode ser implementada com uma simples instrução AND**

querer testar o bit antes, para saber se o seu valor deve ser alterado ou não. O PEPE suporta todas estas operações com as instruções SET (força a ser 1), CLR (força a ser 0), CPL (troca o *bit*) e BIT (testa o valor do *bit*).

O Programa 4.16 mostra como usar estas instruções, usando a conversão entre letras maiúsculas e minúsculas. Esta questão já foi abordada no Programa 4.7, com uma só palavra e convertendo através de uma soma (ou subtração) do fator de 20H. Por exemplo, o caractere 'a', na codificação ASCII, tem o valor 61H, enquanto o caractere 'A' tem o valor 41H. Esta diferença de 20H mantém-se em todas as letras do alfabeto.

 Dado que o RE (Registrador de Estado) pode ser especificado nas instruções como qualquer outro registrador, estas instruções de manipulação de um só *bit* podem ser usadas para manipular individualmente os *bits* deste registrador. *Bits* como Z, N e V normalmente não são manipulados de forma direta, mas o *bit* C, muitas vezes, é usado em conjunto com as instruções de deslocamento (Seção 4.13) e pode ser útil mudar ou saber o seu valor.

Existem ainda outros *bits* no RE que devem ser inicializados pelo programador se este pretender utilizar **interrupções** (Subseção 6.2.2).

Uma alternativa a esta abordagem é comparar os *bits* das letras maiúsculas e minúsculas. A Tabela 4.25 mostra as codificações de algumas das letras do alfabeto, o suficiente para se perceber que as codificações das letras maiúsculas e minúsculas diferem apenas no *bit* 5. Este *bit* é precisamente aquele que define o fator 20H (0010 0000).

A diferença em relação ao Programa 4.7 é que não é preciso saber se a letra em questão é maiúscula ou minúscula para decidir se é preciso somar (ou subtrair) o valor 20H. Se, na Figura 4.12, algum dos caracteres na cadeia Origem não fosse minúsculo (por

**Tabela 4.25 - Codificação das letras em ASCII. As maiúsculas diferem das minúsculas apenas no *bit* 5**

| BINÁRIO | HEXADECIMAL | LETRA | LETRA | HEXADECIMAL | BINÁRIO |
|---|---|---|---|---|---|
| 01**0**0 0001 | 41H | 'A' | 'a' | 61H | 01**1**0 0001 |
| 01**0**0 0010 | 42H | 'B' | 'b' | 62H | 01**1**0 0010 |
| ... | ... | ... | ... | ... | ... |
| 01**0**0 1110 | 4EH | 'N' | 'n' | 6EH | 01**1**0 1110 |
| 01**0**0 1111 | 4FH | 'O' | 'o' | 6FH | 01**1**0 1111 |
| 01**0**1 0000 | 50H | 'P' | 'p' | 70H | 01**1**1 0000 |
| 01**0**1 0001 | 51H | 'Q' | 'q' | 71H | 01**1**1 0001 |
| ... | ... | ... | ... | ... | ... |
| 01**0**1 1001 | 59H | 'Y' | 'y' | 79H | 01**1**1 1001 |
| 01**0**1 1010 | 5AH | 'Z' | 'z' | 7AH | 01**1**1 1010 |

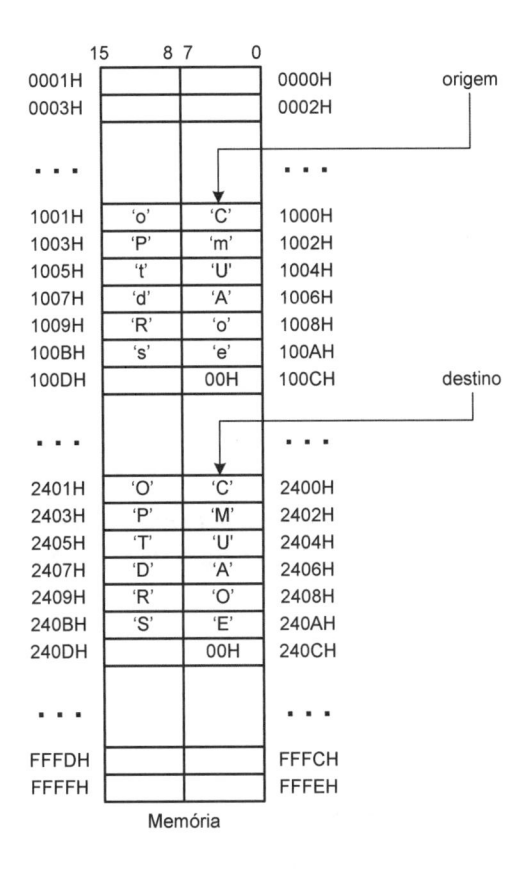

**Fig. 4.16 – Conversão de letras maiúsculas e minúsculas para maiúsculas**

exemplo, "ComPUtAdoRes" em vez de "computadores", como acontece na Figura 4.16), o caractere correspondente na cadeia Destino não seria uma letra.

Por exemplo, se o caractere 'p' (70H – ver Tabela 4.25), que seria convertido em 'P' (50H), já fosse maiúsculo, como na Figura 4.16, seria convertido erradamente em 30H (50H – 20H), que corresponde em ASCII ao caractere '0' (zero). Para suportar esta mistura entre maiúsculas e minúsculas, o Programa 4.7 tinha de testar o caractere para ver se era mesmo uma letra minúscula, antes de convertê-lo.

Colocando 0 ou 1 no *bit* 5, obtém-se uma letra maiúscula ou minúscula, respectivamente, independentemente da letra que era antes, tornando o teste desnecessário. O Programa 4.16 faz precisamente isto, por adaptação do Programa 4.7, usando a instrução CLR para colocar 0 no *bit* 5 em vez de subtrair 20H da codificação ASCII do caractere.

Observe que, para simplificar, o Programa 4.16 continua a admitir que a cadeia de caracteres contém apenas letras.

A Tabela 4.26 mostra qual o efeito de mudar a instrução CLR no Programa 4.16 por SET e CPL, que colocam 1 no *bit* ou trocam o seu valor, respectivamente.

### SIMULAÇÃO 4.14 – INSTRUÇÕES SET, CLR E CPL

Esta simulação ilustra o funcionamento das instruções de manipulação de um só *bit* SET, CLR e CPL, tendo por base o programa e tabelas anteriores. Os aspectos abordados incluem os seguintes:

- Execução passo a passo e com pontos de parada do programa;
- Inicialização do conteúdo da memória (cadeia de caracteres);
- Verificação da evolução dos registradores relevantes e da memória, iteração a iteração.

O Programa 4.17 conta o número de letras maiúsculas na cadeia de caracteres origem da Figura 4.16, testando o *bit* 5 de cada caractere com a instrução BIT.

```
origem        EQU    1000H     ; endereço do primeiro caractere da cadeia original
destino       EQU    2400H     ; endereço do primeiro caractere da cadeia destino
terminador    EQU    00H       ; valor do byte que indica o fim da cadeia original

início:  MOV    R1, origem      ; ponteiro para o primeiro caractere origem
         MOV    R2, destino     ; ponteiro para o primeiro caractere destino
maisUm:  MOVB   R0, [R1]        ; obtém o próximo caráter (acesso de 8 bits)
         CMP    R0, terminador  ; verifica se é o byte terminador
         JZ     acaba           ; se sim, vai acabar
         CLR    R0, 5           ; converte letra para maiúscula (coloca zero no bit 5)
         MOVB   [R2], R0        ; guarda caractere na área de memória destino
         ADD    R1, 1           ; endereço (em bytes) do próximo caractere origem
         ADD    R2, 1           ; endereço (em bytes) do próximo caractere destino
         JMP    maisUm          ; ainda há mais caracteres para tratar
acaba:   MOVB   [R2], R0        ; guarda terminador na área de memória destino
fim:     JMP    fim             ; acabou
```

**Programa 4.16 - Cópia de uma cadeia de caracteres com conversão para maiúsculas (mesmo que as letras originais já o sejam)**

SIMULAÇÃO 4.15 – INSTRUÇÃO *BIT*

Esta simulação ilustra o funcionamento da instrução BIT, tendo por base o Programa 4.17. Os aspectos abordados incluem os seguintes:

- Execução passo a passo e com pontos de parada do programa;

- Inicialização do conteúdo da memória (cadeia de caracteres);

- Verificação da evolução dos registradores relevantes e da memória, iteração a iteração.

**Tabela 4.26 - Utilização das instruções de manipulação de um só *bit* para alterar a codificação das letras em ASCII**

| CADEIA DE CARACTERES ORIGEM | CADEIA DE CARACTERES DESTINO | | |
|---|---|---|---|
| | CLR R0, 5 (PARA MAIÚSCULAS) | SET R0, 5 (PARA MINÚSCULAS) | CPL R0, 5 (TROCA) |
| 'C' | 'C' | 'c' | 'c' |
| 'o' | 'O' | 'o' | 'O' |
| 'm' | 'M' | 'm' | 'M' |
| 'P' | 'P' | 'p' | 'p' |
| 'U' | 'U' | 'u' | 'u' |
| 't' | 'T' | 't' | 'T' |
| 'A' | 'A' | 'a' | 'a' |
| 'd' | 'D' | 'd' | 'D' |
| 'o' | 'O' | 'o' | 'O' |
| 'R' | 'R' | 'r' | 'r' |
| 'e' | 'E' | 'e' | 'E' |
| 's' | 'S' | 's' | 'S' |
| 00H | 00H | 00H | 00H |

```
origem      EQU    1000H    ; endereço do primeiro caractere da cadeia original
terminador  EQU    00H      ; valor do byte que indica o fim da cadeia original

início:  MOV   R1, origem        ; ponteiro para o primeiro caractere origem
         MOV   R2, 0             ; inicializa contador de letras maiúsculas
maisUm:  MOVB  R0, [R1]          ; busca o próximo caractere (acesso de 8 bits)
         CMP   R0, terminador    ; verifica se é o byte terminador
         JZ    fim               ; se sim, acabou
         BIT   R0, 5             ; verifica qual o valor do bit 5 do caractere
         JNZ   próximo           ; se o bit não for 0 (não for maiúsculo) passa
                                 ; ao próximo
         ADD   R2, 1             ; contabiliza mais uma letra maiúscula
próximo: ADD   R1, 1             ; endereço (em bytes) do próximo caractere origem
         JMP   maisUm            ; ainda há mais caracteres para tratar
fim:     JMP   fim               ; acabou. Em R2 está o número de letras maiúsculas
```

**Programa 4.17 - Contagem do número de letras maiúsculas com a instrução BIT**

### 4.12.4 OPERAÇÕES LÓGICAS COM MÁSCARAS

#### 4.12.4.1 FUNCIONAMENTO DAS MÁSCARAS

A palavra "máscara" é usada aqui no sentido normal do termo, designando algo que impede uma operação em certos pontos e a permite noutros. No sentido corrente a operação é "ver", mas aqui a operação é uma das operações lógicas com dois operandos de 16 bits, definidas na Tabela 4.24 (AND, OR, XOR e TEST).

Considera-se que o 1.º operando (aquele em que o resultado é armazenado) é o verdadeiro operando e que o 2.º operando é a máscara, que indica sobre que *bits* do 1.º operando a operação deve ser feita.

A máscara é formada por:

■ *Bits* neutros, que deixam passar os *bits* do 1.º operando para o resultado sem alterações;

■ *Bits* ativos, que transformam os *bits* do 1.º operando de acordo com a operação lógica aplicada.

A Tabela 4.27 estabelece as regras. AND e TEST usam a mesma regra. A diferença é que TEST usa o resultado apenas para atualizar os *bits* Z e N, mas não o armazena no registrador do 1.º operando.

As máscaras são utilizadas quando se pretende atuar "cirurgicamente"[34] sobre certos *bits* de um registrador sem alterar nem sequer saber o valor dos *bits* restantes desse registrador.

O Programa 3.7 contém um exemplo de utilização de máscaras (apesar do processador ser apenas de 8 bits), aplicado à leitura de um valor de um periférico (botão de um semáforo), para isolar os *bits* que se quer testar dos restantes lidos (pois estes podem não ser 0 e interferir, depois, em eventuais operações de comparação do valor lido com valores predefinidos).

A Figura 4.17 ilustra o efeito de uma máscara (0000 1111, para separar melhor os *bits* neutros dos ativos, mas podia ser qualquer uma) com cada uma destas operações lógicas.

**Tabela 4.27 - Princípio de funcionamento das máscaras, em cada um dos seus *bits*, neutros e ativos, para cada uma das operações lógicas**

| OPERAÇÃO | *BIT* NEUTRO (DEIXA PASSAR IGUAL) | *BIT* ATIVO (ALTERA BIT) | EFEITO DO *BIT* ATIVO |
|---|---|---|---|
| AND, TEST | 1 | 0 | Força a ser 0 |
| OR | 0 | 1 | Força a ser 1 |
| XOR | 0 | 1 | Nega o *bit* (troca valor) |

---

[34]Em medicina, nas operações cirúrgicas, também se usa uma máscara (um pano com um buraco) para delimitar a área de atuação.

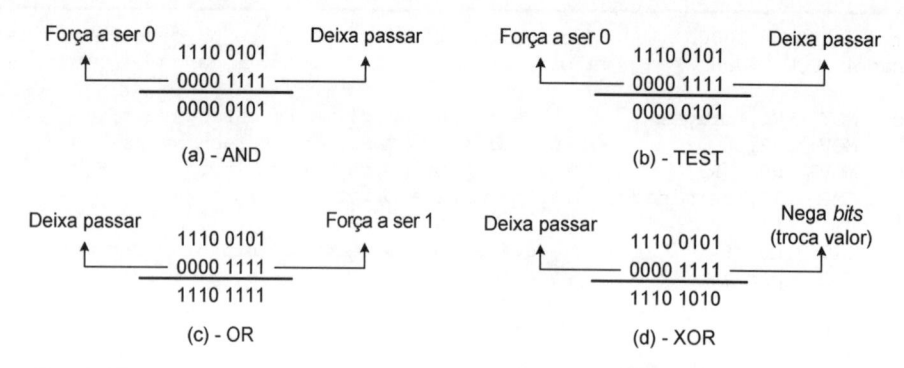

**Fig. 4.17 – Efeito de uma máscara (0FH) com as várias operações lógicas**

### 4.12.4.2 MÁSCARAS AND

Estas máscaras deixam passar os *bits* correspondentes aos *bits* com 1 na máscara e forçam os restantes a serem 0. São usadas normalmente para isolar campos de *bits* num registrador (colocando 0 nos *bits* que não interessam) ou colocar 0 em determinados *bits* (os que interessam).

O Programa 4.18 ilustra o uso de uma máscara AND para contar todos os *bytes* numa determinada área de memória, cujos 4 bits mais significativos são 0111 (isto é, os *bytes* entre 70H e 7FH).

Observe que:

- Se a instrução AND não existisse, este programa contaria apenas os *bytes* com o valor 70H. O AND força os 4 bits menos significativos a serem 0, em função do que todos os *bytes* com valor entre 70H e 7FH são transformados pelo AND em 70H (valor do termo padrão de comparação) e, portanto, todos eles são contabilizados em R5;

- A máscara é na realidade de 16 bits, pois a instrução AND usa registradores de 16 bits, apesar de ter definido apenas 8 bits da máscara na diretiva EQU. A diretiva considera que o operando é de 16 bits, 00F0H, e não FFF0H, pois não faz extensão com sinal (isso é exclusivo das instruções que só admitem constantes de menos de 16 bits, como o MOV, ADD, CMP, etc.). A diretiva EQU é uma forma de definir constantes sempre de 16 bits (Subseção 5.5.1), em função do que assume que F0H[35] apenas deixou de especificar os zeros à esquerda. Este aspecto é importante para o funcionamento do CMP R0, R4.

```
primeiro EQU    1000H      ; endereço do primeiro byte a testar
último   EQU    1FFFH      ; endereço do último byte a testar
padrão   EQU    70H        ; valor do byte que serve de termo de comparação
máscara  EQU    0F0H       ; máscara para isolar os 4 bits mais signficativos

início:  MOV    R1, primeiro  ; inicializa ponteiro para o primeiro byte
         MOV    R2, último    ; inicializa ponteiro para o último byte
         MOV    R3, máscara   ; inicializa registrador com máscara
         MOV    R4, padrão    ; inicializa registrador com termo de comparação
         MOV    R5, 0         ; inicializa contador de bytes
maisUm:  MOVB   R0, [R1]      ; busca o próximo byte (acesso de 8 bits)
         AND    R0, R3        ; elimina os 4 bits menos signficativos (isola os 4
                             ; mais signficativos)
         CMP    R0, R4        ; compara com o padrão
         JNZ    próximo       ; se não for igual, passa ao próximo byte
                             ; sem contar este
         ADD    R5, 1         ; se for igual, contabiliza esse byte
próximo: CMP    R1, R2        ; já estamos no último byte?
         JZ     fim           ; se este já era o último byte, termina
         ADD    R1, 1         ; obtém endereço (em bytes) do próximo byte
         JMP    maisUm        ; testa mais um byte
fim:     JMP    fim           ; acabou. Em R5 está o número de bytes contados
```

**Programa 4.18 - Exemplo de aplicação de uma máscara AND**

---

[35]O zero antes do F evita que a constante seja confundida com um identificador (ver Nota na Seção 5.5.1), não tendo impacto no valor da constante.

**SIMULAÇÃO 4.16** – MÁSCARA AND

Esta simulação ilustra o funcionamento das instruções de manipulação de um só bit, tendo por base os programas e tabelas anteriores. Os aspectos abordados incluem os seguintes:

- Execução passo a passo e com pontos de parada do programa;
- Inicialização do conteúdo da memória (cadeia de caracteres);
- Verificação da evolução dos registradores relevantes e da memória, iteração a iteração.

### 4.12.4.3 MÁSCARAS OR

Estas máscaras deixam passar os *bits* correspondentes aos bits com 0 na máscara e forçam os restantes a serem 1. São usadas normalmente para colocar 1 em determinados *bits* de um registrador.

O Programa 4.19 gera uma cadeia de caracteres (e preenche uma área de memória com eles) com os dígitos de um determinado número em decimal, usando o fato da codificação ASCII dos dígitos 0 a 9 ser 30H a 39H, respectivamente. Portanto, nos 4 bits menos significativos está um número entre 0 e 9 e nos 4 bits mais significativos está 3.

O programa obtém cada dígito (0 a 9) pelo resto da divisão por uma potência de 10 (cujo valor depende da posição do dígito) e depois gera a codificação ASCII forçando o 3 com uma máscara OR. Neste caso em particular, o mesmo efeito podia ser obtido somando 30H ao dígito, mas a solução de máscara é mais geral em termos de modificar *bits* específicos.

Notas sobre este programa:

- Para simplificar, o programa considera que N é positivo (maior que zero);
- Para que os caracteres apareçam na ordem certa, tem-se de usar um divisor que seja potência de 10 e que comece pelo seu valor máximo para inteiros de 16 bits (10000), que depois vai sendo dividido por 10. Seria mais fácil ir dividindo sucessi-

```
N        EQU   5746         ; exemplo de número a converter para caracteres
base     EQU   1000H        ; endereço em memória onde colocar o 1º caractere
maxdiv   EQU   10000        ; máximo divisor potência de 10 para números em 16 bits
máscara  EQU   30H          ; máscara para converter dígito em caráter ASCII

início:  MOV   R1, N        ; número a converter para caracteres
         MOV   R2, base     ; inicializa ponteiro para o primeiro caractere
         MOV   R3, maxdiv   ; inicializa divisor potência de 10
         MOV   R4, máscara  ; máscara para converter dígito em caractere ASCII
         MOV   R5, 0        ; inicializa indicador de zero à esquerda
         MOV   R6, 10       ; usado a seguir para dividir o divisor por 10
maisUm:  MOV   R0, R1       ; cópia de R1 (porque o DIV destrói o valor do
                           ; registrador)
         DIV   R0, R3       ; obtém dígito mais signficativo(em base 10)
         OR    R5, R0       ; só dá zero se o dígito for 0 e ainda não tiver
                           ; havido dígitos diferentes de zero
         JZ    próximo      ; zeros à esquerda não interessam
         OR    R0, R4       ; converte dígito para caractere ASCII
         MOVB  [R2], R0     ; armazena caractere na memória
         ADD   R2, 1        ; atualiza endereço (em bytes) do próximo caractere
próximo: MOD   R1, R3       ; retira dígito mais signficativo ao número a converter
         DIV   R3, R6       ; divide divisor por 10 para tratar do dígito seguinte
         JNZ   maisUm       ; ainda há mais caracteres para tratar
último:  OR    R1, R4       ; converte último dígito (menos signficativo) para
                           ; caractere ASCII
         MOVB  [R2], R1     ; armazena último caractere
         MOV   R3, 0        ; esta instrução é dispensável, pois nessa altura R3 já
                           ; é 0, mas sem ela fica mais obscuro e é uma potencial
                           ; fonte de erros, em caso de alteração do programa!
         MOVB  [R2], R3     ; escreve 0 (terminador) no fim da cadeia de
                           ; caracteres
fim:     JMP   fim          ; acabou
```

**Programa 4.19 - Geração de uma cadeia de caracteres com os dígitos de um número, usando máscaras OR**

**Tabela 4.28 - Valores dos registradores e das células de memória ao longo da execução do Programa 4.19**

| ETIQUETA | R0 | R1 | R2 | R3 | R4 | R5 | 1000H | 1001H | 1002H | 1003H | 1004H |
|----------|------|-------|-------|-------|-------|-------|-------|-------|-------|-------|-------|
| maisUm(1) | 5746 | 5746 | 1000H | 10000 | 0030H | 0000H | xx | xx | xx | xx | xx |
| maisUm(2) | 0000H | 5746 | 1000H | 1000 | 0030H | 0000H | xx | xx | xx | xx | xx |
| maisUm(3) | 0035H | 746 | 1001H | 100 | 0030H | 0035H | 35H | xx | xx | xx | xx |
| maisUm(4) | 0037H | 46 | 1002H | 10 | 0030H | 0037H | 35H | 37H | xx | xx | xx |
| último | 0034H | 0036H | 1003H | 0 | 0030H | 0037H | 35H | 37H | 34H | xx | xx |
| fim | 0034H | 0036H | 1005H | 0 | 0030H | 0037H | 35H | 37H | 34H | 36H | 00H |

vamente o número por 10 e ir guardando os restos das divisões, mas os algarismos apareceriam na ordem inversa do pretendido;

- Para que não apareçam zeros à esquerda[36], usa-se um registrador (R5) que começa em zero, mas que deixa de começar mal apareça um dígito diferente de zero, graças a uma instrução OR que vai acumulando todos os bits que tenham 1;

- O último dígito tem de ser tratado à parte porque, nesse momento, R3 (o divisor) já é zero e não se pode usar o algoritmo normal, que faz uma divisão por R3;

- A escrita do *byte* com zero no fim da cadeia de caracteres pode usar o fato de que R3, nesse momento, tem o valor 0. Mas, em nome da clareza e robustez dos programas, é recomendável que não se use artifícios (tal como indicado no comentário), pois é extremamente fácil esquecer este artifício ao alterar o programa e introduzir erros sem se dar por isso, que depois saem bastante caros em termos de tempo gasto na **depuração** (testes para descobrir a origem dos erros).

A Tabela 4.28 mostra o conteúdo dos registradores e das células de memória em cada iteração, **após** a execução da instrução, no rótulo indicado em cada linha (o rótulo maisUm aparece quatro vezes, um para cada iteração). A verificação dos conteúdos é deixada para o leitor e pode ser feita usando-se a Simulação 4.17. Os conteúdos das células não inicializadas são representados por "xx".

**SIMULAÇÃO 4.17** – MÁSCARA OR

Esta simulação ilustra o funcionamento das máscaras OR, tendo por base o Programa 4.19. Os aspectos abordados incluem os seguintes:

- Execução passo a passo e com pontos de parada do programa;

- Verificação do funcionamento das instruções OR;

- Verificação da evolução dos registradores relevantes e da memória, iteração a iteração.

#### 4.12.4.4 MÁSCARAS XOR

Estas máscaras deixam passar os *bits* correspondentes aos *bits* com 0 na máscara e negam os restantes. São usadas normalmente para negar o valor de um ou mais *bits* de um registrador, trocando o respectivo estado. O Programa 4.20 ilustra o funcionamento da máscara XOR, efetuando uma negação de alguns *bits* dos caracteres (os 4 do meio – ver Tabela 4.29) da cadeia Origem na Figura 4.18, como se fosse um algoritmo de cifra[37] (algoritmo de criptografia) de informação.

Observe que, dado que os *bits* são alterados, nem todos os caracteres resultantes são letras, mas continuam a ter uma representação ASCII.

**SIMULAÇÃO 4.18** – MÁSCARA XOR

Esta simulação ilustra o funcionamento das máscaras XOR, tendo por base o Programa 4.20. Os aspectos abordados incluem os seguintes:

- Execução passo a passo e com pontos de parada do programa;

---

[36]Neste exemplo, com N=5746, apareceria um zero à esquerda, pois com 16 bits os números positivos podem ir até 32.767 (em decimal), ou seja, até 5 dígitos.

[37]Cifra monoalfabética simples, utilizada desde o império romano.

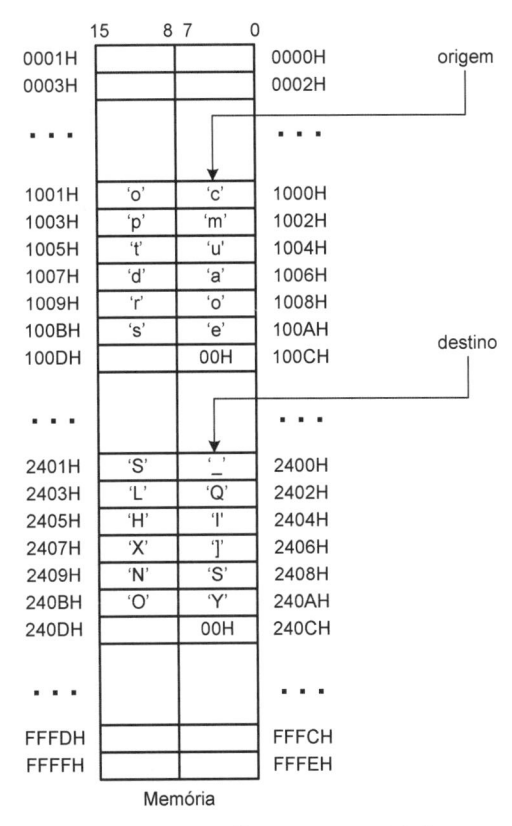

**Fig. 4.18 – Cifra de caracteres (negação de alguns *bits*) com uma máscara XOR**

- Verificação do funcionamento da instrução XOR;
- Verificação da evolução dos registradores relevantes e da memória, iteração a iteração.

**Tabela 4.29 - Utilização da máscara XOR (3CH) para conseguir uma cifra muito simples dos caracteres ("computadores" transforma-se em "_SQLIH]XSNYO")**

| LETRAS ORIGINAIS | CODIFICAÇÃO ASCII | CODIFICAÇÃO APÓS XOR COM 3CH (0011 1100) | CARACTERE ASCII RESULTANTE |
|---|---|---|---|
| 'c' | 0110 0011 | 0101 1111 | '_' |
| 'o' | 0110 1111 | 0101 0011 | 'S' |
| 'm' | 0110 1101 | 0101 0001 | 'Q' |
| 'p' | 0111 0000 | 0100 1100 | 'L' |
| 'u' | 0111 0101 | 0100 1001 | 'I' |
| 't' | 0111 0100 | 0100 1000 | 'H' |
| 'a' | 0110 0001 | 0101 1101 | ']' |
| 'd' | 0110 0100 | 0101 1000 | 'X' |
| 'o' | 0110 1111 | 0101 0011 | 'S' |
| 'r' | 0111 0010 | 0100 1110 | 'N' |
| 'e' | 0110 0101 | 0101 1001 | 'Y' |
| 's' | 0111 0011 | 0100 1111 | 'O' |

```
origem      EQU   1000H   ; endereço do primeiro caractere da cadeia original
destino     EQU   2400H   ; endereço do primeiro caractere da cadeia destino
terminador  EQU   00H     ; valor do byte que indica o fim da cadeia original
máscara     EQU   3CH     ; máscara (0011 1100) para negar os bits do meio

início: MOV   R1, origem      ; ponteiro para o primeiro caractere origem
        MOV   R2, destino     ; ponteiro para o primeiro caractere destino
        MOV   R3, máscara     ; inicializa registro com máscara
maisUm: MOVB  R0, [R1]        ; obtém o próximo caractere (acesso de 8 bits)
        CMP   R0, terminador  ; verifica se já é o byte terminador
        JZ    acaba           ; se sim, vai acabar
        XOR   R0, R3          ; nega bits do meio do byte de menor peso
        MOVB  [R2], R0        ; guarda caractere na área de memória destino
        ADD   R1, 1           ; endereço (em bytes) do próximo caractere origem
        ADD   R2, 1           ; endereço (em bytes) do próximo caractere destino
        JMP   maisUm          ; ainda há mais caracteres para tratar
acaba:  MOVB  [R2], R0        ; guarda terminador na área de memória destino
fim:    JMP   fim             ; acabou
```

**Programa 4.20 - Cifra dos caracteres de uma cadeia usando uma máscara XOR**

## ESSENCIAL

- As instruções lógicas manipulam os números binários como simples sequências de *bits* independentes (não há noção de complemento de 2) e afetam apenas os *bits* Z e N (não podem gerar nem transporte nem estouro);

- As instruções AND, OR, XOR, NOT e TEST lidam com todos os *bits* do operando. SET, CLR, CPL e BIT lidam com apenas um dos *bits*;

- Estas instruções permitem suportar as expressões booleanas das linguagens de alto nível, mas nem sempre uma simples instrução lógica consegue implementar uma operação booleana básica;

- As instruções AND, OR e XOR permitem manipular valores de 16 bits com uma máscara, que especifica os *bits* a que operação deve ser aplicada;

- As instruções de manipulação de um só *bit* permitem, de uma forma rápida, testar ou alterar um determinado *bit* de um registrador.

## 4.13 INSTRUÇÕES DE DESLOCAMENTO

Estas instruções permitem deslocar o operando (um registrador, obrigatoriamente) de vários *bits* para a esquerda ou para a direita, o que tem uma série de aplicações, em particular quando se combinam com as instruções lógicas, como por exemplo:

- Enviar os *bits* do operando em sequência, um a um, através de uma ligação de um só *bit* (usado em redes de computadores);

- Analisar os *bits* de um operando, um a um (contar o número de bits com 1, por exemplo);

- Máscaras que por deslocamento vão variando ao longo do programa, permitindo ir analisando diferentes partes de um determinado operando;

- Isolar um grupo de *bits* do operando (por meio de uma máscara com AND, por exemplo) e mudá-los de posição (para ocuparem os *bits* menos significativos, por exemplo).

A Tabela 4.30 apresenta as instruções de deslocamento do PEPE. Trata-se de instruções que tipicamente são suportadas por todos os processadores e que podem ser divididas em dois grupos:

- **Deslocamentos lineares**, ou simples;

- Deslocamentos circulares, ou **rotações**.

### Tabela 4.30 - Instruções de deslocamento do PEPE

| ASSEMBLY | RTL | BITS DE ESTADO | EFEITO |
|---|---|---|---|
| SHR  Rd, k | k>0 : C ← Rd(k-1)<br>k>0 : Rd ← 0{k} \|\| Rd(15..k) | Z, N, C | Desloca k bits para a direita (entram zeros) |
| SHL  Rd, k | k>0 : C ← Rd(15-k+1)<br>k>0 : Rd ← Rd(15-k..0) \|\| 0{k} | Z, N, C | Desloca k bits para a esquerda (entram zeros) |
| SHRA Rd, k | k>0 : C ← Rd(k-1)<br>k>0 : Rd ← Rd(15){k} \|\| Rd(15..k) | Z, N, C | Desloca k bits para a direita, mantendo o sinal |
| SHLA Rd, k | k>0 : C ← Rd(15-k+1)<br>k>0 : Rd ← Rd(15-k..0) \|\| 0{k} | Z, N, C, V | Desloca k bits para a esquerda (entram zeros, mas pode dar estouro) |
| ROR  Rd, k | k>0 : C ← Rd(k-1)<br>k>0 : Rd ← Rd(k-1..0) \|\| Rd(15..k) | Z, N, C | Roda k bits para a direita |
| ROL  Rd, k | k>0 : C ← Rd(15-k+1)<br>k>0 : Rd ← Rd(15-k..0) \|\| Rd(15..15-k+1) | Z, N, C | Roda k bits para a esquerda |
| RORC Rd, k | k>0 : (Rd \|\| C) ← Rd(k-2..0) \|\| C \|\| Rd(15..k-1) | Z, N, C | Roda k bits para a direita, incluindo o *bit* C |
| ROLC Rd, k | k>0 : (C \|\| Rd) ← Rd(15-k+1..0) \|\| C \|\| Rd(15..15-k+2) | Z, N, C | Roda k bits para a esquerda, incluindo o *bit* C |

Em qualquer deles, o deslocamento pode ser para a:

- Esquerda (na direção do *bit* mais significativo), ou
- Direita (na direção do *bit* menos significativo).

Rd é o registrador cujos *bits* são deslocados e k é uma constante de 4 bits, que especifica quantos bits de Rd devem ser deslocados. Esta constante pode variar entre 0 e 15. Se k=0, não há lugar para deslocamento e apenas os *bits* de estado Z e N são atualizados (de acordo com o valor de Rd, que neste caso não é alterado), enquanto C se mantém.

Em todas as instruções de deslocamento (com k>0), o *bit* de estado C fica com o último valor que saiu do registrador. Com a ajuda das instruções de desvio condicional JC e JNC, isto permite tomar uma decisão com base neste *bit* que saiu do operando, sem necessidade de uma instrução de teste específica (BIT, por exemplo).

### 4.13.1 INSTRUÇÕES DE DESLOCAMENTO LINEAR

No **deslocamento linear**, para a esquerda ou para a direita, cada *bit* é deslocado para a posição do *bit* ao lado, tal como indicado na Figura 4.19 (para simplificar, apenas 8 bits são representados, mas o princípio é válido para qualquer número de *bits*).

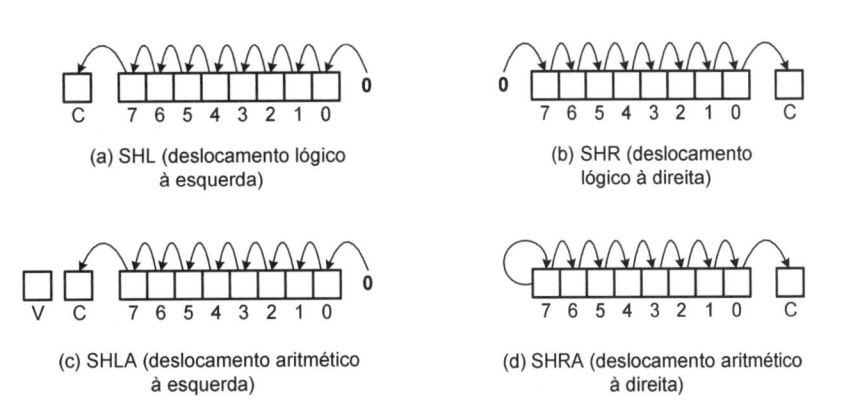

(a) SHL (deslocamento lógico à esquerda)

(b) SHR (deslocamento lógico à direita)

(c) SHLA (deslocamento aritmético à esquerda)

(d) SHRA (deslocamento aritmético à direita)

**Fig. 4.19 – Deslocamento linear de um *bit* (uma posição). Os registradores são de 8 bits, mas o princípio é o mesmo para qualquer número de *bits*. Um deslocamento de N bits repete o deslocamento de um bit N vezes (1 ≤ N ≤ 15)**

Um *bit* sai, sendo transferido para o *bit* de estado C. Um *bit* entra, podendo ser 0 ou 1, de acordo com o tipo de instrução de deslocamento, que pode ser de dois tipos:

- **Lógico** (SHL, SHR) – Consideram o operando como uma simples sequência de *bits*, entrando sempre um 0 pelo lado oposto ao do *bit* que saiu;

- **Aritmético** (SHRA, SHLA) – Consideram o operando como um número inteiro representado em complemento de 2, de tal modo que um deslocamento de um *bit* para a esquerda ou para a direita equivale a multiplicar ou dividir, respectivamente, o operando por 2, mantendo o sinal no processo. No deslocamento para a direita (SHRA), o *bit* que entra do lado esquerdo é igual ao *bit* que já estava lá (mantém o sinal). O deslocamento para a esquerda (SHLA) pode dar origem a um estouro, se o *bit* que sair (para o *bit* C) for diferente do *bit* que ficar na posição mais significativa do registrador após o deslocamento (isto é, um número positivo passar a negativo ou vice-versa), sendo esta a única diferença em relação à instrução SHL.

Todos os *bits* mudam ao mesmo tempo, em função do que nenhum destrói outro. Para deslocar um registrador N bits para a esquerda (ou para a direita), repete-se o deslocamento de um bit N vezes. N pode variar entre 0 e 15, mas só com N>1 ocorre o deslocamento efetivo. Se N=0, atualiza apenas os *bits* de estado.

No caso da instrução SHLA, a situação de estouro com N>1 ocorre, se algum dos *bits* que sair for diferente do *bit* que ficar, na posição mais significativa após o deslocamento.

A Figura 4.20 ilustra estes deslocamentos em várias situações. Observe que:

- A Figura 4.20e produz uma situação de estouro, apesar de o *bit* mais significativo que fica no registrador ser 1, tal como antes do deslocamento. O estouro ocorre porque, dos *bits* que saíram, nem todos eram 1 (e, portanto, não foi apenas uma questão de eliminar 1s à esquerda);

- Na Figura 4.20d e na Figura 4.20f, o *bit* que entra é o *bit* mais significativo, ou o *bit* do sinal. Neste exemplo, o número é negativo e o *bit* é 1, mas se o número for não negativo (nulo ou positivo), o *bit* que entra será 0.

O Programa 4.21 ilustra o funcionamento dos deslocamentos lineares lógicos, contando o número de *bits* com 1 no valor contido num registrador. O princípio de funcionamento é simples:

- O registrador é deslocado um *bit* de cada vez. O *bit* que sai vai para o *bit* C;

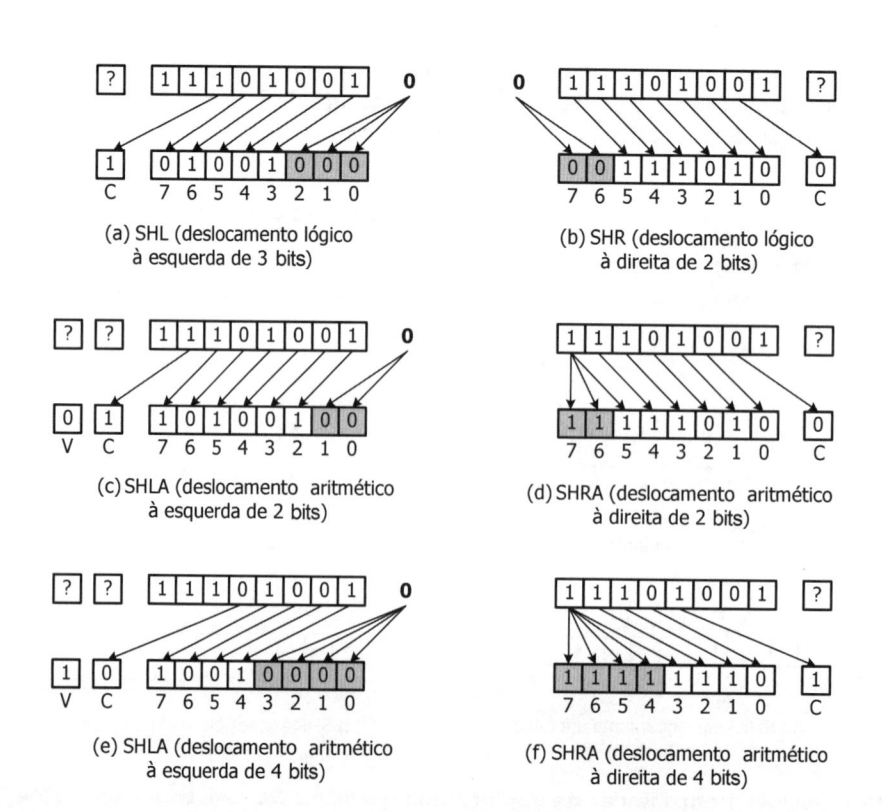

**Fig. 4.20 – Deslocamentos lineares, lógicos e aritméticos, à esquerda e à direita. Os registradores são de 8 bits, mas o princípio é o mesmo para qualquer número de *bits***

```
valor      EQU   6AC5H        ; valor cujos bits com 1 vão ser contados

início:    MOV   R1, valor    ; inicializa registrador com o valor a analisar
           MOV   R2, 0        ; inicializa contador de número de bits com 1
           MOV   R3, 0        ; valor 0 auxiliar
maisUm:    CMP   R1, 0        ; isto é só para atualizar os bits de estado
           JZ    fim          ; se o valor já é zero, não há mais bits com 1
                              ; para contar
           SHR   R1, 1        ; retira o bit menos significativo do valor e coloca-o
                              ; no bit C
           ADDC  R2, R3       ; soma mais 1 ao contador, mas só se o bit
                              ; for 1 (R3=0)
           JMP   maisUm       ; vai analisar o próximo bit
fim:       JMP   fim          ; acabou. R2 tem o número de bits com 1 no valor inicial
```

**Programa 4.21 - Contagem do número de *bits* com 1 num registrador com uma instrução de deslocamento**

- Se o *bit* é 1, soma-o ao valor do contador de *bits*;

- Repete os passos anteriores até o registrador ser zero.

 A instrução SHLA (ou SHRA) constitui uma forma mais fácil e eficiente de multiplicar (ou dividir) um número por uma potência de 2 do que usar a instrução MUL (ou DIV). Deslocar N bits corresponde a multiplicar (ou dividir) um número por $2^N$. Observe, no entanto, que se $2^N$ for maior (em valor absoluto) que o próprio número, a divisão (SHRA) dá –1 (tudo com 1s), quando o número for negativo, e zero (tudo com 0s), em caso contrário. É preciso ter cuidado com o potencial estouro no caso de multiplicação (SHLA).

As instruções SHL e SHR não são adequadas para multiplicação e divisão, porque SHL não detecta a situação de estouro e SHR não preserva o sinal (entra sempre 0). Estas instruções são mais adequadas para manipulação de *bits*, especialmente em cooperação com as instruções de máscaras lógicas (Subseção 4.12.4).

Pode-se comparar este programa com o Programa 4.2, que usa uma instrução lógica com uma máscara que vai evoluindo ao longo das iterações.

Observe que:

- A instrução de deslocamento usada é SHR (para a direita), mas neste caso seria igual a usar a instrução SHL (para a esquerda);

- A instrução ADDC permite somar ou não 1 ao contador de *bits*, conforme o valor do *bit* C, sem necessidade de instrução de desvio condicional.

### SIMULAÇÃO 4.19 – DESLOCAMENTOS LINEARES LÓGICOS

Esta simulação permite analisar o funcionamento do Programa 4.21. Os aspectos abordados incluem os seguintes:

- Verificação do funcionamento da instrução SHR;

- Verificação da evolução dos registradores relevantes, iteração a iteração.

O Programa 4.22 ilustra o funcionamento dos deslocamentos lineares lógicos em conjunção com máscaras. O objetivo é compactar dois caracteres em ASCII, que representam dígitos de 0 a 9 (codificações 30H a 39H), num único *byte*, em codificação BCD (*Binary Coded Decimal*, ou decimal codificado em binário), em que cada dígito ocupa só os 4 bits imprescindíveis, em função do que podem ser colocados aos pares, em cada *byte*. Por exemplo, os dígitos 8 e 2 são representados por 38H e 32H, em ASCII, e por 82H, em BCD.

Este programa lê os dígitos em ASCII de dois *bytes* consecutivos em memória, compacta-os num só *byte*, em BCD, e depois armazena-os em memória noutro endereço, tal como representado na Figura 4.21.

### SIMULAÇÃO 4.20 – DESLOCAMENTOS E MÁSCARAS

Esta simulação ilustra o funcionamento do Programa 4.22. Os aspectos abordados incluem os seguintes:

- Verificação do funcionamento da instrução SHL;

- Verificação da evolução dos registradores relevantes e da memória, iteração a iteração.

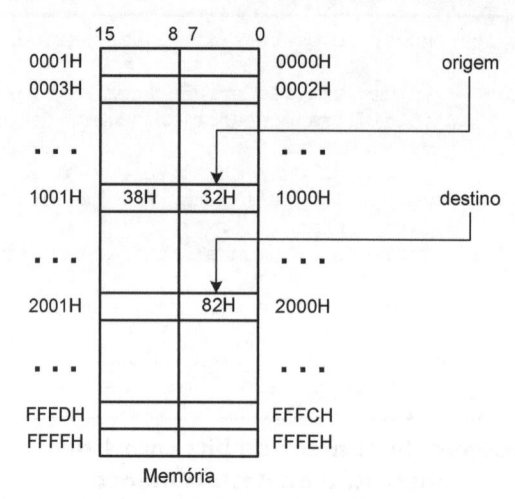

**Fig. 4.21 – Compactação de dois dígitos em BCD num só *byte* a partir de dois dígitos em ASCII (38H e 32H, ou '8' e '2')**

```
origem   EQU   1000H      ; endereço do primeiro dígito em ASCII
destino  EQU   2000H      ; endereço onde colocar o byte com dois dígitos em BCD
máscara  EQU   0FH        ; máscara (0000 1111) para retirar o dígito propriamente
                          ; dito dos caracteres em codificação ASCII
início:
         MOV   R1, origem    ; ponteiro para o primeiro dígito em ASCII
         MOV   R2, destino   ; ponteiro para o byte com dois dígitos em BCD
         MOV   R3, máscara    ; inicializa registador com máscara
         MOVB  R0, [R1]       ; busca o 1º dígito em ASCII (acesso de 8 bits)
         AND   R0, R3         ; isola o dígito propriamente dito, usando a máscara
         MOV   R4, R0         ; guarda-o em outro registrador
         ADD   R1, 1          ; endereço do 2º dígito em ASCII
         MOVB  R0, [R1]       ; obtém o 2º dígito em ASCII (acesso de 8 bits)
         AND   R0, R3         ; isola o dígito propriamente dito
         SHL   R0, 4          ; desloca o dígito 4 bits para a esquerda, para poder...
         OR    R4, R0         ; ... juntar os dois dígitos sem colidirem
         MOVB  [R2], R4       ; guarda o resultado na célula de memória destino
fim:     JMP   fim            ; acabou
```

**Programa 4.22 - Compactação de dois dígitos em BCD num só *byte* a partir de dois dígitos em ASCII, usando deslocamentos e máscaras**

### 4.13.2 Instruções de deslocamento circular (rotações)

No deslocamento circular, ou **rotação**, para a esquerda ou para a direita, cada *bit* é deslocado para a posição ao lado, tal como no deslocamento linear. A diferença está em que o *bit* que sai não se perde, pois "dá a volta" e entra de novo pelo lado oposto do registrador, tal como indicado na Figura 4.22 (com registradores de 8 bits para ser mais simples, mas será idêntico com qualquer número de *bits*).

A rotação tem duas variantes em relação ao comportamento do *bit* de estado C:

- **Sem transporte** – O *bit* C é atualizado com o *bit* que sai, mas não interfere na rotação;

- **Com transporte** – O *bit* C participa ele próprio na rotação. Os *bits* do registrador passam pelo *bit* C antes de voltarem a entrar no registrador. É como se o registrador rodado tivesse mais um *bit*.

A Figura 4.23 ilustra estas rotações em várias situações.

Uma das utilizações das instruções de rotação é mudar a posição relativa dos *bits* de um registrador, sem perder nenhum *bit*. Por exemplo, para trocar as posições relativas dos *bytes* do registrador R1 (de 16 bits) basta fazer:

```
MOV   R1, 1234H   ; inicializa R1 com um valor
ROR   R1, 8       ; roda R1 de 8 posições (troca os bytes), ficando com 3412H
```

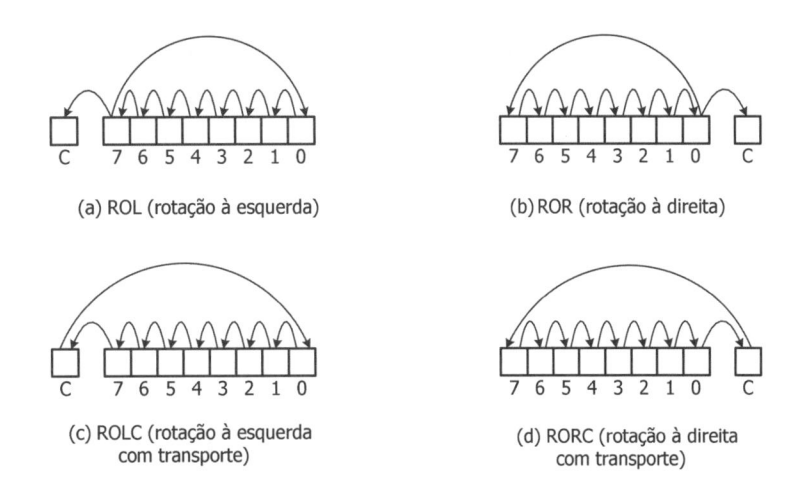

**Fig. 4.22 – Rotação de um *bit* (uma posição). Os registradores são de 8 bits, mas o princípio é o mesmo para qualquer número de *bits*. Uma rotação de N bits repete a rotação de um *bit* N vezes (1 ≤ N ≤ 15)**

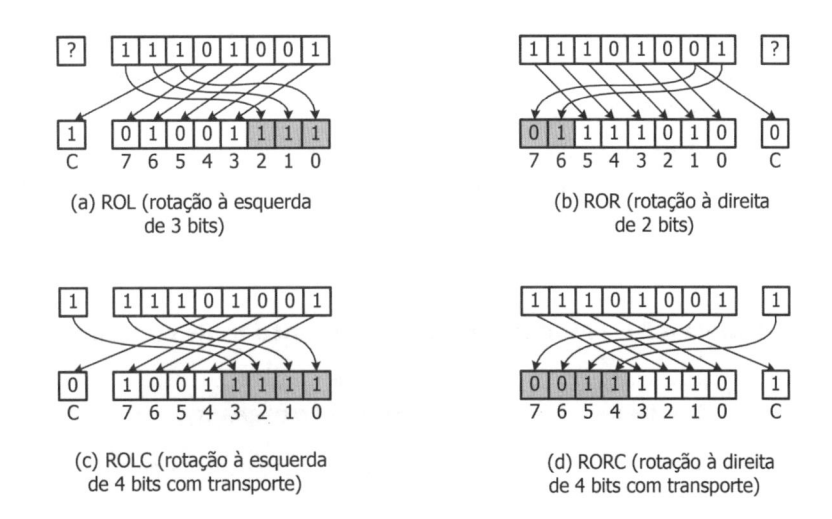

**Fig. 4.23 – Rotações, com e sem transporte, à esquerda e à direita. Os registradores são de 8 bits, mas o princípio é o mesmo para qualquer número de *bits***

Neste caso (8 bits de rotação), rodar à esquerda (ROL) daria o mesmo resultado.

A rotação com transporte permite, por exemplo, inserir um determinado *bit* (o valor inicial do *bit* C, que terá de ser inicializado) no meio de um registrador. Nada que não se possa fazer com um deslocamento linear adequado e manipulação direta do *bit* pretendido. A sua existência justifica-se mais por motivos históricos, quando os processadores não tinham instruções para manipulação direta de bits.

---

ESSENCIAL

■ As instruções de deslocamento são fundamentais porque permitem mudar *bits* de posição num registrador, o que não é possível fazer com outras instruções;

■ Em conjunção com as operações lógicas e máscaras, as instruções de deslocamento permitem facilmente compor valores a partir de outros, inclusive juntando ou separando valores de e para registradores diferentes;

■ Muitas vezes, o que se desloca nem é o valor a processar, mas sim a máscara usada para tratar alguns dos seus *bits*;

■ Os deslocamentos podem ser lineares (os *bits* que saem são perdidos) ou circulares (os *bits* que saem voltam a entrar);

- Qualquer dos deslocamentos pode ser realizado para a direita ou para a esquerda;

- Normalmente, os valores são encarados como simples sequências de *bits* independentes. No entanto, os deslocamentos lineares aritméticos os encaram como números em complemento de 2, para constituírem formas eficientes de multiplicar ou dividir por potências de 2;

- As instruções de deslocamento afetam o *bit* de estado C, além do Z e N. Os deslocmentos lineares aritméticos para a esquerda podem ainda gerar estouro.

# 4.14 Modos de endereçamento

A maior parte das instruções tem operandos, sobre os quais executam operações. Por **modos de endereçamento** entende-se as formas de especificar onde está um determinado operando. Embora haja processadores que possuem modos mais rebuscados, adaptados à sua própria arquitetura (como, por exemplo, acessos à memória através de registradores auto incrementados em cada acesso), existe um conjunto de modos mais usado e que geralmente é suportado pela maior parte dos processadores.

Observe que o modo de endereçamento pode ser aplicado a cada um dos operandos. No entanto, as instruções envolvem sempre um registrador (aquele em que o resultado é armazenado), de modo que quando se fala do modo de endereçamento de uma instrução, se está, na realidade, falando do modo de endereçamento do outro operando.

A Tabela 4.31 especifica quais os modos mais usados e dá exemplos. Observe que as constantes podem ser numéricas ou simbólicas (considerando-se, neste caso, que os respectivos valores já foram definidos por uma diretiva EQU).

**Tabela 4.31 - Modos de endereçamento mais comuns**

| Modo | Exemplos | Onde está o operando | PEPE SUPORTA |
|---|---|---|---|
| Imediato | MOV  R0, 10<br>ADD  R2, meiaDúzia | Constante imediata, especificada na própria instrução | Sim |
| Registrador | MOV  R0, R1<br>CMP  R2, R7<br>JMP  R3 | Num registrador | Sim |
| Direto | MOV  R0, [1000H]<br>MOV  [contador], R3 | Na memória, no endereço especificado como constante na própria instrução | Não |
| Indireto | MOV  R0, [R1]<br>MOV  R3, [R2] | Na memória, no endereço contido num registrador | Sim |
| Baseado | MOV  R0, [R1 + 3] | Na memória, no endereço obtido pela soma do valor de um registrador (base) com uma constante especificada na instrução | Sim |
| Indexado | MOV  R0, [R1 + R2] | Na memória, no endereço obtido pela soma do valor de um registrador com o valor de outro registrador (um deles atua como índice variável) | Sim |
| Baseado indexado | MOV  R0, [R1 + R2 + 6] | Na memória, no endereço obtido pela soma do valor de dois registradores (base e índice) com uma constante especificada na própria instrução | Não |
| Relativo | JMP  100H | Constante especificada na própria instrução, que se soma ao PC (desvios relativos) | Sim |
| Implícito | JMP  100H<br>RET<br>PUSH R3 | Registrador não especificado na própria instrução mas usado em sua implementação (PC, SP) | Sim |

O modo implícito se refere a instruções (RET, PUSH) e um registrador (SP), que serão explicados apenas nas Subseções 5.7.2.3 e 5.7.3.1.

Sobre os dois modos de endereçamento que o PEPE não suporta (direto e baseado indexado):

- O modo direto é particularmente útil para especificar diretamente endereços de memória ou de periféricos. A sua vantagem é ser simples e claro. O problema é que exige uma constante de 16 bits (endereço) especificada diretamente na instrução, o que não é possível com um tamanho fixo de 16 bits para as instruções, tal como especificado na Tabela 4.6. Nestes casos, há basicamente duas soluções possíveis (sumarizadas na Tabela 4.32):

  - Usar endereçamento indireto, em que se carrega primeiro o endereço da célula de memória a acessar num registrador e depois se acessa através dele. Se o programa fizer vários acessos à mesma célula e houver registradores disponíveis, pode-se mesmo reservar um registrador para conter esse endereço enquanto for necessário;

  - Reunir as várias células de memória (ou periféricos) em endereços contíguos e usar endereçamento baseado, em que se carrega um registrador com o endereço de base dessa área de células (ou periféricos) a acessar e depois se fazem os acessos, especificando esse registrador e uma constante, que indica a posição de cada célula (ou periférico) dentro dessa área.

- O modo baseado indexado pode ser útil para acessar estruturas de dados (listas, vetores, tabelas, etc.), em que cada elemento seja não uma simples célula, mas uma estrutura com vários campos (como o exemplo da Figura 4.9). O PEPE não pode suportar este modo, pois implica demasiada informação para ser codificada numa instrução de 16 bits. De qualquer modo, a variedade de estruturas de dados é grande, nem sempre adaptada a este modo, e sempre é possível usar os modos baseado ou indexado, em que se efetua o cálculo de parte do endereço antes de fazer o acesso (em vez de ter os três componentes – base, índice variável e índice constante – especificados explicitamente). Neste caso, o modo indexado tem ainda a vantagem de suportar qualquer valor para a constante, ao contrário do baseado, que no PEPE só suporta constantes pares entre $-16$ e $+14$.

A Tabela 4.32 ilustra estas possíveis soluções, que são idênticas para células de memória e para periféricos.

---

ESSENCIAL

- Modos de endereçamento são as formas de obter os operandos para uma instrução. Um deles está sempre num registrador. O modo de endereçamento referido por uma instrução aplica-se ao outro operando (se a instrução tiver mais do que um operando);

- Há algumas restrições impostas pela codificação das instruções. Por exemplo, o modo imediato, em algumas instruções, só admite valores entre 28 e 17, e o modo direto não é suportado. Há sempre formas menos otimizadas de conseguir o objetivo pretendido;

- Além dos modos de endereçamento mais comuns, alguns processadores suportam outros mais específicos, como, por exemplo, acessos à memória com auto incremento dos registradores, que contêm os endereços a serem acessados.

**Tabela 4.32 - Possíveis soluções para os modos de endereçamento
não suportados pelo PEPE**

| PRETENDE-SE<br>(EXEMPLO IMPOSSÍVEL NO PEPE) | NO PEPE PODE-SE USAR |
|---|---|
| `; endereçamento direto`<br>`; (não suportado)`<br><br>`contador EQU    1000H`<br>`soma     EQU    1002H`<br>`total    EQU    1004H`<br>`. . .`<br>`MOV   R0, [contador]`<br>`MOV   R1, [total]`<br>`ADD   R0, R1`<br>`MOV   [soma], R0` | `; solução 1: endereçamento indireto`<br>`contador EQU    1000H`<br>`soma     EQU    1002H`<br>`total    EQU    1004H`<br>`. . .`<br>`MOV   R9, contador`<br>`MOV   R0, [R9]`<br>`MOV   R9, total`<br>`MOV   R1, [R9]`<br>`ADD   R0, R1`<br>`MOV   R9, soma`<br>`MOV   [R9], R0`<br><br>`; solução 2: endereçamento baseado`<br>`base     EQU    1000H`<br>`contador EQU    0`<br>`soma     EQU    2`<br>`total    EQU    4`<br>`. . .`<br>`MOV   R9, base`<br>`MOV   R0, [R9 + contador]`<br>`MOV   R1, [R9 + total]`<br>`ADD   R0, R1`<br>`MOV   [R9 + soma], R0` |
| `; Endereçamento baseado indexado`<br>`; (não suportado)`<br><br>`MOV   R0, [R1 + R2 + 4]` | `; solução 1: endereçamento baseado`<br>`MOV   R9, R1`<br>`ADD   R9, R2`<br>`MOV   R0, [R9 + 4] ;só pares (-16..+14)`<br><br>`; solução 2: endereçamento indexado`<br>`MOV   R9, 4`<br>`ADD   R9, R2`<br>`MOV   R0, [R1 + R9]` |
| `; Endereçamento baseado indexado com`<br>`; constante <-16 ou > +14`<br>`; (não suportado)`<br>`MOV   R0, [R1 + R2 + 1000]` | `; solução 2: endereçamento indexado`<br>`MOV   R9, 1000 ; um valor de 16 bits`<br>`ADD   R9, R2`<br>`MOV   R0, [R1 + R9]` |

# 4.15 CONCLUSÕES

O PEPE é um processador muito simples quando comparado com os processadores atuais de alto desempenho. No entanto, inclui praticamente todos os mecanismos básicos para conseguir fazer programas genéricos, particularmente no que diz respeito ao conjunto de instruções, que é o foco deste capítulo.

Trata-se de um microprocessador de 16 bits, o que implica algumas limitações, principalmente em termos de capacidade de cálculo (40.000, por exemplo, já é um número demasiado grande, dada a escala de valores possíveis de $-32.768$ a $+32.767$), ausência de suporte para números não inteiros (o que necessita de pelo menos 32 bits – ver Apêndice D) e algumas restrições impostas às instruções pelo fato de terem de ser codificadas em 16 bits (número limitado de registradores e constantes imediatas reduzidas).

Estas limitações são conscientes e motivadas sobretudo pelo objetivo de exercitar a programação manual em linguagem *assembly*. Se este processador se destinasse a ser programado em C ou em um nível de abstração mais elevado teria, com certeza, 32 bits. Existe um compilador de C para o PEPE, que teve de fazer uma série de restrições à linguagem para poder ser mais facilmente implementado (sempre é possível conseguir a funcionalidade que o *hardware* não suporta, por meio de *software*). Lidar manualmente com constantes de 32 bits é complicado, logo, em um nível introdutório, é preferível suportar as limitações dos 16 bits em nome da simplicidade.

O mesmo princípio levou à escolha de uma arquitetura especificamente projetada para fins didáticos em detrimento das comercialmente existentes, cujo conjunto de instruções está otimizado para tamanho de código ou desempenho e não se destina à programação manual, mas sim a código gerado por compiladores.

Por outro lado, o PEPE inclui características que exercitam as várias técnicas existentes, não descuidando, no entanto, dos detalhes necessários para poder ser realmente implementado. O simulador é uma forma decisiva de suprir a falta de um microprocessador real, fato que motivou o esforço de vários anos. A aprendizagem requer interação efetiva com a máquina, mesmo que simulada, pois só com programas funcionando se consegue provar que efetivamente se domina as várias técnicas envolvidas.

Os próximos capítulos continuarão apresentando as capacidades do PEPE.

# 4.16 EXERCÍCIOS

**4.1** Explique porque o PEPE tem:

    a) Uma largura de 16 bits;

    b) 16 bits nos barramentos, tanto no de dados como no de endereços;

    c) Endereçamento de *byte*.

**4.2** Indique, em hexadecimal e decimal, qual o primeiro e último endereço do espaço de endereçamento do PEPE.

**4.3** Suponha que as primeiras quatro instruções executadas pelo PEPE após a inicialização (*reset*) sejam ADD, MOV, MOV e JMP. Indique o endereço em que cada uma destas instruções estaria localizada.

**4.4** Se um conjunto de 1000 palavras (contíguas numa memória ligada ao PEPE) começar no endereço 1000H, qual é o último endereço (em hexadecimal) que ainda pertence a este conjunto de dados?

**4.5** Dê um exemplo (indique uma instrução e valor dos registradores relevantes) de um acesso à memória:

    a) Alinhado;

    b) Desalinhado;

    c) Em *byte*.

**4.6** Suponha que um computador baseado no PEPE tem 8 KBytes de ROM, 16 KBytes de RAM, 512 bytes de periféricos de saída e 128 bytes de periféricos de entrada.

    a) Estabeleça, em decimal e em hexadecimal, uma possível solução para o mapa de endereços deste computador, indicando qual a faixa de endereços para cada um destes tipos de dispositivos e as faixas de endereços livres;

    b) Como o PEPE sabe se está acessando uma memória ou um periférico?

**4.7** Indique qual é o efeito prático de usar o PEPE com uma RAM de largura de:

    a) 8 bits;

    b) 32 bits.

**4.8** Usando a Tabela A.9, converta para linguagem *assembly* do PEPE o seguinte programa em código de máquina: C102H, C203H, 5012H, 6618H, 6925H, C300H, D310H, 9133H, B132H, 200AH. Não use constantes simbólicas de dados, mas use rótulos para as constantes de endereços.

**4.9** Explique porque a instrução CALL 1000H pode ser válida em uns programas e inválida em outros (dica: consulte a Tabela A.9).

**4.10** Com base na Tabela A.9, justifique porque o PEPE só pode ter 16 registradores.

**4.11** Converta o Programa 3.6 para linguagem *assembly* do PEPE (mantenha os valores definidos com EQU). Se o simulasse no PEPE com um relógio de 1 Hz, os tempos das diversas cores dos semáforos seriam substancialmente maiores. Por quê?

**4.12** Usando a instrução ADD R1, R2, indique um possível par de valores destes dois registradores, que ativem cada um dos bits de estado Z, N, C e V (mesmo que ative outros *bits* de estado), em quatro exemplos independentes. Distinga a semântica dos *bits* C e V (em que situações ocorrem?).

**4.13** Indique qual o valor dos *bits* de estado Z, C, N e V após a execução das seguintes instruções (valores antes da execução indicados entre parênteses):

a) SUB R1, R1;

b) ADDC R1, R2 (C=1, R1=A5A5H e R2=5A5AH);

c) ADD R1, R2 (R1=8AF3H, R2=C31FH);

**4.14** Explique qual é o efeito da instrução de máquina 2FFFH (dica: consulte a informação detalhada sobre as instruções do PEPE, na Tabela A.9).

**4.15** A tabela seguinte mostra a evolução dos valores de três registradores e de uma posição de memória, ao longo da execução de um conjunto de instruções. Acabe de preencher a tabela. Em cada linha, coloque uma instrução (em sintaxe *assembly*) cuja execução possa ter originado os valores dos registradores e da memória, indicados nessa linha (cada instrução altera o estado deixado pela anterior).

| INSTRUÇÃO EXECUTADA | R1 | R2 | R3 | M[1000H] |
|---|---|---|---|---|
| Estado inicial | FFFFH | FFFFH | FFFFH | FFH |
|  | FF00H | FFFFH | FFFFH | FFH |
|  | 1000H | FFFFH | FFFFH | FFH |
|  | 1000H | 0010H | FFFFH | FFH |
|  | 1000H | 0010H | 00AFH | FFH |
|  | 0010H | 1000H | 00AFH | FFH |
|  | 0010H | 1000H | 00AFH | AFH |

**4.16** Faça um programa que, dada uma sequência contígua em memória de números de 8 bits (interpretados sem sinal, de 0 a 255), determine o maior deles. Simule esse programa, usando o circuito de base das simulações deste capítulo, e verifique o seu funcionamento.

**4.17** Idem, com um programa que escreva em memória, a partir de um determinado endereço, todos os pares de letras maiúscula/minúscula.

**4.18** Idem, com um programa que, dado um caractere em ASCII (Apêndice E), devolva num registrador um dos caracteres "L", "D", "S" ou "C", conforme esse caractere seja uma letra (maiúscula ou minúscula), um dígito, um sinal de pontuação ou um caractere de controle (com valor menor do que 20H), respectivamente.

**4.19** Modifique o Programa 4.18 para usar uma máscara OR em vez de AND, mas mantendo a funcionalidade do programa. Simule-o para verificar a sua correção.

**4.20** Alguém teve a ideia brilhante de simplificar o Programa 4.21 para a versão seguinte, que afinal tem alguns problemas. Explique quais são:

```
valor     EQU    6AC5H        ; valor cujos bits com 1 vão ser contados

início:   MOV    R1, valor    ; inicializa registrador com o valor a analisar
          MOV    R2, 0        ; inicializa contador de número de bits com 1
maisUm:   SHR    R1, 1        ; retira o bit menos significativo do valor para o bit C
          ADDC   R2, 0        ; soma mais um ao contador, se esse bit for 1
          JNZ    maisUm       ; se valor=0, não há mais bits com 1 para contar
fim:      JMP    fim          ; acabou. R2 tem o n° de bits com 1 no valor inicial
```

# 5 - Programação de um Computador

Os seres humanos adquirem conhecimento através da aprendizagem. Conseguem aplicar o conhecimento que têm em novas situações, recolher informação sobre os resultados obtidos de forma a reforçar (ou eliminar) conceitos e associações, atualizando o seu conhecimento, e continuar este ciclo de aprendizagem.

Pelo contrário e, com exceção de alguns pequenos protótipos experimentais e de alguns programas específicos, a grande maioria dos computadores tem de ser programada. Para saberem o que fazer, precisam de um programa que preveja todas as situações que poderão ocorrer. Um computador não tem inteligência própria e não sabe o que fazer quando surge uma situação que o seu programa não antecipou.

O Capítulo 4 mostrou as características fundamentais de um processador (o cérebro de um computador) e as operações mais básicas que ele consegue realizar. Não é nada parecido com o modelo de funcionamento humano. Isso significa que programar um computador não é uma tarefa nada fácil para um ser humano (o programador).

Após conceber a ideia do que pretende, o programador tem de transformá-la num conjunto de pequenas operações, que o computador consiga processar, quer executando-as diretamente, quer efetuando transformações de modo a produzir sequências de operações mais elementares, mas que, no seu conjunto, são funcionalmente equivalentes.

O objetivo deste capítulo é estabelecer os passos necessários para que, dado um computador baseado num processador, como, por exemplo, o PEPE, se possam programar e executar programas arbitrariamente complexos.

Já existem hoje linguagens de programação de alto nível, que evitam muitos dos detalhes da programação em *assembly*. Este capítulo mostra como mapear uma linguagem de alto nível em linguagem *assembly*, de modo que se entenda quais são os passos envolvidos na programação de um computador, desde a ideia até o programa pronto e sendo executado.

No entanto, a ênfase de um livro sobre arquitetura de computadores é a linguagem *assembly*, pois esta linguagem tem uma relação muito mais direta com os recursos do *hardware* e com o seu funcionamento. Assim, este capítulo mostra como se deve programar nesta linguagem, apresentando uma série de exemplos que, não só completam os do Capítulo 4, como introduzem novas funcionalidades decorrentes das potencialidades do *assembler*.

Se o Capítulo 4 teve as instruções como ponto central, este capítulo coloca a sua ênfase no programa como sequência organizada de instruções, que implementa uma determinada funcionalidade, e na imprescindível boa documentação que faz parte intrínseca da arte de bem programar, seja em alto nível ou em linguagem *assembly*.

# 5.1 Um problema simples

O Capítulo 4 apresentou uma série de pequenos exemplos, destinados simplesmente a ilustrar as instruções básicas do PEPE. Os computadores conseguem executar programas muito mais complexos, feitos inclusive por equipes de centenas de programadores. No entanto, o PEPE ainda tem muitas características a serem apresentadas, em função do que o melhor é começarmos com um exemplo simples.

Imagine que é dado a um ser humano e a um computador um conjunto de números inteiros entre 0 e 9999, para ordenar por ordem crescente.

### 5.1.1 Modo de atuação de um ser humano

Embora naturalmente possa haver variantes, o algoritmo comumente usado pelas pessoas para ordenar estes números é o seguinte:

1. Separa os vários números em dez grupos, de acordo com o algarismo dos milhares;

2. Em cada grupo dos milhares, separa os números em dez grupos, de acordo com o algarismo das centenas;

3. Em cada grupo das centenas, separa os números em dez grupos, de acordo com o algarismo das dezenas;

4. Em cada grupo das dezenas, ordena os números por comparação direta;

5. No fim, é só reunir todos os grupos das dezenas pela ordem crescente dentro das centenas e dentro dos milhares, ficando tudo ordenado.

### 5.1.2 Modo de atuação de um computador

Um computador pode ser programado para executar exatamente este algoritmo. Mas só para imitar o ser humano, pois esta não é a forma mais natural de um computador atuar.

Um computador não funciona em base 10, mas sim em base 2. Também não precisa organizar os números em grupos (uma estratégia usada pelos humanos para conseguir lidar mais facilmente com muitos números), além de conseguir executar muitas operações repetitivas de forma muito rápida e sem se aborrecer ou cansar.

Existem algoritmos de ordenação bastante otimizados para o funcionamento de um computador, mas aqui vamos ilustrar um bastante simples, normalmente denominado **ordenação por bolha** (*bubble sort*).

Este algoritmo consiste simplesmente em:

1. Ir analisando os vários números da sequência determinada, dois a dois, e trocar a sua posição na sequência se o primeiro for maior que o segundo (se forem iguais, não vale a pena trocá-los);

2. Acabando de analisar todos os números, volta-se ao princípio e repete-se esta operação tantas vezes quanto necessário até que, em uma volta completa pela sequência de números, não ocorra uma só troca (caso em que todos os números estarão ordenados em ordem crescente).

O nome "bolha" deriva do fato de que os números vão se deslocar aos poucos para um lado ou outro da sequência, conforme o seu valor, como se fossem bolhas de ar deslocando-se para a superfície.

Este é um algoritmo excessivamente repetitivo para um ser humano! Mas as operações básicas são muito simples, que é o mais importante para um computador, que não se queixa por fazer repetidamente a mesma coisa e é muito rápido em fazer as operações.

A Figura 5.1 ilustra o algoritmo para uma sequência de quatro números. Em cada passagem pela sequência, o algoritmo faz $N-1$ iterações (3, neste caso), em que $N$ (4) indica quantos números a sequência tem. O algoritmo termina quando uma varredura completa não produzir nenhuma troca.

# 5.2 Modelagem do problema com fluxogramas

A Figura 5.1 poderia ser usada simplesmente para explicar o algoritmo a um ser humano, que o compreenderia por aprendizagem. Um computador é muito mais elementar e não consegue entender diretamente a figura, em função do que se torna necessário desenvolver um processo para transformar o conceito do algoritmo no nível humano até chegar ao código de máquina, constituído por instruções que o processador consegue executar diretamente, tal como representado na Figura 1.4.

| | | 10 | 5 | 6 | 2 |
|---|---|---|---|---|---|
| | Sequência original | 10 | 5 | 6 | 2 |

| | | | | | |
|---|---|---|---|---|---|
| Varredura 1 | Após iteração 1 | 5 | 10 | 6 | 2 |
| | Após iteração 2 | 5 | 6 | 10 | 2 |
| | Após iteração 3 | 5 | 6 | 2 | 10 |
| Varredura 2 | Após iteração 1 | 5 | 6 | 2 | 10 |
| | Após iteração 2 | 5 | 2 | 6 | 10 |
| | Após iteração 3 | 5 | 2 | 6 | 10 |
| Varredura 3 | Após iteração 1 | 2 | 5 | 6 | 10 |
| | Após iteração 2 | 2 | 5 | 6 | 10 |
| | Após iteração 3 | 2 | 5 | 6 | 10 |
| Varredura 4 | Após iteração 1 | 2 | 5 | 6 | 10 |
| | Após iteração 2 | 2 | 5 | 6 | 10 |
| | Após iteração 3 | 2 | 5 | 6 | 10 |

**Fig. 5.1 – Ilustração do algoritmo de ordenação da bolha para quatro números. Os retângulos indicam os pares de números testados. Aqueles em que houve troca de números em relação à iteração anterior estão em cinza**

O conceito normalmente é expresso primeiro por uma simples descrição textual, gráfica e/ou tabular (a chamada **especificação**). Depois, com alguma prática e em casos muito simples, o programador pode passar diretamente da especificação para o programa numa linguagem de alto nível.

No entanto, na maior parte dos casos, o programador precisa de um auxílio, um mapa que o guie no processo de programação, algo que expresse o problema de forma mais detalhada e sistematizada do que a especificação textual. Para casos relativamente pouco complexos, como o da ordenação por bolha, pode-se usar uma representação do problema bastante simples e eficaz: os **fluxogramas**.

Um fluxograma não é mais do que uma representação, meio textual, meio gráfica, do fluxo do controle ao longo do algoritmo (isto é, que operações o algoritmo faz e qual o seu encadeamento).

A Figura 5.2 representa os principais elementos gráficos de um fluxograma. Existem mais símbolos, mas basicamente são especializações do símbolo Operações. Estes quatro são os mais gerais e são suficientes para representar qualquer algoritmo. Testes mais complexos, com várias hipóteses de saída, podem sempre ser decompostos em vários testes binários.

> **NOTA** O fluxograma é uma notação muito simples, usada basicamente para descrever o comportamento com um só fluxo de controle. Para problemas mais complexos, torna-se necessário desenvolver um modelo mais completo do problema, que contemple os comportamentos individuais de cada uma das entidades referidas na especificação e as relações entre elas. Esse modelo é expresso numa notação denominada UML (*Unified Modeling Language*). No entanto, esta notação é complexa e está completamente fora do âmbito deste livro. Existe muita bibliografia sobre esta notação, usada universalmente para modelagem ([Nunes 2004], [Silva 2005] e [Rational]).

A Figura 5.3 apresenta um fluxograma adequado ao algoritmo da Figura 5.1, assumindo os seguintes nomes:

- houveTroca – Elemento de memória que memoriza o fato de ter havido uma troca de números numa determinada varredura. Conterá o valor verdadeiro se tiver havido troca, falso em caso contrário;

- seq – Sequência de números a ordenar;

- i – Índice do elemento de seq que vai ser comparado com o elemento seguinte;

- N – Indica quantos números estão em seq.

> **NOTA** Observe que o termo de comparação com i no penúltimo teste é N-1 e não N, pois no algoritmo acessa-se seq[i] e seq[i+1]. Como os índices dos vetores começam em zero, o valor máximo para um índice é N-1 (em que N é o número de elementos do

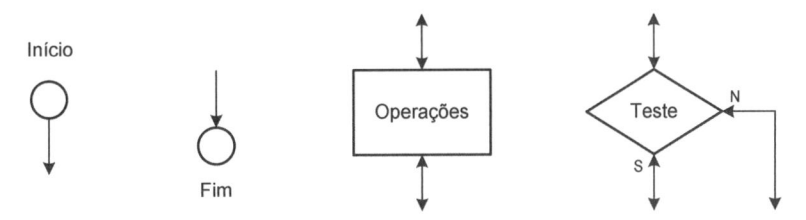

**Fig. 5.2 – Elementos básicos de um fluxograma (S — Sim, N — Não)**

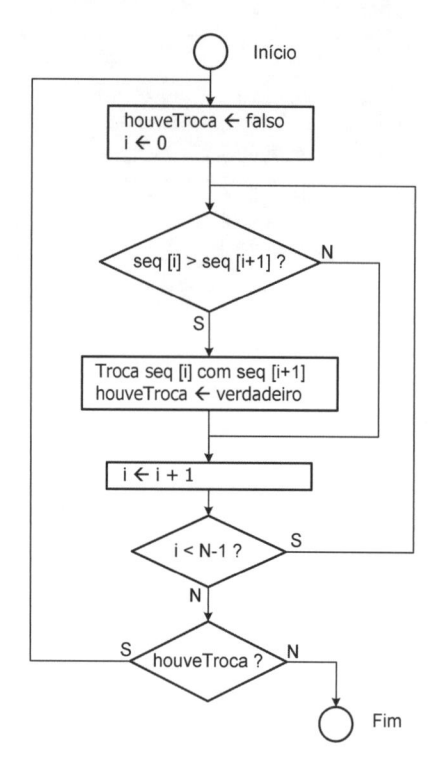

**Fig. 5.3 – Fluxograma do algoritmo de ordenação por bolha**

vetor), caso em que o valor máximo de i para fazer nova iteração é N-2 (pois o algoritmo faz referência a i+1, cujo valor máximo será o índice do último elemento do vetor, N-1).

Os fluxogramas normalmente são (devem ser) fáceis de entender, até porque não há previsão para comentários. A disposição dos diversos símbolos, os textos no seu interior e as setas, que definem os caminhos possíveis para o encadeamento das operações, contribuem para que os fluxogramas sejam uma forma eficaz de especificar o algoritmo, de forma mais sistemática do que uma simples descrição textual.

De qualquer modo, um fluxograma não é um programa, e podem aparecer operações não totalmente especificadas em todos os seus detalhes. Na Figura 5.3, a troca de seq[i] com seq[i+1] é apenas mencionada, mas não detalhada. Esta é também uma forma de lidar com a complexidade. Se todos os detalhes aparecessem, não haveria vantagem em ter os fluxogramas como passos intermediários entre a especificação textual e os programas.

Assim, um fluxograma deve ter mais detalhes e estar mais estruturado do que a especificação textual, mas deve ser mais simples do que o programa, para que possa ser compreendido mais facilmente. A Figura B.2 apresenta outro exemplo de fluxograma.

## ESSENCIAL

- O modo de "pensar" de um computador é muito diferente do de um ser humano. Este prefere tarefas mais abstratas e de mais alto nível, onde supera o computador sem problemas, mas perde rapidamente em termos de capacidade de memória e velocidade de processamento. Em tarefas repetitivas é muito lento e precisa de artifícios e ferramentas que auxiliem sua memória;

- O computador funciona em base 2, para facilitar a implementação eletrônica. Isto não é uma desvantagem em relação ao ser humano. Qualquer base numérica serve para fazer cálculos;

- Os seres humanos evoluem por aprendizagem e inferem novos conhecimentos a partir dos que já têm. Os computadores têm de ser programados com um algoritmo que preveja exaustivamente todas as situações possíveis;

- O programador deve adaptar os algoritmos ao modelo de computação do computador. Operações simples executadas de forma repetitiva normalmente constituem uma boa estratégia;

- Converter um conceito num algoritmo executável por um computador é em si uma tarefa de muito alto nível e conceitualmente difícil, digna de um ser humano;

- Para que o programador não se perca neste processo, deve usar ferramentas auxiliares que lhe permitam especificar o problema num formato intermediário (modelo do problema), facilitando a conversão;

- Os fluxogramas constituem uma forma simples de representar o comportamento do programa, exprimindo o seu fluxo de controle numa forma mista, textual e gráfica, que é mais sintética e estruturada do que uma simples descrição textual em linguagem natural.

## 5.3 PROGRAMAÇÃO EM ALTO NÍVEL

Com os compiladores, os computadores podem ser programados em linguagens de programação de mais alto nível do que a linguagem *assembly* como, por exemplo, C [Guerreiro 2006], C++ [Guerreiro 2003], Java [Mendes 2003] ou C# [Marques 2005].

O Programa 5.1 apresenta o algoritmo relativo ao fluxograma da Figura 5.3, em linguagem C, uma das linguagens de alto nível mais simples e mais divulgada. Os conjuntos "/* texto */" são comentários para ajudar o programador, sendo ignorados pelo compilador.

É óbvio que é mais fácil desenvolver este programa a partir do fluxograma do que com base apenas na Figura 5.1 e no algoritmo enunciado na Subseção 5.1.2. O fluxograma já é um pré-programa!

```
/* declaração de constantes */
#define N 4                    /* quantidade de números a ordenar */

/* declaração de variáveis globais */
int seq [N] = {10, 5, 6, 2};   /* vetor (array) de N inteiros que conterá os
                                  números a ordenar */

main ()                        /* programa principal */
{
/* declaração de variáveis locais */
   int houveTroca ;    /* indica se houve troca de números em uma determinada varredura */
   int i;              /* posição (começa em 0) de um determinado número no vetor */
   int auxiliar;       /* variável usada para a troca de números */

/* instruções */
   do                       /* início do loop de varredura(faz pelo menos uma) */
      houveTroca = false;   /* ainda não houve trocas nesta varredura */
      i = 0;                /* começa a testar o vetor a partir da posição 0 */
      while (i < N-1)       /* testa todos os números até o fim do vetor */
      {
         if (seq [i] > seq [i+1])  /* se o número seguinte é maior... */
         {
            auxiliar = seq [i];    /* ...troca-os, usando a variável auxiliar */
            seq [i] = seq [i+1];
            seq [i+1] = auxiliar;
            houveTroca = true;     /* agora já houve pelo menos uma troca */
         }
         i = i + 1;                /* passa ao número seguinte no vetor */
      }
   while (houveTroca);     /* se houve trocas, tem de fazer mais varreduras */
}                  /* o programa acaba aqui. Os números estão todos ordenados */
```

**Programa 5.1 – Programa em linguagem C para ordenar uma sequência de números usando o método de ordenação por bolha (*bubble sort*)**

Apesar deste ser um programa simples, há alguns aspectos que é importante frisar, em particular para os leitores menos familia-rizados com a linguagem C, o que é feito pela Tabela 5.1.

**NOTA**

As variáveis houveTroca, i e auxiliar são designadas "locais" por estarem definidas dentro da função main, enquanto a variável seq é designada "global" por estar definida fora de qualquer função. A diferença fundamental é que as primeiras só podem ser acessadas a partir das instruções da função main, não sendo conhecidas fora desta, enquanto seq pode ser acessada a partir de qualquer ponto do programa. A distinção no Programa 5.1 não é clara, pois só há instruções no programa principal, mas a Subseção 5.7.3.2 demonstra melhor a diferença.

### Tabela 5.1 – Principais aspectos da linguagem C no Programa 5.1

| CONCEITO | EXEMPLOS NO PROGRAMA | DESCRIÇÃO |
|---|---|---|
| main | main () { *instruções* } | Engloba as instruções do programa e define o ponto em que começa sua execução (primeira instrução executável dentro do bloco entre chaves) |
| /* . . . */ | /* programa principal */ | Comentário (texto entre "/*" e "*/" é ignorado pelo compilador) |
| ; (terminador) | i = i + 1; | Caractere que indica o fim de uma instrução. Ao contrário das instruções em *assembly*, em C as instruções podem começar em uma linha e acabar em outra. A endentação é usada como elemento visual de estruturação de código, mas é ignorada pelo compilador |
| Constante simbólica | N | Valor fixo, não alterável, valor atribuído na definição (com a diretiva para o compilador #define). Não gera instruções para o processador; indica apenas ao compilador que sempre que encontrar N é o mesmo que encontrar 4 (no exemplo do Programa 5.1) |
| Constante literal | #define N 4 | Representação específica de um valor constante |
| Variável simples | int houveTroca ; <br> int i; <br> int auxiliar; | Elemento (célula) de memória, onde se pode escrever (armazenar) um valor para ser lido mais tarde. Não gera instruções para o processador, apenas reserva espaço em memória para guardar o valor. O termo "variável" deriva precisamente do fato de poder variar o valor do elemento de memória. O termo int indica que as variáveis são do tipo inteiro |
| Variável vetorial | int seq [N] = {10, 5, 6, 2}; <br><br> seq [i] = seq [i+1]; | Conjunto de variáveis simples reunidas sob o mesmo nome, passando cada uma das variáveis simples a ser conhecida por ser número de ordem (índice) dentro do conjunto. Os colchetes permitem especificar qual o índice da variável (dentro do conjunto) que se pretende ler ou escrever |
| Atribuição (=) | houveTroca = false; <br> i = 0; | Operação de escrita de um valor (no lado direito do sinal de igual) em uma variável (no lado esquerdo do sinal). A operação de leitura de uma variável faz-se pela simples utilização de seu nome em uma expressão |
| Operação aritmética | + (soma) | Permite fazer contas com valores de variáveis ou constantes (além da soma, também é possível especificar as outras operações aritméticas) |
| Operação relacional | > (maior), < (menor) | Operação que compara dois valores, produzindo como resultado um dos dois valores lógicos: verdadeiro ou falso |
| Repetição com teste no fim | do <br> { *instruções* } <br> while (houveTroca); | Executa as instruções dentro das chaves e, no fim, avalia a expressão booleana. Se for falsa, continua na instrução seguinte. Se for verdadeira, volta a executar as instruções e o teste da expressão |
| Repetição com teste no início | while (i < N-1) <br> { *instruções* } | Idêntico ao anterior, mas com a diferença de que o teste da expressão booleana é feito no início e, se der falso, não executa nenhuma instrução do ciclo |
| Seleção | if (seq [i] > seq [i+1]) <br> { *instruções* } | Testa o resultado de uma expressão booleana. Se for verdadeiro, executa as instruções dentro das chaves. Se for falso, passa simplesmente à operação seguinte, sem executar as instruções |

## 5.4 MAPEAMENTO DA PROGRAMAÇÃO DE ALTO NÍVEL EM LINGUAGEM *ASSEMBLY*

O objetivo de qualquer programa, seja em linguagem de alto nível, seja em linguagem *assembly*, é produzir código de máquina, isto é, instruções que o processador consiga executar diretamente.

A Figura 1.4 mostra que os compiladores geram diretamente código de máquina, pois todo o processo é automático após a programação em alto nível. No entanto, e para ilustrar a forma como um compilador analisa o programa em C e gera as instruções correspondentes do PEPE, vamos ver que instruções em linguagem *assembly* um programador deveria usar para produzir as mesmas instruções em código de máquina, que o compilador gera.

Visto de outra forma, isto equivale a supor que o compilador geraria primeiro um programa em linguagem *assembly*, que depois seria traduzido para código de máquina por um *assembler*. Afinal, a linguagem *assembly* não passa de uma representação simbólica do código de máquina, para que os humanos percebam as instruções que estão sendo passadas para o processador.

Neste processo, convém nunca esquecer que a linguagem C é de alto nível e independente da arquitetura do computador onde os programas são executados. É responsabilidade do compilador gerar o código de máquina (ou instruções em *assembly*) adequado para o processador desse computador. Isto significa que cada computador tem de ter o seu próprio compilador de C (pelo menos a parte de geração de código tem de ser específica). Neste capítulo, usa-se o PEPE como arquitetura alvo,[38] mas, com outro processador, as conclusões seriam semelhantes, com as devidas adaptações. A **portabilidade**[39] é uma das grandes vantagens das linguagens de alto nível.

A Tabela 5.2 mostra um programa em que é feita a correspondência entre cada instrução do programa em C e as instruções *assembly* que lhe são equivalentes. Esta tabela é meramente ilustrativa e não deve ser interpretada como o resultado de um compilador real de C, pois num computador real há aspectos que não podem ser tratados de forma tão simplista. O programa *assembly* da Tabela 5.2 ilustra apenas a forma como as instruções de C podem ser implementadas no PEPE e tem a informação necessária para poder ser executado no simulador.

As seções seguintes explicam esta tabela em detalhe.

### SIMULAÇÃO 5.1 – ORDENAÇÃO POR BOLHA

Esta simulação ilustra o funcionamento do programa em linguagem *assembly* da Tabela 5.2. Os aspectos abordados incluem os seguintes:

- Inicialização dos valores da memória;
- Localização dos blocos de dados e código;
- Reutilização de registradores;
- Execução passo a passo e com pontos de parada;
- Evolução dos registradores relevantes e da memória, iteração a iteração.

---

ESSENCIAL

- Uma linguagem de programação de alto nível é uma notação textual (caracteres) que, com base em um conjunto de regras, permite especificar um algoritmo num formato suficientemente preciso para ser executado por um computador;
- Os computadores não executam diretamente o programa de alto nível. Existe uma correspondência entre cada instrução da linguagem de alto nível e a linguagem *assembly*, que é também uma descrição textual, mas já com um mapeamento direto nas instruções do código de máquina, que o computador sabe executar diretamente;

---

[38]Processador que irá executar o programa e cujo código deve ser gerado pelo compilador. Para o programa ser executado num processador diferente, o compilador tem de gerar outro código de máquina, com as instruções específicas desse processador.

[39]Capacidade de um programa poder ser executado em vários computadores sem alterações significativas.

- A tradução entre as instruções da linguagem de alto nível para instruções em linguagem *assembly* (ou diretamente instruções de máquina) é feita pelo compilador;

- As grandes vantagens de utilizar uma linguagem de alto nível em relação a programar em linguagem *assembly* são fundamentalmente as seguintes:

  - É muito mais simples para o programador, pois as instruções são de mais alto nível (o compilador trata dos detalhes), originando menos erros;

  - O programa fica independente do processador em que é executado (o compilador é que faz a conversão adequada), suportando a portabilidade.

**Tabela 5.2 – Programa 5.1, em C, e as instruções correspondentes em linguagem *assembly***

| PROGRAMA EM C | PROGRAMA EM *ASSEMBLY* |
|---|---|
| ```#define N 4``` | ```N      EQU   4  ; #define   N   4``` |
| | ```PLACE 1000H    ; localiza bloco de dados``` |
| ```int seq [N] = {10, 5, 6, 2};``` | ```seq:  WORD  10 ; int seq [N] = {10, 5, 6, 2};``` |
| | ```      WORD  5``` |
| | ```      WORD  6``` |
| | ```      WORD  2``` |
| ```main () {``` | ```; R0 - base do vetor seq``` |
| ```   int houveTroca ;``` | ```; R1 - variável houveTroca``` |
| ```   int i;``` | ```; R2 - variável i``` |
| ```   int auxiliar;``` | ```; R3 - variável auxiliar``` |
| | ```PLACE 0000H       ; localiza bloco de código``` |
| | ```main: MOV   R0, seq  ; base do vetor``` |
| ```   do``` | ```varredura:``` |
| ```      houveTroca = false;``` | ```      MOV   R1, 0    ; houveTroca = false;``` |
| ```      i = 0;``` | ```      MOV   R2, 0    ; i = 0;``` |
| | ```iteração:``` |
| ```      while (i < N-1)``` | ```      MOV   R7, N    ; N``` |
| ```      {``` | ```      SUB   R7, 1    ; N-1``` |
| | ```      CMP   R2, R7   ; i < N-1 ?``` |
| | ```      JGE   teste    ; se não, acabou o loop``` |
| ```         if (seq[i] > seq[i+1])``` | ```      MOV   R9, R2      ; obtém cópia de i``` |
| ```         {``` | ```      SHL   R9, 1       ; 2*i (ender. em bytes)``` |
| | ```      MOV   R7, [R0+R9] ; seq[i]``` |
| | ```      MOV   R10, R2     ; obtém cópia de i``` |
| | ```      ADD   R10, 1      ; i+1``` |
| | ```      SHL   R10, 1      ; 2*(i+1)``` |
| | ```      MOV   R8, [R0+R10]  ; seq[i+1]``` |
| | ```      CMP   R7, R8      ; seq[i] > seq[i+1] ?``` |
| | ```      JLE   próximo    ; não, passa ao próximo``` |
| ```            auxiliar = seq[i];``` | ```      MOV   R3, R7      ; auxiliar = seq [i];``` |
| ```            seq[i] = seq[i+1];``` | ```      MOV   [R0+R9], R8 ; seq[i] = seq[i+1];``` |
| ```            seq[i+1] = auxiliar;``` | ```      MOV   [R0+R10], R3 ; seq[i+1]=auxiliar;``` |
| ```            houveTroca = true;``` | ```      MOV   R1, 1       ; houveTroca = true;``` |
| ```         }``` | ```próximo:``` |
| ```         i = i + 1;``` | ```      ADD   R2, 1       ; i = i + 1;``` |
| ```      }``` | ```      JMP   iteração    ; próxima iteração``` |
| ```   while (houveTroca);``` | ```teste:CMP   R1, 0       ; houveTroca = falso?``` |
| | ```      JNZ   varredura   ; mais uma varredura``` |
| ```}``` | ```fim:  JMP   fim         ; acaba aqui``` |

# 5.5 DADOS, DECLARAÇÕES E DIRETIVAS

O Programa 5.1 começa pelo que se pode chamar **declarações**. Trata-se de informação para o compilador que não corresponde diretamente a instruções, mas que é importante para a produção do código de máquina. Estas declarações contemplam constantes e variáveis.

## 5.5.1 CONSTANTES SIMBÓLICAS E A DIRETIVA EQU

A diretiva EQU já foi apresentada na programação em linguagem *assembly* do PEPE-8 (Subseção 3.4.4) e tem sido usada nos exemplos subsequentes, no contexto do PEPE, permitindo definir o valor das constantes simbólicas. Sempre que no resto do programa (após a definição) aparecer uma destas constantes, o compilador a substitui automaticamente pelo seu valor.

Em linguagem C, as constantes simbólicas são definidas de forma semelhante, por uma diretiva para o compilador. Assim, se após:

```
#define  N  4              /*  quantidade de números a ordenar  */
```

Aparecer:

```
while  (i < N-1)          /*  testa todos os números até o fim do vetor  */
```

O compilador interpretará como:

```
while  (i < 3)            /*  testa todos os números até o fim do vetor  */
```

A grande vantagem das constantes simbólicas é que para mudar o seu valor basta mudá-lo na declaração. Recompilando o programa, o novo valor entra em vigor automaticamente em todos os pontos do programa em que a constante for usada.

Em linguagem *assembly* do PEPE existe uma diretiva para fazer a definição de constantes simbólicas, EQU,[40] bastando fazer:

```
N  EQU  4                 ;  quantidade de números a ordenar
```

para obter o mesmo efeito, tal como indicado na Tabela 5.2.

O valor da constante deve ficar com 16 bits, em complemento de 2, o que significa que a faixa de valores que se pode especificar nesta diretiva vai de $-32.768$ (8000H) a $+32.767$ (7FFFH). O valor pode ser indicado em decimal, em hexadecimal ou em binário.

Não há extensão com sinal. Quando se indica:

```
N  EQU  0FFH              /*  255, ou 00FFH  */
```

N fica com o valor 00FFH (255) e não FFFFH ($-1$ em 16 bits). A extensão com sinal só acontece nas instruções que podem receber uma constante em que não é possível especificar os 16 bits (ADD, por exemplo). Na diretiva EQU, as constantes podem ser especificadas com 16 bits.

 Nos programas em linguagem *assembly*, as constantes hexadecimais que começam por uma letra (A a F) devem ter um 0 (zero) antes, mesmo que já tenha os quatro dígitos hexadecimais. Caso contrário, o *assembler* as interpreta como um identificador, e o mais provável é dar um erro de identificador desconhecido. Este zero adicional à esquerda não tem nenhum efeito no valor da constante.

## 5.5.2 VARIÁVEIS

### 5.5.2.1 TIPOS DAS VARIÁVEIS

Ao contrário das constantes, as variáveis correspondem a elementos de memória que podem memorizar valores para mais tarde serem lidos ou escritos novamente.

Cada variável numa linguagem de alto nível tem um tipo de dados associado (inteiro, caractere, etc.), que indica as características dos valores que podem ser armazenados nessa variável. O compilador dá um erro se o programador tentar armazenar um valor de um tipo numa variável de outro tipo.

Esta é uma diferença fundamental em relação à linguagem *assembly*, que não tem tipos de dados. Uma variável é apenas uma sequência de *bits*. O valor que está lá pode ser interpretado de uma forma ou de outra conforme a instrução que usa esse valor.

---

[40]Do inglês *equals* ou *equates*, que significa "é igual a" ou "é equivalente a".

Por exemplo, uma instrução ADD interpreta os seus operandos como números em complemento de 2, em que 0000H (zero) é um número maior do que FFFFH (−1, em 16 bits). Uma instrução AND, por exemplo, interpreta os operandos como números binários sem sinal, isto é, desde 0000H a FFFFH.

Assim, é o compilador que tem de fazer as verificações de tipo necessárias. Uma vez gerado o código, nem o *assembler* nem o *hardware* do processador verificam mais nada. Se o compilador tiver erros e não verificar bem os tipos (ou se o programador desenvolver o programa em linguagem *assembly* e usar um número em complemento de 2 onde devia usar um número sem sinal, por exemplo), não há mais avisos. Simplesmente o programa pode funcionar de maneira incorreta.

### 5.5.2.2 ACESSO A VARIÁVEIS DE TIPOS DE DADOS ESTRUTURADOS

Por outro lado, nas linguagens de alto nível os dados são estruturados. Um vetor, como seq no Programa 5.1, é um conjunto de variáveis reunidas sob um nome comum, podendo-se acessar cada elemento do vetor por um número de ordem (**índice**) dentro do vetor (seq[i], por exemplo). Muitos compiladores verificam inclusive o número de elementos do vetor, de modo que um acesso a partir do n-*ésimo* elemento gera um erro.

Em linguagem *assembly*, existe apenas a noção de elementos de memória individuais (células de memória ou registradores). Apesar de existir suporte para acesso a vetores em memória, com os modos de endereçamento baseado e indexado (Tabela 4.3.1), não há nenhuma verificação se a base tem o endereço do primeiro elemento do vetor e nem o uso de um valor de índice que esteja além do último elemento do vetor dá qualquer erro. Tem de ser o programador de linguagem *assembly* ou o compilador a inicializar o registrador com o endereço de base do vetor, como no caso de R0 na Tabela 5.2, e a garantir que o índice tem um valor adequado:

```
MOV   R0,   seq           ;   inicializa base do vetor
. . .
MOV   R7,   [R0+R9]        ;   acesso a seq[i], no endereço R0+2*i
```

No acesso a vetores por meio de um índice, é fundamental lembrar que o índice é expresso em número de elementos e não em *bytes*, tal como já foi mencionado na Subseção 4.10.4.2. Essa é a razão pela qual o acesso aos elementos do vetor seq[i] e seq[i+1], na Tabela 5.2, se faz somando R0 (base do vetor), não a R2 (o índice), mas sim aos registradores R9 (que contém 2*i) e R10 (que contém 2*(i+1)), respectivamente, valores estes que têm de ser calculados em cada iteração, porque o i vai variando. O fator 2 deriva do fato de cada elemento do vetor ter 2 bytes (16 bits). Seria 4, se cada elemento do vetor tivesse 32 bits.

Este detalhe complica o acesso ao vetor, tal como se pode ver na Tabela 5.2 na tradução para *assembly* da expressão booleana (seq[i] > seq[i+1]). Observe o uso de uma instrução de deslocamento à esquerda (SHL) para efetuar a multiplicação por 2.

 As instruções de deslocamento, à esquerda e à direita (SHL e SHRA), muitas vezes são usadas para efetuar multiplicações e divisões, respectivamente, por fatores que são potências de 2 (ver dica na Subseção 4.13.1). Uma instrução ADD constitui uma boa alternativa neste caso particular de multiplicação por 2.

Uma das decisões fundamentais a ser tomada pelo compilador (ou pelo programador de *assembly*) é onde colocar as variáveis, se em memória ou em registradores. É sempre melhor usar registradores, pois os acessos aos registradores são sempre mais rápidos do que à memória, além disso os acessos à memória só podem ser feitos por instruções MOV, enquanto os registradores são acessíveis pela maioria das instruções. O problema é que os registradores são poucos, e por isso é preciso gerenciá-los como recurso escasso que são.

Na Tabela 5.2, pode-se observar que se colocou o vetor (seq) em memória (os vetores tipicamente têm muitos elementos, além disso não se pode acessar os registradores por índice) e as variáveis simples (houveTroca, i e auxiliar) em registradores, para o acesso ser mais eficiente.

Para colocar uma variável num registrador, basta tomar nota disso e começar a usar (é o compilador ou o programador que tem de verificar se está se acessando o registrador certo e que o mesmo registrador não seja usado, ao mesmo tempo, para mais de uma variável). Essa é a razão pela qual a declaração destas variáveis em C não corresponde a nada no programa em *assembly* (além do comentário). Trata-se apenas de informação para o compilador.

**NOTA** Uma particularidade digna de nota é a **reutilização de registradores**. Na Tabela 5.2, R9 é usado para conter primeiro N−1 e depois seq[i]. Este duplo significado não tem nenhum inconveniente. Ambos são valores temporários, válidos apenas durante parte de uma determinada iteração, e quando se usa R9 para seq[i] o valor N−1 já deixou de ser necessário, portanto o registrador pode ser reutilizado. Os compiladores mantêm uma lista de utilizações dos registradores e do conjunto de instruções em que o seu valor tem de ser válido, conseguindo assim uma utilização mais eficiente de um recurso que é escasso (os registradores).

### 5.5.2.3 DIRETIVAS WORD, TABLE E STRING

Para colocar variáveis em memória, tem-se de reservar as células necessárias (a noção de reserva é explicada na Subseção 5.5.3). Para o vetor seq, precisamos de 4 células de 16 bits (4 palavras), que devem ser inicializadas com os valores indicados no programa em C. Tanto a reserva de espaço como a inicialização com um valor podem ser conseguidas com a diretiva WORD.

```
seq:    WORD    10      ; int seq [N] = {10, 5, 6, 2};
        WORD    5
        WORD    6
        WORD    2
```

Cada diretiva WORD reserva uma palavra (16 bits) e inicializa essa palavra com o valor indicado. Se o valor for omitido, reserva apenas o espaço da palavra, mas não inicializa o seu conteúdo.

Em linguagem *assembly*, seq passa a ser um rótulo, cujo valor é o endereço da célula de memória em que o 10 é escrito (ou seja, o primeiro elemento do vetor). Esse endereço pode ser usado depois para acessar o vetor, como mencionado anteriormente.

WORD e EQU são duas diretivas completamente diferentes.

```
N       EQU     5       ; define um nome alternativo para a constante 5
var:    WORD    N       ; reserva espaço em memória e inicializa-a com o valor de N (5)
        MOV     R1, var ; endereço da variável definida pelo WORD
        MOV     R2, [R1] ; copia o valor da variável para R2
```

EQU não passa de uma definição de um nome alternativo. Neste exemplo, N é apenas uma outra designação do número 5, com a vantagem de que, caso se altere o valor da constante na diretiva EQU, todas as referências a N passam a ser equivalentes a designar o novo valor. EQU não gera código de máquina e nem sequer gasta espaço de memória na área de dados.

A diretiva WORD tem mais consequências:

- Reserva espaço para uma palavra em memória, na área de dados, que pode ser acessada através do rótulo var, tal como ilustrado no exemplo;

- Inicializa automaticamente (quando o programa inicia a sua execução) essa palavra com o valor indicado. Para implementar isto, o compilador pode inserir automaticamente uma instrução MOV para escrever o valor de inicialização nessa palavra de memória.

Observe que o primeiro MOV não faz nenhum acesso à memória. Simplesmente, coloca no R1 o endereço da palavra em memória, que contém o N. O acesso à memória é feito pelo segundo MOV.

Existem outras duas diretivas (TABLE e STRING), que permitem reservar espaço para variáveis em memória, uma sem e outra com inicialização do conteúdo. Exemplos:

```
rótulo1:    TABLE   20              ;   reserva 20 palavras de memória sem
                                    ;   inicializá-las
rótulo2:    STRING  "Bom dia!", 00H ;   reserva espaço para a cadeia de
                                    ;   caracteres, inicializa-o e coloca o byte
                                    ;   terminador (00H) no fim
rótulo3:    STRING  6AH, 'A', 'B', 23H ; coloca estes 4 bytes no endereço
                                    ;   rótulo3 e nos três seguintes
```

- A diretiva TABLE reserva o número indicado (20, no exemplo) de palavras (de 16 bits) de memória, sem inicializá-las. A primeira palavra fica localizada no endereço especificado (rótulo1, no exemplo) e as restantes vêm imediatamente a seguir, em endereços contíguos (isto é, de 2 em 2, pois cada palavra ocupa dois endereços). Esta diretiva visa assim a reservar espaço para tabelas, que depois tem de ser inicializado pelo programa.

- Ao contrário das anteriores, a diretiva STRING trabalha no nível do *byte* individual. Permite especificar uma ou mais constantes, separadas por vírgulas, que podem ser:

  - Valores numéricos individuais (de um *byte*);

  - Caracteres (em codificação ASCII, de um *byte*);

  - Cadeias de caracteres (em que cada caractere é representado em ASCII por um só *byte*).

Os *bytes* são colocados sequencial e contiguamente a partir do endereço correspondente ao rótulo da diretiva. No primeiro exemplo de STRING, no endereço correspondente ao rótulo2, ficará localizado o valor 42H (representação ASCII do caractere 'B'). No endereço rótulo2 + 1, ficará localizado o valor 6FH (representação ASCII do caractere 'o') e assim sucessivamente. O número de *bytes* reservados é o necessário para conter todas as constantes especificadas. A primeira diretiva STRING precisa de 9 bytes, enquanto a segunda precisa apenas de 4 bytes. Observe que, se o programador quiser colocar um terminador (normalmente 00H) após uma cadeia de caracteres, convenção usada na linguagem C para saber quando a cadeia acaba, terá de fazê-lo explicitamente, como indicado no exemplo.

Nenhuma destas diretivas gera instruções. Apenas reservam espaço em memória e algumas (WORD e STRING) o inicializam. Esta inicialização ocorre quando o programa é carregado em memória (portanto, antes da sua execução), ao passo que o espaço reservado por TABLE terá de ser inicializado já com o programa em execução, usando instruções MOV.

A Subseção 5.8.4 contém exemplos de manipulação de tabelas que podem ser criadas com estas diretivas.

**NOTA** Os rótulos que aparecem antes de uma diretiva WORD ou TABLE ou de uma instrução têm de corresponder a um endereço par, pois se referem a palavras de 16 bits e o PEPE suporta apenas endereçamento de palavra alinhado (Seção 4.4). A diretiva STRING lida com sequências de *bytes* individuais, que podem começar e acabar em qualquer endereço (par ou ímpar), uma vez que estas sequências podem ocupar um número par ou ímpar de *bytes*. Por esta razão, o *assembler* adota a seguinte política, quando encontra um rótulo e deseja determinar a que endereço corresponde (usando o Contador de Endereços, CE — ver a Subseção 5.5.3):

- Se o rótulo pertencer a uma diretiva STRING, o assembler atribui-lhe o valor de CE, seja par ou ímpar;

- Caso contrário (se o rótulo pertencer a uma diretiva de palavras ou a uma instrução), força o alinhamento automaticamente, somando uma unidade ao próximo endereço utilizável, se este for ímpar (de modo que o rótulo fique sempre com um endereço par).

Um valor de CE ímpar pode ser provocado por uma diretiva STRING com um número ímpar de *bytes*, como acontece nos exemplos acima, em que rótulo1 será necessariamente par (devido a esta política). rótulo2 também será par porque TABLE reserva 20 palavras inteiras, mas rótulo3 terá um valor ímpar, pois a primeira STRING ocupa 9 bytes (número ímpar). Como a segunda STRING ocupa 4 bytes (par), o *assembler* terá de somar 1 ao CE se, logo a seguir, vier uma instrução ou diretiva de palavra (WORD ou TABLE).

### 5.5.3 A DIRETIVA PLACE

Esta diretiva aparece duas vezes no programa em *assembly* da Tabela 5.2 e tem por objetivo fazer a atribuição de endereços, quer de dados, quer de instruções, indicando o endereço a partir do qual o conjunto de diretivas (WORD, TABLE, etc.) ou instruções seguintes são colocadas.

**Tabela 5.3 – Geração de endereços durante o processo de tradução de um programa em linguagem *assembly* para código de máquina. Os rótulos são opcionais. Mw e Mb significam acesso à memória em palavra e *byte*, respectivamente**

| SE O *ASSEMBLER* ENCONTRAR | O QUE O *ASSEMBLER* FAZ |
|---|---|
| Início do programa *assembly* | CE ← 0000H |
| *símbolo* EQU *valor* (16 bits) | *símbolo* ← *valor* |
| PLACE *endereço* | CE ← *endereço* |
| *rótulo:* WORD *valor* (16 bits) | Se CE for ímpar, CE ← CE + 1 (para CE ficar par)<br>*rótulo* ← CE (só se o rótulo for especificado)<br>Mw[CE] ← *valor*<br>CE ← CE + 2 |
| *rótulo:* TABLE *número* | Se CE for ímpar, CE ← CE + 1 (para CE ficar par)<br>*rótulo* ← CE (só se o rótulo for especificado)<br>CE ← CE + (2 × *número*) |
| *rótulo:* STRING *valor1, . . ., valorK*<br>em que *valorK* é uma constante que pode ser:<br>• Constante de 8 bits (numérica ou caractere ASCII) (só se o rótulo for especificado)<br>• Cadeia de caracteres ASCII | *rótulo* ← CE (só se o rótulo for especificado)<br>Mb[CE] ← 1.º *byte*<br>Mb[CE+1] ← 2.º *byte*<br>. . .<br>Mb[CE+N-1] ← N-ésimo *byte*<br>(N ≥ K devido às cadeias de caracteres)<br>CE ← CE + N (N pode ser par ou ímpar) |
| *rótulo:* *instrução assembly* | Se CE for ímpar, CE ← CE + 1 (para CE ficar par)<br>*rótulo* ← CE (só se o rótulo for especificado)<br>Mw[CE] ← *instrução de máquina gerada* (16 bits)<br>CE ← CE + 2 |

Ao traduzir o programa *assembly* para código de máquina, o *assembler* vai mantendo um contador de endereços (CE), que tem 16 bits e, no início da tradução, está com 0000H. O CE é incrementado, sempre que aparece uma instrução ou uma diretiva que reserve espaço em memória, e é usado para atribuir valores aos rótulos que vão aparecendo ao longo do programa. Se o *assembler* encontrar uma diretiva PLACE, coloca no CE o valor do endereço indicado nessa diretiva, conforme apresentado na Tabela 5.3.

A Tabela 5.3 indica o que acontece ao CE, de acordo com as diretivas e instruções que o *assembler* encontrar ao traduzir o programa em *assembly* para código de máquina. Observe que a tradução é feita analisando o programa *assembly* sequencialmente, desde o seu início até o seu fim.

A Tabela 5.4 ilustra todo este processo, indicando os endereços atribuídos durante a tradução do programa *assembly* da Tabela 5.2 para código de máquina.

Sobre estas tabelas é importante destacar os seguintes aspectos:

- Tudo isso acontece durante o processo de conversão das instruções em linguagem *assembly* para instruções em código de máquina. Não envolve nenhuma execução do programa, apenas trabalho do *assembler*;

- O principal objetivo do CE (contador de endereços) é permitir ao *assembler* atribuir valores aos rótulos que o programador especificar no programa em *assembly*;

**Tabela 5.4 – Endereços atribuídos pelo *assembler* ao traduzir este programa *assembly* para código de máquina. Observe o efeito das diretivas PLACE no valor de CE (coluna da esquerda)**

| ENDEREÇO ATRIBUÍDO (CE) | PROGRAMA EM *ASSEMBLY* |
|---|---|
| | N        EQU   4     ; #define  N  4 |
| | PLACE   1000H   ; localiza bloco de dados |
| 1000H | seq:    WORD  10    ; int seq [N] = {10, 5, 6, 2}; |
| 1002H | WORD  5 |
| 1004H | WORD  6 |
| 1006H | WORD  2 |
| | ; R0 – base do vetor seq |
| | ; R1 – variável houveTroca |
| | ; R2 – variável i |
| | ; R3 – variável auxiliar |
| | PLACE   0000H         ; localiza bloco de código |
| 0000H | main:   MOV  R0, seq    ; base do vetor |
| | varredura: |
| 0002H | MOV  R1, 0     ; houveTroca = false; |
| 0004H | MOV  R2, 0     ; i = 0; |
| | iteração: |
| 0006H | MOV  R7, N     ; N |
| 0008H | SUB  R7, 1     ; N–1 |
| 000AH | CMP  R2, R7    ; i < N–1 ? |
| 000CH | JGE  teste    ; se não, este loop acabou |
| 000EH | MOV  R9, R2    ; obtém cópia de i |
| 0010H | SHL  R9, 1     ; 2*i (endereço em bytes) |
| 0012H | MOV  R7, [R0+R9] ; seq [i] |
| 0014H | MOV  R10, R2   ; obtém cópia de i |
| 0016H | ADD  R10, 1   ; i+1 |
| 0018H | SHL  R10, 1   ; 2*(i+1) |
| 001AH | MOV  R8, [R0+R10] ; seq [i+1] |
| 001CH | CMP  R7, R8    ; seq [i] > seq [i+1] ? |
| 001EH | JLE  próximo  ; não, passa ao próximo |
| 0020H | MOV  R3, R7    ; auxiliar = seq [i]; |
| 0022H | MOV  [R0+R9], R8 ; seq [i] = seq [i+1]; |
| 0024H | MOV  [R0+R10], R3 ; seq [i+1] = auxiliar; |
| 0026H | MOV  R1, 1     ; houveTroca = true; |
| 0028H | próximo: ADD  R2, 1    ; i = i + 1; |
| 002AH | JMP  iteração  ; próxima iteração |
| 002CH | teste:  CMP  R1, 0   ; houveTroca = falso? |
| 002EH | JNZ  varredura ; mais uma varredura |
| 0030H | fim:    JMP  fim      ; acaba aqui |

- No início da tradução do programa *assembly* para código de máquina, o CE é inicializado com 0000H e evolui de acordo com as instruções e diretivas que o *assembler* vai encontrando;

- Uma diretiva PLACE altera o valor do CE para o endereço indicado na diretiva, cuja função é permitir localizar os blocos de dados e de código (instruções) nos endereços pretendidos. Particularmente, deve-se ter atenção ao fato de que o PEPE começa a sua execução após um *reset* no endereço 0000H. Por isso, o programa *assembly* deve usar uma de duas soluções:

  – Colocar instruções logo no início, antes de qualquer diretiva de reserva de espaço de dados em memória, aproveitando o fato de que o CE é inicializado com 0000H (por *default*, corresponde a uma diretiva inicial PLACE 0000H);

  – Colocar uma diretiva PLACE 0000H antes de um conjunto de instruções, não importando a sua posição relativa no programa *assembly*. Esta é a solução usada no programa da Tabela 5.2.

- Não há nenhum problema em o CE "voltar atrás". Significa apenas que primeiro atribuiu endereços numa área de dados e depois passou para uma área de instruções, que fica localizada numa área de endereços menores. O fundamental é que não haja sobreposição entre as duas áreas. Se por engano isso acontecer, escrever numa área de dados (ao executar o programa) pode, na realidade, destruir instruções do código de máquina!

- Não confundir o CE com o PC (*Program Counter*):

  – O PC existe apenas durante a execução do programa, enquanto o CE existe apenas durante a tradução do programa *assembly* para código de máquina (antes da execução);

  – É normal o PC voltar ao mesmo valor (loops no programa), mas o CE só pode voltar ao mesmo valor por erro das diretivas PLACE, acarretando sobreposição de áreas de dados e/ou código. Como exemplo de um erro típico, suponhamos que um determinado programa tenha um bloco de instruções localizado no endereço 1000H, por meio de uma diretiva PLACE, e um bloco de dados localizado no endereço 2000H, por meio de outra diretiva PLACE. O programador começa a desenvolver o seu código, que inicialmente ocupa menos de 1000H endereços (espaço disponível entre os dois blocos, de instruções e dados). Com o evoluir do programa (mais e mais instruções), se o número de endereços gerado pelas instruções do bloco de código chegar aos 1000H, passará a haver sobreposição entre endereços de código e dados, o que é um erro grave. Felizmente, os *assemblers* podem detectar esta situação facilmente e reportar o erro ao usuário, que deve alterar os endereços nas diretivas PLACE de modo a afastar mais os dois blocos, de instruções e dados, e evitar a sobreposição.

- A diretiva EQU não tem nenhuma influência no CE nem este tem nenhum efeito no valor do símbolo que é definido;

- As diretivas de 16 bits (WORD e TABLE) e as instruções são automaticamente alinhadas (o CE é incrementado de uma unidade para ficar com um valor par), caso a última evolução do CE tenha sido provocada por uma diretiva de *byte* (STRING), que tenha deixado o CE com um valor ímpar;

- Um rótulo é uma constante simbólica, cujo valor é dado pelo CE, quando a diretiva ou instrução em que ele aparece é processada pelo *assembler*;

- Nem todas as ações indicadas para cada diretiva ou instrução são executadas de imediato. Como algumas das constantes simbólicas podem ser rótulos, é necessário realizar uma primeira passagem pelo programa, para calcular todos os endereços, e só depois, numa segunda passagem, atribuir os valores corretos aos rótulos.

A Tabela 5.5 é a **tabela de símbolos** deste programa, indicando, para cada constante simbólica, qual o seu valor.

### SIMULAÇÃO 5.2 – DIRETIVA PLACE

Esta simulação ilustra o funcionamento da diretiva PLACE, no programa em linguagem *assembly* da Tabela 5.4. Os aspectos abordados incluem os seguintes:

- Localização dos blocos de dados e código;

- Verificação dos valores da Tabela de Símbolos;

- Variação dos valores das diretivas PLACE;

- Problema da não existência de instruções no endereço 0000H;

- Variante com localização do bloco de dados no meio de dois blocos de código (imediatamente antes do rótulo teste).

**Tabela 5.5 – Tabela de símbolos. Só os definidos com `EQU` têm o seu valor atribuído diretamente pelo usuário. Os símbolos de endereço (rótulos) têm o seu valor atribuído pelo *assembler*, embora com base nas diretivas `PLACE`**

| SÍMBOLO | VALOR | TIPO DE CONSTANTE | QUEM ATRIBUI O VALOR |
|---|---|---|---|
| N | 4 | Dado | Programador (com `EQU`) |
| seq | 1000H | Endereço de dado | *Assembler* |
| main | 0000H | Endereço de instrução | *Assembler* |
| varredura | 0002H | Endereço de instrução | *Assembler* |
| iteração | 0006H | Endereço de instrução | *Assembler* |
| próximo | 0028H | Endereço de instrução | *Assembler* |
| teste | 002CH | Endereço de instrução | *Assembler* |
| fim | 0030H | Endereço de instrução | *Assembler* |

### 5.5.4 PONTEIROS

Um dos aspectos mais clássicos das linguagens de programação de alto nível é a dicotomia entre variáveis e **ponteiros** para essas variáveis. Em linguagem *assembly*, isto corresponde à dicotomia entre conteúdo e endereço de uma célula de memória. Um ponteiro para uma variável não é mais do que o endereço em memória onde o conteúdo dessa variável se encontra. Naturalmente, não pode haver ponteiros para variáveis localizadas em registradores.

Nas linguagens de alto nível, as variáveis são referidas tipicamente pelo nome (variáveis simples), pelo nome e índice (no caso de vetores), ou pelo nome da variável e de um dos seus campos (no caso de estruturas — `structs` em C, por exemplo). Isto permite isolar o programador dos detalhes de implementação das variáveis em memória, dando-lhe uma visão estruturada da memória. O objetivo é facilitar-lhe a compreensão do programa, contribuindo para evitar que possa cometer alguns erros típicos quando se lida com os detalhes.

O uso de ponteiros tem sido defendido basicamente nos seguintes tipos de situação:

- Referência a blocos de dados criados dinamicamente, isto é, durante a execução do programa (Subseção 5.8.5). As variáveis declaradas no programa são estáticas, isto é, são alocadas (o seu espaço é reservado) pelo compilador ou pelo *assembler*, com diretivas do tipo `WORD` ou `TABLE`. No entanto, as linguagens de alto nível também suportam alocação dinâmica de novas variáveis durante a execução do programa (por exemplo, através da função `malloc` em C ou do operador `new` em Java), e a referência a essas variáveis só pode ser feita pelo seu endereço, uma vez que não foram declaradas com um determinado nome;

- Passagem de parâmetros por referência para funções (Subseção 5.7.1.1), em que uma função recebe um ponteiro para o parâmetro em vez de uma cópia desse parâmetro;

- Acesso à área de dados de uma forma mais direta, sem as restrições próprias da estruturação de dados. O problema é que o compilador não pode saber que valor irá ter um ponteiro quando o programa for executado, em função do que não pode verificar se o programador está acessando de forma correta, ou sequer se está acessando a área de dados!

Esta última utilização permite todas as barbaridades em termos de programação e é algo que deve ser evitado, já que deixa facilmente de funcionar quando se declara uma nova variável ou se troca a ordem de declaração (o que altera a ordem relativa da localização das variáveis em memória). É muito fácil o programador esquecer das considerações que fez ao programar com ponteiros, alterar o programa numa coisa tão simples como declarar uma nova variável e este deixar de funcionar "inexplicavelmente". Estes problemas são muito difíceis de detectar.

Com as estruturas de dados dinâmicas (que podem ser criadas e eliminadas pelo programa), existe um problema adicional que conduz a erros muito frequentes: tentar acessar uma estrutura de dados que já foi eliminada, usando o ponteiro que estava válido antes de se eliminar estes dados. O ponteiro ainda aponta para o mesmo endereço, mas a célula de memória correspondente pode já ter sido usada para alocar outras variáveis dinâmicas e, portanto, os dados que estão lá já não têm significado do ponto de vista desse ponteiro.

Para resolver estes problemas, linguagens mais recentes (como Java) pura e simplesmente retiraram os ponteiros, enquanto construções explícitas suportadas pela linguagem, proporcionando ao programador um ambiente de programação mais automático e controlado. Observe que, em baixo nível, os ponteiros continuam a existir (a memória continua a ter endereços), só que controlados automaticamente pelo compilador e pelo *software* de apoio ao programa, durante a sua execução.

Meramente em termos didáticos, esta seção pretende mostrar como se pode usar ponteiros e a sua correspondência em linguagem *assembly*. Para esse fim, o Programa 5.2 mostra como é possível implementar, em C, a mesma funcionalidade do Programa 5.1, com ponteiros para a estrutura de dados a ser ordenada, em vez de usar uma variável de dados estruturada. O vetor ainda é declarado, mas apenas para reservar espaço para ele e inicializar os seus elementos. Ele é utilizado apenas com ponteiros.

Notas sobre este programa:

- num é uma variável do tipo "ponteiro para valores do tipo inteiro". Não contém um valor inteiro, mas sim o endereço da célula de memória, em que se localiza o valor inteiro, para o qual num aponta;

- Em C, o nome de um vetor também pode ser usado como ponteiro para o primeiro elemento desse vetor. Assim, a instrução num = seq; permite inicializar num com o endereço do primeiro elemento do vetor;

- O operador * permite fazer referência ao valor para o qual o ponteiro aponta, em função do que a expressão *num equivale a especificar o nome da variável para a qual num aponta;

- A linguagem C suporta **aritmética de ponteiros**. Isto quer dizer que somar 1 a num significa, na realidade, obter o ponteiro para o próximo elemento (neste caso, do tipo inteiro, que é o tipo de base com que num foi declarado) e não o próximo endereço. Os inteiros, sendo de 16 bits, ocupam dois endereços (o endereçamento é de *byte*). Portanto, num+1 significa na realidade, somar 2 unidades ao endereço que está em num. Assim, somar um valor a um ponteiro não é realmente uma simples soma de valores. As unidades a serem somadas a um ponteiro, portanto, são expressas em elementos e não em *bytes*. O objetivo é fazer com que o usuário não tenha de se preocupar com os *bytes* que cada tipo de dados ocupa. Desde que o ponteiro seja declarado como apontando para um tipo X, somar 1 a esse ponteiro equivale a somar K ao endereço desse ponteiro, em que K é o número de *bytes* que esse tipo X ocupa;

- A variável i agora é usada apenas como contador das iterações e não como índice de acesso ao vetor. Para passar ao próximo elemento do vetor é preciso ir atualizando o próprio ponteiro num, o que é feito com a instrução num = num + 1; (que, na realidade, soma 2 ao valor armazenado em num, pelas razões expostas no item anterior);

- Em cada varredura, num é inicializado com o endereço de base do vetor para que possa percorrer, novamente, o vetor desde o seu primeiro elemento.

```
/* declaração de constantes */
#define N 4               /* quantidade de números a ordenar */
/* declaração de variáveis globais */
int seq [N] = {10, 5, 6, 2}; /* vetor (array) de N inteiros a ordenar */
main () {                  /* programa principal */
/* declaração de variáveis locais */
    int * num;             /* ponteiro para um dos elementos do vetor */
    int houveTroca ;       /* indica se houve troca de números em uma varredura */
    int i;                 /* posição (começa em 0) de um número no vetor */
    int auxiliar;          /* variável usada para a troca de números */

/* instruções */
    do                     /* início do ciclo de varredura (faz pelo menos uma) */
        num = seq;         /* inicializa o ponteiro com o endereço do primeiro elemento */
        houveTroca = false;   /* ainda não houve trocas nesta varredura */
        i = 0;             /* começa a testar o vetor a partir da posição 0 */
        while (i < N-1)    /* testa todos os números até o fim do vetor */
        {
            if (*num > *(num+1))   /* se o número seguinte é maior... */
            {
                auxiliar = *num;   /* ... troca-os, usando a variável auxiliar */
                *num = *(num+1);
                *(num+1) = auxiliar;
                houveTroca = true;  /* agora já houve pelo menos uma troca */
            }
            i = i + 1;      /* mais um número tratado */
            num = num + 1;  /* passa a apontar para o número seguinte no vetor */
        }
    while (houveTroca);    /* se houve trocas, tem de fazer mais varreduras */
}                          /* o programa acaba aqui. Os números estão todos ordenados */
```

**Programa 5.2 – Programa em C para ordenar uma sequência de números usando o método de ordenação por bolha (*bubble sort*) e ponteiros para acessar o vetor**

**Tabela 5.6 – Programa 5.2, em C e em linguagem *assembly***

| PROGRAMA EM C | PROGRAMA EM *ASSEMBLY* |
|---|---|
| <pre>#define N  4

int seq [N] = {10, 5, 6, 2};


main () {
    int * num;
    int houveTroca ;
    int i;
    int auxiliar;
    do

        num = seq;
        houveTroca = false;
        i = 0;

        while (i < N-1)
        {


            if (*num > *(num+1))
            {


                auxiliar = *num;
                *num = *(num+1);
                *(num+1) = auxiliar;
                houveTroca=true;
            }
            i = i + 1;
            num = num + 1;
        }
    while (houveTroca);


}</pre> | <pre>N      EQU   4   ; #define  N   4
PLACE 1000H  ; localiza bloco de dados
seq:   WORD 10 ; int seq [N] = {10, 5, 6, 2};
       WORD 5
       WORD 6
       WORD 2
; R0 - variável num (ponteiro)
; R1 - variável houveTroca
; R2 - variável i
; R3 - variável auxiliar
PLACE 0000H       ; localiza bloco de código
varredura:
       MOV  R0, seq  ; num = seq;
       MOV  R1, 0    ; houveTroca = false;
       MOV  R2, 0    ; i = 0;
iteração:
       MOV  R7, N    ; N
       SUB  R7, 1    ; N-1
       CMP  R2, R7   ; i < N-1 ?
       JGE  teste    ; se não, o loop acabou
       MOV  R7, [R0]  ; *num
       MOV  R8, [R0+2] ; *(num+1)
       CMP  R7, R8    ; *num > *(num+1)?
       JLE  próximo ; não, passa ao próximo
       MOV  R3, R7   ; auxiliar = *num;
       MOV  [R0], R8  ; *num = *(num+1);
       MOV  [R0+2], R3 ; *(num+1) = auxiliar;
       MOV  R1, 1     ; houveTroca = true;
próximo:
       ADD  R2, 1     ; i = i + 1;
       ADD  R0, 2     ; num = num + 1;
       JMP  iteração  ; próxima iteração
teste: CMP  R1, 0     ; houveTroca = falso?
       JNZ  varredura ; mais uma varredura
fim:   JMP  fim       ; acaba aqui</pre> |

A Tabela 5.6 mostra como esta versão do programa em C, com ponteiros, pode ser convertida para linguagem *assembly*. O acesso ao vetor fica mais simples porque existe um ponteiro que vai percorrendo o vetor, não havendo necessidade de ir somando um índice ao ponteiro de base do vetor.

**SIMULAÇÃO 5.3** – ORDENAÇÃO POR BOLHA COM PONTEIROS

Esta simulação ilustra o funcionamento do programa em linguagem *assembly* da Tabela 5.6. Os aspectos abordados incluem os seguintes:

- Execução passo a passo e com pontos de parada;

- Verificação da evolução dos registradores relevantes e da memória, iteração a iteração, particularmente o ponteiro e a célula para a qual ele aponta.

# 5.6 INSTRUÇÕES

As linguagens de programação de alto nível têm instruções que permitem implementar operações de manipulação de dados, particularmente atribuição a variáveis, tomar decisões e repetir sequências de instruções (loops), tipicamente para percorrer estruturas de dados.

A linguagem *assembly* implementa um conjunto muito mais reduzido e básico de operações, no qual as instruções das linguagens de alto nível têm de ser mapeadas. As seções seguintes descrevem como é que isto é comumente feito.

### 5.6.1 Atribuição e expressões

A instrução em C

```
i = i + 1;
```

soma 1 à variável i e o resultado dessa soma é **atribuído** à (armazenado na) variável i. O sinal "=" define uma instrução de atribuição. A expressão no lado direito do sinal "=" é avaliada primeiro e só depois o valor resultante é armazenado na variável referida no lado esquerdo deste sinal. Esta sequência permite que se possa usar uma determinada variável em ambos os lados do sinal "=". No lado direito é lida, no lado esquerdo é escrita com um novo valor.

Em linguagem *assembly*, uma atribuição é traduzida normalmente por uma instrução de transferência de dados, MOV, que copia o valor de um lado para outro (Seção 4.10).

No caso particular da instrução indicada no início desta seção, é ainda mais simples, pois basta somar 1 ao registrador que contém a variável i, continuando a soma no mesmo registrador (R2, nos exemplos anteriores). Em *assembly*, até nem parece haver uma atribuição, mas repare na mesma instrução em RTL. Na realidade, todas as instruções em *assembly*, que produzem um resultado que deva ser armazenado, têm uma atribuição implícita.

```
i = i + 1;  /* em assembly: ADD R2, 1    em RTL:    R2 ← R2 + 1 */
```

A Tabela 5.7 apresenta alguns casos de instruções de atribuição, em que a variável atribuída pode ser simples (em registrador ou em memória) ou estruturada (necessariamente em memória). As instruções de *assembly* variam conforme os casos, e podem

**Tabela 5.7 – Conversão de alguns casos da instrução de atribuição em C para linguagem *assembly***

| ATRIBUIÇÃO A... | EXEMPLO EM C | EXEMPLO EM *ASSEMBLY* | COMENTÁRIOS |
|---|---|---|---|
| Operação especial | i = i + 1; | ADD  R2, 1 | A variável i está localizada no R2 |
| Variável simples em registrador | a = b; | MOV  R1, R3 | Variáveis a e b estão nos registradores R1 e R3. Se b não estiver em um registrador, tem de ser copiada para lá primeiro |
| Variável simples em memória | c = d; | MOV  [R4], R5 | R4 tem de ser inicializado previamente com o endereço de c. Se d não estiver em um registrador, tem de ser copiada para lá primeiro |
| Elemento de variável estruturada | e[f] = g;<br>e[4] = g; | MOV  [R6+R7], R8<br>MOV  [R6+4], R8 | Variáveis e, f e g estão nos registradores, R6, R7 e R8. Se g não estiver em um registrador, tem de ser copiada para lá primeiro |
| Variável estruturada | h = m; |    MOV   R7, *base de h*<br>   MOV   R8, *base de m*<br>   MOV   R9, n.º *bytes*<br>A: MOVB  R10, [R8]<br>   MOVB  [R7], R10<br>   ADD   R8, 1<br>   ADD   R7, 1<br>   SUB   R9, 1<br>   JNZ   A | h e m são vetores ou estruturas (necessariamente em memória). R7 e R8 são inicializados com os endereços de base de cada variável estruturada e R9 com o tamanho em *bytes* (h e m devem ser do mesmo tipo de dados, por isso devem ocupar o mesmo número de *bytes*). Depois, é só copiar (pode haver implementações mais eficientes que copiem palavra a palavra) |

mesmo constituir um pequeno programa, no caso de atribuição de variáveis estruturadas. É responsabilidade do compilador gerar as instruções corretas, conforme o caso.

Do lado direito da atribuição normalmente aparece uma expressão. A Seção 5.4 e as Subseções 5.5.2.2, 5.5.4 e 5.8.2 e, em particular, a Tabela 5.2 e a Tabela 5.6, dão indicações e exemplos de como fazer este mapeamento. O estudo sistemático da geração de código por parte de um compilador está fora do âmbito deste livro, podendo ser consultado [Crespo 2001] para tal.

## 5.6.2 SELEÇÃO

Sem testes de condições e respectivas tomadas de decisão, os programas não passariam de uma sequência linear de instruções, sem hipótese de reagirem à evolução dos acontecimentos.

### 5.6.2.1 SELEÇÃO SIMPLES

Comumente, os testes usam expressões booleanas, que produzem um de dois valores (verdadeiro ou falso). A instrução de seleção por excelência, if, pode contemplar dois conjuntos de instruções, executando apenas um deles, dependendo do valor que a expressão booleana de teste retornar num determinado momento.

Esta instrução é implementada em linguagem *assembly* recorrendo a desvios condicionais. Por exemplo, a instrução em C:

```
if (expressão-booleana) { /* avalia expressão-booleana */
    instrução-A;         /* só chega aqui se expressão-booleana for verdadeira */
    instrução-B; }       /* após esta instrução, sai da instrução if */
else {
    instrução-C;         /* só chega aqui se expressão-booleana for falsa */
    instrução-D; }
```

é mapeada nas seguintes instruções em linguagem *assembly* (apenas a título ilustrativo):

```
        expressão-booleana  ; avalia expressão-booleana e produz Z=1 se falso
        JZ   else           ; se for falso, desvia para as instruções do else
        instrução-A         ; só chega aqui se expressão-booleana for verdadeira
        instrução-B
        JMP  próxima        ; desvia das instruções do else
else:   instrução-C         ; só chega aqui se expressão-booleana for falsa
        instrução-D
próxima: . . .              ; instrução seguinte ao if
```

A forma de calcular expressões booleanas em *assembly* já foi abordada na Subseção 4.12.2, incluindo as especificidades dos valores falso e verdadeiro em C.

Nos casos em que a instrução if não tem cláusula else (a Tabela 5.2 mostra um exemplo), fica simplesmente:

```
        expressão-booleana    ; avalia expressão-booleana e produz Z=1 se falso
        JZ próxima            ; se for falso, não executa nenhuma das instruções
        instrução-A           ; só chega aqui se expressão-booleana for verdadeira
        instrução-B
próxima: . . .                ; instrução a seguir ao if
```

### 5.6.2.2 SELEÇÃO MÚLTIPLA

As linguagens de alto nível também suportam instruções de seleção múltipla, que permitem testar expressões que podem assumir vários valores (e não apenas dois, como as booleanas) e indicar um de vários blocos de instruções, sendo executado apenas um, o correspondente ao valor que a expressão tiver no momento em que for avaliada. No caso da linguagem C, a instrução de seleção múltipla é a instrução switch, cuja sintaxe pode ser exemplificada por:

```
switch (expressão) {
   case valor1 : instruções_caso1; /* chega aqui apenas se expressão = valor1 */
               break;
   case valor2 : instruções_caso2; /* chega aqui apenas se expressão = valor2 */
               break;
   case valor3 : instruções_caso3; /* chega aqui apenas se expressão = valor3 */
               break;
   case valor4 : instruções_caso4; /* chega aqui apenas se expressão = valor4 */
               break;
   default : instruções_default;   /* chega aqui apenas se expressão não for
                                       igual a nenhum dos valores referidos */
}
```

As instruções break permitem sair da instrução switch, continuando na instrução seguinte. Não sendo usado break, no caso *valor2*, por exemplo, sempre que *expressão* for igual a *valor2* são executadas as *instruções_caso2* e *instruções_caso3* (se não houver break, a execução de um caso continua nas instruções do caso seguinte).

Em linguagem *assembly*, há dois métodos básicos de implementação desta instrução:

- Com testes múltiplos;

- Com uma tabela de endereços (Subseção 5.8.4.3).

Com testes múltiplos, verifica-se sucessivamente se *expressão* é igual a cada um dos valores possíveis. É o caso mais geral, mas se por acaso acontecer do valor de *expressão* ser um dos últimos nos testes, será preciso realizar todos os testes anteriores, ficando menos eficiente do que o caso do valor coincidir com os primeiros valores a serem testados. Neste caso, as instruções em *assembly* correspondentes às instruções em C do switch poderiam ser as seguintes:[41]

```
        expressão          ; calcula expressão, deixando o valor no R1
        CMP   R1, valor1   ; expressão = valor1?
        JNZ   caso2        ; se não, vai testar o caso seguinte
        instruções_caso1   ; executa as instruções do caso 1
        JMP   próxima      ; break (sai do switch)
caso2:  CMP   R1, valor2   ; expressão = valor2?
        JNZ   caso3        ; se não, vai testar o caso seguinte
        instruções_caso2   ; executa as instruções do caso 2
        JMP   próxima      ; break (sai do switch)
caso3:  CMP   R1, valor3   ; expressão = valor3?
        JNZ   caso4        ; se não, vai testar o caso seguinte
        instruções_caso3   ; executa as instruções do caso 3
        JMP   próxima      ; break (sai do switch)
caso4:  CMP   R1, valor4   ; expressão = valor4?
        JNZ   default      ; se não, vai tratar de todos os casos restantes
        instruções_caso4   ; executa as instruções do caso 4
        JMP   próxima      ; break (sai do switch)
default: instruções_default ; executa as instruções dos casos restantes
próxima: . . .             ; instrução seguinte ao switch
```

---

[41]Um tanto simplificadas. Por exemplo, a instrução CMP só poderá ser usada com constantes desde que o valor destas esteja entre $-8$ e $+7$. Esta é uma restrição específica do PEPE, devido ao fato de haver apenas 16 bits para codificar uma instrução. Outros processadores poderão não ter esta restrição ou ter outras diferentes.

No caso da tabela de endereços, define-se uma entrada nessa tabela, para cada valor possível de *expressão*, contendo o endereço da primeira instrução do bloco correspondente a esse valor. Depois se indexa a tabela com o valor que *expressão* tiver, num determinado momento, para estabelecer o endereço das instruções que tratam desse caso. Este método é mais eficiente porque todos os casos demoram o mesmo tempo para serem testados (basta indexar a tabela), mas só é aplicável em casos bem comportados (mas que ainda assim sejam frequentes), em que os valores sejam inteiros contíguos e em número limitado de casos (por causa do tamanho da tabela). Os valores podem começar em zero (caso do exemplo seguinte) ou não, caso em que simplesmente o compilador subtrai automaticamente de todos o menor valor, de modo a considerar que começam em zero, para facilitar o acesso à tabela. As instruções em C seriam algo como neste exemplo:

```
switch (expressão) {
    case 0: instruções_caso0; break; /* chega aqui apenas se expressão = 0 */
    case 1: instruções_caso1 break;  /* chega aqui apenas se expressão = 1 */
    case 2: instruções_caso2; break; /* chega aqui apenas se expressão = 2 */
    case 3: instruções_caso3; break; /* chega aqui apenas se expressão = 3 */
    default: instruções_default;     /* chega aqui apenas se expressão não for */
}                                    /* igual a nenhum dos valores referidos */
```

As instruções correspondentes em *assembly* poderiam ser as seguintes:

```
PLACE   1000H           ; zona de dados
tabela: WORD  caso0 ; endereço da 1.ª instrução da sequência que trata o caso 0
        WORD  caso1 ; endereço da 1.ª instrução da sequência que trata o caso 1
        WORD  caso2 ; endereço da 1.ª instrução da sequência que trata o caso 2
        WORD  caso3 ; endereço da 1.ª instrução da sequência que trata o caso 3

PLACE   0000H           ; área de instruções
        . . .           ; outras instruções do programa
        expressão       ; calcula expressão, deixando o valor no R1
        CMP   R1, 0      ; verifica se o valor da expressão é negativo
        JN    default    ; se for, não está contemplado na tabela
        CMP   R1, 4      ; número de casos na tabela (o compilador os conta)
        JGE   default    ; se R1 não for inferior, não está contemplado na tabela
        SHL   R1, 1      ; multiplica R1 por 2 (um endereço na tabela são 2 bytes)
        MOV   R2, tabela     ; endereço de base da tabela de endereços
        MOV   R2, [R2+R1]    ; obtém endereço das instruções do caso a tratar
        JMP   R2             ; desvia para lá
caso0:  instruções_caso0     ; executa as instruções do caso 0
        JMP   próxima        ; break (sai do switch)
caso1:  instruções_caso1     ; executa as instruções do caso 1
        JMP   próxima        ; break (sai do switch)
caso2:  instruções_caso2     ; executa as instruções do caso 2
        JMP   próxima        ; break (sai do switch)
caso3:  instruções_caso3     ; executa as instruções do caso 3
        JMP   próxima        ; break (sai do switch)
default: instruções_default  ; executa as instruções dos casos restantes
próxima: . . .               ; instrução seguinte ao switch
```

Observe a construção automática da tabela, através dos rótulos e das diretivas WORD. Se houver alteração nos endereços das instruções que tratam cada caso (por instruções terem sido acrescentadas ou apagadas, por exemplo), basta executar de novo o *assembler*, para os novos valores dos rótulos caso0 a caso3 serem calculados e a tabela ficará automaticamente com os novos valores.

### 5.6.3 REPETIÇÃO

Outro dos aspectos imprescindíveis numa linguagem de programação é a existência de instruções para iteração (repetição), que permitem implementar loops de processamento. A linguagem C prevê três instruções para este fim:

- while
- do-while
- for

O Programa 5.1 contém exemplos das duas primeiras, cujo código correspondente em *assembly* pode ser visto na Tabela 5.2. No caso geral, um loop do tipo while como este:

```
while (expressão-booleana) { /* enquanto expressão-booleana for verdadeira… */
    instruções                /* … executa estas instruções */
}
```

Pode ser traduzido para linguagem *assembly* por instruções como estas:

```
loop:   expressão-booleana   ; calcula expressão-booleana. Se for falsa (0),
                             ; Z fica com 1
        JZ próxima           ; se expressão-booleana for falsa, sai da instrução
        instruções           ; executa as instruções dentro do while
        JMP  loop            ; vai avaliar expressão-booleana de novo para repetir
                             ; o loop
próxima: . . .               ; próxima instrução
```

A outra forma de repetição, do-while, é semelhante, mas o teste vem no fim, o que quer dizer que, mesmo que a *expressão-booleana* seja falsa de início e assim se mantenha, as instruções são executadas pelo menos uma vez.

```
do
    instruções                /* executa estas instruções... */
while (expressão-booleana); /* ... enquanto expressão-booleana for verdadeira */
```

Esta instrução pode ser traduzida para linguagem *assembly* desta forma:

```
loop:   instruções           ; executa as instruções dentro do while
        expressão-booleana   ; calcula expressão-booleana Se for verdadeira,
                             ; Z fica com 0
        JNZ  loop            ; se expressão-booleana for verdadeira, repete loop
próxima: . . .               ; próxima instrução
```

Uma utilização típica da instrução for consiste na varredura de um vetor, como, por exemplo:

```
#define N  4            /* definição do valor de N */
int vetor[N];          /* declaração de um vetor de N inteiros */
int i;                 /* declaração da variável de índice */
for (i=0; i<N; i++){   /* controle do loop */
   vetor[i] = 0;       /* inicializa a zero todos os elementos do vetor */
}
```

Na prática, uma instrução for é equivalente a uma instrução while, podendo-se reescrever o programa desta forma equivalente:

```
#define N  4            /* definição do valor de N */
int vetor[N];          /* declaração de um vetor de N inteiros */
int i;                 /* declaração da variável de índice */
i = 0;                 /* inicializa a variável de índice */
while (i < N) {        /* controle do fim do loop */
   vetor[i] = 0;       /* inicializa a zero todas as componentes do vetor */
   i++;                /* incrementa de uma unidade a variável de índice */
}
```

A instrução i++; é equivalente a i=i+1; e é traduzida em linguagem *assembly* pela instrução ADD R1, 1 (considerando-se que a variável i está localizada no registrador R1).

# 5.7 ROTINAS

## 5.7.1 ESTRUTURAÇÃO DO CÓDIGO

### 5.7.1.1 FUNÇÕES NAS LINGUAGENS DE ALTO NÍVEL

É comum um programa necessitar executar uma determinada funcionalidade em vários pontos do algoritmo. Nos primeiros tempos da programação (década de 1960), ou se repetiam as instruções que implementavam essa funcionalidade (mas isso gastava memória, nessa época, escassa e cara) ou fazia-se simplesmente um desvio para as instruções onde a funcionalidade pretendida estava implementada.

Havia, no entanto, dois problemas fundamentais:

- Poder fazer desvios para qualquer ponto do programa sem critérios de estruturação do código originava grandes problemas, pois era frequente o programador alterar um determinado conjunto de instruções, esquecendo de alguma situação em que esse código também era usado (uma vez que não havia controle sobre a origem dos desvios) e que era incompatível com essa alteração. A proliferação de desvios e o estilo de programação originaram, mais tarde, um termo sugestivo, "código espaguete";

- Uma vez executada a funcionalidade, ainda havia o problema de retomar a execução para o ponto original de onde se tinha desviado. Isto implicava mais desvios, com uso de mecanismos *ad hoc* e de difícil manutenção, em caso de alterações.

A solução apareceu no início da década de 1970, com as linguagens estruturadas (Pascal e C), que organizaram as instruções em instruções compostas e em funções (descritas a seguir) e passaram a restringir os desvios, não deixando desviar para dentro de uma instrução composta ou de uma função. A partir da década de 1980, apareceram outras linguagens de programação (ditas orientadas a objetos), como Smalltalk-80, Eiffel, C++, Java e C#, que além do código também estruturaram os dados.

No entanto, isto ocorre apenas em termos de programação de alto nível. Em linguagem *assembly*, tudo continua a ser permitido, não apenas porque estas regras são, sobretudo, para evitar os erros dos programadores, cuja programação é quase exclusivamente em alto nível, mas também por motivos de flexibilidade. Por este motivo, o programador de linguagem *assembly* deve ser auto-disciplinado, evitando artifícios confusos e preferindo clareza nos programas, tal como nas linguagens de alto nível.

O Programa 5.1 ordena um vetor de números, sendo um programa completo. Trata-se apenas de um exemplo acadêmico, sem interesse real. Ninguém faz um programa para ordenar números e termina esse programa sem fazer nada com esses números. É mais natural as instruções de ordenação constituírem uma função, que depois pode ser chamada sempre que se necessitar ordenar um vetor.

Uma **função** é um conjunto de instruções logicamente relacionadas, uma espécie de subprograma que pode ser chamado para executar uma determinada funcionalidade, com algumas particularidades (Figura 5.4):

- Existe uma instrução específica para chamar uma função;

- Quando se chama uma função, o processador interrompe a sequência de instruções que estava executando e passa a executar as instruções dessa função;

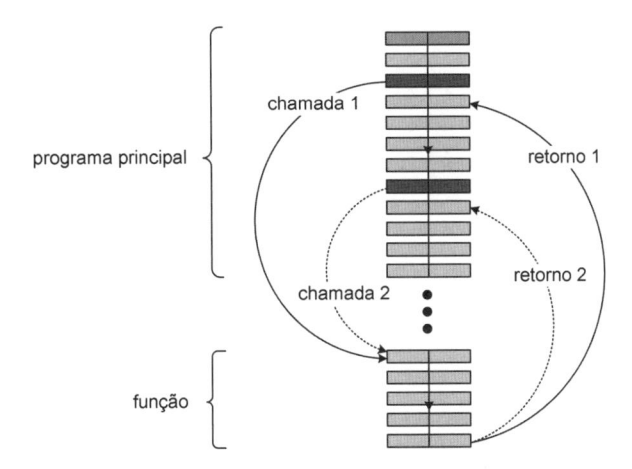

**Fig. 5.4 – Chamadas de uma função. Os retângulos são instruções, executadas sequencialmente. Os retângulos mais escuros representam chamadas da função, que retorna sempre para a instrução seguinte àquela que a chamou**

- Quando a função termina, o processador retoma a execução do programa para a instrução seguinte à que chamou essa função;

- Uma mesma função pode ser chamada a partir de vários pontos do programa, voltando sempre para a instrução seguinte àquela que a chamou;

- Uma função pode ter **parâmetros** (também conhecidos como ou, nome alternativo, **argumentos**), que são variáveis cujos valores são determinados imediatamente antes da sua chamada. Isto permite que as instruções da função possam ser usadas em vários casos diferentes, em que os valores dos parâmetros podem variar de caso para caso;

- Uma função pode retornar um valor (o resultado do seu processamento). Se a função for chamada numa expressão, o valor retornado substitui a chamada dessa função, permitindo o cálculo do valor final dessa expressão.

As funções constituem um mecanismo fundamental de estruturação das instruções de um programa, havendo duas razões fundamentais para serem usadas:

- Compartilhamento de código – Caso se deseje usar em vários pontos do programa, a funcionalidade, que a função implementa, basta chamar essa função várias vezes, em vez de repetir as instruções da função em cada um desses pontos;

- Clareza do programa – Ainda que um determinado conjunto de instruções seja usado apenas uma vez em todo o programa, mesmo assim pode ser interessante organizá-lo como uma função, pois o programa fica mais estruturado e claro. Uma sequência potencialmente extensa de instruções é substituída por uma ou mais chamadas a funções (que contêm estas instruções). Não só essa sequência fica agora muito mais curta, como também o nome das funções pode ajudar a expressar a funcionalidade dessas instruções.

As funções não são uma forma de conseguir executar um programa mais depressa. Muito pelo contrário, o simples fato de ter de chamar uma função e depois retornar ao ponto onde foi chamada acarreta alguns atrasos de processamento. Mas, em programação, há muito tempo que aprendemos que mais vale ter um programa bem estruturado e que siga as regras do que um muito eficiente, mas cheio de artifícios (que facilmente se transformam em erros), mesmo que isso acarrete algumas penalizações em tempo de execução.

O Programa 5.3 ilustra estes princípios, estruturando o Programa 5.1 em duas funções, ficando o programa principal (main) apenas com instruções para chamar estas funções.

```
#define N 4              /* quantidade de números a ordenar no vetor seq1 */
#define P 6              /* quantidade de números a ordenar no vetor seq2 */

int seq1 [N] = {10, 5, 6, 2};        /* vetor (array) de N inteiros */
int seq2 [P] = {20, 7, 5, 10, 4, 8};  /* vetor (array) de P inteiros */

main () {                    /* programa principal */
   ordenaBolha (seq1, N);    /* ordena vetor seq1 */
   ordenaBolha (seq2, P);    /* ordena vetor seq2 */
}

void ordenaBolha (int a[], int n) {   /* função que ordena um vetor */
   int houveTroca ;    /* indica se houve troca de números em determinada varredura */
   int i;              /* posição (começa em 0) de um determinado número no vetor */

   do                  /* início do ciclo de varredura (pelo menos uma) */
      houveTroca = false;    /* ainda não houve trocas nesta varredura */
      i = 0;                 /* começa a testar o vetor a partir da posição 0 */
      while (i < n-1)        /* testa todos os números até o fim do vetor */
      {
         /* ordena um determinado número e o seguinte. houveTroca fica com true caso
            tenha havido troca dos dois números */
         houveTroca = houveTroca || ordena (&a[i], &a[i+1]);
         i = i + 1;          /* passa ao número seguinte no vetor */
      }
   while (houveTroca);       /* se houve trocas, tem de fazer mais varreduras */
}
int ordena (int * x, int * y) { /* função que ordena dois valores, passados por
                                   referência */
   int auxiliar;            /* variável local usada para a troca de números */
```

```
if (*x > *y)                /* se o número corrente é maior do que o seguinte... */
{
    auxiliar = *x;          /* ...então troca-os, usando a variável auxiliar */
    *x = *y;
    *y = auxiliar;
    return true;            /* retorna verdadeiro se tiver havido troca */
}
else
    return false;          /* retorna falso se não tiver havido troca */
}
```

**Programa 5.3 – Programa em linguagem C, estruturado em funções, para ordenar uma sequência de números usando o método de ordenação por bolha (*bubble sort*)**

O algoritmo de ordenação é encerrado na função `ordenaBolha`, para poder ser chamado várias vezes. A função `ordena` é chamada apenas a partir de um local (da função `ordenaBolha`), mas torna o programa mais claro porque a função `ordenaBolha` fica mais simples (deste ponto de vista, uma função tão simples não era particularmente necessária, mas ilustra o princípio). Por outro lado, o fato da função `ordena` retornar um valor (booleano)[42] permite usá-la numa expressão, simplificando o código.

Neste programa, os seguintes aspectos devem ainda ser levados em conta:

- O programa principal (função `main`) contém apenas duas chamadas à função `ordenaBolha`, passando-lhe como parâmetros em cada caso a informação relativa a cada um dos vetores definidos como variáveis globais;

- A função `ordenaBolha`:

  - Não retorna nenhum valor (por isso tem o tipo de retorno como `void`);

  - Recebe dois parâmetros, o vetor a ser ordenado e o seu tamanho (número de elementos). Quando retornar, o vetor estará ordenado. O parâmetro a é, na realidade, o endereço do vetor (isto é, do seu primeiro elemento) e não uma cópia do vetor, pois, em C, qualquer uso do nome de um vetor sem especificar um índice é o mesmo que ter o endereço desse vetor e não um determinado elemento nem uma cópia completa do vetor. Assim, todas as operações que esta função efetuar sobre o vetor a são, na realidade, feitas sobre os vetores `seq1` e `seq2` (na primeira e segunda chamadas à `ordenaBolha`, respectivamente). Esta passagem de parâmetros para uma função (ponteiros em vez de cópias dos valores) é denominada **passagem por referência**. Já o parâmetro n usa **passagem por valor**, isto é, o que é passado como parâmetro é uma cópia dos valores N e P e não o endereço das células de memória que, eventualmente, os contenham. A Subseção 5.7.3.3 apresenta detalhes adicionais sobre este assunto;

  - Esconde a ordenação dos elementos do vetor na função `ordena` (nem sequer os testa para ver se já estão na ordem correta, confiando em `ordena` para isso), ficando mais simples;

  - Chama a função `ordena`, passando-lhe como parâmetros os ponteiros para dois elementos consecutivos do vetor (passagem por referência), em vez dos elementos em si. O operador "&" permite obter os endereços em memória destes elementos e são esses endereços que são passados à função `ordena`;

  - Acumula em `houveTroca` qualquer valor verdadeiro retornado por `ordena`, através de uma operação de OU lógico (operador "||").

- A função `ordena`:

  - Tem dois parâmetros, correspondentes a dois números que tem de testar. Se o primeiro for maior do que o segundo, troca-os, para que a ordenação seja por ordem crescente. Se for menor ou igual não faz nada (porque nesse caso os valores já estão ordenados);

  - Estes parâmetros são ponteiros para esses números (para as células de memória que os contêm – ver Subseção 5.5.4) e não os números em si. Ou seja, os parâmetros são passados por referência. Desta forma, esta função troca diretamente os valores no vetor a ou, na realidade, nos vetores `seq1` e `seq2` (na primeira e segunda chamadas à `ordenaBolha` no programa principal, respectivamente);

---

[42]Neste caso, usa-se `int` porque a linguagem C não tem nenhum tipo de dados booleano. O valor zero corresponde a falso e qualquer outro valor corresponde a verdadeiro.

– Retorna um valor booleano, verdadeiro se tiver trocado os números e falso se não o tiver feito. Em C, os valores booleanos não existem como tipo de dados autônomo, em função do que se usa o tipo `int` para este fim (embora existam as constantes predefinidas `true` e `false`, com os valores 1 e 0, respectivamente);

– Tem uma variável local, `auxiliar`, que só é válida enquanto a função estiver sendo executada.

### 5.7.1.2 Rotinas em linguagem ASSEMBLY

Em linguagens de programação de alto nível, os blocos de instruções são chamados de funções (ou procedimentos, quando não retornam valor). Em linguagem *assembly*, o termo mais comum é **rotina**. No fundo, são a mesma coisa: um conjunto de instruções, que no seu conjunto implementam uma determinada funcionalidade e que pode ser chamado a partir de qualquer ponto do programa, havendo um mecanismo que permite retornar para a instrução seguinte à que fez a chamada.

Como é que as rotinas são especificadas e chamadas em linguagem *assembly*? A Tabela 5.8 estabelece a correspondência, instrução a instrução, entre o Programa 5.3, em C, e um possível programa equivalente em linguagem *assembly*.

**Tabela 5.8 - Programa 5.3, em C, e as instruções correspondentes em linguagem *assembly***

| PROGRAMA EM C | PROGRAMA EM ASSEMBLY |
|---|---|
| `#define N 4`<br>`#define P 6` | `N    EQU  4  ; #define  N  4`<br>`P    EQU  6  ; #define  P  6` |
| `int seq1 [N] = {10, 5, 6, 2};` | `PLACE 1000H  ; localiza bloco de dados`<br>`seq1: WORD 10 ; int seq [N]={10, 5, 6, 2};`<br>`      WORD 5`<br>`      WORD 6`<br>`      WORD 2` |
| `int seq2 [P] = {20, 7, 5, 10, 4, 8};` | `seq2: WORD 20 ; int seq2 [P] = {20, 7, 5,`<br>`      WORD 7  ;              10, 4, 8};`<br>`      WORD 5`<br>`      WORD 10`<br>`      WORD 4`<br>`      WORD 8` |
| `main () {`<br>`   ordenaBolha (seq1, N);`<br><br>`   ordenaBolha (seq2, P);`<br><br>`}` | `PLACE 0000H      ; localiza bloco de código`<br>`main: MOV  SP, 2000H  ; inicializa SP`<br>`      MOV  R6, seq1    ; 1.º parâmetro`<br>`      MOV  R7, N       ; 2.º parâmetro`<br>`      CALL ordenaBolha ; chama a função`<br>`      MOV  R6, seq2    ; 1.º parâmetro`<br>`      MOV  R7, P       ; 2.º parâmetro`<br>`      CALL ordenaBolha ; chama a função`<br>`fim:  JMP  fim         ; fim do programa` |
| `void ordenaBolha (int a[], int n)`<br>`{` | `ordenaBolha:     ; a vem no R6. n vem no R7` |
| `   int houveTroca ;`<br>`   int i;`<br>`   do` | `; houveTroca usa o R8`<br>`; i usa o R9`<br>`; R10 é usado para valores temporários` |
| `      houveTroca = false;`<br>`      i = 0;`<br>`      while (i < n-1)`<br>`      {` | `      MOV  R8, 0  ; houveTroca = false;`<br>`      MOV  R9, 0  ; i = 0;`<br>`iteração:`<br>`      MOV  R10, R7 ; cópia de n`<br>`      SUB  R10, 1  ; n-1`<br>`      CMP  R9, R10 ; i < n-1 ?` |

*(Continua)*

**Tabela 5.8 - Programa 5.3, em C, e as instruções correspondentes em linguagem assembly (Continuação)**

| PROGRAMA EM C | PROGRAMA EM *ASSEMBLY* |
|---|---|
| <pre>            houveTroca = houveTroca
   || ordena (&a[i], &a[i+1]);









            i = i + 1;




            }</pre> | <pre>          JGE  teste    ; se não, loop acabou
          MOV  R10, R9  ; obtém cópia de i
          SHL  R10, 1   ; 2*i (ender. em bytes)
          ADD  R10, R6  ; endereço de a [i]
          MOV  R1, R10  ; 1.° parâmetro (&a[i])
          MOV  R10, R9  ; obtém cópia de i
          ADD  R10, 1   ; i+1
          SHL  R10, 1   ; 2*(i+1)
          ADD  R10, R6  ; endereço de a [i+1]
          MOV  R2, R10  ; 2.° parâm. (&a[i+1])
          CALL ordena   ; chama a função
          OR   R8, R1   ; houveTroca || ordena
          ADD  R9, 1    ; i = i + 1;
          JMP  iteração ; próxima iteração
teste:    CMP  R8, 0     ; houveTroca = falso ?
          JNZ  ordenaBolha ; mais uma varredura
          RET             ; retorna da função</pre> |
| <pre>int ordena (int * x, int * y)
{
   int auxiliar;
   if (*x > *y)
   {


      auxiliar = *x;
      *x = *y;
      *y = auxiliar;
      return true;
   }
   else
      return false;
}</pre> | <pre>ordena:          ; x vem em R1, y vem em R2
; R3 e R4 usam-se como registradores temporários
; auxiliar usa o R5,
          MOV  R3, [R1] ; *x
          MOV  R4, [R2] ; *y
          CMP  R3, R4   ; (*x > *y) ?
          JLE  else     ; se não, executa else
          MOV  R5, R3   ; auxiliar = *x;
          MOV  [R1], R4 ; *x = *y;
          MOV  [R2], R5 ; *y = auxiliar;
          MOV  R1, 1    ; true
          RET             ; return true;
else:
          MOV  R1, 0    ; false
          RET             ; return false;
; o valor retornado está no R1</pre> |

Notas sobre o programa principal (função `main`):

- A instrução `MOV SP, 2000H` destina-se a inicializar um registrador fundamental para as rotinas: o ponteiro de pilha, ou `SP` (*Stack Pointer*), que será descrito na Subseção 5.7.2.3;

- As instruções `CALL` são responsáveis pela implementação das setas "chamada" da Figura 5.4. Estas instruções são descritas na Subseção 5.7.2. Antes da rotina ser chamada, os parâmetros têm de ser preparados (`R6` e `R7`), com os valores que depois a rotina vai ler para poder realizar o seu processamento;

- Em cada chamada da função, os parâmetros são preenchidos com valores diferentes, o que se traduz em processamento diferente por parte da função. No entanto, as instruções chamadas são as mesmas, logo as organizando numa rotina se evita ter de duplicar o código com apenas pequenas diferenças (correspondentes aos parâmetros).

 **NOTA** Num computador real, o programa principal (`main`) é apenas uma rotina chamada pelo sistema operacional, que é responsável por inicializar o `SP`. A forma como a rotina `main` está implementada visa apenas a simplificar a realidade, para que o programa em linguagem *assembly* seja executado no simulador.

Notas sobre a rotina `ordenaBolha`:

- Esta rotina não retorna nenhum valor (o tipo de retorno em C é `void`), em função do que a rotina retorna sem preocupações de colocar um determinado valor num determinado registrador (ao contrário do que aconteceu na função `ordena`);

- A função em C não tem uma instrução `return` explícita. Simplesmente chega ao fim e retorna. O compilador insere, automaticamente, o código necessário para o retorno, pois a instrução `RET` tem de estar lá, explicitamente (é esta instrução que faz o controle regressar à instrução seguinte à que chamou esta função), tal como se pode ver na parte da linguagem *assembly*;

- O parâmetro a é passado por referência. Isso é indicado pelos colchetes (`int a[]`), que indicam tratar-se de um vetor, o que significa que o que é passado para a rotina é o endereço do primeiro elemento do vetor e não o vetor em si. Por isso, o `R6` (que corresponde a este parâmetro) é usado nesta rotina não como dado, mas sim como endereço, para calcular os endereços dos elementos do vetor (sendo somado com $2*i$, em que o fator 2 se deve ao fato dos inteiros ocuparem 2 bytes cada um);

- O parâmetro n é passado no `R7` por valor (não há ponteiros envolvidos), sendo usado como um dado (neste caso, o número de elementos do vetor) e não como um endereço;

- O cálculo dos endereços de `a[i]` e `a[i+1]` é feito de forma independente, isto é, começando por determinar o índice, multiplicando-o por 2 por causa do endereçamento de *byte* e depois somando este valor com `R6`, que contém o endereço de base do vetor. Para nós, humanos, é fácil reconhecer que estes são dois elementos consecutivos do vetor e que, portanto, uma vez conhecido o endereço de `a[i]`, o endereço de `a[i+1]` poderia ser obtido simplesmente somando 2 ao endereço de `a[i]`, evitando-se repetir os cálculos anteriores. Já não é tão fácil para o compilador reconhecer esta situação, embora seja uma otimização possível de incorporar no compilador. Outra forma de conseguir isto seria programar a função `ordenaBolha` em termos de ponteiros, tal como se fez no Programa 5.2, em vez de usar o índice para acessar os elementos do vetor. A Subseção 5.7.1.3 apresenta esta variante.

Notas sobre a rotina `ordena`:

- A instrução `RET` é o equivalente em linguagem *assembly* da instrução `return` em C e implementa as setas de "retorno" da Figura 5.4. A Subseção 5.7.2 explica o funcionamento desta instrução. O valor retornado está no `R1`, onde pode ser acessado por "quem" chamou esta rotina;

- Os compiladores atuais fazem muitas otimizações no código gerado. O uso de `R5` era dispensável, podendo usar-se o `R3` para o mesmo fim. Isto evitaria a instrução `MOV R5, R3` (e `MOV [R2], R5` ficaria `MOV [R2], R3`). Trata-se apenas de um detalhe, mas ilustra o fato de que o código gerado pode não ser o que se espera. Tudo depende de como o compilador gera o código e das otimizações que faz;

- Esta rotina destrói o valor anterior (antes da sua chamada) dos registradores `R3`, `R4` e `R5`. Isto pode ser grave, porque a rotina não sabe de onde pode ser chamada, e a sequência de instruções que a chamou pode ter valores úteis armazenados nesses registradores, que assim são destruídos pela rotina. Uma boa regra de programação é que uma rotina não deve alterar nenhum registrador, para não interferir no contexto em que é chamada. Mas como, se a rotina precisa usar os registradores para efetuar o seu processamento? A resposta será dada na Subseção 5.7.3.1.

#### 5.7.1.3 VARIANTE COM PONTEIROS

A função `ordenaBolha` do Programa 5.3 recebe o vetor de números a ser ordenado, como um parâmetro do tipo vetor de inteiros. Tal como se fez no Programa 5.2, é possível usar ponteiros diretos para os elementos do vetor, em vez de acessá-los através de uma indexação do vetor.

O Programa 5.4 mostra a variante à função `ordenaBolha`, usando agora ponteiros. Tanto o programa principal (`main`) como a função `ordena` do Programa 5.3 se mantêm sem alterações. A variável i é agora usada apenas para contar os elementos já testados do vetor e não para acessar o vetor.

A Tabela 5.9 apresenta a correspondência entre esta variante da função `ordenaBolha` e a rotina correspondente em linguagem *assembly*, em que se pode verificar a implementação dos ponteiros. Recordemos que somar 1 a um ponteiro equivale a somar, ao endereço que lhe corresponde, um número de unidades igual ao número de bytes que ocupa o elemento para o qual o ponteiro aponta (Subseção 5.5.4). Neste caso, o elemento é um inteiro de 16 bits, logo tem de se somar 2 ao endereço.

O uso de ponteiros em linguagens de alto nível deve ser feito com cuidado, pois ignora a noção de estrutura de dados como um todo e não permite, ao compilador, fazer certas verificações, como, por exemplo, detecção de acesso fora dos limites do vetor.

```
#define  N  4               /* quantidade de números a ordenar no vetor seq1 */
#define  P  6               /* quantidade de números a ordenar no vetor seq2 */

int seq1 [N] = {10, 5, 6, 2};        /* vetor (array) de N inteiros */
int seq2 [P] = {20, 7, 5, 10, 4, 8};  /* vetor (array) de P inteiros */

main ()                         /* programa principal */
{
   ordenaBolha (seq1, N);       /* ordena vetor seq1 */
   ordenaBolha (seq2, P);       /* ordena vetor seq2 */
}

void ordenaBolha (int * a, int n)  /* função que ordena um vetor */
{                           /* parâmetro a aponta para o 1.º elemento do vetor */
   int * p;                 /* ponteiro auxiliar, a usar apenas nesta função * /
   int houveTroca ;         /* indica se houve troca de números em uma determinada varredura */
   int i;                   /* contador de elementos do vetor */

   do                  /* início do loop de varredura (pelo menos uma) */
      p = a;           /* inicializa o apontador auxiliar (1.º elemento do vetor) */
      houveTroca = false;    /* ainda não houve trocas nesta varredura */
      i = 0;                 /* ainda não testou nenhum elemento */
      while (i < n-1)        /* testa todos os números até o fim do vetor */
      {
         /* ordena um determinado número e o seguinte. houveTroca fica com true caso
            tenha havido troca dos dois números */
         houveTroca = houveTroca || ordena (p, p+1);
         p = p + 1;          /* passa ao número seguinte no vetor */
         i = i + 1;          /* mais um número do vetor já testado */
      }
   while (houveTroca);     /* se houve trocas, tem de fazer mais varreduras */
}

int ordena (int * x, int * y)      /* função que ordena dois valores, passados
                                      por referência */
{
   int auxiliar;        /* variável local usada para a troca de números */

   if (*x > *y)         /* se o número corrente é maior do que o seguinte… */
   {
      auxiliar = *x;    /* …então troca-os, usando a variável auxiliar */
      *x = *y;
      *y = auxiliar;
      return true;      /* retorna verdadeiro se tiver havido troca */
   }
   else
      return false;     /* retorna falso se não tiver havido troca */
}
```

**Programa 5.4 – Variante do Programa 5.3, com uma alternativa à função `ordenaBolha`, usando ponteiros em vez do acesso a um vetor com índice (`main` e `ordena` não têm nenhuma alteração)**

### 5.7.2 MECANISMO DE CHAMADA E RETORNO

#### 5.7.2.1 ENDEREÇO DE RETORNO

Dado que o mesmo código (instruções de uma rotina) pode ser chamado a partir de vários pontos do programa, pretendendo-se que, após a execução da rotina, a execução continue na instrução seguinte à que chamou a rotina (tal como representado na Figura 5.4), torna-se necessário implementar um mecanismo que suporte este regresso automático.

Obviamente, a própria rotina não pode terminar fazendo um desvio para a instrução a que deve regressar, pois a rotina não sabe, de início, de que instrução foi chamada e, por conseguinte, para que instrução deve retornar. Portanto, a única solução é guardar (memorizar num registrador ou numa célula de memória), no momento em que a função é chamada, o endereço da instrução para o qual deve retornar.

**Tabela 5.9 – Rotina** `ordenaBolha` **do Programa 5.4, em C, e as instruções correspondentes em linguagem** *assembly*

| FUNÇÃO EM C | ROTINA EM *ASSEMBLY* |
|---|---|
| <pre>void ordenaBolha (int * a, int n)<br>{<br>    int * p;<br>    int houveTroca ;<br>    int i;<br>    do<br>        p = a;<br>        houveTroca = false;<br>        i = 0;<br>        while (i < n-1)<br>        {<br><br><br>            houveTroca = houveTroca<br>                || ordena (p, p+1);<br><br><br>            p = p + 1;<br>            i = i + 1;<br>        }<br>    while (houveTroca);<br><br>}</pre> | <pre>ordenaBolha:    ; a vem no R6. n vem no R7<br><br>; p usa o R0<br>; houveTroca usa o R8<br>; i usa o R9<br>; R10 é usado para valores temporários<br>        MOV R0, R6  ; cópia de a<br>        MOV R8, 0   ; houveTroca = false;<br>        MOV R9, 0   ; i = 0;<br>iteração:<br>        MOV R10, R7 ; cópia de n<br>        SUB R10, 1  ; n-1<br>        CMP R9, R10 ; i < n-1 ?<br>        JGE teste   ; se não, o loop acabou<br>        MOV R1, R0  ; 1.º parâmetro (p)<br>        MOV R2, R0  ; 2.º parâmetro<br>        ADD R2, 2   ; p+1 (igual a R0+2)<br>        CALL ordena ; chama a função<br>        OR  R8, R1  ; houveTroca || ordena<br>        ADD R0, 2   ; p = p + 1;<br>        ADD R9, 1   ; i = i + 1;<br>        JMP iteração; próxima iteração<br>teste:  CMP R8, 0   ; houveTroca = falso ?<br>        JNZ ordenaBolha ; mais uma varredura<br>        RET         ; retorna da função</pre> |

Se só houver um nível de rotinas, isto é, se apenas o programa principal chamar rotinas e uma rotina não chamar outra, basta apenas um registrador (ou uma célula de memória) para memorizar o endereço de retorno. Esse registrador/célula é necessário apenas enquanto a rotina estiver sendo executada, pois, uma vez executado o seu retorno, o valor guardado no registrador/célula deixa de ser necessário. Se ocorrer uma nova chamada de uma rotina, um novo valor de retorno é armazenado nesse registrador/célula.

Este mecanismo tem de ser implementado pelo par de instruções de chamada e retorno, CALL e RET. É importante perceber que ambas são, na prática, instruções de desvio. A instrução CALL desvia para a rotina chamada e RET desvia para a instrução seguinte ao CALL que chamou a rotina, tal como ilustrado pela Figura 5.4. No entanto, são formas controladas de desvio:

- A instrução CALL permite especificar para onde desviar (endereço da rotina a ser chamada), mas é mais complexo do que uma simples instrução de desvio, pois guarda o endereço de retorno (coisa que a instrução de desvio não faz);

- A instrução RET desvia, mas é automática, desviando para o endereço guardado pela instrução CALL. Não é o programador que diz para onde deve desviar.

Na realidade, o PEPE não tem apenas o par de instruções CALL/RET para tratar da chamada/retorno das rotinas. O PEPE suporta dois mecanismos de chamada de funções, dependendo da forma como o endereço de retorno é guardado, num registrador ou na memória:

- Em um registrador – Existe um registrador específico para memorizar o endereço de retorno, o RL (registrador de ligação – ver Figura 4.5). As instruções de chamada e retorno, para este mecanismo, são CALLF e RETF, respectivamente (o "F" nos mnemônicos distingue este mecanismo do seguinte);

- Na memória – O endereço de retorno é guardado em memória, numa tabela denominada **pilha**, cujo funcionamento é descrito na Subseção 5.7.2.3. As instruções de chamada e retorno, para este mecanismo, são CALL e RET, respectivamente (sem o "F").

Os dois mecanismos podem coexistir no mesmo programa, mas um não é compatível com o outro. Uma rotina que termine com RETF só pode ser chamada com CALLF e uma que termine com RET só pode ser chamada com CALL. A Subseção 5.7.2.4 discute a razão de existência destes dois mecanismos e quando usar um ou outro.

Um dos aspectos fundamentais deste mecanismo é saber como é que se determina o endereço de retorno, ou seja, o endereço da instrução seguinte. Tal como indicado na Seção 4.9, quando uma instrução é executada, o PC já tem o endereço da instrução seguinte, isto é, já foi incrementado de 2 unidades. Assim, para guardar o endereço de retorno, numa instrução CALL ou CALLF, basta simplesmente memorizar o valor do PC (pois este já conterá o endereço da instrução seguinte).

### 5.7.2.2 CHAMADA DE ROTINAS COM ENDEREÇO DE RETORNO EM REGISTRADOR

A Tabela 5.10 ilustra este mecanismo com um programa muito simples, em que o programa principal chama a rotina abc duas vezes.

Observe que:

- Em cada instrução CALLF acontecem duas ações:
  - O endereço da instrução seguinte ao CALLF, o endereço de retorno, é guardado no registrador RL (registrador de ligação);
  - O endereço da primeira instrução da rotina chamada (abc, neste exemplo) é colocado no PC. Na prática, isto corresponde a um desvio. A próxima instrução a ser lida da memória e a ser executada será precisamente a primeira instrução da rotina chamada.
- A instrução RETF simplesmente coloca no PC o valor do RL. Desta forma, executa um desvio para a instrução no endereço de retorno, isto é, a instrução seguinte ao CALLF, que foi o que a instrução CALLF colocou no RL. Neste exemplo, o endereço de retorno será de 0002H ou de 0006H, conforme a chamada efetuada. Assim, a instrução RETF sabe sempre para onde regressar.

Este mecanismo é muito simples e funciona bem, mas apenas enquanto a rotina abc não se lembrar de, também ela, chamar outra rotina. O problema que surge é que é preciso guardar um novo endereço de retorno no RL, mas a primeira rotina chamada (abc) ainda não regressou, em função do que o endereço de retorno guardado no RL ainda é necessário. Em resumo: o RL está ocupado.

A solução para a rotina abc poder chamar outra rotina, usando o mesmo mecanismo, é a seguinte:

1. Guardar o valor atual do RL em outro local (em outro registrador ou, se estiverem todos ocupados, em uma célula de memória);
2. Chamar a outra rotina, que irá executar e regressar (usando o RL para guardar/recuperar o seu próprio endereço de retorno);
3. Recuperar o valor anterior do RL (o guardado no passo 1) e colocá-lo em RL;
4. Executar o resto da rotina abc até chegar ao RETF, ocasião em que usará o RL para poder regressar à instrução seguinte à que chamou esta rotina.

### Tabela 5.10 – Mecanismo de chamada/retorno com o RL (registrador de ligação)

| ENDEREÇOS | PROGRAMA | | AÇÕES |
|---|---|---|---|
| | PLACE | 0000H | Localiza o código |
| 0000H | main: | CALLF abc | RL ← PC (endereço de retorno, 0002H – o da instrução seguinte) PC ← 0008H (chama rotina abc) |
| 0002H | | instrução | Executa esta *instrução* |
| 0004H | | CALLF abc | RL ← PC (endereço de retorno, 0006H – o da instrução seguinte) PC ← 0008H (chama rotina abc) |
| 0006H | fim: | JMP fim | PC ← 0006H (desvia para fim) |
| 0008H | abc: | instrução | Executa esta *instrução* |
| 000AH | | instrução | Executa esta *instrução* |
| 000CH | | instrução | Executa esta *instrução* |
| 000EH | | RETF | PC ← RL (desvia para o endereço de retorno – 0002H ou 0006H) |

**Tabela 5.11 – Mecanismo de chamada/retorno com o RL (registrador de ligação) com mais de um nível de chamada de rotinas**

| Endereços | Programa | | | Ações |
|---|---|---|---|---|
| | PLACE | | 0000H | Localiza o código |
| 0000H | main: | CALLF | abc | RL ← PC (endereço de retorno, 0002H – instrução seguinte) PC ← 0008H (chama rotina abc) |
| 0002H | | | *instrução* | Executa esta *instrução* |
| 0004H | | CALLF | abc | RL ← PC (endereço de retorno, 0006H – instrução seguinte) PC ← 0008H (chama rotina abc) |
| 0006H | fim: | JMP | fim | PC ← 0006H (desvia para fim) |
| 0008H | abc: | | *instrução* | Executa esta *instrução* |
| 000AH | | MOV | R11, RL | Guarda RL em outro local, pois vai ser usado pela CALLF seguinte |
| 000CH | | CALLF | def | RL ← PC (endereço de retorno, 000EH – instrução seguinte) PC ← 0014H (chama rotina def) |
| 000EH | | MOV | RL, R11 | Recupera RL anterior – 0002H ou 0006H |
| 0010H | | | *instrução* | Executa esta *instrução* |
| 0012H | | RETF | | PC ← RL (desvia para o endereço de retorno – 0002H ou 0006H) |
| 0014H | def: | | *instrução* | Executa esta *instrução* |
| 0016H | | | *instrução* | Executa esta *instrução* |
| 0018H | | RETF | | PC ← RL (desvia para o endereço de retorno – 000EH) |

A Tabela 5.11 ilustra esta situação. O RL é guardado em R11 (que não deve ser alterado pela rotina def) e o seu valor é recuperado após def retornar.

Esta abordagem funciona, mas é pouco geral (tudo depende da **profundidade**[43] de níveis de chamadas) e é propensa a erros de programação (o programador tem de controlar manualmente onde estão todos os RLs guardados à espera de serem recuperados).

A situação em que este mecanismo funciona melhor é na chamada a uma rotina que não chame outras, isto é, quando é a rotina **final**, numa eventual cadeia de rotinas que vão chamando outras (o "F" nos mnemônicos CALLF e RETF deriva da palavra "final").

A Tabela 5.12 é obtida com base na Tabela 5.8, mas agora usando o mecanismo CALLF/RETF. As instruções relevantes para este mecanismo estão sublinhadas.

É importante notar que:

- Na rotina ordenaBolha, usou-se o R0 para guardar o RL enquanto se chamava a rotina ordena. Era o único registrador geral ainda disponível;

- Se, em vez do Programa 5.3, se tivesse usado a variante com ponteiros da rotina ordenaBolha, no Programa 5.4, nem o R0 estaria disponível, pois este é usado para guardar o ponteiro p. Neste caso, o RL não poderia ser guardado num registrador, pois todos os registradores gerais estariam ocupados, e teria de ser guardado numa célula de memória. Mas isso também seria problemático, pois para acessar a memória precisa-se, na prática, de um registrador para indicar qual o endereço de memória a ser acessado (e não haveria nenhum registrador geral disponível). A Subseção 5.7.2.3 mostra como resolver este problema.

**SIMULAÇÃO 5.4** – CHAMADA DE ROTINAS COM RL

Esta simulação ilustra o funcionamento do programa em linguagem *assembly* da Tabela 5.12. Os aspectos abordados incluem os seguintes:

- Execução com pontos de parada;

- Verificação do funcionamento das instruções CALLF e RETF;

- Verificação da evolução dos registradores relevantes (particularmente, RL e PC).

---

[43]Número de rotinas chamadas e ainda não regressadas, por terem invocado sucessivamente outras, antes de regressarem.

**Tabela 5.12 – Programa 5.3 e as instruções correspondentes em linguagem _assembly_, usando as instruções CALLF e RETF e o RL (registrador de ligação). As instruções sublinhadas são as relevantes para o mecanismo de chamada/retorno**

| PROGRAMA EM C | PROGRAMA EM _ASSEMBLY_ |
|---|---|
| `#define  N  4`<br>`#define  P  6` | `N      EQU   4  ; #define   N   4`<br>`P      EQU   6  ; #define   P   6` |
| | `PLACE 1000H    ; localiza bloco de dados` |
| `int seq1[N] = {10, 5, 6, 2};` | `seq1: WORD  10 ; int seq[N]={10, 5, 6, 2};`<br>`      WORD  5`<br>`      WORD  6`<br>`      WORD  2` |
| `int seq2[P] = {20, 7, 5, 10, 4, 8};` | `seq2: WORD  20 ; int seq2[P] = {20, 7, 5,`<br>`      WORD  7  ;                  10, 4, 8};`<br>`      WORD  5`<br>`      WORD  10`<br>`      WORD  4`<br>`      WORD  8` |
| `main () {`<br>`   ordenaBolha (seq1, N);`<br><br>`   ordenaBolha (seq2, P);`<br><br><br>`}` | `PLACE 0000H    ; localiza bloco de código`<br>`main: MOV   R6, seq1  ; 1.° parâmetro`<br>`      MOV   R7, N     ; 2.° parâmetro`<br>`      CALLF ordenaBolha ; chama a função`<br>`      MOV   R6, seq2  ; 1.° parâmetro`<br>`      MOV   R7, P     ; 2.° parâmetro`<br>`      CALLF ordenaBolha ; chama a função`<br>`fim:  JMP   fim       ; fim do programa` |
| `void ordenaBolha (int a[], int n)`<br>`{`<br>`   int houveTroca ;`<br>`   int i;`<br>`   do`<br><br>`     houveTroca = false;`<br>`     i = 0;`<br>`     while (i < n-1)`<br>`     {`<br><br><br><br><br><br>`        houveTroca = houveTroca`<br>`   || ordena (&a[i], &a[i+1]);`<br><br><br><br><br><br><br><br><br><br><br><br><br>`        i = i + 1;`<br>`     }`<br>`   while (houveTroca );`<br><br>`}` | `ordenaBolha:     ; a vem no R6. n vem no R7`<br><br>`; houveTroca usa o R8`<br>`; i usa o R9`<br>`; R10 é usado para valores temporários`<br>`      MOV   R8, 0   ; houveTroca = false;`<br>`      MOV   R9, 0   ; i = 0;`<br>`iteração:`<br>`      MOV   R10, R7 ; cópia de n`<br>`      SUB   R10, 1  ; n-1`<br>`      CMP   R9, R10 ; i < n-1 ?`<br>`      JGE   teste   ; se não, o loop acabou`<br>`      MOV   R10, R9 ; obtém cópia de i`<br>`      SHL   R10, 1  ; 2*i (ender. em bytes)`<br>`      ADD   R10, R6 ; endereço de a [i]`<br>`      MOV   R1, R10 ; 1.° parâm. (&a[i])`<br>`      MOV   R10, R9 ; obtém cópia de i`<br>`      ADD   R10, 1  ; i+1`<br>`      SHL   R10, 1  ; 2*(i+1)`<br>`      ADD   R10, R6 ; endereço de a[i+1]`<br>`      MOV   R2, R10 ; 2.° parâm. (&a[i+1])`<br>`      MOV   R0, RL   ; guarda RL`<br>`      CALLF ordena  ; chama a função`<br>`      MOV   RL, R0   ; recupera RL`<br>`      OR    R8, R1  ; houveTroca || ordena`<br>`      ADD   R9, 1   ; i = i + 1;`<br>`      JMP   iteração ; próxima iteração`<br>`teste:CMP   R8, 0   ; houveTroca = falso ?`<br>`      JNZ   ordenaBolha ; mais uma varredura` |

_(Continua)_

**Tabela 5.12 – Programa 5.3 e as instruções correspondentes em linguagem *assembly*, usando as instruções `CALLF` e `RETF` e o `RL` (registrador de ligação). As instruções sublinhadas são as relevantes para o mecanismo de chamada/retorno (*Continuação*)**

| PROGRAMA EM C | PROGRAMA EM *ASSEMBLY* |
|---|---|
| <pre>int ordena (int * x, int * y)<br>{<br>   int auxiliar;<br>   if (*x > *y)<br>   {<br><br><br>      auxiliar = *x;<br>      *x = *y;<br>      *y = auxiliar;<br>      return true;<br>   }<br>   else<br>      return false;<br>}</pre> | <pre>      RETF          ; retorna da função<br>ordena:       ; x vem em R1, y vem em R2<br>; R3 e R4 são registradores temporários<br>; auxiliar usa o R5<br>      MOV  R3, [R1] ; *x<br>      MOV  R4, [R2] ; *y<br>      CMP  R3, R4   ; (*x > *y) ?<br>      JLE  else     ; se não, executa o else<br>      MOV  R5, R3   ; auxiliar = *x;<br>      MOV  [R1], R4 ; *x = *y;<br>      MOV  [R2], R5 ; *y = auxiliar;<br>      MOV  R1, 1    ; true<br>      RETF          ; return true;<br>else: MOV  R1, 0    ; false<br>      RETF          ; return false;<br>; o valor retornado está no R1</pre> |

### 5.7.2.3 Chamada de rotinas com endereço de retorno na memória (pilha)

A seção anterior mostrou como era possível chamar uma rotina e depois regressar, guardando o endereço de retorno. A chamada de rotinas é muito frequente nos programas e é comum uma rotina A chamar outra B que, por sua vez, chama outra C e assim sucessivamente.

Normalmente, não há registradores que cheguem para conseguir guardar vários endereços de retorno, correspondentes às rotinas pendentes (chamadas, mas ainda não regressadas), portanto, nestes casos, o mais comum é os sucessivos valores do endereço de retorno serem guardados em memória.

Este é um modelo diferente do usado pelo RL (a Subseção 5.7.2.4 explica como os dois modelos podem ser combinados), em que a instrução de chamada guarda o endereço de retorno, numa tabela, e a instrução de retorno recupera o endereço para onde retornar, a partir dessa tabela. Essa tabela tem um funcionamento específico (descrito a seguir) e é chamada de **pilha** (*stack*).

A Tabela 5.12 mostrou como é que o Programa 5.3 pode ser implementado com o mecanismo baseado no RL, com as instruções CALLF e RETF. A Tabela 5.8 faz o mesmo, mas usando a pilha e as instruções CALL e RET. A Tabela 5.13 explicita as diferenças entre as duas tabelas. Basicamente, no caso da pilha (Tabela 5.8), não é preciso guardar o RL porque as instruções CALL e RET tratam de guardar e recuperar o endereço de retorno na pilha, de forma automática.

A Tabela 5.14 compara os dois modelos para guarda de endereço de retorno, em registrador (RL) e em memória (pilha).

Para entender como a pilha está organizada, podemos fazer uma analogia com a recepção de um supermercado, onde os clientes, antes de entrarem, têm de deixar quaisquer sacolas que tenham consigo. A Tabela 5.15 faz a comparação com o mecanismo de chamada/retorno das rotinas.

**Tabela 5.13 – Diferenças do mecanismo de chamada/retorno com RL (Tabela 5.12) e com pilha (Tabela 5.8), na implementação em *assembly* do Programa 5.3**

| ROTINA | COM RL (TABELA 5.12) | COM PILHA (TABELA 5.8) |
|---|---|---|
| main | `CALLF ordenaBolha   ; chama a função` | `CALL ordenaBolha; chama a função` |
| ordenaBolha | <pre>MOV   R0, RL     ; guarda RL<br>CALLF ordena     ; chama a função<br>MOV   RL, R0     ; recupera RL<br>. . .<br>RETF             ; retorna da função</pre> | <pre>CALL ordena   ; chama a função<br>. . .<br>RET           ; retorna da função</pre> |
| ordena | `RETF             ; retorna da função` | `RET           ; retorna da função` |

**Tabela 5.14 – Comparação entre os mecanismos de chamada/retorno de rotinas com endereço de retorno guardado em registrador (RL) e em memória (pilha)**

| TÓPICO | ENDEREÇO DE RETORNO POR REGISTRADOR (RL) | ENDEREÇO DE RETORNO POR MEMÓRIA (PILHA) |
|---|---|---|
| Instruções | CALLF, RETF | CALL, RET |
| Chamada | RL ← PC (endereço de retorno)<br>PC ← endereço da rotina chamada | Pilha ← PC (endereço de retorno)<br>PC ← endereço da rotina chamada |
| Retorno | PC ← RL | PC ← endereço de retorno guardado na pilha |
| Suporta rotinas que invocam outras | Diretamente não (só guardando o RL em outro local) | Sim |

No supermercado, cada cliente recebe uma ficha que lhe permite identificar as suas sacolas. Isto é necessário porque os clientes podem entregar as fichas (para recuperar as suas sacolas) por em uma ordem totalmente diferente daquela em que entregaram as sacolas na recepção, portanto tem de haver um meio de identificar as sacolas desejadas.[44]

No caso das rotinas, a situação é diferente. A ordem de retorno é exatamente a inversa da ordem de chamada, isto é, a última rotina a ser chamada é a primeira a ser retornada. Por isso, os endereços de retorno podem ser "empilhados", como se fossem cartões com o endereço de retorno escrito:

- Cada rotina que é chamada coloca o seu endereço de retorno no topo da pilha;

- Quando essa rotina retorna, obtém o seu endereço de retorno simplesmente retirando o cartão que estiver no topo da pilha, nesse momento.

A Figura 5.5 ilustra este processo de forma gráfica, representando a execução de um programa principal e quatro rotinas, A, B, C e D, ao longo do tempo. As relações de chamada estão representadas na Figura 5.5. A Tabela 5.17 apresenta um programa com esta estrutura de rotinas.

Do lado esquerdo, pode-se observar as instruções a serem executadas ao longo do tempo, de cima para baixo, com destaque para as instruções de chamada (CALL) e retorno (RET). Quando uma rotina chama outra, a sua execução é suspensa até a rotina chamada retornar. A semântica do retorno implica que a rotina que é retornada é sempre a que está em execução, ou seja, a que foi chamada mais recentemente e, portanto, está há menos tempo em execução. Não se pode estar executando

**Tabela 5.15 – Analogia e diferenças entre o funcionamento da recepção de um supermercado e o mecanismo de chamada/retorno de rotinas**

| CLIENTE NO SUPERMERCADO | CHAMADA/RETORNO DE ROTINAS |
|---|---|
| - Quando entra – Deixa as sacolas na recepção, recebendo uma ficha numerada<br>- Quando sai – Entrega a ficha e recebe as suas sacolas de volta | - Quando chama uma rotina – Guarda o endereço de retorno em uma das células de memória da pilha<br>- Quando retorna – Recupera o endereço de retorno e vai para lá |
| - Clientes podem entrar e sair por qualquer ordem (por isso, precisam da ficha para se identificarem) | - A ordem de chamada/retorno é estritamente LIFO (*Last In, First Out*) – A última rotina a ser chamada é a primeira a ser retornada |
| - Sacolas são guardadas em escaninhos ou armários de acesso por ordem aleatória | - Endereços de retorno são guardados em uma pilha com acesso apenas pelo topo. O que está no topo da pilha é sempre o da rotina que está em execução |
| - Quando um cliente entrega as sacolas, estas são guardadas em qualquer escaninho que esteja livre<br>- Quando o cliente quer recuperar as sacolas, a ficha identifica o escaninho onde elas estão | - Quando uma rotina é chamada, o endereço de retorno é sempre colocado no topo da pilha<br>- Quando uma rotina retorna, seu endereço de retorno está sempre no topo da pilha |

---

[44]Esta analogia do supermercado é mais adequada a outra estrutura de dados, também importante, denominada *heap*, descrita na Subseção 5.8.5.

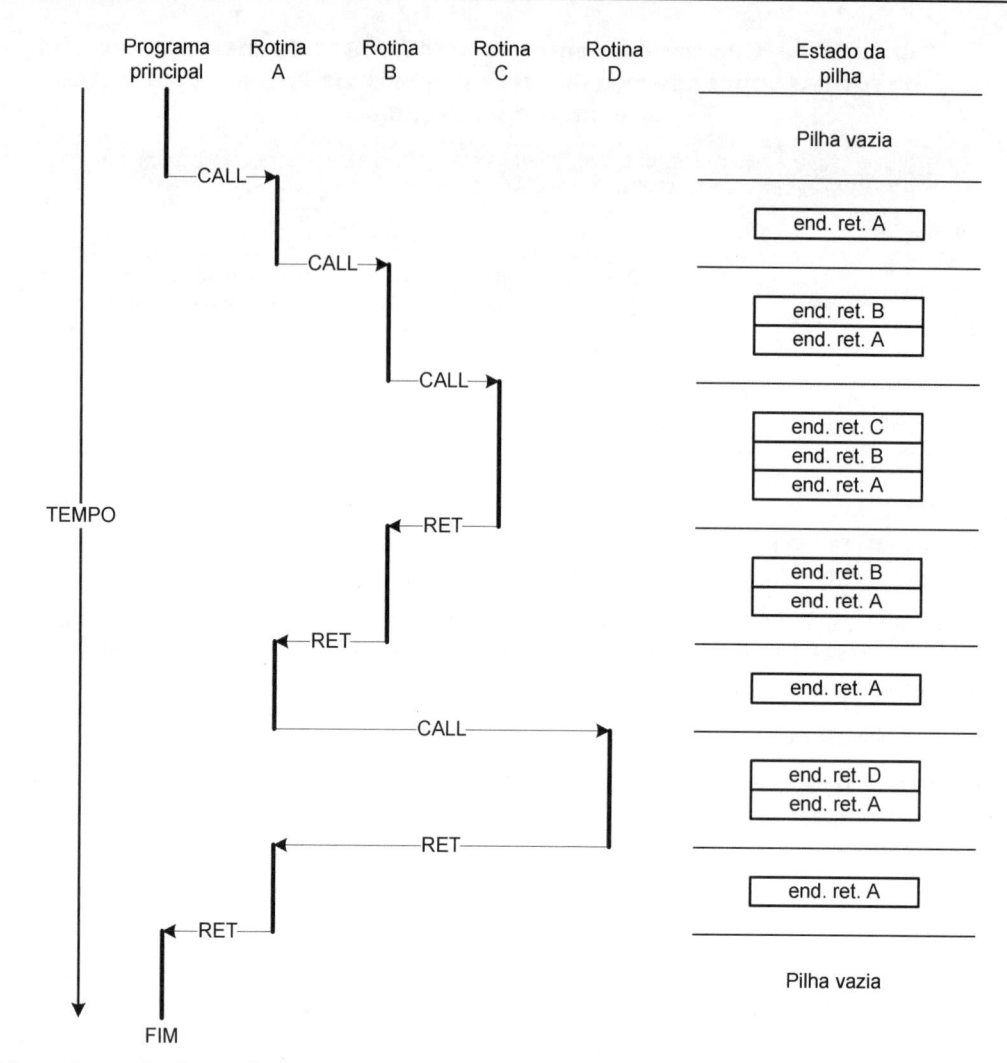

**Fig. 5.5 – Mecanismo de chamada/retorno de rotinas com endereço de retorno guardado em memória (na pilha), com a evolução do estado da pilha ao longo da chamada/retorno de algumas rotinas**

uma rotina e se retornar outra qualquer. A ordem de chamada/retorno utiliza uma política LIFO (*Last In, First Out* – a última a entrar é a primeira a sair, ou, melhor dizendo, a última a colocar o seu endereço de retorno na pilha é a primeira a retirá-lo).

Do lado direito, está representado o estado da pilha entre instruções de chamada/retorno, em que se pode verificar precisamente esta política:

- A pilha começa vazia, quando ainda não foi chamada nenhuma rotina;

- A rotina A é a primeira a colocar o endereço de retorno, quando é chamada, seguindo-se as rotinas B e C, nesta ordem, ocasião em que a pilha está na sua profundidade (número de endereços de retorno memorizados) máxima;

- A rotina C é a primeira a retornar (pois não chama nenhuma outra), seguindo-se a rotina B, ocasião em que, na pilha, volta a estar apenas o endereço de retorno da rotina A, que ainda não retornou;

- A rotina A invoca ainda a rotina D, aumentando de novo a profundidade da pilha. Observe que as posições na pilha são reutilizadas sempre que a profundidade volta a subir. O endereço de retorno da rotina D está agora, precisamente, na mesma posição que antes era ocupada pelo endereço de retorno da rotina B (que agora já não é necessário);

- Finalmente, a rotina D retorna, seguida do retorno de A e a pilha volta a ficar vazia;

- Cada instrução CALL (chamada) acrescenta um endereço de retorno no topo da pilha;

- Cada instrução RET (retorno) retira um endereço de retorno da pilha;

- Na pilha, os endereços de retorno mais antigos estão embaixo. No topo, está sempre o endereço de retorno da rotina de invocação mais recente, precisamente a que está em execução.

A pilha é assim uma tabela dinâmica, cujo número de elementos (profundidade da pilha) aumenta e diminui, ao longo da execução do programa. A pilha é implementada:

- Reservando, em memória, um conjunto de células para este fim. Observe que a dimensão da tabela é fixa. As células de memória têm de estar reservadas para a pilha, mesmo que não sejam usadas. O número de células ocupadas (as que contêm um endereço de retorno válido) é que vai variando. Quantas células devem ser reservadas? Depende da profundidade máxima esperada e cabe, ao programador, garantir que essa profundidade não seja ultrapassada, senão alguns endereços de retorno podem ser escritos fora da área reservada para a pilha, destruindo o conteúdo de áreas de memória adjacentes à área reservada para a pilha;

- Usando um registrador, que mantenha o endereço da célula de memória em que se situa o topo da pilha. Este registrador irá variar conforme o número de endereços de retorno armazenados na pilha aumente ou diminua (isto é, à medida que sejam executadas instruções CALL e RET, respectivamente).

Na realidade, estas operações de guardar/recuperar endereços de retorno, em memória, acabam por ser tão frequentes, que o PEPE reserva um registrador só para este fim: o SP (*Stack Pointer*, ou Ponteiro de Pilha – ver Figura 4.5).

A Figura 5.6 ilustra a implementação da pilha em memória. Parece-se fisicamente com uma pilha de endereços de retorno, com os mais recentes por cima (a célula de memória que contém o mais recente é denominada **topo da pilha**).

As células em cinza são as reservadas para a pilha. As células brancas são células adjacentes à pilha e podem conter valores de variáveis, instruções ou estar livres (tudo depende do programa e de como o programador alocou as diversas áreas do programa, no espaço de endereços).

Dentro da pilha, as células mais claras estão livres (estão reservadas para uso da pilha, mas não contêm nenhum endereço de retorno válido), enquanto as mais escuras indicam endereços de retorno correspondentes a rotinas chamadas e ainda não retornadas. Naturalmente, as áreas em cinza são apenas uma convenção para facilitar a explicação. Do ponto de vista do computador, todas as células de memória são iguais.

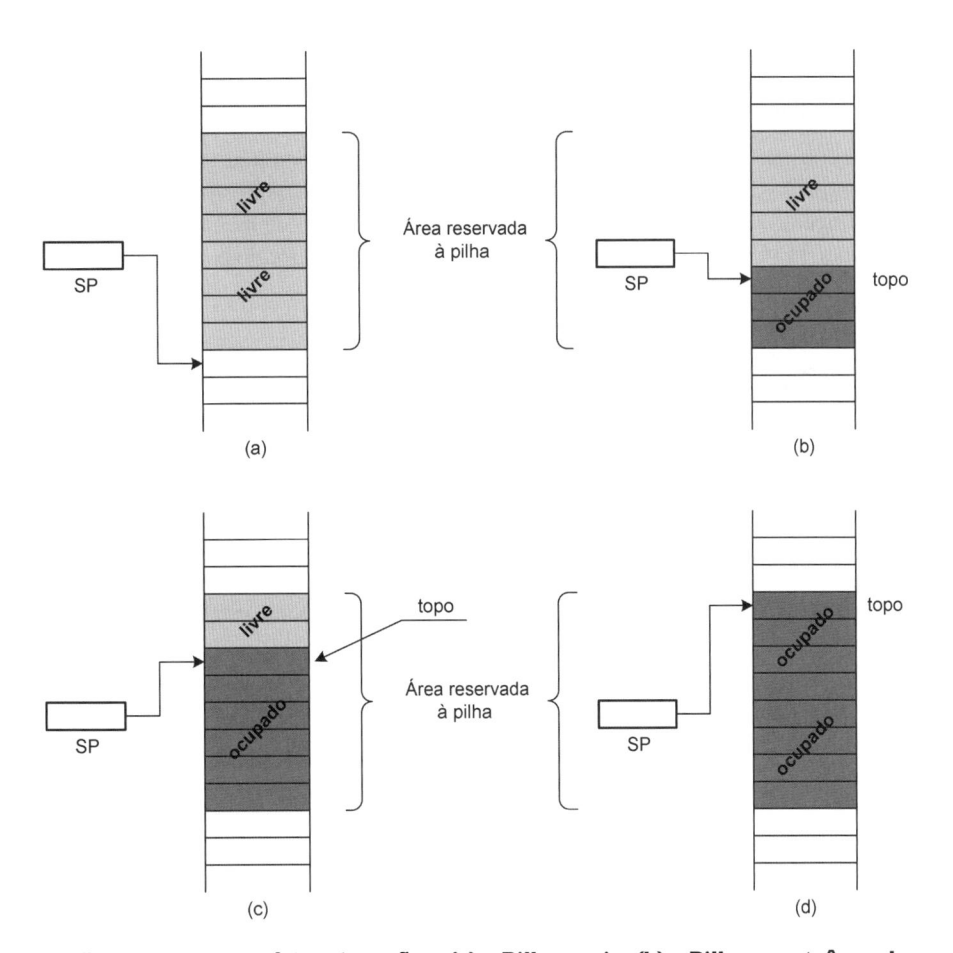

**Fig. 5.6 – Implementação da pilha, em várias situações: (a) – Pilha vazia; (b) – Pilha com três endereços de retorno; (c) – Pilha com seis endereços de retorno; (d) – Pilha cheia**

O registrador SP aponta para (contém o endereço de) a célula de memória onde está o topo da pilha (o endereço de retorno mais recente, o da rotina em execução). Dentro da pilha:

■ Acima do topo, todas as células da pilha estão livres;

■ O topo e todas as células abaixo estão ocupados.

Observe que "acima" quer dizer endereços menores e "abaixo" quer dizer endereços maiores (ver Figura 4.18, por exemplo).

Obviamente, o registrador SP tem de ser inicializado, pelo programa principal, antes de qualquer rotina ser chamada. Tal como se pode ver na Figura 5.6a, o valor inicial de SP deve ser o endereço imediatamente abaixo na figura (isto é, mais 2), em relação ao da primeira célula da pilha. É importante não esquecer que a pilha memoriza endereços, que são de 16 bits. Logo, os valores de SP devem ser sempre pares.

A Figura 5.6 descreve quatro situações:

a) Pilha vazia. Todas as células da pilha estão livres. Não há endereços de retorno válidos armazenados na pilha. O SP aponta para a célula imediatamente abaixo da primeira célula da pilha, o que quer dizer que, na realidade, nem existe topo. Esta é a situação que se verifica quando se está executando o programa principal, sem nenhuma rotina chamada;

b) A pilha tem três células ocupadas, o que quer dizer que, neste momento, há três rotinas chamadas e ainda não regressadas. A instrução em execução pertence à rotina, cujo endereço de retorno está no topo da pilha. O SP contém o endereço do topo;

c) Situação idêntica à (b), mas em que há seis endereços de retorno armazenados (a profundidade da pilha é maior);

d) A pilha está cheia, isto é, o topo já está ocupando a última célula reservada para a pilha. Se a rotina em execução chamar outra, a célula de memória imediatamente acima da pilha será escrita com o endereço de retorno dessa chamada, podendo assim destruir informação válida. Tem de ser reservado espaço suficiente para a pilha para que isto não aconteça.

A Tabela 5.16 apresenta a descrição das operações elementares (em RTL) das instruções de chamada/retorno que usam a pilha (CALL e RET). Observe que:

■ No CALL, o acesso à memória é feito com SP-2, mas o SP só é alterado após o acesso. Funcionalmente é equivalente, mas esta ordem é importante por causa do mecanismo de memória virtual (ver comentário à Tabela 6.15);

■ As duas formas de CALL diferem apenas na forma como se especifica o endereço da rotina chamada, de forma:

– **Relativa**, com uma constante que se soma ao valor do PC. Essa constante pode ter até 12 bits, pois 4 bits são gastos com o *opcode* da instrução CALL (embora nas instruções em linguagem *assembly* se especifique um rótulo a seguir ao mnemônico da instrução CALL, o que o *assembler* coloca, na instrução de máquina correspondente, é um valor que permite atingir o valor do rótulo a partir do valor do PC e não o valor do rótulo em si);

– **Absoluta**, indicando um registrador que deverá conter o endereço da rotina chamada. O Programa 5.13 dá um exemplo.

■ Dado que o registrador SP normalmente aponta para o topo da pilha (último endereço de retorno guardado lá), a operação de "guardar endereço de retorno na pilha", efetuada nas instruções CALL, envolve (nesta ordem):

– Ajustar o SP para apontar para a posição seguinte ao topo (que assim passa a ser ela o novo topo);

– Guardar o endereço de retorno nessa posição.

### Tabela 5.16 – Instruções de chamada/retorno de rotinas com endereço de retorno na pilha

| OPERAÇÃO | SINTAXE | AÇÕES (RTL) | COMENTÁRIOS |
|---|---|---|---|
| Chamada | CALL *constante* | Mw[SP-2] ← PC<br>SP ← SP - 2<br>PC ← PC + *constante* | Guarda endereço de retorno<br>Passa à próxima posição livre da pilha<br>Endereço (relativo) da rotina chamada |
| | CALL Rs | Mw[SP-2] ← PC<br>SP ← SP - 2<br>PC ← Rs | Guarda endereço de retorno<br>Passa à próxima posição livre da pilha<br>Endereço (absoluto) da rotina chamada |
| Retorno | RET | PC ← Mw[SP]<br>SP ← SP + 2 | Recupera endereço de retorno<br>Volta à posição anterior da pilha |

- A instrução RET usa a ordem inversa, recuperando primeiro o endereço de retorno e repondo o valor anterior do SP depois;

- A instrução RET não sabe qual a forma de CALL usada, nem depende dessa informação;

- A inicialização do PC, quando o processador inicia, é automática (o PC recebe 0000H, endereço em que a execução começa);

- O SP tem de ser inicializado explicitamente pelo programador, tipicamente através de um MOV.

A Tabela 5.17 apresenta um programa com a estrutura de rotinas que foi representada na Figura 5.5. Estão também representados os endereços em memória das várias instruções.

Observe a inicialização do SP, logo no início. O endereço escolhido (1000H, neste caso) tem de contemplar:

- O fato da pilha crescer "para trás" nos endereços, ou seja, um CALL faz diminuir o SP. Logo, o SP tem de ser inicializado no fim do espaço de memória reservado para a pilha (mais concretamente, no endereço logo após o espaço da pilha, pois o CALL decrementa primeiro o SP e só depois coloca o endereço de retorno na pilha);

- Espaço suficiente para a pilha, assumindo-se que as N palavras (2*N bytes) anteriores a 1000H estão reservadas para uso exclusivo da pilha (sendo N a profundidade máxima esperada para a pilha);

- A existência real de memória em toda esta faixa de endereços. O computador pode não ter memória em todo o seu espaço de endereçamento, por isso é preciso verificar se toda a faixa de endereços atribuídos à pilha está dentro da faixa de endereços com memória.

| NOTA | Dado que o espaço reservado para a pilha não precisa ser inicializado (só o SP, pois a pilha em si é considerada inicialmente vazia), é possível simplesmente inicializar o SP e assumir que as N palavras anteriores podem ser usadas para a pilha, desde que essa faixa de endereços não se sobreponha (nem que seja apenas parcialmente) a nenhum outro bloco de dados ou de instruções (é uma questão de verificar as diretivas PLACE e a dimensão de cada um dos blocos de dados e de instruções). |

**Tabela 5.17 – Programa com quatro rotinas, útil apenas para ilustrar o mecanismo de chamada/retorno. Este é o programa que serviu de base à Figura 5.5**

| ENDEREÇO | PROGRAMA |
|---|---|
| | apósPilha EQU 1000H     ; o endereço logo após a pilha (porque a pilha<br>                              ; cresce decrementando o SP) |
| | principal: |
| 0000H | MOV  SP, apósPilha  ; inicializa SP com o endereço logo após a pilha |
| 0002H | MOV  R0, 0 |
| 0004H | CALL A          ; chama a rotina A |
| 0006H | MOV  R1, 1 |
| 0008H | fim: JMP     fim    ; fim do programa |
| | |
| 000AH | A:  MOV  R2, 2 |
| 000CH | CALL B          ; chama a rotina B |
| 000EH | MOV  R3, 3 |
| 0010H | CALL D          ; chama a rotina D |
| 0012H | MOV  R4, 4 |
| 0014H | RET           ; retorna da rotina A |
| | |
| 0016H | B:  MOV  R5, 5 |
| 0018H | CALL C          ; chama a rotina C |
| 001AH | MOV  R6, 6 |
| 001CH | RET           ; retorna da rotina B |
| | |
| 001EH | C:  MOV  R7, 7 |
| 0020H | MOV  R8, 8 |
| 0022H | RET           ; retorna da rotina C |
| | |
| 0024H | D:  MOV  R9, 9 |
| 0026H | MOV  R10, 10 |
| 0028H | RET           ; retorna da rotina D |

Esta solução é a usada no programa da Tabela 5.17 apenas por uma questão de simplicidade. No entanto, a sua correção depende da atenção do programador. A solução seguinte é mais segura, pois usa as diretivas do *assembler* para fazer a reserva do espaço para a pilha. Se houver qualquer sobreposição entre blocos de dados e/ou instruções, o *assembler* gera uma mensagem de aviso.

```
tamPilha    EQU  100H              ; tamanho da pilha (em palavras)

PLACE       1000H                  ; localiza bloco de dados
pilha:      TABLE    tamPilha      ; reserva espaço para a pilha (tamPilha palavras)
apósPilha:                         ; endereço seguinte à pilha, valor inicial de SP
var1:       WORD 0000H             ; eventual variável seguinte à pilha

PLACE       0000H                  ; localiza bloco de instruções
principal:  MOV  SP, apósPilha     ; inicializa SP com o endereço logo após a pilha
            MOV  R0, 0
            CALL A                 ; chama a rotina A
            MOV  R1, 1
fim:        JMP  fim               ; fim do programa
            . . .                  ; resto do programa
```

Neste exemplo, a área de memória reservada para utilização da pilha está entre os endereços 1000H e 11FEH. apósPilha, o endereço imediatamente após a pilha, é 1200H, pois tamPilha é o número de palavras da pilha e não a sua dimensão em *bytes*. A diretiva TABLE reserva 100H palavras, ou 200H bytes.

Se uma variável for declarada logo a seguir à pilha, tal como var1, ela é alocada no endereço 1200H. SP é inicializado com este valor, mas a primeira instrução de CALL decrementa primeiro o SP (em 2 unidades) e só depois escreve na pilha. Assim, o primeiro endereço de retorno será guardado na pilha no endereço 11FEH (1200H − 2).

A Tabela 5.17 corresponde à estrutura estática do programa. A Tabela 5.18 contém a estrutura dinâmica, isto é, a sequência de instruções que são executadas ao longo do tempo, e ainda a evolução dos registradores mais relevantes (PC e SP) e das palavras da pilha que são usadas.

Esta tabela é muito importante em termos de ilustração do funcionamento do mecanismo de chamada/retorno das rotinas e deve ser entendida em detalhe. Os aspectos seguintes são os mais importantes:

- A coluna "Endereço" indica o endereço em que cada instrução reside em memória. Ao contrário do que acontece na Tabela 5.17, os endereços não estão ordenados em ordem crescente, mas sim em ordem de execução;

- A coluna "Programa" lista as instruções na ordem em que são executadas. Por simplicidade, os comentários são omitidos. Os rótulos e a endentação das instruções ajudam a manter a perspectiva da estrutura do programa original. A instrução com o rótulo fim é executada indefinidamente até o processador ser reinicializado;

- A coluna "PC" indica o valor que o PC tem no **início** de cada instrução e que é sempre 2 unidades acima do endereço em que a instrução reside. Ou seja, quando uma instrução começa a ser executada, o PC já foi atualizado e preparado para ir buscar a próxima instrução;

- Nas colunas seguintes, os valores representados são os que ficam **após** a execução de cada instrução. Para ficar mais claro, são indicados os valores apenas nas instruções de chamada e retorno. Nas restantes, os valores mantêm-se iguais aos valores anteriores. O valor **"xxxx"** significa "valor não inicializado", sendo portanto indeterminado;

- A coluna "SP" indica o valor com que o registrador SP fica após uma instrução de CALL ou de RET. Observe como ele desce após os CALLs e sobe após os RETs, voltando no fim ao valor original. É sempre um valor par, pois contém endereços de palavras (na pilha);

- As três colunas da direita representam as três palavras da pilha usadas. O seu valor começa como indeterminado, sendo inicializado pela instrução CALL. Só ao fim de três CALLs consecutivos (sem retorno), as três palavras são usadas. As áreas em cinza indicam a faixa de instruções em que cada palavra da pilha é válida (não inclui as instruções de RET porque, no fim dessas instruções, a palavra da pilha já não é válida). Observe:

  - O paralelismo das áreas em cinza com a Figura 5.5;

  - Que endereços de retorno na pilha são sempre os da instrução seguinte ao CALL, que chamou uma determinada rotina, tal como indicado pela coluna "PC";

  - Que as instruções de retorno (RET) não retiram fisicamente o endereço de retorno da pilha. Apenas o copiam para o PC e atualizam o SP (somam-lhe 2 unidades), o que faz com que a palavra da pilha, onde estava o endereço de retorno, seja declarada como estando livre. O endereço de retorno armazenado nessa palavra só será destruído (por um novo endereço de retorno) se houver um novo CALL, como acontece na instrução CALL D, no endereço 0010H.

**Tabela 5.18 – Evolução do estado de execução do programa da Tabela 5.17. Por motivos de clareza, nas quatro colunas da direita são omitidos os valores nas linhas em que a pilha ou o SP não estão envolvidos**

| ENDEREÇO | PROGRAMA | PC | SP | 0FFEH | 0FFCH | 0FFAH |
|---|---|---|---|---|---|---|
| | *estado inicial* | 0000H | xxxx | xxxx | xxxx | xxxx |
| | principal: | | | | | |
| 0000H | MOV SP, apósPilha | 0002H | 1000H | xxxx | xxxx | xxxx |
| 0002H | MOV R0, 0 | 0004H | | | | |
| 0004H | CALL A | 0006H | 0FFEH | 0006H | xxxx | xxxx |
| 000AH | A: MOV R2, 2 | 000CH | | | | |
| 000CH | CALL B | 000EH | 0FFCH | 0006H | 000EH | xxxx |
| 0016H | B: MOV R5, 5 | 0018H | | | | |
| 0018H | CALL C | 001AH | 0FFAH | 0006H | 000EH | 001AH |
| 001EH | C: MOV R7, 7 | 0020H | | | | |
| 0020H | MOV R8, 8 | 0022H | | | | |
| 0022H | RET | 0024H | 0FFCH | 0006H | 000EH | 001AH |
| 001AH | MOV R6, 6 | 001CH | | | | |
| 001CH | RET | 001EH | 0FFEH | 0006H | 000EH | 001AH |
| 000EH | MOV R3, 3 | 0010H | | | | |
| 0010H | CALL D | 0012H | 0FFCH | 0006H | 0012H | 001AH |
| 0024H | D: MOV R9, 9 | 0026H | | | | |
| 0026H | MOV R10, 10 | 0028H | | | | |
| 0028H | RET | 002AH | 0FFEH | 0006H | 0012H | 001AH |
| 0012H | MOV R4, 4 | 0014H | | | | |
| 0014H | RET | 0016H | 1000H | 0006H | 0012H | 001AH |
| 0006H | MOV R1, 1 | 0008H | | | | |
| 0008H | fim: JMP fim | 000AH | | | | |
| 0008H | fim: JMP fim | 000AH | | | | |
| 0008H | fim: JMP fim | 000AH | | | | |
| . . . | . . . . . . | . . . | | | | |

**SIMULAÇÃO 5.5 – CHAMADA DE ROTINAS COM A PILHA**

Esta simulação ilustra o mecanismo subjacente às instruções CALL e RET, com base em dois exemplos:

- programa da Tabela 5.17, tendo em conta a Tabela 5.18;

- programa da Tabela 5.8, que mostra como se pode implementar o Programa 5.3 (ordenação de números com o método por bolha), em linguagem *assembly*.

Os aspectos abordados por esta simulação incluem os seguintes:

- Execução com pontos de parada;

- Verificação do funcionamento das instruções CALL e RET;

- Verificação da evolução dos registradores relevantes (particularmente SP e PC);

- Verificação do funcionamento da pilha.

### 5.7.2.4 QUAL DOS MECANISMOS DE CHAMADA DE ROTINAS DEVE SER USADO?

A Tabela 5.14 já comparou os dois mecanismos de chamada/retorno, usando o registrador de ligação (RL) ou a pilha para guardar o endereço de retorno. As Subseções 5.7.2.2 e 5.7.2.3, respectivamente, detalharam cada um dos mecanismos.

Claramente, a pilha é muito mais geral do que o RL, funcionando bem em qualquer caso e não apenas no caso das rotinas que não chamam outras. A questão, então, é por que haveria de se ter o mecanismo com RL e não usar exclusivamente a pilha. A resposta é muito simples: **desempenho** (rapidez de processamento).

O problema da área de Arquitetura de Computadores não é propriamente a funcionalidade. A programação é tão flexível que os processadores conseguem fazer quase tudo o que quisermos, com mais ou menos instruções. O grande problema é velocidade de processamento. Os processadores executam milhões e milhões de operações elementares para conseguir implementar funcionalidades complexas e, portanto, devem executar essas operações o mais rápido possível. O cerne da área de Arquitetura de Computadores é conseguir uma organização interna dos computadores, que lhes permita maximizar o seu desempenho (para uma determinada frequência de relógio).

O mecanismo de chamada/retorno com o RL é interessante porque não envolve acessos à memória (no caso de rotinas que não chamam outras). Um acesso a um registrador é sempre mais rápido do que um acesso à memória. O problema é se a rotina chamada quiser chamar outra. Neste caso, podemos usar uma das seguintes soluções:

1. Guardar o RL noutro registrador antes de chamar a outra rotina e recuperá-lo depois do retorno dessa rotina (ver exemplo na Tabela 5.11). Embora muito rápido, esta abordagem é muito pouco flexível e nem sempre possível, já que os registradores são poucos e, portanto, tendem a estar sempre ocupados;

2. Guardar o RL na pilha (a Subseção 5.7.3.1 explica como isto é possível). Solução bastante flexível, pois pode ser repetida várias vezes, portanto rotinas que chamam outras são facilmente suportadas, mas perde-se a vantagem do não acesso à memória;

3. Não usar CALLF e RETF (as instruções que usam o RL) para chamar rotinas que chamem outras, usando CALL e RET nestes casos.

Cabe ao programador de linguagem *assembly* (ou, mais frequentemente, ao compilador) escolher, em cada caso, qual a melhor das soluções. Estas podem coexistir facilmente no mesmo programa, mas é imprescindível usar a mesma solução na chamada e no retorno de uma determinada rotina.

Como o mecanismo da pilha é o mais fácil de usar e o mais geral, o programador de *assembly* tende a usá-lo. O mecanismo com RL é tipicamente uma otimização reservada para os compiladores, que podem fazer um gerenciamento automático dos registradores e decidir, em cada caso, qual a melhor solução (algo muito difícil de fazer manualmente).

Uma otimização óbvia é usar o mecanismo CALLF-RETF apenas nas rotinas que não invoquem outras. Mesmo assim, ainda é preciso ter outros fatores em conta, como a alocação de variáveis locais às funções, ferramentas de desenvolvimento que envolvam inspeção da estrutura de dados do programa (depuradores, por exemplo), etc.

Em alto nível (linguagem C, por exemplo), este problema não ocorre. A semântica da chamada e de retorno das funções está bem definida, mas não especifica como é que o retorno é feito, nem onde é que a informação necessária para o retorno é guardada. É um problema da implementação da linguagem. Em uns computadores pode ser feito de uma maneira, em outros computadores poderá ser feito de forma diferente. O compilador sempre tem que ser adequado ao computador onde o programa irá ser executado e escolherá qual a melhor implementação para esse computador e para esse programa.

### 5.7.2.5 Variantes do funcionamento da pilha

O funcionamento da pilha descrito até aqui pelas instruções CALL e RET (Tabela 5.16) e pela Figura 5.6 pode sofrer variantes, discutidas nesta seção apenas porque nem todos os processadores implementam este mecanismo exatamente da mesma maneira. A Figura 5.7 apresenta uma das variantes em várias situações (e-h), ao mesmo tempo que inclui a variante da Figura 5.6 a-d para servir de termo de comparação.

Há duas formas de variar a implementação:

■ O SP aponta para o topo da pilha (como na Figura 5.7 a-d) ou para a primeira posição livre logo a seguir ao topo (como na Figura 5.7 e-h);

■ A pilha cresce para cima (Figura 5.7 a-d) ou para baixo (Figura 5.7e-h).

Há assim quatro hipóteses, duas das quais representadas na Figura 5.7. As outras duas correspondem a trocar as combinações das duas formas de variação. No fundo, todas as hipóteses acabam por ser equivalentes (implementam a mesma funcionalidade), sendo apenas uma questão de convenção.

A hipótese da Figura 5.7 a-d parece ser mais intuitiva do que a da Figura 5.7 e-h (porque "topo" na figura fica mesmo em cima) e essa é uma das razões por que, tradicionalmente, o SP é inicializado com o maior endereço e depois as instruções de CALL fazem o SP diminuir, subindo na figura (convencionando que os endereços crescem de cima para baixo).

Mas o importante é o CALL e o RET serem compatíveis entre si. Se o RET funcionar de forma inversa ao CALL, então são compatíveis (mas atenção porque é preciso saber onde inicializar o SP). O PEPE utiliza o esquema da Figura 5.7 a-d.

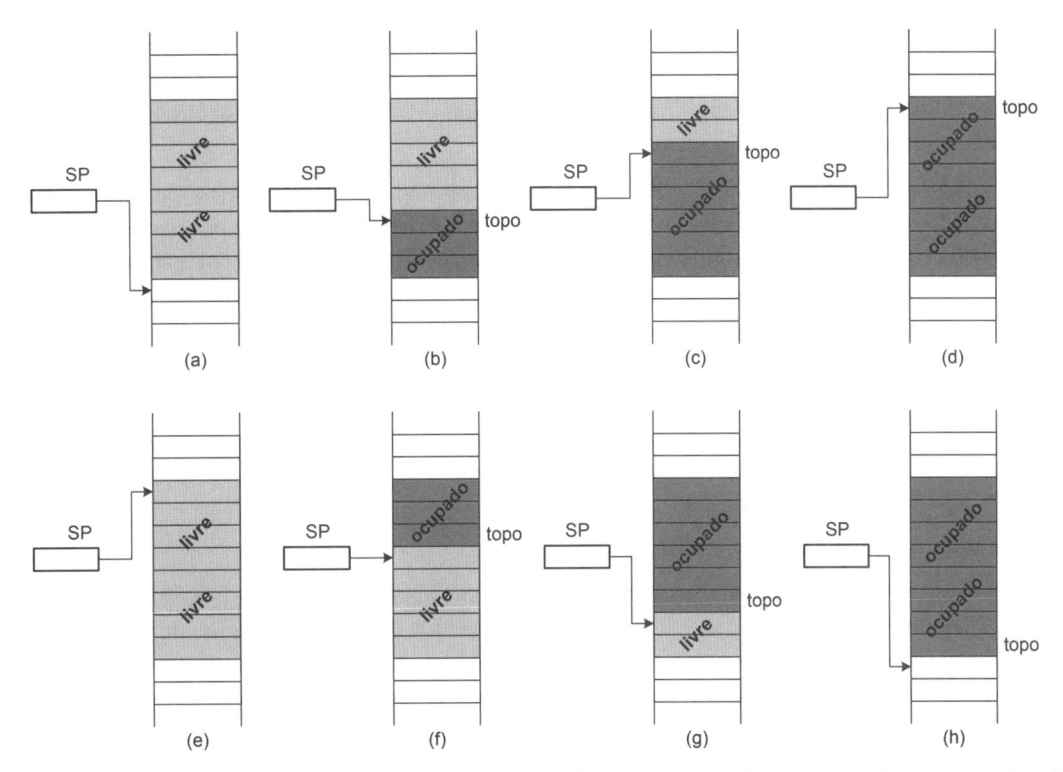

**Fig. 5.7 - Variantes da implementação da pilha, em várias situações: (a) a (d) – Pilha com funcionamento igual ao da Figura 5.6 (usada no PEPE); (e) a (h) – Pilha com topo embaixo e SP apontando para a primeira posição livre**

---

ESSENCIAL

- As rotinas são o elemento básico de estruturação do código em linguagem *assembly* e correspondem às funções das linguagens de alto nível. As rotinas podem ter parâmetros (ou argumentos) e valores de retorno, que são passados tipicamente em registradores;

- As rotinas são chamadas com instruções CALL, que guardam o endereço da instrução para onde devem retornar e desviam para o endereço da rotina. Terminam com instruções RET, que obtêm o endereço de retorno, para onde desviam. O endereço de retorno é sempre o da instrução seguinte ao CALL que invocou a rotina. Uma rotina pode ser chamada a partir de muitos CALLs diferentes;

- O endereço de retorno é guardado em memória ou num registrador (de acesso mais rápido, mas que não suporta diretamente rotinas que chamam rotinas). Em memória, o endereço de retorno é guardado na **pilha**, uma área de memória com acesso sequencial controlado por um ponteiro, o SP (*Stack Pointer*), que aponta para a última célula escrita (topo da pilha, graficamente por cima, mas com menor endereço, usando a convenção de endereços maiores embaixo);

- O CALL guarda o endereço de retorno acima do topo (se tornando o novo topo e diminuindo o SP). O RET retira o endereço de retorno da pilha e o SP aumenta, passando a célula imediatamente abaixo a ser o novo topo.

---

### 5.7.3 OUTRAS UTILIZAÇÕES DA PILHA EM ROTINAS

#### 5.7.3.1 GUARDA DE REGISTRADORES NAS ROTINAS

Uma das decisões básicas que um compilador (ou programador de linguagem *assembly*) tem de tomar é atribuir variáveis a registradores. Isto é, decidir que variável fica em que registrador ou, de forma mais abrangente, decidir qual o significado de cada registrador.

O ideal seria cada rotina usar o seu próprio conjunto de registradores, não partilhado com nenhuma outra rotina. Infelizmente, isto não é tecnicamente viável. O número de registradores é muito limitado e, apesar dos compiladores tentarem a melhor utilização possível para os registradores, o fato é que é frequente uma rotina chamar outra que use (altere) registradores que estão sendo usados (e cujos valores não devem ser destruídos).

Naturalmente, este conflito só traz problemas se a rotina chamada alterar o valor do registrador em questão, pois destrói o valor que a rotina que chama tinha guardado nesse registrador.

Isto pode acontecer mesmo quando há um ou mais registradores livres, que não estão sendo usados. Quando o compilador compila uma rotina, tem de decidir quais registradores usar. Como uma rotina pode chamar várias, que por sua vez podem chamar outras, é virtualmente impossível (excetuando os casos trivialmente simples) encontrar uma solução em que, em nenhuma combinação de chamada de rotinas, haja conflitos de registradores.

Deve-se ainda ter atenção ao seguinte:

- Conflito é diferente de compartilhamento. A semântica do programa pode ser tal que duas rotinas cooperem na definição do valor de um registrador, sendo, portanto, uma situação desejável;

- Só há conflito com problemas se houver escrita no registrador. Se o registrador só for lido pelas duas rotinas, então é um caso de compartilhamento para leitura;

- Conflito pode assim ser definido como um compartilhamento para escrita não desejável;

- Os conflitos podem não ser diretamente visíveis. Por exemplo, imagine que a rotina A usa o R2 e chama a rotina B, que não usa o R2, mas chama outra rotina C que, essa sim, usa e altera o R2. Do ponto de vista da rotina A, o valor de R2 foi alterado durante a chamada a B, destruindo o valor que A tinha guardado em R2.

Como exemplo, repare na rotina ordena da Tabela 5.8. Esta rotina usa os registradores indicados na Tabela 5.19, que analisa a utilização de cada um deles. Os registradores R1 e R2 têm significado tanto na rotina ordena como na rotina que a chamou. São usados para passar os parâmetros para a rotina e retornar o respectivo resultado (Subseção 5.7.3.2). A rotina que chama tem de inicializá-los com os valores corretos e a rotina chamada tem de retornar o resultado num dos registradores. As duas podem também combinar que é a rotina chamada que produz valor(es) e o(s) armazena em determinado(s) registrador(es). No fundo, é um contrato entre as duas rotinas, um compartilhamento dos registradores entre elas.

Os registradores R3, R4 e R5, por sua vez, têm uma utilização diferente, que é apenas local à rotina ordena. Esta altera o seu valor, mas não sabe se estes registradores tinham conteúdo significativo para a rotina que a chamou. Por sua vez, muito provavelmente, a rotina que chama não faz ideia se a rotina chamada irá alterar estes registradores e poderá passar a funcionar mal se a informação contida nestes registradores for destruída. É um caso de potencial conflito.

Neste exemplo simples, em que a rotina ordena faz parte de um pequeno programa (Tabela 5.8), não há conflito entre registradores. No entanto, isto se deve à dimensão extremamente reduzida do programa (e mesmo assim, neste programa, só R0 está livre) e porque o programador evitou usar os registradores em mais do que uma rotina. Em qualquer programa de funcionalidade minimamente significativa, o conflito é inevitável.

Assumindo que uma rotina A chama outra B, os conflitos em termos de utilização de registradores só podem ser eliminados numa de três situações possíveis:

1. Alguém (o compilador ou o programador) verificou que não há, efetivamente, utilização de um mesmo registrador por A e por B, e então não é preciso fazer nada;

2. A rotina A guarda o valor dos registradores em memória antes de chamar a rotina B, recuperando o valor destes registradores mal a rotina B retorne;

**Tabela 5.19 – Registradores usados pela rotina ordena e significado dessa utilização**

| REGISTRO | SIGNIFICADO | ALTERA REGISTRADOR | REGIME |
|---|---|---|---|
| R1 | Parâmetro (x) e resultado | Sim | compartilhamento |
| R2 | Parâmetro (y) | Não | compartilhamento |
| R3 | Valor temporário | Sim | compartilhamento |
| R4 | Valor temporário | Sim | compartilhamento |
| R5 | Variável local (auxiliar) | Sim | compartilhamento |

**Tabela 5.20 – Instruções PUSH e POP. Mw significa acesso em palavra (16 bits)**

| SINTAXE EM *ASSEMBLY* | RTL | FUNCIONALIDADE |
|---|---|---|
| PUSH Rs | Mw[SP-2] ← Rs<br>SP ← SP - 2 | Guarda uma cópia do registrador Rs na pilha |
| POP Rd | Rd ← Mw[SP]<br>SP ← SP + 2 | Retira o valor no topo da pilha e coloca-o no registrador Rd |

3. A rotina B guarda em memória os registradores que precisar alterar (antes de os alterar), tendo o cuidado de repor os valores originais antes de retornar.

A hipótese 1 só é viável em programas trivialmente simples.

A hipótese 2 tem o problema de replicar as operações de guarda/recuperação de registradores em todas as chamadas a uma determinada rotina, além de que eventuais alterações na rotina B (à medida que o programa é desenvolvido) podem obrigar a alterações em todos os pontos do programa em que B é chamada.

A hipótese 3 é a melhor, porque a rotina B (chamada) é que sabe que registradores irá alterar e, portanto, quais deve guardar/recuperar, embora esteja sujeita a perder tempo guardando/recuperando registradores que, afinal, a rotina A (a que chama) não estava usando. No entanto, é um método seguro, pois a rotina pode ser chamada a partir de várias outras rotinas e nem todas usam os mesmos registradores. Guardando/recuperando todos os registradores que altera, a rotina garante que não interfere no contexto da rotina que a chamou.

Como medida de boa programação em linguagem *assembly*, qualquer rotina que altere um registrador, sem ser por mútuo acordo com a rotina que chama, deve guardá-lo antes de usá-lo (normalmente no início da rotina) e repor o seu valor antes de retornar. Mesmo que no momento em que a rotina for feita nem todos os registradores precisem ser guardados (porque a rotina que a chama não precisa disso), mesmo assim deve-se fazê-lo, antecipando eventuais novas chamadas (por parte de outras rotinas). Esta regra não se aplica ao código gerado por compiladores, pois, em cada compilação, o compilador gera todo o código de novo e, por isso, pode facilmente se adaptar às alterações efetuadas.

A área de memória ideal para guardar os registradores é a pilha, pois a necessidade de guardar/repor registradores acontece no ritmo das chamadas e retornos. O PEPE tem duas instruções específicas para este fim, PUSH e POP, descritas na Tabela 5.20.

 **NOTA** Tal como no CALL (Tabela 5.16 e Tabela 5.21), o PUSH usa SP-2 para o acesso à memória e só depois atualiza o SP, por causa do mecanismo de memória virtual (ver comentário à Tabela 6.15).

A Tabela 5.21 mostra a equivalência (apenas em termos de funcionalidade) de CALL e RET em instruções mais simples e mostra que, na prática:

■ Chamar uma rotina (CALL) não passa de um desvio (JMP), em que se tem o cuidado de guardar o valor do PC antes de desviar (o desvio destrói o valor anterior do PC);

■ Retornar de uma rotina (RET) não é mais do que recuperar o valor anterior do PC, após execução da rotina.

**Tabela 5.21 – Equivalência funcional das instruções CALL e RET e sua relação com JMP**

| INSTRUÇÕES | AÇÕES (RTL) | EQUIVALE FUNCIONALMENTE A |
|---|---|---|
| JMP Rs | PC ← Rs | ; desvia sem preocupações de recuperar o<br>; valor anterior do PC |
| CALL Rs | Mw[SP-2] ← PC<br>SP ← SP - 2<br>PC ← Rs | PUSH PC    ; guarda PC na pilha (esta<br>          ; instrução não existe!)<br>JMP  Rs    ; desvia para a rotina |
| RET | PC ← Mw[SP]<br>SP ← SP + 2 | POP  PC    ; recupera o valor do PC (esta<br>          ; instrução não existe!) |

 **NOTA** As instruções PUSH PC e POP PC não existem. Nas instruções PUSH e POP, podem ser especificados apenas os registradores do banco de registradores (Figura 4.5) e o PC é o único que não está incluído. Foram indicadas desta forma apenas para se entender a funcionalidade que existe, mas está embutida nas instruções CALL e RET, não existindo em instruções separadas.

O Programa 5.5 serve apenas para ilustrar o mecanismo de guarda/recuperação de registradores na pilha. A Tabela 5.22 mostra a evolução dos registradores relevantes e da pilha, após a execução de cada uma das instruções deste programa. Os números do lado esquerdo são os endereços das instruções.

```
0000H          MOV   SP, 1000H   ; inicializa o SP
0002H          MOV   R1, 111H    ; inicializa R1
0004H          MOV   R2, 222H    ; inicializa R2
0006H          CALL  A           ; chama a rotina A
0008H   fim:   JMP   fim         ; programa acabou

000AH   A:     PUSH  R1          ; guarda o valor de R1 na pilha
000CH          PUSH  R2          ; guarda o valor de R2 na pilha
000EH          MOV   R1, 123H    ; altera R1
0010H          MOV   R2, 456H    ; altera R2
0012H          CALL  B           ; chama a rotina B
0014H          POP   R2          ; repõe valor anterior de R2
0016H          POP   R1          ; repõe valor anterior de R1
0018H          RET               ; retorna da rotina A

001AH   B:     PUSH  R2          ; guarda o valor de R2 na pilha
001CH          MOV   R2, 5       ; altera R2
001EH          POP   R2          ; repõe valor anterior de R2
0020H          RET               ; retorna da rotina B
```

**Programa 5.5 - Programa simples, com o único objetivo de ilustrar a guarda/recuperação de registradores pelas rotinas**

O programa principal (até o endereço 0008H, no Programa 5.5) usa dois registradores, R1 e R2, e chama a rotina A, que por sua vez chama a rotina B. Ambas guardam, na pilha, os registradores que alteram e recuperam os seus valores antes de regressarem.

Para ser mais explícito, apenas os valores iniciais, os finais e os que mudam estão representados na Tabela 5.22. Os outros são iguais ao valor anterior. O valor "xxxx" significa "não inicializado" ou "indeterminado". A área em cinza corresponde à utilização da pilha (palavras válidas). Observe que:

- Com este esquema, as rotinas podem alterar os registradores à vontade, desde que os guardem primeiro na pilha e reponham os respectivos valores antes de retornarem;

- A área em cinza representa o conjunto das palavras válidas na pilha e, portanto, a sua profundidade ao longo do tempo;

- Um RET ou um POP apenas reduz o número de palavras válidas na pilha (incrementando o SP), mas não destrói o conteúdo da pilha. Esta é a razão pela qual a última linha reflete os valores que ficaram na pilha, apesar de esta terminar vazia;

- Os dados (valores dos registradores) são guardados, na pilha, misturados com os endereços de retorno. O programa não precisa saber onde estão os dados e os endereços de retorno. Basta que as operações de retirar valores da pilha sejam feitas exatamente pela ordem inversa das operações correspondentes de colocar valores na pilha.

Este último ponto chama a atenção para o fato de ser preciso muito cuidado na utilização da pilha. Basta um pequeno descuido e o programa pode confundir-se completamente. Os erros mais típicos relacionados com a guarda de registradores na pilha são os seguintes:

- Não guardar/recuperar todos os registradores. Este erro pode acontecer quando se faz a rotina pela primeira vez, mas é mais típico de quem altera uma rotina, para usar mais um registrador, mas esquece de acrescentar os respectivos PUSH e POP. Como o registrador é alterado, partes do programa que funcionavam podem deixar de funcionar;

**Tabela 5.22 – Evolução dos registradores relevantes e da pilha após a execução de cada instrução do Programa 5.5**

| END. | INSTRUÇÃO | R1 | R2 | SP | 0FFEH | 0FFCH | 0FFAH | 0FF8H | 0FF6H |
|------|-----------|-----|-----|------|-------|-------|-------|-------|-------|
| | *estado inicial* | XXXX | XXXX | XXXX | XXXX | XXXX | XXXX | XXXX | XXXX |
| 0000H | MOV SP, 1000H | | | 1000H | | | | | |
| 0002H | MOV R1, 111H | 0111H | | | | | | | |
| 0004H | MOV R2, 222H | | 0222H | | | | | | |
| 0006H | CALL A | | | 0FFEH | 0008H | | | | |
| 000AH | A: PUSH R1 | | | 0FFCH | | 0111H | | | |
| 000CH | PUSH R2 | | | 0FFAH | | | 0222H | | |
| 000EH | MOV R1, 123H | 0123H | | | | | | | |
| 0010H | MOV R2, 456H | | 0456H | | | | | | |
| 0012H | CALL B | | | 0FF8H | | | | 0014H | |
| 001AH | B: PUSH R2 | | | 0FF6H | | | | | 0456H |
| 001CH | MOV R2, 5 | | 0005H | | | | | | |
| 001EH | POP R2 | | 0456H | 0FF8H | | | | | |
| 0020H | RET | | | 0FFAH | | | | | |
| 0014H | POP R2 | | 0222H | 0FFCH | | | | | |
| 0016H | POP R1 | 0111H | | 0FFEH | | | | | |
| 0018H | RET | | | 1000H | | | | | |
| 0008H | fim:JMP fim | 0111H | 0222H | 1000H | 0008H | 0111H | 0222H | 0014H | 0456H |

- Recuperar os registradores sem ser pela ordem inversa. O efeito prático é trocar os valores dos registradores. Como exemplo, imagine que a rotina A era, não como no Programa 5.5, mas sim da forma seguinte, em que a ordem dos POPs é a mesma dos PUSHs, em vez de ser a inversa. R1 e R2 ficarão com os valores trocados!

```
A:    PUSH  R1           ; guarda o valor de R1 na pilha
      PUSH  R2           ; guarda o valor de R2 na pilha
      MOV   R1, 123H     ; altera R1
      MOV   R2, 456H     ; altera R2
      CALL  B            ; chama a rotina B
      POP   R1           ; repõe valor anterior de R2!
      POP   R2           ; repõe valor anterior de R1!
      RET                ; retorna da rotina A
```

- Emparelhamento incorreto entre PUSHs e POPs (isto é, não há um POP para cada PUSH). Isto pode ocorrer basicamente por duas razões típicas:

  – O programador começou a fazer a rotina e colocou os PUSHs. Entretanto, ao fazer a rotina, acabou por esquecer dos POPs (ou pelo menos de alguns);

  – Um PUSH ou um POP está dentro de uma parte de código condicional (isto é, que pode ser ou não executada, dependendo de uma condição). Imagine, por exemplo, que a rotina B era, não como no Programa 5.5, mas sim da forma seguinte, em que o POP pode ou não ser executado. Se não for, o RET irá retirar da pilha e colocar no PC, não o endereço de retorno da rotina B, mas sim o valor que estiver no topo da pilha nessa ocasião que, nesse caso, será o valor de R2 colocado lá pelo PUSH R2;

```
B:      PUSH  R2        ; guarda o valor de R2 na pilha
        JZ    SB        ; retorna se o bit Z for 1
        MOV   R2, 5     ; altera R2
        POP   R2        ; repõe valor anterior de R2
SB:     RET             ; retorna da rotina B
```

Em qualquer destas duas situações, a consequência é o controle retornar, não para o endereço certo, mas sim para uma instrução, no endereço dado pelo valor anterior do último registrador guardado (que, inclusive, poderá nem ser numa área de instruções), e o mais provável é o programa confundir-se completamente.

Outros efeitos possíveis são:

– POP com a pilha vazia (se faltar alguma instrução de PUSH ou, erradamente, houver POPs a mais);

– PUSH com a pilha cheia. Também pode se dever a um dimensionamento insuficiente da pilha, mas o mais provável é haver um loop em que falte um POP, de modo que, em cada iteração, a pilha vai ficando com uma palavra (ou mais) em excesso ao que devia ter. Ao fim de algumas iterações, a pilha fica cheia. Outra causa possível é recursividade infinita (Subseção 5.7.3.5).

 Estes erros são razoavelmente frequentes em programação manual em linguagem *assembly* (em particular, se o programador tiver pouca experiência). Os compiladores geram o código correto e, só por erro grosseiro de quem programou o compilador (que rapidamente será detectado nos primeiros testes do compilador), é que o compilador cometerá um erro de utilização da pilha.

A guarda/gerenciamento/recuperação de registradores, não existe para o programador nas linguagens de alto nível. O compilador trata de tudo e o programador só tem de chamar as rotinas e retornar delas. O compilador insere, automaticamente, os PUSHs e POPs que forem necessários.

## SIMULAÇÃO 5.6 – GUARDA DE REGISTRADORES NAS ROTINAS

Esta simulação ilustra o funcionamento da guarda/recuperação de registradores nas rotinas, usando como base o Programa 5.5 e a Tabela 5.22. Os aspectos abordados incluem os seguintes:

- Execução com pontos de parada;

- Verificação do funcionamento das instruções PUSH e POP;

- Verificação da evolução dos registradores relevantes e da pilha;

- Verificação do efeito dos erros mencionados sobre a utilização das instruções PUSH e POP.

Como exemplo aplicado ao programa de ordenação de números pelo método da bolha, a Tabela 5.23 mostra como a rotina ordena pode ser implementada (i) sem se preocupar em guardar os registradores (reprodução desta rotina na Tabela 5.8 para facilidade de comparação) e (ii) de forma mais correta, preservando o valor dos registradores.

Observe que:

- A função em C é igual nos dois casos (é apenas uma questão do código gerado pelo compilador);

- Os POPs são feitos pela ordem inversa dos respectivos PUSHs;

- Na primeira versão, há dois pontos de retorno, enquanto na segunda só há um, com o rótulo acaba (há um desvio para lá do outro ponto de retorno original). Isto é fundamental para o programador não esquecer de que os POPs têm de ser feitos no retorno. A alternativa é duplicar os POPs em ambos os pontos de saída, mas visualmente aparecem dois POPs para cada PUSH, o que, sem estar errado (só um dos POPs é executado em cada chamada à rotina), é nitidamente mais confuso;

- A guarda/recuperação de R5 é feita apenas dentro da instrução if. Podia estar junto com a dos registradores R3 e R4, mas assim evita-se perder tempo com o R5, caso a expressão booleana do if seja falsa. Verifica-se, assim, que a guarda/recuperação deve ser feita no âmbito mais restrito possível e não necessariamente no nível global da rotina.

## SIMULAÇÃO 5.7 – ORDENAÇÃO POR BOLHA COM GUARDA DE REGISTRADORES

Esta simulação aplica, o mecanismo de guarda/recuperação de registradores nas rotinas, ao programa de ordenação de números pelo método de bolha. O programa de base é o da Tabela 5.8, com as adaptações necessárias para incluir preservação de registradores. A Tabela 5.23 mostra a rotina ordena da Tabela 5.8 já modificada para incluir este aspecto. O programa completo está incluído nesta simulação.

**Tabela 5.23 – Comparação entre duas implementações da rotina** ordena**, sem e com guarda/recuperação dos registradores usados pela rotina**

| MODO | FUNÇÃO EM C | ROTINA EM *ASSEMBLY* |
|---|---|---|
| SEM GUARDAR REGISTRADORES | `int ordena (int* x, int* y)`<br>`{`<br>`    int auxiliar;`<br>`    if (*x > *y)`<br>`    {`<br>`        auxiliar = *x;`<br>`        *x = *y;`<br>`        *y = auxiliar;`<br>`        return true;`<br>`    }`<br>`    else`<br>`        return false;`<br>`}` | `ordena:        ; x vem em R1, y vem em R2`<br>`; R3 e R4 são usados como registradores temporários`<br>`; auxiliar usa o R5`<br>`        MOV   R3, [R1] ; *x`<br>`        MOV   R4, [R2] ; *y`<br>`        CMP   R3, R4   ; (*x > *y) ?`<br>`        JLE   else     ; se não, executa o else`<br>`        MOV   R5, R3   ; auxiliar = *x;`<br>`        MOV   [R1], R4 ; *x = *y;`<br>`        MOV   [R2], R5 ; *y = auxiliar;`<br>`        MOV   R1, 1    ; true`<br>`        RET            ; return true;`<br>`else: MOV   R1, 0    ; false`<br>`        RET            ; return false;`<br>`; o valor retornado está no R1` |
| COM PRESERVAÇÃO DOS REGISTRADORES | `int ordena (int* x, int* y)`<br>`{`<br>`    int auxiliar;`<br>`<br>`    if (*x > *y)`<br>`    {`<br>`        auxiliar = *x;`<br>`        *x = *y;`<br>`        *y = auxiliar;`<br>`<br>`        return true;`<br>`    }`<br>`    else`<br>`        return false;`<br>`<br>`}` | `ordena:        ; x vem em R1, y vem em R2`<br>`; R3 e R4 são usados como registradores temporários`<br>`; auxiliar usa o R5`<br>`        PUSH  R3       ; guarda o valor de R3`<br>`        PUSH  R4       ; guarda o valor de R4`<br>`        MOV   R3, [R1] ; *x`<br>`        MOV   R4, [R2] ; *y`<br>`        CMP   R3, R4   ; (*x > *y) ?`<br>`        JLE   else     ; se não, executa o else`<br>`        PUSH  R5       ; guarda o valor de R5`<br>`        MOV   R5, R3   ; auxiliar = *x;`<br>`        MOV   [R1], R4 ; *x = *y;`<br>`        MOV   [R2], R5 ; *y = auxiliar;`<br>`        POP   R5       ; repõe o valor de R5`<br>`        MOV   R1, 1    ; true`<br>`        JMP   acaba    ; return true;`<br>`else: MOV   R1, 0    ; false`<br>`acaba:`<br>`        POP   R4       ; repõe o valor de R4`<br>`        POP   R3       ; repõe o valor de R3`<br>`        RET            ; return false;`<br>`; o valor retornado está no R1` |

Os aspectos abordados incluem os seguintes:

- Execução com pontos de parada;

- Verificação do funcionamento das instruções `PUSH` e `POP`;

- Verificação da evolução dos registradores relevantes e da pilha (em termos de conteúdo e de profundidade).

### 5.7.3.2 VARIÁVEIS LOCAIS

Nas linguagens de alto nível, uma variável local é definida como uma variável que só é válida num determinado âmbito restrito, normalmente uma função. Uma variável local não pode ser acessada a partir do exterior desse âmbito. O termo "local" aplica-se em oposição ao termo "global". Uma variável global é válida e acessível em qualquer ponto do programa. Para que isso aconteça, deve estar definida fora de qualquer função, incluindo a função principal (`main`).

Para uma função acessar uma variável, ou (i) é global ou (ii) é passada como parâmetro ou (iii) é local (declarada dentro da função). No exemplo em C que temos visto neste capítulo (ordenação de números pelo método da bolha) não há variáveis globais.

O programa é pequeno e a função `ordenaBolha` acessa as variáveis `seq1` e `seq2` (Tabela 5.8) porque lhe são passadas como parâmetros, o que torna o programa mais robusto e claro, por explicitar que variáveis a função pode acessar.

Em termos de programação, as variáveis locais são preferíveis às globais, pois em cada ponto do programa o programador só tem acesso às variáveis de que precisa e não a todas, indiscriminadamente. Isto permite ao compilador confirmar os acessos às variáveis e detectar mais facilmente erros de programação. No entanto, as variáveis locais são mais difíceis de implementar.

As variáveis globais podem corresponder simplesmente a uma célula de memória, num determinado endereço fixo, ficando acessível para leitura ou escrita durante todo o programa, por um simples `MOV`.

As variáveis locais (a uma função) têm uma semântica mais complexa, pois existem apenas enquanto o seu âmbito existir (no caso de uma função, entre o instante em que é chamada e aquele em que retorna). Por exemplo, a variável `auxiliar` é local à função `ordena`, na Tabela 5.23. Isto quer dizer que, de acordo com esta semântica, o espaço de memória que lhe corresponde não existe, enquanto `ordena` não estiver em execução.

Isto é o que a semântica diz. Em termos de implementação, há várias opções:

1. O espaço de memória correspondente às variáveis locais de uma função é criado (reservado) sempre que a função é chamada e destruído (declarado livre) sempre que a função retorna. Estando o mecanismo de criação/destruição das variáveis locais intimamente ligado ao mecanismo de chamada/retorno de funções, o local óbvio para alocar espaço para as variáveis é a pilha;

2. Reservar espaço de forma fixa para todas as variáveis locais de todas as funções, em que só se acessa as variáveis das funções cuja chamada estiver ativa (as outras estão lá, mas não são acessadas, se a função a que pertencem não estiver em execução);

3. Usar registradores para conter variáveis locais. Quando a função é chamada, guarda-se na pilha os valores dos registradores que se pretende usar como variáveis locais. Antes da função retornar, os valores são repostos e, assim, atende-se o requisito de que quando a função retorna as variáveis locais deixam de existir.

O método 3 é o usado pela rotina `ordena` na Tabela 5.23 (em particular a 2.ª versão, que guarda e repõe os registradores). A grande vantagem de usar registradores é que, durante a execução da função, o acesso às variáveis locais é muito rápido, além de que muitas instruções podem manipular diretamente os registradores (ao contrário da memória, que só é acessível por `MOV` e cujos valores têm de ser trazidos para registradores para serem processados). Têm de haver acessos à memória (para guardar e repor os registradores, mas é só uma vez no início e no fim da rotina), sendo uma questão de analisar se o número de acessos às variáveis locais corresponde a um benefício, que compense o tempo gasto na preservação dos registradores. A grande desvantagem deste método reside no fato dos registradores serem em número muito limitado, além de que não contempla variáveis locais de tipos estruturados (vetores, por exemplo).

O método 2 não tem problemas com o número limitado de registradores, mas o acesso a cada variável local (em memória) é mais lento do que se estivesse num registrador. O fato de ter espaço de memória reservado para todas as variáveis locais possíveis, a serem usadas ou não, não é grande problema (os computadores atuais normalmente têm memória em quantidade suficiente). Uma grande desvantagem deste método é não suportar recursividade (chamada de uma rotina por ela própria – ver Subseção 5.7.3.5), pois todas as chamadas a uma rotina usam as mesmas variáveis locais.

O método 1 tem a grande vantagem de suportar recursividade, pois cada nova chamada da rotina implica um novo conjunto de variáveis locais. O acesso às variáveis locais não é tão rápido como se estivessem em registradores (a pilha é na memória), mas em compensação não tem problemas com o número limitado de registradores.

Assim, compete ao compilador ou ao programador de linguagem *assembly* escolher qual o método desejado. Os compiladores normalmente tentam otimizar o desempenho, portanto, se compensar, usam o método 3 (que suporta recursividade, dado que os registradores são preservados na pilha), senão recorrem tipicamente ao método 1, que é o mais geral e funciona em qualquer circunstância. Os programadores de linguagem *assembly* normalmente usam o que for mais fácil, o que significa muitas vezes usar apenas variáveis globais...

 **NOTA** A função `ordena`, em C (Tabela 5.23), só tem uma variável local, `auxiliar`. No entanto, na rotina em linguagem *assembly*, observa-se que são necessárias mais duas (representadas por `R3` e `R4`) para manter valores temporários. Assim, é preciso reservar espaço para três variáveis locais e não apenas para uma.

A reserva e a liberação de espaço para variáveis locais na pilha são extremamente simples:

- No início da rotina, decrementa-se o `SP` de 6 unidades (3 palavras). Isto corresponde a fazer três `PUSH`s, mas sem tempo gasto escrevendo na memória. Estas palavras ficam assim ocupadas e podem ser acessadas pela rotina (que terá ainda de inicializá-las);

- No fim da rotina (antes de retornar), incrementa-se o SP de 6 unidades, o que faz liberar as 3 palavras das variáveis locais. Esta operação equivale a três POPs, mas sem perder tempo lendo o conteúdo das variáveis na memória.

O problema está no acesso. As variáveis locais ficam em algum lugar da pilha, mas o SP varia tanto que não serve de referência para fazer acesso a valores que estão na pilha. Para isso é necessário outro registrador. Este aspecto, bem como um exemplo de criação e destruição das variáveis locais, é apresentado na Subseção 5.7.3.4, que inclui também uma simulação.

### 5.7.3.3 PASSAGEM DE PARÂMETROS E DO RESULTADO

A rotina que chama e a rotina chamada têm âmbitos diferentes. Nenhuma tem acesso às variáveis locais da outra, compartilhando apenas as variáveis globais. No entanto, a rotina que chama tem de passar informação à chamada, ou seja, tem de preencher os valores dos parâmetros da rotina chamada. Por sua vez, a rotina chamada poderá ter de devolver um valor (resultado) à rotina que a chamou.

Em termos de linguagem de alto nível, tanto os parâmetros como o resultado podem ser passados por:

- **Valor** – O que é passado é um valor de dados, seja simples (um inteiro), seja estruturado (um vetor, por exemplo). A semântica diz que, na passagem, é feita uma cópia do valor. Se, por exemplo, a rotina chamada alterar o valor do parâmetro que receber, está alterando a cópia e, portanto, a rotina que chama não percebe essa alteração;

- **Referência** – O que é passado não é um valor de dados, mas sim um ponteiro para (endereço de) a célula de memória onde está o valor de dados (ou da primeira célula, no caso de dados estruturados). O que é copiado, na passagem, é apenas o ponteiro (endereço, que ocupa sempre uma palavra, sejam os dados simples ou estruturados). Tanto o original do ponteiro como a sua cópia aponta para o mesmo valor de dados. Se, por exemplo, a rotina chamada alterar o valor do parâmetro que receber (através do ponteiro), está alterando o original e, portanto, a rotina que chama percebe essa alteração. Ou seja, o valor de dados é compartilhado entre a rotina que chama e a rotina chamada.

Como exemplo, veja a função ordenaBolha no Programa 5.4. O parâmetro n é passado por valor. O que a rotina ordenaBolha recebe é uma cópia do valor que a rotina que a chamou (neste caso, o programa principal) lhe passou. Pode alterar o valor de n à vontade (embora este exemplo não o faça), sem nenhuma interferência no valor original que foi copiado para n (N e P, que aliás são constantes e, portanto, nunca poderiam ser alteradas).

O parâmetro a é um ponteiro que permite acessar um vetor, o mesmo a que o programa principal (que passa este parâmetro a ordenaBolha) tem acesso. Ou seja, se através de a se alterar algum elemento do vetor (e ordenaBolha faz isso), o programa principal percebe essa alteração após ordenaBolha retornar. Portanto, o vetor é passado por referência (semântica de compartilhamento) e não por valor (semântica de cópia). As vantagens da passagem por referência são basicamente as seguintes:

- Permite, à rotina chamada, alterar vários dados (através de vários parâmetros) várias vezes durante a sua execução;

- Evita a cópia (na passagem dos parâmetros e do resultado) de grandes estruturas de dados, que pode se tornar pesada em termos de tempo de execução.

Idêntico raciocínio pode ser aplicado em relação ao retorno de um resultado, que pode ser um valor de dados (passagem por valor) ou um ponteiro para um valor de dados (passagem por referência). Neste caso, é preciso ter cuidado em não retornar ponteiros para variáveis locais a uma função, pois elas deixam de ser válidas quando a função retorna.

 Na realidade, a passagem por referência não existe. Neste caso, é passado um ponteiro, que é copiado (o que significa que o ponteiro em si é passado por valor). No entanto, estamos interessados no dado para o qual o ponteiro aponta, não no ponteiro em si, e por isso dizemos que "o dado é passado por referência" quando deveríamos dizer "é passada uma referência (o ponteiro) para o dado".

Em termos práticos, surge o problema de saber onde é que a rotina que chama coloca os parâmetros (sejam os valores propriamente ditos, sejam os ponteiros para eles), para que a rotina chamada possa ir buscá-los lá e vice-versa, em relação ao resultado.

Há basicamente as seguintes hipóteses:

- **Em variáveis globais** (endereços de memória fixos), que desempenham um papel semelhante a caixas de correio – Embora funcione, é uma forma pobre de atingir o objetivo. Os valores a serem passados para a rotina chamada têm de ser copiados de onde estão para as variáveis que servem de parâmetros, onde depois têm de ser lidos, além do que estão acessíveis a todo o programa (e, portanto, sujeitos a serem alterados inadvertidamente por alguma rotina, devido a erro de programação). Este método tem ainda a desvantagem de não suportar recursividade (chamada de uma rotina por ela própria – ver Subseção 5.7.3.5);

- **Por registradores** – Continua a não suportar recursividade, mas tem o grande atrativo de ser muito mais rápido do que em memória. Além disso, os compiladores normalmente conseguem otimizar o processo, fazendo coincidir os registradores, em que se produzem os valores a serem passados à rotina chamada, com os registradores que servem de parâmetro a essa rotina, evitando cópia de valores. Este é o método mais eficiente, sendo normalmente o método usado quando não há recursividade envolvida (ou então tem de ser combinado com guarda de registradores na pilha) e o compilador consegue gerenciar os (poucos) registradores existentes, para que haja o suficiente para o número de parâmetros a serem passados;

- **Pela pilha** – Este é o mecanismo mais geral, suportando facilmente a recursividade e sem limitações de número de parâmetros, mas tem duas desvantagens:

  - Exige cópia de valores para a pilha (por parte da rotina que chama, para colocar os parâmetros lá) e da pilha para registradores (a rotina chamada precisa ir buscar os parâmetros na pilha, para poder fazer algo com eles), o que tem impacto no desempenho;

  - Na rotina chamada, os registradores para os quais os parâmetros precisam ser lidos têm, por sua vez, de serem guardados na pilha antes de serem usados (para preservar o seu conteúdo), o que tem ainda mais impacto no desempenho.

A rotina `ordena`, na Tabela 5.8, usa passagem de parâmetros e do resultado por registradores. A rotina que chama (`ordena-Bolha`) preenche os registradores R1 e R2 com os valores corretos e a rotina chamada (`ordena`) os lê. No retorno do resultado, procede-se de forma semelhante. A rotina `ordena` não tem de preservar estes dois registradores, pois ambos são usados para passagem de parâmetros, por mútuo acordo entre `ordena` e `ordenaBolha`. Quando muito, `ordenaBolha` teria de guardar, na pilha, os seus valores anteriores, antes de os usar para passar os parâmetros a `ordena`. No entanto, ordena deverá preservar os outros registradores que utilizar, particularmente o R3, R4 e R5, tal como ilustrado pela Tabela 5.23.

Os princípios básicos de passagem de parâmetros e resultados pela pilha são os seguintes:

- A rotina que chama coloca os parâmetros na pilha e espera que a rotina chamada deixe lá o resultado, de onde normalmente o tira para colocar num registrador;

- A rotina chamada retira os parâmetros da pilha, executa as suas instruções e deixa o resultado na pilha.

O programa da Tabela 5.24 é mais simples que o da Tabela 5.8 e destina-se exclusivamente a ilustrar e comparar, de forma mais específica, a passagem de parâmetros, tanto por registradores como por pilha. Observe que o programa em C, na Tabela 5.24, é exatamente o mesmo nos dois casos. Estamos discutindo apenas qual a melhor forma de implementar a passagem de parâmetros. É óbvio que a passagem de parâmetros por registradores é mais simples (menos instruções), pois a passagem pela pilha também tem de passar os valores pelos registradores (os processadores só processam dados se estiverem em registradores) e ainda colocá-los em memória, para a seguir lê-los novamente para registradores na rotina chamada!

Ainda assim, a implementação da passagem de parâmetros por pilha, na Tabela 5.24, **não está correta**, pois não pode ser feita de forma tão simplista. A Tabela 5.25 ajuda a entender o porquê. Ela é constituída por três partes: uma descreve os princípios básicos, outra a implementação mais óbvia mas errada (a usada na Tabela 5.24) e a terceira, já no caminho para a implementação correta. X, Y, Z, W e V são nomes genéricos para os registradores (cabe ao programador ou compilador decidir quais e verificar se estão disponíveis).

A implementação mais óbvia deste esquema é usar diretamente PUSHs e POPs, tanto na rotina que chama como na rotina chamada (parte do meio da Tabela 5.25), tal como usado na Tabela 6.24. Se, do ponto de vista da rotina que chama isto está correto (observe que a rotina que chama é a mesma nas duas implementações na Tabela 5.25), está completamente errado do ponto de vista da rotina chamada, pois (Figura 5.8):

- Quando a rotina chamada começa a executar, já não são os parâmetros que estão no topo da pilha, mas sim o endereço de retorno, que o CALL colocou lá após os parâmetros (Figura 5.8c). Logo, não basta apenas fazer POPs para obter os parâmetros. É preciso acessar a pilha diretamente, abaixo do topo;

- Os parâmetros não podem ser colocados em registradores sem guardar esses registradores primeiro, o que afasta ainda mais os parâmetros do topo da pilha (Figura 5.8d);

- Antes de retornar, não basta fazer PUSH do resultado. Isso iria colocá-lo no topo da pilha, acima dos registradores guardados no início da rotina, do endereço de retorno e dos parâmetros. Ora o que se deseja é que, após o retorno, tudo tenha desaparecido da pilha, ficando apenas o resultado no topo, para a rotina que chamou fazer POP do resultado. Ou seja, exatamente na célula onde estava o primeiro parâmetro guardado, na pilha, antes do CALL (Figura 5.8e), o que implica mais um acesso direto à pilha, sem ser pelo topo, para colocar lá o resultado.

A Figura 5.8 mostra o que acontece na pilha ao longo da execução da chamada da rotina da Tabela 5.25. A partir da Figura 5.8f, o SP começa a regredir. Observe que os valores já escritos na pilha e que ficam por cima não são destruídos. Ficam na pilha da mesma forma, mas na área livre (na figura, esse fato é representado com letras em tom mais claro), o que significa que provavelmente serão destruídos quando houver novas chamadas de rotinas. Também a divisão com linha mais grossa na pilha é meramente conceitual, para marcar o ponto que divide as áreas da pilha, uma com a informação já existente (antes da chamada à rotina) e outra com a informação sobre a rotina chamada na Tabela 5.25.

**Tabela 5.24 – Programa simples destinado apenas a ilustrar a passagem de parâmetros (por registradores e pela pilha). A passagem por registradores é evidentemente mais simples e a <u>passagem por pilha está errada</u> (ver texto)**

| PROGRAMA EM C | PROGRAMA EM *ASSEMBLY* (PASSAGEM POR REGISTRADORES) | PROGRAMA EM *ASSEMBLY* (PASSAGEM PELA PILHA) |
|---|---|---|
| ```int x;int y;``` | ```PLACE  1000H          ; localiza bloco de dadosx:     WORD           ; int x;y:     WORD           ; int y;``` | ```PLACE  1000H          ; localiza bloco de dadosx:     WORD           ; int x;y:     WORD           ; int y;``` |
| ```main () {   x = max (3, 5);``` | ```PLACE  0000H          ; localiza bloco de códigomain:  MOV    SP, 2000H ; limite superior da pilha       MOV    R0, 3     ; 1.º parâmetro (a)       MOV    R1, 5     ; 2.º parâmetro (b)       CALL   max       ; chama a função       MOV    R8, x     ; endereço de x (1000H)       MOV    [R8], R0  ; x = max (3, 5);``` | ```PLACE  0000H          ; localiza bloco de códigomain:  MOV    SP, 2000H ; limite superior da pilha       MOV    R0, 3     ; 1.º parâmetro (a)       PUSH   R0        ; coloca-o na pilha       MOV    R0, 5     ; 2.º parâmetro (b)       PUSH   R0        ; coloca-o na pilha       CALL   max       ; chama a função       POP    R0        ; obtém resultado       MOV    R8, x     ; endereço de x (1000H)       MOV    [R8], R0  ; x = max (3, 5);``` |
| ```   y = dobro (x);``` | ```                     ; parâmetro (x) está em R0       CALL   dobro     ; chama a função       MOV    R8, y     ; endereço de y (1002H)       MOV    [R8], R0  ; y = dobro (x);``` | ```       PUSH   R0        ; coloca x na pilha       CALL   dobro     ; chama a função       POP    R0        ; obtém resultado       MOV    R8, y     ; endereço de y (1002H)       MOV    [R8], R0  ; y = dobro (x);``` |
| ```}``` | ```fim:   JMP    fim       ; fim do programa``` | ```fim:   JMP    fim       ; fim do programa``` |
| ```int max (int a, int b) {   if (a >= b)      return a;``` | ```max:                  ; parâmetros em R0 e R1                     ; resultado em R0       CMP    R0, R1    ; (a>=b)?       JLT    else      ; if (a>=b)       RET              ; return a;``` | ```max:   POP    R2        ; obtém 2.º operando (b)       POP    R1        ; obtém 1.º operando (a)       CMP    R1, R2    ; (a>=b)?       JLT    else      ; if (a>=b)       PUSH   R1        ; a       RET              ; return a;``` |
| ```   else      return b;}``` | ```else:  MOV    R0, R1       RET              ; return b;``` | ```else:  PUSH   R2        ; b       RET              ; return b;``` |
| ```int dobro (int n){   return 2 * n;}``` | ```dobro:                ; parâmetro e resultado em R0       MOV    R2, 2       MUL    R0, R2    ; 2 * n       RET              ; return 2 * n;``` | ```dobro:       POP    R3        ; obtém operando (n),       MOV    R4, 2       MUL    R3, R4    ; 2 * n       PUSH   R3        ; coloca resultado na pilha       RET              ; return 2 * n;``` |

**Tabela 5.25 – Passagem de parâmetros e resultado pela pilha: princípio básico e duas implementações, simplista (mas errada) e correta (embora simplificada)**

| CASO | ROTINA QUE CHAMA | ROTINA CHAMADA |
|---|---|---|
| **PRINCÍPIO BÁSICO** | pilha ← parâmetro 1<br>pilha ← parâmetro 2<br>. . . ; outros parâmetros<br>pilha ← parâmetro N<br>CALL rotina<br>registrador V ← pilha<br>;resultado | rotina: registrador Z ← pilha ; parâmetro N<br>. . . ; outros parâmetros<br>registrador Y ← pilha ; parâmetro 2<br>registrador X ← pilha ; parâmetro 1<br>. . . ; instruções da rotina<br>. . . ; instruções da rotina<br>. . . ; instruções da rotina<br>pilha ← registrador W ; resultado<br>RET |
| **IMPLEMENTAÇÃO SIMPLISTA (ERRADA)** | PUSH parâmetro 1<br>PUSH parâmetro 2<br>. . . ; outros parâmetros<br>PUSH parâmetro N<br>CALL rotina<br>POP registrador V;<br>resultado | rotina: POP registrador Z ; parâmetro N<br>. . . ; outros parâmetros<br>POP registrador Y ; parâmetro 2<br>POP registrador X ; parâmetro 1<br>. . . ; instruções da rotina<br>. . . ; instruções da rotina<br>. . . ; instruções da rotina<br>PUSH registrador W ; resultado<br>RET |
| **IMPLEMENTAÇÃO CORRETA (SIMPLIFICADA)** | PUSH parâmetro 1<br>PUSH parâmetro 2<br>. . . ; outros parâmetros<br>PUSH parâmetro N<br>CALL rotina<br>POP registrador V;<br>resultado | rotina: PUSH registrador X ; guarda registrador X<br>PUSH registrador Y ; guarda registrador Y<br>. . . ; PUSH de outros registradores a guardar<br><br>registrador Z ← pilha ; parâmetro N<br>. . . ; obtém outros parâmetros<br>registrador Y ← pilha ; parâmetro 2<br>registrador X ← pilha ; parâmetro 1<br>. . . ; instruções da rotina<br>. . . ; instruções da rotina<br>. . . ; instruções da rotina<br>pilha ← registrador W ; resultado<br><br>. . . ; POP de outros registradores a repor<br>POP registrador Y ; repõe registrador Y<br>POP registrador X ; repõe registrador X<br>RET |

Ficam ainda alguns problemas por resolver (o que será feito na Subseção 5.7.3.4, que inclui também uma simulação de exemplo do funcionamento dos parâmetros):

- A parte de baixo da Tabela 5.25 mostra a solução correta, mas não explica os detalhes do acesso direto à pilha (sem ser pelo topo com PUSH ou POP), para acessar os parâmetros e o resultado;

- Na Subseção 5.7.3.2, também já tinha sido enunciado o problema do acesso direto à pilha, em relação às variáveis locais;

- A Tabela 5.25 acaba com a instrução RET, ou seja, com a Figura 5.8g, faltando esclarecer como é que se passa para a situação da Figura 5.8h (isto é, como é que se retiram os parâmetros de modo a que, imediatamente após o retorno, apenas o resultado fique na pilha).

Pelas razões expostas nesta seção, o método mais comum é usar registradores para a passagem de parâmetros e resultados. Como estes são em número limitado, acaba tendo de se guardar alguns na pilha para recuperá-los mais tarde, mas apenas à medida do estritamente necessário. Também é possível usar passagem pela pilha quando houver muitos argumentos, por exemplo.

**NOTA** A passagem de parâmetros é um dos fatores que contribui para diminuir o desempenho do mecanismo de chamada/retorno de funções, portanto alguns processadores comerciais otimizam este mecanismo, reservando alguns registradores especificamente para este fim. Se a função tiver mais parâmetros do que o número destes registradores, então o compilador recorre à pilha para passar os parâmetros adicionais, mas isto ocorre apenas numa minoria das chamadas de funções.

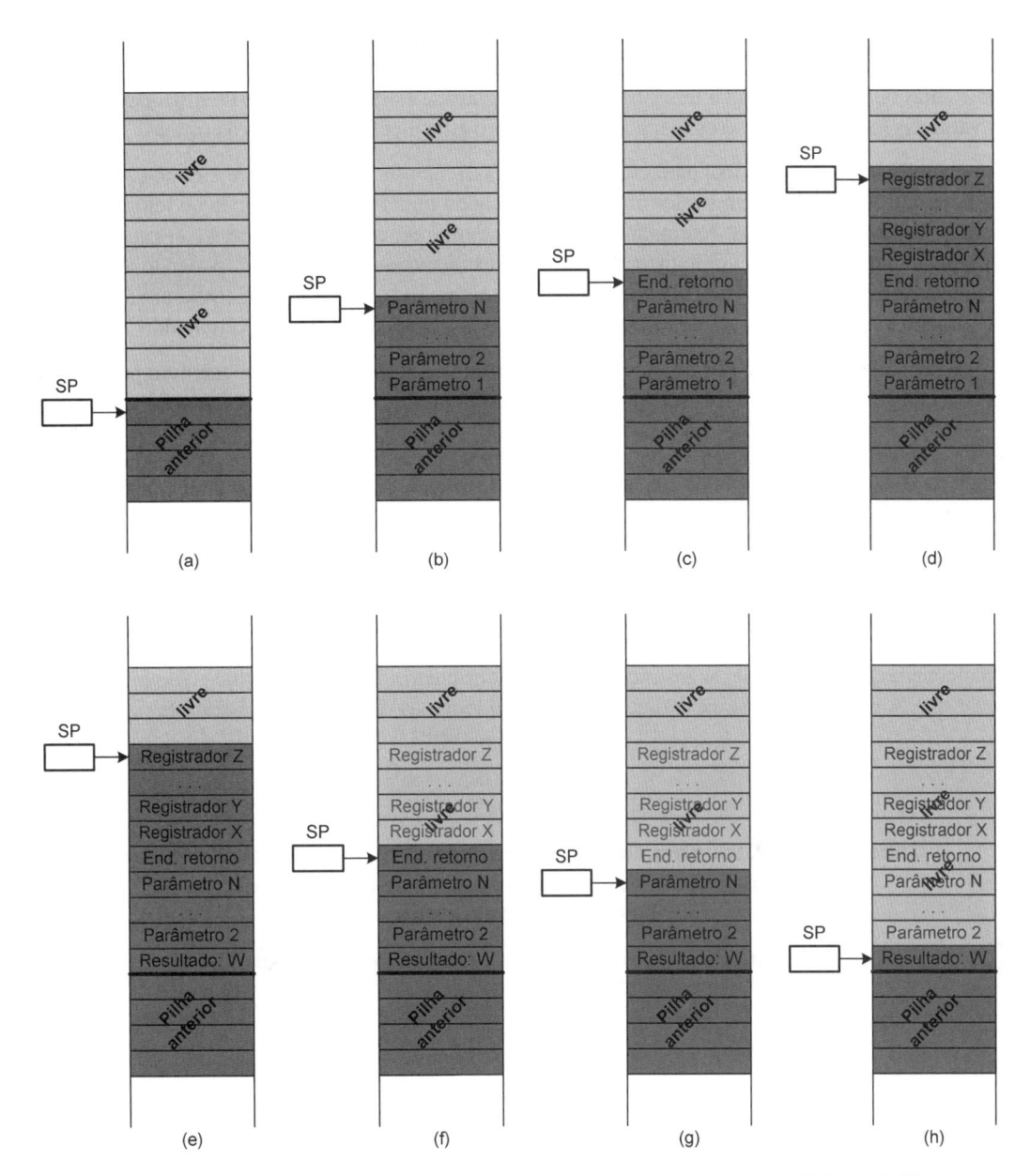

**Fig. 5.8 – Evolução da pilha ao longo da chamada da rotina da Tabela 5.25:**
(a) – Estado inicial; (b) – Após colocar parâmetros na pilha; (c) – Após o CALL; (d) – Após a rotina guardar os valores de registradores na pilha; (e) – Após escrita do resultado (registrador W) na pilha; (f) – Após repor os registradores guardados na pilha; (g) – Após o RET; (h) – Estado que a pilha deveria ter após o RET

### 5.7.3.4 CONTEXTOS DE CHAMADA DAS ROTINAS

A solução para os problemas inclui encontrar uma forma de manipular os valores da pilha de forma aleatória, como se fosse uma memória normal. Cada chamada a uma rotina precisa guardar, na pilha, informação sobre essa chamada, que inclui:

- Parâmetros (os que não forem passados por registradores);
- Resultado;
- Endereço de retorno;
- Variáveis locais;
- Registradores guardados (para repô-los no fim da execução da rotina chamada).

A este conjunto de informações chama-se **contexto de chamada** (*stack frame*, ou simplesmente contexto) da rotina. Alguns dos itens são de acesso normal numa pilha (POPs em ordem inversa dos PUSHs), como o endereço de retorno e os valores dos registradores guardados, mas outros devem poder ter acesso aleatório, como se estivesse tratando de uma memória comum, como os parâmetros e as variáveis locais (para poderem ser acessados de forma fácil pelas instruções da rotina).

É necessário ter uma referência, que seja fixa para cada contexto. O SP não serve, pois qualquer operação sobre a pilha o altera. O que se precisa é de outro registrador, cujo valor mude apenas quando uma função é chamada ou retornada e que possa servir de referência para os acessos pretendidos. Normalmente, utiliza-se um registrador chamado FP (*Frame Pointer*, ou Ponteiro de Contexto). Alguns processadores têm um registrador dedicado exclusivamente a este fim (podendo a sua manipulação estar incluída na implementação das instruções CALL e RET), enquanto outros recorrem simplesmente a um registrador de uso geral, com a sua manipulação em software, através de instruções inseridas automaticamente pelo compilador.

O PEPE utiliza esta segunda abordagem, por questões de simplicidade e flexibilidade. Dado que num programa as chamadas a rotinas são uma constante, na prática, o registrador que se usa como FP deve estar dedicado exclusivamente para este fim.

 O PEPE não tem um registrador chamado FP. Nos exemplos que se segue, FP aparece apenas para se entender melhor a sua funcionalidade. Para o programa compilar, FP teria de ser substituído pelo nome de um outro registrador (R10, por exemplo).

A Tabela 5.26 mostra o esquema típico da chamada de uma rotina, com mudança de contexto e passagem de parâmetros e resultado pela pilha (os comentários a seguir indicam as diferenças no caso da passagem ser feita por registradores).

A disposição das instruções nesta tabela sugere a evolução ao longo do tempo e a transferência de controle entre as duas rotinas (a que chama e a chamada), razão pela qual as instruções da rotina que chama aparecem separadas (no programa, o ADD aparece logo a seguir ao CALL). A Figura 5.9 mostra a evolução da pilha ao longo da execução das instruções.

### Tabela 5.26 - Esquema típico de chamada/retorno de uma rotina, com mudança de contexto e passagem de parâmetros e resultado pela pilha

| ROTINA QUE CHAMA | ROTINA CHAMADA |
|---|---|
| ```PUSH parâmetro 1```<br>```PUSH parâmetro 2```<br>```      . . .        ; outros parâmetros```<br>```PUSH parâmetro N```<br>```CALL rotina``` | |
| | ```rotina:```<br>```    PUSH  FP              ; guarda FP anterior```<br>```    MOV   FP, SP          ; novo valor de FP```<br>```    SUB   SP, 2*K         ; espaço para K variáveis```<br>```                         ; locais```<br>```    PUSH  registrador X  ; guarda registrador X```<br>```    PUSH  registrador Y  ; guarda registrador Y```<br>```    . . .                ; guarda outros registradores```<br>```    . . .                ; instruções da rotina```<br>```    MOV   registrador Y, [FP+C]  ; lê 1.º parâmetro,```<br>```                                ; com C = 2*(N+1)```<br>```    . . .                ; instruções da rotina```<br>```    . . .                ; instruções da rotina```<br>```    MOV   [FP+C], registrador W ; guarda resultado,```<br>```                               ; com C = 2*(N+1)```<br>```         . . .            ; repõe outros registradores```<br>```    POP   registrador Y  ; repõe registrador Y```<br>```    POP   registrador X  ; repõe registrador X```<br>```    MOV   SP, FP         ; elimina variáveis locais```<br>```    POP   FP             ; repõe FP anterior```<br>```    RET                  ; retorna da rotina``` |
| ```ADD  SP, 2*(N-1) ; elimina parâmetros```<br>```POP registrador V ; obtém resultado``` | |

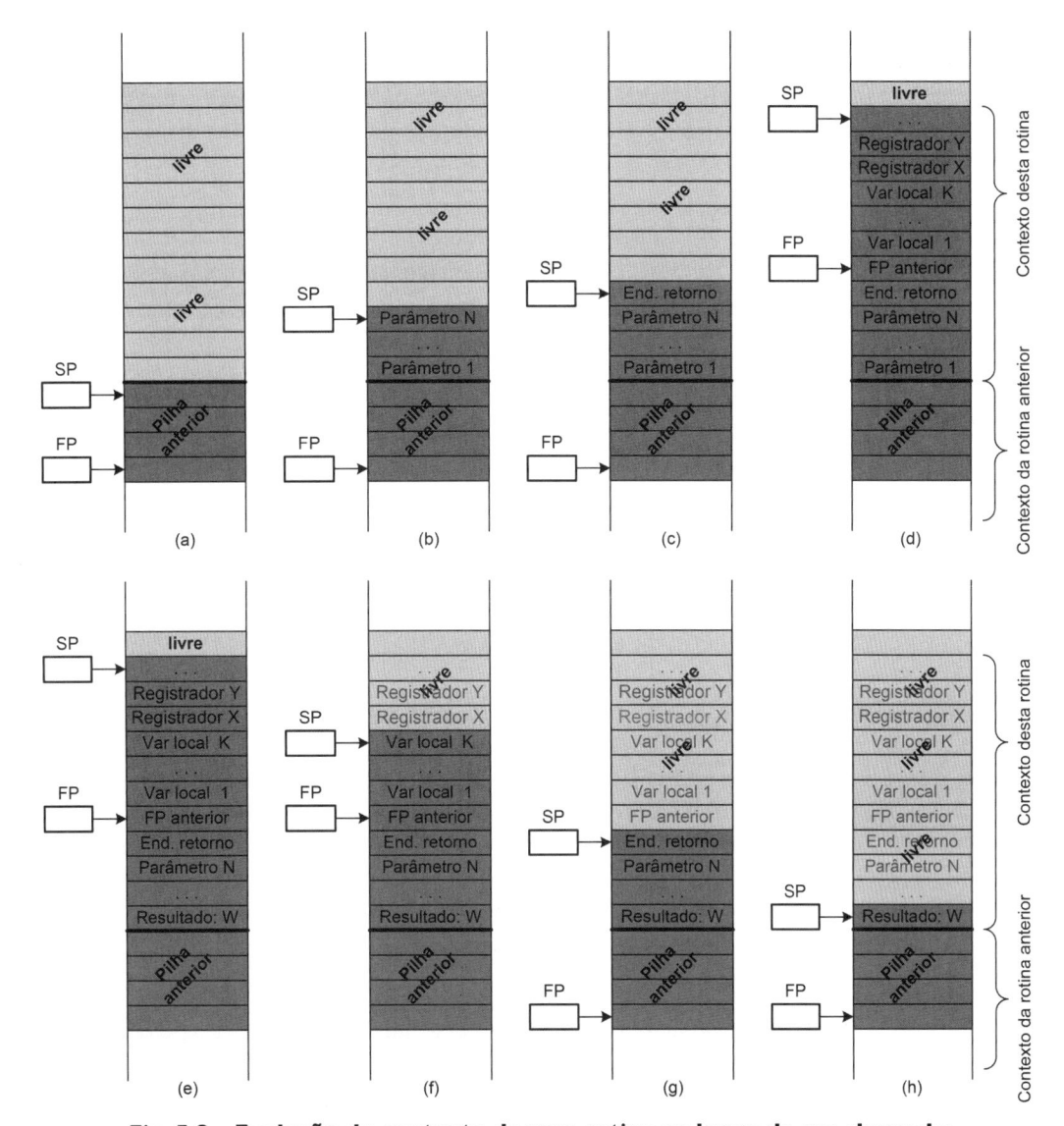

**Fig. 5.9 – Evolução do contexto de uma rotina ao longo da sua chamada:**
**(a) – Estado inicial; (b) – Após colocar parâmetros na pilha; (c) – Após o CALL; (d) – Após a rotina guardar os registradores na pilha; (e) – Após escrita do resultado (registrador W) na pilha; (f) – Após repor os registradores guardados na pilha; (g) – Após o retorno; (h) – Estado que a pilha deveria ter após o retorno**

Este esquema obedece basicamente à seguinte sequência:

- Antes de fazer a chamada, a rotina chamadora coloca os parâmetros na pilha, com PUSH (Figura 5.9b);

- A instrução CALL coloca o endereço de retorno acima dos parâmetros na pilha, ficando no topo (Figura 5.9c);

- A primeira coisa que a rotina chamada faz é mudar o contexto, primeiro guardando o valor do FP do contexto anterior, que pertence à rotina que chamou esta, e depois colocando o novo valor de FP, a referência de localização do contexto, precisamente apontando para a posição da pilha em que o FP anterior foi memorizado (Figura 5.9d);

- Em seguida, a rotina chamada reserva espaço para as variáveis locais. Na Tabela 5.26, consideram-se K variáveis simples (de 16 bits cada), sendo portanto necessário subtrair $2*K$ unidades (*bytes*) do SP (convém lembrar que os endereços crescem de cima para baixo). Se as variáveis locais forem estruturadas, o valor poderá ser diferente. Em qualquer dos casos, tem-se de reservar o número de *bytes* necessários (Figura 5.9d);

- Tem ainda de se guardar, na pilha, o conteúdo dos registradores que é preciso preservar, fazendo PUSH desses registradores (Figura 5.9d);

- O contexto desta rotina começa no primeiro parâmetro colocado na pilha e termina no topo da pilha (Figura 5.9d);

- Depois disto, começa a execução da rotina propriamente dita. Tanto os parâmetros como as variáveis locais podem ser acessados facilmente através de um MOV especificando, como endereço, a soma de FP com uma constante (positiva para os parâmetros, negativa para as variáveis locais). O compilador sabe qual a posição (que é fixa) relativa ao FP de cada parâmetro e cada variável local, por isso pode especificar esta constante em cada acesso a um parâmetro ou variável local. Exemplos (comparar com a Figura 5.9d):

```
MOV   [FP-2], R3     ; copia R3 para a 1.ª variável local
MOV   R5, [FP+4]     ; copia o último parâmetro para R5
```

- O resultado deve ser armazenado na posição em que está o primeiro argumento (Figura 5.9e), para ser o último a ser retirado da pilha, no fim de todo o processo de chamada e retorno. Isto é feito por um MOV, como se fosse uma operação de escrita no primeiro parâmetro;

- O retorno da rotina deve realizar as operações da chamada em ordem inversa, começando por repor os valores de todos os registradores guardados, com POPs (Figura 5.9f);

- Segue-se a destruição das variáveis locais, o que é feito incrementando o SP de 2*K unidades (o inverso da operação efetuada na chamada) ou simplesmente colocando, em SP, o valor de FP (pois este aponta para a posição imediatamente abaixo das variáveis locais – ver a Figura 5.9f);

- O contexto anterior é reposto com um simples POP FP (Figura 5.9g), ficando o endereço de retorno no topo da pilha;

- A rotina chamada pode simplesmente executar um RET e retornar à rotina que a chamou. No entanto, ainda é preciso eliminar os parâmetros, se estes forem mais do que um (Figura 5.9g), havendo duas hipóteses:

  - Na Tabela 5.26, usou-se a hipótese mais simples, que é a rotina que chamou fazer isso, incrementando o SP de um valor adequado;

  - Mais elegante é ser a rotina chamada a fazer isto, mas para tal teria de copiar o endereço de retorno para a posição do segundo parâmetro (logo acima do resultado), atualizar o SP para apontar para esse endereço de retorno e retornar, podendo terminar do modo indicado a seguir (usando o SP como registrador auxiliar, uma vez que os restantes já foram repostos e o SP vai ser inicializado a seguir), em que *nb* é uma constante, cujo valor (determinado pelo compilador) é o dobro do número de parâmetros (representa o número de *bytes* que os parâmetros ocupam).

```
.  .  .
POP   registrador X ; repõe registrador X
MOV   SP, [FP+2]      ; endereço de retorno (aqui SP é apenas um
                      ; registrador auxiliar, para não alterar outro)
MOV   [FP+nb], SP     ; copia endereço de retorno para a posição acima
                      ; do resultado
MOV   SP, FP          ; recupera SP
ADD   SP, nb          ; SP passa a apontar para a nova posição do
                      ; endereço de retorno
MOV   FP, [FP]        ; repõe o FP anterior
RET                   ; retorna da rotina chamada
```

Observe que esta compensação, decorrente da retirada dos parâmetros, só é necessária se o número de parâmetros for superior a 1. No caso oposto, em que não há parâmetros mas há um resultado, o compilador tem de inserir espaço para o resultado, quando a rotina é chamada, inserindo uma instrução SUB SP, 2 logo no início da rotina chamada, ainda antes do PUSH FP;

- Finalmente, o resultado pode ser obtido fazendo um simples POP e a pilha volta a estar no estado em que estava antes desta chamada de rotina (Figura 5.9h).

Se a passagem de parâmetros e resultado for por registradores, então as alterações na Tabela 5.26 são as seguintes:

- A rotina chamadora não coloca os parâmetros na pilha, mas sim em registradores. Também não tem de retirar os parâmetros da pilha. De igual modo, o resultado não virá na pilha, mas sim num registrador;

- A rotina chamada não sofre nenhuma alteração, exceto nas instruções que acessam os parâmetros, que não são lidos da memória, mas sim dos respectivos registradores.

A passagem de parâmetros por registradores é sempre mais simples. A passagem pela pilha é usada basicamente quando não há mais registradores disponíveis para passar parâmetros.

Quando há vários contextos na pilha (várias rotinas chamadas, mas ainda não retornadas), é possível usar o FP e os seus valores anteriores, memorizados na pilha, para ter acesso à informação de cada um destes contextos. Isto é muito importante para o desenvolvimento dos programas. Quando se para o programa num ponto de parada (*breakpoint*), é possível ver toda a informação sobre a rotina que estava em execução e sobre todas as que a chamaram,[45] permitindo assim ver a história do programa, dando informação preciosa para poder entender qual o erro que está ocorrendo nesse programa.

O mecanismo dos contextos é independente do mecanismo de chamada/retorno de rotinas e de passagem de parâmetros. É perfeitamente possível usar contextos (com o registrador FP) com CALL/RET ou CALLF/RETF, com passagem de parâmetros pela pilha ou por registradores, e misturar as diversas combinações no mesmo programa, o que permite otimizar o desempenho de funções simples e que não invoquem outras. Claro que, ao invocar uma rotina que não use a pilha (com CALLF, que não precise guardar registradores nem tenha variáveis locais na pilha), muito provavelmente o compilador nem sequer gerará as instruções para mudar o FP, pois essa rotina não o usará. Em termos de depuração do programa (em caso de ponto de parada nessa rotina), o sistema consegue mesmo assim estabelecer a história das chamadas de funções, porque verifica a que rotina a instrução em que parou pertence e que o último contexto ativo não é o dessa rotina, mas sim da rotina a que pertence a instrução, cujo endereço está nessa ocasião no RL. Mas isso já é funcionalidade do ambiente de desenvolvimento (não é o programa que faz esta reconstituição), que tem de conhecer os detalhes do processador e de como o compilador gera código de máquina para esse processador.

### SIMULAÇÃO 5.8 – CONTEXTOS DE ROTINAS

Esta simulação ilustra o funcionamento não apenas dos contextos de rotinas, mas também das variáveis locais e dos parâmetros, usando um programa simples, mas adequado a este fim (não reproduzido aqui por limitações de espaço). Os aspectos abordados incluem os seguintes:

- Inicialização do SP e do FP;
- Acompanhamento passo a passo da criação e destruição de um contexto;
- Parada do programa e visualização da pilha, com navegação entre contextos;
- Demonstração do uso de variáveis locais;
- Demonstração da passagem de parâmetros e do resultado.

#### 5.7.3.5 RECURSIVIDADE

É perfeitamente possível uma rotina chamar a ela própria, caso em que se diz que a chamada é **recursiva**. A recursividade pode ser:

- **Direta** – se a rotina se chamar diretamente;
- **Indireta** – se uma rotina A chamar outra B, que direta ou indiretamente chama A (por exemplo, A chama B, que chama C, que chama A).

As chamadas recursivas podem consumir bastante espaço na pilha. Tudo depende do número de chamadas pendentes antes de começarem a regressar. Deste ponto de vista, a recursividade pode ser:

- **Finita** – se a chamada recursiva estiver condicionada por um teste, que permita efetuar algumas chamadas recursivas, mas que depois deixe de fazê-las, permitindo a todas as chamadas pendentes retornarem. A Tabela 5.27 apresenta um exemplo;
- **Infinita** – se não houver nenhum mecanismo que interrompa as chamadas recursivas. Este caso só pode ser um erro e a pilha é consumida por sucessivos CALLs, até que o seu espaço se esgote. A única solução, em um caso destes, é parar o programa.

Há muitos exemplos de algoritmos com chamadas recursivas, mas o exemplo clássico e um dos mais simples é o cálculo do **fatorial** de um número natural[46] n, representado por n! e cujo valor pode ser obtido pela multiplicação de n e de todos os números naturais menores que ele. Ou seja,

$$n! = n \times (n - 1) \times (n - 2) \times \ldots \times 3 \times 2 \times 1$$

---

[45]Normalmente designado *call stack*, ou pilha de chamada de rotinas.
[46]Número inteiro maior que zero.

A Tabela 5.27 apresenta duas implementações de uma função em C e da rotina correspondente em linguagem *assembly*, para efetuar o cálculo do fatorial de um número, de forma iterativa (com um loop) e recursiva (com chamadas sucessivas).

A Tabela 5.28 ilustra o funcionamento da recursividade em linguagem *assembly*, mostrando as sucessivas invocações da rotina fatorial. Apenas as instruções executadas são mostradas, na ordem temporal de execução. Os valores dos registradores R1, R2 e SP (representados após a execução da instrução da respectiva linha) permitem acompanhar a evolução do programa. Basicamente, em cada chamada à rotina fatorial, é feito apenas o teste do valor de n (R1) e a chamada recursiva para calcular o fatorial de n-1. Esta rotina é sucessivamente chamada até R1 ser apenas 1, ocasião em que as invocações começam a regressar, e é aí que o cálculo do fatorial é feito. Observe que:

- R1 é guardado na pilha antes de se efetuar cada chamada recursiva e só é reposto quando essa chamada retorna, após o respectivo fatorial ter sido calculado;

- Ao contrário, R2 é usado em todas as chamadas à rotina fatorial para acumular os sucessivos produtos, de forma bastante semelhante à versão iterativa;

- Sem o teste de R1, a recursividade seria infinita. O programa consumiria a pilha (o valor de SP iria sucessivamente ficando menor) até a exaustão. Este erro obriga a terminar o programa, pois não há recuperação possível (só corrigindo o erro e recompilando);

- A profundidade máxima atingida pela pilha depende do valor inicial de n, tal como se pode deduzir facilmente da coluna da direita da Tabela 5.28. Cada invocação da rotina fatorial consome duas palavras da pilha, com exceção da primeira, que não precisa guardar o R1, e da última (com n=1), que para a recursividade, portanto o cálculo do fatorial de n exige que a pilha tenha no mínimo 2*(n-1)+1 palavras (7, neste exemplo). Isto significa que, mesmo com o programa correto, a pilha pode se esgotar, se n for suficientemente alto. Nestas circunstâncias, deve-se usar a versão iterativa da rotina fatorial, na Tabela 5.27, que não tem este problema.

**Tabela 5.27 – Versões iterativa (em cima) e recursiva da função fatorial, em C, e as instruções correspondentes em linguagem *assembly***

| FUNÇÃO EM C | ROTINA EM *ASSEMBLY* |
|---|---|
| ```int fatorial (int n) {```<br><br>```  int produto ;```<br>```  int i;```<br>```  produto = 1;```<br>```  for (i=n; i>1; i--)```<br><br><br><br>```    produto = produto * i;```<br><br><br><br>```  return produto;```<br>```}``` | ```fatorial:          ; n vem no R1```<br>```; o valor de retorno sai no R2```<br>```; produto usa o R2```<br>```; i usa o R3```<br>```        MOV R2, 1   ; produto = 1;```<br>```        MOV R3, R1  ; i=n;```<br>```loop:   CMP R3, 1   ; i > 1?```<br>```        JLE fim     ; se não, sai do loop```<br>```        MUL R2, R3  ; produto = produto * i;```<br>```        SUB R3, 1   ; i--```<br>```        JMP loop    ; continua o loop```<br>```fim:    RET         ; retorna da função``` |
| ```int fatorial (int n) {```<br><br>```  if (n<=1)```<br><br><br><br>```    return 1;```<br>```  else```<br>```    return```<br>```      n * fatorial (n-1);```<br><br><br><br><br><br><br>```}``` | ```fatorial:          ; n vem no R1```<br>```; o fatorial de n sai no R2```<br>```        CMP  R1, 1  ; n <= 1?```<br>```        JGT  fat    ; se não, vai calcular o```<br>```                    ; fatorial```<br>```        MOV  R2, 1  ; se sim, o fatorial é 1```<br>```        RET         ; retorna da função```<br>```fat:    PUSH R1     ; guarda n```<br>```        SUB  R1, 1  ; n - 1```<br>```        CALL fatorial ; fatorial (n-1)```<br>```                    ; recursivo```<br>```        POP  R1     ; recupera n```<br>```        MUL  R2, R1 ; R2 = n * fatorial (n-1)```<br>```fim:    RET         ; retorna da função``` |

## Tabela 5.28 – Execução temporal das instruções da versão recursiva da função `fatorial`, em linguagem *assembly*. Apenas as alterações de valores dos registradores estão indicadas (um valor mantém-se até ser alterado)

| Descrição | Instrução | R1 | R2 | SP | Profundidade da pilha |
|---|---|---|---|---|---|
| Programa que chama a rotina fatorial pela 1.ª vez, fatorial (4) | MOV  SP, 1000H<br>MOV  R1, 4<br>CALL fatorial | 4 | | 1000H<br><br>0FFEH | 0<br><br>1 |
| 1.ª invocação (n = 4)<br>(parte inicial) | fatorial:<br>    CMP   R1, 1<br>    JGT   fat<br>fat: PUSH R1<br>    SUB   R1, 1<br>    CALL  fatorial | 3 | | 0FFCH<br><br>0FFAH | 2<br><br>3 |
| 2.ª invocação (n = 3)<br>(parte inicial) | fatorial:<br>    CMP   R1, 1<br>    JGT   fat<br>fat: PUSH R1<br>    SUB   R1, 1<br>    CALL  fatorial | 2 | | 0FF8H<br><br>0FF6H | 4<br><br>5 |
| 3.ª invocação (n = 2)<br>(parte inicial) | fatorial:<br>    CMP   R1, 1<br>    JGT   fat<br>fat: PUSH R1<br>    SUB   R1, 1<br>    CALL  fatorial | 1 | | 0FF4H<br><br>0FF2H | 6<br><br>7 |
| 4.ª invocação (n = 1)<br>(fim da recursividade) | fatorial:<br>    CMP   R1, 1<br>    JGT   fat<br>    MOV   R2, 1<br>    RET | | 1 | <br><br><br>0FF4H | <br><br><br>6 |
| 3.ª invocação (n = 2)<br>(conclusão) |     POP   R1<br>    MUL   R2, R1<br>fim: RET | 2 | 2 | 0FF6H<br><br>0FF8H | 5<br><br>4 |
| 2.ª invocação (n = 3)<br>(conclusão) |     POP   R1<br>    MUL   R2, R1<br>fim: RET | 3 | 6 | 0FFAH<br><br>0FFCH | 3<br><br>2 |
| 1.ª invocação (n = 4)<br>(conclusão) |     POP   R1<br>    MUL   R2, R1<br>fim: RET | 4 | 24 | 0FFEH<br><br>1000H | 1<br><br>0 |
| Programa que chama a rotina fatorial pela 1.ª vez (conclusão) | instruções seguintes. Valor do fatorial disponível em R2 | | | | |

### SIMULAÇÃO 5.9 – RECURSIVIDADE

Esta simulação ilustra o funcionamento da invocação recursiva de uma rotina em linguagem *assembly*, usando a versão recursiva do programa da Tabela 5.27 e tendo em conta a Tabela 5.28. Os aspectos abordados incluem os seguintes:

■ Execução do programa passo a passo;

■ Evolução dos valores dos registradores relevantes e da pilha;

■ Verificação da profundidade máxima atingida pela pilha;

■ Experimentação do problema da recursividade infinita, alterando o programa (colocando o teste como comentário).

> ### Essencial
>
> - O funcionamento da pilha está intimamente ligado ao mecanismo de chamada/retorno das rotinas. É uma estrutura que cresce e diminui quando se chama uma rotina e retorna dela, respectivamente;
>
> - A chamada de uma rotina pode implicar as seguintes utilizações da pilha:
>
>   – Guarda de registradores que a rotina vai usar, mas cujos valores devem ser preservados e recuperados quando a rotina retornar. Como regra geral, uma rotina deve fazer PUSH de todos os registradores que usar (além dos que são parâmetros ou resultados), quando inicia, e POP dos mesmos, em ordem inversa, antes de retornar;
>
>   – Variáveis locais, que correspondem a espaço alocado obrigatoriamente na pilha, pois a mesma função pode chamar a ela própria (recursividade), direta ou indiretamente, e portanto cada chamada tem de ter a sua própria cópia das variáveis locais;
>
>   – Parâmetros ou resultados, passados pela pilha. Pouco frequente, pois é mais simples e mais eficiente fazer a passagem por registradores;
>
>   – Ligação entre contextos de chamada de funções, guardando na pilha um registrador (FP, ou *Frame Pointer*), que permite a uma função acessar na pilha, de forma estável, as suas variáveis locais e parâmetros (o SP varia demais para permitir este acesso sem ser via PUSH ou POP);
>
> - O uso da pilha requer muito cuidado. Os PUSHs e os POPs devem estar emparelhados e em ordem inversa. Qualquer falha em fazer um PUSH ou POP faz com que, a partir daí, todas as operações de recuperação de informação da pilha produzam valores errados. Uma troca de ordem faz trocar os valores;
>
> - Um erro típico consiste em retornar de uma rotina a partir de vários locais, em que nem todos fazem POPs de forma consistente (isto costuma acontecer quando se fazem alterações e se muda o conjunto de registradores a serem guardados/recuperados, pois é fácil alterar em um lado e esquecer de fazer o mesmo no outro).

## 5.8 Gerenciamento dos dados

### 5.8.1 Quando os registradores não são suficientes

O número de registradores de um processador é limitado e sempre pequeno para as necessidades (o ideal seria ter toda a memória dentro do processador, em registradores, mas isso não é tecnologicamente viável). Ao gerar o código de máquina, os compiladores tentam gerenciar da melhor forma possível os registradores que houver, reutilizando cada um dos registradores sempre que ele deixar de ser usado numa determinada situação (isto é, o valor que ele memoriza deixar de ser necessário).[47]

No entanto, há dois casos fundamentais, em que a única solução possível é guardar os valores de um ou mais registradores em memória:

1. Quando o número de registradores não é suficiente para memorizar todos os valores que um determinado conjunto de instruções necessita num determinado momento. Os valores guardados em memória normalmente são os menos usados nesse momento, sendo lidos novamente para registradores quando forem necessários (momento em que outros valores serão memorizados em memória, por troca);

2. Quando uma rotina A chama outra B que usa o mesmo registrador que a rotina A estava usando.[48] Isto pode acontecer mesmo que ainda haja registradores livres.

O problema básico é sempre o mesmo. O programa está manipulando N valores, mas o processador só dispõe de P registradores, em que $N > P$. Portanto, a única solução possível é guardar pelo menos $N-P$ valores em memória.

---

[47]Idêntica situação podem enfrentar os programadores de linguagem *assembly*, embora normalmente a programação manual em um nível tão baixo não envolva programas muito complexos.

[48]Na realidade, isto não se aplica apenas a rotinas, mas também a blocos de instruções aninhadas (Subseção 5.8.3).

A terminologia anglo-saxônica usa um termo curioso para esta operação, *register spilling,* que significa "vazamento de registradores", como se os valores fossem água e o recipiente (o banco de registradores) enchesse e fosse necessário despejar alguns para a memória.

Há duas formas básicas de implementar esta operação, com domínios de aplicabilidade relacionados com as duas situações anteriores:

1. Em área de memória explícita, com operações de acesso à memória indicando o endereço (MOV). O compilador (ou programador) indica explicitamente qual ou quais as localizações envolvidas na transferência de ou para memória (os registradores e os endereços);

2. Na pilha, com operações de PUSH e POP. Tem as seguintes vantagens:

   a) ser mais geral (suporta recursividade, por exemplo);

   b) aproveitar o mecanismo de chamada/retorno das rotinas, reduzindo a complexidade da operação;

   c) usar um endereço de memória já carregado num registrador (o SP), o que evita o carregamento de um outro registrador com o endereço da posição a ser utilizada.

### 5.8.2 CÁLCULO DE EXPRESSÕES

O cálculo de expressões numa linguagem de alto nível suscita o problema do armazenamento dos valores intermediários. A Tabela 5.29 ilustra a conversão, para linguagem *assembly,* do cálculo de uma expressão em linguagem C. Embora na linguagem de alto nível sejam mencionadas apenas três variáveis, o cálculo do valor da variável z obriga a introduzir mais variáveis intermediárias, para guardar os valores das parcelas da expressão. Além disso, é preciso não esquecer que a semântica das expressões, nas linguagens de alto nível, assume que os operandos não são alterados (ao contrário do que acontece normalmente nas instruções *assembly* de dois operandos, em que o primeiro operando é substituído pelo resultado).

Verifica-se, assim, que o número de variáveis realmente necessárias é superior ao número das variáveis definidas pelo programador, o que aumenta o problema da limitação do número de registradores de um processador.

Observe que as instruções em linguagem *assembly* da Tabela 5.29 usam os registradores R1 a R5 sem nenhuma preocupação com os valores anteriores destes registradores. Se estes forem relevantes, terão de ser usados outros registradores disponíveis, cujos valores não sejam necessários ou, caso não existam, os registradores usados terão de ser guardados previamente em memória e restaurados após estas instruções, normalmente usando a pilha.

### 5.8.3 EXECUÇÃO DE INSTRUÇÕES ANINHADAS

As linguagens de alto nível suportam instruções compostas de outras instruções, incluindo declaração de variáveis locais a uma determinada instrução, em estruturas de controle possivelmente complexas. Por exemplo, é perfeitamente possível que as instruções em C da Tabela 5.29 formem o corpo de uma instrução if, que faz parte de uma função, que até pode ser recursiva.

**Tabela 5.29 – Cálculo de uma expressão em C e as instruções correspondentes em linguagem *assembly***

| CÓDIGO EM C | CÓDIGO EM *ASSEMBLY* |
|---|---|
| `{`<br>`    int x, y, z ;`<br>`    x = 3;`<br>`    y = 1;`<br>`    z = 3+(y+2)*(4+x);`<br><br><br><br><br><br><br><br><br>`}` | `; assume-se que se usa R1, R2 e R3 para x, y e z,`<br>`; respectivamente`<br>`    MOV   R1, 3    ; x = 3;`<br>`    MOV   R2, 1    ; y = 1;`<br>`    MOV   R4, R2   ; cópia de y, para não ser`<br>`                  ; alterado`<br>`    ADD   R4, 2    ; y + 2`<br>`    MOV   R5, R1   ; cópia de x, para não ser`<br>`                  ; alterado`<br>`    ADD   R5, 4    ; 4 + x`<br>`    MUL   R4, R5   ; (y+2) * (4+x)`<br>`    ADD   R4, 3    ; 3 + (y+2) * (4+x)`<br>`    MOV   R3, R4   ; z = 3 + (y+2) * (4+x)` |

Nestas condições, o compilador analisa o caso concreto e, se houver necessidade, faz PUSH dos registradores que usar dentro de um bloco de instruções, no início desse bloco, e POP desses registradores, no fim desse bloco.

O corpo de uma função pode ser considerado como um bloco de instruções, com as suas próprias variáveis locais, que pode ser invocado a partir de vários locais do programa e que suporta parâmetros. A Subseção 5.7.3.2 já discutiu a implementação das variáveis locais neste contexto.

### 5.8.4 TABELAS

As tabelas provavelmente são as estruturas de dados mais usadas em programação de computadores, portanto se justifica uma análise da forma mais adequada de criá-las, gerenciá-las e acessá-las em linguagem *assembly*.

#### 5.8.4.1 TABELAS DE UMA SÓ DIMENSÃO

As tabelas mais comuns têm apenas uma dimensão, sendo constituídas por uma sequência linear e contígua de elementos na memória. Normalmente, também são chamadas de **vetores**, embora do ponto de vista matemático isso esteja incorreto[49], sendo **matriz** unidimensional uma designação mais correta. No entanto, este é um dos casos em que o rigor matemático não traz vantagens em relação à terminologia corrente, já muito arraigada neste contexto, razão pela qual este livro também a adota.

Em linguagem *assembly* do PEPE, há três formas básicas de declarar tabelas de uma dimensão (Subseção 5.5.2.3):

- Elementos de uma palavra:

  - Diretiva TABLE, que reserva o número especificado de palavras de memória sem inicializá-las. Os vários elementos da tabela deverão ser inicializados antes de serem usados;

  - Diretiva WORD, que reserva e inicializa, com o valor especificado, uma palavra de memória. Para construir uma tabela basta especificar várias diretivas WORD consecutivas.

- Elementos de um *byte*:

  - Diretiva STRING, que permite especificar várias constantes de um *byte*, produzindo, portanto, uma sequência de *bytes*. Uma só diretiva STRING permite especificar toda uma tabela de *bytes*. Também é possível especificar várias diretivas STRING consecutivas e considerar que a tabela é constituída pela totalidade de *bytes* especificados, pois ficarão localizados na memória de forma contígua.

O mecanismo básico de utilização de uma tabela inclui contemplar uma determinada área de memória e o endereço do primeiro *byte* dessa área, que é considerado como a **base** da tabela. Um elemento de uma tabela pode ser acessado somando um **índice** (número inteiro) ao valor da base, para determinar o endereço onde esse elemento está localizado em memória, tal como ilustrado pela Figura 4.8.

> **NOTA** Normalmente, considera-se a base de uma tabela como o menor endereço dessa tabela, para que os endereços restantes em que a tabela se localize possam ser obtidos somando um índice positivo à base. Esta convenção é a normalmente usada pelas linguagens de alto nível. No entanto, em linguagem *assembly*, a flexibilidade é total e nada impede que a base seja qualquer endereço da tabela (é apenas uma referência), caso em que o índice poderá ter um valor positivo, nulo ou negativo.

No entanto, é fundamental entender que este índice conta bytes e, portanto, só coincide com o índice da tabela (o que conta elementos) no caso das tabelas de elementos de um *byte* (criadas com a diretiva STRING, por exemplo). No caso das tabelas de elementos de 16 bits, cada elemento tem 2 bytes, portanto, para determinar o endereço de um elemento, é preciso multiplicar o índice (em elementos) por 2, antes de se somar ao endereço de base da tabela.

O Programa 4.3 ilustra este aspecto fundamental, mas não explica como declarar a tabela (assume apenas que a tabela já existe, inicializada e com um determinado endereço de base). O Programa 5.6 dá outro exemplo de manipulação de tabelas (procura de um elemento), em que a tabela é construída (espaço reservado e inicializado) por diretivas WORD.

Notas sobre este programa:

- Não é preciso especificar rótulos para todas as diretivas WORD. Basta a primeira, para haver uma forma de acessar o primeiro elemento da tabela (endereço de base). Os elementos restantes podem ser acessados somando um índice à base da tabela;

---

[49]Um vetor é um segmento de reta orientado num espaço N-dimensional, definido por dois pontos (origem e fim) de N coordenadas cada.

```
tam       EQU   4              ; número de elementos de 16 bits na tabela (>=0)
chave     EQU   89ABH          ; valor a procurar na tabela
pilha     EQU   2000H          ; valor inicial do SP

PLACE     1000H                ; localiza bloco de dados
base:     word  0123H          ; 1.º elemento da tabela
          word  4567H          ; 2.º elemento da tabela
          word  89ABH          ; 3.º elemento da tabela
          word  0CDEFH         ; 4.º elemento da tabela

PLACE     0000H                ; localiza bloco de instruções
início:   MOV   SP, pilha      ; inicializa SP
          MOV   R1, base       ; 1.º parâmetro (base da tabela)
          MOV   R2, tam        ; 2.º parâmetro (número de elementos da tabela)
          MOV   R3, chave      ; 3.º parâmetro (valor a procurar)
          CALL  ProcuraPalavra ; procura valor. Resultado em R4
fim:      JMP   fim            ; fim do programa

;**********************************************************************
; ProcuraPalavra - Procura um elemento de 16 bits em uma tabela, começando pelo
;                  primeiro elemento da tabela
; Entradas -  R1 - endereço do 1.º elemento da tabela (base). Tem de ser par.
;             R2 - número de elementos de 16 bits na tabela (>=0)
;             R3 - chave (valor de 16 bits a procurar)
; Saídas - R4 - índice do primeiro elemento que encontrar igual à chave
;               (-1 se não encontrar)
;**********************************************************************
ProcuraPalavra:
          PUSH  R0             ; guarda registrador
          MOV   R4, 0          ; inicializa índice de procura na tabela
maisUm:   CMP   R4, R2         ; já chegou ao fim?
          JZ    nãoHá          ; termina sem ter achado o elemento
          MOV   R0, R4         ; copia índice para não destruí-lo
          ADD   R0, R0         ; duplica índice porque os endereços são em bytes
          MOV   R0, [R1 + R0]  ; lê um elemento da tabela (no endereço R1+R0)
          CMP   R0, R3         ; este elemento é a chave procurada?
          JZ    acaba          ; termina, já achou o elemento no índice dado por R4
          ADD   R4, 1          ; índice do elemento seguinte
          JMP   maisUm         ; ainda não achou, passa ao elemento seguinte
nãoHá:    MOV   R4, -1         ; indica que não achou
acaba:    POP   R0             ; repõe registrador
          RET
```

**Programa 5.6 - Exemplo de acesso a uma tabela com elementos de 16 bits, declarada e inicializada com a diretiva WORD**

- A constante do 4.º elemento da tabela, 0CDEFH, tem de ser especificada com um zero à esquerda, para que o *assembler* não interprete o símbolo CDEFH como um identificador (não declarado, neste caso). As constantes literais numéricas têm de começar com um dígito. A constante do 1.º elemento não precisava do 0 à esquerda (está lá apenas para todos os elementos terem os 16 bits especificados);

- O índice de acesso (em elementos) à tabela é duplicado para realizar o acesso propriamente dito, pois os endereços são de *byte* e os elementos são de 16 bits;

- Testar se o índice já chegou ao limite da tabela, logo no início, visa a contemplar o caso de tabelas vazias (com 0 elementos). Às vezes, reserva-se o espaço para uma tabela com N palavras, mas só P elementos (com P < N) estão armazenados lá (obrigatoriamente nas P primeiras posições, para a rotina funcionar bem). Neste caso, o valor a considerar como 2.º parâmetro para a rotina seria P e não N;

- O registrador R0 é reutilizado na instrução de acesso à memória. Não há nenhum conflito ou erro. Primeiro é calculado o endereço a ser acessado (R1+R0) e, só depois, é feita a leitura da memória com escrita no R0. Esta reutilização permite não gastar mais um registrador, evitando mais um PUSH no início da rotina e POP no fim.

O Programa 5.7 permite ilustrar o uso da diretiva TABLE para reservar espaço para uma tabela sem inicializá-lo, o que obriga a fazê-lo depois, explicitamente, com instruções. Nitidamente, tabelas de valores constantes são mais fáceis de construir com dire-

```
tam         EQU   4              ; número de elementos de 16 bits na tabela (>=0)

elem1       EQU   0123H          ; 1.° elemento da tabela
elem2       EQU   4567H          ; 2.° elemento da tabela
elem3       EQU   89ABH          ; 3.° elemento da tabela
elem4       EQU   0CDEFH         ; 4.° elemento da tabela

chave       EQU   elem3          ; valor a procurar na tabela
pilha       EQU   2000H          ; valor inicial do SP

PLACE       1000H                ; localiza bloco de dados
base:       TABLE tam            ; reserva espaço para uma tabela com tam elementos
                                 ; de 16 bits cada (sem o inicializar)

PLACE       0000H                ; localiza bloco de instruções
início:     MOV   SP, pilha      ; inicializa SP
            MOV   R0, base       ; endereço do 1.° elemento da tabela
            MOV   R1, elem1      ; 1.° elemento
            MOV   [R0], R1       ; inicializa 1.° elemento na tabela
            MOV   R1, elem2      ; 2.° elemento
            MOV   [R0+2], R1     ; inicializa 2.° elemento na tabela
            MOV   R1, elem3      ; 3.° elemento
            MOV   [R0+4], R1     ; inicializa 3.° elemento na tabela
            MOV   R1, elem4      ; 4.° elemento
            MOV   [R0+6], R1     ; inicializa 4.° elemento na tabela

            MOV   R1, base       ; 1.° parâmetro (base da tabela)
            MOV   R2, tam        ; 2.° parâmetro (número de elementos da tabela)
            MOV   R3, chave      ; 3.° parâmetro (valor a procurar)
            CALL  ProcuraPalavra ; procura valor. Resultado em R4
fim:        JMP   fim            ; fim do programa

;****************************************************************************
; ProcuraPalavra - Rotina omitida por ser idêntica à do Programa 5.6.
```

**Programa 5.7 - Alternativa ao Programa 5.6 com declaração da tabela com a diretiva `TABLE` e inicialização dos elementos por instruções**

tivas `WORD`. A diretiva `TABLE` é mais útil quando se pretende reservar espaço para conter uma tabela de variáveis, cujos valores vão sendo escritos pelo programa, de acordo com o seu algoritmo.

As tabelas de bytes podem ser declaradas com a diretiva `STRING`. Para melhor comparação, o Programa 5.8 apresenta o mesmo exemplo que o Programa 5.6, mas agora no âmbito dos elementos de 8 bits. As diferenças fundamentais em relação ao Programa 5.6 são as seguintes:

- A diretiva `STRING` permite especificar logo várias constantes (seria equivalente a especificar uma constante por diretiva, desde que estivessem todas consecutivas e pela mesma ordem);

- O índice em elementos é igual ao índice em endereços, pois ambos se referem a bytes (ao contrário do Programa 5.6, não é preciso duplicar o índice em elementos para obter o índice em *bytes*);

- O acesso à tabela é feito com uma instrução `MOVB` e não `MOV`, para que apenas o *byte* em questão seja acessado.

> **NOTA**
> As diretivas `TABLE`, `WORD` e `STRING` permitem reservar espaço para uma tabela, garantindo que nenhum outro dado ou instrução seja declarado nesse espaço. No entanto, nada impede que se considere qualquer endereço como base da tabela (como aliás foi feito no Programa 4.3), incluindo no espaço do código. Em linguagem *assembly*, (quase) tudo é possível. Em particular, ler ou escrever instruções na memória como se fossem dados é algo fundamental, usado, por exemplo, para carregar em memória programas armazenados no disco, e é um dos pontos fundamentais que a arquitetura de von Neumann introduziu e que garantiu o seu sucesso (Seção 1.4).

### SIMULAÇÃO 5.10 – TABELAS DE UMA SÓ DIMENSÃO

Esta simulação ilustra o funcionamento das tabelas unidimensionais, tomando os programas desta seção como base. Os aspectos abordados incluem os seguintes:

- Funcionamento das diretivas `TABLE`, `WORD` e `STRING`;

```
tam        EQU    8                  ; número de elementos de 8 bits na tabela (>=0)
chave      EQU    0ABH               ; valor a procurar na tabela
pilha      EQU    2000H              ; valor inicial do SP

PLACE      1000H                     ; localiza bloco de dados
base:      STRING  01H, 23H, 45H, 67H, 89H, 0ABH, 0CDH, 0EFH   ; elementos da
                                     ; tabela

PLACE      0000H                     ; localiza bloco de instruções
início:    MOV    SP, pilha          ; inicializa SP
           MOV    R1, base           ; 1.º parâmetro (base da tabela)
           MOV    R2, tam            ; 2.º parâmetro (número de elementos da tabela)
           MOV    R3, chave          ; 3.º parâmetro (valor a procurar)
           CALL   ProcuraByte        ; procura valor. Resultado em R4
fim:       JMP    fim                ; fim do programa

;*********************************************************************************
; ProcuraByte - Procura um elemento de 8 bits em uma tabela, começando pelo
; primeiro elemento da tabela
; Entradas -   R1 - endereço do 1.º elemento da tabela (base). Pode ser ímpar.
;              R2 - número de elementos de 8 bits na tabela (>=0)
;              R3 - chave (valor de 8 bits a procurar)
; Saídas - R4 - índice do primeiro elemento que encontrar igual à chave
;              (-1 se não encontrar)
;*********************************************************************************
ProcuraByte:
           PUSH   R0                 ; guarda registrador
           PUSH   R1                 ; guarda registrador (para não alterar o parâmetro R1)
           MOV    R4, 0              ; inicializa índice de procura na tabela
maisUm:    CMP    R4, R2             ; já chegou ao fim?
           JZ     nãoHá              ; termina sem ter achado o elemento
           MOVB   R0, [R1]           ; lê um elemento da tabela
           CMP    R0, R3             ; este elemento é a chave procurada?
           JZ     acaba              ; termina, já achou o elemento no índice dado por R4
           ADD    R1, 1              ; endereço do elemento (byte) seguinte
           ADD    R4, 1              ; índice do elemento (byte) seguinte
           JMP    maisUm             ; ainda não achou, passa ao elemento seguinte
nãoHá:     MOV    R4, -1             ; indica que não achou
acaba:     POP    R1                 ; repõe registrador
           POP    R0                 ; repõe registrador
           RET
```

**Programa 5.8 - Exemplo de acesso a uma tabela com elementos de 8 bits, declarada e inicializada com a diretiva STRING**

- Disposição dos elementos das tabelas em memória;

- Cálculo dos endereços dos elementos de 8 e de 16 bits;

- Acesso à memória em 8 e 16 bits;

- Execução do programa passo a passo;

- Funcionamento dos programas e da evolução dos valores dos registradores relevantes.

### 5.8.4.2 TABELAS MULTIDIMENSIONAIS

Embora menos comuns, há situações em que se precisa de tabelas de mais de uma dimensão, geralmente duas. Casos mais complexos normalmente já não são implementados em *assembly*, mas sim numa linguagem de alto nível. Mas o princípio de funcionamento é exatamente o mesmo. Esta seção exemplifica o caso de tabelas de duas dimensões, sendo fácil de extrapolar para outros casos.

A linguagem *assembly* dos processadores normalmente contempla apenas mecanismos para acesso a tabelas de uma dimensão, com instruções de acesso à memória, que permitem somar uma base a um índice (MOV R0, [R1+R2], por exemplo). Isto coincide com o modelo básico das memórias, que consiste numa tabela de células de uma só dimensão. Assim, o problema não é apenas o acesso à tabela multidimensional, mas também a sua própria implantação numa memória que só tem uma dimensão.

Para implementar uma tabela multidimensional na memória, o artifício básico é "linearizar" essa tabela, colocando linhas (ou colunas) umas em seguida às outras. A Figura 5.10 ilustra este procedimento para uma tabela de três linhas por quatro colunas. A linearização por linhas (Figura 5.10b) e por colunas (Figura 5.10d) normalmente são equivalentes, mas o algoritmo do programa que acessa a tabela pode ficar mais simples, caso se use uma técnica ou outra ou se houver outras considerações (desempenho, por exemplo),[50] que ajudem a decidir qual a melhor forma.

> **NOTA**
> Alguns processadores mais antigos, como o 8086 (e por compatibilidade os Pentiums dos PCs atuais), têm instruções de acesso à memória que suportam uma base e dois índices, o que permite suportar, diretamente em *hardware*, tabelas de duas dimensões. No entanto, não é um mecanismo geral (não se aplica a todos os casos) e esta complexidade adicional tem o seu custo, em termos de complexidade do *hardware* que, por sua vez, se traduz em frequências de relógio mais baixas. Os microprocessadores mais modernos suportam apenas o mecanismo básico de base + índice.

Naturalmente, quem acessa tem de saber como se fez a implementação, para usar a mesma técnica, senão pode obter os elementos errados. Para acessar a tabela, pode-se considerar as tabelas linearizadas de duas perspectivas distintas:

- Como uma só tabela, com uma base e um índice únicos. Neste caso, para acessar um elemento, é preciso calcular em que índice da tabela linearizada ele está, levando em conta se a linearização foi feita por linhas ou por colunas;

- Como várias tabelas consecutivas, cada uma correspondente a uma linha (linearização por linhas) ou a uma coluna (linearização por colunas). Neste caso, determina-se primeiro o endereço de base de cada linha ou coluna e depois se acessa o elemento em questão, com o índice que o elemento tinha na tabela original dentro dessa linha ou coluna.

Estas duas perspectivas são equivalentes. A maior diferença é que, na primeira, se fazem todas as contas em cada acesso (adequada em acessos aleatórios), enquanto, na segunda, se assume que a base de cada tabela (linha ou coluna) é armazenada num registrador e depois se reutiliza em vários acessos, em particular se a tabela for percorrida numa determinada linha ou coluna (com uma rotina de procura de um elemento, por exemplo). É uma questão de otimização, que poderá interessar ou não, dependendo do programa.

Além destas variantes ainda há o caso da dimensão (8 ou 16 bits) de cada elemento.

Se quisermos fazer uma rotina para acessar o elemento $F_{i,j}$ (i – índice da linha, j – índice da coluna) da tabela, a informação de que precisamos é a seguinte:

- Dimensão dos elementos (*byte* ou palavra, 8 ou 16 bits);
- B – Endereço de base da tabela (linearizada). Tem de ser par se os elementos forem de 16 bits;

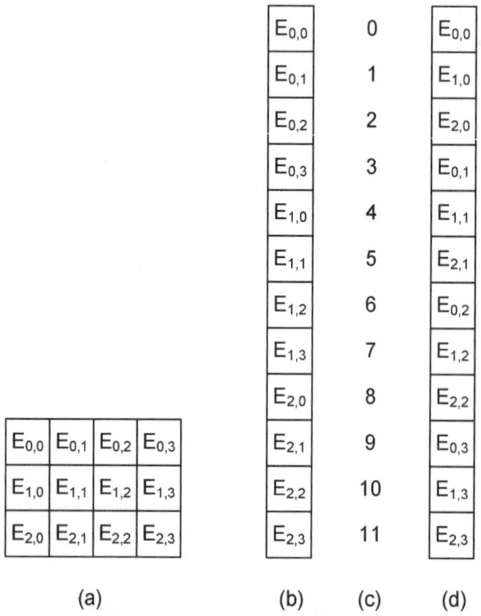

(a)  (b)  (c)  (d)

**Fig. 5.10 – Implementação de uma tabela de duas dimensões em memória. (a) - Tabela em duas dimensões; (b) - Tabela linearizada por linhas; (c) - Índice dos elementos nas tabelas linearizadas; (d) – Tabela linearizada por colunas**

---

[50]Em particular, para tabelas de grandes dimensões. A Subseção 7.6.6 detalha este aspecto.

**Tabela 5.30 – Cálculo do endereço de um elemento na tabela linearizada, que é o mesmo (base + índice), seja esta considerada como uma só tabela ou como uma sequência de tabelas**

| Bits | Perspectiva da tabela | Linearização | | | |
|------|-----------------------|------|-------|------|-------|
| | | Por linhas | | Por colunas | |
| | | Base | Índice | Base | Índice |
| 8 | Única | B | I*D + J | B | J*D + I |
| | Sequência de tabelas | B + I*D | J | B + J*D | I |
| 16 | Única | B | 2*I*D + 2*J | B | 2*J*D + 2*I |
| | Sequência de tabelas | B + 2*I*D | 2*J | B + 2*J*D | 2*I |

- I – Índice da linha do elemento (começando em zero);

- J – Índice da coluna do elemento (começando em zero);

- D – Tamanho máximo da dimensão usada para linearizar a tabela (dimensão da linha na linearização por linhas, por exemplo).

A Tabela 5.30 mostra como calcular o endereço de memória do elemento a ser acessado.

A Subseção 4.10.4.5 apresenta um exemplo de acesso a uma tabela bidimensional, composta por fichas de empregados, em que cada ficha tem quatro elementos de 16 bits. Nessa seção, assumia-se apenas que a tabela já existia. O Programa 5.9 recupera este exemplo, mas agora apresenta a construção da tabela, usando diretivas WORD. Os dados sobre os empregados já foram indicados na Tabela 4.18.

```
numEmp   EQU    4              ; número de empregados (e de fichas)
salário  EQU    6              ; índice em bytes (dentro da ficha) do campo salário
idade    EQU    4              ; índice em bytes (dentro da ficha) do campo idade
tam      EQU    8              ; tamanho em bytes de cada ficha
pilha    EQU    2000H          ; valor inicial do SP

PLACE    1000H                 ; localiza bloco de dados
base:    word   3029           ; n.º empregado (empregado 1)
         word   207            ; ramal
         word   34             ; idade
         word   1250           ; salário
emp2:    word   1978           ; n.º empregado (empregado 2)
         word   225            ; ramal
         word   23             ; idade
         word   990            ; salário
emp3:    word   2389           ; n.º empregado (empregado 3)
         word   217            ; ramal
         word   47             ; idade
         word   1650           ; salário
emp4:    word   1027           ; n.º empregado (empregado 4)
         word   234            ; ramal
         word   58             ; idade
         word   2025           ; salário

PLACE    0000H                 ; localiza bloco de instruções
início:  MOV    SP, pilha      ; inicializa SP
         MOV    R1, base       ; 1.ª ficha (base da tabela)
         MOV    R4, numEmp     ; número de fichas da tabela
         CALL   EncargoTotal   ; Calcula encargo total dos empregados
fim:     JMP    fim            ; acabou. R3 contém a soma de todos os encargos
```

```
;**************************************************************************
; EncargoTotal - Calcula o encargo mensal de todos os empregados
; Entradas -   R1 - Endereço de base da tabela com informação sobre os empregados
;              R4 - Número de fichas dos empregados
; Saídas -     R3 - Encargo mensal de todos os empregados
; Destrói -    R1, R2, R4
;**************************************************************************
EncargoTotal:
          MOV   R3, 0            ; inicializa soma dos encargos salariais
maisUma:  CMP   R4, 0            ; há mais fichas para tratar?
          JZ    acaba            ; se não, acaba
          CALL  EncargoEmp       ; Calcula encargo mensal deste empregado
          ADD   R3, R2           ; acumula o encargo na soma
          MOV   R2, tam          ; tamanho em bytes de cada ficha
          ADD   R1, R2           ; obtém endereço da base da próxima ficha
          SUB   R4, 1            ; menos uma ficha para tratar
          JMP   maisUma          ; vai tratar da próxima ficha
acaba:    RET


;**************************************************************************
; EncargoEmp - Calcula o encargo mensal de um determinado empregado, somando o
;              salário-base com um bônus igual à idade
; Entradas -   R1 - Endereço de base da ficha com informação do empregado
; Saídas -     R2 - Encargo mensal do empregado
;**************************************************************************
EncargoEmp:
          PUSH  R0                     ; guarda registrador
          MOV   R2, [R1 + salário]     ; lê o campo salário desta ficha
          MOV   R0, [R1 + idade]       ; lê o campo idade desta ficha
          ADD   R2, R0                 ; acumula o bônus (igual à idade) na soma
          POP   R0                     ; repõe registrador
          RET
```

**Programa 5.9 – Reformulação do Programa 4.6 para exemplificar o acesso a uma tabela bidimensional com elementos de 16 bits (considerada como uma sequência de tabelas unidimensionais)**

Este programa ilustra o caso em que a tabela linearizada é vista como uma sequência de tabelas (as fichas). A rotina que calcula o encargo mensal de cada empregado (soma do salário com um bônus igual à idade) já recebe, como parâmetro, o endereço de base de cada ficha. Aliás, a própria construção da tabela já é feita, não em forma matricial, mas sim de forma linearizada, ficha a ficha.

O Programa 5.10 ilustra a outra perspectiva indicada na Tabela 5.30, calculando o somatório dos salários de todos os empregados, com acessos a toda a tabela com informação sobre os empregados, como se se tratasse de uma simples sequência linear de elementos. O índice do elemento a ser acessado tem de ser calculado completamente em cada acesso. Observe que, neste exemplo em particular, não há a multiplicação por 2, mencionada na Tabela 5.30, porque a dimensão de cada ficha (tam) e o índice dentro de cada ficha (campo salário) já estão expressos em *bytes*.

```
; EQUs e WORDs omitidos por serem iguais ao Programa 5.9

PLACE   0000H               ; localiza bloco de instruções
início: MOV   SP, pilha      ; inicializa SP
        MOV   R1, base       ; 1.ª ficha (base da tabela)
        MOV   R2, numEmp      ; número de fichas da tabela
        CALL  SalarioTotal   ; Calcula encargo mensal total
fim:    JMP   fim            ; acabou. R3 contém a soma de todos os salários

;**************************************************************************
; SalarioTotal - Calcula o total mensal dos salários dos empregados
; Entradas - R1 - Endereço de base da tabela com informação sobre os empregados.
;            R2 - Número de empregados
; Saídas   - R3 - Encargo mensal total
;**************************************************************************
SalarioTotal:
        PUSH  R0             ; guarda registradores
        PUSH  R4
```

```
            MOV    R3, 0              ; inicializa soma dos salários
            MOV    R4, 0              ; inicializa contador das fichas de empregado
maisUma:    CMP    R4, R2             ; já tratou das fichas todas?
            JZ     acaba              ; se não há mais fichas para tratar, acaba
            MOV    R0, tam            ; dimensão em bytes de cada ficha
            MUL    R0, R4             ; dimensão em bytes das fichas anteriores
            ADD    R0, salário        ; índice em bytes (na tabela) do campo salário
            MOV    R0, [R1 + R0]      ; lê o campo salário
            ADD    R3, R0             ; acumula o valor na soma
            ADD    R4, 1              ; mais uma ficha já tratada
            JMP    maisUma            ; vai tratar da próxima ficha
acaba:      POP    R4                 ; repõe registradores
            POP    R0
            RET
```

**Programa 5.10 – Exemplo de acesso a uma tabela bidimensional com elementos de 16 bits (considerada como uma só tabela unidimensional linearizada)**

O Programa 5.11 ilustra o acesso a tabelas bidimensionais de elementos de 8 bits, em que o fato da diretiva STRING especificar várias constantes na mesma linha já dá um aspecto mais matricial à construção da tabela (embora, na memória, os elementos sejam memorizados de forma linearizada, um após outro, na ordem em que foram especificados). Este exemplo calcula o dia do mês (de um determinado mês), recebendo o número da semana dentro do mês (0 a 4) e o dia da semana (0 a 6). Se a combinação de parâmetros da rotina não for válida, devolve 0 (de acordo com a tabela). Com os parâmetros indicados, 3 e 5, o dia do mês correspondente é 24.

Observe a reutilização do R4 (para evitar destruir outro registrador) e a instrução MOVB (os elementos da tabela são *bytes*).

```
pilha    EQU    2000H        ; valor inicial do SP

PLACE    1000H               ; localiza bloco de dados
                             ; Seg, Ter, Qua, Qui, Sex, Sáb, Dom
                             ; (0), (1), (2), (3), (4), (5), (6)
base:    STRING   0, 0, 0, 1, 2, 3, 4        ; 1.ª semana (0) do mês
         STRING   5, 6, 7, 8, 9, 10, 11      ; 2.ª semana (1) do mês
         STRING   12, 13, 14, 15, 16, 17, 18 ; 3.ª semana (2) do mês
         STRING   19, 20, 21, 22, 23, 24, 25 ; 4.ª semana (3) do mês
         STRING   26, 27, 28, 29, 30, 0, 0   ; 5.ª semana (4) do mês

PLACE    0000H               ; localiza bloco de instruções
início:  MOV    SP, pilha     ; inicializa SP
         MOV    R1, base      ; base da tabela
         MOV    R2, 3         ; semana dentro do mês (4.ª semana)
         MOV    R3, 5         ; dia da semana (sábado)
         CALL   CalculaDia    ; obtém dia do mês
fim:     JMP    fim           ; acabou. R4 contém o dia do mês

;********************************************************************************
; CalculaDia - Calcula o dia do mês com base nos parâmetros
; Entradas -   R1 - Endereço de base da tabela com informação sobre os dias
;              R2 - Número da semana dentro do mês (0 a 4)
;              R3 - Dia da semana (0 a 6, ou segunda-feira a domingo)
; Saídas - R4 - Dia do mês
;********************************************************************************
CalculaDia:
         PUSH   R5
         MOV    R4, R2        ; número de semanas completas já decorridas
         MOV    R5, 7
         MUL    R4, R5        ; número de dias relativo às semanas completas
         ADD    R4, R3        ; mais o número de dias desta semana
         ADD    R4, R1        ; mais a base da tabela
         MOVB   R4, [R4]      ; acessa a tabela para determinar o dia do mês
         POP    R5
         RET
```

**Programa 5.11 – Exemplo de acesso a uma tabela bidimensional com elementos de 8 bits**

### Simulação 5.11 — Tabelas multidimensionais

Esta simulação ilustra o funcionamento das tabelas multidimensionais, tomando os programas desta seção como base. Os aspectos abordados incluem os seguintes:

- Disposição dos elementos das tabelas em memória;

- Cálculo dos endereços dos elementos de 8 e de 16 bits;

- Acesso à memória em 8 e 16 bits;

- Funcionamento dos programas e da evolução dos valores dos registradores relevantes.

#### 5.8.4.3 Tabelas de ponteiros

As tabelas de ponteiros são estruturas de dados comuns. São tabelas em que cada elemento é um ponteiro (endereço de uma variável – ver Subseção 5.5.4 – ou de uma rotina), podendo ser úteis em programas de comportamento dinâmico, em que o endereço do valor a ser acessado ou o endereço para onde desviar é determinado em tempo de execução, pelo cálculo de um valor inteiro, usado para indexar a tabela. Estas tabelas geralmente têm uma só dimensão, embora nada impeça que sejam multidimensionais, e são usadas basicamente nos seguintes tipos de situações:

- Acesso a diversas estruturas de dados, de dimensões variadas, em que a escolha da estrutura de dados a ser acessada só é feita em tempo de execução. Um valor inteiro é usado como índice, na tabela, para obter o endereço onde está a estrutura de dados, que pode então ser acessada usando esse endereço. Não é possível usar um simples vetor, em que cada elemento é uma destas estruturas de dados, pois num vetor todos os elementos têm de ter o mesmo tamanho. O Programa 5.12 ilustra este tipo de situação, com uma rotina que conta o número de caracteres de uma mensagem de erro, correspondente a um determinado código (um valor inteiro). Cada mensagem de erro tem uma dimensão diferente (o terminador 00H marca o fim), portanto tem de se montar uma tabela dos endereços iniciais de cada mensagem e não um simples vetor de mensagens;

```
pilha    EQU    2000H        ; valor inicial do SP

PLACE    1000H               ; área de dados

mensag0: STRING  "Tamanho inválido", 00H   ; mensagens de erro, codificadas
mensag1: STRING  "Objeto não existe", 00H  ; em ASCII (um byte por caractere) e
mensag2: STRING  "Erro", 00H               ; terminadas com o byte 00H (todas
mensag3: STRING  "Incompatível", 00H       ; têm dimensão diferente)
mensag4: STRING  "", 00H; mensagem         ; mensagem propositadamente vazia
                 propositadamente vazia
mensag5: STRING  "Não aplicável", 00H

tabela:  WORD    mensag0  ; endereço da mensagem 0
         WORD    mensag1  ; endereço da mensagem 1
         WORD    mensag2  ; endereço da mensagem 2
         WORD    mensag3  ; endereço da mensagem 3
         WORD    mensag4  ; endereço da mensagem 4
         WORD    mensag5  ; endereço da mensagem 5

PLACE    0000H                   ; área de instruções
         MOV   SP, pilha         ; limite superior da pilha
         MOV   R1, 1             ; código da mensagem 1
         CALL  TamMensagem       ; conta caracteres da mensagem 1
         MOV   R1, 2             ; código da mensagem 2
         CALL  TamMensagem       ; conta caracteres da mensagem 2
         MOV   R1, 4             ; código da mensagem 4
         CALL  TamMensagem       ; conta caracteres da mensagem 4
fim:     JMP   fim               ; fim do programa

;*********************************************************************
; TamMensagem - Obtém o tamanho, em caracteres, de uma mensagem (sem terminador)
; Entradas - R1 - Código da mensagem de erro (0 a 5)
; Saídas   - R2 - Número de caracteres da cadeia
; Destrói  - R1, R3
;*********************************************************************
TamMensagem:
         MOV   R3, tabela ; base da tabela de ponteiros
         ADD   R1, R1     ; duplica R1, pois a tabela é de ponteiros e cada
                          ; elemento é um endereço que ocupa 2 bytes
         MOV   R1, [R3+R1] ; obtém o endereço da mensagem pretendida
```

```
          CALL   Conta         ; conta quantos caracteres tem
          RET                  ; pronto! O resultado foi deixado por Conta no R2
;***********************************************************************
; Conta - Conta o número de caracteres de uma cadeia de caracteres
; Entradas - R1 - Ponteiro para o 1.º caractere da cadeia
; Saídas   - R2 - Número de caracteres da cadeia
; Destrói  - R1, R3
;***********************************************************************
Conta:    MOV    R2, 0         ; inicialmente, o número de caracteres é zero
maisUm:   MOVB   R3, [R1]      ; obtém próximo caractere da cadeia
          CMP    R3, 0         ; já é o terminador 00H?
          JZ     termina       ; se sim, a contagem está feita
          ADD    R2, 1         ; conta mais um caractere
próximo:  ADD    R1, 1         ; prepara ponteiro para o próximo caractere
          JMP    maisUm        ; vai tratar do próximo caractere
termina: RET
```

**Programa 5.12 – Exemplo de utilização de uma tabela de ponteiros para estruturas de dados de dimensão variável**

- Tabela de desvios, em que os endereços não dizem respeito a dados, mas sim a instruções. Este caso pode subdividir-se em dois:

  - Decisão múltipla, em que se deve desviar (com uma instrução JMP) para uma de várias instruções. As instruções de desvios condicionais só suportam duas escolhas. A Subseção 5.6.2.2 ilustra este caso;

  - Invocação vetorizada de funções, em que se invoca uma de várias funções, usando a instrução CALL, mas em que, em vez de especificar uma constante, se usa um registrador para indicar o endereço da rotina a ser invocada (Tabela 5.16). O Programa 5.13 ilustra este caso com uma máquina de calcular rudimentar, implementada como uma rotina que recebe três operandos (os dois operandos e a operação) e invoca uma de quatro rotinas, conforme a operação em questão. Um exemplo bem mais interessante é o da invocação de rotinas de um sistema operacional (*system calls*), em que o usuário não invoca diretamente uma rotina de sistema, mas sim uma rotina fixa, passando-lhe como parâmetro o código da rotina que realmente quer invocar. Isso é feito basicamente por motivos de proteção.[51] A própria tabela pode ser alterada com instruções MOV, durante a execução do programa, de acordo com resultados obtidos, por exemplo, o que introduz ainda mais um nível de flexibilidade.

Observe que este programa assume que cada caractere está representado em ASCII, ocupando apenas um *byte* em memória e, portanto, não funcionaria se cada caractere estivesse representado em Unicode, ocupando dois *bytes*. Em particular, são relevantes as instruções da rotina Conta relativas aos seguintes rótulos:

- maisUm – A instrução MOVB (Subseção 4.10.4.7) é fundamental, pois lê da memória apenas o *byte* correspondente ao caractere pretendido, mesmo que o seu endereço (valor de R1) seja ímpar. O *byte* do caractere é lido para o *byte* menos significativo de R3, cujo *byte* mais significativo fica com 00H. Portanto, pode ser diretamente comparado com o terminador 00H. O uso de MOV (acesso em 16 bits), em vez de MOVB, acarretaria os seguintes problemas:

  - Se R1 fosse par, R3 ficaria com dois caracteres. Seria preciso isolar um caractere, usando uma máscara AND com o valor 00FFH, para eliminar o caractere no *byte* mais significativo de R3;

  - Se R1 fosse ímpar, a instrução MOV daria um erro (acessos em 16 bits têm de ser alinhados, isto é, o endereço tem de ser par). Isto significa que, para acessar os caracteres em endereços ímpares, seria preciso fazer um deslocamento à direita de 8 bits no valor de R3 lido com R1 par (e R1 teria de evoluir de 2 em 2).

- próximo – O registrador R1 contém o endereço do próximo caractere da cadeia e evolui de 1 em 1, porque cada caractere ocupa apenas um *byte*. Se ocupasse dois *bytes*, teria de evoluir de 2 em 2.

**SIMULAÇÃO 5.12** – TABELA DE PONTEIROS PARA DADOS

Esta simulação ilustra o funcionamento da tabela de ponteiros para estruturas de dados usando como base o Programa 5.12. Os aspectos abordados incluem os seguintes:

---

[51]Se o programa do usuário pudesse fazer CALL para qualquer endereço do código do sistema operacional, poderia facilmente executar operações incorretas e confundir todo o sistema. A Subseção 7.7.5 dá mais detalhes sobre este aspecto.

- Conteúdo das estruturas de dados em memória;

- Execução do programa passo a passo e com pontos de parada;

- Evolução dos valores dos registradores relevantes;

- Caso da mensagem vazia.

O Programa 5.13 exemplifica o uso de uma tabela de ponteiros para rotinas.

```
pilha    EQU   2000H       ; valor inicial do SP

PLACE    1000H             ; área de dados
base:    WORD    Soma      ; endereço da rotina Soma
         WORD    Subtrai   ; endereço da rotina Subtrai
         WORD    Mult      ; endereço da rotina Mult
         WORD    Divide    ; endereço da rotina Divide

PLACE    0000H             ; área de instruções
         MOV   SP, pilha   ; limite superior da pilha
faz1:    MOV   R1, 7       ; 1.° operando
         MOV   R2, 4       ; 2.° operando
         MOV   R3, 0       ; código da soma
         CALL  Trata       ; efetua soma
faz2:    MOV   R1, 5       ; 1.° operando
         MOV   R2, 8       ; 2.° operando
         MOV   R3, 2       ; código da multiplicação
         CALL  Trata       ; efetua multiplicação
fim:     JMP   fim         ; fim do programa

;**************************************************************************
; Trata - Invoca a operação indicada pelo 3.° parâmetro
; Entradas -  R1 - 1.° operando
;             R2 - 2.° operando
;             R3 - Operação (0 soma, 1 subtração, 2 multiplicação, 3 divisão)
; Saídas   -  R1 - Resultado da operação
; Destrói  -  R0, R3
;**************************************************************************
Trata:   MOV   R0, base    ; base da tabela de ponteiros
         ADD   R3, R3      ; duplica R3, pois a tabela é de ponteiros e cada
                           ; elemento é um endereço que ocupa 2 bytes
         MOV   R3, [R0+R3] ; obtém o endereço da rotina pretendida
         CALL  R3          ; invoca-a. Os operandos já estão em R1 e R2
         RET               ; pronto! O resultado foi deixado no R1

;**************************************************************************
; Soma - Soma os dois operandos
; Entradas -  R1 - 1.° operando
;             R2 - 2.° operando
; Saídas   -  R1 - Resultado da soma
;**************************************************************************
Soma:    ADD   R1, R2      ; executa operação
         RET               ; termina, com resultado em R1

;**************************************************************************
; Subtrai - Subtrai o 2.° operando do 1.° operando
; Entradas -  R1 - 1.° operando
;             R2 - 2.° operando
; Saídas   -  R1 - Resultado da subtração
;**************************************************************************
Subtrai: SUB   R1, R2      ; executa operação
         RET               ; termina, com resultado em R1

;**************************************************************************
; Mult - Multiplica os dois operandos
; Entradas -  R1 - 1.° operando
;             R2 - 2.° operando
; Saídas   -  R1 - Resultado da multiplicação
;**************************************************************************
Mult:    MUL   R1, R2      ; executa operação
         RET               ; termina, com resultado em R1
```

```
;*************************************************************************
; Divide - Divide o 1.º operando pelo 2.º operando (divisão inteira)
; Entradas -   R1 - 1.º operando
;              R2 - 2.º operando
; Saídas   -   R1 - Resultado da divisão
;*************************************************************************
Divide: DIV   R1, R2        ; executa operação
        RET                 ; termina, com resultado em R1
```

**Programa 5.13 – Exemplo de utilização de uma tabela de ponteiros para rotinas**

SIMULAÇÃO 5.13 – TABELA DE PONTEIROS PARA ROTINAS

Esta simulação ilustra o funcionamento da tabela de ponteiros para rotinas, usando o Programa 5.13 como base. Os aspectos abordados incluem os seguintes:

- Conteúdo da tabela na memória;

- Execução do programa passo a passo e com pontos de parada;

- Evolução dos valores dos registradores relevantes;

- Efeito da alteração da tabela de endereços durante a execução do programa.

## 5.8.5 ESTRUTURAS DE DADOS DINÂMICAS (*HEAP*)

A pilha é uma estrutura de dados muito simples, pois se baseia basicamente num ponteiro (o SP), mas só pode ser usada em casos específicos, em que os valores armazenados na pilha sejam de utilização "último a entrar, primeiro a sair".[52] Felizmente, este é um caso muito frequente, abrangendo não apenas o mecanismo de chamada-retorno das rotinas, como também os casos normais de guarda-recuperação de valores de registradores (incluindo os blocos de instruções aninhadas).

No entanto, a pilha tem uma desvantagem: os valores armazenados lá têm uma duração limitada ao respectivo contexto. Por exemplo, os valores das variáveis locais são perdidos quando uma função retorna. Para armazenar valores de forma mais persistente, normalmente são usadas variáveis globais (definidas no nível do programa principal), que só perdem o contexto quando o programa termina.

O problema é que o programador tem de especificar essas variáveis globais explicitamente e de forma estática, fixa durante toda a execução do programa. Isto é demasiado limitante para alguns programas, razão pela qual as linguagens de alto nível suportam a criação dinâmica (durante a execução do programa) de variáveis. Esta criação é feita de forma explícita, pelo programador, usando construções específicas para esse fim, como malloc em C e new em Java e C++, que retornam uma referência para cada variável criada dinamicamente (na prática, o endereço de memória onde a variável foi alocada).

As variáveis criadas desta forma duram até serem destruídas pelo usuário,[53] potencialmente até o fim do programa e de forma independente da pilha. Por isso, elas têm de usar outra estrutura de dados, designada ***heap***.

Tal como a pilha, a *heap* não é mais do que uma área de memória. No entanto, enquanto na pilha a criação de uma variável é feita sempre no seu topo (basta decrementar o SP do número de unidades correspondentes à dimensão da variável em palavras[54]), na *heap* as operações de criação de variáveis (malloc, new, etc.) têm de percorrer essa área de memória à procura de um espaço disponível, que tenha no mínimo a dimensão desejada.[55]

É o fato das variáveis não serem criadas em uma ordem fixa, que garante a durabilidade dessas variáveis enquanto não forem destruídas explicitamente, mas a sucessiva criação/destruição de variáveis provoca a fragmentação da memória destinada à *heap*,[56] o que periodicamente obriga à sua recompactação (operação que consiste em mudar as variáveis usadas de endereço, de forma a juntá-las, o mesmo acontecendo aos espaços livres).

---

[52]LIFO – *Last In, First Out*.

[53]Algumas linguagens, como Java, suportam **reciclagem automática de memória** (conhecida por "coleta de lixo"), evitando trabalho ao programador e alguns erros típicos de gerenciamento de memória. O sistema detecta automaticamente quando uma variável pode ser destruída, analisando as referências a ela. Se já não houver nenhuma, não é mais possível acessar essa variável e ela pode ser destruída, liberando a memória correspondente, que fica disponível para ser alocada a uma nova variável dinâmica.

[54]Nas linguagens de alto nível, uma variável pode ser estruturada e ocupar várias palavras de memória.

[55]Uma analogia que espelha esta diferença básica entre a *heap* e a pilha já foi mencionada na Tabela 5.15.

[56]Quando se destrói uma variável entre outras que ainda perduram, cria-se um espaço livre de dimensão de N palavras. Ao usar esse espaço para criar uma nova variável de dimensão P necessariamente menor ou igual a N, poderá ficar um espaço livre ainda menor (N-P).

O acesso às variáveis criadas na pilha (particularmente parâmetros e variáveis locais) é normalmente feito através de um registrador (FP, ou *Frame Pointer*), que mantém uma referência para o contexto de cada rotina (Subseção 5.7.3.4), mas que só é válida enquanto essa rotina não retornar. Ao contrário, as variáveis criadas na *heap* têm de sobreviver ao retorno das rotinas, mas não podem ser acessadas pelo nome, como as variáveis globais, uma vez que foram criadas dinamicamente, com o programa em execução.

As primitivas de criação de variáveis na *heap*, como `malloc` em C ou `new` em Java, devolvem um ponteiro, que não é mais do que o endereço de base do espaço de memória, onde cada variável foi criada, e que pode depois ser usado para acessar essa variável. Esse ponteiro é válido apenas até essa variável ser desalocada (explicitamente, com a primitiva `free` em C, ou de forma automática, em Java – ver a nota de rodapé 53).

O Programa 5.2 já ilustrou o uso de ponteiros, embora tenha usado um ponteiro para uma variável global, declarada com nome e, portanto, criada automaticamente pelo compilador e pelo sistema de suporte à execução do programa. O Programa 5.14 ilustra a utilização das funções `malloc` e `free` em C e, para melhor compreensão, deve ser comparado com o Programa 5.2.

Observe que:

- O espaço de memória criado com `malloc` (que recebe como parâmetro o número de *bytes* a serem alocados) tem de ser inicializado após a sua criação;

- A função `free` libera espaço de memória na *heap*, recebendo como parâmetro o ponteiro que o `malloc` devolveu. Esse espaço de memória passa a estar livre para novas invocações de `malloc` e o ponteiro deixa de ser válido. Qualquer acesso

```
/* declaração de constantes */
#define N 4            /* quantidade de números a ordenar */

main ()               /* programa principal */
{
/* declaração de variáveis */
    int * seq;         /* ponteiro para a base do vetor que conterá os
                          números a ordenar */
    int * num;         /* ponteiro para um dos elementos do vetor */
    int houveTroca ;   /* indica se houve troca de números em uma determinada varredura */
    int i;             /* posição (começa em 0) de um determinado número no vetor */
    int auxiliar;      /* variável usada para a troca de números */

/* instruções */
    seq = malloc (2*N); /* cria vetor no montão com 2*N bytes, pois cada
                           elemento é um inteiro com 2 bytes. Retorna ponteiro */
    *seq = 10;         /* inicializa os vários elementos do vetor */
    *(seq+1) = 5;
    *(seq+2) = 6;
    *(seq+3) = 2;
    do                 /* início do loop de varredura (faz pelo menos uma) */
       num = seq;      /* inicializa ponteiro com o endereço do 1.° elemento */
       houveTroca = false;   /* ainda não houve trocas nesta varredura */
       i = 0;          /* começa a testar o vetor a partir da posição 0 */
       while (i < N-1)  /* testa todos os números até o fim do vetor */
       {
          if (*num > *(num+1))    /* se o número seguinte é maior... */
          {
             auxiliar = *num;     /* ... troca-os, usando a variável auxiliar */
             *num = *(num+1);
             *(num+1) = auxiliar;
             houveTroca = true;   /* agora já houve pelo menos uma troca */
          }
          i = i + 1;             /* mais um número tratado */
          num = num + 1;   /* passa a apontar para o número seguinte no vetor */
       }
    while (houveTroca );   /* se houve trocas, é preciso fazer mais varreduras */
    free (seq);            /* libera espaço de memória na heap */
}
```

**Programa 5.14 – Variante do Programa 5.2 com alocação dinâmica de variáveis na *heap***

ao vetor, após a invocação de `free`, poderá ter resultados imprevisíveis, pois o espaço de memória em que o vetor se encontrava pode já ter sido usado por outra invocação da função `malloc`;

- A versão em linguagem *assembly* do Programa 5.14 não é mostrada, porque as diferenças em relação à Tabela 5.6 correspondem basicamente à invocação das funções `malloc` e `free`, que são complexas e estão fora do âmbito deste livro;

- A criação dinâmica de variáveis é útil apenas em programas mais complexos, que exijam criação e liberação de espaço de memória com alguma frequência (porque senão é mais fácil declarar, de forma estática, todas as variáveis necessárias).

Uma outra diferença importante entre a pilha e a *heap* é que a pilha é gerenciada em *hardware* (basta inicializar o `SP` por um simples `MOV`), enquanto a *heap* é totalmente gerenciada em *software*, através da invocação das funções do sistema de suporte `malloc` e `free`.

Embora sejam estruturas de dados independentes, uma solução comum é reservar uma área de memória para o conjunto pilha e *heap*, começando a usar a pilha de um dos lados e a *heap* do outro, o que permite um gerenciamento mais dinâmico das duas estruturas de dados. Um programa pode usar mais pilha se usar menos espaço na *heap*, e vice-versa. Se se abusar em qualquer delas, o sistema termina o programa com um erro do tipo "colisão *heap*-pilha", o que quer dizer que uma das estruturas cresceu tanto, que chegou à área de memória ocupada pela outra. Razões típicas para que isso aconteça:

- Recursividade infinita (que gasta pilha sem parar);

- Sucessivas alocações de memória (`malloc`) sem as liberações (`free`) correspondentes;

- Dimensionamento insuficiente do espaço de memória necessário, seja da pilha seja da *heap*.

A Figura 5.11 ilustra esta organização típica.

Observe que, ao contrário da pilha, a *heap* pode ter áreas de memória livre no seu interior, tal como ilustrado pela figura. Isto se deve a liberações de espaço de memória causadas pelas invocações da função `free`. No entanto, estas áreas livres interiores são usadas preferencialmente por novas invocações da função `malloc`. A *heap* só cresce se, no seu interior, não houver nenhuma área livre de tamanho maior ou igual do que o pretendido por uma função `malloc`. Devido a sucessivas alocações/liberações de memória, o espaço da *heap* tende a ficar fragmentado, com pequenos espaços livres no seu interior, que acabam por não serem úteis, devido à sua pequena dimensão (ver a nota de rodapé 19). De vez em quando, é preciso desfragmentar (compactar) o espaço da *heap*, mudando as áreas ocupadas de local, atualizando os ponteiros no programa para essas áreas e juntando todos os pequenos espaços livres num só, maior.

A descrição em detalhe da programação com variáveis dinâmicas e do funcionamento da *heap* está fora do âmbito deste livro; outras fontes de consulta são [Guerreiro 2006] e [Tanenbaum 2001].

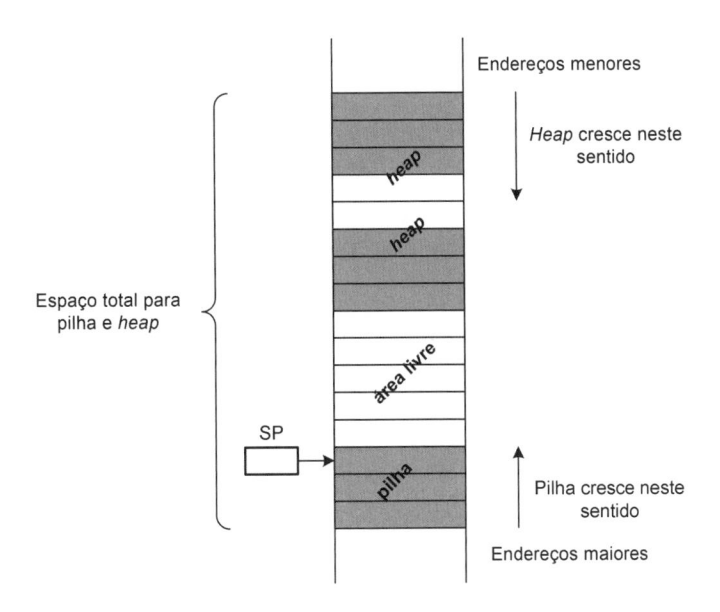

**Fig. 5.11 – Organização típica da pilha e da *heap***

### 5.8.6 Listas encadeadas

As tabelas são estruturas de dados fixas, com um número imutável de elementos, todos de igual dimensão (que também não varia). Portanto, elas não permitem um gerenciamento dinâmico dos dados. Por exemplo, inserir um elemento entre outros dois contíguos obriga a copiar todos os elementos subsequentes da tabela para uma posição à frente, de modo a criar espaço para o novo elemento, o que pode ser uma operação lenta. Isto pode ser visto na Tabela 4.18, em que as fichas sobre cada empregado estão contíguas em memória, dispostas numa tabela.

Por motivos de dinamicidade de gerenciamento, muitas vezes são usadas listas de elementos encadeados em série por ponteiros,[57] em vez das tabelas. O nome usual para esta estrutura de dados é **lista encadeada**. Cada elemento da lista é conhecido por **nó**. O primeiro nó da sequência é denominado **cabeça** da lista e o último, **cauda** da lista. O ponteiro da cauda não apontará para nenhum outro nó (é o último), por isso contém um valor especial (designado geralmente por `null` e com o valor típico 0000H), que indica essa situação. Em algum local (um registrador ou uma célula de memória de endereço conhecido pelo programa), terá de haver um ponteiro para a cabeça da lista.

 Além de um ponteiro no sentido cabeça → cauda, cada nó pode ter também um ponteiro no sentido cauda → cabeça. A vantagem é permitir percorrer os nós da lista nos dois sentidos, o que pode ser útil em alguns algoritmos. Estas listas são chamadas de **listas duplamente encadeadas**. É ainda possível colocar a cauda apontando para a cabeça, caso em que a lista é dita **lista circular**.

A Tabela 5.31 compara as tabelas e as listas encadeadas nas suas principais características.

A Figura 5.12a ilustra o mecanismo das listas encadeadas, usando o mesmo exemplo da Tabela 4.18. A informação sobre cada empregado é colocada em tabelas individuais (fichas), mas em vez de colocar todas as fichas de forma contígua em memória (na prática, uma tabela bidimensional linearizada em memória – ver Subseção 5.8.4.2), liga-se umas às outras, por ponteiros. Além dos campos de informação sobre cada empregado, cada ficha inclui um ponteiro, que contém o endereço da próxima ficha. Cada nó da lista (a ficha) é assim uma tabela.

 Em termos formais, cada nó da lista devia ter apenas um ponteiro para o nó seguinte e outro para o elemento propriamente dito, que poderia ser uma simples célula de memória ou uma estrutura de dados complexa. No entanto, no nível da linguagem *assembly*, este rigor só introduz complexidade adicional, portanto, neste livro, o nó inclui diretamente o elemento junto com o ponteiro.

A Figura 5.13 representa o cenário da Figura 5.12 nos seus três estágios de evolução, mas agora em termos de células de memória, mostrando os valores dos ponteiros (que poderiam ser quaisquer outros sem afetar o funcionamento da lista).

As operações típicas sobre uma lista são as seguintes:

- **Acessar** um nó da lista, que não pode ser diretamente, como nas tabelas. Tem-se de começar pela cabeça e depois ir percorrendo a lista, de nó em nó, pois só a partir de um nó se pode conhecer o ponteiro para o nó seguinte. A varredura

**Tabela 5.31 – Comparação das principais características das tabelas e das listas encadeadas**

| Característica | Tabelas | Listas encadeadas |
|---|---|---|
| Tempo de acesso | Rápido e constante, independente do elemento acessado | Mais lento e variável (depende da posição na lista) |
| Inserção e remoção de elementos intermediários | Mais difícil e potencialmente moroso (duração variável) | Fácil e duração constante, após acesso ao elemento anterior ao ponto de inserção/remoção |
| Tamanho | Fixo (no momento da criação) | Variável (ao longo do programa) |
| Eficiência de memória | 100% (só gasta espaço com os dados) | <100% (tem de gastar espaço de memória com os ponteiros) |
| Tamanhos grandes | Obriga a um só espaço de memória contíguo | Só os *bytes* de cada nó é que têm de estar contíguos |

---

[57]Uma analogia bem sugestiva é uma fila de vários elefantes num circo, em que a tromba de um elefante segura a cauda do elefante seguinte.

terá forçosamente de terminar na cauda, quando for encontrado um ponteiro com o valor `null`, e terá de ser feita quer seja motivada por uma varredura por todos os nós da lista, quer seja simplesmente para chegar ao *n*-ésimo nó da lista. O Programa 5.15 exemplifica esta operação, com a procura de uma ficha ao longo da lista;

- **Inserir** um novo nó na lista, como no caso da Figura 5.12b, em que se inseriu um novo nó (`Ficha4`), entre a `Ficha2` e a `Ficha3`. Isso é feito simplesmente colocando o ponteiro que estava na `Ficha2` na `Ficha4` e um novo ponteiro para `Ficha4` na `Ficha2`. O Programa 5.15 exemplifica esta operação;

- **Acrescentar** um novo nó no fim da lista (não ilustrado), que é um caso particular do anterior e bastante frequente. Neste caso, basta colocar o ponteiro para o novo nó na antiga cauda e `null` no ponteiro do novo nó, que passa a ser a nova cauda;

- **Remover** um nó da lista, como no caso da Figura 5.12c, em que se removeu o nó `Ficha2`. Isso é feito simplesmente colocando, no ponteiro de `Ficha1`, o ponteiro que estava na `Ficha2`. Assim, `Ficha1` passa a apontar para `Ficha4`. Observe que não há necessidade de destruir o ponteiro para `Ficha4`, na `Ficha2`. O nó `Ficha2` deixa de ser acessível, pois deixa de haver ponteiro para ele, e todo o seu espaço deve ser declarado livre. O Programa 5.15 exemplifica esta operação.

**NOTA** Normalmente, o espaço de memória de cada nó é alocado na *heap*, com as primitivas de gerenciamento de memória dinâmica (Subseção 5.8.5). Retirar um nó da lista não libera o seu espaço de memória, embora possa ficar inacessível (por não haver ponteiro para ele). Um programa, que vá criando nós de listas e retirando outros dessas listas sem os liberar, tem **vazamentos de memória** (*memory leaks*). O problema é o aumento progressivo da memória gasta na *heap*, podendo chegar ao ponto de ocorrer um erro de colisão entre a *heap* e a pilha. Assim, qualquer nó, que seja eliminado de uma lista e não seja necessário em mais lugar nenhum, deve ser liberado, quer explicitamente, com uma função de sistema apropriada (`free` em C, por exemplo), quer de forma automática, com reciclagem automática de memória ("coleta de lixo") – ver a nota de rodapé 53 – quando existir suporte para tal (em Java, por exemplo).

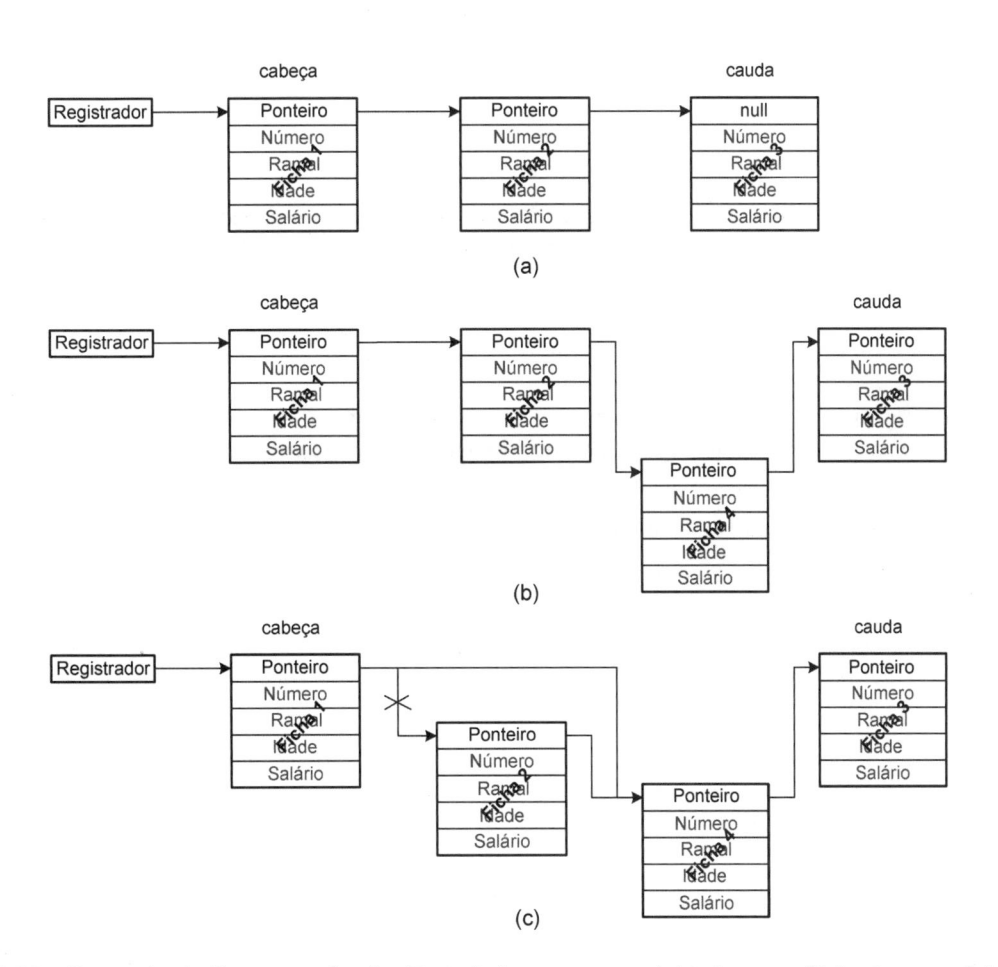

**Fig. 5.12 – Exemplo de lista encadeada. Tem de haver um registrador ou célula de memória que aponte para a cabeça. (a) – Lista original; (b) – Após inserção de um novo elemento antes da cauda; (c) – Após remoção da `Ficha2` da lista**

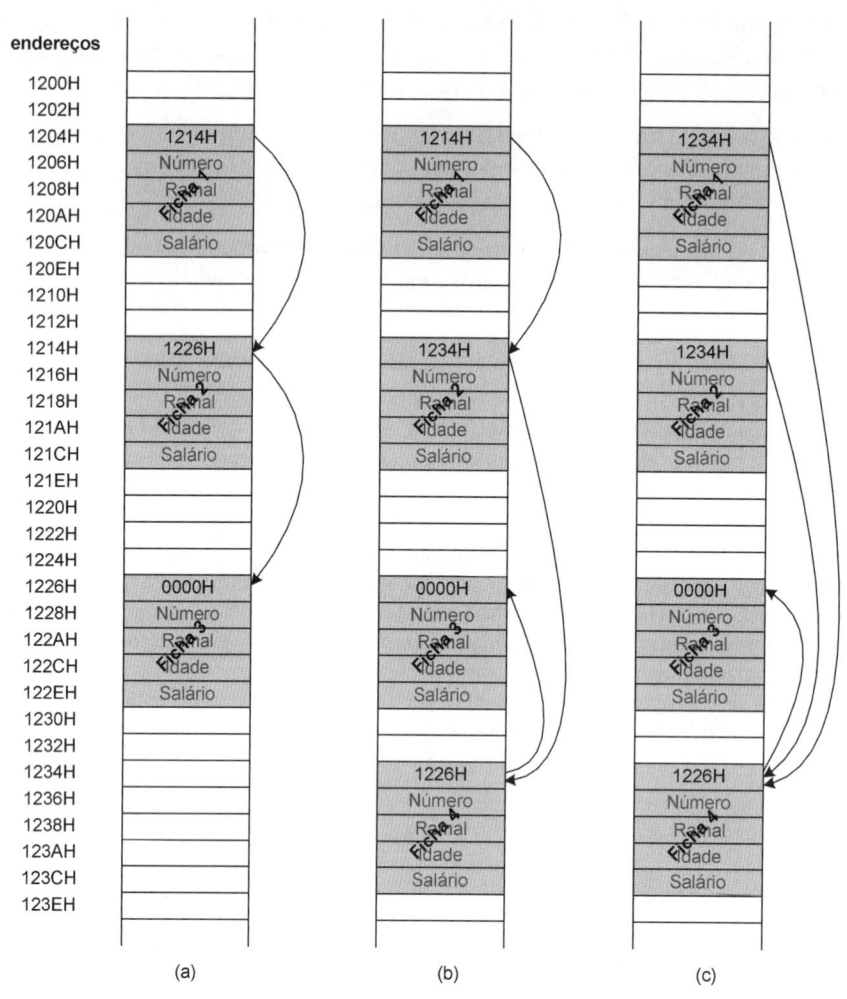

**Fig. 5.13 – Uma possível implementação em memória do exemplo da Figura 5.12, mostrando o valor dos ponteiros**

## ESSENCIAL

■ O número de registradores de um processador é muito limitado e não é suficiente para conter as variáveis de um programa. Cabe ao compilador (ou programador) decidir que variáveis ficam em registradores (normalmente as mais usadas) e quais têm de ser colocadas na memória, seja na pilha ou em outra área qualquer;

■ As tabelas são estruturas de dados muito usadas, mesmo em programas simples em linguagem *assembly*. Normalmente, são criadas com as diretivas TABLE, WORD e STRING. A primeira reserva apenas o espaço, portanto, com o programa em execução, e este espaço tem de ser inicializado com instruções MOV;

■ As tabelas são acessadas com instruções MOV, normalmente especificando (i) o endereço de base da tabela, num registrador, e o índice, como uma constante ou noutro registrador, que se soma à base, ou (ii) apenas o endereço do elemento pretendido;

■ Num processador com endereçamento de *byte*, como o PEPE, e numa tabela com elementos de 16 bits, o índice em elementos dentro da tabela é apenas metade do índice em *bytes*, portanto, tem de se multiplicar por 2 antes de somá-los à base ou usá-lo numa instrução MOV;

■ Uma tabela multidimensional (com vários índices) é implementada por linearização, colocando sequencialmente, em memória, as tabelas unidimensionais componentes, cada uma delas obtida por fixação de todos os índices (exceto um) num determinado valor, obtendo-se uma tabela global linearizada, de uma só dimensão. O acesso a esta tabela multidimensional, especificando vários índices, tem de ser convertido num só índice, fazendo cálculos com os índices, que permitem localizar o elemento pretendido na tabela linearizada;

- As tabelas de ponteiros permitem referenciar um de vários elementos, cuja dimensão pode inclusive não ser homogênea (basta os ponteiros serem todos do mesmo tamanho, uma palavra). Esses elementos podem ser dados ou mesmo instruções, o que permite, por exemplo, efetuar um CALL "dinâmico" (o endereço da rotina a ser chamada pode variar conforme o valor de uma variável);

- Existe uma área de memória (a *heap*) reservada para criar dados dinamicamente, memorizando depois ponteiros para eles, de forma independente da pilha e do mecanismo de chamada e retorno das rotinas. É comum se reservar um espaço total para pilha e *heap*, de modo a que o gerenciamento do espaço ocupado por cada uma delas possa ser ajustado ao comportamento do programa;

- As listas encadeadas são sequências de dados dinâmicas, cuja dimensão pode variar ao longo do programa, podendo-se inserir ou remover elementos em qualquer ponto da lista. Os elementos não têm de estar contíguos em memória. O acesso é sequencial e mais lento do que nas tabelas, sendo necessário percorrer todos os elementos, desde a cabeça da lista até o elemento pretendido.

Nada impede que os elementos de uma tabela sejam ponteiros para outras estruturas de dados (tabelas ou listas encadeadas) ou que os nós de uma lista encadeada sejam tabelas ou contenham também ponteiros para outras estruturas de dados. No fundo, tudo são células de memória e respectivos endereços. Todas as estruturas de dados que inventarmos não passam de abstrações sobre a realidade, sem alterá-la.

O Programa 5.15 exemplifica o acesso à lista (procurando a ficha de um empregado, com um determinado número, para saber a sua idade) e a inserção e a remoção de uma ficha, seguindo a sequência de operações ilustrada pela Figura 5.13. Os valores usados para o conteúdo das fichas são os indicados na Tabela 4.18. Observe que:

- As fichas estão preenchidas, nos endereços indicados na Figura 5.13, usando diretivas PLACE e WORD. Trata-se de um mero artifício para suprir a falta de primitivas de alocação de memória dinâmica (algo equivalente ao malloc em C) e permitir que o Programa 5.15 seja executado. Se essas primitivas existissem, cada ficha seria construída durante a execução do programa, pedindo ao sistema para alocar 10 bytes de memória (para conter as cinco palavras de cada ficha) e inicializando essas palavras com instruções MOV;

```
número   EQU   2          ; índice em bytes (dentro da ficha) do campo número
ramal    EQU   4          ; índice em bytes (dentro da ficha) do campo ramal
idade    EQU   6          ; índice em bytes (dentro da ficha) do campo idade
salário  EQU   8          ; índice em bytes (dentro da ficha) do campo salário
null     EQU   0000H      ; ponteiro null

pilha    EQU   2000H      ; valor inicial do SP

PLACE    1204H            ; localiza ficha 1, cabeça da lista (Figura 5.13)
ficha1:  word  1214H      ; ponteiro para a ficha 2
         word  3029       ; n.º do empregado
         word  207        ; ramal telefônico
         word  34         ; idade
         word  1250       ; salário

PLACE    1214H            ; localiza ficha 2 (Figura 5.13)
ficha2:  word  1226H      ; ponteiro para a ficha 3
         word  1978       ; n.º do empregado
         word  225        ; ramal telefônico
         word  23         ; idade
         word  990        ; salário

PLACE    1226H            ; localiza ficha 3 (Figura 5.13)
ficha3:  word  null       ; ponteiro null (cauda da lista)
         word  2389       ; n.º do empregado
         word  217        ; ramal telefônico
         word  47         ; idade
         word  1650       ; salário
```

```
PLACE    1234H              ; localiza ficha 4 (Figura 5.13)
ficha4:  word  null         ; ponteiro null (por enquanto, pois esta ficha ainda
                            ; não está na lista)
         word  1027         ; n.° do empregado
         word  234          ; ramal telefônico
         word  58           ; idade
         word  2025         ; salário

PLACE    0000H              ; localiza bloco de instruções
início:  MOV   SP, pilha    ; inicializa SP
         MOV   R1, ficha1   ; ponteiro para a cabeça da lista
         MOV   R2, 2389     ; n.° do empregado 3
         CALL  Idade        ; obtém idade deste empregado

         MOV   R1, ficha2   ; ponteiro para a ficha após a qual se vai inserir
         MOV   R2, ficha4   ; ponteiro para a ficha a inserir
         CALL  Insere       ; insere esta ficha

         MOV   R1, ficha1   ; ponteiro para a ficha anterior a que se pretende
                            ; remover
         CALL  Remove       ; remove a ficha 2
fim:     JMP   fim          ; o programa acabou

;*********************************************************************************
; Idade - Obtém a idade de um empregado, dado o seu número
; Entradas -  R1 - Ponteiro para a cabeça da lista
;             R2 - Número do empregado
; Saídas - R1 - Ponteiro para a ficha do empregado com esse n.°
;          R2 - Idade do empregado (0 se o empregado não existir)
;*********************************************************************************
Idade:
         PUSH  R0           ; guarda registrador
maisUma: MOV   R0, [R1+número]  ; obtém n.° do empregado
         CMP   R0, R2       ; vê se é o número pretendido
         JNZ   próxima      ; se não, passa à próxima ficha
         MOV   R2, [R1+idade]   ; obtém idade do empregado
         JMP   acaba        ; já encontrou
próxima: MOV   R1, [R1]     ; obtém ponteiro para a próxima ficha
         CMP   R1, null     ; ainda há próxima ficha?
         JNZ   maisUma      ; se houver (não for null), continua à procura
nãohá:   MOV   R2, 0        ; não achou nenhum empregado com este n.°
acaba:   POP   R0           ; repõe registrador
         RET
;*********************************************************************************
; Insere - Insere uma nova ficha na lista
; Entradas -  R1 - Ponteiro para a ficha após a qual se pretende inserir a nova
;             R2 - Ponteiro para a ficha a inserir
; Saídas - nenhuma
;*********************************************************************************
Insere:  PUSH  R0           ; guarda registrador
         MOV   R0, [R1]     ; obtém ponteiro para a próxima ficha
         MOV   [R2], R0     ; coloca-o no ponteiro da ficha a inserir
         MOV   [R1], R2     ; põe ficha a apontar para a nova ficha
         POP   R0           ; repõe registrador
         RET

;*********************************************************************************
; Remove - Remove uma ficha na lista
; Entradas - R1 - Ponteiro para a ficha anterior a que se pretende remover
; Saídas - Nenhuma
;*********************************************************************************
Remove:  PUSH  R0           ; guarda registrador
         MOV   R0, [R1]     ; obtém ponteiro para a próxima ficha (a que se
                            ; vai remover)
         MOV   R0, [R0]     ; obtém ponteiro para a ficha a seguir àquela
                            ; que se vai remover
         MOV   [R1], R0     ; põe ficha anterior a apontar para a ficha a
                            ; seguir
         POP   R0           ; repõe registrador
         RET
```

**Programa 5.15 – Exemplo de utilização de uma lista encadeada**

- A rotina `Remove` recebe, como parâmetro, o ponteiro para a ficha anterior (na sequência da lista) à que se quer remover. Embora seja assim que essa rotina funciona, o programador poderia ter passado apenas o ponteiro para a ficha que quer remover. Para se alterar a rotina de forma a receber este parâmetro, seria preciso receber, também como parâmetro, um ponteiro para a cabeça da lista, para poder percorrê-la até achar uma ficha, cujo ponteiro para a ficha seguinte fosse igual ao ponteiro para a ficha a remover (ou seja, seria preciso procurar a ficha anterior);

- Por simplicidade, estas rotinas não têm proteções contra ponteiros `null`. Por exemplo, a rotina `Remove` não funciona bem se lhe for passado, como parâmetro, um ponteiro para a cauda da lista, pois irá remover a ficha seguinte (que não existe). Normalmente, as rotinas que lidam com ponteiros fazem alguns testes para detectarem casos como este.

### SIMULAÇÃO 5.14 – LISTAS ENCADEADAS

Esta simulação ilustra o funcionamento das listas encadeadas, tomando o Programa 5.15 como base. Os aspectos abordados incluem os seguintes:

- Disposição das fichas em memória e seu conteúdo, incluindo ponteiros;

- Funcionalidades básicas das listas (acesso, varredura, inserção e remoção);

- Evolução dos valores dos registradores relevantes.

# 5.9 DESENVOLVIMENTO DE PROGRAMAS

## 5.9.1 CICLO DE DESENVOLVIMENTO

Até aqui, temos lidado com pequenos programas, muito simples e destinados apenas a ilustrar aspectos específicos. Os programas reais são normalmente bem mais complexos e têm um ciclo de desenvolvimento com mais passos do que uma simples tradução para instruções de máquina.

Isto se deve basicamente ao fato de que, com exceção de aplicações muito simples em computadores muito pequenos (como os que controlam um forno de micro-ondas, por exemplo), hoje é normal:

- Um computador ter vários programas independentes carregados em memória e executá-los simultaneamente;

- O programador não ter de programar rigorosamente tudo. Qualquer computador tem disponível um conjunto de pequenos programas, que permitem efetuar operações básicas como, por exemplo, lidar com os periféricos (Subseção 7.7.6), que o programador pode usar (assim, já tem parte do trabalho feito).

Estas duas características refletem a evolução da tecnologia (nos primórdios, os programadores tinham de programar rigorosamente todos os detalhes e só um programa podia ser executado de cada vez) e permitem conseguir que os computadores façam mais e melhores coisas, mas complicam todo o ambiente de programação. Felizmente, muitas das tarefas a serem executadas já estão automatizadas. As consequências básicas são as seguintes:

- Se um computador pode ter vários programas carregados, não se pode exigir que cada um deles tenha de ser carregado numa área de endereços específica, senão rapidamente surgiriam conflitos. O mesmo se pode dizer em relação aos endereços de dados. Poderia se pensar em instruções de desvios relativos ou recurso coordenado a diretivas `PLACE`, mas a Seção 7.6 descreverá uma solução mais adequada;

- Só em casos muito simples, um computador pode funcionar apenas com o programa do usuário, sem software de suporte. Além disso, é muito útil ter o computador controlado por um sistema operacional, que trate de gerenciar, não apenas os vários programas do usuário, como também os recursos do computador;

- A existência de partes do programa já desenvolvidas (biblioteca de módulos, em que um módulo é um conjunto de rotinas, geralmente organizadas num arquivo) exige um mecanismo de ligação entre os módulos fornecidos com o sistema (normalmente já compilados, nem sequer as instruções em texto são fornecidas) e os produzidos pelo usuário.

A Figura 1.4 mostra o processo de conversão de uma ideia para um programa em linguagem de alto nível, daí para linguagem *assembly* e finalmente para código de máquina. No entanto, refere-se apenas à transformação da informação que descreve o que se pretende que o computador faça. Não indica os passos fundamentais, que constituem todo o processo de desenvolvimento de um programa, incluindo testes e correção de erros. A Figura 5.14 estabelece o cenário de forma mais completa.

Após o programador saber o que pretende do programa (especificação), ele faz um modelo adequado. Pode usar um simples fluxograma (Seção 5.2) ou uma notação mais completa, como a UML (*Unified Modeling Language* [Silva 2005]). Esta notação

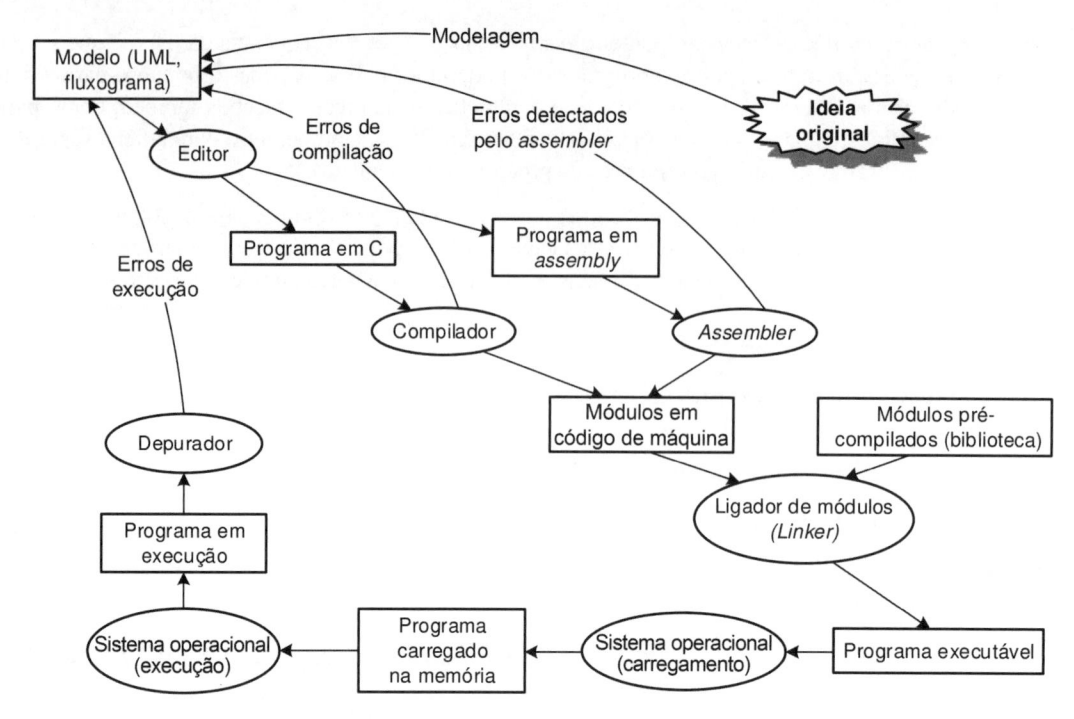

**Fig. 5.14 – Ciclo de desenvolvimento de um programa**

é universalmente usada para descrever sistemas, mas é demasiado complexa para ser descrita no âmbito deste livro introdutório, portanto, no nível de programas simples, em particular em linguagem *assembly*, são usados apenas fluxogramas, mais simples.

Com base na especificação e no modelo, o programador produz um algoritmo implementado numa linguagem de programação como, por exemplo, C ou *assembly*. A Figura 5.14 representa as duas alternativas, mas comumente só se usa uma ou outra. Em alguns casos especiais, uns módulos do programa são feitos em C, para programar em alto nível, e outros módulos são feitos em linguagem *assembly*, para permitir uma implementação mais eficiente (normalmente no acesso aos periféricos, em módulos denominados **controladores de dispositivo**, ou *device drivers* – Subseção 7.7.6).

O programa é feito num editor de texto, que pode ser independente do resto das ferramentas ou integrado (IDE – *Integrated Development Environment*), caso em que o editor reconhece as construções da linguagem e oferece algumas vantagens, como cores diferentes para as palavras reservadas e para os comentários.

Em seguida, o compilador ou o *assembler* (conforme a linguagem em que o programa foi feito) analisa o programa, reconhece as instruções e gera código de máquina. Normalmente, os compiladores geram código de máquina diretamente, sem usar linguagem *assembly* como passo intermediário. Esta se destina apenas a constituir uma forma de programar um computador no nível mais baixo, de forma a gerenciar diretamente os seus recursos, geralmente por motivos de eficiência (rapidez de processamento). As funcionalidades menos críticas são sempre programadas em alto nível.

Programas grandes podem ser divididos em vários módulos, cada um em seu arquivo, que são compilados separadamente. Cada módulo compilado tem código, mas não é um programa completo. Tanto o compilador como o assembler são programas que lêem o arquivo, com instruções na respectiva linguagem, e produzem outro arquivo, com as instruções correspondentes do código de máquina.

Normalmente, já há módulos pré-compilados fornecidos pelo fabricante do computador ou por uma terceira empresa, que incluem funções de grande utilização (por exemplo, funções de baixo nível que lidam com os periféricos – Subseção 7.7.6).

Os vários módulos compilados pelo programador são, em seguida, ligados entre si e com os módulos pré-compilados fornecidos com o sistema, de modo a formar um programa completo. Só nesta fase de ligação dos vários módulos é que são determinados os endereços, em que as diversas partes do código de máquina e as áreas de dados ficam localizadas. Quando um módulo é compilado, é produzida uma tabela de símbolos, semelhante à Tabela 5.5, mas em que os endereços não estão preenchidos. Só quando os diversos módulos se ligam é que essas tabelas podem ser completadas. Nessa ocasião, preenche-se, no código de máquina, as referências a endereços absolutos, para as quais se tinha reservado espaço com um valor provisório. Obviamente, só pode haver desvios relativos entre instruções dentro do mesmo módulo.

Um programa executável é um arquivo que contém um conjunto de módulos já ligados (nos casos mais simples só há um módulo), a que se acrescenta automaticamente alguma informação como, por exemplo, em que endereço o programa deve começar a ser executado.

Um arquivo não passa de um conjunto de *bytes* em disco. Para executar um programa executável, o sistema operacional tem de carregar o programa na memória principal e executá-lo, usando a informação contida nesse arquivo sobre o endereço de início de execução.

Durante o desenvolvimento de um programa, é normal que surjam erros. Tirando casos triviais, é virtualmente impossível desenvolver um programa totalmente correto logo na primeira tentativa.[58] Esses erros podem ser de dois grandes tipos:

- **Compilação** – São os mais fáceis de corrigir. São detectados pelo compilador (ou assembler) e podem ser de dois tipos:

  - **Sintaxe** – O programa não cumpre as regras gramaticais da linguagem. A falta de um sinal de separação de instruções ou de um identificador, identificador inválido etc. são erros típicos;

  - **Semântica** – Geralmente devido ao uso incorreto de um identificador como, por exemplo, utilização de uma variável do tipo A quando se estava à espera de uma variável do tipo B.

- **Execução** – Se o programador tiver sorte, o erro é detectado pelo sistema e reportado, indicando a instrução em que ocorreu (por exemplo, uma divisão por zero). Caso contrário, normalmente em casos de erro no algoritmo (por exemplo, o programador esqueceu de incrementar uma variável), o programa pura e simplesmente funciona mal e o programador tem de realizar testes para descobrir a origem do erro (**depuração**). Em qualquer destes casos, o erro pode se manifestar de forma sistemática ou atípica, sendo este último o caso mais complicado de todos, em que nem sequer se consegue reproduzir o erro para poder depurá-lo (só acontece às vezes, sem se saber bem em que condições). Um erro típico é o programador esquecer de inicializar variáveis, também sendo muito comum o programa ter um erro de lógica do próprio algoritmo ou da sua implementação, na linguagem de programação.

Boas regras de programação e teste individual de pequenas partes do programa constituem meio caminho andado para não haver erros de execução, mas é normal ter de se recorrer à depuração.

Na sua vertente mais básica, se não houver outro recurso, é sempre possível ir colocando instruções, em pontos estratégicos do programa, para apresentar informação sobre o que está se passando no programa (em C, é típico usar `printf`s). No entanto, o melhor é ter um ambiente de programação integrado (IDE – *Integrated Development Environment*), que inclua um depurador que suporte:

- **Execução passo a passo** (*single-step*) – O programa executa apenas uma instrução e para, permitindo ao programador inspecionar o valor das variáveis e até mesmo dos registradores (no caso de depuração em *assembly*);

- **Pontos de parada** (*breakpoints*) – Semelhante ao anterior, mas a execução prossegue até o programa atingir a instrução em que o ponto de parada foi definido. Geralmente, há a possibilidade de se definir uma condição de parada (como, por exemplo, uma determinada variável ter um determinado valor), além da localização da instrução, o que pode ser muito útil para os casos em que o erro se manifeste ao fim de muitas iterações num loop.

Normalmente, os depuradores suportam algumas pequenas alterações do programa, quando a sua execução está parada como, por exemplo, a alteração do valor de uma variável, mas caso se pretenda alterar o programa, é necessário parar a execução, compilar e executar o programa do início.

Quando se faz um modelo do problema, nem que seja um simples fluxograma como o da Figura 5.3, é importante manter esse modelo atualizado, em vez de o usar apenas como passo intermediário para desenvolver a primeira versão do programa. Ou seja, sempre que se fizer alterações, seja por correção de erros, seja por alteração das especificações, deve-se primeiro alterar o modelo e daí derivar as alterações no programa, tal como a Figura 5.14 sugere. A razão disso relaciona-se ao fato do modelo normalmente ser mais fácil de compreender, pois não tem todos os detalhes, portanto é mais fácil de alterar do que diretamente no programa. Desta forma, ele continua a atuar como passo intermediário e guia auxiliar na tarefa de programar. Este aspecto é tão mais importante quanto mais complexo for o programa.

### 5.9.2 PROGRAMAÇÃO EM ALTO NÍVEL OU EM LINGUAGEM *ASSEMBLY*?

Uma das primeiras decisões ao programar um sistema é escolher que linguagem de programação usar. Comumente, a melhor escolha recai sobre uma linguagem de alto nível, que permite abstrair muitos dos detalhes do computador e aumentar a produtividade dos programadores. No entanto, é preciso levar em conta os seguintes fatores:

- As linguagens de programação mais recentes e evoluídas (Java, C#) não estão disponíveis em todas as plataformas, em particular nas baseadas em microprocessadores menores, em que a diversidade do mercado é maior. Se a aplicação a ser

---

[58]Piada clássica: Todos sabem que um programa, que não tenha pelo menos um loop e um erro, só pode ser tão trivial que não chega a ser um programa…

desenvolvida se destinar a ser portada para vários sistemas diferentes, este aspecto é essencial. A linguagem C continua a ser, de longe, a linguagem de programação mais difundida, existindo virtualmente em todas as plataformas, mas dá menos suporte ao programador;

- A linguagem *assembly* é necessária apenas em situações especiais, em que a inteligência do programador é necessária para construir uma rotina que precise estar muito otimizada, ou que seja de tão baixo nível que manipule recursos físicos, de tal forma que não consiga ser expressa na linguagem de alto nível.

Neste livro, usa-se basicamente a linguagem *assembly*, para que se possa ilustrar os vários aspectos do funcionamento de um computador e não porque os computadores devam ser programados na sua própria linguagem específica. Os compiladores das linguagens de alto nível conseguem ser bastante eficientes e são muito mais confiáveis do que os programadores, portanto devem ser usados sempre que possível.

### 5.9.3 DESENVOLVIMENTO EM LINGUAGEM *ASSEMBLY*

As linguagens de alto nível têm instruções que quase se assemelham à nossa escrita natural, tornando clara boa parte da semântica do programa. Em linguagem *assembly*, as instruções são de muito baixo nível. O número de instruções a serem incluídas é, assim, muito mais elevado do que numa linguagem de alto nível, portanto é muito mais fácil o programador "perder-se" nos meandros do algoritmo. Deste modo, as regras mais básicas do bom programador em linguagem *assembly* são as seguintes:

**Tabela 5.32 – Exemplo simples que ilustra o efeito da ausência de comentários, comentários inúteis e úteis**

| TIPO DE COMENTÁRIOS | CÓDIGO EM *ASSEMBLY* |
|---|---|
| Sem comentários<br><br>(o que é que isto faz?!) | ```PLACE    1000H<br>Saldo    WORD    0<br><br>PLACE    0000H<br>Deposita:<br>    MOV    R3, 100<br>    MOV    R1, Saldo<br>    MOV    R2, [R1]<br>    ADD    R2, R3<br>    MOV    [R1], R2<br>    ...``` |
| Comentários inúteis<br><br>(não fazem mais do que repetir a instrução *assembly*) | ```PLACE    1000H        ; Localiza endereços em 1000H<br>Saldo    WORD    0     ; Variável Saldo inicializada com 0<br><br>PLACE    0000H        ; Localiza endereços em 0000H<br>Deposita:<br>    MOV    R3, 100    ; Coloca 100 em R3<br>    MOV    R1, Saldo  ; Coloca o endereço de Saldo em R1<br>    MOV    R2, [R1]   ; Lê memória endereçada por R1<br>    ADD    R2, R3     ; Soma R2 e R3<br>    MOV    [R1], R2   ; Escreve memória endereçada por R1<br>    ...             ; . . .``` |
| Comentários úteis<br><br>(explicam o papel de cada instrução no contexto da aplicação) | ```PLACE    1000H        ; Início da área de dados<br>Saldo    WORD    0     ; Variável Saldo da conta bancária<br><br>PLACE    0000H        ; Início do programa<br>Deposita:<br>    MOV    R3, 100    ; Valor a depositar na conta<br>    MOV    R1, Saldo  ; Endereço da variável Saldo<br>    MOV    R2, [R1]   ; Lê o valor atual do saldo<br>    ADD    R2, R3     ; Soma a ele o valor depositado<br>    MOV    [R1], R2   ; Atualiza a variável Saldo<br>    ...             ; . . .``` |

- Muita documentação:

  – Praticamente todas as instruções devem ter um comentário, que não deve fazer a simples transcrição do que cada instrução faz, mas sim o que ela significa. A Tabela 5.32 ilustra este aspecto importante;

  – Cada rotina deve ter um cabeçalho que indique o que a rotina faz, no seu conjunto, informação que entra, informação que sai e informação que a rotina altera (registradores, variáveis em memória, etc.). Também poderá ser útil incluir nome do autor, data em que foi alterada, número da versão, histórico das alterações, etc. (em particular em programas feitos por vários programadores). Com linhas de caracteres repetidos, o cabeçalho serve também para melhor identificar e separar as rotinas, tornando mais fácil a sua localização e compreensão. O formato do cabeçalho varia conforme o programador, mas a Tabela 5.33 ilustra com um exemplo: a rotina `fatorial` da Tabela 5.27, mas desta vez com um cabeçalho, em vez de uns meros comentários. É interessante comparar esta versão com a da Tabela 5.27. Observe que, também em C, são usados cabeçalhos e comentários, embora em um nível de abstração mais elevado.

- Não usar artifícios para ficar mais rápido ou ocupar menos memória. Os processadores estão cada vez mais rápidos e a memória cada vez mais barata e maior. O pouco que se pode ganhar em eficiência quase nunca compensa o tempo (quase sempre demasiado) que se demora para corrigir um erro introduzido ao fazer uma alteração, porque o programador esqueceu de todas as restrições necessárias para o artifício funcionar. Deve-se sempre evitar usar artifícios que, embora otimizem, sejam confusos e complexos, e preferir código mais simples e estruturado, possivelmente menos eficiente, porém mais claro e fácil de alterar.

O Programa 6.1 e o Programa B.1 constituem exemplos de rotinas e programas completos em linguagem *assembly*, onde pode ser melhor observado o estilo corrente de programação neste nível. Naturalmente, cada programador tem o seu estilo de endentação, comentários, cabeçalhos, convenções para os nomes dos identificadores e, até mesmo, em termos de utilização de letras maiúsculas ou minúsculas.

O assembler do PEPE é sensível a este último aspecto em termos de identificadores, mas em termos de mnemônicos das instruções e dos identificadores reservados (nomes de registradores, particularmente), tanto aceita letras maiúsculas como minúsculas. Há programadores que preferem usar letras maiúsculas para os mnemônicos e identificadores reservados, porque se diferenciam melhor dos identificadores restantes e dos comentários, e essa é a razão do uso desta convenção, na maior parte dos exemplos deste livro. No entanto, dá trabalho estar constantemente alternando entre letras maiúsculas e minúsculas, portanto muitos programadores preferem usar apenas minúsculas.

## Tabela 5.33 – Exemplo de utilização de um cabeçalho

| FUNÇÃO EM C | ROTINA EM *ASSEMBLY* |
|---|---|
| <pre>/********************************<br>Fatorial - Calcula o fatorial de um<br>            número N<br>Autor: José Delgado<br>Versão 1.0<br>Última modificação: 31/07/2013<br>Parâmetros: n – Número N<br>Retorna – Valor do fatorial<br>********************************/<br><br>int fatorial (int n) {<br>    int produto ;<br>    int i;<br>    produto = 1;/*inicializa fatorial*/<br>    for (i=n; i>1; i--)<br>        /* acumula o produto dos vários<br>           fatores, de n a 2 */<br>        produto = produto * i;<br><br>    return produto;/*retorna fatorial*/<br>}</pre> | <pre>;********************************<br>; Fatorial - Calcula o fatorial de<br>;             um número N<br>; Autor: José Delgado<br>; Versão 1.0<br>; Última modificação: 31/07/2013<br>; Entradas: R1 – Valor do número N<br>; Saídas: R2 – Valor do fatorial<br>; Destrói: R3 (variável i de iteração)<br>;********************************<br><br>fatorial:<br><br>        MOV  R2, 1    ; produto = 1;<br>        MOV  R3, R1   ; i=n;<br>loop:   CMP  R3, 1    ; i > 1?<br>        JLE  fim  ; se não, acaba loop<br>        MUL  R2, R3 ;produto=produto*i;<br>        SUB  R3, 1    ; i--<br>        JMP  loop     ; continua loop<br>fim:    RET           ; retorna</pre> |

### 5.9.4 Ambientes de desenvolvimento

#### 5.9.4.1 Computador-alvo (target) e computador hospedeiro (host)

É importante entender que, para desenvolver um programa (editar, compilar, executar, etc.), é preciso ter um computador já executando um sistema operacional, que receba comandos do usuário e permita executar o editor, compilador, etc., que também são programas. Apenas com o *hardware* de um computador, sem programas de desenvolvimento, não se consegue fazer nada.

Assim, deve-se distinguir entre dois tipos de computadores (do ponto de vista do desenvolvimento de programas):

- **Computador hospedeiro** (*host*) – Necessariamente tem que ter interface com usuário (tela, mouse, teclado), sistema operacional, disco, programas de desenvolvimento (editor, compilador, depurador, etc.). Em suma, um computador usável. Atualmente, o computador de desenvolvimento mais conhecido é o PC;

- **Computador-alvo** (*target* ou computador de destino) – É o computador que irá executar o programa que está sendo desenvolvido. O código de máquina gerado tem de ser o código de máquina específico[59] desse computador, que nos casos mais simples pode não ter nenhum *software* de apoio (sendo o programa a ser desenvolvido o único a ser executado).

Os objetivos do computador hospedeiro são fundamentalmente os seguintes:

- Produzir um programa executável para o computador-alvo, por meio das ferramentas (programas) de desenvolvimento;

- Servir de interface de depuração (relato de erros, mensagens de depuração, etc.) ao longo do desenvolvimento do programa.

Há assim dois tipos de ambiente de desenvolvimento, tal como indicado na Figura 5.15:

- O computador-alvo é também o computador hospedeiro, isto é, o programa é executado no próprio computador em que é desenvolvido. Neste caso, tanto o compilador como o *assembler* geram código de máquina para o processador desse computador e o programa desenvolvido é mais um entre todos os que o sistema operacional desse computador executa, em pé de igualdade equiparado com todas as ferramentas do ambiente de desenvolvimento (editor, compilador, depurador, etc.). Os arquivos são guardados no disco desse computador e o programa executável é carregado do disco para a memória principal, desse mesmo computador, para ser executado;

- O computador-alvo é diferente do computador hospedeiro (ambiente de desenvolvimento cruzado – *cross development environment*). Neste caso, o programa executável é desenvolvido no computador hospedeiro (gerando código de máquina do computador-alvo), mas depois tem de ser enviado para o computador-alvo para aí ser executado. Isto implica uma ligação física entre os dois, que também pode ser usada para o computador-alvo enviar mensagens de erro ou de teste (auxiliares

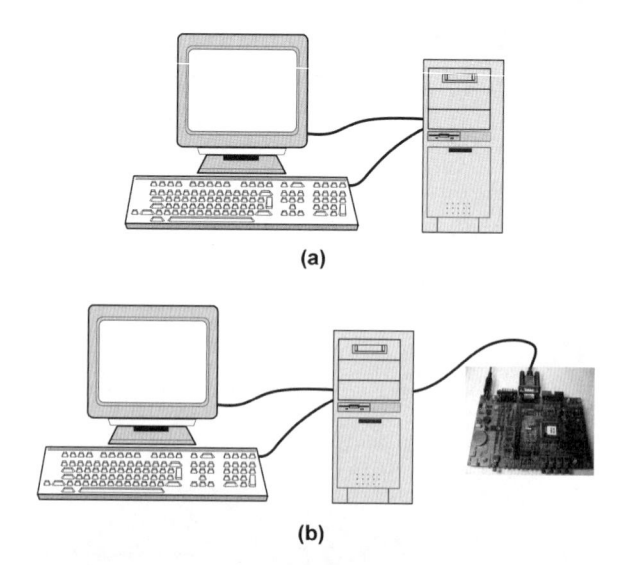

(a)

(b)

**Fig. 5.15 – Ambientes de desenvolvimento de um programa: (a) – Para o próprio computador; (b) – Para outro computador (desenvolvimento cruzado – *cross development*)**

---

[59]Normalmente designado "nativo".

de depuração) para a tela do computador hospedeiro. Esta ligação pode ser uma simples porta serial, USB ou *ethernet* (rede local, ou LAN). A Figura 5.16 ilustra um computador-alvo típico deste ambiente.

Normalmente, o primeiro tipo de ambiente é usado para programas com alguma complexidade e que, pela sua natureza, devem ser executados num computador com sistema operacional, disco, interface de usuário (normalmente gráfica, com menus e janelas), etc. Podem ser programas de contabilidade, planejamento, gerenciamento, banco de dados, etc. Hoje os computadores são usados para tudo e há milhares de programas tão complexos quanto úteis.

O ambiente de desenvolvimento cruzado é usado tipicamente para desenvolver programas para computadores pequenos, normalmente sem disco, com uma interface de usuário muito rudimentar (pelo menos quando comparada com a de um PC) e em que, muitas vezes, não há sequer sistema operacional e o programa desenvolvido é o único a ser executado no computador-alvo (estas são as razões pelas quais é preciso haver um computador hospedeiro).

No computador hospedeiro, é o disco (ou qualquer outro sistema de memória de massa) que garante que a informação não seja perdida quando o computador é desligado. A memória principal é volátil e não pode ser usada para este fim. Quando o computador é ligado, começa por ler do disco e executar um pequeno programa (o *boot loader*), que é depois responsável por ler o sistema operacional (também ele um programa), que em seguida toma conta do computador e é responsável por carregar em memória principal e executar os programas, de acordo com os comandos que o usuário for dando.

Geralmente, nos pequenos computadores-alvo não há disco, portanto o programa tem de ser guardado em circuitos integrados de memória não volátil. Hoje, usa-se tipicamente ROM *Flash* (Subseção 6.5.3.1), uma tecnologia que permite transferir os programas, por *hardware*, do computador hospedeiro para o computador-alvo, sem necessidade de *software* do lado deste último, nem sequer de retirar o microprocessador do circuito.

Há basicamente três formas de considerar o computador-alvo:

- **Real** – É o computador-alvo propriamente dito. Normalmente, consiste numa placa com base num microprocessador comercial, formando um computador completo, incluindo os periféricos necessários (sensores, interruptores, LEDs, LCDs, interfaces para atuadores externos, como lâmpadas, motores, etc.). Esta placa é feita sob medida para cada aplicação específica;

- **Simulado** – O programa destinado ao computador-alvo é executado no hospedeiro, normalmente por um interpretador, que é um programa que interpreta e simula, em *software*, a funcionalidade de cada instrução que o computador-alvo executaria, em *hardware*. É uma simulação do sistema real, em que se usa a interface gráfica do computador hospedeiro para simular os diversos periféricos do computador-alvo real (por exemplo, um LED é representado como um pequeno círculo na tela, cuja cor varia conforme o estado do LED). Todas as simulações deste livro são exemplos desta técnica, cujas principais características, que constituem as suas vantagens e limitações, são:

  - Experimentar antes de construir o sistema real, o que permite obter logo alguns resultados que podem evitar erros que obrigariam a refazer o sistema real;

  - Desenvolver e testar programas para o computador-alvo em paralelo com o desenvolvimento do *hardware* do sistema real, o que permite ganhar tempo;

  - Determinismo e controle, isto é, a simulação comportar-se sempre da mesma forma, ao contrário do sistema real, em que há fatores que podem não ser reproduzíveis ou controláveis;

  - O tempo de simulação transcorre de forma mais lenta do que no sistema real, dependendo basicamente das capacidades de processamento do computador hospedeiro, que é quem executa o programa destinado ao computador-alvo. Isto é feito normalmente através de um interpretador de código de máquina, que simula funcionalmente o *hardware* real, mas de forma muito mais lenta.[60] Isto poderá impedir o teste de situações mais reais e não revelar logo de início limitações do sistema real. Ou seja, uma simulação é apenas uma estimativa do que irá efetivamente acontecer com o sistema real.

- **Emulado** – Consiste num computador-alvo real, mas que, em lugar do microprocessador, se usa uma ponta de prova, que o substitui de forma praticamente real. Essa ponta de prova faz parte de um ICE (*In-Circuit Emulator*), que inclui um microprocessador real e *hardware* especial, que permite ao hospedeiro um controle completo e em tempo real sobre o computador-alvo. Trata-se de reunir o melhor dos dois mundos (controle total, como no computador-alvo simulado, mas com execução em tempo real, como no computador-alvo real). Naturalmente, estes sistemas são bastante dispendiosos, até porque cada microprocessador tem de ter o seu ICE específico.

A Figura 5.16 apresenta um exemplo de um computador-alvo real, usado num sistema de desenvolvimento cruzado. Trata-se de uma placa da ATMEL[61] com $16 \times 11$ cm, que inclui um microprocessador também da ATMEL, baseado no ARM,[62] ROM *Flash*, RAM e alguns LEDs e interruptores para interação com o usuário, bem como alguns *bits* de entrada/saída para se ligar a outros dispositivos. Aproximadamente no meio, com uma etiqueta em cima, pode-se observar o microcontrolador. Do lado esquerdo, vê-se uma bateria de lítio, redonda, para servir de alimentação para o relógio de tempo real, mesmo quando a placa estiver desli-

**Fig. 5.16 – Exemplo de um computador-alvo usado num sistema de desenvolvimento cruzado**

gada. Na parte de trás, o plugue menor termina o cabo de alimentação da placa, enquanto o plugue maior é o terminador do cabo que liga ao computador hospedeiro.

Este último é um PC, que inclui todo o *software* necessário (editor, compilador, comunicação com o computador-alvo, carregador de programas no computador-alvo, depurador, etc.). A ligação entre os dois é feita pela porta serial ou ligação USB do PC.

O usuário desenvolve os programas para a placa, usando o PC como hospedeiro para o sistema de desenvolvimento e como interface de usuário para depuração.[63] Quando o programa estiver pronto, a placa poderá funcionar autonomamente. A ROM *Flash* mantém o programa de forma não volátil (pode-se desligar a alimentação que o programa não se perde) e a RAM permite armazenar variáveis que o programa utilize. Passa a ser um computador completo e autônomo, embora com funcionalidade específica.

### 5.9.4.2 SISTEMAS EMBUTIDOS

Os computadores-alvo são cada vez mais baratos e menores, na maior parte das vezes sequer vistos por nós. No entanto, eles estão por toda a parte, desde um simples controlador de variação da intensidade luminosa de uma luminária numa sala, passando pelo controlador de um micro-ondas ou de uma torradeira, computador de bordo de um automóvel, monitor de sinais vitais em equipamento médico, etc., até computadores mais complexos, que controlam aviões e naves espaciais. Portanto, a nossa vida depende deles.

Não vemos estes computadores porque eles estão embutidos dentro de outros aparelhos, que não se parecem com o conceito que normalmente temos de um computador (um PC, por exemplo). Uma máquina de lavar roupa não se parece com um computador, mas o mais provável é ter um computador lá dentro, que detecta quando o usuário pressiona os botões e gera a sequência de ações (enche de água, centrifuga, etc.) de um determinado programa (este, de lavagem), selecionado pelo usuário. Estes pequenos computadores, comumente usados em aplicações de controle, são denominados **sistemas embutidos** (por estarem "embutidos" noutros sistemas). Cerca de 99% de todos os processadores vendidos atualmente destinam-se ao mercado dos sistemas embutidos.

**NOTA** Observe, no entanto, que em alguns sistemas embutidos, os "pequenos" computadores são PCs. Por exemplo, os caixas eletrônicos de um banco não passam de um PC com periféricos adequados (leitor de cartões, impressora de talões, dispensário de notas, etc.).
A vantagem de usar um PC é facilitar o ambiente de programação e a integração dos diversos equipamentos. Portanto, a noção de "pequeno computador" é relativa. O fator identificador de um sistema embutido é o fato do computador se destinar a executar uma aplicação específica, em vez de ser usado como computador programável de uso geral.

---

[60]Dependendo da forma como o interpretador está implementado, do código de máquina interpretado, da forma como este codifica as instruções e de vários outros fatores, a diferença entre os tempos de execução real e interpretada poderá variar entre dezenas e dezenas de milhares de vezes.

[61]Fabricante de circuitos integrados eletrônicos (www.atmel.com).

[62]O ARM em si não é um microprocessador, mas um núcleo de microprocessador de 32 bits, disponível para outros fabricantes o integrarem, juntamente com outros blocos, em microprocessadores comerciais. É um conceito com base europeia, que tem conhecido um grande sucesso em nível mundial (www.arm.com).

[63]A placa dispõe de alguns periféricos, particularmente LEDs, que também podem ser usados para depuração (fazendo-os acender ou apagar quando o programa passa por determinadas instruções e/ou em determinadas circunstâncias).

**Fig. 5.17 – Exemplo de um microcontrolador, um computador completo num só circuito integrado**

Por outro lado, com o avanço da tecnologia, acaba por acontecer o mesmo que aconteceu na evolução do reino animal: há dispositivos que são híbridos, o que complica a sua classificação. Estão, neste caso, os computadores integrados nos telefones celulares mais recentes que, por um lado são sistemas embutidos (têm funcionalidade específica, incluída nos menus, e fazem parte de uma caixa pequena, que inclui ainda todo o sistema de comunicações sem fio), mas por outro são programáveis com código Java, descarregado a partir de um servidor.

Geralmente, os computadores-alvo, que são programados por um sistema de desenvolvimento cruzado, destinam-se a aplicações de sistemas embutidos, que disporão de menos recursos do que um computador pessoal típico (por essa razão é que o sistema de desenvolvimento é cruzado). Mesmo assim, há muitos tipos de sistemas embutidos, desde sistemas críticos em termos de confiabilidade, passando por sistemas que requerem elevadas capacidades de cálculo, mas baixo consumo, até os sistemas produzidos em grandes quantidades e em que a funcionalidade pretendida é muito pequena e o fator mais importante é o custo.

Assim, as características do sistema pretendido são fundamentais na determinação do tipo de processador a ser usado, que varia desde as arquiteturas mais modernas de 32 bits até as antigas arquiteturas de 8 bits (cujo investimento no seu desenvolvimento já foi largamente amortizado e que requerem apenas tecnologia barata para serem fabricadas). Por outro lado, o nível de integração conseguido tem grande impacto no custo, no consumo e nas dimensões físicas, todos fatores importantes, em particular nos sistemas embutidos móveis.

A placa da Figura 5.16, por exemplo, tem algumas capacidades relevantes em termos de processamento e memória,[64] o que obriga a um conjunto considerável de circuitos integrados externos ao processador e impõe dimensões mínimas e custo considerável. Há, no entanto, aplicações em que o custo muito baixo é o aspecto mais importante (controlador de um forno de micro-ondas, por exemplo).

Um microprocessador clássico inclui apenas o processador em si, mas não a RAM, nem ROM, nem periféricos, que têm de ser externos. Como estes elementos têm de existir em qualquer computador, desde os primeiros tempos da evolução dos microprocessadores, se buscou a integrar periféricos no mesmo circuito integrado que o microprocessador. Com a evolução da tecnologia, foi ainda possível integrar RAM e ROM, nascendo assim o **microcontrolador**, que é um pequeno computador, num só circuito integrado, constituído tipicamente por um processador, ROM *Flash*, EEPROM, RAM e periféricos.

---

ESSENCIAL

- O desenvolvimento de um programa envolve várias fases, que incluem modelagem, edição, documentação, compilação, ligação com módulos pré-compilados (linkedição), carregamento em memória, execução, teste, depuração. Diante de qualquer modificação ou correção de erro deve recomeçar o ciclo do princípio;

- A programação em linguagem de alto nível é preferível à programação em linguagem *assembly*, mesmo em sistemas pequenos, pois o programa fica mais portável e é mais fácil de desenvolver. Excetuam-se pequenos programas de muito baixo nível ou em que o desempenho seja essencial;

- É preferível ter um programa mais claro, modular e bem estruturado do que ter um muito eficiente, mas confuso e difícil de alterar;

---

[64]Processador ARM de 32 bits a 33 MHz, 256 *KBytes* de RAM e 4 *MBytes* de ROM *Flash*.

- Em qualquer programa, mas muito particularmente em linguagem *assembly*, deve-se ter uma boa documentação. Pouco tempo depois de fazer uma rotina já ninguém se lembra bem do que fez;

- Os fluxogramas são uma ajuda importante, não só em termos de estruturação do programa, mas também de documentação;

- O computador hospedeiro (host) é o que executa as ferramentas de desenvolvimento (editor, compilador, etc.). O computador-alvo (target) é o que irá executar o programa (o compilador gera código de máquina para este computador). Os computadores-alvo pequenos (sem sistema operacional, disco, etc.) precisam de um computador hospedeiro (sistema de desenvolvimento cruzado);

- Estes pequenos sistemas normalmente têm o programa em ROM (para não ser volátil) e funcionam autonomamente, com uma funcionalidade fixa dentro de outro sistema, não se destinando a desenvolvimento de programas. São sistemas embutidos;

- Os microcontroladores são circuitos integrados com um processador, RAM, ROM e periféricos, integrando praticamente tudo o que é necessário para o sistema de controle de um sistema embutido. Não apenas conduzem a um sistema mais barato, mas também mais compacto (menor espaço ocupado) e ainda com menor consumo (importante em muitas aplicações).

O microcontrolador é capaz de suportar diretamente pequenas cargas, como LEDs. Para construir muitos sistemas simples, basta apenas ligar interruptores (para o usuário atuar) ou outros sensores e LEDs (para visualização de informação). Para atuação de cargas com maior potência (motores, lâmpadas, etc.), é preciso juntar circuitos eletrônicos de potência, mas todo o controle está incluído no microcontrolador, tornando os sistemas mais simples do que usando microprocessadores, memórias e periféricos não integrados.

Os fabricantes de microcontroladores (por exemplo, a ATMEL e a MICROCHIP)[65] vendem sistemas de desenvolvimento cruzado, que permitem facilmente desenvolver programas (em C ou em linguagem *assembly*), num PC, para executar nos respectivos microcontroladores, oferecendo assim uma forma fácil de implementar pequenos sistemas embutidos baseados num único circuito integrado.

Não há grandes diferenças entre programar um sistema baseado num microcontrolador e outro num microprocessador; caso se use uma linguagem de alto nível, a programação é praticamente transparente a este aspecto. As diferenças fundamentais estão associadas à forma de acessar os periféricos (no microprocessador, serão acessados por um acesso normal à memória, mas, no microcontrolador, os periféricos aparecem normalmente como registradores adicionais, o que torna o acesso mais rápido) e no tamanho e tempo de acesso das memórias (que no microcontrolador são menores, pois têm de caber dentro do circuito integrado, juntamente com todo o resto, mas que por essa mesma razão são de acesso bastante mais rápido).

A Subseção 6.5.3 e o Apêndice B descrevem detalhes adicionais sobre microcontroladores, em particular sobre o CREPE, um microcontrolador baseado no PEPE, basicamente através da inclusão de memórias internas e de alguns periféricos.

# 5.10 Conclusões

A grande vantagem dos computadores é o fato de poderem ser (re)programados, não estando limitados a uma funcionalidade fixa. Com base num número limitado de operações básicas (conjunto de instruções), é possível programar uma sequência suficientemente longa, que implemente aplicações extremamente complexas.

Já se foi o tempo em que a grande dificuldade estava em construir o *hardware* apenas para implementar programas razoavelmente simples, pelo menos pelos padrões atuais. Hoje, a maior parte do esforço está no desenvolvimento do *software*, em que se concentra a dificuldade da funcionalidade a ser implementada. Não apenas os computadores fazem mais coisas, em mais domínios de aplicação, como ainda de forma mais sofisticada e mais amigável ao usuário, com interfaces humano-computador mais elaboradas, incluindo interfaces gráficas e em cores, em dispositivos cada vez menores e que são produzidos em maior número. Os telefones celulares e os computadores de bolso são um bom exemplo da complexidade e poder que conseguimos ter hoje, literalmente, na nossa mão.

---

[65]www.microchip.com

Os compiladores permitem programar um computador em um nível mais alto do que o das instruções do computador, mas o programador ainda tem de converter, a especificação da funcionalidade pretendida, para um algoritmo e para o programa que o implementa.

Existe um mapeamento das instruções de um programa de alto nível para um conjunto de instruções da linguagem *assembly* de cada computador. A tarefa de um compilador é analisar um programa de uma linguagem de alto nível e, usando esse mapeamento, gerar as instruções de máquina do computador necessárias, gerenciando recursos como os registradores e a memória e usando estruturas de dados como a pilha e a *heap*.

O objetivo deste capítulo foi mostrar como é que este processo de geração das instruções de máquina funciona normalmente, usando o PEPE como exemplo, em programas que utilizam exclusivamente o processador e a memória. O Capítulo 6 completa este cenário com os periféricos, mostrando de que forma estes afetam a programação e o funcionamento de um computador.

# 5.11 EXERCÍCIOS

**5.1** Elabore fluxogramas para diversos programas ou rotinas em linguagem *assembly* deste livro. Os Capítulos 4 e 5 apresentam os exemplos mais adequados.

**5.2** Escreva, em linguagem C, um pequeno programa que declare um vetor de inteiros e contenha uma função para inicializar cada um desses inteiros, com o dobro do valor da sua posição no vetor. Compile manualmente, escrevendo, em linguagem *assembly*, um programa que implemente a mesma funcionalidade e estabelecendo a correspondência entre as instruções/diretivas em C e as instruções/diretivas em linguagem *assembly*.

**5.3** Programe uma rotina que receba um número em binário de 16 bits em complemento de 2 e produza uma cadeia de caracteres em ASCII (terminada com 00H), com o valor em decimal desse número (deve incluir o sinal se for negativo). Use o simulador para verificar o seu funcionamento (o resultado pode ser visto por inspeção da memória na sua interface gráfica).

**5.4** Use a diretiva STRING para criar uma tabela bidimensional de caracteres em ASCII (Apêndice E). Em cada linha, coloque os cinco primeiros caracteres dos seguintes alfabetos: numeração romana, algarismos decimais, letras maiúsculas, letras minúsculas e caracteres ASCII a partir de "!".

    a) Considerando que a tabela começa no endereço 1000H, indique:

       (i) O endereço do primeiro caractere em cada alfabeto;

       (ii) Qual o endereço do último byte da tabela e o seu conteúdo.

    b) Faça um programa, com a declaração da tabela e uma rotina, que obtenha o caractere X ($0 \leq X < 5$) do alfabeto Y;

    c) Suponha que, no seu programa, STRING seja substituída por WORD. Explique todas as alterações restantes que terão de ser feitas para que o programa continue a funcionar com a mesma semântica.

**5.5** Faça um programa para converter um número entre 1 e 3999 para uma cadeia de caracteres em ASCII (terminada com 00H), com o valor correspondente em numeração romana. Use o simulador para verificar o seu funcionamento.

**5.6** Imagine que o controlador de uma máquina de lavar roupa é um computador baseado no PEPE, com 8 *KBytes* de ROM, 2 *KBytes* de RAM e 128 endereços de periféricos. Estes dispositivos estão localizados em endereços contíguos, sem espaços livres entre eles.

    a) Quantas diretivas PLACE ele usa e com que valores (em hexadecimal)?

    b) Considerando o programa dividido em seções delimitadas pelas diretivas PLACE, explique que diretiva deve usar e em que seção deve colocar (gastando o mínimo possível de memória):

       (i) A declaração de uma variável para conter o número selecionado de rotações por minuto de centrifugação (400 a 1600 rpm);

       (ii) A declaração de uma variável do tipo vetor, que contém diversos parâmetros sobre o programa (temperatura atual da água, tempo em segundos que decorreu desde o início do programa, etc.);

       (iii) A indicação de que o tempo da fase de centrifugação, usado em diversos pontos do programa, é 70 segundos;

       (iv) A declaração de uma tabela (predefinida) da temperatura da água desejada em cada programa;

(v) A declaração de uma tabela (predefinida) dos tempos de duração (em segundos) dos vários programas;

(vi) A indicação do endereço do periférico que se liga aos sensores;

(vii) A rotina que lê esses sensores.

**5.7** A palavra de memória que começa no endereço 100H tem o valor 5012H, que corresponde a (indique quais são as hipóteses possíveis):

a) Instrução `ADD R1,R2`;

b) Célula de memória ainda não inicializada (após *reset* do processador);

c) Valor definido com `WORD` 5012H;

d) Valor definido com `EQU` 5012H;

e) Valor após `PLACE` 5012H;

f) Valor após `MOV [R1],R2`, em que R1=5012H e R2=0100H;

g) Valor após `MOV [R1],R2`, em que R1=0100H e R2=5012H;

h) Valor após `PUSH R1`, em que inicialmente R1=5012H e SP=0100H;

i) Valor após `SWAP [R1],R2`, em que inicialmente R1=5012H e R2=0100H.

**5.8** Indique a que instrução do PEPE equivale (em funcionalidade) a sequência de instruções (assumindo que o SP está inicializado):

```
PUSH R1
RET
```

**5.9** Imagine que você pretenda fazer uma rotina que troque os conteúdos de duas posições de memória, mas está indeciso sobre usar passagem de parâmetros por valor ou por referência. Faça as duas versões da rotina (use passagem de parâmetros em registradores) e explique se deve usar uma, outra ou tanto faz.

**5.10** Refaça o Exercício 4.18, mas em formato de rotina. Preserve o valor de todos os registradores usados (com exceção do de saída).

**5.11** Transforme o Programa 4.18 numa rotina que receba, como parâmetros, dois endereços X e Y e um valor entre 0 e FH e devolva o número de *bytes* em memória entre esses dois endereços (inclusive), que têm esse valor nos seus 4 bits mais significativos. A rotina deve preservar o valor de todos os registradores não usados como parâmetros e não deve considerar que Y > X.

**5.12** Pretende-se saber qual o menor dos valores dos *bytes* em memória entre dois endereços X e Y (inclusive), em que $Y \geq X$.

a) Faça uma versão recursiva de uma rotina que implemente esta funcionalidade, comparando o valor do *byte* num determinado endereço K com o valor devolvido pela rotina aplicada à faixa de endereços [K+1, Y]. Use passagem de parâmetros por registradores (R1=X, R2=Y, R3=*resultado*). A rotina deve preservar o valor de todos os registradores restantes que use;

b) Se, imediatamente antes da primeira invocação da rotina, o SP valer 1000H e os endereços forem 2000H e 20FFH, indique o endereço da palavra mais profunda da pilha gasta pela rotina, ao longo da execução de todas as suas invocações. Justifique a sua resposta;

c) Qual seria o efeito no funcionamento do programa se, em vez de 20FFH, o limite superior da faixa de endereços fosse 2FFFH?

**5.13** Mostre (em linguagem *assembly* do PEPE) como declarar uma matriz de 20 linhas × 30 colunas de valores inteiros (16 bits) e como acessar o elemento $(i, j)$, em que $0 \leq i < 20$ e $0 \leq j < 30$, supondo que a matriz está organizada por:

a) Linhas (os elementos de cada linha estão contíguos em memória);

b) Colunas (os elementos de cada coluna estão contíguos em memória).

**5.14** As tabelas muitas vezes são usadas para implementar filas. Uma **fila** é uma estrutura de dados linear, com dois extremos (a cabeça e a cauda), duas operações (escrita, que acrescenta um elemento à fila, e leitura, que retira o elemento da fila que corresponda a cabeça) e uma política de acesso FIFO (*First In, First Out*), em que a escrita é feita na cauda e a leitura na cabeça. Não há inserção ou remoção de elementos no meio da fila. A fila pode estar vazia (se não tiver elementos, caso em que a leitura não pode ser efetuada) ou cheia (se houver uma capacidade máxima e esta já tiver sido atingida, caso em que a escrita de um novo elemento não pode ser efetuada). A fila pode ser implementada por uma lista ou, de uma forma mais eficiente, por uma tabela, usada de forma circular com auxílio de dois índices. Neste caso, a capacidade da fila é o número de elementos da tabela e os dois índices são as posições na tabela do elemento mais antigo na tabela (cabeça) e do mais recente (cauda). A forma mais simples de usar os índices é inicializá-los com 0 e incrementar a cauda após uma escrita ou a cabeça após uma leitura. Se qualquer dos índices já estiver no seu valor máximo (última posição da tabela) antes de ser incrementado, o "incremento" é na realidade voltar a 0.[66] A fila está vazia, se os dois índices forem iguais (particularmente com 0, quando a fila é inicializada) e cheia, quando a cauda estiver na posição anterior à cabeça (incluindo a situação cabeça = 0 e cauda = última posição da tabela).

a) Implemente um programa, que declare uma tabela com N palavras, e rotinas para escrever, ler e saber o número de elementos da fila, em que a escrita e leitura só são efetuadas se a fila não estiver nem cheia nem vazia, respectivamente (considere que os elementos da fila são números inteiros);

b) Simule este programa no simulador, verificando o seu funcionamento e evolução do estado da fila.

**5.15** Complete o Programa 5.15 com mais algumas funcionalidades.

a) Torne as rotinas de manipulação das listas mais robustas, contemplando os casos de ponteiros `null` (tal como mencionado na Subseção 5.8.6);

b) Acrescente rotinas para:

(i) Adicionar um elemento no fim da lista;

(ii) Contar o número de funcionários com mais de X anos (passado como parâmetro);

(iii) Converter a lista numa tabela, dados os endereços iniciais de ambas e sabendo quantas palavras cada ficha ocupa. Esta rotina deve percorrer os elementos da lista e copiá-los, em ordem e de forma contígua, para a tabela (admitindo que esta tem espaço suficiente);

(iv) Percorrer a lista e, para cada elemento, executar uma rotina diferente para cada valor da idade, a fim de efetuar um processamento diferenciado conforme a idade do funcionário. Use uma tabela de ponteiros com endereços das rotinas que tratam cada idade. Como é que se faz para conseguir o mesmo tratamento para idades dentro de uma determinada faixa, por exemplo, 30-39, 40-49, etc.?

c) Que alterações teriam de ser feitas no programa se um dos campos da ficha do empregado fosse o seu nome (cadeia de caracteres ASCII terminada por zero)?

---

[66]O que origina o termo "circular".

# 6 - O Computador Completo

O comportamento global de um computador, em termos de funcionalidade, capacidade e desempenho, depende não apenas de cada um dos seus componentes básicos, mas também da forma como eles estão interligados e como cooperam para o objetivo comum. Este capítulo analisa essa interação e descreve os vários problemas que surgem para se conseguir um comportamento global equilibrado.

Um dos aspectos fundamentais de um computador é o seu desempenho (rapidez com que executa os programas). Nunca é o suficiente. À medida que a tecnologia evolui, produzindo circuitos eletrônicos cada vez mais rápidos e com maiores capacidades, e que as arquiteturas organizam os diversos circuitos de formas cada vez mais complexas, as aplicações passam a implementar funcionalidades que antes não eram possíveis, conduzindo a uma necessidade de desempenho ainda maior.

As aplicações multimídia, em particular as gráficas de três dimensões, constituem bons exemplos. As arquiteturas dos computadores pessoais têm evoluído no sentido de proporcionar o máximo suporte em *hardware* para estas aplicações, quer em termos de processamento, com extensões sucessivas do conjunto de instruções para suportar processamento encadeado de amostras de som e pixels de imagens e de vídeo, quer em termos de taxa de transferência de dados da memória para a placa gráfica. Também em termos de rede de comunicação se evoluiu muito. Das interfaces de 10 Mbits/s já se passou para as de 1 Gbits/s, portanto é fundamental ter uma ligação rápida com a memória.

Os processadores já estão na escala dos 3 a 4 GHz de frequência de relógio. A ligação do processador aos periféricos e à memória já se faz acima de 1 GHz. Os processadores de maior desempenho já não se ligam diretamente à memória e periféricos pelo clássico trio de barramentos de endereços, dados e controle. Há controladores especiais que tomam conta dos barramentos e permitem uma comunicação o mais rápida possível entre os vários componentes do computador, mesmo diretamente entre periféricos e memória, sem passar pelo processador. Neste cenário global de alto desempenho, o maior objetivo é o equilíbrio. Não adianta ter um processador muito rápido se a memória for lenta, ou se a ligação aos periféricos constituir um gargalo. É preciso identificar quais os pontos mais críticos e otimizar a arquitetura nesses pontos.

Este capítulo foca os pontos fundamentais do funcionamento da arquitetura como um todo (barramentos, endereçamento, interrupções, periféricos e transferência de dados de e para os periféricos), terminando com uma breve análise da avaliação de desempenho dos computadores. Para melhor estabelecer a relação com os sistemas reais, é apresentada ainda uma breve descrição das principais características dos dois tipos de computadores mais comuns no mercado: os computadores pessoais e os microcontroladores dos sistemas embutidos.

# 6.1 INTERLIGAÇÃO DOS COMPONENTES DE UM COMPUTADOR

### 6.1.1 BARRAMENTOS

Qualquer computador é constituído pelo menos pelos seguintes componentes:

- Processador;

- Memória, que poderá estar dividida em RAM e ROM;

- Periféricos, que poderão ser só de entrada, só de saída ou de entrada/saída.

 Com exceção de casos muito triviais ou específicos, qualquer computador precisa de RAM para poder memorizar valores. A ROM tem a vantagem de ser não volátil e é usada para conter as instruções que o processador começa a executar após o computador ser ligado, mas não serve para armazenar variáveis do programa.

Dada a sua flexibilidade, os PCs executam todos os programas em RAM, pois estes são carregados a partir do disco (que armazena os programas em arquivos). No entanto, até os PCs têm uma pequena ROM, que lhes permite ler do disco as instruções, que depois carregam do disco para a RAM todos os programas necessários (particularmente o sistema operacional).

No caso do PC, a ROM serve apenas para iniciar, mas em sistemas menores, de funcionalidade fixa (sistemas embutidos), todo o programa está em ROM e a RAM é usada apenas para dados.

Observe que os circuitos usados neste livro, nas simulações com o PEPE, normalmente não têm ROM, apenas RAM. O objetivo é apenas tornar o circuito mais simples (só há um tipo de memória) e só é possível dado que estamos numa simulação e o programa é artificialmente carregado em RAM, ainda antes de começar sua execução. Em um circuito real isto não seria possível pois, assim que se liga o sistema, o processador começa logo a executar o programa, mesmo sem este ter sido carregado em memória (só com a ROM se garante que o programa já está lá quando o sistema é ligado).

Um computador pode ter múltiplas memórias (várias ROMs e várias RAMs) e vários periféricos. Os periféricos podem ser muito simples (um registrador com os bits disponíveis para se conectar ao mundo exterior) ou subsistemas completos (que, muitas vezes, incluem o seu próprio computador especializado). Um PC, por exemplo, é um computador complexo, com muitos recursos de *hardware*. Os computadores mais recentes já têm até mais do que um processador.

Com tantos dispositivos, o computador tem de definir:

- Um meio físico de interligação destes dispositivos, composto por:
  - **Barramento de endereços** — Permite indicar qual dos dispositivos o processador precisa acessar e, se esse dispositivo for constituído por várias células individuais (RAM, por exemplo), qual a célula pretendida;
  - **Barramento de dados** — Usado pelo processador para ler ou escrever os dados. Ao contrário dos outros barramentos, este é bidirecional (os dados podem fluir do processador para um dispositivo, no caso de uma escrita, ou no sentido oposto, no caso de uma leitura);
  - **Barramento de controle** — Constituído pelos sinais que controlam o acesso do processador à memória e periféricos.
- Regras de utilização do meio físico que permitam a comunicação entre os vários dispositivos.

**Barramento** (*bus*) é a designação dada a um conjunto de ligações relacionadas, que ligam em paralelo cada um dos dispositivos interligados. Assume-se implicitamente que um barramento interliga mais do que dois dispositivos, senão trata-se apenas de uma **ligação ponto a ponto**, em que um dispositivo se liga apenas a um outro.

Qualquer processador tem três barramentos, que tratam dos endereços, dos dados e do controle dos dispositivos a que o processador está ligado. No caso do PEPE:

- Os barramentos de endereços e de dados são constituídos por 16 bits cada um;
- O barramento de controle é constituído (por enquanto) por dois sinais de um *bit* cada:
  - RD, ativo em 0, quando o processador está fazendo uma leitura de um dispositivo;
  - WR, ativo em 0, quando o processador está fazendo uma escrita em um dispositivo.

A Figura 4.7 mostra o circuito que tem sido usado para as simulações do PEPE e que contempla estes sinais, mas inclui apenas uma memória. A Figura 6.1 mostra um exemplo com mais dispositivos. Considera-se, por enquanto, que todos os dispositivos têm uma largura (de dados) de 16 bits, embora alguns possam ter apenas 8 bits (a Subseção 6.1.5.1 tratará deste aspecto). Sobre esta figura pode-se fazer os seguintes comentários:

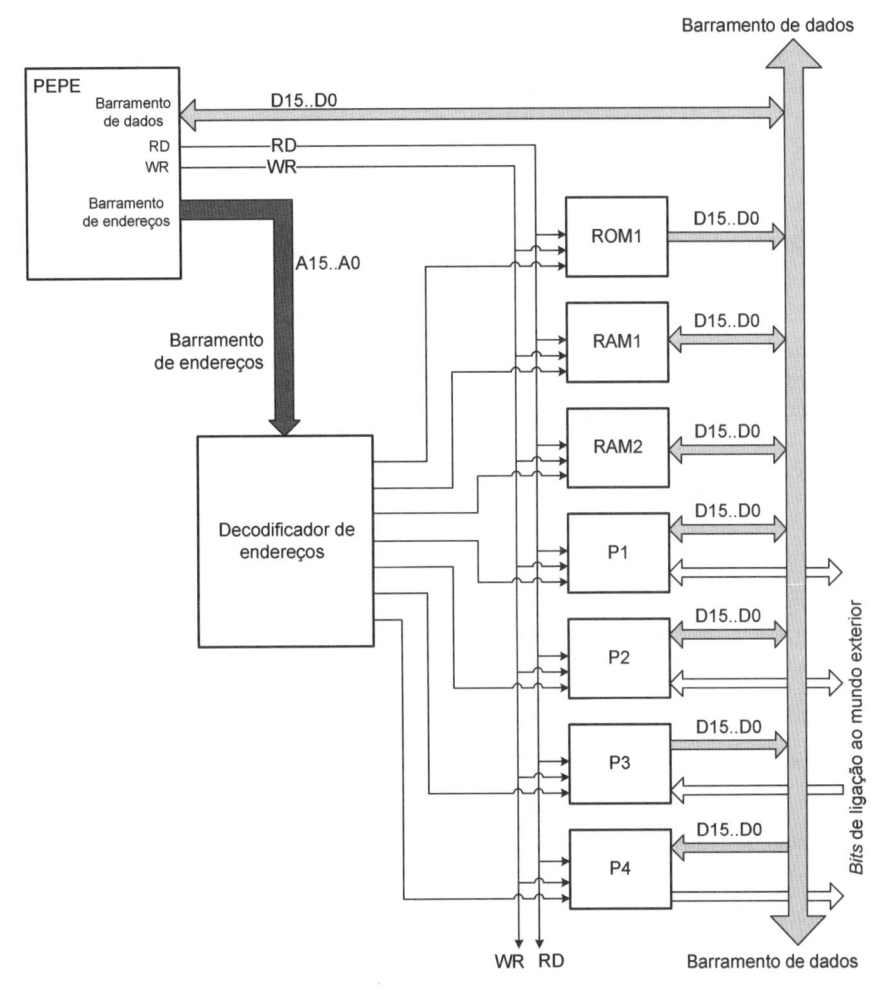

**Fig. 6.1 – Barramentos do PEPE, ilustrando a ligação do processador aos dispositivos**

- O computador é constituído por uma ROM (ROM1), dois módulos de RAM (RAM1 e RAM2) e quatro periféricos (P1 a P4);

- O barramento de dados (16 bits, D15..D0) se liga a todos os dispositivos, pois é por aqui que o processador se comunica com todos os dispositivos. Este barramento é uma espécie de corredor com várias portas, em que cada uma dá acesso a um dispositivo. Apenas os dados circulam pelo corredor. Cada dispositivo "vê" o resto do sistema a partir da sua porta, sem se deslocar;

- Apenas duas operações podem ser efetuadas com este sistema:
  - **Escrita** — O processador coloca um valor no barramento de dados. Todos os dispositivos "veem" o valor (todos estão "olhando" para o corredor), mas considera-se que apenas um dispositivo memorizará esse valor;

  - **Leitura** — O processador solicita que um determinado dispositivo lhe forneça um valor. Como resposta, esse dispositivo envia o valor pretendido pelo barramento de dados. Mais uma vez todos os dispositivos "veem" esse valor, pois todos estão ligados ao barramento de dados, mas apenas o processador memorizará esse valor, em um dos seus registradores;

- O barramento de controle (sinais RD e WR) se liga a todos os dispositivos, para que estes saibam qual das operações o processador está efetuando;

- O barramento de endereços (16 bits, A15..A0) se liga a um sistema que decodifica os endereços, produzindo sinais que identificam e ativam o dispositivo que o processador quer acessar (e só esse). A decodificação de endereços é tratada na Subseção 6.1.3;

- Este sistema não é uma democracia! O processador (o mestre) é o único dispositivo que pode tomar a iniciativa de enviar informação para os barramentos. Os dispositivos restantes (os escravos) só podem fazê-lo (e apenas no barramento de dados) como resposta a um pedido por parte do processador;

■ O processador não distingue a memória dos periféricos. Para ele, todos os dispositivos são iguais, suportando as duas opera-ções mencionadas. Cabe ao programador (através das instruções do programa) saber se está fazendo a operação certa sobre o dispositivo correto. Assim, a designação "acesso à memória" abrange implicitamente os acessos à memória e aos periféricos.

 Alguns processadores mais antigos ainda suportam um espaço de endereçamento separado para os periféricos. Isto significa que há instruções diferentes para acessar a memória e os periféricos e o processador tem barramentos de controle separados para acesso à memória e aos periféricos.

Esta organização foi usada nos primeiros tempos dos microprocessadores, em que se consideravam as entradas/saídas como um conceito sepa-rado do de processamento. Por outro lado, o número de bits disponíveis para endereço era muito limitado, e assim se evitava que os periféricos gastassem endereços que deviam ser reservados para memória.

Depois, a tecnologia evoluiu e atualmente já não se justifica a complexidade adicional de tratar os periféricos de forma diferente da memória, portanto periféricos e memória estão mapeados no mesmo espaço de endereço e são tratados de forma uniforme (periféricos mapeados em memória, ou *memory-mapped input/output*).

Com apenas duas operações, este sistema nem parece complicado, mas apresenta alguns problemas, que são enunciados e resol-vidos nas seções seguintes.

### 6.1.2 OPERAÇÕES DE LEITURA E ESCRITA

Olhando para a Figura 6.1, consegue-se inferir que nem todos os dispositivos são iguais em termos de suporte às operações de leitura e escrita. Particularmente:

■ Por definição,[67] a ROM1 só pode ser lida (razão pela qual a sua ligação ao barramento de dados não é bidirecional);

■ A RAM1 e a RAM2 devem poder ser lidas e escritas, no seu funcionamento normal;

■ Os periféricos P1 e P2 são de entrada/saída (leitura/escrita), o que é indicado pelas setas bidirecionais que os ligam ao barramento de dados (e também nas ligações ao mundo exterior);

■ O periférico P3 é só de entrada (leitura), pois a seta que o liga ao barramento de dados tem apenas o sentido periférico → processador e a seta de ligação ao mundo exterior é apenas de entrada;

■ O periférico P4 é só de saída (escrita), pois a seta que o liga ao barramento de dados tem apenas o sentido processador → periférico e a seta de ligação ao mundo exterior é apenas de saída.

**PROBLEMA 6.1** Como se impede o processador de efetuar uma operação de leitura ou escrita sobre um dispositivo que não a suporte?

**SOLUÇÃO** Não se consegue impedir, pois sempre é possível haver erros no programa. Pode-se é proteger o dispositivo contra operações incorretas. Liga-se ao dispositivo o sinal (RD ou WR) correspondente à operação que ele suporta, mas não se liga o outro. Se o processador efetuar a operação errada sobre esse dispositivo, ele a ignorará, pois não tem ativo o sinal da sua operação. O programa funcionará previsivelmente de forma incorreta, mas é responsabilidade do programador testá-lo e corrigir os erros até estar tudo correto.

Mesmo que o dispositivo só suporte uma operação, ele precisa da informação de qual operação o processador está realizando, senão podem ocorrer as seguintes situações (admitindo-se que já se sabia que o processador pretendia efetuar a leitura ou escrita sobre esse dispositivo):

■ Se o programa ler um dispositivo que só suporte escrita, nem o processador nem o dispositivo colocam um valor no barra-mento de dados, portanto este assume um valor aleatório (dependente do ruído eletromagnético, como o produzido por um motor elétrico ou pelo interruptor da lâmpada de uma sala). O processador lê assim um valor incorreto e o dispositivo memoriza um valor que não devia (destruindo o valor que devia estar lá). Com o dispositivo ligado apenas ao WR, o proces-sador continua a ler um valor incorreto, mas pelo menos o dispositivo não destrói o valor que tinha lá;

■ A escrita em um dispositivo que só suporte leitura constitui uma situação mais grave, podendo eventualmente causar avarias no *hardware*. Tanto o processador como o dispositivo colocariam um valor no barramento de dados, causando um conflito entre sinais que poderia danificar os circuitos de ligação ao barramento, inutilizando o computador. Se o dispositivo se ligar

---

[67]ROM = *Read Only Memory* (memória só de leitura). Esta designação destina-se a fazer o contraponto com as RAMs, que podem ser escritas pelo processador. A informação é colocada nas ROMs por mecanismos próprios (Subseção 6.5.3.1), que não são os acessos normais de escrita do processador.

**Tabela 6.1 - Operações suportadas pelos dispositivos e relação com os sinais do barramento de controle**

| DISPOSITIVO | OPERAÇÃO | | BARRAMENTO DE CONTROLE |
| --- | --- | --- | --- |
| | LEITURA | ESCRITA | |
| ROM1 | Sim | Não | RD |
| RAM1 | Sim | Sim | RD, WR |
| RAM2 | Sim | Sim | RD, WR |
| P1 | Sim | Sim | RD, WR |
| P2 | Sim | Sim | RD, WR |
| P3 | Sim | Não | RD |
| P4 | Não | Sim | WR |

apenas ao RD, o resultado da operação de escrita é a perda do valor a ser escrito, isto é, não ser memorizado pelo dispositivo. O efeito é apenas uma eventual incorreção no funcionamento do programa, que o programador pode corrigir sem receio de ter danificado o computador.

A Tabela 6.1 resume as operações suportadas por cada um dos dispositivos e os sinais que se ligam a cada um deles.

A Figura 6.2 mostra o circuito corrigido em termos de ligações dos dispositivos aos sinais RD e WR.

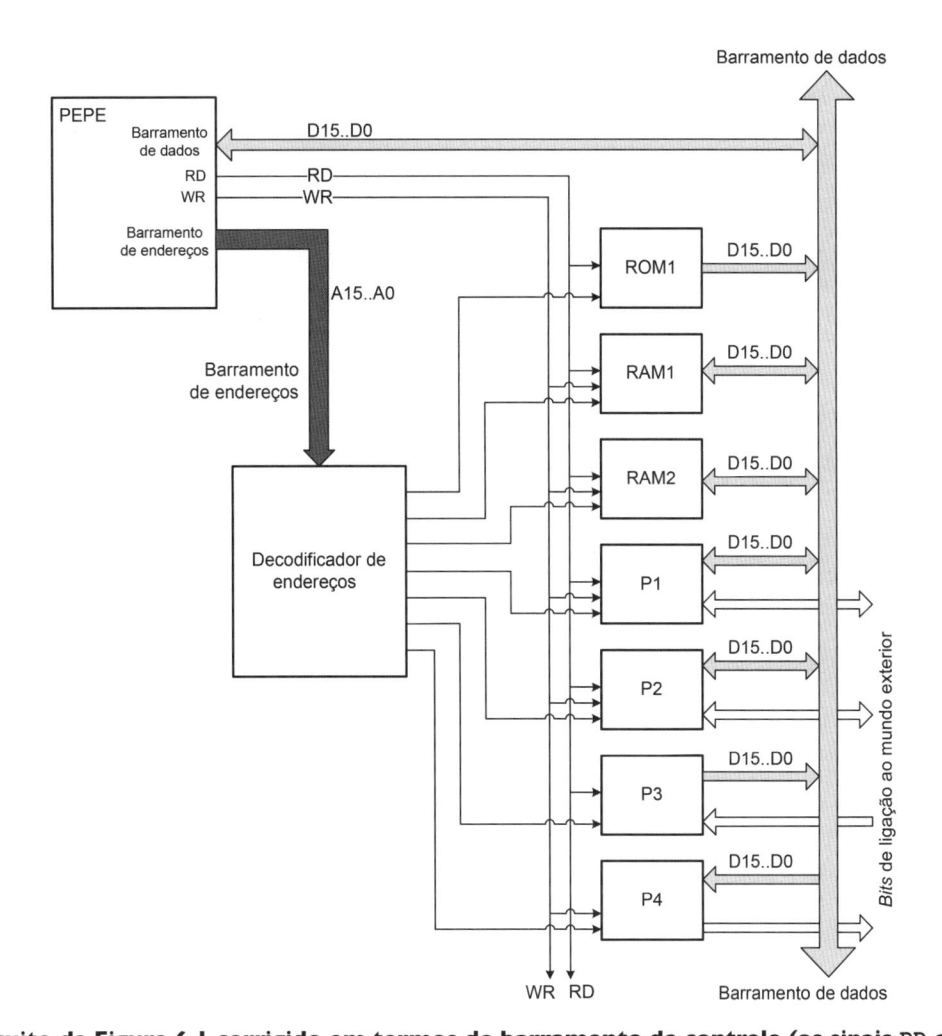

**Fig. 6.2 – Circuito da Figura 6.1 corrigido em termos de barramento de controle (os sinais RD e WR só devem se ligar aos dispositivos que suportem a respectiva operação)**

### 6.1.3 Decodificação de Endereços (de palavra)

**NOTA IMPORTANTE** – Toda esta seção (até a Subseção 6.1.4) considera que o processador suporta apenas endereçamento de palavra. Não é esse o caso do PEPE nem da maioria dos processadores comerciais, que suportam endereçamento de *byte*. No entanto, esta limitação temporária é essencial para não introduzir todos os detalhes ao mesmo tempo. A Subseção 6.1.4 volta a considerar o endereçamento de *byte*.

#### 6.1.3.1 Seleção de dispositivo a acessar

**PROBLEMA 6.2** Como o processador especifica que dispositivo quer acessar? Em escrita, ele só quer escrever em um deles, não em todos ao mesmo tempo. Em leitura, apenas um dispositivo poderá enviar o seu dado, pois se cada dispositivo tentar enviar o seu, haverá conflitos no barramento (é como várias pessoas falando simultaneamente — ninguém se entende).

**SOLUÇÃO** Especificar um endereço em cada acesso à memória que identifique univocamente um e apenas um dispositivo.

Esta solução já foi abordada na Subseção 4.2.2 e não é exclusiva dos computadores. Para dar um telefonema, por exemplo, é preciso identificar o interlocutor pelo seu "endereço" (número de telefone).

O PEPE tem um barramento de endereços de 16 bits, o que significa que consegue especificar $2^{16}$ (64 K, ou 65.536) endereços diferentes. Ou seja, ele tem um espaço de endereçamento que varia do endereço 0000H até o endereço FFFFH.

O processador não sabe, na realidade, que dispositivos estão ligados aos barramentos. Quando quer acessar a memória/periféricos, coloca os valores corretos nos barramentos e espera pela resposta (acesso em leitura) ou simplesmente que tudo tenha corrido bem e que algum dispositivo tenha recebido e memorizado o valor (acesso em escrita). A Subseção 6.1.6 descreve estas operações em mais detalhes.

Por outro lado, cada computador terá o seu conjunto específico de memórias e periféricos, disponíveis em endereços que também variam de computador para computador. A tabela que indica que dispositivos estão disponíveis em quais endereços é denominada **mapa de endereços**. A Tabela 4.1 exemplifica, podendo-se observar que há endereços ocupados, em que o processador pode acessar células de memória e periféricos, e outros livres, em que nenhum dispositivo será acessado se o processador os utilizar. Este mapa de endereços é específico de um determinado computador. Quem o projeta deve garantir que não haja dois dispositivos mapeados no mesmo endereço, senão haverá conflitos no acesso a esse endereço. Portanto:

- O funcionamento do processador não pode depender de quantos nem quais dispositivos estão ligados a ele;
- O funcionamento de cada dispositivo não deve variar conforme esteja disponível em um ou em outro endereço ou esteja inserido em um computador com mais ou menos dispositivos.

Caso contrário, as variantes seriam infindáveis.

**PROBLEMA 6.3** Como se implementa o mapa de endereços? Isto é, quem determina qual é o dispositivo a ser acessado quando o processador especifica um endereço?

**SOLUÇÃO** Ter um circuito separado, tanto do processador como dos dispositivos, que "olhe" para o endereço que o processador indicou e o decodifique, notificando o dispositivo nesse endereço, de que o processador está acessando-o.

Este circuito é conhecido por **decodificador de endereços**. A sua missão é analisar o endereço especificado pelo processador de acordo com o mapa de endereços e, caso esse endereço corresponda a um dispositivo, ativar um **sinal de seleção** que indique a esse dispositivo que ele está sendo acessado, tal como foi representado na Figura 6.2.

Dito em outras palavras, transforma um único sinal de 16 bits (o barramento de endereços) em um conjunto de sinais de seleção individuais de 1 bit cada, um para cada dispositivo do sistema, ativando apenas um sinal de cada vez e somente no caso de o endereço especificado pelo processador corresponder a um dispositivo (nenhum sinal será ativado se o endereço especificado estiver livre, sem dispositivo atribuído). Ou seja, implementa o mapa de endereços.

O termo genérico típico usado para estes sinais de seleção individuais é *Chip Select* (CS), indicando que seleciona um determinado circuito integrado.[68] O nome de cada um destes sinais é depois especializado para cada dispositivo, incluindo algo que o identifique. A Figura 6.3 ilustra esta solução. Naturalmente, trata-se apenas de uma convenção típica. Nada obriga que os nomes dos sinais de seleção de dispositivo sejam de uma forma ou de outra. Neste livro, adota-se a convenção de que os sinais de seleção CS estão ativos em 0 (mais uma vez não passa de uma convenção usual).

---

[68]Embora o dispositivo selecionado possa ser mais complexo do que um só circuito integrado, mas é uma designação histórica.

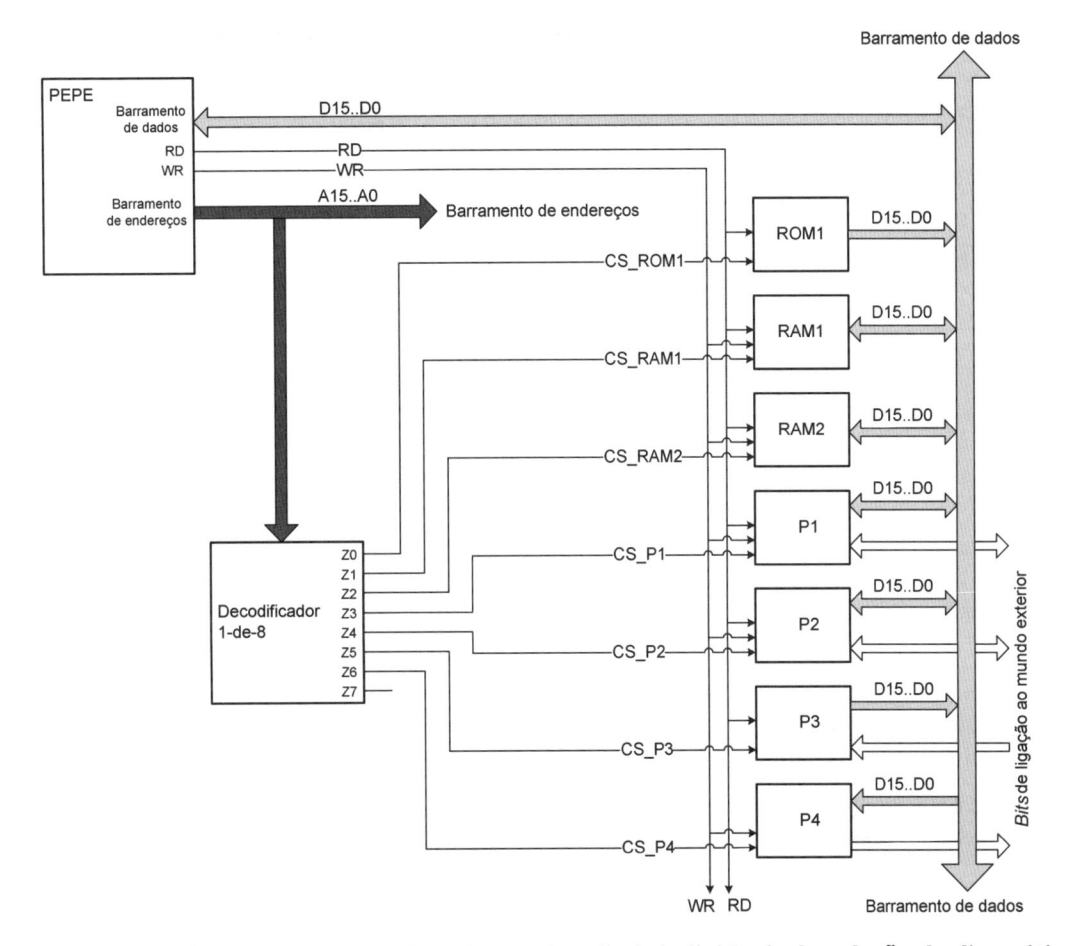

**Fig. 6.3 – Decodificação de endereços, ativando um dos sinais individuais de seleção de dispositivo para um determinado valor do barramento de endereços**

Assim, o decodificador deste exemplo terá ativa no máximo uma das oito saídas, das quais só são usadas sete (número dos dispositivos), havendo uma saída não utilizada. Todas as sete saídas deverão estar inativas se o endereço especificado corresponder a uma área livre (sem memórias nem periféricos) do mapa de endereços.

### 6.1.3.2 IMPLEMENTAÇÃO DO MAPA DE ENDEREÇOS

No entanto, o sistema não tem apenas sete endereços, mas sim sete dispositivos, cada um potencialmente com muitos endereços. Considere o caso de uma RAM, por exemplo, com várias células de memória. A geração de um sinal CS individual para cada célula está fora de questão, pois uma memória atual pode ter muitos milhões de células. Teremos de nos contentar com um só CS para cada dispositivo do sistema, mas depois é preciso arranjar uma forma de endereçar cada célula individualmente.

**PROBLEMA 6.4** No caso de um dispositivo que tem várias células, como as memórias, como ele sabe qual das suas células o processador está querendo acessar?

**SOLUÇÃO** O circuito de decodificação de endereços deve ativar o sinal CS desse dispositivo por toda a faixa de endereços correspondentes às suas células individuais e os P bits menos significativos do barramento de endereços devem se ligar ao dispositivo para especificar exatamente qual a célula a ser acessada ($P = \log_2 N$, em que N é o número de células do dispositivo. Por exemplo, uma RAM com 4 K células precisa de 12 bits, uma vez que $12 = \log_2 4096$, ou $4096 = 2^{12}$).

Para resolver este problema, precisamos saber quantas células tem cada dispositivo e em que faixa de endereços pretendemos colocá-lo. Ou seja, é preciso fazer o mapa de endereços. Como exemplo, podemos considerar o mapa da Tabela 6.2, que também indica a dimensão em células (palavras) de cada dispositivo. É importante lembrar que neste momento ainda estamos considerando apenas endereçamento de palavra (o endereçamento de *byte* será apresentado na Subseção 6.1.4).

Os periféricos P1 e P2 incluem várias células, que nos periféricos são conhecidas por portas. Uma porta é a unidade mínima de acesso a um periférico e pode corresponder a:

■ Um conjunto de bits disponíveis para se ligar ao mundo exterior (de entrada ou de saída);

**Tabela 6.2 - Mapa de endereços usado no circuito da Figura 6.4**

| DISPOSITIVO | DIMENSÃO (CÉLULAS) | | ENDEREÇO INICIAL | ENDEREÇO FINAL | NÚMERO DE *BITS* DO BARRAMENTO DE ENDEREÇOS |
|---|---|---|---|---|---|
| | DECIMAL | HEXADECIMAL | | | |
| ROM1 | 4 K (4096) | 1000H | 0000H | 0FFFH | 12 (A11..A0) |
| RAM1 | 2 K (2048) | 800H | 1000H | 17FFH | 11 (A10..A0) |
| RAM2 | 1 K (1024) | 400H | 2000H | 23FFH | 10 (A9..A0) |
| P1 | 8 | 8 | 3000H | 3007H | 3 (A2..A0) |
| P2 | 4 | 4 | 4000H | 4003H | 2 (A1..A0) |
| P3 | 1 | 1 | 5000H | 5000H | 0 |
| P4 | 1 | 1 | 6000H | 6000H | 0 |

- Registradores internos ao periférico, normalmente usados para programar o seu comportamento ou verificar o seu estado.

Todas as portas de um periférico são acessadas através do mesmo sinal CS desse periférico e são individualizadas através do endereço, tal como uma célula dentro de uma memória. No entanto, uma memória pode ter milhões de células, enquanto as portas de um periférico normalmente são contadas em unidades. Neste exemplo específico, só os periféricos P1 e P2 têm várias portas (oito e quatro, respectivamente), enquanto os periféricos P3 e P4 têm apenas uma porta cada um.

A Tabela 6.2 explicita o número (em hexadecimal) de células/portas de cada dispositivo, de modo a facilitar a determinação da faixa de endereços de cada dispositivo, depois de decidir qual o endereço da primeira célula/porta de cada dispositivo (coluna "Endereço inicial").

Observe que os vários dispositivos não ocupam os endereços de forma contígua. Há "buracos" livres entre as faixas de endereços dos dispositivos, para que os endereços iniciais de cada dispositivo sejam localizados com 1000H endereços de intervalo. Pode parecer que seria mais fácil se se atribuísse os endereços aos dispositivos de forma contínua, mas isso só seria verdade se todos os dispositivos tivessem o mesmo número de células. O que é mais fácil para a implementação da decodificação de endereços é os endereços iniciais dos vários dispositivos estarem igualmente espaçados (Subseção 6.1.3.3).

A Figura 6.4 ilustra este aspecto. Cada dispositivo tem indicada a sua dimensão (em células ou portas). Pode-se notar que o barramento de dados se liga a cada dispositivo apenas com o número de *bits* necessário para endereçar todas as suas células/portas. Assim (comparar com a Tabela 6.2), a ROM1 tem 4 K células e precisa de 12 bits (A11..A0). A RAM1 tem 2 K células e precisa de 11 bits (A10..A0). A RAM2 tem 1 K células e precisa de 10 bits (A9..A0). O periférico P1 tem oito portas, portanto, precisa de 3 bits (A2..A0). Os periféricos P3 e P4 só têm uma porta, assim, não precisam totalmente do barramento de endereços.

A cada dispositivo são ligados os *bits* menos significativos do barramento de endereços, tantos quantos os necessários para endereçar todas as células ou portas desse dispositivo.

Por outro lado, cada sinal CS deve estar ativo nos acessos a qualquer endereço do respectivo dispositivo, o que se consegue, ligando ao decodificador, *bits* do barramento de endereços que sejam mais significativos do que aqueles que se ligam aos dispositivos. Desta forma, cada sinal CS corresponde a uma combinação fixa desses *bits* mais significativos, isto é, que se mantenha igual durante toda a faixa de endereços desse (e só desse) dispositivo.

A Figura 6.5 ajuda a ilustrar esta solução, mostrando graficamente ao longo dos 64 K do espaço de endereçamento do PEPE:

- As faixas de endereços em que se pode acessar cada um dos dispositivos;

- A evolução dos *bits* mais significativos do barramento de endereços, A15..A11.

Para melhor entender esta figura, pode-se imaginar o processador acessando sequencialmente todos os endereços, começando em 0000H e terminando em FFFFH. A Figura 6.5 mostra (i) qual o dispositivo que será acessado à medida que os endereços vão aumentando (tal como indicado pela Tabela 6.2) e (ii) a evolução dos *bits* mais significativos do barramento de endereços.

Pode-se facilmente constatar que o bit A12 é o mais baixo que mantém o seu valor para todos os endereços da faixa de qualquer dispositivo. Não admira, pois a ROM1 precisa se ligar aos bits A11..A0 para endereçar todas as suas células. O A11 mantém-se constante durante todos os acessos à RAM1 (pois esta só precisa se ligar aos bits A10..A0), mas se quisermos considerar um esquema que dê para todos os dispositivos teremos de começar com o A12.

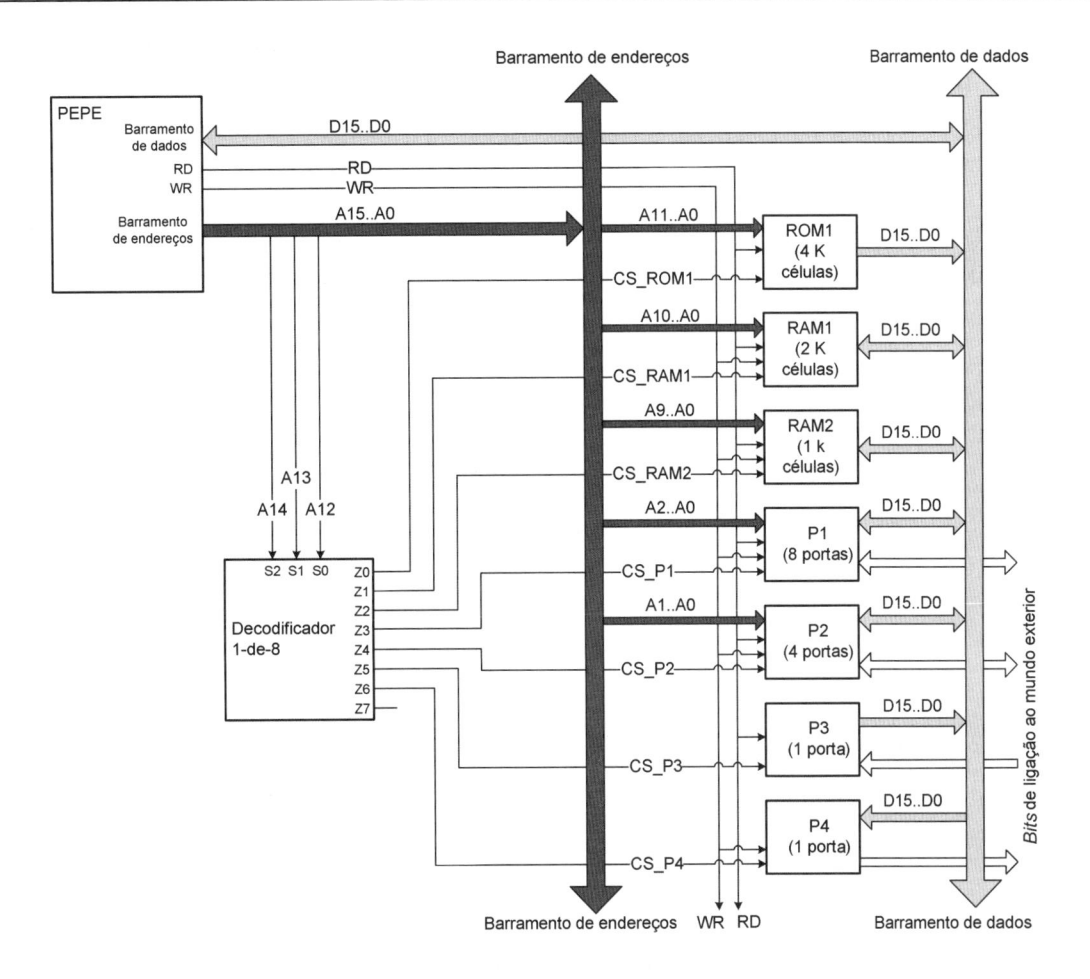

**Fig. 6.4 – Decodificação de endereços para implementar o mapa de endereços da Tabela 6.2**

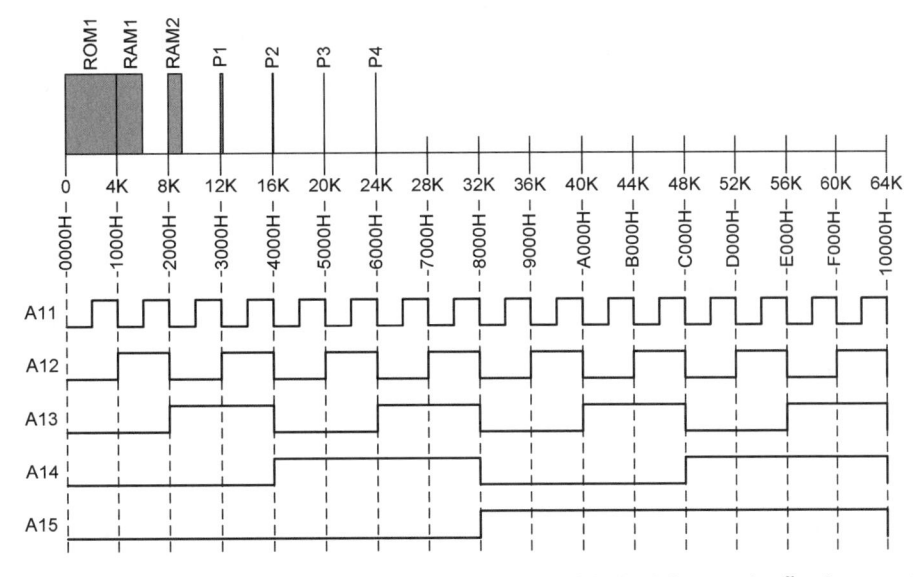

**Fig. 6.5 – Representação gráfica do mapa de endereços da Tabela 6.2 e evolução dos quatro *bits* mais significativos do barramento de endereços. Observe que o último endereço não é 64 K, mas sim 64 K–1 (FFFFH)**

**Tabela 6.3 - Evolução dos *bits* A14, A13 e A12 (do barramento de endereços)
usados para selecionar um dos sinais CS na saída do decodificador**

| DISPOSITIVO | DIMENSÃO (CÉLULAS) | | ENDEREÇO INICIAL | ENDEREÇO FINAL | *BITS* DO BARRAMENTO DE ENDEREÇOS | A14, A13, A12 |
| | DECIMAL | HEXA-DECIMAL | | | | |
|---|---|---|---|---|---|---|
| ROM1 | 4 K (4096) | 1000H | 0000H | 0FFFH | 12 (A11..A0) | 000 |
| RAM1 | 2 K (2048) | 800H | 1000H | 17FFH | 11 (A10..A0) | 001 |
| RAM2 | 1 K (1024) | 400H | 2000H | 23FFH | 10 (A9..A0) | 010 |
| P1 | 8 | 8 | 3000H | 3007H | 3 (A2..A0) | 011 |
| P2 | 4 | 4 | 4000H | 4003H | 2 (A1..A0) | 100 |
| P3 | 1 | 1 | 5000H | 5000H | 0 | 101 |
| P4 | 1 | 1 | 6000H | 6000H | 0 | 110 |
| Livre | ? | ? | 7000H | ? | ? | 111 |

Como precisamos de sete sinais de CS, usamos um decodificador 1-de-8 (ficando um livre, não usado), que requer 3 bits para selecionar uma das oito possibilidades. Portanto, os *bits* que se ligam ao decodificador são o A12, o A13 e o A14.

A Tabela 6.3 completa a Tabela 6.2, mostrando o número de *bits* menos significativos do barramento de endereços que cada dispositivo precisa e a evolução dos 3 bits ao longo do mapa de endereços.

### 6.1.3.3 DECODIFICAÇÃO PARCIAL DOS ENDEREÇOS

A Figura 6.5 expressa graficamente o mapa de endereços referido na Tabela 6.3 e parece assumir que o processador pode encontrar dispositivos apenas nos endereços indicados. Aliás, parece que apenas uma pequena fração do espaço de endereços está atribuída a dispositivos, estando o resto livre.

É apenas uma ilusão! O que a Figura 6.5 e a Tabela 6.3 expressam é o conjunto de endereços em que o processador pode acessar os vários dispositivos, mas na realidade são omissas no que se refere aos endereços restantes.

Consideremos, por exemplo, a faixa de endereços que vai de 1800H até 1FFFH, que corresponde ao espaço de endereços entre a RAM1 e a RAM2. Se o processador fizer um acesso ao endereço 1800H, por exemplo, será que algum dispositivo é selecionado?

Este endereço difere do endereço 1000H apenas no *bit* A11, que está com 1 em 1800H e com 0 em 1000H. Isto quer dizer que:

- O valor dos *bits* A14, A13 e A12 é o mesmo nos dois casos (001), o que significa que a saída do decodificador ativada é a mesma (Z1, ou CS_RAM1);
- Os *bits* A10..A0, que são os que identificam a célula individual dentro da RAM1, têm o mesmo valor (todos com 0).

Ou seja, o único *bit* diferente (o A11) é precisamente um que o sistema de decodificação de endereços da RAM1 não usa.

Na prática, isto quer dizer que a primeira célula da RAM1 (*bits* A10..A0, todos com 0) pode ser acessada tanto pelo endereço 1000H como pelo endereço 1800H. Na realidade, todos os endereços entre 1000H e 17FFH podem ser acessados também pelos endereços entre 1800H e 1FFFH, respectivamente. É como se esta segunda faixa de endereços fosse um **espelho** da primeira.

Continuando a analisar a Figura 6.5, descobre-se facilmente que, se a RAM1 tem um espelho:

- A RAM2 tem três (usa apenas 1/4 da faixa de endereços 2000H a 3000H). Por exemplo, os endereços 2000H, 2400H, 2800H e 2C00H conduzem todos à mesma célula;
- O periférico P1 tem 511 espelhos (usa apenas 1/512, ou 8 em 4096, dos endereços). Por exemplo, a primeira porta deste periférico pode ser acessada por qualquer dos seguintes endereços: 3000H, 3008H, 3010H, 3018H, etc.;
- O periférico P4 tem 4095 espelhos (usa apenas 1/4096 dos endereços possíveis). Qualquer endereço entre 6000H e 6FFFH permite acessar o periférico.

Tudo isto porque o decodificador 1-de-8 da Figura 6.4 usa apenas os *bits* A14, A13 e A12, em que cada uma das saídas se mantém ativa em 4096 endereços contíguos, e cada dispositivo usa apenas o número de *bits* do barramento de endereços estritamente necessário para endereçar cada uma das suas células, sem olhar os restantes.

Na realidade, o cenário é ainda mais "espelhado", pois toda a metade superior do espaço de endereçamento (8000H a FFFFH, em que o *bit* A15 está com 1) é um espelho da metade inferior! Isto acontece porque em lugar nenhum se usa o A15 para selecionar ou não os dispositivos, portanto tanto faz estar com 0 ou com 1. Afinal, o espaço de endereçamento está todo sendo usado, com exceção dos endereços correspondentes à saída Z7 do decodificador (7000H a 7FFFH, ou F000H a FFFFH).

Os espelhos de faixas de endereços não são em si uma coisa errada ou sequer indesejável. O projetista do circuito tem é de estar consciente de que os espelhos existem e de que as faixas de endereços correspondentes não estão livres. De resto, não há qualquer consequência. A decodificação de endereços em que se admite ter espelhos é denominada **decodificação parcial** dos endereços.

O que se ganha é facilidade de decodificação. Aliás, o mapa de endereços inicialmente apresentado na Tabela 6.2 distribui os dispositivos de 1000H em 1000H precisamente para que a decodificação se resuma ao decodificador e aos *bits* de endereço necessários em cada dispositivo com várias células ou portas. No entanto, é sempre possível discriminar todos os *bits* de endereço e eliminar totalmente os espelhos, usando basicamente dois pequenos artifícios (representados na Figura 6.6):

- O espelho maior, o que deriva de não se usar os *bits* de endereço mais significativos do que os usados no decodificador, é simplesmente eliminado, garantindo que o decodificador só funciona quando esses *bits* mais significativos têm um determinado valor. Nos casos restantes, o decodificador deve ter todas as suas saídas inativas. Neste exemplo, isto quer dizer que o decodificador só deve funcionar quando o A15 estiver com 0. Normalmente, os decodificadores têm uma entrada de controle (e) que permite ligar ou desligar o funcionamento do decodificador. Na Figura 6.6, assumiu-se que a entrada de controle fica ativa em 1, portanto basta inserir uma negação para que o decodificador funcione com A15 com 0;

- Eliminam-se os espelhos que ocorrem dentro de cada faixa de endereços, em que uma determinada saída do decodificador esteja ativa, obrigando a que o CS que chega a cada dispositivo só fique ativo quando, simultaneamente, a saída correspon-

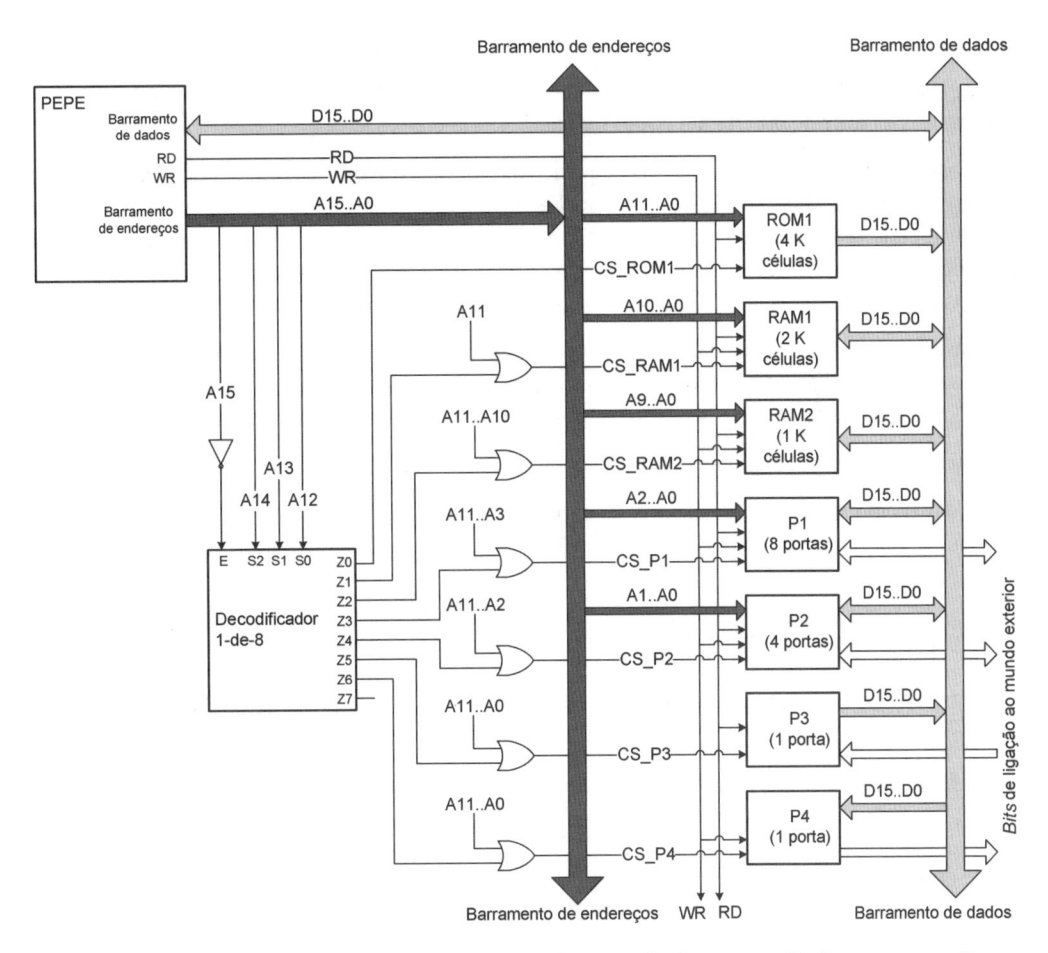

**Fig. 6.6 – Discriminação de todos os *bits* de endereço de forma a eliminar os espelhos na decodificação de endereços**

**Tabela 6.4 - Mapa de endereços usado no circuito da Figura 6.4**

| DISPOSITIVO | DIMENSÃO (CÉLULAS) | | ENDEREÇO INICIAL | ENDEREÇO FINAL | NÚMERO DE *BITS* DO BARRAMENTO DE ENDEREÇOS |
| --- | --- | --- | --- | --- | --- |
| | DECIMAL | HEXADECIMAL | | | |
| ROM1 | 4 K (4096) | 1000H | 0000H | 0FFFH | 12 (A11..A0) |
| RAM1 | 2 K (2048) | 800H | 1000H | 17FFH | 11 (A10..A0) |
| RAM2 | 1 K (1024) | 400H | 1800H | 1BFFH | 10 (A9..A0) |
| P1 | 8 | 8 | 1C00H | 1C07H | 3 (A2..A0) |
| P2 | 4 | 4 | 1C08H | 1C0BH | 2 (A1..A0) |
| P3 | 1 | 1 | 1C0CH | 1C0CH | 0 |
| P4 | 1 | 1 | 1C0DH | 1C0DH | 0 |

dente do decodificador esteja ativa e todos os *bits* menos significativos que os usados no decodificador e que não estejam ligados ao dispositivo tenham o valor 0. No caso do periférico P1, por exemplo, tanto a saída Z3 como os bits A11..A3 devem ser 0 (o que se detecta com um simples OR). A ROM1 não precisa disto, pois usa todos os *bits* menos significativos do que os usados no decodificador.

Nestas condições, o mapa de endereços é realmente o indicado na Figura 6.5, estando livres todos os endereços não explicitamente indicados na figura.

### 6.1.3.4 DECODIFICAÇÃO DE MAPAS DE ENDEREÇOS IRREGULARES

Nem sempre é possível distribuir os vários dispositivos de forma uniforme pelo espaço de endereçamento como se pode ver na Tabela 6.2. Basta imaginar, por exemplo, o sistema da Figura 6.2, mas em que se pretende agora que todos os dispositivos estejam em endereços consecutivos a partir de 0000H, tal como indicado na Tabela 6.4.

Observe que o que varia são os endereços iniciais dos dispositivos. As suas dimensões (em células ou portas) e os *bits* do barramento de endereços que se ligam a eles se mantêm. Agora já não se pode usar apenas o simples decodificador de 1-de-8, mas continua a ser necessário gerar sete sinais CS, que devem ficar ativos apenas na faixa de endereços especificada para cada dispositivo. Como o mapa de endereços é irregular e sem espaços intermediários, não pode haver espelhos no meio das faixas de endereços dos vários dispositivos. Se o mapa de endereços é irregular, a solução provavelmente também o será.

Uma hipótese, com base em decodificadores, é apresentada pela Figura 6.7. O artifício nesta solução é reconhecer dois grupos de dispositivos, um com um número significativo de endereços (as memórias) e outro com poucos endereços (os periféricos). Assim, usa-se um decodificador 1-de-8 para cada um dos grupos, em que o segundo é controlado a partir do primeiro.

Sobre a Figura 6.7 é possível fazer os seguintes comentários (lembrando que as saídas dos decodificadores ficam ativas em 0):

- Como a menor das memórias tem 1 K palavras de capacidade, as saídas do primeiro decodificador ficam ativas precisamente em 1 K endereços, o que permite cobrir 8 K endereços (o que é suficiente para contemplar todas as memórias). Isto implica que:

  - O sinal CS_ROM1, que deve estar ativo em 4 K endereços, tenha de ser obtido pelo AND das primeiras quatro saídas do decodificador (basta qualquer delas estar ativa);

  - O sinal CS_RAM1, que deve estar ativo em 2 K endereços, tenha de ser obtido pelo AND das duas saídas seguintes do decodificador;

  - O sinal CS_RAM2, que deve estar ativo em 1 K endereços, se ligue diretamente à saída Z6 do decodificador;

  - Os *bits* de seleção do decodificador sejam os bits A12..A10 (o A10 varia em cada 1 K endereços);

  - A entrada de controle do decodificador seja o OR dos bits A15..A13, o que significa que o decodificador só funciona quando estes *bits* são 0 (no início do espaço de endereçamento).

- O segundo decodificador só deve funcionar durante os primeiros 16 endereços do último 1 K dos endereços decodificados pelo primeiro decodificador (comparar com Tabela 6.4). Por esta razão, a sua entrada de controle é obtida pelo OR da saída

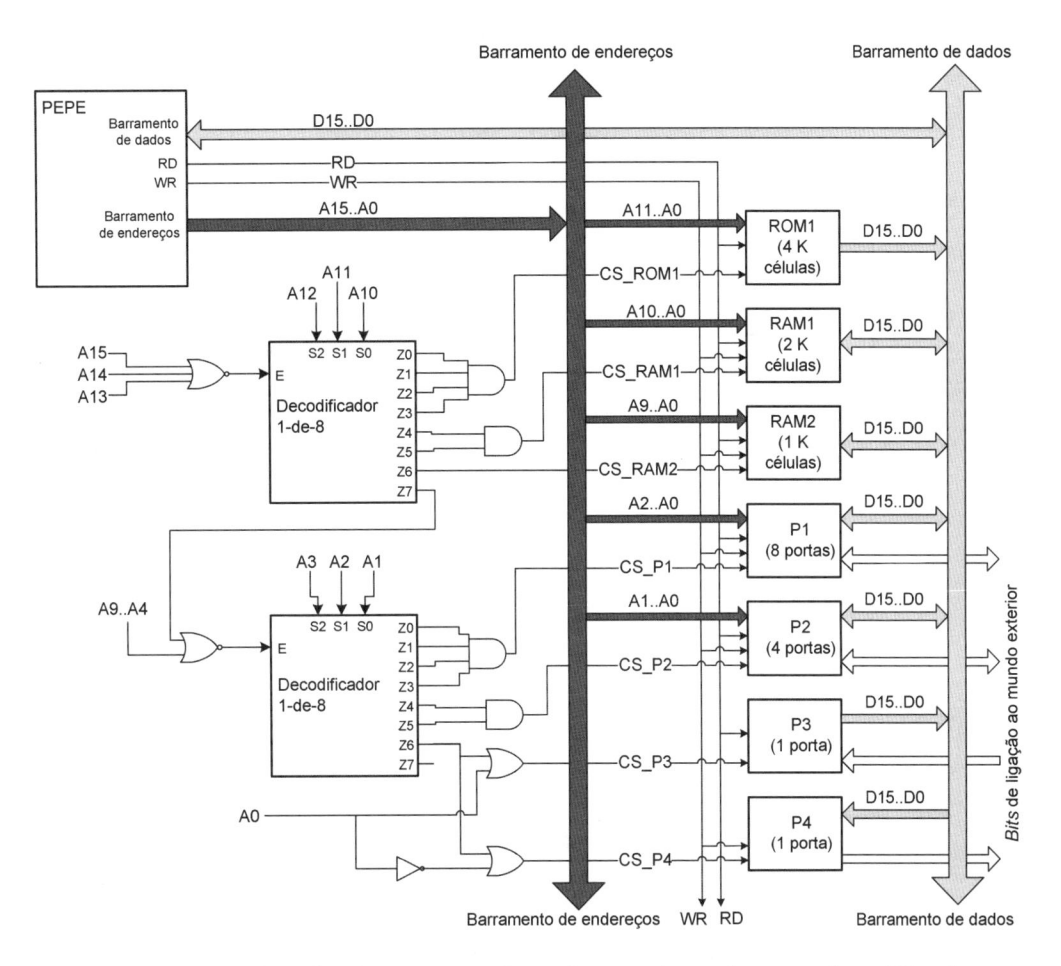

**Fig. 6.7 – Decodificação de um mapa de endereços irregular com decodificadores**

Z7 do primeiro decodificador e dos *bits* de endereço A9..A4 (que têm de estar com 0), o que tem as seguintes consequências:

– Os *bits* de seleção do segundo decodificador são os *bits* A3..A1, o que faz com que este decodificador tenha cada uma das suas oito saídas ativas apenas em dois endereços (o que perfaz os 16 endereços mencionados);

– O sinal CS_P1, que deve estar ativo em oito endereços, é obtido pelo AND das primeiras quatro saídas do decodificador;

– O sinal CS_P2, que deve estar ativo em quatro endereços, é obtido pelo AND das duas saídas seguintes do decodificador;

– Os sinais CS_P3 e CS_P4, que devem estar ativos apenas em um endereço, já estão em uma granularidade de decodificação de endereços abaixo do que o segundo decodificador permite (cada uma das suas saídas está ativa durante dois endereços). Para respeitar o mapa de endereços da Tabela 6.4, a solução é usar a mesma saída, Z6, mas discriminar um endereço e o seguinte, com o auxílio de A0 (que varia entre endereços consecutivos).

Esta é efetivamente uma solução um tanto complicada e rebuscada, mas que se limita a implementar o mapa de endereços da Tabela 6.4. O problema é este mapa ser bastante irregular. Este tipo de solução normalmente é feito sob medida, caso a caso, e de uma forma *ad hoc*, não sistemática.

### 6.1.3.5 DECODIFICAÇÃO DE ENDEREÇOS PROGRAMÁVEL

Outra solução para este tipo de situação, que consegue ser muito mais simples e flexível, é usar uma PROM (*Programmable ROM*), em que (Figura 6.8):

■ A PROM está sempre ativa, isto é, o seu CS (enquanto dispositivo) está sempre com 0. Desta forma, há sempre um valor presente nas saídas da PROM, o selecionado pelos seus próprios *bits* de endereço;

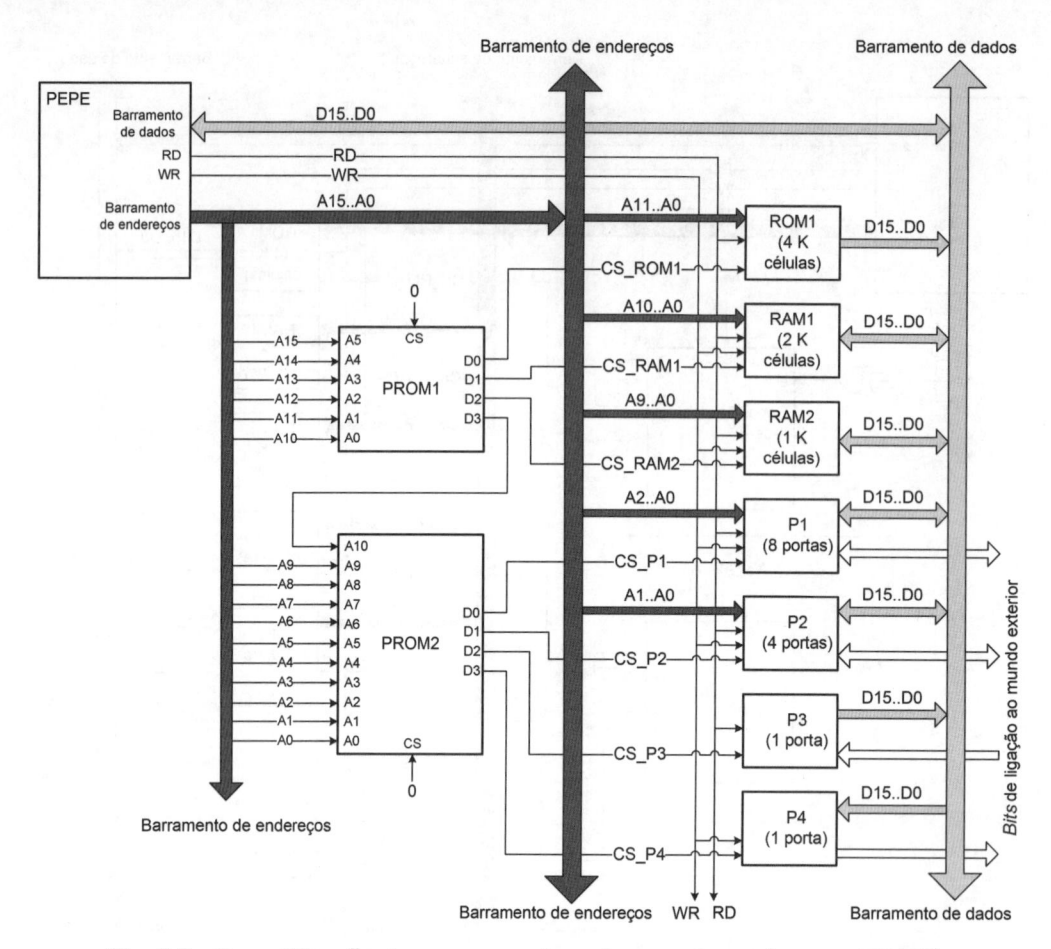

**Fig. 6.8 – Decodificação de um mapa de endereços irregular com PROMs**

- Cada *bit* de saída da PROM se liga a um dispositivo a selecionar (é o seu CS). Em cada palavra da PROM, apenas um *bit* pode estar com 0 (todos com 1 significa que nenhum dispositivo está sendo selecionado, o que é útil para implementar áreas livres do espaço de endereços);

- Alguns dos *bits* do barramento de endereços se ligam aos *bits* de endereço da PROM, selecionando a palavra da PROM adequada, com o valor pretendido dos sinais CS.

Uma forma simples seria ligar todos os *bits* de endereço à PROM, reservando uma palavra para cada um dos endereços possíveis. Isto permitiria a flexibilidade máxima de especificar qual o CS ativado para cada um desses endereços. O problema é que isso exigiria uma PROM gigantesca, razão pela qual se usa a PROM como um decodificador programável, que se liga apenas a alguns dos *bits* do barramento de endereços.

Dado que os dispositivos podem ser considerados como sendo organizados em dois grupos, um com um número significativo de endereços (as memórias) e outro com poucos endereços (os periféricos), usa-se uma PROM para cada um dos grupos, em que a segunda é controlada a partir da primeira.

A PROM1 substitui o primeiro decodificador da Figura 5.7 e as portas lógicas associadas da seguinte forma:

- Em vez de gerar o CS_ROM1 com um AND das primeiras quatro saídas, a PROM1 tem o *bit* D0 com 0 (ativo) durante as primeiras quatro palavras, com um raciocínio idêntico para CS_RAM1;

- Os *bits* A15, A14 e A13 se ligam também à PROM1. Isto permite, sem qualquer alteração do circuito (basta mudar o conteúdo da PROM1), colocar as faixas de endereços da ROM1, RAM1 e RAM2 onde se quiser, no espaço de endereçamento, em vez de terem de estar contíguos e com estes três *bits* com 0;

- Da mesma forma, a faixa de endereços reservada para os periféricos pode ficar onde se quiser no espaço de endereçamento, embora com a restrição de que terão de ficar todos juntos (não necessariamente contíguos), no mesmo bloco de 1 K endereços (que é a granularidade de decodificação de endereços da PROM1).

A Tabela 6.5 apresenta o conteúdo da PROM1 nas suas palavras iniciais (as restantes têm todos os seus *bits* com 1, isto é, com todos os CS inativos).

**Tabela 6.5 - Conteúdo da PROM1 para implementar o mapa de endereços da Tabela 6.4**

| A5, A4, A3, A2, A1, A0 (A15, A14, A13 A12, A11, A10) | D3, D2, D1, D0 | DISPOSITIVO SELECIONADO |
|---|---|---|
| 000 000 | 1110 | ROM1 |
| 000 001 | 1110 | ROM1 |
| 000 010 | 1110 | ROM1 |
| 000 011 | 1110 | ROM1 |
| 000 100 | 1101 | RAM1 |
| 000 101 | 1101 | RAM1 |
| 000 110 | 1011 | RAM2 |
| 000 111 | 0111 | periféricos |
| 001 000 | 1111 | nenhum |
| . . . | . . . | . . . |
| 111 111 | 1111 | nenhum |

A PROM2 substitui o segundo decodificador da Figura 6.7 e as portas lógicas associadas da seguinte forma:

- Recebe todos os *bits* de endereço A9..A0 (ou seja, todos os que a PROM1 não recebe). Isto permite a flexibilidade total de geração dos sinais CS dos periféricos dentro deste bloco de 1 K palavras. Para gerar o CS_P1, por exemplo, basta ter 8 palavras com o *bit* D0 com 0 (e os *bits* restantes com 1) para contemplar as 8 portas deste periférico. Estas 8 palavras têm de ser consecutivas e começar em um endereço múltiplo de 8, mas, à parte estas restrições, pode-se mudar facilmente o mapa de endereços substituindo a PROM2 por outra com outro conteúdo;

- O *bit* A10 da PROM2 é usado como sinal de controle para desativar (colocar 1) todas as suas saídas, o que implica que a PROM2 deverá ter toda a segunda metade do seu conteúdo (com o *bit* A10 da PROM2 com 1) preenchida exclusivamente com 1s. Esta pode parecer uma forma muito ineficiente de ativar e desativar a parte dos periféricos, mas poderá ser muito mais barata em termos de implementação, pois a alternativa seria ter componentes externos à PROM2, o que tem sempre custos adicionais. A capacidade da PROM2 (2 K palavras de 4 bits) é baixa em relação às existentes comercialmente, portanto não há qualquer custo adicional em usar este pequeno artifício.

A Tabela 6.6 apresenta o conteúdo da PROM2 nas suas palavras iniciais (as restantes têm todos os seus *bits* com 1, isto é, com todos os CS inativos).

**Tabela 6.6 - Conteúdo da PROM2 para implementar o mapa de endereços da Tabela 6.4**

| A10, A9, . . ., A3, A2, A1, A0 (CONTROLE, A9, . . ., A3, A2, A1, A0) | D3, D2, D1, D0 | DISPOSITIVO SELECIONADO |
|---|---|---|
| 00 . . . 0000 | 1110 | P1 |
| 00 . . . 0001 | 1110 | P1 |
| 00 . . . 0010 | 1110 | P1 |
| 00 . . . 0011 | 1110 | P1 |
| 00 . . . 0100 | 1110 | P1 |
| 00 . . . 0101 | 1110 | P1 |
| 00 . . . 0110 | 1110 | P1 |
| 00 . . . 0111 | 1110 | P1 |
| 00 . . . 1000 | 1101 | P2 |
| 00 . . . 1001 | 1101 | P2 |
| 00 . . . 1010 | 1101 | P2 |
| 00 . . . 1011 | 1101 | P2 |
| 00 . . . 1100 | 1011 | P3 |
| 00 . . . 1101 | 0111 | P4 |
| 00 . . . 1110 | 1111 | nenhum |
| 00 . . . 1111 | 1111 | nenhum |
| . . . | . . . | . . . |
| 11 . . . 1111 | 1111 | nenhum |

## 6.1.4 Decodificação de endereços (de *byte*)

Toda a Subseção 6.1.3 foi apresentada com base no endereçamento de palavra, para não introduzir todos os problemas ao mesmo tempo. A cada palavra fez-se corresponder um só endereço, assumindo que só era possível acessar uma palavra inteira (e não cada *byte* individualmente).

No entanto, o PEPE funciona com endereçamento de *byte* (Seção 4.4), o que tem consequências em termos de decodificação de endereços. Cada palavra gasta agora dois endereços, pois é possível acessar apenas um *byte* de cada vez e como tal todos os *bytes* precisam ter o seu próprio endereço.

**PROBLEMA 6.5** O PEPE suporta acessos em palavra (com MOV) e em *byte* (com MOVB), o que implica não apenas poder enviar dados completos (palavras) pelo barramento de dados, mas também "metades de dados" (*bytes*). Como se implementa esta funcionalidade?

**SOLUÇÃO** Dividir ao meio o barramento de dados do PEPE e dos dispositivos, com sinais de controle que permitam especificar se se quer acessar apenas um *byte* (usando metade do barramento de dados) ou uma palavra inteira (usando o barramento de dados completo).

Como uma palavra em memória tem dois bytes com endereços consecutivos, um dos *bytes* terá endereço par (*bit* A0 = 0) e outro ímpar (*bit* A1 = 1). Metade dos 16 bits do barramento de dados (D15..D8) se liga a um dos *bytes*, enquanto a outra metade (D7..D0) se liga ao outro *byte*. Uma vez que isto acontece em todas as palavras, toda uma metade da memória (endereços pares) se liga a uma metade do barramento de dados e o mesmo acontece à metade dos endereços ímpares em relação à outra metade do barramento de dados.

No caso do PEPE, é a metade par dos endereços que se liga à metade alta do barramento de dados (D15..D8), enquanto a metade ímpar se liga à metade baixa (D7..D0). Poderia também ser o contrário. A Subseção 6.1.5.2 discute este tópico.

A Figura 6.9 ilustra a solução, usando a ROM1 como exemplo de dispositivo acessado e contrastando com a forma como a Subseção 6.1.3 lidou com a decodificação dos endereços de palavra.

A Fig 6.9a representa a ROM1 como um só dispositivo de 16 bits de largura e com um só sinal de seleção. É um dispositivo monolítico, que só suporta acesso a uma palavra inteira (16 bits) de cada vez. Não é possível, portanto, acessar (particularmente em escrita) apenas um *byte*. Em suma, não suporta endereçamento de *byte*.

Na Figura 6.9b, a ROM1 foi dividida em duas metades, isto é, duas ROMs de 8 bits de largura, cada uma com 4 KBytes, que no total da sua capacidade são equivalentes à ROM1 da Figura 6.9a, com 4 K palavras (4 KBytes + 4 KBytes).

Como cada uma delas tem apenas 8 bits de dados, se liga apenas a uma metade do barramento de dados (D15..D8 ou D7..D0). A ROM1_P (par) contém os *bytes* com endereço par e a ROM1_I (ímpar) contém os *bytes* com endereço ímpar.

Possuem sinais de seleção individuais, produzidos a partir do sinal de seleção global da ROM1 (CS_ROM1) pelo circuito da Figura 6.9c (descrito a seguir), e é esta característica que permite ao processador acessá-las individualmente, ou seja, suportar endereçamento de *byte*. Por outro lado, também é possível acessar uma palavra inteira (acesso em 16 bits), os dois sinais de seleção atuando simultaneamente.

O processador também tem de estar preparado para o endereçamento de *byte*. Além dos sinais RD e WR, o barramento de controle passa a ter mais um sinal, BA (*Byte Addressing*), que fica:

- Ativo (com 1), quando o processador faz um acesso de *byte* (com uma instrução MOVB – ver Subseção 4.10.4.7);

- Inativo (com 0), quando o processador faz um acesso de palavra (com uma instrução MOV — ver Subseção 4.10.4.6).

Por outro lado, quando o processador executa uma instrução MOVB, é a paridade do endereço a ser acessado (na prática, o valor do bit A0) que determina a metade da memória que se acessa e, portanto, a metade do barramento de dados que se deve usar. Se o endereço for par (A0=0), deve-se acessar a parte da memória par e usar a metade do barramento de dados D15..D8. Se o endereço for ímpar (A0=1), deve-se acessar a parte da memória ímpar e usar a metade D7..D0.

A Tabela 6.7 indica o que acontece nas quatro combinações possíveis de acesso, de acordo com o tipo de acesso (palavra ou *byte*, que o processador expressa no sinal BA) e paridade do endereço acessado (indicada por A0).

Notas sobre esta tabela:

- Se o acesso for de palavra (MOV), o endereço acessado tem de ser par, caso em que as duas metades da memória são acessadas simultaneamente pelos 16 bits do barramento de dados, tal como indicado na Figura 6.9b. Ou seja, são acessados dois *bytes* ao mesmo tempo: o que fica no endereço par indicado na instrução MOV e o que fica no endereço seguinte, que é ímpar;

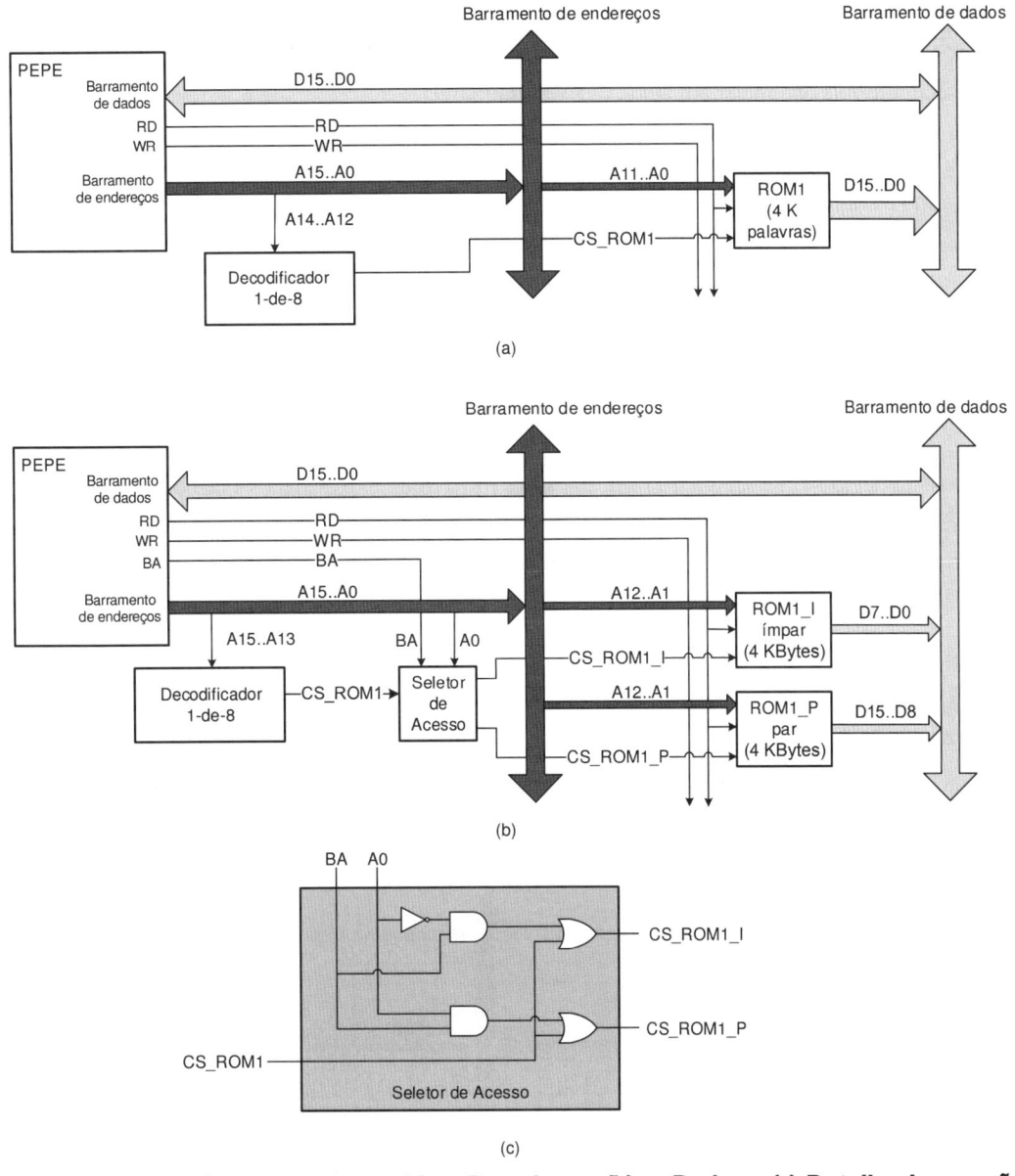

(a)

(b)

(c)

**Fig. 6.9 – Decodificação de endereços. (a) — De palavra; (b) — De *byte*; (c) Detalhe de geração dos sinais de seleção par e ímpar**

- O acesso de palavra com endereço ímpar é um erro e nunca deve acontecer. A Subseção 6.1.5.3 explica por quê;

- No acesso em *byte*, os *bytes* localizados em endereços pares só podem ser acessados através da metade do barramento de dados D15..D8, e os *bytes* localizados em endereços ímpares só podem ser acessados através da metade do barramento de dados D7..D0 (pois é assim que as ligações estão feitas fisicamente).

**Tabela 6.7 - Possibilidades de acesso à memória resultantes das quatro combinações dos sinais BA e A0**

| TIPO DE ACESSO | EXEMPLOS DE INSTRUÇÃO (ESCRITA OU LEITURA) | R1 | BA | A0 | SINAL DE SELEÇÃO ATIVO | MEMÓRIA ACESSADA | BARRAMENTO DE DADOS USADO |
|---|---|---|---|---|---|---|---|
| Palavra (16 bits) | MOV [R1], R2 ou MOV R2, [R1] | par | 0 | 0 | CS_ROM1_P CS_ROM1_I | par + ímpar | D15..D0 |
| | | ímpar | 0 | 1 | erro! | erro! | erro! |
| *Byte* (8 bits) | MOVB [R1], R2 ou MOVB R2, [R1] | par | 1 | 0 | CS_ROM1_P | par | D15..D8 |
| | | ímpar | 1 | 1 | CS_ROM1_I | ímpar | D7..D0 |

O circuito da Figura 6.9c implementa a Tabela 6.7, gerando os sinais de seleção para as duas metades da ROM1, com base no sinal de seleção global da ROM1 (CS_ROM1). Observe que todos os sinais de seleção ficam ativos com 0.

Na Figura 6.9b houve alguns *bits* que mudaram em relação à Figura 6.9a:

- Cada metade da ROM1 continua a receber 12 bits de endereço, visto que continua a ter 4 K células (embora agora de 8 bits). No entanto, em vez do A11..A0, recebem agora A12..A1. O A11 passou a A12, porque com *bytes* há o dobro de endereços e a ROM1, no conjunto das suas duas metades, tem agora 8 K células (mas de 8 bits). O A0 não entra nem ROM1_P nem na ROM1_I, pois é este *bit* que decide se se usa uma ou outra;

- As significâncias dos *bits* do barramento de endereços que se ligam ao decodificador também sobem uma unidade, passando de A14..A12 para A15..A13. Isto também se deve ao fato de que, com *bytes*, os dispositivos gastam o dobro dos endereços em relação ao endereçamento de palavra.

A Figura 6.10 mostra como implementar o endereçamento de *byte* no circuito da Figura 6.4, com vários dispositivos, usando a mesma técnica que na Figura 6.9b (um seletor de acesso, SA, que com base no BA, no A0 e no sinal de seleção de um dispositivo gera os dois sinais de seleção para as duas metades, par e ímpar, desse dispositivo). Para poupar espaço, as duas metades foram quase sobrepostas, considerando-se que se ligam aos mesmos *bits* (do barramento de dados e de controle) e que a única diferença reside no sinal de seleção e na metade do barramento de dados.

Os blocos SA são todos iguais. Para evitar a repetição, uma solução é duplicar o decodificador e efetuar decodificações separadas (em paralelo) para os endereços pares e ímpares, tal como ilustrado pela Figura 6.11.

**SIMULAÇÃO 6.1** – DECODIFICAÇÃO DE ENDEREÇOS

Esta simulação ilustra o funcionamento da decodificação de endereços, tomando o circuito da Figura 6.11 como base. Os aspectos abordados incluem os seguintes:

- Comportamento dos dispositivos em relação a uma operação (leitura ou escrita) que não suportem;

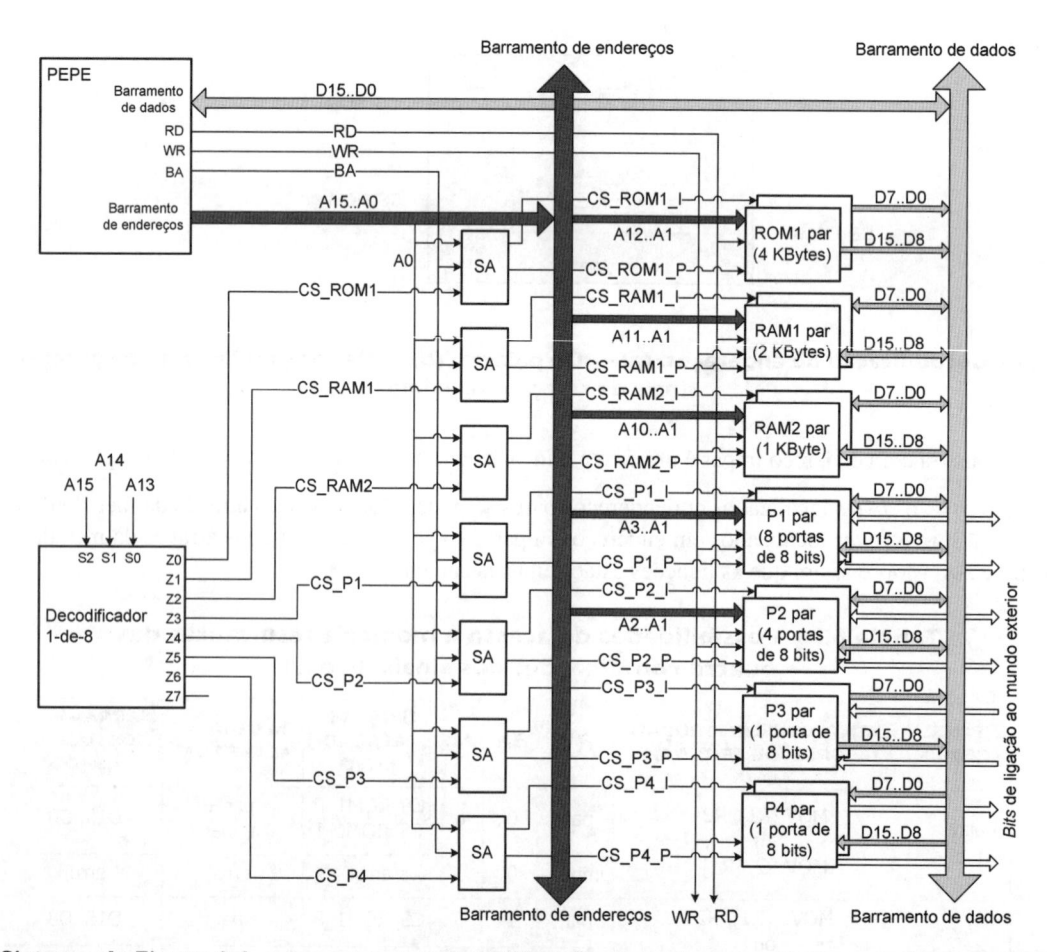

**Fig. 6.10 – Sistema da Figura 6.4, mas agora com decodificação de endereços. O bloco SA (Seletor de Acesso) é o descrito pela Figura 6.9c**

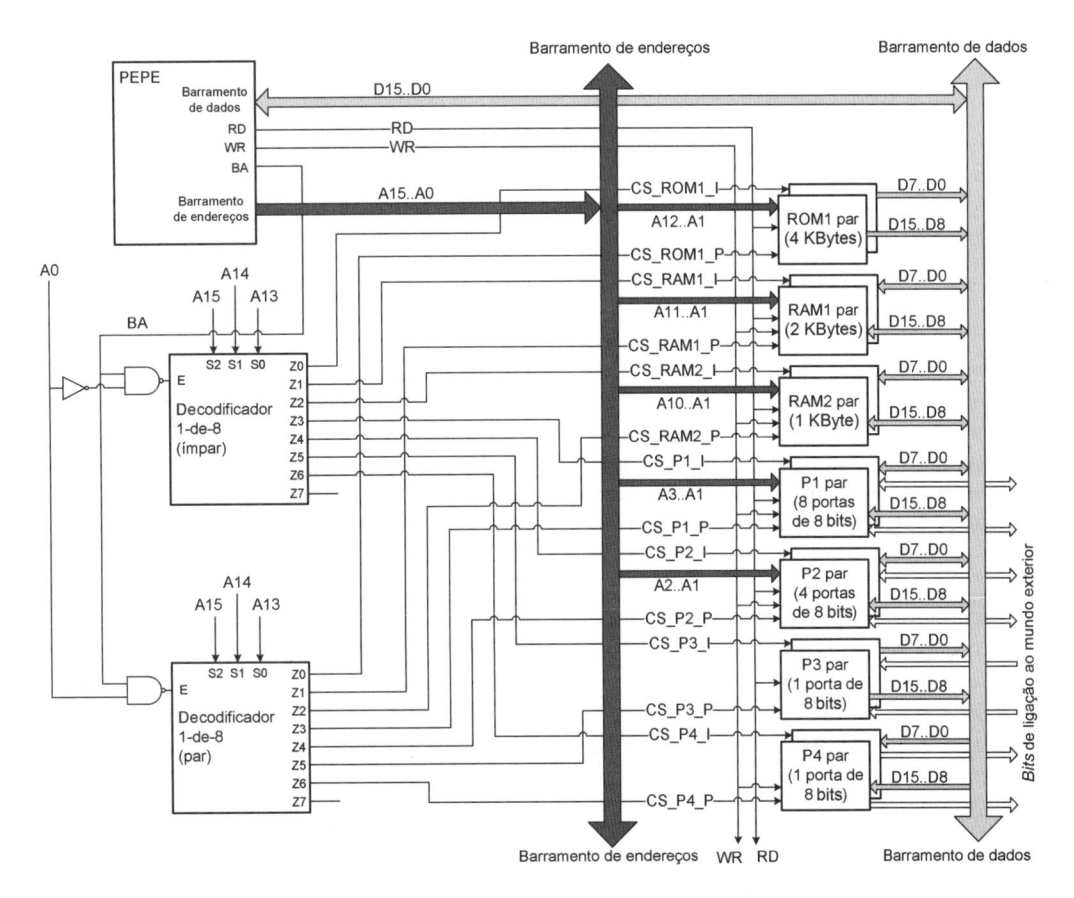

**Fig. 6.11 – Decodificação de endereços de *byte*, separada para os endereços pares e ímpares**

- Funcionamento do decodificador;
- Endereçamento interno dos dispositivos com vários endereços;
- Mapa de endereços e espelhos;
- Acessos à memória em *byte* e em palavra.

### 6.1.5 IMPACTO DO ENDEREÇAMENTO DE *BYTE*

Além das especificidades que introduz na decodificação de endereços, o endereçamento de *byte* tem ainda outras consequências importantes que o projetista de *hardware* e o programador de linguagem *assembly* devem obrigatoriamente levar em consideração.

#### 6.1.5.1 ORGANIZAÇÃO DA MEMÓRIA EM *BYTES*

A Figura 6.12 descreve em mais detalhes a organização do espaço de endereçamento da memória e dos periféricos quando há endereçamento de *byte*.

Conceitualmente, uma memória é uma sequência linear de células de largura de 8 bits e endereços consecutivos (Figura 6.12a). No entanto, em termos físicos, ela está dividida ao meio, em que cada metade se liga à sua metade do barramento de dados (Figura 6.12b).

A divisão da memória (e periféricos) em duas metades de 8 bits de largura cada não é feita em grandes blocos, mas sim em endereços alternados, sendo o *bit* A0 que indica se um valor em um determinado endereço está na metade par ou na metade ímpar. Isto significa que cada palavra está mapeada sempre nas duas metades (Figura 6.12c).

Cada palavra começa em um endereço par e inclui o *byte* com esse endereço e o seguinte. Por exemplo, a palavra em cinza na Figura 6.12 tem o endereço 0002H e inclui os *bytes* com endereços 0002H e 0003H. A palavra anterior tem o endereço 0000H (com os *bytes* com endereços 0000H e 0001H) e a palavra seguinte tem o endereço 0004H (com os *bytes* com endereços 0004H e 0005H).

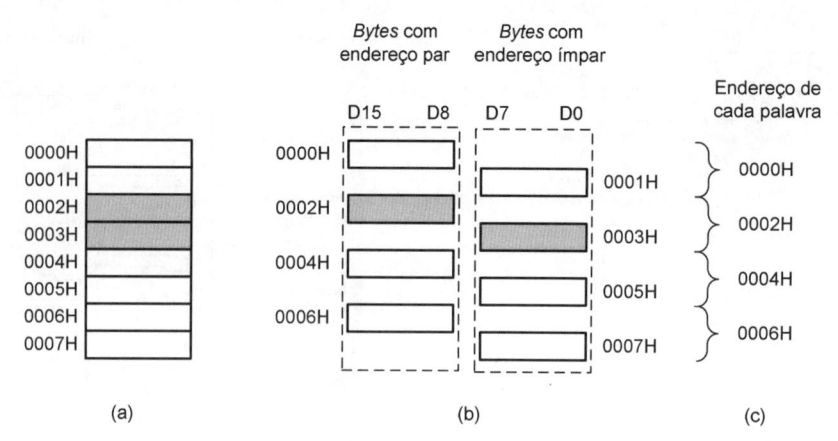

**Fig. 6.12 – Organização da memória. (a) — Modelo conceitual com endereçamento de *byte* (sequência linear de *bytes*); (b) — Modelo real, ilustrando a ligação ao barramento de dados do processador; (c) — *Bytes* que constituem cada palavra em um acesso em 16 bits (sempre com endereço par)**

Um computador não pode funcionar apenas com metade da memória, uma vez que todas as palavras usam as duas metades. Cada instrução de código de máquina tem uma palavra, portanto o processador faz acessos de palavra à memória sempre que vai buscar uma nova instrução para executar. As operações com a pilha têm a palavra como base. As instruções MOV leem e escrevem palavras inteiras, e assim sucessivamente. Na realidade, apenas as instruções MOVB permitem acesso a apenas um *byte* da memória. No entanto, esta tem de ter as duas metades para poder ser usada por todas as outras operações.

O caso dos periféricos é diferente do das memórias. Nada impede que se lide com os periféricos apenas com MOVB, uma vez que não podem conter programas nem variáveis de 16 bits do programa. De fato, muitos periféricos têm apenas 8 bits de largura e se conectam sem problemas a um computador, cujo barramento de dados é mais largo. Aliás, a situação mais frequente é haver vários periféricos de 8 bits que são usados de forma independente uns dos outros, se ligando apenas à metade do barramento de dados e ocupando endereços separados (e não aos pares para perfazer os 16 bits).

Portanto, o cenário mais frequente não é o da Figura 6.11, mas sim o da Figura 6.13, que mostra como é possível ligar periféricos de 8 e 16 bits a um determinado sistema (que tem de suportar endereçamento de *byte*), desde que se tenha os seguintes cuidados:

- Um periférico de 16 bits deve ser acessado com instruções MOV. Também se pode usar instruções MOVB, mas apenas se o periférico tiver o seu barramento de dados dividido ao meio, tal como as memórias. Nem todos os periféricos suportam isto (que implica dois sinais de seleção separados). Se um periférico de 16 bits só tiver um sinal de seleção, este deve se ligar ao decodificador de endereços par e o periférico deve se ligar a todo o barramento de dados (D15..D0) e ser acessado apenas com instruções MOV. Este é o caso do periférico P1 na Figura 6.13;

- Um periférico de 8 bits só pode se ligar à metade do barramento de dados, mas tem de fazê-lo de uma forma coerente com a paridade do endereço em que o seu sinal de seleção estiver ativo. Por exemplo, os periféricos P2 e P4 têm apenas 8 bits e o seu sinal de seleção vem do decodificador par. Logo, devem se ligar aos *bits* D15..D8 do barramento de dados. Já o periférico P3 tem o seu sinal de seleção gerado pelo decodificador ímpar, razão pela qual se liga aos *bits* D7..D0 do barramento de dados. Este cuidado é fundamental, pois a instrução MOVB lê ou escreve os dados apenas em uma metade do barramento, escolhida de acordo com o *bit* A0. Caso contrário, o processador usa uma metade do barramento de dados e o periférico a outra, o que naturalmente impede os dados de circularem corretamente;

- No acesso aos periféricos de 8 bits deve-se usar apenas a instrução MOVB. O uso de MOV em um acesso de leitura,[69] por exemplo, fará com que 8 bits sejam lidos corretamente do periférico, mas os 8 restantes ficarão com valores aleatórios (e não necessariamente com 0, enquanto a instrução MOVB garante que os 8 bits restantes ficarão com 0);

- Os endereços em que as várias portas de um periférico de 8 bits estão disponíveis não são consecutivos, mas sim de 2 em 2. O periférico P2, por exemplo, que está neste caso, tem o sinal de seleção (CS_P2_P) ligado ao decodificador par, o que implica que só é acessado em endereços pares (também não adiantaria ser acessado em endereços ímpares, pois ele se liga apenas aos *bits* D15..D8 do barramento de dados). O *bit* A0 é usado para distinguir as duas metades dos dispositivos e

---

[69]Necessariamente a um endereço par, tal como mencionado na Seção 4.4.

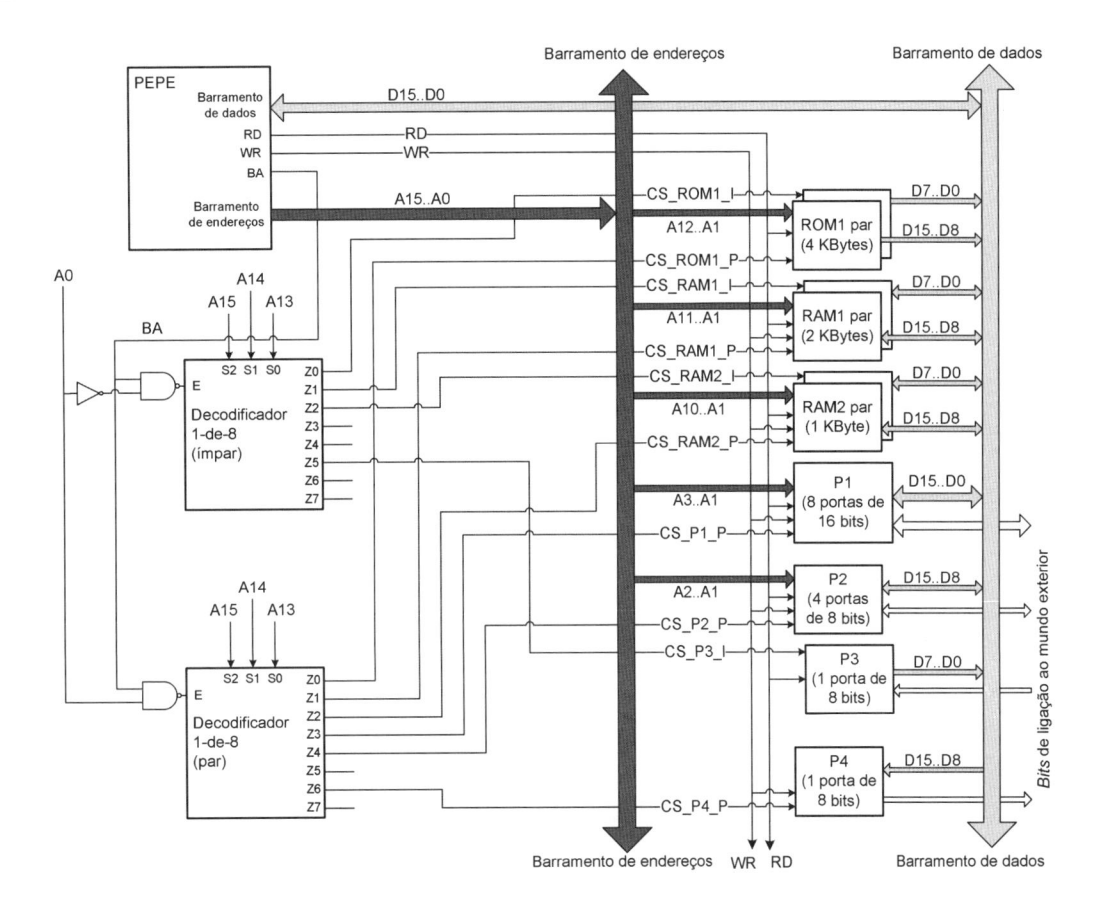

**Fig. 6.13 – Ligação de periféricos de 8 e 16 bits**

nem sequer entra no P2 (que recebe apenas os *bits* de endereço A2..A1), mas terá de ser forçosamente 0 (endereço par) para o periférico ser acessado corretamente. Consultando o mapa de endereços da Tabela 6.8, verifica-se que as quatro portas do periférico P2 podem ser acessadas nos endereços 8000H, 8002H, 8004H e 8006H e não nos endereços ímpares (só o MOVB é suportado).

### 6.1.5.2 ENDEREÇAMENTO *LITTLE-ENDIAN* E *BIG-ENDIAN*

A Figura 6.12 indica claramente que, no PEPE, o byte mais significativo do barramento de dados (D15..D8) se liga à metade par da memória, enquanto o *byte* menos significativo (D7..D0) se liga à metade ímpar. Por que é assim e quais são as implicações resultantes?

### Tabela 6.8 - Mapa de endereços do circuito da Figura 6.13, com endereçamento de *byte*

| DISPOSITIVO | DIMENSÃO (*BYTES*) | | ENDEREÇO INICIAL | ENDEREÇO FINAL | PODE-SE USAR | |
|---|---|---|---|---|---|---|
| | DECIMAL | HEXADECIMAL | | | MOV | MOVB |
| ROM1 | 8 K (8192) | 2000H | 0000H | 1FFFH | Sim | Sim |
| RAM1 | 4 K (4096) | 1000H | 2000H | 2FFFH | Sim | Sim |
| RAM2 | 2 K (2048) | 800H | 4000H | 47FFH | Sim | Sim |
| P1 | 16 | 10H | 6000H | 600EH | Sim | Não |
| P2 | 4 | 4 | 8000H | 8006H | Não | Sim |
| P3 | 1 | 1 | A000H | A000H | Não | Sim |
| P4 | 1 | 1 | C000H | C000H | Não | Sim |

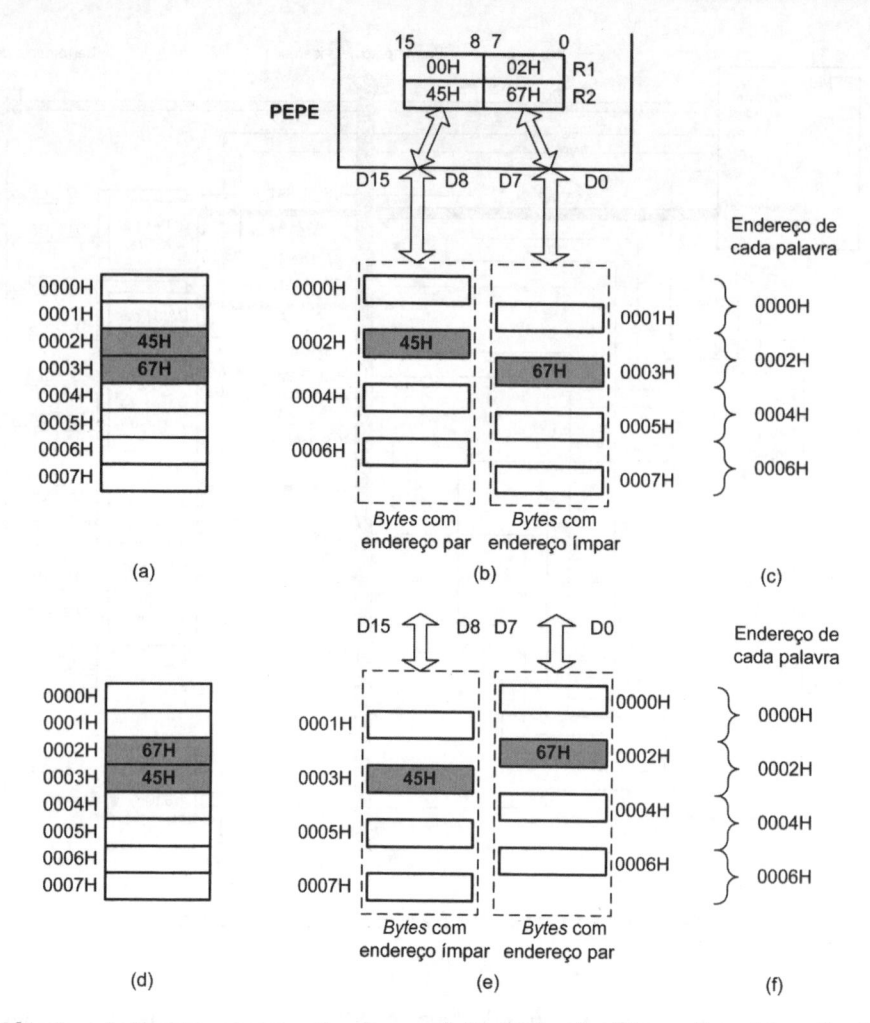

**Fig. 6.14 – Métodos de ligar o processador à memória: (a, b, c) – *Big-endian*; (d, e, f) – *Little-endian***
**(o processador foi omitido para não ficar repetido)**

Na realidade, não tem que ser assim. A Figura 6.14 mostra os dois possíveis métodos de ligação, o da Figura 6.12 (que o PEPE usa) na metade superior e o oposto na metade inferior. A diferença fundamental entre os dois consiste na definição de qual metade do barramento de dados (D15..D8 ou D7..D0) se liga a qual metade da memória (par ou ímpar).

Como exemplo, assume-se que o processador efetuou a seguinte instrução (em ambos os métodos):

```
MOV   R1, 0002H   ; endereço da célula de memória a acessar
MOV   R1, 4567H   ; valor a escrever na célula de memória
MOV   [R1], R2    ; escreve a palavra na memória
```

Os dois métodos de ligar o processador à memória têm as seguintes designações e semântica:

- *Big-endian* (Figuras 6.14a, b, c) – A metade **mais** significativa do barramento de dados (D15..D8) se liga à metade **par** da memória. Isto quer dizer que o *byte* 45H (o mais significativo de R2) é escrito no *byte* par da palavra com endereço 0002H (Figura 6.14c), que é o *byte* com endereço 0002H. Dito de outra forma, o *byte* **mais** significativo do R2 vem **primeiro** que o *byte* menos significativo, quando consideramos a sequência crescente de endereços do modelo do endereçamento de *byte* (Figura 6.14a);

- *Little-endian* (Figura 6.14d, e, f) – A metade **menos** significativa do barramento de dados (D7..D0) se liga à metade **par** da memória. Isto quer dizer que o *byte* 67H (o menos significativo de R2) é escrito no *byte* par da palavra com endereço 0002H (Figura 6.14f), que é o *byte* com endereço 0002H. Dito de outra forma, o *byte* **menos** significativo do R2 vem **primeiro** que o *byte* mais significativo, quando consideramos a sequência crescente de endereços do modelo do endereçamento de *byte* (Figura 6.14d).

Na prática, portanto, a diferença está em qual *byte* do registrador é escrito **primeiro** na sequência crescente de endereços: o mais significativo (*big-endian*, Figura 6.14a) ou o menos significativo (*little-endian*, Figura 6.14d).

Outra forma equivalente de ver esta diferença é considerar o endereço de uma palavra (sempre par) e ver qual *byte* (o mais ou o menos significativo), de um registrador escrito nessa palavra em memória, fica localizado nesse endereço par. Nos processadores *big-endian* será o *byte* mais significativo, enquanto nos *little-endian* será o *byte* menos significativo. Mais uma vez, esta

**Tabela 6.9 - Valores na memória e
nos registradores após a execução
das instruções anteriores, com os
métodos *big-endian* e *little-endian***

| RECURSO | VALOR | |
|---|---|---|
| | *BIG-ENDIAN* | *LITTLE-ENDIAN* |
| Memória (endereço 0002H) | 45H | 67H |
| Memória (endereço 0003H) | 67H | 45H |
| R1 | 0002H | 0002H |
| R2 | 4765H | 4765H |
| R3 | 0045H | 0067H |
| R4 | 4765H | 4765H |

diferença é ilustrada pela Figura 6.14a e pela Figura 6.14d, com a palavra no endereço de memória 0002H (palavra que ocupa os endereços 0002H e 0003H).

Mas não pense que basta trocar as ligações com os dispositivos para um mesmo processador passar de *big-endian* para *little-endian* ou vice-versa. Usando um método ou outro, há uma diferença intrínseca no comportamento do processador em relação ao acesso de *byte* (com MOVB), descrita na Tabela 6.9.

É importante reconhecer dois aspectos que são iguais nos dois métodos e que podem ser confirmados na Figura 6.14:

- Nos acessos de palavra, o processador usa os *bits* do barramento de dados exatamente pela mesma ordem do registrador (Figura 6.14b). Ou seja, os *bits* 15..0 de um registrador se ligam exatamente pela mesma ordem aos *bits* 15..0 do barramento de dados (não há nenhuma troca de *bits* interna ao processador).

- Na sequência linear crescente dos endereços de *byte*, o endereço par de uma palavra vem sempre imediatamente **antes** do endereço ímpar.

Enquanto um determinado computador usar o mesmo método para acessar a memória em 16 bits, não há problemas em qualquer dos métodos. A diferença reside na ordem pela qual os *bytes* estão dispostos em memória, mas como as leituras usam o mesmo método que a escrita e o acesso é em palavra (os dois *bytes* são acessados), os valores escritos na memória são perfeitamente recuperados.

Os problemas podem surgir em dois tipos de situações:

- No mesmo computador, quando um programa acessa em modo de *bytes* (com MOVB) escritos na memória em modo de palavra (com MOV);

- Ao copiar dados da memória de um computador para outro que use um método diferente de ligação à memória. Esta operação está relacionada tipicamente com formatos de arquivos de dados e corresponde a um problema que não pode ser ignorado, obrigando a efetuar uma reordenação adequada dos *bytes*.

Para ilustrar o cuidado a ser tomado quando se misturam acessos em palavra e em *byte* no mesmo computador, vamos usar a situação da Figura 6.14, executando as instruções seguintes no caso dos dois métodos, *big-endian* ou *little-endian*:

```
MOV   R1, 0002H    ; endereço da célula de memória a acessar
MOV   R2, 4567H    ; valor a escrever na célula de memória
MOV   [R1], R2     ; escreve a palavra na memória
MOVB  R3, [R1]     ; leitura da memória em byte
MOV   R4, [R1]     ; leitura da memória em palavra
```

A Tabela 6.9 indica, para cada um dos métodos, os valores da memória e dos registradores após a execução de todas estas instruções. Pode-se verificar que, apesar das diferenças no conteúdo da memória entre os dois métodos, cada método é coerente consigo próprio no que se refere ao acesso em palavras (o valor lido para o registrador R4 é igual ao escrito na memória a partir do R2).

O mesmo já não se pode dizer do acesso em *byte*, apesar da instrução MOVB R3, [R1] especificar o mesmo endereço (0002H) que a instrução MOV R4, [R1]. No caso do *big-endian*, o processador lê o *byte* dos *bits* D15..D8 do barramento de dados, uma vez que o endereço especificado é par, e lê 45H. No caso do *little-endian*, o processador lê o *byte* dos *bits* D7..D0 do barramento de dados, ou seja, 67H.

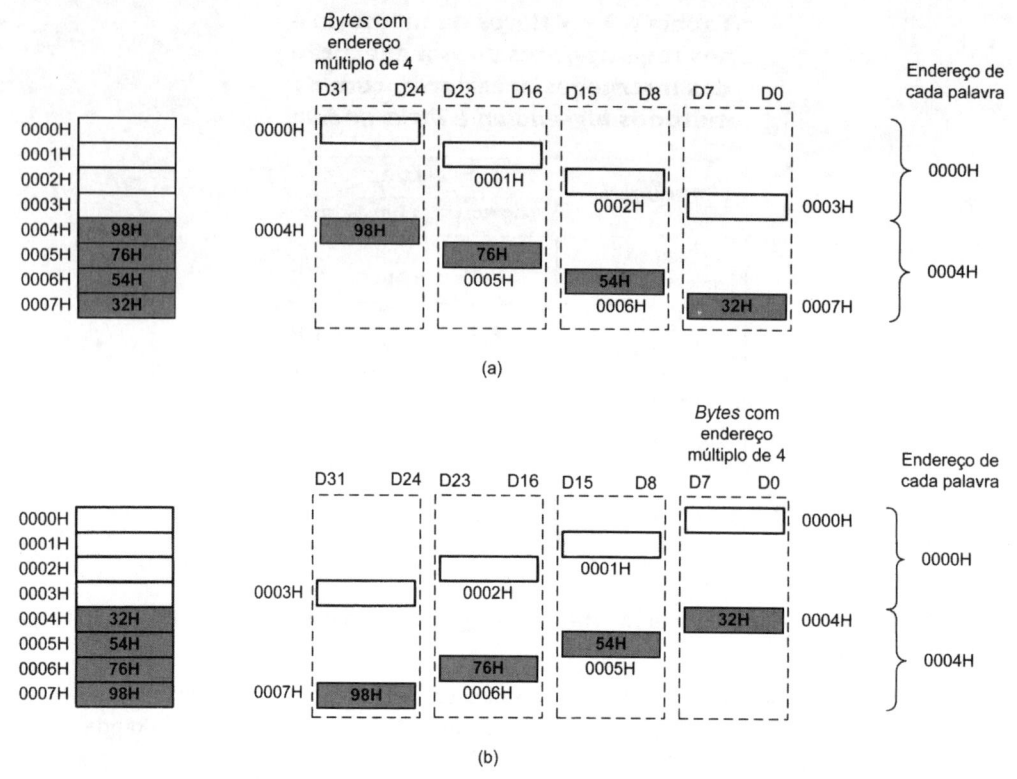

**Fig. 6.15 – Disposição em memória da palavra de 32 bits 98 76 54 32H com um processador de 32 bits.
(a) – _Big-endian_; (b) – _Little-endian_**

Os processadores de 32 bits normalmente suportam acessos de _byte_, 16 bits (meia palavra) e 32 bits (palavra). As regras enunciadas anteriormente para a ligação _big-endian_ e _little-endian_ se mantêm. Cada palavra da memória ocupa agora 4 endereços, mas continua a ser conhecida pelo endereço múltiplo de 4, que deve ser o menor. Nesse endereço em memória fica localizado o _byte_ mais significativo de uma palavra (_big-endian_) ou menos significativo (_little-endian_), tal como indicado na Figura 6.15.

Os termos _big-endian_ e _little-endian_ se referem à extremidade de uma palavra que aparece primeiro em uma escala crescente de endereços. Se essa extremidade for o _byte_ mais significativo, como na Figura 6.15a, é _big-endian_. Se for o _byte_ menos significativo, como na Figura 6.15b, é _little-endian_.

A grande questão é: qual é o melhor método? Não há resposta clara. Ambos funcionam e são alternativas válidas.

O método _big-endian_ tem a vantagem de que em um registrador os _bytes_ aparecem pela mesma ordem (lendo o registrador da esquerda para a direita) que na memória, lida de cima para baixo (Figura 6.15a) ou da esquerda para a direita (usual nos mapas de visualização dos conteúdos de memória).

O método _little-endian_, por sua vez, tem a vantagem de ambas as instruções

```
MOV   [R1], R2
MOVB  [R1], R2
```

colocarem, no endereço indicado por R1, o _byte_ menos significativo de R2. Com o método _big-endian_, o MOV coloca nesse endereço o _byte_ mais significativo de R2, ao contrário do MOVB, que coloca lá o _byte_ menos significativo de R2. Idêntico raciocínio pode ser usado para o caso da leitura da memória.

Os processadores modernos normalmente suportam os dois métodos, mediante seleção de um pino. Os compiladores precisam saber qual o método usado pelo processador, para gerarem os _bytes_ do código de máquina na ordem correta.

O PEPE suporta apenas o método _big-endian_, não porque seja complicado de implementar em _hardware_ este pino de seleção, mas sim para evitar a complexidade resultante de poder configurar o _hardware_ e o _software_ de forma separada, com a possibilidade de erros derivados da utilização de configurações incompatíveis.

 A palavra _endian_ vem de _end_, ou topo. Esta questão foi satirizada no livro "As viagens de Gulliver", de Jonathan Swift, em que se retratam longas discussões sobre a forma de começar a quebrar a casca dos ovos cozidos, algo tipicamente inglês e que normalmente é feito colocando o ovo cozido com casca em um cálice. Um dos topos do ovo é mais afilado (_little end_) e o outro mais

redondo (*big end*). Uns defendiam que o ovo devia ser colocado no cálice com o topo mais afilado para cima e os outros ao contrário. Discussão inútil, pois qualquer lado serve e o que se pretende é comer o ovo, o que se consegue seja qual for o lado pelo qual se comece a quebrar a casca.

Da mesma forma, discutir se os computadores devem ser *little-endian* ou *big-endian* é de forma geral uma inutilidade, pois um computador funciona com qualquer um deles (desde que escolha um e só se use esse), e ambos têm vantagens e desvantagens.

### 6.1.5.3 ALINHAMENTO DOS ACESSOS

No acesso à memória em modo de *byte* (com MOVB), é possível especificar qualquer endereço, par ou ímpar. Dependendo do método de ligação à memória (*big-endian* ou *little-endian*) e da paridade do endereço acessado (par ou ímpar), o processador usa uma das metades do barramento de dados para acessar a metade da memória onde esse endereço se encontra fisicamente (Figura 6.14).

A semântica do acesso à memória em modo de palavra (com MOV) especificando um endereço X implica que os *bytes* acessados sejam os contidos nos endereços X e X+1. Neste caso, há duas situações possíveis:

- O endereço X especificado é par, bastando efetuar um acesso de 16 bits com os sinais BA=0 e A0=0. O valor de 16 bits é transferido tal como está, de um registrador para a memória (ou vice-versa). Este acesso é denominado **alinhado**;

- O endereço especificado é ímpar, caso em que não se consegue acessar os dois *bytes* desta palavra em um só acesso. Tal como se pode ver na Figura 6.9b, as duas metades da memória recebem os mesmos *bits* de endereço, e só se consegue ler dois *bytes* das duas metades ao mesmo tempo quando os seus endereços diferirem apenas no A0 (isto é, valores iguais dos *bits* de endereço nas duas metades da memória), o que implica X ser par. Se X for ímpar, X e X+1 diferem não apenas no A0, mas também no A1. Assim, a palavra (16 bits) que se pretende acessar encontra-se distribuída por duas palavras alinhadas (um *byte* em cada uma). Este acesso é denominado **desalinhado**.

**PROBLEMA 6.6** Não é possível acessar em um só acesso os *bytes* de uma palavra em memória em um endereço ímpar (desalinhado).

**SOLUÇÃO** Efetuar dois acessos e compor o valor final aproveitando apenas os *bytes* relevantes e trocando a sua ordem.

A Figura 6.16 ilustra o alinhamento dos acessos, em que se pode exemplificar os seguintes acessos:

- Acesso de *byte* – Acesso individual a qualquer dos *bytes*, em endereço par (Figura 6.16a) ou ímpar (Figura 6.16b). Qualquer processador com endereçamento de *byte* suporta isto, não interessando se é *big-endian* ou *little-endian*. Por exemplo, uma leitura do endereço 0001H dará o valor 34H, tal como uma leitura do endereço 0002H dará o valor 56H;

- Acesso de palavra alinhado (Figura 6.16c) – Neste exemplo há dois acessos possíveis, especificando o endereço 0000H ou o 0002H. Em um processador *big-endian*, os valores lidos em um acesso de leitura serão 1234H e 5678H, respectivamente, enquanto em um processador *little-endian* serão 3412H e 7856H. Mas em qualquer dos casos o valor de 16 bits é lido em um só acesso;

- Acesso de palavra desalinhado (Figura 6.16d) – Neste exemplo só é possível um acesso, ao endereço 0001H (apenas porque não há mais endereços representados. Todos os endereços ímpares implicam acessos desalinhados). Em modo de palavra, este acesso implica acessar os *bytes* com os endereços 0001H e 0002H. Em um processador *big-endian*, uma leitura deverá dar o valor 3456H, enquanto em um processador *little-endian* o valor lido deverá ser 5634H. Em qualquer dos casos, o processador precisa fazer dois acessos, ou em modo *byte* aos endereços 0001H e 0002H, ou em modo palavra aos endereços 0000H e 0002H. Não há forma de especificar o endereço 0001H para uma metade da memória e 0002H para a outra metade, pois estes endereços não diferem apenas no *bit* A0, diferem também no A1. Além disso, os *bytes* lidos nos dois acessos de palavra têm de ser mudados de posição. Por exemplo, se o PEPE (*big-endian*) efetuar duas leituras de palavra, ficará com os valores 1234H e 5678H. Além de desfazer-se do 12H e do 78H, ainda tem de trocar as posições do 34H e do 56H, pois o valor que a leitura desalinhada do endereço 0001H deve dar é 3456H.

Para serem mais flexíveis, muitos processadores comerciais suportam acessos em palavra a endereços desalinhados, mas a interface de memória (que tem de efetuar os dois acessos e as trocas dos *bytes* automaticamente) fica mais complexa, razão pela qual outros processadores suportam apenas acessos alinhados. O suporte para o desalinhamento é algo não fundamental e se consegue prescindir com alguns cuidados no nível do compilador ou do programador em linguagem *assembly*.

Por simplicidade, o PEPE não suporta acessos desalinhados. As consequências em termos práticos são as seguintes:

- O compilador e o assembler só podem gerar instruções em endereços pares, pois a busca de instruções é sempre feita palavra a palavra (todas as instruções ocupam uma palavra);

- As diretivas WORD e TABLE, que reservam espaço para palavras em memória, só podem usar endereços alinhados (a diretiva STRING só lida com *bytes* e não precisa de endereços alinhados);

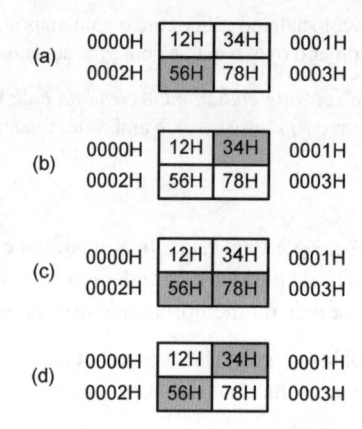

**Fig. 6.16 – Alinhamento dos acessos à memória. (a) e (b) — Acessos individuais a um *byte*, par ou ímpar, sem problemas de alinhamento; (c) — Acesso a uma palavra alinhada; (d) — O acesso a um endereço ímpar (desalinhado) obriga a efetuar dois acessos para acessar corretamente a palavra inteira**

- A instrução MOV só consegue acessar a memória (em palavra) se o endereço a acessar for par. Observe que instruções do tipo MOV [R1+R2], R3 não precisam rigorosamente que R1 e R2 sejam par, mas apenas que a soma deles o seja. No entanto, por questão de clareza, é melhor que ambos sejam pares. A instrução MOVB suporta endereços ímpares e acesso em *byte*, portanto não tem nada a ver com o problema do alinhamento.

Ao gerar o código, o compilador de uma linguagem de alto nível ou o *assembler* vão usando os endereços sequencialmente. Se uma determinada construção (a diretiva STRING) deixar como último *byte* ocupado um endereço par e a seguir for necessário um endereço alinhado (para colocar uma instrução, por exemplo), avança-se para o próximo endereço par. Desperdiça-se um *byte* de memória (o que tem endereço ímpar, que era o próximo livre), mas resolve-se o problema do alinhamento.

Observe que a diretiva STRING lida com *bytes* e, como tal, nunca faz este alinhamento automático, podendo sem problemas começar a alocar espaço para *bytes* em um endereço ímpar.

 O conceito de alinhamento estende-se facilmente a processadores maiores. Por exemplo, um acesso alinhado em um processador de 32 bits exige que o endereço seja múltiplo de 4 (porque cada palavra tem 4 bytes) e não apenas par.

Os processadores de palavra de 32 bits normalmente também suportam acessos em modo de meia palavra (16 bits), com instruções específicas para esse fim. Nesse caso, faz sentido falar em alinhamento de meia palavra, que exige apenas que o endereço a acessar seja par (tal como no PEPE).

Ainda falta esclarecer o que acontece, por exemplo, se o PEPE executar a instrução

```
MOV    R1,    [R2]
```

em que o valor de R2 é ímpar. Trata-se de um erro que o *hardware* do processador não consegue recuperar. A solução, descrita com mais detalhe na Subseção 6.2.3, consiste em invocar uma rotina para tratar da situação. Cabe ao programador especificar o que essa rotina deverá fazer para tratar o problema (terminar o programa, avisar o usuário, eventualmente efetuar alguma correção, etc.).

**SIMULAÇÃO 6.2 – ENDEREÇAMENTO DE *BYTE***

Esta simulação ilustra as implicações do endereçamento de *byte*, tomando o circuito da Figura 6.13 como base. Os aspectos abordados incluem os seguintes:

- Periféricos de 8 e 16 bits e respectivos endereços;
- Ligação do processador aos dispositivos (*big-endian* e *little-endian*);
- Alinhamento dos acessos.

## 6.1.6 CICLOS DE ACESSO À MEMÓRIA/PERIFÉRICOS

### 6.1.6.1 LIGAÇÃO AO BARRAMENTO DE DADOS

O barramento de dados é bidirecional, isto é, poderá ser lido ou escrito por cada um dos dispositivos que a ele se ligam (incluindo processador). Isto implica que cada dispositivo deve poder se ligar ao barramento de dados tanto com uma entrada como com uma saída. Várias saídas ligadas entre si podem originar conflitos, se pelo menos duas saídas tentarem impor valores diferentes no barramento.

**PROBLEMA 6.7** Como se implementa a bidirecionalidade, ao mesmo tempo em que se evita os conflitos?

**SOLUÇÃO** Cada dispositivo que se ligue ao barramento de dados com uma saída é obrigado a usar uma saída *tri-state* (com 3 estados: 0, 1 e desligado), sob controle de um sinal que permita ligar e desligar essa saída (Subseção 2.6.3). Cada dispositivo deve ser comandado pelo processador e pelo circuito de decodificação de endereços, de forma a garantir que:

– Cada dispositivo (exceto o processador) leia ou escreva o barramento de dados, de acordo com o indicado pelo processador. Quando lê, não escreve (desligando a sua saída *tri-state*). Quando escreve, não lê;

– Entre todos os dispositivos ligados ao barramento de dados (incluindo o processador), apenas um possa estar em cada instante escrevendo no barramento, isto é, com a sua saída *tri-state* ligada.

A Figura 6.17 ilustra o princípio de controle da ligação de um dispositivo a um barramento de dados, com o uso de uma porta *tri-state*, quando o dispositivo quiser ter a capacidade de escrever no barramento (para o processador ler). A porta *tri-state* funciona como um interruptor (de 8 ou 16 bits, conforme a largura do barramento de dados a que o dispositivo se liga). Quando o seu sinal de controle está ativo (com 0), a sua saída reflete o valor da sua entrada. Quando o seu sinal de controle está inativo (com 1), a porta desliga e não força nenhum valor na saída, mesmo que o valor na sua entrada varie.

Cada um dos dispositivos (incluindo o processador) da Figura 6.13 possui um circuito de controle deste tipo, com os seguintes sinais:

■ RD – Sinal de leitura, que indica (se ativo) que o processador está lendo do barramento de dados;

■ WR – Sinal de escrita, que indica (se ativo) que o processador está escrevendo no barramento de dados;

■ CS – Sinal de seleção, que indica (se ativo) que a operação em curso (leitura ou escrita) está sendo efetuada sobre este dispositivo.

Alguns dispositivos poderão não ter o sinal de escrita ou de leitura, se não suportarem a operação correspondente, mas todos têm um sinal de seleção individual, uma vez que os sinais RD e WR se ligam a todos os dispositivos. Naturalmente, é responsabilidade do sistema de decodificação de endereços garantir que nunca há mais do que um dispositivo com o seu sinal de seleção ativo. Em uma operação de leitura por parte do processador, isto garante que só um dispositivo de cada vez poderá ter a sua interface *tri-state* ligada, de forma a evitar conflitos no barramento de dados.

A Figura 6.17 representa genericamente um dispositivo de N bits. Se considerarmos endereçamento de *byte*, isto é, a divisão em duas metades de 8 bits dos dispositivos de 16 bits, como acontece na Figura 6.13, então a Figura 6.17 representa um dispositivo

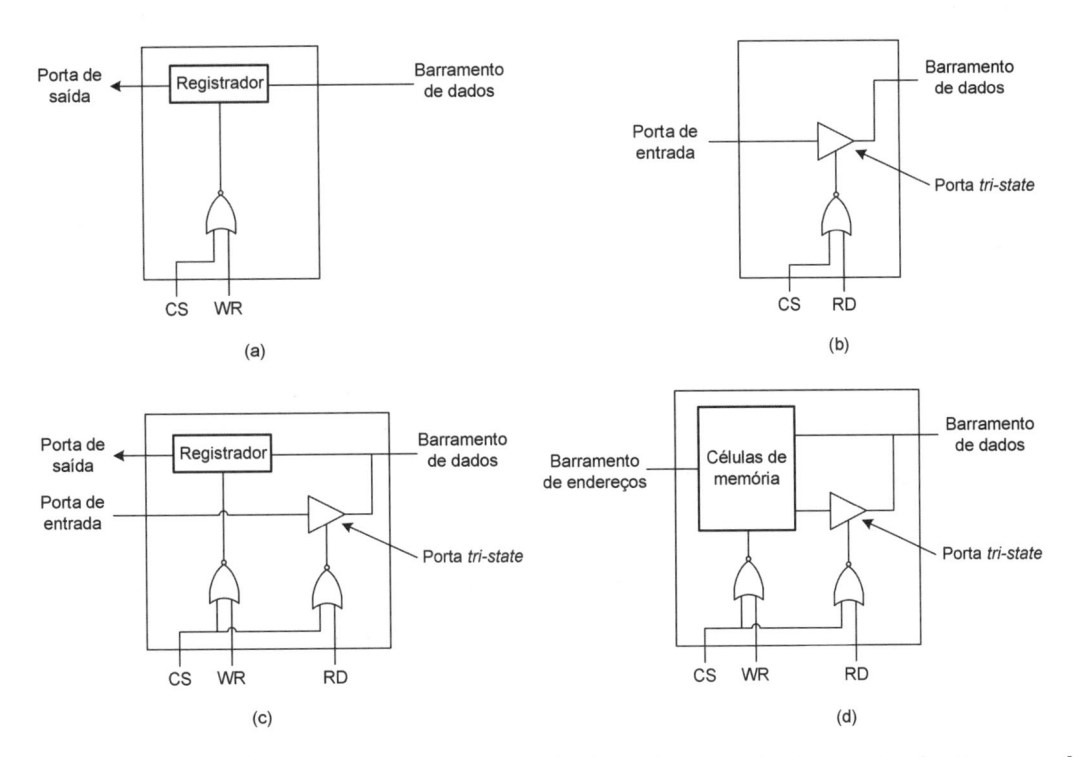

**Fig. 6.17 – Ligação de um dispositivo a um barramento de dados e respectivo controle, com uso de uma interface *tri-state* caso o dispositivo possa ser lido. (a) – Periférico só de saída; (b) – Periférico só de entrada; (c) – Periférico de entrada/saída; (d) – Memória**

de 8 bits, que poderá ser metade de um de 16 bits (como a RAM1 ou o P1) ou o dispositivo completo (como o P3 ou o P4). Cada dispositivo (ou parte dele) endereçável individualmente em leitura tem de ter controle *tri-state* individual.

Observe que a Figura 6.17b representa um periférico só de entrada e, como tal, não tem memória. Limita-se a incorporar uma porta *tri-state* que, quando está ativa (em uma operação de leitura), liga diretamente os pinos exteriores ao barramento de dados, de modo a que estes possam ser memorizados pelo processador durante essa operação.

A Subseção 2.6.3 e a **Simulação 2.10** ilustram o funcionamento das portas *tri-state*.

### 6.1.6.2 CICLOS DE LEITURA E ESCRITA

É sempre o processador que toma a iniciativa de efetuar uma operação de leitura ou de escrita no barramento de dados. No entanto, o processador não pode se "deslocar" para o interior de um dispositivo para aí manipular diretamente os dados. O máximo que ele pode fazer é usar os sinais RD ou WR e o barramento de endereços (que fará atuar o sinal de seleção CS do dispositivo acessado) e esperar que esse dispositivo reaja de forma adequada para implementar essa operação.

**PROBLEMA 6.8** Como o processador e os dispositivos acessados conseguem coordenar-se para trocar informação? Em uma operação de escrita, como o dispositivo sabe quando o valor escrito pelo processador está disponível para memorizá-lo? Em leitura, como o processador sabe quando o dispositivo já disponibilizou o valor a ser lido, para poder memorizá-lo? E como ambos sabem que a operação terminou?

**SOLUÇÃO** Definir protocolos que envolvam os vários barramentos do processador e que estabeleçam, em detalhe, a sequência de evolução dos sinais desses barramentos de forma a implementar as operações de leitura e escrita. Tanto o processador como os dispositivos restantes têm de obedecer a esse protocolo.

Estes protocolos são denominados **ciclo de leitura** e **ciclo de escrita** e envolvem uma sequência de operações elementares. O termo "ciclo" advém do fato de que cada acesso à memória implica repetir esta sequência.

A Figura 6.18 ilustra o ciclo de leitura do PEPE, que se completa em um só ciclo do sinal de relógio (CLK) do processador (o eixo horizontal é o tempo). Outros processadores provavelmente terão pequenas diferenças, mas o princípio básico é o mesmo. Esta figura representa na realidade dois ciclos de acesso à memória, nos ciclos de relógio T1 e T3, considerando-se, neste exemplo, que no período T2 o processador não acessou a memória (por estar ocupado internamente executando uma instrução, por exemplo). Esta situação mostra que o processador não acessa a memória em todos os ciclos de relógio.

Um ciclo de leitura consegue ser efetuado em um só ciclo de relógio e começa com a borda ascendente do sinal de relógio (CLK), abrangendo os seguintes passos:

1. O processador coloca, no barramento de endereços, o endereço do *byte* ou palavra a ser acessada, aproximadamente ao mesmo tempo em que faz o sinal BA ser 1 (caso o acesso seja em modo de *byte*) ou 0 (se for um acesso em modo de palavra). O primeiro ciclo de leitura da Figura 6.18 é em modo de *byte*;

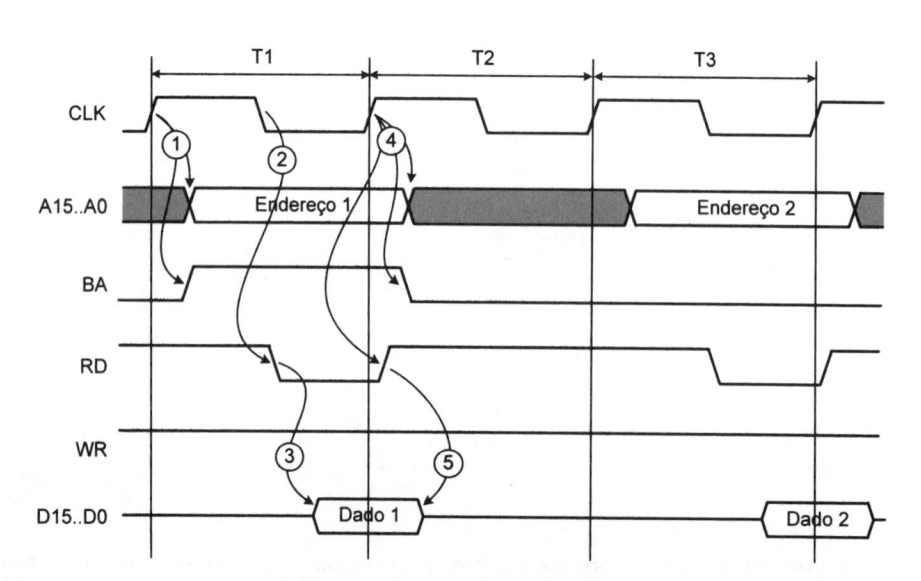

**Fig. 6.18 – Ciclo de leitura no acesso à memória/periféricos. O primeiro ciclo acessa a memória em modo de *byte* (BA=1)**

2. Na borda descendente do relógio, o processador ativa o sinal de leitura (RD=0);

3. O dispositivo acessado (aquele cujo sinal de seleção tiver sido ativado, em função dos *bits* de endereço) detecta o sinal RD ativo e coloca o valor a ser lido no barramento de dados;

4. No fim do ciclo de relógio (borda ascendente), o processador desativa o sinal RD ao mesmo tempo em que memoriza o valor presente no barramento de dados.[70] Também a partir deste momento, o barramento de endereços e o sinal BA podem mudar (não estando nem o RD nem o WR ativos, nenhum dispositivo será acessado);

5. O dispositivo acessado detecta a desativação do sinal RD e retira o seu valor do barramento de dados, deixando-o livre para os próximos ciclos de acesso à memória.

O processador pode efetuar ciclos de leitura da memória em ciclos de relógio contíguos, embora (tal como ilustrado na Figura 6.18) haja alguns ciclos em que o processador está ocupado internamente e não tem necessidade de efetuar ciclos de acesso à memória.

Observe que o acesso à memória em leitura é feito, não apenas na execução de algumas instruções (MOV, MOVB, SWAP, POP, etc.), mas também durante a busca de todas as instruções, que têm de ser lidas da memória para serem executadas.

O ciclo de escrita é exemplificado pela Figura 6.19, com dois ciclos consecutivos (o primeiro é feito em modo de *byte*, com BA=1). Tal como o ciclo de leitura, o de escrita inicia-se com a borda ascendente do sinal de relógio (CLK) e abrange os seguintes passos:

1. O processador coloca, no barramento de endereços, o endereço do *byte* ou palavra a acessar, aproximadamente ao mesmo tempo em que faz o sinal BA ser 1 (caso o acesso seja em modo de *byte*) ou 0 (se for um acesso em modo de palavra). O primeiro ciclo de escrita da Figura 6.19 é em modo de *byte*;

2. Na borda descendente do relógio, o processador ativa o sinal de escrita (WR=0) e coloca, no barramento de dados, o valor a escrever;[71]

3. O processador desativa o sinal WR, momento em que o dispositivo acessado deve memorizar o valor presente no barramento de dados;

4. No fim do ciclo, o processador retira o seu valor do barramento de dados, deixando-o livre para os próximos ciclos de acesso à memória. Também a partir deste momento, o barramento de endereços e o sinal BA podem mudar (não estando nem o RD nem o WR ativos, nenhum dispositivo será acessado).

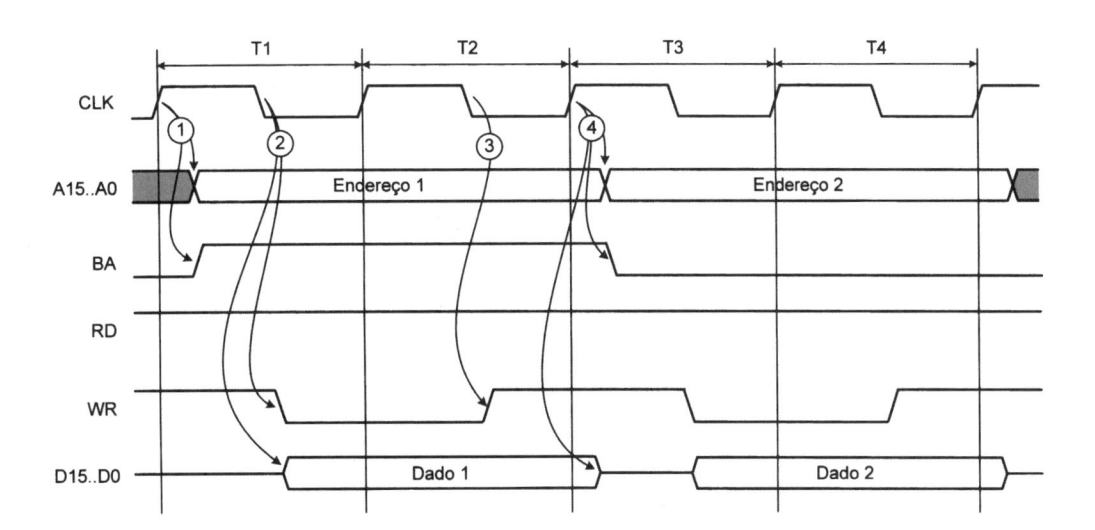

**Fig. 6.19 – Ciclos de escrita no acesso à memória/periféricos. O primeiro ciclo acessa a memória em modo de *byte* (BA=1)**

---

[70]No primeiro acesso, em modo de *byte*, o processador lê apenas metade do barramento de dados. Como o PEPE é um processador *big-endian*, usa a metade alta (D15..D8), se o endereço for par, e a metade baixa (D7..D0), se o endereço for ímpar (Subseção 6.1.5.2).

[71]No primeiro acesso, em modo de *byte*, o processador escreve apenas em metade do barramento de dados. O PEPE é um processador *big-endian*, e como tal usa a metade alta (D15..D8), se o endereço for par, e a metade baixa (D7..D0), se o endereço for ímpar (Subseção 6.1.5.2).

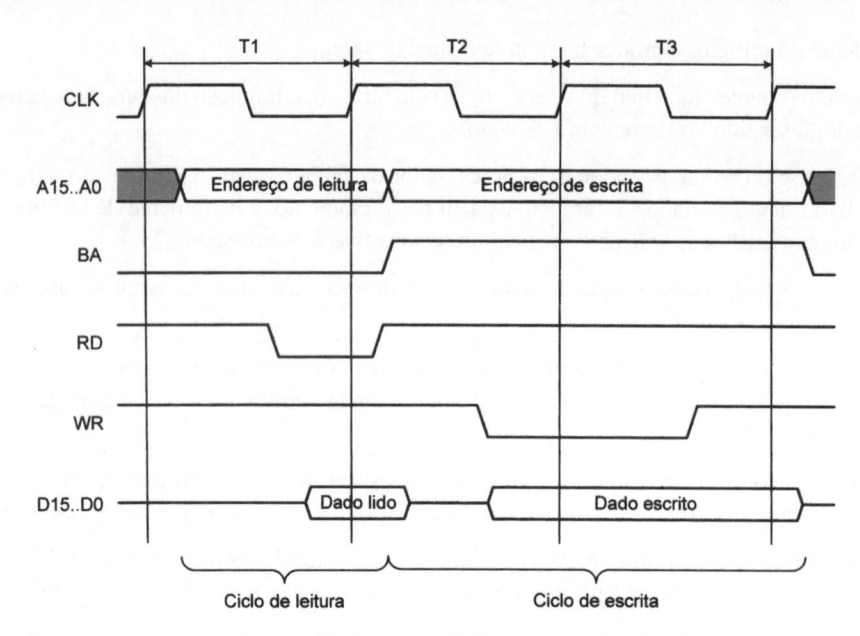

**Fig. 6.20 – Os ciclos de acesso à memória/periféricos em leitura e escrita podem suceder-se de forma contínua**

À parte a sequência de sinais e o sentido de circulação dos dados, uma diferença fundamental entre os ciclos de leitura e escrita reside no fato deste último demorar dois ciclos de relógio, enquanto o primeiro demora apenas um. A justificativa para este fato será apresentada na Subseção 6.1.6.3.

Diz-se que o barramento de dados está em estado de **alta impedância**[72] quando nem o processador nem qualquer outro dispositivo está colocando dados no barramento de dados (todas as portas *tri-state* que se ligam a ele estão desligadas), o que é indicado por uma linha horizontal no meio da escala (entre 0 e 1) do barramento de dados na Figura 6.18 e na Figura 6.19.

Os ciclos de leitura e/ou escrita podem ser contíguos, sem necessidade de ciclos de relógio de intervalo. Observe que, em cada ciclo, há sempre períodos em que o barramento está em estado de alta impedância, o que permite a comutação de leitura para escrita (inversão do sentido de circulação no barramento de dados), quando um ciclo de escrita sucede imediatamente a um de leitura, tal como, aliás, é exemplificado pela Figura 6.20, em que a leitura é em modo de palavra (BA=0) e a escrita em modo de *byte* (BA=1).

### SIMULAÇÃO 6.3 – CICLOS DE ACESSO À MEMÓRIA E PERIFÉRICOS

Esta simulação exemplifica o funcionamento do processador nos ciclos de acesso à memória. Os aspectos abordados incluem os seguintes:

- Evolução detalhada dos sinais durante um ciclo de leitura;
- Evolução detalhada dos sinais durante um ciclo de escrita;
- Verificação da evolução dos sinais nos vários barramentos durante o processamento completo de uma instrução SWAP (troca de um valor de um registrador com o de uma célula de memória), incluindo leitura da própria instrução da memória.

### 6.1.6.3 TEMPORIZAÇÕES NO ACESSO AOS DISPOSITIVOS

Nada neste mundo é instantâneo. Para que os ciclos de leitura e escrita funcionem corretamente, não basta combinar a sequência dos vários sinais. A evolução temporal destes sinais é também de grande importância.

**PROBLEMA 6.9** Em uma operação de escrita, como o processador sabe que o dispositivo destino já teve tempo de memorizar o valor, para poder passar à operação seguinte? Em leitura, como o processador sabe quando o valor fornecido pelo dispositivo acessado já está disponível, para poder memorizá-lo? E como este dispositivo sabe que o processador já leu esse valor, para dar a operação por terminada e ficar à espera de novos pedidos do processador?

---

[72]Indicando com isto que nenhum dos dispositivos (incluindo o processador) está forçando um valor no barramento de dados.

**SOLUÇÃO** Definir tempos mínimos de duração e de sequência que o processador e os dispositivos restantes têm de cumprir para os vários sinais envolvidos no acesso, de modo a garantir que todos tenham tempo de reagir em cada um dos ciclos de acesso à memória.

Um dos aspectos mais notórios na Figura 6.20 é o fato do ciclo de escrita durar dois ciclos de relógio, enquanto o ciclo de leitura demora apenas um ciclo de relógio. Isto é necessário, basicamente, devido às seguintes razões:

- Em uma memória, não se pode ativar o sinal de WR imediatamente após disponibilizar o barramento de endereços. Tem-se de esperar algum tempo até que os circuitos internos de seleção da memória estabilizem, para se ter certeza de que só a célula correta será selecionada. Caso contrário, correria-se o risco de destruir o conteúdo de células de memória, que fossem selecionadas transitoriamente, enquanto os *bits* de endereço estivessem mudando (porque todos não mudam exatamente ao mesmo tempo);

- Também para garantir a estabilização interna dos sinais e uma escrita correta, as memórias normalmente requerem que os dados permaneçam estáveis no barramento de dados ainda durante algum tempo após o sinal de escrita (WR) ser desativado. Por isso, o processador não deve desativar o sinal WR e os dados na mesma borda de relógio (precisa de pelo menos mais metade do ciclo de relógio);

- Nas memórias, o **tempo de acesso**[73] em escrita é normalmente superior ao tempo de acesso em leitura;

- O ciclo de leitura tem de ter o sinal RD atuando apenas na segunda metade do relógio. Se fosse apenas na primeira metade, o tempo de acesso à memória ficaria muito curto e seria necessário mais um ciclo de relógio. Isto faz com que a memória continue a forçar um valor no barramento de dados ainda durante algum tempo do ciclo de relógio seguinte. Portanto, um acesso em escrita, imediatamente a seguir ao de leitura, não pode começar a usar o sinal de WR e a colocar os dados no barramento de dados logo no início do ciclo de escrita, pois haveria um potencial conflito no barramento de dados entre a memória e o processador;

- O barramento de dados do processador normalmente tem os circuitos internos de acesso aos pinos exteriores em modo de leitura e, em uma escrita, tem de ativar os circuitos no sentido contrário, mudança que demora algum tempo.

A Figura 6.21 representa os principais tempos envolvidos nestes acessos. Cada processador terá as suas especificidades, altamente dependentes da forma como está implementado. No entanto, os tempos indicados aqui para o PEPE são representativos do que é normal existir em todos os processadores.

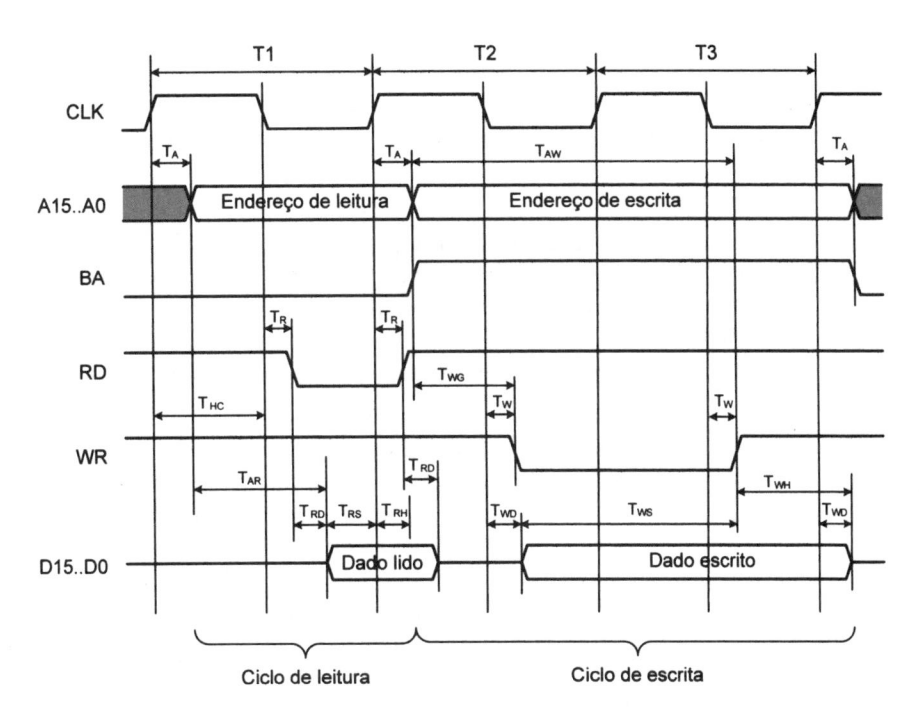

**Fig. 6.21 – Tempos mais relevantes a serem respeitados nos ciclos de acesso à memória/periféricos**

---

[73]Tempo mínimo entre o instante em que o endereço é especificado e o acesso à célula estar concluído.

**Tabela 6.10 - Explicação dos tempos mais relevantes nos ciclos de acesso à memória/periféricos e restrições a serem atendidas**

| | TEMPO | DESCRIÇÃO | IMPOSTO POR | | RESTRIÇÕES |
|---|---|---|---|---|---|
| | T1, T2, T3 | Período do sinal de relógio | Gerador de relógio | exato | |
| | $T_{HC}$ | Metade do período do sinal de relógio | Gerador de relógio | exato | |
| | $T_A$ | Atraso do endereço | Processador | máx. | |
| CICLO DE LEITURA | $T_{AR}$ | Tempo de acesso da memória em leitura | Memória ou periférico | máx. | $T1 \geq T_A + T_{AR} + T_{RS}$ |
| | $T_R$ | Atraso de RD | Processador | máx. | $T_{HC} \geq T_R + T_{RD} + T_{RS}$ |
| | $T_{RD}$ | Atraso de dados após borda de RD | Memória ou periférico | máx. | $T_{HC} \geq T_A + T_{AR} - (T_R + T_{RD})$ |
| | $T_{RS}$ | Tempo com dados estáveis antes de RD | Processador | mín. | $T_A \geq T_{RH}$ |
| | $T_{RH}$ | Tempo com dados estáveis após borda de RD | Processador | mín. | |
| CICLO DE ESCRITA | $T_{AW}$ | Tempo de acesso da memória em escrita | Memória ou periférico | máx. | $T_2 + T_3 \geq T_A + T_{AW} + T_{WH} - T_D$ |
| | $T_{WG}$ | Tempo de guarda entre endereço estável e WR | Memória ou periférico | mín. | $T_2 + T_3 \geq T_A + T_{WG} - T_W + T_{WS} + T_{WH}$ |
| | $T_W$ | Atraso de WR | Processador | máx. | |
| | $T_{WD}$ | Atraso do barramento de dados em escrita | Processador | máx. | $T_{HC} \geq T_A + T_{WG} - T_W$ |
| | $T_{WS}$ | Tempo com endereço estável antes de WR | Memória ou periférico | mín. | $T_{HC} \geq T_W + T_{WH} - T_D$ |
| | $T_{WH}$ | Tempo com dados estáveis após borda de WR | Memória ou periférico | mín. | |

A Tabela 6.10 explica o significado de cada tempo e as restrições ao período do relógio, que não pode ser menor do que o valor que atende a todas essas restrições. A frequência do sinal de relógio de um processador, que se pretende seja a maior possível, depende assim não apenas dos detalhes internos da sua arquitetura (assunto do capítulo 7), mas também da sua interação com a memória e os periféricos.

O processador não espera. Ele cumpre as temporizações expressas na Figura 6.21, tendo como base o período do sinal de relógio. É responsabilidade do projetista do sistema verificar se os tempos mínimos exigidos para o acesso à memória e aos periféricos são respeitados pelo processador, nem que para isso tenha de diminuir a frequência do relógio (ou usar dispositivos com acesso mais rápido). Se isto não for garantido, os acessos não funcionarão bem, as leituras darão valores errados, os valores escritos pelo processador não serão corretamente memorizados pelos dispositivos ou serão escritos na célula errada, etc. O sistema ficará simplesmente não usável.

Todos os sinais mudam com algum atraso em relação ao sinal que provocou a sua mudança, razão pela qual os sinais mudam de forma não alinhada com as mudanças de borda do relógio. O **tempo de atraso** é função da complexidade (quantidade de portas lógicas) dos circuitos internos (do processador ou de qualquer outro dispositivo) e resulta do tempo que um sinal leva para propagar-se pelas várias portas lógicas pelas quais tem de passar. Tem de ser medido e fornecido pelo fabricante. Estes tempos de atraso normalmente são indicados com dois valores, típico e máximo (que o fabricante garante não exceder). O sistema deve ser projetado para o valor máximo (caso mais desfavorável), mas o valor típico dá uma indicação da folga que se terá na maior parte dos casos. Com a tecnologia atual, estes tempos são medidos em nanossegundos ou mesmo em décimos de nanossegundo. Por exemplo, só algum tempo após a borda ascendente do ciclo de relógio inicial de um ciclo é que o novo valor do barramento de endereços fica estável (tempo de atraso $T_A$). O mesmo acontece na borda descendente do sinal de relógio no ciclo de leitura, em que RD fica ativo apenas $T_R$ unidades de tempo depois.

Por outro lado, os dispositivos também demoram algum tempo reagindo aos sinais de controle que recebem do processador (barramentos, de endereços e de dados, e RD e WR). Por exemplo, uma memória demorará $T_{RD}$ unidades de tempo colocando, no barramento de dados, o valor endereçado pelo barramento de endereços.

Além dos tempos de atraso à reação de um sinal, há de se considerar que a memorização de um determinado valor (normalmente presente no barramento de dados) tem outros dois tipos de restrições em relação à ativação do sinal de memorização (tipicamente, o RD e o WR):

- **Tempo de preparação** – O sinal a ser memorizado tem de estar estável (*bits* fixos, sem estarem variando) algum tempo antes do sinal que controla a memorização variar. Isto resulta do fato de que o circuito de memorização geralmente é mais complexo do que o circuito do sinal que controla essa memorização, em função do que é preciso disponibilizar o dado a ser memorizado algum tempo antes do sinal de controle mudar. Por exemplo, os tempos $T_{RS}$ e $T_{WS}$ especificam este aspecto em relação aos ciclos de leitura (sinal RD) e escrita (sinal WR), respectivamente. O $T_{RS}$ é exigido pelo processador, enquanto $T_{WS}$ é imposto pela memória;

- **Tempo de manutenção** – O sinal a ser memorizado não pode ser retirado imediatamente após a borda do sinal que disparou a memorização, pois esta operação não é instantânea e corre-se o risco do circuito memorizar alguns dos *bits* já alterados. Os tempos $T_{RH}$ e $T_{WH}$ expressam este aspecto. O $T_{RH}$ é exigido pelo processador no ciclo de leitura, enquanto $T_{WS}$ é imposto pela memória durante o ciclo de escrita. Observe que, no caso do $T_{RH}$, a referência é a borda do relógio e não o RD, pois o sinal que atua sobre o registrador dentro do processador é o relógio. O RD serve apenas para avisar a memória de que o ciclo de leitura já terminou.

Estes tempos são especificados pelo valor mínimo e típico. A frequência do relógio do processador não pode ultrapassar o limite acima do qual estes valores mínimos não podem ser garantidos, sob risco do sistema não conseguir efetuar corretamente todos os acessos.

Na Figura 6.21 ainda aparecem dois aspectos relevantes da transição entre o ciclo de leitura e o de escrita:

- O sinal RD é desativado mais ou menos ao mesmo tempo em que o barramento de dados passa a refletir o novo valor para o acesso de escrita, em função do que pode acontecer que o valor lido pelo processador ainda esteja no barramento de dados algum tempo depois do barramento de endereços já estar exibindo um novo valor. Tudo isto acontece no período de relógio T2. Em outras palavras, com os dois ciclos contíguos, o ciclo de leitura "invade" o ciclo de escrita. Isto não constitui problema porque, no período T2, o ciclo de escrita só começa efetivamente quando o barramento de endereços muda e, da mesma forma, todo o resto do circuito (particularmente a parte de decodificação de endereços). O sinal de WR só é ativado na segunda metade do período de relógio T2;

- Para garantir o tempo $T_{RH}$, o melhor é projetar o processador de forma que $T_{RH}$ não seja maior que $T_A$ (apesar de haver alguma folga, pois os circuitos de decodificação de endereços também têm o seu atraso). O perigo aqui seria mudar os endereços ainda durante o tempo de manutenção do valor lido, o que poderia mudar o sinal de seleção de dispositivo e invalidar antes do tempo o valor que deveria estar estável no barramento de dados.

### 6.1.6.4 ACESSO A DISPOSITIVOS LENTOS

**PROBLEMA 6.10** Se um dispositivo for significativamente mais lento do que os restantes, as temporizações têm de ser dimensionadas para o seu caso (o mais desfavorável), atrasando todos os acessos?

**SOLUÇÃO** Para suportar dispositivos muito lentos em relação aos restantes e para evitar dimensionar as temporizações pelo dispositivo mais lento, deve-se prever um sinal de pedido de espera ao processador (WAIT) que o dispositivo lento tem de acionar.

Este sinal deve ser acionado por um dispositivo lento (que saiba de início que não consegue acompanhar a rapidez dos ciclos de leitura ou escrita do processador) assim que é ativado o seu sinal de seleção deve durar o tempo necessário para se completar o acesso ao dispositivo. Este sinal deve ser ligado ao pino WAIT do PEPE, que é ativo em 1 e constitui o quarto sinal do barramento de controle (depois do RD, WR e BA). Ao contrário dos anteriores, que são produzidos pelo processador, este sinal de WAIT é produzido pelos dispositivos (e lido pelo processador).

A ativação do pino WAIT prolonga o sinal de RD ou WR por um número inteiro de ciclos de relógio (o prolongamento termina quando o relógio tiver uma borda ascendente em que WAIT já não esteja com 1).

A Figura 6.22 mostra um ciclo de leitura normal e outro em que o dispositivo ativou o pino de WAIT durante algum tempo, resultando no prolongamento do acesso por mais um ciclo de relógio. O tempo de acesso neste caso ($T_{ARW}$) é nitidamente superior ao de um dispositivo que consiga acompanhar as temporizações mínimas do processador ($T_{AR}$). O prolongamento funciona de modo equivalente em um ciclo de escrita. Os ciclos de relógio a mais (resultantes do prolongamento) são denominados **estados de espera** (*wait states*).

Se houver vários dispositivos lentos, cada um deles deve gerar o seu próprio sinal de pedido de espera, de acordo com as suas próprias restrições. O pino WAIT deve se ligar a um AND de todos estes sinais. O circuito de decodificação de endereços garante que só um dispositivo em cada ciclo de acesso seja selecionado, em função do que só um dispositivo de cada vez poderá acionar

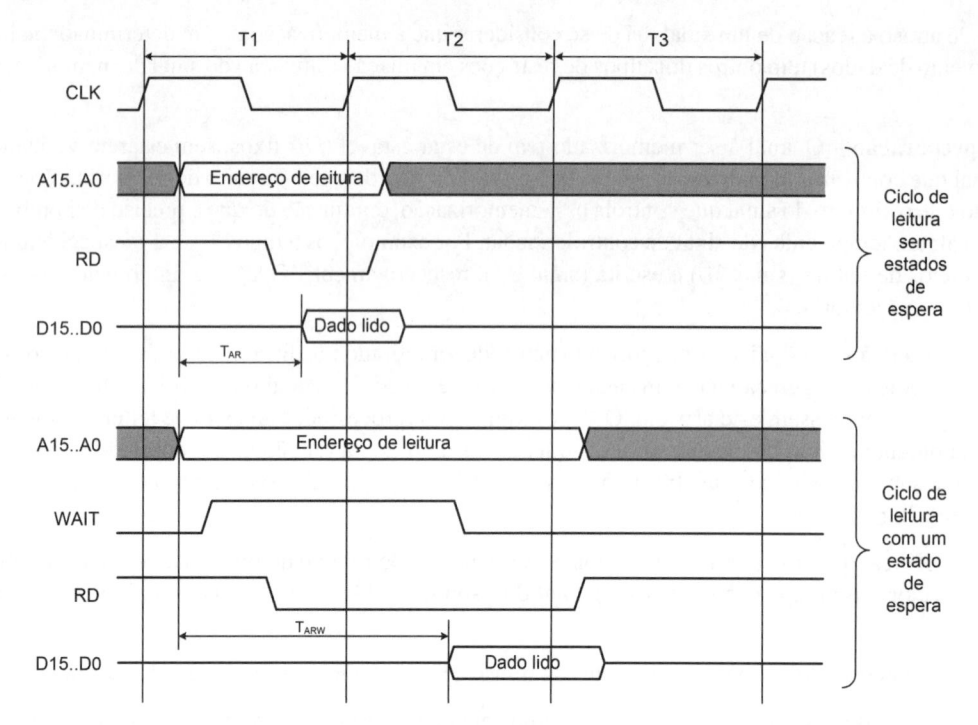

**Fig. 6.22 – Prolongamento do tempo de acesso em um ciclo de leitura quando o pino WAIT do processador é ativado**

o seu pedido de espera. Se todos os dispositivos do sistema forem suficientemente rápidos, o sinal WAIT pode ser deixado sempre inativo (ligado permanentemente em 0).

Observe que este mecanismo bloqueia completamente o processador durante os ciclos de relógio de prolongamento, portanto só deve ser usado para dispositivos cujo tempo de acesso esteja no máximo na faixa de poucos ciclos de relógio. Dispositivos, mesmo muito lentos em relação à velocidade do processador, devem ser acessados através de portas de periféricos (cujos *bits* substituirão os barramentos do processador e em que o processador tem de fazer vários acessos ao periférico para gerar a sequência de todos os sinais relevantes, em vez de uma simples instrução MOV).

**NOTA** Alguns computadores possuem um circuito especial (gerador de estados de espera) que insere sistematicamente um ou mais estados de espera em todos os acessos, quando as memórias são mais lentas do que o processador. Nos PCs, o número de estados de espera é inclusive programável por *software*, memorizando esse número em um periférico, que depois se liga ao gerador de estados de espera. Uma solução mais simples seria diminuir a frequência de relógio do processador, mas assim consegue-se que o processador funcione à velocidade máxima no acesso às suas memórias internas (*caches* — ver Seção 7.5) e só tenha de esperar nos acessos à memória exterior (muito menos frequentes que os acessos às *caches*).

---

**ESSENCIAL**

■ O processador se liga aos dispositivos (memórias e periféricos) por meio de três barramentos: endereços, dados e controle. O processador trata as memórias e periféricos da mesma forma, não os distinguindo nos acessos que faz;

■ É sempre o processador que comanda os acessos, especificando um endereço e um tipo de acesso (leitura ou escrita). É o *software* que tem de saber se, em um determinado endereço, há algum dispositivo e se ele suporta o acesso efetuado;

■ Cada dispositivo tem um sinal de seleção que o ativa. Tem de haver um circuito (decodificador de endereço) que se liga ao barramento de endereços e que, em cada acesso, ativa apenas um sinal de seleção de dispositivo, de acordo com o mapa de endereços estabelecido para o sistema;

■ O decodificador de endereços normalmente usa os *bits* mais significativos do barramento de endereços. Os *bits* menos significativos se ligam aos vários dispositivos para endereçar células individuais dentro deles;

■ O PEPE suporta endereçamento de *byte*, em que os endereços identificam *bytes* individuais e não palavras. Há instruções diferentes para acessar os dispositivos em *bytes* e em palavras (neste caso têm de ser acessos alinhados — endereço par);

- Com endereçamento de *byte*, o PEPE divide o espaço de endereçamento em dois blocos, os das células pares e ímpares. Os sinais BA (*Byte Addressing*) e A0 (*bit* menos significativo do barramento de endereços) indicam se o processador está acessando o bloco par ou ímpar (acesso em *byte*) ou os dois (acesso em palavra);

- Os processadores com endereçamento de *byte* podem ser *little-endian* ou *big-endian*, dependendo do modo como mapeiam uma palavra no espaço de endereçamento. Os *little-endian* colocam o *byte* menos significativo de uma palavra no menor endereço, enquanto os *big-endian* colocam aí o *byte* mais significativo;

- Os acessos são realizados por meio de um ciclo com temporizações bem determinadas (ciclos de leitura ou escrita), que têm de ter a duração suficiente para que as memórias ou periféricos tenham tempo de reagir. Para dispositivos mais lentos, é possível atrasar os ciclos de acesso por meio do sinal de WAIT.

---

**SIMULAÇÃO 6.4 – PROLONGAMENTO DOS ACESSOS**

Esta simulação ilustra o funcionamento do prolongamento dos acessos com estados de espera. Os aspectos abordados incluem os seguintes:

- Geração do sinal de espera por dispositivos lentos e sua ligação ao pino WAIT;

- Funcionamento detalhado dos ciclos de acesso de leitura e escrita com prolongamento;

- Verificação do bloqueio do processador durante o prolongamento.

# 6.2 EXCEÇÕES

## 6.2.1 PRINCÍPIOS BÁSICOS

O modelo de computação relativo à arquitetura básica de um computador estabelece que as instruções são executadas sequencialmente sempre que o programa não efetuar um desvio (mudança explícita desta ordem através da alteração do PC para um determinado valor, em vez de um simples incremento). No entanto, também há situações em que, excepcionalmente, a ordem de execução das instruções é alterada sem ser por vontade do programa. Os eventos que dão origem as estas situações são genericamente denominados **exceções** (por ocorrerem de forma muito menos frequente do que a situação normal de execução de instruções sob controle do programa).

A forma de **atender** (o termo mais usual para designar "tratar")[74] uma exceção é invocar uma rotina, que ao regressar retomará a execução do programa no ponto em que a interrompeu. **Programa principal** é o termo usual para designar o programa cuja execução é interrompida temporariamente e depois retomada.

As exceções podem ter duas origens fundamentais:

- Externa ao programa, por ativação em *hardware* de pinos próprios do processador, normalmente ligados a periféricos que querem assinalar algo ao processador. Estas exceções têm o nome específico de **interrupções** e podem ocorrer de forma totalmente **assíncrona** ao programa (a qualquer momento). A grande vantagem das interrupções é que o programa não tem de estar continuamente lendo o estado dos periféricos. Pode ignorar esse estado completamente e fazer outras atividades sem preocupações, pois quando algo relevante acontecer o programa será automaticamente avisado. Por exemplo, quando se pressiona uma tecla de um PC, é gerada uma interrupção, que invoca uma rotina para tratar essa tecla. Se o processador do PC tivesse de estar lendo constantemente o estado do teclado para ver se o usuário pressionou alguma tecla, não faria quase mais nada... A Figura 6.23 ilustra esta situação. A tecla é tratada quando necessário (pode acontecer a qualquer momento), sem que o programa principal tenha de se preocupar com isso ou sequer perceba que isso aconteceu (retoma a execução no ponto em que foi interrompido);

- O próprio programa, quando ocasiona situações que o *hardware* não consegue resolver e que precisam ser tratadas em *software* (divisão por zero, por exemplo). Estas exceções ocorrem apenas durante a execução de instruções específicas, portanto, de forma **síncrona** com o programa, e geralmente são denominadas **armadilhas** (*traps*), no sentido de que as instruções em que ocorrem possuem mecanismos para "pegar" as situações fora do comum.

---

[74]Também se usa a expressão "tratar uma exceção".

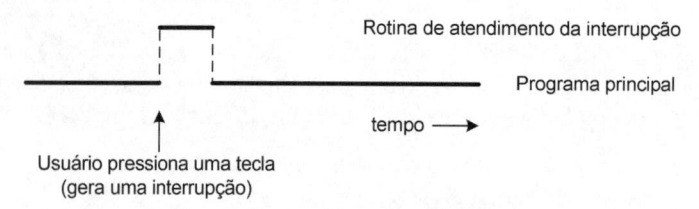

**Fig. 6.23 – Princípio básico das interrupções. O programa prossegue normalmente, sem se preocupar se alguma tecla foi pressionada. O tratamento da tecla é automático**

As exceções, quer interrupções quer armadilhas, constituem uma forma de tratar, em *software*, situações que o *hardware* consegue detectar, mas não resolver. Deste ponto de vista, são uma extensão às capacidades básicas do processador. As interrupções permitem especificar o que o processador deve fazer quando alguém ativa um sinal no mundo exterior e as armadilhas dão ao programa a possibilidade de especificar as ações a serem executadas quando uma determinada instrução encontra uma situação que lhe impede de adotar o seu comportamento normal.

A Tabela 6.11 compara as principais características das exceções e das chamadas normais de rotina. As instruções CALL chamam rotinas indicando qual o endereço em que estas se encontram. As rotinas de exceção (que tratam as exceções) são invocadas diretamente pela unidade de controle do processador, portanto este precisa saber quais os endereços das rotinas que tratam as várias exceções. Cada exceção (interrupção ou armadilha) tem um número único, começando em zero. Quando uma exceção ocorre, o processador:

1. usa esse número de exceção como índice para acessar a **Tabela de Exceções** (que não é mais do que uma enumeração dos endereços das várias rotinas de exceção);

2. obtém o endereço da respectiva rotina;

3. invoca essa rotina (mas de forma mais complexa que um CALL, tal como indicado na Tabela 6.11).

A Tabela de Exceções pode residir em qualquer ponto da memória. O PEPE tem um registrador (BTE — Base da Tabela de Exceções) com o objetivo específico de apontar para esta tabela (contém o endereço da primeira palavra da tabela), registrador

## Tabela 6.11 - Principais características dos mecanismos de exceções e de rotinas normais

| CARACTERÍSTICA | INTERRUPÇÕES | ARMADILHAS | CHAMADA DE ROTINA |
|---|---|---|---|
| Objetivo básico | Reagir a estímulos exteriores sem estar continuamente testando a sua existência | Tratar erros ou situações anormais causados pela execução do programa, sem estar sempre testando se em cada instrução correu tudo bem | Estruturar o código, permitindo invocar o mesmo conjunto de instruções a partir de vários pontos do programa |
| Quem as causa | *Hardware* exterior | Instruções específicas (DIV, por exemplo) | Instrução CALL |
| Quando podem ocorrer | Em qualquer instante | Durante a execução dessas instruções | Durante a execução do CALL |
| Forma de tratá-las | Invocar uma rotina de exceção | | Invocar uma rotina normal |
| Quem invoca a rotina | Processador, de forma automática | | Programador, através do CALL |
| Onde está a rotina? | Endereço está na Tabela de Exceções | | CALL indica o endereço |
| Informação guardada/reposta automaticamente | Contador de Programa (PC) + Registrador de Estado (RE) | | Contador de Programa (PC) |
| Instrução de retorno da rotina | RFE (*Return From Exception*) | | RET (*Return*) |
| Quando são tratadas | Logo que possível, entre instruções | Imediatamente, durante a execução das instruções | Durante a execução do CALL |
| Mascaráveis? | Sim | Algumas | Não |

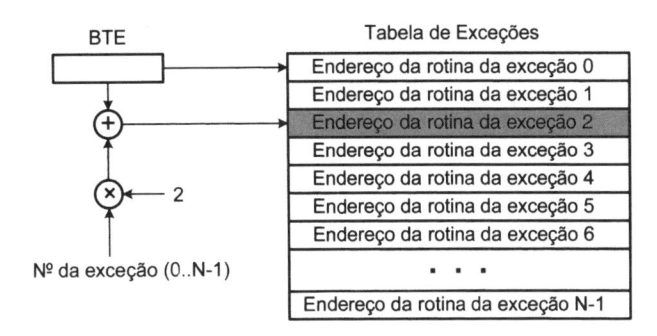

**Fig. 6.24 – Uso do registrador BTE, da Tabela de Exceções e do número da exceção que ocorreu para determinar o endereço da rotina que a atende**

este que, tal como o conteúdo da tabela, tem de ser inicializado pelo usuário. O Programa 6.1 apresenta um exemplo de como fazer estas inicializações. A Figura 4.5 descreve o conjunto de registradores do PEPE.

A Figura 6.24 mostra como acessar a Tabela de Exceções com o número da exceção para obter o endereço da rotina que atende essa exceção. Neste exemplo, ocorreu a exceção número 2. Cada entrada na tabela ocupa 2 bytes, o que obriga a multiplicar o número da exceção por 2 antes de somá-lo à base da tabela, contida no registrador BTE.

As exceções (e, em particular, as interrupções) podem ocorrer quando menos se espera. Para que o programa não se comporte de uma forma ou de outra, conforme o momento em que as exceções ocorram, é fundamental que as rotinas de exceção efetuem o seu processamento e retornem, repondo exatamente todo o contexto (conteúdo dos registradores) que estava em vigor quando foram invocadas. Cabe ao programador das rotinas de exceção guardar e depois repor todos os registradores cujo conteúdo alterar (como aliás deve fazer nas rotinas normais como boa prática de programação, mas no caso das rotinas de exceção é imprescindível).

No entanto, os *bits* de estado (e outros *bits*) do RE (Registrador de Estado) variam de forma tão frequente que o próprio mecanismo de chamada das rotinas de exceção guarda também na pilha o RE, além do PC. Isto quer dizer que estas rotinas não podem terminar com RET (que só repõe o PC). Existe uma instrução específica (RFE) para retorno das rotinas de exceção. Isto quer dizer que não se pode usar uma rotina normal para atender uma exceção nem chamar uma rotina de atendimento de exceção com uma instrução CALL.

Deste ponto de vista, é fundamental que as interrupções nunca sejam atendidas no meio de uma instrução, mas sempre entre duas instruções (senão, também tinha de se guardar o estado interno da instrução). Já as armadilhas têm de ser atendidas assim que o erro acontece, pois o *hardware* (unidade de controle do processador) não sabe o que fazer para prosseguir. Nesta situação, uma forma típica de recuperar é perder o estado interno da execução desta instrução, corrigir (se possível) o que originou o erro e repetir (desde o início) a instrução, tal como acontece no caso das exceções de falta de página, no mecanismo de memória virtual (Subseção 7.6.3).

As interrupções normalmente são **mascaráveis** (é possível o programa dizer ao processador que não quer atender interrupções, mesmo que o *hardware* as peça), mas muitas das armadilhas normalmente não são mascaráveis, pois há erros que não é possível ignorar.

Estes conceitos são detalhados nas seções seguintes.

## 6.2.2 INTERRUPÇÕES

### 6.2.2.1 PINOS DE INTERRUPÇÃO

Tal como indicado na Figura 6.25, o PEPE suporta quatro interrupções, pois tem quatro pinos com esta funcionalidade (INT0, INT1, INT2 e INT3). Nesta figura, os periféricos representam qualquer dispositivo que produza um sinal em 0 ou em 1 (pode ser um sensor, um interruptor, outro computador, etc.).

Qualquer dos periféricos A, B, C ou D na Figura 6.25 pode efetuar um pedido de interrupção de forma independente dos restantes. Podem inclusive fazê-lo todos ao mesmo tempo. O PEPE permite programar a forma como um periférico pode fazer o seu pedido de interrupção, de forma independente para cada um dos pinos, com as quatro hipóteses indicadas na Tabela 6.12.

 É preciso algum cuidado quando se liga um simples interruptor (um botão, por exemplo) a um dos pinos de interrupção, pois, ao contrário de qualquer porta lógica, um interruptor não é um dispositivo que force 0 e 1. Trata-se apenas de um interruptor que liga dois terminais entre si ou os isola galvanicamente, conforme o estado. O problema é que quando se liga os dois terminais

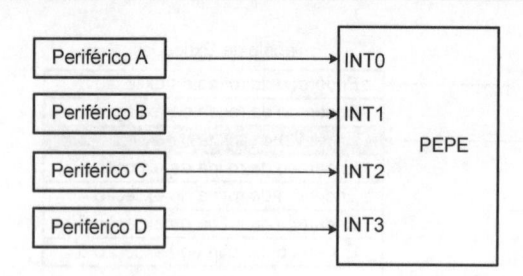

**Fig. 6.25 – Pinos de interrupção do PEPE**

**Tabela 6.12 - Hipóteses para efetuar um pedido de interrupção**

| SENSÍVEL A | | DESCRIÇÃO |
|---|---|---|
| Borda | ascendente (0 → 1) | O pino passou de 0 para 1, transição esta que fica memorizada (mesmo que o pino volte a 0). O registro desta transição é eliminado automaticamente quando a interrupção for atendida (a rotina de interrupção for invocada), após o que só uma nova transição de 0 para 1 pode ativar novamente o pedido da interrupção. |
| | descendente (1 → 0) | *Idem*, mas para borda 1 para 0. |
| Nível | 1 | A interrupção é atendida repetidamente enquanto o pino se encontrar em 1. Este modo não tem memória. Se o pino passar de 0 para 1 e voltar a 0 antes do processador ter tido ter tido oportunidade de atender a interrupção, esta não será atendida |
| | 0 | *Idem*, mas para o valor 0 do pino. |

consegue-se forçar um valor em um pino de interrupção, se o outro terminal do interruptor se ligar a 1 ou a 0, mas quando abre deixa o pino de interrupção "no ar", isto é, ligado a nada. Do ponto de vista elétrico, dada a alta impedância de uma entrada digital, isso potencia o efeito do ruído eletromagnético, e o valor realmente "lido" pelo processador nesse pino é aleatório.

Para resolver o problema, basta colocar uma resistência ligada no nível a que o interruptor não liga, o que garante um valor quando o interruptor está desligado. A Figura 6.26a mostra como normalmente conseguir 1 e 0 quando se pressiona o interruptor, enquanto a Figura 6.26b mostra o caso inverso.

Esta solução não é específica dos pinos de interrupção e é usada sempre que se quer ligar um interruptor a qualquer pino de entrada de um circuito digital (um bit de um periférico de entrada como, por exemplo, no caso da Figura 6.31).

Por default, os pinos de interrupção são sensíveis à borda ascendente. O PEPE permite mudar esta sensibilidade, alterando os *bits* de um registrador auxiliar designado RCN (Registrador de Configuração do Núcleo – ver Tabela A.4), que controla alguns dos recursos internos do núcleo do PEPE. Os 8 bits menos significativos deste registrador controlam a sensibilidade das quatro interrupções, de acordo com a Tabela 6.13.

Não há instruções específicas para manipular os *bits* deste registrador. No entanto, é possível ler e alterar o seu valor por meio de uma simples instrução MOV, portanto a solução é copiar o seu conteúdo para um registrador normal, alterar os *bits* pretendidos e

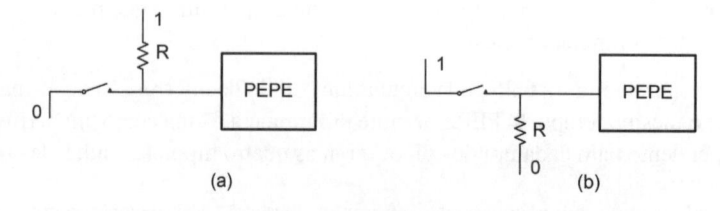

**Fig. 6.26 – Ligação de um interruptor a um dos pinos de interrupção do PEPE. (a) – Resistência de *pull-up*; (b) – Resistência de *pull-down***

**Tabela 6.13 - Formato dos 8 bits menos significativos do RCN**
**(Registrador de Configuração do Núcleo)**

| *Bits* | Sigla | Descrição |
|---|---|---|
| 1 e 0 | NSI0 | Nível de sensibilidade da interrupção 0 (pino INT0)<br>• 00=borda de 0 para 1 (com memória)<br>• 01= borda de 1 para 0 (com memória)<br>• 10=nível 1 (sem memória)<br>• 11=nível 0 (sem memória) |
| 3 e 2 | NSI1 | *Idem*, para o pino de interrupção 1 (INT1) |
| 5 e 4 | NSI2 | *Idem*, para o pino de interrupção 2 (INT2) |
| 7 e 6 | NSI3 | *Idem*, para o pino de interrupção 3 (INT3) |

copiar de novo para o RCN. Por exemplo, para alterar a sensibilidade do pino de interrupção INT1 para o nível 1, pode-se usar o seguinte código:

```
MOV    R1, 0008H      ; máscara com bits 3 e 2 (NSI1) com o valor 10 (nível 1)
MOV    R2, RCN        ; busca o conteúdo do RCN
OR     R2, R1         ; coloca os bits 3 e 2 (NSI1) com o valor 10
MOV    RCN, R2        ; atualiza o RCN
```

A partir deste momento, a sensibilidade do pino de interrupção INT1 fica em nível 1, sem afetar a sensibilidade dos pinos de interrupção restantes.

#### 6.2.2.2 CONTROLE DO ATENDIMENTO DE INTERRUPÇÕES

É possível desligar a sensibilidade do PEPE a cada um dos pinos de interrupção individualmente ou em relação a todos. O RE (Registrador de Estado) tem 5 bits para este fim, tal como ilustrado pela Figura 6.27, que inclui também os *bits* de estado já descritos na Tabela 4.7.

O *bit* IE controla todas as interrupções, enquanto os *bits* IE0 a IE3 controlam cada uma das quatro interrupções, individualmente. Para o PEPE responder a um pedido da interrupção INT$i$ ($i \in [0..3]$), os *bits* IE e IE$i$ terão obrigatoriamente de estar ambos com 1. Assim, é possível ligar ou desligar cada interrupção individualmente ou todas de uma só vez, alterando apenas o *bit* IE.

O PEPE tem instruções para ligar e desligar cada um destes *bits* de controle das interrupções. As instruções EI (*Enable Interrupts*) e DI (*Disable Interrupts*) colocam 1 e 0, respectivamente, no *bit* IE. As instruções para atuar nos outros *bits* têm mnemônicos idênticos, mas acrescidos do respectivo número do pino de interrupção (por exemplo, EI2 e DI2).

Um aspecto extremamente importante é que, como parte do mecanismo de atendimento das interrupções (Subseção 6.2.2.4), o *bit* IE é colocado automaticamente como 0 quando uma interrupção é atendida e reposto como 1 quando a rotina de atendimento da interrupção retorna. O objetivo é garantir ao programador que a própria rotina de atendimento de interrupção não seja interrompida, dando oportunidade a essa rotina de lidar com recursos críticos do programa sem correr o risco de outra interrupção interferir com essa operação.

No entanto, o programador tem a possibilidade de indicar que quer permitir o atendimento de outras interrupções ainda durante a execução da rotina de atendimento da primeira interrupção, desde que execute a instrução EI (que coloca 1 no *bit* IE) em algum ponto dessa rotina. Isto significa que o comportamento básico é o atendimento sequencial das várias interrupções, mas sob controle do programador é possível as rotinas de interrupção se interromperem mutuamente.

Outro aspecto importante é a **prioridade** no atendimento de interrupções quando há várias pedidas (e com os respectivos *bits* com 1 no RE). A ordem pela qual várias interrupções pendentes (pedidas, mas ainda não atendidas) são atendidas tem de estar definida de início, pois a decisão de qual atender é tomada pelo *hardware* do processador. O normal nos processadores é considerar

| 15 | 14 | 13 | 12 | 11 | 10 | 9 | 8 | 7 | 6 | 5 | 4 | 3 | 2 | 1 | 0 |
|---|---|---|---|---|---|---|---|---|---|---|---|---|---|---|---|
| | | | IE3 | IE2 | IE1 | IE0 | IE | | | | | V | C | N | Z |

**Fig. 6.27 – *Bits* de controle das interrupções no RE (Registrador de Estado)**

a interrupção 0 a mais prioritária. No PEPE, a prioridade é decrescente da interrupção INT0, a mais prioritária, até a interrupção INT3, a menos prioritária.

Observe que:

- A decisão de qual interrupção atender primeiro só leva em conta as interrupções cujos *bits* no RE estão ativos (com 1). Por exemplo, se houver pedidos simultâneos para as interrupções INT0 e INT1, com IE0=0 e IE1=1, a interrupção atendida é a INT1, apesar de ser menos prioritária (claro que considerando que IE=1);

- O programa principal é ainda menos prioritário que qualquer interrupção, portanto as suas instruções só são executadas quando não há pedidos de interrupção em condições de serem atendidos.

A prioridade é para ser obedecida e não leva em conta quaisquer critérios de equidade de atendimento. Se a interrupção INT1, por exemplo, for pedida consecutivamente de forma tão frequente que quando a sua rotina de atendimento termina já há novo pedido pendente, apenas as interrupções INT1 e eventuais interrupções INT0 serão executadas. Nem o programa principal será executado, nem sequer os eventuais pedidos de interrupção INT3 e INT2, menos prioritários, serão atendidos.

Alguns processadores usam um esquema de gerenciamento de prioridades que impede uma interrupção de interromper uma rotina de interrupção de maior prioridade que tenha colocado explicitamente 1 no bit IE antes de retornar. Isto faz sentido, mas é mais complexo de implementar. O PEPE toma uma atitude mais simplista, não distinguindo a prioridade da rotina de interrupção que está sendo executada. Desde que os *bits* IE e IE*i* estejam com 1 e surja o pedido da interrupção *i*, esta é atendida. Após colocar 1 no *bit* IE durante a execução de uma rotina de interrupção, a única forma de impedir seletivamente o atendimento de certas interrupções é colocar 0 explicitamente nos respectivos *bits* IE*i*. Quando a rotina de interrupção regressar, todos os *bits* de controle das interrupções serão restaurados ao repor o RE.

### 6.2.2.3 Comportamento das interrupções

A Figura 6.28 ilustra o funcionamento básico das interrupções, analisando o comportamento de um programa em vários cenários possíveis de pedidos de interrupção. O programa é composto por apenas algumas instruções, identificadas com as letras A..Q. Há duas rotinas de interrupção para tratar das interrupções INT0 (instruções X, Y e Z) e INT1 (instruções S e T). Ambas as rotinas terminam com a instrução RFE (*Return From Exception*), simbolizada pela letra **R** (em negrito). Assume-se, por questões de simplicidade, que todas as instruções são executadas sequencialmente (à parte as invocações das rotinas de interrupção).

Os cenários representados na Figura 6.28 são apenas alguns entre muitos possíveis e se destinam a exemplificar alguns dos aspectos principais, podendo-se fazer os seguintes comentários:

- Cenário (a) — Os *bits* IE, IE0 e IE1 até podem estar ativos (com 1), mas sem haver pedidos de interrupção, as rotinas de atendimento das interrupções não são invocadas;

- Cenário (b) — Houve um pedido de interrupção INT1, mas a rotina correspondente não foi invocada. Um dos *bits* IE1 ou IE não estava ativo (têm de estar ambos ativos, com 1);

- Cenário (c) — A interrupção INT1 está programada para ser sensível à borda ascendente do sinal no pino INT1. Esta borda ocorre duas vezes durante a execução do programa, o que faz invocar duas vezes a rotina correspondente. Essas bordas ocorrem durante as instruções E e N. Repare que a interrupção é atendida apenas no fim da execução destas instruções. O processador invoca a rotina de atendimento da interrupção, que, após regressar, permite ao programa continuar a execução no ponto em que tinha sido interrompido. Pode-se observar que nenhuma instrução do programa deixa de ser executada. O tempo total de execução é que aumenta, devido às duas execuções da rotina;

- Cenário (d) — Semelhante ao anterior, mas com a diferença que a interrupção é sensível ao nível 1 e não à borda. Isto quer dizer que, enquanto o pino INT1 estiver com 1, o pedido de interrupção mantém-se, mesmo que ela seja atendida. Isto justifica as 4 invocações da rotina. Observe que não é preciso que o pino esteja ativado durante toda a execução da rotina de atendimento, mas apenas até o atendimento. Uma vez que a rotina comece a ser executada, o pino INT1 pode ser desativado (com o valor 0) que isso não impede a rotina de executar até o fim;

- Cenário (e) — Agora há duas interrupções, ambas sensíveis ao nível 1. A interrupção INT0 só consegue interromper a sequência de invocações da rotina de atendimento de INT1 porque é mais prioritária (qualquer pedido em INT2, por exemplo, teria de esperar que o pino INT1 fosse desativado para finalmente ser atendido).

**NOTA** — Nestes dois últimos cenários nota-se perfeitamente o fato da rotina de atendimento ser executada com o *bit* IE=0, *bit* este colocado automaticamente com 0, pelo mecanismo de invocação da rotina, e reposto com 1, pela instrução RFE. Se não fosse assim, a interrupção INT1 seria atendida de novo ainda antes da rotina começar a ser executada, pois o pino INT1 está sensível ao nível 1 (e o pino INT1 continua com 1). A consequência seria uma invocação da rotina de atendimento de INT1 com recursividade infinita, esgotando a pilha em pouco tempo.

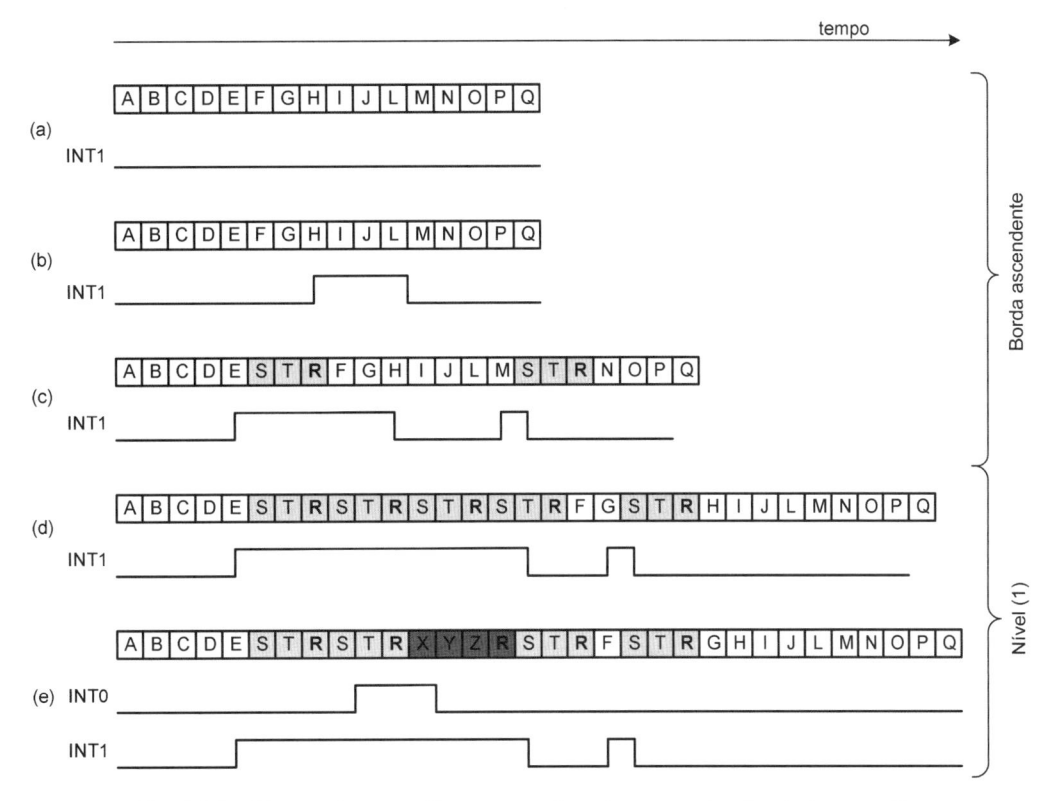

**Fig. 6.28 – Exemplos que ilustram o funcionamento das interrupções**

### 6.2.2.4 MECANISMO BÁSICO DE ATENDIMENTO DE INTERRUPÇÕES

Ao atender uma interrupção, o processador suspende o fluxo normal de instruções, invoca e executa a rotina que trata dessa interrupção e, ao retornar, continua o processamento na instrução seguinte à última executada antes de atender a interrupção. Deste ponto de vista, a invocação de uma rotina de interrupção parece semelhante à invocação das rotinas normais. No entanto, há diferenças fundamentais, que já foram apresentadas na Tabela 6.11.

A Tabela 6.14 apresenta as operações a serem realizadas durante o atendimento de uma interrupção, em três fases entre *hardware* e *software*: invocação, processamento e retorno (embora com algumas simplificações que a Tabela 6.15 detalha e corrige).

No entanto, esta tabela não esclarece qual a relação entre o processamento normal de instruções e o atendimento de interrupções. A Figura 6.29 torna este aspecto mais claro, completando o ciclo normal de processamento (em *hardware*) de uma instrução qualquer (incluindo as da própria rotina de atendimento) com a parte da invocação das rotinas de atendimento.

Todas as instruções (incluindo as das rotinas de atendimento das interrupções) passam pelo ciclo de leitura da memória, decodificação e execução. As instruções são lidas da memória para o RI (Registrador de Instruções, não acessível ao programador e a partir do qual as instruções são decodificadas — ver Subseção 7.2.3). Só no fim da execução de cada instrução (nunca no meio da sua execução) é que o processador testa se há interrupções pedidas e permitidas. A ordem dos testes já sugere a respectiva ordem de prioridades (enquanto houver interrupções INT0 para atender o processador não atende interrupções INT1, por exemplo).

Se não há interrupções para tratar (não há pedidos ou as interrupções não estão permitidas), o processador prossegue diretamente para a próxima instrução. Se houver uma interrupção para processar, o processador guarda o valor do endereço de retorno e do RE na pilha, desativa todas as interrupções (colocando zero no *bit* IE) e acessa a Tabela de Exceções para obter o endereço da rotina a invocar, que coloca no PC.[75]

Em seguida, prossegue com o ciclo normal das instruções. Dado o novo valor do PC, a próxima instrução a ser executada será a primeira da rotina de atendimento da interrupção (e é assim que se faz a invocação desta rotina).

Por outro lado, a Figura 6.29 também mostra o que acontece quando a instrução a ser executada é RFE, no fim da execução de uma rotina de atendimento de interrupção. O RE e o PC são repostos a partir da pilha. O *bit* de controle das interrupções IE volta a

---

[75]Na realidade, a sequência de operações tem de ser ligeiramente diferente, embora seja equivalente do ponto de vista funcional, tal como é indicado pela Tabela 6.15 e pelo texto que a acompanha.

**Tabela 6.14 - Operações a serem realizadas durante o ciclo completo do atendimento de uma interrupção**

| FASE DO ATENDIMENTO | OPERAÇÕES A REALIZAR |
|---|---|
| **FASE 1**<br><br>Invocação da rotina de atendimento (*hardware*) | • Guardar o endereço de retorno (PC) na pilha.<br>• Guardar o registrador RE na pilha.<br>• Colocar zero no *bit* IE, desativando todas as interrupções. Este mecanismo é fundamental para garantir que a rotina de atendimento de uma interrupção possa gerenciar recursos do computador sem o perigo de outra interrupção ser atendida.<br>• Acessar a Tabela de Exceções com o número da interrupção e obter o endereço da rotina de atendimento desta interrupção.<br>• Colocar no PC o endereço da rotina de atendimento da interrupção, cuja primeira instrução vai ser executada em primeiro lugar na fase seguinte. |
| **FASE 2**<br><br>Execução da rotina de atendimento<br>(*software*) | • Guardar na pilha todos os registros a serem usados nesta rotina.<br>• Efetuar operações críticas, sem interferência de outras eventuais interrupções.<br>• Caso seja necessário, avisar o periférico de que o seu pedido de interrupção foi atendido, para que ele retire seu pedido do pino de interrupção (normalmente, isto é feito escrevendo em um registrador de controle do periférico).<br>• Se houver necessidade de permitir outras interrupções ainda durante esta rotina:<br>  – Colocar 1 nos *bits* de controle de interrupções do RE necessários para permitir outras interrupções.<br>  – Efetuar operações não críticas, podendo ser interrompidas por outras interrupções.<br>• Repor os registradores guardados no início da rotina, na ordem inversa. |
| **FASE 3**<br><br>Instrução de retorno de exceção, RFE (*hardware*) | • Repor o registrador RE a partir da pilha com o valor que tinha antes de atender a interrupção (o *bit* IE volta a 1).<br>• Colocar no PC o endereço de retorno, antes guardado na pilha. |

estar como antes do atendimento da interrupção (com 1, necessariamente)[76] e o PC passa a ter o endereço da instrução que deixou de ser executada para ir atender a interrupção.

Um aspecto interessante é que, após a execução de uma instrução RFE e antes de passar à instrução seguinte, o processador testa se há interrupções pedidas, tal como faz após qualquer instrução. Se houver, o processador vai mais uma vez atender uma interrupção, e mais uma vez a instrução que era para ser executada deixa de sê-lo. Foi exatamente isto que aconteceu na Figura 6.28d e na Figura 6.28e. A execução da instrução F foi adiada algumas vezes até não haver mais interrupções para atender.

### 6.2.2.5 PROGRAMAÇÃO COM INTERRUPÇÕES

Esta seção exemplifica a utilização de interrupções com um sistema de controle da intensidade luminosa de uma lâmpada. Trata-se de um **sistema de tempo real**, em que o processador tem de estar constantemente controlando a potência fornecida à lâmpada, com temporizações sincronizadas com a senoide da tensão de alimentação de 220 V e 50 Hz das nossas tomadas de eletricidade. É importante notar que este exemplo funciona apenas com lâmpadas incandescentes, que consistem apenas em um filamento resistivo que fica aquecido, e não com as modernas lâmpadas econômicas, que são mais complexas e funcionam segundo outros princípios.

Designam-se **sistemas de tempo real** todos aqueles em que há temporizações certas a cumprir, não bastando executar logo que possível. A tensão elétrica na Europa tem uma frequência de 50 Hz, o que quer dizer que repete o ciclo em cada 20 milissegundos. O controle da intensidade luminosa tem de ser feito em cada meia senoide, ou a cada 10 milissegundos. Se houver 100 níveis diferentes de intensidade luminosa, por exemplo, o processador tem de tomar decisões em cada 0,1 milissegundo, ou 100 microssegundos, ou 10.000 vezes por segundo. São temporizações bastante rápidas que têm de ser precisas (têm de estar sincronizadas com os 50 Hz). As interrupções são a melhor forma de conseguir este controle de tempo real.

A Figura 6.30 ilustra o princípio básico de funcionamento do controle digital da lâmpada. A tensão de 220 V é alternada, senoidal e com uma frequência de 50 Hz. Do ponto de vista da lâmpada, a polaridade da tensão (positiva ou negativa) é irrelevante. Por isso, o controle tem de ser feito em cada meia senoide, ou a cada 10 milissegundos.

---

[76]Porque a instrução RFE repõe o RE tal como ele estava imediatamente antes do atendimento da interrupção e, obviamente, o *bit* IE tinha de estar com 1. Se estivesse com 0, a interrupção não tinha sido atendida.

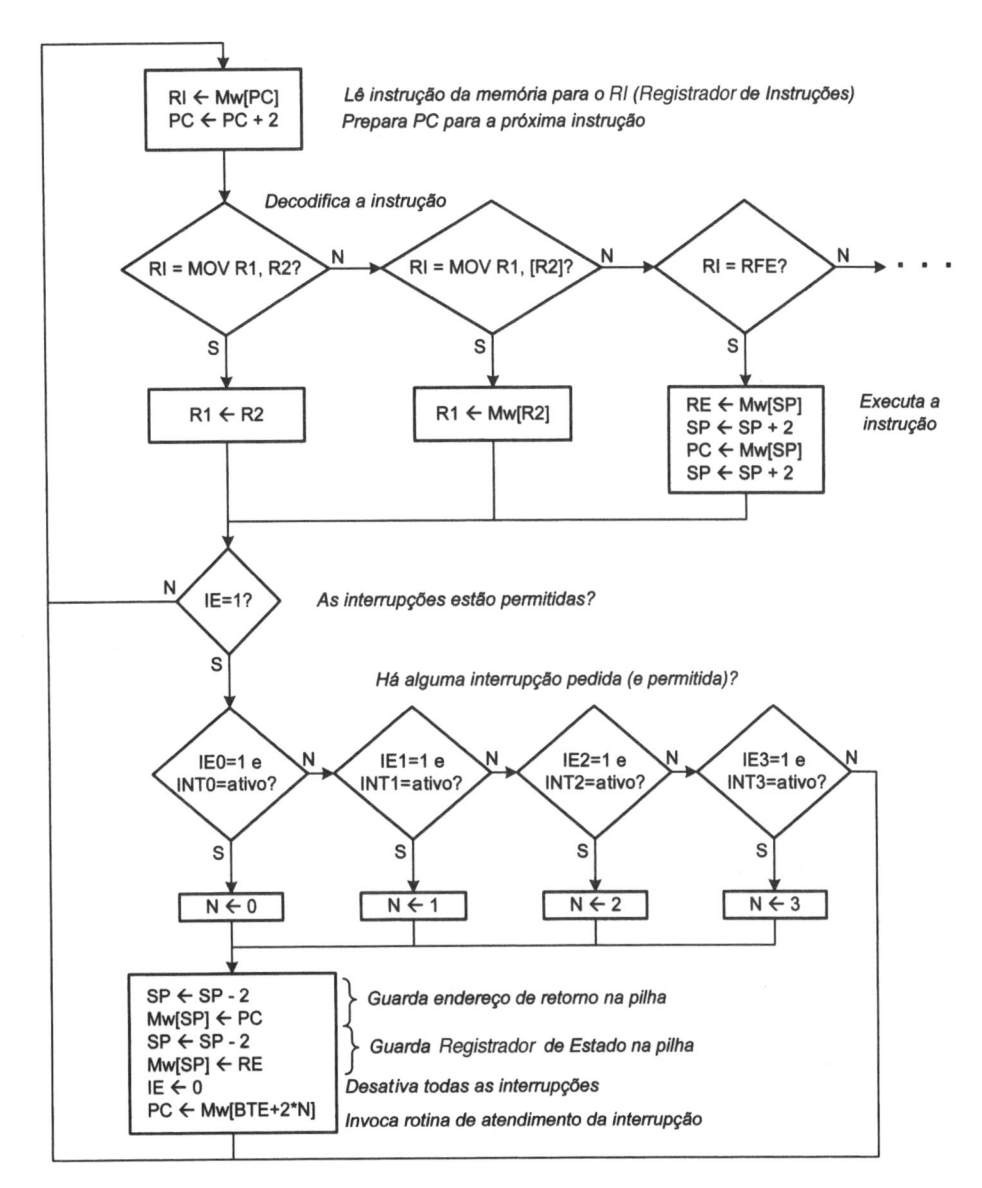

**Fig. 6.29 – Ciclo de processamento das instruções, incluindo detecção e tratamento das interrupções. Observe a execução da instrução RFE**

A lâmpada liga aos 220 V por meio de um *triac*, um interruptor eletrônico que tem as seguintes particularidades:

- O *triac* é ligado com um impulso na sua porta (terminal de controle). Basta um impulso. Depois do *triac* estar ligado, o sinal da porta pode ser retirado que o *triac* continua ligado;

- A única forma de desligar o *triac* é deixar a corrente através dele reduzir-se a zero. Isto acontece sempre que a senoide da tensão passa por zero. Depois, mesmo que a tensão volte a subir, o *triac* só volta a ser ligado com novo impulso na porta;

- O *triac* funciona de igual modo quer na metade positiva quer na metade negativa do período da tensão.

O *triac* está sempre ligando e desligando a lâmpada (100 vezes por segundo). Em cada meia senoide da tensão, o *triac* é ligado em algum ponto (que pode variar) e é desligado sempre que a senoide passa por zero.

O ponto onde o *triac* é ligado determina a quantidade de energia fornecida à lâmpada durante essa meia senoide. Se for logo no início, a lâmpada está na intensidade máxima. Se for quase no fim, a lâmpada acende durante tão pouco tempo que nem se nota que está acesa. Caso se varie o ponto em que o *triac* é ligado (em relação ao início de cada meia senoide), consegue-se variar a potência média fornecida à lâmpada e, portanto, o seu nível de intensidade luminosa.

Com a persistência do filamento da lâmpada, nem se nota que a lâmpada está sempre sendo ligada e desligada. No caso da Figura 6.30, a lâmpada é ligada aproximadamente a ¾ da meia senoide, em função do que se poderá esperar que a lâmpada esteja na ordem de ¾ da intensidade luminosa.

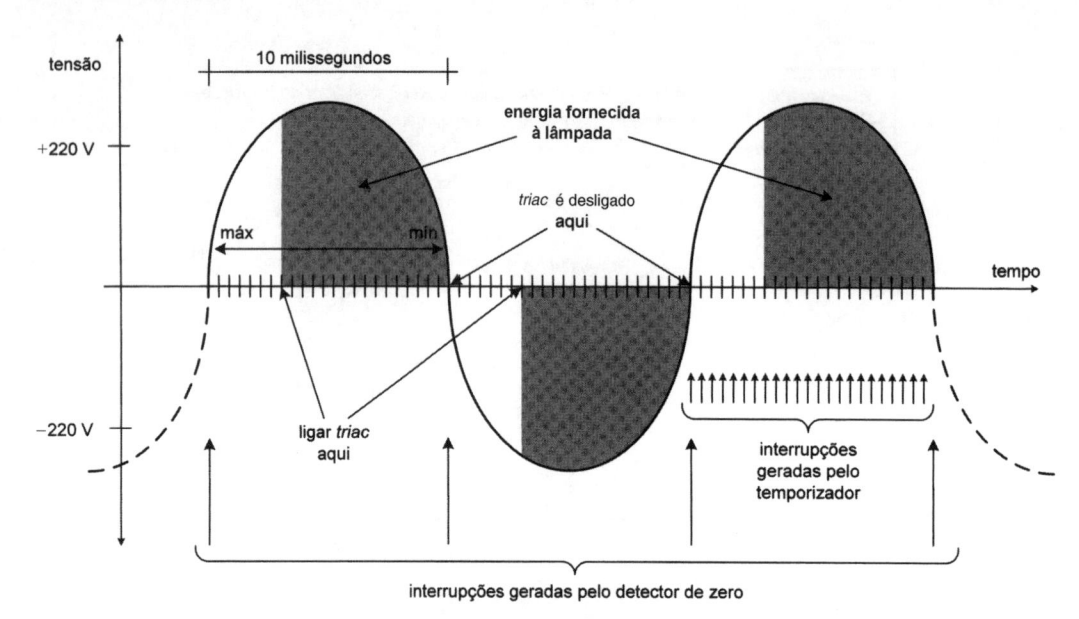

**Fig. 6.30 – Controle da intensidade luminosa de uma lâmpada incandescente com uso de interrupções. O *triac* é um interruptor eletrônico que permite ligar e desligar a lâmpada**

> **NOTA** A tensão de 220 V é *eficaz*, isto é, equivalente a uma tensão contínua de 220 V (um valor médio). A senoide não se mantém constante e, para ter um valor eficaz de 220 V, varia (em módulo) entre o valor mínimo de zero e um valor máximo de 220 × 1,41 = 310 V.

O fato da tensão não ser contínua, mas sim senoidal, tem apenas como impacto a não linearidade da intensidade luminosa com a percentagem de tempo que a lâmpada está ligada. Varia mais rapidamente nos extremos da senoide, mas também depende da nossa percepção de variação da luminosidade, mais precisa em valores baixos.

A Figura 6.31 mostra como controlar o ponto em que o *triac* é ligado:

- O detector de zero é um circuito que gera um impulso sempre que a senoide passa por zero e se liga ao pino INT0 do processador. Isto quer dizer que o processador recebe 100 pedidos de interrupção INT0 por segundo, o que lhe permite se sincronizar com os pontos de passagem por zero da senoide;

- O temporizador é um circuito que gera N impulsos durante os 10 milissegundos de cada meia senoide e se liga ao pino INT1 do processador. Isto significa que o processador recebe 100 × N pedidos de interrupção INT1 por segundo;

- Para saber em que ponto da meia senoide se deve ligar o *triac*, o processador conta P pedidos de interrupção INT1 (0 < P < N) desde a última interrupção INT0 (isto é, desde a última passagem por zero). P=1 corresponde à intensidade máxima,

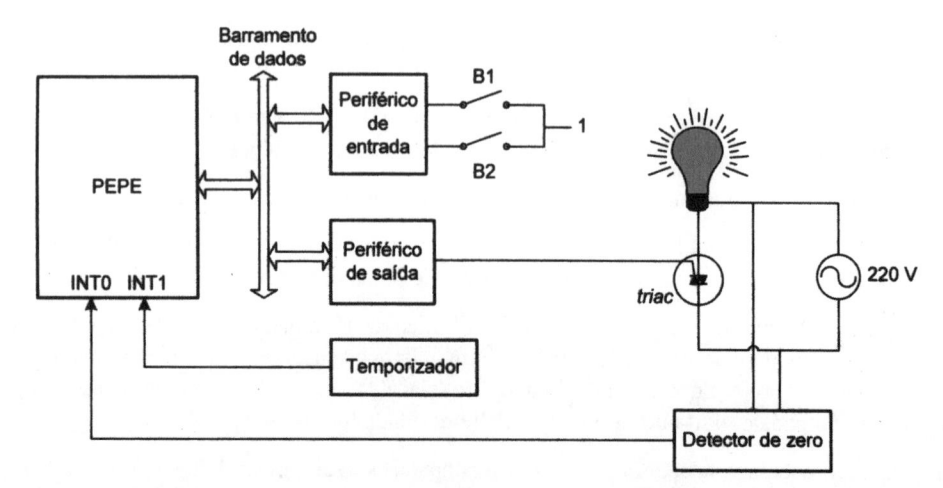

**Fig. 6.31 – Circuito de controle da intensidade luminosa de uma lâmpada usando um *triac* comandado por um microprocessador. Por simplicidade, a memória foi omitida**

P=N à intensidade mínima (apagada). Em outras palavras, o valor de N corresponde ao número de níveis diferentes de intensidade luminosa;

- Há dois botões que permitem ao usuário mudar o valor de P e, consequentemente, o valor da intensidade luminosa. Cada clique no botão B1 aumenta o valor de P de uma unidade, enquanto B2 faz diminuir este valor. Estes botões têm de ser montados como na Figura 6.26b;

- Os periféricos P1 (saída) e P2 (entrada) permitem ao processador comandar a porta do *triac* e ler o estado dos botões B1 e B2.

O Programa 6.1 mostra como se pode implementar a funcionalidade pretendida, sendo constituído por três partes fundamentais:

- Um programa principal que tem como única incumbência alterar o valor de P (correspondente ao ponto em que se deve ligar o *triac*), estando continuamente lendo os botões B1 e B2. As interrupções se encarregam de ir ligando o *triac* no momento certo. Antes de entrar no ciclo de leitura dos botões, o programa principal tem de efetuar as inicializações necessárias, particularmente do registrador BTE e da sensibilidade das interrupções (neste caso não, pois são usadas as definições *default*). A tabela de interrupções é construída de forma estática, com diretivas WORD, mas também poderia ser construída com instruções MOV;

- Uma rotina de atendimento da interrupção INT0 (passagem por zero) que coloca zero no contador do número de interrupções INT1 até ligar o *triac*;

- Uma rotina de atendimento da interrupção INT1 que incrementa este contador e liga o *triac* se o seu valor for maior ou igual a P.

```
N         EQU    10          ; número de níveis de intensidade luminosa
triac     EQU    8000H       ; endereço do periférico de saída onde o triac está conectado
                             ; (no bit 0. Ligado = 1)
botões    EQU    0A000H      ; endereço do periférico de entrada onde os botões estão
                             ; conectados (B1 - bit 1, B2 - bit 0). Se o botão
                             ; estiver pressionado, o bit correspondente vem com 1
pilha     EQU    2000H       ; valor inicial do SP
PLACE     1000H              ; localiza Tabela de Exceções
base:     word   Rot_int0    ; endereço da rotina de atendimento da interrupção 0
          word   Rot_int1    ; endereço da rotina de atendimento da interrupção 1

PLACE     0000H              ; localiza bloco de instruções
; inicializações
início:   MOV    SP, pilha   ; inicializa SP
          MOV    BTE, base   ; inicializa ponteiro para a Tabela de Exceções
          MOV    R8, triac   ; endereço do periférico de saída onde está conectado o triac
          MOV    R7, botões  ; endereço do periférico de entrada onde
                             ; os botões estão conectados
          MOV    R3, N       ; valor que indica ao fim de quantas interrupções
                             ; INT1 se deve ligar a lâmpada (P, no texto)
          MOV    R2, 0       ; contador de interrupções INT1
          EI0                ; permite interrupções INT0
          EI1                ; permite interrupções INT1
          EI                 ; a partir de agora pode haver interrupções
; loop do programa principal
lêBotões:
          MOVB   R0, [R7]    ; lê estado do periférico dos botões
          BIT    R0, 1       ; verifica se o botão B1 foi pressionado
          JNZ    B1          ; se sim, vai tratar deste caso
          BIT    R0, 0       ; verifica se o botão B2 foi pressionado
          JZ     lêBotões    ; se não, continua à espera de qualquer botão
B2:       CMP    R3, 1       ; P <= 1?
          JLE    B2a         ; se sim, não pode decrementar mais
          SUB    R3, 1       ; decrementa valor de P
B2a:      MOVB   R0, [R7]    ; lê estado do periférico dos botões
          BIT    R0, 0       ; verifica se o botão B2 continua pressionado
          JNZ    B2a         ; se sim, espera que o botão B2 seja liberado
          JMP    lêBotões    ; B2 tratado, volta a testar os dois botões
B1:       MOV    R1, N
          CMP    R3, R1      ; P >= N ?
```

```
          JGE     B1a             ; se sim, não pode incrementar mais
          ADD     R3, 1           ; incrementa valor de P
 B1a:     MOVB    R0, [R7]        ; lê estado do periférico dos botões
          BIT     R0, 1           ; verifica se o botão B1 continua pressionado
          JNZ     B1a             ; se sim, espera que o botão B1 seja liberado
          JMP     lêBotões        ; B1 tratado, volta a testar os dois botões
;*************************************************************************
; Rot_int0 - Rotina de atendimento da interrupção INT0.
;            Invocada sempre que a senoide da tensão pa  ssa por zero.
;            Coloca zero no contador de interrupções INT1 (no registrador R2).
;*************************************************************************
Rot_int0:
          MOV     R2, 0           ; coloca zero no contador de interrupções INT1
          RFE                     ; retorna da rotina de interrupção
;*************************************************************************
; Rot_int1 - Rotina de atendimento da interrupção INT1.
;            Invocada N vezes em cada meia senoide da tensão.
;            Conta o número de interrupções INT1 (no registrador R2). Se chegar ao
;            valor P (indicado por R3), liga o triac.
;*************************************************************************
Rot_int1:
          ADD     R2, 1           ; incrementa o contador de interrupções INT1
          CMP     R2, R3          ; já chegou ao valor P?
          JLT     acaba           ; se ainda não, não há mais nada a fazer agora
          PUSH    R0              ; tem de guardar o valor do R0
          MOV     R0, 1
          MOVB    [R8], R0        ; liga o triac
          MOV     R0, 0
          MOVB    [R8], R0        ; termina impulso para o triac
          POP     R0              ; repõe o valor de R0
 acaba:   RFE                     ; retorna da rotina de interrupção
```

**Programa 6.1 - Programa que implementa o controle da intensidade luminosa da lâmpada**

Notas sobre este programa:

- O valor de N para um circuito real e para permitir variações suaves de intensidade luminosa deveria ser na ordem de 100. Neste programa, considerou-se apenas 10 por causa da Simulação 6.5, pois o simulador não consegue tratar tantas interrupções por segundo. Mas como N é definido em um EQU é fácil mudar o seu valor;

- A Tabela de Exceções é construída simplesmente com diretivas WORD, especificando os endereços das várias rotinas de atendimento de interrupção. Observe que neste exemplo são definidas apenas as entradas da tabela referentes às interrupções INT0 e INT1. Caso se permitissem interrupções INT2, por exemplo, sem declarar a rotina correspondente na tabela, e se gerassem interrupções INT2 (ligando algum sinal ao pino INT2), o processador acessaria a posição 2 da tabela e usaria o valor que obtivesse como endereço da rotina invocada. O mais provável seria o programa se atrapalhar completamente;

- É obrigatório inicializar o registrador BTE (base da Tabela de Exceções) com o endereço da primeira palavra da tabela;

- As interrupções também não funcionam sem serem explicitamente permitidas. Tem-se de permitir cada uma das interrupções individualmente e depois permitir globalmente (com a instrução EI). Estas permissões devem ser feitas apenas após as inicializações, para garantir que as interrupções só comecem a ser atendidas após estar tudo preparado;

- As rotinas de interrupção não devem ser chamadas por CALL e devem terminar obrigatoriamente por RFE em vez de RET;

- Uma rotina de interrupção nunca deve alterar qualquer registrador, pois nunca se sabe em que ponto pode ocorrer uma interrupção. Excetua-se o RE, pois este é guardado automaticamente na invocação da rotina de interrupção. Todos os outros usados têm de ser guardados e repostos, tal como R0 na rotina Rot_int1. Observe que basta guardar apenas quando necessário, tal como ilustrado nesta rotina. Observe ainda que R2 é alterado nestas rotinas de interrupção, mas obviamente não é preciso guardá-lo! Trata-se de uma variável global, e as rotinas de interrupção devem mesmo alterar o seu valor.

## SIMULAÇÃO 6.5 – FUNCIONAMENTO BÁSICO DAS INTERRUPÇÕES

Esta simulação ilustra o funcionamento básico das interrupções, com dois exemplos:

- Exemplo acadêmico, apenas com as inicializações básicas, geração manual das interrupções (com botões ligados aos pinos de interrupção) e um loop infinito como programa principal. Com execução passo a passo e pontos de parada, este exemplo permite verificar manualmente e no ritmo do usuário o que acontece quando surgem as interrupções;

■ Exemplo do Programa 6.1, como aplicação completa de tempo real. Na prática, a frequência de trabalho da lâmpada é apenas de 1 Hz, para limitar o número de interrupções por segundo e não exceder a capacidade de cálculo do simulador. Mas o princípio é o mesmo e as conclusões a serem extraídas também.

### 6.2.2.6 CONTROLADOR DE INTERRUPÇÕES

Alguns processadores incluem um pino de interrupção cujo funcionamento é mais complexo do que o descrito até aqui para os pinos de interrupção do PEPE, permitindo suportar vários pedidos de interrupção em um só pino, com uso de um controlador de interrupções externo (PIC — *Programmable Interrupt Controller*, ou Controlador de Interrupções Programável). Nestes casos, o processador tem também outro pino (de saída), com o nome típico de INTA — *Interrupt Acknowledge*, ou Reconhecimento de Interrupção, para indicar ao controlador que está atendendo um dos seus pedidos de interrupção. O controlador tem de indicar qual a interrupção (na tabela, ou vetor, de interrupções) a ser atendida, razão pela qual este tipo de pino de interrupções recebe geralmente a designação de **interrupção vetorizada**, enquanto que as interrupções descritas nas seções anteriores são conhecidas por **interrupções simples**.

Um PIC consegue lidar tipicamente com oito interrupções, e alguns sistemas permitem ligar vários PICs entre si de modo a suportar mais. A programabilidade do PIC tem a ver com a permissão ou inibição de cada uma das oito interrupções, modo de sensibilidade dos pinos de interrupção, prioridades relativas, número das interrupções geradas, etc.

A Figura 6.32 mostra o esquema de ligação do PIC aos periféricos e a um processador e permite descrever o seu funcionamento. Neste exemplo, o processador suporta três interrupções simples e uma vetorizada.

O processador utiliza o PIC em duas perspectivas:

■ Periférico com algumas portas, com todos os sinais correspondentes: RD, WR, sinal de seleção (CS), barramento de dados e alguns *bits* do barramento de endereços (os necessários para suportar as portas). Cada porta corresponde a um registrador interno, com as seguintes funcionalidades típicas:

— *Bits* de permissão/inibição de cada linha de interrupção (porta de escrita);

— Configuração da sensibilidade de cada linha de interrupção: borda, nível, etc. (porta de escrita);

— Número base da interrupção int0 na Tabela de Exceções (porta de escrita). Os números das interrupções restantes são obtidos somando-se 0 a 7 (conforme a interrupção) a esse número base;

— Estado das linhas de interrupção, indicando quais os pedidos de interrupção pendentes (porta de leitura);

— Definição das prioridades (porta de escrita).

■ Fonte de interrupções, no pino INT3, cujo funcionamento básico é tipicamente o seguinte (poderá ter variantes de processador para processador):

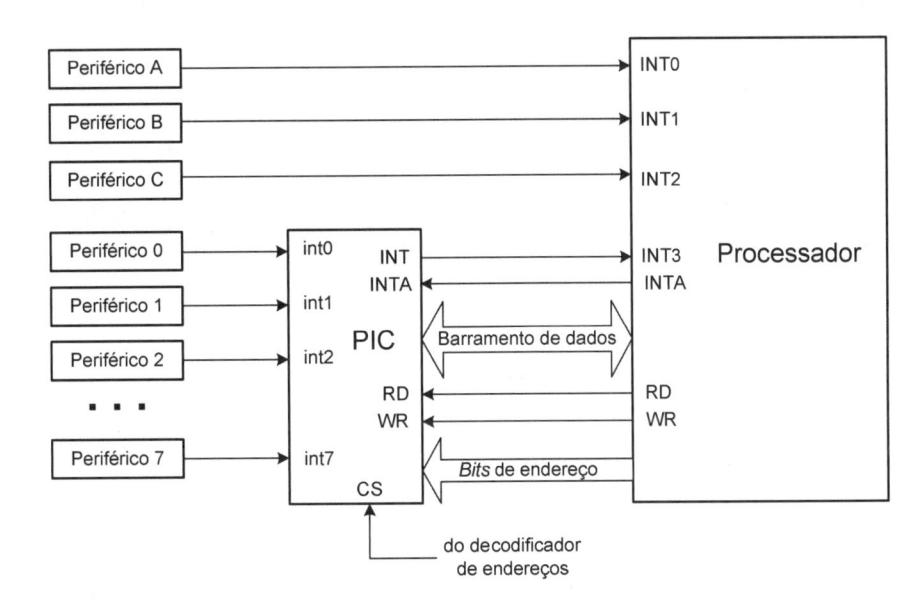

**Fig. 6.32 – Controlador de interrupções programável (PIC) e coexistência entre pinos de interrupção simples e vetorizados**

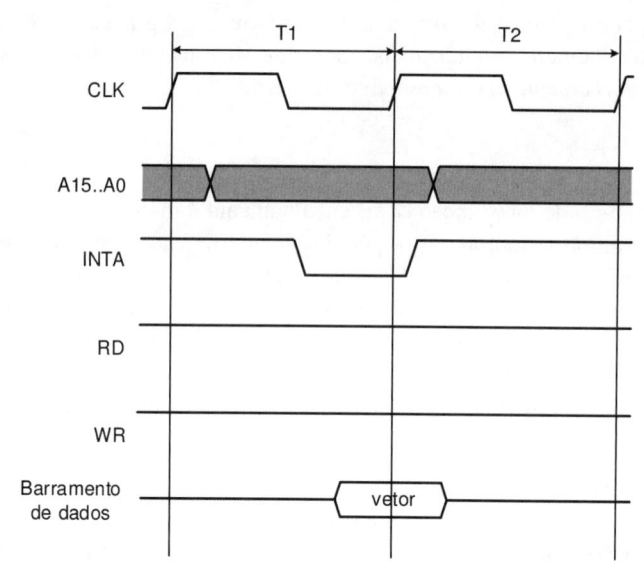

**Fig. 6.33 – Ciclo de leitura do vetor do controlador de interrupções programável (PIC)**

– O processador programa o PIC acessando-o como periférico, escrevendo nos seus registradores internos, especificando em quais dos seus pinos aceita pedidos de interrupção, qual a sua sensibilidade, número base das interrupções, etc.;

– O PIC recebe pedidos de interrupção nos seus pinos e ativa o pino `INT3` para assinalar ao processador que há pelo menos um pedido pendente;

– Quando o processador puder atender esse pedido de interrupção `INT3`, faz um ciclo de leitura do espaço de endereçamento da memória, mas ativando o pino `INTA` em vez do pino `RD` (Figura 6.33);

– Reagindo à ativação do `INTA`, o PIC coloca no seu barramento de dados um *byte* (denominado **vetor**) com o número de interrupção a ser gerado (correspondente ao periférico mais prioritário e cujo pedido de interrupção deve ser atendido em primeiro lugar). O valor do barramento de endereços neste acesso é irrelevante. Dado que `RD` não foi ativado, nem a memória nem os periféricos são selecionados (isto significa que só pode haver um controlador de interrupções principal no sistema, embora normalmente possam ser ligados em cascata, com a saída de um ligado no pino de interrupção de outro);

– Na borda ascendente de `INTA`, o processador lê esse *byte*, multiplica-o por 2 (se for um processador de 16 bits com endereçamento de *byte*, como o PEPE) e soma-o com o endereço de base da Tabela de Exceções (`BTE`, se fosse o PEPE), obtendo o endereço da palavra, nesta tabela, que contém o endereço da rotina de atendimento da interrupção (Figura 6.24). Após guardar o endereço de retorno e o RE, o processador coloca esse endereço no PC e vai processar a instrução seguinte, como em qualquer interrupção simples (Figura 6.29).

Observe que o compartilhamento de um só pino de interrupção simples de um processador por vários periféricos (fontes de interrupção, de uma forma mais genérica) é perfeitamente possível com *hardware* extra (OR de todos os pedidos, por exemplo) e algumas instruções (que leiam os pedidos individuais das várias fontes de interrupção, por exemplo) que decidam qual a interrupção concreta que deve ser atendida. O mecanismo descrito nesta seção destina-se apenas a implementar de forma mais eficiente este compartilhamento em *hardware*. Dada esta alternativa e uma vez que precisa ser simples, o PEPE não suporta interrupções vetorizadas (quatro interrupções simples são suficientes para a grande maioria das aplicações didáticas).

### 6.2.3 OUTRAS EXCEÇÕES

#### 6.2.3.1 INVOCAÇÃO EXPLÍCITA E RETORNO DE UMA EXCEÇÃO

Normalmente, os processadores permitem ao programador de linguagem *assembly* invocar explicitamente uma rotina de atendimento de uma determinada exceção, de todas as definidas na Tabela de Exceções, incluindo as interrupções externas. O PEPE tem uma instrução `SWE` (*Software Exception*) para este fim:

```
SWE      número-exceção
```

em que *número-exceção* pode variar entre 0 e 255, permitindo invocar explicitamente até 256 exceções diferentes. Este número é multiplicado por 2 e depois usado para acessar a Tabela de Exceções e obter o endereço da rotina de exceção a ser invocada. Naturalmente, esta tabela terá de ser inicializada com os endereços corretos antes de se poder usar esta instrução.

Esta instrução desempenha um papel semelhante ao da instrução CALL para as rotinas normais, mas com algumas diferenças fundamentais:

- Além de guardar o endereço de retorno também guarda o RE;

- O endereço da rotina a ser invocada é indicado pela Tabela de Exceções e não pela própria instrução;

- Só pode ser usada para invocar rotinas de exceção (terminadas com RFE).

Observe que esta instrução pode ser usada para invocar qualquer exceção, incluindo as interrupções. Basta indicar o número da exceção desejada. A sua utilidade revela-se sobretudo em dois campos:

- Teste e depuração do programa. Para acionar as interrupções ou qualquer outra exceção, pode-se fazer uma rotina de teste que invoque explicitamente essa exceção com a instrução SWE. Assim, é possível testar se a rotina de atendimento dessa exceção funciona bem, sem necessidade de ter a causa real que normalmente gera essa exceção (isto pode ser particularmente útil com interrupções, pois como são assíncronas nem sempre é fácil gerar as interrupções de forma sistemática e controlada). Observe que SWE invoca uma rotina de atendimento de uma interrupção mesmo com as interrupções inibidas pelos *bits* IE do RE;

- Chamadas a rotinas do sistema operacional ou de uma biblioteca de funções de apoio ao programa. A grande vantagem em relação a um simples CALL é que o programa não tem de especificar o endereço real onde a rotina se encontra, mas apenas o seu número na Tabela de Exceções. Por um lado, isto permite alterar e recompilar o sistema operacional ou a biblioteca de funções sem alterar o programa do usuário. Por outro lado, constitui um mecanismo de proteção contra um eventual mau comportamento do programa que invoca essas rotinas (por erro ou por malícia — caso dos vírus, por exemplo), algo muito importante em qualquer computador e que é descrito na Subseção 7.7.5.

A Tabela 6.15 mostra as operações elementares envolvidas na execução das instruções SWE e RFE (a Tabela 6.14 e a Figura 6.29 têm apenas uma versão simplificada). A invocação automática (por *hardware*) de uma rotina de atendimento, no caso de ocorrer uma exceção, faz disparar as mesmas operações que a instrução SWE.

Notas importantes:

- Na instrução SWE, o PC (endereço de retorno) é o primeiro registrador a ser guardado na pilha. No entanto, o mecanismo de proteção do PEPE (assunto tratado na Subseção 7.7.5) obriga que antes seja colocado 0 no bit NP do RE, tal como nos *bits* IE (para impedir novas interrupções) e DE (para impedir operações de DMA, descritas na Subseção 6.4.2.3). Para que depois também se possa guardar na pilha o valor que o RE tinha imediatamente antes do atendimento da interrupção, este é guardado temporariamente no registrador TEMP. A mesma razão está por detrás da recuperação do valor do RE (na instrução RFE) para o registrador TEMP primeiro e só depois para o registrador RE;

- As instruções que fazem vários acessos à memória são problemáticas quando o mecanismo de memória virtual está ligado (Seção 7.6), pois poderá ocorrer uma exceção, se um dos acessos falhar, e deixar o SP meio alterado e, portanto, inconsistente. Por este motivo, o SP só é alterado no fim da instrução. Se algum acesso à memória falhar, a execução da instrução pode ser abortada, sem ter de desfazer alterações já feitas, e mais tarde recomeçada, sem ter de recuperar de um estado intermediário.

**Tabela 6.15 - Operações elementares envolvidas em uma instrução SWE (*Software Exception*)**

| SINTAXE *ASSEMBLY* | OPERAÇÕES (RTL) |
|---|---|
| SWE *número-exceção* | TEMP ← RE<br>RE (NP, IE, DE) ← 0<br>Mw[SP-2] ← PC<br>Mw[SP-4] ← TEMP<br>PC ← Mw[BTE+2\**número-exceção*]<br>SP ← SP − 4 |
| RFE | TEMP ← Mw[SP]<br>PC ← Mw[SP+2]<br>SP ← SP + 4<br>RE ← TEMP |

## Tabela 6.16 - Algumas das exceções predefinidas (em *hardware*) no PEPE

| Nº | Nome | Causa | Ocorre em | Masca-rável | Atendimento |
|----|------|-------|-----------|-------------|-------------|
| -- | SWE | Execução desta instrução | Instrução | --- | Imediato |
| 0 | INT0 | Ativação externa do pino INT0 | Qualquer momento | Sim | Após instrução em que ocorre |
| 1 | INT1 | Ativação externa do pino INT1 | Qualquer momento | Sim | Após instrução em que ocorre |
| 2 | INT2 | Ativação externa do pino INT2 | Qualquer momento | Sim | Após instrução em que ocorre |
| 3 | INT3 | Ativação externa do pino INT3 | Qualquer momento | Sim | Após instrução em que ocorre |
| 4 | ESTOURO | Estouro em operação aritmética | Instrução | Sim | Imediato |
| 5 | DIV0 | Divisão (DIV) por zero | Instrução | Sim | Imediato |
| 6 | COD_INV | Código de operação inválido | Decodificação | Não | Imediato |
| 7 | D_DESALINHADO | Acesso em 16 *bits* à memória (MOV) com endereço ímpar | Instrução | Não | Imediato |
| 8 | I_DESALINHADO | Busca de instrução com PC ímpar | Busca de instrução | Não | Imediato |

### 6.2.3.2 Exceções predefinidas

Há várias situações anormais em que o *hardware* do PEPE não sabe o que fazer e invoca uma exceção para permitir ao programador especificar o que fazer nesses casos. A Tabela 6.16 descreve algumas dessas exceções. Há mais, mas serão descritas apenas nas Seções 7.6.7 e 7.7.5. A Tabela A.8 contém o conjunto completo. A exceção SWE não tem número porque pode gerar qualquer uma das exceções.

A exceção de ESTOURO é gerada quando o resultado de uma operação aritmética não consegue ser representado corretamente em 16 bits devido a seu tamanho excessivo. A exceção DIV0 ocorre apenas na instrução DIV quando o dividendo é 0. Estas exceções podem ser inibidas, para permitir que estes erros possam ocorrer, mas ser ignorados (o que acontece em algumas linguagens de alto nível como, por exemplo, C). Para isso, são usados dois *bits* no RE, que têm de estar com 1 para permitir a respectiva exceção: TV para ESTOURO e TD para DIV0. A Figura 6.34 mostra a posição destes *bits* no RE. Logo após uma inicialização do PEPE (*reset*), estes *bits* encontram-se com 0 e devem ser colocados explicitamente com 1 para permitir estas exceções.

A exceção COD_INV ocorre sempre que o PEPE tenta decodificar uma instrução que não tem um código de operação válido (há codificações livres, não usadas por nenhuma instrução). Isto constitui um excelente mecanismo para estender o conjunto de instruções do PEPE, em *software*. É apenas uma questão do compilador ou *assembler* gerar as instruções extras, com códigos de operação não usados, e da rotina de atendimento desta exceção ler a instrução que provocou a exceção (usando o valor do PC guardado na pilha), testar o código de operação usado e proceder de acordo com a funcionalidade pretendida.

A exceção D_DESALINHADO é gerada sempre que uma instrução MOV de acesso à memória, em escrita ou em leitura, especificar um endereço ímpar. O PEPE suporta acessos de 16 bits alinhados, apenas com endereço par (Subseção 6.1.5.3). A exceção I_DESALINHADO é semelhante, mas ocorre durante uma busca de instrução da memória, em que o processador usa o PC como endereço, caso este tenha um valor ímpar. Os acessos de busca de instrução são em palavras (16 bits), portanto têm de ser alinhados.

Ao contrário das anteriores, as exceções COD_INV, D_DESALINHADO e I_DESALINHADO não podem ser mascaradas (estão sempre permitidas). Se ocorrerem, a rotina de exceção é invocada. Isto significa que a inicialização do processador deve preencher corretamente a Tabela de Exceções tão cedo quanto possível, antes que qualquer destas exceções ocorra.

Na Tabela 6.16, pode-se verificar que as interrupções esperam que a instrução em execução acabe para que sejam atendidas, ao contrário das exceções restantes, ocorridas durante a execução de uma instrução, que abortam a execução dessa instrução e são atendidas imediatamente.

| 15 | 14 | 13 | 12 | 11 | 10 | 9 | 8 | 7 | 6 | 5 | 4 | 3 | 2 | 1 | 0 |
|---|---|---|---|---|---|---|---|---|---|---|---|---|---|---|---|
| | | | IE3 | IE2 | IE1 | IE0 | IE | TD | TV | | | V | C | N | Z |

**Fig. 6.34 – Registrador de Estado (RE) incluindo os *bits* TD e TV, que controlam as exceções DIV0 e ESTOURO, respectivamente**

---

### ESSENCIAL

- As exceções são eventos que ocorrem excepcionalmente, portanto os programas não testam explicitamente a sua ocorrência. O processador invoca automaticamente uma rotina para cada uma das exceções possíveis, sempre que ela ocorre;

- As exceções podem ser causadas pelo próprio programa (erro em uma instrução) ou por periféricos exteriores ao processador (ativando pinos deste). Estas últimas são conhecidas por interrupções;

- A Tabela de Exceções é uma tabela com os endereços das rotinas a serem invocadas, uma para cada exceção. Quando uma exceção ocorre, o processador usa o seu número para acessar a tabela e obter o endereço da rotina a ser invocada;

- Nesta invocação é guardado automaticamente na pilha, não apenas o endereço de retorno, mas também o RE (Registrador de Estado). Todos os registradores restantes que a rotina altere devem ser antes guardados na pilha e restaurados antes da rotina regressar, pois nunca se sabe quando uma exceção vai ocorrer;

- As interrupções podem ser mascaradas (inibidas) por meio de *bits* adequados no RE. Para aumentar o grau de controle do programador, quando uma rotina de exceção é atendida, as interrupções são automaticamente inibidas (voltando ao estado anterior quando a rotina retorna);

- As rotinas de exceção devem terminar pela instrução RFE (*Return From Exception*) e só podem ser invocadas automaticamente pela ocorrência de uma exceção ou explicitamente pela instrução SWE (nunca por CALL);

- Tal como não se pode usar rotinas (com CALL) sem inicializar o SP, não se pode usar exceções (particularmente interrupções) sem:

  - programar todas as rotinas das exceções a serem usadas;

  - construir a tabela de exceções (com diretivas WORD, por exemplo);

  - inicializar os registradores SP e BTE e os *bits* do RE que controlam a inibição das interrupções (o geral, IE, e o específico de cada interrupção);

- Uma interrupção nunca interrompe a execução de uma instrução.

---

## 6.3 TIPOS DE PERIFÉRICOS

### 6.3.1 O QUE É UM PERIFÉRICO?

Convém, neste ponto, fazer uma distinção entre os dois significados normalmente atribuídos à palavra "periférico":

- Dispositivo de entrada/saída que se conecta diretamente aos barramentos (de dados, de endereços e de controle) do computador e que pode ser lido ou escrito diretamente pelo processador com instruções de acesso à memória (como MOV). Pode incluir várias portas (endereços individuais), que normalmente correspondem a registradores internos de controle desse periférico e a registradores cujos *bits* estão disponíveis para conectar um *hardware* específico. É o caso dos dispositivos P1 a P4 da Figura 6.2, por exemplo;

- Subsistema (normalmente complexo e frequentemente incluindo o seu próprio processador), que se conecta ao computador principal por meio de uma interface adequada (que será do tipo anterior). É o caso de um disco de um PC, por exemplo.

Os periféricos simples são aqueles que tipicamente possuem menos inteligência própria, oferecem menos funcionalidade e precisam de menos desempenho em termos de transferência de informação. Qualquer computador tem periféricos de *bits* de entrada/saída, temporizadores, controladores de interrupções, etc.

Os periféricos mais complexos normalmente se conectam ao computador propriamente dito por interfaces e protocolos padronizados, o que permite, aos fabricantes desses periféricos, usá-los em vários computadores e, aos fabricantes de computadores, poder escolher o fabricante dos periféricos sem estarem dependentes dele.

As seções seguintes descrevem muito sucintamente os aspectos mais importantes desses tipos de periféricos.

### 6.3.2 Periféricos de memória de massa

O exemplo clássico deste tipo de periférico é o disco magnético, mas há vários outros exemplos:

- Discos ópticos (CD-ROMs e DVDs, com variantes graváveis e regraváveis);

- Discos magneto-ópticos;

- Dispositivos totalmente eletrônicos (pen drives e SSDs – Solid State Drives).

Estes últimos têm a vantagem de não ter componentes mecânicos, mas ainda não conseguem competir com os discos magnéticos em confiabilidade, durabilidade, capacidade de armazenamento e custo por megabyte de capacidade. No entanto, estão ganhando terreno rapidamente. Os *tablets* só vêm com SSDs, e muitos PCs portáteis também ou, pelo menos, incluem um SSD em conjunto com um disco. A grande vantagem dos SSDs é seu desempenho, consideravelmente superior (embora dependa bastante da aplicação que os utiliza). Os SSDs atuais já chegam a capacidades na ordem de 1 TByte (1000 Gbytes).[77]

Por "disco" deve-se entender o conjunto do disco propriamente dito e do seu controlador, um circuito que gerencia o disco e implementa as suas várias operações.

Os discos magnéticos armazenam dados através da magnetização da superfície do disco por meio de uma cabeça magnética. Cada unidade pode ter vários discos, e cada disco tem duas superfícies. O conjunto está montado em um eixo e gira a uma velocidade de 5400, 7200 ou 10.000 rotações por minuto (valores típicos). Para cada disco há dois braços, cada um com uma cabeça magnética na ponta e com o disco deslizando apenas a cerca de 0,5 mícron (0,0005 milímetro) de distância. O braço pode movimentar a cabeça para qualquer posição radial do disco, o que, associado ao movimento angular do disco, consegue, na prática, levar a cabeça a qualquer ponto da superfície do disco (Figura 6.35b). Se as cabeças tocarem nos discos se danificam, portanto não suportam grandes choques ou vibrações. Quando o disco é desligado, os braços se recolhem automaticamente para as cabeças ficarem fora dos discos, ficando mais protegidas (Figura 6.35a).

Na realidade, isto é só meia verdade. O braço consegue mudar a posição axial da cabeça (distância do eixo central), mas terá de esperar que o disco rode até o ponto pretendido passar junto à cabeça.

Mantendo o braço fixo com o disco rodando, a cabeça passa periodicamente junto a todas as posições angulares à mesma distância axial. Isto define uma **trilha** circular em cada disco (Figura 6.36b), contendo uma sequência de *bytes* que pode ser lida ou escrita à medida que o disco roda sem alterar a posição da cabeça. O conjunto das trilhas correspondentes nas duas superfícies dos vários discos é denominado **cilindro** (todas as cabeças estão posicionadas na mesma trilha). O número de cilindros existentes depende do diâmetro dos discos, da largura de cada trilha, da precisão de posicionamento do braço, etc. São questões tecnológicas como estas que limitam a capacidade do disco.

No acesso aos discos nunca se acessa um só *byte*. Cada trilha está organizada em vários blocos de *bytes*, denominados **setores** (Figura 6.36c). As trilhas exteriores têm mais setores do que as interiores, pois o seu diâmetro é maior (Figura 6.36a) e o fator

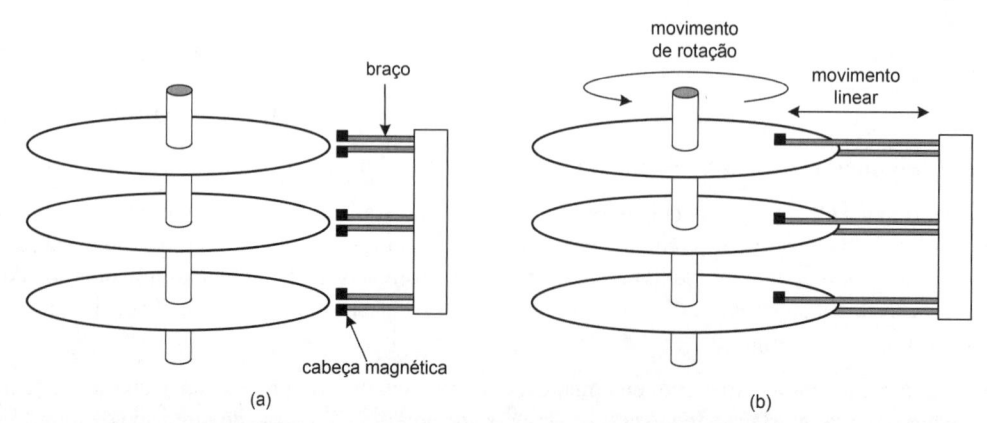

(a)　　　　　　　　　　　　　　(b)

**Fig. 6.35 – Com movimento de rotação do disco e linear do braço consegue-se posicionar a cabeça magnética em qualquer ponto do disco. (a) — Posição de repouso; (b) — Braço posicionado em um cilindro intermediário**

---

[77] Na capacidade dos discos, usa-se o fator multiplicador 1000 e não 1024.

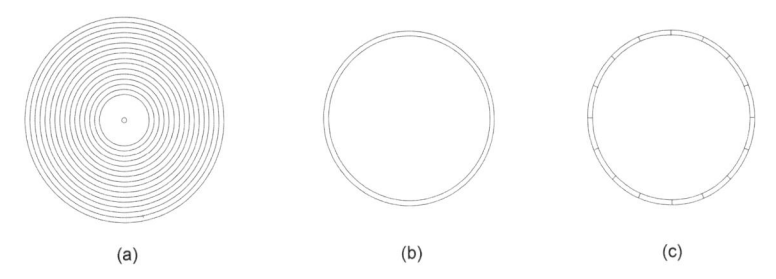

(a)      (b)      (c)

**Fig. 6.36 – Organização dos dados do disco. (a) — Conjunto de trilhas concêntricas; (b) — Uma única trilha, que é possível acessar com o braço fixo; (c) — Trilha com setores assinalados**

limitante é a densidade de *bits*. Um acesso a um disco implica ler ou escrever pelo menos um setor. A unidade de disco tem uma pequena memória, do tamanho de um setor (pelo menos), a partir da qual se pode ler o *byte* pretendido. Para escrever um *byte* é preciso ler o seu setor inteiro, alterar esse *byte* e escrever de novo. Considerando que estatisticamente se verifica que os programas fazem várias leituras ou alterações de *bytes* em endereços perto uns dos outros, esta organização otimiza globalmente os acessos.

A título de exemplo, um disco de 2 TBytes (2000 Gbytes) poderá estar organizado em dois discos (quatro superfícies), com cerca de 500 GBytes por superfície. Dado que o limite é a densidade de *bits* por unidade de superfície, a distribuição por trilhas e setores varia com a localização radial dos dados no disco (os fabricantes nem divulgam mais o formato interno). Até 2011, o tamanho do setor usado era de 512 bytes; mas, devido ao aumento das capacidades dos discos, esse valor passou a ser de 4 KBytes.

O tempo de acesso a um setor é fundamentalmente o somatório de três tempos:

- **Tempo de procura de trilha** (*seek time*) – Será mínimo se o braço estiver na trilha ao lado, e tanto maior quanto maior for o número de trilhas a serem atravessadas. O tempo de procura médio típico é da ordem de 10 ms ou inferior (6 a 8 ms são valores típicos);

- **Atraso rotacional** (*rotational delay*) – O braço posiciona-se mecanicamente, mas para chegar ao setor pretendido dentro de uma trilha basta esperar que o disco rode até o ponto certo. O valor mínimo é zero, se o setor aparecer logo que se faça o pedido, e o valor máximo é o tempo de uma rotação do disco, se o setor pretendido tiver acabado de passar. Em média, é meia rotação. Se a velocidade de rotação do disco for de 7200 rpm, ou de 120 rotações por segundo, meia rotação demora cerca de 4 ms;

- **Tempo de transferência** (*transfer time*) – Tempo de leitura ou escrita do setor, que se pode obter aproximadamente multiplicando a **taxa de transferência** (*transfer rate*) do disco (indicada pelo fabricante) pelo tamanho desse setor. Esta taxa depende basicamente da velocidade de rotação do disco e da densidade de *bits* no disco (na prática, o número de *bytes* por trilha). Considerando o exemplo do disco de 1 TByte com 512 KBytes em média por trilha (1000 setores de 512 bytes) e uma velocidade de rotação de 7200 rpm (leitura de 120 trilhas/segundo), pode-se esperar uma taxa de transferência de uns 60 MBytes/s. Um setor de 512 bytes será lido em cerca de 0,008 ms. Nitidamente, não é este tempo o fator dominante em um tempo de acesso médio na ordem dos 10 ms.

A maior parte do tempo de acesso a um disco é, portanto, gasta em espera, o que se denomina **latência**. Felizmente, o processador poderá executar outras tarefas enquanto o controlador do disco executa o pedido de acesso ao setor. Observe que o controlador de disco tem uma área de memória interna para armazenar pelo menos um setor. Um setor primeiro é lido para esta área de memória e só depois transferido para a memória do processador. Em escrita, o setor primeiro é escrito nessa área de memória e só depois escrito no disco. Este esquema é necessário por duas razões fundamentais:

- A velocidade de rotação do disco é constante. Quando o setor a ser acessado passa pela cabeça magnética, tem de ser acessado nesse momento. Se o processador estivesse atendendo uma interrupção ou executando outra tarefa qualquer, poderia perder a oportunidade e ter de esperar por mais uma rotação do disco até o setor passar de novo. O controlador do disco garante que o acesso seja feito no momento certo;

- A taxa de transferência de e para o disco não é necessariamente a mesma com que o processador lê ou escreve dados na memória. A área de memória do controlador funciona à velocidade do disco ao acessar o disco, e à velocidade do processador quando é acessada por este.

Apesar de serem dispositivos eletromecânicos e rodarem em alta velocidade com uma cabeça magnética quase roçando a superfície, os discos magnéticos são muito confiáveis. Os computadores portáteis, atualmente tão popularizados, representam um desafio para estes periféricos, pelo perigo de vibrações mecânicas que representam. Os computadores mais recentes incluem sensores eletrônicos de movimento (acelerômetros), que recolhem automaticamente o braço (protegendo as cabeças magnéticas e evitando que elas "aterrisem" nos discos), no caso de ser detectado um movimento mais brusco do que o normalmente suportável pelo disco em funcionamento.

### 6.3.3 PERIFÉRICOS GRÁFICOS

Longe vão os dias em que os computadores tinham apenas uma interface de texto (comandos de texto) com o usuário. Hoje todos os computadores de uso geral têm uma interface gráfica com grandes capacidades em termos de manipulação de janelas, imagens de duas dimensões, vídeo, objetos tridimensionais com texturas, etc., e resoluções de 1280 × 1024 pixels com 32 bits por pixel (24 bits de cor). Tudo isto com capacidade de exibir várias dezenas de imagens completas por segundo.

Os processadores modernos já incluem uma série de instruções otimizadas para manipulação de imagens e outras informações multimídia, mas muito continua a depender da placa gráfica, o periférico responsável pelo gerenciamento da tela em baixo nível. Os detalhes do funcionamento das placas gráficas e *software* associado estão fora do âmbito deste livro, sendo mencionados aqui apenas os aspectos essenciais:

- Uma interface gráfica é um subsistema completo, incluindo um processador especializado (capaz de muitas operações gráficas, liberando o processador central dessas tarefas), memória de processamento para uso desse processador (na ordem de dezenas ou mesmo centenas de MBytes) e uma memória de vídeo com capacidade para conter todos os pixels da tela (Figura 6.37);

- Esta memória de vídeo está continuamente sendo lida sequencialmente, pixel a pixel, linha a linha, imagem a imagem, para gerar o sinal de vídeo que é fornecido ao monitor, que constrói continuamente as imagens, linha a linha;

- Por outro lado, a memória de vídeo vai sendo atualizada pelo processador gráfico especializado da interface gráfica ou pelo próprio processador central, de acordo com os algoritmos de geração das imagens;

- Estas operações envolvem movimentações maciças de dados entre a memória central do computador e a memória de processamento da interface gráfica. Os PCs atuais incluem uma ligação especial do processador central e da sua memória à interface gráfica, que permite que a memória central do computador possa ser usada como se se tratasse de memória da interface gráfica;

- O que torna a interface gráfica especial é o fato de ser o periférico geralmente com maiores necessidades de desempenho, portanto normalmente funciona à velocidade do barramento do processador, enquanto todos os outros (com exceção das interfaces de rede de comunicação que são mais rápidas) funcionam a velocidades mais baixas, em barramentos específicos (Subseção 6.4.1).

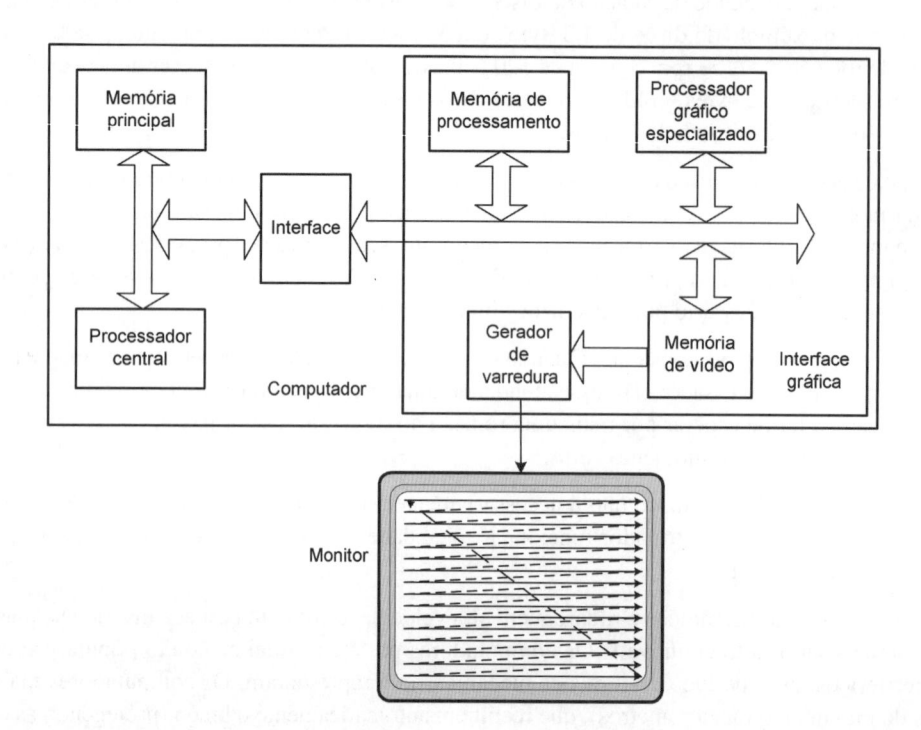

**Fig. 6.37 – Estrutura de uma interface gráfica e geração das imagens no monitor**

### 6.3.4 PERIFÉRICOS DE COMUNICAÇÃO

#### 6.3.4.1 PRINCÍPIOS BÁSICOS

Estes periféricos destinam-se basicamente a permitir a troca de dados entre sistemas computacionais, incluindo neste conceito dispositivos como impressoras (que têm um computador lá dentro).

Um dos aspectos fundamentais é o fato de, ao contrário do que se passa dentro do universo de um só computador, geralmente não ser possível assumir que há apenas um mestre incontestado e um só sinal de relógio. Os sistemas que se comunicam são independentes, autônomos e muitas vezes com direitos iguais (o que quer dizer que não se pode identificar um mestre).

A ligação pode ser ponto a ponto, com apenas dois participantes, ou em barramento, em que vários sistemas estão interligados e compartilham os mesmos sinais. Sempre que mais de um sistema puder tomar a iniciativa (até apenas dois, em uma ligação bidirecional), será necessário resolver o problema do **arbítrio**, isto é, quem é que em cada momento tem direito a colocar os seus dados no barramento. O que não pode acontecer é dois ou mais sistemas forçarem um valor no barramento de dados simultaneamente, senão há conflito de dados e os sistemas não conseguem se comunicar.

Os métodos fundamentais de arbítrio são os seguintes, ilustrados pela Figura 6.38:

- **Centralizado** – Assume a existência de um circuito que desempenha o papel de árbitro, que centraliza os pedidos e que decide qual dos sistemas que competem pelo acesso ao barramento de dados terá prioridade no acesso:

  - **Em cadeia** (Figura 6.38a) – Os vários sistemas fazem o seu pedido de acesso ao barramento em uma única linha[78] que o árbitro recebe. O árbitro pode detectar que há um pedido de acesso, mas não sabe de qual sistema veio. Indica a permissão de acesso a um dos sistemas, aquele a que está fisicamente conectado. Se ele tiver feito um pedido, acessa. Caso contrário, indica ao sistema seguinte que ele pode acessar, efetuando este igual procedimento, até chegar ao primeiro sistema que tiver feito um pedido. O principal problema deste método é não ser justo. Os sistemas mais perto do árbitro obviamente têm prioridade;

  - **Paralelo** (Figura 6.38b) – Cada um dos sistemas concorrentes pelo acesso ao barramento envia um sinal de pedido individual a um circuito que desempenha o papel de árbitro central. Este decide, de acordo com algum algoritmo, e seleciona um dos sistemas, por notificação com sinais individuais. O problema deste método é que o árbitro é um recurso crítico, que pode se tornar um gargalo em termos de desempenho e confiabilidade. Funciona bem com um número limitado de sistemas e barramentos muito curtos. O PCI, um barramento paralelo padronizado muito usado nos PCs, usa este método.

- **Distribuído** – Os vários sistemas entendem-se, para tomar uma decisão sem um árbitro central. O artifício aqui é deixar que os sistemas entrem em potencial conflito. O arbítrio se baseia, depois, na recuperação desse conflito. Há dois métodos principais:

  - **Conflito na identificação** dos sistemas (Figura 6.38c) – Este método pressupõe uma fase de arbítrio antes da transmissão dos dados e a existência de um barramento auxiliar de arbítrio, no qual cada sistema que quer acessar o barramento (*bus*) coloca o seu número de identificação (cada sistema tem um número único atribuído e o número de *bits* do barramento de arbítrio é $\log_2 N$, em que N é uma potência de 2 maior do que o número de sistemas concorrentes). A ligação a esse barramento é feita com saídas *open-collector*,[78] o que faz com que qualquer 0, em um dos números identificadores dos sistemas que quer acessar, force a 0 o bit correspondente desse barramento de arbítrio. Cada sistema compara o seu número de identificação com o valor no barramento de arbítrio e desativa as suas saídas para este barramento de arbítrio, desde o *bit* mais significativo em que detectar uma diferença até o *bit* de ordem 0. Este procedimento é feito por todos, de tal forma que o sistema com o menor número de identificação vence (porque é o que tem mais zeros nos *bits* mais significativos). Tal como o método de arbítrio em cadeia, este método não é justo;

  - **Conflito nos dados** (Figura 6.38d) – Este método dispensa a fase de arbítrio. Um sistema que queira enviar dados para o barramento começa por esperar pelo fim do acesso que algum sistema esteja realizando. Quando isso acontece, acessa o barramento sem verificar se algum dos outros sistemas também faz o mesmo. No entanto, tem o cuidado de ir lendo do barramento os valores que vão passando por lá. Caso detecte alguma diferença em relação ao que enviou para lá, é porque houve uma **colisão**. Outro sistema também tentou enviar os seus dados, com outros valores, e os valores resultantes destes conflitos são diferentes dos que os sistemas enviaram para lá. Quando isto acontece, ambos os sistemas desistem, esperam um tempo aleatório pelo fim de qualquer acesso em curso e tentam de novo. Este tempo aleatório resolve o conflito (algum sistema há de acessar o barramento primeiro) e garante a justeza do arbítrio (nenhum

---

[78]Para este fim, cada um dos sistemas se conecta à linha de pedido por meio de uma porta lógica com saída ***open-collector***, que tem a particularidade de poder forçar apenas o valor 0. Isto permite que várias saídas deste tipo se conectem entre si sem conflito. Basta uma delas forçar 0 para o valor da linha ser 0. A linha só será 1 se nenhuma das saídas quiser forçar 0 (caso em que não haverá pedidos de acesso ao barramento).

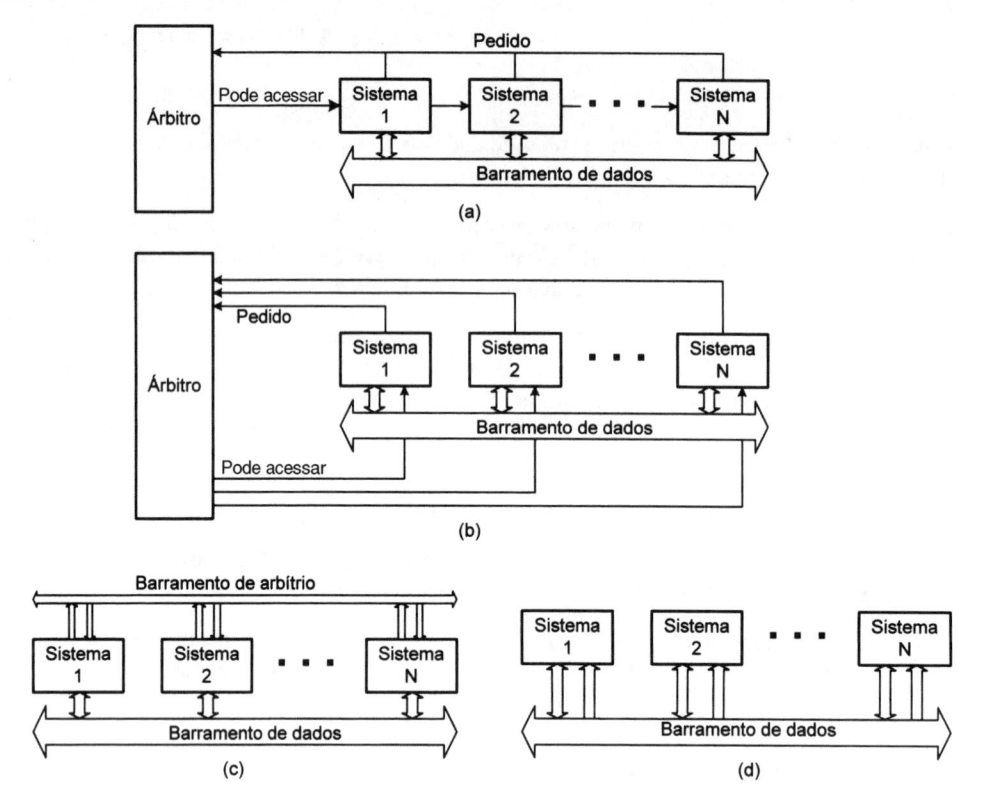

**Fig. 6.38 – Principais métodos de arbítrio. (a) — Em cadeia; (b) — Centralizado paralelo; (c) — Conflito na identificação; (d) — Colisão nos dados**

sistema tem prioridade em relação a outros). Este é o método usado pelas redes locais de computadores (protocolo ***ethernet***);[79]

Outra característica típica da comunicação é a ausência de um barramento de endereços, uma vez que cada sistema tem as suas características próprias e não se pode definir um espaço global de endereçamento. É no barramento de dados que se tem de enviar informação sobre a quem se destinam os dados. Isto implica definir um protocolo de comunicação em que se estabeleça qual o formato da informação, que é enviada não *byte* a *byte*, mas sim em **pacotes**, que englobam *bytes* de dados e *bytes* de controle.

### 6.3.4.2 COMUNICAÇÃO PARALELA

A comunicação paralela assume que os dois sistemas se interligam por um barramento de dados de 8, 16 ou mais *bits*, complementados por sinais de controle que permitem controlar o fluxo dos dados. Um sistema não envia dados sem ter a informação de que o seu interlocutor está pronto para recebê-los. É um **barramento paralelo assíncrono**, em que o sistema mais lento define o ritmo.

 Os barramentos dos computadores são também uma forma de comunicação paralela, entre o processador e os dispositivos restantes (memória e periféricos). Estes são **barramentos paralelos síncronos**, pois trabalham com um mesmo sinal de relógio.

O funcionamento destes barramentos já foi discutido na Subseção 6.1.6. Aqui se discute apenas a perspectiva de comunicação entre sistemas diferentes, em que um não pode assumir nada sobre as temporizações do outro.

A Figura 6.39 ilustra a comunicação paralela assíncrona, admitindo um sistema A (emissor) e outro B (receptor). Além do barramento de dados, existem dois sinais, Pedido (gerado pelo emissor) e Confirmação (gerado pelo receptor).

O protocolo de comunicação de um valor do emissor para o receptor pode ser descrito em quatro fases, assumindo que inicialmente os dois sinais de controle estão inativos (com 0):

---

[79]Não confundir com *Internet*, um conjunto de infraestruturas e protocolos que atualmente asseguram as comunicações informatizadas globais no planeta.

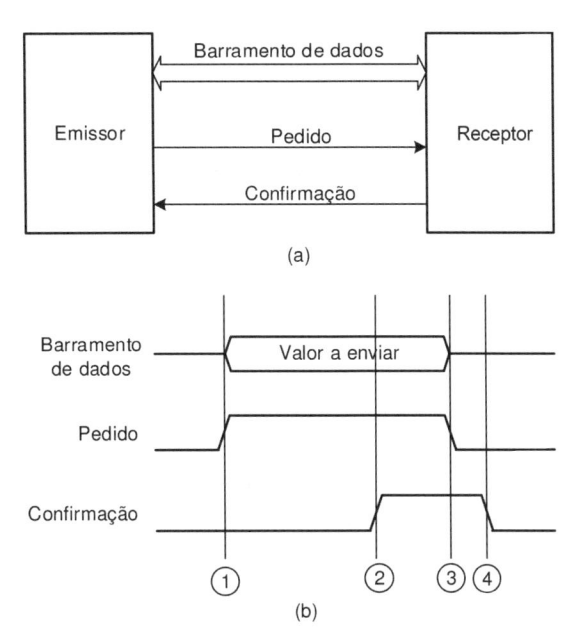

**Fig. 6.39 – Comunicação paralela assíncrona. (a) — Ligação entre emissor e receptor; (b) — Sequência temporal dos sinais**

1. O emissor coloca o valor a ser enviado no barramento de dados e ativa o seu sinal `Pedido` (de envio);

2. Logo que possa, o receptor memoriza esse valor e ativa o sinal `Confirmação`, assinalando assim que já recebeu o valor;

3. O emissor assinala que recebeu a confirmação do receptor, desativando o sinal `Pedido` e liberando o barramento de dados;

4. O receptor desativa o sinal `Confirmação` para assinalar que (i) já processou o valor e está pronto para receber outro e (ii) que notou que o emissor recebeu a sua confirmação.

Este protocolo é denominado *handshaking* (**aperto de mão**), dada a existência dos dois sinais de controle complementares, como se fossem dois braços.

> **NOTA** Normalmente, é o emissor que decide quando tem algo para enviar, mas nada impede que se inverta a semântica do protocolo e seja o receptor a gerar o sinal `Pedido` (que agora indica que o receptor está pronto para receber valores e está pedindo-os) e o emissor a gerar o sinal `Confirmação` (confirmando o envio de um valor). A sequência dos sinais é semelhante à Figura 6.39b, mas em que o barramento de dados está ativo durante toda a duração do sinal `Confirmação`.

Para comunicar na direção oposta (suportando comunicação bidirecional), o barramento de dados em cada sistema deve ser bidirecional com interface *tri-state* (o que aliás já se pode perceber na Figura 6.39b) e a função relativa aos dois sinais de controle deve ser invertida. Naturalmente, assume-se que haverá uma forma de cada sistema saber que papel está desempenhando (ou por um sinal adicional ou pela sequência dos valores enviados).

### 6.3.4.3 COMUNICAÇÃO SERIAL

A comunicação paralela só funciona em distâncias curtas (poucos metros) e com temporizações de relativa baixa frequência, devido à interação entre os vários sinais. Para distâncias maiores ou frequências mais elevadas é preciso usar comunicação serial, em que se transmite apenas um bit de cada vez.

O cabo de comunicação precisa apenas de dois condutores, embora na prática os cabos incluam normalmente dois pares de condutores, para permitir comunicação *full-duplex* (nos dois sentidos simultaneamente). A comunicação *simplex* (apenas em um sentido) é mais simples, mas não permite interação e será útil apenas em aplicações específicas como, por exemplo, telemetria (leitura remota de sensores). A comunicação *half-duplex* consiste em compartilhar um mesmo par de condutores para permitir comunicação nos dois sentidos, mas apenas um de cada vez. Poupa-se no cabo, mas complica-se no emissor e no receptor. Com a evolução da tecnologia e das necessidades de comunicação, a comunicação *full-duplex* é a mais usada.

Na comunicação serial, os *bytes* são serializados no emissor, isto é, transmite-se um *bit* de cada vez. Cada *byte* a ser transmitido é armazenado em um registrador, que depois (em cada ciclo de relógio) é sucessivamente deslocado de um *bit* para a direita (começando a transmissão pelo *bit* menos significativo) ou para a esquerda (começando a transmissão pelo *bit* mais significativo). Em

**Tabela 6.17 - Comparação de algumas características de dois protocolos de comunicação serial: RS232 e USB, nas suas várias versões**

| PROTOCOLO | APARECEU EM | TAXA DE TRANSMISSÃO | TIPO DE TRANSMISSÃO | LIGAÇÃO |
|---|---|---|---|---|
| RS-232C | 1962 | 19,2 Kbits/s | Assíncrona | Ponto a ponto |
| FireWire 400 (IEEE 1394) | 1995 | 400 Mbits/s | Síncrona | Barramento |
| USB 1.0 | 1996 | 1,5 Mbits/s | Síncrona | Barramento |
| USB 1.1 | 1998 | 12 Mbits/s | Síncrona | Barramento |
| USB 2.0 | 2000 | 480 Mbits/s | Síncrona | Barramento |
| USB 3.0 | 2008 | 5 Gbits/s | Síncrona | Barramento |
| USB 3.1 | 2013 | 10 Gbits/s | Síncrona | Barramento |
| FireWire 800 (IEEE 1394b) | 2001 | 800 Mbits/s | Síncrona | Barramento |
| FireWire S3200 | 2012 | 4 Gbits/s | Síncrona | Barramento |

cada ciclo de relógio, o *bit* transmitido é o presente no extremo (direito ou esquerdo, respectivamente) desse registrador. Para transmitir os 8 bits de um *byte* são necessários 8 ciclos de relógio. Do lado do receptor, faz-se a operação inversa e, ao fim de 8 ciclos de relógio, tem-se o *byte* recuperado.

Além dos *bits* dos dados propriamente ditos, é preciso incluir *bits* adicionais para sincronização entre emissor e receptor ou enviar outra informação de controle. Estes *bits* também consomem tempo de comunicação e, como tal, constituem um elemento de ineficiência (*overhead*) indesejável, mas necessário, que naturalmente se tenta minimizar.

O mundo das redes de comunicação e dos seus protocolos é na realidade um universo, completamente fora do âmbito deste livro. Esta seção se resume aos níveis mais básicos de dois exemplos concretos, muito usados em computadores pessoais:

- Norma RS-232C (usada na porta serial dos PCs);
- Barramento USB (*Universal Serial Bus*), usado para conectar periféricos [USB].

Embora não seja descrita aqui, a norma IEEE 1394, mais conhecida por *FireWire*, também é mencionada pela Tabela 6.17. Originalmente desenvolvida pela Apple, equipa os computadores desta empresa, e dada a sua elevada taxa de transmissão e o fato das interfaces possuírem igual uso e poderem se comunicar entre si sem necessidade de um computador pessoal, é muito usada no mercado de consumo, em particular para vídeo digital, enquanto o USB é mais usado no mercado de computadores pessoais, para dados. Em termos de implementação, tem muitas semelhanças com o USB.

### COMUNICAÇÃO SERIAL ASSÍNCRONA COM A NORMA RS-232C

A norma RS-232C é um dos protocolos de comunicação mais antigos (20 anos anterior aos PCs) e está orientado para a ligação ponto a ponto de dois dispositivos, considerando cada *byte* como independente dos restantes e sem restrições de tempo entre dois *bytes* transmitidos em sequência (portanto, de forma assíncrona entre eles). Era o protocolo usado pelos terminais remotos de vídeo ligados por modems aos computadores, nos centros de processamento de dados (CPDs), na era pré-PC. Quando os computadores pessoais apareceram, foi adotado para uso na porta serial, permitindo ligar o PC a modems e usá-lo como terminal remoto de um computador central.

A Figura 6.40 ilustra o princípio básico da comunicação assíncrona pela norma RS-232C. O emissor e o receptor têm de combinar previamente a taxa de transmissão, medida em *bits*/s. Há várias taxas padronizadas, sendo 19.200 *bits*/s a taxa máxima prevista pela norma caso em que cada *bit* demora $1/19.200 = 52,1$ microssegundos sendo transmitido. Em repouso, o sinal fica com 1.

Quando o emissor deseja enviar um *byte* (Figura 6.40a), começa por enviar um *bit* com 0 (*bit* inicial, ou *start bit*), depois os 8 bits do *byte* (começando pelo menos significativo), seguidos de um *bit* de paridade (opcional, usado para detecção de erros) e de 2 bits de parada (*stop bits*), que visam garantir um período mínimo com o sinal com 1 entre *bytes*, mesmo que estes sejam transmitidos continuamente.

**NOTA** A norma original era orientada a caractere de texto, em codificação ASCII de 7 bits, em função do que nem sequer contemplava a emissão de 8 bits de dados (apenas 5, 6 ou 7). No entanto, esta era uma limitação grande e os sistemas passaram a permitir os 8 bits.

O *bit* de paridade destina-se a detectar um número ímpar de *bits* trocados (por ruído na transmissão). A norma permite escolher paridade par ou ímpar (caso em que o número de *bits* com 1 no conjunto *byte* transmitido + *bit* de paridade deve ser par ou ímpar, respectivamente) ou nem sequer transmitir esse *bit*.

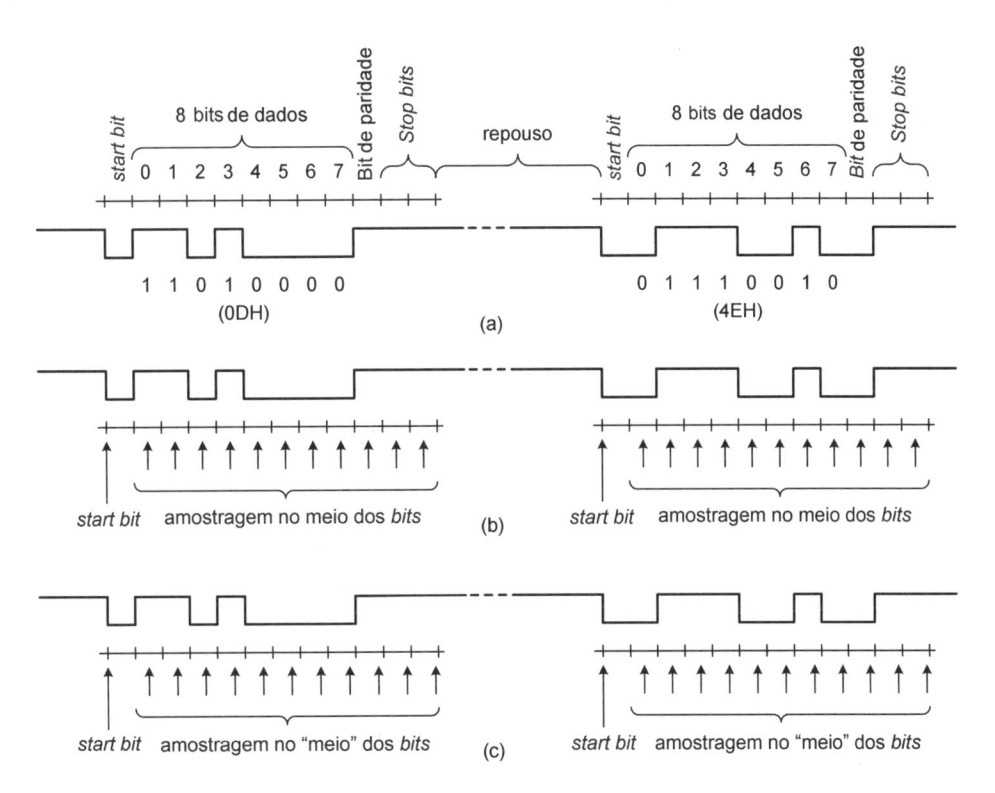

**Fig. 6.40 – Comunicação serial assíncrona. (a) — Emissor (o tempo de repouso pode variar entre 0 e infinito); (b) — Recuperação dos *bytes* no receptor por amostragem do sinal; (c) — Receptor com frequência de recepção ligeiramente inferior à frequência de emissão**

O tempo dos *bits* de parada também é configurável, em 1, 1 ½ ou 2 bits.

As taxas de transmissão originalmente padronizadas eram 75, 150, 300, 600, 1200, 2400, 4800, 9600 e 19.200 bits/s. Embora tenham aparecido normas subsequentes que melhoraram em muito estes valores, nada se compara às taxas de transmissão atingidas pelo USB.

Tudo isto tem de ser configurado de igual modo no emissor e no receptor, sob risco do receptor não entender corretamente os *bytes* enviados pelo emissor.

Não há qualquer limitação ao tempo entre o envio de dois *bytes* consecutivos (tempo de repouso, na Figura 6.40a). Pode variar entre zero e infinito. É esta variabilidade que lhe confere a denominação de **comunicação assíncrona**, pois dentro de cada *byte* os *bits* são transmitidos em ritmo constante, à taxa de transmissão combinada. Nesta figura, são transmitidos dois *bytes* 0DH e 4EH. O receptor (Figura 6.40b) está continuamente monitorando o sinal até detectar uma transição para zero, ponto que marca como início do *byte*. Sabendo a taxa de transmissão, depois vai amostrar o sinal aproximadamente no meio de cada *bit*, recuperando o seu valor (na realidade, é usual fazer várias amostragens ao longo de um *bit*, para conseguir eliminar potenciais picos causados por ruído).

Depois do *byte* ser totalmente recebido, o receptor compara o *bit* de paridade com a paridade do que foi recebido. Se for diferente do esperado, ocorreu um erro (compete aos níveis superiores do protocolo usado a recuperação da situação — pedir uma retransmissão, por exemplo). Observe que a detecção de erros não é garantida. Se em vez de um *bit* estar errado estiverem dois, a paridade volta a estar correta e não há detecção de erro.

**NOTA** — É usual complementar esta detecção de baixo nível com outras mais complexas, como somar todos os *bytes* transmitidos e transmitir essa soma (usualmente denominada *checksum*) no fim. O receptor soma todos os *bytes* recebidos e compara com a soma recebida. Se houver alguma diferença, houve erro. A probabilidade de detecção é muito mais elevada do que no caso da paridade. Esta soma é apenas um caso particular de um mecanismo mais geral, o CRC (*Cyclic Redundancy Code*), em que a função a ser aplicada sucessivamente aos vários *bytes* é mais complexa do que a soma (envolve geralmente polinômios), mas o princípio é o mesmo.

Apesar do emissor e do receptor combinarem previamente a taxa de transmissão, não há garantia de que as frequências medidas de um lado e de outro sejam rigorosamente iguais. Haverá sempre uma pequena diferença, ilustrada na Figura 6.40c, em que o receptor tem a sua frequência ligeiramente mais lenta do que a do emissor, caso em que vai se atrasando na amostragem dos *bits*.

Desde que a diferença não seja muito grande, não há qualquer problema. Quando se chega ao fim do *byte*, os *bits* de parada e o *bit* de início do *byte* seguinte garantem que o receptor fica novamente sincronizado (tal como representado na Figura 6.40c). Se a diferença for tal que o receptor amostre o sinal de entrada já fora dos *bits*, o protocolo deixa de funcionar corretamente.

A Simulação B.1 apresenta um exemplo de utilização da norma RS-232C.

É importante perceber que o número de *bytes* de dados que se consegue transmitir por segundo não é a taxa de transmissão a ser dividida por 8. Para cada 8 bits de dados enviados, têm de ir também outros 4 bits (*start bit*, *bit* de paridade e 2 *stop bits*). Isto representa uma sobrecarga do protocolo de 50%. Por exemplo, 19.200 bits/s equivalem, no máximo, a 1600 bytes/s ou 12.800 bits/s = 19.200 bits/s / 1,5.

> **NOTA** Associada à taxa de transmissão aparece normalmente a unidade *baud*[80], que indica o número de símbolos enviados por segundo. Na norma RS-232C, *baud* equivale a *bit*/s, porque cada símbolo é um *bit*. No entanto, os esquemas de codificação de *bits* transmitidos sobre canais analógicos (caso dos modems, por exemplo) permitem codificar mais do que um *bit* em cada símbolo transmitido, em função do que a unidade *bit*/s é mais adequada para descrever a quantidade de informação enviada por unidade de tempo.

### COMUNICAÇÃO SERIAL SÍNCRONA COM O BARRAMENTO USB

O barramento serial universal (USB) apareceu em 1996, basicamente como resposta às dificuldades de instalar periféricos em um PC (até então, a forma de estender as capacidades de um PC era abri-lo, instalar uma placa do periférico desejado e reconfigurar os vários periféricos existentes, para poderem coexistir sem conflitos).

O USB veio permitir uma maior taxa de comunicação do PC com os periféricos (dispositivos USB) e conectá-los e desconectá-los com o PC em funcionamento, introduzindo a configuração automática (*plug and play*). Outra característica interessante é o fato do USB contemplar a possibilidade de alimentação (a 5 V) dos dispositivos. Em muitos casos, basta conectar o dispositivo ao USB, mas dispositivos que requeiram mais potência terão de ter a sua própria alimentação.

Há quatro possíveis taxas de transmissão:

- Baixa, de 1,5 Mbits/s, usada tipicamente para dispositivos de interação com o usuário (mouses, teclados, joysticks, etc.);

- Completa, 12 Mbits/s, usada, sobretudo, para comunicação com dispositivos de dados massivos que não requeiram elevadas taxas de transmissão (impressoras, pen drives, áudio, etc.);

- Alta, 480 Mbits/s, reservada para aplicações que necessitem ou possam usufruir desta taxa de comunicação (vídeo, pen drives, etc.);

- Supervelocidade (SuperSpeed), 5 Gbits/s, no USB 3.0, e 10 Gbits/s, no USB 3.1.

A descrição apresentada a seguir aplica-se à taxa de transmissão completa. Há diferenças para as outras taxas que não alteram os princípios básicos de funcionamento e são demasiado detalhadas para serem mencionadas aqui. A especificação completa pode ser encontrada em [USB].

Uma diferença básica em relação à norma RS-232C é o fato do USB usar **comunicação síncrona** orientada a *bit*, com um conjunto consecutivo de *bits* organizados em uma mensagem (**pacote**). A comunicação síncrona implica que os *bits* sejam transmitidos continuamente, com uma taxa fixa determinada por um relógio que segue embutido com os dados.

A transmissão de pacotes com um determinado formato e não como *bytes* independentes (como na norma RS-232C) permite reduzir a percentagem de *bits* de gerenciamento do protocolo no total de *bits* transmitidos, ao mesmo tempo que define uma unidade de informação que terá de ser retransmitida em caso de erro.

Cada um dos pacotes tem um formato específico, que permite ao *hardware* detectar o seu princípio e fim (Figura 6.41).

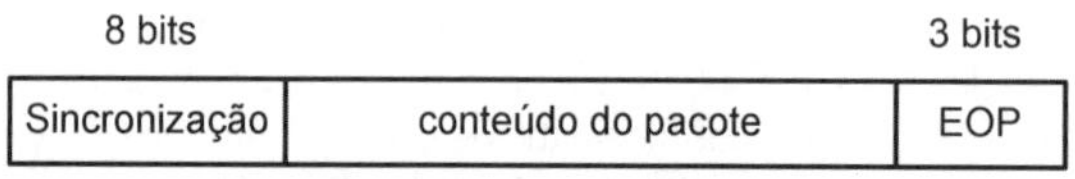

| 8 bits | | 3 bits |
|--------|------------------|--------|
| Sincronização | conteúdo do pacote | EOP |

**Fig. 6.41 – Contexto (início e fim) de cada pacote, com indicação do número de *bits* gastos antes e depois do pacote propriamente dito**

---

[80]Termo derivado do nome do engenheiro francês Jean-Maurice-Émile Baudot (1845-1903), que dedicou a vida ao aperfeiçoamento do telégrafo.

Ao contrário do RS-232C, os dados no USB são transmitidos diferentemente,[81] o que permite maiores frequências de trabalho, com dois condutores designados D+ e D−. Um 1 acontece quando D+ > D− e um 0 quando D+ < D− (D+ e D− representam as tensões elétricas em cada condutor). São definidos ainda os estados de **repouso** (nem o dispositivo nem o concentrador forçam algum valor nos condutores) e de **tudo-0**, em que os dois condutores estão na mínima tensão possível. A tensão intermediária de D+ e D− não é zero, tendo de estar entre 1,3 e 2,0 V.

O papel dos 0s e 1s é invertido entre as velocidades baixa e completa, portanto a sinalização se faz em termos de estados do cabo USB designados J e K. Na velocidade completa, o J corresponde ao 1 e o K ao 0. A sequência que define o fim de um pacote e o início do próximo é a seguinte:

- Após o envio de todos os *bits* de conteúdo de um pacote, o cabo USB é colocado no estado tudo-0 durante dois *bits*, seguido de um *bit* J, após o que o dispositivo ou concentrador que acabou de enviar o pacote se desliga do cabo (que fica em repouso);

- O estado de repouso tem de durar pelo menos um *bit*, após o qual se pode começar a enviar um novo pacote (pelo mesmo dispositivo/concentrador ou outro). O intervalo entre pacotes da mesma transação (Figura 6.46) tem de ser no máximo na ordem de 7 bits. Não há limite para o intervalo entre pacotes de transações diferentes (embora o protocolo garanta que é enviado pelo menos um pacote em cada milissegundo, para não se perder o sincronismo);

- Um pacote começa pela transição do estado de repouso para o estado K, o que constitui o primeiro *bit* de uma sequência de 8 bits que serve de *byte* inicial de pacote, com o objetivo de sincronização. Esse *byte* tem o valor binário 0000 0001 (sete *bits* com 0 seguidos de um *bit* com 1), a que se segue de imediato os *bits* do conteúdo do pacote.

Há aqui alguma semelhança com os *bits* de parada (*stop bits*) e o *bit* de início (*start bit*) do RS-232C. As grandes diferenças são o tamanho do "*byte*" transmitido no USB, que é um pacote inteiro, com milhares de *bytes*, e o fato do receptor nunca perder o sincronismo, mesmo entre pacotes.

Na realidade, o que é enviado para o cabo USB não é exatamente o *byte* de sincronização e os *bits* do pacote. O problema é que cada pacote pode ter mais de 8000 bits seguidos (Figura 6.45b), sem informação de relógio entre emissor e receptor, o que pode causar grandes problemas se houver alguma (mesmo que pequena) defasagem entre as frequências de trabalho do emissor e do receptor. Este problema já tinha sido identificado na norma RS-232C (Figura 6.45c), mas aí estavam em questão apenas 8 bits.

O USB usa comunicação síncrona (todos os *bits* seguidos), mas tem de incluir alguma informação sobre o relógio. Para isso, usa as transições do sinal (que ocorrem quando muda o valor dos *bits* a serem transmitidos) para sincronizar o relógio e utiliza um esquema que garante um limite máximo de tempo sem transições, de modo a não deixar os relógios do emissor e do receptor perderem o sincronismo.

Este esquema contempla duas técnicas básicas:

- Codificação da sequência de *bits* a ser enviada, com o método NRZI (*Non Return to Zero Invert*, ou Não Retorno a Zero Invertido), em que um 0 na entrada faz mudar o estado na saída e um 1 na entrada faz manter o estado. Assim, sempre que a saída do NRZI mudar, sabemos que o *bit* na entrada mudou para um 0 (independentemente do *bit* anterior) e esta mudança identifica uma transição do relógio. O problema é que uma longa sequência de 1s na entrada produz um sinal constante na saída, o que naturalmente não é desejável;

- Enchimento de *bits* com zero. Para cada seis 1s consecutivos na entrada, insere-se um 0. Desta forma, garante-se que nunca haverá mais de seis *bits* com 1 na sequência de saída, embora à custa de transmitir mais uns bits no meio, e o receptor continua com informação sobre o relógio, no máximo de sete em sete *bits*. O receptor que recebe a sequência de *bits* NRZI deve analisar o sétimo *bit* após uma sequência de seis *bits* com 1. Se for 0, simplesmente o descarta. Se for 1, há um erro e o pacote terá de ser retransmitido.

A Figura 6.42 ilustra estas duas técnicas. O enchimento é realizado a partir da transição para 1 do padrão de 8 bits de sincronização.

Observe que o barramento USB é lógico e não físico. Cada dispositivo USB se conecta a uma interface individual (porta) de um concentrador (hub) USB, que faz o gerenciamento dos vários dispositivos, permitindo ao processador central se comunicar com qualquer deles e fazendo com que, na prática, pareça que estão todos conectados no mesmo cabo, como se constituíssem um barramento real.

Um PC inclui um concentrador raiz, com um controlador que se conecta ao processador (tal como os outros periféricos internos) e é responsável por gerenciar a configuração automática e dinâmica dos dispositivos USB. Esse concentrador raiz disponibiliza

---

[81]O que interessa é a diferença de potencial (valor e sinal) entre os dois condutores.

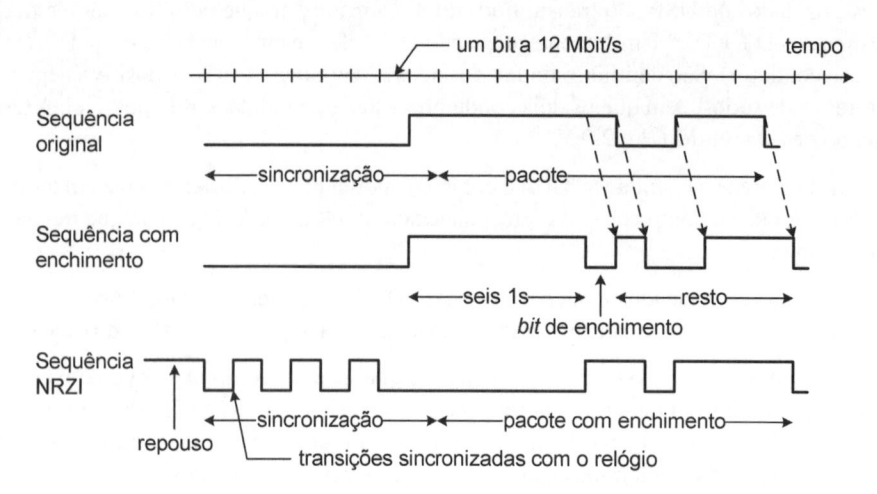

**Fig. 6.42 – Enchimento de *bits* e codificação NRZI**

portas USB, onde se pode conectar dispositivos USB ou concentradores USB externos, que são basicamente repetidores dos sinais e que permitem adicionar portas USB ao sistema (Figura 6.43).

O concentrador raiz pode controlar até 127 dispositivos, cada um com um número único, entre 1 e 127. O número 0 é reservado para permitir a conexão de um novo dispositivo. Qualquer dispositivo assume ser o número 0 quando é conectado ao barramento, situação que é detectada pelo *hardware*. Quando isso acontece, o concentrador raiz se comunica com o dispositivo 0, pede-lhe a sua descrição e lhe atribui um novo número, ficando o número 0 livre de novo.

Não há comunicação entre dois dispositivos. Cada um se comunica apenas com o concentrador raiz, estabelecendo com este canais virtuais chamados **dutos** (*pipes*). Cada dispositivo pode incluir diversas funcionalidades, a que correspondem **terminais** (*endpoints*) lógicos. Um duto é estabelecido entre um terminal e o *software* que controla o concentrador raiz.

Em cada dispositivo há 16 números (0 a 15) para definir terminais, mas a cada número correspondem dois terminais, um em cada direção da informação (concentrador→dispositivo e vice-versa). Todos os dispositivos têm de ter pelo menos os dois terminais com o número 0, pois é através dele que o concentrador estabelece os dois dutos básicos para comunicação bidirecional com o dispositivo. Poderá ter mais, dependendo das suas características. Os dutos correspondentes são estabelecidos quando o dispositivo é conectado ao barramento, fase essa denominada **enumeração**.

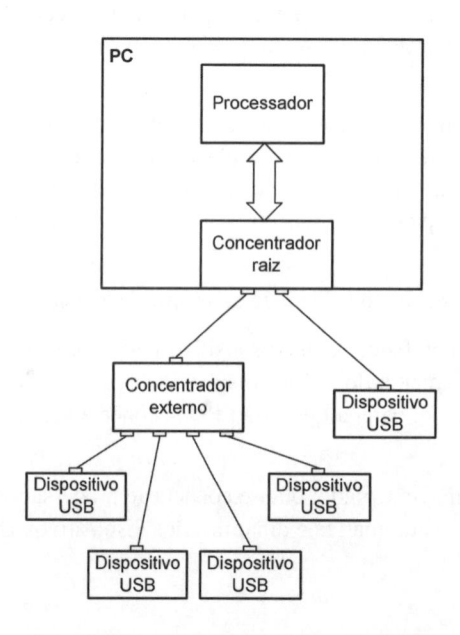

**Fig. 6.43 – Topologia física do USB**

Há dois tipos de dutos:

- **Dutos de mensagem** – São bidirecionais (usam os dois terminais com um determinado número) e é definido um formato para a transferência de informação. As transferências são exclusivamente iniciadas pelo concentrador;

- **Dutos de corrente** (*stream*) – São unidirecionais e não têm um formato definido de transferência de informação. Os dados podem ser enviados por iniciativa do concentrador ou dos dispositivos.

Há quatro tipos de transferências de dados através dos dutos:

- Não periódicas, que surgem quando necessário, sob iniciativa do concentrador (o dispositivo apenas pode responder) e sem garantia de taxa de transmissão ou de atraso (latência). Podem ser de dois tipos:

  - **Controle** – Permite enviar comandos do concentrador para os dispositivos, bem como configurá-los ou saber qual o seu estado. Este tipo exige sempre dois dutos que terminem no mesmo número de terminal (um em cada direção);

  - **Massivo** (*bulk*) – Para transferência de dados em quantidade, mas sem restrições temporais significativas (impressoras, pen drives, etc.).

- Periódicas. Na fase de enumeração define-se o período entre envios consecutivos de informação, o que garante um limite máximo para a latência (isto é, atraso máximo de transmissão pelo USB). Podem ser de dois tipos:

  - **Interrupção** – Não há sinais físicos dos periféricos para o controlador de interrupções do computador, em função do que tem de ser o controlador do concentrador raiz a testar periodicamente os dispositivos para saber se algum tem informação para transmitir. O período pode ser programado entre 1 e 255 milissegundos, sendo tipicamente usado para dispositivos de interação com o usuário (mouses, teclados, joysticks, etc.). A informação a ser transmitida é tipicamente pequena (até 64 bytes);

  - **Isócrono** – Para este tipo de transferência aloca-se uma percentagem da largura de banda do USB, de forma a garantir uma determinada taxa de transmissão sustentada. Isto é conseguido através da definição da quantidade de informação a ser transferida em cada período e pelo fato de eventuais erros não serem corrigidos com retransmissão de informação. São usadas, sobretudo, em aplicações de áudio e vídeo, em que garantir a taxa de transmissão é mais importante do que garantir que todos os dados cheguem. Este é o único tipo de transferência de dados que não faz controle de erros. O período pode ser programado entre 1 e 32.768 milissegundos.

Os dutos de mensagem suportam apenas o tipo de transferência de controle, enquanto os de corrente suportam apenas os outros três tipos de transferência de dados. Como as características de transferência de um duto são estabelecidas na fase de enumeração e ficam fixas posteriormente, pode-se falar em dutos de controle, isócronos, de interrupção e massivos.

Os dutos periódicos não podem ocupar mais de 90% da largura de banda (percentagem de utilização) do USB. Na fase de enumeração, quando um dispositivo se conecta ao USB, o concentrador raiz verifica se há largura de banda suficiente para as pretensões do dispositivo. Nos restantes 10% (ou mais, se os dutos periódicos não usarem tudo a que têm direito), os dutos de controle têm prioridade sobre os de dados massivos, que só conseguem transmitir informação quando o canal está livre de tráfego dos outros dutos.

A informação a ser transmitida pelos dutos está organizada em pacotes (conjuntos de *bytes* com um formato específico). O concentrador compartilha o tempo do canal USB pelos vários pacotes dos vários dutos, garantindo a periodicidade dos dutos periódicos e a percentagem de utilização dos dutos isócronos. A separação entre dutos é apenas lógica, baseada na identificação do terminal envolvido (incluída em cada pacote). O concentrador atua como árbitro central, distribuindo o tráfego de acordo com as prioridades.

A Figura 6.44 mostra o diagrama básico de componentes (apenas do ponto de vista lógico), relevante para a comunicação entre concentrador e dispositivos. Cada dispositivo inclui vários terminais (numerados de 0 a n, em que o valor máximo de n é 15), uns de recepção e outros de emissão.

Os terminais são os pontos de ligação ao dispositivo dos vários dutos que o concentrador estabelece com ele e podem ser do tipo controle, massivo, interrupção ou isócrono (o que determina o tipo do duto). Cada terminal inclui uma área de memória suficiente para guardar o maior pacote que pode circular no seu duto (valor este que pode ser configurado na fase da enumeração).

Por exemplo, uma câmera de vídeo poderá ter, além dos dois terminais com o número 0, apenas mais dois terminais de emissão (por exemplo, para transmitir o sinal de vídeo em um e o de áudio no outro), que neste caso seriam numerados como 1 e 2. Este dispositivo terá três dutos: um de controle (tipo mensagem, bidirecional), que usará os dois terminais com o número 0, e dois isócronos (tipo corrente, unidirecionais), que se ligarão aos terminais (emissores) com os números 1 e 2.

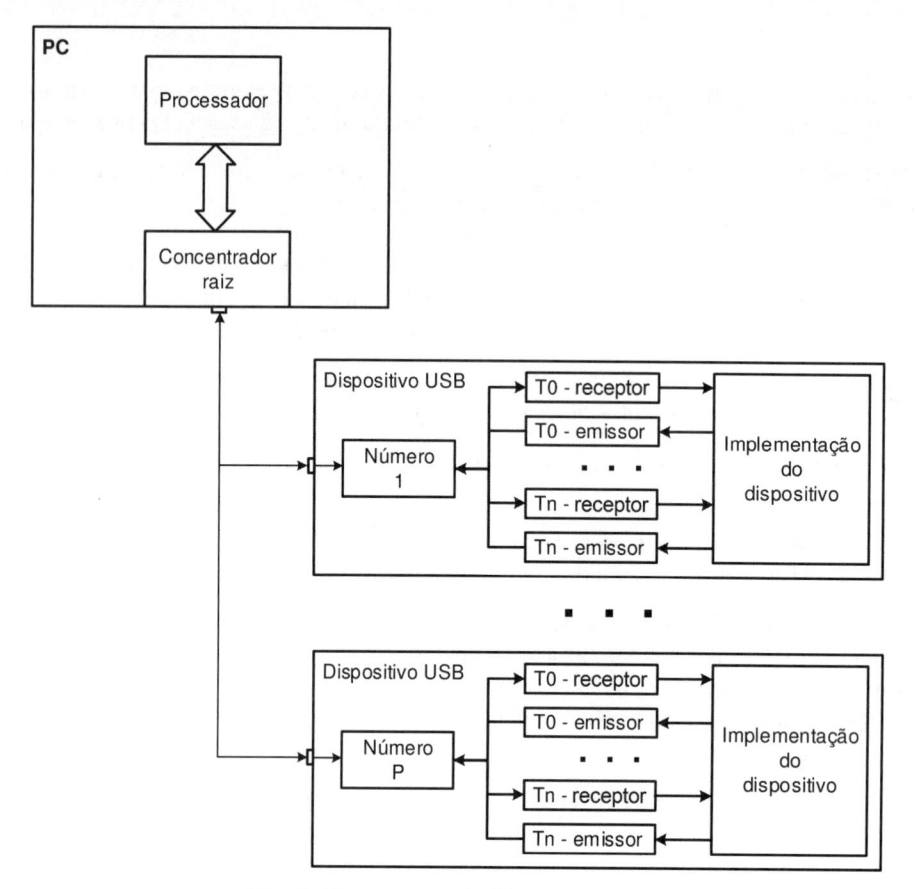

**Fig. 6.44 – Topologia lógica do USB**

Seja qual for o terminal ou tipo de duto utilizado, cada comunicação (denominada **transação**) é sempre iniciada pelo concentrador e envolve tipicamente três pacotes:

- **Sinal** (*token*) – Indica que tipo de operação o concentrador pretende. Este primeiro pacote é gerado pelo concentrador e pode ser um destes:
  - IN (o concentrador está pedindo dados);
  - OUT (o concentrador vai enviar dados);
  - SETUP (o concentrador vai iniciar uma operação de controle do dispositivo);
  - SOF (*Start Of Frame*, ou início de quadro, que é explicado posteriormente).

- **Dados** — Este segundo pacote inclui os dados a serem transferidos. O número de *bytes* do pacote depende de vários fatores, entre os quais se encontra um limite máximo definido na fase de enumeração. Se o pacote anterior for de IN, este pacote é gerado pelo dispositivo, caso contrário é gerado pelo concentrador;

- **Aperto de mão** (*handshake*) — Este pacote é gerado[82] pelo elemento que não gerou o pacote anterior e pode ser de um de três tipos:
  - ACK (*Acknowledge*) — Dados recebidos com sucesso;
  - NAK (*Not Acknowledge*) — O dispositivo não está preparado para aceitar os dados enviados por um OUT ou não tem dados para responder a um IN. O protocolo repetirá esta transação. O concentrador nunca pode gerar um NAK;
  - STALL (parar) — O dispositivo não pode efetuar esta comunicação, por não suportar o pedido efetuado ou por ter sido colocado em estado de *halt* (parado) devido a um erro na comunicação.

A Figura 6.45 mostra o formato dos pacotes mais relevantes do protocolo do USB. Qualquer pacote começa pelo PID (*Packet ID*, ou identificador de pacote), que pode assumir um de 16 valores (4 bits), e do qual depende a interpretação do resto do pacote, cujo formato varia conforme o valor do PID. Para aumentar a probabilidade de detecção de um erro (uma vez que tudo o que

---

[82]Exceto nas transações dos dutos isócronos, que não têm este terceiro pacote porque não implementam controle de fluxo ou de erros.

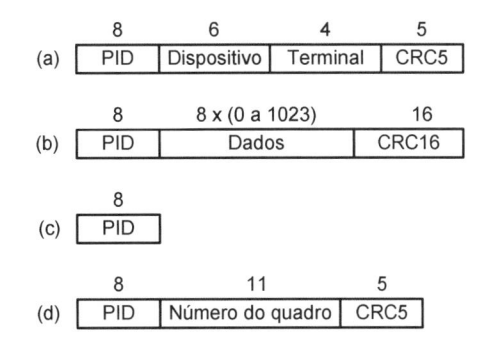

**Fig. 6.45 – Formatos dos pacotes mais relevantes do protocolo do USB. Cada campo tem indicado em cima o número de *bits* que ocupa. (a) — Sinal; (b) — Dados; (c) — Aperto de mão; (d) — Início de quadro**

vem a seguir depende da correta transmissão do PID), este campo tem 8 bits, 4 com o valor real e os restantes com os primeiros 4 bits negados.

A detecção de erros no resto dos pacotes (após o PID) é feita com um campo de CRC (*Cyclic Redundancy Check*, ou Verificação de Redundância Cíclica), em que cada *bit* enviado é passado por uma função (envolvendo polinômios) que vai atualizando um valor (de 5 ou 16 bits, CRC5 ou CRC16). O mesmo é feito no receptor, ao receber cada um dos *bits*. Após receber todo o pacote, compara o valor produzido pela função com o valor CRC recebido. Se for diferente, houve erro. Nos pacotes de dados (Figura 6.45b) são usados 16 bits em vez de 5 porque estes pacotes normalmente são muito maiores, portanto se tem de usar mais *bits* no CRC para manter a probabilidade de detecção de erros. As funções usadas garantem que todos os erros de um ou dois *bits* são detectados. Se houver mais *bits* errados ao longo do pacote, há uma certa probabilidade do erro não ser detectado.

O primeiro pacote (Figura 6.45a, sinal) de qualquer transação entre o concentrador e um dispositivo, efetuada em um determinado duto, tem de especificar (i) o número do dispositivo envolvido (Dispositivo), (ii) o número do terminal correspondente a esse duto (Terminal) e, se o terminal não for de controle, (iii) qual dos terminais (emissor ou receptor) vai ser usado na transmissão dos dados propriamente ditos (Figura 6.45b), o que é indicado pelo valor do PID (emissor, se PID=IN, ou receptor, se PID=OUT. Se PID=SETUP, a comunicação é bidirecional e usa os dois terminais).

O segundo pacote (Figura 6.45b) é o que transmite os dados, com uma dimensão variável, dependendo dos dados que houver para transmitir e de um valor máximo, definido quando o duto é estabelecido, mas que não pode ultrapassar 1023 bytes (se houver mais dados para transmitir, têm de ser divididos por várias transações). O primeiro pacote é sempre gerado pelo concentrador, mas este segundo é gerado pelo dispositivo se o primeiro for IN.

As áreas de memória em cada terminal são fundamentais. Se os dados forem enviados a partir do concentrador, o terminal receptor memoriza o conteúdo do pacote de dados até que o dispositivo possa lê-lo. Se o dispositivo tiver dados para enviar pelo controlador, armazena-os na área de memória do terminal de emissão. Quando o controlador decidir, terá de enviar um pacote IN para esse terminal, que envia então os dados como resposta.

O terceiro pacote indica apenas se os dados foram bem recebidos e aceitos, portanto este pacote é constituído apenas pelo PID (Figura 6.45c), sendo gerado pelo dispositivo ou pelo concentrador (quem receber os dados). Se houver um erro, a transação será repetida. As transações de dados nos dutos isócronos só têm os dois primeiros pacotes, pois não há controle de erros nem de fluxo.

O USB divide o tempo em fatias precisas de 1 milissegundo. Em cada 1 ± 0,0005 milissegundo, o concentrador raiz difunde (*broadcast*) para todos os dispositivos USB um **quadro** (*frame*), que pode incluir tantas transações (cada uma com os pacotes já mencionados) quanto couberem neste milissegundo (desde que haja informação para transmitir), mesmo que de vários dutos (o *software* encarrega-se depois de separar o tráfego). O tempo que sobrar fica sem proveito (Figura 6.46a).

O quarto tipo de pacote, SOF (Figura 6.45d), é usado para indicar o começo de cada quadro. Um quadro vazio (quando não há nada para transmitir) tem pelo menos o pacote SOF, desperdiçando o resto do tempo, para manter a sincronização (Figura 6.46b).

O desenvolvimento do USB produziu ainda outras especificações dentre as quais se destacam o USB-On-The-Go (2006), que permite a dispositivos USB se comunicarem entre si sem necessitarem de um PC, e o WUSB (*Wireless* USB 1.1, 2010), que permite dispositivos interagirem com o PC, mas dispensando o cabo USB. A informação está disponível em [USB].

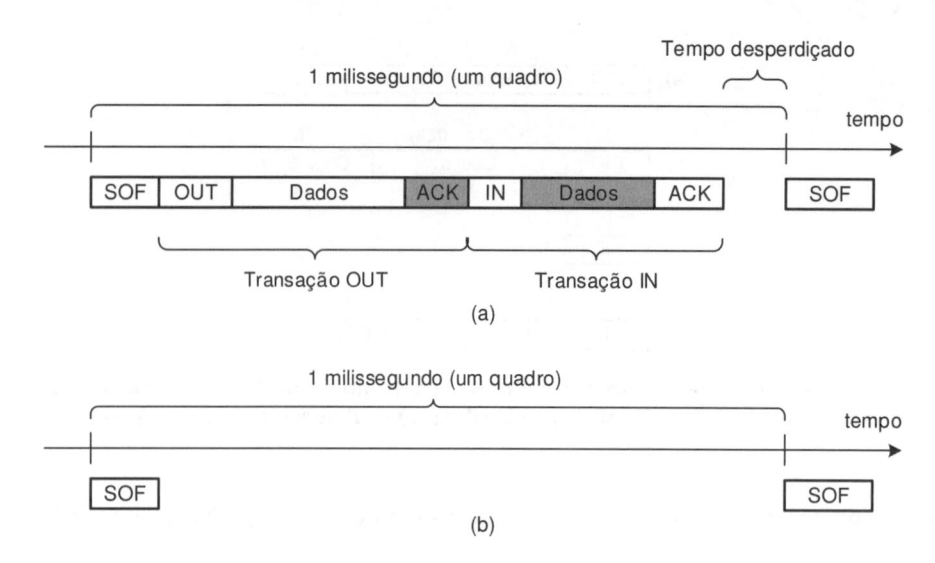

**Fig. 6.46 – Exemplos de utilização do tempo do USB. Os pacotes em cinza são enviados pelo dispositivo e os restantes pelo concentrador. (a) — Quadro com duas transações, ficando o resto do quadro não usado; (b) — Quadro totalmente vazio**

## ESSENCIAL

- Do ponto de vista do processador, um periférico é apenas um conjunto de portas que ele pode ler ou escrever. Muitas vezes nos referimos a um periférico como sendo um conjunto destas portas e de todo o *hardware* que ele controla (como, por exemplo, um disco e o seu controlador, um teclado e uma impressora), que pode inclusive possuir o seu próprio processador e constituir em si outro computador embutido no primeiro. É um abuso de linguagem admissível de modo geral, mas não podemos esquecer de que aquilo a que chamamos "computador" é na realidade um conjunto de vários computadores, mais ou menos especializados e interligados por protocolos específicos;

- Os discos (incluindo controladores) e a interface gráfica são exemplos de periféricos complexos que têm evoluído muito. Os discos, apesar de eletromecânicos e com tempos de acesso na ordem dos milissegundos, têm alta capacidade e são bastante confiáveis. As interfaces gráficas são cada vez mais sofisticadas, em particular com animações 3D, e precisam de cada vez mais capacidade de comunicação com o processador e memória central;

- Havendo vários sistemas interligados por um barramento, é preciso decidir (arbitrar) qual o sistema que envia os dados a seguir (só um deles pode fazê-lo de cada vez). Esse arbítrio pode ser centralizado ou distribuído e ser feito antes da comunicação ou mesmo após esta começar, com detecção de colisões (é o caso da ethernet, protocolo usado nas redes locais de computadores);

- A ligação aos periféricos pode ser paralela ou serial, síncrona ou assíncrona;

- As ligações paralelas síncronas (com um relógio comum) são usadas para os barramentos internos do computador, sob comando do processador central ou de um controlador do barramento. As ligações paralelas assíncronas são mais comuns nas ligações entre dois sistemas independentes, em que se usam sinais de controle para um sistema saber quando o seu interlocutor já recebeu um dado e está pronto para receber mais um;

- As ligações seriais assíncronas (RS-232) e síncronas (USB, Firewire) permitem ligações maiores do que um barramento paralelo, sendo as mais usadas no exterior do chassi do computador;

- O USB, em particular, é *plug & play* e tornou a ligação aos periféricos muito flexível, incorporando não apenas transmissão de dados, mas também vídeo e som, com garantia de tempos de entrega dos dados. Apesar de ser um padrão complexo, hoje está muito divulgado e constitui o principal meio de interligação dos PCs aos periféricos externos (incluindo câmeras de vídeo, discos magnéticos externos, etc.), cuja alimentação geralmente é fornecida pelo próprio USB.

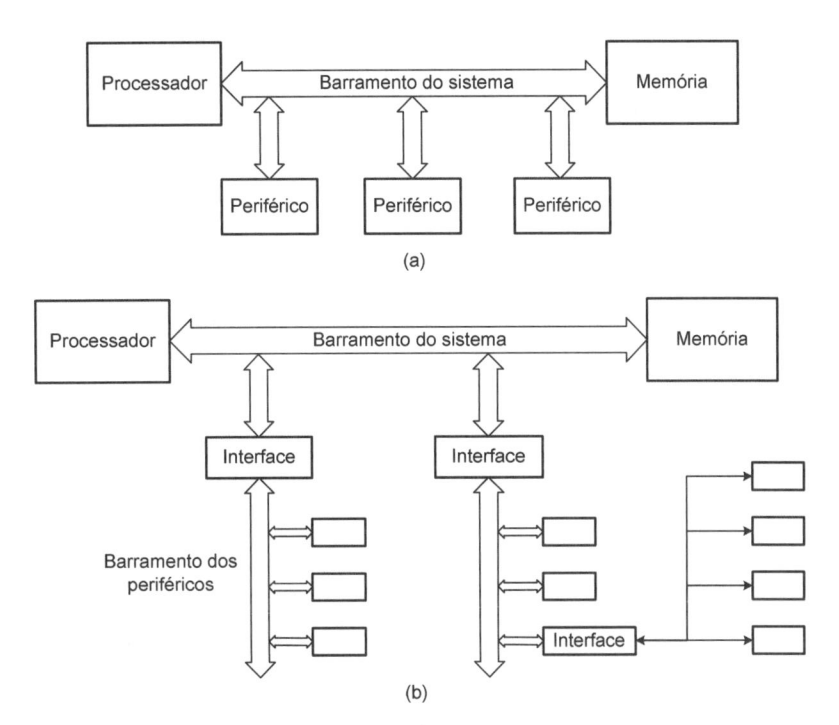

**Fig. 6.47 – Arquitetura do sistema de periféricos. (a) — Sistema simples com periféricos ligados diretamente ao barramento do sistema; (b) — Sistema de periféricos com barramentos hierárquicos e interfaces para ligar ao barramento de sistema**

# 6.4 ARQUITETURA DO SISTEMA DE PERIFÉRICOS

## 6.4.1 BARRAMENTOS HIERÁRQUICOS

A Seção 6.1 descreveu a interligação dos vários componentes de um computador, tendo como premissa que todos os periféricos se conectavam diretamente aos barramentos do processador (endereços, dados e controle) e, portanto, considerando que todos conseguiam acompanhar o ritmo do processador. Este inclui um mecanismo para esperar por algum dispositivo mais lento (o sinal de WAIT — ver Figura 6.22). No entanto, enquanto o processador está em espera, ele está completamente bloqueado, em função do que isto só funciona para dispositivos que precisem apenas de um pouco mais de tempo de acesso.

Esta é a situação descrita na Figura 6.47a. No entanto, só funciona nos computadores mais simples. Nos computadores com algumas capacidades, como um simples PC, já não pode ser assim. A contínua pressão para maior desempenho dos computadores tem feito a tecnologia de circuitos integrados evoluir bastante, o que se tem traduzido em frequências de relógio dos processadores cada vez mais elevadas, o que torna impraticável a conexão direta de todos os periféricos aos barramentos do processador.

Para serem rápidos, os barramentos de sistema devem ser curtos e estar otimizados para transferências de e para a memória, com detalhes que variam com a marca e modelo do computador. Seria quase impossível aos fabricantes dos periféricos contemplarem todas as variantes e acompanhar continuamente as evoluções tecnológicas dos processadores. Por outro lado, um barramento curto não permite espaço para as ligações dos vários periféricos, e se é mais longo tem de ser mais lento.

Assim, rapidamente apareceram barramentos padronizados e mais lentos do que o barramento do sistema, permitindo desacoplar os detalhes do barramento de sistema do funcionamento dos periféricos, através de interfaces que interligam os dois barramentos. É também possível ter mais do que um nível de barramentos de periféricos, de forma a contemplar periféricos mais lentos (comumente mais antigos) ou que usem outro modelo de comunicação (serial, por exemplo).

A Subseção 6.5.2 exemplifica esta arquitetura no âmbito dos PCs.

## 6.4.2 MODOS DE TRANSFERÊNCIA DE DADOS

Um dos aspectos mais fundamentais de qualquer computador é a forma como o processador transfere informação entre a memória e os dispositivos periféricos (disco, rede de comunicação, periféricos de entrada/saída, etc.).

O processador é o mestre incontestado e nada se faz sem a sua autorização. No entanto, o processador tem de levar em conta que um periférico normalmente é um dispositivo lento (pelos seus padrões) e altamente dependente da interação com dispositivos exteriores. Por outro lado, a interação com os periféricos não deve gastar uma fração demasiado elevada do tempo do processador (deve mesmo ser a menor possível).

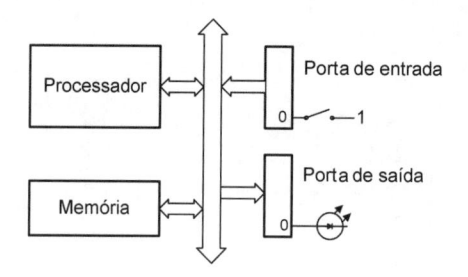

**Fig. 6.48 – Circuito simples para teste da espera ativa**

As questões fundamentais neste tema são as seguintes:

- **Latência** – Como é que o processador sabe quando um determinado periférico está pronto para transferir dados? Uma simples porta de entrada/saída está sempre pronta, mas periféricos como o disco, por exemplo, poderão ter de esperar que o braço seja posicionado e o disco rode até a posição certa, o que pode demorar um tempo imprevisível;

- **Taxa de transferência** – Qual é a forma mais rápida de transferir dados de e para um periférico, tendo o menor impacto na execução das atividades do processador?

### 6.4.2.1 Transferência por teste (*polling*)

A forma mais simples do processador saber quando um determinado periférico está pronto para transferir dados, ou quando um determinado *bit* muda de valor, é testar essa condição continuamente, em loop (*polling*). Esta situação é denominada **espera ativa** porque o processador fica dedicado a essa espera.

O Programa 6.2 ilustra a espera ativa, considerando uma porta de entrada de 8 bits em cujo *bit* 0 está conectado um botão e uma porta de saída de 8 bits em cujo *bit* 0 está conectado um LED (Figura 6.48).

O que o programa faz é ficar em espera ativa até que o botão seja pressionado (*bit* 0 com 1), ocasião em que acende o LED e fica de novo à espera, mas agora que o botão seja liberado, ocasião em que apaga o LED e o loop recomeça. O efeito prático é o LED acender apenas enquanto se está pressionando o botão. O programa é muito simples, mas o processador não faz mais nada.

```
Saída    EQU    8000H       ; endereço da porta de saída (bit 0 com 1 = LED aceso)
Entrada  EQU    0A000H      ; endereço da porta de entrada onde se conecta o botão
                            ; (se o botão estiver pressionado, o bit 0 vem com 1)

PLACE    0000H              ; localiza bloco de instruções
início:  MOV    R2, Saída   ; endereço da porta de saída
         MOV    R3, Entrada ; endereço da porta de entrada
apaga:   MOV    R0, 0       ; apaga o LED
         MOVB   [R2], R0    ; inicializa porta de saída
loop1:   MOVB   R1, [R3]    ; obtém estado da porta de entrada
         BIT    R1, 0       ; verifica estado do bit 0
         JZ     loop1       ; se estiver com 0, continua à espera
acende:  MOV    R0, 1       ; botão foi pressionado. Acende o LED
         MOVB   [R2], R0    ; põe 1 no bit 0 da porta de saída
loop2:   MOVB   R1, [R3]    ; obtém estado da porta de entrada
         BIT    R1, 0       ; verifica estado do bit 0
         JNZ    loop2       ; se estiver com 1, espera que passe para 0
         JMP    apaga       ; volta a esperar pelo botão pressionado
```

**Programa 6.2 - Espera ativa**

Este é um exemplo acadêmico (para ser simples), mas é fácil imaginar outro mais complexo, como, por exemplo, um sistema em que o processador pretende efetuar uma leitura de um disco. Ele indica ao controlador do disco qual o setor que pretende ler e fica em espera ativa, lendo um *bit* que o controlador do disco fornece e que mudará de estado quando o controlador do disco tiver lido o setor para a sua área de memória interna. Nessa ocasião, o processador poderá ler essa área de memória do controlador com os dados pretendidos.

O problema é que o acesso ao disco terá demorado vários milissegundos, durante os quais o processador ficou bloqueado em espera ativa, sem fazer mais nada, mesmo que houvesse outras tarefas que pudesse executar enquanto o controlador do disco se encarregava de ler o setor. Felizmente, este é um desperdício de tempo que não ocorre em qualquer computador moderno.

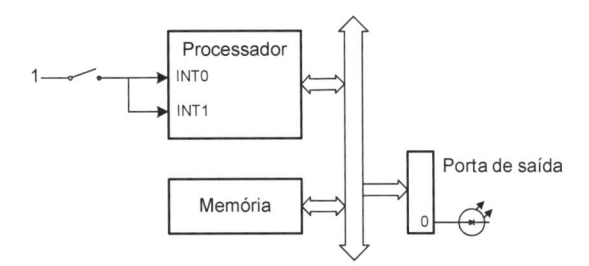

**Fig. 6.49 – Circuito simples para teste da espera não ativa (por interrupções)**

**SIMULAÇÃO 6.6** – ESPERA ATIVA

Esta simulação ilustra a espera ativa, tomando o Programa 6.2 como base. Os aspectos abordados incluem os seguintes:

- Verificação do comportamento do programa com um botão;

- Execução do programa passo a passo, com um botão que mantém o estado mesmo quando não pressionado (para ser mais fácil testar o comportamento).

### 6.4.2.2 TRANSFERÊNCIA POR INTERRUPÇÕES

A espera ativa pode ser resolvida com uso de interrupções, o meio por excelência de um processador não se preocupar com um determinado evento, mas ser avisado quando ele ocorre. A Figura 6.49 liga o sinal que vem do botão às interrupções INT0 e INT1, mas com a primeira sensível à borda ascendente e a segunda à borda descendente. Desta forma, o processador pode ser avisado quando o botão é pressionado (gera uma interrupção INT0) e quando é solto (gera uma interrupção INT1).

O Programa 6.3 ilustra este circuito. Há uma atividade principal (aqui representada simplesmente por um loop infinito que soma uma unidade a R3, mas poderia ser outra atividade mais complexa) que está sendo executada, sem estar associada ao botão. Quando este é pressionado ou liberado, as respectivas rotinas de interrupção acendem ou apagam o LED. Este programa tem de configurar o INT1 para ser sensível à borda descendente do sinal do botão.

Em uma aplicação mais séria, a interrupção poderia ser gerada pelo controlador de disco da seção anterior. Assim, o processador faz o pedido ao controlador do disco para ler um setor, por exemplo, e em seguida vai executar outras atividades enquanto o controlador do disco faz a leitura.

Quando os dados estiverem prontos, o controlador ativa o pino de interrupção e a respectiva rotina de atendimento pode fazer a leitura desses dados. Em seguida, o processador pode voltar às atividades que estava executando.

```
Saída     EQU   8000H        ; endereço da porta de saída (bit 0 com 1 = LED aceso)
pilha     EQU   2000H        ; valor inicial do SP

PLACE     1000H              ; localiza Tabela de Exceções
base:     word  Rot_int0     ; endereço da rotina de atendimento da interrupção 0
          word  Rot_int1     ; endereço da rotina de atendimento da interrupção 1

PLACE     0000H              ; localiza bloco de instruções
início:   MOV   SP, pilha    ; inicializa SP
          MOV   BTE, base    ; inicializa ponteiro para a Tabela de Exceções
          MOV   R2, Saída    ; endereço da porta de saída
          MOV   R3, 0        ; inicializa contador
          MOV   R0, 0004H    ; máscara com bits 3 e 2 (NSI1) com o valor 01
                             ; (borda descendente)
          MOV   R1, RCN      ; busca o conteúdo do RCN
          OR    R1, R0       ; programa INT1 para a borda descendente
          MOV   RCN, R1      ; atualiza o RCN
          EI0                ; permite interrupções INT0
          EI1                ; permite interrupções INT1
          EI                 ; a partir de agora pode haver interrupções
loop:     ADD   R3, 1        ; incrementa contador (atividade principal)
          JMP   loop         ; continua loop principal

;********************************************************************************
; Rot_int0 - Rotina de atendimento da interrupção INT0.
;            Invocada sempre que o botão é pressionado (borda ascendente do sinal)
;            Acende o LED.
;********************************************************************************
```

```
Rot_int0:
        PUSH   R0              ; guarda o R0
        MOV    R0, 1           ; botão foi pressionado. Acende o LED
        MOVB   [R2], R0        ; põe 1 no bit 0 da porta de saída
        POP    R0              ; restaura o R0
        RFE                    ; retorna da rotina de interrupção

;*************************************************************************
; Rot_int1 - Rotina de atendimento da interrupção INT1.
;            Invocada sempre que o botão é liberado (borda descendente do sinal)
;            Apaga o LED.
;*************************************************************************
Rot_int1:
        PUSH   R0              ; guarda o R0
        MOV    R0, 0           ; botão foi solto. Apaga o LED
        MOVB   [R2], R0        ; põe 0 no bit 0 da porta de saída
        POP    R0              ; restaura o R0
        RFE                    ; retorna da rotina de interrupção
```

**Programa 6.3 - Espera não ativa (por interrupções)**

**– TRANSFERÊNCIA DE DADOS POR INTERRUPÇÕES**

Esta simulação ilustra a transferência de dados por interrupções, tomando o Programa 6.3 como base. Os aspectos abordados incluem os seguintes:

- Verificação do comportamento do programa com um botão;

- Verificação da atividade principal, com execução do programa passo a passo;

- Verificação das interrupções com pontos de parada nas respectivas rotinas.

### 6.4.2.3 TRANSFERÊNCIA POR ACESSO DIRETO À MEMÓRIA (DMA)

As interrupções resolvem o problema da espera ativa, mas, no exemplo do controlador do disco, os dados têm de ser lidos para a memória pelo próprio processador, palavra a palavra, com um ciclo de leitura de uma palavra do controlador, seguida de uma escrita na memória, além da atualização dos endereços da palavra origem e destino (o que pode ser feito com um registrador usado como índice).

O Programa 6.4 ilustra como poderia ser, no exemplo do controlador de disco, se fosse a rotina de interrupção (invocada por uma interrupção gerada pelo controlador quando o setor já tivesse sido lido) a assegurar a cópia do setor do controlador para a memória.

Desta forma, a transferência de uma palavra gasta uma leitura, uma escrita e as leituras (busca) de cinco instruções da memória (incluindo atualização do índice). Ou seja, sete acessos à memória para transferir uma só palavra, além do tempo de execução das instruções.

```
Tam        EQU    . . .       ; tamanho do setor em bytes
BaseCont   EQU    . . .       ; endereço de base da área de memória do controlador
                              ; para onde o setor é lido do disco
BaseMem    EQU    . . .       ; endereço de base da área de memória do computador
                              ; para onde o setor deve ser transferido


. . .                         ; programa principal, inicializações, etc.


Rot_int0:                     ; rotina de interrupção
        PUSH   R1             ; guarda registradores usados
        PUSH   R2
        PUSH   R3
        PUSH   R4
```

```
         MOV   R1, BaseCont    ; endereço de base da área de memória origem
         MOV   R2, BaseMem     ; endereço de base da área de memória destino
         MOV   R3, 0           ; índice a ser usado na transferência
         MOV   R4, Tam         ; tamanho do setor em bytes
copia:   MOV   R0, [R1+R3]     ; obtém uma palavra do controlador
         MOV   [R2+R3], R0     ; copia-a para a área de memória destino
         ADD   R3, 2           ; avança índice
         CMP   R3, R4          ; já copiou o setor todo?
         JLT   copia           ; se ainda não, continua
         POP   R4              ; restaura registradores usados
         POP   R3
         POP   R2
         POP   R1
         RFE                   ; retorna da rotina de interrupção
```

**Programa 6.4 - Exemplo de rotina de transferência de dados de um periférico para memória**

A transferência de dados por *software* é fácil (é só programar umas instruções), mas é lenta, em particular se há muitos dados a serem transmitidos. Para otimizar, só com suporte em *hardware*, com acesso direto à memória (DMA — *Direct Memory Access*).

A Figura 6.50 ilustra o conceito. A ideia básica é efetuar a transferência por meio de um circuito especializado, em que só a leitura e escrita da palavra em si gastam tempo. Não há instruções para copiar os dados de um lado para o outro (a transferência é feita em *hardware*), portanto não há tempo gasto com a busca dessas instruções na memória nem com a sua execução.

O controlador de DMA pode comportar-se como:

■ Um periférico, com registradores internos que o processador pode ler e escrever para configurar uma transferência de dados ou saber informação sobre o estado dessa transferência;

■ Um processador especializado (que só sabe fazer transferências de dados). Como tal, tem a capacidade de ser ele a gerenciar os barramentos (endereços, dados e controle), como se fosse um processador normal a acessar a memória.

Neste segundo papel, o controlador de DMA entra em conflito com o processador, habituado a ser o único a gerenciar os barramentos, portanto tem de haver um processo de garantir que só um deles gerencie os barramentos em cada instante. O processador continua a ser o mestre, pois só com autorização deste o controlador de DMA pode entrar em ação.

Uma transferência de dados efetuada por DMA normalmente envolve os passos listados a seguir (concretizados aqui com o uso do PEPE e um exemplo de uma leitura de disco).

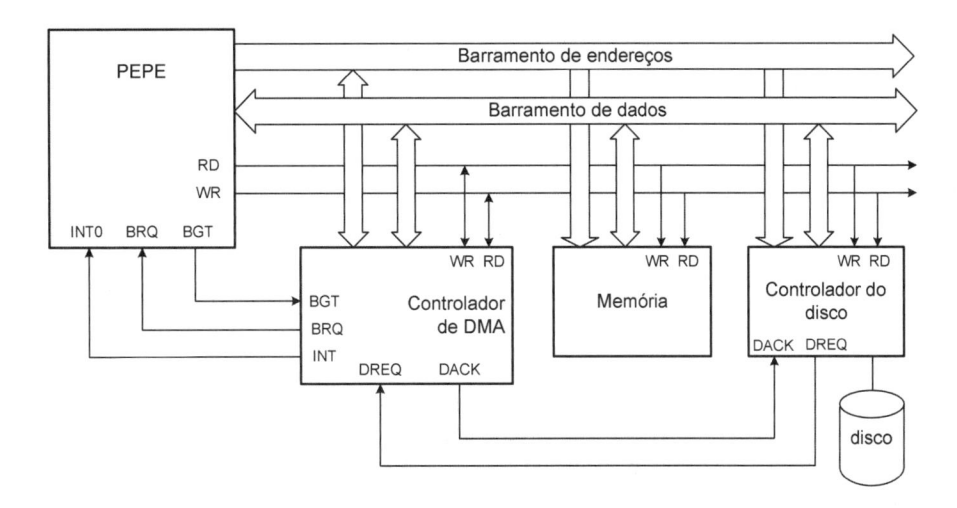

**Fig. 6.50 – Transferência de dados por DMA (*Direct Memory Access*)**

1. O processador programa o controlador de DMA para a transferência, escrevendo nos seus registradores internos (usando-o como um periférico qualquer) a informação necessária, particularmente o endereço de base da área de dados a transferir, o endereço de base da área de dados destino e o número de *bytes* a serem transferidos;

2. O processador dá o comando ao controlador do disco para ler um determinado setor (acessando-o como qualquer periférico, escrevendo nos seus registradores internos a informação necessária — número da trilha, número do setor, etc.);

3. O processador vai executar outras atividades, "esquecendo-se" desta transferência;

4. Quando o controlador de disco tiver lido o setor para a sua área de dados interna, ativa um sinal (DREQ) para o controlador de DMA, indicando-lhe que já tem os dados prontos para a transferência;

5. O controlador de DMA pede autorização ao processador para começar a transferência, ativando o sinal BRQ (*Bus Request*, ou pedido de acesso aos barramentos);

6. Logo que possa (uma instrução nunca é interrompida no meio), o processador coloca os seus barramentos em estado de alta impedância (*tri-state*) e ativa o sinal de BGT (*Bus Grant*, indicando ao controlador de DMA que tem permissão para gerenciar os barramentos de acesso à memória e aos periféricos). O RE possui um *bit* (DE) que tem de estar com 1 para permitir o DMA (Tabela A.2);

7. O controlador de DMA ativa o sinal DACK (*DMA Acknowledge*), para o controlador de disco saber que a transferência vai se iniciar, ao que o controlador do disco responderá desativando o sinal DREQ;

8. O controlador de DMA efetua a transferência, lendo uma palavra do endereço origem e escrevendo-a no endereço destino, repetindo depois a operação para a palavra seguinte, até ter transferido toda a informação (de acordo com o que o processador programou no passo 1). Nesta fase, é o controlador de DMA que assume como mestre do sistema e gera todos os sinais dos barramentos (particularmente de endereços e de controle), como se se tratasse de um processador (mas não faz busca de instruções, apenas leituras e escritas da memória), razão pela qual na Figura 6.50 o barramento de endereços e os sinais de RD e WR aparecem como sinais bidirecionais;

9. Quando terminar a transferência, o controlador de DMA:

   a) Desativa o sinal DACK (*DMA Acknowledge*), para o controlador de disco saber que a transferência terminou;

   b) Muda a sua interface de acesso aos barramentos, deixando de ser mestre para se converter em um simples periférico (barramento de endereços e de controle passam a ser apenas entradas e coloca o barramento de dados em alta impedância — *tri-state*);

   c) Desativa o sinal de BRQ, para o processador saber que o controlador de DMA já não precisa acessar os barramentos;

   d) Ativa o pedido de interrupção para o processador, sinalizando que a transferência já foi efetuada.

10. O processador recomeça a sua atividade normal, desativando o sinal BGT e acessando, se necessário, os seus barramentos;

11. Quando puder, o processador atende o pedido de interrupção, dando início ao processamento dos dados transferidos.

A sequência exata de operações depende do sistema e de algumas opções usuais em transferências de DMA, em que normalmente são suportados os seguintes modos:

- Contínuo, ou em bloco – Toda a transferência é feita de uma só vez (caso deste exemplo). Este modo deve ser usado apenas quando todos os dados já estão disponíveis;

- A pedido, ou rajada (*burst*) – São transferidas palavras até se chegar ao limite de palavras a transferir ou o periférico não tiver mais palavras prontas para transferir. Este é um modo adequado para periféricos que vão produzindo os dados ao mesmo tempo em que eles vão sendo transferidos. Se o periférico se atrasar, pode usar os sinais DREQ e DACK para estabelecer um protocolo com o controlador de DMA, que faz com que este possa liberar os barramentos (desativando o sinal BRQ), se o periférico desativar o sinal DREQ. Logo que este sinal seja ativado de novo, o controlador de DMA volta a ativar o sinal BRQ e continua no ponto em que interrompeu, até transferir todas as palavras que o processador indicou inicialmente. Só então a interrupção para o processador é gerada;

- Simples, ou palavra a palavra – O controlador de DMA transfere uma só palavra e desativa o sinal BRQ, para a seguir o ativar de novo, se o periférico tiver mais palavras para transferir. A ideia é permitir ao processador ir executando algumas instruções no meio das transferências de DMA (ou vice-versa — tudo depende do ritmo de pedidos de DMA), técnica conhecida por *cycle stealing* (roubo de ciclos). Com suporte adequado em *hardware*, é possível inclusive o controlador de DMA acessar o barramento apenas nos ciclos em que o processador está executando uma instrução internamente e não acessando a memória.

Neste caso, a transferência não é tão rápida, mas o ônus do DMA no desempenho do processador fica praticamente reduzido a zero porque aproveita os ciclos de acesso à memória, que de qualquer modo o processador não usaria.

As operações de DMA têm precedência sobre as interrupções, que não são atendidas enquanto o sinal `BGT` estiver ativo (o processador não poderia acessar a pilha). Assim, é importante que as operações de DMA sejam curtas. As *caches* (Seção 7.5) podem permitir que o processador continue a executar, internamente, enquanto o DMA usa os barramentos exteriores. No entanto, assim que o processador precisar acessar a memória externa, terá de parar até a operação de DMA acabar.

Normalmente, cada controlador de DMA suporta vários **canais de DMA**, através de pinos `DREQ` e `DACK` individuais para vários periféricos. Muitos sistemas também suportam vários controladores de DMA através de suporte para vários mestres (quer processadores quer controladores de DMA) nos barramentos.

**SIMULAÇÃO 6.8** – TRANSFERÊNCIA DE DADOS POR DMA

Esta simulação ilustra a transferência de dados por DMA, tomando o Programa 6.4 e a Figura 6.50 como base. Os aspectos abordados incluem os seguintes:

- Verificação do comportamento da transferência de dados por *software*;

- Verificação da programação e do comportamento do PEPE e do controlador de DMA durante uma transferência, usando os vários modos de funcionamento do controlador de DMA;

- Medição do desempenho dos vários modos de transferência por DMA e comparação com a transferência em *software*.

### 6.4.2.4 TRANSFERÊNCIA POR PROCESSADOR DE ENTRADAS/SAÍDAS

Os controladores de DMA conseguem liberar o processador das transferências de dados, executando-as de forma muito mais rápida. No entanto, são pouco inteligentes, no sentido de que só sabem fazer transferências de dados, independentemente dos aspectos funcionais dessas transferências. Tem de ser o processador central a assumir todas as rotinas de entradas, saídas, interrupções, etc.

A Figura 6.51a apresenta esta visão, em que um controlador de DMA otimiza a transferência de dados de e para periféricos, que envolva quantidades consideráveis de informação, como discos e redes de comunicação. Periféricos menos onerosos (ou menos críticos) são tratados diretamente pelo processador. Todas as interrupções passam pelo processador.

A Figura 6.51b mostra outra solução, em que se usou um processador especializado para tratar de todos os aspectos de entradas/ saídas. Um processador destes inclui um controlador de DMA para tratar dos periféricos com maior sobrecarga de dados. A grande vantagem em relação a usar apenas um controlador de DMA é que as rotinas que tratam diretamente com os periféricos podem executar neste processador, que tem a sua própria memória, de forma simultânea com o *software* de mais alto nível, que é executado no processador central. Este tem apenas de introduzir o processador de entradas/saídas nas suas tarefas específicas, ficando assim liberado para executar outras atividades.

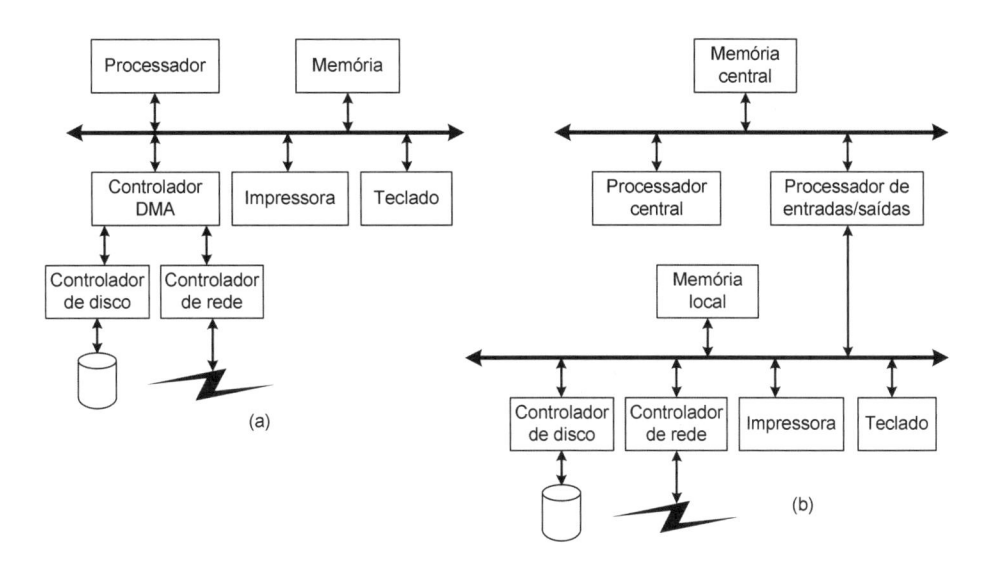

**Fig. 6.51 – Arquitetura de entradas/saídas. (a) — Com controlador de DMA; (b) — Com processador de entradas/saídas (que inclui controlador de DMA)**

## ESSENCIAL

- Dentro de um computador (PC, por exemplo), normalmente são usados barramentos paralelos para ligar os subsistemas periféricos ao processador central. Estes barramentos são padrões (PCI, por exemplo), para permitir conectar periféricos de vários fabricantes, e funcionam a frequências mais baixas que o barramento de sistema, que liga o processador às memórias e aos periféricos de maior desempenho (interface gráfica e de rede de comunicação);

- A interação entre o sistema central (processador e memória) e os periféricos envolve basicamente transferência de dados, o que implica não apenas copiar os dados da origem para o destino, mas também saber quando os dados estão disponíveis para serem copiados. Pode ser feita basicamente de quatro formas distintas:

  - **teste** (*polling*) — O processador fica em loop (espera ativa) testando uma condição que indique que a transferência pode ser feita. Esta espera pode ser grave porque o processador não pode fazer mais nada;

  - **interrupções** — O processador fica realizando o seu processamento normal e o periférico avisa o processador quando estiver pronto para a transferência, gerando uma interrupção;

  - **DMA** (acesso direto à memória) — Um controlador especializado copia os dados de forma autônoma, em *hardware*, depois de ser programado pelo processador. O processador não pode fazer acessos à memória ou periféricos durante a transferência. O aviso de que a transferência terminou é feito por interrupção para o processador central;

  - **processador de entradas/saídas** — Permite não apenas efetuar a transferência de dados por *hardware* como também algum processamento específico dos dados. Geralmente é um processador especializado, que inclui capacidade de DMA e libera o processador central das tarefas de mais baixo nível das entradas/saídas.

## 6.5 EXEMPLOS DE COMPUTADORES COMPLETOS

### 6.5.1 CLASSES DE COMPUTADORES

Os computadores são usados em quase todos os aspectos da nossa vida, embora isso não implique necessariamente uma interação direta com um monitor e um teclado. Para abranger toda o arsenal de aplicações possíveis, existe um conjunto de classes de computadores, cada uma com um conjunto de características que a torna mais adequada para um determinado tipo de aplicação. Naturalmente, as diversas classes não são mutuamente exclusivas, nem em termos de características nem em termos de aplicações para as quais são uma opção válida.

As classes de computadores geralmente reconhecidas são as seguintes, por ordem decrescente de capacidades e custo (são indicados também os termos usuais em inglês):

- Grandes computadores, para atender muitos usuários simultaneamente ou aplicações de intenso processamento matemático:

  - **Supercomputador** (*supercomputer*) – Outrora o âmbito de processadores muito específicos, custando uma fortuna, hoje são construídos exclusivamente com processadores de topo de linha emergentes da linha dos computadores pessoais. Estes computadores normalmente têm muitos processadores (centenas ou mesmo milhares), interligados por redes rápidas (*gigabit* LAN, por exemplo). São usados, sobretudo, em aplicações especiais que requerem muitas operações de cálculo científico;

  - **Servidor** (*server*) – Formado normalmente por alguns processadores de topo de linha (tipicamente, não mais de 8 ou 16), geralmente compartilhando uma mesma memória. Têm grande aplicação em nível empresarial, constituindo o Centro de Processamento de Dados (CPD, ou Centro de Dados, Centro de Informática, ou *Data Center*) que suporta todo o processamento de informação de uma organização. É cada vez mais frequente usar-se servidores em placas compactas (*blades*), dispostas de forma organizada em bastidores (*racks*, também conhecidos como baias), o que para um grande número de servidores permite instalações muito mais compactas do que gabinetes individuais (PCs de topo de linha).

- Computadores pessoais, normalmente com interação com apenas um usuário:

  - **Estação de trabalho** (*workstation*) — Normalmente, é um computador de mesa com mais capacidades do que o normal, com processadores de topo de linha (até dois). São geralmente usadas por técnicos especialistas para desenvolvimento de aplicações que envolvam grandes necessidades de cálculo (aplicações gráficas, por exemplo);

  - **Computador de mesa** (*desktop*) – São os computadores mais usados, quer em nível profissional, quer em nível pessoal. Os computadores atuais já têm boas capacidades, tanto em termos de cálculo como em termos de interação multimídia com o usuário;

  - **Computador de colo** (*laptop* ou *notebook*) – Designados geralmente como "portáteis", são basicamente computadores de mesa adaptados à mobilidade, com processadores que consomem menos, gabinetes menores, maior nível de integração, etc.;

- **Computadores de Internet** (*netbook*) – Constituem uma evolução dos computadores portáteis, com menor custo por terem telas de menor dimensão e processadores de menor desempenho (mas mantendo a compatibilidade com os programas dos PCs). Destinam-se basicamente a aplicações de baixos requisitos computacionais, como edição de documentos e pesquisas na Internet (o que deu origem ao nome desta categoria). Com seu pico de popularidade em 2010, foram literalmente suplantados pelos *tablets* da categoria seguinte, tecnologicamente mais evoluída e com maior mobilidade e autonomia.

- **Computadores de mão** (*smartphones*, *tablets* e *phablets*) – Há alguns anos, eram denominados PDAs (*Personal Digital Assistants*) ou agendas eletrônicas. Cabiam literalmente na palma da mão e destinavam-se basicamente às pequenas tarefas pessoais em ambiente totalmente móvel (agenda, bloco de notas, aplicações de gerenciamento pessoal, acesso móvel à Internet, em particular correio eletrônico, etc.). Os *smartphones* vieram estender, em muito, essas capacidades, além de juntar a capacidade de comunicação. Desde 2010, os *tablets* têm revolucionado o mundo da computação móvel, conciliando uma tela, sensível ao toque, de cerca de 10 polegadas e boa resolução com uma autonomia na ordem de 10 horas (um dia fora de casa). Espera-se que em breve se vendam mais *tablets* que PCs, em nível mundial. Atualmente, assiste-se à convergência de características entre PCs, *tablets* e *smartphones*, em um arsenal de híbridos (com teclado descartável, Windows e Android no mesmo dispositivo, ou mesmo dotando *tablets* de capacidade de telefone – os *phablets*), que permitem reunir todas as funcionalidades úteis, em nível pessoal, em um só aparelho (incluindo até recepção direta de televisão digital terrestre).

- Computadores embutidos, normalmente escondidos dentro de sistemas com aplicações específicas e que normalmente não são reconhecidos como sistemas informatizados:

  - **Microcontrolador** (*microcontroller*) – Um computador num só circuito integrado que reúne processador, memória e periféricos. São usados aos bilhões por todo o mundo, desde simples brinquedos até aviões, passando por telefones celulares, automóveis, edifícios, etc.

As seções seguintes descrevem em mais detalhes os exemplos dos computadores pessoais (geralmente designados PCs) e dos microcontroladores.

## 6.5.2 O PC

### 6.5.2.1 ARQUITETURA ORIGINAL

Vendem-se atualmente milhões de PCs por ano em todo o mundo (segundo a IDC – International Data Corporation – 346 milhões em 2010, 364 milhões em 2011 e 350 milhões em 2012). São computadores de uso geral mais difundidos. No entanto, o PC está perdendo terreno para os *tablets*, com uma perda anual de cerca de 10% em 2013 em relação a 2012, enquanto os *tablets* exibem um crescimento anual na ordem de 70%. Espera-se que em breve as vendas de *tablets* ultrapassem as dos PCs, na ordem dos 330 milhões de *tablets* contra cerca de 320 milhões de PCs. Espera-se que em breve as vendas de *tablets* ultrapassem às dos PCs. No entanto, os PCs não irão desaparecer, pelo menos por enquanto. Os *tablets* são bons para visualizar informação, mas ruins para produzi-la. Um teclado com *mouse* e uma tela de dimensões mais generosas ainda são requisitos essenciais para aplicações mais exigentes de visualização de informação. O termo PC (*Personal Computer*, ou computador pessoal) é algo exagerado, pois há outras arquiteturas de computadores destinadas a serem usadas por apenas um usuário, como, por exemplo, os computadores da Apple (comumente conhecidos por Macs) e mais recentemente todos os dispositivos móveis.

O computador pessoal tem historicamente este nome por oposição aos grandes sistemas de vários usuários, exclusivos de centros de informática e utilizados apenas por técnicos especialistas nas décadas de 1960 e 1970. O fato de hoje qualquer pessoa, mesmo leiga em termos de informática, conseguir usar um computador para a sua vida pessoal ou profissional, no conforto da sua casa, no seu escritório ou mesmo em qualquer lugar (com os computadores portáteis e os *tablets*) contribuiu definitivamente para a transformação da sociedade em que vivemos.

O PC é apenas a arquitetura que teve mais sucesso comercial, sobretudo devido ao fato da IBM, em cujo contexto apareceu, ter divulgado as especificações. Isto permitiu a outras empresas (em particular asiáticas) produzir computadores compatíveis com o PC original (os chamados *clones*), em grandes quantidades e com preços mais reduzidos do que a IBM o faria. A Apple quase faliu, na década de 1990, porque durante muito tempo insistiu em ser a única a fabricar os seus computadores. Hoje está mais revitalizada na área de portáteis, devido a uma qualidade muito boa de *hardware* e *software*, mas perdeu em quantidade e participação de mercado. Por essa razão, inovou no mercado dos *tablets*, onde atualmente é dominante.

A arquitetura original do IBM-PC tinha um 8088[83] da Intel como processador. Rapidamente se chegou à conclusão de que, em termos de desempenho, valia a pena ter o 8086 e os seus 16 bits de barramento de dados, surgindo o PC/XT. A Figura 6.52 repre-

---

[83]Um 8088 era um processador derivado do 8086, de 16 bits de palavra, mas com um barramento externo de dados de apenas 8 bits, para ser mais barato (menos pinos). Um acesso de 16 bits à memória implicava dois acessos em *byte*. Embora o *hardware* tratasse disto automaticamente, ficava mais lento do que um 8086.

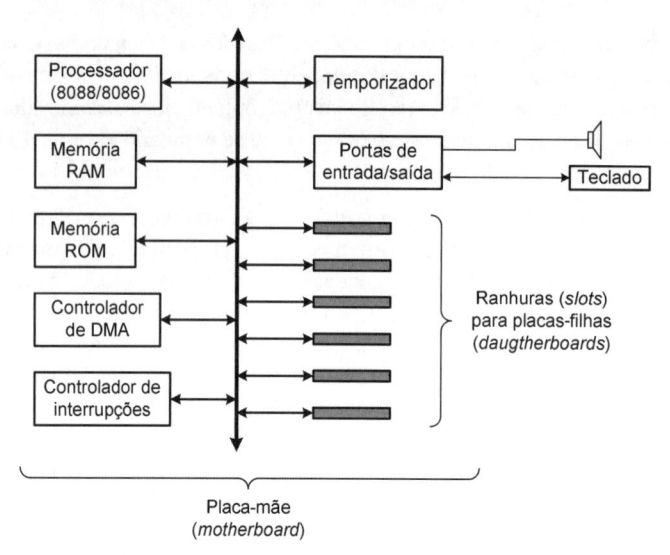

**Fig. 6.52 – Arquitetura original do PC (PC/XT)**

senta esta arquitetura original, baseada numa placa-mãe (*motherboard*) com alguns *slots* (ranhuras) onde podiam ser encaixadas algumas placas-filhas (*daugtherboards*), constituindo assim uma arquitetura extensível.

A placa-mãe incluía os dispositivos mais básicos, enquanto os subsistemas de periféricos mais complexos (como o controlador de disquetes e do disco rígido e a placa gráfica de interface com o monitor) ficavam nas placas-filhas. O controlador de DMA otimizava a comunicação com estas placas-filhas e o controlador de interrupções suportava o DMA, teclado, temporizações, etc. O temporizador gerava as temporizações de sistema, incluindo o som do alto-falante, ligado às portas de entrada/saída, tal como o teclado.

Com um 8088 a 4,77 MHz e com um barramento de dados de 8 bits, 64 KBytes de RAM, uma unidade de disquetes de 160 KBytes, monitor de vídeo sem gráficos, PC-DOS 1.0 (nome original do MS-DOS) e algumas aplicações (incluindo um compilador de Basic e uma planilha eletrônica, VisiCalc), o IBM-PC partiu em 1981 para dominar o mundo.

O PC não tem parado de evoluir nestes seus primeiros 30 anos, desde as primeiras versões com um barramento de dados de 8 bits até as versões atuais de 64 bits e frequências de relógio 1000 vezes superiores. Um dos principais segredos do sucesso está na sua linha evolutiva, sempre preocupada em manter a compatibilidade com as versões anteriores. Por esta razão, pode-se dizer que a arquitetura atual é a possível, em um equilíbrio resultante da evolução tecnológica por um lado e de muitos compromissos por outro.

Como qualquer computador, um PC é constituído por um processador, memória, periféricos e barramentos. Todos evoluíram muito, em capacidades e rapidez. Está completamente fora do âmbito deste livro descrever os detalhes da arquitetura do PC, sobre a qual existe abundante informação ([Buchanan 2001], [Thompson 2004], [Reagan 2005], [Minasi 2005], [PCTechGuide], [PCGuide], [Anandtech] e [PCStats]). Aqui são descritos apenas os aspectos fundamentais e, em termos de evolução, de modo a entender-se o que foi conseguido nestes 30 anos.

### 6.5.2.2 EVOLUÇÃO NOS PROCESSADORES

A Tabela 6.18 mostra bem a evolução ocorrida nos processadores ao longo destes anos. Em termos tecnológicos, basta olhar para:

- As frequências dos relógios e o ritmo da sua evolução;

- O nível de integração, medido pelo crescente número de transistores (elemento básico de todos os sistemas digitais) em cada processador;

- A tecnologia de fabricação, expressa pela dimensão da trilha mais estreita no circuito integrado, cada vez menor, conseguindo 22 nanômetros,[84] em 2013 e prevendo-se 10 até 2018.

Outros fatores tecnológicos não expressos na Tabela 6.18 têm sido extremamente importantes como, por exemplo, a tensão de trabalho dos processadores, que tem descido dos 5 V do 8086 para cerca de 0,7 V nos processadores com menor consumo (importante nos computadores portáteis e *tablets*) e potência dissipada. A redução da largura das trilhas nos circuitos integrados e da tensão de trabalho têm sido os fatores fundamentais para suportar o aumento da frequência do relógio e da integração.

Dado o seu custo e características, alguns destes processadores são basicamente usados em servidores, mas nada impede de serem usados em computadores pessoais. A arquitetura de base do computador é a mesma, diferindo nas capacidades do processador, da memória e dos periféricos.

---

[84] Um nanômetro (nm) é a milésima parte de um mícron (símbolo: μ), que por sua vez é a milionésima parte de um metro (m). Ou seja, 1 nm = $10^{-9}$ m.

## Tabela 6.18 - Evolução das características dos principais processadores da Intel e da AMD

| REFERÊNCIA | FABRI-CANTE | ANO | BITS | RELÓGIO (MHz/GHz) | TRANSIS-TORES | TRILHA (NM) | CARACTERÍSTICAS EM DESTAQUE |
|---|---|---|---|---|---|---|---|
| 8086 | Intel | 1978 | 16 | 5-8 M | 29 K | 3000 | Processador de 16 bits, 20 bits endereço |
| 80186 | Intel | 1982 | 12 | 10-12 M | 100 K | 1500 | Primeiro microcontrolador |
| 80286 | Intel | 1982 | 16 | 6-20 M | 134 K | 1500 | Modo protegido, 24 bits endereço |
| 80386 | Intel | 1985 | 32 | 16-33 M | 275 K | 1500 | Processador de 32 bits |
| 80486 | Intel | 1989 | 32 | 25-120 M | 1,2 M | 1000 | *Cache* e coprocessador matemático internos |
| Pentium | Intel | 1993 | 32 | 60-200 M | 3,1 M | 800 | Superescalar, acesso à memória de 64 bits |
| Pentium Pro | Intel | 1995 | 32 | 150-200 M | 5,5 M | 600 | *Cache* L2 integrada |
| Pentium MMX | Intel | 1996 | 32 | 166-233 M | 4,5 M | 350 | Instruções de multimídia |
| Pentium II | Intel | 1997 | 32 | 233-450 M | 7,5 M | 350 | *Cache* L2 não integrada, barramento dedicado |
| Celeron | Intel | 1998 | 32 | 266 M-3,1 G | 7,5 M | 250 | Sem *cache* L2 ou reduzida |
| Pentium III | Intel | 1999 | 32 | 533 M-1 G | 28,1 M | 180 | Instruções para SIMD |
| Athlon | AMD | 1999 | 32 | 500 M-2,2 G | 22 M | 250 | Processador de 7.ª geração |
| Pentium 4 | Intel | 2000 | 32 | 1,4-2,8 G | 42 M | 180 | Mais instruções, 20 estágios |
| Itanium | Intel | 2001 | 64 | 733-800 M | 25 M | 180 | Processador de 64 bits |
| Pentium 4 | Intel | 2002 | 32 | 3-3,8 G | 55 M | 130 | Hiperfluxo |
| Itanium 2 | Intel | 2002 | 64 | 0,9-1 G | 220 M | 180 | *Cache* L3: 1,5 - 3 M |
| Pentium-M | Intel | 2003 | 32 | 1,3-2,1 G | 77 M | 130 | Relógio e tensão variáveis |
| Opteron | AMD | 2003 | 64 | 1,2-2,4 G | 100 M | 130 | Processadores de 64 bits, |
| Athlon 64 | AMD | 2003 | 64 | 2,0-2,2 G | 106 M | 130 | compatíveis em binário com os Pentiums |
| Itanium Madison | Intel | 2004 | 64 | 1,6 G | 592 M | 130 | *Cache* L3 (integrada): 9 M |
| Pentium Extreme | Intel | 2005 | 32 | 3,2 G | 230 M | 90 | Dois núcleos, hiperprocessamento |
| Athlon 64 X2 | AMD | 2005 | 64 | 2,0-2,4 G | 233 M | 90 | Dois núcleos, virtualização |
| *Dual-core* Xeon | Intel | 2005 | 64 | 2,8 G | 230 M | 90 | Dois núcleos, hiperprocessamento |
| Itanium Montecito | Intel | 2006 | 64 | 1,7 G | 1720 M | 90 | Dois núcleos, L3: 2x12 M |
| Conroe | Intel | 2006 | 64 | 1,8-3 G | 291 M | 65 | Dois núcleos, virtualização |
| Kentsfield | Intel | 2006 | 64 | 2,66 G | 582 M | 65 | 4 núcleos, 2 processadores |
| Opteron Barcelona | AMD | 2007 | 64 | 2-2,5 G | 463 M | 65 | 4 núcleos, um processador |
| Penryn Xeon | Intel | 2007 | 64 | 2-3,16 G | 820 M | 45 | 4 núcleos, tecnologia 45 nm |
| Phenom X4 | AMD | 2008 | 64 | 1,8-2,6 G | 450 M | 65 | 4 núcleos, L3: 2 MB |
| Bloomfield | Intel | 2008 | 64 | 2,66-3,33 G | 731 M | 45 | QuickPath, hiperprocessamento, DDR3 |
| ATOM | Intel | 2008 | 32 | 0,8-2 G | 47 M | 45 | Netbooks |
| Phenom II X4 | AMD | 2009 | 64 | 2,5-3,4 G | 758 M | 45 | L3: 6 MB, DDR3 |
| Clarkdale | Intel | 2010 | 64 | 2,8-3,46 G | 383 + 177 M | 32 + 45 | 2 núcleos em 32 nm + Processador gráfico a 45 nm |
| Phenom II X6 | AMD | 2010 | 64 | 2,6-3,2 G | 904 M | 45 | 6 núcleos, L3: 6 MB, DDR3 |
| Itanium Tukwila | Intel | 2010 | 64 | 1,6-1,73 G | 2046 M | 65 | 4 núcleos, L3: 24 MB |
| Opteron 6100 | AMD | 2010 | 64 | 1,7-2,3 G | 1810 M | 45 | 12 núcleos, L3: 12 MB |
| Nehalem-EX | Intel | 2010 | 64 | 1,7-2,66 G | 2300 M | 45 | 8 núcleos, L3: 24 MB |
| Sandy Bridge | Intel | 2011 | 64 | 1,6-3,4 G | 995 M | 32 | CPU + GPU integrados |
| Llano | AMD | 2011 | 64 | 1-1,6 | 380 | 40 | CPU + GPU integrados |
| Xeon 7 | Intel | 2011 | 64 | 1,7-2,7 G | 2600 | 32 | Até 10 núcleos e L3: 30 MB |
| Bulldozer Opteron | AMD | 2011 | 64 | 3,1-3,6 G | 1200 | 32 | 16 núcleos (8 duplos) |
| Ivy Bridge | Intel | 2012 | 64 | 2,5-3,7 G | 1400 | 22 | Redução para 22 nm |
| Itanium Poulson | Intel | 2012 | 64 | 1,7-2,5 G | 3100 | 32 | 8 núcleos, L3: 32 MB |
| Haswell | Intel | 2013 | 64 | 1,8-3,9 G | 1400 | 22 | L1 e L2 com largura dupla |

Em termos arquiteturais (organização interna dos vários componentes do processador), os marcos mais importantes (que não serão detalhados aqui) são os seguintes:

- Evolução para uma arquitetura de 32 bits com o 80386, que se manteve ainda nos Pentiums (arquitetura IA-32);

- Integração no processador das *caches* de dados e instruções (Figura 4.3) e do coprocessador matemático, permitindo que passassem a funcionar à velocidade máxima. A partir do 486, a frequência interna do processador passou a ser superior à dos barramentos para acesso à memória;

- Funcionamento superescalar com o Pentium, com várias unidades em execução simultânea, o que permitiu executar, em média, mais instruções por ciclo de relógio. Também com o Pentium o barramento de dados foi alargado para 64 bits, para permitir acessar a memória de forma mais rápida (mas o processador continuou a ser de 32 bits);

- Introdução de um segundo nível de *cache* (L2) de grande capacidade (256 KBytes a 1 MByte), dentro do próprio processador, a partir do Pentium III;

- Instruções específicas para suportar multimídia e fluxos (*streams*) de vídeo (extensões multimídia — MMX — e de processamento de fluxo de vídeo — SIMD);

- Evolução para arquiteturas de 64 bits, com o Itanium, o Athlon 64, o Opteron, o Xeon e o Core 2;

- Exploração do paralelismo no nível das instruções, com o Itanium, permitindo executar simultaneamente várias instruções, desde que umas não dependam dos resultados das outras;

- **Hiperprocessamento** (*hyperthreading*), permitindo executar duas, quatro ou mais tarefas de forma independente no mesmo processador, conduzindo a um melhor aproveitamento dos recursos. Os processadores normalmente incluem várias unidades que podem funcionar simultaneamente, mas as instruções têm dependências de dados (Subseção 7.3.5) que impedem a utilização contínua de todas as unidades. A técnica de hiperprocessamento permite executar simultaneamente instruções de vários processos independentes, de modo a maximizar o aproveitamento da execução dessas unidades. O *hardware* garante que os dados e controle dos vários processos não se misturem, o que implica ter várias réplicas de alguns recursos como, por exemplo, o banco de registradores, e coordenação rigorosa na utilização compartilhada de outros, como as unidades aritméticas e as *caches*. Do ponto de vista lógico, tudo se passa como se o processador implementasse vários processadores, embora isso não corresponda à realidade. É melhor do que só um processador, mas tem a limitação de que há um conjunto de recursos compartilhados, portanto um processador com duas vias de hiperprocessamento, por exemplo, não executa dois processos independentes com o dobro do desempenho. Dependendo dos processos, a melhoria do desempenho em relação a não ter hiperprocessamento poderá ser na ordem dos 20% a 30%;

- **Virtualização**, que permite que o mesmo processador seja compartilhado por vários sistemas operacionais (mesmo diferentes, como Windows e Linux), de forma totalmente transparente (sem alterações nos sistemas operacionais ou em seus programas) e isolada (sem interferência de uns nos outros), dando a ilusão de que realmente existem vários processadores. Esta característica, com suporte em *hardware* nos processadores mais recentes e de mais alto desempenho, permite aproveitar melhor os recursos computacionais (reduzindo os tempos ociosos de processamento) e gerenciar os sistemas informatizados de forma muito mais dinâmica.

- **Gerenciamento dinâmico do consumo e desempenho**, em que um processador suporta diversas características de controle não funcional, que permitem obter mais desempenho (à custa do consumo) ou maior autonomia em um computador portátil (à custa do desempenho), principalmente por meio da variação da tensão de alimentação e da frequência de relógio do processador. É ainda possível recorrer a outros artifícios, como desligar unidades internas do processador quando não estão sendo usadas e aumentar temporariamente a frequência de relógio acima do valor máximo, desde que a temperatura interna do processador e a potência dissipada estejam dentro dos limites admissíveis.

- **Multiprocessamento**, em que cada processador possui dois, quatro ou mais núcleos, permitindo a execução realmente simultânea de vários programas – veja a Subseção 7.7.1.

- **Integração** resultante da evolução tecnológica e consequente capacidade de colocar mais transistores no mesmo circuito integrado. Inicialmente, os muitos circuitos integrados do processador foram reunidos em um conjunto de poucos circuitos integrados (o *chipset*), mas depois os mecanismos mais críticos, como os controladores de ligação à memória e ao barramento de periféricos e até a unidade de processamento de gráficos (GPU), foram integrados no mesmo circuito que o processador propriamente dito.

Em termos de mercado, apenas a Intel[85] e a AMD[86] (ambas formadas por funcionários saídos da Fairchild Semiconductors) têm assegurado o desenvolvimento de processadores para os PCs.

---

[85]Constituída em 1968 e cujo nome deriva de ***Integrated Electronics*** (www.intel.com).
[86]Constituída em 1969 e cujo nome significa **Advanced Micro Devices** (www.amd.com).

A AMD tem estado sempre atrás da Intel, mas desde o lançamento do Athlon, em 1999, tem ganho notoriedade tecnológica, reforçada com os processadores Opteron e Phenom, para servidores, e as APUs (processadores com unidade gráfica integrada) para os PCs (embora nesta área haja sempre muitas abordagens), além de preços mais baixos. A Intel está mais avançada em termos de tecnologia de fabricação, tendo lançado, em 2012, processadores com tecnologia de 22 nm. No entanto, a AMD assumiu a dianteira no número de núcleos, tendo lançado a última família de processadores Opteron com 16 núcleos. Nada a que a Intel não seja capaz de responder, nesta luta contínua pela supremacia e participação no mercado (*market share*).

Uma diferença significativa entre as duas empresas é a forma como evoluíram para a arquitetura de 64 bits. Com o Itanium (arquitetura IA-64), a Intel rompeu a compatibilidade binária (código executável), permitindo aos programas já compilados executarem por meio de uma tradução entre binários efetuada em *software*. No entanto, o aproveitamento dos benefícios arquiteturais só é real por meio da recompilação dos programas-fonte. A AMD preferiu manter compatibilidade mesmo no nível do código executável (arquitetura AMD64), o que permite aos programas executáveis já existentes executarem diretamente sem alterações nem perda de desempenho e, portanto, uma transição mais suave do mundo de 32 bits para o de 64 bits. O fato é que a Intel incluiu as extensões da AMD para 64 bits na sua linha de processadores mais comum, mantendo a visão mais evolucionária.

Outro aspecto extremamente importante tem sido a invasão do mercado dos servidores pelos processadores usados nos PCs. Outrora âmbito dos supercomputadores com tecnologias específicas que custavam fortunas, hoje todo o esforço investido no avanço tecnológico dos PCs (em termos de processadores e do resto) faz com que os grandes servidores e mesmo os supercomputadores sejam construídos com base nos processadores de topo de linha derivados da tecnologia dos PCs. Os servidores empresariais normalmente usam entre um e oito processadores em regime de memória compartilhada, enquanto os grandes supercomputadores usam milhares, com redes de interligação adequadas.

Por outro lado, a variedade de processadores de alto desempenho existentes no mercado tende a concentrar-se. Pouco a pouco, os que estão fora do mercado dos PCs têm perdido terreno ou mesmo desaparecido por não conseguirem acompanhar o ritmo de investimento na evolução tecnológica.

No verão de 2004, a Hewlett-Packard[87] anunciou o fim do processador de 64 bits Alpha, um dos primeiros desta classe a aparecer, em 1992. Passou a usar os Itanium 2 da Intel nos seus servidores de topo de linha.

A Silicon Graphics Inc.[88] produzia servidores baseados no MIPS, outro processador de 64 bits, mas passou a usar os processadores da Intel (Itanium 2 e Xeon).

A Oracle[89] vende servidores baseados no seu processador UltraSPARC, mas no entanto não deixa de ser relevante o fato de sua linha de servidores incluir também processadores da AMD e da Intel.

No verão de 2005, a Apple anunciou a mudança de processadores PowerPC para processadores da Intel em todos os seus novos modelos de Macs. A mudança ficou completa em agosto de 2006. A IBM continuou o desenvolvimento da arquitetura POWER, relativa aos processadores PowerPC, mas apenas no âmbito dos servidores. Em 2010 lançou o POWER7, que usou para construir um supercomputador (com muitos processadores) capaz de executar mais de 1 petaFLOPS ($10^{15}$ operações de ponto flutuante por segundo). Em 2012 lançou o POWER7+.

O mercado dos processadores de alto desempenho está assim reduzido a quatro fabricantes: Intel, AMD, IBM e Oracle. A frente da "guerra" da concorrência, mais acirrada entre a Intel e a AMD dada a abrangência do mercado dos PCs, centra-se atualmente no âmbito dos processadores com vários núcleos e na redução das dimensões da tecnologia.

O mercado começou com uma série de processadores com dois núcleos, incluindo o Power4, da IBM, desde 2001; em 2004, o UltraSPARC IV da Sun; e, em 2005, o *dual-core* Opteron e o Athlon 64 X2 (ambos da AMD) e o *dual-core* Xeon (Intel). Desde então e até agosto de 2013, os desenvolvimentos mais interessantes foram os seguintes:

- Em 2006, o núcleo duplo de 64 bits chegou aos PCs portáteis, com o Core 2 Duo da Intel e o Turion 64 X2 da AMD;

- A Sun Microsystems, lançou o T1 (também conhecido por Niagara), um processador com oito núcleos tipo UltraSPARC, cada um com capacidade para quatro tarefas em execução simultânea;

- A Intel iniciou a produção do Montecito, um processador com dois núcleos Itanium 2 Madison, cada um com *caches* L2 de 1 MByte e L3 de 12 MBytes, tudo empacotado num circuito integrado com 1720 milhões de transistores;

- No fim de 2006, a Intel lançou processadores com quatro núcleos, num esforço de resposta ao adiantamento por parte da AMD, que foi a primeira a dispor de dois núcleos em arquitetura X86;

- Em 2007, a IBM lançou o Power6, sucessor do Power5, com 4,7 GHz de frequência de relógio, 790 milhões de transistores e tecnologia de 65 nm, duplicando o desempenho de seu antecessor, o Power5, praticamente sem aumento do consumo;

---

[87]www.hp.com
[88]www.sgi.com
[89]www.oracle.com

- A Sun lançou o UltraSPARC T2 (também conhecido como Niagara II), com oito vias de hiperprocessamento em cada um dos oito processadores;

- A AMD só chegou aos quatro núcleos em setembro de 2007, com o Opteron Barcelona, mas com quatro núcleos nativos em uma só pastilha, ao passo que a Intel tinha posto, junto na mesma embalagem, dois processadores de dois núcleos cada.

- No final de 2007, a Intel apresentou a família Penryn, com a novidade da fabricação com tecnologia de 45 nm.

- Já em 2008, a AMD lançou o Phenom, com 4 núcleos para computadores pessoais, ainda com 65 nm, enquanto a Intel lançou o Bloomfield em 45 nm, com QuickPath (ligação rápida, correspondente ao Hypertransport da AMD), hiperprocessamento e suporte para memórias DDR3.

- Ainda em 2008, a Intel lançou o Atom, processador menor para a classe dos *netbooks* e dispositivos de acesso à Internet, que veio a revelar-se um enorme sucesso de mercado.

- Em 2009, a AMD chegou à tecnologia de 45 nm e ao suporte à memória DDR3, com o Phenom II.

- Em 2010, a concorrência entre a Intel e a AMD pareceu ter se acentuado, apesar de ambas as empresas terem celebrado, em novembro de 2009, um acordo para resolver as disputas legais que tinham até então. Em janeiro, a Intel lançou o Clarkdale, usando pela primeira vez a tecnologia de 32 nm, mas apenas no processador. Na mesma embalagem, incluiu ainda um processador gráfico com tecnologia 45 nm. Em fevereiro, lançou a nova versão do Itanium, o Tukwila, com mais de 2000 milhões de transistores e, em março, lançou o Gulftown com 6 núcleos, em 32 nm, e o Nehalem-EX, com 8 núcleos, em 45 nm. Por sua vez, a AMD, ainda em 45 nm, lançou o Phenom II X6, com 6 núcleos, e o Opteron 6100, para os servidores, com 12 núcleos, ultrapassando a Intel em número de núcleos.

- Em fevereiro de 2010, a IBM apresentou o Power7, sucessor do Power6, em 45 nm, com 1200 milhões de transistores, 8 núcleos e frequências de 3,0 a 4,14 GHz; ao mesmo tempo, a Oracle (que em janeiro havia adquirido a Sun) apresentou o UltraSPARC T3 (Niagara 3), com 1000 milhões de transistores em tecnologia de 40 nm, 16 núcleos (todos na mesma pastilha) e ligações de alta velocidade que permitem interligar até 4 processadores sem circuitos adicionais.

- Em janeiro de 2011, a AMD integrou uma CPU (processador genérico) com uma GPU (processador gráfico) em um só circuito integrado (APU, Unidade de Processamento Acelerado), com cerca de 1200 milhões de transistores em tecnologia de 32 nm. Na mesma ocasião, a Intel lançou a arquitetura Sandy Bridge, também com processador gráfico integrado, mas com tecnologia de 22 nm e 2270 milhões de transistores.

- Em outubro de 2011, a AMD lançou a arquitetura Bulldozer, a primeira concebida do início, desde 2003. No entanto, o desempenho obtido foi inferior ao esperado.

- 2012 foi um ano de melhoramentos, tanto para a Intel como para a AMD. A Intel lançou a arquitetura Ivy Bridge, basicamente uma redução da arquitetura Sandy Bridge para tecnologia de 22 nm. A AMD lançou a segunda geração de APUs, Trinity. A Intel ainda teve dois lançamentos importantes, em mercados opostos: o Itanium Poulson, com 3100 milhões de transistores, destinado ao mercado de computação de alto desempenho, e o Atom SoC (*System on a Chip*), uma extensão do processador Atom para dispositivos móveis. A versão de 2012 do Atom SoC era de 32 bits, prevendo para a segunda metade de 2013 uma nova versão de 64 bits. Claramente, a Intel está apostando, não apenas no baixo consumo, em que a AMD tem sido tradicionalmente mais incisiva, como também na convergência entre os PCs e os *tablets*, com suporte para as aplicações clássicas do Windows, mas com toda a mobilidade e autonomia que caracterizam um *tablet*.

Os planos futuros dos vários fabricantes passam por tecnologia de menor dimensão, mais núcleos, mais integração, maior desempenho e menor consumo. A tecnologia de silício parece não ter limites imediatos, com o processo de 14 nm lançado em 2015 e o de 10 nm previsto para 2018. A Intel apresenta algum avanço nesta área, pois foi o primeiro fabricante de processadores a atingir 22 nm. Os limites da tecnologia, cujas dimensões mínimas começam a aproximar-se das do átomo (diâmetro na ordem dos 0,1 a 0,7 nm), poderão começar a se impor nos próximos anos. Mas, antes, o limite tinha sido anunciado, e a evolução tecnológica foi solucionando os problemas; portanto, poderá haver desenvolvimentos que continuem a sustentar a lei de Moore, sabe-se lá até quando.

Um dos aspectos interessantes da crescente miniaturização é o fato de, além de permitir mais circuitos em uma só pastilha (vários núcleos e *caches* cada vez maiores), conduzir a uma maior frequência de processamento. No entanto, o consumo de potência aumenta muito com a frequência, e o consumo por processador já há muito ultrapassou os 100 watts, indo mesmo em alguns casos até 130 watts, que já é considerado no limite (mais é possível, mas com uso de técnicas específicas de refrigeração). A tendência é para buscar mais desempenho no aumento do número de núcleos e não no aumento da frequência. A eficiência energética está assumindo cada vez mais importância, com todos os fabricantes tentando produzir processadores com menor consumo, mesmo nos servidores de topo de linha.

O problema do consumo não é apenas dos dispositivos portáteis, mas também dos servidores fixos, em que a miniaturização também tem acontecido no nível dos computadores completos. Nos centros de dados (*data centers*), os servidores compactos (*blades*)[90] permitem uma grande densidade de poder computacional, mas conduzem também a consumos da ordem de 30 KW ou mais por cada bastidor (*rack*), o que se traduz em um problema muito sério de remoção do calor produzido. Em outubro de 2006, a Sun lançou um centro de dados (*Blackbox*), de grande capacidade em servidores (até 250) e em discos (até 1,5 PetaBytes),[91] montado dentro de um contêiner padrão para transportes internacionais, que, além de uma ligação a uma rede de comunicações e de uma tomada de eletricidade, precisa de uma ligação de água para refrigeração. Desde então, vários fabricantes têm produzido igualmente centros de dados compactos e pré-montados.

Os fabricantes de processadores vêm fazendo esforço para a redução do consumo e têm conseguido cada vez mais desempenho por Watt de potência consumido, o que tem permitido aumentar o desempenho e reduzir o consumo simultaneamente.

Mas nem sempre o desempenho é o fator primordial. Em 2008, a Intel lançou um novo processador, o Atom, cujos aspectos fundamentais são a redução de custo e do consumo, destinado basicamente à categoria de *netbooks* (veja a Subseção 6.5.1). Inicialmente, foi concebido para computadores portáteis de muito baixo custo, para países menos desenvolvidos e, em particular, para crianças (na linha da iniciativa OLPC – *One Laptop Per Child*), tendo sido desenvolvido um computador específico para esse fim (o *ClassMate*). No entanto, ele acabou por ser um sucesso comercial nos países mais desenvolvidos, onde foi visto como um PC totalmente funcional, e de baixo custo, suficiente para acesso à Internet e fator de redução da competição pelo uso do computador familiar. O PC Magalhães* usa este processador.

De 2008 a 2010, os *netbooks* registraram um crescimento explosivo, mas declinaram rapidamente em 2011, após o aparecimento do iPad em 2010 e do nascimento da nova categoria dos *tablets*, mais evoluídos tecnologicamente e com maior autonomia. Agora são os *tablets* que apresentam um crescimento de 70% ao ano e deverão mesmo ultrapassar em breve os PCs, em número de unidades vendidas. É clara a tendência de usar os *tablets* em muitas das tarefas que antes requeriam um PC. Agora juntou-se a mobilidade e, com isso, novas formas de usar os computadores no dia a dia estão surgindo. Qual será a próxima categoria de computadores a destronar os *tablets*?

## 6.5.2.3 EVOLUÇÃO NAS MEMÓRIAS

Um dos maiores problemas dos processadores é o fato de precisarem acessar constantemente a memória, pois têm um número muito limitado de registradores. Para reduzir esses acessos, é fundamental a existência de *caches* dentro dos próprios processadores, que contêm uma cópia das palavras de memória mais usadas e evitam o acesso externo, se a palavra pretendida já estiver lá (o que normalmente ocorre em mais de 95% dos acessos).

A partir do 80486, os processadores passaram a dispor de *caches* internas (normalmente separadas, uma para código e outra para dados), designadas por nível 1 (L1) porque mais tarde apareceram outros níveis de *cache* (níveis 2 e 3, ou L2 e L3), que primeiro eram externas e depois foram sendo integradas dentro do processador. As *caches* L2 e L3 são unificadas, isto é, servem tanto para dados como para código. Cada núcleo tem seu próprio conjunto de *caches* L1 e L2, enquanto a *cache* L3 poderá ser compartilhada pelos vários núcleos, em particular se forem mais de dois. A dimensão das *caches* de níveis L1 e L2 normalmente é da ordem das dezenas e centenas de Kbytes, enquanto a das *caches* de nível L3 é da ordem das unidades ou mesmo dezenas de MBytes. As *caches* são detalhadas na Seção 7.5.

As *caches* internas funcionam à velocidade do processador (atualmente na ordem dos 2 a 4 GHz), mas a memória externa (denominada **memória principal** ou **memória de sistema**) é mais lenta. As *caches* usam **memória estática** (ou SRAM), gastando normalmente entre quatro e seis transistores por *bit* de memória. Desde que alimentado, o circuito mantém o valor indefinidamente.

A memória principal tem de ter uma capacidade muito superior, portanto é obrigada a usar apenas um transistor, mantendo o *bit* memorizado apenas por uma carga elétrica, que vai se esvaindo ao longo do tempo devido a fugas, já que o isolamento não é perfeito (tal como um depósito de água com um furo). Esta carga tem de ser restaurada periodicamente, tal como um artista de circo com vários pratos a rodar no alto de varas flexíveis tem de os "estimular" de vez em quando, pois a sua velocidade de rotação vai diminuindo devido ao atrito. Esta memória é denominada **memória dinâmica** (DRAM) e precisa estar sempre sendo acessada de modo a restaurar o valor guardado em cada célula. No entanto, como está organizada em uma matriz de linhas e colunas, é possível se restaurar toda uma linha só com um acesso. As DRAMs normalmente incluem circuitos internos que permitem que elas próprias se encarreguem de sua restauração interna.

As memórias dinâmicas para os PCs, com 16, 32 e 64 bits de largura, são construídas com vários circuitos integrados e vêm em módulos, pequenas placas de circuito impresso que se encaixam em suportes adequados na placa-mãe. Desta forma, é possível dotar um PC de mais ou menos memória. Os primeiros módulos tinham contatos de apenas um lado, sendo denominados SIMMs

---

[90]Formato compacto, apropriado para ser montado num bastidor e não num gabinete individual. Um bastidor pode conter dezenas de servidores *blade*.

[91]1 Petabyte = $10^{15}$ bytes = 1000 Terabytes = 1.000.000 Gigabytes.

*Em 2008, o governo de Portugal desenvolveu um projeto de *hardware*, *software*, conectividade e conteúdo para um computador portátil de baixo custo com processador Intel, conhecido como PC Magalhães. Este foi usado como uma solução educacional para treinamento de professores, país e alunos do sistema de educação daquele país, visando o desenvolvimento e inclusão digital. Fonte: http://www.intel.com.br/content/dam/www/public/lar/br/pt/documents/case-studies/magellan-pc-for-education.pdf (N.E.)

(*Single Inline Memory Module*), com 30 e depois com 72 contatos, mas, com o aumento da capacidade e largura das memórias, passaram a DIMMs (*Dual Inline Memory Module*), com 168 contatos, depois 184 e atualmente 240.

As memórias dinâmicas são razoavelmente lentas, com um tempo de acesso a uma célula individual que se reduziu na ordem de 10 vezes, enquanto a frequência de relógio dos processadores aumentou na ordem de 1000 vezes. A razão é simples: no mesmo período, a capacidade das memórias aumentou na ordem de 100.000 vezes e, quanto maior é o circuito, mais tempo os sinais demoram a serem propagados.

No entanto, e graças às *caches* e aos controladores de DMA, estas memórias normalmente não são usadas em acessos individuais, mas sim em blocos de várias palavras, ou acesso em rajada (*burst*). Isto significa que o que tem de se otimizar é o tempo de acesso a um conjunto de vários endereços consecutivos de palavra.

As primeiras memórias dinâmicas usadas nos PCs já suportavam acessos em rajada (FPM[92] DRAMs), especificando o número de uma linha e depois variando o número da coluna, mas desativando os circuitos da DRAM antes de passar à próxima coluna. Isto introduzia um atraso que as DRAMs EDO[93] resolveram, desligando os circuitos apenas no fim do acesso em rajada.

Uma das dificuldades das DRAMs era a sua sincronização com os sinais do processador, pois tanto as FPM como as EDO eram assíncronas. As SDRAMs (*Synchronous* DRAMs), que passaram a ser suportadas nos PCs a partir de 1996, vieram a permitir o aumento da taxa de transferência em rajada, sendo a DRAM permanentemente sincronizada com um relógio do sistema, de 100 MHz e depois 133 MHz. Estas memórias passaram a ser conhecidas por PC100 (10 ns de tempo de acesso) e PC133 (7,5 ns de tempo de acesso). É importante notar que estes tempos de acesso são durante a rajada (um novo valor por cada ciclo de relógio). Nestas memórias, o primeiro acesso demora normalmente 5 a 10 vezes estes valores, resultante da soma dos tempos necessários para a especificação do número da linha e da coluna e para a preparação para o acesso. Nos acessos subsequentes, basta pulsar um sinal para as diversas palavras serem acessadas sequencialmente, em rajada, sem necessidade de especificar novo endereço. Nas memórias mais recentes, com frequências de acesso mais elevadas, mas ainda com tempos de preparação de acesso não muito mais curtos, a diferença entre o primeiro acesso e os seguintes é até maior, na ordem de 10 a 20 vezes.

O próximo passo da Intel foi desenvolver a RDRAM (*Direct Rambus* DRAM), que deveria proporcionar maiores taxas de transferência (cerca do dobro). No entanto, dificuldades e atrasos nesse desenvolvimento, juntamente com o elevado custo dessa tecnologia e com o fato da AMD e outras empresas terem apostado na SDRAM PC133, acabaram por fazer a Intel desistir, no princípio de 2000, e passar a apostar também nas SDRAMs.

Entretanto, no fim de 1999 apareceram as DDR[94] SDRAM, que permitiam acessar os dados em rajada nas duas bordas do relógio, enquanto as memórias anteriores só disponibilizavam os dados em uma das bordas do relógio. Isto é conseguido fazendo uma pré-leitura simultânea de duas palavras em endereços consecutivos (aproveitando a forma como as memórias dinâmicas estão organizadas internamente) para um registrador interno (denominado *prefetch buffer*) e fazendo-as sair depois com o dobro da velocidade, nas duas bordas do relógio. Isto obriga a ler sempre duas palavras consecutivas, o que melhora os acessos a endereços consecutivos, mas não a endereços aleatórios. No entanto, dado que os programas tendem a trabalhar em um conjunto de endereços consecutivos e não de forma dispersa pela memória (Subseção 7.5.1), em termos práticos este esquema compensa. Essas memórias passaram a ser usadas nos PCs em 2000, por iniciativa da AMD, enquanto a Intel só introduziu suporte para elas em 2001.

Em 2003, surgiram as memórias DDR2, que passaram a ler simultaneamente quatro palavras consecutivas para o *prefetch buffer*, o que, para a mesma frequência de trabalho interna da memória, duplica a frequência máxima com que o processador pode ler da memória (mas tendo de ler um bloco de quatro palavras consecutivas). Em 2007, surgiram os primeiros computadores com suporte para memórias DDR3, com um *prefetch buffer* de 8 palavras, e atualmente são o padrão nos processadores de maior desempenho. Em 2014, surgiram os computadores com memórias DDR4.*

Enquanto o tamanho do *prefetch buffer* tem permitido aumentar a taxa de transferência entre a memória e o processador, a redução da tensão de alimentação das memórias e das dimensões da tecnologia tem permitido aumentar a capacidade de cada circuito integrado (4 Gbits atualmente) e a frequência de trabalho interna das memórias, superior a 200 MHz. Um módulo DDR3 de 64 bits de largura funcionando internamente a 200 MHz consegue transferir, no máximo, 8 palavras de 64 bits em 5 ns, ou 12,8 Gbytes/s.

### 6.5.2.4 EVOLUÇÃO NOS PERIFÉRICOS

Também nesta área tem havido uma grande evolução, embora nem sempre com grande impacto na arquitetura do PC (à parte a placa gráfica, que tem sido sempre a grande cliente do crescente desempenho do PC). Os periféricos podem ser de diversos tipos:

- Memória não volátil (disquetes, discos rígidos, CD-ROMs, DVDs, *pen-drives*, etc.);

- Multimídia (placa gráfica, som, digitalização de vídeo, digitalização de imagens, etc.);

---

[92]FPM = *Fast Page Mode* (ou Modo de Página Rápido — naturalmente, rápido nessa ocasião…).

[93]EDO = *Extended Data Out* (ou Dados de Saída Estendidos, numa alusão a manter os circuitos de saída da DRAM ativos até o fim da rajada).

[94]DDR = *Double Data Rate*, ou taxa de transferência dupla.

*Em 2014, surgiram os computadores com memórias DDR4. (N.T.)

- Comunicações (porta serial, USB, LAN, redes sem fio, etc.);

- Outros periféricos (teclado, mouse, impressoras, aquisição de sinais, etc.).

A Seção 6.3 já descreveu alguns destes periféricos. Está fora do âmbito deste livro aprofundar este tópico, mencionando-se apenas alguns exemplos mais gerais e representativos da evolução:

- Os disquetes evoluíram desde 5,25 polegadas e 160 KBytes de capacidade em 1981 até 3,5 polegadas e 1,44 MBytes em 1987, onde pararam. Em 1995 apareceram as unidades Zip, da Iomega, com cerca de 100 MBytes de capacidade, estendida para 250 MBytes, em 1999, com uma unidade com ligação USB. Depois disso, os *pen drives*, construídos com ROM Flash, sem partes mecânicas e interface USB, tomaram conta do setor das unidades de memória de massa removíveis;

- Os discos magnéticos rígidos, apesar de velhinhos (a primeira unidade foi construída em 1954 pela IBM, com 5 MBytes), continuam a dar conta do recado e a ser o principal dispositivo da memória de massa. O primeiro disco rígido usado nos PCs (no PC/XT) tinha 10 MBytes de capacidade. Até agora, os discos aumentaram a sua capacidade na ordem de 300.000 vezes (para cerca de 3 TByte, em 2013) e melhoraram muito os seus tempos de acesso e taxas de transferência. Foram definidas interfaces apropriadas para os discos, que foram sendo introduzidas à medida que a tecnologia evoluía e se atingiam os limites das interfaces anteriores (IDE, EIDE, ATA, Serial ATA — SATA). Atualmente, os PCs suportam vários canais SATA com capacidades de transferência na ordem de 6 GBytes/s. Também são usadas unidades externas, com ligação USB, mas basicamente para cópias de segurança (*backups*), uma vez que os tempos de acesso (incluindo o tempo de transferência dos dados) são em média superiores às unidades internas;

- Os sistemas RAID (*Redundant Array of Independent Disks*) incluem um conjunto de discos com várias técnicas para otimizar a memória de massa em servidores, incluindo suporte para redundância e recuperação em caso de falhas;

- Os SSDs (*Solid State Drives*) são dispositivos de memória de massa sem partes mecânicas, com capacidades, em 2013, na ordem de 1 TByte. Têm a vantagem de ser mais rápidos do que os discos e são totalmente eletrônicos, embora ainda sejam mais caros por *Mbyte* do que os discos e tenham um número de escritas limitado, o que introduz algumas restrições a seu funcionamento. No entanto, têm grande divulgação, tanto nos *tablets* (onde já não há discos), como nos PCs, e até mesmo em sistemas empresariais em centros de dados. A tendência de que chegaram para ficar é clara. O futuro dirá se e quando conseguirão destronar ou mesmo tornar obsoletos os discos magnéticos.

- As velhas portas seriais e paralelas já desapareceram, em favor do USB (Subseção 6.3.4.3);

- As redes de comunicação local (LAN) estão na faixa dos 10 Gbits/s e mesmo 100 Gbits/s, embora apenas na infraestrutura central da rede. As interfaces de rede para PCs mais comuns usam 1 Gbit/s.

- As placas gráficas não param de evoluir, empurradas pelas sempre "gulosas" necessidades de manipulação de imagens (em jogos 3D, particularmente) e vídeo em tempo real, já com suporte para HDTV (televisão de alta definição). Atualmente, os PCs suportam uma ligação à placa gráfica com uma taxa de transferência na ordem dos 8 GBytes/s, no mesmo nível, em termos práticos, da memória principal;

- Tanto a Intel como a AMD já incorporaram um processador gráfico (GPU) no mesmo circuito integrado que o processador genérico (CPU). No entanto, a integração da memória entre os dois processadores ainda constitui um gargalo de desempenho. Em 2014, a AMD lançou o processador Kaveri, com uma nova arquitetura de coerência de memória, que deverá introduzir melhoramentos substanciais no desempenho do GPU integrado.

### 6.5.2.5 EVOLUÇÃO NOS BARRAMENTOS

Um dos componentes mais críticos e limitantes tem sido a infraestrutura de interligação (os barramentos), não apenas porque toda a informação passa por lá, mas também por questões de padronização e aceitação por parte do mercado (fabricantes de periféricos).

Os *slots* (ranhuras) para as placas-filhas no IBM-PC original (Figura 6.52) disponibilizavam apenas 8 bits de barramento de dados e constituíam uma grande limitação ao desempenho. Este aspecto foi melhorado com o barramento ISA (*Industry Standard Architecture*) de 16 bits quando apareceu o PC/AT, baseado no processador 80286. A padronização do barramento ISA permitiu a produção de inúmeras placas para o PC, o que também contribuiu para o seu sucesso, mas fixou a frequência de trabalho do ISA em 8,33 MHz, o que implicou desacoplá-lo do barramento de sistema por meio de um circuito adaptador, para permitir a evolução da frequência do relógio do processador. O ISA permitia apenas uma taxa de transferência máxima de cerca de 16 MBytes/s, o que mostrou ser muito limitado quando apareceram as placas gráficas. Ainda houve uma extensão, o EISA (*Extended* ISA), que permitia transferências de 32 bits, mas a frequência de trabalho era a mesma e continuou a ser insuficiente.

O PCI (*Peripheral Component Interconnect*) foi desenvolvido pela Intel no início da década de 1990, começando com 32 bits a 33 MHz, mas estendendo depois as características para 64 bits a 66 MHz, conseguindo 528 MBytes/s de taxa de transferência máxima. O PCI ofereceu slots para placas-filhas, tal como o ISA, embora não compatíveis. Durante alguns anos, os PCs ofereceram os dois tipos de slots para permitir tanto conectar as placas mais antigas como as novas, baseadas no PCI. As placas gráficas naturalmente foram das primeiras a aproveitar o desempenho do PCI.

A crescente integração dos vários componentes dos PCs levou ao aparecimento de conjuntos de circuitos integrados (*chipsets*), que incluíam muitos destes componentes e, em particular, todos os circuitos de suporte ao PCI, nesta ocasião a espinha dorsal (*backbone*) dos PCs, que servia de ponto de ligação de outros barramentos dos PCs, como o ISA, o USB (que estava surgindo) e o EIDE (barramento interno para ligação aos discos, que depois evoluiu para ATA até chegar a SATA — Serial ATA).

A Figura 6.53 mostra a arquitetura típica dos barramentos de um PC do tipo do Pentium II, com um chipset dividido em duas partes (pontes): a ponte norte, que interliga a *cache*, o processador, a memória e o PCI, e a ponte sul, de menor desempenho, que permite a ligação aos periféricos não conectados diretamente ao PCI. A placa de áudio também podia estar ligada ao PCI, mas assim ilustra a coexistência de periféricos mais antigos com os mais modernos, para PCI.

Os próximos passos da evolução, ilustrados pela Figura 6.54, corresponderam à integração da *cache* L2 no processador e à introdução de uma ligação especial na ponte norte (porta AGP, *Accelerated Graphics Port*) para suportar a necessidade voraz da placa gráfica em termos de transferência de dados da memória, evitando as limitações do PCI.

Mesmo assim, o PCI constituía um gargalo na ligação aos periféricos, portanto a partir de 1999, com o Pentium III, o chipset passou a adotar uma tecnologia baseada em concentradores (hubs) diretamente interligados entre si (Figura 6.55), ficando o PCI relegado a um plano secundário, de extensibilidade em termos de placas-filhas. O suporte direto para o ISA desapareceu.

A arquitetura baseada nestes concentradores atualmente mantém-se na sua essência. As evoluções mais significativas nos últimos anos foram as seguintes:

- Aumento das frequências de trabalho e suporte para as memórias DDR2 e DDR3;

- Maior integração, com mais funcionalidades integradas no chipset (alguns processadores integraram mesmo a ponte norte dentro do processador);

- Ligação direta ao concentrador de memória de um controlador de LAN *gigabit* (tal como já tinha acontecido com o AGP);

- Suporte para hiperprocessamento (*hyperthreading*);

- Suporte para processadores com dois núcleos;

- Introdução do PCI-*Express* (2004), uma ligação serial, ponto a ponto, que permite cerca de 250 MBytes/s de taxa de transferência (500 com o PCI 2.0, em 2007). Estas ligações podem ser emparelhadas, de modo a transmitir mais informação por segundo. A porta AGP foi substituída por 16 canais PCI-Express, em um total máximo de 8 GBytes/s. Em 2010, o PCI 3.0 duplicou a taxa de transferência.

No entanto, a AMD optou por integrar o concentrador de memória no próprio processador, o que se traduziu por reduzir substancialmente o gargalo na ligação à memória. Apesar da memória não funcionar mais depressa, a latência é reduzida e o desempenho aumenta. Apesar da Intel ter seguido uma via mais tradicional, com os dois concentradores no chipset, acabou por também incorporar o concentrador de memória no próprio processador, com o processador Bloomfield, em 2008.

A interligação entre o processador e o resto do sistema e, em particular, entre núcleos nos processadores da AMD é feita por um sistema de ligação chamado HyperTransport, constituído por ligações seriais, ponto a ponto, que podem ser agregadas até 32 bits para maior desempenho. Mais tarde, este sistema de ligação foi estendido para ligação entre placas e até entre bastidores (racks).

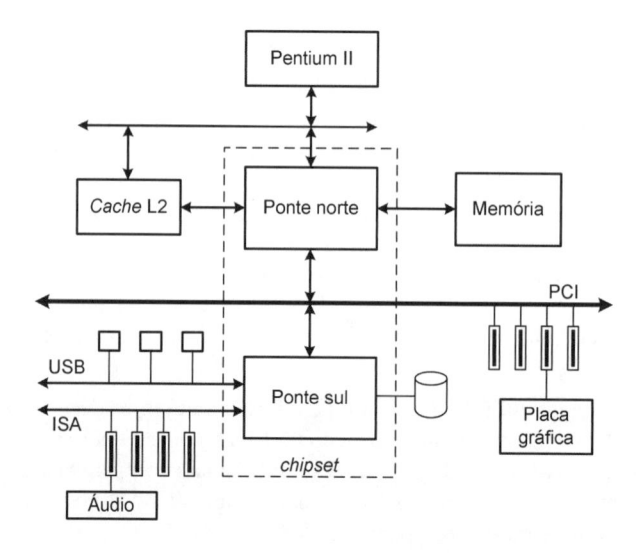

**Fig. 6.53 – Arquitetura do PC com PCI e o seu chipset**

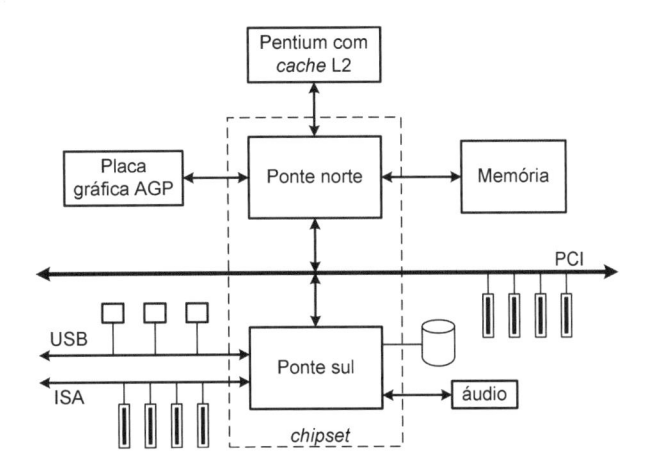

**Fig. 6.54 – Evolução da arquitetura do PC, com porta AGP**

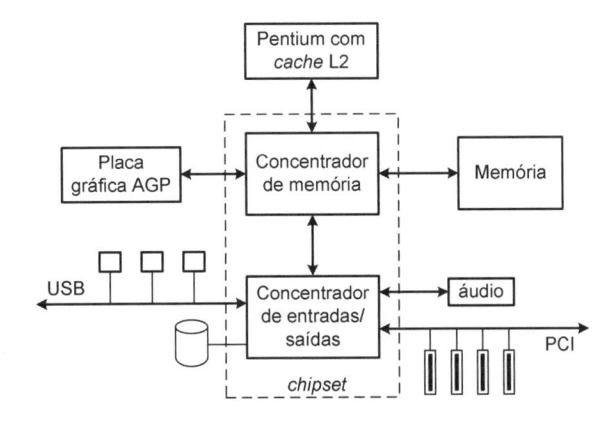

**Fig. 6.55 – Chipset baseado em concentradores (*hubs*)**

Atualmente na sua versão 3.1, é apoiado por um consórcio de vários fabricantes e permite, na sua configuração máxima, uma taxa de transmissão bidirecional de 51,2 GBytes/s. É possível fazer a ligação a barramentos já existentes como, por exemplo, o PCI-Express, através de pontes de interface adequadas.

Mais uma vez, a Intel acabou por reconhecer o mérito desta solução, em 2008 (também no processador Bloomfield), lançou o QuickPath, como concorrente do HyperTransport, para substituir o FSB (*Front Side Bus*). O QuickPath consegue apenas 25,6 GBytes/s no máximo, pois tem menos ligações (e este valor já inclui os *bits* gastos com o protocolo).

### 6.5.3 O MICROCONTROLADOR

#### 6.5.3.1 CARACTERÍSTICAS BÁSICAS

Entre os muitos milhões de PCs que se vendem anualmente, cerca de 99% de todos os processadores produzidos destinam-se ao mercado dos sistemas embutidos (Subseção 5.9.4.2), em que, ao contrário dos processadores dos PCs, os aspectos fundamentais não são capacidades e desempenho, mas sim integração, custo e, em muitos casos, consumo. Um automóvel de topo de linha poderá ter na faixa de 100 microcontroladores. Não são vistos, mas eles estão lá, desde o motor até os controladores dos bancos com ajuste elétrico, passando por todos os sistemas de visualização, controle, navegação, proteção (*airbags*, ABS, etc.), conforto, entretenimento, comunicações, etc.

Quanto mais componentes eletrônicos (particularmente circuitos integrados) um sistema tiver, mais caro será (em termos de componentes e de montagem) e mais espaço ocupará. Por esta razão, desde o princípio da era do microprocessador (com o 80186, em 1982) se começou a integrar no mesmo circuito integrado não apenas o processador, mas também memória (RAM e ROM) e periféricos, constituindo um computador completo em um só circuito integrado, que usualmente é denominado **microcontrolador**.

Em muitos sistemas, o microcontrolador é o único componente de controle, se ligando diretamente a interruptores, LEDs, inter-faces de controle de motores, etc. O programa está armazenado de forma não volátil na ROM (pré-programada de fábrica, se o volume de cópias justificar — normalmente acima de 10.000 unidades — ou programada depois do circuito estar montado, para séries de menor volume).

Cada microcontrolador normalmente inclui, além do processador propriamente dito, os seguintes recursos:

- ROM Flash, programável por blocos, não tendo que ser toda (re)programada de uma só vez. Pode ser programada com o microcontrolador montado no circuito, através de pinos e transferência (normalmente serial) a partir de um PC, o que é ótimo em termos de desenvolvimento (Subseção 5.9.4). Em termos de capacidade, há desde 1 KByte até centenas de *KBytes*. Estas memórias suportam na faixa de 100.000 reprogramações;

- RAM, para variáveis e estruturas de dados voláteis. Normalmente é um recurso escasso, com capacidades típicas desde poucos *bytes* até alguns *KBytes*;

- EEPROM (ou E$^2$PROM), uma ROM programável *byte* a *byte* a partir das instruções do microcontrolador, o que contrasta com a ROM Flash, programável apenas a partir do exterior e em grandes blocos de *bytes*. A E$^2$PROM serve basicamente para guardar dados de forma não volátil. A escrita é lenta (alguns milissegundos), sendo necessário testar se a escrita já foi efetuada antes de tentar nova escrita;

- Controlador de interrupções, com vários pinos disponíveis e possibilidade de programar pinos dos periféricos de entrada/saída para gerar interrupções quando um desses pinos muda de valor. São ainda suportadas várias interrupções internas, geradas pelos vários periféricos;

- *Bits* de periféricos de entrada/saída. Normalmente organizados em portas de 8 bits, podem variar entre poucos *bits* até várias dezenas de *bits*. São normalmente programáveis individualmente como entrada ou saída. Também é usual em um microcontrolador alguns pinos terem várias funções, entre *bits* de entrada/saída e outras funcionalidades mais específicas (pinos de uma UART,[95] por exemplo), sendo necessário programar a função que se pretende para esses pinos;

- Vários temporizadores programáveis, podendo gerar interrupções internas quando chegam ao fim da contagem;

- Uma ou mais UARTs para comunicação serial, que podem gerar interrupções internas quando precisam indicar que receberam um *byte* ou já acabaram a transmissão de um *byte*;

- Outros dispositivos de comunicação entre microcontroladores, como I$^2$C ou SPI (*Serial Peripheral Interface*), o que é fundamental em sistemas com vários microcontroladores (como o exemplo do automóvel), em que há normas específicas que permitem implementar uma autêntica rede local;

- Vários canais de conversão analógica/digital (A/D) ou digital/analógica (D/A), para interface com o mundo analógico (tensões contínuas);

- RTC (*Real Time Clock*), um relógio normal (ano, dia, hora, minutos e segundos), geralmente com uso de um cristal de 32 kHz;

- Cão de guarda (*watchdog*), que permite reinicializar automaticamente o microcontrolador caso este deixe de funcionar bem. Para este fim, o programa tem de efetuar periodicamente operações reconhecidas pelo cão de guarda. Se decorrer mais do que certo tempo (1 segundo, por exemplo) sem essas operações serem efetuadas (em função do microcontrolador ter se atrapalhado, devido a erro do programa ou a ruído eletromagnético), o cão de guarda reinicializa o microcontrolador, que recomeça a execução do programa.

Em termos de extensibilidade, há duas classes fundamentais de microcontroladores:

- Os menores e de mais baixo custo, que não dispõem de barramentos para o exterior e cujos pinos se ligam apenas aos periféricos de entrada e saída, digitais e analógicos, de comunicação, de temporização, etc. Não podem se ligar a memórias nem periféricos exteriores e, portanto, a sua faixa de aplicação está limitada às suas próprias capacidades internas, de memórias e de periféricos. Mesmo assim, o arsenal de aplicações para que são adequados é colossal;

- Os destinados a aplicações que exigem mais capacidades, desempenho ou recursos que não se consigam encontrar integrados no microcontrolador, exigindo assim a ligação a *hardware* externo. Estes microcontroladores não só incluem todos os recursos normalmente encontrados nos microcontroladores menores, em maior quantidade e variedade, como ainda incluem todos os barramentos necessários para poderem funcionar como processadores e se ligar a dispositivos externos.

A Tabela 6.19 ilustra as características de alguns dos microcontroladores existentes no mercado. Há uma grande variedade porque o mercado principal dos microcontroladores é o dos sistemas embutidos, com aplicações específicas muito variadas. A inclusão de recursos em excesso significa custo ou consumo a mais, portanto é necessário adaptar as capacidades do microcontrolador a cada aplicação específica.

---

[95]Uma UART (*Universal Asynchronous Receiver and Transmitter*) é uma unidade de comunicação adaptada ao protocolo RS-232C. O processador lida com a UART no nível do *byte*. A UART transmissora envia cada *byte* em série, *bit* a *bit*, e a UART receptora reconstrói o *byte*.

## Tabela 6.19 – Características de alguns microcontroladores disponíveis no mercado

| FABRICANTE E REFERÊNCIA | *BITS* PROC. | RELÓGIO (MÁX) | PINOS | INTERFACE MEMÓRIA | MEMÓRIAS INTERNAS | | | *BITS* E/S (MÁX) | TEMPO-RIZA-DORES | COMUNICAÇÕES | | A/D | RTC |
|---|---|---|---|---|---|---|---|---|---|---|---|---|---|
| | | | | | ROM | RAM | E²PROM (DADOS) | | | UARTs | OUTRAS | | |
| Atmel MARC 4 | 4 | 8 MHz | 44 | Não | 4 KB | 128 B | Não | 34 | 2 | Não | Não | Não | Não |
| NEC uPD75P0116 | 4 | 2 MHz | 44 | Não | 16 KB | 256 B | Não | 34 | 4 | Não | Sim | Não | Não |
| Atmel ATtiny12 | 8 | 6 MHz | 8 | Não | 1 KB | Não | 64 B | 6 | 1 | Não | Não | Não | Não |
| Microchip PIC10F200 | 8 | 4 MHz | 6 | Não | 256 B | 16 B | Não | 4 | 1 | Não | Não | Não | Não |
| Atmel ATMega1280 | 8 | 16 MHz | 100 | Sim | 128 KB | 8 KB | 4 KB | 86 | 6 | 4 | Sim | Sim | Sim |
| Intel 80C51 | 8 | 16 MHz | 40 | Sim | 8 KB | 256 B | Não | 32 | 3 | Não | Não | Não | Não |
| Zilog Z8F6422 | 8 | 20 MHz | 64 | Não | 64 KB | 4 KB | Não | 46 | 4 | 2 | 2 | 12 | Não |
| Philips PXAC37 | 16 | 32 MHz | 44 | Sim | 32 KB | 1 KB | Não | 32 | 3 | 1 | 2 | Não | Não |
| Intel 83C196 | 16 | 40 MHz | 160 | Sim | 8 KB | 4 KB | Não | 83 | 4 | 2 | 1 | 16 | Não |
| Fujitsu MB91F467D | 16 | 96 MHz | 208 | Sim | 1 MB | 64 KB | Não | 192 | 19 | 5 | 6 | 24 | Sim |
| Philips LPC2220 | 32 | 75 MHz | 144 | Sim | Não | 64 KB | Não | 112 | 4 | 2 | 3 | 8 | Sim |
| NEC UPD703111GM | 32 | 150 MHz | 176 | Sim | Não | 144 KB | Não | 77 | 6 | 2 | 1 | 8 | Não |

 Mesmo os microcontroladores sem interface de memória podem acessar a uma memória externa, mas para tal têm de usar os *bits* das portas de entrada/saída para simular os barramentos de dados, endereços e controle, fazendo evoluir no tempo os sinais de escrita e leitura na memória. Naturalmente, os acessos serão lentos, mas em casos específicos este esquema poderá ser uma opção.

Muitos microcontroladores são de 8 bits, para terem um custo baixo, embora alguns sistemas embutidos já usem 16 e 32 bits como padrão, para maior capacidade de cálculo. As frequências de relógio normalmente são na ordem de poucas dezenas de *MHz*, embora alguns sistemas já usem várias centenas de *MHz*. Os microcontroladores de 4 bits hoje raramente são usados, portanto a sua inclusão na Tabela 6.19 é apenas ilustrativa.

Alguns microcontroladores têm muitos recursos, não apenas em termos de memória, mas também em termos de periféricos, enquanto outros são muito mais limitados. É tudo uma questão de necessidade e de custo e de em uma determinada aplicação usar o microcontrolador mais adequado (modelo de menor custo, consumo, etc., que contemple os recursos e rapidez de processamento necessários).

### 6.5.3.2 CREPE: UM MICROCONTROLADOR BASEADO NO PEPE

O CREPE (**C**ontrolador **R**ecomendado **E**specialmente **P**ara **E**nsino) é um microcontrolador de 16 bits concebido para ser compatível em termos de instruções com o PEPE, mas permitir construir sistemas embutidos apenas com o microcontrolador, sem necessidade de outros componentes de computador (além dos dispositivos controlados).

O CREPE não é mais do que um núcleo do PEPE (sem *caches* nem interface de memória) a que se juntam ROM, RAM e alguns periféricos, tudo dentro do mesmo circuito integrado. O CREPE pertence assim à classe dos microcontroladores mais simples, que não tem interface de memória e, portanto, não pode ser estendido em termos de recursos, mas é representativo da sua classe e permite simular as aplicações típicas dos sistemas mais simples (que na realidade são os mais numerosos).

A Figura 6.56 mostra, em termos gerais, as diferenças de arquitetura entre o PEPE e o CREPE. O conjunto de instruções é igual. O que varia é a forma como os recursos são usados. Um acesso à memória no PEPE, por exemplo, implica uma transferência de dados pela interface de memória. Já no CREPE esse acesso é realizado internamente, com memórias de dados (RAM) e de instruções (ROM) separadas, e o acesso aos periféricos é feito por meio de um conjunto de registradores auxiliares, diferentes dos que existem no PEPE (são os registradores internos dos periféricos, que ficam diretamente acessíveis ao programador do CREPE), embora a instrução para os usar continue a ser o MOV.

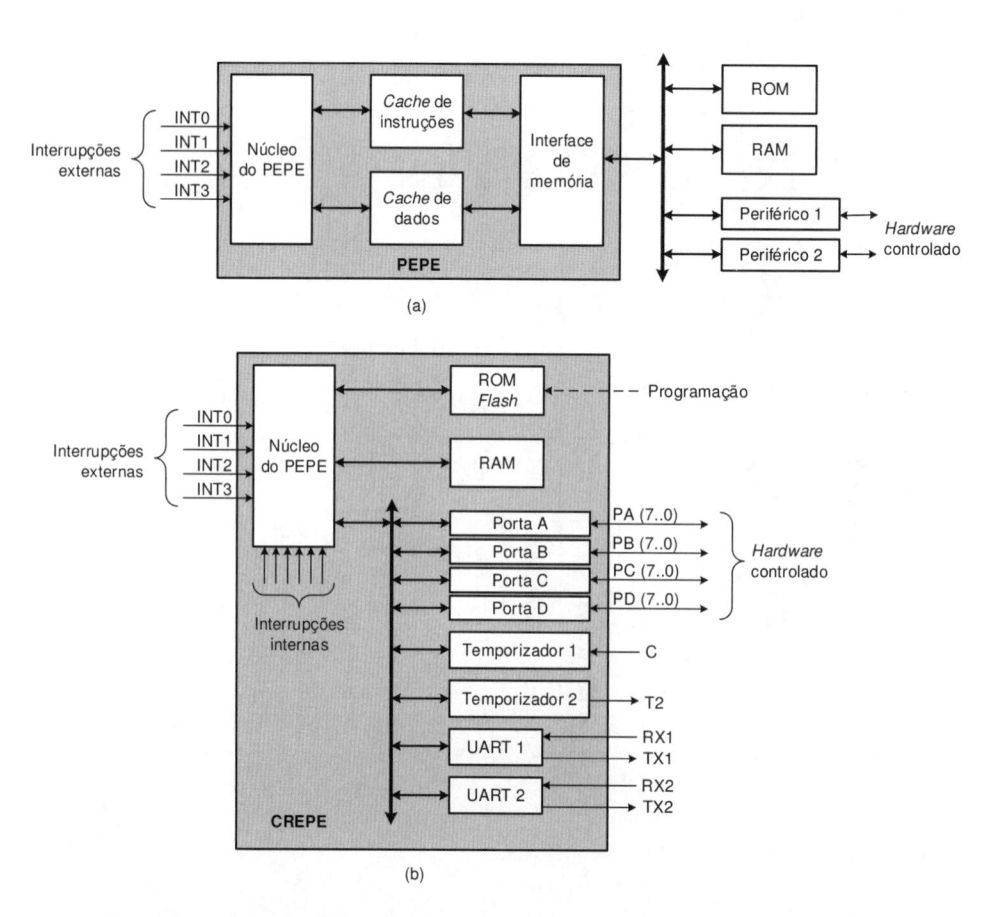

**Fig. 6.56 – Arquiteturas genéricas. (a) — Do PEPE; (b) — Do CREPE**

Com o PEPE (Figura 6.56a), ler o estado de um interruptor ou acender um LED exige a ligação de periféricos de entrada/saída apropriados aos barramentos de dados, de endereços e de controle, além do sistema de decodificação de endereços (Subseção 6.1.4). Com o CREPE (Figura 6.56b), é só ligar o interruptor e o LED diretamente ao circuito integrado, e depois é só *software*.

Os microcontroladores sem interface de memória têm a vantagem de que está tudo feito e é simples. É só ligar os dispositivos a serem controlados. Em contrapartida, estão limitados aos recursos que oferecem. Os microprocessadores são muito mais flexíveis, permitindo ligar o que for necessário (dentro das limitações do microprocessador, particularmente em relação ao barramento de endereços), mas exigem trabalho de interligações.

Os microcontroladores com interface de memória oferecem o melhor dos dois mundos, com recursos internos, mas com capacidade de expansão, porém são mais caros, portanto não são usados nos pequenos sistemas (que também são os que mais facilmente são atendidos pelos recursos oferecidos pelos microcontroladores).

 Mesmo os microcontroladores sem interface de memória podem acessar uma memória externa, mas para isso têm de usar os *bits* das portas de entrada/saída para simular os barramentos de dados, endereços e controle, fazendo evoluir no tempo os sinais de escrita e leitura na memória. Naturalmente, os acessos serão lentos, mas em casos específicos este esquema poderá ser uma opção adequada.

Os recursos oferecidos pelo CREPE são os seguintes:

- 32 KBytes de ROM, mapeados a partir do endereço 0000H, que é onde o CREPE começa a sua execução após uma inicialização (tal como o PEPE). Em um microcontrolador comercial, seria ROM Flash e haveria pinos para programá-la, executando um programa via sistema de desenvolvimento. No simulador, em que o CREPE só existe em *software*, o único mecanismo disponível é o carregamento de programas através da leitura de um arquivo. No entanto, qualquer escrita (por MOV) nesta faixa de endereços não altera o valor da célula de memória acessada;

- 32 KBytes de RAM, mapeados na segunda metade do espaço de endereçamento do CREPE (que é de 64 KBytes, tal como o PEPE). Nada impede o carregamento de programas em RAM (especificando diretivas PLACE adequadas);

- Quatro portas de entrada/saída de 8 bits cada, com os pinos PA, PB, PC e PD. Cada um é configurável de forma independente para entrada ou saída, mesmo durante o funcionamento (o que permite tornar as portas bidirecionais). Também é possível gerar uma interrupção interna sempre que um dos bits de uma porta de entrada mudar de valor. Os *bits* de cada porta não são configuráveis individualmente;

- Dois temporizadores, constituídos por contadores de 16 bits cuja frequência de relógio e valor de fim de contagem é programável. Ambos geram uma exceção quando chegam ao fim da contagem. O temporizador 1 tem ainda um modo cronômetro (contagem de tempo enquanto o pino C estiver com 1) e o temporizador 2 permite gerar formas de onda quadradas de frequência programável no pino T2;

- Duas UARTs, com os pinos RX1, TX1, RX2 e TX2, úteis na comunicação serial com outros CREPEs, por exemplo. Na comunicação, o programa precisa saber quando chegou um *byte* ou quando um *byte* acaba de ser enviado. Isso pode ser feito por teste (*polling*) de *bits* de estado em um dos registradores auxiliares ou por geração de interrupções internas.

Esta é apenas uma descrição resumida do CREPE. O Apêndice B apresenta a descrição detalhada e um exemplo de utilização.

Em termos de implementação, existem as seguintes alternativas:

- **Simulador** – O CREPE é um módulo do simulador, tal como o PEPE, e pode ligar-se a dispositivos periféricos (LEDs, interruptores, etc.);

- **Placa de microcontrolador** – Utiliza-se uma placa com um microcontrolador comercial para simular o funcionamento do CREPE, cujos dispositivos internos são mapeados nos dispositivos reais desse microcontrolador. O objetivo é simular o CREPE em termos reais (podendo interagir com periféricos reais e não apenas simulados). Esta placa pode ser utilizada de duas formas:

  - **Desenvolvimento** – O PC continua a executar o simulador e o módulo do CREPE, mas pode escolher quais os periféricos que funcionam no módulo e na placa. Desta forma, o CREPE pode interagir tanto com periféricos simulados como com periféricos reais. Uma das UARTs do microcontrolador comercial é usada para ligar ao PC e a sua ROM Flash possui apenas um programa para interagir com o PC;

  - **Produção** – O programa do CREPE é carregado na ROM Flash do microcontrolador comercial. Desta forma, consegue-se implementar um sistema autônomo, com programa em memória não volátil, tal como se o CREPE existisse enquanto microcontrolador real.

Existe ainda uma implementação em linguagem C do interpretador de instruções do CREPE, que pode ser portada para qualquer sistema comercial, havendo apenas necessidade de adaptar as partes que têm a ver com o *hardware* específico desse sistema.

> ESSENCIAL
>
> ■ Existe uma grande diversidade de computadores, mas é possível identificar classes principais: supercomputadores, servidores, estações de trabalho, computadores de mesa, portáteis, de mão e microcontroladores. Estes computadores destinam-se a distintas classes de aplicações;
>
> ■ A arquitetura do PC é de longe a mais disseminada e tem evoluído no sentido de aumentar o desempenho (de computação, gráfico, de comunicação, etc.). Os grandes computadores já se baseiam, em grande maioria, na arquitetura do PC. A tendência atual é a utilização de processadores com vários núcleos;
>
> ■ Os microcontroladores são computadores completos num só circuito integrado, com processador, memórias (RAM e ROM) e periféricos. Destinam-se basicamente ao mercado dos sistemas embutidos, para aplicações específicas (telefones celulares, por exemplo), em que o custo, tamanho e consumo são fatores primordiais. São vendidos em muito maior número do que os sistemas restantes, e a variedade de microcontroladores existentes reflete a diversidade de aplicações;
>
> ■ O CREPE é um microcontrolador, que inclui basicamente um núcleo do PEPE e alguns periféricos. Tem uma implementação em *software* no simulador, mas também é possível ter uma implementação em *hardware* real, com uma placa de microcontrolador comercial, que interprete as instruções do CREPE e se comporte como um CREPE real a interagir com dispositivos reais (e não apenas num simulador), o que do ponto de vista laboratorial é sempre interessante.

# 6.6 AVALIAÇÃO DE DESEMPENHO DOS COMPUTADORES

## 6.6.1 O QUE É O DESEMPENHO

O **desempenho** de um determinado sistema pode ser definido em relação a muitos fatores (tempo de resposta, número de operações executadas por unidade de tempo, percentagem de operações efetuadas com sucesso, etc.). No contexto dos computadores, o termo desempenho normalmente é associado ao inverso do tempo de execução dos programas. Quanto mais depressa um computador executar um determinado programa, maior é o seu desempenho.

Se um computador A executar um programa no tempo $T_A$ e um computador B executar o mesmo programa no tempo $T_B$, então pode definir-se, em igualdade de circunstâncias[96] e para este programa em particular, um desempenho relativo dado por:

$$\frac{\text{Desempenho B}}{\text{Desempenho A}} = \frac{T_A}{T_B}$$

Há constantemente uma procura insaciável de desempenho. Não basta um computador funcionar. Tem de fazê-lo o mais rápido possível. Os programas são cada vez mais complexos e hoje fazem coisas que são possíveis apenas porque os computadores conseguem executar milhares de milhões de operações por segundo. As evoluções têm sido tecnológicas, com relógios de frequência cada vez maior, mas também tem havido muitos melhoramentos no nível da arquitetura (organização interna) dos computadores, que permitem aproveitar melhor cada ciclo de relógio.

Qualquer computador tem vários componentes, cada um afetando o desempenho desse computador de modo diferente, e não há dois computadores iguais, pois cada fabricante de computadores tem as suas próprias soluções, o que levanta dois problemas fundamentais:

**PROBLEMA 6.11** Dados dois computadores diferentes, como se pode compará-los para saber qual é o mais rápido, ou qual o seu desempenho relativo?

**PROBLEMA 6.12** Em um determinado computador, como se pode saber qual o impacto de cada um dos seus componentes no desempenho global, ou de outra forma, quanto se ganha no desempenho global melhorando X% o desempenho desse componente?

---

[96]Particularmente, assumindo que ambos os computadores estão executando exclusivamente este programa.

Neste contexto, o que interessa medir é o desempenho global, considerado pelos programas, portanto tanto o *hardware* como o compilador têm impacto no tempo de execução dos programas. Assim, os componentes fundamentais que podem ser objeto de avaliação de desempenho são os seguintes:

- **Processador** – O elemento mais rápido do sistema, em que se pretende maximizar a frequência do relógio e minimizar o número médio de ciclos de relógio por instrução;

- **Memória** – Normalmente mais lenta que o processador, a questão fundamental é conseguir minimizar o tempo médio de acesso à memória;

- **Periféricos** – Geralmente, o fator mais lento do desempenho e, portanto, um dos mais determinantes nos programas que os usam intensamente;

- **Compilador** – O que está em questão é a qualidade do código gerado, em termos das instruções usadas e do gerenciamento de recursos, particularmente os registradores.

O tempo $T$ que um programa demora executando em um computador pode ser obtido por:

$$T = T_{proc} + T_{mem} + T_{per}$$

em que:

- $T_{proc}$ – Tempo gasto pelo processador em processamento interno, sem acessar a memória;

- $T_{mem}$ – Tempo gasto pelo processador nos acessos à memória, incluindo a busca de instruções;

- $T_{per}$ – Tempo gasto pelo processador nos acessos aos periféricos, incluindo o tempo de espera (sem poder prosseguir) que uma operação sobre um periférico seja concluída.

Um computador real procura não apenas minimizar cada um destes tempos, mas também, tanto quanto possível, sobrepô-los para que o tempo de execução seja inferior ao seu somatório. Exemplos:

- Execução simultânea ou parcialmente sobreposta de várias instruções no processador, desde que não haja dependências (o operando de uma instrução ser o resultado de outra). Este aspecto é tratado na Seção 7.3.

- Carregamento em uma memória mais rápida (*cache*, Seção 7.5), não apenas da instrução ou dado de que se precisa em um determinado momento, mas também de instruções ou dados em endereços contíguos, em uma antecipação de que irão ser necessários a seguir (o que estatisticamente é muito frequente);

- Execução de outros programas nos tempos inativos à espera de uma operação sobre um periférico (Seção 7.7).

As seções seguintes respondem os dois problemas enunciados anteriormente e analisam o impacto de cada um dos quatro componentes identificados, mas por enquanto sem qualquer destas otimizações, que são tratadas nas seções mencionadas.

## 6.6.2 PROGRAMAS DE AVALIAÇÃO (*BENCHMARKS*)

Quando se precisa escolher um computador, poderá haver a tendência para olhar para a frequência de relógio do processador, em um raciocínio de que maior frequência implica maior desempenho. Não é necessariamente verdade, pois há computadores que demoram em média mais ciclos de relógio executando uma instrução do que outros, e esta métrica não leva em conta os fatores restantes, como o compilador ou os periféricos.

Existe também a métrica simplista de usar MIPS (Milhões de Instruções Por Segundo).[97] Só que normalmente o fabricante divulga o valor de MIPS considerando que o processador executa repetidamente a instrução mais rápida (normalmente o NOP), sem levar em conta as instruções restantes, o que indica apenas quão rápido um computador consegue fazer coisa nenhuma. Outras instruções demoram mais ciclos de instrução a serem executadas do que o NOP, portanto tem de se fazer uma média ponderada pela frequência relativa de ocorrência de cada instrução no programa.

Também se usa o termo MFLOPS (*Millions of Floating-Point Operations Per Second*)[98] para indicar o número máximo de operações de ponto flutuante (com valores não inteiros — ver Apêndice D) que o processador consegue executar por segundo. Estas operações são importantes em programas de cálculo intensivo, mas mais uma vez estamos falando de valores máximos, inatingíveis com programas reais, além de que este fator ignora o fato dos programas não serem constituídos exclusivamente por operações de ponto flutuante.

---

[97]Como se pode ver, MIPS não é o plural de MIP…

[98]… nem MFLOPS é o plural de MFLOP.

Para complicar o cenário, um computador não é apenas processador, memória e algoritmos. A maioria dos programas usa também os periféricos, em particular os que envolvem comunicação por rede ou acesso a bancos de dados.

Nitidamente, o que interessa é avaliar os computadores como um todo, em cenário real com programas reais. Uma solução é executar o(s) programa(s) que o usuário normalmente usa em cada um dos computadores a serem testados e comparar os tempos de execução. O problema é que normalmente isto não é viável (ninguém quer comprar vários computadores só para experimentar e nem sempre as empresas que os vendem os disponibilizam para os testes dos compradores).

A alternativa é definir programas de avaliação padronizados (*benchmarks*), que cada um dos fabricantes pode testar nos seus computadores, e divulgar os tempos de execução. Isto permite ter um termo de comparação entre computadores sem implicar comprá-los primeiro.

Os benchmarks já existem há muitos anos. Em 1976 apareceu o Whetstone e em 1984 o Dhrystone. Trata-se de pequenos programas, não aplicações realistas, mas sim conjuntos de instruções escolhidas com base na frequência estatística de ocorrência dessas instruções em programas reais (razão pela qual estes benchmarks são chamados de "sintéticos").

O desempenho de um computador é medido em Whetstones/segundo ou Dhrystones/segundo, ou seja, o número de vezes que um computador consegue executar o benchmark por segundo. O grande problema destes benchmarks é, por um lado, poderem não ser representativos das características dos programas do usuário e, por outro, serem tão pequenos e executarem tão rápido, que pequenos fatores que se diluiriam em um programa grande acabam por assumir um papel preponderante.[99]

Em 1988, várias empresas formaram a SPEC[100] (*System Performance Evaluation Cooperative*), que passou a usar uma média do desempenho de vários programas reais como benchmark, segundo várias perspectivas, incluindo desempenho do processador, processamento gráfico, supercomputação, aplicações Java, sistemas cliente-servidor, sistemas de arquivos e servidores *Web*. Cada benchmark é composto por um conjunto de programas de uma determinada classe de aplicações e destina-se a comparar o desempenho dos vários sistemas de computadores nessas classes de aplicações, desde computação pura em memória até processamento de dados e servidores de informação. A SPEC disponibiliza os dados sobre os valores obtidos para cada benchmark para inúmeros sistemas.

As aplicações de processamento de dados são, na realidade, as mais usadas no mercado empresarial. A unidade de processamento destas aplicações é usualmente a **transação**, um conjunto de operações encadeadas que envolvem não apenas processamento por parte do processador, mas também acessos a periféricos, particularmente redes ou bancos de dados. No caso de uma transação afetar o estado do sistema, tem de garantir cumulativamente que:

- Não pode ser interrompida por outra transação em execução concorrente;
- As alterações efetuadas pela transação não podem parar no meio devido a uma falha de rede, por exemplo (ou completa a sequência de operações ou não altera nada, podendo neste caso ter de desfazer operações já efetuadas).

O TPC[101] (*Transaction Processing Council*) apareceu em 1992 com o objetivo de criar vários benchmarks para ambiente transacional, incluindo acesso a bancos de dados, com ou sem otimizações, e a servidores *Web*. Nas transações, os fatores importantes são a taxa de execução de transações e a escalabilidade, estando em questão não apenas o computador em si, mas também todo o *software* de suporte, incluindo sistema operacional, sistema de gerenciamento de banco de dados e servidor.

### 6.6.3 A lei de Amdahl

Os benchmarks permitem comparar o desempenho de dois computadores, englobando todos os fatores que contribuem para esse desempenho, mas não indicam de que forma cada fator contribui, nem aqueles que mais afetam o desempenho e que, portanto, são os que mais interessam otimizar.

A lei de Amdahl indica a melhoria que se pode esperar no tempo $T$ de execução de um programa em um determinado computador, se se melhorar de $N$ vezes apenas alguns dos fatores que afetam esse desempenho:

$$T_{melhorado} = \frac{T_{afetado}}{N} + T_{não\ afetado}$$

O tempo de execução do programa melhora apenas na parte afetada pelo melhoramento. A parte que não depende desse melhoramento continua a demorar o mesmo tempo.

---

[99]Além do fato de que alguns fabricantes otimizavam artificialmente as arquiteturas e os compiladores para melhor executarem estes benchmarks...
[100]www.spec.org
[101]www.tpc.org

Esta lei é muito importante porque diz que não se pode esperar que o tempo de execução se reduza proporcionalmente à melhoria de apenas parte do programa. Para dar um exemplo, consideremos a fórmula já usada na Subseção 6.6.1 para exprimir o tempo de execução de um programa:

$$T = T_{proc} + T_{mem} + T_{per}$$

e assumamos que $T_{proc} = 10$ segundos, $T_{mem} = 20$ segundos, $T_{per} = 70$ segundos. Com estes tempos, este programa de exemplo gasta 10% em processamento interno do processador, 20% nos acessos à memória e 70% nos acessos aos periféricos. Se passarmos a frequência de relógio do processador para o dobro, e assumindo que isso não tem impacto em outros fatores, o tempo gasto pelo processador em processamento interno será metade e o tempo de execução melhorado do programa passará a ser:

$$T_{melhorado} = \frac{T_{proc}}{2} + T_{mem} + T_{per}$$

ou

$$T_{melhorado} = 5 + 20 + 70 = 95 \text{ segundos}$$

A melhoria global do desempenho, medida pela razão dos tempos de execução, foi de apenas:

$$\frac{T}{T_{melhorado}} = \frac{100}{95} = 1,053$$

Ou seja, a melhoria do tempo de execução do programa foi pouco mais de 5%, apesar do tempo gasto pelo processador ter se reduzido para metade. A diferença resulta do tempo que realmente foi melhorado ocupar apenas uma pequena fração do tempo total de execução.

Por outro lado, se esta redução para metade tivesse sido feita no tempo gasto com os periféricos, a melhoria global teria sido mais de 50%:

$$\frac{T}{T_{melhorado}} = \frac{100}{10 + 20 + 35} = 1,538$$

Portanto, a lei de Amdahl tem duas consequências muito importantes:

- A melhoria global é inferior à melhoria de apenas um (ou alguns) dos fatores aditivos que afetam o tempo de execução;

- O impacto da melhoria de um fator é tanto maior quanto maior for o peso desse fator no tempo total de execução. Em outras palavras, o que vale a pena é otimizar os casos mais frequentes ou mais relevantes.

### 6.6.4 AVALIAÇÃO DO DESEMPENHO DO PROCESSADOR

Esta seção refere-se ao tempo $T_{proc}$ definido na Subseção 6.6.1 e leva em conta apenas o processamento interno do processador, sem incluir acessos à memória (de dados ou busca de instruções) e aos periféricos. Para um determinado programa, este tempo pode ser dado por:

$$T_{proc} = \frac{\sum_{i=1}^{N} C_i}{F} = \frac{\text{número total de ciclos}}{\text{ciclos/segundo}}$$

em que:

- $F$ – Frequência do relógio do processador, medida em ciclos/segundo;

- $N$ – Número de instruções do programa (excluindo as gastas com acessos à memória e aos periféricos);

- $C_i$ – Número de ciclos de relógio para a instrução $i$. Umas instruções são mais complexas do que outras e demoram mais ciclos de relógio sendo executadas do que outras.

Para facilitar a análise, também se pode usar esta equação considerando, não instruções individuais, mas classes de instruções (desvios, por exemplo).

$$T_{proc} = \frac{N \times \sum_{i=1}^{K} Pi \times Cm_i}{F} = \frac{N \times D}{F} = \frac{\text{número total de ciclos}}{\text{ciclos/segundo}}$$

em que (o significado de N e F se mantém):

- K – Número de classes de instruções consideradas no programa;
- $P_i$ – Percentagem média de ocorrência de instruções desta classe no programa;
- $Cm_i$ – Número médio de ciclos de relógio para a classe de instruções i;
- D – Média ponderada (pela percentagem de ocorrência) do número de ciclos de relógio de cada instrução.

Se, apenas a título de exemplo, considerarmos um programa com 5 milhões de instruções (excluindo acessos à memória e periféricos), divididas em três classes (aritméticas, transferências entre registradores e controle), com percentagem de ocorrência de 35%, 40% e 25% e número médio de ciclos/instrução (excluindo a busca das instruções) de 2, 1 e 3, respectivamente, sendo executado em um processador com frequência de relógio de 1 MHz (um milhão de ciclos por segundo), o tempo de execução interna do processador será, possivelmente, na ordem de:

$$T_{proc} = \frac{N \times D}{F} = \frac{5.000.000 \times (0,35 \times 2 + 0,4 \times 1 + 0,25 \times 3)}{1.000.000} = \frac{5.000.000 \times 1,85}{1.000.000} = 9,25 \text{ segundos}$$

Neste exemplo, cada instrução demora, em média, 1,85 ciclo de relógio para ser executada. O mesmo programa, expresso em uma linguagem de alto nível, poderá demorar mais ou menos tempo em outro computador, em que o número de ciclos/instrução médio (D) de cada classe seja diferente ou em que o respectivo compilador gere um conjunto diferente de instruções (afetando N × D). No caso geral, o tempo de execução de um programa em um computador é afetado basicamente pelos fatores descritos na Tabela 6.20.

Este livro foca basicamente o conjunto de instruções e a arquitetura do processador. O objetivo básico em termos de desempenho é um processador ter o menor número médio possível de ciclos/instrução e oferecer um conjunto de instruções que, em conjunto com o compilador, permita reduzir globalmente o número de ciclos de relógio a serem executados por um programa. Observe que estes fatores acabam também por influenciar a frequência de relógio máxima possível. Uma arquitetura complexa introduz mais atrasos nos circuitos, o que limita a frequência (todos os circuitos têm de ter tempo de reagir antes do próximo ciclo de relógio).

### 6.6.5 Avaliação do desempenho da memória

A memória constituiu sempre um fator de gargalo do desempenho, pelo fato de um acesso a uma célula de memória (externa ao processador) demorar muito mais tempo do que um acesso a um registrador (interno ao processador). Tal como mencionado na Subseção 6.5.2.3, o tempo de acesso às memórias não tem acompanhado a evolução da frequência de trabalho dos processadores porque estas têm aumentado muito a sua capacidade.

**Tabela 6.20 - Fatores que influenciam o tempo de execução dos programas (considerando apenas o tempo de execução no processador)**

| Fator | Afeta | Modo como influencia o desempenho do processador |
|---|---|---|
| Algoritmo | N, D | Os algoritmos mais eficientes implicam menos operações a efetuar; logo, menos instruções |
| Linguagem de programação | N, D | Linguagens de programação de alto nível implicam operações mais abstratas, mais demoradas de implementar, mas envolvem menos esforço de programação/manutenção. A linguagem *assembly* é a mais eficiente, mas o esforço de programação só é admissível para pequenos programas |
| Compilador | N, D | O compilador pode fazer mais ou menos otimizações, gerenciar os recursos (registradores, por exemplo) de forma mais ou menos eficiente, gerar sequências de instruções que gastem mais ou menos ciclos de relógio (Subseção 6.6.6) |
| Conjunto de instruções | N, D, F | Um computador pode ter instruções complexas, mas que demorem mais ciclos para serem executadas, ou instruções mais simples e mais rápidas para serem executadas, mas necessárias em maior número (Subseção 6.6.7) |
| Arquitetura do processador | D, F | Usando algumas técnicas, particularmente *pipelining* (Seção 7.3), é possível reduzir, em média, o número de ciclos de relógio para cada instrução/classe de instruções |
| Frequência do relógio | F | É sobretudo um fator com um limite tecnológico, mas também depende da arquitetura do processador, pois arquiteturas mais simples permitem frequências de relógio mais rápidas (Subseção 6.6.7) |

O grande artifício neste aspecto tem sido o uso de *caches* dentro do próprio processador. Uma *cache* é uma memória de uso estatístico, contendo apenas as palavras mais usadas pelo processador, portanto pode ser muito menor do que toda a memória principal. Se a palavra com o endereço acessado estiver na *cache*, o tempo de acesso é pouco mais que o acesso a um registrador. Se não estiver, tem de fazer o acesso à memória principal e demora mais tempo (mas no próximo acesso a palavra já estará lá).

Dentro dos parâmetros normais, verifica-se que na grande maioria dos acessos (normalmente mais do que 95%), as palavras pretendidas estão na *cache*, o que evita um acesso à memória principal, externa ao processador. Colocada dentro do processador, a *cache* tem um tempo de acesso muito mais rápido do que a memória principal, o que permite um tempo médio de acesso muito inferior. As *caches* são detalhadas na Seção 7.5.

> **NOTA** As *caches*, e em particular a de nível 2 (L2), ocupam uma enorme fatia da área da pastilha de silício dos microprocessadores de alto desempenho, o que se traduz no custo do circuito integrado. Em uma tentativa de baixar o custo e competir com a concorrência de outros fabricantes como a AMD, a Intel lançou os Pentiums Celeron em abril de 1998, sem *cache* L2 e com 7,5 milhões de transistores. O efeito da ausência da *cache* é que os acessos à memória principal têm de ser feitos com muito mais frequência, o que piora o tempo médio de acesso. O baixo desempenho determinou uma má aceitação pelo mercado, e apenas quatro meses depois, em agosto desse mesmo ano, a Intel lançou os Celeron com 128 KBytes de *cache* L2 e 19 milhões de transistores. Mesmo assim, bastante menos que o Pentium II Xeon, lançado em junho de 1998 em duas versões, com 512 KBytes e 1 MByte de *cache* L2. Em 2000, a AMD lançou o Duron para competir com o Celeron, com apenas 64 KBytes de *cache* L2, o suficiente para o desempenho ser aceitável, mas ser bastante atrativo em preço em relação ao Celeron.

No entanto, as *caches* não são só por si mesmas uma solução completa, pois a memória principal continua a desempenhar um papel fundamental, em particular quando se consideram periféricos que envolvem transferências massivas de dados, como a placa gráfica e a interface de rede, em que o DMA é fundamental.

A interligação entre o processador, a memória principal e os periféricos mais exigentes tem merecido a atenção dos fabricantes, manifestada sobretudo através dos desenvolvimentos mencionados na Subseção 6.5.2.3.

O impacto do desempenho da memória, em que o modo de rajada é fundamental, depende muito da aplicação, e pode ser analisado quer do ponto de vista do processador (incluindo a *cache*), quer do ponto de vista das operações de DMA com periféricos. Como exemplo, e para se entender a diferença de desempenho entre as várias formas de acessar a memória, considere um programa que faz 100 leituras a palavras de memória em endereços consecutivos, copiando-as para outros 100 endereços consecutivos, nas seguintes condições:

- O tempo de acesso a uma palavra de memória, se estiver na *cache*, é de 1 ns. Se não estiver, é o tempo de acesso à memória principal;

- A *cache* inicialmente está vazia;

- O tempo de acesso à memória principal é de 40 ns para um acesso individual ou primeiro acesso de uma rajada (endereços consecutivos), em que cada acesso a seguir ao primeiro, em modo de rajada, demora 2 ns;

- Cada cópia de uma palavra (leitura + escrita) é feita por uma iteração de um ciclo de 8 instruções (incluindo as instruções de acesso à memória), em um total de 100 iterações.

Nestas condições, o tempo $T_{mem}$ (definido na Subseção 6.6.1) gasto pelo processador nos acessos à memória para conseguir realizar estas 100 leituras e 100 escritas (sem levar em conta o tempo de execução das instruções que não acessam a memória, mas contando com o tempo gasto com a sua busca da memória) é obtido da seguinte forma:

- Acessos individuais (um a um) do processador, por instruções de acesso à memória, admitindo que não há *cache*. O tempo gasto pelo processador em acessos à memória (8 buscas das instruções + leitura + escrita) será:

$$T_{mem} = 100 \times ((8+2) \times 40\,ns) = 40.000\,ns$$

- Idem, mas com *cache*. Neste caso, a primeira busca de cada instrução tem de ser feita na memória principal, mas na segunda iteração do loop as instruções já estão na *cache*, portanto a busca é muito mais rápida. Por outro lado, os acessos às $100+100$ palavras não aproveitam a cache, pois todos os endereços são diferentes, portanto o tempo gasto com os acessos à memória será:

$$T_{mem} = 8 \times (1 \times 40\,ns + 99 \times 1\,ns) + 2 \times 100 \times 40\,ns = 9112\,ns$$

- Acessos por um controlador de DMA, em que por simplicidade se ignoram as instruções de programação do controlador de DMA (executadas apenas uma vez) e se contabiliza apenas o tempo em que o processador está parado à espera que a operação de DMA acabe (assumindo que o processador não continua em processamento interno durante esta operação, senão o tempo perdido pelo processador ainda será menor). Em DMA, os acessos à memória funcionam em rajada (quer lendo primeiro todas as palavras para memória interna do controlador e escrevendo-as todas depois, quer lendo de um lado e escrevendo do outro, palavra a palavra, mas em rajada), portanto o tempo gasto será:

$$T_{mem} = 2 \times ((1 \times 40\,ns) + (99 \times 2\,ns)) = 476\,ns$$

Embora naturalmente as relações entre estes tempos dependam do programa usado, são nítidas a vantagem da *cache* (23% do tempo gasto) e a diferença entre transferências por *software*, com acessos individuais a cada palavra, e por *hardware*, em rajada (5% do tempo gasto, mesmo com *cache*). Por isso, não basta ter um processador com uma elevada frequência de relógio. O desempenho global do sistema depende muito do suporte em *hardware* no acesso à memória.

### 6.6.6 O IMPACTO DO COMPILADOR

A principal função de um compilador (Figura 5.14) é converter uma sequência de caracteres (texto simples), que representa instruções de um programa, de acordo com as regras de uma determinada linguagem, em código de máquina (instruções em binário que o *hardware* sabe executar diretamente). Os *assemblers* são também compiladores, assim como a linguagem *assembly* é uma linguagem de programação, embora de baixo nível.

Quanto mais alto é o nível da linguagem de programação, mais longe está do *hardware* e mais perto do nível do programador (Figura 1.4), o que significa que mais trabalho o compilador tem que ter. No entanto, mais possibilidades tem para fazer otimizações e para melhor gerenciar os recursos disponíveis (registradores e outras unidades internas do processador, memória, etc.).

Em linguagem *assembly*, o programador especifica quase tudo e o *assembler* praticamente só tem de fazer um mapeamento quase direto para as instruções do código de máquina. Em uma linguagem de alto nível, é o compilador que decide que instruções do processador gerar, que registradores deve usar, como organizar as estruturas de dados, quando acessar a memória e em que endereços, como invocar rotinas e passar parâmetros, etc.

O compilador é, assim, um elemento fundamental no desempenho de um computador. O mesmo programa compilado por dois compiladores diferentes e executado no mesmo computador pode apresentar tempos de execução significativamente distintos, dependendo das otimizações feitas e do grau de conhecimento que o compilador tem da arquitetura em que o programa vai ser executado.

Isto significa que os benchmarks avaliam não apenas o *hardware* em si, mas todo o conjunto, incluindo compilador e *software* de sistema (biblioteca de funções da linguagem de programação, sistema operacional, plataforma de suporte, etc.).

Está fora do âmbito deste livro explicar o funcionamento de um compilador e a forma como ele otimiza e gera o código de máquina. São mencionadas aqui apenas algumas das otimizações mais frequentes, apenas a título de exemplo e sem pretender apresentar uma descrição exaustiva (a ordem não indica importância de otimização):

- Eliminação de loops, substituindo loops com poucas iterações por cópias separadas das instruções de cada iteração. Gasta mais memória, mas evita os testes e os desvios inerentes às iterações;

- Invocação de rotinas em linha. Em vez de invocar uma rotina, insere-se uma cópia das instruções da função. Evita as instruções de chamada e retorno e as passagens de parâmetros e do resultado. Normalmente, só compensa no caso de rotinas pequenas;

- Reutilização de registradores, usando registradores com resultados de uma expressão ou rotina como os registradores com os parâmetros de entrada para outra expressão ou rotina (evitando cópias de valores);

- Substituição de instruções de multiplicação/divisão por uma potência de 2 por instruções de deslocamento à esquerda/direita, que normalmente são de execução mais rápida;

- Eliminação de ocupação de registradores quando já não são usados ou de variáveis ou instruções/rotinas que não são usadas;

- Troca de ordem de execução de instruções, quando isso não afetar a semântica do programa, o que permite depois fazer outras otimizações ou passar, para fora de um loop, instruções cuja execução é independente das iterações e produz o mesmo valor em cada iteração (e assim só se faz uma vez);

- Resolução em *software* de aspectos que têm a ver com o funcionamento dos diversos componentes do processador, particularmente no que diz respeito ao *pipelining* (Seção 7.3);

- Substituição de expressões nos índices das matrizes (*arrays*) por cálculos com ponteiros, que normalmente são mais eficientes;

- Escolha de instruções mais adequadas de acordo com os valores de constantes. Por exemplo, a instrução ADD no PEPE só suporta constantes entre $-8$ e $+7$. Se o valor estiver fora deste intervalo, o código gerado tem de usar um registrador adicional para armazenar esse valor. O compilador tem de saber disso para poder otimizar, no caso das constantes pequenas.

O programador é mais inteligente do que um compilador e consegue detectar situações específicas de otimização que um compilador pode não reconhecer. Mas é menos confiável, frequentemente cometendo mais erros, e os compiladores atuais incluem inúmeras otimizações que, em termos globais, compensam perdas em casos mais complexos.

A programação em linguagem *assembly*, como alternativa à programação em alto nível, não se justifica em termos gerais, pois dá muito mais trabalho e acarreta muito mais erros, que saem muito caros em termos de desenvolvimento. Assim, a programação em linguagem *assembly* deve ser reservada para rotinas pequenas, simples e críticas em termos de desempenho, o que normalmente acontece apenas em rotinas de muito baixo nível de um sistema operacional ou de interação com periféricos (*device drivers*).

## 6.6.7 A FILOSOFIA RISC

Historicamente, os processadores eram concebidos por equipes que se preocupavam basicamente com o *hardware*, tornando-o o mais completo possível, partindo da premissa de que quanto mais funcionalidade o *hardware* tivesse (mais instruções e mais completas):

- Mais fácil seria para o compilador gerar código (o *hardware* estaria mais perto do nível das linguagens de programação de alto nível);

- Maior desempenho o computador teria (pois as operações diretamente implementadas em *hardware* são mais eficientes do que executar uma rotina).

O expoente máximo desta filosofia foi a arquitetura VAX, da Digital Equipment Corporation, que em 1977 permitia que ambos os operandos das instruções pudessem estar quer em registradores quer na memória, com um número bastante elevado de instruções, modos de endereçamento e dimensão variável das instruções (entre 1 e 53 bytes!), de acordo com os parâmetros que recebiam. Esta preocupação de reduzir o tamanho do código derivava do custo das memórias, que na época era elevado.

Outra vertente consistiu no projeto de arquiteturas de alto nível (*High Level Language*, ou HLL), que subiam ainda mais o nível do *hardware*, tentando aproximá-lo do de uma linguagem de programação de alto nível, que lhes servia de modelo. Apareceram implementações em *hardware* para linguagens de programação como Lisp, Smalltalk-80, C e Java.

No entanto, a complicação do *hardware* resultante do acréscimo desta funcionalidade implicava circuitos muito complexos, o que impedia a frequência do relógio de subir, e arquiteturas em que mesmo operações elementares demoravam vários ciclos de relógio para serem executadas. Em um VAX, a média do número de ciclos de relógio por instrução era da ordem de 10.

Por outro lado, a funcionalidade das instruções era projetada considerando-se o caso mais complexo, para servir para a maioria dos casos, sem ter em conta a frequência com que cada caso ocorria. Deste modo, mesmo os casos mais simples (que vieram a se revelar os mais frequentes) ficavam mais lentos e executavam mais operações do que o necessário.

Também as arquiteturas HLL, em especial as das linguagens mais evoluídas, tendiam a basear-se muito na pilha para armazenamento de valores intermediários e passagens de parâmetros, fazendo um uso intensivo da memória em detrimento dos registradores, com o ônus correspondente em termos de tempo de acesso.

Pode-se dizer que nessa época os engenheiros estavam mais preocupados com funcionalidade do que com otimizações e desempenho. Também os compiladores não estavam tão desenvolvidos, portanto a principal iniciativa era para tornar o *hardware* mais complexo e poderoso.

No final da década de 1970, início da de 1980, apareceram alguns projetos que seguiram a via oposta, com *hardware* simples, poucas instruções, todas de igual dimensão (32 bits), poucos modos de endereçamento, *pipelining* (processamento em estágios) e exposição da arquitetura ao compilador, que era responsável pela resolução dos problemas acarretados por arquiteturas tão pouco dotadas de recursos: o IBM 801 (1975), RISC-I (1980) e MIPS (1981).

Estas arquiteturas tinham de executar na ordem de duas vezes mais instruções que o VAX, uma vez que a funcionalidade era mais rudimentar, mas conseguiam executar em média uma instrução em menos de dois ciclos de relógio, o que, tendo em conta que o VAX demorava em média 10 ciclos de relógio por cada instrução, ainda fazia com que o VAX fosse cerca de três vezes mais lento para a mesma frequência de relógio. E isto com arquiteturas muito mais simples, mais baratas e com maior potencial de subida da frequência do relógio.

Dada a simplicidade, estas arquiteturas ficaram conhecidas como RISC (*Reduced Instruction Set Computers*) e, em contrapartida, as arquiteturas como o VAX passaram a ser chamadas de CISC (*Complex Instruction Set Computers*), grupo do qual a arquitetura IA-32, que serve de base aos Pentiums, é um membro destacado (o 8086, que está na sua base, apareceu em 1978, e por razões de compatibilidade perdura até hoje).

Como produtos comerciais RISC, apareceram arquiteturas como MIPS (usado até 2006 nas estações de trabalho da Silicon Graphics Inc.), o Power-PC (que serviu de base aos computadores da Apple até esta mudar para a Intel, e hoje continua com a designação de base, POWER, apenas em servidores), o PA-RISC (usado até 2008 em servidores da Hewlett-Packard) e o UltraSPARC (base dos servidores da Oracle).

No entanto, mais importante do que uma pureza de linha ou filosofia é reconhecer que a principal lição da filosofia RISC é que o caso mais frequente deve ser o mais otimizado, e que a complexidade só é boa enquanto for realmente útil e não tornar mais lento o caso mais frequente. Senão, mais vale usar uma sequência de instruções mais simples.

O PEPE também foi projetado segundo a filosofia RISC, o que se pode traduzir fundamentalmente pelas seguintes regras:

- Instruções do código de máquina todas do mesmo tamanho e com o menor número possível de formatos, para simplificar a decodificação das instruções na unidade de controle;

- Acesso à memória apenas por instruções de transferência de dados (MOV). Nunca por instruções de processamento de dados (ADD, por exemplo);

- Suporte para poucos modos de endereçamento, assumindo os parâmetros das instruções sempre em registradores;

- Um número generoso de registradores, para minimizar os acessos à memória;

- Otimização de casos frequentes. No caso do PEPE, um exemplo consiste no par de instruções CALLF e RETF, que evitam usar a pilha para invocar uma rotina que não chame outra (Subseção 5.7.2.2);

- Otimização da arquitetura para que cada instrução, em média, seja executada no menor número possível de ciclos de relógio, para o que é fundamental o *pipelining* (Seção 7.3).

Em termos de mercado, as arquiteturas CISC foram progressivamente desaparecendo ou incorporando as lições RISC. O caso surpreendente é a arquitetura IA-32, que é a base dos Pentiums. Embora seja CISC de origem, foi progressivamente incorporando mecanismos que aprendeu dos seus primos RISC (como, por exemplo, o processamento com um número significativo de estágios), visando o aumento do desempenho. Usando o nível de investimento só possível com base no quase monopólio do mercado dos computadores pessoais, as empresas que mais a desenvolvem (Intel e AMD) levaram os microprocessadores baseados nesta arquitetura a um nível de desempenho tal que, longe de desaparecer, está na base da evolução para os 64 bits que poderá, talvez (o futuro dirá), ditar o triunfo sobre as outras arquiteturas de origem RISC.

Esta evolução para os 64 bits aconteceu basicamente da seguinte forma:

- A AMD enveredou pela arquitetura AMD64, que é totalmente compatível com a IA-32, com apenas algumas alterações para suportar os 64 bits. Atualmente, os processadores Athlon e Opteron implementam esta arquitetura;

- A Intel acabou por ter de adotar as extensões da AMD para 64 bits, sob a designação Intel 64, expressa nas arquiteturas Netburst, Core e Nehalem.

- A Intel produziu uma nova arquitetura (IA-64), usada apenas no Itanium, que é incompatível em código binário com a IA-32, e que se baseia na execução de várias instruções em paralelo, sob controle do compilador (que poderá trocar a ordem de execução de instruções se isso não afetar a semântica do programa). Os programas já existentes têm de ser recompilados.

A experiência passada mostra que quando se introduz uma nova arquitetura que é incompatível, com a anterior no nível do código de máquina, surgem problemas que podem ditar o fracasso (e a Intel já tem algumas experiências neste campo).

O desenvolvimento do Itanium tem sofrido muitos atrasos, e seu desempenho, embora de topo, acaba por sofrer a concorrência de outros processadores compatíveis com o 8086 da própria Intel (particularmente, o Haswell), sob constante pressão da AMD. Embora a Intel tenha continuado o desenvolvimento do Itanium, com o lançamento, em 2012, do Poulson e o lançamento, previsto para breve, do Kittson, só um dos grandes fabricantes produz atualmente computadores baseados no Itanium (a Hewlett-Packard), e grandes empresas de *software*, como a Oracle, decretaram o fim do suporte a novos desenvolvimentos para o Itanium.

### 6.6.8 Avaliação do desempenho dos periféricos

Os periféricos de interesse do ponto de vista do desempenho não são as simples portas de entrada/saída, mas sim os periféricos complexos, como os discos, as redes e as placas gráficas. Não está em questão apenas o *hardware*, mas também todo um arsenal de camadas de *software*, desde as rotinas de mais baixo nível (*device drivers*) até as funções mais complexas do sistema operacional, plataformas de suporte e aplicações.

A informação normalmente é lida em um lado, eventualmente processada e escrita e/ou transmitida para outro lado. Do ponto de vista do desempenho, o fator mais relevante é o elo mais fraco (com menor desempenho) da cadeia. É virtualmente impossível fazer uma análise completa do desempenho de um sistema de periféricos sem dados de um sistema real ou de uma simulação desse sistema. No entanto, é possível obter uma avaliação aproximada, efetuando simplificações no funcionamento do sistema para permitir alguns cálculos estatísticos. Esta seção usa esta última abordagem para chegar a algumas conclusões.

Vejamos o funcionamento de um disco magnético. Um dos fatores mais importantes é o tempo de acesso, normalmente na ordem de milissegundos, uma eternidade para os processadores atuais que conseguem executar vários milhões de instruções durante esse tempo. Quanto tempo demora, em média, um acesso de leitura a um setor de um disco, desde que o processador faz o pedido até esse setor estar lido em memória e pronto para ser processado?

A Subseção 6.3.2 apresenta os detalhes do funcionamento dos discos, relevantes para responder a esta pergunta, considerando que o tempo de acesso é o somatório do tempo de procura de trilha (*seek time*), informado pelo fabricante, do atraso rotacional médio (meia rotação) e do tempo de transferência do setor, normalmente desprezível em relação aos outros dois.

Aquela seção dá um exemplo para um disco de 100 GBytes, com um tempo de acesso médio na ordem de 10 milissegundos e um tempo de transferência na ordem de 0,016 ms, o que significa que cerca de 99,8% do tempo de acesso é gasto em espera. Com um processador de 1 GHz, isto corresponde a cerca de 10 milhões de ciclos de relógio. A uma média de dois ciclos de relógio por instrução, por exemplo, o processador pode executar 5 milhões de instruções enquanto espera que o setor esteja disponível em memória, após uma operação de DMA (a leitura propriamente dita). É fácil, portanto, constatar a importância que os acessos ao disco têm no desempenho dos programas.

Outra forma mais transacional de olhar para este exemplo é reconhecer que o sistema consegue fazer no máximo cerca de 100 transações por segundo (se cada uma envolver apenas um acesso ao disco, o que demora cerca de 10 ms).

Por outro lado, também é importante reconhecer que os programas acessam arquivos, constituídos normalmente por vários blocos, cada um com vários setores contíguos. Portanto, o tempo de espera é comum para todos os setores de um bloco, que podem ser lidos em acessos seguidos sem novo posicionamento da cabeça magnética.

No entanto, os arquivos estão divididos em blocos, normalmente espalhados pelo disco, o que provoca vários acessos em que o tempo de procura de trilha pode pesar. Esta é a razão pela qual periodicamente se deve compactar um disco (em particular se tiver pouco espaço livre, muito fragmentado), o que envolve colocar os vários blocos de um arquivo de forma contígua em um disco, de forma a reduzir os tempos de procura nos acessos aos vários blocos.

Uma aplicação que envolva o envio de informação pela rede poderá ter os seguintes fatores condicionando o tempo total gasto em uma comunicação:

- Tempo de acesso à informação (poderá envolver uma ou mais leituras do disco);
- Tempo de processamento local (normalmente desprezível, mas pode ser importante se os dados tiverem muito processamento — compressão, criptografia, etc.);
- Tempo de comunicação (tal como no acesso aos discos, inclui latência e tempo de transmissão).

Normalmente o fator limitante é o disco, mas uma rede lenta pode representar um gargalo na comunicação. Como exemplo, consideremos um servidor Web a que vários clientes fazem pedidos de páginas HTML. Alguns clientes estão na rede local do servidor, mas outros fazem acessos remotos via Internet. Suponhamos as seguintes condições:

- A rede local funciona a 100 Mbits/s de taxa de transferência máxima, mas a ligação à Internet não vai além de 1 Mbit/s. Assume-se que a rede tem uma latência de 10.000 bits (isto é, em média cada mensagem tem de esperar o tempo equivalente à transmissão de 10.000 bits antes de ser enviada);
- As páginas HTML têm uma dimensão média de 8 KBytes e considera-se que todos os *bytes* de cada página estão totalmente contíguos no disco;
- O disco tem um tempo típico de procura de trilha de 4 ms, gira a 10.000 rpm e tem uma taxa de transferência de 50 MBytes/s;
- Os barramentos de entrada/saída do computador têm capacidade suficiente para não constituírem uma limitação.

Nestas condições, qual o tempo médio de obtenção de uma página a partir do disco?

- O tempo médio para achar o início da página:
  - 4 ms (*seek time*) para achar a trilha no disco;

- 3 ms (tempo de meia-volta, em média).

■ O tempo médio de leitura de uma página HTML é de 8 KBytes/50 MBytes/s $\cong$ 0,16 ms;

■ Resposta final = 7 + 0,16 = 7,16 ms (na prática, este tempo ignora uma série de pequenos fatores, como os atrasos intro-duzidos pelo controlador do disco e pelo controlador de DMA. No entanto, todos este fatores são residuais em relação ao tempo de espera até a informação começar a ser lida do disco).

Supondo pedidos sequenciais (sem sobreposição), quantos pedidos de páginas exclusivamente por parte de clientes na **rede local** o servidor consegue atender por segundo?

■ Cada página demora cerca de 7,16 ms para ser lida de disco;

■ O tempo de transmissão de cada página através da rede é o somatório de um tempo de espera de cerca de 10.000 bits (a uma taxa de transmissão de 100 Mbits/s) e de (8 $\times$ 8 K) bits/100 Mbits/s para ser enviada, ou cerca de 0,1 ms de espera mais 0,64 ms para ser enviada, ou ainda 0,74 ms de tempo total de comunicação;

■ O tempo total de atendimento será em média, 7,16 + 0,74 = 7,9 ms, o que permite atender cerca de 126 pedidos por segundo (1 s/7,9 ms);

■ O fator limitador, neste caso, é o disco.

Supondo pedidos sequenciais (sem sobreposição), quantos pedidos de páginas exclusivamente por parte de clientes na Internet o servidor consegue atender por segundo?

■ Cada página demora cerca de 7,16 ms para ser lida de disco;

■ O tempo de transmissão de cada página através da rede é o somatório de um tempo de espera de cerca de 10.000 bits (a uma taxa de transmissão de 1 Mbit/s) e de (8 $\times$ 8 K) bits/1 Mbit/s para ser enviada, ou cerca de 10 ms de espera mais 64 ms para ser enviada, ou ainda 74 ms de tempo total de comunicação;

■ O tempo total de atendimento será em média, 7,16 + 74 $\cong$ 81 ms, o que permite atender cerca de 12 pedidos por segundo (1 s/81 ms);

■ O fator limitador, neste caso, é a rede.

Há várias formas de aumentar o desempenho de um servidor Web. Por exemplo:

■ Usar vários discos (RAID – *Redundant Array of Independent Disks*), de forma a suportar vários acessos simultâneos a páginas. Os RAID substituem um grande disco em um servidor por um conjunto de discos menores e mais baratos. São usadas várias técnicas (níveis), como, por exemplo, guardar cada página em dois discos diferentes (RAID nível 1), lendo-se a página do disco que por ocasião do acesso levar a um menor tempo de espera (o que tiver a cabeça mais perto dos setores pretendidos). No entanto, como isto duplica o espaço necessário, o nível mais usado em servidores de informação, incluindo servidores de Web, é o RAID nível 5, que distribui os dados por vários discos e otimiza o acesso de vários pedidos simul-tâneos (e, portanto, o número de transações por segundo);

■ Usar *caches* de páginas (que mantêm em memória principal as páginas mais acessadas, ficando estas com um acesso muito mais rápido);

■ Melhorar a taxa de comunicação da rede.

As conclusões a serem tiradas sobre o desempenho de um sistema de periféricos, sem medidas reais através de benchmarks, dependem do realismo e precisão do modelo usado e das aplicações a serem executadas, seja em simulação, seja em um raciocínio simples como o que foi apresentado nesta seção. Às vezes são tiradas medidas em um sistema para tentar extra-polar para outro. O objetivo fundamental de qualquer planejamento ou avaliação de um sistema de periféricos é identificar quais os gargalos que condicionam todo o resto e otimizar principalmente esses casos, de forma a maximizar a melhoria do desempenho de todo o sistema. Não adianta ter componentes individuais do sistema com elevado desempenho se existem outros que representam gargalos ao percurso dos dados e fazem o resto do sistema esperar. Desta forma, o mais importante é ter um sistema balanceado, em que a largura de banda de cada componente é a adequada para o contexto em que está inserido. As sucessivas evoluções da arquitetura do PC (Figura 6.52 até a Figura 6.55) foram basicamente neste sentido. Os periféricos mais rápidos, como a placa gráfica, ficaram no barramento do sistema. Os restantes ficaram em barramentos secundários, mais lentos.

ESSENCIAL

- O desempenho de um computador geralmente é medido em relação ao tempo de execução (inversamente proporcional);

- MIPS e MFLOPS medem apenas o máximo possível de operações por segundo, mas não exprimem o desempenho real. Para este fim são usados *benchmarks*, constituídos normalmente por um conjunto de aplicações reais, em que se faz uma média dos tempos de execução e se produz um número que serve, depois, de termo de comparação com outros computadores;

- Os benchmarks medem o desempenho de um computador como um todo. A lei de Amdahl indica a melhoria que se pode esperar no desempenho de um programa quando se melhora o desempenho de apenas um dos componentes que afetam esse desempenho;

- Há várias classes de benchmarks, conforme o tipo de aplicação que se pretende executar (algoritmos em memória, uso intensivo dos periféricos, etc.);

- Os processadores têm melhorado o seu desempenho à custa não apenas da tecnologia (aumento da frequência do relógio), mas também da arquitetura (redução do número de ciclos de relógio por instrução, um dos aspectos principais da filosofia RISC, que revolucionou as arquiteturas de computadores);

- As *caches* são fundamentais para o desempenho de um computador, pois são muito mais rápidas do que a memória principal (cujo tempo de acesso tem diminuído pouco, pois a sua capacidade tem aumentado muito). Os processadores de maior desempenho já têm vários *MBytes* de *cache*;

- O tempo de acesso a um disco magnético (na ordem de alguns milissegundos, mesmo para os discos mais rápidos) é totalmente dominado pela espera do posicionamento da cabeça magnética sobre a trilha pretendida e da rotação do disco até o setor pretendido passar junto à cabeça. Em comparação, o tempo de transferência dos dados é insignificante;

- As redes locais de computadores já funcionam a 10 GHz. As placas gráficas, com vídeos e animações 3D, necessitam de taxas de transferência de dados da memória na ordem de *GBytes*/s. Estes periféricos têm ligações especiais ao barramento de sistema, de modo a suportar estas taxas. Os periféricos mais lentos se ligam a barramentos secundários, mais lentos;

- O segredo do desempenho está em evitar pontos de gargalo no caminho crítico dos dados mais importantes. O desempenho de um sistema é apenas tão bom quanto o do elo de menor desempenho da cadeia. O objetivo de qualquer sistema é equilibrar o desempenho dos vários componentes de um computador, o que pode variar de acordo com o contexto de utilização do computador.

# 6.7 CONCLUSÕES

Este capítulo apresentou basicamente a visão de sistema de um computador, com ênfase na interação dos vários componentes, em particular os periféricos, uma vez que o processador, com exemplos de programação envolvendo apenas a memória, já tinha sido objeto dos capítulos anteriores.

Além do conjunto de instruções, há todo um conjunto de aspectos fundamentais para um projetista de um sistema ou simplesmente para entender e saber usar um sistema já pronto, particularmente:

- Endereçamento, envolvendo basicamente:
  - O mapa de endereços (em que faixa de endereços se pode acessar cada um dos dispositivos, memórias ou periféricos);
  - A decodificação de endereços (como selecionar o dispositivo correto, e apenas esse);
  - A dicotomia endereçamento em *byte*/palavra, que tem grandes implicações no nível de *hardware* e *software*.

- Ciclos de acesso do processador à memória e periféricos, com os respectivos tempos de acesso e temporizações do processador;

- Exceções e as suas vantagens nas interações com os periféricos (interrupções) e processamento de situações anormais causadas pelo programa;

■ Classes de computadores que, apesar de obedecerem todos à mesma arquitetura de base, diferem na sua estrutura em termos de processador, memórias, periféricos e outros componentes (particularmente estruturas de interligação), de forma a estarem mais adequados à aplicação em vista;

■ Desempenho do computador, em que o importante não é analisar cada componente de forma isolada, mas sim o comportamento global de todo o sistema, devendo-se identificar os componentes que mais contribuem para o gargalo do desempenho e otimizar esses componentes.

Desde o aparecimento da arquitetura básica de von Neumann, há já 60 anos, a evolução dos computadores tem sido suportada pelo avanço tecnológico da eletrônica, que permite uma integração cada vez maior de componentes, mais rápidos e com maior capacidade, mas isso seria muito limitado se não tivesse sido acompanhado por uma miríade de técnicas no nível organizacional, que permitem tirar partido da tecnologia para produzir computadores que fazem cada vez mais e melhor.

# 6.8 EXERCÍCIOS

**6.1** Considere um computador com base no PEPE com uma RAM com 2 KBytes de capacidade cujo primeiro *byte* está no endereço A800H. Qual é o endereço (em hexadecimal) do seu último *byte*?

**6.2** Suponha que, em um determinado instante, R1=1234H, R2=100H e SP=1000H. Indique o endereço em que o *byte* 34H é escrito quando se executa a seguinte instrução:

a) `MOV [R2+6], R1`   c) `SWAP [R2], R1`

b) `MOVB [R2], R1`   d) `PUSH R1`

**6.3** Suponha que você não sabe se o PEPE é *big-endian* ou *little-endian*. Faça um programa para o PEPE que permita descobrir qual destas hipóteses está correta.

**6.4** Suponha que você tenha declarado

```
PLACE 50H
STRING   "Computador", 00H
```

A diretiva `STRING` usa ASCII para converter os caracteres em *bytes*. Mostre qual é o conteúdo da memória gerado por esta diretiva, *byte* a *byte*, a partir do endereço 1000H para os seguintes processadores (todos suportam endereçamento de *byte*):

a) PEPE;

b) PEPE-8;

c) Processador de 16 bits, *little-endian*;

d) Processador de 32 bits, *big-endian*;

e) Processador de 32 bits, *little-endian*.

**6.5** A instrução `MOV R1, [R2]` não demora o mesmo tempo para ser executada do que a instrução `MOV R1, R2`. Por quê? Faça um programa com um loop que execute N vezes uma destas instruções e outro idêntico, mas com a outra instrução, para verificar qual é mais lenta. Execute os dois no simulador. Use um relógio de tempo real para o PEPE com período de 50 ms, ajuste N para o tempo total de execução do programa com `MOV R1, R2` ser na ordem de 30 segundos e defina um ponto de parada (*breakpoint*) para detectar o fim do programa. Caso se divida a diferença de tempos de execução dos programas por N, se obtém a diferença de tempos de execução das duas instruções? Justifique a resposta.

**6.6** Idem, mas agora com `ADD R1, R2` e `MUL R1, R2`. Sabendo que uma multiplicação feita pelo método manual (Figura 2.52) é substancialmente mais complexa do que uma adição, dê uma explicação para a diferença de tempos de execução dos dois programas.

**6.7** Considere o computador da Figura 6.57, em que tanto a ROM como a RAM têm 16 bits de largura, mas estão divididas em duas metades (de 8 bits de largura cada) para suportar o endereçamento de *byte* (as capacidades indicadas dizem respeito apenas a cada metade). Cada periférico tem apenas uma porta, de 8 bits de largura.

a) Que *bits* do barramento de endereços devem se ligar à ROM? E à RAM?

b) Por que os periféricos não se ligam ao barramento de endereços?

c) Explique o esquema de decodificação de endereços, particularmente no que diz respeito ao suporte para endereçamento de *byte* e de palavra;

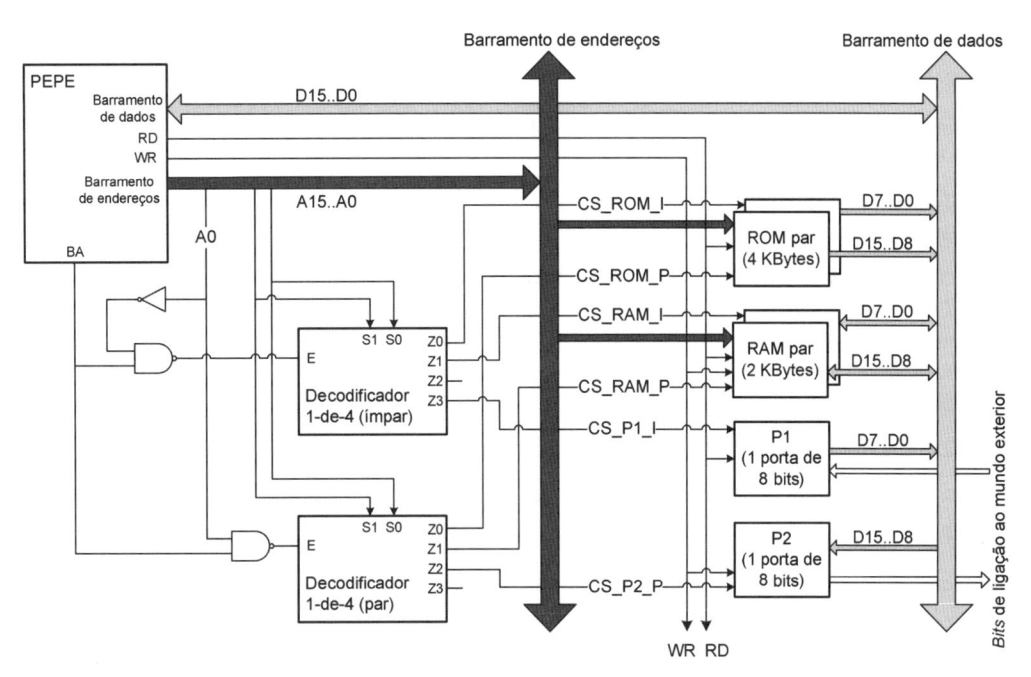

**Fig. 6.57 – Arquitetura de um computador baseado no PEPE**

d) Suponha que a ROM deve estar mapeada a partir do endereço 0000H e a RAM a partir de 2000H. A que *bits* do barramento de endereço devem se ligar os *bits* S0 e S1 dos decodificadores 1-de-4? Justifique.

e) Imagine que o processador executa a instrução MOV [R1], R2, com R1=3000H. Que dispositivo (se algum) a instrução está acessando? E se R1=8000H?

f) Preencha a tabela seguinte com o valor dos sinais **durante** o acesso à memória de cada instrução indicada e o valor do R2 e memória indicada **após** a execução de cada instrução. A execução das instruções é sequencial (não são independentes).

| R1 | INSTRUÇÃO | A0 | BA | RD | WR | A15..A0 | D15..D8 | D7..D0 | R2 | M[2000H] |
|-------|----------------|----|----|----|----|---------|---------|--------|-------|----------|
| 2000H | MOVB [R1], R2  |    |    |    |    |         |         |        | 1234H |          |
| 2000H | MOV  [R1], R2  |    |    |    |    |         |         |        | 1234H |          |
| 2000H | MOVB R2, [R1]  |    |    |    |    |         |         |        |       |          |
| 2000H | MOV  R2, [R1]  |    |    |    |    |         |         |        |       |          |
| 2001H | MOVB R2, [R1]  |    |    |    |    |         |         |        |       |          |
| 2001H | MOV  R2, [R1]  |    |    |    |    |         |         |        |       |          |

g) Destas instruções, indique quais são adequadas para acessar cada uma das portas e com que valor de R1.

**6.8** No simulador, monte um computador com o PEPE (o da Figura 6.57, por exemplo) e coloque LEDs em todos os *bits* do periférico de saída. Escreva um programa que leia sequencialmente vários *bytes* de RAM e os escreva no periférico de saída, voltando depois ao princípio. No simulador, inicialize manualmente estas células de RAM, com valores adequados para formar padrões de evolução dos LEDs ao longo do tempo (por exemplo, um só LED ligado que circula da direita para a esquerda e depois ao contrário). Implemente ainda o que for necessário para que o ritmo de evolução dos LEDs seja rápido (5 mudanças por segundo) e regular.

**6.9** No simulador, monte um computador com o PEPE (o da Figura 6.57, por exemplo) e ligue um periférico de saída a um decodificador e mostrador de sete segmentos (Figura 2.14). Use um relógio normal para o PEPE, sem ser de tempo real. Faça um programa para ir mostrando sucessivamente cada dígito hexadecimal de 0 a F, em loop. Implemente o tempo de duração de cada dígito (de aproximadamente 1 segundo) das seguintes formas (discuta cada um dos métodos em termos de flexibilidade de programação e precisão temporal):

a)   Com um loop em *software*;

b)   Por leitura de um periférico de entrada ligado a um relógio de tempo real de período adequado;

c)   Por interrupções geradas por um relógio de tempo real ligado a um dos pinos de interrupção (sensível à borda, configuração por *default*).

**6.10**   Usando o registrador RCN (Tabela 6.13), mude a sensibilidade de borda para nível (0 ou 1, tanto faz) do pino de interrupção do exercício 6.9c e explique a diferença de comportamento no mostrador.

**6.11**   Imagine um computador que digitaliza som, a uma taxa de 10.000 amostras/segundo. Cada amostra (valor digitalizado que ocupa um *byte*) é depois processada e a amostra resultante é enviada para outro computador por meio de uma UART, que utiliza comunicação serial assíncrona (ver Figura 6.40), com *bit* de paridade e dois *stop bits*, a uma taxa de 150.000 *bits*/segundo. Para enviar uma amostra, o processador escreve o valor na UART e espera que esta indique que já acabou de enviá-lo, o que é feito por meio de uma interrupção. Nessa ocasião, o processador envia nova amostra.

a)   Qual é a taxa máxima de amostras que é possível enviar pela UART?

b)   A primeira amostra tem de ser enviada explicitamente, senão nenhuma amostra é enviada. Por quê?

c)   De quanto em quanto tempo, em média, o PEPE recebe uma interrupção da UART?

d)   Qual é o tempo máximo disponível para processamento de cada amostra, assumindo que todo o resto (digitalização, interrupção da UART, escrita na UART, etc.) é instantâneo?

e)   Nas condições da alínea d), que fração do tempo do processador fica para outras tarefas, se o processamento de cada amostra for 70 microssegundos?

**6.12**   Considere o Programa 6.4 e a Figura 6.50. Assuma que o PEPE demora 3 ciclos de relógio para executar uma instrução (incluindo a busca), exceto se for uma leitura de memória (MOV), em que gasta 4, ou uma escrita, em que precisa de 5. Suponha ainda que o controlador de DMA precisa de 1 ciclo de relógio para fazer uma leitura da memória e 2 para fazer uma escrita.

a)   A rotina de interrupção do Programa 6.4 tem de guardar o estado do PEPE (PC, RE e outros registradores, na rotina), o que não acontece em uma transferência de DMA. Explique por quê;

b)   Estime o tempo gasto em uma transferência de um setor de 1024 bytes de um disco para memória, tanto por DMA (em bloco) como por *software* (com o Programa 6.4). Ignore os tempos gastos pelo PEPE na programação do controlador de DMA. Indique aproximadamente o ganho de tempo (em ciclos de relógio) proporcionado pelo DMA nesta transferência.

**6.13**   Suponha que dois computadores clientes ligados a um servidor, um por uma ligação serial com uma UART e outro por uma LAN (rede local, com ethernet), fazem um pedido de uma mesma página WWW a esse servidor. Este deve efetuar uma transferência de dados entre periféricos (leitura do disco e escrita no periférico de comunicação, UART ou LAN). Assuma que:

–   A UART usa um *bit* de paridade (para detecção de erros) e dois *stop bits*, a uma taxa de transmissão de 10.000 bits/ segundo;

–   A LAN transmite dados a 100.000 bits/segundo, em que para cada 100 bytes de dados transmitidos são enviados mais 50 bytes para controle da transmissão;

–   As páginas de WWW são todas de 1000 bytes (para simplificar);

–   O disco roda a uma velocidade de 6000 rotações por minuto, o posicionamento na trilha correta demora em média 5 milissegundos, todos os *bytes* de uma página estão juntos no disco (e são lidos de uma só vez) e o tempo de leitura do disco (uma vez achada a página) é desprezível.

a)   Com base nestas considerações, preencha a seguinte tabela:

| CARACTERÍSTICA | UART | LAN |
|---|---|---|
| Número total de *bits* a transmitir (dados + controle) para cada página | | |
| Tempo mínimo de transmissão de uma página (em milissegundos) | | |
| Tempo médio de procura de uma página no disco (em milissegundos) | | |
| Número médio de páginas por segundo que o computador cliente poderá ler do servidor | | |

b)   Sendo a capacidade da LAN 10 vezes superior à da UART, explique por que o número médio de páginas por segundo que o computador cliente poderá ler do servidor não é 10 vezes superior no caso da LAN em relação ao da UART.

# 7 - O Processador em Detalhe

Os capítulos anteriores descreveram o PEPE, sobretudo de um ponto de vista externo, de quem o utiliza para construir um computador e programar aplicações básicas. No entanto, e apesar de o PEPE ser um microprocessador muito simples em relação aos que existem no mercado, há ainda muitos aspectos a serem revelados, que não influenciam de forma aparente o conjunto de instruções, mas que têm grande impacto no projeto do processador, no seu desempenho e na sua funcionalidade.

Antes de tudo, é preciso entender como os vários componentes internos de um processador conseguem cooperar para implementar o conjunto de instruções, não apenas do ponto de vista específico da execução das instruções, particularmente em termos do processamento de dados, mas também como se estabelece o controle e o encadeamento das várias operações elementares (microinstruções) necessárias.

Um aspecto sempre fundamental é o desempenho do processador, que executa muitas operações de forma sequencial. Aqui a ideia é processar as instruções como em uma linha de montagem industrial, usando *pipelining* (processamento em estágios), em que várias instruções estão em execução simultânea, embora em estágios de evolução diferentes.

A existência de uma só memória (quer para dados, quer para instruções) e de uma só ligação (quer para leitura, quer para escrita) limitam severamente o desempenho do processador. A solução é incluir pequenas memórias dentro do próprio processador, denominadas *caches*, cujo acesso é muito mais rápido que o da memória externa, com a vantagem de existirem duas (uma para instruções, outra para dados) e com entrada e saída separadas. O princípio básico é que elas devem armazenar apenas as células mais usadas (a sua capacidade tem de ser muito menor do que a da memória externa, senão não cabem dentro do processador), mas isso implica um funcionamento automático que é preciso implementar.

Por outro lado, os programas são cada vez mais complexos e nem sempre a memória tem capacidade necessária, o que implica usar uma hierarquia de memória, distinguindo entre memória principal (a que o processador pode acessar diretamente) e memória de massa (disco magnético, tipicamente), de muito maior capacidade, mas de acesso demasiado lento para suportar o acesso direto por parte do processador. É preciso projetar um mecanismo (denominado memória virtual) para gerenciar esta hierarquia de forma automática.

Finalmente, é preciso reconhecer a importância do sistema operacional como programa mestre que orquestra todo o funcionamento do computador, estabelecendo suporte em *hardware*, no próprio processador, para as suas funcionalidades básicas.

Existem ainda muitos outros temas, mais especializados ou avançados, que por limitações de espaço não são abordados neste livro. Recomenda-se a leitura de [Patterson 2011, Stallings 2012].

# 7.1 DIAGRAMA GERAL DE COMPONENTES

A Figura 4.2 apresenta o diagrama básico de componentes para um processador com um banco de registradores, mas com algumas limitações, particularmente em termos de controle (cada instrução tem de ser executada em um só ciclo de relógio, o que não permite a implementação de algumas instruções mais complexas) e de acesso à memória (exige memórias de dados e de instruções separadas, cada uma com entrada e saída distintas).

A Figura 4.3 ilustra o princípio que permite usar uma só memória externa, com apenas uma ligação de dados (tanto para escrita, como para leitura), ao mesmo tempo que oferece uma visão de duas memórias separadas do processador propriamente dito, que se denomina **núcleo do processador** (Subseção 4.2.1).

A Figura 7.1 representa o diagrama geral de componentes do PEPE e detalha a Figura 4.3, incorporando basicamente tudo o que foi explicado nos capítulos anteriores e atendendo os respectivos requisitos. Embora mais completo do que o processador simples da Figura 4.2, pode-se facilmente reconhecer, na parte de cima da figura, o banco de registradores, a ALU e os multiplexadores que controlam o caminho dos dados.

O PEPE é constituído basicamente pelos seguintes componentes, cujo funcionamento é detalhado nas seções seguintes:

- `RI` (Registrador de Instruções) – No qual cada instrução é armazenada após ter sido lida da *cache* de instruções;

- `PC` (*Program Counter*) – Vai sendo incrementado de 2 em 2 e é usado para indicar em que endereço deve ser lida a próxima instrução;

- Banco de Registradores (Subseção 7.2.1.2) – Contém os registradores principais, que servem para armazenar tanto os operandos das instruções como o resultado de muitas das instruções. Contém ainda alguns registradores auxiliares, normalmente com funções de configuração de alguns dos componentes do PEPE;

- Gerador de Constantes (Subseção 7.2.1.3) – Permite gerar constantes de 16 bits a partir da informação (com 4, 8 ou 12 bits) codificada nas instruções. Assim, consegue-se codificar algumas constantes de 16 bits, que são as mais usadas, dentro de uma instrução de apenas 16 bits;

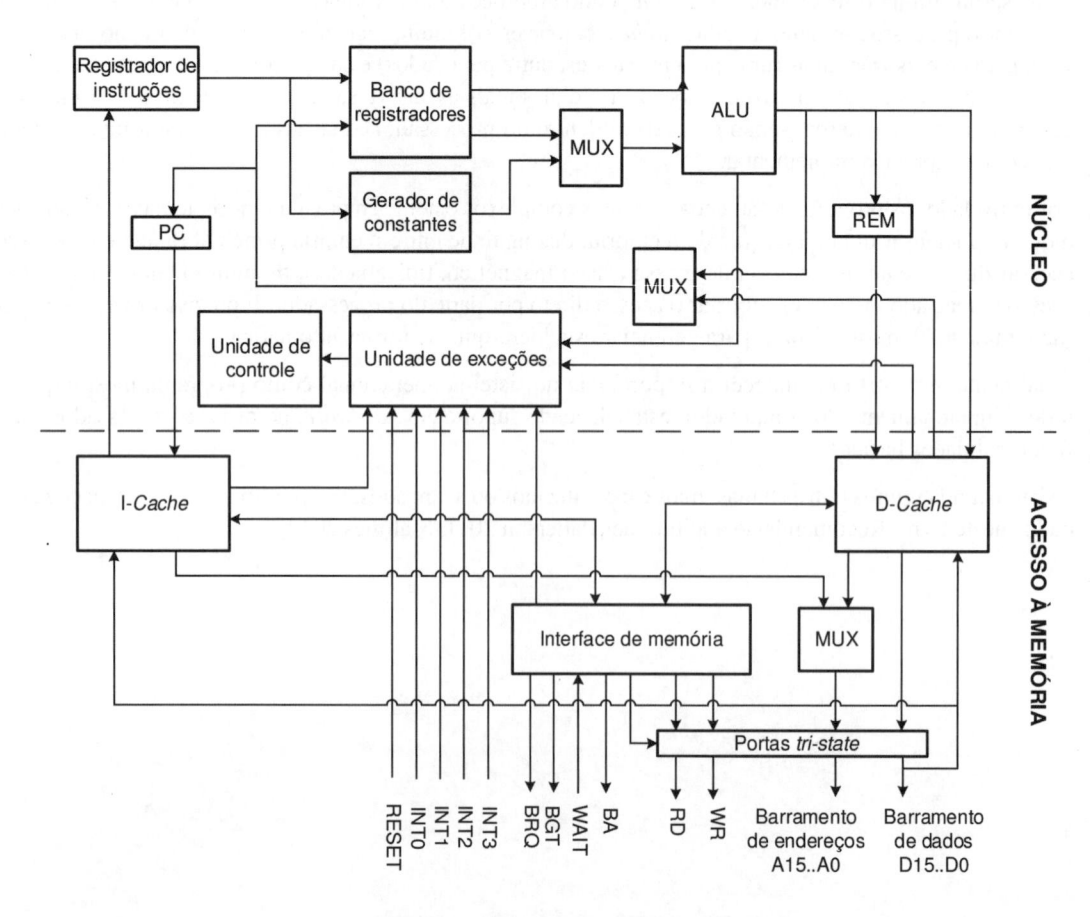

**Fig. 7.1 – Diagrama geral do PEPE**

- Unidade Aritmética e Lógica – Usualmente denominada ALU (Subseção 7.2.1.4), responsável pela transformação dos dados;

- Unidade de Controle (Subseção 7.2.3) – Cérebro do sistema e responsável pelo encadeamento de todos os sinais que controlam o processador;

- Unidade de Exceções (Subseção 7.2.2) – Recebe informação sobre os vários pontos do processador onde podem ocorrer situações anormais e assinala para a Unidade de Controle a existência de exceções (Seção 6.2);

- Registrador de Endereço de Memória (REM) – Usado para memorizar os endereços de memória em acesso de dados. Não faz parte do banco de registradores e é necessário porque, em algumas instruções, o endereço da célula de memória a ser acessada tem de ser calculado por uma operação da ALU (MOV R1, [R2+R3], por exemplo);

- *Cache* de Dados (D-*cache*) e de Instruções (I-*cache*) (Seção 7.5) – Permitem que, na maior parte dos casos, a célula acessada já se encontre dentro do processador, reduzindo substancialmente os acessos à memória. A existência de *caches* separadas permite suportar acessos simultâneos (do ponto de vista do núcleo) à memória, de busca de instruções e de acesso a dados, o que é importante para o funcionamento e desempenho do processador (Seção 7.3);

- Interface de Memória (Seção 7.4) – Arbitra e coordena os acessos à memória principal pelas *caches*, quando estas não têm a informação pretendida ou quando é necessário atualizar a memória principal. Também suporta o endereçamento de *byte* e o DMA (Subseção 6.4.2.3);

- Portas *tri-state* de acesso aos barramentos da memória externa, para poder colocar esses barramentos em alta impedância e suportar as operações de DMA;

- Multiplexadores diversos, para seleção de sinais alternativos.

## 7.2 Núcleo do processador

### 7.2.1 Caminho de dados

O **Caminho de Dados** (*datapath*), também denominado Unidade de Processamento de Dados ou simplesmente Unidade de Dados, inclui os componentes nos quais circulam os dados sobre os quais o PEPE opera. Nessa unidade de dados, os blocos mais importantes são o banco de registradores e a ALU.

#### 7.2.1.1 Funcionamento geral

A Figura 7.2 mostra em detalhe o caminho de dados, já incluindo muitos dos sinais internos que a unidade de controle deverá gerar. O projeto de um circuito destes deve levar em conta, basicamente, o conjunto de instruções que o processador deve implementar e a codificação destas (Tabela A.9), para que se possa saber como obter os operandos a partir de cada instrução.

O RI (Registrador de Instruções) serve para armazenar a instrução a ser executada (vinda da memória de instruções), quando o sinal ESCR_RI for ativado. Observe a divisão em quatro campos de 4 bits, refletindo o formato das instruções, tal como definido na Tabela A.9.

Todos os sinais (indicados em negrito e que entram nos vários componentes) são produzidos pela unidade de controle, com base nos dois campos de 4 bits mais significativos do registrador RI, que contém o código de operação da instrução que está sendo executada.

Muitas instruções envolvem um ou dois registradores, que constituem os operandos A e B da ALU e são especificados através dos seus índices (0 a 15) no banco de registradores. O registrador do operando B está sempre nos *bits* RI(3..0), mas o operando A pode ser obtido a partir de vários campos de 4 bits do RI, pois há necessidade de utilizar um multiplexador para selecionar o campo correto, através do sinal SEL_A. Há ainda a hipótese de ser a própria unidade de controle a indicar que registrador quer usar como operando A, independentemente do que a instrução especifica, caso em que será selecionado o sinal REG_A (de 4 bits).

O mesmo acontece em relação ao registrador onde deve ser armazenado o resultado da instrução, que no banco de registradores é denominado operando C e é selecionado por um multiplexador através do sinal SEL_C. Normalmente é o mesmo registrador que o especificado pelo operando A, mas para manter a flexibilidade permite-se escolher qualquer dos três campos de 4 bits menos significativos do RI e ainda um registrador especificado pela unidade de controle, através do sinal REG_C (de 4 bits). Este operando C é de escrita e, como tal, precisa de um sinal para indicar quando escrever (ESCR_C).

Além dos 16 registradores principais (Figura 4.5), o PEPE suporta 16 registradores auxiliares (Subseção A.2.2), para configurar os vários recursos internos. Os sinais PA_A e PA_C indicam se as entradas do banco de registradores IND_A e IND_C, respectivamente, se referem a um registrador principal ou auxiliar (32 registradores no total).

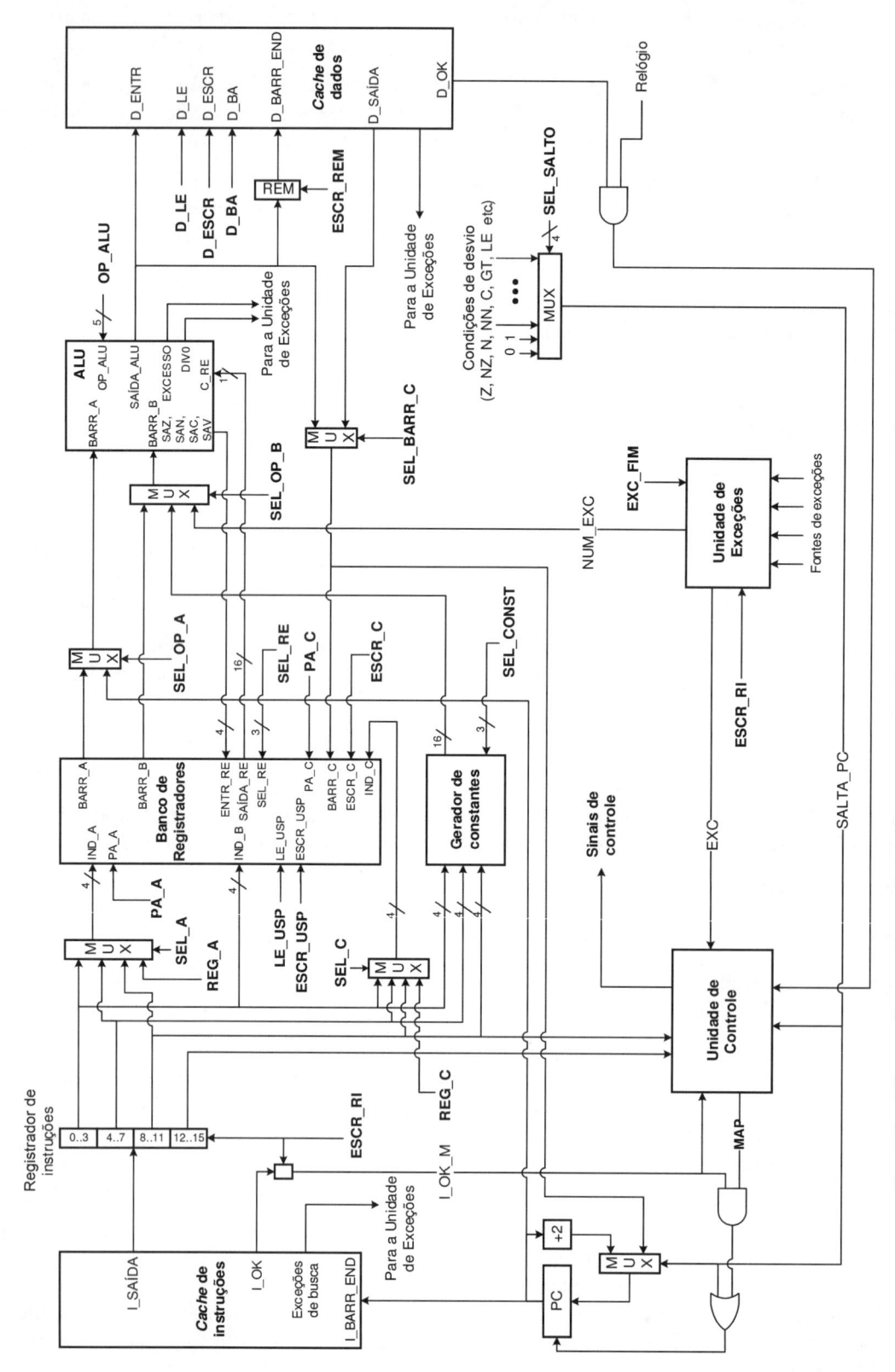

**Fig. 7.2 – Diagrama geral do núcleo do PEPE, com ênfase no caminho de dados, e ligações às caches**

Por limitações do número de bits de cada instrução, a instrução MOV é a única que pode usar os registradores auxiliares (não sendo possível efetuar operações da ALU diretamente sobre eles), porque a entrada IND_B do banco de registradores se refere sempre a um registrador principal e não é necessário um sinal PA_B.

A ALU recebe os dois operandos, A e B. Dependendo das instruções, o primeiro pode ser um dos registradores do banco de registradores ou o próprio PC (no caso dos desvios relativos, em que o PC tem de ser somado a uma constante). O segundo pode ser um registrador, uma constante ou um número de uma exceção (para somar ao registrador BTE), vindo da unidade de exceções (Subseção 7.2.2). Para efetuar estas seleções há dois multiplexadores, controlados pelos sinais SEL_OP_A e SEL_OP_B.

Devido às limitações de espaço nas instruções, as constantes ocupam apenas 4, 8 ou 12 bits, dependendo da instrução. Em cada caso, estas constantes têm de ser estendidas (com sinal) para 16 bits. Por outro lado, a própria unidade de controle tem necessidade de, em alguns casos, ser ela a especificar uma constante. Tudo isto motiva a introdução de uma unidade geradora de constantes, cujo funcionamento é controlado pelo sinal SEL_CONST (de 3 bits, pois há oito hipóteses diferentes de gerar constantes – Tabela 7.2).

A ALU foi projetada para saber executar várias operações e precisa de 5 bits para selecionar uma delas (sinal OP_ALU). Além do resultado, a ALU recebe o valor do transporte (*carry*, bit C do RE) e produz também informação para atualizar os *bits* de estado Z, N, C e V (com os sinais com o nome SA – Saída da ALU – seguido do respectivo *bit*). É a unidade de controle que indica quais destes *bits* são afetados (alterados) como resultado de cada instrução, através do sinal SEL_RE (3 bits, pois há oito situações diferentes). A ALU detecta ainda duas exceções: estouro e divisão por zero.

O valor a ser escrito no registrador de resultado ("operando" C do banco de registradores) pode ser um resultado de uma operação da ALU ou de uma leitura da memória (*cache* de dados, ativando o sinal D_LE). A seleção é feita por um multiplexador controlado pelo sinal SEL_BARR_C. O resultado da operação da ALU também pode ser escrito na memória (na *cache* de dados, ativando o sinal D_ESCR) ou ainda no registrador REM (Registrador de Endereço de Memória), nas instruções em que o endereço tem de ser calculado através de uma soma de dois registradores (MOV [R1 + R2], R3, por exemplo), caso em que primeiro é calculado o endereço e guardado no REM e só depois é feito o acesso. O sinal D_BA indica se o acesso à memória/*cache* de dados é feito em *byte* ou em palavra.

O PC é o registrador usado para endereçar a memória de instruções, sendo incrementado de 2 unidades (devido ao endereçamento de *byte*, sendo o processador de 16 bits) para endereçar a próxima instrução. Esta operação é tão frequente (em todas as instruções) que o PC dispõe de um somador com 2 só para si.[102] Em certas instruções (desvios, chamadas de rotinas e retornos), o PC deve ser atualizado com um valor que não é igual ao anterior mais 2, mas sim determinado a partir de um resultado da ALU ou de uma leitura da memória (dependendo do sinal SEL_BARR_C). A escolha entre um cenário ou outro é determinada pelo sinal SEL_SALTO, que decide não apenas de onde vem o novo valor, mas também em que condições o PC deve ser atualizado.

Nos casos em que o PC deve ser carregado com um determinado valor (escolhido por SEL_BARR_C), mesmo que dependente de condições (desvios condicionais), a decisão sobre se o PC deve ser atualizado ou não é tomada pelo sinal SALTA_PC (saída do multiplexador controlado pelo sinal SEL_SALTO), que depende das condições das instruções de desvio (com base nos *bits* de estado), que podem ser vistas na Tabela A.9:

- Se for selecionada a entrada com 0 deste multiplexador, a sua saída SALTA_PC com 0 indica que o PC deve ser incrementado de 2 unidades, mas isso só acontece quando o sinal MAP é ativado, após buscar uma nova instrução da *cache* e este acesso tiver tido sucesso (I_OK_M = 1);

- Se selecionarmos a entrada com 1, SALTA_PC fica ativo (com 1) e o PC memoriza o novo valor presente na sua entrada. Esta opção é usada nas instruções de desvio incondicional (JMP), nas instruções de chamada e retorno de rotina (CALL, RET), etc.;

- A seleção de qualquer outra entrada, correspondente a um dos casos de desvio condicional, faz o PC memorizar um novo valor (caso em que o desvio é efetuado) ou manter o seu valor, dependendo da condição selecionada. Esta opção é usada nas instruções de desvio condicional (JZ, por exemplo).

As *caches* (quer de dados quer de instruções) desempenham um papel fundamental no processador, mantendo as células de memória mais usadas, para tornar os acessos mais rápidos. No entanto, poderá acontecer que uma *cache* não tenha a célula pretendida carregada e esta tenha de ser acessada na memória principal, caso em que demora mais tempo. As *caches* recuperam automaticamente (Subseção 7.5.1), indo buscar o valor pretendido, mas durante esse tempo o núcleo do processador tem de esperar. A solução adotada é diferente para as duas *caches*:

---

[102]Poder-se-ia usar a ALU para este fim, selecionando 2 no gerador de constantes, mas desenvolvimentos subsequentes, na Subseção 7.3.3, obrigam a um somador específico, portanto aqui já é usada esta solução.

- Se um acesso à *cache* de dados falhar, a única solução é parar a unidade de controle, pois não se pode prosseguir enquanto o dado não estiver disponível. Por essa razão, o sinal D_OK, que fica inativo sempre que a *cache* de dados não tem o dado pretendido, corta o sinal de relógio para a unidade de controle;

- Do lado das instruções, quando uma instrução começa a executar, o PC já foi atualizado para endereçar a instrução seguinte, o que significa que, durante a execução de uma instrução, a *cache* de instruções já poderá estar à procura da instrução seguinte na memória principal, se ainda não a tiver carregado. O núcleo pode continuar a execução da instrução armazenada no RI (o que pode demorar uma série de ciclos de relógio) e só precisa parar se quiser carregar a instrução seguinte no RI e esta ainda não estiver disponível. Se for o caso, o sinal I_OK estará inativo e será memorizado em um registrador de 1 bit (I_OK_M) quando ESCR_RI for ativado, impedindo o PC de ser incrementado. Ao mesmo tempo, I_OK_M indica à unidade de controle que deve esperar (mas só quando esta quiser executar a instrução que a *cache* ainda está obtendo).

A unidade de controle (Subseção 7.2.3) gera todos os sinais de controle necessários ao funcionamento do sistema, indicados por rótulos em negrito na Figura 7.2.

A unidade de exceções (Subseção 7.2.2) controla as várias exceções geradas pelo *hardware* interno e pelos pinos de interrupção, gerando o sinal EXC quando há uma exceção pendente, cujo número (um dos indicados na Tabela A.8) é indicado pelo sinal NUM_EXC, que na ALU é multiplicado por 2 e somado ao registrador BTE (Base da Tabela de Exceções) para acessar a memória e obter o endereço da rotina de atendimento da exceção. Caso a exceção seja uma interrupção, esta unidade espera que o sinal ESCR_RI esteja ativo para assinalá-la em EXC, pois só nesta ocasião, entre duas instruções, é que as interrupções podem ser atendidas.

Depois de iniciar o atendimento da exceção (incluindo guardar o RE e o PC na pilha) e antes de invocar a rotina de atendimento da exceção, a unidade de controle ativa o sinal EXC_FIM, para informar a unidade de exceções que a exceção já está sendo atendida e que, caso haja mais exceções pendentes em condições de serem atendidas, já pode assinalar a próxima. As exceções podem vir dos circuitos associados às *caches* (exceções nos acessos à memória), da ALU e dos pinos de interrupção.

### 7.2.1.2 BANCO DE REGISTRADORES

A Figura 7.3 detalha o banco de registradores da Figura 7.2, podendo se ver os 16 registradores principais e os 16 auxiliares (Subseção A.2.2). Os decodificadores 1-de-32 permitem selecionar um só registrador no conjunto, conjugando os sinais IND_C e PA_C por um lado e IND_A e PA_A por outro. Os registradores auxiliares não podem circular pelo barramento BARR_B, o que faz com que o decodificador correspondente seja apenas 1-de-16.

Existe ainda uma série de detalhes não representados, pois já se trata de um nível muito pormenorizado, que não acrescenta grande valor em termos de compreensão do circuito, sendo essencial apenas em termos de uma eventual implementação em *hardware*. Particularmente, cada registrador auxiliar tem uma saída direta para ligação aos recursos cuja configuração controla (ligação omitida por simplicidade), independentemente da ligação ao barramento BARR_A.

As pequenas caixas não identificadas junto às saídas dos registradores são portas *tri-state*, que só são ativadas pelos decodificadores quando o respectivo registrador é selecionado para leitura. Os sinais de controle destas portas estão representados apenas para o registrador R0, por simplicidade, mas naturalmente o cenário repete-se para cada porta *tri-state*. Cada registrador principal tem duas portas *tri-state* para poder ser lido através do barramento BARR_A ou BARR_B.

O registrador de estado (RE) tem ainda uma entrada direta (ENTR_RE) para os *bits* de estado (Z, N, C e V) que vêm da ALU e uma saída (SAIDA_RE) direta, para que os seus *bits* possam se ligar à ALU, à Unidade de Controle e à Unidade de Exceções. Os *bits* SEL_RE indicam quais os *bits* de RE que podem ser alterados através da entrada direta (porque nem todas as instruções afetam todos os *bits* de estado), de acordo com a Tabela 7.1. O pequeno módulo na entrada do RE coordena a escrita neste registrador.

O PEPE suporta dois níveis de privilégios de programas, Usuário e Sistema, característica importante para o suporte de um sistema operacional (Subseção 7.7.5). Isto obriga a ter dois registradores SP diferentes, SSP (nível sistema) e USP (nível usuário), mas só é usado um de cada vez, portanto a comutação entre um e outro é automática, de acordo com o *bit* NP (Nível de Privilégio) no RE (Tabela A.2). No banco de registradores só se representa um (denominado SP). No entanto, no nível de sistema, há necessidade de acessar explicitamente o USP, portanto existem duas instruções MOV para o ler e alterar (ver Tabela A.9), o que obriga a ter dois sinais adicionais, LE_USP e ESCR_USP. Quando estes sinais estiverem ativos, uma leitura ou escrita no SP no nível de sistema faz, respectivamente, ler ou escrever o USP em vez do SSP.

O módulo que controla a escrita direta no RE também permite desativar as interrupções e o DMA e passar a modo de Sistema (usado na invocação de rotinas de tratamento de exceções) e ainda inicializar o RE com zero.

### 7.2.1.3 GERADOR DE CONSTANTES

As constantes normalmente necessárias na ALU ou são obtidas a partir da constante especificada pela própria instrução, estendendo-a para 16 bits, ou geradas localmente, de acordo com o indicado pela unidade de controle.

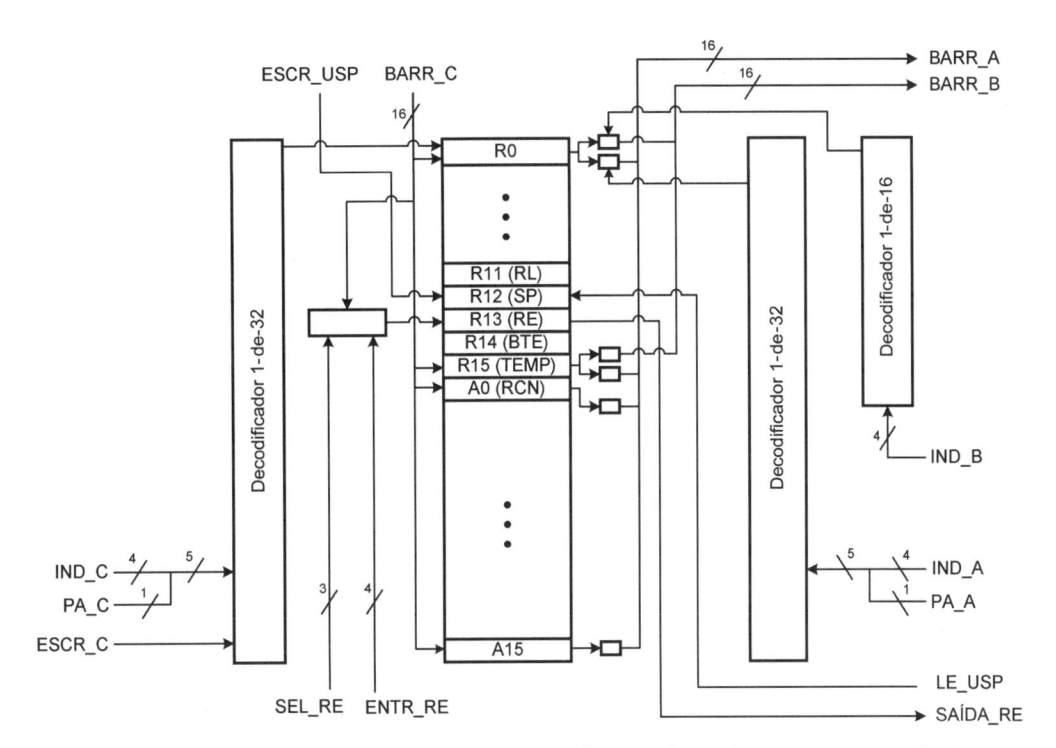

**Fig. 7.3 – Diagrama de componentes do banco de registradores do PEPE**

A codificação das instruções foi cuidadosamente planejada para que as instruções que especificam constantes o façam sempre nos *bits* menos significativos. Há instruções que contêm constantes de 4, 8 e 12 bits. O ideal seria as constantes serem sempre de 16 bits, mas para conseguir que todas as instruções tenham 16 bits, incluindo código de operação e operandos, sem recorrer a uma palavra adicional com o valor da constante, foram adotados valores máximos de constantes com os números de *bits* mencionados, que conseguem atender os casos mais frequentes.

As instruções MOVL e MOVH podem ser usadas sempre que se precise de uma constante em que todos os 16 bits sejam especificados, tal como indicado na Subseção 4.10.3.

A Tabela 7.2 indica as várias situações possíveis para gerar os 16 bits da constante a partir dos 4, 8 e 12 bits menos significativos da instrução, que são aqueles que algumas instruções usam para especificar as constantes. Isso é feito em grupos de 4 bits (*nibbles*). Cabe depois à unidade de controle selecionar o caso que pretende, através do sinal SEL_CONST (Figura 7.2).

**Tabela 7.1 - Codificação dos *bits* de seleção SEL_RE, que indicam quais os *bits* de estado que podem ser alterados diretamente (sem ser pelas operações normais de escrita em um registrador qualquer)**

| SEL_RE | *BITS* DE ESTADO ALTERADOS NO RE | COMENTÁRIOS |
|--------|----------------------------------|-------------|
| 000 | Nenhum | RE não alterado |
| 001 | Z, N, C, V | Resultado de uma operação da ALU (estes 4 bits fazem parte do sinal ENTR_RE) |
| 010 | Z, N | |
| 011 | Z | |
| 100 | Z, N, C | |
| 101 | C | |
| 110 | NP, IE, DE | Atribui 0 aos *bits* NP, IE e DE (sem afetar os restantes) |
| 111 | RE_0 | Atribui 0 a todos os *bits* do RE |

**Tabela 7.2 - Geração de constantes de 16 bits**

| SEL_CONST | | OPERAÇÃO | EXTENSÃO | EXEMPLO DE USO | *BITS* DA CONSTANTE GERADA | | | |
|---|---|---|---|---|---|---|---|---|
| | | | | | 15..12 | 11..8 | 7..4 | 3..0 |
| 0 | E4_16 | $4 \rightarrow 16$ | 000H | SHR Rd, n | 0000 | 0000 | 0000 | RI(3..0) |
| 1 | E4_16S | | Sinal | ADD Rd, k | 4x RI(3) | 4x RI(3) | 4x RI(3) | RI(3..0) |
| 2 | E8_16 | $8 \rightarrow 16$ | 00H | SWE | 0000 | 0000 | RI(7..4) | RI(3..0) |
| 3 | E8_16S | | Sinal | MOVL Rd, k | 4x RI(7) | 4x RI(7) | RI(7..4) | RI(3..0) |
| 4 | E12_16S | $12 \rightarrow 16$ | Sinal | JMP rótulo | 4x RI(11) | RI(11..8) | RI(7..4) | RI(3..0) |
| 5 | UM | 1 | --- | | 0000 | 0000 | 0000 | 0001 |
| 6 | DOIS | 2 | --- | PUSH Rd | 0000 | 0000 | 0000 | 0010 |
| 7 | QUATRO | 4 | --- | RFE | 0000 | 0000 | 0000 | 0100 |

Convém não esquecer que quando a constante é usada para endereçamento (instruções de acesso à memória e de fluxo de controle) deve ser multiplicada por 2, o que é conseguido em conjunção com a operação ADD_Bx2 da ALU (Tabela 7.3). As instruções de acesso à memória com operando imediato usam sempre endereçamento por palavra e essas constantes têm sempre de ser par para o acesso ser alinhado. A constante guardada na instrução é sempre metade do valor real, para melhor aproveitar a faixa de valores permitida pelos *bits* disponíveis, mas ao ser usada na execução da instrução, tem de ser multiplicada por 2, tal como explicado na Seção 4.9.

A Tabela 7.2 fornece exemplos do uso das constantes na implementação das instruções do PEPE. A constante UM não é usada na implementação das instruções do PEPE, mas está prevista para a implementação de novas instruções, usando microprogramação (Subseção 7.2.4).

A implementação da Tabela 7.2 consiste em um circuito combinatório que pode ser feito por uma tabela, com SEL_CONST e os 12 bits menos significativos de RI (Registrador de Instruções) como entradas e simplificação dos sinais de saída (com mapas de Karnaugh), ou por um circuito misto com portas lógicas e multiplexadores, que, para cada *nibble* da constante, selecionam o valor indicado na tabela. Esta implementação é um projeto mais de sistemas digitais do que de arquitetura de computadores e não é detalhada neste livro.

### 7.2.1.4 UNIDADE ARITMÉTICA E LÓGICA (ALU)

A ALU não é mais do que um circuito combinatório com capacidade de efetuar várias operações sobre os seus operandos BARR_A e BARR_B (Figura 7.2), em que a operação realizada é selecionada pelo sinal OP_ALU. As operações a serem suportadas derivam do conjunto de instruções (Tabela A.9) e estão descritas na Tabela 7.3, que inclui algumas operações extras (não necessárias para implementar as instruções do PEPE, mas que poderão ser úteis na criação de novas instruções).

Na Tabela 7.3, "/" significa negação, "X" um valor que não interessa especificar (tanto faz), ">>" e "<<" deslocamento e ">>>" e "<<<" rotação. "C" é na realidade C_RE. Esta tabela representa ainda alguns dos sinais internos da ALU, cujo diagrama detalhado está representado na Figura 7.4. Estes sinais internos são gerados por um circuito combinatório (omitido por simplicidade) com base no código de operação da ALU (OP_ALU).

Esta ALU é mais complexa do que a do PEPE-8 (Figura 3.11), mas pode-se observar que o princípio é o mesmo. Há várias unidades que calculam um valor com base nos operandos, mas só um deles é escolhido para a saída por meio de multiplexadores. A negação (*bit* a *bit*) dos operandos também é conseguida com OU-exclusivos.

A subtração é implementada com o somador, complementando o segundo operando. Na prática, o segundo operando é simplesmente negado, usando um OU-exclusivo, e um 1 é forçado na soma, colocando 1 na entrada de transporte (*carry*) do somador.

A operação NEG é conseguida negando o operando A (nA=1) e forçando 1 na entrada de transporte (*carry*) do somador (MUX_C=11), ao mesmo tempo em que se força zero no operando Y, o que é conseguido pelo decodificador 1-de-16 com Permite=0, o que faz com que todas as suas 16 saídas estejam com 0.

A implementação das instruções MUL (multiplicação), DIV (divisão) e MOD (resto) é feita com unidades próprias, cujos detalhes estão fora do âmbito deste livro. As Subseções 2.8.4 e 2.8.5 apresentam alguns detalhes sobre o assunto, de forma simplificada, usando unidades com somas e subtrações sucessivas.

**Tabela 7.3 - Definição da codificação das operações da ALU e de alguns sinais internos. "X" significa "tanto faz"**

| OP_ALU (4..0) | | OPERAÇÃO | | SAÍDA_ALU | X | Y | *CARRY* | MUX_C | Bx2 | NA | NB | MASC_B | PERMITE |
|---|---|---|---|---|---|---|---|---|---|---|---|---|---|
| 00 | 000 | ADD | a, b | a + b | a | b | 0 | 10 | 1 | 0 | 0 | 0 | X |
| | 001 | ADDC | a, b | a + b + C | a | b | C | 00 | 1 | 0 | 0 | 0 | X |
| | 010 | SUB | a, b | a − b | a | /b | 1 | 11 | 1 | 0 | 1 | 0 | X |
| | 011 | SUBB | a, b | a − b − C | a | /b | /C | 01 | 1 | 0 | 1 | 0 | X |
| | 100 | NEG | a | /a+1 | a | 0 | 1 | 11 | 1 | 1 | 0 | 1 | 0 |
| | 101 | MUL | a, b | a * b | a | b | 0 | 10 | 1 | 0 | 0 | 0 | X |
| | 110 | DIV | a, b | Quociente (a / b) | a | b | X | XX | 1 | 0 | 0 | 0 | X |
| | 111 | MOD | a, b | Resto (a / b) | a | b | X | XX | 1 | 0 | 0 | 0 | X |
| 01 | 000 | OP_A | a | a | a | X | X | XX | x | 0 | X | X | X |
| | 001 | NOT_A | a | /a | /a | X | X | XX | x | 1 | X | X | X |
| | 010 | OP_B | b | b | X | b | X | XX | 1 | X | 0 | 0 | X |
| | 011 | NOT_B | b | /b | X | /b | X | XX | 1 | X | 1 | 0 | X |
| | 100 | LBTOHA | a, b | b(7..0) \|\| a(7..0) | a | b | X | XX | 1 | 0 | 0 | 0 | X |
| | 101 | LBTOLA | a, b | a(15..8) \|\| b(7..0) | a | b | X | XX | 1 | 0 | 0 | 0 | X |
| | 110 | HBTOHA | a, b | b(15..8) \|\| a(7..0) | a | b | X | XX | 1 | 0 | 0 | 0 | X |
| | 111 | HBTOLA | a, b | a(15..8) \|\| b(15..8) | a | b | X | XX | 1 | 0 | 0 | 0 | X |
| 10 | 000 | AND | a, b | $a \wedge b$ | a | b | X | XX | 1 | 0 | 0 | 0 | X |
| | 001 | OR | a, b | $a \vee b$ | a | b | X | XX | 1 | 0 | 0 | 0 | X |
| | 010 | ADD_Bx2 | a, b | a + 2*b | a | b | X | XX | 0 | 0 | 0 | 0 | X |
| | 011 | XOR | a, b | $a \oplus b$ | a | b | 0 | 10 | 1 | 0 | 0 | 0 | X |
| | 100 | BIT | a, n | $a \wedge 2^n$ | a | $2^n$ | X | XX | 1 | 0 | 0 | 1 | 1 |
| | 101 | SETBIT | a, n | $a \vee 2^n$ | a | $2^n$ | X | XX | 1 | 0 | 0 | 1 | 1 |
| | 110 | CLRBIT | a, n | $a \wedge /2^n$ | a | $/2^n$ | X | XX | 1 | 0 | 1 | 1 | 1 |
| | 111 | CPLBIT | a, n | $a \oplus 2^n$ | a | $2^n$ | X | XX | 1 | 0 | 0 | 1 | 1 |
| 11 | 000 | SHR | a, n | a >> n+1 | a | b | X | XX | X | X | X | X | X |
| | 001 | SHL | a, n | a << n+1 | a | b | X | XX | X | X | X | X | X |
| | 010 | SHRA | a, n | a >> n+1 | a | b | X | XX | X | X | X | X | X |
| | 011 | ---- | X, X | X | X | X | X | XX | X | X | X | X | X |
| | 100 | ROR | a, n | a >>> n+1 | a | b | X | XX | X | X | X | X | X |
| | 101 | ROL | a, n | a <<< n+1 | a | b | X | XX | X | X | X | X | X |
| | 110 | RORC | a, n | C \|\| a >>> n+1 | a | b | X | XX | X | X | X | X | X |
| | 111 | ROLC | a, n | C \|\| a <<< n+1 | a | b | X | XX | X | X | X | X | X |

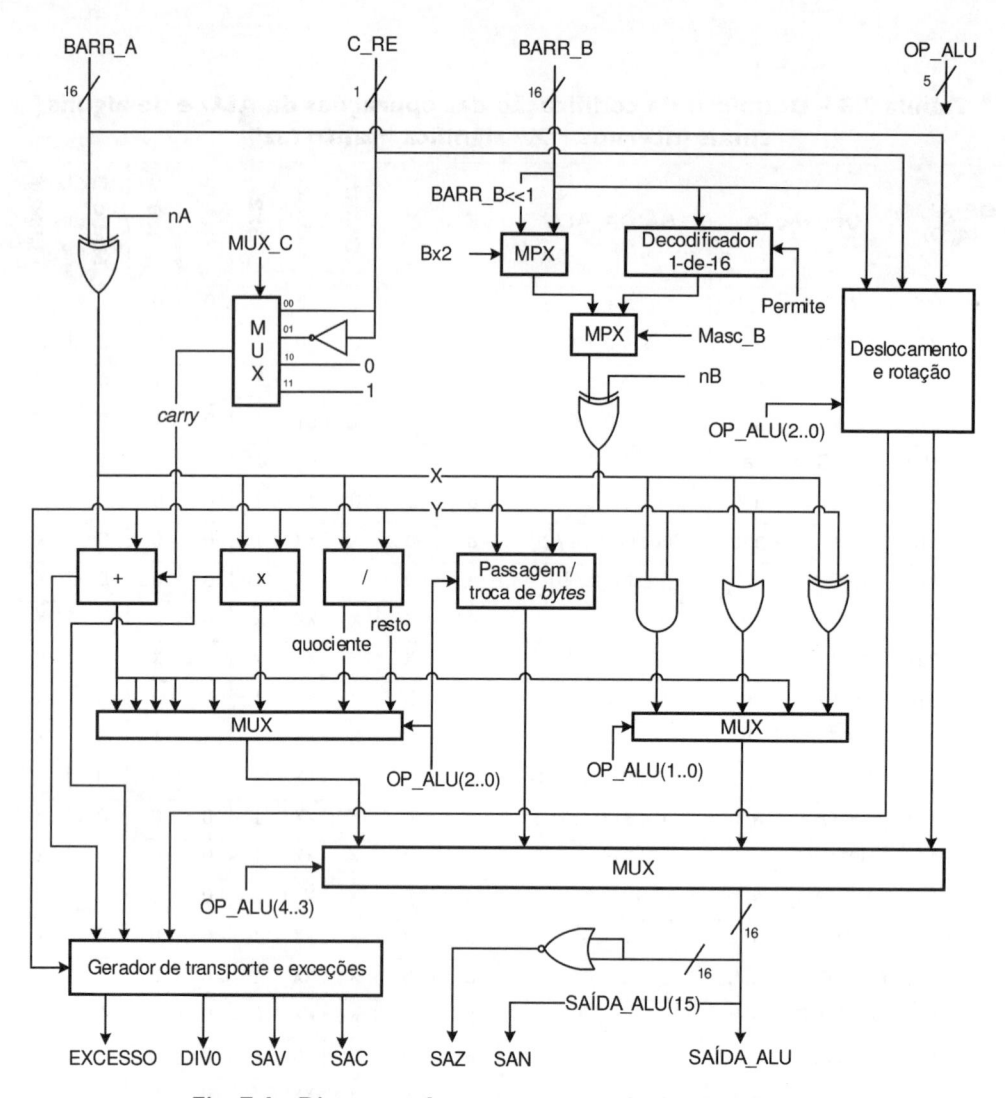

**Fig. 7.4 – Diagrama de componentes da ALU do PEPE**

> **NOTA**
>
> Os microprocessadores comerciais que precisam ter um alto desempenho fazem estas operações com unidades complexas que conseguem produzir o resultado de forma bem mais rápida. A rapidez é paga com complexidade.

As operações de manipulação de *bits* são simples, bastando providenciar os respectivos circuitos. A unidade mais complexa é a que suporta o deslocamento/rotação de N bits em um só ciclo de relógio, o que é conseguido por um conjunto de multiplexadores que selecionam para a saída os *bits* pretendidos. Este conjunto é denominado *barrell-shifter* e permite implementar os deslocamentos lineares e rotações descritos na Seção 4.13.

O decodificador 1-de-16 permite gerar um número binário apenas com um *bit* com 1 (o operando B especifica qual), de forma a poder manipular apenas um dos *bits* do operando A (usado nas operações que manipulam um só *bit*, como SETBIT ou CLRBIT).

A duplicação do valor do operando B é efetuada apenas em uma operação de soma e destina-se a implementar acessos à memória, somando um registrador a uma constante, cujo valor tem de ser multiplicado por 2 (veja a Seção 4.9 e a Subseção 7.2.2). Requer um simples multiplexador, que seleciona o operando B, mas com um *bit* deslocado para a esquerda (em que o bit 15 não é ligado e no bit menos significativo se liga 0). É apenas uma questão de ligação dos *bits*, sob controle do sinal interno Bx2.

As operações aritméticas com a ALU podem originar duas exceções, caso os respectivos *bits* de controle no RE (Figura 6.34) estejam ativos:

- Estouro, quando o resultado sai fora da faixa representável em complemento de 2 nos 16 bits do processador;
- Divisão por zero, quando o segundo operando de DIV ou MOD é zero.

Para isso, a ALU produz duas saídas, EXCESSO e DIV0, que se ligam à unidade de exceções (Figuras 7.1 e 7.2). A geração destas saídas, bem como dos sinais SAV e SAC que se destinam a atualizar os *bits* de estado V e C, é um circuito combinatório com algumas portas lógicas, portanto está apresentada de forma simplificada.

Os diversos multiplexadores representados permitem selecionar o valor correto para a saída. É importante enfatizar que, apesar da complexidade aparente da Figura 7.4, a ALU é um circuito combinatório, sem estado interno, e que muda as suas saídas assim que as suas entradas mudam (salvo tempos de atraso). Só os registradores conseguem memorizar estado.

---

### Essencial

- O Caminho de Dados (*datapath*), ou Unidade de Processamento de Dados, é a parte do processador em que o dados são processados, sendo constituído basicamente pelo banco de registradores, pelo gerador de constantes, pela ALU e pela ligação à memória (ou *cache* de dados);

- O banco de registradores permite ler dois registradores de uma só vez (tem duas saídas) e escrever o resultado de uma operação sobre esses dois registradores em um terceiro;

- O gerador de constantes permite gerar algumas constantes específicas de 16 bits ou estender (com ou sem sinal) constantes com menos *bits* que estão incluídas nas instruções;

- A ALU (Unidade Aritmética e Lógica) permite efetuar várias operações sobre um ou dois operandos. É um circuito combinatório.

---

## 7.2.2 Unidade de Exceções

A unidade de exceções recebe indicação de vários pontos do microprocessador, caso haja alguma situação excepcional a ser sinalizada à unidade de controle, como, por exemplo, uma interrupção ou uma divisão por zero. Tem a capacidade de memorizar o pedido de cada exceção e de ordenar os vários pedidos por prioridade, quando ocorrem vários simultaneamente. Esta unidade trata apenas as exceções geradas em *hardware*, ativando o sinal EXC quando há um pedido de exceção que deva ser atendido.

No caso das exceções de execução de uma instrução (divisão por 0, acesso à memória em 16 bits com endereço ímpar, etc.), o sinal EXC é ativado imediatamente e apenas durante um ciclo de relógio, o que é aproveitado pela unidade de controle (Subseção 7.2.3) para abortar a execução da instrução e iniciar o atendimento da exceção. Para as interrupções, que não devem interromper uma instrução no meio, mas esperar por uma ocasião em que o processador possa atendê-las, a unidade de exceções possui uma entrada, INT_OK (que fica ativa durante um ciclo de relógio sempre que o processador vai executar uma nova instrução), que lhe indica quando pode ativar o sinal EXC, o que também fará apenas durante um só ciclo de relógio. O sinal INT_OK se liga ao ESCR_RI, pois é nesta ocasião, quando o processador está colocando a próxima instrução no RI, que as interrupções podem ser atendidas.

Sempre que ativar o sinal EXC, a unidade de exceções assume que a unidade de controle iniciará imediatamente as operações pendentes, invocando a rotina de atendimento. O sinal EXC_FIM, gerado pela unidade de controle, indica à unidade de exceções que a última exceção que assinalou (e cujo número estava indicando) já foi tratada. Se houver mais exceções pendentes, a unidade de exceções deve passar a assinalar a próxima mais prioritária (se for uma interrupção, tem de esperar pelo sinal INT_OK). Para saber que exceções pode pedir, esta unidade se liga também aos *bits* do RE que controlam a permissão/inibição de exceções.

O número da exceção (sinal Num_EXC), gerado pela unidade de exceções, tem de ser multiplicado por 2, por causa do endereçamento de *byte*, e somado com o registrador BTE (Base da Tabela de Exceções) para acessar esta tabela na memória e obter o endereço da rotina a ser invocada. Isso é feito na ALU, usando a operação ADD_Bx2 (Figura 7.6).

A Figura 7.5 descreve o circuito simplificado desta unidade (observe a ligação a alguns dos *bits* dos registradores RE e RCN – Tabela 6.13) em que, por simplicidade, apenas estão representadas algumas exceções. As restantes são semelhantes, de acordo com a Tabela 7.4. A Tabela A.8 descreve as exceções predefinidas do PEPE.

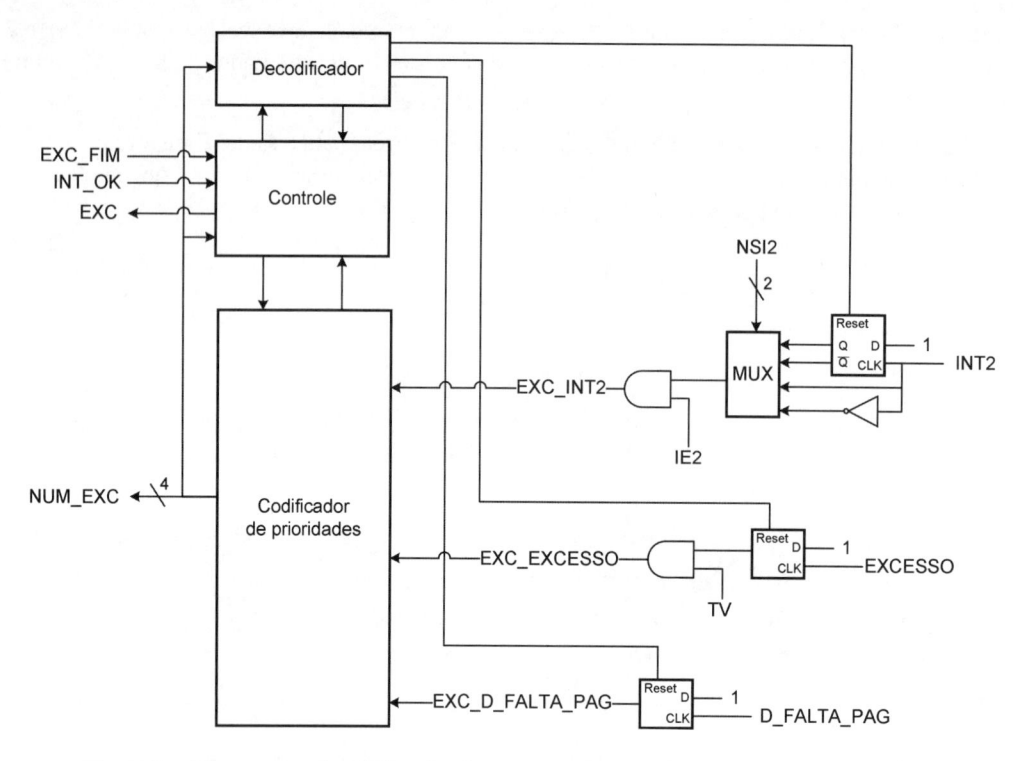

**Fig. 7.5 – Diagrama simplificado de componentes da unidade de exceções.
Apenas estão representadas algumas exceções, a título de exemplo**

### 7.2.3 UNIDADE DE CONTROLE

O papel da unidade de controle é gerar todos os sinais que controlam os recursos do processador (Figura 7.2), de modo a que todo o conjunto funcione corretamente.

No PEPE-8, uma simples ROM de decodificação é suficiente para gerar todos os sinais a partir do *opcode* da instrução (Figura 3.18), uma vez que se trata de uma arquitetura em que as instruções são executadas em um só ciclo de relógio. No PEPE de 16 bits, as instruções são mais complexas (chamadas a rotinas, por exemplo) e podem demorar vários ciclos de relógio para serem executadas, havendo ainda casos especiais a serem tratados, como as interrupções.

A solução é usar uma unidade de controle que implemente uma máquina de estados microprogramada (Figura 2.44b), que seja capaz de sequenciar todas as operações elementares (microinstruções) necessárias, tal como representado na Figura 7.6.

Cada instrução em código de máquina é implementada por uma sequência de microinstruções (cada uma executada em um ciclo de relógio), armazenadas em uma ROM. O conjunto de todas as palavras desta ROM é denominado **microcódigo**. A ROM de

**Tabela 7.4 – Características dos circuitos de entrada na
unidade de exceções**

| EXCEÇÃO EXEMPLO | COMENTÁRIOS | OUTRAS EXCEÇÕES COM CIRCUITO DE ENTRADA SEMELHANTE |
|---|---|---|
| INT2 | Mascarável pelo *bit* IE2 do RE. Os *bits* NSI2 do RCN configuram a sensibilidade (borda ou nível, 0 ou 1) | INT0 INT1 INT3 |
| EXCESSO | Mascarável pelo *bit* TV do RE | DIV0 |
| D_FALTA_PAG | Não mascarável | D_DESALINHADO I_DESALINHADO I_FALTA_PAG D_PROT I_PROT SO_LEITURA |

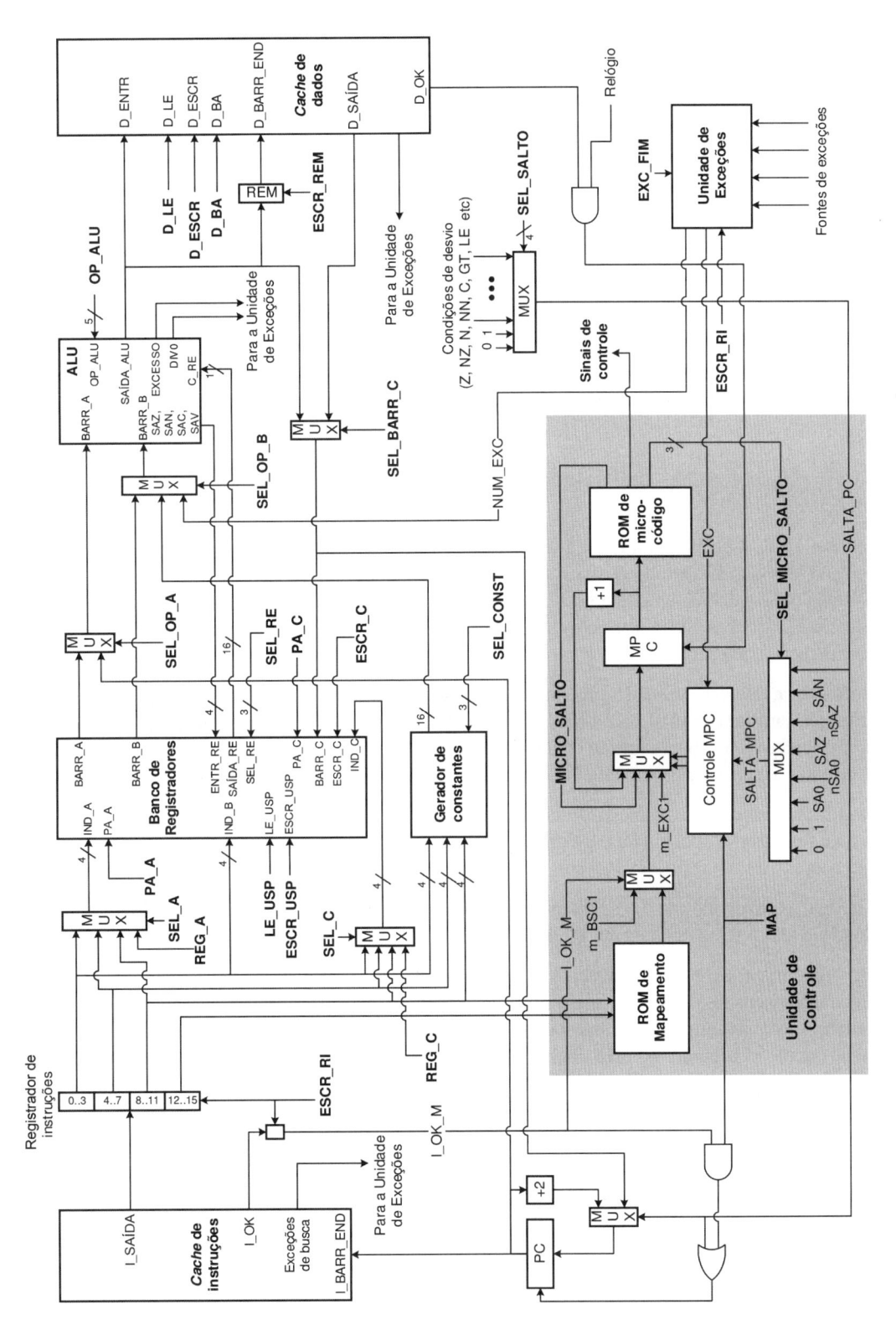

**Fig. 7.6 – Inserção da Unidade de Controle no diagrama geral do núcleo do PEPE**

microcódigo contém todas as sequências de microinstruções necessárias. Cada palavra desta ROM contém uma microinstrução, o que se reflete em uma combinação de sinais que implementam uma operação elementar (ou mais do que uma, desde que possam ser executadas no mesmo ciclo de relógio). Modificando as microinstruções, é possível mudar/acrescentar as instruções disponíveis sem alterar o *hardware* do processador.

O registrador MPC (*Micro Program Counter*, muitas vezes também denominado CAR – *Control Address Register*) é responsável por indicar qual a microinstrução a ser executada e desempenha, no microcódigo, funções equivalentes ao PC, no código de máquina. A unidade de controle é um processador dentro do processador, mas com funções exclusivamente de controle. Este registrador é atualizado (memoriza um novo valor) em cada ciclo de relógio do processador.

A execução das instruções obedece a um *loop*, já apresentado na Figura 6.29, com os seguintes passos fundamentais:

1. Busca instrução (a lê da *cache* de instruções para o RI, registrador de instruções, usando o PC como endereço).

2. Incrementa o PC de 2 unidades, já preparando-o para a próxima instrução.

3. Decodifica a instrução presente no RI, passando o controle para a sequência de microinstruções que implementa essa instrução.

4. Executa as várias microinstruções que implementam esta instrução. Em caso de erro, termina a instrução imediatamente.

5. Verifica se há algum pedido de exceção pendente (no caso de uma interrupção, os respectivos *bits* de permissão no RE terão de estar ativos). Se sim, vai executar as microinstruções que permitem invocar a rotina de atendimento.

6. Volta ao passo 1.

Este *loop* é em parte implementado com o uso das microinstruções e do MPC, e o resto usa algum *hardware* de suporte (Tabela 7.5) para ser mais eficiente.

O passo 3 é efetuado pela **ROM de Mapeamento**, que não é mais do que uma tabela que indica, para cada instrução (através do seu código de operação, ou *opcode*, contido nos *bits* mais significativos do RI), qual o endereço, na ROM de microcódigo, da primeira microinstrução da sequência que implementa essa instrução. A ROM de mapeamento é necessária porque o número de microinstruções, que implementa as várias instruções, não é sempre o mesmo e alguém tem de indicar, para cada uma das instruções, em que microinstrução começar.

Esta ROM só é usada para, dado o *opcode* (8 bits mais significativos) de uma instrução, obter a primeira microinstrução da execução dessa instrução (ativando o sinal MAP). Nas microinstruções seguintes, são elas próprias que mantêm a sequência, ou simplesmente incrementando o MPC ou indicando qual o endereço (na ROM de microcódigo) da microinstrução seguinte (o que corresponde a um desvio no microcódigo). A Tabela 7.9 exemplifica o conteúdo da ROM de mapeamento.

Observe que, ao contrário do PC, o MPC é incrementado de apenas uma unidade. O MPC endereça apenas palavras da ROM de microcódigo, seja qual for a sua largura em *bits*, e o conceito de acesso *byte* a *byte* não existe. Todos os *bits* da palavra da ROM de microcódigo são necessários em cada instante, pois se ligam diretamente aos recursos de *hardware* que controlam.

Em cada ciclo de relógio, o novo valor de MPC é indicado pelo multiplexador à sua entrada, controlado por um pequeno módulo combinatório ("Controle MPC") que implementa a Tabela 7.5.

O sinal SALTA_MPC determina se o MPC é incrementado ou desvia para outro valor, determinado pelo sinal MAP. Se estiver ativo (MAP=1), a ROM de mapeamento é usada para determinar qual a primeira microinstrução que implementa a instrução carregada em RI (o que acontece imediatamente antes da execução de qualquer instrução). Caso contrário (MAP=0), MPC desvia para um endereço, na ROM de microcódigo, indicado pelo sinal MICRO_SALTO. Esta organização permite implementar desvios e mapeamentos condicionais.

**Tabela 7.5 - Condições que determinam o novo valor do MPC em cada ciclo de relógio (módulo "Controle MPC" na Figura 7.6). "X" significa "tanto faz"**

| EXC | MAP | SALTA_MPC | PRÓXIMO VALOR DE MPC | FUNÇÃO |
|---|---|---|---|---|
| 0 | X | 0 | MPC + 1 | Segue |
| 0 | 0 | 1 | MICRO_SALTO | Desvia (no microcódigo) |
| 0 | 1 | 1 | ROM Mapeamento [*opcode*] | Mapeia instrução |
| 1 | X | X | m_EXC1 | Trata exceção |

Mas se o sinal `I_OK_M` não estiver ativo, o que indica que a *cache* ainda não conseguiu fornecer a instrução endereçada pelo `PC`, após este ter mudado de valor, então a instrução ainda não pode ser mapeada e o `MPC` é forçado a ficar com o valor `m_BSC1`, que é o endereço na ROM de microcódigo (ver Tabela 7.7) em que é feita a busca de uma nova instrução,[103] até que a instrução fique disponível.

No entanto, o sinal `EXC` tem precedência sobre os outros e pode mesmo terminar (abortar) a execução de uma instrução no ciclo de relógio imediatamente seguinte à ocorrência de uma situação de exceção. Este sinal é ativado apenas durante um ciclo de relógio, o suficiente para o `MPC` desviar para o endereço `m_EXC1` da ROM de microcódigo (ver Tabela 7.8) e iniciar o atendimento da exceção. No caso das interrupções, a unidade de exceções só gera o sinal `EXC` quando souber que o processador está entre instruções (sinal `ESCR_RI` ativo, que se liga ao sinal `INT_OK` desta unidade – Figura 7.5).

Os desvios no microcódigo, tal como os desvios na programação em *assembly*, servem para:

- Compartilhar microinstruções entre diversas sequências e implementar *loops*. Por exemplo, todas as sequências de microinstruções terminam com um desvio para as microinstruções que implementam a busca de uma nova instrução (recomeçando o *loop* das instruções). Estes desvios são incondicionais;

- Tomar decisões com base em sinais que atuam como entradas da máquina de estados que a unidade de controle implementa. Estes desvios são condicionais.

Os desvios são selecionados por meio do sinal `SEL_MICRO_SALTO`, que controla um multiplexador cuja saída (`SALTA_MPC`) ajuda a controlar o multiplexador que escolhe a entrada do `MPC`, de acordo com a Tabela 7.5. Em cada ciclo de relógio, se não houver exceções nem mapeamento, o `MPC` é carregado com o valor anterior somado com 1 (não há desvio) se `SALTA_MPC=0`. Caso contrário, se `SALTA_MPC=1`, trata-se de um desvio e o valor que é carregado no `MPC` no próximo ciclo de relógio é indicado pela própria microinstrução em execução, com o sinal `MICRO_SALTO`. O sinal `SEL_MICRO_SALTO` permite escolher uma das seguintes hipóteses:

- 0 – Neste caso, não desvia, sendo a hipótese normal em todas as microinstruções em que não está envolvido um desvio;

- 1 – Desvio incondicional;

- `SA0` e `nSA0` – Desvia se o *bit* 0 (o menos significativo) da saída da ALU for 0 ou 1, respectivamente. Testa se o resultado de uma operação é par ou ímpar;

- `SAZ`, `nSAZ` e `SAN` – Desvia se o resultado de uma operação na ALU for zero, diferente de zero, negativo ou não negativo, respectivamente. Observe que estes sinais se referem à saída da ALU e não aos *bits* do `RE`, permitindo testar o resultado da ALU sem ter de destruir os *bits* de estado, quando se quer testar resultados intermediários de uma determinada instrução;

- `SALTA_PC` (saída do multiplexador controlado pelo sinal `SEL_SALTO`) – Desvia se uma das condições de desvio (a selecionada por `SEL_SALTO`) for verdadeira. Observe que as hipóteses 0 e 1 de `SEL_SALTO` (PC não alterado e alteração incondicional) não podem ser aproveitadas para o multiplexador da unidade de controle, pois `SEL_SALTO` é usado para controlar a escrita de novos valores no `PC`.

### 7.2.4 Microprogramação

A **microprogramação** consiste em especificar os *bits* contidos em cada microinstrução (palavra da ROM de microcódigo) de forma a controlar os diversos recursos de *hardware*.

A Subseção 2.6.7.4 já deu um exemplo muito simples de um circuito microprogramado, apresentando o conteúdo da ROM de microcódigo diretamente em *bits*, 0s e 1s. Na Figura 7.6 é nítido que o controle de um processador é bem mais complexo, com muitos sinais para gerar (e alguns deles com vários *bits*), embora o princípio seja o mesmo. No entanto, e para lidar com a complexidade, tal como se programa um processador em linguagem *assembly* e não em código de máquina (sendo a conversão uma tarefa do *assembler*), também se usa um **microassembler** para gerar o microcódigo a partir de uma linguagem simbólica (muitas vezes denominada **microassembly**), em que o (micro)programador lida com constantes simbólicas em vez de 0s e 1s (senão, a microprogramação seria demasiado trabalhosa e sujeita a erros).

A especificação simbólica das microinstruções é denominada **microprograma**, que o *microassembler* transforma no microcódigo memorizado na ROM da unidade de controle. A ROM de mapeamento também é produzida pelo *microassembler*, tal como em um nível superior o *assembler* produz uma tabela de símbolos (com os endereços atribuídos a cada rótulo).

---

[103]Na realidade, pode-se verificar na Tabela 7.7 e na unidade de controle da Figura 7.6 que o `MPC` fica alternando entre `m_BSC1` (busca) e `m_BSC2` (mapeameno) até o `I_OK_M` ficar ativo.

Esta notação simbólica de muito baixo nível já foi usada na Tabela 3.11, que mostra os valores que os sinais devem ter para cada uma das instruções do PEPE-8 (na ROM de decodificação). No entanto, o PEPE-8 pode ser considerado um caso trivial de microprogramação, pois todas as instruções são executadas em um só ciclo de relógio.

### 7.2.4.1 CIRCUITO SIMPLES MICROPROGRAMADO

Como preparação para o estudo mais detalhado do controle do PEPE, a Figura 7.7 apresenta um caso muito simples de sistema microprogramado, em que a operação pretendida (deslocamento de um valor de N *bits* para a direita) é realizada em vários ciclos de relógio, *bit* a *bit*. Este sistema só sabe fazer esta função e está muito longe das capacidades de um microprocessador, mas pode-se observar que a estrutura da sua unidade de controle é semelhante à do PEPE (Figura 7.6).

O registrador RA memoriza o valor X a ser deslocado de N bits, em que N é memorizado no registrador RB. A primeira operação a ser efetuada é memorizar estes valores nestes registradores, ativando os sinais ESCR_RA e ESCR_RB. Em seguida, para cada ciclo de relógio deve deslocar-se o RA de um *bit* para a direita (ativando o sinal SHR_RA) e decrementar RB (ativando o sinal DEC_RB), repetindo-se estas duas operações até RB ser zero, o que é detectado pelo sinal Z (obtido pelo NOR de todos os *bits* de RB), que constitui uma entrada da unidade de controle. A sua negação, nZ, também é disponibilizada para a unidade de controle para mostrar que é possível testar as duas condições (RB ser zero e diferente de zero).

A ROM de microcódigo gera todos os sinais, não apenas os que controlam os registradores (parte controlada), mas também os sinais usados para o próprio gerenciamento da unidade de controle:

- MICRO_SALTO – Especifica o endereço da microinstrução para onde desviar, se for o caso;

- SEL_MICRO_SALTO – Especifica se é para desviar ou não e, se for, em que condições.

O registrador MPC mantém o endereço da microinstrução a ser executada e o multiplexador MUX1 seleciona o seu novo valor para o próximo ciclo de relógio. Ou é igual ao anterior mais 1 (não há desvio) ou a própria ROM de microcódigo indica um novo endereço. O sinal SEL_MICRO_SALTO permite selecionar a entrada de controle do MUX1, que será 0 (não há desvio), 1 (há desvio incondicional), Z (desvia se Z=1) e nZ (desvia se nZ=1, ou se Z=0).

O número de *bits* necessário para MPC (e para MUX1 para o sinal MICRO_SALTO) depende apenas do número de microinstruções da ROM de microcódigo.

A Tabela 7.6 mostra o microprograma que implementa este comportamento (assumindo, para simplificar, que só é executado uma vez) e o respectivo microcódigo, em binário.

Para tornar mais explícito quais os sinais relevantes em cada microinstrução, só foram especificados os sinais ativos, considerando que os restantes têm um valor *default*. Assim, os sinais de um *bit* (ESCR_RA, SHR_RA, ESCR_RB e DEC_RB) em branco têm o valor inativo (NÃO, ou 0), enquanto os ativos têm o valor SIM (1). Assumiu-se também que o valor *default* do sinal SEL_MICRO_SALTO é 00 (não desvia, incrementa apenas o MPC). O valor *default* de MICRO_SALTO (quando não há desvio) é irrelevante, tendo sido usado 00.

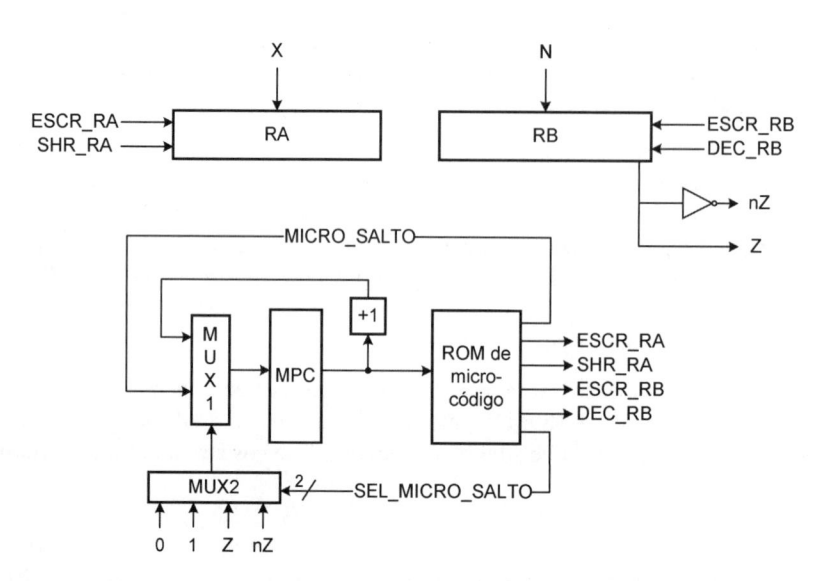

**Fig. 7.7 – Circuito microprogramado para deslocar um registrador de N bits**

**Tabela 7.6 – Microprograma (simbólico) e microcódigo (binário) para o circuito da Figura 7.7. Os números embaixo dos sinais indicam o número de *bits* que cada sinal tem**

| RÓTULO | AÇÕES | ESCR_RA | SHR_RA | ESCR_RB | DEC_RB | SEL_MICRO_SALTO | MICRO_SALTO | ENDEREÇO | PALAVRA (8 BITS) |
|---|---|---|---|---|---|---|---|---|---|
| | | 1 | 1 | 1 | 1 | 2 | 2 | | |
| início | RA ← X <br> RB ← N | SIM | | SIM | | | | 0 | 1010 0000 |
| desloca | RA >> 1 <br> RB ← RB - 1 | | SIM | | SIM | | | 1 | 0101 0000 |
| testa | (RB<>0) : MPC ← desloca | | | | | JNZ | desloca | 2 | 0000 1101 |
| fim | MPC ← fim | | | | | JMP | fim | 3 | 0000 0111 |

Os 8 bits da palavra da ROM de microcódigo são formados pela justaposição dos valores dos vários sinais, na ordem em que aparecem na Tabela 7.6. É óbvio que é preferível programar de forma simbólica e deixar o *microassembler* produzir o conteúdo da ROM de microcódigo, do que especificar manualmente os *bits* da ROM.

**SIMULAÇÃO 7.1 – CIRCUITO SIMPLES MICROPROGRAMADO**

Esta simulação ilustra o funcionamento do circuito da Figura 7.7, usando o microcódigo da Tabela 7.6, e envolve basicamente fazer evoluir o relógio passo a passo (um ciclo de cada vez) e verificar o que vai acontecendo nos diversos pontos do circuito (particularmente, os sinais que vão ficando ativos).

### 7.2.4.2 MICROPROGRAMAÇÃO NO PEPE

A unidade de controle de um microprocessador como o PEPE tem mais sinais para controlar, mais microinstruções, mais *bits* no MPC e mais algumas pequenas diferenças, porém o princípio de funcionamento é o mesmo. Os sinais de um só *bit* geralmente têm os valores SIM/NÃO, mas outros com mais *bits* têm constantes simbólicas para representar os valores possíveis. A Tabela 7.7 e a Tabela 7.8 ilustram a microprogramação no PEPE.

A Tabela 7.7 contém apenas algumas das microinstruções que implementam as instruções do PEPE, incluindo as que fazem busca das instruções. Os sinais representados são os mais relevantes da Figura 7.6. O conjunto completo está incluído no próprio simulador do PEPE (Simulação 7.2), que permite executar as microinstruções passo a passo. A Tabela 7.8 ilustra as microinstruções de tratamento das interrupções e exemplifica como definir duas novas instruções. A localização dos operandos em cada instrução de máquina consta das colunas "Campos da instrução" da Tabela A.9.

É importante saber que a inicialização do PEPE (através do pino RESET) coloca zero no PC, no RE e no MPC. As instruções m_BSC1 e m_BSC2 implementam a busca da próxima instrução e são as primeiras microinstruções da ROM de microcódigo (nos endereços 0 e 1, respectivamente). Quando inicia, portanto, o PEPE começa por executar a microinstrução m_BSC1 e fazer a busca da instrução no endereço de memória 0000H.

A microinstrução m_BSC1 carrega no RI a instrução endereçada por PC e m_BSC2 faz o mapeamento para achar a primeira microinstrução que implementa essa instrução, ao mesmo tempo em que incrementa o PC de 2 unidades, já preparando-o para a próxima instrução (observe que, em consequência, a *cache* de instruções muda a sua saída, que passará a conter a próxima instrução, mas isso não afeta a instrução que se buscou em m_BSC1, pois esta já foi armazenada no RI).

As microinstruções restantes da Tabela 7.7 exemplificam a implementação de algumas das instruções do PEPE. Umas são implementadas apenas por uma microinstrução, enquanto outras são mais complexas, mas todas terminam com um desvio para m_BSC1 (incluindo o NOP, que não faz mais nada), de forma a buscar a próxima instrução. Este é o ciclo básico do funcionamento do processador.

**Nota** Nas instruções em que o PC memoriza um novo valor (caso de desvio ou de chamada de rotina), o PC é alterado duas vezes. A primeira destina-se a preparar o PC para a instrução seguinte (+2), o que é feito em m_BSC2, e a segunda para colocar, no PC, o endereço destino do desvio ou do início da rotina, já na execução da instrução (escolhendo em SEL_SALTO uma das condições que fazem ativar SALTA_PC). Esta segunda alteração desfaz o efeito da primeira, que ocorre por *default* em todas as instruções. Isto pode ser visto na Tabela 7.7, nas microinstruções da busca de instruções e na instrução JMP Rs.

Ao contrário do que a Figura 6.29 sugere, o teste à existência de exceções (sinal EXC=1 na unidade de controle) não é feito pelas microinstruções, mas sim em *hardware*, tal como descrito na Tabela 7.5. É uma otimização de desempenho, mas em termos de encadeamento de operações o efeito é semelhante.

Na Tabela 7.8, a sequência de microinstruções, que trata do início do atendimento de uma rotina de exceção (m_EXC1 em diante), é semelhante à implementação da instrução SWE (*Software Exception*), descrita na Tabela 6.15 (mas incluindo agora o detalhe da utilização do REM, Registrador de Endereço de Memória). Difere apenas no fato do número da exceção entrar no multiplexador antes da entrada BARR_B da ALU (operando B), enquanto no caso da instrução SWE esse número está no RI, na própria instrução.

Observe que, embora seja necessário acessar os endereços de memória (na pilha) SP-2 e SP-4, o SP só é atualizado no fim da instrução, para permitir gerar uma exceção de falta de página (decorrente do mecanismo de memória virtual – Seção 7.6), abortando a instrução que a originou, sem ter de desfazer alterações já feitas no SP. Isto permite recomeçar a execução dessa instrução mais tarde (quando a página já estiver disponível), sem ter de recuperar de um estado intermediário.

Aliás, o mesmo cuidado já foi tomado na instrução CALL, na Tabela 7.7 e em todas as instruções do PEPE em que possam ser feitas alterações no estado do processador antes de um acesso à memória (que pode falhar por falta de página).

Além do atendimento das exceções, a Tabela 7.8 ilustra a implementação de duas novas instruções, que não existem no PEPE de base:

- ADDM [Rd], k – Adiciona uma constante k de 4 bits (−8 a +7) no endereço de memória indicado pelo registrador Rd. A constante é estendida para 16 bits com sinal. O PEPE não consegue somar diretamente com a memória, portanto o artifício é ler o valor para o registrador TEMP, fazer a soma e armazenar o resultado nessa mesma posição de memória;

- SUM Rc, [Rs], Rd – Soma todos elementos (de 16 bits) de um vetor em memória, a partir do endereço indicado pelo registrador Rs. O registrador Rc indica quantos elementos o vetor tem e o registrador Rd é usado para acumular o resultado. Os três registradores são alterados pela instrução. O algoritmo usado é simples. O Rd é inicializado com zero e depois entra em um *loop* em que se testa se o valor de Rc é zero (caso em que termina). Se ainda não for, lê o valor da memória e soma-o ao Rd, incrementa Rs de duas unidades (por causa do endereçamento de *byte*) e decrementa Rc de uma unidade (menos um elemento do vetor para tratar). Esta instrução ilustra os *loops* em um microprograma.

Para que cada uma destas duas novas instruções possa ser usada em um programa do PEPE é preciso:

1. Definir a sequência de microinstruções que a implementa.

2. Definir qual o código de operação (*opcode*) e formato da instrução de máquina (localização dos operandos nos 16 bits da instrução). Em princípio, deverá se usar um código de operação livre, ainda não usado (embora o assembler do PEPE permita reutilizar um já usado, redefinindo a instrução).

3. Incluir a instrução na ROM de mapeamento, para que quando a instrução for buscada pelo PEPE, este saiba onde começa a sequência de microinstruções que a implementa.

4. Definir um mnemônico e um formato da instrução em linguagem *assembly* e, de alguma forma, fornecer essa informação ao *assembler*, para que este reconheça a instrução quando ela aparecer em um programa e gere a respectiva instrução de máquina.

O passo 1 já está feito na Tabela 7.8.

A Tabela A.9 inclui a descrição de todas as instruções predefinidas no PEPE, incluindo os respectivos códigos de operação (*opcodes*). Os 4 bits mais significativos (15..12) das instruções são sempre de *opcode* (primário), mas os 4 bits seguintes (11..8) podem ser de operandos, quando estes gastam 12 bits, ou de *opcode* (secundário), quando os operandos gastam 8 bits ou menos. Só há 16 *opcodes* primários, portanto o número de instruções com 12 bits de operandos (sem *opcode* secundário) tem de ser muito limitado. É o *opcode* secundário que permite aumentar o número de instruções.

A instrução SUM Rc, [Rs], Rd tem três operandos, que exigem 4 bits cada (no PEPE há 16 registradores), o que significa que só pode ter um *opcode* primário. Felizmente, as codificações 1110 e 1111 estão livres, portanto se reserva o *opcode* primário 1110 para esta instrução.

**Tabela 7.7 – Microprogramação simbólica. A ROM de microcódigo é gerada a partir de uma tabela como esta (que representa apenas algumas microinstruções e sinais a controlar). O simulador inclui o microcódigo completo**

| INSTRUÇÃO | NOME | MICRO-OPERAÇÕES | SEL_A | REG_A | SEL_OP_A | SEL_OP_B | SEL_CONST | SEL_C | REG_C | ESCR_C | SEL_BARR_C | OP_ALU | SEL_RE | D_LE | D_ESCR | ESCR_REM | SEL_SALTO | ESCR_RI | MAP | SEL_MICRO_SALTO | MICRO_SALTO |
|---|---|---|---|---|---|---|---|---|---|---|---|---|---|---|---|---|---|---|---|---|---|
| Busca | m_BSC1 | RI ← M[PC] | | | | | | | | | | | | | | | | SIM | | | |
| | m_BSC2 | MPC←MAP[opcode]; PC ← PC + 2 | | | | | | | | | | | | | | | | | SIM | SALTA | |
| NOP | m_NOP | MPC ← BSC1 | | | | | | | | | | | | | | | | | | SALTA | m_BSC1 |
| ADD Rd, Rs | m_ADD | Rd ← Rd + Rs; MPC ← BSC1 | RI_7_4 | | REG | REG | | RI_7_4 | | SIM | ALU | ADD | ZNCV | | | | | | | SALTA | m_BSC1 |
| ADD Rd, k | m_ADDI | Rd ← Rd + k; MPC ← BSC1 | RI_7_4 | | REG | CONST | E4_16S | RI_7_4 | | SIM | ALU | ADD | ZNCV | | | | | | | SALTA | m_BSC1 |
| SHR Rd, n | m_SHR | Rd ← Rd >> k; MPC ← BSC1 | RI_7_4 | | REG | CONST | E4_16 | RI_7_4 | | SIM | ALU | SHR | ZNC | | | | | | | SALTA | m_BSC1 |
| MOVL Rd, k | m_MOVL | Rd ← k(7){8} \|\| k; MPC ← BSC1 | | | | CONST | E8_16S | RI_11_8 | | SIM | ALU | OP_B | | | | | | | | SALTA | m_BSC1 |
| MOV Rd, [Rs+Ri] | m_LDR1 | REM ← Rs + Ri | RI_7_4 | | REG | REG | | | | | | ADD | | | | SIM | | | | | |
| | m_LDR2 | Rd ← Mw[REM]; MPC ← BSC1 | | | | | | RI_11_8 | | SIM | MEM | | | SIM | | | | | | SALTA | m_BSC1 |
| MOV [Rd+n], Rs | m_STO1 | REM ← Rd + 2*(n/2) | RI_7_4 | | REG | CONST | E4_16S | | | | | ADD_Bx2 | | | | SIM | | | | | |
| | m_STO2 | Mw[REM] ← Rs; MPC ← BSC1 | RI_7_4 | | REG | | | | | | | OP_A | | | SIM | | | | | SALTA | m_BSC1 |
| JZ rótulo | m_JZ | Z=1: PC ← PC + 2*dif; MPC ← BSC1 | | | PC | CONST | E8_16S | | | | | ADD_Bx2 | | | | | Z | | | SALTA | m_BSC1 |
| JMP Rs | m_JMPR | PC ← Rs; MPC ← BSC1 | RI_3_0 | | REG | | | | | | | OP_A | | | | | SALTA | | | SALTA | m_BSC1 |
| CALL rótulo | m_CALL1 | REM ← SP - 2 | REG_A | SP | REG | CONST | DOIS | | | | | SUB | | | | SIM | | | | | |
| | m_CALL2 | Mw[REM] ← PC | | | PC | | | | | | | OP_A | | | SIM | | | | | | |
| | m_CALL3 | PC ← PC + 2* dif | | | PC | CONST | E12_16S | | | | ALU | ADD_Bx2 | | | | | SALTA | | | | |
| | m_CALL4 | SP ← SP - 2; MPC ← BSC1 | REG_A | SP | REG | CONST | DOIS | REG_C | SP | SIM | ALU | SUB | | | | | | | | SALTA | m_BSC1 |

**Tabela 7.8 – Microinstruções que tratam do atendimento de exceções e de duas instruções que não existem no PEPE de base, mas que podem ser definidas, alterando a ROM do microcódigo, e usadas em programas de linguagem *assembly***

| INSTRUÇÃO | NOME | MICRO-OPERAÇÕES | SEL_A | REG_A | SEL_OP_A | SEL_OP_B | SEL_CONST | SEL_C | REG_C | ESCR_C | SEL_BARR_C | OP_ALU | SEL_RE | D_LE | D_ESCR | ESCR_REM | SEL_SALTO | EXC_FIM | SEL_MICRO_SALTO | MICRO_SALTO |
|---|---|---|---|---|---|---|---|---|---|---|---|---|---|---|---|---|---|---|---|
| Atendimento de exceções | m_EXC1 | TEMP ← RE | REG_A | RE | REG | | | REG_C | TEMP | SIM | ALU | OP_A | | | | | | | | |
| | m_EXC2 | RE (NP, IE, DE) ← 0; REM ← SP - 2 | REG_A | SP | REG | CONST | DOIS | | | | | SUB | NPIEDE | | | SIM | | | | |
| | m_EXC3 | Mw[REM] ← PC | | | PC | | | | | | | OP_A | | | SIM | | | | | |
| | m_EXC4 | REM ← SP - 4 | REG_A | SP | REG | CONST | QUATRO | | | | | SUB | | | | SIM | | | | |
| | m_EXC5 | Mw[REM] ← TEMP | REG_A | TEMP | REG | | | | | | | OP_A | | | SIM | | | | | |
| | m_EXC6 | REM ← BTE + 2 * OP_B | REG_A | BTE | REG | EXC | | | | | | ADD_Bx2 | | | | SIM | | | | |
| | m_EXC7 | PC ← Mw[REM] | | | | | | | | | MEM | | | SIM | | | SALTA | | | |
| | m_EXC8 | SP ← SP - 4; MPC ← m_BSC1 | REG_A | SP | REG | CONST | QUATRO | REG_C | SP | SIM | ALU | SUB | | | | | | SIM | SALTA | m_BSC1 |
| ADDM [Rd], k | m_ADDM1 | REM ← Rd | RI_7_4 | | REG | | | | | | | OP_A | | | | SIM | | | | |
| | m_ADDM2 | TEMP ← Mw[REM] | | | | | | REG_C | TEMP | SIM | MEM | | | SIM | | | | | | |
| | m_ADDM3 | TEMP ← TEMP + k | REG_A | TEMP | REG | CONST | E4_16S | REG_C | TEMP | SIM | ALU | ADD | | | | | | | | |
| | m_ADDM4 | Mw[REM] ← TEMP; MPC ← m_BSC1 | REG_A | TEMP | REG | | | | | | | OP_A | | | SIM | | | | SALTA | m_BSC1 |
| SUM Rc, [Rs], Rd | m_SUM1 | Rd ← 0 | RI_3_0 | | REG | REG | | RI_3_0 | | SIM | ALU | XOR | | | | | | | | |
| | m_SUM2 | Rc=0 : MPC ← m_BSC1 | RI_11_8 | | REG | | | | | | | OP_A | | | | | | | SAZ | m_BSC1 |
| | m_SUM3 | REM ← Rs | RI_7_4 | | REG | | | | | | | OP_A | | | | SIM | | | | |
| | m_SUM4 | TEMP ← Mw[REM] | | | | | | REG_C | TEMP | SIM | MEM | | | SIM | | | | | | |
| | m_SUM5 | Rd ← Rd + TEMP | REG_A | TEMP | REG | REG | | RI_3_0 | | SIM | ALU | ADD | | | | | | | | |
| | m_SUM6 | Rs ← Rs + 2 | RI_7_4 | | REG | CONST | DOIS | RI_7_4 | | SIM | ALU | ADD | | | | | | | | |
| | m_SUM7 | Rc ← Rc - 1; MPC ← m_SUM2 | RI_11_8 | | REG | CONST | UM | RI_11_8 | | SIM | ALU | SUB | | | | | | | SALTA | m_SUM2 |

(a)

| 0101 | 1110 | Rd | k |
|------|------|-----|---|

(b)

| 1110 | Rc | Rs | Rd |
|------|-----|-----|-----|

**Fig. 7.8 – Formato da instrução de máquina para as novas instruções definidas.**
**(a) – ADDM [Rd], k; (b) – SUM Rc, [Rs], Rd**

O *opcode* primário 1111 ainda está livre, o que permitiria reservá-lo para codificar a instrução ADDM [Rd],k, que assim poderia ter 8 bits para a constante k (e 4 bits para Rd). No entanto, para ilustrar o caso de uma instrução com *opcode* primário e secundário, vamos atribuir-lhe o *opcode* primário 0101 (já usado para as instruções aritméticas), que ainda tem dois *opcodes* secundários livres, o 1110 e o 1111 (por análise da Tabela A.9).

O formato da instrução de máquina para cada uma destas instruções está representado na Figura 7.8.

A ROM de mapeamento não é mais do que uma tabela que, para cada instrução de máquina no PEPE (identificada pelo seu *opcode*), indica em qual endereço (na ROM de microcódigo) onde está a primeira microinstrução da sequência que a implementa. Para contemplar todos os casos, esta ROM tem 8 bits de endereço, usando tanto o *opcode* primário como secundário. As 16 entradas de uma instrução só com *opcode* primário apontam para a mesma microinstrução.

A Tabela 7.9 ilustra este mapeamento, usando as instruções da Tabela 7.7 e da Tabela 7.8 e as codificações da Tabela A.9 e da Figura 7.8. A tabela completa tem 256 entradas, correspondentes aos 8 bits dos dois *opcodes*. A Tabela 7.9 é apresentada em

**Tabela 7.9 – Exemplos de mapeamento entre instruções e sequências de microinstruções, a ser usado na ROM de mapeamento. Apenas algumas instruções estão representadas**

| INSTRUÇÃO | NÚMERO DE ENTRADAS NA ROM DE MAPEAMENTO | OPCODE PRIMÁRIO | OPCODE SECUNDÁRIO/ OPERANDO | MICROINSTRUÇÃO INICIAL |
|---|---|---|---|---|
| ADD    Rd, Rs | 1 | 0101 | 0000 | m_ADD |
| ADD    Rd, k | 1 | 0101 | 0001 | m_ADDI |
| SHR    Rd, n | 1 | 0110 | 1001 | m_SHR |
| MOVL Rd, k | 16 | 1100 ... 1100 | 0000 ... 1111 | m_MOVL ... m_MOVL |
| MOV    Rd, [Rs+Ri] | 16 | 1000 ... 1000 | 0000 ... 1111 | m_LDR1 ... m_LDR1 |
| MOV    [Rd+n], Rs | 16 | 1001 ... 1001 | 0000 ... 1111 | m_STO1 ... m_STO1 |
| JZ    rótulo | 1 | 0001 | 0000 | m_JZ |
| JMP    Rs | 1 | 0000 | 0000 | m_JMPR |
| CALL    rótulo | 16 | 0011 ... 0011 | 0000 ... 1111 | m_CALL1 ... m_CALL1 |
| NOP | 1 | 0000 | 0000 | m_NOP |
| SWE | 1 | 0000 | 0001 | m_SWE1 |
| ADDM Rd], k | 1 | 0101 | 1110 | m_ADDM1 |
| SUM    Rc, [Rs], Rd | 16 | 1110 ... 1110 | 0000 ... 1111 | m_SUM1 ... m_SUM1 |

formato simbólico, com rótulos em vez de endereços da ROM de microcódigo, mas naturalmente o *microassembler* fará a correspondência e gerará automaticamente o conteúdo da ROM de mapeamento.

Observe que as microinstruções que efetuam a busca de instruções não estão incluídas na Tabela 7.9, pois não correspondem a uma instrução que esteja no RI e que seja necessário saber onde se começa a executar. A sequência de busca de instruções é invocada diretamente a partir de outras microinstruções. O mesmo acontece em relação às microinstruções que implementam a invocação da rotina de atendimento de exceções (m_EXC1 em diante), pois este atendimento é feito em *hardware* e não como resultado de uma instrução SWE (essa sim, está na tabela).

Finalmente, é preciso indicar ao assembler que as duas novas instruções existem, com que formato (mnemônico e operandos) e que instrução de máquina gerar quando uma delas aparecer no programa. Isso é feito pela diretiva DEF, com indicação do mnemônico, do código de operação (*opcode*) a ser gerado e da estrutura e sintaxe dos parâmetros da instrução. A instrução de máquina a ser gerada pelo assembler tem 16 bits e está dividida em partes de 4 bits cada, tal como indicado na Figura 7.8. Por exemplo, estas duas instruções podem ser definidas por:

```
ADDM    DEF C8=5EH [R], C4
SUM     DEF C4=0EH R, [R], R
```

C8 indica uma constante de 8 bits (no caso de ADDM é o *opcode*), [R] designa um dos registradores do PEPE entre colchetes (indiciando um acesso à memória), R designa um dos registradores e C4 um valor de 4 bits, a ser especificado pela instrução. Observe que o *opcode* da instrução SUM, 0EH é de apenas 4 bits. O zero destina-se apenas a distinguir a constante numérica de um identificador.

A documentação do PEPE contém as regras completas para poder definir novas instruções.

---

### Essencial

- A Unidade de Exceções recebe sinais de vários pontos do processador com indicação de exceção, incluindo as interrupções. Prioriza-as (para só gerar uma de cada vez) e, em alguns casos, memoriza os pedidos de exceção. Sempre que quer gerar uma exceção, ativa um sinal para a Unidade de Controle;

- A Unidade de Controle normalmente é microprogramada, em que cada instrução é implementada por uma ou mais microinstruções. Cada microinstrução é uma combinação de valores de todos os sinais que controlam os recursos internos do processador e é executada em um só ciclo de relógio;

- Esta unidade inclui uma ROM com as microinstruções e um registrador (MPC) que endereça essa ROM, indicando que microinstrução está sendo executada. Em cada ciclo de relógio, o MPC ou é incrementado (passando à microinstrução seguinte) ou desvia para outra microinstrução. Este desvio pode ser condicional, dependendo de algumas condições que a própria microinstrução em execução seleciona.

---

### Simulação 7.2 – Microprogramação

Esta simulação toma como base o conteúdo desta seção e das anteriores e exemplifica como a microprogramação funciona, utilizando o próprio PEPE no simulador, que permite:

- Visualizar o microprograma, de forma simbólica;

- Executar as microinstruções passo a passo (uma microinstrução de cada vez), examinando o estado dos recursos de *hardware* após a execução de cada microinstrução;

- Modificar as microinstruções já definidas, alterando a funcionalidade das instruções do PEPE;

- Definir novas instruções e implementá-las em microprograma, mesmo complexas (incluindo, por exemplo, loops nas microinstruções), desde que a arquitetura possua os recursos de *hardware* necessários para implementá-las;

- Indicar ao *assembler* a estrutura das novas instruções, de modo a que este as reconheça e permita escrever programas de linguagem *assembly* usando as novas instruções.

# 7.3 Pipelining

## 7.3.1 Princípios de funcionamento

Olhando para a Tabela 7.7, pode-se notar que qualquer instrução demora no mínimo três ciclos de relógio para ser processada. Veja o exemplo da instrução `ADD Rd, Rs`, que obrigatoriamente envolve as seguintes microinstruções:

- `m_BSC1` – Faz a busca da instrução para o `RI` (Registrador de Instruções);

- `m_BSC2` – Faz a decodificação da instrução (indicando o endereço, na ROM de microcódigo, da primeira microinstrução que executa a instrução) e prepara o `PC` para a próxima instrução (somando-lhe 2 unidades);

- `m_ADD` – Microinstrução que executa a instrução `ADD`.

Esta instrução gasta apenas um ciclo de relógio para a sua execução, correspondente à microinstrução `m_ADD`, mas no total são gastos três ciclos de relógio (por causa da busca da instrução e da sua decodificação), o que revela uma eficiência de apenas 33%. Este fato tem um grande impacto no desempenho do processador.

Existem aqui três tipos de operações diferentes, mas que têm de ser executadas sequencialmente porque cada uma depende do resultado da anterior:

- `B` – Busca de instrução;

- `D` – Decodificação e atualização do `PC` (estas duas operações são independentes e podem ser executadas simultaneamente);

- `E` – Execução da instrução.

A Figura 7.9a ilustra este funcionamento sequencial, considerando a execução de quatro instruções do tipo do `ADD` (em que cada operação demora 1 ciclo de relógio para executar). Cada instrução demora assim 3 ciclos e, só de 3 em 3 ciclos, é que uma instrução acaba. As quatro instruções desta figura demoram 12 ciclos de relógio para ser totalmente processadas. A unidade de controle da Figura 7.6 funciona desta forma, executando cada uma das microinstruções por sua vez. Só após acabar a execução de uma instrução é que passa à seguinte.

No entanto, se cada uma destas operações for executada por uma unidade de *hardware* diferente, estas operações podem funcionar como em uma linha de montagem industrial, em que, tão logo acabe a sua operação, cada unidade passa o seu resultado à unidade seguinte e pode imediatamente começar a executar a mesma operação sobre a instrução seguinte, ainda antes de a instrução anterior ter acabado totalmente a sua execução.

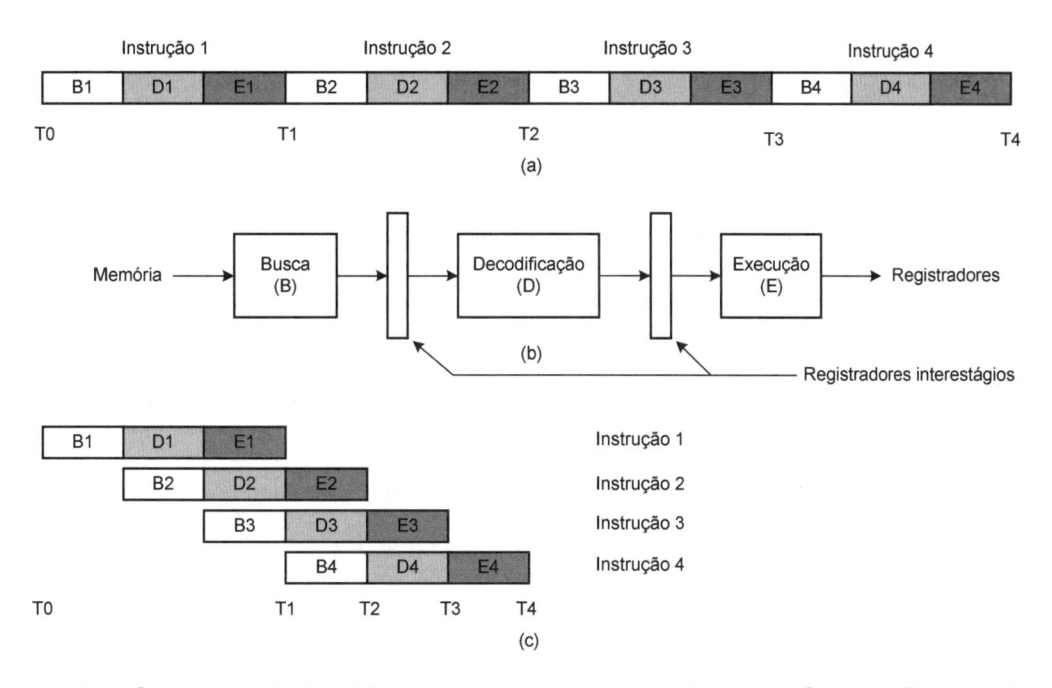

**Fig. 7.9 – Princípio do *pipelining*. (a) – Processamento sequencial (uma só instrução de cada vez); (b) – *Pipeline*, com unidades especializadas e registradores interestágios; (c) – *Pipelining***

Esta organização é denominada **pipelining** (processamento em estágios), em que o processamento total de uma instrução é dividido em tarefas menores (**estágios**), executadas por unidades especializadas em uma só tarefa (operação), a do estágio que implementam. O conjunto destas unidades em linha é denominado **pipeline** (cadeia de estágios).

A Figura 7.9b ilustra esta organização com as três operações mencionadas (B, D e E). Cada unidade passa o seu resultado à unidade seguinte através de um **registrador interestágio**, cuja única função é guardar temporariamente esse resultado, permitindo a sua evolução temporal e espacial ao longo do *pipeline*, de acordo com o ritmo de evolução deste. Considera-se que o estágio de execução guarda o resultado final nos registradores (que é o caso da maior parte das instruções, embora o destino de algumas seja a *cache*/memória).

A Figura 7.9c mostra o que acontece na escala de tempos, ao longo da execução das operações, podendo notar-se que:

- Há três unidades que podem funcionar simultaneamente, ao contrário do que acontece na Figura 7.9a, em que só há uma unidade (a de controle);

- Cada instrução continua a demorar 3 ciclos de relógio para ser executada, desde a primeira até a última operação;

- Como cada unidade não espera que as outras acabem, mas começa logo a trabalhar na próxima instrução assim que termina a sua operação, ela acaba uma nova instrução em cada ciclo de relógio e não de 3 em 3. É como se cada instrução demorasse apenas um ciclo de relógio para ser executada!

- No entanto, isso só acontece enquanto o *pipeline* está "cheio", isto é, com todas as unidades ocupadas. Neste exemplo (Figura 7.9c), esta situação só ocorre nos dois ciclos de relógio em torno de T1. No início, há uma fase de **enchimento** do *pipeline*, em que ainda não há resultados, razão pela qual o primeiro resultado só sai em T1, 3 ciclos de relógio após o início da sequência. No fim há uma fase de **esvaziamento** do *pipeline*, em que deixam de entrar instruções para executar e as unidades vão sucessivamente ficando inativas;

- O tempo total de processamento foi substancialmente reduzido, para metade (neste exemplo), o que ilustra o potencial impacto do *pipelining* no desempenho de um computador.

Um *pipeline* com N estágios proporciona, como limite teórico, uma melhoria de desempenho de N vezes, pois possui N unidades funcionando simultaneamente, mas na prática isso é impossível de conseguir devido a algumas restrições que não deixam o *pipeline* estar sempre cheio (reduzindo a sua eficiência), particularmente as seguintes:

- Dependências entre instruções que impeçam a execução simultânea das suas operações. Com o *pipeline* cheio, em um determinado instante estão N instruções em execução, em diversos estágios de evolução do *pipeline*. Poderá acontecer, por exemplo, que uma instrução precise de um valor que a anterior ainda não produziu, pois ainda não acabou de executar. Neste caso, a instrução que não pode prosseguir tem de interromper o *pipeline*, atrasando o seu processamento (e o das instruções seguintes) pelo número necessário de ciclos de relógio até o valor necessário estar disponível;

- Normalmente, o *pipeline* lê instruções da *cache* de instruções (Figura 7.6 e Seção 7.5), o que pode fazer com que, às vezes, essa leitura demore mais tempo do que o habitual (quando a instrução pretendida não está carregada na *cache*). Durante esse tempo (até a instrução ser lida da memória e carregada na *cache*, o que a *cache* consegue autonomamente), o processador tem de esperar que a instrução esteja disponível. Uma solução seria parar o *pipeline*, mas isso faria parar também as instruções que já estão em processamento à frente no *pipeline*. Por isso, a solução geralmente adotada consiste em introduzir no *pipeline* um estado de inatividade (ou mais, se necessário), que vai se propagando ao longo do *pipeline*, razão pela qual são denominadas **bolhas** (*bubbles*). Assim, consegue-se interromper o *pipeline* sem afetar as tarefas que já estavam em execução. A Figura 7.10 ilustra esta técnica com a introdução de uma bolha antes da instrução 2 (assumindo que esta instrução não estava carregada na *cache* por ocasião do acesso, provocando uma falha no acesso à *cache* que demora algum tempo para se recuperar). O *pipeline* é assim atrasado de um ciclo, em que a bolha de inatividade vai passando de unidade em unidade, como se se tratasse de uma instrução normal (mas que não faz nada[104]). O único efeito é a redução da eficiência em relação ao valor máximo possível. A *cache* de dados também pode ter falhas nos acessos de dados (leitura ou escrita), mas nesse caso tem mesmo de se parar todo o *pipeline* até que os dados estejam carregados na *cache*. A interação com a *cache* de dados é feita no fim do *pipeline* e, se este não parasse, as instruções que viriam a seguir alterariam o contexto do estágio que estivesse à espera do acesso à *cache* de dados. No PEPE, a parada é conseguida retirando temporariamente o relógio da unidade de controle (para o MPC), portanto, durante esse tempo, para tudo (Figura 7.6);

- As instruções executadas não constituem sempre uma sequência linear. Há instruções de desvio, chamadas a rotinas e exceções, que mudam o rumo do fluxo de controle em relação ao que era esperado (alteram o valor do PC). Neste caso, a execução das instruções seguintes, que já estava nos estágios iniciais, tem de ser abandonada. O *pipeline* tem de ser esva-

---

[104]Para este fim usa-se a microinstrução m_NOP, que implementa a instrução NOP e em que todos os sinais estão inativos.

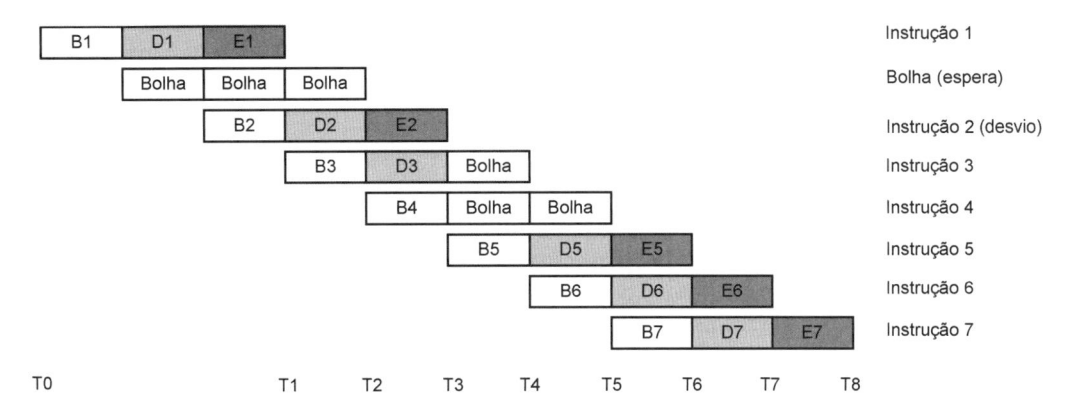

**Fig. 7.10 – Efeito das bolhas no *pipeline*. Nos instantes T2, T4 e T5 nenhuma instrução fica pronta, perdendo-se eficiência**

ziado e recomeçar o seu enchimento, o que é ilustrado na Figura 7.10 em que se supõe que a instrução 2 é um desvio. As bolhas introduzidas nas instruções 3 e 4 fazem com que o trabalho já feito nestas instruções seja ignorado (só no estágio E2 se sabe que era um desvio). O *pipeline* só começa a encher de novo com a instrução 5 (no endereço para onde a instrução 2 desviou), no instante T3, e só no instante T5 é que o *pipeline* volta a ficar cheio.

Embora cada processador lide com a técnica de *pipelining* de forma diferente (o número de estágios não é sempre o mesmo e há outras especificidades), os princípios básicos são os mesmos.

### 7.3.2 Pipelines

Nem todas as instruções têm o mesmo tempo de execução (no estágio E). Por exemplo, na Tabela 7.7, pode-se observar que a instrução ADD demora apenas um ciclo de relógio, enquanto a instrução CALL demora quatro. Em um *pipeline* (cadeia de estágios), a cadência de evolução tem de ser igual para todas as unidades, uma vez que a entrada de uma se liga à saída da anterior. A mais lenta domina e as outras têm de esperar. Portanto, é muito importante dividir tarefas complexas em outras menores (mesmo que isso aumente o número de estágios do *pipeline*), de tempo de execução aproximadamente igual, de modo que não haja um estágio muito mais lento do que os restantes e a frequência do relógio possa ser a mais alta possível. Este aspecto é fundamental para os processadores microprogramados, como o PEPE, pois o número de microinstruções necessárias varia de instrução para instrução.

Por outro lado, surge a questão das tarefas a serem consideradas para cada estágio serem do nível de cada instrução ou de cada microinstrução. A solução adotada no PEPE é considerar dois *pipelines*, tal como ilustrado pela Figura 7.11:

- *Pipeline* **de instruções** – Corresponde ao da Figura 7.9 e que evolui a cada vez que se faz a busca de uma nova instrução, a um ritmo não constante (porque depende do tempo de execução de cada instrução). Este *pipeline* tem três estágios, o que significa que, em qualquer instante, podem estar em processamento três instruções diferentes (em estágios diferentes);

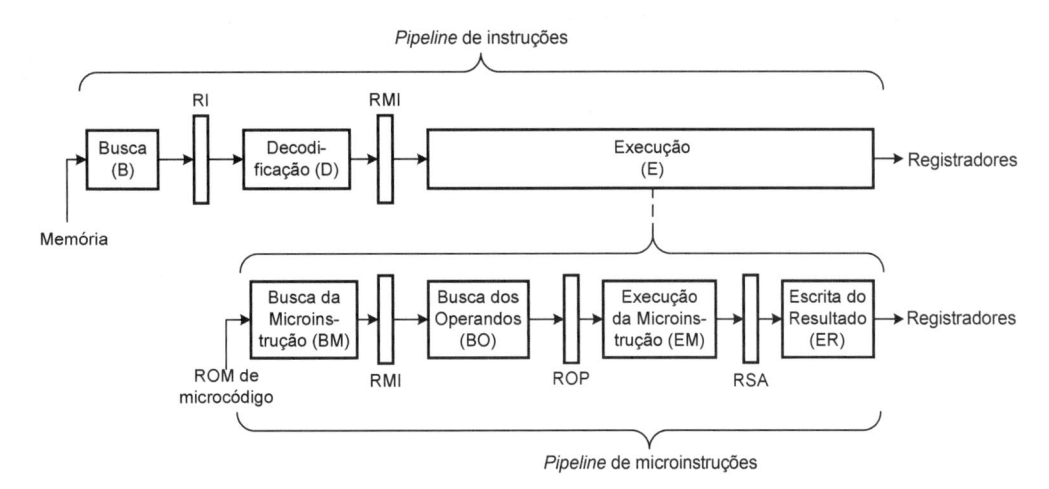

**Fig. 7.11 – Estrutura de *pipelines* no PEPE. O *pipeline* de microinstruções pode evoluir várias vezes durante um estágio do *pipeline* de instruções**

- **Pipeline de microinstruções** – Implementa o estágio de execução de uma instrução, executando as várias microinstruções em regime de *pipelining*. Este *pipeline* é de mais baixo nível, funciona à velocidade máxima a um ritmo constante (evolui em cada ciclo do relógio do processador) e inclui quatro estágios, o que permite ter quatro microinstruções sendo processadas simultaneamente, mas em diferentes estágios de evolução.

Observe que:

- A informação que passa nos registradores interestágios não consiste apenas em dados, mas também em sinais de controle;

- Os estágios D (Decodificação) e BM (Busca de Microinstrução) são em boa parte coincidentes, pois o resultado da decodificação de uma instrução é a obtenção (busca) da primeira microinstrução da sequência que implementa essa instrução. O estágio BM propriamente dito só existe nas instruções que são implementadas por mais do que uma microinstrução. Dessa forma, os registradores interestágios que terminam esses estágios são também os mesmos, embora parte da informação evolua com o *pipeline* de instruções e a restante com o *pipeline* das microinstruções (Subseção 7.3.3). A Figura 7.13 ilustra o funcionamento dos dois *pipelines* com várias instruções ao longo do tempo, em que se pode constatar que, nas instruções com mais de uma microinstrução, só a primeira tem os estágios B e D, enquanto nas seguintes só há estágio BM, que substitui o D;

- Enquanto não chega a última microinstrução da sequência que implementa uma instrução, o *pipeline* de instruções está parado e apenas o de microinstruções está evoluindo. Só no fim dessa sequência, o *pipeline* de instruções avança e faz entrar, no *pipeline* de microinstruções, a primeira microinstrução da próxima instrução. No *pipeline* de microinstruções, tanto podem estar quatro microinstruções da mesma instrução como quatro microinstruções de quatro instruções (de uma só microinstrução cada) diferentes ou outras combinações;

- Ao contrário do que acontece nas Tabelas 7.7 e 7.8, a última microinstrução de uma instrução não desvia para uma microinstrução de busca (m_BSC1). Executa logo a primeira microinstrução da instrução seguinte, obtida por mapeamento (ativando o sinal MAP – Tabela 7.5) a partir dessa instrução que, nesse ínterim, entrou no *pipeline* de instruções. A última microinstrução de cada instrução faz o mapeamento da próxima instrução. As Tabelas 7.10 e 7.11 apresentam novas versões das Tabelas 7.7 e 7.8, respectivamente, com esta alteração. Os desvios em microcódigo ficam agora reservados para as instruções que precisarem explicitamente deles como, por exemplo, a instrução SUM na Tabela 7.11 (em m_SUM7). O mapeamento condicional na microinstrução m_SUM2 decide se a instrução termina (fazendo o mapeamento para a seguinte) ou prossegue no seu *loop* interno. Observe que a Tabela 7.11 ainda tem de ser corrigida em termos de dependência de dados, assunto que será tratado na Subseção 7.3.5;

- Já não há sinal ESCR_RI. É o sinal MAP que faz escrever nos registradores interestágios do *pipeline* de instruções e o faz avançar;

- A funcionalidade de um processador não muda pelo fato de suportar *pipelining* ou não. O *pipelining* é apenas uma forma de aumentar o desempenho, permitindo que tarefas, que antes tinham de ser executadas sequencialmente, agora possam ser executadas simultaneamente, por haver suporte em *hardware* para tal. O PEPE permite ligar e desligar este mecanismo, mas o seu microcódigo é basicamente igual com e sem estágios, com apenas algumas diferenças no nível do gerenciamento e da transição entre microinstruções.

Os registradores interestágios são os seguintes:

- RI – Registrador de Instruções, que memoriza a última instrução lida da *cache* de instruções;

- RMI – Registrador de Microinstruções, que abrange os dois *pipelines*. Na parte do *pipeline* de instruções, contém informação sobre os operandos da instrução em execução (índices de registradores e/ou uma constante), enquanto na parte do *pipeline* de microinstruções, corresponde ao MPC e mantém o endereço, na ROM de microcódigo, da microinstrução em execução. O MPC evolui à velocidade do relógio, enquanto a parte dos operandos evolui apenas quando a instrução em execução muda;

- ROP – Registrador dos Operandos, que contém os operandos que a ALU vai usar na operação seguinte. Também é usado para propagar alguns sinais de controle até o estágio EM (Execução da Microinstrução);

- RSA – Registrador de Saída da ALU, que armazena o resultado que a ALU produz, antes de ser escrito em um dos registradores ou na memória. Também é usado para propagar alguns sinais de controle até o estágio ER (Escrita do Resultado).

### 7.3.3 Implementação dos *pipelines*

A implementação do *pipelining* (processamento em estágios) em um processador envolve, antes de tudo, decidir que estágios existem e onde devem ser colocados os registradores interestágios. No caso do PEPE, a Figura 7.11 define a estrutura dos estágios. A da Figura 7.12 é semelhante à da Figura 7.6, em que os sinais gerados pela unidade de controle foram omitidos (por simplicidade) e os registradores interestágios foram introduzidos.

**Tabela 7.10 – Adequação da microprogramação da Tabela 7.7 para processamento com *pipeline*. A última microinstrução de uma instrução faz o mapeamento da primeira microinstrução da próxima instrução, que já percorreu o *pipeline* de instruções. As microinstruções m_BSC1 e m_BSC2 desapareceram (deixa de ser preciso gastar tempo com a busca explícita das instruções), assim como o sinal ESCR_RI. As últimas três colunas foram alteradas e o resto da tabela manteve-se sem alterações**

| INSTRUÇÃO | NOME | MICRO-OPERAÇÕES | SEL_A | REG_A | SEL_OP_A | SEL_OP_B | SEL_CONST | SEL_C | REG_C | ESCR_C | SEL_BARR_C | OP_ALU | SEL_RE | D_LE | D_ESCR | ESCR_REM | SEL_SALTO | MAP | SEL_MICRO_SALTO | MICRO_SALTO |
|---|---|---|---|---|---|---|---|---|---|---|---|---|---|---|---|---|---|---|---|---|
| NOP | m_NOP | MPC←MAP[*opcode*] | | | | | | | | | | | | | | | | SIM | SALTA | |
| ADD    Rd, Rs | m_ADD | Rd ← Rd + Rs; MPC←MAP[*opcode*] | RI_7_4 | | REG | REG | | RI_7_4 | | SIM | ALU | ADD | ZNCV | | | | | SIM | SALTA | |
| ADD    Rd, k | m_ADDI | Rd ← Rd + k; MPC←MAP[*opcode*] | RI_7_4 | | REG | CONST | E4_16S | RI_7_4 | | SIM | ALU | ADD | ZNCV | | | | | SIM | SALTA | |
| SHR    Rd, n | m_SHR | Rd ← Rd >> k; MPC←MAP[*opcode*] | RI_7_4 | | REG | CONST | E4_16 | RI_7_4 | | SIM | ALU | SHR | ZNC | | | | | SIM | SALTA | |
| MOVL   Rd, k | m_MOVL | Rd ← k(7){8} \|\| k; MPC←MAP[*opcode*] | | | | CONST | E8_16S | RI_11_8 | | SIM | ALU | OP_B | | | | | | SIM | SALTA | |
| MOV    Rd, [Rs+Ri] | m_LDR1 | REM ← Rs + Ri | RI_7_4 | | REG | REG | | | | | | ADD | | | | SIM | | | | |
| | m_LDR2 | Rd ← Mw[REM]; MPC←MAP[*opcode*] | | | | | | RI_11_8 | | SIM | MEM | | | SIM | | | | SIM | SALTA | |
| MOV    [Rd+n], Rs | m_STO1 | REM ← Rd + 2*(n/2) | RI_7_4 | | REG | CONST | E4_16S | | | | | ADD_Bx2 | | | | SIM | | | | |
| | m_STO2 | Mw[REM] ← Rs; MPC←MAP[*opcode*] | RI_11_8 | | REG | | | | | | | OP_A | | | SIM | | | SIM | SALTA | |
| JZ     rótulo | m_JZ | Z=1: PC ← PC + 2*dif; MPC←MAP[*opcode*] | | | PC | CONST | E8_16S | | | | ALU | ADD_Bx2 | | | | | Z | SIM | SALTA | |
| JMP    Rs | m_JMPR | PC ← Rs; MPC←MAP[*opcode*] | RI_3_0 | | REG | | | | | | | OP_A | | | | | SALTA | SIM | SALTA | |
| CALL   rótulo | m_CALL1 | REM ← SP - 2 | REG_A | SP | REG | CONST | DOIS | | | | | SUB | | | | SIM | | | | |
| | m_CALL2 | Mw[REM] ← PC | | | PC | | | | | | | OP_A | | | SIM | | | | | |
| | m_CALL3 | PC ← PC + 2* dif | | | PC | CONST | E12_16S | | | | ALU | ADD_Bx2 | | | | | SALTA | | | |
| | m_CALL4 | SP ← SP - 2; MPC←MAP[*opcode*] | REG_A | SP | REG | CONST | DOIS | REG_C | SP | SIM | ALU | SUB | | | | | | SIM | SALTA | |

**Tabela 7.11– Adequação da microprogramação da Tabela 7.8 para processamento com _pipeline_. O desvio para a busca de instruções (m_BSC1) foi substituído pelo mapeamento (com o sinal MAP) da próxima instrução. A microinstrução m_SUM2 tem um mapeamento condicional. O resto da tabela manteve-se sem alterações, mas ainda tem de ser corrigida em termos de dependência de dados (Subseção 7.3.5)**

| INSTRUÇÃO | NOME | MICRO-OPERAÇÕES | SEL_A | REG_A | SEL_OP_A | SEL_OP_B | SEL_CONST | SEL_C | REG_C | ESCR_C | SEL_BARR_C | OP_ALU | SEL_RE | D_LE | D_ESCR | ESCR_REM | SEL_SALTO | EXC_FIM | MAP | SEL_MICRO_SALTO | MICRO_SALTO |
|---|---|---|---|---|---|---|---|---|---|---|---|---|---|---|---|---|---|---|---|---|---|
| Atendimento de exceções | m_EXC1 | TEMP ← RE | REG_A | RE | REG | | | REG_C | TEMP | SIM | ALU | OP_A | | | | | | | | | |
| | m_EXC2 | RE (NP, IE, DE) ← 0; REM ← SP - 2 | REG_A | SP | REG | CONST | DOIS | | | | | SUB | NPIEDE | | | SIM | | | | | |
| | m_EXC3 | Mw[REM] ← PC | | | PC | | | | | | | OP_A | | | SIM | | | | | | |
| | m_EXC4 | REM ← SP - 4 | REG_A | SP | REG | CONST | QUATRO | | | | | SUB | | | | SIM | | | | | |
| | m_EXC5 | Mw[REM] ← TEMP | REG_A | TEMP | REG | | | | | | | OP_A | | | SIM | | | | | | |
| | m_EXC6 | REM ← BTE + 2 * OP_B | REG_A | BTE | REG | EXC | | | | | | ADD_Bx2 | | | | SIM | | | | | |
| | m_EXC7 | PC ← Mw[REM] | | | | | | | | | MEM | | | SIM | | | SALTA | | | | |
| | m_EXC8 | SP ← SP - 4; MPC←MAP[_opcode_] | REG_A | SP | REG | CONST | QUATRO | REG_C | SP | SIM | ALU | SUB | | | | | | | SIM | SIM | SALTA |
| ADDM [Rd], k | m_ADDM1 | REM ← Rd | RI_7_4 | | REG | | | | | | | OP_A | | | | SIM | | | | | |
| | m_ADDM2 | TEMP ← Mw[REM] | | | | | | REG_C | TEMP | SIM | MEM | | | SIM | | | | | | | |
| | m_ADDM3 | TEMP ← TEMP + k | REG_A | TEMP | REG | CONST | E4_16S | REG_C | TEMP | SIM | ALU | ADD | | | | | | | | | |
| | m_ADDM4 | Mw[REM] ← TEMP; MPC←MAP[_opcode_] | REG_A | TEMP | REG | | | | | | | OP_A | | | SIM | | | | SIM | SALTA | |
| SUM Rc, [Rs], Rd | m_SUM1 | Rd ← 0 | RI_3_0 | | REG | REG | | RI_3_0 | | SIM | ALU | XOR | | | | | | | | | |
| | m_SUM2 | Rc=0 : MPC←MAP[_opcode_] | RI_11_8 | | REG | | | | | | | OP_A | | | | | | | SIM | SAZ | |
| | m_SUM3 | REM ← Rs | RI_7_4 | | REG | | | | | | | OP_A | | | | SIM | | | | | |
| | m_SUM4 | TEMP ← Mw[REM] | | | | | | REG_C | TEMP | SIM | MEM | | | SIM | | | | | | | |
| | m_SUM5 | Rd ← Rd + TEMP | REG_A | TEMP | REG | REG | | RI_3_0 | | SIM | ALU | ADD | | | | | | | | | |
| | m_SUM6 | Rs ← Rs + 2 | RI_7_4 | | REG | CONST | DOIS | RI_7_4 | | SIM | ALU | ADD | | | | | | | | | |
| | m_SUM7 | Rc ← Rc - 1; MPC ← m_SUM2 | RI_11_8 | | REG | CONST | UM | RI_11_8 | | SIM | ALU | SUB | | | | | | | | SALTA | m_SUM2 |

Estes registradores dividem toda a arquitetura em seções (estágios), abrangendo a parte de dados e de controle. Sempre que um *pipeline* evolui, os sinais memorizados em um dos registradores interestágios e transformados pelos circuitos intermediários (caso da ALU, por exemplo) são memorizados no registrador interestágio seguinte, em um deslocamento constante e sincronizado da esquerda para a direita. Cada instrução/microinstrução vai sendo sucessivamente processada em cada estágio, até ter passado por todos os estágios do *pipeline*. Todos os registradores de um *pipeline* são escritos ao mesmo tempo (os sinais de escrita estão ligados entre si).

### 7.3.3.1 *PIPELINE* DE INSTRUÇÕES

A área em cinza na Figura 7.12 corresponde ao *pipeline* das instruções, cujo objetivo básico é o de realizar a funcionalidade das microinstruções m_BSC1 (busca) e m_BSC2 (mapeamento e atualização do PC) da Tabela 7.7, mas de tal forma que, quando se acaba de executar a última microinstrução de uma determinada instrução, a busca e o mapeamento da instrução seguinte já estão feitos e não há intervalo entre execução de instruções. Ou seja, a execução de uma instrução sobrepõe-se, no tempo, à busca e mapeamento das instruções seguintes. As microinstruções m_BSC1 e m_BSC2 não são usadas com *pipelining*.

O *pipeline* de instruções evolui apenas no último ciclo de relógio (microinstrução) da execução de qualquer instrução. PC, RI e RMI são atualizados ao mesmo tempo (cada um lê o valor do anterior antes da saída deste mudar). Quando este *pipeline* evolui:

- No estágio D (Decodificação), os operandos da instrução no endereço X são escritos na parte de dados do RMI (registrador de microinstruções) e o endereço (na ROM de microcódigo) da primeira microinstrução que implementa esta instrução é carregado no MPC, que é a parte de controle do RMI;

- No estágio B (Busca de Instrução), uma nova instrução (no endereço X+2) entra no RI;

- O PC é atualizado para X+4.

O PC vai assim avançado, em relação à instrução em execução, o que significa que tem de ser propagado ao longo do *pipeline* (Figura 7.12), de modo a acompanhar a respectiva instrução (necessário caso a instrução use o PC ou haja uma exceção). Em um determinado instante, cada estágio está processando uma instrução diferente e cada uma tem de ser acompanhada pelo respectivo valor de PC (o valor que o PC teria durante a execução dessa instrução, se não houvesse *pipelining*, e que é igual ao endereço dessa instrução mais 2).

Esta sequência crescente do PC ao longo do tempo pode ser interrompida pelas seguintes razões:

- O *pipeline* evoluiu antes de a *cache* ter tido tempo de ir buscar, na memória, a instrução endereçada pelo PC desde a última vez que este foi alterado. Nessa ocasião, no RI entra um valor incorreto, mas I_OK_M fica inativo (com 0) e, no próximo ciclo de relógio, o que entra no MPC é m_NOP, que implementa uma bolha de inatividade. A situação prolonga-se até que a *cache* recupere a instrução endereçada pelo PC, cujo valor foi impedido de evoluir pelas portas lógicas ligadas ao seu sinal de escrita (Figura 7.12);

- Sempre que o PC é alterado (em uma instrução de desvio, por exemplo), este *pipeline* tem de ser esvaziado, pois as instruções que já estavam em processamento nele, em antecipação para serem executadas a seguir, terão de ser descartadas. O programa deve prosseguir a partir da instrução indicada pelo novo PC e não nos endereços seguintes ao da instrução que provocou a alteração do PC. "Esvaziar" significa preencher os vários registradores interestágios com sinais inativos, simulando uma instrução sem efeitos no estado do processador (NOP), e colocar 0 em I_OK_M (até RI ser carregado com a instrução endereçada pelo novo valor do PC). Por simplicidade, os circuitos que implementam o esvaziamento não estão representados na Figura 7.12;

- Durante a busca de uma instrução pode ocorrer uma de várias situações de erro (I_DESALINHADO, I_FALTA_PAG ou I_PROT – ver Tabela A.8). A solução, neste caso, não pode ser gerar uma exceção assim que a situação ocorre, pois o PC está avançado e a instrução que gerou o problema pode nunca sequer chegar a ser executada, pois pode haver um desvio. Portanto, a solução é substituir essa instrução ao entrar no RI, por uma instrução SWE (que gera uma exceção) com o número de exceção adequado (o sinal NUM_EXC_B fornece os quatro bits menos significativos da instrução). Se essa "instrução" chegar a ser processada, gera-se a exceção correspondente. Se, entretanto, houver um desvio, nada acontece porque o *pipeline* é esvaziado. Pelo fato destas exceções serem inseridas no *pipeline* esperando a sua vez, sem abortar as instruções já em processamento, o seu atendimento é dito **encadeado**. A unidade de exceções foi dividida em duas, uma para tratar deste aspecto das exceções de busca de instrução e a outra para tratar das exceções restantes (erros de execução e interrupções).

A Tabela 7.12 ilustra a evolução dos registradores interestágios deste *pipeline* ao longo do tempo, durante a execução do Programa 7.1, assumindo que as suas instruções se encontram nos endereços indicados e que o endereço, no microcódigo, da microinstrução que implementa cada instrução é representado pelo símbolo "m_" seguido do mnemônico, tal como exemplificado nas Tabelas 7.7 e 7.8.

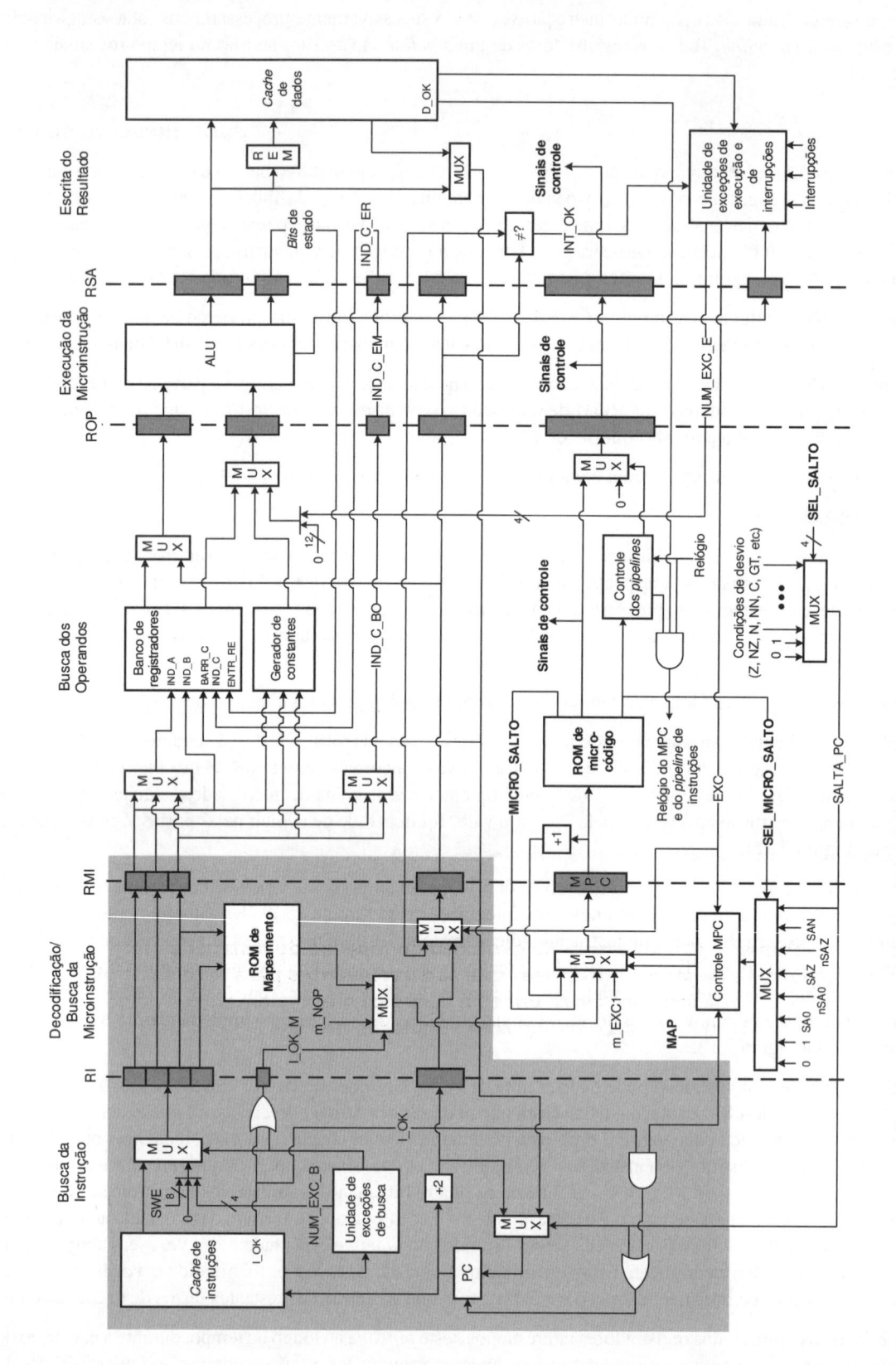

**Fig. 7.12 – Arquitetura geral do núcleo do PEPE com *pipelines*. A área em cinza corresponde ao *pipeline* de instruções**

```
1000H        ADD   R1, R2
1002H        SHR   R1, 3
1004H        JNZ   L              ; desvio condicional para o endereço L (PC + 1AH)
1006H        ADD   R1, 2          ; não chega a ser executada se houver desvio
1008H        OR    R7, R8
100AH        SUB   R6, 4
. . .        . . .
1020H   L: MOV    R2, [R1+R3]
1022H        ADDM  [R2], 2        ; nova instrução. Soma 2 ao conteúdo de M[R2]
1024H        . . .
```

**Programa 7.1 - Sequência de instruções para exemplificar o *pipelining***

Os tempos indicados referem-se aos instantes imediatamente após cada evolução do *pipeline* (e não a uma escala linear de tempo). Neste exemplo, algumas instruções são simples e são executadas em um só ciclo de relógio, mas outras (MOV e ADDM) são mais complexas e demoram vários ciclos de relógio para serem executadas. A Tabela 7.13 detalha esta tabela com todas as operações em cada ciclo de relógio.

Em T1, a instrução ADD (localizada no endereço 1000H) já entrou no RI e o PC já foi atualizado para 1002H. O valor do PC propagado é também 1002H, pois, durante a execução de cada instrução, o PC já aponta para a instrução seguinte (assim como quando não há *pipelines*).

Em T2, o ADD passa para o RMI e o SHR entra no RI. O mesmo esquema continua em T3, sendo o ADD executado no *pipeline* das microinstruções (descrita na seção seguinte). Não há intervalo entre execução de instruções, nem tempo perdido à espera da busca da próxima instrução.

No entanto, na transição de T4 para T5, a instrução JNZ é executada, em uma ocasião em que o ADD R1, 2 já tinha entrado no *pipeline*, em antecipação, à espera de ser executado a seguir. Este exemplo considera que a instrução JNZ desvia. Como o PC é alterado, o *pipeline* tem de ser esvaziado para descartar as instruções que assim não serão executadas, com dois aspectos muito importantes:

- A nova instrução, o destino do desvio (no endereço L, neste exemplo), tem de passar pelos dois estágios do *pipeline* antes de chegar ao *pipeline* das microinstruções. Para preencher o vazio nestes dois estágios após o esvaziamento, inserem-se bolhas de inatividade, simulando NOPs, que depois são propagadas pelo *pipeline* de microinstruções, mas sem alterar o estado do processador (pela definição de NOP);

- O valor do PC propagado destes falsos NOPs tem de ser o valor de L, para que, se durante o enchimento do *pipeline* houver uma interrupção (o que implica novo esvaziamento deste *pipeline* porque o PC será alterado para a primeira instrução da

**Tabela 7.12 – Exemplo de evolução do *pipeline* de instruções. "X"**
**refere-se a valores anteriores que são irrelevantes para este exemplo.**
**A área em cinza em T5 e T6 indica o esvaziamento**
**do *pipeline* com simulação de NOPs**

| TEMPO | PC | RI | | RMI | | |
| --- | --- | --- | --- | --- | --- | --- |
| | | INSTRUÇÃO | PC PROPAGADO | OPERANDOS | PC PROPAGADO | MPC |
| T0 | 1000H | X | X | X | X | X |
| T1 | 1002H | ADD R1, R2 | 1002H | X | X | X |
| T2 | 1004H | SHR R1, 3 | 1004H | R1, R2 | 1002H | m_ADD |
| T3 | 1006H | JNZ 1AH | 1006H | R1, 3 | 1004H | m_SHR |
| T4 | 1008H | ADD R1, 2 | 1008H | 1AH | 1006H | m_JNZ |
| T5 | 1020H | NOP | 1020H | 0 | 1020H | m_NOP |
| T6 | 1022H | MOV R2, [R1+R3] | 1022H | 0 | 1020H | m_NOP |
| T7 | 1024H | ADDM [R2], 5 | 1024H | R2, R1, R3 | 1022H | m_LDR |
| T8 | 1026H | . . . | 1026H | R2, 5 | 1024H | m_ADDM |

rotina de atendimento da interrupção), o endereço de retorno memorizado seja L e, assim, esta instrução possa finalmente ser executada em seguida à instrução de retorno (RFE). Este requisito é implementado facilmente fazendo com que o valor escrito no PC seja também escrito, simultaneamente, nos dois registradores interestágios do PC propagado (mas apenas quando o sinal SALTA_PC vale 1, indicando um desvio no PC). Estes detalhes dos sinais de escrita nestes registradores estão omitidos na Figura 7.12 por simplicidade, mas o seu efeito está indicado na Tabela 7.12.

Observe ainda que, na parte dos operandos do RMI, não estão os operandos propriamente ditos, mas sim os elementos que vão permitir depois obter esses operandos. No caso dos registradores, o que está lá são os índices dos registradores no banco de registradores (0 a 15). No caso das constantes, o que está lá é o valor da constante, mas apenas com 4, 8 ou 12 bits, dependendo da instrução, tendo ainda de passar pelo gerador de constantes para se produzir o operando constante de 16 bits (por extensão dos *bits* à esquerda).

### 7.3.3.2 *Pipeline* de microinstruções

O estágio D (Decodificação) coincide com a primeira execução do estágio BM (Busca de Microinstrução), que já faz parte do *pipeline* das microinstruções. No caso das instruções implementadas por várias microinstruções, o valor dos operandos no RMI mantém-se durante toda a execução dessas microinstruções, enquanto o MPC vai evoluindo de acordo com a ROM de microcódigo. A Tabela 7.5 indica como o MPC evolui em relação às várias situações possíveis (incluindo exceções). É igual ao caso em que não há *pipelining*.

Cada microinstrução passa sucessivamente pelos vários estágios deste *pipeline*, em que cada estágio lida apenas com parte dos sinais gerados pela unidade de controle (Tabelas 7.7 e 7.8) e não com todos ao mesmo tempo. Os sinais de controle saem todos ao mesmo tempo da ROM de microcódigo, mas têm de ser propagados ao longo do *pipeline* até o estágio em que vão ser usados (e no tempo certo), tal como indicado genericamente na Figura 7.12, acompanhando o sucessivo processamento da respectiva microinstrução ao longo do *pipeline*.

Com o *pipeline* cheio, em cada instante há três microinstruções em processamento:

- O estágio BO (Busca de Operandos) produz os operandos em si e armazena-os no registrador ROP (Registrador dos Operandos);

- O estágio EM (Execução da Microinstrução) executa a operação na ALU e armazena o resultado no registrador RSA (Registrador de Saída da ALU);

- O estágio ER (Escrita do Resultado) escreve o resultado no local definitivo, seja em um registrador do banco de registradores, no registrador REM ou na memória (depende da microinstrução). Observe que, no caso de o destino ser um registrador, o seu índice no banco de registradores foi propagado ao longo do *pipeline* (sinais IND_C_BO, IND_C_EM e IND_C_ER na Figura 7.12), pois no RMI (parte dos operandos) já deverá estar outra instrução, a ser processada a seguir, com outro valor de IND_C. Note também que os *bits* de estado são atualizados ao mesmo tempo que o resultado (no estágio ER) e não no ciclo de relógio em que a ALU os produz.

A Tabela 7.13 reproduz o exemplo da Tabela 7.12, mas agora incluindo os dois *pipelines* (arquitetura completa) e mais detalhes, particularmente as microinstruções das instruções MOV e ADDM. Os tempos marcados duram um ciclo de relógio.

A área em cinza a partir de T8 ilustra o esvaziamento dos dois *pipelines*, motivado pela escrita no PC, resultante de um desvio, notando-se o número de ciclos de relógio que os *pipelines* necessitam até voltar a encher. As instruções ADD, OR e SUB, que estão a seguir ao JNZ e começam a ser processadas no *pipeline*, são simplesmente descartadas se o desvio for efetuado (a instrução ADD chega a fazer a soma, mas não atinge o estágio ER, portanto não chega a alterar o R1), obrigando a esvaziar todo o *pipeline* e esperar que encha de novo. Em compensação, se a instrução JNZ não desviar, boa parte do trabalho já foi feita. Por este exemplo pode verificar-se o impacto que as mudanças no PC (desvios, chamadas de rotina, etc.) têm no desempenho do *pipeline*.

Observe que um desvio no microcódigo (como na microinstrução m_SUM7, Tabela 7.11) faz esvaziar apenas o *pipeline* de microinstruções, sem afetar o *pipeline* de instruções, uma vez que a instrução em execução se mantém.

Durante a execução das microinstruções de uma mesma instrução, o *pipeline* de instruções está parado e o valor do PC e do RMI mantêm-se (com exceção do MPC).

No entanto, no caso de um desvio condicional no microcódigo, como em m_SUM2 da Tabela 7.11, o próprio *pipeline* de microinstruções tem de parar até o resultado do teste ser conhecido, o que só acontece no estágio ER (Escrita do Resultado). Os *bits* que controlam as condições de desvio do MPC (SA0, SAZ, etc.) se ligam ao registrador RSA, que memoriza a saída da ALU. Desde que se sabe que no MPC está uma microinstrução com um desvio condicional, até que esta chegue ao estágio ER, decorrem dois ciclos de relógio, durante os quais não se pode deixar o *pipeline* de microinstruções (nem o de instruções) continuar. Caso contrário, se esta fosse uma das últimas microinstruções da instrução, poderiam entrar microinstruções de outras instruções, avançando o PC,

**Tabela 7.13 – Evolução detalhada ao longo do tempo e do espaço das instruções nos estágios do PEPE. A instrução ADD, em negrito, exemplifica a passagem de uma instrução. A área em cinza ilustra o esvaziamento de todos os estágios, devido a um desvio. Observe a parada nos registradores RI e RMI (operandos) durante a execução das microinstruções de mesma instrução**

| TEMPO | PC | RI (SAÍDA BI) INSTRUÇÃO | RI (SAÍDA BI) PC PROPAGADO | RMI (SAÍDA D/BM) OPERANDOS | RMI (SAÍDA D/BM) PC PROPAGADO | RMI (SAÍDA D/BM) MPC | RMI (SAÍDA D/BM) MICROINSTRUÇÃO | ROP (SAÍDA BO) | RSA | DESTINO ALTERADO COM O RESULTADO |
|---|---|---|---|---|---|---|---|---|---|---|
| T0 | 1000H | X | X | X | X | X | X | X | X | X |
| T1 | 1002H | **ADD R1, R2** | **1002H** | X | X | X | X | X | X | X |
| T2 | 1004H | SHR R1, 3 | 1004H | **R1, R2** | **1002H** | **m_ADD** | **R1 ← R1 + R2** | X | X | X |
| T3 | 1006H | JNZ 1AH | 1006H | R1, 3 | 1004H | m_SHR | R1 ← R1>> 3 | **R1, R2** | X | X |
| T4 | 1008H | ADD R1, 2 | 1008H | 1AH | 1006H | m_JNZ | Z=0: PC ← PC + 1AH | R1, 3 | **R1+R2** | X |
| T5 | 100AH | OR R7, R1 | 100AH | R1, 2 | 1008H | m_ADDI | R1 ← R1 + 2 | 1006H, 1AH | R1>>3 | **R1** |
| T6 | 100CH | SUB R6, 4 | 100CH | R7, R1 | 100AH | m_OR | R7 ← R7 ∨ R1 | R1, 2 | 1006H+1AH | R1 |
| T7 | 100EH | . . . | 100EH | R6, 4 | 100CH | m_SUBI | R6 ← R6 - 4 | R7, R8 | R1+2 | PC (1020H) |
| T8 | 1020H | NOP | 1020H | 0 | 1020H | m_NOP | não faz nada | 0 | 0 | nenhum |
| T9 | 1022H | MOV R2, [R1+R3] | 1022H | 0 | 1020H | m_NOP | não faz nada | 0 | 0 | nenhum |
| T10 | 1022H | MOV R2, [R1+R3] | 1022H | R2, R1, R3 | 1022H | m_LDR1 | REM ← R1 + R3 | 0 | 0 | nenhum |
| T11 | 1024H | ADDM [R2], 5 | 1024H | R2, R1, R3 | 1022H | m_LDR2 | R2 ← Mw[REM] | R1, R3 | 0 | nenhum |
| T12 | 1024H | ADDM [R2], 5 | 1024H | R2, 5 | 1024H | m_ADDM1 | REM ← R2 | X | R1+R3 | nenhum |
| T13 | 1024H | ADDM [R2], 5 | 1024H | R2, 5 | 1024H | m_ADDM2 | TEMP ← Mw[REM] | R2 | X | REM |
| T14 | 1024H | ADDM [R2], 5 | 1024H | R2, 5 | 1024H | m_ADDM3 | TEMP ← TEMP + 5 | X | R2 | R2 |
| T15 | 1026H | . . . | 1026H | R2, 5 | 1024H | m_ADDM4 | Mw[REM] ← TEMP | TEMP, 5 | X | REM |
| T16 | 1028H | . . . | . . . | . . . | . . . | . . . | . . . | TEMP | TEMP+5 | TEMP |
| T17 | 102AH | . . . | . . . | . . . | . . . | . . . | . . . | . . . | TEMP | TEMP |
| T18 | 102CH | . . . | . . . | . . . | . . . | . . . | . . . | . . . | . . . | Mw[REM] |
| T19 | 102EH | . . . | . . . | . . . | . . . | . . . | . . . | . . . | . . . | . . . |

`RI` e `RMI` e destruindo o contexto que se deve manter, se o desvio no microcódigo se der dentro de uma determinada instrução (caso das instruções que contêm *loops* internos) ou se se tratar de um mapeamento condicional, que desvie para a instrução seguinte, como por exemplo a microinstrução `m_SUM2` da Tabela 7.11, em que nesse caso o `PC` poderia já estar apontando, não para a instrução seguinte, mas para uma posterior.

Nestas condições, o mais seguro é parar o `MPC` e o *pipeline* durante dois ciclos de relógio, quando o sinal `SEL_MICRO_SALTO` indica um desvio condicional no microcódigo, o que é feito pelo módulo "Controle dos *pipelines*" da Figura 7.12, através do controle do sinal de relógio durante dois ciclos de relógio do processador. Este módulo é uma máquina de estados simples, que gera ainda (no segundo e terceiro ciclos de relógio) um sinal que faz entrar zeros na parte de controle do `ROP`, logo a seguir à passagem da microinstrução de desvio condicional (que serão depois propagados para o `RSA`). Isto garante que todos os sinais ficam inativos até a próxima microinstrução fluir novamente, o que equivale, na prática, a um esvaziamento controlado do *pipeline* de microinstruções.

Observe que os desvios incondicionais no microcódigo (incluindo o mapeamento da próxima instrução) não usam este esquema, pois o desvio é feito imediatamente no `MPC` e o fluxo de microinstruções é contínuo, sem necessidade de esperar por uma decisão.

O sinal `D_OK`, que indica se o acesso à *cache* de dados teve sucesso, também pode impedir o avanço dos *pipelines*, tal como indicado na Figura 7.12. No entanto, neste caso, o sinal de relógio dos estágios restantes também é afetado (todo o processador para à espera que a *cache* complete o seu acesso à memória principal). Este detalhe está omitido na figura, por simplicidade.

### 7.3.4 Exceções com *pipelining*

Além dos desvios no `PC` e no `MPC`, as exceções constituem eventos que interferem na regularidade do funcionamento em linha dos *pipelines* e que requerem muitos cuidados para serem tratados da forma correta, uma vez que, quando ocorrem, os *pipelines* normalmente estão cheios, com várias atividades simultâneas.

O principal desafio é conseguir que um núcleo com *pipelining* se comporte, do ponto de vista das exceções, como um núcleo sem estágios. Deve guardar, na pilha, o endereço da instrução seguinte àquela em cuja execução a exceção ocorreu, acabando as atividades das instruções anteriores e descartando qualquer processamento já feito nas instruções seguintes, pelos primeiros estágios do *pipeline*. Deve também guardar o valor do `RE` correspondente à ocasião em que a exceção ocorreu.

Sem *pipelining*, só há uma instrução em processamento de cada vez, portanto, é fácil associar uma exceção à instrução em que ocorre. Uma interrupção é atendida no fim do processamento da instrução em que o pedido é feito ao processador. Com *pipelining*, normalmente há várias instruções em processamento ao mesmo tempo. Destas, qual é a instrução em que se considera que uma determinada interrupção ocorreu?

O primeiro aspecto a considerar é que é só no estágio `ER` que as microinstruções afetam o estado do processador (incluindo os *bits* de estado). Até chegarem lá, as microinstruções em processamento podem ser descartadas sem problemas, para efeito de esvaziamento do *pipeline*, podendo-se considerar que não tiveram nenhum processamento.

Por outro lado, as exceções podem ser divididas nos seguintes grupos:

1. Exceções de busca, que ocorrem durante a busca de uma instrução. Tal como descrito anteriormente, uma exceção deste tipo é inserida no *pipeline* na forma de uma instrução `SWE`, que substitui a instrução em que a exceção ocorreu. Isto permite evitar que uma situação de erro, causada em antecipação durante a busca de uma instrução, ocasione logo uma exceção, pois essa instrução ainda não está em execução (e uma instrução de desvio pode fazer com que esta instrução nem chegue a ser executada). Portanto, estas exceções ocorrem no momento certo, quando o processador precisa processar uma instrução e não consegue fazê-lo. No entanto, as instruções anteriores, em fases mais avançadas no *pipeline*, têm de acabar o seu processamento normal. As que viriam depois é que já não podem ser processadas.

2. Exceções de execução, particularmente estouro e divisão por zero. Estas situações ocorrem durante o processamento do estágio `EM` (Execução da Instrução) e devem afetar o estágio seguinte (`ER`), gerando a exceção e evitando que o resultado errôneo seja escrito no registrador de resultado (que normalmente é o mesmo que o primeiro operando), o que se consegue ligando o sinal `EXC` (gerado pela unidade de exceções durante apenas um ciclo de relógio) ao sinal de inicialização dos registradores interestágios, o que coloca todos os sinais inativos, tal como em um `NOP`. Para simplificar, estes detalhes não estão representados na Figura 7.12.

3. Exceções de acesso à memória (via *cache*) de dados. Os acessos à memória são sempre feitos em duas fases: primeiro coloca-se o endereço no `REM`, e só na microinstrução seguinte é que se faz o acesso propriamente dito. Os erros dos acessos de dados só são detectados após o `REM` ser escrito, no estágio `ER`, mas uma eventual escrita na memória (*cache*) não chega a ser realizada, porque neste ínterim a exceção é gerada e o estágio de `ER` (escrita do resultado) da microinstrução seguinte é abortado, tal como no caso anterior.

4. Interrupções. Considera-se que uma interrupção ocorre durante a instrução que estiver nesse instante (quando o pino de interrupção do processador é ativado) em processamento no estágio ER, que é o último, garantindo-se assim que a interrupção é atendida na primeira ocasião possível. Quando esta instrução acabar (o pedido de interrupção ao PEPE pode ocorrer em uma microinstrução que não seja a última da instrução), a próxima microinstrução a ser executada é a m_EXC1, que inicia o tratamento das exceções.

O caso 1 é o mais fácil de tratar. As exceções entram pelo início do *pipeline*, como qualquer instrução (neste caso, SWE), não sendo necessário efetuar nenhuma operação especial. O *pipeline* será esvaziado, mas simplesmente como consequência da escrita, no PC, do endereço da rotina de tratamento das exceções.

Os casos 2, 3 e 4 acabam por ser idênticos, apesar de a origem ser diferente, e obrigam a esvaziar os dois *pipelines* assim que surja o sinal EXC (o que pode acontecer mesmo no meio de uma instrução ou apenas entre instruções, dependendo da exceção em questão), para impedir que as (micro)instruções, que já estão em processamento ao longo do *pipeline*, tenham qualquer efeito. Sendo as exceções geradas no último estágio, já não têm que esperar que eventuais microinstruções em curso acabem. O sinal EXC é gerado pela unidade de exceções durante apenas um ciclo de relógio e é usado para esvaziar os *pipelines*. O circuito "Controle MPC", que implementa a Tabela 7.5, indica que o MPC é inicializado com m_EXC1 (microinstrução descrita na Tabela 7.11). O número da exceção é indicado pelo sinal NUM_EXC_E (Figura 7.12).

No caso 4, a geração do sinal EXC está dependente do sinal INT_OK (entrada da unidade de exceções), que deve ficar ativo apenas quando se muda de instrução. Neste caso, toma-se como referência o estágio ER, considerando-se que a instrução muda no ciclo de relógio seguinte àquele em que a microinstrução no estágio ER não pertença à mesma instrução que a microinstrução no estágio EM. Para detectar isto, o PC continua a ser propagado ao longo do *pipeline* de microinstruções. Sempre que os PC propagados nos registradores RSA e ROP forem diferentes, há uma instrução que tem a sua última microinstrução no estágio ER e que no ciclo de relógio seguinte já terminou. O número da exceção também é indicado pelo sinal NUM_EXC_E (Figura 7.12).

Continuamos com o requisito de guardar na pilha o PC e o RE corretos. Se analisarmos a sequência de microinstruções que invoca a rotina de tratamento da exceção, m_EXC1 a m_EXC8 na Tabela 7.11, constata-se que essa sequência é semelhante a uma instrução, em que as microinstruções entram no MPC e o *pipeline* de microinstruções vai avançando, enquanto o de instruções está parado. O RE que é guardado na pilha é lido diretamente do banco de registradores, enquanto o PC guardado é o PC propagado no registrador RMI (via multiplexador antes do ROP), que se mantém constante durante toda a execução de uma determinada instrução (o PC propriamente dito já vai duas instruções à frente, como consequência do *pipelining*).

O caso do RE fica automaticamente contemplado. A instrução em que a exceção ocorreu foi a última a passar pelo estágio ER, portanto, nesta ocasião, o valor do RE será o que essa instrução tiver deixado.

O caso do PC é diferente. Quando se considera que a exceção ocorre, o único local onde garantidamente está o PC correto é no PC propagado do estágio ER (registrador RSA). Nas exceções do tipo 2 ou 3, a microinstrução que esse estágio está tratando é aquela que originou a exceção. Nas de tipo 4, essa é a última microinstrução da instrução durante cuja execução o pedido de interrupção foi feito. O valor desse PC propagado é igual ao endereço dessa instrução na memória mais 2 unidades, o que aliás é válido para qualquer microinstrução em algum estágio. Portanto, basta apenas copiar o conteúdo do PC propagado do registrador RSA para o do RMI, o que é feito usando o multiplexador, antes do PC propagado do RMI, e o próprio sinal EXC para o ativar (Figura 7.12).

Este valor fica agora inalterado até a primeira instrução da rotina de atendimento da exceção entrar no RI, que é quando o *pipeline* de instruções evolui. O PC propagado que estava no RSA sai quando o *pipeline* de microinstruções evolui, mas volta logo, pouco depois, quando o PC propagado do RMI chega lá de novo.

### 7.3.5 Dependências de dados

Infelizmente, os problemas criados pelo *pipelining* não ficam por aqui. Veja a Figura 7.9. Na execução linear (Figura 7.9a), uma instrução só começa a ser processada após todas as microinstruções da anterior terem sido executadas. Com *pipelining* (Figura 7.9b), a execução das instruções é parcialmente sobreposta, o que faz com que a ordem de execução de algumas microinstruções seja alterada, o que pode ter efeitos desastrosos sobre o funcionamento do programa.

A Tabela 7.13 apresenta exemplos concretos. A instrução ADD entra na *pipeline* de instruções em T1, mas só em T5 altera o R1 com o valor que produz (coluna mais à direita). A instrução seguinte no programa, SHR, usa (deve usar) o valor de R1 produzido pelo ADD. No entanto, para fazer o deslocamento à direita, precisa primeiro ler o R1, o que faz no estágio BO (Busca dos Operandos), armazenando-o no registrador ROP (Figura 7.12). O problema é que isto é feito no instante T3 e só em T5 é que a instrução ADD produz o valor que SHR devia usar!

Há aqui uma **dependência de dados** inerente ao algoritmo, que assume uma execução sequencial das instruções, uma de cada vez, que não está sendo respeitada. Uma instrução precisa ler um dado que ainda não foi produzido. A responsabilidade é exclusivamente do *pipelining*, que altera as relações entre instruções. Isolada, cada instrução tem a mesma semântica. O programa também não foi alterado. O problema está no fato dos *pipelines* não respeitarem a ordem cronológica natural de execução das operações elementares das instruções, devido a esta diferença entre os modelos de execução do programa e do *pipeline*, e que se traduz em um conflito de dados (*data hazard*).

A instrução JNZ parece ser independente da anterior, pois não usa o R1, mas não é. Depende do valor do bit de estado Z, que é alterado pela instrução SHR. Felizmente, a instrução JNZ vai fazendo as contas (somando o valor do PC ao valor da constante 1AH) e, só no último estágio, quando o novo valor de PC já está pronto na saída da ALU, é que toma a decisão se o escreve no PC ou o descarta. Nesta ocasião, o SHR já atualizou o *bit* Z, portanto, embora estas duas instruções sejam consecutivas, não originam um conflito de dados.

Tal como a Tabela 7.13, a Figura 7.13 representa a evolução das instruções do Programa 7.1, mas de uma forma mais esquemática e sintética e evidenciando as dependências de dados, por meio de setas entre o estágio que produz um valor e o estágio que precisa lê-lo. Setas para a frente não constituem problema, pois significa que um valor é produzido antes de ser lido. No entanto, setas verticais e para trás (no tempo) indicam, respectivamente, que um determinado valor é necessário no mesmo ciclo de relógio em que é produzido ou até antes, situações com que se precisa lidar para não alterar a semântica do programa.

Se JNZ não desviar, a instrução ADD R1, 2 lê, no seu estágio BO, o valor de R1 produzido pela instrução SHR, no seu estágio ER, mas como tem a instrução JNZ entre as duas, estes dois estágios ocorrem no mesmo ciclo de relógio (seta vertical).

Estes conflitos aparecem quando uma instrução precisa ler operandos de um registrador, em um estágio anterior àquele em que outra atualizou esse registrador. A maior parte das instruções escreve os registradores no estágio ER e os lê dois estágios antes, no BO. Observe que o problema ocorre apenas quando se verificam cumulativamente as seguintes situações:

- O registrador de resultado de uma instrução é o mesmo que o registrador de operando de uma instrução posterior;

- As instruções estão suficientemente próximas. Com dois estágios de separação entre BO e ER, só instruções adjacentes ou com uma entre elas podem originar conflitos. Por exemplo, a instrução MOV também lê o R1, mas está demasiado afastada da última instrução que alterou este registrador (SHR ou ADD, dependendo do JNZ) para ocasionar um conflito.

Obviamente, o modelo de execução do programa tem de ter prioridade e não pode ser alterado por causa do modelo de execução do *pipelining*, que terá de se adaptar. Há diversas formas de resolver este problema, quer em *software* quer em *hardware*.

Em *software*, o compilador adquire mais relevância (pois tem de conhecer bem a arquitetura do processador para poder detectar e resolver os conflitos) e pode adotar as seguintes estratégias:

- Alterar a ordem de execução de instruções, se estas forem independentes (não se pode alterar o algoritmo), de forma a afastar entre si instruções em que a saída de uma seja a entrada de outra;

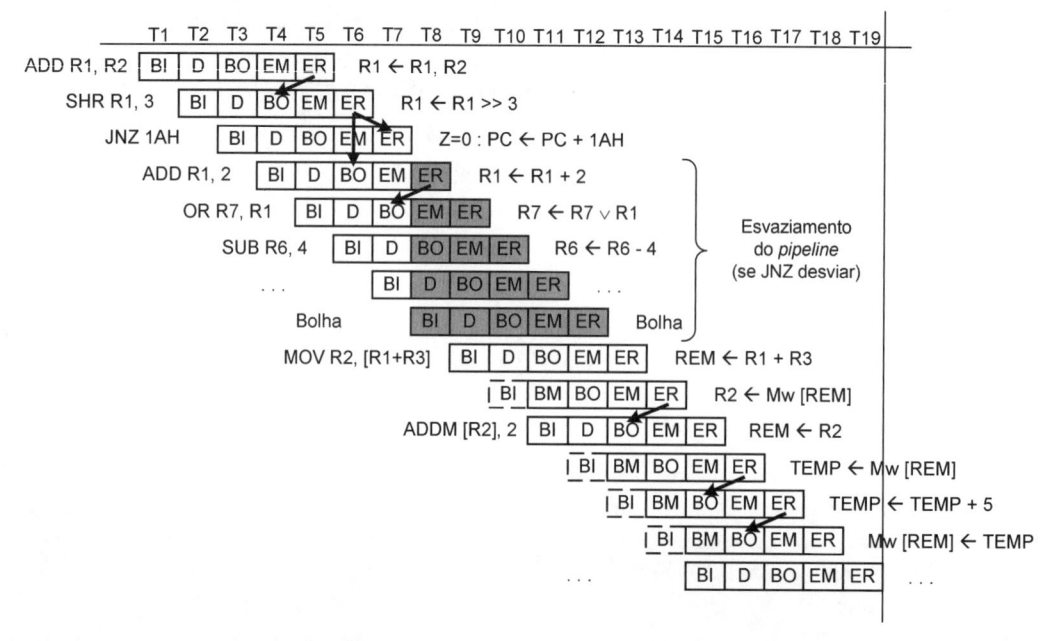

**Fig. 7.13 – Evolução dos *pipelines* com o Programa 7.1, evidenciando as dependências de dados. Nas instruções com mais de uma microinstrução, só a primeira tem estágio BI e D, este último substituído pelo BM nas microinstruções seguintes**

- Inserir duas instruções NOP (que não afetam nada) entre as instruções que tenham conflito, de modo que estas tenham duas instruções de intervalo. Esta solução é pior do que a anterior porque reduz o desempenho (perde-se tempo ao executar os NOP), mas se a solução anterior não for possível (se não houver instruções independentes em quantidade suficiente), poderá ser o único recurso.

As soluções em *hardware* abrangem projetar o processador de origem pensando no *pipeline* e incluir circuitos que detectem os conflitos e se recuperem automaticamente da situação. As soluções mais usadas são:

- Adoção de um relógio de duas fases não sobrepostas. São dois sinais (em vez de um só), em que ora um está ativo, ora está o outro, com uma pequena fração de tempo em que os dois estão inativos. As *flip-flops* e demais circuitos são projetados para suportar este tipo de relógio. A vantagem deste esquema é que os circuitos podem escrever os registradores na primeira metade do ciclo de relógio e lê-los na segunda (leitura-após-escrita, ou *read-after-write*), o que significa que o caso das setas verticais (dependências no mesmo ciclo de relógio) está automaticamente resolvido. Além disso, o número de instruções NOP a inserir, nos casos em que for necessário, é reduzido de dois para um (as setas das dependências já não têm de ir para a frente, basta serem verticais). Esta técnica é usada pela maioria dos processadores, incluindo o PEPE;

 A Figura 7.14a ilustra o diagrama de tempo de um relógio de duas fases não sobrepostas ($\phi$1 e $\phi$2). Cada *bit* de um registrador interestágio (Figura 7.14b) é formado por dois *latches* (Subseção 2.6.1.2), controlados pelas duas fases do relógio. Um registrador de 16 bits, por exemplo, é constituído por 16 conjuntos destes, todos ligados às duas fases do relógio.

Durante a primeira fase ($\phi$1), o *latch* da esquerda está aberto (transparente), isto é, a sua saída segue o sinal de entrada. Quando $\phi$1 acaba, o *latch* fecha e memoriza o último valor da entrada. Durante $\phi$1, a saída do segundo *latch* (que estava fechado) não sofreu alterações. Durante a segunda fase ($\phi$2), o segundo *latch* abre e o valor antes memorizado aparece na saída do *bit* do registrador. Quando $\phi$2 acaba, o segundo *latch* também memoriza este valor. O fato de as duas fases do relógio não serem sobrepostas permite a um *latch* fechar antes de o seguinte abrir. As pequenas diferenças entre as bordas de $\phi$1 e $\phi$2 podem ser facilmente conseguidas a partir de um só sinal de relógio, usando algumas portas lógicas para produzir atrasos.

Os registradores do banco de registradores do processador (Figura 7.3), cuja única função é memorizar valores, são *latches* simples com uma porta *tri-state* na saída (Figura 7.14c), que é ativada pela segunda fase ($\phi$2), enquanto a escrita é ativada pela primeira fase ($\phi$1). Desta forma, consegue-se o efeito pretendido, isto é, uma microinstrução ler, no estágio BO, o valor escrito (no mesmo ciclo de relógio), no estágio ER, por uma microinstrução anterior (assumindo que cada ciclo de relógio começa com o início de $\phi$1). Isto corresponde à seta vertical na Figura 7.13.

- Antecipação dos dados (*data forwarding*). O estágio ER pode ainda não ter escrito um determinado valor no registrador destino, mas se esse valor foi produzido pela ALU já está disponível no registrador RSA. Em caso de conflito, basta o estágio BO ler o valor do RSA em vez de utilizar o valor do ROP e o problema fica resolvido. Para este fim, a entrada da ALU possui multiplexadores adicionais controlados pelo circuito de detecção de conflitos (Figura 7.15), que analisa os índices dos registradores usados por instruções consecutivas, que também têm de ser propagados ao longo do *pipeline*. Por simplicidade, o PEPE não suporta esta característica. Observe que não é possível antecipar os dados decorrentes de uma leitura da memória, situação que ocorre duas vezes na Figura 7.13. Aqui, a única solução é esperar e atrasar o *pipeline*, com instruções NOP (solução de *software*) ou bolhas de inatividade (solução de *hardware*).

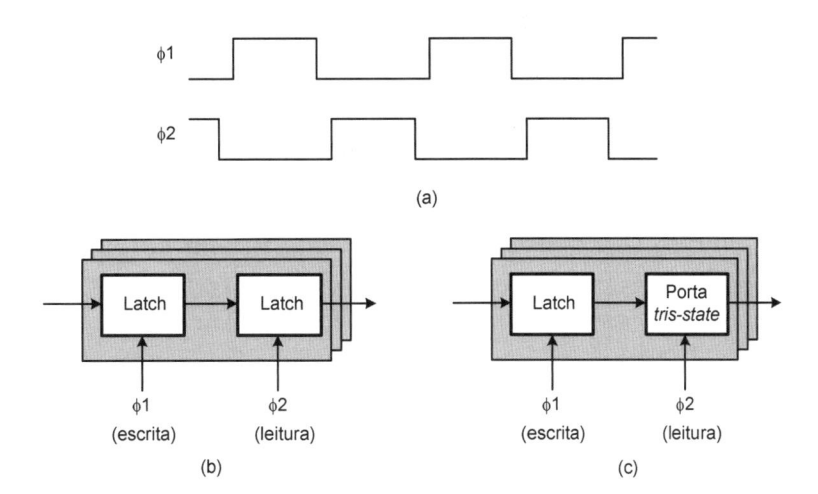

(a)

(b)          (c)

**Fig. 7.14 – Uso de um relógio de duas fases, permitindo leitura após escrita no mesmo ciclo de relógio. (a) – Diagrama de tempo; (b) – Registrador interestágio; (c) – Registrador do banco de registradores**

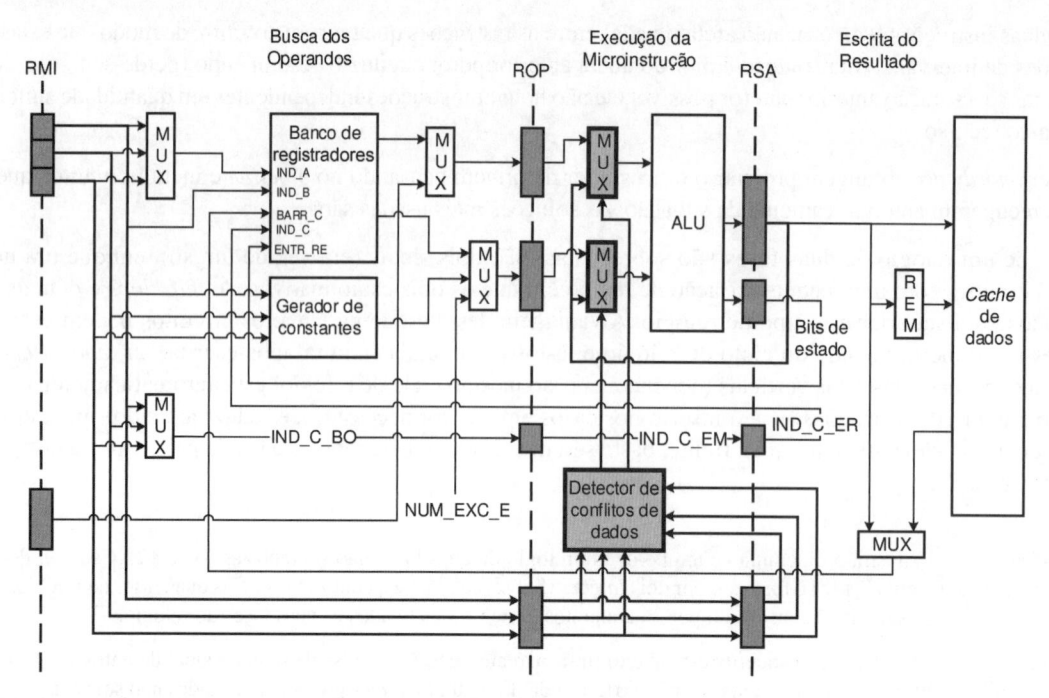

**Fig. 7.15 – Detalhe do *pipeline* de microinstruções com os multiplexadores para antecipação de dados. Esta figura é apenas ilustrativa, pois o PEPE não suporta esta característica, que exige um circuito de detecção de conflitos**

O PEPE usa um relógio de duas fases, mas por simplicidade não suporta antecipação de dados. Assim, a seta vertical da Figura 7.13 fica resolvida, mas as setas para trás têm de ser resolvidas com instruções NOP ou por troca de instruções independentes. Ambas as soluções são usadas na Figura 7.16, que resolve os conflitos de dados da Figura 7.13 (a troca de instruções assume que os *bits* de estado não têm influência nas instruções seguintes).

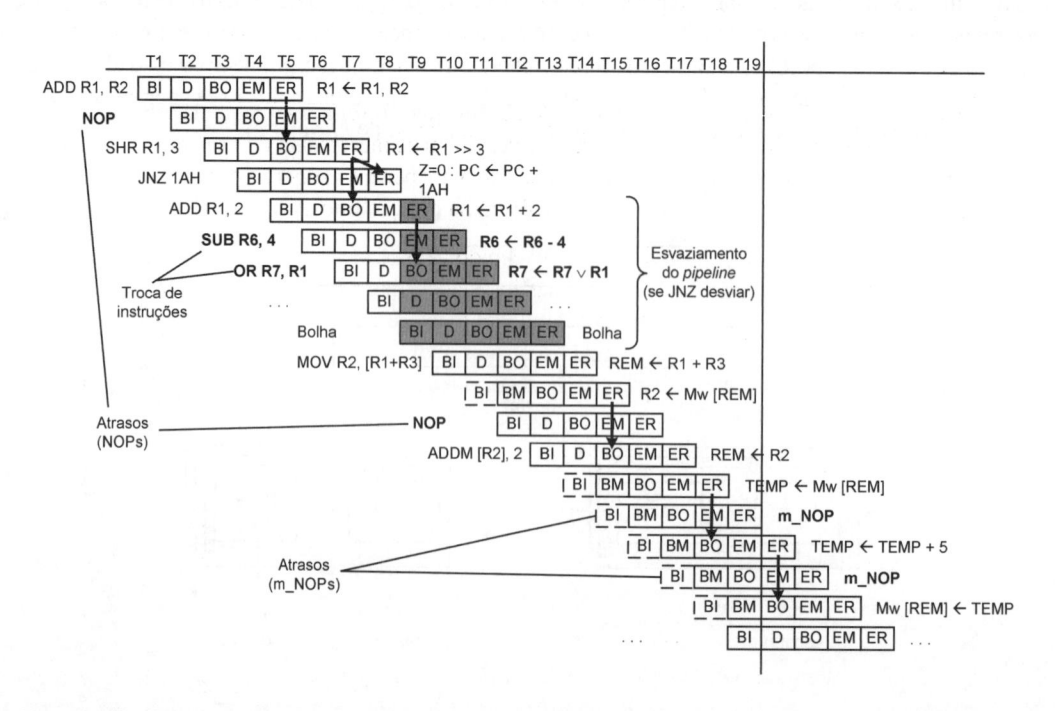

**Fig. 7.16 – Resolução dos conflitos de dados da Figura 7.13 com atrasos e troca de instruções independentes (assumindo que os *bits* de estado não têm influência nas instruções seguintes)**

Em particular, observe a implementação da instrução ADDM, em que foi necessário introduzir duas microinstruções m_NOP, para resolver conflitos internos à própria instrução, que não eram resolvíveis com instruções NOP, no nível da linguagem *assembly*. Sem esta alteração, esta instrução funcionaria de forma incorreta com *pipelining*.

Observe também que os atrasos pioram o desempenho do processador em relação à situação ideal do *pipeline* (sempre cheio e a executar operações úteis). Mesmo assim, o tempo de execução é muito menor do que uma simples execução sequencial, portanto o *pipeline* é um elemento fundamental em qualquer processador.

Na Tabela 7.11, a instrução SUM também tem os seus problemas com o *pipelining*. A microinstrução m_SUM5 lê o registrador TEMP ainda antes de ele ser escrito por m_SUM4 e (embora de forma menos óbvia) a microinstrução m_SUM2 lê o valor do registrador indicado por Rc ainda antes de ele ter sido escrito pela m_SUM7 (exceto na primeira iteração). A solução mais óbvia seria introduzir microinstruções m_NOP, mas neste caso é possível eliminar as dependências de dados simplesmente trocando a ordem de m_SUM5, m_SUM6 e M_SUM7 (mas mantendo o desvio para m_SUM2 na última da sequência). A Tabela 7.14 mostra a Tabela 7.11 corrigida em termos de dependência de dados.

## 7.3.6 Dependências de controle

Além das dependências de dados, também há **dependências de controle**, em que a execução ou não de algumas instruções está condicionada a uma (eventual) mudança de fluxo do controle, que acontece nas instruções de desvio, chamadas de rotinas e retornos. Quando isso acontece, é preciso esvaziar todo o *pipeline*, perdendo todo o esforço efetuado com as instruções seguintes já em processamento no *pipeline*, e esperar que o *pipeline* encha de novo.

Embora, para simplificar, o PEPE não suporte nenhum método para tentar reduzir este ônus, há uma série de técnicas que normalmente são usadas nos processadores de alto desempenho (lista não exaustiva):

- Pré-processamento das instruções de mudança de fluxo (desvios incondicionais, chamadas e retornos), normalmente realizado em uma unidade de pré-busca de instruções, que faz busca especulativa (antecipada) das instruções para uma fila, que se insere entre a *cache* e o núcleo do processador e que reconhece os *opcodes* das instruções de mudança de fluxo, fazendo logo as contas para determinar o endereço para onde o controle irá mudar, continuando aí a pré-busca. Desta forma, o *pipeline* já recebe a sequência de instruções correta e não precisa ser esvaziado. Observe que esta técnica não funciona com desvios condicionais nem com instruções de mudança de fluxo com base em um registrador (JMP R1, por exemplo), pois, nestes casos, só após executar a instrução anterior, se pode calcular o desvio (ou mesmo saber se há desvio ou não);

- Predição de desvio, em que estatisticamente se tenta adivinhar se um desvio condicional vai desviar ou não (quando se acerta, evita-se esvaziar o *pipeline*):

  - Predição estática. O processador dispõe de dois conjuntos de instruções condicionais, um que assume que a instrução desvia e outro que assume que não desvia. Em execução, qualquer das instruções faz o desvio correto, mas o pré-processamento evolui em direções opostas. Cabe ao compilador analisar o programa e fazer a melhor estimativa;

  - Predição dinâmica, em que o *hardware* mantém alguma informação (em uma pequena tabela) sobre os desvios mais frequentes e o pré-processamento arrisca na direção (de desvio ou de incremento do PC) mais frequente para cada desvio. Normalmente são usados 2 bits de predição para cada desvio, para permitir suportar os casos de desvios que normalmente evoluem em uma direção e, só de vez em quando, evoluem na direção oposta (caso típico dos *loops* nos programas).

- Desvios atrasados, em que o efeito de um desvio só é percebido após N instruções depois do desvio (em que N raramente é superior a 2). A ideia é aproveitar o esforço de algumas instruções, que vêm depois do desvio no *pipeline*, mas isso só é possível (sem alterar a semântica do programa) se o compilador conseguir descobrir instruções que, no programa, vêm antes do desvio, mas que não têm influência neste, uma vez que estas instruções são executadas mesmo que o desvio se realize. Caso contrário, o compilador tem de preencher estes espaços com instruções NOP. Normalmente, consegue-se preencher o primeiro espaço em cerca de 50% dos casos, mas o segundo já é mais difícil.

Os processadores têm *pipeline*s com cada vez mais estágios, aumentando o ônus do esvaziamento dos *pipeline*s e aumentando, cada vez mais, a importância de uma boa predição. O pré-processamento dos desvios incondicionais e a predição dinâmica são as técnicas mais populares, juntamente com otimizações por parte dos compiladores que tentam mudar a ordem de instruções ou mesmo o programa em si (mas sem alterar a semântica do programa) para minimizar o impacto dos desvios.

### SIMULAÇÃO 7.3 – *PIPELINING*

Esta simulação toma como base o conteúdo da Seção 7.3 e exemplifica o funcionamento do *pipelining*, utilizando o próprio PEPE no simulador, o que permite:

- Visualizar a arquitetura em estágios (Figura 7.12) e o valor das ligações;

**Tabela 7.14 – Correção das dependências de dados na Tabela 7.11. A ordem das microinstruções m_SUM5, m_SUM6 e m_SUM7 foi alterada, eliminando as dependências de dados sem alterar a semântica da instrução. Na instrução ADDM, a solução é introduzir pausas**

| INSTRUÇÃO | NOME | MICRO-OPERAÇÕES | SEL_A | REG_A | SEL_OP_A | SEL_OP_B | SEL_CONST | SEL_C | REG_C | ESCR_C | SEL_BARR_C | OP_ALU | SEL_RE | D_LE | D_ESCR | ESCR_REM | SEL_SALTO | EXC_FIM | MAP | SEL_MICRO_SALTO | MICRO_SALTO |
|---|---|---|---|---|---|---|---|---|---|---|---|---|---|---|---|---|---|---|---|---|---|
| Atendimento de exceções | m_EXC1 | TEMP ← RE | REG_A | RE | REG | | | REG_C | TEMP | SIM | ALU | OP_A | | | | | | | | | |
| | m_EXC2 | RE (NP, IE, DE) ← 0; REM ← SP - 2 | REG_A | SP | REG | CONST | DOIS | | | | | SUB | NPIEDE | | | SIM | | | | | |
| | m_EXC3 | Mw[REM] ← PC | | PC | | | | | | | | OP_A | | | SIM | | | | | | |
| | m_EXC4 | REM ← SP - 4 | REG_A | SP | REG | CONST | QUATRO | | | | | SUB | | | | SIM | | | | | |
| | m_EXC5 | Mw[REM] ← TEMP | REG_A | TEMP | REG | | | | | | | OP_A | | | SIM | | | | | | |
| | m_EXC6 | REM ← BTE + 2 * OP_B | REG_A | BTE | REG | EXC | | | | | | ADD_Bx2 | | | | SIM | | | | | |
| | m_EXC7 | PC ← Mw[REM] | | | | | | | | | MEM | | | SIM | | | SALTA | | | | |
| | m_EXC8 | SP ← SP - 4; MPC←MAP[*opcode*] | REG_A | SP | REG | CONST | QUATRO | REG_C | SP | SIM | ALU | SUB | | | | | | | SIM | SIM | SALTA |
| ADDM   [Rd], k | m_ADDM1 | REM ← Rd | RI_7_4 | | REG | | | | | | | OP_A | | | | SIM | | | | | |
| | m_ADDM2 | TEMP ← Mw[REM] | | | | | | REG_C | TEMP | SIM | MEM | | | SIM | | | | | | | |
| | m_ADDM3 | *Não faz nada* (m_NOP) | | | | | | | | | | | | | | | | | | | |
| | m_ADDM4 | TEMP ← TEMP + k | REG_A | TEMP | REG | CONST | E4_16S | REG_C | TEMP | SIM | ALU | ADD | | | | | | | | | |
| | m_ADDM5 | *Não faz nada* (m_NOP) | | | | | | | | | | | | | | | | | | | |
| | m_ADDM6 | Mw[REM] ← TEMP; MPC←MAP[*opcode*] | REG_A | TEMP | REG | | | | | | | OP_A | | | SIM | | | | SIM | SALTA | |
| SUM Rc, [Rs], Rd | m_SUM1 | Rd ← 0 | RI_3_0 | | REG | REG | | RI_3_0 | | SIM | ALU | XOR | | | | | | | | | |
| | m_SUM2 | Rc=0 : MPC←MAP[*opcode*] | RI_11_8 | | REG | | | | | | | OP_A | | | | | | | SIM | SAZ | |
| | m_SUM3 | REM ← Rs | RI_7_4 | | REG | | | | | | | OP_A | | | | SIM | | | | | |
| | m_SUM4 | TEMP ← Mw[REM] | | | | | | REG_C | TEMP | SIM | MEM | | | SIM | | | | | | | |
| | m_SUM5 | Rs ← Rs + 2 | RI_7_4 | | REG | CONST | DOIS | RI_7_4 | | SIM | ALU | ADD | | | | | | | | | |
| | m_SUM6 | Rc ← Rc - 1 | RI_11_8 | | REG | CONST | UM | RI_11_8 | | SIM | ALU | SUB | | | | | | | | | |
| | m_SUM7 | Rd ← Rd + TEMP; MPC ← m_SUM2 | REG_A | TEMP | REG | REG | | RI_3_0 | | SIM | ALU | ADD | | | | | | | | SALTA | m_SUM2 |

■ Executar as microinstruções passo a passo (várias simultaneamente, em regime de *pipelining*), examinando o estado dos recursos de *hardware* após cada ciclo de relógio.

---

### ESSENCIAL

■ O *pipelining* (processamento em estágios) baseia-se na divisão das tarefas a serem efetuadas pelo processador em operações elementares e na execução destas em paralelo, em unidades especializadas (em estágios de evolução diferentes), aumentando o ritmo de execução das instruções;

■ Em termos de *hardware*, a alteração mais significativa é a introdução de registradores, entre partes distintas do Caminho de Dados e da Unidade de Controle, para delimitar os estágios (que no seu conjunto formam uma cadeia linear-*pipeline*). Em cada ciclo de relógio, os valores dos registradores, na entrada de cada estágio, são processados e escritos nos registradores de saída desse estágio;

■ Cada microinstrução passa por todos os estágios, tenha ou não operações a efetuar em cada um deles;

■ Desvios nas instruções ou desvios condicionais nas microinstruções obrigam a esvaziar o *pipeline*, recomeçando o seu enchimento e reduzindo o desempenho;

■ Outro fator de perda de eficiência é a dependência entre instruções. Como uma instrução começa a sua execução antes de a anterior terminar, poderá precisar de um valor que a instrução anterior ainda não produziu (dependência de dados). Nestes casos, atrasa-se o processamento do *pipeline*, introduzindo bolhas de inatividade, ou altera-se a ordem das microconstruções de modo a evitar que microconstruções com dependências estejam contíguas.

---

## 7.4 INTERFACE DE MEMÓRIA

A interface de memória não é detalhada neste livro, porque basicamente é uma máquina de estados complexa, sendo um assunto mais de projeto de sistemas digitais do que de arquitetura de computadores, pelo menos em um nível introdutório.[105] Neste contexto, o importante é a funcionalidade deste módulo e a sua interface com as *caches* (Seção 7.5). A Figura 7.1 mostra a interligação da interface de memória aos módulos restantes do PEPE (*caches* e núcleo). As principais funções da interface de memória são:

■ Implementar a interface de memória descrita na Seção 6.1, incluindo:

- Suporte para endereçamento de *byte*, com o pino BA, e formato *big-endian* (Subseção 6.1.5);

- Acesso à memória principal (sinais RD, WR e WAIT, ciclos de acesso e temporizações, Subseção 6.1.6).

■ Implementar a interface de DMA (que é totalmente transparente para o núcleo do PEPE), de acordo com a Subseção 6.4.2.3, garantindo que nenhum acesso a DMA seja autorizado no meio de uma sequência de vários acessos à memória, correspondentes a uma atualização da *cache*. Durante uma operação de DMA, o núcleo pode mesmo prosseguir o seu processamento interno, desde que as *caches* não precisem acessar a memória principal. Se isso acontecer, os sinais I_OK e D_OK fazem o núcleo esperar até que a transferência de DMA termine, tal como descrito no fim da Subseção 7.2.1.1. Neste contexto, a referência a estes sinais é meramente ilustrativa do que poderá acontecer em um processador mais complexo, uma vez que, por simplicidade, as operações de DMA no PEPE esvaziam ambas as *caches* (Subseção 7.5.7);

■ Arbitrar os acessos à memória principal por parte das *caches* de dados e instruções. A *cache* de dados tem sempre prioridade, pois qualquer falha no acesso à *cache* de dados atrapalha o processador (as instruções já estão em execução).

---

[105] Em um nível mais avançado, as interfaces de memória dão uma contribuição muito relevante para o desempenho do processador, permitindo inclusive vários acessos em execução simultânea, em diversos estágios de evolução.

# 7.5 Caches

## 7.5.1 Princípios de funcionamento das caches

Os registradores constituem os elementos de memória (para armazenamento de dados) de acesso mais rápido que os computadores possuem, sendo acessados em um só ciclo de relógio. A sua capacidade, infelizmente, é extremamente reduzida (na ordem de dezenas de registradores ou no máximo poucas centenas).

A memória principal, externa ao processador, possui uma capacidade muito mais elevada (um computador pessoal atual tem uma memória com uma capacidade na ordem de 8 GBytes e um servidor tem ainda mais), mas em compensação o tempo de acesso é substancialmente superior.[106] Uma vez que a tecnologia de fabricação de circuitos integrados é fundamentalmente a mesma para processadores e para memórias, a lentidão destas em relação aos processadores deve-se basicamente à grande capacidade das memórias, que ligam muitos milhões de células no mesmo barramento, aumentando o tempo necessário para cada *bit* do barramento mudar de valor.

As *caches* (Figura 7.1) são memórias colocadas entre o núcleo do processador e a memória principal, com o objetivo primordial de tornar os acessos à memória, em média, mais rápidos, do ponto de vista do processador. O seu funcionamento baseia-se no **princípio da localidade** dos programas, que estabelece que os programas não acessam a memória (quer de dados, quer de instruções) de forma aleatória, mas antes usam preferencialmente endereços que se situam na proximidade uns dos outros. Este princípio manifesta-se em duas dimensões:

- **Localidade temporal** – Se um endereço foi acessado recentemente, é muito provável que seja acessado novamente no futuro próximo;

- **Localidade espacial** – Se um endereço foi acessado, os endereços que se situam nas proximidades têm mais probabilidades de serem acessados no futuro do que endereços mais afastados.

No fundo, o princípio da localidade não é mais do que o reconhecimento de que um programa acessa as suas variáveis e instruções, e que:

- Os programas geralmente têm *loops*, que executam instruções sequencialmente e repetem instruções, e acessam repetidamente uma ou mais variáveis ou percorrem sequencialmente estruturas de dados, em vez de a instrução seguinte a ser executada ou a variável seguinte a ser acessada ser uma escolhida aleatoriamente dentro de todo o espaço de endereçamento;

- Tanto as variáveis como as instruções são colocadas pelo compilador de forma contígua em memória (ocupando apenas uma fração do espaço de endereçamento) e não uniformemente espalhadas por todo o espaço.

Mesmo dentro de um programa, verifica-se que, em cada instante, ele está trabalhando em uma determinada área e tende mais a evoluir de área de trabalho de forma razoavelmente lenta e localizada do que, em cada instante, mudar aleatoriamente para outra área (embora naturalmente o comportamento específico varie bastante de programa para programa).

A Figura 7.17 ilustra o esquema básico de ligação das *caches* ao processador e à memória, em que:

- O processador se liga apenas à *cache*, e esta é que se liga à memória principal;

- Se a palavra de memória pretendida estiver na *cache* (acesso com sucesso, ou *hit*), a memória principal nem é acessada (pelo menos em leitura, e as leituras são muito mais frequentes do que as escritas);

- Se a palavra pretendida não estiver na *cache* (falha no acesso, ou *miss*), esta faz automaticamente um acesso à memória principal e memoriza essa palavra (que já estará disponível nos próximos acessos), atendendo em seguida o acesso pretendido como se nada tivesse acontecido (apenas o atraso do acesso à memória principal);

- A *cache* tem muito menor capacidade do que a memória principal, mas:

  - O seu conteúdo é estatisticamente mais relevante, isto é, tem apenas as palavras de memória cujo acesso é mais provável no futuro próximo (por terem sido as mais acessadas no passado recente);

  - São de acesso muito mais rápido do que a memória principal, não apenas por serem menores, mas também por usarem uma tecnologia diferente (são memórias estáticas, enquanto a memória principal usa memória dinâmica, que permite uma maior capacidade, mas aumenta os tempos de acesso – Subseção 6.5.2.3).

---

[106]Não é o caso do PEPE, em que se assume que a memória é suficientemente rápida (ou o PEPE suficientemente lento) para os acessos demorarem um ou dois ciclos de relógio. Mas nos processadores comerciais (um Pentium, por exemplo), o tempo de acesso a uma palavra de memória pode ser várias vezes superior ao tempo de acesso a um registrador (Subseção 6.5.2.3).

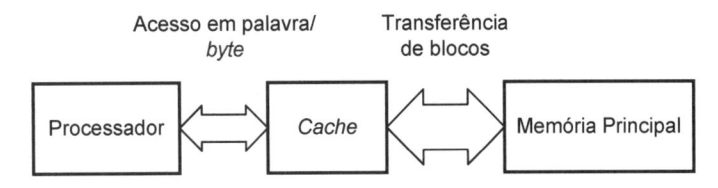

**Fig. 7.17 – Esquema básico de ligação das *caches***

Ter *cache* é até pior que não ter *cache*, quando a palavra pretendida não está na *cache* pois, além do tempo de acesso à memória, ainda se tem o tempo de memorizar essa palavra na *cache*. No entanto, é um investimento para os próximos acessos, em que a palavra já estará memorizada na *cache* e se poupará o acesso à memória.

Verifica-se, na prática, que a **taxa de sucesso** (*hit ratio*), ou a percentagem de vezes que a palavra pretendida já está na *cache* em relação ao número total de acessos, se situa normalmente acima dos 95%. Também é usual usar o termo complementar, **taxa de insucesso** (*miss ratio*), que estabelece a percentagem média de vezes em que a palavra pretendida não está na *cache*.

Assumindo este valor para a taxa de sucesso (Ts) e que os tempos de acesso à memória principal (Tm) e à *cache* (Tc) são 50 ns e 5 ns, respectivamente, o tempo de acesso (Ta) que o processador experimenta, em média, é dado por:

```
Ta = Ts × Tc + (1 − Ts) × (Tm + Tc) = Tc + (1 − Ts) × Tm = 5 + 0,05 × 50 = 7,5 ns
```

Ou seja, apenas 15% dos 50 ns que todos os acessos à memória demorariam, se não houvesse *cache* (ou cerca de 6,7 vezes mais rápido). Portanto, e apesar de em alguns acessos demorar mais tempo (55 ns em vez de 50 ns), em média há grande vantagem em usar uma *cache*.

Na prática, aposta-se ainda mais na antecipação e, quando o acesso a uma palavra falha, acessa-se na memória, não apenas essa palavra, mas também as suas vizinhas (em endereços adjacentes), em um conjunto denominado **bloco**, considerando que, se uma palavra foi acessada, é muito provável que as suas vizinhas (companheiras do mesmo bloco) sejam também acessadas no futuro próximo.

A utilização de blocos em vez de palavras individuais tem as seguintes vantagens:

- Aumento da taxa de sucesso (*hit ratio*), através da antecipação (apostando no princípio da localidade);

- Redução do ônus por insucesso, aproveitando o modo de rajada das memórias dinâmicas (Subseção 6.5.2.3), em que o segundo acesso e os seguintes são muito mais rápidos do que o primeiro;

- Redução da informação de gerenciamento da *cache* para uma determinada capacidade, pois essa informação é necessária apenas para cada bloco e não para cada palavra individual.

O endereço de base do bloco está sempre alinhado com a dimensão em elementos endereçáveis do bloco. Ou seja, com endereçamento de *byte*, é sempre um múltiplo do produto do número de palavras de um bloco pelo número de *bytes* de cada palavra.

Por exemplo, se uma *cache* do PEPE tiver blocos de 4 palavras (de 16 bits), então cada bloco tem 8 bytes e os endereços de base dos blocos têm de terminar em 0 ou em 8. A execução da instrução MOV R1, [R2], em que R2=3C2AH, fará com que todo o bloco com as palavras nos endereços 3C28H, 3C2AH, 3C2CH, e 3C2EH seja carregado na *cache*. Enquanto este bloco permanecer na *cache*, qualquer acesso a estas palavras terá sucesso (*hit*).

Blocos grandes permitem aproveitar melhor a localidade espacial e minimizar os insucessos (*misses*) nos acessos, mas se o seu número for pequeno (depende da capacidade da *cache*), podem não conseguir cobrir o espectro de acessos do processador e a taxa de insucesso (*miss ratio*) volta a aumentar. Os valores típicos de tamanho de bloco situam-se entre 8 e 128 bytes.

## 7.5.2 Organização das *caches*

### 7.5.2.1 Princípios da organização

Na memória principal, para acessar uma palavra basta indicar o seu endereço. Uma *cache* memoriza apenas algumas palavras (as mais acessadas), cujos endereços não são necessariamente contíguos (normalmente não são, pelo menos entre blocos), portanto é preciso implementar um mapeamento entre os endereços das palavras na memória principal e a sua localização na *cache* (naturalmente, apenas para as palavras que estão lá).

Primeiro de tudo, a unidade básica de trabalho da *cache* é o bloco. Basta acessar um *byte* de um bloco para todos os *bytes* desse bloco terem de ser carregados na *cache*. Como funcionam todos de forma solidária, a *cache* só tem de se preocupar com o geren-

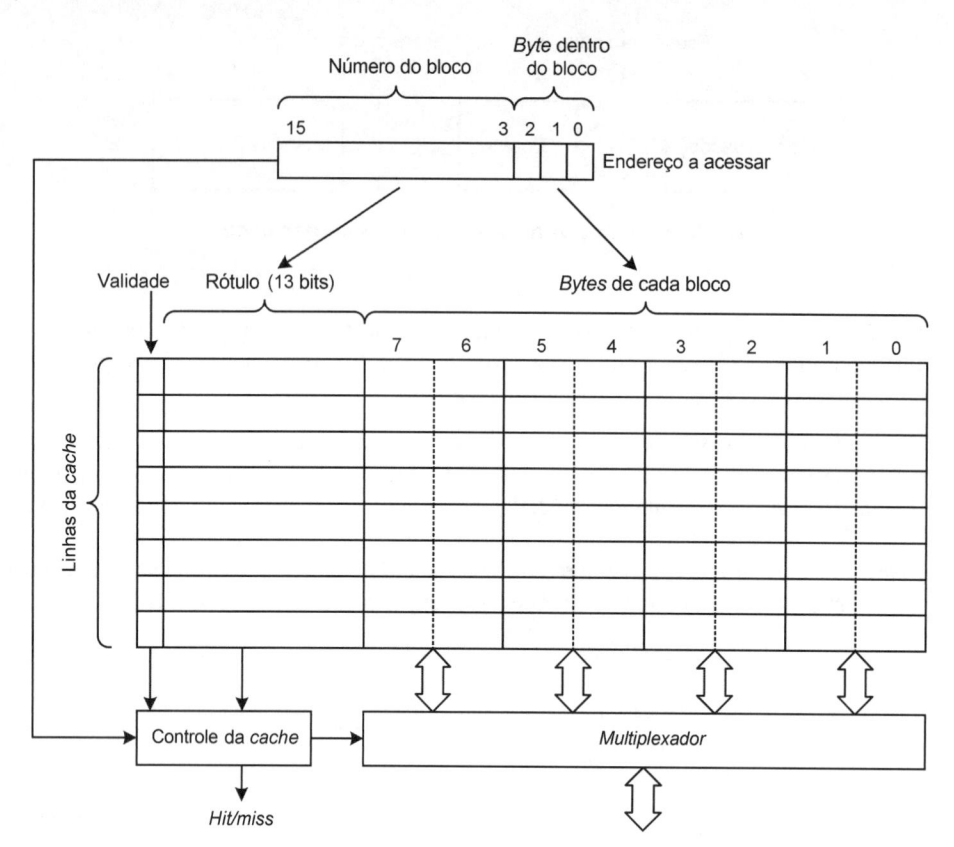

**Fig. 7.18 – Organização básica de uma *cache***

ciamento do endereço de base (o do primeiro *byte*) de cada bloco, pois sabe que os outros estão colocados de forma contígua, quer na *cache* quer na memória principal.

Uma *cache* é basicamente uma memória com espaço para N blocos, mas que, além de memorizar cada bloco, também tem de memorizar o endereço de base desse bloco, pois cada posição disponível pode ser ocupada por muitos dos blocos da memória principal e é preciso saber qual está lá em cada momento.

Fazendo uma analogia, é como se a *cache* fosse um estacionamento com N vagas, em que cada vaga pudesse ser ocupada por um dos muitos veículos existentes, e o guardador do estacionamento mantivesse um registro de que veículo está estacionado em qual vaga do estacionamento.

A organização básica de uma *cache* está representada na Figura 7.18. Cada posição de um bloco é denominada **linha da *cache***, devido à organização gráfica, e inclui, além do bloco propriamente dito, um **rótulo** (que contém o endereço de base do bloco) e um *bit* de **validade**, que indica se a linha correspondente tem conteúdo válido ou está vazia. Neste exemplo, a *cache* tem capacidade para 8 blocos (cada um com 4 palavras de 2 bytes) e o rótulo são 13 bits, pois os endereços são de 16 bits e cada bloco tem 8 bytes (precisando de 3 bits para identificar cada *byte*), mas estes números são facilmente extrapoláveis para outras situações.

Quando o processador acessa um determinado endereço na memória, na prática o faz na *cache* (Figura 7.17), que verifica se o *byte*/palavra (depende do modo de acesso) acessado está carregado (*hit*) ou não (*miss*). Neste último caso, tem de ir buscar na memória todo o bloco a que o endereço acessado pertence.

Para saber se o acesso tem sucesso ou não (*hit* ou *miss*), a unidade interna de controle da *cache* separa os *bits* menos significativos do endereço acessado (neste caso, 3 bits), que só são necessários para efetuar o acesso dentro do bloco, e usa os *bits* restantes (número do bloco) para procurar o bloco acessado dentro das várias linhas da *cache*, comparando com o número de cada bloco, armazenado no rótulo de cada linha (ignorando as que têm o *bit* de validade inativo).

Se a *cache* encontrar um rótulo igual aos 13 bits mais significativos do endereço a ser acessado, é só usar os 3 bits menos significativos do endereço para acabar o acesso, dentro do bloco, utilizando um multiplexador para selecionar a informação pretendida. Se não encontrar, lê o bloco da memória principal para uma linha da *cache*, ativa o *bit* de validade e preenche o rótulo com o número desse bloco. Dependendo do tipo de *cache*, a linha a ser usada pode depender do endereço a ser acessado ou ser uma das que estiverem livres (se a *cache* tiver todas as linhas ocupadas, tem de liberar uma e preenchê-la com a informação do bloco acessado).

> **NOTA**
>
> O acesso, visto pelo processador, demora mais tempo se houver uma falha (*miss*), mas não tanto mais que se justifique dar outras tarefas ao processador enquanto espera que o acesso se complete. O gerenciamento da *cache* é feito automaticamente pelo seu circuito de controle, em *hardware* e da forma mais rápida possível, portanto a melhor solução é o processador parar tudo até o controle da *cache* indicar que o acesso está pronto.

O mecanismo é semelhante ao já descrito para o sinal `WAIT` (Subseção 6.1.6.4) e implica atuar no nível da unidade de controle, por exemplo, impedindo o relógio de atuar sobre o `MPC` ou introduzindo estados de espera, normalmente denominados **bolhas** (Subseção 7.3.1).

Os detalhes completos da implementação do PEPE neste nível não são descritos neste livro, por ultrapassarem o nível da arquitetura, sendo uma questão de projeto de um sistema digital complexo.

A existência do rótulo é fundamental para a *cache* conseguir fazer o mapeamento entre um bloco da memória e a linha em que este se encontra armazenado. Há três tipos básicos de mapeamento: direto, associativo e associativo por conjuntos.

### 7.5.2.2 Mapeamento direto

O **mapeamento direto** é a forma mais simples de determinar onde um determinado bloco se encontra armazenado na *cache*, dado o endereço de base desse bloco, tal como ilustrado pela Figura 7.19. Usa-se simplesmente o resto da divisão do número do bloco (endereço de base sem os *bits* que identificam o *byte* dentro do bloco) pelo número de linhas da *cache* ou, dito de outra forma, os P bits menos significativos do número do bloco (no seu conjunto designados **índice**), em que o número de linhas da *cache* é $2^P$. Neste exemplo, como a *cache* tem 8 linhas, o índice tem 3 bits. O rótulo tem de continuar a existir (agora reduzido a 10 bits), pois vários blocos podem estar mapeados na mesma linha da *cache*. O índice não tem que ser guardado no rótulo porque é derivado do endereço a acessar e é sempre o mesmo para uma determinada linha da *cache*.

Para o controle da *cache* verificar se um determinado bloco está carregado, basta usar os *bits* de índice retirados do endereço para indexar a *cache* e obter a linha (para o que se pode usar um simples decodificador 1-de-N – Subseção 2.5.3), verificar se o respectivo *bit* de validade está ativo e comparar o rótulo dessa linha com o resto do número do bloco (sem os *bits* do índice). Não é preciso lidar com nenhuma outra linha da *cache*, pois este bloco só poderia estar nesta linha (que é a que tem o mesmo índice).

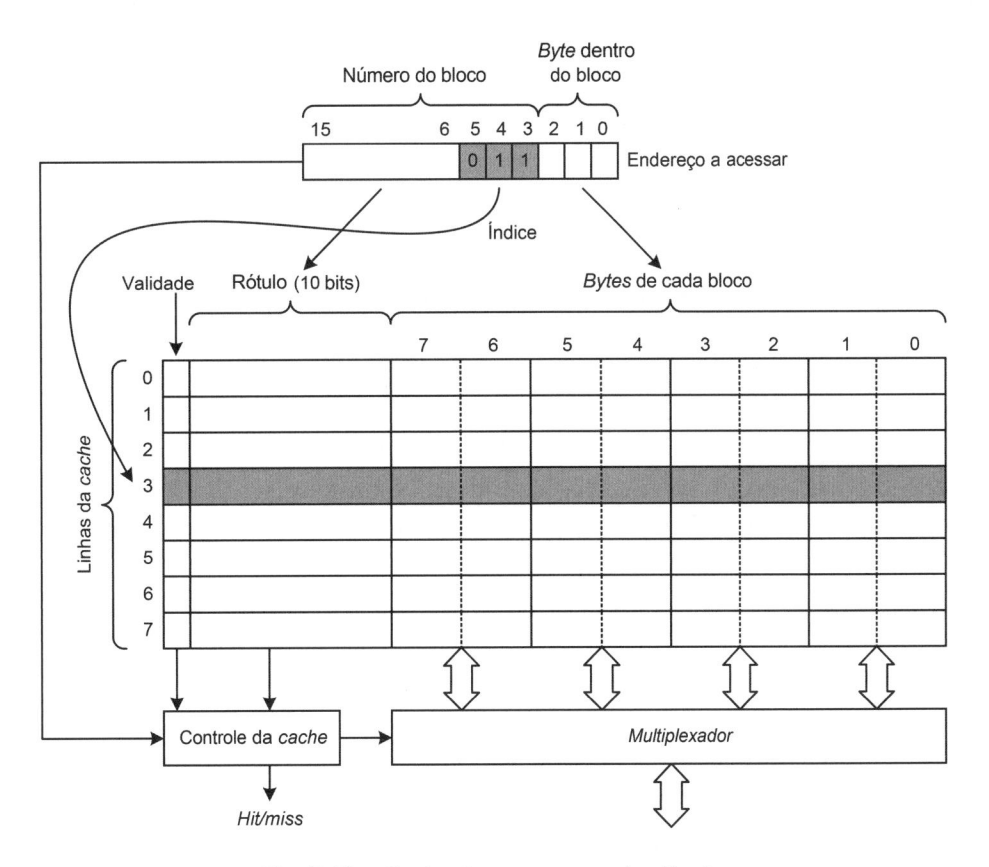

**Fig. 7.19 – *Cache* de mapeamento direto**

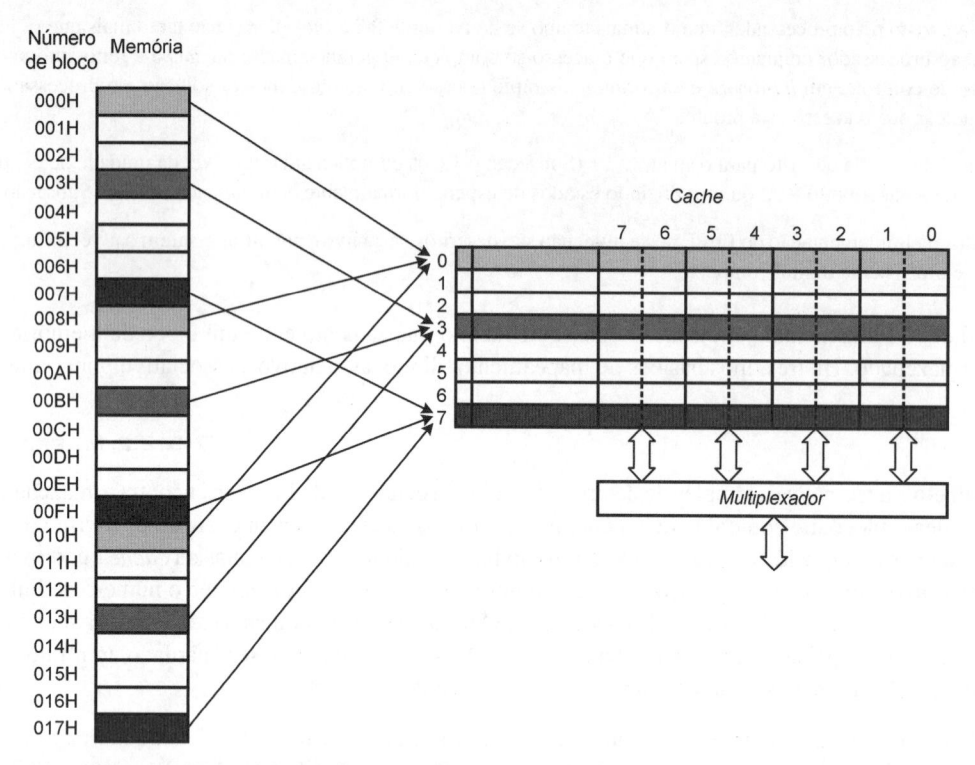

**Fig. 7.20 – Mapeamento dos blocos na *cache* no mapeamento direto. Nesta figura, os elementos de memória representados são blocos e não células individuais**

No entanto, a simplicidade deste mapeamento é também a sua limitação. Um determinado bloco só pode ser armazenado em uma linha específica da *cache* (a indicada pelo índice do endereço), o que significa que todos os blocos cujos números tenham o mesmo índice são mapeados na mesma linha (Figura 7.20) e simplesmente não podem estar carregados ao mesmo tempo na *cache*, mesmo que mais nenhuma linha esteja ocupada! Estatisticamente os blocos irão se distribuir pelas várias linhas, mas poderá haver linhas não ocupadas enquanto outras serão disputadas por blocos a que o processador está acessando, reduzindo os benefícios da *cache* e o desempenho do processador.

A Tabela 7.15 ilustra o funcionamento de uma *cache* de mapeamento direto, com 8 blocos de 8 bytes (4 palavras de 16 bits cada). A sequência de acessos representada é apenas um exemplo, pois depende do comportamento do programa. Observe que:

- Neste caso, o número de bloco é igual ao endereço a ser dividido por 8 (sem os 3 bits menos significativos), tal como indicado na Figura 7.19;

- Há acessos a endereços diferentes que pertencem ao mesmo bloco (diferem apenas nos 3 bits menos significativos) e há acessos em *byte* (endereços pares e ímpares) e em palavra (endereços pares). Do ponto de vista da *cache*, só interessa o bloco a que pertencem, pois um bloco ou está na *cache* (e então todos os seus 8 bytes estão disponíveis) ou não está (e nenhum dos seus 8 bytes está lá);

- Como os acessos em palavra (16 bits) têm de ser alinhados (endereço par), não há o risco de um acesso envolver dois blocos (último *byte* de um bloco e primeiro *byte* do seguinte);

- Por simplicidade, a Tabela 7.15 representa apenas os rótulos da *cache*, mas a cada um estará associado um bloco de dados (8 bytes, neste exemplo). Nos rótulos, a tabela representa o número do bloco, para ser mais claro, mas na realidade o que é memorizado é apenas os *bits* do número do bloco à esquerda dos *bits* do índice (Figura 7.19);

- A *cache* começa inicialmente vazia, mas vai sendo preenchida. A quantidade de falhas (*misses*) é muito mais elevada do que uma situação normal e estável de um programa já carregado em memória, o que é típico de um programa que começou a sua execução e cujos blocos ainda estão sendo acessados pela primeira vez;

- Alguns blocos têm de ser substituídos, não pelo fato de a *cache* estar cheia, mas devido ao mecanismo do mapeamento direto, que mapeia todos os blocos de 8 em 8 na mesma linha da *cache*, e destes só um pode estar lá em cada instante.

**Tabela 7.15 – Exemplo de evolução do estado de uma *cache* de mapeamento direto. Os blocos acessados estão representados em cinza, e os alterados, em negrito. As células em branco representam as linhas vazias da *cache* (*bit* de validade inativo)**

| Acesso Feito | | | Hit ou Miss | Número do bloco memorizado em cada linha da *cache* | | | | | | | |
|---|---|---|---|---|---|---|---|---|---|---|---|
| Endereço | Tipo | Nº do Bloco | | 0 | 1 | 2 | 3 | 4 | 5 | 6 | 7 |
| 32H | Palavra | 06H | miss | | | | | | | **06H** | |
| 6CH | Palavra | 0DH | miss | | | | | | **0DH** | 06H | |
| 35H | Byte | 06H | hit | | | | | | 0DH | 06H | |
| 208H | Palavra | 41H | miss | | **41H** | | | | 0DH | 06H | |
| 2DCH | Byte | 7BH | miss | | 41H | | **7BH** | | 0DH | 06H | |
| 20AH | Palavra | 41H | hit | | 41H | | 7BH | | 0DH | 06H | |
| 2B0H | Palavra | 56H | miss | | 41H | | 7BH | | 0DH | **56H** | |
| 6CH | Palavra | 0DH | hit | | 41H | | 7BH | | 0DH | 56H | |
| 36H | Byte | 06H | miss | | 41H | | 7BH | | 0DH | **06H** | |
| 14AH | Palavra | 29H | miss | | **29H** | | 7BH | | 0DH | 06H | |
| 2F0H | Palavra | 5EH | miss | | 29H | | 7BH | | 0DH | **5EH** | |
| 2B0H | Byte | 56H | miss | | 29H | | 7BH | | 0DH | **56H** | |
| 6EH | Palavra | 0DH | hit | | 29H | | 7BH | | 0DH | 56H | |
| 2B5H | Byte | 56H | hit | | 29H | | 7BH | | 0DH | 56H | |
| 20AH | Palavra | 41H | miss | | **41H** | | 7BH | | 0DH | 56H | |
| 32H | Palavra | 06H | miss | | 41H | | 7BH | | 0DH | **06H** | |
| 184H | Palavra | 30H | miss | **30H** | 41H | | 7BH | | 0DH | 06H | |
| 218H | Palavra | 43H | miss | 30H | 41H | | **43H** | | 0DH | 06H | |

### 7.5.2.3 Mapeamento associativo

O **mapeamento associativo** tenta resolver este problema, deixando qualquer bloco ser mapeado em alguma linha da *cache*. Desta forma, uma linha só precisa ser substituída por outra se a *cache* ficar cheia (todas as linhas usadas), independentemente dos números dos blocos que o processador acessar. As consequências fundamentais são as seguintes:

- O rótulo tem de ter todos os *bits* do número do bloco, pois já não há relação entre nenhuma parte do número do bloco e a sua posição na *cache*;

- O número do bloco a ser acessado tem de ser comparado com todos os rótulos ao mesmo tempo, pois o acesso tem de ser muito rápido e as procuras sequenciais demoram tempo.

A Figura 7.21 ilustra este aspecto, com ligações diretas de todos os rótulos ao controle da *cache*, em que, para cada linha, existe um comparador do rótulo com o número do bloco que o processador quer acessar.

A quantidade de *hardware* necessária para efetuar todas estas comparações simultaneamente é considerável, o que na prática limita a capacidade (em linhas) das *caches* associativas.

A Tabela 7.16 ilustra o funcionamento de uma *cache* de mapeamento associativo, com 8 blocos de 8 bytes (4 palavras de 16 bits cada). Pode ser confrontada com a Tabela 7.15, para comparação com o funcionamento das *caches* de mapeamento direto, pois a sequência de endereços acessados é igual.

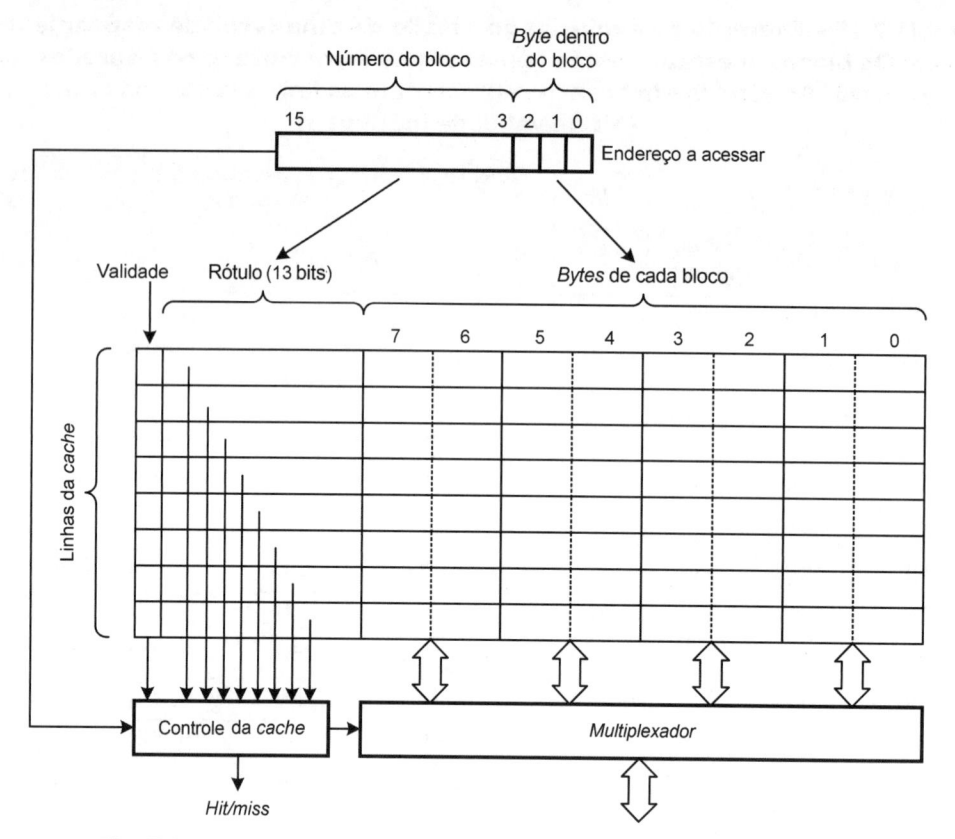

**Fig. 7.21 – Estrutura de uma cache com mapeamento associativo**

Observe que:

- As linhas normalmente são preenchidas em ordem sequencial e o número de linha não tem relação com o número do bloco;

- Um bloco só sai da *cache* para ser substituído por outro, depois de a *cache* encher. Foi o que aconteceu ao bloco 06H, no último acesso, pois já não havia nenhuma linha livre;

- Na Tabela 7.15, há cinco *hits* (acesso em que o bloco já está na *cache*). Na Tabela 7.16, para a mesma sequência de acessos, há nove *hits*, o que ilustra a vantagem das *caches* associativas. Na Tabela 7.15, estes quatro *hits* a menos resultam do fato de alguns blocos, que já estavam na *cache* terem sido substituídos por outros mapeados nas mesmas linhas da *cache*, apesar de haver três linhas da *cache* que nunca foram usadas, ao contrário da *cache* associativa, que usa todas as linhas disponíveis e assim aproveita melhor a capacidade da *cache*. A desvantagem das *caches* associativas é a quantidade de *hardware* de que necessitam.

### 7.5.2.4 MAPEAMENTO ASSOCIATIVO POR CONJUNTOS

Uma solução intermediária, mais flexível do que o mapeamento direto, porém fácil de implementar, é usar K *caches* de mapeamento direto e fazer a procura em todas elas em paralelo. Esta solução é denominada **mapeamento associativo por conjuntos de K vias** e está ilustrada na Figura 7.22.

Cada uma das *caches* é chamada de **via**, e cada linha, englobando todas as vias, é chamada de **conjunto**. O índice no endereço a ser acessado identifica o conjunto. A palavra pretendida, se estiver na *cache*, estará nesse conjunto, em uma das vias. A procura em todas as vias de um determinado conjunto é simultânea, pois estas são gerenciadas de forma associativa.

Neste exemplo, duplica-se o *hardware* de gerenciamento de cada linha, mas em compensação garante-se que dois blocos que sejam mapeados na mesma linha possam coexistir na *cache*. Se, por exemplo, se quiser admitir quatro blocos com o mesmo índice ao mesmo tempo na *cache*, esta tem de ter quatro vias.

Uma *cache* de uma só via é uma *cache* de mapeamento direto. Uma *cache* com tantas vias como blocos é totalmente associativa. Entre elas, há várias hipóteses de combinação entre mapeamento direto e totalmente associativo, mantendo constante a capacidade total da *cache* em blocos (usar uma *cache* com mais vias não implica necessariamente aumentar a capacidade total da *cache*). A Figura 7.23 ilustra as variantes possíveis com oito blocos (por simplicidade, apenas os rótulos estão representados), desde uma *cache* simples de mapeamento direto até uma de oito vias, totalmente associativa.

**Tabela 7.16 – Exemplo de evolução do estado de uma *cache* de mapeamento associativo. Os blocos acessados estão representados em cinza, e os alterados, em negrito. As células em branco representam as linhas vazias da *cache* (*bit* de validade inativo)**

| ACESSO FEITO | | | HIT OU MISS | NÚMERO DO BLOCO MEMORIZADO EM CADA LINHA DA *CACHE* | | | | | | | |
|---|---|---|---|---|---|---|---|---|---|---|---|
| ENDEREÇO | TIPO | Nº DO BLOCO | | 0 | 1 | 2 | 3 | 4 | 5 | 6 | 7 |
| 32H | Palavra | 06H | *miss* | **06H** | | | | | | | |
| 6CH | Palavra | 0DH | *miss* | 06H | **0DH** | | | | | | |
| 35H | *Byte* | 06H | *hit* | 06H | 0DH | | | | | | |
| 208H | Palavra | 41H | *miss* | 06H | 0DH | **41H** | | | | | |
| 2DCH | *Byte* | 7BH | *miss* | 06H | 0DH | 41H | **7BH** | | | | |
| 20AH | Palavra | 41H | *hit* | 06H | 0DH | 41H | 7BH | | | | |
| 2B0H | Palavra | 56H | *miss* | 06H | 0DH | 41H | 7BH | **56H** | | | |
| 6CH | Palavra | 0DH | *hit* | 06H | 0DH | 41H | 7BH | 56H | | | |
| 36H | *Byte* | 06H | *hit* | 06H | 0DH | 41H | 7BH | 56H | | | |
| 14AH | Palavra | 29H | *miss* | 06H | 0DH | 41H | 7BH | 56H | **29H** | | |
| 2F0H | Palavra | 5EH | *miss* | 06H | 0DH | 41H | 7BH | 56H | 29H | **5EH** | |
| 2B0H | *Byte* | 56H | *hit* | 06H | 0DH | 41H | 7BH | 56H | 29H | 5EH | |
| 6EH | Palavra | 0DH | *hit* | 06H | 0DH | 41H | 7BH | 56H | 29H | 5EH | |
| 2B5H | *Byte* | 56H | *hit* | 06H | 0DH | 41H | 7BH | 56H | 29H | 5EH | |
| 20AH | Palavra | 41H | *hit* | 06H | 0DH | 41H | 7BH | 56H | 29H | 5EH | |
| 32H | Palavra | 06H | *hit* | 06H | 0DH | 41H | 7BH | 56H | 29H | 5EH | |
| 184H | Palavra | 30H | *miss* | 06H | 0DH | 41H | 7BH | 56H | 29H | 5EH | **30H** |
| 218H | Palavra | 43H | *miss* | **43H** | 0DH | 41H | 43H | 56H | 29H | 5EH | 30H |

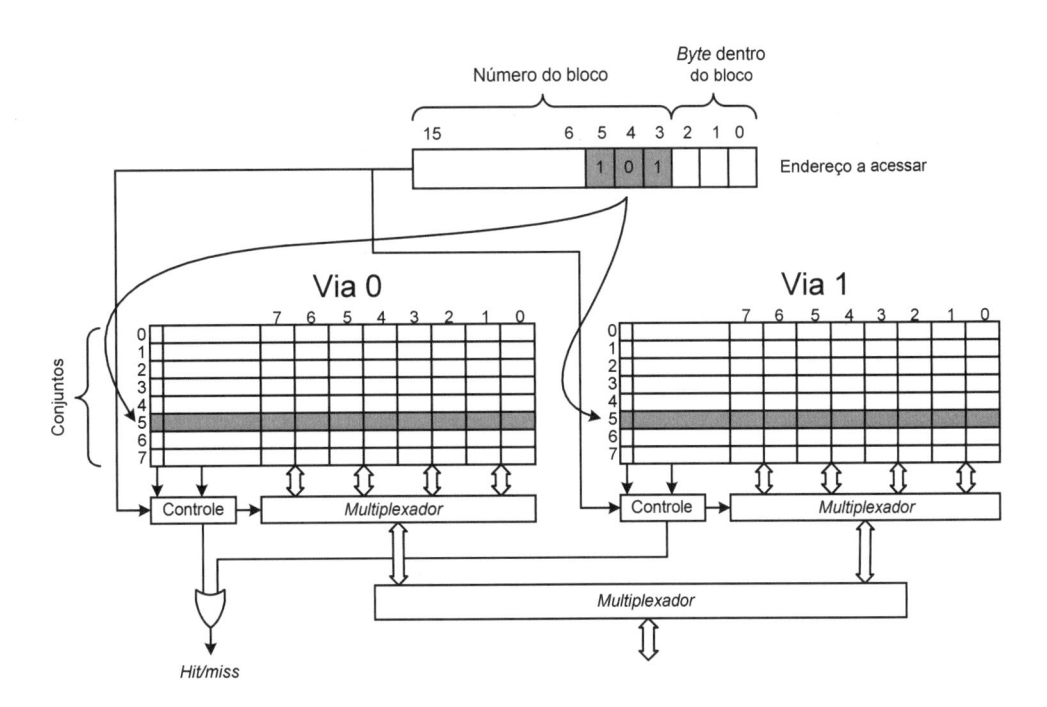

**Fig. 7.22 – *Cache* de mapeamento associativo de duas vias. Consiste em duas *caches* de mapeamento direto, com procura simultânea (associativa) nas duas *caches***

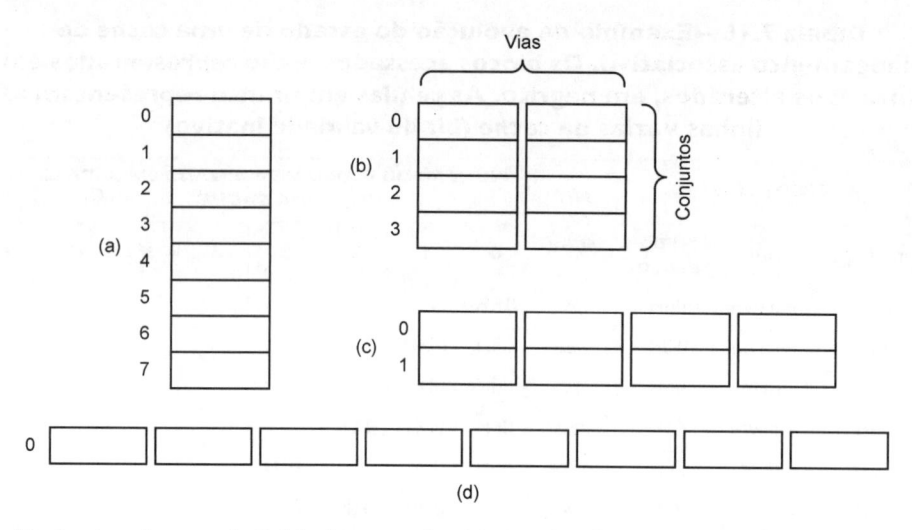

**Fig. 7.23 – Variantes da associatividade com oito blocos (estão representados apenas os rótulos).**
**(a) – Mapeamento direto (só uma via); (b) – Mapeamento associativo com duas vias;**
**(c) – Mapeamento associativo com quatro vias; (d) – Mapeamento totalmente associativo (um só conjunto)**

**Tabela 7.17– Exemplo de evolução do estado de uma *cache* de mapeamento associativo de duas vias. Os blocos acessados estão representados em cinza, e os alterados, em negrito. As células em branco representam as linhas vazias da *cache* (*bit* de validade inativo)**

| ACESSO FEITO | | | HIT OU MISS | NÚMERO DO BLOCO MEMORIZADO EM CADA LINHA DA *CACHE* | | | | | | | |
|---|---|---|---|---|---|---|---|---|---|---|---|
| | | | | VIA 0 | | | | VIA 1 | | | |
| ENDEREÇO | TIPO | Nº DO BLOCO | | 0 | 1 | 2 | 3 | 0 | 1 | 2 | 3 |
| 32H | Palavra | 06H | *miss* | | | **06H** | | | | | |
| 6CH | Palavra | 0DH | *miss* | | **0DH** | 06H | | | | | |
| 35H | *Byte* | 06H | *hit* | | 0DH | 06H | | | | | |
| 208H | Palavra | 41H | *miss* | | 0DH | 06H | | | **41H** | | |
| 2DCH | *Byte* | 7BH | *miss* | | 0DH | 06H | **7BH** | | 41H | | |
| 20AH | Palavra | 41H | *hit* | | 0DH | 06H | 7BH | | 41H | | |
| 2B0H | Palavra | 56H | *miss* | | 0DH | 06H | 7BH | | 41H | **56H** | |
| 6CH | Palavra | 0DH | *hit* | | 0DH | 06H | 7BH | | 41H | 56H | |
| 36H | *Byte* | 06H | *hit* | | 0DH | 06H | 7BH | | 41H | 56H | |
| 14AH | Palavra | 29H | *miss* | | **29H** | 06H | 7BH | | 41H | 56H | |
| 2F0H | Palavra | 5EH | *miss* | | 29H | **5EH** | 7BH | | 41H | 56H | |
| 2B0H | *Byte* | 56H | *hit* | | 29H | 5EH | 7BH | | 41H | 56H | |
| 6EH | Palavra | 0DH | *miss* | | 29H | 5EH | 7BH | | **0DH** | 56H | |
| 2B5H | *Byte* | 56H | *hit* | | 29H | 5EH | 7BH | | 0DH | 56H | |
| 20AH | Palavra | 41H | *miss* | | **41H** | 5EH | 7BH | | 0DH | 56H | |
| 32H | Palavra | 06H | *miss* | | 41H | 5EH | 7BH | | 0DH | **06H** | |
| 184H | Palavra | 30H | *miss* | **30H** | 41H | 5EH | 7BH | | 0DH | 06H | |
| 218H | Palavra | 43H | *miss* | | 41H | 5EH | 7BH | | 0DH | 06H | **43H** |

A Tabela 7.17 ilustra o funcionamento de uma *cache* de mapeamento associativo de duas vias, com 8 blocos de 8 bytes (4 palavras de 16 bits cada). Pode ser confrontada com a Tabela 7.15 e com a Tabela 7.16, para comparação com o funcionamento das *caches* de mapeamento direto e totalmente associativo, pois a sequência de endereços acessados é igual.

Observe que:

- Em cada conjunto, um bloco novo é escrito sequencialmente em cada via (com duas, equivale a alternadamente);

- Apesar da existência de duas vias permitir a dois blocos com o mesmo índice coexistirem na *cache*, ainda se notam algumas saídas e reentradas de blocos, por existirem mais de dois blocos com o mesmo índice. Quando um bloco volta a entrar, pode não ir para a mesma via, tal como ilustrado pelos blocos 06H e 0DH;

- Com a mesma sequência de acessos que nos casos anteriores, esta *cache* tem seis *hits* enquanto a *cache* de mapeamento direto tem cinco e a *cache* de mapeamento associativo tem nove, o que reflete alguma melhoria devido à introdução de mais *hardware*, sem o desempenho da *cache* associativa, mas também sem todo o *hardware* correspondente. Também se nota um melhor aproveitamento das linhas da *cache* em relação à *cache* de mapeamento direto (só há quatro índices diferentes em vez de oito, portanto a probabilidade de acessar um bloco com um determinado índice é maior), mas pior do que o da *cache* totalmente associativa;

- Este exemplo é muito simples e totalmente inútil em termos estatísticos, destinando-se apenas a ilustrar o funcionamento. Na prática, os benefícios (em termos de taxa de insucesso, ou *miss ratio*) de ter duas vias, em relação às *caches* de mapeamento direto, situam-se na ordem dos 25%, enquanto a passagem para quatro vias contribui com menos de 10% e acima disto ainda menos. Quanto mais vias houver, menos conflitos haverá no posicionamento de blocos na *cache*, mas também mais complexo será o *hardware* necessário e cada vez compensará menos. As *caches* dos processadores comerciais tendem assim a limitar o número de vias a 4, 8 ou 16.

### 7.5.3 Políticas de substituição de blocos

Quando se faz um acesso a um bloco que não está carregado na *cache*, é provável que todas as linhas em que o novo bloco podia ser carregado já estejam ocupadas. Quando isso acontece, para o novo bloco ser carregado, outro tem de sair. Qual deles?

No mapeamento direto só há uma linha possível (a do índice que corresponde ao bloco), portanto a resposta é óbvia, mas no mapeamento associativo qualquer uma serve, e no mapeamento associativo com K vias há K hipóteses de escolha, tornando-se necessário definir uma **política de substituição** de blocos.

Nas Tabelas 7.16 e 7.17 em que há escolha de onde colocar o novo bloco, assumiu-se que os novos blocos eram colocados na via seguinte à do último bloco carregado (considerando a *cache* totalmente associativa como tendo um só conjunto com N vias), dando a volta quando chega à última via. É uma forma de ir distribuindo os blocos pela *cache*, mas não leva em conta o grau de utilização dos blocos, portanto se pode substituir um bloco muito usado (que previsivelmente provocará um *miss* logo a seguir, o que pode ser visto na Tabela 7.17 com os blocos 06H e 0DH) em vez de outro raramente acessado (e que, portanto, não fará tanta falta).

As hipóteses mais comuns da política de substituição são as seguintes:

- FIFO (*First In, First Out*), ou **sequencial** – É a utilizada nas tabelas anteriores, pela sua simplicidade. O bloco que está há mais tempo na *cache* (o primeiro a ser carregado) é o primeiro a sair;

- LRU (*Least Recently Used*), **Usado Menos Recentemente** – O bloco a ser substituído é o que está há mais tempo sem ser usado, o que, atendendo ao princípio da localidade, dá uma medida indireta do seu grau de utilização e, por conseguinte, da sua necessidade de estar na *cache*. Uma implementação rigorosa desta política precisaria de um temporizador para cada bloco, o que é inviável. Por isso são adotadas aproximações mais simples, que envolvem associar, a cada bloco de um conjunto, um contador (com $\log_2 K$ bits, em que K é o número de vias) ao qual é atribuído zero, quando um bloco é acessado ou carregado de novo (bloco jovem), enquanto os contadores dos blocos restantes desse conjunto são incrementados (blocos ficam mais velhos). É possível demonstrar que todos os contadores de um mesmo conjunto têm valores diferentes e, quando for necessário substituir um bloco, usa-se aquele cujo contador tem o maior valor (o acessado menos recentemente). Há ainda abordagens mais simples, envolvendo *bits* individuais que distinguem qual das metades do conjunto é mais velha (foi acessada há mais tempo), dentro de cada metade qual é a submetade mais velha e assim sucessivamente até se distinguir um dos blocos;

- **Aleatório** (*Random*) – O bloco a ser substituído é qualquer um do conjunto, selecionado de forma aleatória. Embora pareça uma escolha pouco científica, o fato é que, em média, é pouco pior do que a política LRU e é muito fácil de implementar, em particular com mais de quatro ou oito vias de associatividade, que normalmente é o limite prático de implementação da LRU.

## 7.5.4 Políticas de escrita nas *caches*

O que foi dito até aqui sobre as *caches* aplica-se basicamente aos acessos em leitura (incluindo buscas de instruções) que, aliás, são os mais frequentes. A escrita nas *caches* envolve o desafio adicional de manter a consistência entre a cópia de um bloco na *cache* e o original na memória principal, havendo duas políticas básicas:

- **Write-through** (escrita direta) – O valor é sempre escrito imediatamente na memória principal, ignorando a *cache*. Se o bloco em questão está carregado na *cache*, atualiza o valor também na *cache*. Se não estiver, há a hipótese de nem carregá-lo ou carregar a versão atualizada com o valor escrito. Nesta política nunca há inconsistência entre as versões de um bloco na *cache* e na memória principal;

- **Write-back** (escrita atrasada) – A escrita é feita apenas na cópia do bloco na *cache* (esse bloco tem de ser carregado caso não esteja lá) e esse bloco só é atualizado na memória principal quando esse bloco tiver de sair da *cache* (em função de o espaço ser necessário para outro bloco, por exemplo).

A política de *write-back* é mais complexa de implementar, mas a *write-through* tem grandes problemas de desempenho, pois cada escrita na memória principal é muito lenta. Uma escrita de uma só palavra na memória principal pode demorar muitos ciclos de relógio, durante os quais o processador terá de ficar bloqueado à espera que o acesso em escrita se complete.

Para evitar isto, usa-se normalmente um recurso denominado **write buffer** (*buffer* de escrita), uma pequena área de memória interna à *cache*, do tamanho de uma palavra. Depois de o processador escrever a palavra no bloco da *cache* com *write-through* e no *write buffer*, pode imediatamente prosseguir, enquanto a *cache* se encarrega de autonomamente escrever a palavra do *write buffer* na memória principal. Uma vez que esta escrita esteja terminada, o *write buffer* é liberado. É normal este *buffer* ser uma fila de espera, e não uma simples palavra, para a *cache* não bloquear em eventuais escritas do processador, efetuadas logo a seguir à primeira.

Na política de *write-back*, todos os acessos em escrita são feitos na *cache*, muito mais rápida do que a memória principal. A escrita de um bloco só é feita uma vez e pode utilizar o modo de rajada das RAMs (Subseção 6.5.2.3) em vez de acessos individuais, o que também é muito mais rápido.

A implementação da política de *write-back* considera que, além do *bit* de validade, cada linha da *cache* tem associado um *bit* de "sujeira" (*dirty bit*), que recebe 1 em todas as escritas no bloco carregado nessa linha. Quando um bloco tem de sair da *cache*, só precisa atualizar a memória caso o bloco tenha sido alterado, ou seja, se o seu *dirty bit* estiver com 1. Se este *bit* estiver com 0, basta substituir o bloco por outro, pois a memória contém o bloco original, caso seja necessário de novo.

Por outro lado, a política de *write-back* tem problemas de consistência entre a memória principal e a *cache*, no caso de acessos a periféricos, tal como descrito na Subseção 7.5.6, e ainda no caso de computadores com vários processadores (multiprocessadores), que compartilham uma mesma memória (mas com *caches* independentes). No entanto, a política de *write-through* não é viável, na prática, com sistemas de memória virtual (Seção 7.6), pois o tempo de escrita em blocos que residem em disco é demasiado elevado, portanto, cada vez mais, as *caches* usam, sobretudo, a política de *write-back* ou permitem configuração da política.

## 7.5.5 Evolução do subsistema de *caches*

As *caches* constituem um nível intermediário de memória entre os registradores e a memória principal, em um compromisso entre rapidez de acesso e capacidade. À medida que a velocidade dos processadores (expressa pela sua frequência de relógio – Tabela 6.18) foi aumentando mais do que a das memórias (expressa pelo seu tempo de acesso – Subseção 6.5.2.3) e a capacidade destas foi aumentando substancialmente, a *cache* foi ganhando importância, enquanto elemento adaptador entre o ritmo do processador e o das memórias, tendo de cobrir uma distância cada vez maior. Deixou de ser uma pequena memória auxiliar para passar a constituir um subsistema completo, parte integrante e fundamental da estratégia de desenvolvimento de qualquer processador de alto desempenho. A Figura 7.24 ilustra a evolução deste subsistema ao longo do tempo, visível também na evolução dos processadores da Intel (Tabela 6.18):

- Na época pré-386, não havia suporte do processador para *cache* (Figura 7.24a);

- Com o 386, apareceu um controlador de *caches* que permitia implementar uma *cache* externa ao processador (Figura 7.24b), com memória estática (SRAM, mais rápida), enquanto a memória principal era feita com memória dinâmica (DRAM, mais lenta e com necessidade de restauração (*refresh*), mas com maior capacidade);

- O 486 integrou pela primeira vez a *cache* dentro do processador, permitindo um acesso mais rápido do que em uma *cache* externa e aproximando o seu tempo de acesso do dos registradores (Figura 7.24c);

- No entanto, as limitações de espaço no circuito integrado limitaram a capacidade da *cache* e, rapidamente, surgiu a necessidade de utilizar uma *cache* externa, com SRAM, mais lenta do que a *cache* interna, mas mais rápida do que a

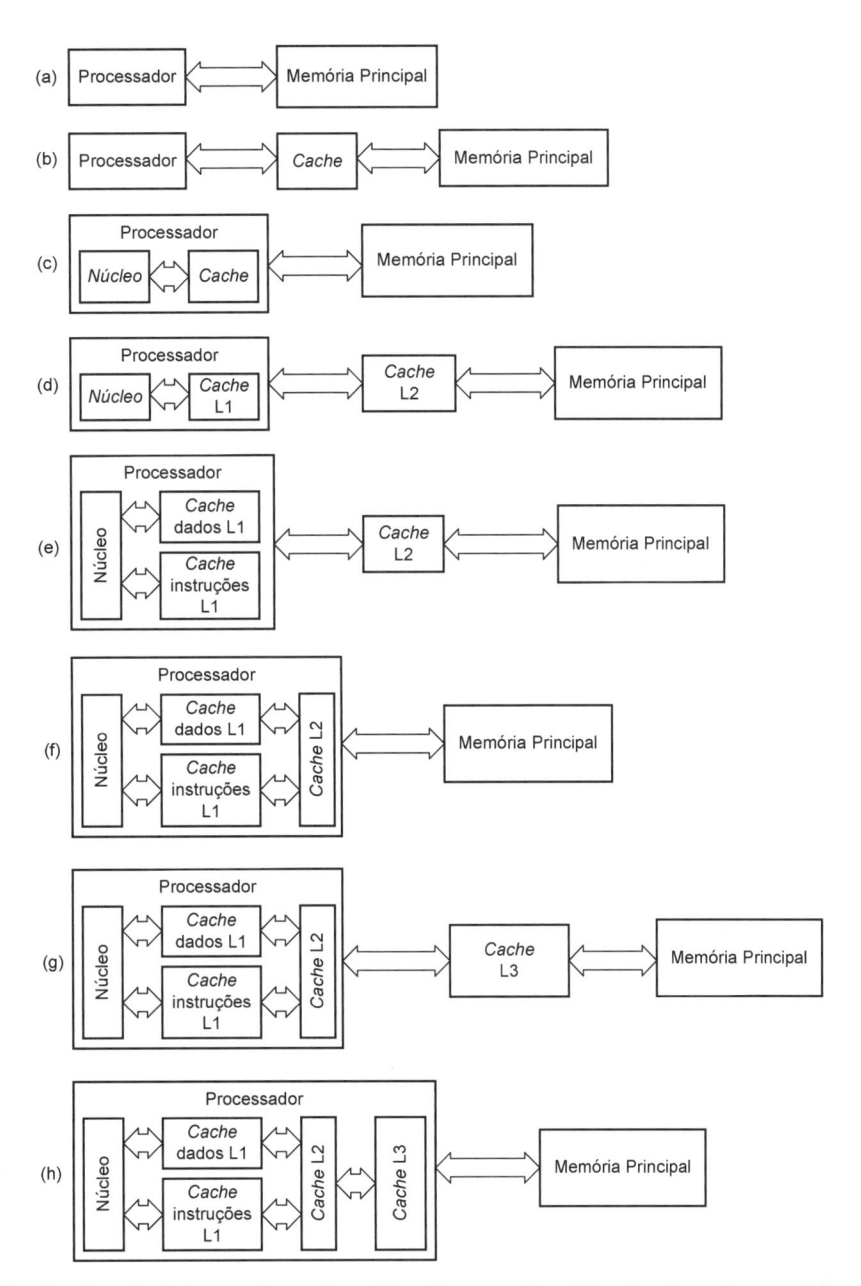

**Fig. 7.24 – Evolução do subsistema de *caches*. (a) – Sem *cache*; (b) – *Cache* externa; (c) – *Cache* interna;
(d) – *Cache* interna (L1) e *cache* externa (L2); (e) – Separação da *cache* L1 em dados e instruções; (f) – Integração
da *cache* L2 no processador; (g) – *Cache* L3 externa; (h) – Integração da *cache* L3 no processador**

memória principal (Figura 7.24d). Assim, a *cache* interna (L1, nível 1) contém os blocos mais usados dos contidos na *cache* externa (L2, nível 2). Cada bloco, na *cache* interna, tem assim um original, na memória principal, e duas cópias, uma em cada *cache*;

- No Pentium, a *cache* interna (L1) foi dividida em duas, uma para instruções e outra para dados (Figura 7.24e). Isto permite a uma unidade de pré-busca de instruções estar continuamente a fazer busca de instruções em antecipação, para uma pequena fila de espera (para quando forem necessárias já estarem prontas para ser executadas), sem entrar em grande concorrência com os acessos de dados resultantes das instruções em execução. Naturalmente, tem de haver uma unidade interna de arbítrio entre as duas *caches* (não representada por simplicidade) para acesso à *cache* externa (L2), que serve tanto para dados como para instruções;

- Graças ao aumento do número de transistores que a tecnologia consegue colocar em um circuito integrado, a *cache* L2 passou a estar incorporada dentro do próprio processador no Pentium III o que, além de aumentar a integração, permitiu reduzir os tempos de acesso à *cache* L2 (Figura 7.24f). Já no Pentium II, a *cache* L2 estava no módulo do processador, interligada por um barramento dedicado, mas funcionando na metade da velocidade em relação à *cache* integrada no próprio processador.

A *cache* gasta muitos transistores e tem um significativo impacto no custo, o que motivou o aparecimento de uma versão do Pentium II sem *cache* L2 (Celeron), mais barata, mas cujo impacto negativo no desempenho forçou a Intel rapidamente a incluir uma *cache* L2, embora com metade do tamanho da versão mais cara. Isto demonstra a importância da *cache* no processador, tanto no custo como no desempenho;

- Com o aumento da complexidade dos programas e da capacidade da memória principal, a *cache* teve também de aumentar a sua capacidade, o que motivou o aparecimento de uma *cache* de nível três (L3), externa ao processador (Figura 7.24g), no Pentium 4. Entretanto, a *cache* L2, interna, já tinha 1 MByte;

- Os processadores mais recentes acabaram por integrar a *cache* L3 no próprio processador (Figura 7.24h), como autênticos monstros em termos de pastilha do circuito integrado, em que as *caches* ocupam a maior parte da área. Lançados em 2012, os processadores Itanium Poulson (Intel) e POWER7+ (IBM), respectivamente com 3100 e 2100 milhões de transistores, incluem *caches* L3 de 32 e 80 MBytes, respectivamente;

- Alguns dos modelos do processador Haswell, lançado pela Intel em 2013, incluem mesmo uma *cache* de nível 4 (L4), de 128 MB, atendendo ambos os processadores (CPU e GPU).

 A *cache* de um processador é um mecanismo de *hardware* e não deve ser confundida com as *caches* usadas em inúmeros programas, que são mecanismos de *software* puro. O objetivo é idêntico (guardar uma cópia de alguma informação que se acessa para, nos acessos subsequentes, ser mais fácil ou mais rápido acessá-la), mas a implementação é bem diferente. Por exemplo, um *web browser* (navegador da web, como Internet Explorer, Firefox, Safari, Opera, etc.) normalmente guarda informação em arquivos no computador local para que, no próximo acesso, não tenha de ir buscar em um servidor toda a informação de novo, reduzindo o tempo de carregamento nos acessos subsequentes. No entanto, não há procuras associativas (simultâneas) e, para decidir se a cópia local que tem ainda é idêntica ao original, deve acessar o servidor para saber se o arquivo em questão foi mudado ou não. Algo que é muito mais lento e complexo que um simples acesso à memória, mas mesmo assim compensa, porque o carregamento completo do arquivo pretendido pode demorar ainda muito mais tempo do que a simples verificação de validade.

## 7.5.6 Casos em que não se quer *cache*

As *caches* são imprescindíveis em qualquer processador moderno de alto desempenho, mas constituem um problema fora dos casos normais de acesso à memória pelo processador (busca de instruções e leitura/escrita de dados), o que acontece basicamente nas seguintes situações:

- Acesso aos periféricos, quer em leitura quer em escrita. Se o sistema não souber que um determinado endereço pertence a um periférico, a primeira leitura dá *miss* e faz efetivamente a leitura do periférico, mas nas leituras seguintes lê o valor em *cache*, em vez de ler novamente do periférico, cujo estado já pode ter mudado. Nos acessos em escrita, este problema não existe se a política de escrita for *write-through*, pois o periférico é sempre escrito, mas, se a política utilizada for a *write-back*, o periférico só é realmente escrito quando o bloco correspondente tiver de sair da *cache*, perdendo-se todas as escritas intermediárias efetuadas na *cache*;

- Transferências de dados por DMA (Subseção 6.4.2.3), quer entre memória e periféricos quer entre áreas diferentes de memória, pois há alteração de blocos da memória principal fora do controle do processador e que não passam pela *cache*.

Em todos os casos, o problema básico é o mesmo. Há uma ou mais células do espaço de endereçamento (memória ou periférico), cujo modelo de gerenciamento é incompatível com o da *cache*. Esta considera que:

- Só o processador pode acessar essa célula (particularmente, o estado dessa célula só pode mudar por um acesso em escrita do processador);

- Todos os acessos à célula (leitura e escrita) passam pela *cache*;

- A cópia dessa célula na *cache* representa a célula original para todos os fins, sendo necessário, apenas no fim, atualizar a célula com o valor final da cópia dessa célula na *cache* (não interessando os valores intermediários).

Pelo menos uma destas considerações falha nas situações indicadas.

Para acessos aos periféricos, os processadores normalmente permitem desligar a *cache* quando o processador acessa determinados endereços do espaço de endereçamento, que são designados *non-cacheable* (não passíveis de ser carregados na *cache*). No acesso a estes endereços, o processador comporta-se como se não tivesse *cache*.

Normalmente, o processador tem um pino de entrada, que o sistema de decodificação de endereços pode ativar para indicar que, em um determinado acesso, o valor acessado não pode ser carregado em *cache*. Outra solução é usar os mecanismos presentes nos sistemas de memória virtual (Seção 7.6), que permitem declarar uma página inteira como *non-cacheable*, através do descritor dessa página (Tabela 7.19).

Observe que, nestes casos, não está em questão uma perda de desempenho pelo fato de não se usar a *cache*. Esta não teria vantagens de modo algum, pois, em uma transferência de dados, cada endereço só é acessado uma vez e, no acesso aos periféricos, o acesso precisa ser feito sempre.

Para as transferências com DMA, a situação é mais complexa, pois está envolvida toda uma área de memória, e não apenas uma palavra, potencialmente em qualquer faixa de endereços. O problema relaciona-se com blocos já carregados na *cache* (e potencialmente já alterados) e que sejam envolvidos em uma operação de DMA, que não leia os blocos alterados na *cache* ou que altere um ou mais blocos na memória central, sem que as cópias na *cache* sejam alteradas. É um problema geral de consistência de dados entre cópias. Uma solução possível é invalidar toda a *cache* (atualizando em memória os blocos alterados), mas isso pode ser pesado em termos de desempenho, em particular quando há *caches* grandes e com vários níveis. Aumenta o problema o fato de o *software* (mesmo o sistema operacional) não saber quando a operação de DMA realmente se inicia. Assim, a solução típica é usar um protocolo de manutenção de consistência de *caches*, normalmente usado em sistemas multiprocessadores (com vários processadores) com compartilhamento de memória principal, em que deste ponto de vista, o controlador de DMA conta como um processador, pelo fato de poder mudar o estado da memória. Este protocolo, designado MESI, está fora do âmbito deste livro, podendo consultar-se [Patterson 2011, Stallings 2012] para detalhes.

## 7.5.7 Caches no PEPE

O PEPE suporta apenas duas *caches* L1, de instruções e dados, que têm de ser configuradas antes de poderem ser usadas. Por *default*, as *caches* estão desligadas após o *reset*, para que o funcionamento básico do PEPE seja o mais simples possível.

Esta configuração está descrita na Subseção A.2.2, permitindo ainda algum controle, através da invalidação (desencadeada pelo usuário) de todas as entradas da *cache*, com cópia dos blocos alterados para a memória principal, no caso de a *cache* de dados e se a sua política de escrita em vigor for *write-back* (escrita atrasada).

O PEPE suporta os dois mecanismos, mencionados na seção anterior, para acesso aos periféricos sem passar pela *cache*. O da memória virtual é descrito na Tabela 7.20. O pino IC (*Ignore Cache*) com 1 durante um acesso à memória implica que a *cache* é ignorada durante esse acesso e é utilizado o ciclo normal de acesso a uma palavra individual. Este pino deve ser gerado pelo sistema de decodificação de endereços (Subseção 6.1.4) sempre que for feito um acesso a um periférico. Observe que:

- O PEPE não sabe se está acessando um periférico, mas apenas que os acessos à memória/periféricos em que o pino IC estiver ativo não passam pela *cache*;

- Por este motivo, a política de escrita na *cache* que for utilizada é irrelevante para estes acessos. Mesmo que seja *write-back*, os dados são escritos imediatamente nos periféricos;

- Nada impede a utilização deste mecanismo com memória, o que poderá ser útil para algumas aplicações específicas como, por exemplo, implementar áreas de dados críticos fisicamente localizados em memória RAM não volátil (com apoio de uma bateria).

A solução implementada pelo PEPE nas transferências de DMA, para evitar a inconsistência entre as *caches* e a memória principal, envolve invalidar automática e completamente as duas *caches* (o DMA pode ser usado para carregar código), quando atende um pedido de DMA, tendo o cuidado de antes atualizar, na memória principal, os blocos que já tinham sido alterados na *cache* de dados, caso esta esteja configurada em política de *write-back* (escrita atrasada). Naturalmente, não é um método aceitável para um processador comercial com vários *megabytes* de *cache*, mas tem a vantagem de ser simples.

### SIMULAÇÃO 7.4 – *Caches*

Esta simulação toma como base o conteúdo desta seção e das anteriores e exemplifica como as *caches* do PEPE funcionam, em particular no que se refere aos seguintes aspectos:

- Interface de usuário, que permite em qualquer ocasião, com simulação passo a passo, visualizar o estado das *caches* e de algumas estatísticas da sua utilização;

- Configuração das *caches*, em termos de estrutura e políticas;

- Verificação do funcionamento dos vários tipos de *caches* e políticas;

- Avaliação do impacto no desempenho dos programas da existência das *caches*;

- Integração das *caches* em um sistema com periféricos.

# 7.6 Memória virtual

## 7.6.1 Hierarquia de memórias

A capacidade de memorizar valores, juntamente com a capacidade de processá-los, é fundamental em qualquer computador, sem o que não seria possível lidar com estruturas de dados complexas.

Do ponto de vista do conjunto de instruções de um processador, existem dois tipos de elementos de memória:

- O banco de registradores (sobre os quais a grande maioria das instruções opera);

- A memória propriamente dita (sobre a qual se pode executar apenas duas operações: leitura para um registrador e escrita a partir de um registrador).

Os registradores são de acesso fácil e rápido, mas são poucos, enquanto a memória, em relação aos registradores, só serve para ler ou escrever e é de acesso lento, mas possui uma grande capacidade.

As *caches* constituem um mecanismo de reduzir o tempo de acesso médio da memória, aproximando-o do tempo dos registradores (em termos estatísticos), sem perder a capacidade de armazenamento da memória. É um mecanismo automático e transparente às instruções, embora o programador/compilador deva conhecê-lo e saber utilizá-lo para otimizar o desempenho dos programas, reduzindo as falhas (*misses*) tanto quanto possível.

No entanto, a memória principal tem ainda uma capacidade muito pequena e é demasiado dispendiosa para guardar toda a informação de que um computador necessita, particularmente arquivos com programas e dados. Desde os primeiros tempos da informática que os discos magnéticos têm suprido esta necessidade, e continuam a fazê-lo, devido às evoluções tecnológicas que têm permitido aumentar a sua capacidade de forma assombrosa. Em comparação com a memória principal, são menos dispendiosos (por MByte) e têm mais capacidade, além de serem não voláteis, mas são dispositivos eletromecânicos de acesso muito mais lento.

Como medida contra potenciais falhas e avarias, deve-se fazer periodicamente uma cópia de segurança do conteúdo do disco (*backup*), para o que se usam normalmente fitas magnéticas, que têm uma grande capacidade (tanto como os discos), mas com um custo do meio de armazenamento muito mais baixo. O acesso à informação em uma fita magnética é sequencial e demasiado lento para servir de memória de utilização (em acesso aleatório) para o computador. No entanto, estes dispositivos são muito adequados para as operações de cópia de segurança, em que os arquivos são escritos e/ou lidos em sequência.

Assim, a "memória" de um computador não é apenas uma, mas sim um conjunto de memórias, em vários níveis, formando uma hierarquia em que as características evoluem em sentidos opostos. Em um extremo, o reduzido tempo de acesso dos registradores obriga a uma baixa capacidade e alto custo, enquanto no outro, a alta capacidade e baixo custo só são conseguidos com um tempo de acesso muito alto.

A Tabela 7.18 expressa esta visão comparando as características dos vários níveis e estabelecendo o paralelo com uma biblioteca, como exemplo da vida real em que também existem vários níveis de tempos de acesso, frequência de utilização e de capacidade e custo de armazenamento, considerando o livro como unidade básica de informação (equivalente à palavra do computador).

**Tabela 7.18 – Hierarquia de memórias de um computador, principais características de cada nível e comparação com um exemplo da vida real (biblioteca)**

| FUNÇÃO | TECNOLOGIA MAIS USUAL | ORDEM DE VALOR | | | EQUIVALE A (EM UMA BIBLIOTECA) |
|---|---|---|---|---|---|
| | | TEMPO DE ACESSO | CAPACIDADE | CUSTO/MB (€) | |
| Banco de registradores | Registros | 0,25 ns | Centenas de *bytes* | --- | Mesa do leitor |
| *Cache* | Memória estática (SRAM) | 1 ns | 8 MBytes | 10 | Mesa do bibliotecário |
| Memória principal | Memória dinâmica (DRAM) | 50 ns[107] | 8 GBytes | 0,01 | Prateleiras |
| Memória de massa[108] | Disco magnético | 5 ms | 1 TByte | 0,0001 | Arquivo |
| Memória de arquivo | Fita magnética | Segundos | 1-5 TBytes | 0,00005 | Arquivo morto |

## 7.6.2 PRINCÍPIOS DE FUNCIONAMENTO DA MEMÓRIA VIRTUAL

A memória principal e a memória de massa são muito diferentes em termos de capacidade e de tempos de acesso, havendo um fator de cerca de 100 vezes entre as duas em cada característica, mas infelizmente em direções opostas. A memória principal tem um acesso cerca de 100 vezes mais rápido, mas cerca de 100 vezes menos capacidade.

O mecanismo de **memória virtual** apareceu para dar a ilusão[109] da memória principal ser quase tão grande como a memória de massa, com um tempo de acesso não muito pior (estatisticamente) do que o da memória principal. Para consegui-lo, são usados os mesmos princípios das *caches*, embora com uma implementação diferente:

- Princípio da localidade, quer espacial quer temporal. Um programa não precisa de toda a sua informação (quer dados, quer instruções) ao mesmo tempo. Isto significa que parte desta informação (a mais usada) pode estar em memória principal, enquanto a restante (a menos usada) pode estar em disco;

- Função de mapeamento, neste caso considerando que os endereços a que um programa se refere pertencem a um **espaço de endereçamento virtual**, que tem existência física apenas parcialmente e em que os **endereços virtuais** são mapeados em **endereços físicos** (que constituem o **espaço de endereçamento físico** a que as RAMs e os periféricos pertencem). A memória física é a memória principal. Este mapeamento é denominado **tradução de endereços**, porque um endereço virtual tem de ser traduzido para um endereço físico;

- Funcionamento automático, liberando o programador dos detalhes das limitações da memória principal (embora deva conhecer o impacto deste mecanismo nos programas, se quiser otimizar o desempenho).

No fundo, é considerar a memória principal como uma *cache* (de nível L4) do disco, que realmente é a grande memória (não volátil) do computador. Todo o resto (memória principal, *caches* L3, L2 e L1, e registradores) não passa de memórias auxiliares, que só são válidas enquanto a alimentação do computador estiver ligada e que só servem para tornar mais rápidos os acessos à memória do disco. Dos 5 ms típicos para um acesso a disco, consegue passar-se para os 0,25 ns dos registradores na grande maioria dos acessos (com o programa já em regime estacionário). É uma melhoria de quase 20 milhões de vezes, ao mesmo tempo em que se mantém o acesso de um programa a potencialmente toda a grande memória de um disco. Vale a pena ter uma hierarquia de memória, tanto mais que, com exceção dos registradores, que possuem um conceito específico diferente do da memória, os mecanismos são automáticos.

Observe que, do ponto de vista da memória principal, o mecanismo das *caches* destina-se basicamente a aumentar o desempenho (reduzindo o tempo de acesso médio), enquanto o mecanismo de memória virtual se destina basicamente a aumentar a capacidade de memória aparente aos programas (sem piorar significativamente o tempo de acesso médio).

---

[107]O termo "virtual" deriva de ser uma ilusão e não existir realmente, enquanto memória física.

[108]Tempo para um acesso individual. Para vários acessos seguidos, em rajada, o tempo do segundo acesso e seguintes é mais reduzido (Subseção 6.5.2.3).

[109]Nome típico, devido à alta capacidade de armazenamento de dados (em relação à memória principal).

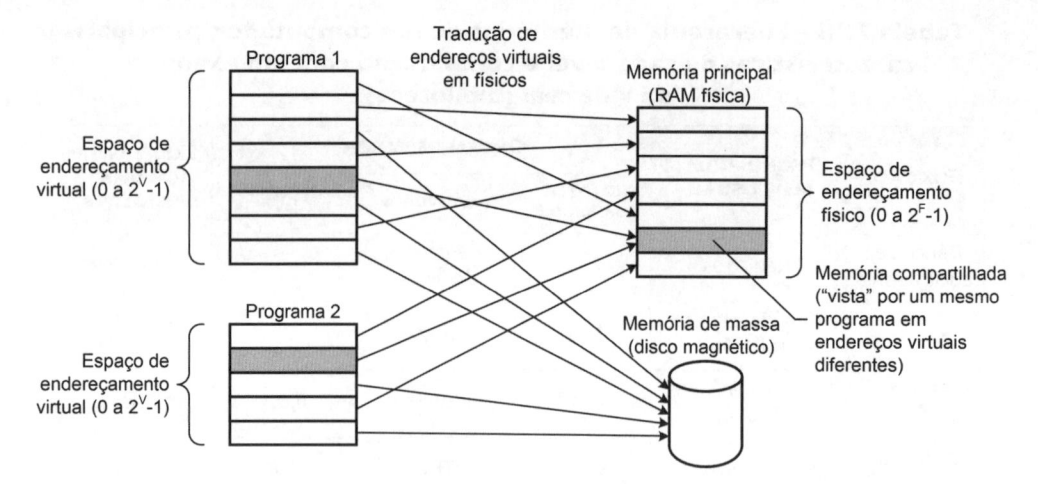

**Fig. 7.25 – Conceito de memória virtual**

A Figura 7.25 ilustra o conceito básico de memória virtual, que requer suporte em *hardware* do processador para ser implementado. Todos os endereços que um programa manipula nos registradores do processador e inclui nas suas instruções de máquina passam a ser considerados endereços virtuais e não físicos, como até aqui. Quando o processador acessa a memória, faz isso com um endereço virtual, que tem de ser traduzido para (mapeado em) uma localização física, que tanto pode ser na memória principal como no disco. Neste último caso, a falta do valor na memória principal impede o acesso direto, sendo detectada pelo *hardware*, que gera uma exceção. A rotina correspondente lê do disco o valor com o endereço acessado e carrega-o em memória física, após o que volta a executar a instrução que gerou a exceção, e desta vez o acesso já pode ser feito. O problema é semelhante a um *miss* em uma *cache*, mas aqui o problema é resolvido em *software* (pela rotina de exceção), porque lidar com o disco é uma operação demasiado complexa para ser feita totalmente em *hardware*.

Poderá também acontecer que a memória principal esteja toda ocupada e que para um novo valor ser carregado na memória principal outro tenha de sair, tal como já acontecia nas *caches*, atualizando a versão em disco, se o valor tiver sido alterado.

Sempre que um valor entra ou sai de memória principal, o mecanismo de tradução de endereços tem de ser atualizado. Este mecanismo atua como um endereçamento indireto. Um determinado endereço virtual pode ser mapeado onde se quiser no espaço físico. Aliás, tal como nas *caches* associativas, quando um valor é carregado novamente, pode ir para outra localização (embora o mecanismo de implementação seja diferente). Quem decide onde carregar um determinado valor e, portanto, qual a forma de traduzir os endereços é o sistema operacional.

Observe que nem os programas nem a memória física têm de usar todo o respectivo espaço de endereçamento, que apenas define os limites do endereçamento. Cabe ao mecanismo de tradução de endereços saber que faixas de endereçamento estão sendo usadas, quer no nível virtual quer no nível físico.

As vantagens básicas da memória virtual são as seguintes:

- O espaço de memória virtual $(0..2^V-1)$ pode ser muito maior do que o espaço de endereçamento físico $(0..2^F-1)$, embora nada obrigue que seja. O primeiro limita o conjunto de dados/instruções que o programa pode acessar. O segundo limita a parte deste conjunto que pode estar simultaneamente carregada em memória (que pelo princípio da localidade poderá ser uma parte relativamente pequena). Note que o espaço físico pode ser reaproveitado em qualquer ocasião para outra parte do espaço virtual. Basta alterar a informação para tradução de endereços;

- A memória virtual também constitui um excelente suporte para a coexistência de vários programas (processos, Seção 7.7) no mesmo computador. Cada programa (processo) tem o seu próprio espaço de endereçamento virtual, ou seja, todos eles podem acessar a mesma faixa de endereços virtuais $(0..2^V-1)$. No entanto, o mecanismo de tradução de endereços pode mapear um determinado endereço virtual, em cada um dos vários processos, em endereços físicos diferentes, separando-os assim totalmente. Esta é uma forma de proteção, pois permite ao sistema operacional isolar completamente os processos uns dos outros. Por outro lado, como os espaços de endereçamento virtual dos processos são independentes, não há necessidade de mudar a faixa de endereços (virtuais) que um processo usa, devido a outros processos já estarem carregados em memória;

- Mas o mesmo mecanismo também permite compartilhar memória física ou periféricos entre processos, mesmo em endereços virtuais diferentes. Basta traduzir as faixas de endereços virtuais, nos vários processos, para uma mesma faixa de endereços físicos (Figura 7.25). Assim, o que um processo escrever os outros podem ler. Este esquema é usado para a comunicação de dados ou outras interações entre processos (Subseção 7.7.3.3), sempre de forma controlada pelo sistema operacional através do mecanismo de tradução de endereços.

### 7.6.3 Tradução de endereços virtuais para físicos

A tradução entre os endereços virtuais e físicos é feita com uso de uma tabela, que, para cada endereço virtual, indica qual o endereço físico correspondente. Esta tabela seria inviável se, para cada endereço a traduzir, existisse uma entrada na tabela (gastaria mais espaço do que os próprios dados). Felizmente, não há necessidade de fazer uma tradução independente para cada endereço. Basta dividir os espaços de endereçamento em áreas de endereços contíguos, chamadas **páginas**. Desta forma, basta traduzir o endereço de base da página, pois a posição relativa (**deslocamento**) dentro da página é a mesma, seja em uma página virtual ou em uma página física. A página desempenha aqui um papel semelhante ao bloco nas *caches*. Para simplificar, todas as páginas são de igual dimensão (em *bytes*), quer no espaço de endereçamento virtual quer no físico.

Quanto menores forem as páginas, mais cuidadoso é o controle de que endereços estão e não estão carregados em memória, mas também maior é a informação necessária para traduzir os endereços e mais tempo se gasta a ler páginas do disco (cujos tempos de acesso são enormes, comparados com os tempos de acesso à memória principal). Por outro lado, páginas muito grandes podem afetar o desempenho, porque a simples falta de uma palavra em um determinado endereço obriga a carregar toda a página a que ela pertence e aumenta a concorrência entre páginas pela utilização da memória física existente. O tamanho de página a usar depende de vários fatores (tamanho dos espaços de endereçamento e tipo de programas, por exemplo), mas valores típicos situam-se na ordem dos 4 a 32 KBytes. Observe que o tamanho típico de bloco das *caches* é cerca de 1000 vezes inferior, o que reflete o fato de o mecanismo de memória virtual normalmente se preocupar com um espaço de memória muito maior que o das *caches*.

 A **paginação** (partição do espaço de endereçamento em páginas, todas de igual tamanho) é apenas uma das técnicas usadas em memória virtual. A **segmentação** permite lidar com blocos de tamanho variável, **segmentos**, cuja principal vantagem é permitir definir características (proteções, detecção de acessos fora do segmento, etc.) de uma forma adaptada ao tamanho de cada segmento que o programa define, em vez de forçar um tamanho fixo. No entanto, este mecanismo não é transparente para a programação e gera alguns problemas de implementação, portanto acaba por ser menos geral do que a paginação. Também é possível combinar os dois, paginando segmentos grandes (**segmentação paginada**).

A Figura 7.26 ilustra o princípio de tradução de um endereço virtual para um físico, assumindo um espaço de endereçamento virtual de 32 bits, um espaço físico de 24 bits e um tamanho de página de 4 KBytes (12 bits). Os dados deste exemplo sugerem que:

- O processador é de 32 bits (porque os endereços que o programa manipula são de 32 bits, e um endereço tem de poder ser armazenado e manipulado como um valor qualquer, logo os registradores, ALU, etc., deverão ser de 32 bits):

- O barramento de endereços (físicos) terá apenas 24 bits. Pelos padrões atuais, este valor é pequeno (tal como os 32 bits nos endereços virtuais, aliás[110]), mas ilustra o fato de ser comum o espaço de endereçamento virtual ser maior do que o físico, uma vez que a utilização do espaço virtual está limitada pela capacidade do disco, enquanto a utilização do espaço físico está limitada pela capacidade da memória principal, e esta é sempre muito menor que a do disco;

- Os 12 bits menos significativos dos endereços (quer virtual, quer físico) indicam o deslocamento (posição relativa) de cada endereço dentro da página (que é o mesmo na página virtual e na página física);

- O espaço de endereçamento virtual tem 1 M páginas virtuais ($2^{20} = 2^{32}/2^{12}$), enquanto o físico tem 4 K páginas físicas ($2^{12} = 2^{24}/2^{12}$);

- O mecanismo de tradução de endereços tem de mapear 1 M páginas virtuais em 4 K páginas físicas. Isto é, das 1 M páginas virtuais só 4 K de cada vez é que poderão estar carregadas em memória principal.

Suponhamos que o processador execute a instrução

```
MOV     R1, [R2]
```

em que R2 = 3C7A25C4H é o endereço a ser acessado e tem 32 bits (neste exemplo). É um endereço virtual, de início sem nenhuma correspondência com qualquer endereço físico. Cabe ao mecanismo de tradução de endereços indicar o endereço físico em que o valor a ser acessado está.

---

[110]A utilização de valores menores que os reais da atualidade nos processadores de alto desempenho objetiva apenas tornar os exemplos mais compreensíveis e fáceis de serem tratados.

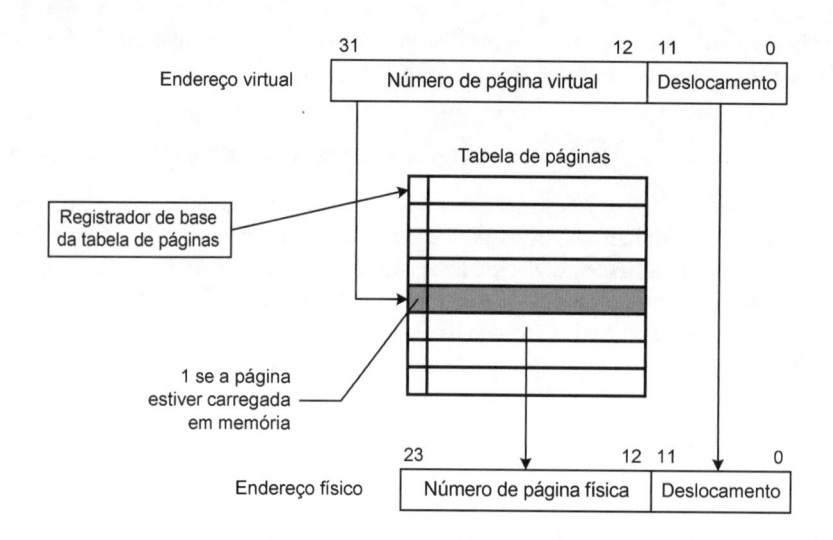

**Fig. 7.26 – Tradução de endereços em uma memória virtual paginada**

O algoritmo de tradução de endereços pode ser descrito da seguinte forma (Figura 7.26):

- O endereço virtual é dividido em duas partes: número de página virtual (20 bits mais significativos) e deslocamento dentro da página virtual (12 bits menos significativos);

- Existe uma tabela (a **tabela de páginas**) com uma entrada para cada página virtual (neste exemplo com $2^{20} = 1$ M entradas), com a seguinte informação:

  - Um *bit* de validade V (tal como nas *caches*), que indica se a página virtual correspondente está carregada em memória física ou não. Observe que a tabela de páginas não é uma *cache*, pois tem de ter todas as entradas possíveis;

  - Um campo que indica o número de página física em que essa página virtual está carregada (se V=1) ou uma referência que permite localizar a página em disco (se V=0).

- O processador contém um registrador que mantém o endereço de base da tabela de páginas. Cada processo (Seção 7.7) tem a sua própria tabela de páginas, pois todos os processos podem acessar a mesma faixa de endereços virtuais e os espaços de endereçamento acessíveis aos processos são independentes. O registrador da base da tabela de páginas faz parte do estado de cada processo e o seu valor muda quando o processo em execução muda;

- O número de página virtual (20 bits) é usado para indexar a tabela e ter acesso à informação constante da entrada correspondente a essa página virtual;

- Se V=1, a página virtual está carregada em memória e o número de página virtual é convertido no número de página física (12 bits) indicado nessa entrada da tabela. O número de página física obtido é concatenado ao deslocamento dentro da página para obter o endereço físico final;

- Se V=0, a página virtual não está carregada em memória, o que se denomina **falta de página** (*page fault*). É gerada uma exceção, cuja rotina deve usar a referência para o disco, contida na entrada da tabela, para ir ao disco buscar a página virtual em falta e lê-la para a memória física, após o que altera o *bit* V para 1 e coloca, nessa entrada, o número de página física usada. Quando a rotina de exceção retorna, a instrução que provocou a falta de página (o MOV, neste exemplo) deve ser reexecutada, desta vez já não dando origem a uma falta de página.

Neste exemplo, o número de página virtual é 3C7A2H (os 20 bits – ou 5 dígitos hexadecimais – mais significativos de R2) e o deslocamento dentro da página é 5C4H (os 12 bits menos significativos de R2). Se o número de página física que está carregada em memória for 42DH, então o endereço físico, acessado pela instrução MOV e que corresponde ao endereço virtual indicado pelo valor de R2, é 42D5C4H.

Observe que o número máximo de entradas da tabela de páginas com o *bit* V=1, em qualquer instante, é igual ao número de páginas físicas que a capacidade da memória principal suporta e não necessariamente igual ao total de páginas de todo o espaço físico.

As faltas de página podem ocorrer na busca de instruções ou durante acessos a dados,[111] quer em leitura quer em escrita. Todas as instruções, que de alguma forma acessam a memória, podem originar uma falta de página, o que as obriga a ser **reexecutáveis**. Isto quer dizer que:

- Antes do último acesso à memória estar completo (algumas instruções fazem mais do que um acesso), não devem alterar o estado do processador, para que a sua execução possa ser abortada sem ter de desfazer alterações, o que seria muito complicado;

- O endereço de retorno da rotina de exceção deve ser não a instrução seguinte, mas sim a própria instrução em que a falta de página ocorreu. Ou o mecanismo de exceções faz a diferença e guarda logo o endereço de retorno correto, de acordo com as exceções, ou a própria rotina de exceção se encarrega de ajustar o endereço de retorno guardado na pilha. Esta última hipótese demora um pouco mais (mas que é irrelevante em relação ao tempo de leitura de uma página de disco) e é mais simples em termos de *hardware*.

### 7.6.4 Gerenciamento das páginas

As páginas virtuais não carregadas em memória não estão propriamente espalhadas pelo disco todo, pois isso dificultaria o gerenciamento do carregamento das páginas. Quando um processo é criado, o sistema operacional cria as páginas virtuais que ele necessita em um espaço próprio, designado *swap file*.[112] Quando uma destas páginas é referenciada pelo respectivo processo, é carregada em memória principal e, se tiver de sair da memória principal, volta para este espaço. É esta troca de foco da página, entre a memória principal e esta área de disco, que está na origem do termo *swap* (troca). Na tabela de páginas, as referências para o disco, que as entradas com V=0 possuem, indicam o número de página neste espaço.

 Algumas páginas com informação proveniente de arquivos estão mapeadas nos próprios arquivos. Por exemplo, o código dos programas é copiado para memória, a partir de um arquivo, e não precisa ser alterado, já que não teria sentido utilizar uma página adicional, no *swap file*, para manter em disco algo que já está lá, embora em outro local.

Tal como nas *caches*, há o problema de ter de decidir qual a página que tem de sair, quando a memória física está toda ocupada e um programa faz referência a uma página virtual que não está carregada em memória. Normalmente, usa-se uma política de substituição de páginas do tipo LRU (*Least Recently Used*), considerando que a página com utilização menos recente será também a menos provável de ser necessária a seguir. Normalmente, a informação usada para este fim resume-se a um *bit* de utilização (*use bit*, ou *reference bit*) em cada entrada da tabela de páginas, que periodicamente o sistema operacional desativa em todas as entradas e o *hardware* ativa (em uma determinada entrada), a cada vez que há um acesso (à respectiva página).

Também como nas *caches*, a página que sai tem de substituir a cópia no *swap file*, se tiver sido alterada desde que foi carregada na memória principal. Para este fim, cada entrada da tabela de páginas tem um *bit* (*dirty bit*) que é desativado, quando a página é carregada, e é ativado automaticamente pelo *hardware*, quando a página é acessada em escrita. A política de escrita no *swap file* é sempre *write-back* (escrita atrasada), pois o tempo de acesso em escrita de uma palavra individual no disco é inviável. A escrita de uma página inteira amortiza o acesso pelas várias palavras alteradas nessa página, além do que, dos vários valores escritos no mesmo endereço, só o último tem de ser copiado para disco.

Por outro lado, havendo uma entrada na tabela de páginas para cada página virtual, é possível incluir nessa entrada informação adicional, que faz com que também possa atuar como descritor das propriedades dessa página. Assim, cada entrada da tabela de páginas pode conter a informação indicada na Tabela 7.19. Nem todas as combinações de *bits* são válidas. Por exemplo, se V=0, os *bits* A e D não são relevantes.

Cada entrada na tabela normalmente gasta não mais que uma palavra e, mesmo assim, o espaço gasto pela tabela já é muito grande. No exemplo da seção anterior, a tabela de páginas tem 1 M ($2^{32}/2^{12}$) entradas de uma palavra cada, ou 4 MBytes ($2^{22}$), uma vez que cada palavra tem 32 bits. A tabela ocupa assim 1024 páginas ($2^{22}/2^{12}$) de memória física, que seriam muito mais bem aproveitadas em páginas de dados ou de instruções.

Há várias técnicas para reduzir o espaço gasto com a tabela de páginas, porém a mais simples consiste em dividir a própria tabela em páginas (de entradas) e incluí-las no mecanismo de *swapping*. Isto quer dizer que apenas a parte da tabela mais usada precisa estar carregada em memória principal e não a tabela toda. Para este fim, tem de haver uma tabela com as entradas correspondentes

---

[111]Não apenas com as instruções de transferência de dados (`MOV`, por exemplo), mas também com as instruções que manipulam a pilha implicitamente (`CALL`, `RET`, `PUSH`, `POP`, etc.)

[112]Dependendo do sistema, poderá ter outras designações, como *swap space* ou *page file*.

## Tabela 7.19 – Informação típica contida em uma entrada da tabela de páginas

| BIT OU CAMPO | SIGLA | FUNÇÃO |
|---|---|---|
| Válida | V | Se V=1, a página está carregada em memória principal, caso contrário, está no *swap file* |
| Acessada | A | Se A=1, a página foi acessada desde a última vez que o sistema operacional colocou 0 nos bits A das várias entradas. Este *bit* é usado para a política LRU |
| Alterada | D | Se D=1, pelo menos uma palavra da página foi alterada desde que foi carregada em memória principal. Se a página tiver de sair da memória principal, tem de ser escrita em disco para atualizar a cópia no *swap file* |
| Alterável | W | Se W=0, nenhuma palavra da página pode ser alterada. Se o programa tentar fazê-lo, normalmente é gerada uma exceção. É uma proteção usada, por exemplo, para páginas de código (instruções) |
| Nível de proteção | P | Se P=0, a página é de nível de sistema. Se P=1, é de nível de usuário (Subseção 7.7.5). Esta proteção pode impedir a um programa de usuário de acessar (mesmo em leitura) páginas do sistema (gerando uma exceção em caso de tentativa) |
| Residente | R | Se R=1, a página não pode participar do mecanismo de substituição de páginas, ficando residente na memória principal. Esta característica é reservada para páginas importantes e que têm de estar sempre acessíveis |
| *Cacheable* | C | Se C=0, os acessos à página não passam pela *cache*, sendo sempre lidos ou escritos no endereço especificado. C=1 normalmente é usado em páginas localizadas nos endereços dos periféricos (Subseção 7.5.6) |
| Referência | Ref | Número de página física (se V=1) ou número de página no *swap file* (se V=0) |

às páginas da tabela, designada **diretório**, que tem de estar sempre residente em memória (mas que neste exemplo ocupa apenas 4 KBytes, ou a dimensão de uma página).

A Figura 7.27 ilustra o conceito. O número de página virtual (20 bits) é dividido em dois conjuntos de 10 bits, uma vez que cada página de 4 KBytes suporta 1 K entradas de 32 bits cada. Os 10 bits da esquerda indexam o diretório e os outros 10 bits indexam a página de entradas, que contém a referência para a página virtual acessada.

A tabela de páginas fica assim multinível, em que apenas o diretório está residente. Todo o resto pode ir para disco, se não for acessado. Se uma página de dados ou instruções não for acessada durante algum tempo, será remetida para o *swap file*, quando o espaço for necessário para outras páginas mais ativas. O mesmo pode acontecer a uma página de entradas (parte da tabela de páginas), se nenhuma das páginas de dados ou instruções que ela referencia for acessada durante algum tempo. O diretório também é uma página, mas residente, portanto se garante que o mecanismo de tradução de endereços tem sempre o seu ponto de partida carregado em memória.

 **NOTA**    O diretório só precisa estar carregado em memória quando o processo está em execução. Há, no entanto, situações em que o processo tem de parar à espera que um evento ocorra (que o usuário pressione uma tecla, por exemplo) ou que um determinado recurso esteja disponível (Subseção 7.7.2). Se essa parada demorar muito tempo, o sistema operacional acaba por passar até o diretório desse processo para o *swap file*, para aproveitar o espaço dessa página para os processos que estão em execução. Quando isso acontece, diz-se que o processo foi *swapped out*, isto é, foi totalmente relegado para o *swap file*. Quando o processo for reativado, o seu diretório volta a ser carregado na memória principal e aí fica residente até o processo ser terminado ou *swapped out* de novo. Este mecanismo é desencadeado apenas pela parada prolongada do processo e é diferente do mecanismo normal de *swapping* (troca de páginas entre o *swap file* e a memória) das páginas não residentes.

As faltas de página agora podem acontecer não apenas no acesso à página de dados ou instruções, mas também durante a própria tradução de endereços, ao tentar acessar a tabela de páginas. É mais uma sobrecarga para o desempenho de todo o mecanismo, mas como é relativamente raro (dado o princípio da localidade dos programas), não é estatisticamente muito relevante. Por outro lado, conduz a ganhos significativos em espaço de memória, o que por sua vez contribui para melhorar o desempenho global, por ficar mais espaço de memória física livre e reduzir o número de vezes em que uma página tem de ir para disco, por a memória estar toda ocupada. Além disso, a maioria dos processos usa apenas uma pequena parte do seu espaço de endereçamento, portanto muitas das páginas da tabela nunca chegam sequer a ser criadas (as páginas da tabela vão sendo criadas à medida que o seu espaço de endereçamento vai sendo utilizado e as suas entradas vão sendo necessárias).

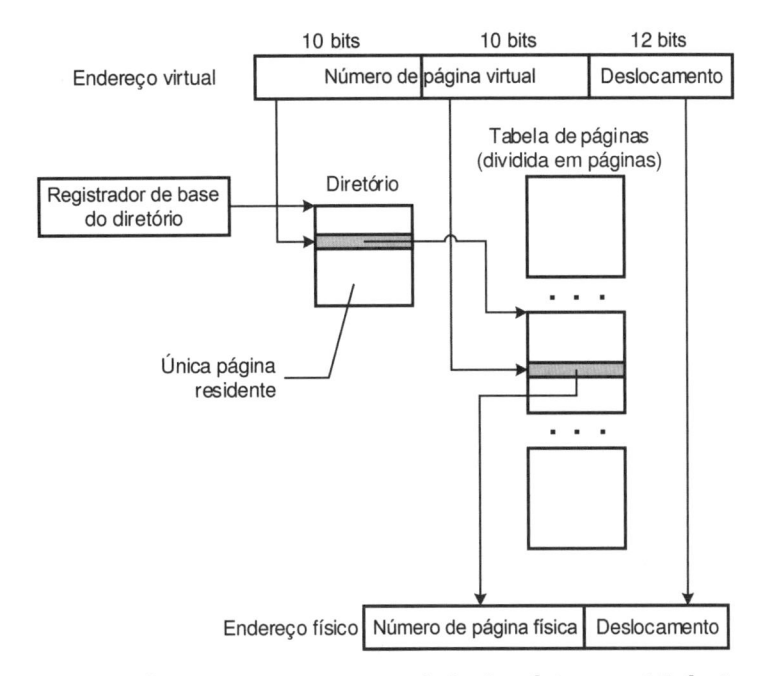

**Fig. 7.27 – Tradução de endereços com tabela de páginas multinível paginada**

A Figura 7.28 ilustra a utilização deste mecanismo para acessar um determinado endereço físico. Observe que, para estabelecer o caminho pela tabela de páginas, a própria página da tabela também teve de ser carregada em memória física e acessada através do diretório, em uma operação de recuperação da falta de página, executada pelo sistema operacional, e que faz com que a página física da palavra acessada pelo programa seja carregada em memória física, para finalmente o acesso ser realizado. Nenhuma página pode ser acessada sem estar carregada em memória física.

### 7.6.5 A TLB e o seu papel na tradução de endereços

Na Figura 7.26 é possível se observar que, para fazer a tradução de endereço virtual para físico, é preciso fazer um acesso à tabela de páginas. No caso da Figura 7.27 é necessário fazer dois acessos, um ao diretório e outro a uma página da tabela de páginas. A tabela de páginas encontra-se em memória, o que significa que, para fazer um acesso à memória usando um endereço virtual, é preciso fazer um acesso adicional (ou mais dois). Esta é uma situação demasiado onerosa, pois aumenta o tempo de acesso à memória aproximadamente para o dobro ou mesmo para o triplo.

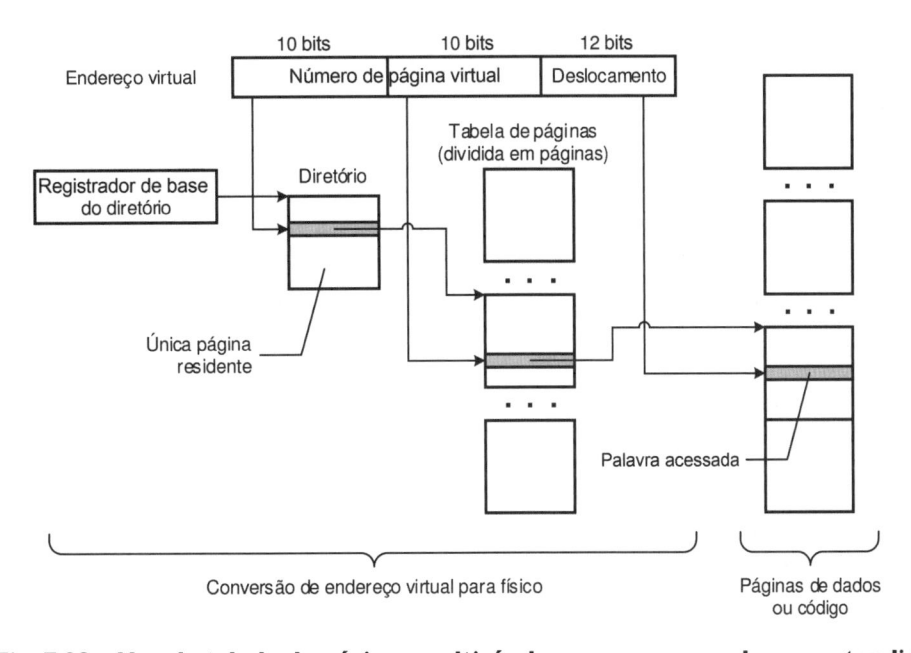

**Fig. 7.28 – Uso da tabela de páginas multinível para acessar a palavra pretendida**

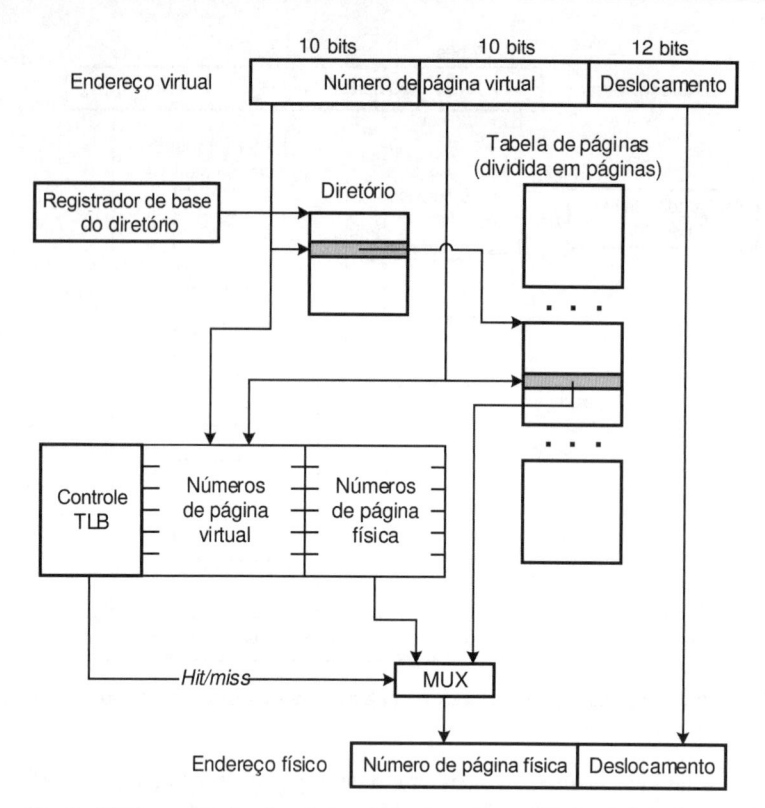

**Fig. 7.29 – Integração da TLB na tradução de endereços. Se o número de página virtual constar da TLB, o acesso ao número de página físico é imediato, senão tem de se percorrer a tabela de páginas**

A solução é recorrer mais uma vez ao princípio da localidade e incluir, no sistema de memória virtual, uma pequena *cache* que contenha os mapeamentos mais usados de número de página virtual para número de página física. Esta *cache* normalmente é denominada TLB (*Translation Lookaside Buffer – buffer* de tradução)[113] e a sua integração na tradução de endereços está representada na Figura 7.29.

Desde que o mapeamento esteja presente na TLB (devido a um acesso anterior), a conversão de endereço virtual para físico consegue ser realizada em um tempo muito reduzido e sem acessos à memória. Caso não esteja (TLB *miss*), é preciso percorrer a tabela de páginas (acessando a memória) até obter o número de página física, ocasião em que se memoriza esse mapeamento na TLB. O próximo acesso a um endereço desta página já será muito mais rápido.

Ao contrário das outras *caches*, a TLB memoriza mapeamentos de números de página virtual-física e não dados ou instruções. No entanto, tal como as outras, é um dicionário que recebe um conjunto de *bits* de entrada e, caso esse conjunto esteja memorizado lá, fornece um conjunto de *bits* de saída. No caso da TLB, o conjunto de *bits* de entrada é formado por:

■ Número de página virtual;

■ Identificador do processo, denominado `PID` (normalmente um número inteiro com o número de *bits* suficientes para identificar o número máximo de processos). Qualquer computador suporta a execução simultânea de vários processos (Seção 7.7), cada um usando a mesma faixa de endereços virtuais. Cada processo tem a sua própria tabela de páginas, mas a TLB é compartilhada por todos os processos, portanto o número de página virtual não é suficiente para identificar uma página.

O conjunto de *bits* de saída da TLB, correspondente a cada número de página virtual de cada processo, é o seguinte:

■ Número de página física;

■ *Bits* de controle indicados na Tabela 7.19, para que a informação sobre a página possa ser usada quando a tradução de endereços é feita, sem acessar a memória.

É ainda importante observar que:

■ Uma única entrada na TLB atende uma página inteira, ou 1 K palavras, o que significa que a TLB pode ser uma *cache* relativamente pequena, na ordem de dezenas a centenas de entradas, e atingir taxas de falha (*miss ratios*) normalmente inferiores a 1%;

---

[113]Nome pouco óbvio atualmente, mas que persiste desde os primeiros tempos em que apareceu. Hoje seria mais lógico algo como ATC (*Address Translation Cache*, ou *cache* de tradução de endereços).

■ Como qualquer outra *cache*, a TLB também precisa de uma política de substituição de entradas, normalmente aleatória ou uma aproximação de LRU, e de escrita, pois alguns dos *bits* indicados na Tabela 7.19 podem ser alterados no decurso dos acessos à memória e é necessário atualizar a tabela de páginas. Normalmente usa-se *write-through* (escrita imediata), por ser mais simples e porque o sistema de memória virtual está integrado com as *caches* de dados e instruções, o que significa que um *write-through* por parte da TLB é escrito na *cache* L1, a mais rápida de todas;

■ Uma falha (*miss*) no acesso à TLB não implica que a página não esteja carregada na memória. A entrada da TLB pode ter sido simplesmente retirada da TLB pelo algoritmo de substituição, mas a página ter ficado carregada em memória. Neste caso, recuperação de uma falha no acesso é bem mais rápida do que, se além da entrada da página virtual não estar carregada na TLB, a página em si não estiver carregada em memória principal. O que não pode acontecer é a página existir na TLB sem estar carregada na memória principal;

■ Uma falha na TLB pode ser recuperada em *hardware* ou em *software*, por meio de uma exceção. A primeira solução é mais eficiente e a usada nos processadores de alto desempenho. No entanto, com uma estrutura fixa de tabela de páginas, a rotina de tratamento das falhas da TLB é bastante simples, embora obrigue a existência de instruções específicas para manipulação da TLB.

### 7.6.6 Integração da memória virtual e das *caches*

A abstração de memória, tal como os programas a veem, é unificada e automática. Salvo às vezes uns acessos demorarem mais do que os outros, a funcionalidade de um acesso é sempre a mesma.

Os dois mecanismos básicos (*caches* e memória virtual) têm de cooperar para conseguir implementar esta abstração. A questão fundamental que surge é qual destes mecanismos está mais perto do processador e é tratado em primeiro lugar, quando um acesso à memória ocorre, havendo duas possibilidades básicas quando um processador lança um pedido de acesso:

■ As *caches* estão antes (são verificadas primeiro) e a memória virtual depois. Ou seja, as *caches* contêm endereços virtuais e os respectivos valores. Em caso de sucesso (*hit*), o acesso é bastante rápido, pois nem sequer há necessidade de converter o endereço de virtual para físico, poupando-se o tempo de procura na TLB;

■ A memória virtual está antes e as *caches* depois. Neste caso, o endereço virtual é primeiro convertido para físico e, só depois, se verifica se o respectivo valor está na *cache*, que assim trabalha no nível físico.

Naturalmente, o mecanismo deve ser otimizado para o caso mais frequente que, devido à localidade dos programas, é o acesso com sucesso. De início, o primeiro caso parece ser mais eficiente do que o segundo, que tem de converter os endereços em todos os acessos. No entanto, apresenta a dificuldade potencial de que é possível dois endereços virtuais diferentes estarem mapeados no mesmo endereço físico, o que se traduziria por duas cópias do mesmo bloco na mesma *cache*, sem controle da consistência entre ambas. A existência de mais do que um nível de *cache* dentro do processador traz ainda complicações adicionais. Por outro lado, as *caches* externas têm de funcionar com endereços físicos, pois a TLB e os circuitos restantes do mecanismo de memória virtual só conseguem ser suficientemente rápidos de forma interna ao processador.

Também as operações de DMA no nível de endereços virtuais seriam muito mais complexas, portanto geralmente são realizadas no nível físico. No entanto, geralmente isso implica invalidar o conteúdo da *cache*, pois algum dos blocos pertencentes à faixa de endereços alterados pela operação de DMA poderá estar carregado na *cache* e ficar inconsistente.

Assim, e ignorando algumas otimizações comuns, porém mais avançadas do que o nível deste livro, esta seção considera que todas as *caches* de dados e instruções estão no nível físico e apenas a TLB trabalha no nível dos endereços virtuais. A Figura 7.30 ilustra a forma como os dois mecanismos estão integrados e se completam, desde o pedido de acesso com um endereço virtual (em uma instrução do tipo MOV, por exemplo), passando pelo endereço físico em que esse endereço virtual está mapeado, até obter o valor pretendido. Esta figura é apenas ilustrativa e não tem como objetivo um grande rigor de representação (número de *bits* dos campos, número de linhas da *cache*, tipo de *cache*, etc.).

O endereço físico produzido é interpretado de forma diferente pelo mecanismo de memória virtual e pela *cache* (mas o valor é o mesmo). Particularmente, percebe-se que o tamanho da página é superior ao do bloco, pois os *bits* menos significativos do rótulo ainda se sobrepõem aos *bits* mais significativos do deslocamento.

O caminho a percorrer desde o pedido de acesso até a sua execução estar completa pode ser mais longo e tortuoso do que a Figura 7.30 deixa antever, além de alguns cuidados fundamentais a ter em relação à consistência da informação entre os vários mecanismos. Por exemplo, se uma página sair de memória para disco, quaisquer blocos dessa página presentes nas *caches* têm de ser invalidados (porque os endereços físicos dessa página serão reutilizados para mapear outra página virtual, com outro conteúdo).

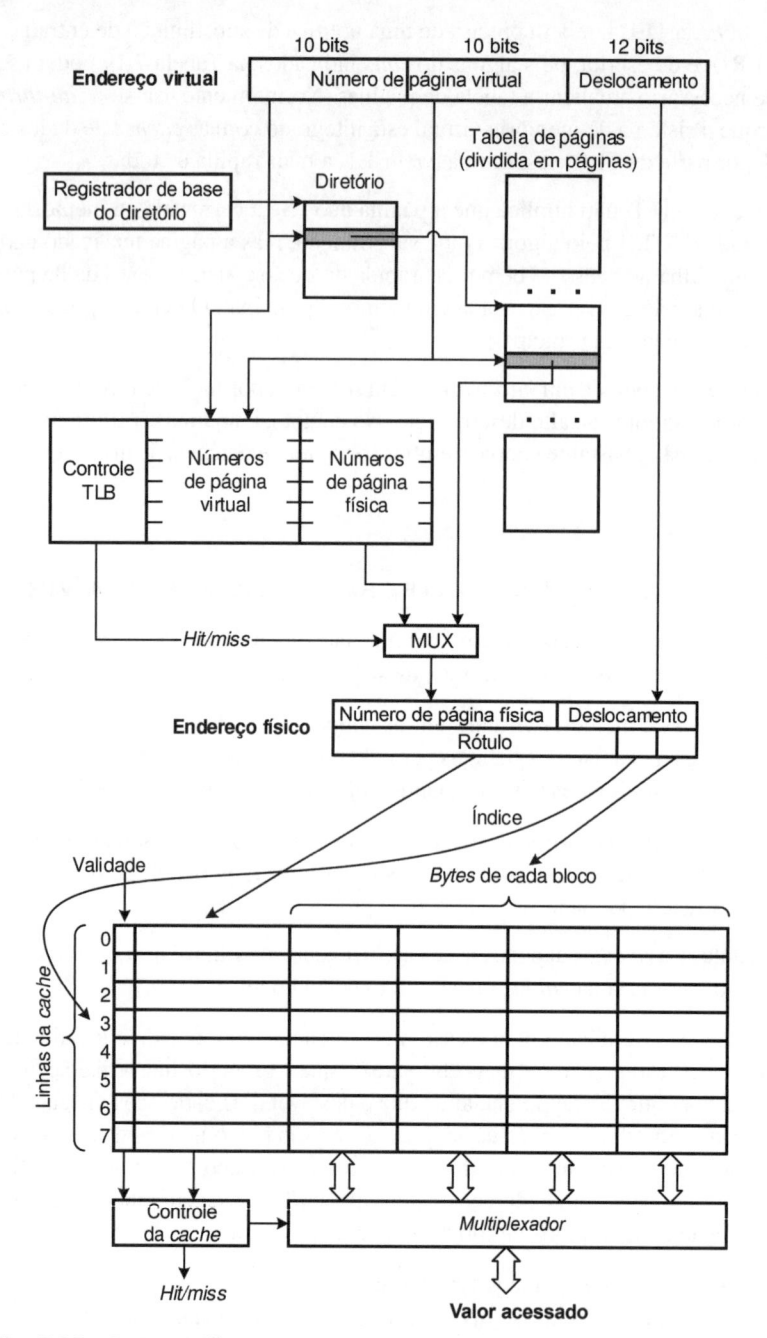

**Fig. 7.30 – Integração dos mecanismos de memória virtual e *caches***

O caminho mais rápido é conseguido se o mapeamento virtual-físico estiver presente na TLB, a página referenciada estiver carregada em memória principal e o bloco acessado (dentro dessa página) estiver presente na *cache*. Um acesso pode falhar em qualquer destes três pontos:[114]

- TLB – Uma falha do mapeamento virtual-físico na TLB acarreta percorrer a tabela de páginas. Com o diretório e uma tabela com um nível, como acontece na Figura 7.30, isto implica:

    - Ler a entrada no diretório (esta página é residente);

    - Se a página da tabela de páginas não estiver em memória, tem de ser carregada;

    - Carregar, na TLB, a entrada com o mapeamento virtual-físico da página acessada pelo processador.

---

[114]Embora haja algumas combinações que não podem acontecer como, por exemplo, um bloco estar presente na *cache*, mas a respectiva página não estar carregada em memória principal.

- Página – Uma falta de página é uma operação muito lenta em relação à velocidade de processamento do processador. Enquanto as falhas na TLB e nas *caches* de dados e instruções podem ser resolvidas rapidamente, com o processador esperando, uma falta de página envolve gerar uma exceção, cuja rotina irá desencadear um pedido de acesso ao disco, que bloqueará o processo onde ocorreu, ficando à espera da conclusão, ocasião em que a instrução que desencadeou o acesso (e a exceção de falta de página) será reexecutada. Observe que um acesso por parte do processador pode ocasionar duas faltas de página,[115] uma relativa à página da tabela de páginas (no caso de uma falha na TLB) e outra relativa à página que o processador pretende acessar. A instrução pode assim recomeçar a sua execução mais de uma vez. Enquanto a leitura do disco acontece, normalmente o processador passa a executar outro processo;

- *Cache* – O bloco pretendido não está carregado na *cache*. A recuperação é feita em *hardware*, normalmente com o processador esperando. As *caches* mais evoluídas, nos processadores de alto desempenho, suportam continuação dos acessos durante a recuperação, pela *cache*, do bloco cujo acesso falhou, até haver outra falha antes de a primeira estar resolvida. Algumas permitem mesmo várias falhas pendentes, que depois vão sendo resolvidas. Estas *caches* que não bloqueiam o processador em caso de falha são denominadas **não bloqueantes**.

Todo este conjunto de mecanismos envolve um equilíbrio cuja otimização é difícil de conseguir para todos os casos. O desempenho global depende de inúmeros fatores, incluindo não apenas o computador e o seu *software* de suporte (tipo, capacidade e políticas das *caches*, organização da memória virtual e do sistema operacional, tempos de acesso do disco, etc.), como também o próprio programa do usuário, que pode estar mais ou menos adequado a todos estes mecanismos.

A programação só é transparente à arquitetura no que se refere à funcionalidade. No desempenho, quem programa (e o compilador) tem de conhecer minimamente a forma como o computador está organizado. Por exemplo, imagine um programa que manipula imagens, em que os *pixels* estão organizados, na memória, por linhas. Os *pixels* da mesma linha tendem a ficar na mesma página ou em páginas consecutivas, mas o mesmo não acontece entre os *pixels* da mesma coluna. Desta forma, se o programa for processando os *pixels* por linha, terá muito mais sucesso no acesso à *cache* e à memória virtual do que se o fizer por coluna, em que as falhas na *cache* e as faltas nas páginas serão muito mais frequentes. Observe que a recuperação das faltas de página é tão drasticamente lenta em relação ao ciclo de relógio do processador, que qualquer aumento na taxa de faltas de página tem um impacto substancial no desempenho global do computador.

Naturalmente, uma memória física de capacidade insuficiente pode congestionar rapidamente o sistema, quando se atinge um ponto de funcionamento, em que cada processo que entra em execução tem de retirar páginas dos outros processos (por falta de espaço). Dado o compartilhamento do processador pelos vários processos, cada processo gasta o seu tempo para ir buscar as páginas de que precisa, pois já não estão lá desde a última vez que executou. Esta situação é denominada *thrashing* e tem uma analogia simples com o trânsito de um cruzamento (com poucos automóveis, o trânsito flui sem problemas mas, na hora do *rush*, os automóveis bloqueiam-se uns aos outros, mesmo com semáforos, e os tempos de percurso aumentam drasticamente).

### 7.6.7 Memória virtual no PEPE

A existência do mecanismo de memória virtual, no PEPE, destina-se mais a permitir verificar o seu comportamento do que a suportar um ambiente de exploração de políticas e estatísticas. Acresce o fato de este mecanismo exigir suporte de um sistema operacional e assumir a existência de um dispositivo de memória de massa (disco, particularmente), envolvendo algum nível de complexidade. Assim, as capacidades do PEPE, neste campo, limitam-se ao essencial para suportar o mecanismo.

Os endereços virtuais têm apenas 16 bits, pois têm de circular pelos registradores. A página é de 256 bytes (128 palavras), o que quer dizer que cada processo pode acessar 256 páginas virtuais. A tabela de páginas só tem um nível, ocupando 256 palavras (uma palavra por cada entrada).

Os endereços físicos têm também 16 bits (não podia ser maior, pois o processador só suporta um espaço de endereçamento físico de 16 bits, e também não há interesse em restringi-lo a menos *bits*). Assim, o espaço físico também tem 256 páginas (embora a capacidade da memória física possa limitar o número de páginas virtuais carregadas simultaneamente).

O formato das entradas na tabela de páginas é indicado pela Tabela 7.20, com base na descrição da Tabela 7.19.

---

[115]As páginas de código e dados usadas pelo sistema operacional, na execução do pedido de leitura das páginas em falta, têm de ser residentes.

## Tabela 7.20 – Formato das entradas na tabela de páginas

| Bit | Nome | Sigla | Função |
|---|---|---|---|
| 15 | Válida | V | Se V=1, a página está carregada em memória principal, caso contrário está no *swap file* |
| 14 | Acessada | A | Se A=1, a página foi acessada desde a última vez que o sistema operacional colocou 0 nos *bits* A das várias entradas. Este *bit* é usado para a política LRU |
| 13 | Alterada | D | Se D=1, pelo menos uma palavra da página foi alterada desde que foi carregada em memória principal. Se a página tiver de sair de memória principal, tem de ser escrita em disco para atualizar a cópia no *swap file* |
| 12 | Alterável | W | Se W=0, nenhuma palavra da página pode ser alterada. Se o programa tentar efetuar uma escrita com W=0, é gerada a execeção SO_LEITURA (Tabela A.8) |
| 11 | Nível de proteção | P | Se P=0, a página é de nível de sistema. Se P=1, é de nível de usuário (Subseção 7.7.5). Se o programa tentar acessar uma página de sistema (P=0) com o *bit* NP=1, é gerada a exceção D_PROT ou I_PROT (Tabela A.8), conforme o acesso seja de dados ou de busca de instrução, respectivamente |
| 10 | Residente | R | Se R=1, a página não pode participar do mecanismo de substituição de páginas, ficando residente na memória principal |
| 9 | *Cacheable* | C | Se C=0, os acessos à página não passam pela *cache*, sendo sempre lidos ou escritos no endereço especificado. C=1 normalmente é usado em páginas localizadas nos endereços dos periféricos (Subseção 7.7.6) e constitui uma alternativa ao mecanismo de inibição da *cache* por *hardware* (Subseção 7.5.7) |
| 8..0 | Referência | Ref | Número de página física (se V=1) ou número de página no *swap file* (se V=0). Se V=1, o *bit* 8 é ignorado |

A base da tabela de páginas está contida no registrador auxiliar RTP (Registrador da Tabela de Páginas – Tabela A.3). Observe que cada processo tem o seu próprio espaço de memória virtual, o que implica a sua própria tabela de páginas. Sempre que o processo em execução muda, também o valor do RTP tem de mudar.

Dado que os circuitos do PEPE para acesso à memória em leitura/escrita de dados (MOV) e em busca de instruções são separados, existem duas TLBs separadas, uma para dados e outra para instruções. Ambas são completamente associativas, com blocos de uma só palavra, e a sua capacidade e política de substituição de blocos pode ser configurada por meio do registrador auxiliar RCMV (Registrador de Configuração da Memória Virtual – Tabela A.7). As falhas nas TLBs são tratadas em *hardware*.

Este mesmo registrador permite ligar ou desligar o mecanismo de memória virtual. Por *default*, está desligado após um *reset*, caso em que o processador considera que os endereços usados para fazer os acessos são físicos. Ao ligar a memória virtual, as TLBs são inicializadas (sem entradas carregadas).

O PEPE possui ainda o registrador auxiliar RPID (Registrador do Identificador do Processo – Tabela A.3), que contém o PID, um número entre 0 e 255 (é usado apenas o *byte* menos significativo do RPID), que deve identificar univocamente o processo em execução. Este valor é guardado nas TLBs, juntamente com o número de cada página virtual, para identificar a que processo essa página virtual pertence, uma vez que todos os processos têm a mesma faixa de endereços virtuais. Um acesso a um endereço virtual (em busca de instruções ou dados) só reconhece um mapeamento virtual-físico já existente na respectiva TLB se tanto o número de página virtual como o número do processo conferirem.

O rótulo das TLBs é formado pelo número da página virtual e pelo PID do processo a que este pertence. Sem o PID, em cada mudança de processo, teria de se invalidar todas as entradas das TLBs. A parte de dados de cada entrada da TLB é uma cópia da entrada da tabela de páginas, que tem de ser atualizada caso os *bits* A ou D tenham sido alterados. O *bit* V refere-se à entrada na TLB e não à tabela de páginas, mas de qualquer modo uma entrada não pode estar carregada na TLB sem a página correspondente estar carregada na memória principal.

Se durante um acesso, o *bit* V da entrada correspondente à página virtual acessada estiver com 0, é gerada a exceção D_FALTA_PAG ou I_FALTA_PAG (Tabela A.8), conforme o acesso tenha sido, respectivamente, em dados ou em busca de instruções. As rotinas de tratamento destas interrupções têm de ler a página do disco (do *swap file*) em falta e carregá-la em memória, após o que deve reexecutar o acesso. O *swap file* tem capacidade para 512 páginas, uma vez que só há 9 bits disponíveis, na referência para páginas em disco (Tabela 7.20). Cabe ao *software* de suporte garantir que os processos em execução não usem, no total, mais páginas do que este limite.

Todas as instruções no PEPE são reexecutáveis. Na Tabela A.9, pode-se observar que instruções como CALL ou RET só alteram o registrador SP após todos os acessos à memória terem sido concluídos (usando endereços parciais calculados com base no valor do SP antes de ter sido alterado).

O algoritmo de substituição de páginas é muito simples, do tipo LRU, tendo por base os *bits* A das entradas da tabela de páginas, que periodicamente devem receber 0.

Para utilizar a memória virtual, é preciso executar uma série de passos:

- Criar um *swap file*, com uma tabela interna de 512 entradas (para 512 páginas). Esta estrutura de dados destina-se a ser acessada pelo *software* de suporte à memória virtual (que inclui as rotinas de tratamento das exceções de falta de página) e deve ser projetada em conjunto. Pode ser implementada em um periférico específico (para melhor simular um disco) ou em uma área de memória separada, não incluída no conjunto de páginas de memória física, a ser usada pelo mecanismo de memória virtual;

- Criar uma tabela de páginas, com 256 entradas, com o formato estabelecido pela Tabela 7.20;

- Inicializar o RTP (Registrador da Tabela de Páginas) com o endereço de base desta tabela;

- Programar as rotinas de exceção associadas à memória virtual (D_FALTA_PAG ou I_FALTA_PAG) e incluir os seus endereços na tabela de exceções (Seção 6.2);

- Implementar o resto do *software* de suporte à memória virtual, incluindo política de substituição de páginas, rotina de exceção de proteção de escrita, etc.;

- Implementar sistema de suporte de processos, incluindo gerenciamento do registrador RPID;

- Criar e executar os processos.

### SIMULAÇÃO 7.5 – MEMÓRIA VIRTUAL

Esta simulação toma como base o conteúdo desta seção e das anteriores e exemplifica o funcionamento do mecanismo de memória virtual no PEPE, implementando, em linguagem *assembly* do PEPE, todo o *software* necessário para suportar processos com memória virtual. São focados em particular os seguintes aspectos:

- Verificação do funcionamento do mecanismo de memória virtual e da tradução de endereços;

- Interface de usuário, que permite a qualquer momento, com simulação passo a passo, visualizar o estado do mecanismo de memória virtual (particularmente a TLB e a tabela de páginas) e de algumas estatísticas da sua utilização;

- Análise de um acesso favorável (tudo carregado) e desfavorável (com faltas);

- Substituição de páginas, com atualização do *swap file* com uma página modificada;

- Proteção de escrita e de acesso a páginas de sistema;

- Compartilhamento de memória entre dois processos;

- Acesso a periféricos;

- Análise do comportamento do sistema com programas bem e malconcebidos.

> ### ESSENCIAL
>
> - A memória virtual é um mecanismo concebido para eliminar as limitações da memória física (endereços fixos e em número limitado), usando a memória principal como se fosse uma *cache* do disco. Não aumenta o desempenho do processador em relação a usar apenas memória principal física (pelo contrário, até diminui);
>
> - Este mecanismo é transparente para a funcionalidade dos programas, mas estes se beneficiam de um aumento aparente da capacidade de memória, podem ser carregados em quaisquer endereços (relocação) e até compartilhar áreas de memória física ou periféricos, em endereços virtuais diferentes, de forma protegida;

■ A unidade de transferência entre o disco e a memória principal é a página. Uma falta de página gera uma exceção, que permite ao sistema operacional ir ao disco buscar a página e repetir o acesso;

■ O mapeamento entre endereços virtuais e físicos é realizado por meio de uma tabela de páginas. Para acelerar o processo, usa-se uma TLB, uma pequena *cache* que contém os mapeamentos entre páginas virtuais e físicas mais frequentes;

■ Quando alguma palavra de uma página é alterada, marca-se essa página. Se tiver de sair da memória principal (porque está cheia e é necessário espaço), primeiro tem de atualizar a versão em disco.

# 7.7 SUPORTE PARA PROCESSOS

## 7.7.1 MODELOS DE PROGRAMAÇÃO E DE EXECUÇÃO

Os primeiros computadores conseguiam executar apenas um programa de cada vez. Hoje, qualquer computador pessoal executa, sem problemas, várias dezenas de programas e um grande servidor pode estar executando milhares de programas simultaneamente.

A Subseção 6.2.2.5 apresentou um exemplo de um programa que executa várias tarefas independentes (ler botões, detectar passagens por zero da tensão da rede elétrica e contar o tempo em que o *triac* está ligado). No entanto, trata-se apenas de um programa, que está fazendo apenas uma tarefa (ler os botões). As outras são invocadas periodicamente através de interrupções. Estas tarefas contribuem para um fim comum (controle da intensidade luminosa de uma lâmpada) e têm de ser pensadas de forma coordenada, para o conjunto funcionar de forma satisfatória.

Com o aumento da complexidade do *software*, em que um computador tem de lidar com programas totalmente independentes, mas que compartilham os mesmos recursos físicos (processador, memória e periféricos), já não é possível programar tudo de forma coordenada e a única solução é o processador proporcionar suporte para a execução simultânea de programas independentes, denominados **processos**. Um processo engloba toda a informação sobre um programa em execução.

O termo "simultânea" sugere que, em qualquer instante, o computador está realmente executando N instruções, uma de cada processo. De fato, os processadores modernos de alto desempenho possuem mais do que um recurso de cada tipo (ALUs ou mesmo núcleos, Subseção 6.5.2.2), que lhes permitem suportar execução **paralela** (realmente ao mesmo tempo) de vários processos. O próprio *pipelining* (Seção 7.3) já é uma forma de paralelismo (embora dentro do mesmo processo), pois o processador possui várias unidades (os estágios), que realmente executam tarefas elementares ao mesmo tempo. Quando o computador possui vários processadores (ou um processador com vários núcleos), diz-se que há **multiprocessamento**, permitindo a execução ao mesmo tempo de vários processos (tantos quantos forem os processadores ou núcleos do processador). Um computador que suporte multiprocessamento é denominado **multiprocessador** [Patterson 2011, Stallings 2012].

Um processador com um núcleo só consegue executar um processo de cada vez (ou mais, embora de forma fixa, com a técnica de hiperprocessamento – Subseção 6.5.2.2). No entanto, consegue simular a execução simultânea de muitos processos, dedicando algum tempo a cada processo e percorrendo-os todos, rotativamente. Desta forma, o processador é compartilhado por todos os processos. Se a rotatividade for muito rápida em relação à percepção humana (normalmente poucos milissegundos dedicados a cada processo), parece que todos os processos estão sendo executados ao mesmo tempo, embora, na realidade, em cada instante só um esteja sendo executado (tal como acontece em uma sessão simultânea de xadrez, em que o mestre dedica um pouco do seu tempo a cada um dos participantes). Os processos não são executados realmente ao mesmo tempo, mas apenas em um regime de compartilhamento de tempo, denominado **multiprogramação**. Cada processador de um multiprocessador pode executar vários processos em regime de multiprogramação.

Os programas devem ser construídos de forma a que os seus resultados não dependam do regime em que são executados, nem de quantos nem quais processos também estejam sendo executados no mesmo computador. Desta forma, a terminologia que se usa em termos de modelo de programação dos programas é **programação sequencial** (em que um processo considera que é o único a executar) ou **programação concorrente** (em que um processo sabe que há outros processos também em execução e está preparado para interagir com eles, independentemente de ser em regime de multiprocessamento ou de multiprogramação).

## 7.7.2 MULTIPROGRAMAÇÃO

A multiprogramação requer um gerente de processos (que faz parte do sistema operacional), para gerenciar o compartilhamento dos recursos do processador pelos vários processos. Cada processo é executado como se fosse o único no processador e sem se preocupar quando os outros executam. Periodicamente, um temporizador gera uma interrupção que invoca uma rotina que:

- Guarda os registradores do processador em memória, incluindo o `PC`, `SP` e `RE`, e ainda o `RTP` (se estiver usando a memória virtual) e o `RPID` (que contém o identificador do processo), o que corresponde ao estado do processo em execução, denominado **contexto**[116] desse processo;

- Lê da memória o contexto de outro processo;

- Transfere o controle para esse processo, que recomeça no ponto em que tinha sido interrompido, como se não tivesse havido mudança para outro processo.

O objetivo desta interrupção é retirar o controle do processador (**preempção**) do processo em execução e dá-lo a outro processo, de modo a que todos os processos tenham oportunidade de ser executados, mesmo que um determinado processo esteja executando um loop infinito.

O período entre as interrupções define o tempo em que cada processo pode executar a cada vez e é denominado **fatia de tempo** (*time slice*). Os contextos dos vários processos constam de uma **lista de processos**, que vai sendo percorrida por esta rotina, a cada vez que é invocada, voltando ao princípio quando chega ao fim. Devido à função de despachar o controle do processador para um dos processos, esta rotina normalmente é denominada **despachante** (*dispatcher*) e a operação que desempenha, **despacho** (*dispatch*).

A Figura 7.31 ilustra o compartilhamento de tempo por quatro processos, mostrando o tempo em que ocorrem as interrupções de fatia de tempo. Pretende-se que o tempo dedicado ao despacho seja o menor possível, de forma a reduzir o ônus do próprio sistema operacional no desempenho global do processador, portanto os tempos nesta figura não estão necessariamente em escala.

A multiprogramação consiste assim em uma alternância, por parte de cada processo, entre dois estados, em termos de utilização do processador. Ou está **em execução** ou está **executável** (à espera da sua vez). No entanto, durante a execução, um processo pode ter de esperar que um recurso (um periférico, por exemplo) esteja disponível (normalmente por estar sendo usado por outro processo ou por ainda estar fazendo alguma tarefa) ou que um determinado evento ocorra (o usuário pressione uma tecla do teclado, decorram `N` unidades de tempo, etc). Se isso acontecer a um processo, o sistema operacional passa-o para o estado **bloqueado**, retirando-o de execução e passando-o para a lista dos processos bloqueados. Desta forma, evita-se que este processo consuma inutilmente a sua fatia de tempo em **espera ativa** (teste repetido continuamente, em *loop*, de uma determinada condição) de algo que pode demorar um longo tempo para acontecer. Quando o processo puder prosseguir (o recurso ficar disponível ou o evento esperado ocorrer), o seu contexto é mudado para a lista dos processos executáveis, entrando depois em execução quando chegar a sua vez. A Figura 7.32 ilustra o modelo básico[117] de estados dos processos.

O mecanismo circular (*round robin*) para percorrer a lista de processos, em que cada um é executado na sua vez e depois repete-se toda a sequência, não é a única política de escolha (**escalonamento**, ou *scheduling*) do próximo processo a ser executado. Entre outras variantes possíveis, a maioria dos sistemas operacionais suporta prioridades, em que a cada processo é atribuída uma **prioridade**, e esse processo só é executado quando nenhum processo de maior prioridade (se houver) estiver em condições de ser executado (normalmente, os processos de maior prioridade passam a maior parte do tempo bloqueados, sendo executados apenas

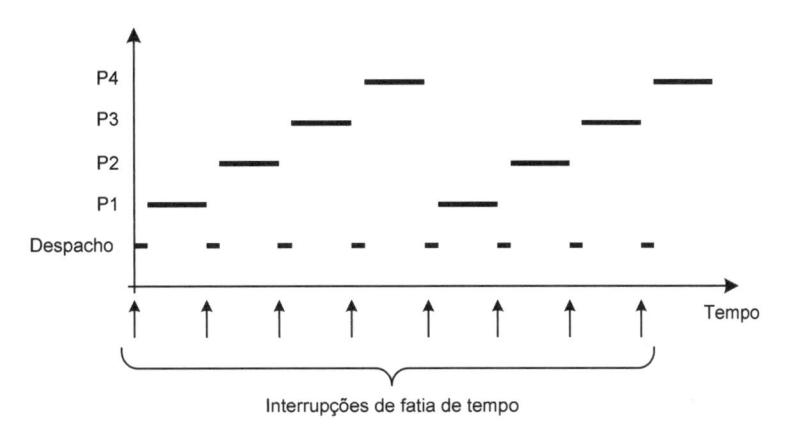

**Fig. 7.31 – Multiprogramação: despacho e compartilhamento de tempo por vários processos**

---

[116]Poderá ter outros nomes, dependendo do sistema operacional, mas é apenas uma questão de nomenclatura.

[117]Os sistemas operacionais normalmente suportam mais estados, como por exemplo **suspenso**, mas isso está fora do âmbito deste livro.

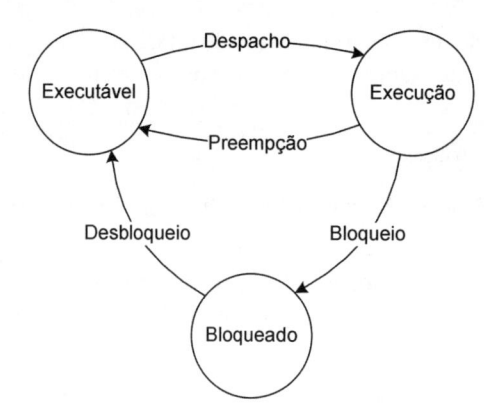

**Fig. 7.32 – Modelo básico de estados dos processos. Só pode haver um processo em Execução. Os processos no estado Executável constam de uma lista e os que estão no estado Bloqueado constam de outra. Mudança de estado implica passagem para outra lista**

quando um determinado recurso – normalmente um semáforo, Subseção 7.7.3.1 – fica disponível). Esta operação de escalonamento normalmente é separada da operação de despacho e é executada por outra rotina denominada **escalonador** (*scheduler*). No exemplo desta seção, por ser muito simples, as duas operações são executadas pela mesma rotina.

O Programa 7.2 ilustra o funcionamento da multiprogramação e do despacho de uma forma extremamente simples em relação a qualquer sistema operacional digno desse nome. O contexto de cada processo consiste apenas no valor do SP (o resto do estado de cada processo é todo guardado na sua pilha) e a lista dos contextos não passa de uma tabela com os valores do SP, que é percorrida repetidamente.

```
MAXNUMP      EQU    8              ; número máximo de processos
TAMPILHA     EQU    100            ; dimensão da pilha (em palavras) de cada processo
LEDS         EQU    8000H          ; endereço do periférico dos LEDs
ESPERA       EQU    200            ; valor de espera (depende do desempenho do
                                   ; computador que executa o simulador)
IMAGEMRE     EQU    0300H          ; valor do RE a guardar na pilha durante a criação
                                   ; de um processo (tem de ter IE0 e IE com 1)


PLACE        1000H                 ; área de dados
tabCont:     TABLE    MAXNUMP      ; reserva espaço para os contextos dos processos
pilha:       TABLE    800          ; reserva espaço para as pilhas dos processos
                                   ; (MAXNUMP * TAMPILHA)
pilhaPP:     TABLE    30           ; pilha para o programa principal
fimPilhaPP:                        ; valor de inicialização do SP do prog. principal
numP:        WORD                  ; número atual de processos
valorLEDs:   WORD                  ; imagem na memória do valor dos LEDs

tabInt:      WORD Despacho         ; tabela de exceções (só tem INT0)

PLACE        0000H                 ; programa principal, inicializações etc.
início:  MOV    BTE, tabInt        ; inicializa BTE com tabela de exceções
         MOV    SP, fimPilhaPP     ; inicializa SP com pilha do programa principal
         MOV    R0, 0
         MOV    R1, numP
         MOV    [R1], R0           ; inicializa número atual de processos
         MOV    RPID, R0           ; inicializa número do processo a executar
         MOV    R1, valorLEDs
         MOV    [R1], R0           ; inicializa imagem na memória do valor dos LEDs
         MOV    R0, Pisca          ; endereço do processo que pisca o LED 0
         CALL   CriaProc           ; cria o processo
         MOV    R0, Alterna        ; endereço do processo que alterna os LEDs
         CALL   CriaProc           ; cria o processo
         MOV    R0, tabCont        ; tabela dos contextos
         MOV    SP, [R0]           ; recupera SP do primeiro processo
         POPC                      ; restaura todos os registradores (exceto SP, BTE, TEMP
                                   ; e ainda PC e RE, que tinham sido salvos à parte)
```

```
        RFE                     ; "retorna" para o primeiro processo (o outro será
                                ; invocado pelo mecanismo do despacho). Esta
                                ; instrução liga os bits das interrupções devido
                                ; ao valor de RE pré-guardado na pilha durante
                                ; a criação do processo
; processo que pisca o LED 0
Pisca:
        MOV     R1, valorLEDs   ; imagem na memória do valor dos LEDs
        MOV     R2, LEDS        ; endereço do periférico dos LEDs
loop0:  MOV     R3, [R1]        ; lê imagem na memória do valor dos LEDs
        CPL     R3, 0           ; troca o bit 0 (LED deste processo)
        MOV     [R1], R3        ; atualiza imagem na memória do valor dos LEDs
        MOVB    [R2], R3        ; atualiza valor dos LEDs no periférico
        MOV     R0, ESPERA      ; valor de espera
        CALL    Espera          ; rotina que espera um tempo
        JMP     loop0           ; continua o loop


; processo que liga alternadamente os LEDs 2 e 3
Alterna:
        MOV     R1, valorLEDs   ; imagem na memória do valor dos LEDs
        MOV     R2, LEDS        ; endereço do periférico dos LEDs
loop1:  MOV     R3, [R1]        ; lê imagem na memória do valor dos LEDs
        CPL     R3, 2           ; troca o LED 2
        BIT     R3, 2           ; vê estado do LED 2 para o bit 3 ficar ao contrário
        JZ      bit1            ; se o LED 2 está com 0...
        CLR     R3, 3           ; senão, coloca 0 nele
        JMP     altera
bit1:   SET     R3, 3           ; ... coloca 1 no bit 3
altera: MOV     [R1], R3        ; atualiza imagem na memória do valor dos LEDs
        MOVB    [R2], R3        ; atualiza valor dos LEDs no periférico
        MOV     R0, ESPERA      ; valor de espera
        CALL    Espera          ; rotina que espera um tempo
        JMP     loop1           ; continua o loop


; rotina que espera algum tempo por meio de um loop. Recebe em R0 o número
; de iterações a esperar
Espera: SUB     R0, 1           ; menos uma iteração para esperar
        JNZ     Espera          ; executa loop até R0 chegar a 0
        RET


; rotina que cria um processo. No R0 recebe o endereço de entrada do processo
; (de sua primeira instrução). Na imagem de R0 guardada na pilha do novo
; processo fica seu número do processo.
CriaProc:
        PUSH    R1              ; guarda registradores usados
        PUSH    R2
        PUSH    R3
        MOV     R1, numP
        MOV     R2, [R1]        ; número atual de processos
        ADD     R2, 1           ; passa a haver mais um processo
        MOV     R3, MAXNUMP     ; número máximo de processos
        CMP     R2, R3
        JGE     fim             ; se já não pode criar mais processos, retorna
        MOV     [R1], R2        ; atualiza o número atual de processos
        MOV     R3, TAMPILHA    ; tamanho da pilha de cada processo em palavras
        MUL     R3, R2          ; espaço de pilha ocupado por todos os processos
        SHL     R3, 1           ; espaço de pilha em bytes
        MOV     R1, pilha       ; base das pilhas dos processos
        ADD     R1, R3          ; endereço logo após a pilha do novo processo
        SUB     R1, 2           ; primeira palavra útil da pilha deste processo
        MOV     [R1], R0        ; coloca lá o endereço do processo
        SUB     R1, 2           ; palavra seguinte da pilha deste processo
        MOV     R0, IMAGEMRE    ; valor de RE com interrupções permitidas
        MOV     [R1], R0        ; coloca esse valor de RE na pilha
        MOV     R3, 26          ; reserva espaço necessário para 13 registradores
        SUB     R1, R3          ; principais (todos exceto RE, TEMP e SP)
        MOV     R3, tabCont     ; base da tabela dos contextos
        SUB     R2, 1           ; número do processo atual (nº de processos - 1)
```

```
                SHL    R2, 1           ; multiplica nº de processos por 2
                ADD    R3, R2          ; endereço na tabela do contexto deste processo
                MOV    [R3], R1        ; coloca lá o valor do SP deste processo
        fim:    POP    R3              ; restaura o valor dos registradores
                POP    R2
                POP    R1
                RET


        ; rotina de interrupção de fatia de tempo (INT0)
        Despacho:
                PUSHC                  ; guarda todos os registradores (exceto PC e RE, que
                                       ; já foram salvos pela invocação da rotina, SP,
                                       ; que é guardado na tabela de contextos, e BTE
                                       ; e TEMP, que não são guardados)
                MOV    R0, tabCont     ; base da tabela dos contextos dos processos
                MOV    R2, RPID        ; número do processo a executar
                SHL    R2, 1           ; multiplica por 2 (endereçamento de byte)
                MOV    [R0+R2], SP     ; guarda o valor atual do SP
                MOV    R3, numP
                MOV    R4, [R3]        ; número atual de processos
                SHR    R2, 1           ; repõe número do processo a executar
                ADD    R2, 1           ; passa ao processo seguinte
                CMP    R2, R4
                JLT    prox            ; se já chegou ao último, ...
                MOV    R2, 0           ; ... é preciso voltar ao princípio
        prox:   MOV    RPID, R2        ; atualiza o número do processo a executar
                SHL    R2, 1           ; multiplica por 2 (endereçamento de byte)
                MOV    SP, [R0+R2]     ; obtém o valor do SP do novo processo
                POPC                   ; restaura todos os registradores (exceto PC e RE, que
                                       ; tinham sido salvos à parte, SP e TEMP)
                RFE                    ; retorna da rotina (para o novo processo)
```

**Programa 7.2 – Programação com processos (multiprogramação), com uso de uma rotina de despacho invocada por interrupções de fatia de tempo**

Só há dois processos, um que pisca um LED (Pisca) e outro que liga dois LEDs alternadamente (Alterna). Como os *bits* que se ligam aos LEDs estão no mesmo periférico, ambos os processos primeiro alteram os respectivos *bits*, em uma imagem do periférico dos LEDs, na memória (valorLEDs), e depois escrevem esse valor no periférico. Cada processo tem a sua área de pilha. O circuito (Simulação 7.6) inclui um temporizador que se liga à interrupção INT0, que gera interrupções periódicas para o despacho. Observe que os processos são programados de forma independente, como se tivessem o processador só para si, e são estas interrupções e o despacho que se encarregam de distribuir o tempo do processador pelos vários processos existentes.

A rotina CriaProc cria um processo, registrando-o na lista dos contextos e guardando, na pilha que lhe foi atribuída, o valor dos registradores, que devem ser recuperados quando esse processo for executado. Cada processo tem um identificador único (PID – *process identifier*), um número entre 0 e 255. O PID de cada novo processo é igual ao anterior mais um.

A rotina Despacho guarda o contexto de um processo na sua pilha e repõe o contexto do processo seguinte. No programa principal, que faz as inicializações, são também criados os processos e transferido o controle para o primeiro processo, o que envolve buscar o seu contexto e retornar, tal como Despacho faz. Este retorno usa os valores pré-guardados na pilha. Os processos restantes são invocados depois, pela rotina Despacho. O PID do processo corrente é armazenado no registrador auxiliar RPID (Registrador do Identificador do Processo – Tabela A.3).

Este exemplo nunca destrói processos, mas isso não é difícil, bastando eliminar o registrador do processo na tabela dos contextos. A maior dificuldade é gerenciar os "buracos" que esta operação cria na tabela dos contextos. Por esta razão, os sistemas operacionais usam listas encadeadas (Subseção 5.8.6), que suportam facilmente a inserção e remoção de elementos (contextos dos processos).

A Simulação 7.6 permite verificar que os dois processos executam "simultaneamente", parecendo independentes, e contém detalhes adicionais sobre o funcionamento deste exemplo.

 **NOTA** — A mudança de contexto (*context switch*) de processo é uma atividade crítica em que não pode haver exceções como, por exemplo, falta de página. Por este motivo, um sistema operacional que suporte memória virtual deverá ter o cuidado de colocar a lista dos contextos dos processos em uma página declarada residente (Tabela 7.19).

**Simulação 7.6** – Multiprogramação

Esta simulação toma como base o Programa 7.2 e exemplifica o funcionamento da multiprogramação no PEPE. Em particular, são abordados os seguintes aspectos:

- Criação de processos;

- Verificação do funcionamento da multiprogramação e de que um processo não bloqueia outro, apesar de incluir *loops* infinitos, nem interfere com os valores dos registradores dos outros processos, apesar de utilizar os mesmos registradores;

- Distinção entre tempo de processo e tempo real (aumento do tempo real de processamento com o aumento do número dos processos);

- Funcionamento do mecanismo do despacho;

- Efeito do aumento exagerado da fatia de tempo de cada processo;

- Marcação das temporizações por interrupção (temporizador), em vez de ser por contagem de iterações (variante do Programa 7.2).

### 7.7.3 Interação entre processos

#### 7.7.3.1 Sincronização de baixo nível

Embora o Programa 7.2 aparentemente funcione bem, apresenta um problema clássico na programação concorrente, quando vários processos interagem. Na Simulação 7.6, o efeito desse problema é percebido por uma irregularidade quase imperceptível, eventual, no ritmo dos LEDs.

Para se entender melhor o problema, observe que o algoritmo de cada processo é de maneira geral o seguinte:

1. Lê imagem (na memória) dos LEDs para um registrador.

2. Altera o(s) *bit(s)* do(s) LED(s) desse processo nessa imagem.

3. Atualiza essa imagem na memória.

4. Escreve essa imagem no periférico para atualizar o valor dos LEDs.

5. Espera um tempo.

6. Repete o *loop*.

Como a interrupção de fatia de tempo e a mudança de processo podem acontecer a qualquer momento, é perfeitamente possível que a situação da Figura 7.33 (ou outra semelhante) ocorra. O processo `Pisca` lê a imagem dos LEDs e começa a alterá-la em um registrador, mas antes que possa registrar essa alteração na imagem, em memória, ocorre uma mudança de processo e passa a executar o processo `Alterna`, que faz outras modificações e registra-as na imagem dos LEDs, na memória, e nos próprios LEDs, no periférico.

Pouco tempo depois da espera do processo `Alterna` começar, volta a executar o processo `Pisca`, que não sabe nada das alterações nos LEDs, efetuadas pelo processo `Alterna`, e calmamente atualiza a imagem dos LEDs e o valor dos próprios LEDs. Os LEDs 2 e 3 voltam a ter o valor anterior à última execução do processo `Alterna`.

O resultado visual é estes LEDs manterem o último valor deixado pelo processo `Alterna` durante muito menos tempo do que devia (o tempo de espera do passo 5 do algoritmo), dando a sensação de uma piscadela rápida.

Naturalmente, isto só ocorre ocasionalmente, quando o ritmo de mudança de processo determina uma situação deste tipo, mas a probabilidade de ocorrer pode ser muito aumentada se, por exemplo, o passo 5 for mudado para antes do passo 3, pois o tempo entre ler a informação compartilhada e a atualizar (depois de tê-la modificado) aumenta devido ao tempo de espera (Simulação 7.7).

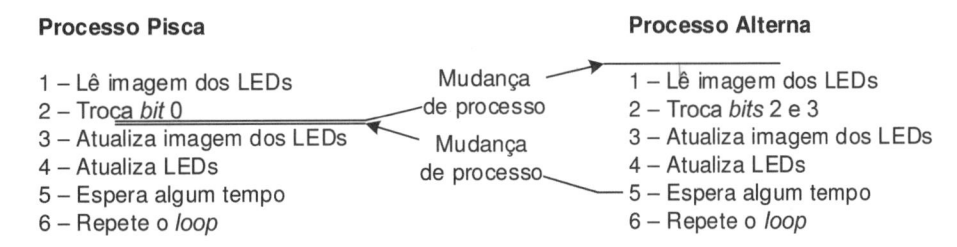

**Fig. 7.33 – Interferência na sequência temporal do processamento dos processos causada pela multiprogramação quando mais do que um processo usa a mesma informação**

Este problema é crítico em muitas atividades da vida real. Imagine, por exemplo, que um cliente vai a uma agência de viagens e pergunta se há lugares em um determinado voo. Dizem a ele que só há mais um lugar disponível mas, enquanto ele decide se quer aproveitar ou não, outro cliente em outra agência, faz a mesma pergunta e decide mais depressa. Quando finalmente o primeiro cliente diz que sim, a agência tem de lhe dizer que já não há lugar, o que naturalmente é desagradável, considerando que tinha acabado de dizer que havia um lugar.

A solução é garantir que, enquanto um processo está alterando informação compartilhada (lendo, alterando e atualizando), nenhum outro pode estar fazendo o mesmo. Esta restrição é denominada **exclusão mútua** (o primeiro a começar a fazer este procedimento exclui todos os outros). O objetivo é garantir que todas as operações, desde a leitura da informação até a sua atualização final, sejam efetuadas de forma **atômica**, sem interrupções ou divisões. Ou se faz tudo ou não se faz nada. Uma seção de um programa que tenha de ser executada deste modo (com exclusão mútua) é denominada **seção crítica**.

Uma solução seria desligar as interrupções antes de um processo entrar em uma seção crítica, mas isso desligaria também a multi-programação para processos que não manipulam a informação compartilhada em questão. A solução universalmente adotada consiste em cada processo tentar reservar a seção crítica antes de entrar nela (se ela já estiver reservada, fica esperando até conseguir) e liberar essa reserva quando terminar a execução da seção crítica. Em cada instante, só um processo (no máximo) pode deter essa reserva.

Para este fim, cada seção crítica usa uma variável, denominada *lock* (trava), que está "aberta", se tiver o valor 0, e "fechada", se tiver outro valor. Há duas rotinas, `Entrar` e `Sair`, que cada processo tem de invocar imediatamente antes de entrar e após sair de uma seção crítica, respectivamente.

Para `Sair`, basta atribuir 0 à variável *lock*, pois isso é feito em uma única operação indivisível (basta uma instrução `MOV`). Para `Entrar`, no entanto, é preciso ler o valor da variável *lock* e colocar lá 1 (por exemplo), entrando na seção crítica apenas se o valor lido for 0. No entanto, entre a leitura e a escrita da variável *lock*, pode haver uma interrupção de mudança de processo, portanto o problema se mantém.

A solução é dada pela instrução `SWAP` entre um registrador e a memória (`SWAP R0, [R1]`, por exemplo – ver Tabela A.9), que permite trocar os valores de uma posição de memória e de um registrador (uma leitura e uma escrita dessa posição de memória) em uma só instrução de forma atômica (indivisível).[118]

Desta forma, a rotina `Entrar` coloca 1 no registrador e faz um `SWAP`. Se leu 1 no registrador, a seção crítica já estava reservada por outro processo e a rotina tem de continuar tentando. Se leu 0 no registrador, a seção estava livre e já foi reservada (a instrução `SWAP` deixou 1 na variável *lock*), podendo então retornar, para o processo entrar na seção crítica.

**NOTA** — O *lock* (trava) corresponde ao valor de uma célula de memória e às operações `Entrar` e `Sair`. É um mecanismo de *software* (embora necessite de suporte em *hardware* para a operação atômica) e não deve ser confundido com o *latch* (trinco), introduzido na Subseção 2.6.1.1, que consiste em um módulo de *hardware*. O termo anglo-saxônico, *lock*, provavelmente seria traduzido de forma mais correta por fechadura, fecho ou cadeado. No entanto, o termo "trava" é o que tem mais tradição em português na área de sistemas operacionais, por isso é o termo usado neste livro.

O Programa 7.3 ilustra esta solução, corrigindo o problema da exclusão mútua do Programa 7.2. Apenas as alterações e partes relevantes são indicadas, mantendo-se o resto do programa. A Simulação 7.7 contém o programa completo e mostra que as irregularidades do ritmo dos LEDs desaparecem.

```
   . . .
lock:     WORD     0          ; variável para exclusão mútua
   . . .
          MOV      R0, 0
          MOV      R1, lock
          MOV      [R1], R0    ; inicializa variável de exclusão mútua

   . . .

; processo que pisca o LED 0
Pisca:
          MOV      R1, valorLEDs ; imagem na memória do valor dos LEDs
          MOV      R2, LEDS      ; endereço do periférico dos LEDs
loop0:    CALL     Entrar        ; espera até entrar na seção crítica
          MOV      R3, [R1]      ; lê imagem na memória do valor dos LEDs
          CPL      R3, 0         ; troca o bit 0 (LED deste processo)
          MOV      [R1], R3      ; atualiza imagem na memória do valor dos LEDs
```

---

[118]Outros processadores usam outras instruções semelhantes, como por exemplo TAS (*Test and Set*), que afeta um *bit* de estado e permite efetuar um desvio condicional com base no valor da variável *lock* (evitando assim uma instrução de comparação).

```
        MOVB  [R2], R3      ; atualiza valor dos LEDs no periférico
        CALL  Sair          ; libera a seção crítica
        MOV   R0, ESPERA    ; valor de espera
        CALL  Espera        ; rotina que espera um tempo
        JMP   loop0         ; continua o loop

; processo que liga alternadamente os LEDs 2 e 3
Alterna:
        MOV   R1, valorLEDs ; imagem na memória do valor dos LEDs
        MOV   R2, LEDS      ; endereço do periférico dos LEDs
loop1:  CALL  Entrar        ; espera até entrar na seção crítica
        MOV   R3, [R1]      ; lê imagem na memória do valor dos LEDs
        CPL   R3, 2         ; troca o LED 2
        BIT   R3, 2         ; vê estado do LED 2 para o bit 3 ficar ao contrário
        JZ    bit1          ; se o LED 2 está com 0...
        CLR   R3, 3         ; senão, atribui 0 a ele
        JMP   altera
bit1:   SET   R3, 3         ; ... coloca 1 no bit 3
altera: MOV   [R1], R3      ; atualiza imagem na memória do valor dos LEDs
        MOVB  [R2], R3      ; atualiza valor dos LEDs no periférico
        CALL  Sair          ; libera a seção crítica
        MOV   R0, ESPERA    ; valor de espera
        CALL  Espera        ; rotina que espera um tempo
        JMP   loop1         ; continua o loop
. . .


; rotina que usa uma variável de exclusão mútua para proteger uma seção crítica
; (faz um processo esperar até conseguir entrar na seção crítica)
Entrar: PUSH  R0            ; guarda registradores
        PUSH  R1
        MOV   R0, lock      ; variável de exclusão mútua
deNovo: MOV   R1, 1         ; valor para fechar a "trava" (lock)
        SWAP  R1, [R0]      ; tenta fechar a "trava" (operação atômica)
        CMP   R1, 0         ; estava aberta (valor 0)?
        JNZ   deNovo        ; se estava fechada, tem de continuar à espera
        POP   R1            ; conseguiu! Pode recuperar os registradores...
        POP   R0
        RET                 ; ... e retornar

; rotina que libera uma seção crítica
Sair:   PUSH  R0            ; guarda registradores
        PUSH  R1
        MOV   R0, lock      ; variável de exclusão mútua
        MOV   R1, 0         ; valor para abrir a "trava" (lock)
        MOV   [R0], R1      ; abre a "trava" (lock)
        POP   R1            ; Pronto! Pode recuperar os registradores...
        POP   R0
        RET                 ; ... e retornar
. . .
```

**Programa 7.3 – Utilização de _lock_ para impor exclusão mútua aos processos na execução de uma seção crítica**

– EXCLUSÃO MÚTUA

Esta simulação toma como base o Programa 7.3 e exemplifica o funcionamento do mecanismo de exclusão mútua no PEPE. São abordados em particular os seguintes aspectos:

- Efeito da inclusão do tempo de espera antes da atualização da imagem dos LEDs;

- Atomicidade da instrução SWAP;

- Funcionamento das rotinas de acesso à variável _lock_.

Observe que, com a solução do Programa 7.3, um processo que recebe o processador pode ficar tentando entrar, consumindo a sua fatia de tempo do processador inutilmente, em função do processo que detém a reserva de uma seção crítica ter deixado de executar (devido à mudança de processo), antes de liberar essa seção (espera ativa, semelhante ao já discutido na Subseção 6.4.2.1). Por este motivo, este mecanismo deve ser usado para seções críticas de curta duração.

Quando se pretende proteger seções de duração mais longa ou coordenar o acesso a recursos de utilização mais complexa, usa-se um mecanismo de mais alto nível e que está presente em qualquer sistema operacional, que é denominado **semáforo** (por analogia com os semáforos do trânsito que, em um cruzamento, impõem exclusão mútua entre ruas que se cruzam). O princípio é o mesmo (só um processo pode entrar na seção de cada vez), mas com a vantagem de que, se um processo não puder entrar, fica bloqueado (Figura 7.32), sem consumir tempo do processador. O Programa 7.4 ilustra a funcionalidade das funções (na linguagem C, por se tratar de um mecanismo de mais alto nível) de acesso a um semáforo, normalmente designadas Esperar (*Wait*) e Assinalar (*Signal*).[119] Semáforo é uma estrutura de dados (struct, em C), que inclui um valor (um inteiro) e uma lista dos contextos dos processos bloqueados neste semáforo, tal como ilustrado pela Figura 7.34.

Quando um processo tenta entrar na seção crítica protegida por este semáforo, deve verificar se o semáforo está livre, invocando a função Esperar. Se estiver, ocupa o semáforo e pode avançar. Caso contrário, o processo é bloqueado, transferindo-se o seu contexto para a lista de processos do semáforo. Quando o processo que estava ocupando o semáforo sair da seção crítica, invoca a função Assinalar, que desbloqueia (passando a executável) o primeiro processo da lista dos bloqueados nesse semáforo ou, caso não haja nenhum processo bloqueado nesta lista, libera o semáforo.

Os **semáforos binários** são usados para exclusão mútua e só deixam passar, no máximo, um processo de cada vez. A sua variável pode ter o valor 1 (livre) ou 0 (ocupado). No entanto, o mecanismo pode ser generalizado para deixar passar no máximo N processos (**semáforos N-*ários***), o que é útil em muitas aplicações (como, por exemplo, quando só há N cópias de um recurso e só os primeiros N processos têm direito a usá-lo, tendo os outros de esperar). A variável é inicializada com o valor N e cada invocação da primitiva Esperar reduz o valor da variável de uma unidade (até chegar a 0). Os semáforos binários são um caso particular destes, com N=1.

Como as funções podem servir para qualquer semáforo, recebem a variável correspondente como argumento. O semáforo deve ser inicializado com o N pretendido e com a lista de contextos vazia (a declaração e inicialização do semáforo estão omitidas por simplicidade).

Observe que:

- As funções Entrar e Sair correspondem às rotinas com o mesmo nome, do Programa 7.2, em que se pode especificar como argumento o endereço da variável usada como *lock* (trava). Processo é um ponteiro para o contexto do processo em execução.

- Há diferenças fundamentais entre um semáforo binário e um *lock* (trava), apesar de ambos se destinarem à exclusão mútua (Tabela 7.21):

  - O *lock* (trava) é um mecanismo de muito baixo nível, que usa espera ativa e geralmente suporte em *hardware* (instrução atômica). A sua estrutura de dados resume-se a uma variável. Destina-se a proteger seções críticas curtas em que o tempo de espera é por regra pequeno, não compensando bloquear o processo (operação que também gasta algum tempo);

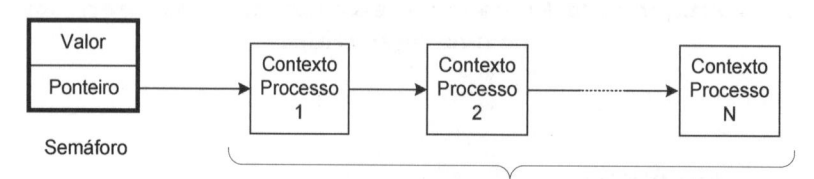

Lista de processos bloqueados neste semáforo

**Fig. 7.34 – Um semáforo é basicamente constituído por uma variável inteira e por uma lista dos contextos dos processos bloqueados neste semáforo (que pode estar vazia)**

---

[119]Este último nome expressa a analogia de assinalar (avisar) ao processo que pode prosseguir (desbloquear-se), como resultado de outro processo ter liberado a seção protegida. Na realidade, quem faz tudo (passar o processo para a lista dos processos executáveis) é esta função.

```
/* Espera até conseguir entrar na seção protegida por este semáforo */
Esperar (Semáforo sem)
{
   Entrar (lock) ;        /* só um processo de cada vez pode entrar aqui */
   if (sem.valor > 0)     /* se o semáforo ainda tem lugares disponíveis */
      sem.valor--;        /* reserva um lugar para este processo e prossegue */
   else                   /* senão, tem de bloquear o processo */
   {
      remover (listaExecutáveis, processo); /* deixa de estar executável */
      inserir (sem.lista, processo);        /* e fica bloqueado neste semáforo */
   }
   Sair (lock);           /* libera a seção do semáforo em si */
}

/* Indica que já liberou este semáforo */
Assinalar (Semáforo sem)
{
   Entrar (lock) ;        /* só um processo pode entrar de cada vez */
   if (tamanho (sem.list) == 0)  /* se não há processos bloqueados */
      sem.valor++;                /* aumenta o número de lugares disponíveis */
   else                   /* senão, ativa o primeiro processo da lista */
   {
      inserir (listaProcessosExecutáveis, cabeça (sem.lista));
      remover (sem.lista, cabeça (sem.lista));
   }
   Sair (lock);           /* libera a seção do semáforo em si */
}
```

**Programa 7.4 – Funções de gerenciamento de semáforos N-*ários***

- O semáforo é um mecanismo de não tão baixo nível, implementado totalmente em *software*, com uso de um *lock* (trava) para implementar exclusão mútua, no gerenciamento da sua estrutura de dados interna (composta por uma variável e uma lista de contextos de processos). Destina-se a bloquear processos quando for necessário impedi-los de continuar, o que evita espera ativa, quando o tempo de espera por parte de um processo é desconhecido e potencialmente longo.

■ Tanto Esperar como Assinalar incluem uma seção crítica, pois manipulam a estrutura de dados do semáforo, portanto a sua proteção por meio de um *lock* é essencial. Desta forma, o acesso à seção crítica destas funções é em espera ativa, feita pelo *lock*, mas só na primeira vez, pois se o processo não conseguir passar no semáforo (se sem.valor já for 0) fica bloqueado e não consome tempo de processador até a função Assinalar o transferir para a lista de processos executáveis.

Mais detalhes sobre o funcionamento dos semáforos, bem como sobre outros mecanismos de sincronização entre processos, podem ser encontrados em qualquer livro sobre sistemas operacionais como, por exemplo, [Tanenbaum 2001].

**Tabela 7.21 – Comparação entre as principais características dos *locks* e dos semáforos binários**

| CARACTERÍSTICA | LOCK | SEMÁFORO BINÁRIO |
|---|---|---|
| Estrutura de dados | Variável | Variável + lista de processos |
| Primitiva de implementação | Instrução de leitura/escrita atômica | *Lock* |
| Mecanismo de espera | Espera ativa | Bloqueio do processo |
| Destina-se a proteger seções críticas | De curta duração | De duração arbitrariamente longa |

### 7.7.3.3 Comunicação

A transferência de dados entre processos é realizada por memória compartilhada (área de dados em que ambos os processos podem ler e escrever). Se houver memória virtual, essa área compartilhada é obtida mapeando-se páginas de processos diferentes na mesma página física, tal como indicado pela Figura 7.25.

A memória compartilhada pode ser simplesmente uma área de dados não estruturada (um vetor de células de memória que pode ser escrito ou lido quantas vezes se quiser) ou estar organizada por mensagens (com capacidade para várias mensagens, organizadas em uma fila), em que o ato de ler uma mensagem por parte de um processo a consome, retirando-a da fila de mensagens (que suporta os conceitos de vazia e cheia). O Exercício 5.14, no Capítulo 5, descreve o conceito de fila.

Em qualquer dos casos, a sincronização entre processos é fundamental. Um processo não pode ler uma informação antes de outro a colocar na memória compartilhada, nem durante a operação de escrita. Para esta coordenação são usados semáforos ou outras construções de sincronização.

Esta área está mais relacionada com o sistema operacional [Tanenbaum 2001] do que à arquitetura e não é tratada em detalhe neste livro.

### 7.7.4 Programação cooperativa

A multiprogramação (Subseção 7.7.2) requer um gerente de processos (que faz parte do sistema operacional) para gerenciar o compartilhamento dos recursos do processador pelos vários processos. Nas aplicações mais simples, típicas dos sistemas embutidos (Subseção 5.9.4.2), nem sequer se usa um sistema operacional, que consome memória e pode ter custos de licenças de utilização (e estes sistemas são muito sensíveis ao custo), optando-se por um gerenciamento direto dos processos que é denominado **programação cooperativa**.

Não se trata realmente de multiprogramação, mas apenas de uma aproximação, em que só há um programa e os "processos"[120] não passam de rotinas chamadas por um *loop* principal, executado repetidamente. Tal como na multiprogramação, cada rotina recebe a atenção do processador de forma repetitiva, mas a grande diferença é que não há uma interrupção para mudança de processo. Cada rotina, que desempenha o papel de processo, tem de ser concebida para não ter *loops* bloqueantes. A cada vez que é invocada, deve executar uma iteração do seu processamento e retornar para que o *loop* principal possa invocar os outros processos. Esta invocação repetitiva de todos os processos é que dá a ideia de multiprogramação. No entanto, se algum processo não retornar, o sistema bloqueia tudo. Cada processo é responsável por passar o processador ao processo seguinte. Esta é a razão pela qual esta programação é denominada "cooperativa".

Surge o problema de manutenção do estado interno de cada processo entre invocações sucessivas, algo que, na multiprogramação, o despacho faz automaticamente (guardando todos os registradores na pilha). Na programação cooperativa, cada processo tem de ser concebido como uma máquina de estados, guardando (antes de retornar de uma iteração) o número do estado para o qual deve ir na próxima iteração (quando for invocado de novo). Quando um processo (rotina) é invocado, deve começar por determinar o estado para o qual deve ir e fazer uma escolha múltipla baseada nesse estado, apontando para o conjunto de instruções que trata desse estado (como uma instrução `switch` em C – Subseção 5.6.2.2).

Este valor do estado seguinte deve ser guardado em uma variável em memória e não na pilha, pois quando a rotina retorna deve deixar a pilha no mesmo estado em que estava, quando foi chamada (pela mesma razão, também não é possível guardar todos os registradores na pilha). Ao contrário da multiprogramação, só há uma pilha, compartilhada por todos os "processos". Cada processo pode ter ainda a sua área específica de variáveis, que contenham informação adicional que precise ser mantida entre invocações sucessivas (contadores, por exemplo).

O Programa 7.5 ilustra a programação cooperativa, usando o mesmo exemplo do Programa 7.2. Desta forma, é possível comparar os dois tipos de programação. No Programa 7.5, o primeiro estado refere-se à inicialização de cada processo e só é executado uma vez. O processo `Pisca` usa apenas outro estado, em que troca o valor do LED quando o contador chega ao fim, mas, para ilustrar a existência de mais estados, o processo `Alterna`, fazendo justiça ao seu nome, alterna entre dois estados, em que em cada um coloca os LEDs nos valores pretendidos, em vez de trocar os seus valores.

Deve-se observar que os *loops* de espera, para implementar as temporizações dos LEDs, continuam a existir mas, em vez de ser internos a cada processo, têm de ser externos, isto é, passando pelo *loop* principal (que deve ser o único *loop* no programa). Em vez de um processo ficar executando um *loop* à espera de uma condição, deve fazer uma iteração e retornar, confiando no *loop* principal para invocá-lo de novo para a iteração seguinte. A grande vantagem da programação cooperativa, além de não precisar de sistema operacional, é a garantia do processo corrente de que o processador não lhe é retirado a qualquer momento, sendo ele que controla quando isso acontece (quando ele retorna). Por esse motivo, os problemas que motivaram o aparecimento dos *locks* e dos semáforos, na Subseção 7.7.3, não existem mais. Uma das coisas que se nota na execução deste programa, na Simulação 7.8, é que os LEDs mudam de forma sincronizada, ao contrário do que aconteceu nas simulações anteriores, o que evidencia desde logo um ambiente muito mais controlado.

---

[120]Também chamados "falsos processos".

```
LEDS        EQU    8000H       ; endereço do periférico dos LEDs
ESPERA      EQU    50          ; valor de espera (depende do desempenho do
                              ; computador que executa o simulador)

PLACE       1000H             ; área de dados
pilhaPP:    TABLE  30          ; pilha para o programa principal
fimPilhaPP:                    ; valor de inicialização do SP do prog. principal
valorLEDs:  WORD   0           ; imagem na memória do valor dos LEDs
estPisca:   WORD   0           ; palavra com o estado do processo Pisca
estAlt:     WORD   0           ; palavra com o estado do processo Alterna
contPisca:  WORD   0           ; contador de espera do processo Pisca
contAlt:    WORD   0           ; contador de espera do processo Alterna

PLACE   0000H                 ; programa principal, inicializações etc.
início: MOV    SP, fimPilhaPP ; inicializa SP com pilha do programa principal
        MOV    R8, valorLEDs  ; imagem na memória do valor dos LEDs
        MOV    R9, LEDS       ; endereço do periférico dos LEDs
        MOV    R0, 0
        MOV    [R8], R0       ; inicializa imagem na memória do valor dos LEDs
        MOV    R1, estPisca
        MOV    [R1], R0       ; inicializa estado do processo Pisca
        MOV    R1, estAlt
        MOV    [R1], R0       ; inicializa estado do processo Alterna
loop:   CALL   Pisca          ; executa uma iteração do processo Pisca
        CALL   Alterna        ; executa uma iteração do processo Alterna
        JMP    loop           ; repete o loop

; processo que pisca o LED 0
Pisca:  MOV    R1, estPisca
        MOV    R0, [R1]       ; vê em que estado está
        CMP    R0, 0          ; estado 0?
        JZ     Pisca0
        CMP    R0, 1          ; estado 1?
        JZ     Pisca1
        RET                   ; se chegar aqui, houve algum erro!
Pisca0:                       ; estado 0
        MOV    R0, ESPERA
        MOV    R2, contPisca
        MOV    [R2], R0       ; inicializa contador de espera
        MOV    R0, [R8]       ; lê imagem na memória do valor dos LEDs
        SET    R0, 0          ; inicializa o bit 0 (LED deste processo)
        MOV    [R8], R0       ; atualiza imagem na memória do valor dos LEDs
        MOVB   [R9], R0       ; atualiza valor dos LEDs no periférico
        MOV    R0, 1
        MOV    R1, estPisca
        MOV    [R1], R0       ; próximo estado é o 1
        RET                   ; passa ao processo seguinte
Pisca1:                       ; estado 1
        MOV    R2, contPisca
        MOV    R0, [R2]       ; lê contador de espera
        SUB    R0, 1          ; e decrementa-o
        MOV    [R2], R0       ; atualiza contador de espera
        JNZ    fimP1          ; se ainda não chegou a zero, vai iterar de novo
        MOV    R0, ESPERA
        MOV    [R2], R0       ; reinicializa contador de espera
        MOV    R0, [R8]       ; lê imagem na memória do valor dos LEDs
        CPL    R0, 0          ; troca o bit 0 (LED deste processo)
        MOV    [R8], R0       ; atualiza imagem na memória do valor dos LEDs
        MOVB   [R9], R0       ; atualiza valor dos LEDs no periférico
fimP1:  RET                   ; passa ao processo seguinte

; processo que liga alternadamente os LEDs 2 e 3
Alterna: MOV   R1, estAlt
        MOV    R0, [R1]       ; vê em que estado está
        CMP    R0, 0
        JZ     Alt0           ; estado 0?
        CMP    R0, 1
        JZ     Alt1           ; estado 1?
```

```
                CMP   R0, 2
                JZ    Alt2            ; estado 2?
                RET                   ; se chegar aqui, houve algum erro!
        Alt0:                         ; estado 0
                MOV   R0, ESPERA
                MOV   R2, contAlt
                MOV   [R2], R0        ; inicializa contador de espera
                MOV   R0, 1
                MOV   R1, estAlt
                MOV   [R1], R0        ; próximo estado é o 1
                RET                   ; passa ao processo seguinte
        Alt1:                         ; estado 2
                MOV   R2, contAlt
                MOV   R0, [R2]        ; lê contador de espera
                SUB   R0, 1           ; e decrementa-o
                MOV   [R2], R0        ; atualiza contador de espera
                JNZ   fimA1           ; se ainda não chegou a zero, vai iterar de novo
                MOV   R0, ESPERA
                MOV   [R2], R0        ; atualiza contador de espera
                MOV   R0, [R8]        ; lê imagem na memória do valor dos LEDs
                SET   R0, 2           ; força os bits 2 e 3 (LEDs deste processo)
                CLR   R0, 3
                MOV   [R8], R0        ; atualiza imagem na memória do valor dos LEDs
                MOVB  [R9], R0        ; atualiza valor dos LEDs no periférico
                MOV   R0, 2
                MOV   R1, estAlt
                MOV   [R1], R0        ; próximo estado é o 2
        fimA1:  RET                   ; passa ao processo seguinte
        Alt2:                         ; estado 2
                MOV   R2, contAlt
                MOV   R0, [R2]        ; lê contador de espera
                SUB   R0, 1           ; e decrementa-o
                MOV   [R2], R0        ; atualiza contador de espera
                JNZ   fimA2           ; se ainda não chegou a zero, vai iterar de novo
                MOV   R0, ESPERA
                MOV   [R2], R0        ; reinicializa contador de espera
                MOV   R0, [R8]        ; lê imagem na memória do valor dos LEDs
                CLR   R0, 2           ; força os bits 2 e 3 (LEDs deste processo)
                SET   R0, 3
                MOV   [R8], R0        ; atualiza imagem na memória do valor dos LEDs
                MOVB  [R9], R0        ; atualiza valor dos LEDs no periférico
                MOV   R0, 1
                MOV   R1, estAlt
                MOV   [R1], R0        ; próximo estado é o 1
        fimA2:  RET                   ; passa ao processo seguinte
```

**Programa 7.5 – Programação com processos em regime de programação cooperativa.
Este exemplo implementa a mesma funcionalidade que o Programa 7.2**

A comunicação entre processos ocorre da mesma forma que na multiprogramação, por memória compartilhada, mas sem problemas de sincronização.

**SIMULAÇÃO 7.8** – PROGRAMAÇÃO COOPERATIVA

Esta simulação toma como base o Programa 7.5 e exemplifica o funcionamento da programação cooperativa. São abordados os seguintes aspectos, entre outros:

■ Efeito da utilização de um *loop* de espera interno a um dos processos;

■ Marcação das temporizações por interrupção (temporizador), em vez de ser por contagem de iterações (variante do Programa 7.5).

## 7.7.5 PROTEÇÃO

Uma das áreas dos sistemas operacionais que requer suporte em *hardware* por parte do processador é a proteção (dos processos e do próprio sistema operacional) dos efeitos eventualmente maléficos por parte de outro processo, seja por erro de programação ou intencionalmente (caso dos vírus, por exemplo).

Se um processo puder mudar dados de outro processo ou mesmo do sistema operacional, pode facilmente comprometer todo o computador, com perda de serviço e/ou informação para os seus usuários, ou ter acesso indevido à informação sensível. A segurança na área da informática é dos tópicos mais importantes atualmente, portanto a proteção básica, restringindo as capacidades de um processo exclusivamente às que deviam ser, é algo fundamental em qualquer computador. O *hardware* dá o suporte, mas o sistema operacional é que é responsável por o usar e gerenciar os processos de forma protegida.

Cada processador tem as suas especificidades, mas normalmente os processadores suportam as seguintes características, que o PEPE também suporta:

- Dois **níveis de privilégio**, normalmente denominados **Sistema** e **Usuário**;
- Instruções e recursos do processador (registradores, por exemplo) de nível de Sistema;
- Pilhas separadas para nível de Sistema e Usuário (dois registradores SP);
- Descritor de nível de privilégio nas páginas de memória virtual.

O RE (Tabela A.2) inclui o bit NP (Nível de Privilégio) que, se estiver com 0, indica que se está no nível de Sistema e, se estiver com 1, no nível de Usuário. Por "usuário" entende-se *software* que usa o processador, mas não realiza o seu gerenciamento (pode ser um compilador, um processador de texto, etc.). O *software* de nível de Sistema faz parte do sistema operacional e destina-se a gerenciar o computador.[121] A diferença entre os dois é que o nível de Sistema permite acessar todos os recursos e funcionalidades, ao passo que, no nível de Usuário, estão barradas algumas dessas características. Se uma rotina de nível Usuário tentar acessar algo a que não tem direito, é gerada a exceção SISTEMA (Tabela A.8), que permite ao sistema operacional gerar um erro e eventualmente terminar o processo correspondente.

As instruções e recursos do PEPE acessíveis apenas no nível de Sistema são os seguintes:

- Instrução MOV (ver Tabela A.9) envolvendo registradores auxiliares (Subseção A.2.2), quer lendo quer escrevendo nesses registradores;
- Alteração do registrador RE (Tabela A.2), com exceção dos *bits* de estado (Z, N, C e V). Qualquer alteração dos outros *bits*, seja por que instrução for (há muitas maneiras de alterar o RE), gera a exceção SISTEMA;
- Instrução SWE (Subseção 6.2.3.1) com número de exceção inferior a 32. Isto quer dizer que as exceções com número até 31 são ou predefinidas (Tabela A.8) ou reservadas para o nível de Sistema. As exceções 32 a 255 podem ser invocadas a partir do nível de Usuário e são reservadas para invocação de rotinas do sistema operacional.

A seguir a uma inicialização (*reset*) do PEPE, o *bit* NP está com 0, o que significa que se inicia em nível de Sistema. Quando o sistema operacional cria um processo, pode fazê-lo em nível de Usuário, bastando atribuir 1 a este *bit*, na imagem do RE guardada na pilha desse processo (constante IMAGEMRE no Programa 7.2).

Naturalmente, um processo em nível de Usuário não pode mudar o *bit* NP diretamente. No entanto, a ocorrência de uma exceção faz com que o *bit* NP seja colocado como 0, sendo reposto a 1 pela instrução de retorno (RFE), tal como acontece com o *bit* de permissão das interrupções (IE). Esta mudança para nível de Sistema, em uma exceção, justifica-se pelo fato das exceções serem um mecanismo normalmente usado para resolver problemas de temporizações ou acesso a periféricos, tarefas do sistema operacional, que não devem estar acessíveis no nível de usuário, tanto mais que todos os processos compartilham os mesmos recursos físicos (periféricos, particularmente) e esse compartilhamento tem de ser feito de modo controlado.

Este fato permite a uma rotina de nível de Usuário invocar uma funcionalidade do sistema operacional, que exija nível de Sistema, sem comprometer a proteção de todo o sistema. Isso é feito, não com uma simples instrução CALL, mas sim com SWE, com um número de exceção entre 32 e 255. Esta chamada indireta (chamada ao sistema, ou *system call*) tem duas grandes vantagens:

- A rotina de nível de Usuário não precisa saber qual o endereço da rotina de Sistema invocada (basta o seu número), o que permite compilar e recompilar o sistema operacional (novas versões, ou *releases*), sem necessidade de alterar os programas de nível de Usuário;

---

[121]Apenas as camadas de mais baixo nível do sistema operacional (as que lidam com os recursos mais críticos) são de nível de Sistema. As partes de mais alto nível (normalmente as que lidam menos com recursos críticos) são também de nível de Usuário.

- A invocação de rotinas do sistema operacional é feita de modo controlado e protegido. É o sistema operacional que controla a tabela de exceções e que rotinas esta permite invocar (naturalmente, tem de preencher todas as entradas, mesmo que não use todas as exceções possíveis).

Um processo criado com nível de Usuário pode assim ser executado em nível de Sistema, quando invoca rotinas de nível Sistema. Também acontece que o sistema operacional precisa invocar rotinas de nível de usuário (normalmente denominadas *callbacks*), o que poderia permitir a essas rotinas alterar a imagem do RE guardada na pilha, particularmente o bit NP (caso em que a rotina de Sistema poderia retornar para a rotina de Usuário, mas com o bit NP igual a 0, em nível de Sistema), constituindo um grave erro em termos de proteção.

Para resolver este problema, a pilha de nível de Usuário não é a mesma que a de nível de Sistema e o registrador SP não é apenas um, mas dois, USP (SP de nível de Usuário) e SSP (SP de nível de Sistema), com seleção automática pelo *bit* NP. As instruções que manipulam o SP (CALL, RET, PUSH, POP, etc.) usam o USP ou SSP, de acordo com o nível corrente, indicado pelo *bit* NP. Na implementação da instrução SWE (ver Tabela A.9) e nas microinstruções que lançam o atendimento de uma exceção (Tabela 7.8), que podem mudar de nível de Usuário para o nível de Sistema, pode constatar-se que, antes de usar a pilha, é atribuído 0 ao *bit* NP, sendo o valor anterior de RE guardado provisoriamente no registrador TEMP. Ao contrário, a última microinstrução da instrução RFE (ver Tabela A.9) repõe o valor do RE. Isto permite guardar a imagem do RE na pilha de Sistema, mesmo quando a exceção ocorre durante a execução de uma rotina em nível de Usuário.

Poderá ser necessário copiar dados de uma pilha para a outra, particularmente quando uma rotina de um nível invoca uma do outro nível, com parâmetros passados pela pilha. Nesse caso, os dados têm de ser copiados de uma pilha para a outra. As instruções MOV Rd, USP e MOV USP, Rs (ver Tabela A.9) permitem acessar o USP a partir do nível de Sistema (em que SP se refere a SSP). Estas instruções não estão vedadas no nível de Usuário porque o USP é um recurso de nível de Usuário (nesse caso, é o mesmo que SP).

Mesmo com todos estes cuidados, nada impediria o acesso a rotinas e dados de nível de Sistema, desde que se soubesse o endereço. Isto permitiria ter acesso às tabelas do sistema operacional e periféricos, com todas as consequências daí resultantes. Por esta razão, restringe-se a faixa de endereços a que uma rotina de nível de Usuário tem acesso, usando o mecanismo da memória virtual. Cada página tem um descritor, na tabela de páginas, que a descreve (Tabela 7.19). O *bit* P, nesse descritor, permite indicar se a página é de nível de Sistema ou de Usuário. Qualquer acesso (leitura ou escrita) à memória com P=0 (página de Sistema) e com NP=1 (nível de Usuário) gera uma exceção, D_PROT se for com MOV e I_PROT se for em uma busca de instrução (Tabela A.8). Os periféricos, recursos críticos e compartilhados por todos os processos, devem ser gerenciados pelo sistema operacional e mapeados em páginas virtuais de nível de Sistema.

Finalmente, mesmo dentro do nível de Usuário, é possível declarar certas páginas (de instruções e de dados que não devem ser alterados) como só de leitura, usando o *bit* W do descritor da Tabela 7.19. Qualquer acesso em escrita com W=0 é uma violação desta proteção e gera a exceção SO_LEITURA (Tabela A.8).

## SIMULAÇÃO 7.9 – PROTEÇÃO

Esta simulação exemplifica as técnicas de proteção descritas nesta seção, com pequenos exemplos que exercitam os vários aspectos mencionados, particularmente:

- Níveis de privilégio e utilização do *bit* NP;

- Verificação da comutação do SP com o valor de NP;

- Geração de uma exceção SISTEMA com execução de ações não permitidas no nível de Usuário;

- Implementação (com microprogramação) de uma instrução de nível de Sistema;

- Verificação da proteção no nível da memória virtual com os descritores de páginas de memória virtual.

### 7.7.6 CONTROLADORES DE DISPOSITIVOS

Nos exemplos anteriores, particularmente no Programa 7.2, são os próprios processos da aplicação que lidam diretamente com os periféricos, misturando-se partes do programa, que são independentes do computador, com outras, que são específicas e com exigência de nível de proteção diferente (as rotinas de nível de usuário não devem ter acesso direto e incondicional aos periféricos).

Os sistemas operacionais estão estruturados em camadas, em que apenas as de mais baixo nível estão ligadas ao *hardware*. As restantes, de nível superior, não só não acessam diretamente o *hardware* como são independentes deste. O sistema operacional fornece uma abstração do *hardware*, que possibilita o seu uso e gerenciamento consistente por parte de todos os programas. Deste modo, consegue-se não apenas estruturar melhor o programa (facilitando o seu desenvolvimento e manutenção), como também implementar a proteção necessária em qualquer sistema e aumentar a sua portabilidade (entre computadores diferentes). Assim, a interação com os periféricos é feita pelos chamados **controladores de dispositivos** (*device drivers*), que podem assumir duas formas básicas:

- Rotina de nível de sistema, que é invocada pelas rotinas da aplicação (normalmente, de nível de usuário) por chamada ao sistema (*system call*), gerando uma exceção em *software* (SWE). Isto pode implicar mudança de nível de proteção e cópia de informação entre as pilhas de sistema e de usuário. A rotina do sistema só retorna quando a operação foi efetuada e deve incluir sincronização (exclusão mútua, normalmente, implementada por um semáforo), para impedir alterações descoordenadas da estrutura de dados associada ao periférico acessado, por parte dos vários processos existentes. No Programa 7.3, isto corresponde a substituir o MOVB (de atualização do valor dos LEDs no periférico) por uma chamada ao sistema, com SWE. Neste exemplo em particular, a chamada ao sistema já se beneficiaria da exclusão mútua fornecida pelo variável *lock* mas, no caso geral, um controlador de dispositivo não pode depender das rotinas que o invocam, para garantir a exclusão mútua, portanto deve incluir o seu próprio semáforo;

- Processo independente. Neste caso, um processo que pretenda interagir com o periférico deve fazer o pedido ao controlador de dispositivo, enviando-lhe uma mensagem (dados colocados em uma área compartilhada e coordenação efetuada por semáforos). A resposta (no caso de leitura de dados de um disco, por exemplo) também poderá ser dada por mensagem. Este esquema é mais flexível que o anterior, especialmente permitindo que o processo que fez o pedido prossiga o seu processamento (enquanto o controlador do dispositivo executa esse pedido de forma autônoma e independente), até precisar mesmo dos dados, mas é mais exigente em termos de desempenho de todo o sistema (há mais operações envolvidas), o que impede que seja adotado para as interações mais frequentes e com maior necessidade de rapidez.

Os controladores de dispositivos e tudo o que os suporta são mecanismos fundamentais em qualquer computador, mas já começam a sair do âmbito da arquitetura de computadores. Este tema (e todo o suporte para processos) é incluído aqui para fazer a ligação com os sistemas operacionais, que são detalhados por livros específicos [Tanenbaum 2001].

---

### ESSENCIAL

- Os processadores normalmente têm suporte para processos (programas em execução "simultânea", em regime de multiprogramação). A mudança de processo envolve guardar todo o contexto (registradores) do processo em execução, em memória, e carregar, nos registradores, o contexto previamente guardado do processo que vai ser executado a seguir (e que, portanto, retoma a execução no ponto em que tinha sido interrompido);

- Um processo nunca sabe em que ponto sai de execução. Quando vários processos usam um mesmo recurso, têm de garantir que não são interrompidos no meio de uma seção crítica, cujo acesso tem de ser mutuamente exclusivo. Isso é conseguido com *locks* e semáforos, primitivas de sincronização que se baseiam em uma instrução atômica (Test&Set, SWAP, etc), que efetua uma leitura e uma escrita em uma sequência indivisível;

- O suporte para processos inclui também proteção, que normalmente envolve dois níveis de privilégio, em que o sistema operacional (ou pelo menos o seu núcleo) executa no nível mais privilegiado;

- Mesmo sem suporte em *hardware* para multiprogramação, é possível simular processos, com rotinas que são chamadas em *loop* pelo programa principal (processos cooperativos). Cada uma destas rotinas executa uma iteração e retorna, não podendo se bloquear (senão as outras não executariam). Antes de retornar, tem de guardar em memória o estado em que estava para, na próxima invocação, poder continuar o processamento. Neste caso, não há necessidade de exclusão mútua porque cada rotina é que controla quando retorna.

---

# 7.8 CONCLUSÕES

Um computador é um sistema muito complexo, sendo capaz de realizar operações muito importantes para a sociedade humana. Esta complexidade está em boa parte no *software*, a parte (re)programável sem alterações físicas, mas o *hardware* é fundamental no suporte à funcionalidade, garantia de bom funcionamento e desempenho.

Este capítulo abordou apenas as características básicas do *hardware* de um processador e do *software* de mais baixo nível, particularmente do sistema operacional. Os computadores e os sistemas operacionais atuais são muito mais complexos e incluem muito mais técnicas do que as descritas neste livro de nível introdutório. No entanto, são elas as que permitem compreender o funcionamento básico de qualquer computador, por serem as que estão presentes em todos os computadores.

O PEPE foi concebido exatamente nesta perspectiva. Da mesma forma que sabendo dirigir um automóvel de uma marca se consegue dirigir outro de qualquer marca (diferem nos detalhes, mas na sua essência são idênticos), conhecendo as características e funcionamento do PEPE tem-se a ferramenta fundamental para compreender qualquer outro. Este é um esforço necessário sejam quais forem os computadores/processadores que se conheça, pois todos acabam por diferir nas suas capacidades e detalhes das soluções adotadas para implementá-las.

A arquitetura básica, derivada do modelo original de von Neumann, é quase universal. Memória, registradores, ALU, PC e unidade de controle são conceitos fundamentais que perduraram até hoje e que fazem parte da arquitetura de qualquer computador, embora haja diferenças significativas nos detalhes de implementação. Nem todos os computadores utilizam microprogramação, usando apenas instruções que são executadas em uma só operação.

O desempenho é o *Santo Graal* dos computadores. À medida que a tecnologia evolui e os computadores ficam mais rápidos e com maior capacidade de memória, os programas ficam também mais complexos e exigem melhor desempenho. É uma espiral de inflação informática que parece não ter fim (bem pelo contrário, está cada vez mais rápida). O *pipelining* é uma das contribuições mais importantes para a melhoria do desempenho, mas muitas outras técnicas, nem sequer mencionadas aqui por limitações de espaço, fazem parte de qualquer dos processadores de alto desempenho (Subseção 6.5.2.2) existentes no mercado atual.

A memória não tem conseguido acompanhar os aumentos sucessivos da frequência do relógio e do desempenho proporcionado pelas evoluções arquiteturais dos processadores, que também tem aumentado drasticamente a sua capacidade, razão pela qual as *caches* internas dos processadores têm aumentado em capacidade e importância. A memória virtual não contribui para o desempenho (antes pelo contrário), mas é fundamental para a funcionalidade e correção dos programas, abstraindo muitas das limitações físicas da memória.

O sistema operacional, que coordena todo o computador, é basicamente *software* mas, no seu âmago, envolve uma estreita cooperação com o *hardware* e o suporte que este proporciona. Noutros tempos, um fabricante fazia tudo, desde o *hardware* até o sistema operacional, compiladores e aplicações de maior utilização. Hoje, a especialização de cada empresa em uma determinada área é inevitável, portanto os padrões, a portabilidade e interoperabilidade são aspectos de importância universal. Uma das características que garantiu o sucesso do Unix (juntamente com o Windows, um dos sistemas operacionais que dominam o mundo) é a sua portabilidade e capacidade de executar em praticamente qualquer arquitetura, precisamente por limitar as suas exigências de suporte às técnicas mais básicas e quase universalmente disponíveis.

É provável que, no futuro, os computadores sejam muito diferentes dos atuais. A experiência passada nos diz que a inteligência e a criatividade humanas parecem não ter limites. No entanto, o fato é que as evoluções tecnológicas e arquiteturais têm conseguido vencer (em desempenho) todas as tentativas de revolução em relação ao modelo computacional clássico de von Neumann, portanto a matéria tratada neste livro é a fundamental em termos de computadores e da forma como estes funcionam.

# 7.9 Exercícios

**7.1** Justifique a existência do REM (Figura 7.2). Dica: considere os vários modos de endereçamento do PEPE.

**7.2** Indique se a instrução CMP R1, -3 recorre ou não à extensão de *bits* da constante e, em caso positivo, qual dos métodos da Tabela 7.2 deverá ser usado. Justifique a resposta.

**7.3** Alguns processadores usam uma palavra extra, além da instrução propriamente dita (*opcode*, operandos em registradores, modo de endereçamento, etc.), para especificar um operando constante. No PEPE, todas as instruções têm uma e só uma palavra. Justifique a existência do gerador de constantes (Figura 7.2) de acordo com esta afirmação.

**7.4** Considere uma unidade de controle microprogramada, como a da Figura 7.7, que controla um circuito com 11 sinais de 1 bit e 2 sinais de 3 bits. Suponha que a ROM de microcódigo tem 30 bits de largura e o multiplexador que controla os desvios no microcódigo tem 8 entradas.

    a) Divida os 30 bits da palavra da ROM de microcódigo em grupos e indique o número de *bits* e a funcionalidade de cada grupo;

    b) Quantos *bits* deve ter o MPC (*Micro Program Counter*)?

c) Que capacidade (em palavras) deve ter a ROM de microcódigo?

d) Quantas condições de desvio (para os desvios condicionais) são suportadas por esta unidade de controle?

e) Suponha que se quer suportar mais três condições de desvio. Que alterações têm de se fazer nesta unidade de controle?

f) Indique que tipo de alterações, no circuito controlado por esta unidade de controle, podem exigir aumentar:

    (i) A largura da ROM de microcódigo sem alterar a sua capacidade;

    (ii) A capacidade da ROM de microcódigo sem alterar a sua largura.

**7.5** Considere o circuito da Figura 7.35, em que R1, R2 e R3 são registradores de 16 bits e se pretende implementar a divisão inteira X/Y. O algoritmo consiste simplesmente em ir subtraindo Y de X até o resto ser inferior a Y. O número de subtrações efetuadas será o quociente inteiro. Os *bits* Z e N ficam com 1 se R1−R2 for zero ou negativo, respectivamente. LOAD_R1 e LOAD_R2 permitem carregar X e Y em R1 e R2, respectivamente. INIT_R3, INCR_R3 e LOAD_R3 implementam a inicialização com 0, o incremento e o carregamento em R3, respectivamente.

a) Construa e preencha uma tabela semelhante à Tabela 7.6, com toda a informação necessária para a determinação do conteúdo da ROM de microprograma para implementar a divisão inteira;

b) *Idem*, mas para implementar o resto da divisão inteira.

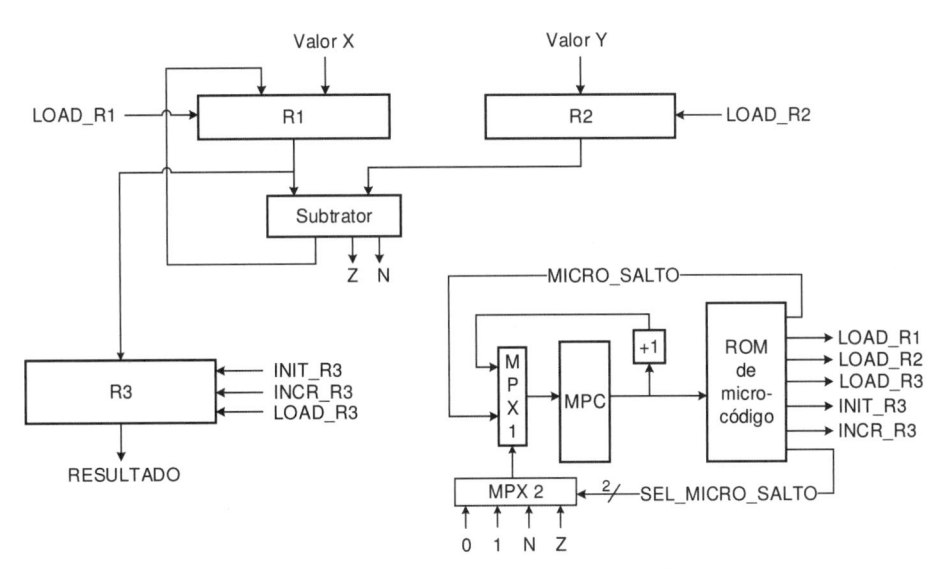

**Fig. 7.35 – Divisor microprogramado**

**7.6** Utilize o simulador do PEPE na parte de microcódigo para implementar novas instruções para o PEPE, tal como foi feito na Simulação 7.2. Para cada uma das instruções seguintes, defina-a no *assembler* (ver Subseção 7.2.4.2), determine uma instrução de máquina adequada (Figura 7.8), implemente-a (indicando as microinstruções necessárias e os valores dos sinais de controle) e teste a sua funcionalidade. Tenha atenção à faixa de valores possíveis para a constante n.

a) FILL [Rd], Rs, n (preenche, com o valor que estiver no registrador Rs, as n palavras de memória que começam no endereço dado pelo registrador Rd),

b) SHRM [Rd], n (desloca, de n bits para a direita, a palavra de memória cujo endereço é indicado pelo registrador Rd);

c) MOVSTR [Rd], [Rs], Rn (copia uma cadeia de *bytes*, cujo tamanho em número de *bytes* é indicado pelo registrador Rn, a partir do endereço dado pelo registrador Rd, para a área de memória que começa no endereço dado pelo registrador Rd);

d) SUM Rd, [Rs], Rn (soma todas as palavras a partir do endereço indicado pelo registrador Rs e em quantidade indicada pelo registrador Rn, ficando o resultado no registrador Rd).

**7.7** Em um processador com *pipeline*, por que os estágios são projetados para executarem aproximadamente no mesmo tempo?

**7.8** A execução de um determinado programa com 1 milhão de instruções demora 5 minutos em um processador sem *pipeline* e 2 minutos em um processador com *pipeline*. Se se modificar o programa para, de 100 em 100 instruções, escrever em um periférico, provocando um pedido de interrupção (cuja rotina corresponde a 20 instruções), a proporção dos tempos de execução nos dois processadores mantém-se ou um é mais afetado do que o outro? Justifique a resposta.

**7.9** Considere um processador com um relógio de 1 GHz, sem *pipeline* e que demora, em média, 4 ciclos de relógio para executar uma instrução. Se o processador executar 10 milhões de instruções:

a) Qual é a duração do ciclo de relógio?

b) Quanto tempo demorará para executar o programa?

c) Quantos MIPS o processador consegue fazer?

**7.10** Considere que, no processador do Exercício 7.9, se introduziu uma *pipeline* de 5 estágios.

a) Quais são as alterações fundamentais a serem efetuadas para que isso seja possível?

b) A frequência de relógio (considerando a mesma tecnologia de fabricação) teve de diminuir para 800 MHz. Por quê?

c) Quanto tempo demora agora, em média, a execução de uma instrução?

d) Que melhoria se deverá esperar no tempo de execução do programa? Quanto tempo o programa demorará agora para executar? Justifique;

e) Quantos MIPS o processador faz agora? Explique a diferença em relação à resposta da alínea c) do Exercício 7.9 e em relação à resposta da alínea c) deste exercício;

f) Suponha agora que o programa tem cerca de 20% de instruções de desvio que efetivamente desviam. Que variação no tempo de execução é esperável em relação a não haver desvios? (Dica: use a Figura 7.13 para ter uma ideia do impacto de um desvio);

g) Suponha ainda que, além dos desvios, 10% das instruções executadas têm dependências de dados que obrigam a introduzir uma bolha. Nestas condições, quanto tempo o programa demorará para ser executado e que melhoria terá sido conseguida em relação ao tempo de execução no Exercício 7.9?

**7.11** Em um determinado computador, a memória principal tem 8 K blocos (de 256 bytes cada), sendo endereçável por *byte*, em que cada bloco é a unidade mínima de transferência entre a memória principal e a *cache*.

a) De quantos *bits* será o processador? Justifique a resposta;

b) Qual é a capacidade da memória? Qual é o valor máximo para esta capacidade, com este processador?

c) Se aumentássemos a capacidade da memória, seria obrigatório, conveniente ou indiferente aumentar a capacidade da *cache*? Por quê?

d) Nos computadores atuais, as memórias estão otimizadas para acessos de várias palavras seguidas e não para acessos a células individuais. Por quê?

e) Supondo que este computador tem uma *cache* associativa por conjuntos com 4 vias e uma capacidade de 32 conjuntos, indique qual o formato dos endereços (campos com diferentes significados em que o controle da *cache* divide o endereço);

f) Idem, mas supondo que a *cache* é de mapeamento direto (mantendo a capacidade da *cache*);

g) Identifique (de forma precisa), nas *caches* das alíneas anteriores, o local ou locais onde a palavra com o endereço F7DCH (eventualmente estendido com zeros à esquerda) será alocada;

h) Indique o menor e o maior endereço das palavras, que são transferidas juntamente com a palavra no endereço indicado na alínea anterior.

**7.12** Imagine que o PEPE executa as seguintes instruções:

```
MOV     R0, 00ABH          ; valor para configurar a cache de dados
MOV     RCCD, R0           ; configura cache de dados
```

a) Qual é a capacidade da *cache* de dados?

b) Qual é o formato dos endereços, em termos de campos relevantes para o funcionamento da *cache* de dados?

**7.13** Um determinado computador tem uma *cache* L1 (com blocos de 4 palavras) integrada no processador e uma *cache* L2 externa (com blocos de 16 palavras), que se liga à memória principal, cujos tempos de acesso são, em média, 1 ns, 10 ns e 60 ns, respectivamente. Estes dois últimos tempos se referem apenas ao primeiro acesso (os acessos às palavras seguintes, em rajada, são 2 ns e 10 ns, respectivamente). A taxa de sucesso média das *caches* é de 85% e 95%. Considerando que, em caso de falha no acesso a uma *cache*, o tempo total de acesso é o tempo de um acesso com sucesso (gasto apenas para se saber que falhou), seguido de um acesso ao nível seguinte e da repetição do acesso original, calcule o tempo de acesso médio percebido pelo núcleo do processador.

**7.14** Imagine um processador com 64 bits de endereço virtual, 32 bits de endereço físico, páginas de 8 KBytes e 1 GByte de memória física.

   a) De quantos *bits* será o processador e por quê?

   b) Quantas páginas virtuais o processador suporta?

   c) Quantos *bits* são usados para referenciar uma página física?

   d) Quantas páginas físicas de RAM existem?

   e) Por que o número de *bits* dos endereços físicos é menor do que dos endereços virtuais (isto é, por que também não é 64 bits)?

**7.15** O PEPE suporta memória virtual com páginas de 256 bytes. Considere um sistema com 8 KBytes de ROM, 4 KBytes de RAM e 128 bytes de periféricos, tudo mapeado em endereços físicos contíguos a partir de 0000H e na ordem indicada. A TLB de dados é uma *cache* totalmente associativa de 4 entradas, cujo conteúdo é, em um determinado momento, o seguinte:

| VÁLIDA | ALTERADA | Nº PÁGINA VIRTUAL | Nº PÁGINA FÍSICA |
|:---:|:---:|:---:|:---:|
| 1 | 1 | 24H | 26H |
| 1 | 0 | 7CH | 2EH |
| 1 | 1 | 64H | 30H |
| 0 | 0 | E8H | 0AH |

   a) Qual é a dimensão (em *bytes*) do espaço virtual?

   b) Quantas páginas virtuais existem?

   c) E páginas físicas de RAM?

   d) Descreva a estrutura da tabela de páginas que considerar mais adequada;

   e) Com a TLB tal como indicada:

      (i) Acabe de preencher a seguinte tabela de correspondências:

| ENDEREÇO VIRTUAL | ENDEREÇO FÍSICO |
|:---:|:---:|
| 6426H | |
| | 3064H |
| 240AH | |
| | 267CH |

      (ii) Indique as faixas de endereços do espaço de endereçamento virtual, que originariam uma falta de página, se fosse feito um acesso a um desses endereços;

   f) Partindo de uma TLB vazia, indique uma das possíveis sequências de acessos à memória, efetuados pelo programa (a que endereços, indicando se é de leitura ou de escrita), que leve a este conteúdo da TLB. Estes endereços são físicos ou virtuais?

   g) Os acessos mencionados na alínea anterior são de dados, de código (busca de instruções) ou podem ser de ambos os tipos?

h) A que dispositivo físico se refere cada uma das entradas na TLB?

i) Suponha agora que, com a TLB no estado indicado, o processador executa a instrução MOV R1, [R2], em que R2=E850H. Indique que ações (relevantes para a memória virtual) ocorrem durante este acesso e se este provoca alguma alteração na TLB, explicando o porquê. Pode arbitrar todos os aspectos que não tiverem solução única.

**7.16** Em um determinado processador, verificou-se que um acesso à *cache* demora 5 ns e a taxa de sucesso média nestes acessos é de 95%. O acesso à memória principal demora 50 ns, mas em cerca de 1% dos acessos à memória principal, em média, ocorre uma falta de página, cuja recuperação (desde a falta até a página estar disponível na memória principal) implica um tempo entre 6 e 12 ms, dependendo da posição da cabeça do disco em relação à área em que a página se encontra, com um valor médio na ordem dos 8 ms. Quando um acesso falha em um nível da hierarquia de memória, é feito um acesso no nível seguinte e depois se repete o acesso desde o princípio.

a) Quanto tempo demora o acesso mais longo (situação mais desfavorável)?

b) Qual é o tempo médio de acesso à memória física (visto pelo núcleo do processador)?

c) Qual é o tempo médio de acesso à memória virtual (visto pelo núcleo do processador)?

d) Com base nas respostas anteriores, mostre que o mecanismo de memória virtual piora o desempenho de um computador. Então por que os computadores o suportam?

**7.17** Imagine que dois processos estão cooperando no incremento de uma determinada variável em memória. O processo Par testa continuamente a variável até descobrir que esta tem um valor ímpar, ocasião em que incrementa o seu valor e repete o *loop*. O processo Ímpar faz a ação complementar (espera até ser par e depois incrementa a variável, repetindo depois o *loop*).

a) Programe as rotinas dos processos em regime de programação cooperativa;

b) Idem, mas em regime de multiprogramação. Precisa usar sincronização ou não? Por quê?

c) Suponha, simplificando, que cada teste à variável (incremente-a ou não, seja em um regime ou noutro) demora sempre o mesmo tempo e que, em cada fatia de tempo, são executados 10 testes de um determinado processo. Ignorando o tempo gasto fora das iterações (mudança do contexto do processo, por exemplo), calcule o número aproximado de iterações, que o programa executa até a variável chegar ao valor 1000, para os casos das alíneas a) e b);

d) Com base na resposta da alínea c) é ou não possível afirmar que um dos regimes é mais eficiente do que o outro? Por quê?

**7.18** Se se pudesse alterar o conteúdo da tabela de exceções a partir de um programa no nível de Usuário, o sistema não teria uma proteção eficaz. Explique por que e no que o mecanismo de memória virtual pode ajudar.

**7.19** Os controladores de dispositivos têm uma interface bem determinada, para que o sistema operacional não tenha de ser recompilado sempre que se muda esse controlador. Mas aqui vamos simplificar e admitir que o controlador é implementado por uma simples chamada ao sistema operacional. Programe um controlador de dispositivo, que leia um *byte* de uma porta de 8 bits, em que o *hardware* gera uma interrupção sempre que há um *byte* novo disponível. Programe uma rotina que apenas invoque o controlador de dispositivo, que só deve retornar quando houver um novo *byte*, e apresente esse caractere em dois mostradores de sete segmentos. Simule tudo no simulador. Para fazer entrar o *byte*, use um módulo de entrada e um interruptor, para gerar a interrupção para o PEPE. A rotina deve executar em nível de Usuário e a chamada ao sistema deve ser feita com SWE.

# APÊNDICE A
# MANUAL DO PROGRAMADOR
# DO PEPE

O PEPE (**P**rocessador **E**special **P**ara **E**nsino) é um microprocessador de 16 bits, concebido com fins didáticos para a área de arquitetura de computadores, e que serve de base para este livro. É descrito em detalhes ao longo dos vários capítulos. Este apêndice sistematiza e completa as suas características principais, no formato de manual de referência.

O simulador, descrito sucintamente no Apêndice C, contém um módulo que supre o PEPE com um pequeno manual *on-line*. No *site* da LTC Editora | Grupo Editorial Nacional – GEN, o leitor encontra o *software* do simulador e a documentação mais recente sobre o PEPE, que poderá ter evoluído em relação à incluída neste livro. As diferenças eventualmente introduzidas estão mencionadas nas novas versões da documentação.

# A.1 Pinos do Módulo PEPE

A Tabela A.1 descreve os pinos do módulo PEPE existente no simulador, descrito no Apêndice C. O conhecimento das suas características é fundamental para construir circuitos como, por exemplo, o da Figura 6.4. Como em qualquer sistema real, os pinos de entrada não usados devem ser ligados a 0 ou 1 e não deixados "no ar".

O pino RESET destina-se a inicializar o módulo e normalmente liga-se a um módulo específico, que inicializa o PEPE no início de cada simulação.

Os pinos INT0 a INT3 permitem gerar interrupções, com o funcionamento descrito na Subseção 6.2.2.

O pino CLOCK permite ligar o PEPE a um relógio externo, sob controle do RCN (Registrador de Configuração do Núcleo), descrito na Tabela A.4. Por *default*, o sinal de relógio é interno ao PEPE.

O barramento de dados (D15..D0), o barramento de endereços (A15..A0) e os sinais RD (*Read*), WR (*Write*), BA (*Byte Addressing*), WAIT e IC são os pinos que suportam a ligação à memória e periféricos. O seu funcionamento detalhado está descrito na Seção 6.1. O pino IC está descrito na Subseção 7.5.7.

Os sinais BRQ (*Bus Request*) e BGT (*Bus Grant*) suportam as operações de acesso direto à memória (DMA), de acordo com a descrição apresentada na Subseção 6.4.2.3.

## Tabela A.I - Pinos do módulo PEPE

| PINO | Nº*BITS* | TIPO | FUNCIONALIDADE |
|------|------|------|----------------|
| RESET | 1 | Entrada | Inicialização (*Reset*) (ativo a 1) |
| INT0 | 1 | Entrada | Interrupção 0 (ativação programável a 0, 1 ou uma das bordas) |
| INT1 | 1 | Entrada | Interrupção 1 (ativação programável a 0, 1 ou uma das bordas) |
| INT2 | 1 | Entrada | Interrupção 2 (ativação programável a 0, 1 ou uma das bordas) |
| INT3 | 1 | Entrada | Interrupção 3 (ativação programável a 0, 1 ou uma das bordas) |
| CLOCK | 1 | Entrada | Entrada de relógio externo do processador |
| D15..A0 | 16 | Entrada/ /Saída | Barramento de dados |
| A15..A0 | 16 | Saída | Barramento de endereços |
| BA | 1 | Saída | (*Byte Addressing*) Endereçamento de *byte* BA=1 – acessos à memória em *byte* BA=0 – acessos à memória em palavra |
| RD | 1 | Saída | Ativo a 0 nos ciclos de leitura da memória |
| WR | 1 | Saída | Ativo na borda 0 para 1 nos ciclos de escrita na memória |
| WAIT | 1 | Entrada | WAIT=1 – prolonga o ciclo de acesso à memória WAIT=0 – ciclo de acesso à memória com duração mínima |
| IC | 1 | Entrada | (*Ignore Cache*) Ignorar a *cache* nos acessos à memória IC=1 – acessos devem ser diretos sem passar pela *cache* IC=0 – acessos devem usar a *cache* |
| BRQ | 1 | Entrada | (*Bus Request*) Pedido de DMA, ativo a 1 |
| BGT | 1 | Saída | (*Bus Grant*) Autorização para DMA, ativo a 1 |

# A.2 Registradores

## A.2.1 Registradores principais

São os registradores, do banco de registradores, acessíveis à maioria das instruções, sendo designados pelas siglas R0 a R15. Os registradores R11 a R15 têm funcionalidades particulares e têm designações específicas (RL, SP, RE, BTE e TEMP, respectivamente). A Figura 4.5 descreve o conjunto destes registradores e a funcionalidade destes últimos.

A Figura A.1 e a Tabela A.2 descrevem os bits do RE.

| 15 | 14 | 13 | 12 | 11 | 10 | 9 | 8 | 7 | 6 | 5 | 4 | 3 | 2 | 1 | 0 |
|----|----|----|----|----|----|----|----|----|----|----|----|----|----|----|----|
| R | NP | DE | IE3 | IE2 | IE1 | IE0 | IE | TD | TV | B | A | V | C | N | Z |

**Fig. A.1 – Disposição dos vários bits no RE (Registrador de Estado)**

**Tabela A.2 - Descrição dos bits do RE (Registrador de Estado)**

| Bit | Sigla | Nome e Descrição |
|-----|-------|------------------|
| 0 | Z | Zero – Este *bit* é colocado a 1 pelas operações da ALU, que produzem zero como resultado |
| 1 | N | Negativo – Este *bit* é colocado a 1 pelas operações da ALU, que produzem um número negativo ( *bit* mais significativo com 1) como resultado |
| 2 | C | Transporte (*Carry*) – Este *bit* é colocado a 1 pelas operações da ALU, que geram transporte |
| 3 | V | Estouro (*Overflow*) – Este *bit* é colocado a 1 pelas operações da ALU, cujo resultado é demasiado grande (em módulo) para ser representado corretamente, seja positivo, seja negativo |
| 4 | A | Reservado para utilização futura |
| 5 | B | Reservado para utilização futura |
| 6 | TV | Exceção em caso de estouro ( *Trap on overflow*) – Se este *bit* estiver com 1, é gerada a exceção EXCESSO na instrução que produzir o estouro. Se estiver com 0, o estouro só atualiza o *bit* V |
| 7 | TD | Exceção em caso de divisão por 0 ( *Trap on* DIV0) – Se este *bit* estiver com 1, é gerada a exceção DIV0, em uma instrução DIV ou MOD com quociente 0 (não é gerada a exceção EXCESSO nem coloca 1 no *bit* V) |
| 8 | IE | Permissão de Interrupções Externas (*Interrupt Enable*) – Só com este *bit* com 1 as interrupções externas poderão ser atendidas |
| 9 | IE0 | Permissão da Interrupção Externa 0 (*Interrupt Enable* 0) – Só com este *bit* com 1 os pedidos de interrupção no pino INT0 poderão ser atendidos |
| 10 | IE1 | *Idem*, para a interrupção INT1 |
| 11 | IE2 | *Idem*, para a interrupção INT2 |
| 12 | IE3 | *Idem*, para a interrupção INT3 |
| 13 | DE | Permissão de acessos diretos à memória (DMA *Enable*) – Só com este *bit* com 1 os pedidos de DMA no pino BRQ serão considerados e eventualmente atendidos pelo processador |
| 14 | NP | Nível de Proteção<br>0=Sistema; 1=Usuário. Define o nível de proteção corrente |
| 15 | R | Reservado para utilização futura |

## A.2.2 REGISTRADORES AUXILIARES

Estes registradores servem basicamente para configuração de algumas das características do PEPE que, em sua maioria, estariam fixas em um processador comercial mas que, em um processador didático, devem poder ser alteradas, para permitir experimentar uma variedade maior de soluções. A instrução MOV é a única que permite escrever e ler estes registradores, por cópia de valor, respectivamente, de ou para um registrador principal (R0 a R15).

Quando o PEPE inicia, em seguida a um *reset*, todos estes registradores estão com 0000H, por default. A Tabela A.3 representa os registradores auxiliares atualmente definidos para o PEPE, em um total de 16 possíveis.

### Tabela A.3 - Registradores auxiliares do PEPE

| REGISTO AUXILIAR | NOME ALTERNATIVO | FUNCIONALIDADE |
|---|---|---|
| A0 | RCN | Registrador de Configuração do Núcleo – Contém *bits* que controlam a configuração do núcleo do PEPE |
| A1 | RCCD | Registrador de Configuração da *Cache* de Dados – *Bits* que controlam a configuração da *cache* de dados |
| A2 | RCCI | Registrador de Configuração da *Cache* de Instruções – *Bits* que controlam a configuração da *cache* de instruções |
| A3 | RCMV | Registrador de Configuração da Memória Virtual – *Bits* para configurar o sistema de memória virtual |
| A4 | RTP | Registrador da Tabela de Páginas – Contém o endereço do primeiro nível de tabelas de páginas virtuais (diretório), para utilização pelas TLBs |
| A5 | RPID | Registrador do PID – Contém o PID (identificador de Processo) do processo em execução, para utilização nas TLBs. Apenas os 8 bits menos significativos são usados |
| A15 .. A6 | | Reservado |

### A.2.2.1 CONFIGURAÇÃO DO NÚCLEO

O RCN (Registrador de Configuração do Núcleo) permite configurar as características fundamentais do núcleo do processador (Figura 7.1)

### Tabela A.4 - Formato do RCN (Registrador de Configuração do Núcleo)

| BIT | SIGLA | FUNCIONALIDADE |
|---|---|---|
| 1..0 | NSI0 | Nível de sensibilidade da interrupção 0 (pino INT0) 00=borda de 0 para 1 (com memória); 01= borda de 1 para 0 (com memória); 10=nível 1 (sem memória); 11=nível 0 (sem memória) |
| 3..2 | NSI1 | *Idem*, para o pino de interrupção INT1 |
| 5..4 | NSI2 | *Idem*, para o pino de interrupção INT2 |
| 7..6 | NSI3 | *Idem*, para o pino de interrupção INT3 |
| 8 | FR | Frequência do relógio do processador 0=relógio interno, sem frequência de tempo real; 1=relógio externo, no pino CLOCK |
| 9 | E | Processamento em estágios (*pipelining*) 0=sem; 1=com (este *bit* só funciona no módulo MicroPEPE do simulador – veja a Seção C.2. No módulo PEPE, este *bit* é ignorado) |
| 15..10 | | Reservados |

Os bits 7..0 controlam a sensibilidade dos pinos de interrupção do PEPE, tal como descrito na Tabela 6.12. Quando o processador inicia, em seguida a uma inicialização (*reset*), possui um relógio interno, que não é de tempo real, funcionando, no simulador, tão depressa quanto o computador que executa a simulação o permitir. Também é possível selecionar um relógio externo (que pode ou não ser de tempo real), para maior flexibilidade. O *bit* E controla o uso de *pipelining* (processamento em estágios).

O valor inicial do RCN, após uma inicialização do PEPE, é 0000H. Por meio de uma instrução MOV é possível alterar a configuração do núcleo a qualquer momento.

### A.2.2.2 Configuração das *caches*

A Seção 7.5 descreve o funcionamento das *caches*.

A *cache* de dados pode ser configurada através do registrador auxiliar RCCD (Registrador de Configuração da *Cache* de Dados). O significado dos *bits* deste registrador está indicado na Tabela A.5.

**Tabela A.5 - Bits do RCCD (Registrador de Configuração da Cache de Dados). Uma escrita neste registrador invalida todo o conteúdo da *cache***

| BIT | SIGLA | NOME E DESCRIÇÃO |
|---|---|---|
| 0 | CDL | *Cache* de Dados Ligada – Se CDL=0, o processador não usa *cache* de dados |
| 3, 2 e 1 | TCD | Tamanho da *Cache* de Dados (em conjuntos) – 000=1, 001=2, 010=4, 011=8, 100=16, 101=32, 110=64, 111=128 (se TCD=1, então trata-se de uma *cache* completamente associativa) |
| 5 e 4 | TBCD | Tamanho do Bloco da *Cache* de Dados (em palavras de 16 bits) – 00=1, 01=2, 10=4, 11=8 |
| 7 e 6 | ACD | Associatividade (nº de vias) da *Cache* de Dados – 00=1, 01=2, 10=4, 11=8 (se ACD=1, então trata-se de uma *cache* de mapeamento direto) |
| 9 e 8 | PSCD | Política de Substituição da *Cache* de Dados – 00=sequencial (FIFO); 01=aleatória; 10=LRU (*Least Recently Used*, ou Usada Menos Recentemente), 11=Reservado |
| 10 | PECD | Política de Escrita da *Cache* de Dados – 0=escrita imediata (*write-through*), 1=escrita atrasada (*write-back*) |
| 11 | FCD | *Flush* da *Cache* de Dados – Se FCD=1 e o bit PECD antes da escrita for 1, considera-se que a *cache* tem conteúdo válido com potenciais blocos alterados, portanto, todos os blocos com o *bit* de validade=1 e *bit* *dirty*=1 são escritos na memória principal, antes de invalidar todas as entradas da *cache* |
| 15 .. 12 | R | Reservado |

De igual forma, o RCCI (Registrador de Configuração da *Cache* de Instruções) configura a *cache* de instruções, de acordo com a Tabela A.6.

Com estes registradores, é possível, para cada uma das *caches*:

- Ligar/desligar a *cache*. Sem *cache*, sempre é realizado o acesso à memória principal. A interface de memória garante, caso seja necessário, o arbítrio entre os acessos de instruções e de dados;

- Configurar o número de conjuntos e de vias, tamanho do bloco, política de substituição de blocos e política de escrita (só para a *cache* de dados).

A escrita em um destes registradores tem como efeito invalidar todas as entradas da respectiva *cache* (a outra não é afetada), mesmo que o valor a ser escrito seja igual ao último escrito. Pode-se usar esta característica para invalidar completamente uma *cache*, a qualquer momento. É possível ainda, no caso da *cache* de dados, especificar se a invalidação deve ser precedida da cópia (*flush*) dos blocos alterados para a memória principal (desde que a sua política em vigor seja *write-back* ou escrita atrasada).

**Tabela A.6 - *Bits* do RCCI (Registrador de Configuração da *Cache* de Instruções). Uma escrita neste registrador invalida todo o conteúdo da *cache***

| Bit | Sigla | Nome e Descrição |
|---|---|---|
| 0 | CIL | *Cache* de Instruções Ligada – Se CIL=0, o processador não usa *cache* de Instruções |
| 3, 2 e 1 | TCI | Tamanho da *Cache* de Instruções (em conjuntos) – 000=1, 001=2, 010=4, 011=8, 100=16, 101=32, 110=64, 111=128 (se TCI=1, então trata-se de uma *cache* completamente associativa) |
| 5 e 4 | TBCI | Tamanho do Bloco da *Cache* de Instruções (em palavras de 16 bits) – 00=1, 01=2, 10=4, 11=8 |
| 7 e 6 | ACI | Associatividade (n.º de vias) da *Cache* de Instruções – 00=1, 01=2, 10=4, 11=8 (se ACI=1, então trata-se de uma *cache* de mapeamento direto) |
| 9 e 8 | PSCI | Política de Substituição da *Cache* de Instruções – 00=sequencial (FIFO); 01=aleatória; 10=LRU (*Least Recently Used*, ou Usada Menos Recentemente), 11=Reservado |
| 15 .. 10 | R | Reservado |

### A.2.2.3 Configuração da memória virtual

O mecanismo da memória virtual é descrito na Seção 7.6 e está desligado, por default. O RCMV (Registrador de Configuração da Memória Virtual) permite ligá-lo e configurá-lo, de acordo com a Tabela A.7.

**Tabela A.7 - Bits do RCMV (Registrador de Configuração da Memória Virtual)**

| Bit | Sigla | Nome e Descrição |
|---|---|---|
| 0 | MVL | Memória Virtual Ligada – Se MVL=0, o processador não usa memória virtual. Os endereços nos registros são considerados físicos |
| 2 e 1 | DTLB | Tamanho da TLB de Dados (em palavras) – 00=2, 01=4, 10=8, 11=16 (a TLB de dados é uma *cache* completamente associativa, de bloco de uma só palavra) |
| 3 | PSTD | Política de Substituição da TLB de Dados – 0=aleatória; 1=LRU (*Least Recently Used*, ou Usada Menos Recentemente) |
| 5 e 4 | ITLB | Tamanho da TLB de Instruções (em palavras) – 00=2, 01=4, 10=8, 11=16 (a TLB de instruções é uma *cache* completamente associativa, de bloco de uma só palavra) |
| 6 | PSTI | Política de Substituição da TLB de Instruções – 0=aleatória; 1=LRU (*Least Recently Used*, ou Menos Usada Recentemente) |
| 15 .. 7 | R | Reservado |

O RTP (Registrador da Tabela de Páginas) aponta para a base do diretório e o RPID (Registrador do Identificador de Processo) identifica o processo corrente. Observe que estes dois registradores, bem como a tabela de páginas (no mínimo, o diretório), devem ser inicializados antes de ligar a memória virtual.

# A.3 Exceções

Denomina-se **exceções** (Seção 6.2) os eventos a que o processador é sensível e que constituem alterações, normalmente pouco frequentes, do fluxo normal de instruções de um programa. As exceções podem ter origem:

- **Externa** – São geradas pela ativação dos pinos INT0 a INT3 do PEPE e permitem lidar com eventos assíncronos ao programa e associados aos periféricos. Essas exceções são denominadas **interrupções** (Subseção 6.2.2);

- **Interna** – São geradas por erros na execução das instruções ou pela instrução SWE (*Software Exception*), que permite gerar explicitamente qualquer exceção, de 0 a 255. As exceções 0 a 31, em que se incluem as exceções predefinidas, só podem ser invocadas se o nível de privilégio corrente for Sistema (*bit* NP=1 no RE). Se forem invocadas no nível Usuário, é gerada a exceção SISTEMA.

A cada exceção está associada uma rotina de tratamento da exceção (ou rotina de serviço da exceção, ou simplesmente rotina de exceção), cujo endereço consta da Tabela de Exceções, que deve conter uma palavra (o endereço da rotina de tratamento) para cada uma das exceções que se pretender invocar. A Tabela de Exceções começa no endereço indicado pelo registrador BTE (Base da Tabela de Exceções), que deverá ser previamente inicializado com um valor adequado.

A Tabela A.8 descreve as exceções predefinidas do PEPE.

### Tabela A.8 - Exceções predefinidas do PEPE

| Nº | Nome | Causa | Ocorre em | Mascarável | Atendimento |
|---|---|---|---|---|---|
| 0..255 | SWE | Execução desta instrução | Instrução | --- | Imediato |
| 0 | INT0 | Ativação externa do pino INT0 | Qualquer ocasião | Sim | Após instrução em que ocorre |
| 1 | INT1 | Ativação externa do pino INT1 | Qualquer ocasião | Sim | Após instrução em que ocorre |
| 2 | INT2 | Ativação externa do pino INT2 | Qualquer ocasião | Sim | Após instrução em que ocorre |
| 3 | INT3 | Ativação externa do pino INT3 | Qualquer ocasião | Sim | Após instrução em que ocorre |
| 4 | EXCESSO | Estouro (*overflow*) em operação aritmética | Instrução | Sim | Imediato |
| 5 | DIV0 | Divisão (DIV) por zero | Instrução | Sim | Imediato |
| 6 | COD_INV | Código de operação inválido | Decodi-ficação | Não | Imediato |
| 7 | D_DESALINHADO | Acesso em 16 bits à memória (MOV) com endereço ímpar | Instrução | Não | Imediato |
| 8 | I_DESALINHADO | Busca de instrução com PC ímpar | Busca de instrução | Não | Encadeado |
| 9 | D_FALTA_PAG | Acesso de dados à memória virtual e a página não está em memória | Execução | Não | Imediato |
| 10 | I_FALTA_PAG | Busca de instrução, e a página não está em memória | Busca de instrução | Não | Encadeado |
| 11 | D_PROT | Acesso do usuário à página de sistema | Execução | Não | Imediato |
| 12 | I_PROT | Acesso do usuário a código de sistema | Busca de instrução | Não | Encadeado |
| 13 | SO_LEITURA | Escrita em página protegida | Execução | Não | Imediato |
| 14 | SISTEMA | Execução de uma instrução de nível de sistema em modo de usuário | Execução | Não | Imediato |

# A.4 Conjunto de instruções

A Tabela A.9 ocupa as páginas seguintes e descreve as instruções do PEPE, seguindo uma notação RTL descrita na Tabela 4.10, e com a seguinte informação:

- Sintaxe em linguagem *assembly*;

# Tabela A.9 - Descrição detalhada das instruções do PEPE

| SINTAXE EM *ASSEMBLY* | | CAMPOS DA INSTRUÇÃO (4 x 4 BITS) | | | | AÇÕES (RTL) | *BITS* DE ESTADO | COMENTÁRIOS |
|---|---|---|---|---|---|---|---|---|
| ADD | Rd, Rs | 0101 | 0000 | Rd | Rs | Rd ← Rd + Rs | Z, N, C, V | |
| | Rd, k | 0101 | 0001 | Rd | k | Rd ← Rd + k | Z, N, C, V | k ∈ [-8 .. +7] |
| ADDC | Rd, Rs | 0101 | 0010 | Rd | Rs | Rd ← Rd + Rs + C | Z, N, C, V | |
| SUB | Rd, Rs | 0101 | 0011 | Rd | Rs | Rd ← Rd − Rs | Z, N, C, V | |
| | Rd, k | 0101 | 0100 | Rd | k | Rd ← Rd − k | Z, N, C, V | k ∈ [-8 .. +7] |
| SUBB | Rd, Rs | 0101 | 0101 | Rd | Rs | Rd ← Rd − Rs − C | Z, N, C, V | |
| CMP | Rd, Rs | 0101 | 0110 | Rd | Rs | (Rd − Rs) | Z, N, C, V | Rd não é alterado |
| | Rd, k | 0101 | 0111 | Rd | k | (Rd − k) | Z, N, C, V | k ∈ [-8 .. +7]<br>Rd não é alterado |
| MUL | Rd, Rs | 0101 | 1000 | Rd | Rs | Rd ← Rd * Rs | Z, N, C, V | |
| DIV | Rd, Rs | 0101 | 1001 | Rd | Rs | Rd ← quociente (Rd / Rs) | Z, N, C, V← 0 | Divisão inteira |
| MOD | Rd, Rs | 0101 | 1010 | Rd | Rs | Rd ← resto (Rd / Rs) | Z, N, C, V← 0 | Resto da divisão inteira |
| NEG | Rd | 0101 | 1011 | Rd | xxxx | Rd ← −Rd | Z, N, C, V | Complemento de 2<br>V←1 se Rd = 8000H |
| AND | Rd, Rs | 0110 | 0000 | Rd | Rs | Rd ← Rd ∧ Rs | Z, N | |
| OR | Rd, Rs | 0110 | 0001 | Rd | Rs | Rd ← Rd ∨ Rs | Z, N | |
| NOT | Rd | 0110 | 0010 | Rd | xxxx | Rd ← Rd ⊕ FFFFH | Z, N | Complemento de 1 |
| XOR | Rd, Rs | 0110 | 0011 | Rd | Rs | Rd ← Rd ⊕ Rs | Z, N | |
| TEST | Rd, Rs | 0110 | 0100 | Rd | Rs | Rd ∧ Rs | Z, N | Rd não é alterado |
| BIT | Rd, n | 0110 | 0101 | Rd | n | Z ← Rd(k) ⊕ 1 | Z | Rd não é alterado |
| SET | Rd, n | 0110 | 0110 | Rd | n | Rd(n) ← 1 | Z, N ou outro (se Rd for RE) | n ∈ [0 .. 15]<br>Se Rd for RE, afeta apenas RE(n) |
| EI | | 0110 | 0110 | RE | IE | RE(IE) ← 1 | EI | *Enable interrupts* |
| EI0 | | 0110 | 0110 | RE | IE0 | RE (IE0) ← 1 | EI0 | *Enable interrupt* 0 |
| EI1 | | 0110 | 0110 | RE | IE1 | RE (IE1) ← 1 | EI1 | *Enable interrupt* 1 |
| EI2 | | 0110 | 0110 | RE | IE2 | RE (IE2) ← 1 | EI2 | *Enable interrupt* 2 |
| EI3 | | 0110 | 0110 | RE | IE3 | RE (IE3) ← 1 | EI3 | *Enable interrupt* 3 |
| SETC | | 0110 | 0110 | RE | C | RE (C) ← 1 | C | *Set Carry flag* |
| EDMA | | 0110 | 0110 | RE | DE | RE (DE) ← 1 | DE | *Enable* DMA |

| Sintaxe em Assembly | | Campos da instrução (4 x 4 bits) | | | | Ações (RTL) | Bits de Estado | Comentários |
|---|---|---|---|---|---|---|---|---|
| CLR | Rd, n | 0110 | 0111 | Rd | n | $Rd(n) \leftarrow 0$ | Z, N ou outro (se Rd for RE) | $n \in [0 .. 15]$ Se Rd for RE, afeta apenas RE(n) |
| DI | | 0110 | 0111 | RE | IE | $RE(IE) \leftarrow 0$ | EI | *Disable interrupts* |
| DI0 | | 0110 | 0111 | RE | IE0 | $RE(IE0) \leftarrow 0$ | EI0 | *Disable interrupt 0* |
| DI1 | | 0110 | 0111 | RE | IE1 | $RE(IE1) \leftarrow 0$ | EI1 | *Disable interrupt 1* |
| DI2 | | 0110 | 0111 | RE | IE2 | $RE(IE2) \leftarrow 0$ | EI2 | *Disable interrupt 2* |
| DI3 | | 0110 | 0111 | RE | IE3 | $RE(IE3) \leftarrow 0$ | EI3 | *Disable interrupt 3* |
| CLRC | | 0110 | 0111 | RE | C | $RE(C) \leftarrow 0$ | C | *Clear Carry flag* |
| DDMA | | 0110 | 0111 | RE | DE | $RE(DE) \leftarrow 0$ | DE | *Disable DMA* |
| CPL | Rd, n | 0110 | 1000 | Rd | n | $Rd(n) \leftarrow Rd(n) \oplus 1$ | Z, N ou outro (se Rd for RE) | $n \in [0 .. 15]$ Se Rd for RE, afeta apenas RE(n) |
| CPLC | | 0110 | 1000 | RE | C | $RE(C) \leftarrow RE(C) \oplus 1$ | C | *Complement Carry flag* |
| SHR | Rd, n | 0110 | 1001 | Rd | n | $n>0 : C \leftarrow Rd(n-1)$ $n>0 : Rd \leftarrow 0\{n\} \| Rd(15..n)$ | Z, N, C | $n \in [0 .. 15]$ Se n=0, atualiza Z e N (C não) |
| SHL | Rd, n | 0110 | 1010 | Rd | n | $n>0 : C \leftarrow Rd(15-n+1)$ $n>0 : Rd \leftarrow Rd(15-n..0) \| 0\{n\}$ | Z, N, C | $n \in [0 .. 15]$ Se n=0, atualiza Z e N (C não) |
| SHRA | Rd, n | 0101 | 1100 | Rd | n | $n>0 : C \leftarrow Rd(n-1)$ $n>0 : Rd \leftarrow Rd(15)\{n\} \| Rd(15..n)$ | Z, N, C | $n \in [0 .. 15]$ Se n=0, atualiza Z e N (C não) |
| SHLA | Rd, n | 0101 | 1101 | Rd | n | $n>0 : C \leftarrow Rd(15-n+1)$ $n>0 : Rd \leftarrow Rd(15-n..0) \| 0\{n\}$ | Z, N, C, V | $n \in [0 .. 15]$ Se n=0, atualiza Z e N (C não) $V \leftarrow 1$ se algum dos *bits* que sair for diferente do Rd(15) após execução |
| ROR | Rd, n | 0110 | 1100 | Rd | n | $n>0 : C \leftarrow Rd(n-1)$ $n>0 : Rd \leftarrow Rd(n-1..0) \| Rd(15..n)$ | Z, N, C | $n \in [0 .. 15]$ Se n=0, atualiza Z e N (C não) |
| ROL | Rd, n | 0110 | 1101 | Rd | n | $n>0 : C \leftarrow Rd(15-n+1)$ $n>0 : Rd \leftarrow Rd(15-n..0) \| Rd(15..15-n+1)$ | Z, N, C | $n \in [0 .. 15]$ Se n=0, atualiza Z e N (C não) |
| RORC | Rd, n | 0110 | 1110 | Rd | n | $n>0 : (Rd \| C) \leftarrow Rd(n-2..0) \| C \| Rd(15..n-1)$ | Z, N, C | $n \in [0 .. 15]$ Se n=0, atualiza Z e N (C não) |
| ROLC | Rd, n | 0110 | 1111 | Rd | n | $n>0 : (C \| Rd) \leftarrow Rd(15-n+1..0) \| C \| Rd(15..15-n+2)$ | Z, N, C | $n \in [0 .. 15]$ Se n=0, atualiza Z e N (C não) |

## Tabela A.9 - Descrição detalhada das instruções do PEPE (Continuação)

| | SINTAXE EM ASSEMBLY | CAMPOS DA INSTRUÇÃO (4 x 4 BITS) | | | | AÇÕES (RTL) | BITS DE ESTADO | COMENTÁRIOS |
|---|---|---|---|---|---|---|---|---|
| MOV | Rd, [Rs + off] | 0111 | Rd | Rs | off/2 | Rd ← Mw[Rs + off] | Nenhum | off ∈ [-16 .. +14] |
| | Rd, [Rs] | 0111 | Rd | Rs | 0000 | Rd ← Mw[Rs + 0] | Nenhum | |
| | Rd, [Rs + Ri] | 1000 | Rd | Rs | Ri | Rd ← Mw[Rs + Ri] | Nenhum | |
| | [Rd + off], Rs | 1001 | Rs | Rd | off/2 | Mw[Rd + off] ← Rs | Nenhum | off ∈ [-16 .. +14] |
| | [Rd], Rs | 1001 | Rs | Rd | 0000 | Mw[Rd + 0] ← Rs | Nenhum | |
| | [Rd + Ri], Rs | 1010 | Rs | Rd | Ri | Mw[Rd + Ri] ← Rs | Nenhum | |
| MOVB | Rd, [Rs] | 1011 | 0000 | Rd | Rs | Rd ← 0{8} || Mb[Rs] | Nenhum | |
| | [Rd], Rs | 1011 | 0001 | Rd | Rs | Mb[Rd] ← Rs(7..0) | Nenhum | O *byte* adjacente a Mb[Rd] não é afetado |
| MOVBS | Rd, [Rs] | 1011 | 0010 | Rd | Rs | Rd ← Mb[Rs](7){8} || Mb[Rs] | Nenhum | Igual a MOVB Rd, [Rs] com extensão de sinal |
| MOVL | Rd, k | 1100 | Rd | k | | Rd ← k(7){8} || k | Nenhum | k ∈ [-128 .. +127] k é estendido a 16 bits com sinal |
| MOVH | Rd, k | 1101 | Rd | k | | Rd(15..8) ← k | Nenhum | k ∈ [0 .. 255] O *byte* menos significativo não é afetado |
| | Rd, k | 1100 | Rd | k | | Rd ← k(7){8} || k | Nenhum | Se k ∈ [-128 .. +127] |
| | Rd, k | 1100 / 1101 | Rd / Rd | k(7..0) / k(15..8) | | Rd ← k(7){8} || k(7..0) Rd(15..8) ← k(15..8) | Nenhum | Gera duas instruções (se k ∈ [-32.768 .. -129, +128 .. +32.767]) |
| MOV | Rd, Rs | 1011 | 0011 | Rd | Rs | Rd ← Rs | Nenhum | |
| | Ad, Rs | 1011 | 0100 | Ad | Rs | Ad ← Rs | Nenhum | |
| | Rd, As | 1011 | 0101 | Rd | As | Rd ← As | Nenhum | |
| | Rd, USP | 1011 | 0110 | Rd | xxxx | Rd ← USP | Nenhum | |
| | USP, Rs | 1011 | 0111 | xxxx | Rs | USP ← Rs | Nenhum | O SP lido é o de nível usuário, independentemente do *bit* NP do RE |
| SWAP | Rd, Rs | 1011 | 1000 | Rd | Rs | TEMP ← Rd; Rd ← Rs; Rs ← TEMP | Nenhum | O SP escrito é o de nível usuário, independentemente do *bit* NP do RE |
| | Rd, [Rs] ou [Rs], Rd | 1011 | 1001 | Rd | Rs | TEMP ← Mw[Rs]; Mw[Rs] ← Rd Rd ← TEMP | Nenhum | Recomeçável sem reposição de estado, mesmo que um dos acessos à memória falhe |
| PUSH | Rs | 1011 | 1010 | Rs | xxxx | Mw[SP-2] ← Rs SP ← SP - 2 | Nenhum | SP só é atualizado no fim, para ser reexecutável |
| POP | Rd | 1011 | 1011 | Rd | xxxx | Rd ← Mw[SP] SP ← SP + 2 | Nenhum | |

| Sintaxe em ASSEMBLY | | Campos da instrução (4 x 4 bits) | | | | Ações (RTL) | Bits de estado | Comentários |
|---|---|---|---|---|---|---|---|---|
| PUSHC | | 1011 | 1100 | xxxx | xxxx | Mw[SP-2] ← Ri <br> SP ← SP − 2 | Nenhum | Executa esta ação para cada um dos registradores principais (exceto RE, SP, BTE e TEMP). Também não guarda/restaura o PC |
| POPC | | 1011 | 1101 | xxxx | xxxx | Ri ← Mw[SP] <br> SP ← SP + 2 | Nenhum | |
| JZ | rótulo | 0001 | 0000 | dif =(rótulo − PC)/2 | | Z=1: PC ← PC + (2*dif) | Nenhum | rótulo ∈ [PC-256 .. PC+254] |
| JNZ | rótulo | 0001 | 0001 | dif =(rótulo − PC)/2 | | Z=0: PC ← PC + (2*dif) | Nenhum | rótulo ∈ [PC-256 .. PC+254] |
| JN | rótulo | 0001 | 0010 | dif =(rótulo − PC)/2 | | N=1: PC ← PC + (2*dif) | Nenhum | rótulo ∈ [PC-256 .. PC+254] |
| JNN | rótulo | 0001 | 0011 | dif =(rótulo − PC)/2 | | N=0: PC ← PC + (2*dif) | Nenhum | rótulo ∈ [PC-256 .. PC+254] |
| JP | rótulo | 0001 | 0100 | dif =(rótulo − PC)/2 | | (N∨Z)=0: PC ← PC + (2*dif) | Nenhum | rótulo ∈ [PC-256 .. PC+254] |
| JNP | rótulo | 0001 | 0101 | dif =(rótulo − PC)/2 | | (N∨Z)=1: PC ← PC + (2*dif) | Nenhum | rótulo ∈ [PC-256 .. PC+254] |
| JC | rótulo | 0001 | 0110 | dif =(rótulo − PC)/2 | | C =1: PC ← PC + (2*dif) | Nenhum | rótulo ∈ [PC-256 .. PC+254] |
| JNC | rótulo | 0001 | 0111 | dif =(rótulo − PC)/2 | | C =0: PC ← PC + (2*dif) | Nenhum | rótulo ∈ [PC-256 .. PC+254] |
| JV | rótulo | 0001 | 1000 | dif =(rótulo − PC)/2 | | V=1: PC ← PC + (2*dif) | Nenhum | rótulo ∈ [PC-256 .. PC+254] |
| JNV | rótulo | 0001 | 1001 | dif =(rótulo − PC)/2 | | V=0: PC ← PC + (2*dif) | Nenhum | rótulo ∈ [PC-256 .. PC+254] |
| JA | rótulo | 0001 | 1010 | dif =(rótulo − PC)/2 | | (C∨Z)=0 : PC ← PC + (2*dif) | Nenhum | rótulo ∈ [PC-256 .. PC+254] |
| JAE | rótulo | 0001 | 0111 | dif =(rótulo − PC)/2 | | C =0: PC ← PC + (2*dif) | Nenhum | rótulo ∈ [PC-256 .. PC+254] |
| JB | rótulo | 0001 | 0110 | dif =(rótulo − PC)/2 | | C =1: PC ← PC + (2*dif) | Nenhum | rótulo ∈ [PC-256 .. PC+254] |
| JBE | rótulo | 0001 | 1011 | dif =(rótulo − PC)/2 | | (C∨Z)=1 : PC ← PC + (2*dif) | Nenhum | rótulo ∈ [PC-256 .. PC+254] |
| JEQ | rótulo | 0001 | 0000 | dif =(rótulo − PC)/2 | | Z=1: PC ← PC + (2*dif) | Nenhum | rótulo ∈ [PC-256 .. PC+254] |
| JNE | rótulo | 0001 | 0001 | dif =(rótulo − PC)/2 | | Z=0: PC ← PC + (2*dif) | Nenhum | rótulo ∈ [PC-256 .. PC+254] |
| JLT | rótulo | 0001 | 1100 | dif =(rótulo − PC)/2 | | N⊕V =1 : PC ← PC + (2*dif) | Nenhum | rótulo ∈ [PC-256 .. PC+254] |
| JLE | rótulo | 0001 | 1101 | dif =(rótulo − PC)/2 | | ((N⊕V)∨Z)=1 : PC ← PC + (2*dif) | Nenhum | rótulo ∈ [PC-256 .. PC+254] |
| JGT | rótulo | 0001 | 1110 | dif =(rótulo − PC)/2 | | ((N⊕V)∨Z)=0 : PC ← PC + (2*dif) | Nenhum | rótulo ∈ [PC-256 .. PC+254] |
| JGE | rótulo | 0001 | 1111 | dif =(rótulo − PC)/2 | | N⊕V =0 : PC ← PC + (2*dif) | Nenhum | rótulo ∈ [PC-256 .. PC+254] |
| JMP | rótulo | 0010 | dif =(rótulo − PC)/2 | | | PC ← PC + (2*dif) | Nenhum | rótulo ∈ [PC-4096 .. PC+4094] |
| | Rs | 0000 | 0111 | xxxx | Rs | PC ← Rs | Nenhum | |

# Tabela A.9 - Descrição detalhada das instruções do PEPE (*Continuação*)

| SINTAXE EM *ASSEMBLY* | | CAMPOS DA INSTRUÇÃO (4 x 4 BITS) | | | | AÇÕES (RTL) | *BITS* DE ESTADO | COMENTÁRIOS |
|---|---|---|---|---|---|---|---|---|
| NOP | | 0000 | 0000 | xxxx | xxxx | | Nenhum | Não faz nada |
| SWE | k | 0000 | 0001 | k | | TEMP ← RE<br>RE ← 0<br>Mw[SP-2] ← PC<br>Mw[SP-4] ← TEMP<br>PC ← Mw[BTE+2*k]<br>SP ← SP - 4 | Todos colocados a zero | SP só é atualizado no fim, para ser reexecutável<br>k ∈ [0 .. 255]<br>Tem de usar a pilha de sistema |
| CALL | rótulo | 0011 | dif =(rótulo − PC)/2 | | | Mw[SP-2] ← PC<br>PC ← PC + (2*dif)<br>SP ← SP − 2 | Nenhum | rótulo ∈ [PC-4096 .. PC+4094]<br>SP só é atualizado no fim para ser reexecutável |
| | Rs | 0000 | 0010 | xxxx | Rs | Mw[SP-2] ← PC<br>PC ← Rs<br>SP ← SP - 2 | Nenhum | SP só é atualizado no fim para ser reexecutável |
| CALLF | rótulo | 0100 | dif =(rótulo − PC)/2 | | | RL ← PC<br>PC ← PC + (2*dif) | Nenhum | rótulo ∈ [PC-4096 .. PC+4094] |
| | Rs | 0000 | 0011 | xxxx | Rs | RL ← PC<br>PC ← Rs | Nenhum | |
| RET | | 0000 | 0100 | xxxx | xxxx | PC ← Mw[SP]<br>SP ← SP + 2 | Nenhum | |
| RETF | | 0000 | 0101 | xxxx | xxxx | PC ← RL | Nenhum | |
| RFE | | 0000 | 0110 | xxxx | xxxx | TEMP ← Mw[SP]<br>PC ← Mw[SP+2]<br>SP ← SP + 4<br>RE ← TEMP | Todos restaurados | SP só é atualizado no fim para ser reexecutável<br>Tem de usar a pilha de sistema |

- Quatro campos de 4 bits cada, com o código de operação (*opcode*, que pode ser de 4 ou 8 bits) e os operandos. Nem todas as instruções têm dois operandos, portanto, em alguns casos, há campos desaproveitados, que o PEPE ignora (marcados com "xxxx") e, em outros, há um único operando, que gasta 8 bits ou mesmo 12 bits. Todas as instruções têm 16 bits. Os campos com 4 bits especificados correspondem aos códigos de operação, gerados pelo *assembler*, ou a operandos de valor fixo. Nem todas as codificações possíveis são usadas (há algumas livres);

- Descrição da instrução em operações elementares em RTL;

- *Bits* de estado afetados pela instrução;

- Comentários com informação adicional à descrição RTL.

As instruções assinaladas em cinza são, na realidade, representações alternativas para instruções que já existem, apenas com o objetivo de facilitar a programação, e portanto não gastam códigos de operação (*opcodes*). Por exemplo, JEQ (desvia se os operandos de uma instrução anterior de comparação, CMP, forem iguais) é idêntica a JZ (desvia se o *bit* de estado Z estiver ativo, o que acontecerá se os operandos de uma instrução anterior de comparação, CMP, forem iguais).

# A.5 Programação do PEPE

O PEPE pode ser programado em linguagem *assembly* e em C:

- O *assembler* está integrado no simulador. Faz parte da interface do módulo PEPE, permitindo ler um arquivo com um programa em linguagem *assembly* e gerar código de máquina, que pode ser carregado imediatamente na memória ligada ao PEPE ou armazenado em um arquivo para uso posterior;

- O compilador de C é um programa separado, que gera linguagem *assembly* a partir de um programa em C. O arquivo com linguagem *assembly* depois pode ser compilado pelo PEPE.

Além das instruções descritas na Tabela A.9, o *assembler* aceita constantes e diretivas (Seção 5.5), que permitem especificar informação para a geração do código de máquina:

- **Identificador** – Sequência de caracteres alfanuméricos, incluindo o caractere '_', em que o primeiro não pode ser um dígito. Exemplos: BOM_DIA, s12, A2b4;

- **Rótulo** – Identificador seguido do caractere ':', que precede uma instrução ou diretiva e a que o *assembler* atribui automaticamente o valor do endereço em que essa instrução está localizada ou que está em vigor, quando a diretiva é processada;

- **Literais** – São valores constantes (números ou caracteres) que podem ser especificados das seguintes formas:

  - **Binário** – Sequência de caracteres "0" ou "1" terminada pela letra "b" ou "B". Exemplos: 101b, 00110110B;

  - **Decimal** – Um valor inteiro decimal entre −32.768 e 65.535, correspondente a uma sequência de caracteres "0" a "9", eventualmente precedida do sinal ("+" ou "−") e opcionalmente terminado com a letra "d" ou "D", embora isso seja assumido quando nenhuma outra base for indicada. Nas instruções que assumem um valor aritmético, o valor máximo é +32.767;

  - **Hexadecimal** – Sequência de caracteres "0" a "9" e "a" (ou "A") a "f" (ou "F"), terminada pela letra "h" ou "H". Exemplos: 05Ah, 0FA46H. São válidos valores entre 0000H e 0FFFFH. As constantes em hexadecimal, cujo algarismo mais significativo é uma letra, devem ser escritas com um zero adicional à esquerda, de modo a distinguir a constante de uma variável. Por exemplo, a constante A7H deverá ser escrita 0A7H, caso contrário o *assembler* gera um erro de identificador desconhecido;

  - **Caractere** – Uma letra, dígito ou sinal de pontuação representável em código ASCII de 8 bits (Apêndice E, com extensão para acentos) e especificado entre aspas simples. Exemplos: 'g', '3' e '#';

  - **Cadeia de caracteres** – um conjunto de caracteres entre aspas duplas como, por exemplo, "olá".

    Internamente, todos os valores são convertidos para sequências de *bits*, cujo significado depende da instrução que os processa. Algumas instruções interpretam os valores como estando em notação de complemento de 2, em que o bit mais à esquerda determina o sinal. Se necessário, é feita uma extensão do número de *bits*. O *assembler* gera um erro se a constante estiver fora do intervalo permitido (não couber no número de *bits* disponíveis para representá-la em uma determinada instrução, por exemplo).

- **Constantes simbólicas** – Identificadores que representam um valor constante de dados (definido com a diretiva EQU) ou de endereços (rótulos). Constituem uma boa prática de programação, pela legibilidade que proporcionam (o símbolo associado à constante dá uma pista sobre a natureza do valor) e facilidade de alteração (apenas na sua definição e não em todos os locais onde é usada). Observe que, em linguagem *assembly*, as variáveis são células de memória que têm de ser identificadas por um endereço constante (o que pode variar é o conteúdo da célula de memória). Na prática, todos os identificadores em linguagem *assembly* são constantes simbólicas;

- **EQU** – Diretiva que permite definir o valor de uma constante simbólica de dados (*identificador* EQU *constante*). Sempre que no código-fonte aparecer *identificador*, o *assembler* o interpreta como sendo *constante*. Exemplo (observe que o identificador abc não é um rótulo e não deve ser seguido de ':'):

```
abc    EQU  3    ; atribui o valor 3 ao identificador abc
```

- **WORD** – Diretiva que permite reservar espaço para uma palavra em memória e inicializar esse espaço com um valor ([*rótulo*:] WORD *constante*). O rótulo é opcional. Esta diretiva é diferente de EQU, pois afeta a memória, enquanto EQU define apenas um nome alternativo para uma constante. Exemplo:

```
xyz:  WORD 3   ; reserva espaço para uma palavra, no endereço
               ; atribuído ao rótulo xyz, e armazena lá o valor 3
```

- **TABLE** – Diretiva que permite reservar espaço contíguo para várias palavras em memória, sem inicializar esse espaço ([*rótulo*:] TABLE *constante*). O rótulo é opcional. Exemplo:

```
tab:  TABLE 10   ; reserva espaço para 10 palavras (a primeira fica
                 ; localizada no endereço atribuído ao rótulo tab)
```

- **STRING** – Diretiva que permite inicializar um conjunto de *bytes* em memória ([*rótulo*:] STRING *constante*[, *constante*]). O rótulo é opcional. Pode-se especificar várias constantes, separadas por vírgulas, que podem ser valores numéricos (representáveis em 8 bits), caracteres individuais ou cadeias de caracteres. Esta diretiva não alinha o endereço do rótulo, que pode assim ser ímpar. Exemplo:

```
b:    STRING  3, 'y', "ola"  ; reserva 5 bytes e armazena lá o
                             ; valor das várias constantes, na
                             ; ordem em que aparecem (o 3 fica no
                             ; endereço atribuído ao rótulo b)
```

- **PLACE** – Diretiva que indica, ao *assembler*, onde deve gerar o próximo endereço, atribuindo-o a um rótulo ou localizando, nesse endereço, um dado ou instrução (PLACE *constante*). Podem existir vários PLACEs no mesmo programa. Por *default*, o *assembler* assume PLACE 0 no início do programa. Exemplo:

```
PLACE    1000H   ; a instrução que vier a seguir fica localizada
                 ; no endereço 1000H
```

O *assembler* permite ainda definir novas instruções, tal como exemplificado na Subseção 7.2.4.2. A documentação do PEPE, no *site* de LTC Editora | Grupo Editorial Nacional – GEN, contém as regras completas para poder definir novas instruções.

# APÊNDICE B
# MANUAL DO PROGRAMADOR
# DO CREPE

O CREPE (Controlador Recomendado Especialmente Para Ensino) é um microcontrolador de 16 bits, com o mesmo conjunto de instruções que o PEPE, mas sem *caches* ou interface de memória externa, se ligando ao mundo exterior apenas pelos pinos dos periféricos que incorpora. Permite construir sistemas simples, apenas com o micro-controlador e os dispositivos controlados.

O CREPE é mais eficiente, em termos de simulação, do que o PEPE, pois o simulador não tem de simular todos os sinais dos ciclos de acesso à memória, nem o funcionamento de memória, periféricos, etc., pois estão todos contidos dentro do módulo CREPE.

A Subseção 6.5.3.1 apresenta uma descrição resumida das características do CREPE, incluindo a sua arquitetura interna (Figura 6.56b). Este apêndice descreve-o em mais detalhes, tomando o PEPE como base, e dá exemplos da sua programação, no contexto do simulador.

# B.1 PINOS DO MÓDULO CREPE

O módulo CREPE é um dos módulos disponíveis no simulador descrito no Apêndice C, com os pinos indicados pela Tabela B.1, dos quais alguns também existem no PEPE. A funcionalidade destes últimos já foi descrita na Seção A.1, enquanto a dos pinos específicos do CREPE está descrita com mais detalhes na Seção B.3.

### Tabela B.I - Pinos do módulo CREPE

| COMUNS AO PEPE | SÓ CREPE | Nº *BITS* | TIPO | FUNCIONALIDADE |
|---|---|---|---|---|
| RESET | | 1 | Entrada | Inicialização (*Reset*) (ativo a 1) |
| INT0 | | 1 | Entrada | Interrupção 0 (ativação programável a 0, 1 ou uma das bordas) |
| INT1 | | 1 | Entrada | Interrupção 1 (ativação programável a 0, 1 ou uma das bordas) |
| INT2 | | 1 | Entrada | Interrupção 2 (ativação programável a 0, 1 ou uma das bordas) |
| INT3 | | 1 | Entrada | Interrupção 3 (ativação programável a 0, 1 ou uma das bordas) |
| CLOCK | | 1 | Entrada | Entrada de relógio externo do microcontrolador |
| | PA(7..0) | 8 | Entrada/ /Saída | Porta A de entrada ou saída de 8 bits |
| | PB(7..0) | 8 | Entrada/ /Saída | Porta B de entrada ou saída de 8 bits |
| | PC(7..0) | 8 | Entrada/ /Saída | Porta C de entrada ou saída de 8 bits |
| | PD(7..0) | 8 | Entrada/ /Saída | Porta D de entrada ou saída de 8 bits |
| | C | 1 | Entrada | Sinal que controla a contagem de tempo pelo cronômetro do temporizador 1 (ativo a 1) |
| | T2 | 1 | Saída | Saída do Temporizador 2, para geração de formas de onda quadradas |
| | RX1 | 1 | Entrada | Pino de recepção da UART 1 |
| | TX1 | 1 | Saída | Pino de transmissão da UART 1 |
| | RX2 | 1 | Entrada | Pino de recepção da UART 2 |
| | TX2 | 1 | Saída | Pino de transmissão da UART 2 |

# B.2 REGISTRADORES AUXILIARES

Os registradores principais do CREPE são os mesmos que os do PEPE (R0 a R15). Os registradores auxiliares (A0 a A15) permitem configurar o processador e lidar com os periféricos, sendo acessíveis quer em leitura, quer em escrita, exclusivamente pela instrução MOV (assim como no PEPE).

Os registradores auxiliares do CREPE são os indicados pela Tabela B.2, que também apresenta os nomes alternativos para os registradores, reconhecidos pelo *assembler*. Os registradores auxiliares restantes são usados para controlar os periféricos (a Seção B.3 descreve o funcionamento dos vários periféricos e o formato dos registradores auxiliares que os controlam) ou apenas para transferir dados (de 8 ou 16 bits, conforme o indicado na Tabela B.2).

O registrador A0 (RCN – Registrador de Configuração do Núcleo) tem um formato igual ao do PEPE (já descrito na Tabela A.4). Os *bits* 7..0 controlam a sensibilidade dos pinos de interrupção do PEPE, tal como descrito na Tabela 6.12.

Quando o processador inicia, em seguida a uma inicialização (*reset*), possui um relógio interno que não é de tempo real, funcionando no simulador, tão depressa quanto o computador que executa a simulação o permitir. Também é possível selecionar duas frequências de tempo real, permitindo um controle da escala do tempo, ou um relógio externo, para maior flexibilidade.

## Tabela B.2 - Registradores auxiliares do CREPE

| REGISTRADOR AUXILIAR | NOME ALTERNATIVO | FUNCIONALIDADE |
|---|---|---|
| A0 | RCN | Registrador de Configuração do Núcleo – Contém *bits* que controlam a configuração do núcleo do CREPE, igual ao PEPE |
| A1 | RCU | Registrador de Configuração das UARTS – Contém os *bits* que configuram as UARTs |
| A2 | RCT | Registrador de Configuração dos Temporizadores – Contém os *bits* que configuram os temporizadores 1 e 2 |
| A3 | RCP | Registrador de Configuração das Portas – Contém os *bits* que configuram as quatro portas de entrada/saída |
| A4 | REP | Registrador de Estado dos Periféricos – Permite acessar informação sobre o estado atual dos temporizadores, das UARTs e dos pinos de interrupção externa |
| A5 | RVT1 | Registrador de Valor do Temporizador 1 – Contém o valor corrente do temporizador 1 (16 bits). A escrita nesse registrador afeta diretamente o valor do contador e pode ser usada para inicializá-lo com zero, por exemplo |
| A6 | RT1 | Registrador do Tempo 1 – Contém o valor do tempo (16 bits) ao fim do qual o temporizador 1 dispara |
| A7 | RVT2 | Registrador de Valor do Temporizador 2 – Contém o valor corrente do temporizador 2 (16 bits). A escrita nesse registro afeta diretamente o valor do contador e pode ser usada para o inicializar com zero, por exemplo |
| A8 | RT2 | Registrador do Tempo 2 – Contém o valor do tempo (16 bits) ao fim do qual o temporizador 2 dispara |
| A9 | RDU1 | Registrador de Dados da UART 1 – Quando é lido, obtém-se o *byte* recebido pela UART 1. Quando é escrito, indica à UART 1 qual o *byte* a ser enviado. Apenas o *byte* menos significativo é usado. Na leitura, o *byte* mais significativo vem com 00H |
| A10 | RDU2 | Registrador de Dados da UART 2 – Quando é lido, obtém-se o *byte* recebido pela UART 2. Quando é escrito, indica à UART 2 qual o *byte* a ser enviado. Apenas o *byte* menos significativo é usado. Na leitura, o *byte* mais significativo vem com 00H |
| A11 | RPA | Registrador da Porta A – Quando é lido, obtém-se o *byte* disponível nos pinos da porta A. Quando é escrito (se a porta A estiver configurada para escrita), memoriza o valor e disponibiliza-o nesses pinos. Apenas o *byte* menos significativo é usado. Na leitura, o *byte* mais significativo vem com 00H |
| A12 | RPB | *Idem*, para a porta B |
| A13 | RPC | *Idem*, para a porta C |
| A14 | RPD | *Idem*, para a porta D |
| A15 | | Reservado |

**Tabela B.3 - Formato do RCN (Registrador de Configuração do Núcleo) do CREPE**

| BIT | SIGLA | FUNCIONALIDADE |
|---|---|---|
| 1..0 | NSI0 | Nível de sensibilidade da interrupção 0 (pino INT0). 00=borda de 0 para 1 (com memória); 01= borda de 1 para 0 (com memória); 10=nível 1 (sem memória); 11=nível 0 (sem memória) |
| 3..2 | NSI1 | *Idem*, para o pino de interrupção INT1 |
| 5..4 | NSI2 | *Idem*, para o pino de interrupção INT2 |
| 7..6 | NSI3 | *Idem*, para o pino de interrupção INT3 |
| 8 | FR | Frequência do relógio do processador. 0=relógio interno, sem frequência de tempo real; 1=relógio externo, dado pelo pino CLOCK |
| 15..9 | | Reservados |

O valor inicial de todos os registradores auxiliares após uma inicialização (*reset*) do PEPE é 0000H. Por meio de uma instrução MOV é possível alterar a configuração do núcleo ou de qualquer periférico em qualquer ocasião.

# B.3 FUNCIONAMENTO DOS PERIFÉRICOS

## B.3.1 PORTAS DE ENTRADA/SAÍDA

Tal como indicado na Tabela B.4, o CREPE tem quatro portas de 8 bits, configuráveis individualmente por meio do RCP (Registrador de Configuração das Portas), em um de quatro modos:

- Entrada (normal). Os pinos da porta não ligados (deixados "no ar") originam 0 ou 1 de forma aleatória;

- Entrada com valor 1, por *default* (*pull-ups* – ver Nota no início da Subseção 6.2.2.1). Entrada em que os pinos não ligados (deixados "no ar") são sempre lidos como 1;

- Entrada ativa. Igual à entrada normal, mas é gerada uma exceção (PORTO_A, PORTO_B, PORTO_C ou PORTO_D) sempre que um dos *bits* de uma determinada porta mudar de valor.

- Saída. A porta memoriza o último valor escrito lá.

Esta configuração pode mudar a qualquer momento, o que permite implementar portas bidirecionais e com funcionamento de três estados (*tri-state*). A configuração individual e independente de cada *bit* dentro de uma determinada porta não é suportada (apenas para ser mais simples, pois os microcontroladores comerciais normalmente permitem fazê-lo).

Cada porta tem 8 bits e ignora os 8 bits mais significativos da palavra do processador, quando é escrita. Na leitura, os 8 bits mais significativos vêm sempre com zero. Na escrita, as portas memorizam o valor escrito (exceto se estiver configurada para entrada, caso em que ignora). Na leitura, o valor lido pelo processador corresponde aos valores reais dos pinos do processador (mesmo se a porta estiver configurada para escrita, caso em que lê o último valor escrito lá).

**Tabela B.4 - Formato do RCP (Registrador de Configuração das Portas de entrada/saída)**

| BITS | SIGLA | FUNCIONALIDADE |
|---|---|---|
| 1..0 | MPA | Modo da Porta A – 00=entrada, 01=entrada com *pull-ups*, 10=entrada ativa, 11=saída (*bits* ficam com zero imediatamente após a programação) |
| 3..2 | MPB | *Idem*, para a Porta B |
| 5..4 | MPC | *Idem*, para a Porta C |
| 7..6 | MPD | *Idem*, para a Porta D |
| 15..8 | | Reservados |

Os registradores RPA (Registrador da Porta A), RPB, RPC e RPD têm 8 bits e são usados para ler ou escrever da respectiva porta, usando a instrução MOV. Exemplos:

```
MOV    RPA, R1  ; escreve o byte menos significativo de R1 na porta A
MOV    R3, RPC  ; lê a porta C e escreve-a no byte menos significativo de R3,
               ; cujo byte mais significativo fica com 00H
```

## B.3.2 TEMPORIZADORES

No CREPE, existem dois temporizadores, cujo sinal de relógio é igual ao do microcontrolador e que podem ser configurados pelo RCT (Registrador de Configuração dos Temporizadores), descrito na Tabela B.5:

- Temporizador 1, que usa o registrador auxiliar RVT1 (Registrador de Valor do Temporizador 1) como um contador de 16 bits e tem dois modos de funcionamento:

  - Contínuo. O contador (RVT1) começa a contagem em 0000H e, em cada ciclo de relógio do contador, o seu valor é comparado com o do registrador auxiliar RT1 (Registrador do Tempo 1), que deve ser carregado previamente com o valor da temporização pretendida. Quando ficam iguais, é gerada uma exceção TEMPO1 e o contador RVT1 é automaticamente reposto a zero, recomeçando o ciclo. O registrador RT1 contém, assim, o número de ciclos de relógio entre duas exceções TEMPO1 consecutivas (RT1=0 significa 64 K ciclos de relógio);

  - Cronômetro. O contador (RVT1) começa em zero. Quando o pino C do processador passar para 1, RVT1 passa a ser incrementado em cada ciclo do relógio, sendo gerada uma exceção CRONO, quando este pino passar de 1 para 0 (ocasião em que interrompe a contagem). O valor de RVT1 terá o valor da contagem de forma precisa, independentemente do processador demorar mais ou menos tempo para atender e processar a interrupção. A contagem de medição do tempo de C com 1 não recomeça, se C voltar a 1 (porque poderia destruir o valor de RVT1 antes deste ser lido pelo processador). Para a contagem recomeçar, é necessário desligar o Temporizador 1 e voltar a ligá-lo (usando o *bit* T1L do RCT – ver Tabela B.5). O recomeço da contagem coloca zero em RVT1. O *bit* VT1 do REP (Tabela B.8) é posto a 1, se a duração de C com 1 exceder a capacidade de contagem de RVT1. Se o *bit* EOT1 do RCT (Tabela B.5) estiver com 1, também é gerada uma exceção (T1_FIM).

- Temporizador 2, semelhante ao Temporizador 1, mas usando os registradores RVT2 (Registrador de Valor do Temporizador 2) e RT2 (Registrador do Tempo 2), gerando a exceção TEMPO2 no modo Contínuo e tendo o modo Gerador em vez de Cronômetro. No modo Gerador, incrementa o contador RVT2 até atingir o valor de RT2, ocasião em que RVT2 volta a 0000H e o pino do Processador T2 muda de valor (alternando entre 1 e 0), mas não é gerada qualquer exceção. Assim, T2 produz um sinal quadrado com um período de 2*RT2 ciclos de relógio (RT2=0 significa 64 K ciclos de relógio).

Os *bits* CT1 (Controle do Temporizador 1) e CT2 (Controle do Temporizador 2) permitem configurar os dois temporizadores de forma independente, a partir de um mesmo registrador.

### Tabela B.5 - Formato do RCT (Registrador de Configuração dos Temporizadores)

| BITS | SIGLA | FUNCIONALIDADE |
|---|---|---|
| 0 | CT1 | Controle do Temporizador 1 – 0=A escrita neste registrador RCT não afeta o Temporizador 1 (não afeta *bits* T1L e MT1); 1= Temporizador 1 é configurado |
| 1 | T1L | Temporizador 1 Ligado – Se T1L=0, o temporizador 1 fica inativo; se T1L=1, atualiza configuração e recomeça contagem (coloca 0 no registro RVT1) |
| 2 | MT1 | Modo do Temporizador 1 – 0=Contínuo, 1= Cronômetro |
| 3 | EOT1 | Se EOT1=1, gera uma exceção, se o Temporizador 1 exceder sua capacidade (voltando a 0000H), quando está à espera de que o sinal C volte a 0. A medição do tempo segue normalmente, sem ser afetada |
| 4 | CT2 | Controle do Temporizador 2 – 0=A escrita neste registrador RCT não afeta o Temporizador 2 (não afeta *bits* T2L e MT2); 1= Temporizador 2 é configurado |
| 5 | T2L | Temporizador 2 Ligado – Se T2L=0, o temporizador 2 fica inativo; se T2L=1, atualiza configuração e recomeça contagem (coloca 0 no registro RVT2) |
| 6 | MT2 | Modo do Temporizador 2 – 0=Contínuo, 1= Gerador |
| 15..7 | | Reservados |

O CREPE tem duas UARTs para suportar a comunicação serial assíncrona (Subseção 6.3.4.3). As UARTs têm uma configuração simplificada e assumem, de forma fixa, que há 2 *stop bits* e 8 bits por caractere, sem *bit* de paridade. O único parâmetro que realmente se pode configurar é a taxa de transmissão, através da duração em ciclos de relógio de cada *bit*. Em termos de simulação, não é importante adotar valores padronizados. É possível ainda indicar se se pretende que seja gerada uma exceção, quando um *byte* é recebido ou quando a transmissão de um *byte* termina.

A Tabela B.6 descreve as configurações das UARTs, que são especificadas no RCU (Registrador de Configuração das UARTs). A leitura dos *bytes* recebidos e a escrita dos *bytes* a transmitir é feita pelos Registradores de Dados das UARTs (RDU1 e RDU2). Na realidade, cada um destes consiste em dois registradores separados, um que só pode ser lido (o de recepção) e outro que só pode ser escrito (o de emissão), portanto compartilham a mesma designação. São registradores de 8 bits. Na leitura pelo processador, o *byte* mais significativo vem sempre com zero e, na escrita, o *byte* mais significativo da palavra do processador é ignorado.

### Tabela B.6 - Formato do RCU (Registrador de Configuração das UARTs)

| BITS | SIGLA | FUNCIONALIDADE |
|---|---|---|
| 0 | CTU1 | Controle da UART 1 – 0=A escrita neste registrador RCU não afeta a UART 1 (não afeta *bits* DB1, ERB1 e ETB1); 1= UART 1 é configurada com este *byte* |
| 4..1 | DB1 | A duração (em ciclos de relógio) de cada *bit* na UART 1 é igual a este campo (0 a 15), em que 0 equivale a 16. Portanto, cada *bit* pode durar entre 1 e 16 ciclos de relógio |
| 5 | ERB1 | Exceção na Recepção de um *Byte* da UART 1– Se ERB1=1, o processador gera a exceção RX1_CHEGOU quando a UART 1 receber um *byte* |
| 6 | ETB1 | Exceção na Transmissão de um *Byte* da UART 1 – Se ETB1=1, o processador gera a exceção TX1_FIM quando a UART 1 acabar de transmitir um *byte* (e ficar pronta para receber outro *byte* para ser transmitido) |
| 7 | | Reservado |
| 8 | CTU2 | Controle da UART 2 – 0=A escrita neste registrador RCU não afeta a UART 2 (não afeta *bits* DB2, ERB2 e ETB2); 1= UART 2 é configurada com este *byte* |
| 12..9 | DB2 | A duração (em ciclos de relógio) de cada *bit* na UART 2 é igual a este campo (0 a 15), em que 0 equivale a 16. Portanto, cada *bit* pode durar entre 1 e 16 ciclos de relógio |
| 13 | ERB2 | Exceção na Recepção de um *Byte* da UART 2 – Se ERB2=1, o processador gera a exceção RX2_CHEGOU quando a UART 2 receber um *byte* |
| 14 | ETB2 | Exceção na Transmissão de um *Byte* da UART 2 – Se ETB2=1, o processador gera a exceção TX2_FIM quando a UART 2 acabar de transmitir um *byte* (e ficar pronta para receber outro *byte* para ser transmitido) |
| 15 | | Reservado |

Os *bits* CTU1 (Controle da UART 1) e CTU2 (Controle da UART 2) permitem configurar as duas UARTs de forma independente a partir de um mesmo registrador.

Há duas formas de saber se um *byte* foi recebido ou se a UART está pronta para transmitir mais um *byte*,[122] tal como indicado na Tabela B.7 (que se refere à UART 1, mas para a UART 2 é só trocar o 1 pelo 2):

- Por teste (*polling*) de *bits* de estado no REP (Registrador de Estado dos Periféricos – ver Tabela B.8), mas isso implica ocupar o processador com espera ativa;

- Por exceções, que avisam o processador do evento, mas apenas se tiverem sido permitidas pela configuração do RCU. Mesmo usando este método, deve-se usar os *bits* do REP, na recepção de um *byte*, para testar eventuais erros.

---

[122]É preciso esperar que o *byte* anterior acabe de ser transmitido. Caso se escreva novo *byte* no RDU1 antes de o anterior ter sido transmitido, o resultado é imprevisível. Provavelmente, o *byte* realmente transmitido será uma mistura dos dois.

**Tabela B.7 - Formas de controlar a emissão e recepção de bytes na UART 1.
Para a UART 2, é só substituir o 1 pelo 2 nos nomes**

| FORMA | OPERAÇÃO | FUNCIONALIDADE |
|---|---|---|
| Teste (*polling*) | *Byte* foi recebido | Testar continuamente o *bit* ERX1 do REP, que, se estiver com 1, indica que existe um *byte* recebido para o processador ler do RDU1 (Registrador de Dados da UART 1). Este *bit* é automaticamente colocado a 0 quando o RDU1 é lido. O REP tem ainda outros *bits* que, se estiverem com 1, indicam que houve erro na recepção de um *byte* por erros de transmissão (IRX1), ou que pelo menos um *byte* foi perdido por não ter sido lido antes de o seguinte ter chegado (SRX1). Esses *bits* são igualmente colocados a 0 de forma automática, por uma leitura do RDU1. O *bit* IRX1 refere-se sempre ao último *byte* recebido (enquanto RDU1 não for lido) |
| | *Byte* acabou de ser transmitido | Testar continuamente o *bit* ETX1 do REP. Este *bit* está normalmente com 1, vai a 0 automaticamente, quando um *byte* é escrito em RDU1, e volta a 1, quando o *byte* acaba de ser transmitido |
| Exceção | *Byte* foi recebido | Quando um *byte* chega, é gerada uma exceção RX1_CHEGOU (só se o *bit* ERB1 do RCU estiver com 1). Também neste caso deverão ser consultados os *bits* IRX1 e SRX1(antes de ler o RDU1), para verificar se ocorreu um erro |
| | *Byte* acabou de ser transmitido | Quando acaba a transmissão de um *byte*, é gerada a exceção TX1_FIM (só se o *bit* ETB1 do RCU estiver com 1) |

### B.3.4 INFORMAÇÃO SOBRE O ESTADO DOS PERIFÉRICOS

O REP (Registrador de Estado dos Periféricos), descrito na Tabela B.8, concentra os *bits* que permitem observar o estado dos periféricos e dos pinos de interrupção. O fato de estarem todos juntos em um mesmo registrador (e não junto com os *bits* de configuração dos respectivos periféricos, por exemplo) permite obter toda a informação relevante de estado sobre os periféricos, de uma só vez, e reflete a diferença de utilização entre os *bits* de configuração e os de estado (estes últimos acessados de forma muito mais frequente).

O REP é um registrador que suporta apenas leitura (a escrita é ignorada). A evolução do estado dos seus *bits* é automática e está fora do controle do programador que, no entanto, pode inicializar alguns destes *bits* indiretamente, como é o caso dos *bits* referentes às UARTs, para o que basta reprogramar a UART em questão (atuando no RCU), e do *bit* VT1, inicializado quando se desliga o Temporizador 1 (atuando no RCT).

# B.4 EXCEÇÕES

A Tabela B.9 descreve as exceções que o CREPE suporta. As exceções anteriores a TEMPO1 são comuns ao PEPE, tendo sido descritas na Tabela 6.16. As exceções específicas do CREPE correspondem a interrupções de periféricos, podendo ocorrer várias simultaneamente e de forma assíncrona ao programa. Estas interrupções internas não são atendidas, se o *bit* IE do RE estiver com 0 (tal como as interrupções externas), e podem ser mascaradas por configuração dos registradores auxiliares.

As interrupções são priorizadas de acordo com o indicado na Tabela B.9. As exceções com menor número de prioridade são as mais prioritárias. A ordenação por prioridades levou em conta a potencial urgência dos eventos correspondentes. TEMPO1 e T1_FIM têm a mesma prioridade porque correspondem a modos diferentes do Temporizador 1 e, portanto, não podem ocorrer simultaneamente.

## Tabela B.8 - Formato do REP (Registrador de Estado dos Periféricos)

| Bits | Sigla | Funcionalidade |
|------|-------|----------------|
| 0 | PINT0 | Pedido de interrupção 0. Se PI0=1, há um pedido pendente para a interrupção 0 (pode não refletir o estado do pino INT0, pois este pode ter sido eventualmente memorizado. Depende do modo do pino INT0, configurado no RCN). Este *bit* vem a zero automaticamente quando a interrupção 0 é atendida (até haver novo pedido) |
| 1 | PINT1 | *Idem*, para a interrupção 1 |
| 2 | PINT2 | *Idem*, para a interrupção 2 |
| 3 | PINT3 | *Idem*, para a interrupção 3 |
| 4 | ERX1 | Estado da recepção de *bytes* da UART 1. Se ERX1=1, foi recebido um *byte* que ainda não foi lido pelo processador. Este *bit* é colocado automaticamente a 0 quando o processador lê o *byte* recebido |
| 5 | ETX1 | Estado da transmissão de *bytes* da UART 1. Se ETX1=1, a UART 1 está pronta para receber um novo *byte* para ser enviado. Este *bit* é colocado a 0, pela escrita de um *byte* no RDU1 (Registro de Dados da UART 1), e automaticamente reposto a 1, quando o *byte* acaba de ser transmitido |
| 6 | IRX1 | Erro de recepção na UART 1. Se IRX1=1, o *byte* não foi recebido corretamente, talvez devido a ruído na linha de transmissão. Tipicamente, o erro é detectado pelos *stop bits* por não terem a duração correta. Uma leitura do RDU1 repõe este *bit* a 0 |
| 7 | SRX1 | Sobreposição na recepção na UART 1. Se SRX1=1, foi recebido um novo *byte* antes de o anterior ter sido lido da UART 1. O último *byte* recebido está correto, e este *bit* é apenas de informação da ocorrência. Uma leitura do RDU1 repõe este *bit* a 0 |
| 8 | ERX2 | Estado da recepção de *bytes* da UART 2. Se ERX2=1, foi recebido um *byte* que ainda não foi lido pelo processador. Este *bit* é colocado automaticamente a 0 quando o processador lê o *byte* recebido |
| 9 | ETX2 | Estado da transmissão de *bytes* da UART 2. Se ETX2=1, a UART 2 está pronta para receber um novo *byte* para ser enviado. Este *bit* é colocado a 0, pela escrita de um *byte* no RDU2 (Registro de Dados da UART 2), e automaticamente reposto a 1, quando o *byte* acaba de ser transmitido |
| 10 | IRX2 | Erro de recepção na UART 2. Se IRX2=1, o *byte* não foi recebido corretamente, talvez devido a ruído na linha de transmissão. Tipicamente, o erro é detectado pelos *stop bits* por não terem a duração correta. Uma leitura do RDU2 repõe este *bit* a 0 |
| 11 | SRX2 | Sobreposição na recepção na UART 2. Se SRX2=1, foi recebido um novo *byte* antes de o anterior ter sido lido da UART 2. O último *byte* recebido está correto, e este *bit* é apenas de informação da ocorrência. Uma leitura do RDU2 repõe este *bit* a 0 |
| 12 | VT1 | Se VT1=1, o Temporizador 1 excedeu sua capacidade de contagem (os 16 *bits*) ao esperar que o pino C volte a 0 e deu a volta para 0000H. Este *bit* é colocado a 1 nesta situação, independentemente de o *bit* EOT1 do RCT permitir que seja gerada uma exceção ou não, e só volta a 0 desligando o Temporizador 1 com o *bit* T1L do RCT |
| 15..13 | | Reservados |

**Tabela B.9 - Exceções predefinidas do CREPE**

| Nº | NOME | CAUSA | PRIORIDADE DE INTERRUPÇÃO |
|---|---|---|---|
| --- | SWE | Execução desta instrução | |
| 0 | INT0 | Ativação externa do pino INT0 | 3 |
| 1 | INT1 | Ativação externa do pino INT1 | 4 |
| 2 | INT2 | Ativação externa do pino INT2 | 5 |
| 3 | INT3 | Ativação externa do pino INT3 | 6 |
| 4 | EXCESSO | Excesso (*overflow*) em operação aritmética | |
| 5 | DIV0 | Divisão (DIV) por zero | |
| 6 | COD_INV | Código de operação inválido | |
| 7 | TEMPO1 | O Temporizador 1 chega ao fim de sua temporização em modo Contínuo | 0 |
| 8 | T1_FIM | O Temporizador 1 chega a seu valor máximo e volta a 0000H em modo Cronômetro, enquanto espera que o sinal C passe de 1 para 0 | 0 |
| 9 | CRONO | A entrada C passa de 1 para 0 quando o Temporizador 1 está em modo Cronômetro | 2 |
| 10 | TEMPO2 | O Temporizador 2 chega ao fim de sua temporização | 1 |
| 11 | RX1_CHEGOU | Foi recebido um *byte* pela UART 1 | 7 |
| 12 | RX2_CHEGOU | Foi recebido um *byte* pela UART 2 | 8 |
| 13 | TX1_FIM | A UART 1 acabou de transmitir um *byte* e está pronta para transmitir outro | 13 |
| 14 | TX2_FIM | A UART 2 acabou de transmitir um *byte* e está pronta para transmitir outro | 14 |
| 15 | PORTA_A | O valor da Porta A muda com esta porta configurada para entrada ativa | 9 |
| 16 | PORTA_B | *Idem*, para a Porta B | 10 |
| 17 | PORTA_C | *Idem*, para a Porta C | 11 |
| 18 | PORTA_D | *Idem*, para a Porta D | 12 |

# B.5 Exemplo de utilização

A Figura B.1 representa um esquema de ligações do CREPE, incluindo os componentes internos relevantes para um exemplo de utilização simples, que ilustra o funcionamento e a manipulação dos periféricos pelo programador.

O objetivo é transferir alguns *bytes* em memória para outra área de memória, usando as duas UARTs como meio de comunicação e o Temporizador 1, em modo Cronômetro, para medir o tempo de transferência. Esta operação começa quando se pressiona o interruptor, ocasião em que o LED se acende (indicando que a transferência está em curso), para voltar a se apagar quando a transferência acaba.

A Figura B.2 mostra o fluxograma deste programa. Para ilustrar os dois modos de gerenciamento das UARTs, a emissão dos *bytes* é controlada por teste (*polling*) do *bit* de estado da UART 1 (ETX1), enquanto a recepção dos *bytes* pela UART 2 utiliza uma interrupção (RX2_CHEGOU). Observe que a passagem de 1 para 0 do *bit* C do Temporizador 1 também gera uma interrupção (CRONO), usada para ler o valor de contagem do tempo, para um registrador principal do CREPE.

O Programa B.1 mostra a implementação deste fluxograma. Para poupar espaço, as constantes literais são usadas diretamente nas instruções, mas as boas regras de programação recomendam que se deve usar constantes simbólicas definidas no início do programa (tal como exemplificado pela constante N).

Observe que o teste de haver ou não mais *bytes* para transmitir só é feito depois de o último ter sido completamente enviado, de modo que o pino C só seja posto a 0 nessa ocasião e a interrupção CRONO obtenha o tempo total de transmissão. Se o teste fosse

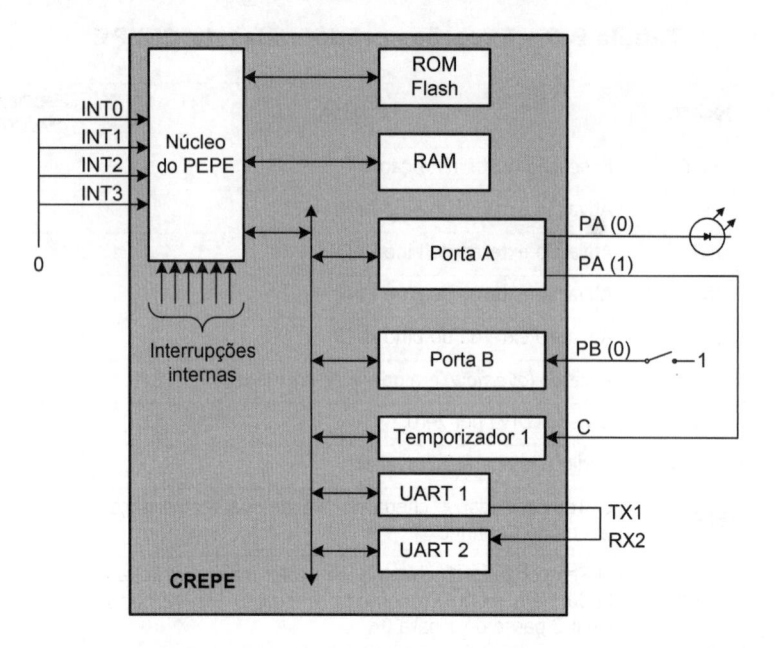

**Fig. B.1 – Esquema de componentes e ligações do CREPE relevantes para o Programa B.1**

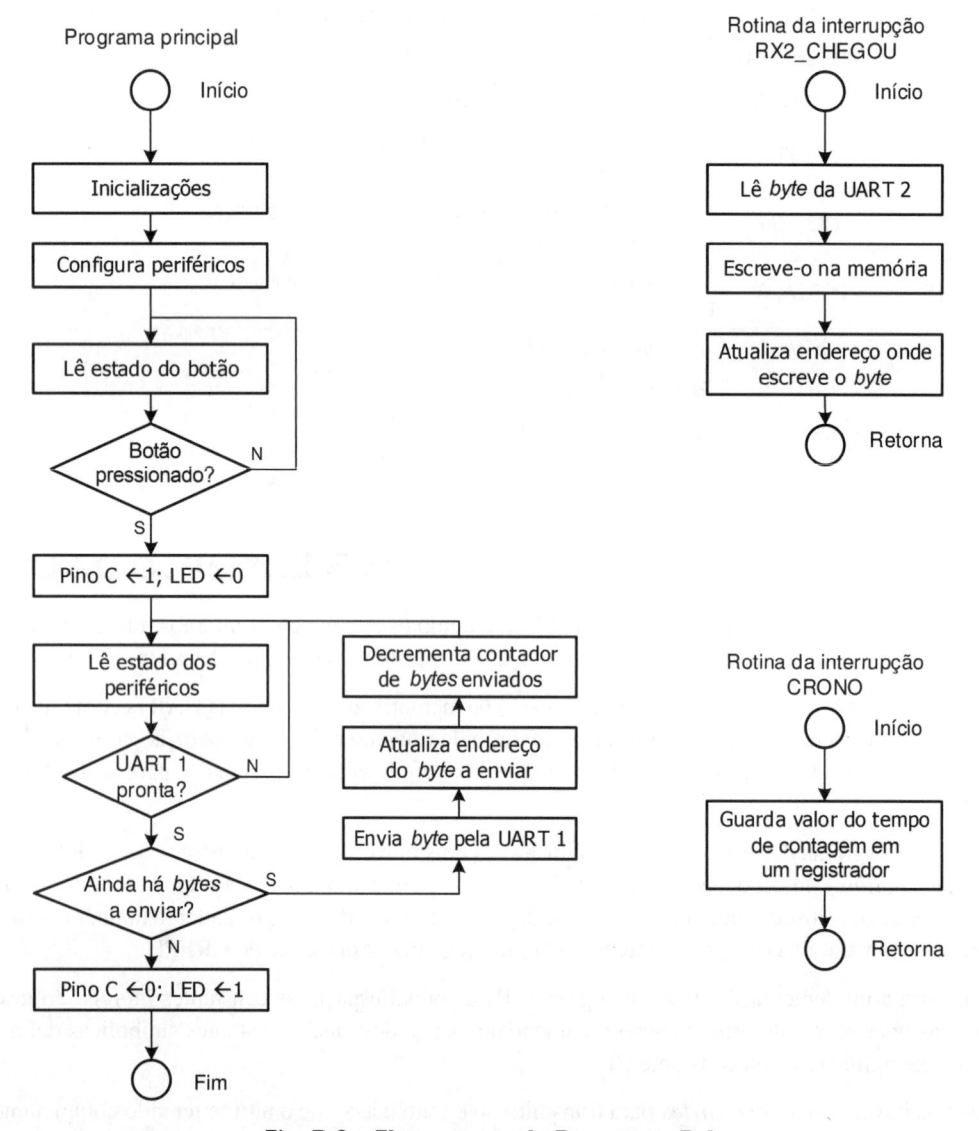

**Fig. B.2 – Fluxograma da Programa B.1**

feito imediatamente após o envio de um *byte*, o tempo de envio do último *byte* praticamente não seria contabilizado. Uma coisa é escrever um *byte* na UART para ser enviado, outra é esse *byte* estar completamente enviado.

```
N          EQU    14              ; número de bytes da cadeia de caracteres origem

PLACE    1000H                    ; localiza bloco de dados
; tabela de Exceções (veja a Tabela B.9 para saber que exceções há)
int0:        word  Rot_nada       ; endereço das rotinas das interrupções
int1:        word  Rot_nada       ; estas interrupções só são necessárias para
int2:        word  Rot_nada       ; deixar os endereços das rotinas de interrupção
int3:        word  Rot_nada       ; usadas no local correto
excesso:     word  Rot_nada
div0:        word  Rot_nada
cod_inv:     word  Rot_nada
tempo1:      word  Rot_nada
t1_fim:      word  Rot_nada
crono:       word  Rot_crono      ; endereço da rotina da interrupção CRONO
tempo2:      word  Rot_nada
rx1_chegou: word   Rot_nada
rx2_chegou: word   Rot_RX2        ; endereço da rotina da interrupção RX2_CHEGOU
origem:  STRING    "Teste do CREPE"     ; cadeia de caracteres a enviar

PLACE    2000H                    ; localiza outro bloco de dados
destino: TABLE 20                 ; reserva área para colocar caracteres recebidos

PLACE    0000H                    ; localiza bloco de instruções
; inicializações
início:  MOV   SP, 2000H          ; inicializa SP (pilha)
         MOV   BTE, int0          ; inicializa ponteiro para a Tabela de Exceções
         MOV   R0, 0000H          ; ver a Tabela B.3 para a definição dos bits
         MOV   RCN, R0            ; programa núcleo para relógio interno de 100 Hz
         MOV   R0, 0003H          ; ver a Tabela B.4 para a definição dos bits
         MOV   RCP, R0            ; programa porta A para periférico de saída
         MOV   R0, 0007H          ; ver a Tabela B.5 para a definição dos bits
         MOV   RCT, R0            ; programa Temporizador 1 para modo Cronômetro
         MOV   R0, 3111H          ; ver a Tabela B.6 para a definição dos bits
         MOV   RCU, R0            ; programa UARTs (8 ciclos de relógio por bit)
         EI                       ; a partir de agora pode haver interrupções
lêBotão: MOV   R0, RPB            ; lê porta B
         BIT   R0, 0              ; verifica se o botão foi pressionado (bit 0 = 1?)
         JZ    lêBotão            ; se não, continua à espera
         MOV   R0, 3              ; passa pino C para 1 (começa contagem de tempo no
         MOV   RPA, R0            ; ... Temporizador 1) e acende o LED, na porta B
         MOV   R2, N              ; número de bytes a ser transmitido (cadeia origem)
         MOV   R3, origem         ; endereço da cadeia de caracteres a ser enviada
         MOV   R4, destino        ; endereço da área para colocar os bytes recebidos
loop_envio:
         MOV   R0, RCP            ; lê estado dos periféricos
         BIT   R0, 5              ; verifica se UART 1 está pronta para enviar (bit ETX1 = 1?)
         JZ    loop_envio         ; se não, espera que acabe de enviar o byte anterior
         CMP   R2, 0              ; já enviou todos os bytes?
         JLE   acabou             ; se sim, acabou
         MOVB  R0, [R3]           ; busca o próximo byte a enviar
         MOV   RDU1, R0           ; envia-o pela UART 1
         SUB   R2, 0              ; menos um byte a enviar
         ADD   R3, 1              ; endereço do byte a enviar a seguir
         JMP   loop_envio         ; vai esperar que este byte acabe de ser enviado
acabou:  MOV   R0, 0              ; passa pino C para 0 (acaba a contagem de tempo) e
         MOV   RPA, R0            ; ... apaga o LED
fim:     JMP   fim                ; fim do programa
```

```
;**************************************************************************
; Rot_nada - Rotina de atendimento de interrupções não ativas (só para
;            preencher a Tabela de Exceções até a RX2_CHEGOU). Se for invocada,
;            é um erro.
;**************************************************************************
Rot_nada:
        RFE                     ; retorna da rotina de interrupção sem fazer nada


;**************************************************************************
; Rot_crono - Rotina de atendimento da interrupção CRONO.
;             Invocada quando o bit C passa de 1 para 0 e o Temporizador 1 está
;             ativo em modo Cronômetro.
;**************************************************************************
Rot_crono:
        PUSH    R0              ; tem de guardar o valor do R0
        MOV     R0, RVT1        ; vê quanto tempo demorou a transferência de bytes
        MOV     R5              ; deixa esse valor em R5
        POP     R0              ; repõe o valor de R0
acaba:  RFE                     ; retorna da rotina de interrupção


;**************************************************************************
; Rot_RX2 - Rotina de atendimento da interrupção RX2_CHEGOU.
;           Invocada quando a UART 2 acaba de receber um byte.
;**************************************************************************
Rot_RX2:
        PUSH    R0              ; tem de guardar o valor do R0
        MOV     R0, RDU2        ; lê o byte recebido
        MOVB    [R4], R0        ; armazena-o na área destino
        ADD     R4, 1           ; atualiza endereço onde colocar o próximo byte
        POP     R0              ; repõe o valor de R0
        RFE                     ; retorna da rotina de interrupção
```

**Programa B.1 – Exemplo de programação do CREPE**

**SIMULAÇÃO B.1** – PROGRAMAÇÃO COM UM MICROCONTROLADOR (CREPE)

Esta simulação exemplifica a programação de um microcontrolador, tomando o Programa B.1 como base, explorando o acesso aos registradores auxiliares para configuração e utilização dos periféricos. Com base neste programa, pode-se fazer algumas experiências, incluindo as seguintes:

- Configurar a duração de cada *bit*, de forma diferente em cada UART, e ver qual a diferença máxima até a recepção deixar de ser correta;

- Modificar a rotina de atendimento da interrupção RX2_CHEGOU para, antes de ler o RDU2, testar o *bit* SRX2 e ler o RDU2 apenas se o *bit* SRX2 estiver com 1 (Tabela B.8). O resultado é ler apenas metade dos *bytes*, aqueles que são recebidos na UART 2 sem o *byte* anterior ser lido.

# Apêndice C
# Introdução ao simulador (SIMAC)

O projeto de circuitos é uma tarefa complexa, cujo resultado físico final (*hardware*) não é facilmente modificável. Por este motivo, a utilização de simuladores para validar e testar o projeto de novos circuitos é, desde há muito tempo, uma tarefa fundamental para qualquer arquiteto de computadores.

O simulador de circuitos SIMAC (**SIM**ulador de **A**rquitetura de **C**omputadores) destina-se ao ensino de arquitetura de computadores e não ao desenvolvimento e implementação de arquiteturas. Por esse motivo, algumas das tarefas não são tão automatizadas como o seriam em um simulador comercial, os detalhes elétricos não são levados em consideração (o simulador é puramente digital) e os módulos que disponibiliza não correspondem a nenhum circuito físico existente no mercado.

O simulador é uma aplicação construída em Java™, com uma interface gráfica para projetar e simular os circuitos. O ciclo de vida de um circuito tem duas fases distintas: projeto e simulação. A cada uma destas fases, corresponde um painel gráfico com características distintas.

O simulador é genérico (e não específico do PEPE) e pode-se facilmente incorporar novos módulos de funcionalidade arbitrariamente complexa, desde que se programe em Java™ e respeite as convenções de integração no simulador.

Este apêndice apresenta apenas uma breve introdução à funcionalidade e às capacidades do simulador, particularmente as fases de projeto e de simulação e a utilização de alguns módulos complexos, que podem ser utilizados no projeto de circuitos.

Dada a evolução natural de todos os sistemas, é natural que algumas características do simulador em si, disponível no *site* de LTC Editora | Grupo Editorial Nacional – GEN, sejam diferentes do que é descrito aqui. Os princípios básicos, no entanto, mantêm-se válidos. Em caso de discrepância, o *site* de LTC Editora tem a documentação mais recente.

# C.1 PROJETO DE CIRCUITOS

O objetivo da fase de projeto é criar um circuito, através da interligação de instâncias de um conjunto de módulos predefinidos, que o simulador disponibiliza. A biblioteca de módulos do SIMAC contém desde simples portas lógicas até módulos complexos como processadores (PEPE, por exemplo).

Para facilitar a demonstração das capacidades do simulador, quer durante a fase de projeto, quer durante a fase de simulação, este apêndice utiliza um circuito com uma funcionalidade semelhante à do circuito da Figura 3.4, que contém uma memória, um somador e um registrador. Com ele é possível somar vários números contidos na memória e guardar o resultado final no registrador.

No circuito a ser projetado no SIMAC (Figura C.1), a memória utilizada é uma PROM (de 16 bits de largura com 16 bits de endereço, embora pudéssemos usar uma menor), para não ser necessário escrever primeiro os dados (basta programar a PROM). O somador e o registrador (de *flip-flops* D) também são de 16 bits. O somador tem um bit de *carry in* e outro de *carry out* para suportar o transporte da soma.

A primeira tarefa a ser executada para construir o circuito da Figura C.1 é localizar os módulos que são necessários, na interface descrita na Figura C.2. Os módulos disponíveis estão descritos na janela da biblioteca de módulos (IC *Library*, ou biblioteca de circuitos integrados, como se se tratasse de uma implementação física). No presente caso, são necessários os módulos "Somador", "Registo D" (Registrador D) e "PROM". Em seguida, é necessário colocar estes módulos no painel onde irá se construir o circuito (área com a grade de pontos, à direita da biblioteca de módulos), clicando sobre o nome do somador na biblioteca e arrastando o cursor para a grade, no local onde se deseja colocar o somador. Após esta operação, deve-se proceder da mesma forma para os outros dois módulos. Tanto o somador como os outros módulos manipulam, por *default*, valores de 1 bit. Para configurar cada um dos módulos de acordo com a Figura C.1, é necessário efetuar um duplo clique sobre cada um dos módulos para ter acesso à sua janela de configuração. Nessa janela, podemos configurar o somador para valores de 16 bits, bem como configurar os barramentos de endereços e dados da PROM com 16 bits.

O passo seguinte consiste em interligar os módulos. Cada módulo tem uma ou várias portas (pontos de ligação), que podem ser de entrada, de saída, de saída com *tri-state* ou ainda de entrada/saída. Cada porta pode ter um ou mais bits. O número de *bits* de uma ligação entre várias portas é calculado automaticamente, levando em conta a dimensão de cada porta e a sua configuração.

Para interligar duas portas (do mesmo módulo ou de módulos diferentes), é necessário clicar sobre uma das portas e arrastar o cursor até a outra.

Do ponto de vista de projeto, todos os tipos de porta são iguais. Não é feita qualquer verificação sobre a compatibilidade das portas interligadas. Assim, se forem interligadas duas portas de saída, muito provavelmente irá ocorrer um erro durante a simulação (quando as duas saídas tentarem impor valores diferentes para a ligação).

Para interligar várias portas é necessário interligá-las duas a duas, embora o resultado final, do ponto de vista de simulação, seja uma única ligação interligando todas as portas envolvidas.

Cada módulo possui uma janela de configuração que pode ser acessada através de um duplo clique sobre o módulo. A janela de configuração varia de módulo para módulo. Por exemplo, no caso das portas lógicas simples, é possível configurar o número

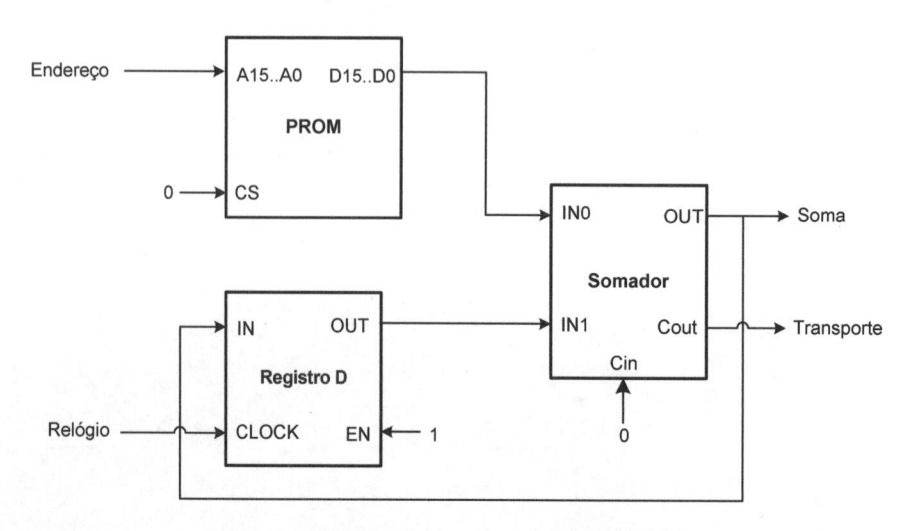

**Fig. C.1 – Circuito a ser projetado no SIMAC**

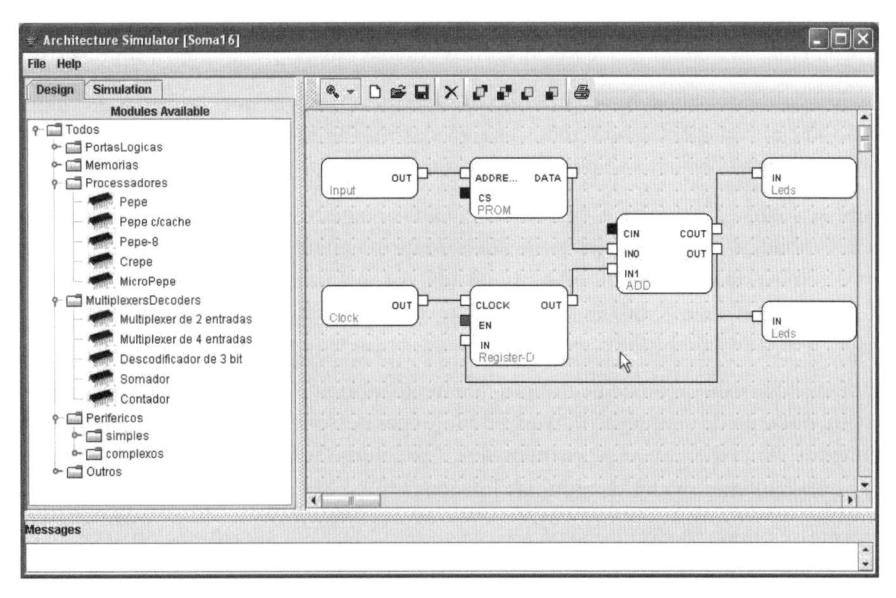

**Fig. C.2 – Circuito da Figura C.1, projetado no SIMAC**

de *bits* com os quais opera (número de *bits* de cada uma das portas). Todas as instâncias (dos módulos predefinidos) criadas pelo usuário permitem mudar o seu nome e a configuração de cada uma das suas portas.

Por *default*, o 1.º bit da porta se liga ao 1.º bit da ligação, o 2.º ao 2.º e assim sucessivamente até a dimensão máxima da porta. Mas também é possível, por configuração da porta (na janela de codificação do módulo), indicar que se pretende ligar outros *bits* da porta e da ligação e indicar um máximo de *bits* a serem ligados. Por exemplo, caso seja indicado que se quer ligar o 3.º bit da porta ao 5.º da ligação, em um máximo de 3 bits, serão ligados os *bits* $P_2$, $P_3$, $P_4$ da porta aos *bits* $L_4$, $L_5$, $L_6$ da ligação.[123]

Em alguns casos, é necessário ligar uma porta de entrada diretamente a 0 ou a 1. Por exemplo, na Figura C.1, o pino EN (*Enable*) do registrador deve estar com 1, enquanto o CS (*Chip Select*) da PROM e o Cin (*Carry In*) do somador estão ligados diretamente a 0. Se estas portas não forem ligadas a nada, o valor lido pelos módulos é aleatório e pode ocasionar um funcionamento incorreto. Para ligar uma porta a 0 ou 1 é necessário utilizar a janela de configuração da porta e indicar que essa porta deve estar fixada a 0 ou 1. As portas ligadas diretamente a 0 aparecem em preto no esquema, enquanto as portas ligadas a 1 aparecem em vermelho.

Para que seja possível testar o circuito, é necessário adicionar-lhe módulos de entrada e de saída de informação. Ao circuito da Figura C.2 é necessário adicionar:

- Um módulo com um conjunto de 16 LEDs, para observar o resultado na saída do somador;

- Outro módulo só com um LED, para observar a saída Cout (*Carry Out*) do somador;

- Um módulo de entrada de números, para ligar ao barramento de endereços da PROM (para especificar o endereço da célula que se pretende ler);

- Um módulo que gera uma onda quadrada, para ligar à porta do relógio do registrador.

Estes módulos são criados exatamente da mesma forma que os outros e podem ser encontrados na seção "Periféricos" da biblioteca, com exceção do gerador de onda quadrada (relógio), que se encontra na seção "Outros".

## C.2 SIMULAÇÃO DE CIRCUITOS

Para iniciar a simulação de um circuito, é necessário passar para o painel de simulação, que é semelhante ao painel de projeto, mas com a diferença de que a janela da biblioteca de módulos é substituída por uma janela com um conjunto de botões de controle da simulação e duas caixas com a identificação dos pontos de parada de depuração (*breakpoints*) e com os eventos a serem tratados pela simulação.

---

[123]O primeiro *bit* das portas e das ligações é o *bit* número 0.

O núcleo do simulador é um motor de tratamento de eventos que funciona por loops, ou iterações. Cada iteração ocorre integralmente no mesmo tempo de simulação e compreende três fases (executadas em loop, enquanto a simulação estiver sendo realizada):

- **Ligações** – São analisadas todas as ligações do circuito para verificar quais as que mudaram de valor desde a última iteração (quando a simulação inicia, considera-se que todas as ligações mudaram de valor). Em cada ligação que mudou de valor, verifica-se que portas se ligam lá e marca-se os módulos a que essas portas pertencem como necessitando ser recalculados;

- **Módulos** – Percorre-se todos os módulos e os marcados na fase anterior são executados, o que normalmente implica ler as portas de entrada e produzir valores para as portas de saída. No entanto, a escrita não é feita diretamente, pois é preciso simular os tempos de atraso de cada módulo. Assim, a cada vez que um módulo pretende alterar o valor de uma de suas portas, gera um evento (com indicação do tempo em que deve ocorrer e do valor a ser escrito na porta), que é acrescentado à lista de eventos que irão ocorrer no futuro;

- **Eventos** – A lista de eventos está organizada cronologicamente, portanto na sua cabeça está o evento que possui o tempo mais próximo. Assim, o tempo de simulação é avançado logo para esse tempo (uma vez que até lá nada ocorreria) e todos os eventos programados para esse tempo são executados. Os de um tempo posterior são retidos para futura execução. A execução de eventos pode alterar o valor de algumas ligações.

Depois da última fase, repete-se o loop. A simulação só para quando o usuário a interrompe ou acabam os eventos. Os módulos de entrada de informação podem gerar eventos, quando o usuário clica em botões com o mouse. Também há módulos de relógio que geram eventos de forma periódica.

Os tempos de atraso dos módulos são fundamentais para a definição do conceito de tempo de simulação, que é independente do tempo real durante o qual se está simulando o circuito. O tempo de simulação começa em zero, quando se inicia a simulação, e vai sendo incrementado à medida que forem sendo resolvidos os eventos escalonados para cada instante. Assim, se existirem eventos para os instantes 5, 20 e 35, o tempo de simulação desvia de 0 para 5 e depois para 20 e para 35, sem nunca passar pelos instantes intermediários (exceto se forem gerados eventos para esses tempos). O simulador só executa operações nos instantes para os quais existem eventos para tratar.

O tempo real de simulação depende apenas do desempenho do computador em que a simulação é realizada (exceto se for usado o módulo de relógio de tempo real, que gera eventos com temporizações reais). Aumentar os tempos de atraso dos módulos não aumenta o tempo real que a simulação demora, pois as operações a serem efetuadas são as mesmas. O único efeito é o tempo de simulação subir a valores mais altos.

A caixa de eventos mostra a lista de eventos que estão à espera de execução, bem como o respectivo instante para o qual estão escalonados, as portas que vão alterar e o novo valor de cada porta. Por motivos de desempenho, a lista de eventos só é mostrada quando o simulador está parado.

A caixa de *breakpoints* (pontos de parada) contém todos os *breakpoints* inseridos nos diferentes módulos. Pode-se inserir *breakpoints*:

- Sobre o valor de uma ligação – É necessário apenas selecionar a ligação, clicando sobre ela, e a seguir clicar no botão de adicionar novo *breakpoint*, para quando a ligação for igual ou diferente de um determinado valor;

- Nos módulos, de forma específica – Por exemplo, basta clicar em uma determinada instrução, na janela de interface do PEPE, para a simulação parar quando o processador fizer a busca da instrução no endereço selecionado. Deste modo, é possível colocar *breakpoints* no código do programa que o processador executa.

Para interagir com um módulo durante a simulação, é necessário ter acesso à sua interface, para o que basta efetuar um duplo clique sobre os respectivos módulos, no painel de simulação.[124] A Figura C.3 ilustra algumas destas interfaces (as dos módulos da Figura C.2). De cima para baixo e da esquerda para a direita, são apresentadas as interfaces do relógio (*Clock*), do módulo de entrada de números (*INPUT*), dos LEDs ligados à saída do somador, do LED ligado ao *Cout* do somador e da PROM. Esta última é necessária para introduzir os números a serem somados. Para colocar um valor na saída do módulo de entrada de dados é necessário apenas introduzir um número na caixa, seguido de **Enter**. Os LEDs aparecem em verde quando o valor é 0 e em vermelho quando o valor é 1. Caso o *bit* não esteja ligado ou esteja ligado a uma porta em alta impedância (*tri-state*), o respectivo LED aparece em cinza.

Depois de dar início à simulação, o relógio permite iniciar a geração de uma onda quadrada de período 40, o que conduz ao acúmulo dos valores da PROM, no registrador. Para ver o resultado do registrador é necessário parar a simulação. Para ver o

---

[124]Observe que, durante a fase de projeto, um duplo clique sobre o módulo faz aparecer a janela de configuração do módulo, enquanto um duplo clique na fase de simulação faz aparecer a interface do módulo.

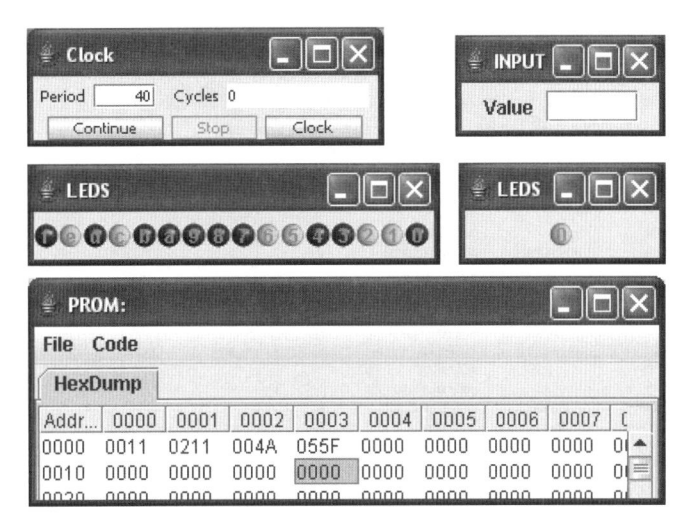

**Fig. C.3 – Interfaces dos módulos da Figura C.2**

resultado de cada soma que é armazenada no registrador, é possível utilizar o botão **Clock** do relógio, para gerar um único loop de cada vez, e assim analisar cada uma das operações de adição.

Também é possível executar a simulação passo a passo. Nesse caso, o simulador só executa os eventos de uma única iteração, parando em seguida. Para executar os eventos da iteração seguinte, é necessário clicar de novo no botão passo a passo. Esta evolução controlada da simulação e a caixa de eventos a executar são as ferramentas por excelência para analisar com detalhe tudo o que se passa no simulador.

Existem ainda outros módulos com uma interface com o usuário como, por exemplo, as RAMs, o processador PEPE, uma variante deste, designada MicroPEPE, que permite observar o interior do processador, e o microcontrolador CREPE. A interface do MicroPEPE está ilustrada na Figura C.4, sendo possível ver (e alterar) os registradores principais e auxiliares, os *bits* do RE, o programa em linguagem *assembly* e a tabela de símbolos (e respectivos valores).

Este painel do MicroPEPE é muito semelhante ao do PEPE e do CREPE, variando apenas o número de botões disponíveis, na barra de botões, no topo e os painéis disponíveis ao lado do painel "User Interface". Os últimos seis botões só estão disponíveis na versão MicroPEPE e permitem carregar/gravar/reiniciar um novo microcódigo ou uma nova configuração para a ROM de mapeamento. Os botões restantes existem em todos os modelos e permitem executar, parar, reiniciar, avançar uma instrução, compilar e carregar um programa, ligar/desligar o relógio interno e gerar um ciclo de relógio interno (útil para ver a evolução do microcódigo).

A interface do CREPE é muito semelhante à do PEPE. As únicas diferenças residem na existência de um painel adicional para mostrar o conteúdo da memória interna do CREPE e no número de registradores auxiliares utilizados na configuração, que existem em maior número no CREPE. Já o MicroPEPE possui três painéis adicionais:

- Microcódigo do processador;
- Conteúdo da ROM de mapeamento;
- Esquema interno do processador.

O painel do microcódigo (Figura C.5) mostra, de forma simbólica, as microinstruções do processador. A primeira coluna contém o endereço de cada microinstrução. A segunda coluna contém o nome simbólico pelo qual a instrução é conhecida, para que possa ser referenciada para desvios, seja por outras microinstruções, seja pela ROM de mapeamento. A microinstrução assinalada com a barra escura indica a microinstrução em execução, aquela cujo endereço está no MPC. A terceira coluna contém um comentário, em formato RTL, que descreve a microinstrução e as restantes contêm os códigos simbólicos de cada um dos campos das microinstruções.

Este painel permite não só a visualização dos códigos, como a alteração de cada um dos campos, de forma simbólica. É possível guardar as alterações ao microcódigo em um arquivo à parte, que ficará associado a esta arquitetura (sempre que se abrir a arquitetura, o módulo do MicroPEPE irá ler as suas microinstruções desse arquivo).

Para ver a evolução do processador, microinstrução a microinstrução, é necessário desligar o relógio interno do processador (na barra de botões do MicroPEPE), começar a simulação (botão da esquerda da barra de botões do MicroPEPE), e clicar no botão **Clock** (na barra de botões do MicroPEPE) o número de vezes necessário. Em alguns casos são necessários vários

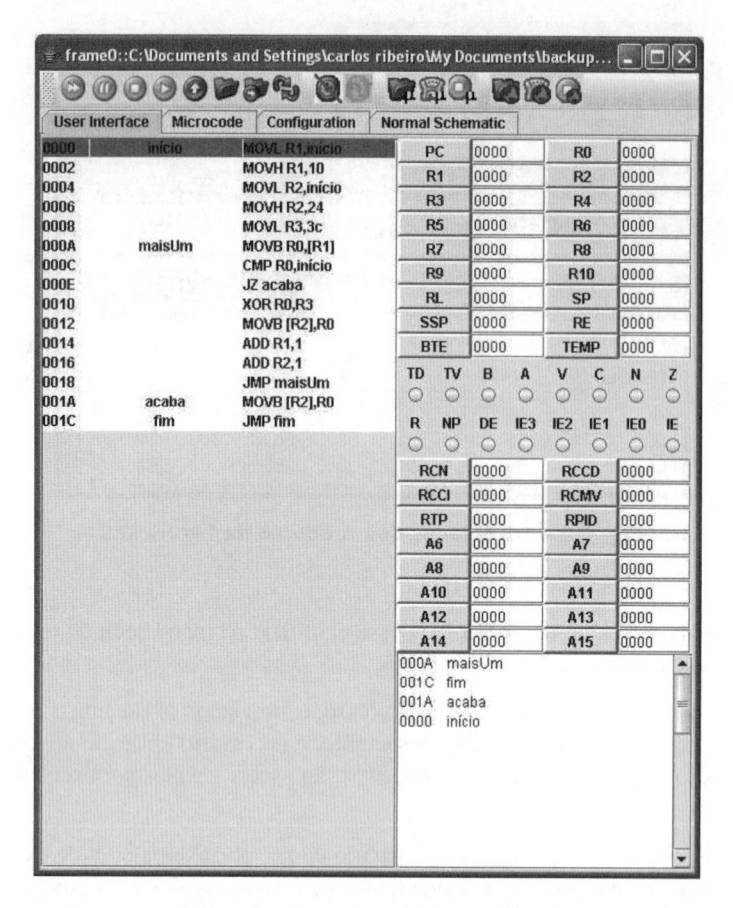

**Fig. C.4 – Interface do MicroPEPE**

ciclos de relógio para que o MPC avance, mas, na maioria das microinstruções, um único ciclo é suficiente. Só são necessários vários ciclos de relógio quando a microinstrução implica um acesso à memória e deve esperar até que o valor acabe de ser lido ou escrito.

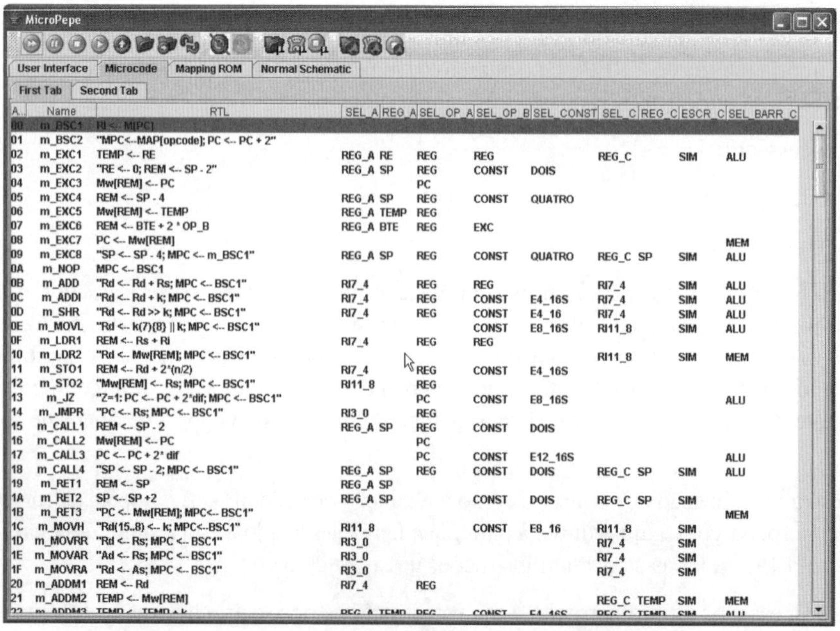

**Fig. C.5 – Painel de microcódigo do MicroPEPE**

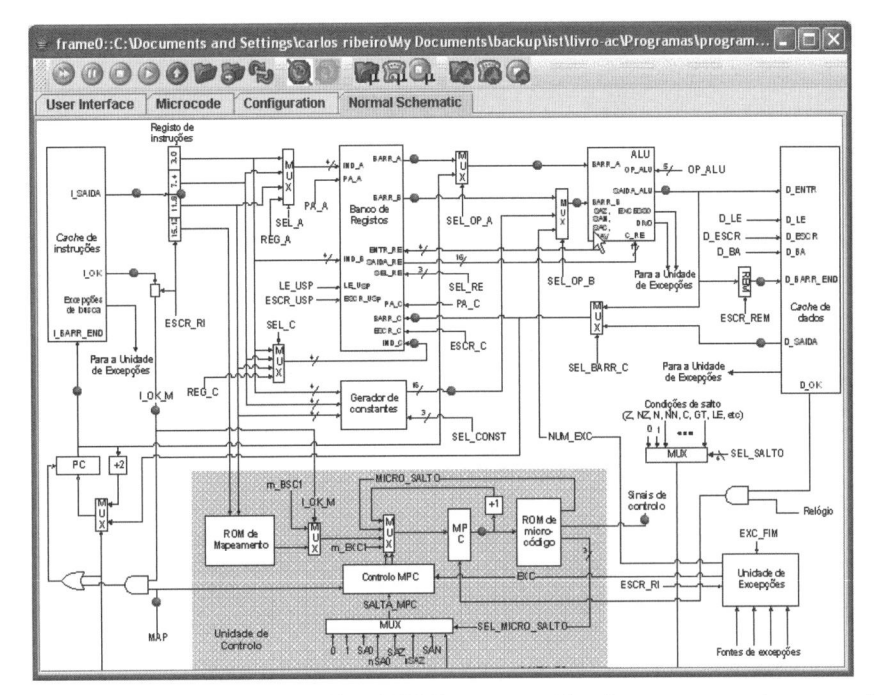

**Fig. C.6 – Esquema interno do MicroPEPE, com verificadores em pontos específicos**

O painel do esquema (Figura C.6) mostra o interior do MicroPEPE. Neste painel, é possível observar em cada momento o valor dos vários sinais internos do MicroPEPE, bastando para isso colocar o cursor sobre um dos pontos de medida (círculos escuros na figura). Tanto o esquema quanto o microcódigo variam automaticamente quando o processador muda para modo *pipeline* (cadeia de estágios). Nesse caso, é carregado o microcódigo específico de execução em *pipeline* e o esquema visível passa a incluir os registradores de estágio. É possível então observar a evolução do *pipeline* à medida que o relógio vai evoluindo.

A maioria dos módulos para sempre que o tempo de simulação para, pois é o motor do simulador que executa as operações de reavaliação nesses módulos, mas existem módulos que têm motores independentes, controlados pelo relógio real do computador em que a simulação ocorre. Estes módulos geralmente são de controle como, por exemplo, um elevador ou uma linha ferroviária, e têm como objetivo criar um cenário de controle mais real, permitindo ao programa, que é executado no PEPE, implementar aplicações interativas e de tempo real. Por exemplo, se o simulador para e deixa de controlar o elevador (sem parar o motor) quando este está descendo, ele continua a descer até bater no fundo.

Um dos módulos que possui um motor independente é um gerador de onda quadrada de tempo real, com um período que pode ser especificado em milissegundos. Desta forma, é possível controlar o ritmo da simulação, ao contrário do que acontece com um relógio normal, que trabalha apenas em tempo de simulação. Por exemplo, no caso de criar um circuito com apenas um LED ligado à saída de um relógio normal, o usuário observará um comportamento irregular e demasiado rápido do LED. Tal fato resulta da elevada frequência com que o circuito funciona e que impede o LED de acompanhar todas as alterações do sinal do relógio. Como os únicos eventos são os gerados pelo relógio, o tempo de simulação salta de meio período em meio período (nas transições do sinal do relógio), portanto a frequência com que muda não depende do período, mas sim do desempenho do computador onde se está realizando a simulação. Com um relógio de tempo real, os eventos só são gerados quando o motor interno desse módulo o determinar, de onde resulta um efeito de pisca-pisca regular no LED.

# APÊNDICE D
# COMPUTAÇÃO EM
# PONTO FLUTUANTE

Os números inteiros e a sua representação em binário (Seção 2.7) são fundamentais para o funcionamento de qualquer computador. No entanto, há inúmeras categorias de aplicações que requerem o uso de números reais, frequentemente com grande precisão. Por outro lado, há números inteiros cuja grandeza não permite que sejam representados nos *bits* da palavra do computador.

A norma IEEE 754 [IEEE 1985] define o formato de representação dos números em ponto flutuante e permite resolver estes problemas. Esta representação considera que são usados alguns *bits* da palavra do computador para representar os dígitos mais significativos do número (que definem a precisão da representação) e outros para indicar o expoente de um fator multiplicativo (que define a escala de grandeza do número). A faixa de representação de números é significativamente maior do que a dos números inteiros, embora possam não ser representados todos os seus dígitos.

A maioria dos processadores atuais (com exceção dos menores, típicos dos sistemas embutidos) inclui ALUs com suporte para operações com números em ponto flutuante, em conformidade com a IEEE 754. O PEPE não suporta estas operações, pois são bastante complexas e excedem o nível introdutório deste livro. Este apêndice apresenta uma brevíssima introdução a este tema, cuja inclusão (em relação a outros) se justifica pela sua importância para muitas aplicações e pelo seu suporte generalizado no mercado dos processadores, constituindo um ponto de partida para a consulta de bibliografia mais especializada [Patterson 2011, Stallings 2012].

# D.1 REPRESENTAÇÃO EM PONTO FLUTUANTE

Os números não inteiros (com vírgula e parte fracionária) podem ser representados em duas notações básicas (em qualquer base, incluindo decimal e binária):

- **Ponto fixo** – A vírgula está imediatamente à direita do algarismo das unidades (que é onde deve estar, por definição), dividindo o número em duas partes, inteira e fracionária. Os números -12,375 e 0,0789 exemplificam esta notação;

- **Ponto flutuante**[125] – A vírgula pode estar em qualquer posição, desde que se compense a mudança de posição em relação à posição fixa, com a multiplicação do número com a posição da vírgula modificada (denominado **mantissa**[126]) por uma potência adequada (**expoente**) na base usada. Na prática, o que interessa é a notação em **ponto flutuante normalizado**, em que a vírgula está imediatamente à direita do primeiro algarismo não zero (exceto se o número representado for zero). Em base 10, os números seriam $-1,2375 \times 10^1$ e $7,89 \times 10^{-2}$.

Um número N é representado em ponto flutuante normalizado na base B por:

$$N = \pm \ mantissa \ \times \ B^{expoente}$$

em que $1 \leq mantissa < B$ (excetuando-se o caso de o número ser zero).

Ao contrário da representação dos números inteiros, que se faz em complemento de 2 (Subseção 2.7.6), em ponto flutuante usa-se a notação em sinal e grandeza, pois facilita as operações aritméticas, bastante mais complexas do que as de números inteiros. Os processadores têm duas ALUs (cada uma com o seu banco de registradores), uma inteira e outra de ponto flutuante, e instruções separadas para as operações de ponto flutuante, normalmente com os mnemônicos das instruções aritméticas inteiras precedidas de "F" (FADD, FSUB, FMUL, FDIV, etc.).

A conversão de um número não inteiro de base decimal para binário (em ponto flutuante) pode ser efetuada recorrendo-se à decomposição de um número em algarismos, válido para qualquer base, apresentada na Subseção 2.7.1, mas estendendo-a para posições menores que 0 (parte fracionária):

$$(a_2 a_1 a_0, a_{-1} a_{-2} a_{-3})_B = (a_2 \times B^2) + (a_1 \times B^1) + (a_0 \times B^0) + (a_{-1} \times B^{-1}) + (a_{-2} \times B^{-2}) + (a_{-3} \times B^{-3})$$

em que, em base B, os fatores à esquerda da vírgula são $B^0=1$, $B^1=2$, $B^2=4$, etc., e à direita são $B^{-1}=0,5$, $B^{-2}=0,25$, $B^{-3}=0,125$, etc.

Assim, o número usado anteriormente (-12,375) pode ser convertido desta forma:

$$-12,375 = 8+4+0,25+0,125 = 2^3+2^2+2^{-2}+2^{-3} = -1100,011$$

Observe a representação em sinal e grandeza e não em complemento de 2. Para normalizar o número, basta andar com a vírgula para a esquerda e compensar com a potência adequada (tal como se faria em base 10):

$$-1100,011 = -1,100011 \times 2^3$$

A grande vantagem da notação em ponto flutuante (considerando só a versão normalizada) é separar a **precisão** (número de algarismos significativos) da **grandeza** (expoente da base). Por exemplo, 2,7403621947329465739478567 8 é um número pequeno (inferior a 3), mas requer grande precisão (muitos algarismos). Ao contrário, o número 2.700.000.000.000.000.000.000 tem um valor grande, mas só necessita de 2 algarismos significativos. Gasta-se menos informação com a representação $2,7 \times 10^{21}$ do que especificando todos os zeros explicitamente. Observe que 0,0000000000000000000027 tem a mesma precisão que o número anterior, mas uma grandeza bem menor ($2,7 \times 10^{-21}$). Uma representação em ponto fixo gastaria demasiados *bits* com os zeros à esquerda ou à direita dos algarismos significativos. Com a notação em ponto flutuante, números muito pequenos ou muito grandes podem ser representados com uma precisão adequada.

Observe que um número inteiro também pode ser representado em ponto flutuante. Basta encará-lo como um número real sem algarismos significativos à direita da vírgula, com o benefício de uma faixa muito maior de valores representáveis (embora os limites da precisão impeçam os números muito grandes de serem representados com o valor exato).

---

[125]Na base 10, esta notação também é denominada **notação científica**, sendo comum nas máquinas de calcular.

[126]O termo mantissa é tradicionalmente usado na notação científica. A IEEE 754 também recorre ao termo "significando", nome na linha de "operando" e "multiplicando", de forma a evitar confusões, pois o termo mantissa também é usado para designar a parte fracionária de um logaritmo.

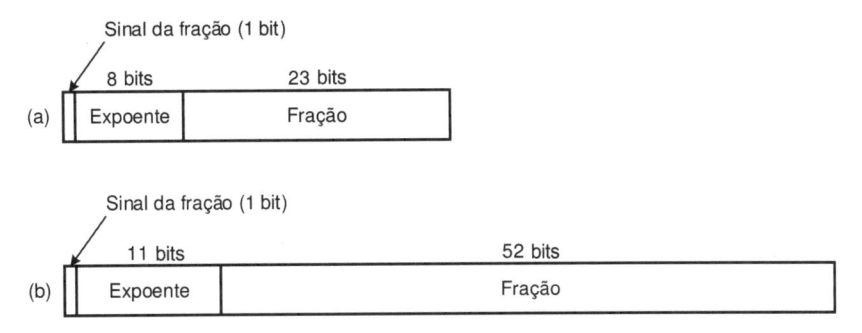

**Fig. D.1 – Formatos dos números em ponto flutuante definidos pela norma IEEE 754.
(a) – Precisão simples (32 bits); (b) – Precisão dupla (64 bits)**

# D.2 A NORMA IEEE 754

No entanto, o número de *bits* para representar quer a mantissa, quer o expoente é limitado, estabelecendo os valores extremos para a precisão e a grandeza, respectivamente. A norma IEEE 754 define dois formatos, simples e duplo, com 32 e 64 bits, respectivamente (Figura D.1). Se a mantissa tiver mais *bits* significativos do que os que cabem no respectivo campo, o valor tem de ser **arredondado** (convertido para o valor representável mais próximo).[127] Se a grandeza for tão grande que o número não seja representável há um *overflow*. Se a grandeza for demasiado pequena para ser representada, ocorre um ***underflow***.

Com o número normalizado, o *bit* mais à esquerda (algarismo das unidades) da mantissa é sempre 1 (exceto se o valor for zero), portanto é omitido e só se representa a sua parte fracionária (no campo da fração). O sinal da mantissa está no *bit* mais significativo do número para ser mais fácil ver se este é positivo ou negativo. O expoente está logo a seguir, nos *bits* mais significativos do número, para facilitar a comparação entre dois números. Aquele com maior expoente é o maior, e a fração só é usada para desempatar entre dois números com igual expoente. Naturalmente, só se pode comparar números de igual precisão, em função do que pode haver necessidade de converter um formato no outro. Para este fim, observe que os *bits* da fração estão alinhados à esquerda e podem ser acrescentados zeros nos *bits* mais à direita sem alterar o valor do número, pois são à direita da vírgula.

No expoente não se usa grandeza e sinal, mas antes deslocamento. Com os 8 bits do expoente do formato simples, por exemplo, deveria se poder representar grandezas desde $2^{-127}$ até $2^{+127}$, mas em vez de se usar 7 bits para o valor do expoente e um para o seu sinal, soma-se um deslocamento de 127 ao valor pretendido para o expoente do número. Assim, o valor que fica no campo do expoente varia entre 1 e 254, para indicar expoentes reais entre $-126$ e $+127$ (os extremos 0 e 255 deste campo têm significados especiais). Este esquema é usado para permitir comparar diretamente números em ponto flutuante, como se fossem inteiros de 32 ou 64 bits. Os números ficam assim ordenados desde o mais ínfimo (expoente $-126$ para a precisão simples) até o maior (expoente $+127$).

Como exemplo, o número normalizado $-1,100011 \times 2^3$ (convertido anteriormente a partir do valor decimal $-12,375$) é representado em precisão simples na Figura D.2a. O *bit* de sinal é 1 (número negativo), o campo do expoente é 130 (127 + 3), ou 82H, e o campo da fração inclui a parte fracionária do número, com um enchimento necessário do número com zeros à direita.

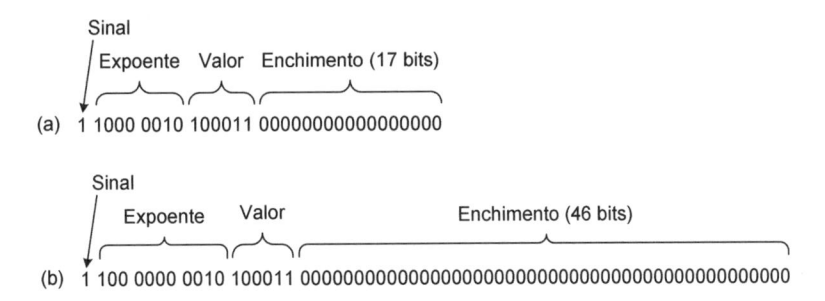

**Fig. D.2 – Número –12,375 representado em ponto flutuante.
(a) – Precisão simples (32 bits); (b) – Precisão dupla (64 bits)**

---

[127]Para reduzir os erros introduzidos pelos arredondamentos, o padrão prevê várias formas de fazer arredondamento e *bits* de precisão adicional para cálculos intermediários.

**Tabela D.1 - Características da representação dos números em ponto flutuante
segundo a norma IEEE 754**

| PARÂMETRO | PRECISÃO SIMPLES | PRECISÃO DUPLA |
|---|---|---|
| N.º de *bits* da palavra | 32 | 64 |
| N.º de *bits* da fração | 23 | 52 |
| N.º de *bits* do expoente | 8 | 11 |
| Deslocamento no expoente | 127 | 1023 |
| Expoentes utilizáveis | -126 .. +127 | -1022 .. +1023 |
| Valores limite de grandeza (base 2) | $2^{-126}$ .. $2^{+128}$ (aprox.) | $2^{-1022}$ .. $2^{+1024}$ (aprox.) |
| Valores limite (aproximados) de grandeza (base 10) | $10^{-38}$ .. $10^{+38}$ | $10^{-308}$ .. $10^{+308}$ |
| Menor número não normalizado | $10^{-45}$ (aprox.) | $10^{-324}$ (aprox.) |

Os números normalizados têm sempre o *bit* à esquerda da vírgula com 1, portanto não é preciso representá-lo (fica implícito). A Figura D2.b representa o mesmo número em precisão dupla e também ilustra a conversão entre formatos. O campo do expoente é agora 1026 (1023 + 3), pois o campo tem 11 bits em vez de 8 bits e o deslocamento é maior, enquanto o campo da fração se mantém com o mesmo valor à esquerda, mas agora com um enchimento de 46 bits com 0.

A Tabela D.1 compara diversas características dos dois formatos.

Os valores extremos do campo do expoente (todos os *bits* com 0 e todos com 1) têm significados especiais, contemplados na Figura D.3:

- O valor zero tem uma representação específica e é um valor exato. Em muitos cálculos, é importante um valor ser mesmo zero e não um número arbitrariamente pequeno. Observe que há dois zeros, um positivo e outro negativo, característica que não tem problema em uma representação em sinal e grandeza;

- Os números **não normalizados** permitem representar valores menores do que o menor valor normalizado, embora com menos precisão. Têm o campo do expoente com o valor zero (menor valor possível) e, ao contrário dos números normalizados, considera-se que o *bit* mais à esquerda agora é 0. O menor destes valores tem todos os *bits* do campo da fração com 0, exceto o mais à direita. O artifício destes valores é terem zeros à esquerda na fração, que são zeros entre a vírgula e o primeiro *bit* significativo (diferente de 0). A escala dos números menores é assim refinada, mas sem conseguir manter a precisão;

- No inverso da escala, quando o maior número representável é atingido, reservou-se uma representação para o conceito de infinito (positivo e negativo). Este valor pode ser usado nas operações. Por exemplo, qualquer número dividido por infinito dá zero;

- Os NaNs (*Not A Number*), ou não números, são entidades representáveis pela IEEE 754, mas não correspondem a valores válidos, permitindo contemplar variáveis não inicializadas ou resultados de operações inválidas (divisão por zero) ou

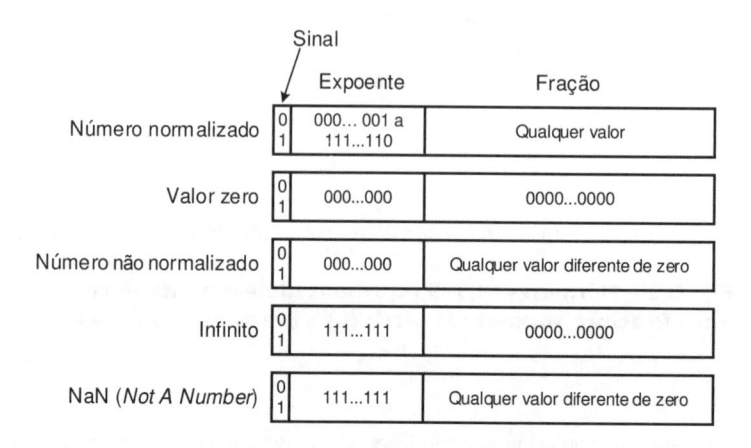

**Fig. D.3 – Tipos de valores da IEEE 754**

indefinidas (infinito dividido por infinito). Podem ser propagados através de expressões numéricas, permitindo assinalar um erro que pode ser testado mais tarde, em vez de gerar logo uma exceção, cujo mecanismo varia de computador para computador.

## D.3 OPERAÇÕES ARITMÉTICAS EM PONTO FLUTUANTE

Estas operações são mais complexas do que as dos números inteiros. As operações incidem sobre as mantissas (incluindo o *bit* 1 implícito e a fração) e os expoentes, que são processados separadamente. Os operandos devem estar normalizados e o valor do resultado deve ser normalizado, antes de a operação terminar. Como o valor zero tem uma representação específica, os algoritmos das operações não funcionam com este valor. Por esta razão, antes de efetuar a operação, tem-se de testar se algum dos operandos é zero (ou os dois) e, se for o caso, produzir o valor de resultado adequado sem efetuar a operação propriamente dita (por exemplo, soma com zero é igual ao número original e multiplicação por zero dá zero).

A multiplicação envolve multiplicar as mantissas e somar os expoentes. Na divisão, divide-se as mantissas e subtrai-se os expoentes. Podem originar *overflow* e *underflow*, respectivamente. A Figura D.4 ilustra a operação de multiplicação. Observe que o deslocamento tem de ser subtraído à soma dos expoentes, pois cada um dos expoentes dos operandos já tem um deslocamento somado, e este não deve ser incluído duas vezes no resultado. Para simplificar, não estão representados alguns aspectos, como determinação da nulidade dos operandos e verificação de estouro (*overflow*) no resultado.

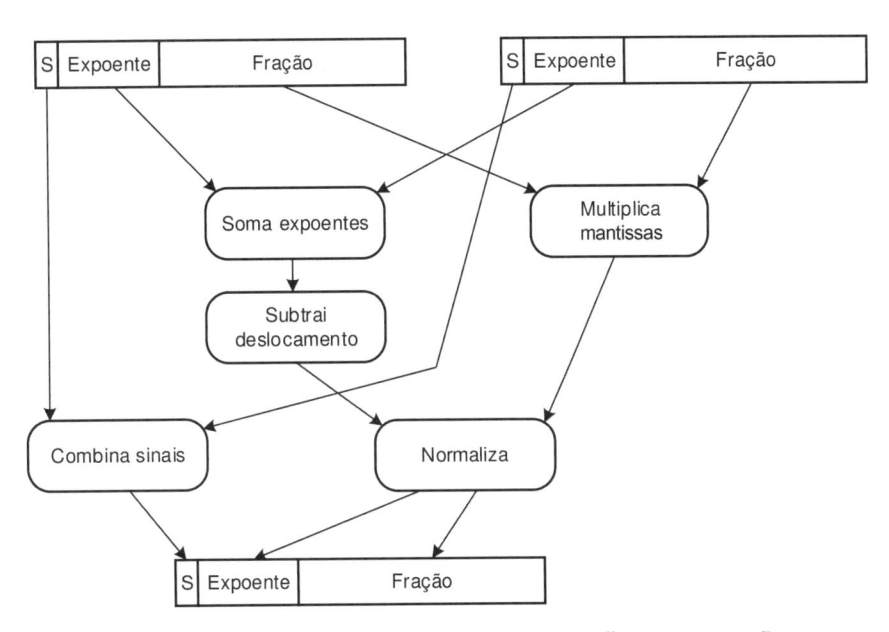

**Fig. D.4 – Estrutura (simplificada) da multiplicação em ponto flutuante**

Curiosamente, a adição é mais complexa do que a multiplicação, pois, antes de fazer a soma, é preciso colocar os dois números com o mesmo expoente, o que implica desnormalizar o número com menor expoente, deslocando a sua mantissa (a fração com o 1 implícito à sua esquerda) para a direita e aumentando o seu expoente do número de *bits* necessário, até os dois expoentes terem o mesmo valor. Isto implica uma redução de precisão do menor número. Se a diferença de expoentes for maior do que os *bits* da fração, o menor dos números pode mesmo ficar com o seu campo de fração com zero e a soma é igual ao outro operando (um dos operandos é desprezível em relação ao outro). A subtração é tratada como uma soma, depois de trocar o sinal do subtraendo. A Figura D.5 ilustra a operação de adição. Tal como na figura anterior, não estão representados os testes de nulidade dos operandos e nem a verificação de estouro no resultado.

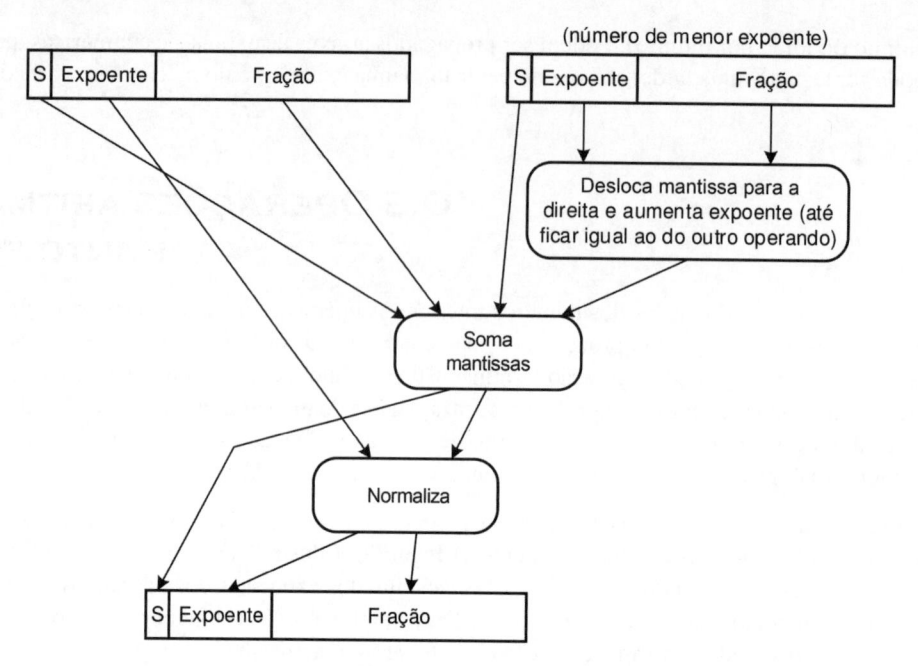

**Fig. D.5 – Estrutura (simplificada) da adição em ponto flutuante**

# APÊNDICE E
# CODIFICAÇÃO DE
# CARACTERES EM ASCII

A Tabela E.1 especifica a codificação ASCII (*American Standard Code for Information Interchange*), em hexadecimal, de cada um dos caracteres usados em textos (letras, dígitos, sinais de pontuação). É uma representação de 7 bits, considerando-se que o *bit* mais significativo do *byte* está com 0. A primeira extensão do ASCII básico foi o Latin-1, que ocupou as 128 codificações, basicamente com letras com acentos, tendo o *bit* mais significativo com 1. As codificações de 00H a 1FH correspondem a caracteres de controle de escrita e de comunicação, muitos agora apenas com interesse histórico, que não têm representação para imprimir. Destes, os mais importantes são NUL (*null*, 00H), CR (*carriage return*, 0DH) e LF (*line feed*, 0AH), em que os dois últimos são usados para mudança de linha.

**Tabela E.1 - Codificação ASCII**

| | | | | | | | | | | | | | | | |
|---|---|---|---|---|---|---|---|---|---|---|---|---|---|---|---|
| 20H | espaço | 30H | 0 | 40H | @ | 50H | P | 60H | ` | 70H | p |
| 21H | ! | 31H | 1 | 41H | A | 51H | Q | 61H | a | 71H | q |
| 22H | " | 32H | 2 | 42H | B | 52H | R | 62H | b | 72H | r |
| 23H | # | 33H | 3 | 43H | C | 53H | S | 63H | c | 73H | s |
| 24H | $ | 34H | 4 | 44H | D | 54H | T | 64H | d | 74H | t |
| 25H | % | 35H | 5 | 45H | E | 55H | U | 65H | e | 75H | u |
| 26H | & | 36H | 6 | 46H | F | 56H | V | 66H | f | 76H | v |
| 27H | ' | 37H | 7 | 47H | G | 57H | W | 67H | g | 77H | w |
| 28H | ( | 38H | 8 | 48H | H | 58H | X | 68H | h | 78H | x |
| 29H | ) | 39H | 9 | 49H | I | 59H | Y | 69H | i | 79H | y |
| 2AH | * | 3AH | : | 4AH | J | 5AH | Z | 6AH | j | 7AH | z |
| 2BH | + | 3BH | ; | 4BH | K | 5BH | [ | 6BH | k | 7BH | { |
| 2CH | , | 3CH | < | 4CH | L | 5CH | \ | 6CH | l | 7CH | \| |
| 2DH | - | 3DH | = | 4DH | M | 5DH | ] | 6DH | m | 7DH | } |
| 2EH | . | 3EH | > | 4EH | N | 5EH | ^ | 6EH | n | 7EH | ~ |
| 2FH | / | 3FH | ? | 4FH | O | 5FH | _ | 6FH | o | 7FH | DEL |

# BIBLIOGRAFIA

| | |
|---|---|
| [Anandtech] | www.anandtech.com |
| [Botros 2005] | Nazeih Botros, *HDL Programming Fundamentals: VHDL and Verilog*, Charles River Media, 2005, ISBN 158-450-855-8 |
| [Buchanan 2001] | William Buchanan e Austin Wilson, *Advanced PC Architecture*, Addison-Wesley, 2001, ISBN 0-20139858-3 |
| [Crespo 2001] | Rui Crespo, *Processadores de Linguagens: da Concepção à Implementação*, 2.ª edição, IST Press, 2001, ISBN 972-8469-18-7 |
| [Dias 2012] | Morgado Dias, *Sistemas Digitais – Princípios e Prática*, 3.ª edição revista, FCA, 2012, ISBN 978-972-722-700-6 |
| [Farhat 2003] | Hassan Farhat, *Digital Design and Computer Organization*, CRC Press, 2003, ISBN 0849311918 |
| [Gonçalves 2005] | Victor Gonçalves, *Sistemas Electrónicos com Microcontroladores*, 2.ª edição, FCA, 2005, ISBN 972-8480-12-1 |
| [Guerreiro 2003] | Pedro Guerreiro, *Programação com Classes em C++*, 2.ª edição, FCA, 2003, ISBN 972-722-375-3 |
| [Guerreiro 2006] | Pedro Guerreiro, *Elementos de Programação com C*, 3.ª edição, FCA, 2006, ISBN 978-972-722-510-1 |
| [Hamacher 2002] | Carl Hamacher, Zvonko Vranesic e Safwat Zaky, *Computer Organization*, 5.ª edição, McGraw-Hill, 2002, ISBN 0-07-112218-4 |
| [IEEE] | www.computer.org/history |
| [IEEE 1984] | "IEEE Standard Graphic Symbols for Logic Functions", ANSI/IEEE Std 91-1984 |
| [IEEE 1985] | "IEEE Standard for Binary Floating-Point Arithmetic", ANSI/IEEE Standard 754-1985, Agosto 1985 |
| [Mano 2007] | Morris Mano, *Logic and Computer Design Fundamentals*, 4.ª edição, Prentice-Hall, 2007, ISBN 013198926X |
| [Marques 2005] | Paulo Marques e Hernâni Pedroso, *C# 2.0*, FCA, 2005, ISBN 972-722-508-x |
| [Mendes 2003] | António Mendes e Maria Marcelino, *Fundamentos de Programação em Java 2*, 2.ª edição, FCA, 2003, ISBN 972-722-423-7 |
| [Mims 2003] | Forrest Mims, *Getting Started in Electronics*, Master Publishing, 2003, ISBN 094-505-328-2 |
| [Minasi 2005] | Mark Minasi, Faithe Wempen e Quentin Docter, *The Complete PC Upgrade and Maintenance Guide*, Sybex, 2005, ISBN 078-214-431-4 |
| [Nunes 2004] | Mauro Nunes e Henrique O'Neill, *Fundamental de UML*, 3.ª edição, FCA, 2004, ISBN 972-722-481-4 |
| [Parhami 2005] | Behrooz Parhami, *Computer Architecture: From Microprocessors to Supercomputers*, Oxford University Press, 2005, ISBN 0-19-515455-X |
| [Patterson 2011] | D. Patterson e J. Hennessy, *Computer organization & design: the hardware/software interface*, 4.ª edição revista, Morgan Kaufmann Publishers, 2011, ISBN 0123747503 |
| [PCGuide] | www.pcguide.com |
| [PCStats] | pcstats.com |
| [PCTechGuide] | www.pctechguide.com |

[Rational]        www.rational.com/uml

[Reagan 2005]      Patrick Regan, *Troubleshooting the PC with A+ Preparation*, 3.ª edição, Prentice- -Hall, 2005, ISBN 013119-467-4

[Shiva 2000]       Sajjan Shiva, *Computer Design and Architecture*, 3.ª edição. Marcel Dekker, Inc., 2000, ISBN 0-82470368-5

[Silva 2005]       Alberto Silva e Carlos Videira, *UML – Metodologias e Ferramentas CASE*, 2.ª edição, Centro Atlântico, 2005, ISBN 989-615-009-5

[Stallings 2012]    William Stallings, *Computer Organization & Architecture*, 9.ª edição, Pearson Prentice Hall, 2012, ISBN 013293633X

[Tanenbaum 1999]  A. Tanenbaum, *Structured Computer Organization*, Prentice-Hall, 4.ª edição, 1999, ISBN 0-13-095990-1

[Tanenbaum 2001]  Andrew Tanenbaum, *Modern Operating Systems*, 2.ª edição, Prentice-Hall, ISBN 0130313580

[Thompson 2004]  Robert Thompson e Barbara Thompson, *Building The Perfect PC*, O'Reilly, 2004, ISBN 059-600-663-2

[USB]          www.usb.org/

[Wurster 2002]     C. Wurster, *Computers: an Illustrated History*, Taschen GmbH, 2002, ISBN 3-8228-1293-5

Pré-impressão, impressão e acabamento

GRÁFICA
SANTUÁRIO

grafica@editorasantuario.com.br
www.editorasantuario.com.br

Aparecida-SP